할리카르나소스의
헤로도토스 조각상.
터키 서부 해안의
보드룸에 위치.
헤로도토스의 실제
모습에 대해서는
누구도 모른다.

9세기 채색 필사본에서는 사대복음을 쓴 네 작가가 복음주의 도상으로 묘사되었다. 마태는 사람, 마가는 사자, 누가는 황소, 요한은 독수리. 네 작가는 모두 백인으로 보이지만, 실제로는 그렇지 않은 게 거의 확실하다.

바이외 태피스트리의 일부. 1070년대 잉글랜드 여성 공예가들이 직조한 것으로 추정된다. 우리가 당시 역사를 이해하는 데 어떤 인공물보다 많은 영향을 주었다. 당시 노르만족은 "해럴드는 화살을 맞고 치명적인 죽음을 맞았다"라고 선전했지만 사실이 아니었다. 화살이 해럴드의 눈을 맞추었다는 전설은 나중에 만들어졌다. 해럴드는 전투용 도끼를 갖고 다녔고, 팔다리가 잘려 죽었을 가능성이 더 크다. 화살은 나중에 더해진 것이다. 그 때문인지 중세의 그림에서는 위증자를 날카로운 무기가 눈을 관통한 모습으로 묘사되는 경우가 많았다.

프랑스인 모반자, 에티엔 마르셀의 처형, 1358년. 마르셀은 프랑스 왕, 장 2세에 저항했고, 결국 파리 성문에서 왕실 친위대에게 암살을 당했다. 장 프루아사르의 연대기에는 이런 작은 세밀화가 110편이나 실려 있다. 그 시대, 브뤼주에서 손꼽히는 화가들이 그렸을 것으로 추정된다.

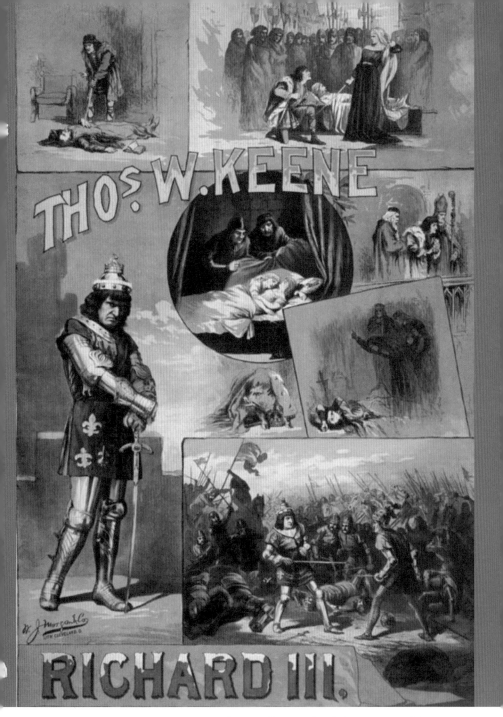

셰익스피어가 세상을 떠날 때까지 〈리처드 3세〉는 그의 다른 어떤 희곡보다 높은 인기를 누렸다. 미국에서 제작된 그 영화를 홍보하는 1884년의 포스터에는 핵심적인 장면들이 적잖게 그려졌다.

"그들은 인간의 종교와 미신을 경멸한다는 점에서 똑같다. 그러나 그들의 문학적 글쓰기는 크게 다르다." 호르헤 루이스 보르헤스는 볼테르와 기번에 대해 이렇게 말했다. 볼테르의 파스텔화 초상은 모리스 캉탱 드 라 투르가 1735년에 그린 것이며, 당시 볼테르는 39세였다.

볼테르의 오랜 소울메이트, 뒤 샤틀레 부인의 동시대인은 "그녀는 거인이었다 … 경이로운 힘의 소유자였다. 게다가 몸짓도 어색하기 그지없었다. 피부는 맷돌처럼 거칠거칠했다… 하지만 볼테르는 그녀의 아름다운 면에 대해 말했다!" 모리스 캉탱 드 라 투르가 요령있게 그린 초상화에 그녀는 무척 흡족했을 듯하다.

에드워드 기번, 조슈아 레이놀즈 경의 유채화, 1779년경. 기번은 키가 142센티미터에 불과했고, 머리칼은 밝은 적갈색이었다. 버지니아 울프는 "기번의 몸뚱이는 기상천외했다. 지독히 뚱뚱한 데다 상체가 엄청나게 무거워서 작은 발로 버티는 게 위태롭게 보였고, 때로는 무서운 속도로 빙글빙글 맴돌았다'라고 무자비하게 묘사했다.

프랜시스 그랜트가 그린 월터 스콧 경. 스콧은 "미약하지만 이런 노력을 통해 나는 고향 땅의 역사에 조금이나마 기여하고" 싶었다고 말했다. 스콧의 역사 소설은 향후 *100*년 동안 역사 소설을 쓰는 법에 영향을 미쳤다.

〈편지를 받아쓰게 하는 나폴레옹〉, 스코틀랜드 화가 윌리엄 퀼러 리처드슨, 1892년. 나폴레옹이 죽고 2년이 지난 1823년, 네 권으로 구성된 약 1,600쪽에 달하는 《회고록》이 출간되었다. "황제가 세인트 헬레나에 함께 억류되었던 장군들에게 받아쓰게 하고, 황제가 직접 수정한 원고를 출간한 것"이었다.

역사에 접근하는 독특한 방식으로 역사 기록학, 사회학, 경제학의 창시자라고도 여겨지는 이븐 할둔은 "과거는 물방울이 서로 닮은 정도보다 더 미래를 닮는다"라고 말했다. 할둔은 역사가로는 드물게 자국의 화폐에도 초상이 그려졌다. 1994년 할둔은 튀니지 10 디나르 지폐의 주인공이 되었다.

「메시코에서 전해진 전쟁 소식」, 리처드 케이턴 우드빌, 1848년. 18세기경, 대부분의 사람은 신문을 통해 '역사의 초고'를 읽었다. 모든 면에서 신생 국가이던 미국에서 신문의 용도를 파악하는 데 꽤나 시간이 걸렸지만, 1780년대에 이미 수백 종의 주간지가 있었다. 그리고 10년 뒤에는 그 숫자가 인구보다 4배나 빠른 속도로 늘어났다.

프레더릭 더글러스는 노예폐지론자, 웅변가, 정치인으로 주로 여겨진다. 그러나 세 편의 자서전,《미국인 노예, 프레더릭 더글러스의 삶에 대한 이야기》(1845),《나의 속박과 나의 자유》(1855),《프레더릭 더글러스의 일생과 시간들》(1881)을 통해, 더글러스는 미국 노예제도의 역사만이 아니라, 남북전쟁 동안 흑인들이 겪은 경험을 설득력있게 그려냈다.

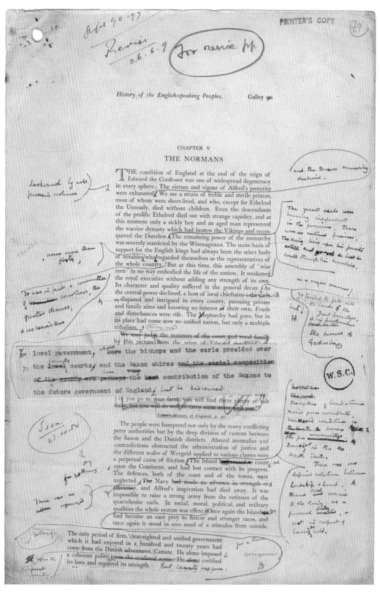

윈스턴 처칠의 《영어를 사용하는 민족들의 역사》의 교정지. 필체와 색깔로 짐작하건대 처칠을 제외하고도 적어도 5명이 교정을 본 것이 분명하다. 처칠은 '사랑스런 애벌레들'이라 칭한 교정사항을 팀원들로부터 제공받았다. 처칠이 초고를 받아쓰게 했고, 팀원들이 교정지를 돌려보며 각자의 생각을 다른 색깔로 남겼다.

파울 클레의 〈새로운 천사〉. 마르크스주의 철학자 발터 벤야민은 1921년에 이 작품을 구입했고, "천사는 자신이 뚫어지게 응시하고 있는 어떤 것으로부터 금방이라도 멀어질 듯이 그려졌다. 그의 눈은 뭔가를 노려보고, 입은 벌어져 있으며 날개는 활짝 편 모습이다. 누군가 역사의 천사를 그린다면 이런 모습일 것이다"라고 썼다.

데이비드 스타키는 켄트의 히버 성에 전시되고, 16세기 말에 그려진 리처드 3세의 초상화를 설명하며 "학문적 글쓰기에는 의도적으로 어렵게 꾸미려는 경우가 너무 많다. 또 학문적 글쓰기에서는 사람들을 배제하려 하지만, 내 생각에는 사람들에 대해 언급하는 게 조금도 부끄러운 게 아니다"라고 말한다.

나비 넥타이를 맨 A.J.P. 테일러. "그는 독특한 방식으로 일화를 전달했다. 예컨대 입술을 살짝 때리면 중요한 이야기를 할 거라는 신호로 여겨졌다.… 그에게서 가장 눈에 띄는 특징은 활활 타오르는 듯한 두 눈동자 사이의 항상 주름진 선이었다. 일종의 느낌표처럼 보였다."(캐슬린 버크, 《트러블메이커》)

～ 니얼 퍼거슨, 1939년. 그즈음 그는 훗날 '다이얼 어 돈'으로 알려지게 된 *A.J.P.* 테일러 류의 젊은 학자들과 어울렸으며, 그 시대의 어떤 주제에 대해서도 즉각적으로 글을 써 낼 의지와 능력을 갖추고 있었다.

～ 데이비드 올루소가, 메리 비어드, 사이먼 샤마. 그들은 인류의 여명기부터 현재까지 미술의 역사를 다룬 9부작 텔레비전 다큐멘터리 〈문명〉을 함께 진행했다. 샤마가 다섯 편, 올루소가와 비어드가 각각 두 편을 진행했다. 그들 뒤의 그림에서는 티치아노의 피조물들이 뛰어다닌다.

PBS에서 제2차 세계대전 다큐멘터리 시리즈를 끝낸 뒤의 켄 번스. 스티븐 E. 앰브로스에 따르면 "어떤 자료보다 켄 번스에게 역사를 배우는 미국인이 더 많다."

W.E.B. 듀보이스 흉상 앞의 헨리 루이스 게이츠 주니어. 팔짱을 끼는 방법은 그 인물의 정체성을 드러내보이는 가장 명확한 방법 중 하나이다. 어떤 식으로 팔짱을 끼든 간에 그 방법은 평생 변하지 않는다. 사람에 대한 연구에서 게이츠를 매료시킨 세세한 부분 중 하나이다.

역사는
어떻게
만들어지는가

MAKING HISTORY:

THE STORYTELLERS
WHO SHAPED THE PAST

RICHARD COHEN

리처드 코언 | 강주헌 옮김

김영사

캐시를 위하여

베네딕트회 엘레드 와트킨 수사님을 추모하며,
내게 역사를 사랑하라는 열정을 심어주셨고,
내가 쓴 수필 하나를 "이 뒤죽박죽인 난센스는 무엇인고?"라고
따끔하게 지적해주셨다.

역사는 어떻게 만들어지는가

1판 1쇄 인쇄 2025. 1. 20.
1판 1쇄 발행 2025. 2. 19.

지은이 리처드 코언
옮긴이 강주헌

발행인 박강휘
편집 박보람 디자인 박주희 마케팅 이유리 홍보 이한솔
발행처 김영사
등록 1979년 5월 17일(제406-2003-036호)
주소 경기도 파주시 문발로 197(문발동) 우편번호 10881
전화 마케팅부 031)955-3100, 편집부 031)955-3200 | 팩스 031)955-3111

ISBN 979-11-7332-043-9 03900

홈페이지 www.gimmyoung.com   블로그 blog.naver.com/gybook
인스타그램 instagram.com/gimmyoung   이메일 bestbook@gimmyoung.com

좋은 독자가 좋은 책을 만듭니다.
김영사는 독자 여러분의 의견에 항상 귀 기울이고 있습니다.

역사를 공부하기 전에 역사학자를 연구하라.

– 에드워드 핼릿 카, 《역사란 무엇인가?》(1961)

모든 역사의 이면에는 다른 역사가 있다.
적어도 역사학자의 삶이 있다.

– 힐러리 맨틀, 리스 강연(2017)

CONTENTS

서문

한 사람이 그림을 그리기 시작한다. 시간이 흐름에 따라 그는 빈 공간을 지방과 왕국, 산, 만과 선박, 섬과 어류, 방과 도구, 별과 말 그리고 개체로 채운다. 죽음을 조금 앞두고, 그는 미로처럼 끈기 있게 그은 선들이 그 자신의 얼굴에 얽힌 주름이라는 걸 깨닫는다.[1]

– 호르헤 루이스 보르헤스, 1960년

MAKING HISTORY:
THE STORYTELLERS WHO SHAPED THE PAST

먼저 나의 개인적인 이력을 소개해보자. 1960년 9월, 나는 오래된 도시 바스에서 한 시간 정도 떨어진 잉글랜드 전원 지역의 한복판에 위치한 다운사이드 학교Downside School에 입학했다. 남자만을 받는 로마 가톨릭교 계열 학교로, 다운사이드 수도원의 직접 관할하에 있었다. 다운사이드 수도원은 4세기 전에 합스부르크 네덜란드에서 설립되었지만 프랑스 혁명의 불길에 잉글랜드로 내몰린 베네딕트회 공동체의 한 분파였다.

나는 중세 역사를 공부하는 동아리에 가입했다. 회원은 모두 열두 명이었고, 연령 분포는 13살(나)부터 15살까지였다. 우리의 구체적인 과제는 헨리 8세의 수도원 해체였다. 그 분야의 최고 권위자는 당시 케임브리지 대학교의 중세사 교수이던 데이비드 놀스였다. 세속적인 수도자에 대한 놀스의 견해는 명확했다. "그들이 자초한 짓이야!" 나는 다운사이드 학교를 졸업할 즈음에야 놀스도 한때 다운사이드 수도원에서 지낸 수도자였고, 약 20년 전에 아리송한 이유로 그 수도원을 떠났다는 걸 알게 되었다. 따라서 놀스의 판단이 수도회에서 보낸 시간으로부터 부정적인 영향을 받은 게 확실할 거라는 생각이 아직 굳어지지 않은 내 마음에 스며들었다.

나는 다운사이드 학교를 졸업한 뒤, 우리가 과거를 판단하는 기준틀을 제시한 작가들에 대해 궁금증을 품기 시작했다. 그들이 쓴 글에 그들의 삶이 어떤 영향을 미쳤을까? 헝가리계 미국 역사학자 존 루커스John Lukacs(1924-2019)는 '역사'에 이중의 뜻이 있다고 지적했다. '역사'는 과거를 뜻하는 동시에 과거의 '서술description'을 뜻하기 때문에 역사책을 쓰는 작가는 자신의 개인적인 면을 더해 역사를 해석하고 여과하는 사람인 셈이다.

역사의 본질과 역사학자를 다룬 책을 나열하면 무척 길어, 나름대로 상당한 공간을 차지한다. 내가 여기에서 시도하려는 책은 존 버로John Burrow(1935-2009)의 《역사의 역사》에 가장 가깝다. 버로는 자신의 이름에 부끄럽지 않게, 37종의 문헌과 함께 옥스퍼드 대학교의 연구실에 틀어박혀 그 기념비적인 책을 써냈다(burrow에는 '파고들다'라는 뜻이 있다/옮긴이).[2] 버로는 "지독히 둔한 역사학자를 제외하면 거의 모든 역사학자에게서 특유의 공통된 약점이 발견된다. 이상화하고 동일시하려는 마음과, 분개하고 잘못된 것을 바로잡으며 어떤 메시지를 전달하려는 충동이다. 그 약점이 그들의 글을 더욱 흥미롭게 해주는 근원이다"라고 말한다.[3] 버로는 시간이 흐르면서 과거 사건에 대한 서술이 정치와 문화, 문화와 애국심이란 변수에 따라 어떻게 변하는가도 연구한다. 그러나 버로는 고대사와 중세사에 많은 지면을 할애하며 역사기록학historiography(역사를 서술하는 방법에 대한 학문)에 주로 관심을 기울이고 역사학자 자체에는 큰 관심을 기울이지 않는다. 여기에서 버로와 나의 관점이 갈린다.

가장 널리 알려진 역사 저작물 중 하나인 로마 제국 쇠망사를 다룬 에드워드 기번Edward Gibbon(1737-1794)은 상당한 분량 차이를 보이는 여섯 권으로 구성된 자서전을 썼고, 과거의 기술은 형성된 지적 능력의 산물이라는 걸 익히 알고 있었다. 미발표 원고인 「메디아 왕국에 대한 연구」에서 기번은 이렇게 말했다.

역사를 서술하는 모든 천재는 자신의 특성을 아마도 무의식적으로 글에 주입하는 듯하다. 등장인물들이 맞이하는 수난과 상황은 무척 다양하지만, 그들은 한 가지 방식으로 생각하고 느낄 뿐이다. 그 방식은 글쓴이의 방식이다.[4]

천재, 역사를 서술하는 사람, 글쓴이의 방식. 이 표현들을 분석할 필요가 있다. 이 책은 그런 시도의 일환으로 학자들의 경쟁, 후원의 요구, 생계를 꾸릴 필요성, 신체적 장애, 유행의 변화, 문화적 압력, 종교적 믿음, 애국적 감성, 연애, 명성에 대한 욕심 등을 다룬다. 또한 '역사학자는 누구인가'라는 개념의 변천에 대해서도 살펴보고, 위대한 역사학자들이 역사를 기술할 때 자신의 견해를 먼저 제시하는 이유도 설명해보려 한다. 마르틴 하이데거Martin Heidegger(1889-1976)는 한 세미나에서 "아리스토텔레스는 태어나서 연구했고 죽었다. 이제 그의 사상으로 옮겨가 보자"고 말하며 강의를 시작했다고 하지 않는가.[5] 하지만 내 기준에서 이런 구분은 아무런 의미가 없다.

내가 선택한 작가들은 시간의 시험을 견뎌낸 저서를 남긴 역사학자들로 헤로도토스와 투키디데스, 리비우스와 타키투스를 필두로 장 프루아사르와 에드워드 기번, 19세기의 위대한 역사학자들을 거쳐 현대 작가까지 이어진다. 그러나 나는 윈스턴 처칠도 포함시켰다.

처칠이 위대한 역사학자는 아니지만 역사를 만드는 데 참여한, 무척 설득력 있고 널리 읽히는 기록자이기 때문이다. 한편 텔레비전에 출연한 이후로 명성과 영향력이 다른 차원으로 올라간 사이먼 샤마와 메리 비어드도 포함했다.

내가 선택한 책 제목Making History은 주제넘어 보일 수 있다. '역사History'에는 복잡한 과거가 있어, 뒷이야기가 더 정확해 보일 수 있기 때문이다. 내가 역사학자를 선택한 기준은 유명도보다 '영향력'이다. 유명도에 기준을 둔다면, 우리에게 현재의 역사를 주는 데 크게 기여한 많은 학자가 놀랍게도 자신을 역사학자로 지칭하지 않았을 것이기 때문이다. 흑인 역사학자 윌슨 제러마이아 모지스Wilson Jeremiah Moses가 거의 사반세기 전에 말했듯이 "역사의식은 전문 학자들이 독자적으로 만들어낸 것도 아니고, 그들의 배타적인 전유물도 아니다."[6] 나는 성경을 저술한 사람들, 서너 명의 소설가, 한 명의 극작가—그 어떤 역사가나 문학가보다 민중의 생각을 열심히 정리한 윌리엄 셰익스피어—와 한 명의 일기 작가, 새뮤얼 피프스도 포함했다. 피프스의 사사로운 사색은 역사책이 아니라 일차 자료라고 주장할 사람이 있을지도 모르겠다. 그러나 피프스의 일기는 17세기 후반기에 잉글랜드 중산층이 어떤 삶을 살았는지 훌륭하게 보여주기 때문에 둘 모두라 할 수 있다. 일기는 비밀스런 이야기의 한 형태로 눈의 띄지 않게 의식적으로 감춘 것이고, 권력자의 공적인 주장에 반발하는 은밀한 속삭임이다. 제2차 세계대전 동안에 최고의 일기 작자들은 모두 여성이었다. 이탈리아에는 아이리스 오리고Iris Origo(1902-1988), 네덜란드에는 안네 프랑크Anne Frank(1929-1945), 독일에는 우르줄라 폰 카르도르프Ursula von Kardorff(1911-1988)가 있었다. 당시 오스트레일리아를 비롯한 일부 국가에서는 일기를 쓰는 게 군법회의 위반일 수 있었다. 1941년, 레닌그라드 봉쇄가 시작되었을 때는 일기 쓰기가 목격담의 한 형태로 권장되었다. 그러나 나중에는 일기라는 기록이 일상의 영웅적 행위에 대한 집단의 이야기를 약화시킬 가능성이 있었기 때문에 검열의 대상이 되었다.

시간과 공간을 초월해 모든 역사학자를 설명하는 건 불가능하다. 내가 내 개인적인 관심사와 삶의 경험을 기준으로 최선을 다했더라도 과거에 대해 쓰는 사람은 누구나 주관적이고, 상황과 경험과 시간에 구속받는다는 걸 보여준 또 한 명의 사례에 불과하다. 하지만 우리가 누구이고, 누가 역사를 써야 하느냐에 대한 논쟁은 모든 문화권에서 나타난다. 또 우리가 우리 역사를 어떻게 이해하느냐에 따라, 우리가 무엇을 하고 무엇을 믿느냐가 달라진다. 흑인 작가 제임스 볼드윈James Baldwin(1924-1987)을 인용하면,

> 역사는 과거에 관련된 것만 아니다. 과거와 주된 관계가 있는 것도 아니다. 역사가 강력한 힘을 갖는 까닭은 우리 안에 역사가 있기 때문이고, 우리가 여러 방향에서 무의식적으로 역사에 영향을 받기 때문이다. 또 역사가 우리가 행하는 모든 행위에 문자 그대로 '내재'하기 때문이다. 우리의 기준틀, 정체성, 열망이 역사에서 비롯된 것이기 때문에 역사는 다른 것일 수 없다.[7]

수년 전, 이 책을 쓰기 시작했을 때쯤 나는 매사추세츠의 애머스트 칼리지에서 역사학 교수들을 상대로 이 주제로 강연을 했다. 강연이 끝난 뒤, 라틴 아메리카 역사를 가르친다는 교수가 찾아와 강연을 잘 들었다고 인사치레하고는 이렇게 말했다. "선생님은 그 문제를 수평적으로 접근하셨습니다. 이곳에서 우리는 수직적으로 접근하는 편

입니다. 선생님은 애머스트에서 절대 종신 교수직을 얻지 못하실 겁니다." 나는 그런 기하학적 비교가 설득력 있다고 생각하지도 않지만, 내가 수평적 접근을 시도할 때 대학에서 역사를 가르치는 교수들은 그렇게 열린 조직에서도 행복하지 않을 듯하다.

내가 케임브리지에 입학한 1960년대 중반, 역사학부 대부는 독일계 영국인으로 튜더 왕조를 전공한 제프리 루돌프 엘턴Geoffrey Rudolph Elton(1921-1994)이었다. 엘턴은 1967년에 출간한《역사는 어떻게 쓰여야 하는가》에서, 전문가만이 진짜 역사를 쓴다고 주장하며 "비전문가의 특징은 본능적 이해가 부족하다는 데 있다. …비전문가는 과거 혹은 과거의 일부를 진기하게 생각하는 경향을 띠는 반면, 전문가는 전혀 그렇지 않다"고 말했다.[8] 결론적으로 엘턴은 "학습과 학문에 의해 억제되는 상상력, 상상력에 의해 유의미해지는 학습과 학문"이 전문가의 도구에 포함된다고 덧붙인다. 나는 20세기 독일을 탁월하게 해석하고 최근까지 케임브리지에서 근대사 교수로 재직한 역사학자 리처드 에번스Richard Evans 경과 나눈 대화를 통해, 엘턴의 관점이 여전히 역사학계에 지배적이라는 걸 알게 되었다. 에번스의 관점에서, 전기 작가와 회고록 집필자 등 일정한 목적에서 어떤 대상에 접근하는 사람은 적정한 역사가일 수 없다. 결국 비전문가는 대중에게 가까이 있지만 인정받지 못하는 역사가일 수 있다.

객관성은 좋은 개념이다. 그러나 2011년 92세의 에릭 홉스봄Eric Hobsbawm(1917-2012)은 역사학자로서 객관적인 게 가능하냐는 내 질문에 껄껄 웃고는 "절대 불가능하지. 하지만 난 규칙을 지키려고 노력하네"라고 대답했다.[9] 대부분의 근대 작가는 이런저런 수단을 통해 개인적인 편견을 인정한다. 아널드 토인비Arnold Toynbee(1889-1975)는 "모든 국가, 모든 민족에게는 의식적으로든 무의식적으로든 어떤 목표가 있다. 그래야 다른 민족 목표의 희생양이 되지 않는다"고 말했다.[10] 객관성도 하나의 목표라는 걸 기억해야 한다.

편견을 완전히 근절한다는 건 불가능하다. 나도 내 편견을 완전히 떨치지 못했다. 그러나 그것이 내 요점이다. 때때로 나는 재밌다는 이유로 어떤 이야기를 선택했지만, 대부분의 경우에는 과거에 대한 우리 생각을 구축하는 데 특별한 역할을 해낸 역사학자를 선택했다. 내가 선택한 사람들이 어쩌면 '전문' 역사학자들을 짜증 나게, 어쩌면 격분하게 만들 수 있다는 걸 인정한다. 예컨대 카시우스 디오, 클래런던 백작, 몽테스키외 남작, 쥘 미슐레, 잠바티스타 비코(역사철학의 창시자), 프란체스코 귀차르디니(마키아벨리의 친구이자 이웃), 조르조 바사리(예술사의 창시자), 테오도어 몸젠(노벨 문학상을 받은 유일한 역사학 교수), 야코프 부르크하르트(루커스가 지난 두 세기에서 가장 위대한 역사학자로 평가), 프랜시스 파크먼, 토머스 칼라일(그의 프랑스 혁명사는 '화산처럼 폭발하는 순전한 문학성'으로 사이먼 샤마가 선정한 10대 역사서에 포함되었다),[11] 헨리 애덤스, 프레더릭 윌리엄 메이틀런드, 요한 하위징아, 피터르 게일, 에두아르도 갈레아노(가장 위대한 라틴 아메리카 역사학자), 마오쩌둥의 초기를 기록한 편년사가 가오화高華(2011년 사망)와 그의 멘토 천인커陳寅恪, 구술 역사가인 스터즈 터클(나와 작업한 적이 있다)과 오스카 루이스, 오스트레일리아의 잡식성 역사학자 로버트 휴스와, 금세기에 가장 영향력 있는 뮤지컬로 이어진 알렉산더 해밀턴Alexander Hamilton(1755-1804)의 전기를 쓴 론 처나우 등 저명한 역사학자들이 전혀 언급되지 않거나, 아주 작은 단역으로 잠깐 소개될 뿐이다. 나는 지금 우리가 황금시대의 한복판에 있다고 믿고, 중요한 저작을 발표한 30명 이상의 현대 역사학자도 알고 있다. 텔레비전을 통해 폭넓은 찬사를 받은 일부 학자를 제외하면, 그들이 장기적으로 어떤 평가를 받을지 지금 판단하기에는 성급하다고 생각한 까닭에 여기에 포함하지 않았다.

내 접근법은 대체로 연대기적이지만 이 원칙이 엄격히 지켜지지는 않는다. 이 책은 서너 개의 뼈대를 중심으로 전개된다. 과거는 어떻게 기술되고, 그렇게 기술된 결과물은 어떻게 되는가? 기록된 문서부터 목격담과 '말없는' 증거(건물, 묘지, 물건)까지 출처의 용도가 시간의 흐름에 따라 어떻게 달라지는가? 편견의 결함을 주로 지적하지만, 역사학자의 열정적인 주관성으로서 편견이 재능과 결합될 때 축복이 될 수 있다는 점에서 편견은 놀랍게도 강점이 된다. 그럼 편견이란 무엇인가? 역사학자와 정부의 관계, 또 역사학자에게 요구되는 애국주의는? 서술과 진실 사이의 관계에서 스토리텔링의 역할은?

헤로도토스가 위대한 저작을 썼고, 당시 사람들은 그 저작에《역사》라는 이름을 붙였다. 그러나 학자들은 '역사'라는 단어가 '탐구' 혹은 '연구'에 더 가까운 뜻이라고 지적해왔다. '역사'라고 칭함으로써 그 저작의 독창성이 희석되는 것은 사실이다. 따라서 나는 우리가 과거를 보는 관점에 중대한 영향을 미친 사람들, 정확히 말하면 우리에게 우리 과거를 '준' 사람들에 대해 과감히 주장하고 싶다. 2500년 전 방랑하던 그리스인의 조사에는 특별한 종류의 탐구—지리학과 민족지학, 문헌학과 계보학, 사회학과 인류학, 전기와 심리학, 상상력이 더해진 재창조(예술) 및 많은 종류의 지식—가 반영되었다. 이처럼 방대한 호기심을 보여준 사람이라면 '역사학자'라는 지위를 누려야 마땅하다.

서곡

: 수도원 밖의 수도자

우리 방법론이 아무리 진화하더라도 다듬어지지 않은 역사를 마주한다는 건 불가능하다. 우리는 누군가가 이야기하고 소개하는 역사, 누군가에게 그렇게 보인 역사, 누군가가 그랬을 것이라고 믿는 역사를 마주한다. 역사를 쓰는 방법론은 예부터 항상 그랬다. 따라서 이런 흐름을 뒤바꿀 수 있을 것이란 생각은 어리석은 판단일 수 있다.

– 리샤르드 카푸시친스키, 2007년[1]

MAKING HISTORY:
THE STORYTELLERS WHO SHAPED THE PAST

1963년 여름, 데이비드 놀스David Knowles(1896-1974)의 친구와 학생, 동료 들은 케임브리지의 현대사 흠정 강좌 담당 교수로서 은퇴하는 놀스에게 기념 논문집을 헌정했다. 흠정 강좌 담당 교수는 역사학자가 누릴 수 있는 가장 권위 있는 직책 중 하나였다. 20세기 후반기에, 놀스는 정식으로 사제 서품을 받은 성직자답게 잉글랜드 종교사의 가장 중요한 기록자이자, 위대한 법제사가 프레더릭 윌리엄 메이틀런드Frederic William Maitland(1850-1906) 이후로 가장 주목받은 학자였다. 놀스는 기원후 800년경부터 15세기 말까지 놀라울 정도로 오랜 시간을 연구했고, 29권의 저작을 발표했으며, "시인 역사학자",[2] "숲을 지배하는 거대한 떡갈나무 중 하나, 산문시인",[3] "타의 추종을 불허하고… 누구에게도 뒤지지 않는"[4]이라고 칭해지며 영국만이 아니라 해외에서도 큰 명성을 누렸다.

그 기념 논문집은 놀스의 요약된 이력으로 시작된다.[5] 태어났을 때 놀스는 마이클 클라이브 놀스였지만 수도원에 들어가 데이비드라는 이름을 얻었다. 다운사이드 학교를 졸업한 직후, 그는 수도원 공동체에 들어갔다. 케임브리지에 진학해서는 철학과 고전학에서 1등급을 받았다. 1923년부터 다운사이드 학교에서 가르치며, 작가로서의 이력을 시작했다. 1928년, 32세에는 수련 수사를 교육하는 종교 기관의 책임자가 되었고, 1933년에는 다운사이드 수도원에 소속된 일링 소수도원으로 옮겨가, 그의 주 저작 《잉글랜드의 수도회》를 쓰는 데 전념했다.

요약된 이력의 뒷부분에는 책, 논문과 강연, 강의 교재 및 학자로서 얻은 명예가 끝없이 나열되었다. 1944년 놀스는 케임브리지 피터하우스 칼리지의 연구원에 선출되었다. 1954년에는 윈스턴 처칠에 의해 흠정 강좌 담당 교수로 임명되었다. 1895년 액턴 경Lord Acton(1834-1902) 이후로 그 직책에 임명된 최초의 로마 가톨릭교도였고, 종교개혁 이후로 사제이자 수도자로는 그가 최초였다(마지막일 가능성도 크다). 그의 옥스퍼드 친구이자 중세학자이던 윌리엄 에이블 팬틴William Abel Pantin(1902-1973)이 쓴 이력서는 "최고의 중세 역사학자가 이곳에 있었다는 게 그로 인해 더 많은 사람에게 분명해졌다"라고 이어졌다.

이쯤에서 '그러나'라는 접속사가 쓰이겠다고 추정한 독자가 있을지 모르겠다. '그러나'는 복잡한 접속사이지만 이력서는 놀스가 한 여인과 함께 다운사이드를 자극한 저항을 언급하지 않았고, 마지막 35년 동안 그녀와 맺은 중요한 관계에 대해서도 전혀 언급하지 않는다.[6] 오히려 기념 논문집은 수도원이 그의 삶에서 불미스런 부분을 배제하고 오래전부터 바깥 세상에 널리 알리려고 애썼던 업적을 강조한다. 하지만 그는 역사학자로 한창 존경받던 때 위기의 시기를 맞았다. 그 시기에는 이 책의 중심 주제들도 여실히 드러난다. 요즘 사

1965년의 데이비드 놀스 수도자. 앵거스 윌슨은 1956년에 발표한 소설 《앵글로 색슨의 자세》에서, 놀스를 모델로 삼은 등장인물을 "무척 금욕적이지만 이상하게도 염소를 닮은 얼굴"이라고 묘사한다.

람들에게 20세기 중반의 수도원 생활이 신비로운 주제로 보일 수 있는 건 사실이다. 놀스가 자신의 시대에는 상당한 존경과 명예를 누렸더라도 우리 시대에는 대체로 잊힌 역사학자이다. 그래도 꾹 참고, 놀스에 대한 이야기를 들어보기 바란다. 그의 이야기는 무척 흥미진진할 뿐만 아니라, 한 인간이 개인적인 믿음과 편견이란 프리즘을 통해 과거를 어떻게 이해하는지를 잘 보여주기 때문이다. 따라서 그에 대한 분석은 우리가 앞으로 역사학자들의 글을 읽을 때 나침반 역할을 해줄 것이다.

❊ ❊ ❊

내가 놀스의 글을 어떻게 처음 만났고, 그 자신이 수도자였는데도 잉글랜드의 수도회들이 해체되기 오래전부터 수도회들에 반감을 품었다는 사실에 충격을 받았다는 건 앞에서도 말했다. 2010년 3월, 나는 당시 다운사이드 수도원장이었고, 역시 케임브리지에서 중세사로 박사 학위를 받은 에이든 벨린저Aidan Bellenger에게 편지를 썼다. 그가 놀스를 알았을까? 그는 이메일로 "당신에게 많은 걸 말해줄 수 있을 것 같군요"라는 답장을 보냈다. 그로부터 몇 주 후, 나는 수도원을 찾아갔고, 에이든 수도원장은 나를 작은 사무실로 안내했다. "지난 이틀 동안 데이비드 놀스에 대해 줄곧 생각했습니다"라고 말문을 떼고는 "이곳에 그가 남긴 미발표 자서전이 있습니다"라고 말했다. 내가 말로 표현하지 않은 질문이 허공을 맴돌았다. "물론입니다. 당신에게도 그 자서전을 읽을 기회를 드리겠습니다." 에이든은 빙그레 웃으며 덧붙였다. 그래서 나는 수도원 도서관에서 특별한 학자의 책상에 차분히 앉아 그 자서전을 읽었다.

놀스는 65세이던 1961년에 자서전을 쓰기 시작했다.[7] 회고록의 대부분이 1963년과 1967년 사이에 완성되었고, 그 뒤로 자주 수정한 탓에 현재는 세 종류가 있다(가장 긴 것이 228쪽). 그가 세상을 떠난 1974년까지도 수정은 계속되었다. 원고 자체가 다른 부분이 적지 않고, 다른 사람에게 알리기에는 지나치게 사적이라 판단했던지 통째로 줄을 그은 단락도 있다. 세 원고는 어조와 공개 정도에서 다르지만, 그가 공개적으로 발표한 저작물의 장점들―강력한 소속감, 성품의 세밀한 분석, 빈번한 문학적 인유, 고집스런 종교적 규범―을 보여주는 데는 조금도 다르지 않다.

데이비드 놀스는 비성공회 개신교도로 열렬한 자유당원이던 집안에서 태어났다. 그들은 워릭셔주州, 스트래트퍼드어폰에이번Stratford-upon-Avon 근처의 한 마을에서 커다란 집을 짓고 살았고, 그의 친할아버지가 그곳 주민의 절반을 고용할 정도였다. 그는 외동이었고, 아버지에게 경칭을 쓰며 '님'이란 호칭을 붙였다. 이런 딱딱한 격식에도 불구하고 부자 관계는 가깝고 좋았다. 해리 놀스는 아들에게 시골과 고풍스런 건물과 크리켓을 사랑하는 마음만이 아니라 문학적 열정까지 전해주었다. 놀스는 "[아버지가] 내 마음과 품성에 가장 깊은 영향을 주었고, 유아 시절부터 가장 가깝고 가장 소중한 친구였다"고 썼다.

해리 놀스(성공한 목재상이며, 히즈 마스터스 보이스His Master's Voice 턴테이블에 사용된 바늘을 제작하기도 했다)는 19세기 말 영국 가톨릭계를 대표한 문학인으로 현재 성자로 시성된 존 헨리 뉴먼John Henry Newman(1801-1890) 추기경의 사상에 크게 감명을 받았고, 아들이 한 살이던 1987년 놀스 부부는 가톨릭으로 개종했다. 해리는 하나뿐인 자식을 열 살이 될 때까지 정규 학교에는 보내지 않기로 결정했다. 따라서 데이비드 놀스는 커다란 집에서 과보호하는 어머니와 함께 외롭게 지내야 했다. 어머니는 허약한 편이었다. 데이비드는 글을 읽기 시작하면서 월터 스콧Walter Scott(1771-1832)과 마크 트웨인 Mark Twain(1835-1910)을 만났고, 로버트 루이스 스티븐슨Robert Louis Stevenson(1850-1894)의 《검은 화살》과 리처드 도드리지 블랙모어 Richard Doddridge Blackmore(1825-1900)의 《로나 둔》을 읽었지만 놀랍게도 찰스 디킨스Charles Dickens(1812-1870)는 읽지 않았다. 데이비드는 길버트와 설리번의 오페레타들을 외웠고, 마침내 기차를 좋아하기에 이르렀다. 그는 기차 운행 시간표를 끼고 살며, 특히 맨섬행 열차의 운행표에서 오식誤植을 찾아내는 걸 좋아했다. 그는 외롭게 지내 감성적이었지만 조숙하고 똑똑했다. 그때부터 한 가지 확실한 조짐이 보였다.

내가 성직자가 될 거라고 처음 안 때가 언제인지는 기억나지 않는다. 내가 '안다'라는 표현을 쓴 이유는, 한 번도 성직자가 되겠다고 생각해보거나 그런 결심을 한 적이 없기 때문이다. 아버지도 그런 바람을 드러낸 적이 없다. 그러나 나는 첫 영성체를 치르기 전날 그런 느낌을 확실히 받았다. 그날 저녁 침대에 누웠을 때 내 마지막 영성체가 언제 어디에서 있을지 궁금했고, 내가 영성체를 받는 성직자인 모습이 머릿속에 떠올랐던 게 뚜렷이 기억난다.

1906년 놀스는 버밍엄 외곽에 있는 가톨릭계 초등학교(13살까지 교육받는), 웨스트 하우스로 보내졌다. 4년 뒤에는 장학생으로 다운사이드 학교에 진학했다.

※ ※ ※

다운사이드 공동체community(수도자의 모임)는 1606년 프랑스의 두에에, 다음에는 스페인령 네덜란드(현재는 벨기에)에 모여 대大 그레고리오 성자 수도원을 세운 잉글랜드와 웨일스 수도자들의 모임이 모태였다. 한동안의 억류가 있은 후, 1795년 그들은 추방되어 잉글랜드에 정착했다. 처음에는 슈롭셔주州에 정착했지만 1814년에는 채석장과 푸른 들판과 작은 돌멩이가 깔린 마을들이 펼쳐진 시골 지역에 위치하고, 바스 수도원과 글래스턴베리 수도원 사이의 중간쯤을 차지한 마운트 플레전트로 이전했다.

1840년대쯤 다운사이드에서는 60명 이상의 아이를 받아들였다. 9-19세 사이로 대부분이 중상층 가정 출신이었다. 1909년 놀스는 13

세가 되어 다운사이드에 진학했고, 그 무렵 다운사이드의 학생 수는 200명에 달했다. 그의 표현을 빌리면, "무모한 장난, 보수적 성향, 성에 대한 호기심, 잔혹성, 감상적 이상주의"가 뒤범벅된 또래들과 어울리며 "강에 표류하는 나뭇조각처럼" 살았다. 달리 말하면, 남자 기숙학교의 영향과 유혹에서 벗어나지 못했다. 3학년 때는 거버스 드 블레스Gervase de Bless와 친구가 되었다. 거버스의 아버지는 법정 변호사였고, 어머니는 안정된 가톨릭 가문의 딸이었다. 거버스는 놀스보다 두 살 어렸지만 책을 많이 읽고 여행도 많이 한 친구였다. 그에 대해 놀스는 "갑자기, 느닷없이, 어떤 접촉이나 예고도 없이 나는 깊은 감정에 사로잡혀 꼼짝하지 못했다"고 기록했다.

기숙사의 모든 불이 꺼지면, 그들은 달빛 아래에서 모든 것에 대해 나지막한 목소리로 이야기를 주고받았다.

무엇보다 거버스의 윤택한 정신이나 성품과 즐겁게 접촉한 덕분에 삶 전체가 새로운 활력을 얻었다. 전에는 그런 느낌을 경험한 적이 없었다. 따라서 그때는 그 만남을 지속할 수 있다면 모든 것을 잃어도 괜찮다는 기분이었다. 하지만 내 생각이 온통 그 만남에 몰두하자, 나는 어둠과 위험에 빠져들고⋯ 끝없이 원하지만 결코 도달할 수 없는 것에 대한 환상에 사로잡혔다.

그 우정은 계속 그에게 즐거움을 주었지만, 놀스의 회고록이 증명하듯이 거버스가 놀스의 지나치게 친밀한 행동을 의심하며 다른 친구들을 사귀었기 때문에 그에게 고통도 주었다. 놀스는 그들이 합의한 한계를 마지못해 받아들였고, 욕망을 채우는 최선의 방법을 확신하지 못한, 독점욕이 강한 구혼자처럼 행동함으로써 결국에는 그

우정을 끝맺고 말았다. 교장은 그를 한쪽으로 데려가 "질투하는 여자처럼 행동하며, 너에게 아무런 해를 끼치지 않는 사람에게 상처를 주고 있다"고 꾸짖었다. 자서전에서 놀스는 앨프리드 에드워드 하우스먼Alfred Edward Housman(1859~1936)의 "돈은 얼마든 주어도 좋다. 하지만 마음은 주지 말라"는 시구를 인용하며 자책했다.

1914년 9월, 그의 번민은 극한에 다다랐다. "나는 거버스만이 아니라 다운사이드에도 마음이 끌렸다. 하지만 둘 모두에서 내가 바라는 것을 찾지 못했다." 그해 놀스는 18세였고, 학창 시절도 끝났다. 학교 생활이 실패한 것은 아니었다. 그는 무척 우수한 학생이었다. 마지막 학기에는 첫 크리켓 팀을 결성해 "대단한 기술이 없어 열정적으로"[8] 경기했다. 또 학교 잡지를 편집했고, 소설을 쓰기 시작했다.

다운사이드를 졸업하고 몇 달이 지나지 않아, 제1차 세계대전이 터졌다. 놀스는 현역으로 징집되기에 충분한 나이였지만, 수련 수사가 되겠다고 이미 신청한 뒤여서 징집이 면제되었다. 대신 놀스는 1년 동안 베네딕트회 회칙을 지켜야 했고, 그 후에 '단순 서원simple vow'을 한 뒤에 최종적으로 맹세하기 전에 3년을 수도원에서 더 지내야 했다. 수련 수사가 철저히 차별받는다는 걸 깨닫는 데는 오랜 시간이 걸리지 않았다. 회칙에 따라, 그에게는 신문을 읽는 게 허용되지 않았다. 조명도 허용되지 않고 세속적인 문학 서적도 허용되지 않았다. (그렇다고 그가 《맥베스》를 암기하는 걸 막지는 못했다.) 그 엄격한 생활은 새벽 4시 30분이 시작되어, 끝 기도와 밤 기도 이후의 밤 11시경에야 끝났다. 이후에는 '절대적인 침묵'이 뒤따랐고, 이때는 말을 하거나 불필요하게 소리를 내는 게 금지되었다.

거버스는 해군 장교 후보생으로 입대했다. 1916년 3월 말, 거버스는 전투순양함, '리벤지'호의 선상에서 사망했다. 보고에 따르면, 독

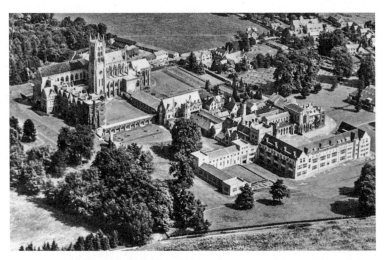

공중에서 본 다운사이드 수도원과 학교. *1920*년대 초에 찍은 사진. 당시 수도자들은 대규모 사립 교육 기관을 설립해 *500*명 이상의 남학생들을 교육할 예정이었다.

감에 의한 당뇨 발작이 사인이었다. 놀스는 큰 충격을 받았고(거버스의 묘지에서 꺾은 푸른 꽃잎을 그의 성무일도서에 50년 동안 간직해두었다), 시시때때로 되살아나는 자기 질책에 시달렸으며, 더구나 거버스의 어머니가 그를 실질적인 양아들로 대한 까닭에 그 상황이 더욱 악화되었다.[9] 캐나다계 미국인 중세학자로 놀스의 삶에 대해 쓴 노먼 캔터 Norman Cantor(1929-2004)는 "많은 친구가 진창에서 죽고, 서부전선에서 학살된 전쟁에서 군대에 입대하지 않았다는 사실에 그는 죄책감에 짓눌렸다. 그 때문에 수도자와 성직자로서 하느님을 섬기는 삶이 자신의 생존을 정당화하는 아주 특별하고 부담스런 구실이 되어야 했다"고 말했다.[10]

그 '아주 특별한' 섬김은 무엇이어야 할까? 놀스가 원한 것은 교구에 파견되거나 학교에서 가르치는 게 아니었다.

나는 긴장 상태를 견디며 두 가지 질문에 답해야 한다는 걸 의식하게 되었다. 하나는 '수도자의 삶, 즉 하느님을 찾아가는 여정도 문학과 예술, 여행과 운동 및 그 밖의 모든 것과 마찬가지로 세상의 관심사를 공유할 수 있을까?'였고, 다른 하나는 당시의 다운사이드에 국한된 것으로 '수도원을 나가 교구 일을 맡아도 수도자의 소명에 어긋나는 게 아닐까?'였다.

이 단락은 자서전의 첫 원고에서 보이는데, 마지막 수정본에서는 붉은색 잉크로 힘 있게 그은 굵은 줄에 지워졌다.

※ ※ ※

1917년 놀스는 수도원으로부터 짧은 휴가를 얻어 콘월주 북부에 위치한 가르멜회 수녀원을 방문했고, 모든 인간적 인연을 끊은 채 금욕적으로 살아가는 그들의 모습에 큰 감명을 받았다. 그해 8월에 돌아온 놀스는 다운사이드 수도원장 커스버트 버틀러Cuthbert Butler(1858-1934)에게 면담을 요청했다. 버틀러 수도원장은 신비주의와 영성에 대한 글로 젊은 놀스에게 이미 많은 영향을 미친, 범접하기 힘든 인물이었다. 하지만 자서전에서 밝혔듯이, 놀스는 수도원장을 '너무 편하고 너무 인간적'이라 생각하며 "수도원 생활이 더 엄격해져야 한다는 소명을 강력하게 느꼈다." 그럼 놀스는 1084년에 설립된 수도회로, 수도자들에게 홀로 일하며 기도하기를 요구하는 카르투시오회에 들어가야 했던 것일까? 버틀러는 결정을 성급하게 내리지 말라고 충고했고, 놀스는 5년 동안 수도회의 이전을 연기하겠다고 약속했다. 1918년 10월, 스물두 살이 된 데이비드 놀스 수도자는 '성식 서원(盛式誓願, solemn vow)'을 했다.

버틀러는 놀스에게 중세 시대를 대표하는 프랑스의 대수도원이고, 유럽 대륙의 수도원 전통을 상징하는 클뤼니 대수도원Abbaye de Cluny을 연구해보라고 권했다. 놀스는 다운사이드 수도원의 꼭대기층을 임시 숙소로 삼아, 난방 시설도 없는 방에서 수사복 위에 헐렁한 가운을 걸치고 베네딕트회의 역사를 연구하기 시작했다. 그러나 영감을 받기는커녕 의문만 커져갔다.

베네딕트회 소명이 사도의 소명과 다르고, 성 베네딕트가 수도자들에게 죽을 때까지 수도원을 떠나서는 안 된다고 요구했다는 주장이 있었다. 또 세평에 따르면, 교구 생활은 재속 신부들의 생활과 거의 다르지 않아, 수도원 공동체에서의 삶과 다운사이드의 엄숙한 예배 의식과는 뚜렷이 대조되는 삶이었다.

다운사이드 수도원abbey은 원래 15-20명의 수도자가 거주하던 작은 수도원priory이었다. 수십 년의 시간이 흐르는 과정에서도 달라진 것은 거의 없었다. 그러나 "점진적으로 조용히… 커다란 변화가 가까이 다가오고 있었다." 1920년대 초, 수도자들은 대규모 사립 교육 기관을 설립해 500명 이상의 남학생들을 교육할 계획을 세웠다. 놀스에게는 실망스럽게도, 수도원은 그 계획에 점점 더 많은 자원을 투입해야 했고, 그런 변화는 성 베네딕트의 원래 의도와 모순되는 듯했다.

수도원을 다시 떠난 덕분에 놀스의 개인적인 위기는 잠시 미루어졌다. 커스버트 버틀러의 시대부터, 상대적으로 똑똑한 수련 수사들은 케임브리지에 보내졌고, 대부분이 크라이스츠 칼리지Christ's College에서 교육을 받았다. 수도원은 외부에서 교육받는 수련 수사들을 양해했고, 놀스는 곧 정규 학생이 되어 정식으로 3년 과정을 시작했다. 놀스는 최상위 등급을 받기로 마음먹었고, 당연히 그렇게 되었다.* 그러나 상위 등급을 받은 직후, "잠시 기쁨에 젖었지만, 1등급이 내 진짜 자아가 지향하는 목표가 아니라는 깨달음이 뒤따랐다." 다운사이드가 그에게 적합한 곳인가에 대한 의문까지 더해지며, 그의 지적인 관심사를 따를 것인가, 그 관심사를 기도하는 삶에 양보할 것인가, 둘 사이의 내적 전투는 더욱 치열해졌다. 1922년 놀스는 혼란스런 마음을 억누른 채 수도원으로 돌아갔다.

동료 수도자들은 놀스의 그런 내적인 갈등을 거의 눈치채지 못했다. 놀스가 성숙해지고 자신감을 얻어감에 따라, 그의 삶도 자연스레 진보하는 것처럼 보였다. 영성을 다룬 고전을 읽는 게 여전히 부담스러웠지만 그는 주당 28시간을 가르쳤고, 오후에는 럭비팀과 크리켓팀을 감독했다. 지역 예배소에서도 일했다. 그렇게 바쁘게 지내면서 그는 장래의 수도원장으로 거론되기도 했다.

마침내 정식 수도자가 되어 수도원 도서관을 이용할 수 있게 되자, 놀스는 영국 시인들과 위대한 역사학자들―매콜리와 기번, 고대 그리스와 로마의 역사가들―을 본격적으로 연구하기 시작했다. 4년 후, 느닷없이 옥스퍼드 대학교 출판부가 그에게 미국 남북 전쟁 당시 남부군 사령관이던 로버트 에드워드 리Robert Edward Lee(1807-1870)에

---

* 다시 말하면, 그는 1등급을 받았다. 1918년 이후로 영국 전역에서 사용된 등급 체계는 1등급을 70점 이상에게 주었고, 2등급은 둘로 나뉘어 중상(2:1)은 60-69점, 중하(2:2)는 50-59점에서 주어졌다. 3등급은 40-49점에게 주어졌다. 케임브리지에서는 한 학생이 두 분야에서 1등급을 받으면, '이중 1등급double First'으로 평가되었다. 일부 강의는 "1등급 답에 해당하는 우수함을 예외적인 정도로 일관되게 보여주는" 답안지에 '별 등급starred First'을 부여했다. 놀스는 철학과 고전학에서 1등급을 받았다.

대한 책을 써달라고 의뢰했다. 그 뜻밖의 의뢰가 그의 첫 작품, 남북 전쟁 전체를 조망한 약 200쪽의 책이 되었다. 그 책에서 놀스는 산업 화된 북부가 기사도 시대에 머문 늙은 남부를 짓밟는 상황을 낭만적으로 묘사했다. 놀스는 미국을 방문한 적이 없었지만, 수도원에는 없는 우아한 삶의 방식과 높은 이상을 남부의 특징으로 보았고, 링컨에게서는 이상적인 수도원장이 갖추어야 할 많은 덕목을 찾아냈다. 케임브리지에서 거둔 성과에서도 그랬듯이, 놀스는 그 책의 성공을 즐겁게 받아들이지 못하고, 그 성공을 "기도하는 삶을 방해하는 경쟁으로… 하느님을 향한 진정하고 진지한 귀의의 부정"으로 일축했다.

그 책을 쓰는 과정은 놀스에게 수도원을 벗어나는 핑곗거리가 되었고, 놀스는 수도원을 떠나 옥스퍼드에서 연구했다. 그의 다음 프로젝트는 《베네딕트회의 세기들Beneticine Centuries》(1927)이었다. 이 책에서 놀스는 이상적인 수도원 공동체, 즉 헌신적인 사람인 동시에 지적인 엘리트의 모임이란 청사진을 제시할 예정이었다. 따라서 그의 표현을 빌리면, 그 책은 "다운사이드의 과거사와 현재의 곤궁한 상황"에 대한 간접적인 공격으로 해석되기에 충분했다. 놀스가 서품을 받은 직후, 버틀러가 수도원장에서 물러나고 교장이던 리앤더 램지 Leander Ramsay가 뒤를 이어받았다. 놀스의 평가에 따르면, 램지는 다정다감했다. 1928년 여름, 다운사이드는 부속 건물을 세우고 도서관을 확장하는 계획을 수립했다. 놀스는 둘 모두에 반대했고, 격렬한 토론이 이듬해까지 이어졌다. 그런데 그해 램지가 갑작스레 사망했다. 놀스는 자신의 수도원 생활도 끝나간다는 걸 느꼈다.

놀스는 케임브리지로 돌아가, 1919년에 다시 문을 연 '검은 옷을 입은 수도자(black monk, 베네딕트회 수도자를 지칭하는 다른 이름)'를 위한 쉼터, '베네딕트 하우스'의 관리자가 되는 걸 목표로 삼았다. 그러나 1929년 여름, 그가 탄 자동차가 네슬레 우유 운반 트럭과 충돌해서 거의 죽을 뻔했다. 앞유리에 부딪혔고, 목에 출혈이 있었으며, 심각한 뇌진탕 증세도 있었다. 두 번의 수술을 받았고, 한쪽 눈의 시력을 상실할지 모른다는 우려도 있었다. 그 불운을 이겨내기는 했지만 그의 건강은 예전과 같지 않았다. 그는 자서전에 "내 젊음은 이제 끝났다"고 기록했다. 게다가 한 동료의 회고록에 따르면, 그 사고로 그의 심리 세계가 완전히 뒤집히며 그 이후로는 "권위적이고 비타협적인 태도"를 보였다.

당시 32세로 요양 중이던 놀스에게 수련 수사의 교육 책임자 역할이 12개월 동안 임시로 맡겨졌다. 그 역할을 끝내자, 신임 수도원장 존 채프먼John Chapman은 놀스를 케임브리지에 돌려보내지 않고 주니어 마스터Junior Master에 임명했다. 수련을 끝냈지만 아직 사제 서품을 받지 못한 수도자들을 책임지는 직책이었다. 놀스는 〈다운사이드 리뷰〉의 편집장도 겸임했다. 그가 편집장을 맡고 오랜 시간이 지나지 않아, 그 잡지는 잉글랜드에서 손꼽히는 가톨릭계 학술지가 되었다. 그러나 그는 대학에 돌아가려던 기회를 막은 채프먼에게 격노하며, 영적인 상관을 "비판하는 사람에게는 가혹해서 그 말과 행동을 결코 잊지 않는" 옹졸하고 우유부단한 사람이라 평가했다.

✕ ✕ ✕

1920년대의 바깥 세계, 적어도 부유한 국가들에는 재즈jazz라는 새로운 소리가 대학살의 시간에서 벗어나게 해주는 즐거움이 있었다. 그렇지만 반발심 때문이었는지 몰라도, 놀스의 생활 방식은 더욱더 금욕적으로 변해가며, 공감하는 범위도 줄어들었다. 1930년대에 들어서는 소설을 읽고 음악을 듣는 것마저 중단했다. 게다가 자동차 사고 이후에도 근육질의 늘씬한 몸을 유지하고 날렵하고 기운차게 걸어, 신체적으로 아무런 문제가 없었지만 테니스와 스쿼시도 그만두었다. 그 이후로 평생 동안, 그는 단 여섯 편의 영화만 보았고, 그것도 모두 무성 영화 시대에 제작된 것이었다. 연극은 전혀 관람하지 않았고, 라디오는 1년에 한 번, 크리스마스이브에 캐럴이 방송될 때 들었을 뿐이다. 텔레비전은 두 번 시청한 것으로 알려진다. 한 번은 크리켓 경기 중계방송이었고, 다른 한 번은 독립한 로디지아 지도자 이언 스미스Ian Smith(1919-2007)의 인터뷰였다. 또 전에는 '친애하는 형제로부터Yours affectionately'라고 끝맺던 편지가 그때는 '그분의 것으로부터Yours to Him'로 바뀌었다.

놀스는 항상 갸름한 얼굴이었다. 거의 주름이 없었고, 작은 눈에 얇은 입술, 홀쭉한 볼, 꿰뚫어보는 듯한 시선, 그러나 철회색 액자에 끼워 넣어진 그런 이목구비와 바싹 자른 곱슬머리는 약간 과장되어 보이기도 했다.* 그의 태도는 자신감에 찬 확신만이 아니라 금욕주의자의 냉담한 내향성으로도 해석되었다.

그사이에도 채프먼 수도원장은 새로운 계획들을 추진했고, 놀스는 수도원 생활의 개선보다 학교에 중점을 두어야 한다는 근거를 내세우며 대부분의 계획에 강력히 반대했다. 놀스는 당시를 회상하며 자서전에서 '수도원monastery'은 그리스어에서 '혼자'를 뜻하는 μόνος(monos)에서 파생된 것이라고 날카롭게 지적했다. 그의 표현을

---

* 앵거스 윌슨이 1956년에 발표한 소설 《앵글로 색슨의 자세》에서, 놀스는 "위대한 베네딕트회 학자", 라베넘 신부, "무척 금욕적이지만 이상하게도 염소를 닮은 얼굴"을 가진 "자그마한 성직자"로 풍자되었다. 다행스럽게도 놀스는 그 소설을 읽지 않았다.

빌리면 1930년 전반부는 "내 삶에서 가장 암중모색하던 6개월"이었다. 곧 그는 다운사이드가 길을 잃었다는 주장에 동조하는 지원군을 찾아냈다. "조용하고 학구적인 형제들", 주로 놀스에게 경외심을 품었던 수련 수사와 하급 수사로 구성된 한 줌의 수도자들이었다. 그들은 놀스에게 다른 형태의 수도원 서약을 요구하는 데 앞장설 수 있겠느냐고 물었다.

그해 6월, 놀스의 상상력을 사로잡으며 해결책을 제시하는 듯한 프로젝트가 떠올랐다. 수년 전, 다운사이드는 고향 땅에 베네딕트회 공동체를 설립하고 싶어 하던 한 오스트레일리아인으로부터 관대한 선물을 받았다. 놀스는 당시 9명에 달하던 제자들과 함께 그 외곽의 소수도원을 맡겠다고 제안했다. 그들은 지원 세력을 얻으려고 다른 수도자들을 설득하기 시작했다. 그러나 놀스의 바람은 다시 채프먼에 의해 좌절되었고, 둘 사이에는 분노로 가득한 편지들이 오갔다. 채프먼 수도원장에게 놀스는 비합리적이고 이상한 사람, 즉 수도원의 골칫거리가 되어가고 있었다.

채프먼은 놀스를 직접 대면하는 걸 꺼리며, 언젠가 편지를 써서 "자네가 좋지 않은 사람이라고 말하려는 게 아니라, 자네에게 수도자로서 소명이 부족하다고 말하는 거네"라고 지적했다. 그러나 그들은 성 베네딕트의 원래 목적이 버려져서 반발한 것이었기 때문에 그런 지적을 받아들이기는 힘들었다. 그들의 저항은 계속되었고, 자체적으로 이름—"완벽함을 향하여"를 뜻하는 라틴어 usquequaque perfectionem를 차용해 '우스케 운동 usque movement'—까지 붙였다. 1933년 8월, 채프먼은 놀스가 소동과 불복종을 조장한다고 비난하며, 놀스를 "태풍의 눈… 젊은 수도자들을 잘못된 길로 인도하는 신뢰할 수 없고 불순종하는 수도자… 깎아내려야 할 경쟁자"로 규정했다.[11]

그 저항자들은 모두 놀스보다 적잖게 어렸다. 그중 셋은 여전히 단순 서원이나 유기 서원temporary vow 상태에 있었다. 따라서 공동체로부터 유의미한 지원을 받지 못하자, 그들은 저항을 계속 이어갈 용기를 잃고, 수도원장의 요구에 굴복하고 말았다. 놀스도 다운사이드의 지배하에 있는 자매 수도원, 서런던 외곽, 중하층 계급이 밀집한 일링의 소수도원으로 보내질 것이란 협박을 받았다. 결국 이 불온한 사제는 그 새로운 안식처로 보내졌고, 놀스의 눈에 그곳은 14명의 수도자가 살아가는 "어떤 규례도 지켜지지 않는 4류 수도원"이었다.

하지만 그런 좌천도 놀스의 입을 막지 못했다. 놀스는 부당한 대우를 받았다고 항소를 제기했다. 그해 11월 채프먼 수도원장이 사망하고, 브루노 힉스Bruno Hicks가 뒤를 이었다. 성격 묘사의 대가인 놀스는 자서전에서 힉스를 "매력적이지도 않고 용기를 북돋워주는 확신도 없으며, 차갑고 물처럼 변덕스러워 근본적으로 신뢰할 수 없는 사람"이라 묘사한다. 그렇지만 힉스는 놀스에게 그 사건을 로마, 즉 바티칸에서 수도회 문제를 감독하는 부서로 가져가라고 조언했다. 놀스는 힉스의 조언을 따랐지만, 1934년 6월 그의 청원은 기각되었다. 놀스의 표현을 빌리면, 교황 비오 11세가 직접 "약간 고지식한 답장"을 보냈다. 놀스는 격분해서 "대주교가 떡갈나무가 아니라 갈대라는 사실을 몸소 보여주었다"고 썼다. 그때부터 놀스는 소수도원에서의 삶을 거의 저버렸고, 학교에서 최소한의 의무와 약간의 강의를 맡았으며 식사 시간에도 누군가 말을 붙이지 않으면 입을 열지 않고 방문객의 접견을 피했다. 그는 일링에서 보낸 6년이란 시간의 대부분을 대영 박물관이나 런던 도서관에서 보내며 연구에 몰두했다. 43세가 된 1939년 어느 날 밤, 그는 최소한의 옷가지와 그리스어 성경과 성무일도서의 가을 부분을 보따리에 싸서 넣고는 사라졌다.

　그로부터 몇 주가 지난 뒤에야 다운사이드 수도원은 놀스가 사라진 걸 알았다. 약 4년 전, 일링의 소수도원장 베너딕트 카이퍼스Benedict Kuypers는 놀스에게 영적인 지도를 바라는 의과 대학생을 만나 달라고 부탁했다. 놀스의 글을 인용하면, 어느 날 저녁 "누군가가 응접실에서 나를 보려고 기다리고 있다는 말을 들었다. 응접실에 들어가자, 서른 남짓한 부인이 눈에 들어왔다. 짧은 모피 코트에 검은 치마를 입고, 모자를 쓰고 있었다. 단발로 보였지만 실제로는 머리카락이 머리에 바싹 달라붙은 것이었다. 그녀는 나지막이 완벽한 영어로 말했지만 발음은 약간 특이했다."

　그녀, 엘리사베트 코르네룹Elisabeth Kornerup은 정신과에서 수련 중인 스칸디나비아인(훗날 그녀는 권위 있는 타비스톡 클리닉에서 일했다)으로 루터교에서 개종한 가톨릭교도였다. 1901년 덴마크인 부모 밑에서 크리스마스 날에 태어난 그녀는 금발에 안경을 썼고, 말을 더듬어 전혀 매력적으로 보이지 않았다. 그럼에도 불구하고 그녀는 덴마크에서 여러 남자에게 청혼을 받았고, 런던에서도 꾸준히 청혼을 받았다. 놀스는 그녀에 대해 이렇게 썼다.

　엘리사베트의 외모는 얼핏 보기에 그다지 매력적이지 않았다. 내가 그녀를 서른 초반에 처음 보아 그렇게 생각했을지 모르지만, 그 연령 이전의 그녀를 마주친 사람도 그녀를 아름답다고, 더구나 '매력적'이라고는 생각하지 않았을 것이다. 그녀의 얼굴 외모는 크게 변할 가능성이 있었다. 특히 나이가 들면 그 가능성이 더 커질 것 같았다. 그녀는 항상 창백한 얼굴이었다. 피곤에 찌들거나 아프면 실제보다 나이가 들어 보였다. 때로는 휴식을 취할 때도 그녀의 얼굴은 생기가 없고 병색이 완연했다.

이상하게도 놀스는 거의 즉각적으로 그녀에게 빠져들었다. 그의 눈에 그녀는 "완벽한 영혼이며 성자"로 보였다. 무엇보다 그녀는 믿음이 무척 깊었고, 정결 서원vow of chastity을 했으며, 원래는 인도에서 선교 수녀로 일하기를 바랐다. 그녀는 밤에는 오랜 시간을 기도하며 보냈지만, 20대 초반에는 성체(聖體, 영성체에서 사용되는 밀떡)를 무단으로 가져가기도 했다. 또 수개월 동안 먹지도 마시지도 않고 살아보려고 시도했지만, 그런 시도는 처참하게 실패했고 그녀의 몸은 골병이 들었다(하지만 중세 말에 성스러운 여인들은 금욕의 대가로 성체만을 먹으며 몇 주를 살았던 것으로 추정된다). 그녀는 매일 고해실을 찾았다. 더구나 그녀가 요일마다 다른 고해 신부—예수회 신부, 구속주회 신부, 예수 수난회 신부, 교구 사제 등—를 찾는 것은 교회마저 이맛살을 찌푸리게 하는 극단적인 습관이었다. 데이비드 놀스는 그녀의 고해 신부가 되었을까? 그녀를 처음 만난 그날 저녁, 놀스는 그녀의 고해를 들었다. 그때 그녀는… 고해할 것이 아무것도 없다고 말했다! 놀스는 그녀가 "자기본위적인 가짜 신경증 환자"가 아닐까 의문을 품었지만, 이렇게 결론지었다. "나는 그녀를 받아들였다. …그날 이후로 40년이 지났지만 나는 내 결정을 후회한 적이 없었고 내 결정의 진실성을 의심한 적도 없었다."

그들이 처음 만났을 때 코르네움은 빅토리아역에서 정남쪽에 위치한 핌리코의 작은 아파트에 살고 있었다. 그녀는 런던 병원 두 곳에서 보조 병리학자로 일하면서도 개인적인 습관을 어김없이 실천하고 있었다. 놀스는 매일 그녀에게 편지를 쓰기 시작했고, 때로는 하루에 두 번씩 전화를 걸었으며, 번질나게 그녀의 집을 방문해 함께 묵도하며 시간을 보냈다. 일링 수도원의 동료들은 이에 대해 전혀 몰랐고, 데이비드 놀스가 도서관에 가는 것이라 생각했을 뿐이다.

나에게 의문이 제기될 때 내가 처할 수밖에 없는 난처한 입장을 나는 잘 알고 있었다. 성직자가 결혼하지 않은 여자, 더구나 젊은 여자의 방, 나중에는 집을 거의 매일 찾아가 몇 시간 동안 머무는 것도 분명히 알고 있었다. 그러나 그 방문은 나에게 영적인 의무, 성직자로서의 의무라는 것도 알고 있었다.

1937년, 코르네움은 역시 핌리코 구역에 속한 글로스터 스트리트의 더 넓은 아파트로 이주했고, 아래층에 거주하는 중년 여성을 쫓아내려고 외골수로 애썼다. 1939년 8월 28일, 그녀는 놀스에게 이사 오라고 말했다. 놀스는 그녀에게 "그렇게 하겠습니다"라고 대답했다. "그때 '인간사에는 기회라는 것이 있는 법'이란 셰익스피어의 구절이 떠올랐고, 나는 그 기회를 타서 커다란 기쁨을 누렸다." 그 이후로 놀스가 죽을 때까지, 그와 '브리짓 자매(그는 그녀를 이렇게 불렀다)'는 떨어지지 않았고, 그녀는 놀스가 죽고 1년 뒤에 죽었다.* 놀스는 성직자로서 자신에게 부여된 일차적인 의무가 그녀를 보호하는 것이라 믿

---

* 1977년 1월 29일 아드리안 모리 베네딕트회 수도자에게 보낸 편지에서, 놀스의 절친한 친구이자 유고遺稿 관리자이던 크리스토퍼 브룩은 케임브리지의 동료들이 그녀의 존재를 1963년까지 전혀 몰랐다고 말한다. 그녀는 놀스의 말년에서야 놀스와 함께 대중 앞에 나타났다. "놀스가 죽은 후, 그녀는 무기력과 상실감에 빠졌습니다. …내가 알던 그녀는 무척 유능하고 재치가 뛰어났으며, 지적이었지만 다정하고 낭만적인 사람이었습니다. …그녀는 뱀인 동시에 비둘기였습니다." 마지막 문장은 평생의 반려자에 대한 놀스 자신의 표현을 되풀이한 것이었다.

기에 이르렀다.[12] 한편 그녀는 놀스를 모든 부문에서 지원하는 게 자신의 소명이라 생각했다. 놀스의 표현을 빌리면, "그녀의 삶은 내 삶에 목표를 주었다." 그녀는 "거룩함의 교과서적인 기준을 보여주었던 경이로운 표본"이었고, "우리 주님을 닮은 사람"이었다.

코르네웁의 조언을 받아들여 놀스는 모든 외부 접촉을 끊었다. 다운사이드와의 왕래도 예외는 아니었다. 1938년 브루노 힉스가 수도원장에서 물러났고, 신경쇠약이 원인이었던 것으로 추정된다(힉스는 당시 형사 범죄로 여겨지던 능동적 동성애자였다). 힉스의 후임은 오랫동안 학교 교장으로 봉직한 사이그버트 트래퍼드Sigebert Trafford였다. 트래퍼드는 수도원 공동체 내의 심한 불만에도 불구하고, 항상 놀스를 긍정적으로 평가하며 잠재적 후임으로도 생각했다. 불상사를 피하려고 고심하던 로마의 재촉에, 트래퍼드는 놀스를 만나려고 몇 번이나 런던을 방문했지만 번번이 문 앞에서 돌아서야 했다.

놀스가 도피한 이후로 2년 동안, 놀스에게 전해지는 모든 메시지는 코르네웁을 거쳐야 했다. 놀스가 조현병을 약하게 앓아, 지극히 조심스레 대해야 한다는 게 그녀의 변명이었다. 놀스의 기록에 따르면 "엘리사베트는 당시 우리가 취할 수 있는 최선의 방책이 내가 신경쇠약에 시달린다는 인상을 심어주는 것이란 결정을 내렸다." 그리하여 놀스는 수도자라는 지위를 상실하지 않고 그녀 곁에 머물 수 있었다. 그가 실제로 정신질환을 앓았는지에 대한 분명한 증거는 없다. 에이드리언 모리Adrian Morey는 "그녀가 놀스를 받아들이지 않았다면 놀스는 정신병원에서 삶을 마감했을 것"이라고 믿었다. 트래퍼드는 언젠가 글로스터 스트리트를 방문할 때 다운사이드의 오랜 주치의이던 브래들리 박사를 데리고 갔지만, 경찰을 부르겠다는 코르네웁의 협박을 들어야 했다. 결국 놀스는 두 명의 정신과 의사에게 진료를 받는 데 동의했다. 한 의사는 "엘리사베트가 내 성욕을 충족시켜 주며 내 신뢰를 얻은 게 아니냐는 식"으로 물었고, 다른 의사는 전기 충격 요법을 권했다. 놀스는 "우스꽝스러웠지만, 그래도 우리 둘 다 고마워해야 할 부분이 있었다"고 인정했다. 일찍이 1990년쯤에 그들은 둘 사이를 감추지 않고, 코르네웁이 외국인 체류자라는 이유로 추방될 경우를 대비해 시청에 결혼 신고를 하는 걸 고려하기도 했다. 그로부터 오랜 시간이 지난 뒤, 코르네웁이 병원에 입원해 큰 수술을 받게 되었을 때 놀스는 남편 자격으로 그녀의 병실을 밤새 지켰다. 또 남런던에 거주할 때 그들은 동네 사람들에게 놀스 부부로 알려졌다.* 그들의 동반자 관계가 어떤 것이었는지는 지금까지도 정확히 알려진 게 없다.[13] 놀스가 신체적으로 성관계를 전혀 가질 수 없다고 진술하기 위해 로마 당국에 보낸 편지들이 아직도 다운사이드에 보관되어 있다.

트래퍼드 지휘하의 수도원에서는 그 똑똑하던 옛 동료에 대한 연민이 팽배했다. 제2차 세계대전이 발발한 때는 더더욱 그랬다. 하지만 놀스가 문제를 일으켰다. 교회법에 따르면, 그의 행실은 수도자와 사제로서 맡은 성무를 더는 수행할 수 없는 성무 정지에 해당했다. 따라서 교회로부터 파문을 당한 것과 같아 미사를 집전할 수도 없었다. 놀스는 이런 형벌을 전혀 인정하지 않고, 부당한 대우를 받았다

---

* 놀스는 코르네웁과 함께 살기로 결정함으로써 아버지와 일시적으로 결별하기도 했다. 그의 어머니는 1930년에 세상을 떠났다. 홀몸이 된 아버지는 처음에 다운사이드에서 3.2킬로미터밖에 떨어지지 않은 칠콤프턴이란 마을의 작은 집으로 이주했고, 다음에는 아들에게서 가까이 있으려고 다운사이드 수도원에서 수백 미터쯤 떨어진 임대 주택으로 이주했다. 그로부터 오래지 않아 그는 알코올중독 자가 되었다. 그러나 결국 그는 아들의 새 반려자를 받아들이며, 코르네웁에게 매년 200파운드를 주었고, 그 돈은 한동안 젊은 부부의 주된 수입원이었다. 아버지 놀스는 1944년에 세상을 떠났다.

는 주장을 계속했다. 트래퍼드 수도원장은 타협의 일환으로, 놀스에게 환속exclaustration(수도자가 수도원을 완전히 떠날 것인지를 결정하기 전에 수도원 밖에서 일정한 기간을 지내는 제도)을 바라는 것인지, 아니면 공동체 구성원이란 자격을 계속 유지하고 싶은 것인지를 묻는 편지를 보냈고, "다운사이드는 교육에서나 영성에서나 회칙을 지키지 않습니다. 회칙의 근거가 되는 복음의 가르침에서는 더더욱 그렇습니다. … 양심적으로, 나는 내가 저지르지도 않은 잘못의 용서를 구할 수 없습니다"라는 답장을 받았다. 마침내 1944년경 그는 다시 미사를 집전할 수 있다는 허락을 받았지만, 매년 잠깐이라도 다운사이드에 방문한다는 조건이 더해진 허락이었다. 그는 그 제안을 거부했을 뿐만 아니라, 다른 어떤 해결책도 받아들이지 않았다.

그 문제에는 또 다른 차원이 있었다. 그 기간 내내 놀스는 엄청난 변화와 긴장 상태에 있었지만 놀랍도록 많은 글을 써냈다. 1940년 6월에는 《잉글랜드 수도회: 성 둔스타누스 시대부터 라테란 공의회까지의 발전사, 940-1216》을 펴냈다. 당시 전시로 종이가 부족해서 놀스의 초고에서 100쪽을 줄여야 했음에도 거의 600쪽에 달했던 그 책은 제작하는 데 많은 비용이 들어, 놀스는 저작권료를 포기하고 이익 배분 방식을 받아들였다. 케임브리지 대학교 출판부는 이 책의 가능성을 낮게 보고 500부만 인쇄하고(놀스의 아버지가 제작비 명목으로 200파운드—지금 가치로는 약 6000달러—를 지원했지만 당시로서는 상당히 높은 45실링으로 정가가 책정되었다), 즉각 조판을 파기해 재판을 찍기가 쉽지 않았다.*

---

* 베네딕트회에서 모든 신학 서적은 검열을 받아야 했지만 역사서는 그렇지 않았다. 따라서 사제가 썼더라도 이 책은 '아무것도 신앙이나 도덕을 위배하지 않는다'는 걸 확인해주는 교회의 출판 허가, 즉 Nihil Obstat(니힐 옵스탓)을 받지 않

시작은 이처럼 미미했지만 그 책은 걸작이란 찬사를 받았다. 따라서 다운사이드는 난처한 지경에 빠지고 말았다. 단 한 권의 책으로 잉글랜드 수도원의 생활사를 되살려낸 '그 위대한 가톨릭 중세학자'가 도주 중인 수도자이고, 배교한 사제라는 걸 수도원장이 어떻게 인정할 수 있었겠는가? 여하튼 중세 역사학자로 데이비드 놀스의 이력은 그렇게 시작되었다.

⁂

《잉글랜드 수도회》는 놀스가 선호한 주제를 다룬 네 권 중 첫 책이었다. 잉글랜드의 수도원 생활이 노르만 정복 시기부터 13세기까지 어떻게 변했는가를 아름다울 정도로 명쾌하고 문학적인 인유로 가득했으며, 또 놀스의 두 영웅, 매콜리와 트리벨리언만큼이나 이야기를 끌어가는 힘이 느껴지는 산문으로 써낸 역사책이다.[14] 그의 학문적 깊이와 폭은 지금도 여전히 살아 있는 데다, 수십 년이 지난 지금까지도 쉽게 읽히는 가독성은 평론가들로부터 극찬을 받아왔다. "키케로가 수도원 생활에 대해 썼더라도 더 이상 우아하게 써내지 못했을 것이다"라는 찬사가 대표적이다. "소설가적 재능"과 "조용한 유

고 출간되었고, 그 이후에 그의 저작들도 이 허가를 받지 않았다. 그렇지만 놀스와 교단과의 논쟁은 오랫동안 계속되었다. 1952년 10월, 교황청 성의회는 그를 환속시켰지만, 파문하거나 '영적인 특권'을 빼앗지는 않았다. 놀스는 이런 조치에 조금도 굴하지 않고, 전체적 명령의 근거가 박약하다고 반발했지만, 수도원장이 어떤 이유로든 누그러지기를 바라는 마음에 1957년 1월 1일까지 미사를 집전하는 걸 미루었다. 또한 사람들이 그의 행동을 '합법화'된 것이라 생각하지 않기를 바라는 마음도 있었다. 그렇다고 그가 원천적인 잘못을 인정한 것이라는 인상을 사람들에게 심어주고 싶지 않았다. 삶을 마치는 순간까지, 그는 자신을 수도자라 생각했다.

머"도 그에 버금가는 찬사라 할 수 있다.[15]

물론 비판도 있었다. 마르크스주의의 세계였지만 놀스는 경제에 거의 관심을 보이지 않았다. 그 엄청난 두께에도 불구하고, 105쪽에서야 실제 화폐 단위로 표현된 가격이 처음으로 언급된다(한편 1952년에 발표한 《하늘에서 본 수도원 터》에서는 경제에 대한 상당한 이해력을 보여준다). 놀스는 학자들이 위작으로 판정한 중세 문헌을 몇 번이고 인용하는 순진한 면도 보여주었다. 또한 그가 속한 계급과 시대의 반反유대주의를 무심코 드러내기도 한다. 특히 여성 종교인은 거의 언급하지 않고, 연구할 만한 가치가 있는 "여성 성자와 지도자"를 추적하려는 노력도 보이지 않는다. 상대적으로 작은 수도회와 탁발 수도회에 대한 편견도 드러냈고, 이런 편견은 왜곡으로 이어졌다. 예컨대 시토회와 아우구스티노회, 그리고 프란체스코회와 도미니코회 같은 탁발 수도회는 거의 무시되었다. 놀스는 때때로 자의식이 강한 문학적 문체로 글을 썼고, 어떤 때는 투키디데스를 흉내 내다가 곧바로 유럽 어법으로 말하는 엘리트주의자였다.

그의 글은 그 시대에 선구적 연구자로 여겨지던 조지 고든 콜턴 George Gordon Coulton(1858-1947)에 대한 부분적인 반발이기도 했다. 당시는 콜턴이 네 권으로 예정한 《종교의 다섯 세기》 중 세 권이 이미 발간된 때였다. 콜턴은 영국 성공회 부제副祭였지만 신앙심을 잃은 뒤에 사립 학교 교장을 거쳐 케임브리지로 돌아간 역사학자였다. 놀스가 등장할 때까지 콜턴은 잉글랜드 중세 수도사에 대한 세계 최고의 권위자로 여겨졌지만, 놀스는 콜턴이 "가톨릭 영성에 대해 거의 모른다"고 생각하며, 그에 대해 단 하나의 주석만을 할애하며 그를 얕보았다. 하지만 콜턴은 1929년에 발표한 책에서, 잉글랜드 수도원 역사가 아직 쓰이지 않은 현실에서 그 간극을 메워야겠다는 영감을 얻었다고 썼다.

중세의 종교적 관계에 대해 그 이후로 발표된 많은 글이 놀스가 놓은 토대에 기반한 것이다. 1930년대 내내 독자들은 콜턴의 지독한 반反가톨릭적인 해석만을 읽어야 했다. 수도원 생활에 대해 다른 목소리를 담은 유일한 담론은 유럽 대륙 학자들의 저작에서 찾아볼 수 있었지만, 번역을 거쳐 느릿하게 전해졌을 뿐이다. 놀스는 대담하고 신선하게 보였다. 역사학자들은 기독교적 전제가 역사에 끼어드는 걸 분개했지만, 그런 개입에 놀스의 독창성이 있었다. 놀스의 피터하우스 칼리지 동료인 모리스 카울링Maurice Cowling(1926-2005)은 놀스의 업적을 이렇게 요약해주었다. "그는 20세기의 어떤 잉글랜드 역사학자보다, 주요 학문 서적의 구조에 하느님과 종교와 영생이란 개념을 끼워 넣을 수 있는 언어를 찾아내는 데 가까이 다가갔다. …그리하여 그의 역사서는 20세기에 잉글랜드에서 출간된 가장 설득력 있는 기독교 출판물 중 하나가 되었다."[16]

수도원은 작은 캔버스가 아니었다. 수도원은 중세의 삶에서 중심지였다. 1530년대, 잉글랜드에만 거의 900곳의 크고 작은 수도원이 있었고, 남녀를 합해 약 1만 2000명의 수도자가 있었다. 하지만 헨리 8세의 결연한 공격으로 1540년쯤에는 모든 수도원이 제거되었다.[17] 1880년대까지 가톨릭 교단은 이 시기에 별다른 관심을 보이지 않았고, 영국 수도원 생활에 대한 충분한 평가도 존재하지 않았다. 그러나 놀스는 현실에 안주하지 않았다. 그가 계속한 연구의 결실,《잉글랜드의 수도회들Religious Orders in England》의 첫 권(1216년부터 1340년까지)은 1948년, 둘째 권(1340년부터 약 1500년까지)은 1955년, 셋째 권이자 마지막 권은 1959년에 출간되었다. 마지막 권은 '튜더 시대'라는 부제가 덧붙여졌지만 잉글랜드의 베네딕트회를 재정립함으로

써 1485년부터 1620년까지 다루었다. 전체적으로 2000쪽이 넘는 대작이고, 종교만이 아니라 영국 문화사까지 600년이 넘는 시기를 다룬 방대한 작업이었다. 더구나 역사라는 직업이 '과학적' 연구를 지향하는 쪽으로 변해가던 때여서, 놀스는 동료 학자들에게 사건을 명확하면서도 모순되지 않게 서술해야 할 필요성과 그 매력을 일깨워주었다. BBC에서 〈문명Civilisation〉 시리즈를 진행한 미술사학자 케네스 클라크Kenneth Clark(1903-1983)는 1977년에 발표한 글에서, 놀스의 《잉글랜드의 수도회들》을 "금세기를 대표하는 훌륭한 역사서 중 하나"라고 평가했다.[18]

놀스는 위대한 작가들도 추적하려고 선택한 연구 과제에 적합한 역사를 선별함으로써 '객관적'인 역사를 무시할 수 있다는 걸 보여주었다. 예컨대 그가 역사학자로서 지켜야 할 의무와 그가 선택한 교리의 요구가 충돌하면, 그는 진실을 눈에 보이는 대로 말했다. 그의 눈에 보이는 것이 그에게는 진실이었기 때문이다. 그는 독자로서도 역사를 연구했고, 여느 독자나 그렇듯이 그도 자신의 기호에 따라 역사서를 선택했다. 노먼 캔터는 《잉글랜드 수도회》와 《잉글랜드의 수도회들》에 대해 평가할 때 조금의 겸손함도 없다.

그 두 책은 절망과 분노, 뜨거운 복수심, 개인적인 소명 의식으로 쓰였다. 따라서 두 책은 전체적으로, 특히 종교 지도자 및 문화와 기독교계의 전반적인 분위기를 다룬 부분에서, 뜨거운 열정과 상상력으로 가득하고, 중세 시대와 가톨릭교회의 역사를 다룬 저작에서 비길 것이 없는 작품이 되었다.[19]

그 시대의 베네딕트회에 대한 놀스의 불만은 《잉글랜드 수도회》

(전체가 개인과 집단의 전기 형식을 띠며, 수도원장이나 종교계 인물에 대한 뛰어난 기말 보고서처럼 쓰였다)만이 아니라 그의 역사 연구 전체에 영향을 미친다. 놀스는 자신의 기준에서 수도자들에게 진정한 영적인 아버지로서의 역할을 제대로 해내지 못하거나, 수도자가 불복종할 수밖에 없을 정도로 독선을 일삼은 수도원장들을 매몰차게 다룬다. 그의 오랜 숙적, 채프먼 수도원장은 신성이 결코 의무일 수 없고 목표에 불과하다고 주장한 반면, 놀스는 수도원의 소명에는 신성을 향해 노력해야 한다는 명백한 의무가 포함된다고 주장했다. 하느님에게 가장 합당한 영혼을 향한 열의는 자신의 영혼이나 다른 사람의 영혼을 '행동action'보다 '관상contemplation'에 바치는 열의라는 토마스 아퀴나스 Thomas Aquinas(1225-1274)의 믿음을 인용하며, 놀스는 마지막 권의 에필로그에서 신성의 숙적이란 주제로 다시 돌아간다.

> 수도원이나 수도회가 그 아들들에게 하느님이 아닌 모든 것을 버리도록 유도하는 걸 포기한다면, 또 사랑의 그리스도를 흉내 내는 좁은 길의 엄격함을 보여주는 걸 포기한다면, 순전히 인간적 기관의 수준으로 가라앉을 것이다. 그들이 어떤 일을 해내든 간에 그 일은 유한한 시간의 결과물이지, 영원의 것이 아니다. 진정한 수도자라면 그 어떤 세기에 있더라도 주변의 변덕스런 방식이나 그 자신의 평균적인 조건을 찾는 데 열중하지 말고, 영원히 변하지 않는 하느님을 찾는 데 몰두해야 한다. 그를 감싸는 영원한 팔 안에서 신뢰를 얻는 법이다.[20]

역설적으로 들리겠지만, 수도원장들이 그가 오스트레일리아나 인도, 케냐 혹은 잉글랜드 북부(그 모든 곳이 한 번쯤은 후보지로 거론되었다)에서 새로운 수도원 공동체를 시작하려는 바람을 반대하지 않았다면, 그는 결코 그 많은 역사서를 쓰지 않았을 것이다. 그 모순 덕분에 놀스는 활력을 얻을 수 있었고, 다운사이드와 충돌함으로써 그는 더욱더 집중하고 확신할 수 있었다. 과거에 대한 글에 또 하나의 역설이 있다면, 작가는 자신이 창조해낸 등장인물과 상황의 포로이지만 대체로 상황이 그 작가를 만든다는 것이다. 마이클 클라이브 놀스도 마찬가지였다.

일링 소수도원으로 떠난 뒤, 그는 1934년 커스버트 버틀러의 장례식에 참석하려고 다운사이드에 단 한 번 방문했을 뿐이다. 하지만 죽음을 맞은 뒤에 놀스는 수도원과 화해했고, 사망한 수도자를 위한 기도와 그에 걸맞은 인정을 받았다. 그는 진실한 베네딕트회 수도자처럼 두건이 씐 채 묻혔다.

1장 역사의 여명

: 헤로도토스인가, 투키디데스인가?

전설을 쓰는 작업을 역사학으로 전환하려는 시도는 그리스인의 머리에서 잉태되지 않았다. 그런 전환은 5세기에 시작되었고, 헤로도토스는 그런 전환을 처음 시도한 사람이었다.

- 로빈 조지 콜링우드Robin George Collingwood(1889-1943)[1]

추방당한 투키디데스는
민주주의에 대해 말로 할 수 있는 모든 것을,
독재자가 할 수 있는 모든 것을,
독재자가 썰렁한 무덤 앞에서 내뱉는
시대에 뒤떨어진 헛소리들을 알았다.
그 모든 것이 그의 책에서 분석되었다.

- 위스턴 휴 오든Wystan Hugh Auden(1907-1973)의 「1939년 9월 1일」[2]

MAKING HISTORY:
THE STORYTELLERS WHO SHAPED THE PAST

헤로도토스가 자신의 이야기를 언제 썼는지는 누구도 확실히 알지 못한다. 헤로도토스는 기원전 485년경에 태어났고, 기원전 431년에 시작되어 404년까지 계속된 펠로폰네소스 전쟁의 초기 상황을 언급한 걸로 보아 기원전 420년대까지 살았던 것으로 보인다. 그와 같은 시대나 비슷한 시대에 살았던 유명 인사로는 아이스킬로스(525-c. 443 BC), 아리스토파네스(c. 446-c. 380 BC), 에우리피데스(c. 484-c. 408 BC), 핀다로스(522-c. 443 BC), 플라톤(c. 429-347 BC), 그리고 헤로도토스에게 경의를 전하는 시를 쓴 소포클레스(496-406 BC)가 있다.

헤로도토스 이전의 모든 기록은 밋밋한 연대기, 심지어 기본적인 서술의 시도라고 분명히 밝힌 연대기이다. 히브리어 toledot(계보)와 divre hayyamin(그 시대의 문제)에 과거의 추적에 대한 관심이 적어도 조금은 암시되지만, 독립된 개념으로서 '역사history'의 증거는 없다. 호메로스는 복수複數의 인물이었고, 《일리아스》와 《오디세이아》도 집단의 저작물로 해석되는 경우가 많지만, 여하튼 호메로스는 역사를 쓰는 길에서 중간 기착지 역할을 해냈다. 애덤 니컬슨Adam Nicolson은 《지금, 호메로스를 읽어야 하는 이유》에서, "기억의 구전 이후에, 그러나 역사 이전에 탄생한 서사시는 현재를 과거와 연결하려는 인간의 욕망에서 제3의 위치를 차지한다. 서사시는 기억의 범위를 역사가 대상으로 삼는 시간까지 확대하려는 시도이다"라고 말했다.[3] 니컬슨은 두 서사시의 구전이 기원전 1800년경 이전에 시작되었고, 글로는 기원전 700년경에 쓰였을 것이라 추정한다.

그리스인들은 구전으로 과거의 중대한 사건들을 알았을 것이고, 그 사건들이 적잖게 운문으로 표현되었겠지만, 세 세대 이전의 사건들은 완전히 잊히지는 않아도 느슨하게만 기억되었을 것이다. 구전에서는 청자가 듣고 싶지 않은 이야기를 피하는 경향을 띤다. 기원전 492년, 아이스킬로스의 경쟁자 중 하나인 프리니코스가, 밀레토스가 페르시아군에게 파괴되는 모습을 묘사한 연극 〈밀레토스의 몰락〉을 공연했을 때 "관객들은 눈물을 터뜨렸고, 그들의 숙적이 저지른 악행을 떠올려주었다는 이유로 프리니코스에게 벌금 1000드라크마(고대 그리스의 은화/옮긴이)를 부과하며, 그 희곡을 다시 공연해서는 안 된다는 명령을 내렸다."[4] 전 시대의 시인들은 자신들의 낭송을 들으려고 모여드는 사람들을 즐겁게 해주려고 애썼고, 허무맹랑한 이야기를 꾸며 말하지는 않는다고 주장했지만, 실제로는 이야기를 지어내는 경우가 많았다는 걸 헤로도토스라면 알았을 것이다.

그 전 시대의 시인들 중에서 헤시오도스(기원전 700년경 활동)가 연속되는 쇠락의 시대라는 개념을 처음 내놓았다. 지중해 일대를 여행한 경험을 토대로 《세계 일주》를 쓴 밀레토스의 헤카타이오스(550-c. 476 BC)는 다른 의미로 전 시대에서 가장 주목할 만한 역사 기록자였다. 또 레스보스의 헬라니코스(c. 490-405 BC)는 통치자들의 이름을

호메로스와 그의 청중, *1814년*. 기원전 6세기, 한 민중시는 "가장 달콤한 목소리를 지닌 낭송가"에 대해 말하며 그가 "맹인이고, 사는 곳이 히오스섬"이라고 설명한다. 한 세기 뒤에 투키디데스가 그 민중시에서 언급한 사람이 호메로스였다고 주장하는 데는 그 "증거"이면 충분했다.

나열하는 데 그치지 않고, 관련된 연대표를 길게 써내려갔다. 한편 기원전 4세기에 크게 활약한 필리스토스, 테오폼포스, 크세노폰은 실질적 가치를 지닌 이야기를 글로 풀어냈다.

역사학자의 계보가 이렇게 이어지던 중에 한 번의 혁명이 있었다. 기원전 2000년과 기원전 1200년 사이에, 지금은 인도-히타이트 Indo-Hittite라 칭해지지만 당시에는 정체불명이었던 종족이 유럽과 남아시아를 휩쓸었다. 그 침략 부족 중 하나가 지중해와 흑해 일대에 작은 정착촌들을 세웠다. 그 역동적인 문화가 유사한 성격을 지닌 다른 문화와 접촉하자, 새로운 자각이 싹트기 시작했다. 그때 추상적인 추론에서 상당한 진전이 있었고, 사람들은 과거를 새로운 방식으로 만나기 시작했다. (문자가 사용되기 이전의 문화들에서 가장 질서가 잡힌 문화이던 잉카에는 비밀스런 역사부터 민중에게 공개되는 역사까지 네 종류의 역사가 있었으며, 모든 역사가 제국의 엄격한 통제하에서 관리되었다는 사실을 기억할 필요가 있다.)

일부 역사학자의 주장에 따르면, 페르시아가 그리스를 처음 침략했을 때인 기원전 490년 마라톤 전투의 승리가 동양과 서양을 다른 문화권으로 갈라놓았다. 이런 점에서 마라톤 전투는 하나의 전환점이었다. 그 후에 그리스는 황금시대를 맞아 한층 늘어난 식량 생산, 자본 투자, 인구 증가 등으로 다방면에서 풍요를 누렸다. 영국의 산업혁명을 미리 보는 듯했다. 그러나 그 결과로 야기된 문화 폭발에 필적하는 사건은 인류 역사에서 유럽의 르네상스가 유일했다. '역사'가 시간적으로 어느 시점 '반드시 필요한' 발전은 아니지만, 문명이 진화하려면 필요 조건으로 갖추어져야 할 것이 적잖게 있다. 그중 하나가 과거에 대한 의식이다.

문자는 기원전 세 번째 천년시대에 수메르, 즉 남南이라크에서 시작되었지만, 어떤 주제에 대해 현존하는 최고最古의 산문을 쓴 사람은 헤로도토스였다. 헤로도토스가 서구에서 처음으로 쓴 이야기는, 신화와 전설에 집중하지 않고 인간의 과거를 다루었다는 점에서 현재의 정의에서도 역사서로 인정될 수 있다. (그렇다고 신화와 전설을 완전히 배제한 것은 아니다. 헤로도토스라면, 플라톤이 《국가》에서 신화는 '고상한 거짓말', 즉 사회를 하나로 묶어주는 경건한 픽션이라 말한 주장에 동의했을 것이다.)[5] 헤로도토스는 과거 사건에 대해 지속적으로 기록하는 데 그치지 않고, 지나간 시대를 수놓은 사건들을 알아내는 방법에 대해 고민하고, 특정한 사건이 일어난 이유까지 처음으로 숙고한 최초의 학자이기도 하다. 무엇보다 그는 많은 의문을 품고, 그 의문의 답을 찾아보려 했다.[6] 그는 세계 최초의 여행 작가였고, 탐사보도 기자였으며 해외 특파원이었다.[7] 그는 민족지학(역사 이전에 문학 장르로 존재했던 분야로, 《역사》가 이 분야로 분류된 것은 조금도 놀랍지 않다), 군사와 지역의 역사, 전기, 시학과 문헌학, 계보학과 신화학, 인류학과 지질학, 식물학과 동물학, 건축까지 다루었다. 한편 리샤르드 카푸시친스키 Ryszard Kapuściński(1932-2007)는 《헤로도토스와의 여행》에서 그를 "전형적인 방랑자… 순례자… 세계가 다문화 공간이란 걸 깨달은 첫 사람. 또 어떤 문화이든 수용하고 이해하려는 노력이 있어야 한다고 주장하며, 어떤 문화를 이해하려면 그 문화를 먼저 알아야 한다고 주장한 최초의 인물"이라 묘사했다.[8]

그의 글을 읽기 시작하면, 그가 다방면에 관심이 많았다는 인상을 금세 받는다. 때로는 개인적인 판단을 내리지만, 어떤 때는 관찰한 것을 기록하는 데 그친다. 그의 접근법은 한마디로 '옵시스opsis(관찰)'인데, 범죄 소설과 관련된 단어 '오텁시autopsy(부검, 직접 보다)'도 이 단어에서 파생된 것이다. 그의 지식은 대체로 지중해 주변과 그 밖까지 돌아다닌 그리스인과 이집트인과 페니키아인으로부터 얻은 것이었지만, 그 자신도 널리 두루두루 여행한 듯하다. 구체적으로 말하면, 그리스 전역을 돌아다녔을 뿐만 아니라 이집트, 페니키아(대략 레바논과 시리아), 바빌론(이라크), 아라비아, 트라키아(불가리아와 유럽 쪽의 터키)를 넘어 요즘의 루마니아와 우크라이나, 남러시아와 조지아까지 여행했다.[9]

그런 여행은 대체로 어마어마하게 힘들었을 것이다. 예컨대 지금의 오데사에 가려면, 에게해의 서부 해안과 북부 해안을 따라 걸어야 했을 것이고, 그러고는 다르다넬스해협과 마르마라해海와 보스포루스해협을 차례로 지나고, 흑해의 서부 해안을 따라 올라가다 다뉴브 강과 드니프로강 하구를 지났을 것이다. 순풍이 불고, 작은 사고가 없어도 석 달이 걸렸을 것이다. 그 여정도 많은 여행 중 하나에 불과했다. 당시 그리스에서 가장 강력했던 두 도시는 아테네(시민 인구 10만)와 남쪽의 스파르타였다. (스파르타 시민은 '스파르티아테Spartiatai'라 불렸지만, '할 말만 하는loconic'에서 파생된 '라콘'으로도 칭해졌다. 스파르타 시민은 간결한 말투로 유명했다. 그 때문인지 기원전 338년경 마케도니아의 필리포스 2세가 스파르타에게 "내가 당신들 땅을 침략하면 당신들을 전부 죽이겠다"고 말했을 때 그들은 "그럴 수만 있다면!"이라고 간결하게 되받아쳤다.)

헤로도토스의 고향, 아나톨리아의 할리카르나소스(현재 튀르키예 남서 해안의 작은 도시, 보드룸)는 당시 고대 근동이란 거대한 문화적 공간의 끝자락에 있었고, 그리스 식민지였지만 기원전 545년경 리디아(현재 서튀르키예에 해당하는 지역의 대부분)와 함께 페르시아 제국에 흡수되었다. 두 세계 사이에 낀 도시, 할리카르나소스의 주민은 카리아인으로 알려졌고 그리스 태생이 아니었다. 그 도시는 이웃한 도리아와의 밀접한 관계에 머물지 않고, 그리스와 이집트의 교역 개척을 돕기 시작하며 국제적인 사고방식을 지닌 항구로 발전했다.

헤로도토스는 삼촌 한 명이 정치 활동에 깊이 연루된 까닭에 가족의 앞날이 불명확하다고 판단했고, 서른 살경에 할리카르나소스를 떠났다. 그 후로 5년 동안 여행했고, 동지중해에 대한 많은 기록을 품에 안고 기원전 447년경 아테네에 발을 들여놓았다. 처음에 헤로도토스는 페르시아가 기원전 490년 그리스를 공격한 때부터 그 전쟁에 대한 역사 이야기를 시작했지만, 나중에는 10년 전까지 거슬러 올라가 페르시아가 반도 전체를 침략한 때까지로 서술의 범위를 확대했다. 그 사건이 헤로도토스의 어린 시절을 규정했다면, 그 이야기가 신화처럼, 살라미스 해전에서 패한 뒤에 귀환하는 전함들만큼이나 할리카르나소스의 부두에 서서 "어머니, 저들이 무엇 때문에 싸운 건가요?"라고 묻던 소년에게 영향을 주었을까?

기원전 499년, 카리아인들은 그리스 해안 도시들과 손잡고 페르시아의 침략에 맞섰다. 헤로도토스가 여행을 시작했을 즈음, 그의 가족은 할리카르나소스에서 손꼽히는 귀족 가문이었고 정치에도 깊이 연루되었던 까닭에 페르시아 왕국의 다른 지역에 지인이 적잖이 있어, 헤로도토스의 탐구 여행에 상당한 도움을 주었을 것이다. 고향에서 멀리 떨어진 사람들에게 보이는 환대의 의무라는 개념을 뜻하는 그리스어 '크세니아ξενῐᾱ'는 일반적으로 '우호'로 번역된다. 환대가 행해지는 태도에 따라, 손님과 주인 사이의 상호적인 관계가 형성되기 때문이다. 게다가 헤로도토스는 그리스어만을 편하게 구사했더라도 '프록세노스πρόξενος(손님의 친구)'라는 제도의 도움을 받았을 것이다. 프록세노스는 고향 땅의 방문객을 자발적으로 혹은 일정한 돈을 받고 보살펴주는 일종의 영사를 가리킨다. 또한 손님이 인간에 불과한지, 아니면 인간으로 변장한 신인지 누구도 확신할 수 없기 때문에 환대하는 게 최고라는 인식도 있었다.

헤로도토스가 선장이자 상인으로 시작했을 가능성도 배제할 수 없다. 지리에 대한 지식에서 그는 선대先代의 수준을 훨씬 앞섰고, 기후와 지형 및 자원에의 접근을 대수롭지 않게 여겼다. 헤로도토스 이전에는 누군가 과거 사건에 대한 원인을 추적해 보존하는 데 관심을 보였다는 증거가 거의 없다. 그리스의 어떤 폴리스polis(도시 국가)에도 기록 보관소가 없었고, 연대기를 구성하는 데 도움이 될 만한 치안판사 명단조차 없었다. 기념비적 사건을 기억하는 데 관심이 많았던 아테네도 5세기 말에야 중앙 기록 보관소를 세웠다.

헤로도토스는 과거에 대한 의식을 심어주는 동시에 기록을 남기겠다는 계획을 세웠지만 개인적인 호기심을 억제하지 않았다.[10] 최근에 헤로도토스의 전기를 발표한 작가의 표현을 빌리면, 그의 책에는 "사회 통념에서 벗어난 에로티시즘, 섹스와 사랑, 폭력과 범죄, 외국인들의 이상한 풍습, 상상하던 왕가의 침실, 짤막한 일화와 그리스 신화"로 가득하다.[11] 헤로도토스가 호기심을 드러내며 남긴 전형적인 기록을 예로 들어보자.[12] 이집트인들은 길에서 식사를 하고 실내에서 변을 본다. 또 이집트에서 남자는 앉아서, 여자는 서서 소변을 본다(2권 35장, 2-3절). 반면에 그리스에서는 정반대였다. 에티오피아인들은 사람처럼 말하지 않고 박쥐처럼 끼익거리고(4권 183장), 새처럼 짹짹거린다고(2권 57장) 태평스레 평가하기도 한다. 헤로도토스는 온갖 종류의 이상한 행동을 기록하고, "지엽적인 현상을 찾아내는 것(4권 30장)"을 좋아한다. 아리스토파네스는 헤로도토스의 이런 탐구열을 "여자를 찾는 짓"이라 풍자했다. 달리 말하면, 헤로도토스가 성관습에 푹 빠진 까닭에 모든 사건 뒤에는 여자가 있을 것이란 선입견에 '여자 찾기'에 골몰했다고 비판했다. 실제로 헤로도토스는 리비아 풍습으로 이런 예를 든다. "나사모네스(리비아 남동부를 중심으로 살아가는 유목 부족/옮긴이)에서는 남자가 처음 결혼할 때 신부가 모든 하객과 잇달아 성관계를 갖고, 그 뒤에 하객은 가져온 선물을 주는 게 풍습이다." 리비아의 또 다른 부족인 긴다네스의 경우에 "여자는 가죽 발찌를 많이 차고 다닌다. 풍문에 따르면, 성관계를 가진 남자가 발찌를 채워준다. 따라서 가장 많은 발찌를 찬 여자가 가장 많은 남자로부터 사랑을 얻었다는 증거이기 때문에 최고의 여자로 여겨진다(4권 172장, 176장)." 사소한 사건을 생생하게 묘사하는 솜씨는 독자의 숨을 죽이게 한다. 예컨대 기원전 479년 아테네가 헬레스폰토스해협에 있던 고대 도시 세스토스의 포위를 연장하기로 했을 때 "성벽 안의 사람들은 그야말로 도탄에 빠졌고, 침대를 묶는 가죽끈을 삶아 먹을 지경이었다(9권 118장)." 헤로도토스가 그런 참상을 어떻게 알았는지 궁금할 뿐이다.

세계 최대의 왕국을 세운 방대한 페르시아 제국의 무자비한 통치자, 크세르크세스 대제는 그리스를 침공했을 때 겁주려고 엄청난 수의 군사를 소집했다.

크세르크세스 대제는 헬레스폰토스 전역을 둘러보았다. 그 전함들이 빼곡히 들어차 바닷물이 보이지 않을 정도였고, 아비도스의 해변과 평원에도 군사들로 가득했다. 크세르크세스 대제는 그런 축복을 받은 자신이 너무도 자랑스러웠다. 그러나 그때 대제는 갑자기 눈물을 터뜨렸다. …

한 장군이 대제에게 그렇게 슬퍼하는 이유가 무엇이냐고 물었다. 대제는 "인간의 짧은 삶을 생각하니 연민의 정이 밀려와서 그랬네. 여기에 모인 이 많은 사람 중 누구도 100년 후에는 살아 있지 못할 게 아닌가(7권 46장)"라고 대답했다. 그 페르시아 군주가 항상 그렇게 감성적이었던 것은 아니다. 헤로도토스는 그리스인들이 가장 경멸하던 특징으로 페르시아인을 묘사하는 능력을 살려, 바로 수 주 뒤에 크세르크세스가 고향으로 서둘러 후퇴할 수밖에 없었다고 말한다. 폭풍이 몰려와 그의 전함을 위협했기 때문이다.

왕은 공포에 질려 큰 소리로 키잡이에게 폭풍에서 벗어날 방법이 있겠느냐고 물었다. 키잡이가 "전하, 이 많은 병사가 배에서 뛰어내리는 방법 말고는 어떤 방법도 없습니다"라고 대답했다.

그 대답을 듣자마자, 크세르크세스가 말했다. "페르시아의 전사들이여, 지금이야말로 왕을 향한 그대들의 충성심을 증명할 때도다. 그대들에게 내 안전이 있기 때문이도다." 크세르크세스가 이렇게 말하자, 페르시아 병사들은 엎드려 왕에게 절하고는 바다에 뛰어들었다. 그리하여 가벼워진 전함은 무사히 아시아로 항해해 돌아갔다. 크세르크세스는 육지에 안전하게 내리자마자 자신의 목숨을 구해준 대가로 키잡이에게 황금관을 선물로 주었지만, 곧이어 그 많은 페르시아 병사의 죽음을 키잡이에게 물으며 그를 참수했다(8권 118장).

헤로도토스는 자신이 말하는 이런저런 이야기를 정작 자신도 믿지 않지만 무작정 무시하기에는 너무 좋은 이야기이기 때문에 전하는 것이라고 몇 번이고 반복해 말한다. 예컨대 스키티아의 가축에 대해 언급하다가 느닷없이 "기막힌 사실 하나가 문득 기억에 떠오른다(이야기가 옆길로 빠진다고 굳이 사과하지는 않겠다. 이 글을 쓰기 시작할 때부터 옆길로 새는 것은 내 계획이기도 했다)"고 말한다. 또 그 키잡이와 관련된 일화를 소개하고는 독자들에게 그 일화를 역사적 사실로 받아들여서는 안 된다고 덧붙인다(8권 118-119장). 그 일화가 포함된 이유는, 폭군이 '정의'를 어떻게 행사하는지를 압축적으로 보여주기 때문이다. 또 그의 판단에는 그 일화에 담긴 이념적 중요성이 역사적 사실여부보다 더 중요하기 때문이다. 요컨대 거친 주장에 대해 증거를 제시하는 것은 그에게 관심사가 아니었다.

심지어 헤로도토스는 에티오피아인과 인도인의 정액이 "그들의 피부색만큼이나 검은색"이라고 거침없이 말하고, 날개가 달린 뱀, 불사조, 머리가 없고 가슴에 눈에 달린 사람에 대해 말하기도 한다(하지

헤로도토스가 보았던 세계. 기원전 499-498년, 밀레토스의 폭군, 아리스타고라스는 그리스 본토를 여행할 때, 헤로도토스가 "육지는 물론이고 강과 바다까지 세계 지도가 새겨진 청동판"이라 칭한 것을 갖고 다녔다.

만 외눈박이 종족, 햇빛가리개로 사용할 정도로 넓적한 발을 가진 인도인에 대한 이야기는 부정한다). 여하튼 헤로도토스 덕분에 우리는 인도에 거대한 '황금을 캐내는 개미'가 있고, 이집트인들은 소를 공경하는데 그리스인들은 소를 먹기 때문에 이집트인은 결코 그리스인과 입맞춤을 하지 않을 것이며(2권 41장), "이집트에 어느 곳보다 대머리가 적다는 것은 누구나 직접 보고 확인할 수 있는 사실(3권 12장)"이라는 것도 알게 된다.

리비아에서는 어린아이가 경련을 일으키면 염소 오줌을 뿌려 치료한다. "나는 리비아인들이 직접 말한 것을 여기에 옮길 뿐이다(1권 175장, 4권 187장)." 헤로도토스는 토착 문화에서 받아들여지더라도 변칙적이고 특이하며 불합리하게 보이는 것이 그리스인들의 관심과 흥미를 끌 거라는 걸 알았다. 또 헤로도토스는 재밌기도 하다. 예컨대 페르시아 격언을 인용해서, "술에 취한 상태에서 어떤 결정을 내렸다면, 맨정신일 때 그 결정을 재검토해보라. 반대로 맨정신에서 어떤 결정을 내렸다면 술에 취한 상태에서 그 결정을 다시 검토해보라"고 말한다(1권 133장). (오랜 시간이 지난 뒤에는 어니스트 헤밍웨이 Ernest Hemingway(1899-1961)가 글쓰기 방법에 대해 똑같이 조언했다. 두 사람이 같은 시대에 살았다면 사이좋게 지냈을 것이다.) 헤로도토스에게는 경구aphorism를 간결하게 정리하는 재주도 있었다. "전시에는 아버지가 아들을 묻고, 평화 시에는 아들이 아버지를 묻는다(1권 87장 4절: 헤로도토스는 군대에 복무한 적이 없었다)." "재산이 많아도 불행한 사람은 운 좋은 사람보다 두 가지에서만 낫지만, 운 좋은 사람은 그런 사람보다 많은 면에서 낫다(1권 32장)." 또 "인간이 감당해야 할 가장 고통스런 아픔은 많은 것을 알지만 아무런 권력을 갖지 못하는 것이다 (9권 16장)."

존 굴드John Gould는 헤로도토스를 다룬 탁월한 연구서를 다음과 같이 끝낸다.

그의 이야기를 읽을 때 받는 모든 인상 중 가장 오래 지속되는 것은 흥겨움이다. 헤로도토스의 끝없는 호기심과 활력에서 비롯되는 흥겨운 신바람이다. 헤로도토스는 자신이 비극이라 판정한 세계에서도 인간이 이루어낸 '놀랍도록' 다양한 성취와 발명에 항상 즐겁게, 또 탄복하며 반응한다. 그는 우리를 웃게 만들지만, 자신의 경험을 우스꽝스럽게 소개하기 때문은 아니다. 그 경험을 항상 놀랍고 자극적으로 묘사해주기 때문이다. 또 당시 사람들이 고통과 재앙에 활기차고 기발하게 대응하고, 좌절하지 않고 다시 일어서는 용기를 보여줌으로써 그의 책을 읽는 즐거움을 만끽하게 해준다.[13]

나도 이 결론에 동의한다. 이 장을 쓰는 동안, 나는 《역사》를 저녁 식탁까지 가져가 아내에게 한 번에 두세 단락을 읽어주었다. 내가 헤로도토스의 일화들을 완전히 정리할 때까지 그 과정은 계속되었고, 이 장을 끝마쳤을 때 내 아내는 상실감마저 느꼈다. 투키디데스, 타키투스, 리비우스—누구도 헤로도토스와 비슷하지 않았다.

《역사》의 영어 번역본은 거의 900쪽이고, 《일리아스》의 두 배에 달한다. 《역사》는 9개 부문으로 나뉘지만 저자가 직접 구분한 게 아니라, 나중에 알렉산드리아 학자들이 분할한 것이다. 첫 네 '권'의 주요 주제는 기원전 550년 키루스가 왕위에 오른 때부터 기원전 500년경까지 페르시아 왕국의 확장이다. 이집트의 풍습과 초기 역사에도 상당한 분량이 할애된다. 이어서 헤로도토스는 기원전 560년 이후의 아테네를 다룬다. 제5권과 제6권은 기원전 499-494년의 이오니아 반란, 기원전 490년 마라톤에서 아테네에게 패배한 페르시아 원정군을 다룬다.[14] 그러나 이야기 흐름은 결코 단순하지 않다. 헤로도토스는 시시때때로 옆길로 빠져, 그리스 폴리스들에서 당시 일어난 사건들에 대해 언급한다. 마지막 세 권은 페르시아의 다섯 번째 '왕 중의 왕', 크세르크세스가 그리스를 제국에 합병하려고 시작한 원정에 대한 이야기이고, 그 원정은 예기치 못한 패배로 끝난다.

크세르크세스가 패전한 사건과 그 패전으로 이어진 모든 것에서, 헤로도토스는 이야기할 만한 가치가 있는 것을 찾아 연구해야겠다는 자극을 받았다. 그에게는 그리스인은 어때야 한다는 강한 자의식이 있었다. 그가 기록을 시작하며 첫 단락에서 말했듯이,

> 아래는 할리카르나소스의 헤로도토스가 인간 세계에서 일어난
> 사건들이 시간의 흐름에 따라 망각되지 않도록 직접 조사한 것

을 '보여주는 것'이다. 그리스인과* 이방인이 이룩한 위대하고 경이로운 업적들, 더 나아가 그들이 무엇 때문에 서로 싸우게 되었는가에 대한 원인이 잊히지 않기를 바라는 마음에서 기록한 것이다(1권 1장).

헤로도토스가 '보여주는 것performance'이란 단어를 선택한 이유는, 자신의 글이 대중 앞에서 크게 읽혀야 한다는 걸 강조하기 위한 것이다. 그리스어에서 '읽다to read'는 '듣다to hear'와 '다시 인정하다 to recognize again', 둘 모두를 뜻한다. 헤로도토스 이전에는 시인이 인간 경험을 해석하는 사람이어서, 호메로스는 자신의 작품에서 글쓰기를 모호하게만 언급한다. 하지만 헤로도토스의 시대에는 산문이 더 이상 열등한 인간 활동이 아니었다. 따라서 수사학 전문가들은 산문이란 새로운 매개체로 각자의 생각을 최적으로 표현할 수 있는 원칙들을 확립해 나아갔다. 100개 문장의 산문보다 1000행의 시를 암기하는 게 더 쉬울 수 있지만, 글을 쓴 두루마리를 갖게 다닐 수 있게 된 때부터 긴 이야기를 써내는 능력이 한층 유리해졌다. 반면에 시詩라는 과거의 기법은 언젠가부터 사람들이 재밌게 받아들이는 복잡한 이야기

---

* '그리스인'으로 번역된 '헬라스Hellas'는 신화에서 언급된 트로이 전쟁(기원전 12세기) 시대부터, 그리스인들이 자신들의 영토를 지칭하는 데 사용한 단어였다. 크림 반도부터 스페인 북부까지 이어지며, 거의 1000개에 달했던 도시 국가의 대부분은 작았다. 따라서 '헬레네스Hellenes'는 전설에서 그리스를 세운 '헬레네'라는 이름에서 비롯된 것이다. 그곳 사람들이 과거에 '그리스인Greek'으로 일컬어졌던 것은 일종의 모욕이고, 침략당한 지역을 줄이기 위한 안간힘이기도 하다. '그라이코이'라 불리던 테살리아 그리스인들은, 로마인들에게 자신들을 헬레네스가 아니라 '그라이코이'라고 소개했다. 비유해서 말하면, 미국이 남부를 침략당한 뒤에 모든 미국인이 '플로리다인'이라 칭해지는 것과 비슷하다.

구조를 머릿속에 담아두기에 적합한 도구가 아니었다.[15]*

헤로도토스는 밀레토스라는 문화의 온실과 지적인 관계를 맺으며 성장한 까닭에 산문이 낯설지는 않았다. '역사ιστορία'라는 명사는 헤로도토스가 성장한 이오니아에서 회의적인 함의가 있었다. 헤로도토스는 "탐구하고 조사해서" 그 결과를 바탕으로 글을 썼고, 따라서 '역사'라는 단어에서 회의적인 의미를 지워내는 효과를 거두었다. 어쩌면 호메로스에서 '역사가'는 조사를 통해 사실에 근거한 의견을 제시하는 '훌륭한 판관'이기 때문에, '역사'는 모든 것을 아우르는 단어가 되었다.[16] 그래서 헤로도토스도 이 단어를 23번이나 사용한 게 아닌가 싶다.

헤로도토스의 전반적인 접근 방식에는 부정적인 면이 적지 않았다. 그는 의심스럽고 불확실한 정보를 전달했을 뿐만 아니라, 자료를 조작하기도 했다. 심지어 자료를 얻은 방법을 꾸며내기도 했다. 키케로(106-43 BC)는 역사를 수사학의 한 분야로 정의하며 헤로도토스를 '역사의 아버지'로 칭송하지만,[17] 12권으로 구성된 방대한 그리스 역사를 써낸 악명 높은 거짓말쟁이던 테오폼포스(기원전 320년 사망)와 같은 범주에 두고, 그의 '무수히 많은 꾸민 이야기'를 빈정대는 투로 언급한다. 아리스토텔레스는 헤로도토스의 "거짓을 진실로 바꿔버리는 현란한 문체"를 언급하며 끼어들고, 헤로도토스를 경멸적인 의

---

* 방대한 분량의 세계사를 쓴 윌 듀랜트Will Durant(1885-1981)는 시와 산문의 차이를 이렇게 정리해주었다. "시는 한 국가의 청소년기, 즉 상상력이 지식보다 큰 몫을 차지하는 때에 적합한 듯하다. …산문은 상상과 신앙을 떨쳐낸 지식의 목소리이고, 세속적이고 일상적이며 '따분한' 사건들에 적합한 언어이다. 산문은 국가가 성숙한 단계에 올랐다는 상징이며, 청춘의 묘비이다." Will Durant, *The Life of Greece: The Story of Civilization*, vol. 2 (New York: Simon & Schuster, 1939), p. 139을 참조할 것.

미에서 이야기꾼이라고 평가한다.[18] 다른 고대 현인들도 헤로도토스를 비슷한 정도로 무시했고, 곧 키케로가 붙여준 별명에 플루타르코스Plutarchos(c. AD 46-119)의 유명한 혹평, '거짓말의 아버지'가 덧붙여졌다. 헤로도토스는 그럴듯하게 꾸민 이야기 형식으로 구체적인 사항들을 언급함으로써 정확한 것이라는 환상을 의도적으로 만들어냈다는 혐의를 받았다. 플루타르코스는 노골적으로 비난을 드러낸 제목 「헤로도토스의 악의에 대하여」에서 "헤로도토스는 '신경 쓸 필요도 없다고 생각했다'고 말하며 진실마저 얼버무린 듯하다"고 평가했다.

헤로도토스가 목격자나 조사자로 현장을 직접 보고 기록한 사례는 1086건이다. 이렇게 그가 직접 조사한 뒤에 선택한 것들로 채웠더라도 지역의 신앙과 전설과 민담을 덧붙이고, 간혹 개인적인 평가를 덧붙일 여지는 충분했다. 메팀나의 아리온이 돌고래 등을 타고 다닌다고 말한 뒤에 헤로도토스는 "이 주장에 대한 내 개인적인 의견이 있다(2권 56장)"고 끝맺으며 더는 아무 말도 덧붙이지 않는다. 그가 즐겨 사용하는 역언법(逆言法, paralipsis, 중요한 뭔가를 남겨두는 척하는 수사법)의 전형적인 예이다. 이집트 역사를 말할 때는 1만 년의 역사와 300명의 왕을 한 단락으로 압축한다. 일반적으로 말하면, 그는 시대에 대해서는 굵은 붓을 사용한다. 예컨대 '그 시대에', '그 후에', '이 시대까지', '지금도'라는 표현이 주로 사용된다. 그러나 당시 그가 상대적으로 정확한 정보에 접근하지 못했을 가능성이 크다. "극소수 사건에 대한 시기만이 맞고, 나머지는 전혀 그렇지 않다." 그는 가독성에는 성심을 다했지만 정확성에는 그다지 신경쓰지 않는 듯하다.

그리스가 압도적인 불리함을 극복하고 승리했다는 걸 강조하려고 페르시아군의 규모와 장비, 전술적 수완과 리더십을 과장한 것에서도 그의 부정확성이 분명히 드러난다.[19] 헤로도토스의 묘사에 따르면, 병사의 수가 얼마나 많았던지 군대를 먹이려면 몇 개의 도시가 하루 만에 파산했다. 또 그 이전의 군사 원정은 모두 합하더라도 크세르크세스 군사 규모에 비하면 무색할 지경이었다. 그러나 미심쩍을 정도로 정확하게 제시한 숫자 528만 3220명이 정말 맞을까? 그래서 그들이 1열 종대로 행진하면 그 길이가 3200킬로미터에 달해, 선두가 그리스 중동부의 테르모필레에 도착할 즈음 후미는 서西이란을 떠났을 것이다. 당시 군대가 300킬로미터 남짓을 행진하는 데 약 4주가 걸렸다. 페르시아 군대였다면 몇 달이 걸렸을 것이다.

헤로도토스의 측정 방법이 맞지 않는 경우가 많듯이, 그 결과도 잘못된 경우가 빈번하다. 그러나 그의 시대에 거리와 체적과 통화 단위를 가리키는 보편적인 기준은 존재하지 않았다. 연대와 시간 및 거리에 대한 기준이 부정확한 시대였다. 따라서 그의 기록이 일반적인 정확성 기준을 충족하지 못하는 건 당연하다. 이탈리아의 위대한 역사학자 아르날도 모밀리아노Arnaldo Momigliano(1908-1987)가 말했듯이, "우리가 헤로도토스의 방법론으로 역사를 써서 성공할 확률을 선험적으로 가늠해야 한다면, 크게 낙심하며 고개를 저을 수밖에 없을 것이다."[20]

그래도 헤로도토스의 실패는 그의 업적에 비교하면 별것이 아니다. 마이클 온다치Michael Ondaatje의 소설 《잉글리시 페이션트》 앞부분에서, 화상을 입은 신비로운 환자를 크고 텅 빈 집에서 돌보는 해나는 "그의 침대 옆 작은 탁자 위에 놓인 공책을 집어 든다. 그가 화염 속에서도 가지고 나왔던 책, 헤로도토스의 《역사》이다. 그 안에 그는 다른 책의 페이지를 잘라 붙이기도 했고, 자신의 관찰을 적어놓기도 했다. 이 책장들은 모두 헤로도토스의 글 안에 오붓이 들어 있다."[21] 사물을 관찰하는 새로운 방법의 기반을 놓는 한 권의 책이었다.

※ ※ ※

그러나 물론 역사를 기록하는 다른 방법도 있었다. 투키디데스(c. 460-c. 395 BC)는 헤로도토스보다 한 세대 뒤에 썼고, 그와는 대조적으로 몇 번의 역병(특히 기원전 430년 아테네를 강타해 거주민 3분의 2를 죽음에 몰아 넣은 장티푸스)을 견뎌내고, 충격적인 군사적 패배를 지켜봐야 했던 고위급 의용군의 눈으로 과거를 기록했다.

투키디데스는 아테네의 남서쪽 외곽인 할리무스에서 태어났다. 아버지는 부유한 지주였고, 어머니는 트라키아의 귀족이었다. 기원전 424년, 36세이던 투키디데스는 장군, 즉 아테네에서 최고위 군사·정치 지도자로 활동한 10명 중 하나로 선발되었고, 나중에는 트라키아의 중요한 성채를 지키기 위해 파견된 7척의 전함을 지휘하는 두 명의 제독 겸 장군(육지에서도 병사를 지휘하는 해군 사령관) 중 차석으로 선발되었다. 펠로폰네소스 전쟁에서 처음 10년 동안 스파르타의 역동적인 장군, 브라시다스에게 패한 까닭에 투키디데스는 시민의 가열찬 분노에 시달려야 했고, 결국 장군에서 물러나 20년 이상을 떠돌아다녔다. 그는 시간을 이용해 특히 펠로폰네소스—그리스 남쪽의 산악 지역인 반도—를 여행하며 그곳 사람들을 인터뷰했고, 기록을 연구하며 목격담을 수집했다. 그는 "나는 상황을 더 면밀하게 관찰할 시간적 여유가 있었다"고 간결하게 말한다.[22] 그는 그 기록을 미완성으로 남겨놓은 채 60대 말에 세상을 떠난 것으로 추정된다.

투키디데스의 대작 《펠로폰네소스 전쟁사》는 기원전 5세기에 스파르타와 아테네가 상대적으로 작은 폴리스들의 지원을 받으며 벌인 전쟁을 기록한 것으로, 현존하는 최고最古의 전쟁사이자 정치사이다. 1996년 552쪽으로 번역된 영어판(로버트 B. 스트래슬러가 편집하고 프레스 출판사에서 펴냄)은 8권으로 나뉜다. 1부는 전쟁의 처음 10년, 기원전 431년부터 기원전 421년까지를 다루고, 2부는 잠깐의 거짓 평화 이후의 10년, 민주적이던 아테네가 정치적으로 약화되던 시기를 다룬다. 그러나 그 혼란스런 사건에 대한 기록이 21년째에서 갑자기 중단되며, 나머지 7년이 기록되지 않았다.

투키디데스를 읽으려면 그의 인간미 없는 고상한 문제, 또 복잡하고 지나치게 공들인 문체에 익숙해져야 한다. 고전학자 메리 비어드Mary Beard조차 "거의 독해가 불가능할 정도로 어려운 그리스어"라고 불평하고,[23] 토머스 배빙턴 매콜리Thomas Babington Macaulay(1800-1859)는 "그가 건조하게 쓴 부분은 끔찍할 정도로 건조하다"고 말했다. 하지만 투키디데스는 간결하면서도 생생한 면도 띤다. 그는 원인, 전개, 결과를 보여주려 애쓰고, 때로는 목격자로서 말한다. 기본적으로 그의 글쓰기 기법은 현대 저널리스트의 기법이다. 문체를 이유로, 고대 역사학자들은 목격담을 자신의 글에 대체로 포함하지 않았다. 그러나 투키디데스는 그런 사례를 적잖게 보여준다. 투키디데스는 정확성을 중시한 까닭에, 역사학자가 곧잘 노출되는 위험, 즉 도덕적 편향성과 기억의 오류, 부주의와 불충분한 관찰의 가능성을 인정한다. 윤리학자이자 철학자로, 투키디데스의 《펠로폰네소스 전쟁사》를 그리스어에서 다른 언어를 거치지 않고 영어로 처음 번역한 토머스 홉스Thomas Hobbes(1588-1679)는 "헤로도토스는 재밌게 꾸민 이야기들로 귀를 더 즐겁게 해주는 반면,"

투키디데스는 도덕이나 정치에 대한 강연에서 준비한 원고를 충실히 읽어가고, 행동으로 인도할 뿐 마음에는 들어갈 생각조차 않지만, 역사상 가장 신중한 역사 기록자로 여겨지는 역사학자이다.[24]

위대하고 훌륭한 역사학자라는 찬사도 있었다. 장 자크 루소Jean-Jacques Rousseau(1712-1778), 토머스 제퍼슨Thomas Jefferson(1743-1826), 프리드리히 니체Friedrich Nietzsche(1844-1900)도 투키디데스에 대한 찬사에 참여했다. 특히 니체는 그를 "옛 헬레네인들이 본능적으로 추구하던 강력하면서도 엄격하고 냉혹한 현실성을 마지막으로 구현하고, 모두 합해놓은 위대한 학자"라고 평가했다.[25] 사이먼 샤마Simon Schama 는 2010년에 발표한 책에서, "투키디데스는 분석에 집중하고, 날카롭게 비판하며, 그 시대를 살았던 사람으로서 역사를 변명하지 않고, 이야기를 끌어가는 솜씨와 수사에서 타의 추종을 불허한다"고 말했다.[26] 고대 아테네의 저명한 웅변가이던 데모스테네스(384-322 BC)는 《펠로폰네소스 전쟁사》 전체를 여덟 번이나 옮겨 쓰며 그의 산문을 모방해보려 애썼다.

투키디데스는 전쟁을 보고하는 기술을 거의 하룻밤 사이에 발전시켜 놓은 듯하다. 그가 추방되기 이전을 다룬 처음 네 권이 특히 중요하고, 전쟁에 참전한 중요한 인물이 남긴 약 40편의 연설 중 거의 3분의 2가 여기에 포함되어 있다(모든 연설이 투키디데스가 재구성한 것이지만, 그의 주장에 따르면 실제로 연설된 문구와 거의 똑같다).* 이 연설들이 책 내용의 거의 4분의 1을 차지하며 투키디데스가 이 역사서를 쓴 목적에서 중요한 역할을 하지만, 확실한 정보는 그가 기록한 총 15만

* 그 인물들의 역동성은 존 바턴John Barton(1928-2018)이 시켈리아 원정 실패 후의 투키디데스를 재구성한 1991년의 영화 〈결코 끝나지 않은 전쟁〉에서 잘 드러난다(플라톤도 잠깐 등장한다). 잭 골드Jack Gold(1930-2015)가 연출한 이 영화에는 투키디데스로 알렉 맥코웬, 페리클레스로 벤 킹슬리가 출연했고, 그 밖에도 데이비드 콜더, 마이클 키친, 너새니얼 파커, 밥 펙, 로널드 픽업, 세라 케스텔먼, 돈 핸더슨, 노먼 로드웨이 등 쟁쟁한 배우들이 출연했다. 덕분에 잠시도 눈을 뗄 수 없는 영화가 만들어졌다.

3260개 단어보다 〈뉴욕 타임스〉의 하루치(광고를 제외하면 대략 15만 개 단어)에 더 많이 담겨 있다.

투키디데스의 접근법은 그 시대의 의학 논문과 비슷하기도 하다. 이런 점에서 그가 코스의 히포크라테스(c. 460-c. 370 BC)의 주된 저서, 즉 증상의 정확한 관찰로 주목을 받은 《복잡한 몸》을 알았을 가능성이 크다. 기원전 430년과 427년에 페리클레스와 아테네 시민 3분의 1의 목숨을 빼앗아간 역병의 설명에서 보듯이, 투키디데스도 히포크라테스 못지않게 치밀하게 묘사했다.

몸은 그렇게 뜨겁지 않아 만질 수 있었고, 겉모습이 창백하게 변하지도 않았다. 그러나 붉은색과 검푸른색을 띠었고, 작은 염증과 고름집이 돋았다. 하지만 체내는 불덩이처럼 뜨거워, 환자는 겉옷은커녕 지극히 가벼운 아마조차 걸치지 못해, 완전히 발가벗은 채 지냈다. 환자는 기회만 닿으면 찬물에 뛰어들고 싶어 하는 듯했다. 실제로 잠깐 방치되면 환자는 채워지지 않는 갈증의 고통을 괴로워하며, 빗물을 받는 수조에 뛰어들었다. 조금 마시나 많이 마시나 아무런 차이가 없었지만… 죽은 시신을 먹고 살아가는 새들과 야수들도 (매장되지 않고 내버려진) 그들의 몸을 건드리려 하지 않거나, 시신을 먹은 뒤에 죽었다.*(2권 49-50장)

군인으로서 투키디데스의 삶은 너무도 실망스레 끝난 까닭에,

---

* 대니얼 디포Daniel Defoe(1660-1731)는 투키디데스의 《역사》를 읽은 뒤에, 1664-1665년 런던에 창궐한 역병에 대한 소설 《전염병 일지》를 쓰기 시작했다. 한 세기 뒤, 에드워드 기번도 투키디데스의 설명을 기초로 삼아, 기원후 165년부터 21년 동안 로마를 괴롭힌 역병을 기술했다.

그가 받았을 고통과 환멸을 상상하기는 그다지 어렵지 않다. 몇몇 평론가는 그가 상심으로 죽었을 가능성까지 언급했고, 그를 높이 평가한 매콜리 경도 그중 하나였다. 투키디데스는 자신을 그 시대의 주된 사건을 기록해야 하는 독특한 위치에 있다고 생각하며, 부분적으로는 "위험의 학교에서 배운 경험"(1권 18장 27절)을 바탕으로 기록하고, 사랑하는 도시에 실제로 일어난 사건을 미화하지 않는 유능한 젊은 사령관의 관점을 보여주겠다고 다짐했다. 그는 페리클레스가 이끈 민주주의에 아테네의 위대함이 있다고 주장했지만, 건전한 관습도 민중의 압력과 전쟁의 제약에 약화될 수 있는 법이다. 따라서 투키디데스는 젊은 시절에는 민주주의자였지만, 중년에 들어서는 특출나게 뛰어났던 지도자를 상실한 아픔에 상심해 보수적으로 변해갔다.

투키디데스는 정확성을 강조했지만, 페리클레스를 향한 영웅 숭배는 그의 판단에 상당한 영향을 미친다. 그 위대한 지도자는 항상 공익을 위해 행동하고, 펠로폰네소스 전쟁의 첫해가 저물어갈 즈음 거행된 전몰자들을 위한 추도식에서 행한 유명한 연설에서도 그런 품성이 물씬 느껴진다.

우리 정체正體는 이웃 국가들의 제도를 모방한 게 아닙니다. 우리는 남을 모방하기보다 남에게 본보기가 되고 있습니다. 소수가 아니라 다수의 이익을 위해 국가가 통치되기에 우리 정체는 민주주의라 칭해집니다. 사적인 분쟁을 해결할 때는 법 앞에 만인이 평등합니다. 그러나 주요한 공직에 취임하려면 개인의 능력이 우선적으로 고려되지, 계급적인 고려가 객관적인 평가를 방해해서는 안 됩니다. 물론 가난이 걸림돌이 되어서도 안 됩니다. 누군가 우리 폴리스를 위해 봉직할 능력이 있다면 가난이란 조건 때문에 배제되지 않아야 합니다. 우리가 정치 활동에서 누리는 자유가 일상생활까지 확대되어야 합니다. 서로 시기하고 감시하지 말고, 이웃이 원하는 대로 행동하더라도 화를 내거나 못마땅하다는 표정을 짓지 않아야 합니다. 그런 표정은 이웃에게 실제로 해를 주지는 않지만 감정을 상하게 하기 때문입니다. 그러나 사적인 관계에서 편하게 행동한다고 시민으로서 법을 무시해서는 안 될 것입니다(2권 37장).

위의 연설은 희망 사항에 불과했을지 모르지만, 투키디데스가 쓴 다른 연설들과 마찬가지로 글의 수준이 무척 탁월하다. 요즘의 연설문 작성자들이라면 질투심에 미칠 지경일 것이다. 투키디데스는 많은 연설문을 작성할 때 연설자의 말투까지 다르게 하려고 애쓰지 않았다. 그러나 당시에도 그랬겠지만 200년 전까지도 연설문은 일반적으로 부정확하게 알려졌고, 사람들도 그러려니 했다. 투키디데스의 원칙은 "누군가 말한 것을 내가 직접 들었든 다른 사람을 통해 전해 들었든 간에 내가 정확히 옮기는 건 어렵다는 게 입증되었다. 따라서 관련된 상황에서 요구되는 내용이라 생각되는 것을 주된 연설로 삼고, 실제로 말해진 것의 전반적인 의미도 가급적 가깝게 살리려 한다."(1권 22장 1절)*

* 1740년 이후로, 새뮤얼 존슨Samuel Johnson(1709-1784)은 당시 영향력이 상당하던 〈신사의 잡지The Gentleman's Magazine〉에 하원에서 행해진 연설을 소개했다. 그는 그 연설들을 전적으로 지어냈고, 번거롭게 하원에 가지도 않았다. 적어도 몇몇 연설문은 학문적 어법으로도 탁월해서, 인쇄된 결과물에 그 연설을 했다는 하원 의원조차 놀랄 정도였다. 존슨의 원칙은 "연설자의 이름을 결정하면 그를 대신해 논증을 전개하며 해법을 생각해내는 것"이었다. 존슨이 그렇게 연설문을 탁월하게 써냈고, 볼테르는 존슨의 그런 연설문을 읽은 뒤에 감탄하며 "고대 그리스

얼핏 생각하면 투키디데스의 기록이 정확하지 않다는 문제가 있을 수 있지만, 적어도 당시 어떤 사건이 있었는지는 분명히 전해준다. 그는 신빙성을 우선시했을지 모르지만 정확성을 확인하려고 지나치게 얽매이지는 않았다. 또 그가 묘사하는 사건이 결코 유사하게도 반복되지 않을 거라고 확신했다. "펠로폰네소스 전쟁이 오랫동안 계속되었다. 그동안 유형과 숫자에서 어떤 유사한 시기에도 필적할 수 없는 참사들이 있었다."(1권 23장) 그러나 아테네가 반드시 승리했어야 할 갈등, 즉 그 전쟁에서 패한 '이유'가 무엇이었을까? 그 전쟁이 정말 불가피했던 것일까, 혹시 더 나은 외교가 있었다면 피할 수 있었던 건 아닐까? 그가 사랑하는 도시는 그리스 세계에서 최고의 위치에 거의 올라설 뻔했고, 투키디데스는 "우리는 그 위치에 도달하려고 애썼지만 실패했고, 앞으로도 다시는 그 위치에 이르지 못할 것이다"라고 말하는 듯하다. 따라서 환자가 사망한 뒤에 "우리는 그를 구할 수 없었다"고 인정하는 의사와 다를 바가 없었다. 스파르타가 아테네와 태양 사이에 끼어들었다.

❉ ❉ ❉

내가 이 장에 대립적인 제목을 붙인 이유는 성격과 접근 방법에서 헤로도토스와 투키디데스가 뚜렷이 대조되기 때문이다. 두 사람에게 역사는 의식적인 행위에 대한 것이기 때문에 의식적으로 기록되어야 했다. 그러나 헤로도토스는 다른 작가들로부터 정보를 얻어낸

와 로마의 연설이 지금 영국 상원에서 되살아났다!"고 극찬했다. John Pendleton, *Newspaper Reporting* (London: Elliot Stock, 1890), p. 38을 참조할 것.

반면, 투키디데스는 전적으로 자신의 조사에만 의존했다. 따라서 그리스인들이 두 사람의 극단적 차이를 보지 못했을 까닭이 없다. 샤마는 투키디데스를 "자료를 아무렇게나 대하는 헤로도토스를 못마땅하게 생각하는 비판가"라 칭하며,[27] 그가 전쟁터에 직접 참여한 덕분에 역사학자로서 이득을 보았다고 생각한다. "그는 실제로 어떤 사건이 있었는지 알고 싶어 했다. 반면에 헤로도토스는 정처없이 떠돌아다니는 방랑자, 이야기꾼, 신화만이 아니라 사소하고 부수적인 사건의 중요성을 알고 있는 사람이었다."[28] 헤로도토스는 과거에 대해 쓰는 행위가 어떤 것이냐는 개념을 만들어내는 데 일조했을 수 있지만, 투키디데스는 역사를 쓰는 새로운 행위를 좁히며 확고히 굳혔다. 투키디데스가 자신의 글을 '히스토리아'라고 구체적으로 지칭하지는 않았지만, 역사를 하나의 학문 분야로 보았다. 따라서 헤로도토스의 태만하고 안일한 방법을 달갑게 생각하지 않았다. 물론 헤로도토스라는 이름을 구체적으로 언급하지는 않지만 "진실을 말하는 것보다 대중의 관심을 끌려고 애썼고, 권위가 검증되지 않으며… 신뢰할 수 없는 신화 더미에 주제를 잃어버린 따분한 기록자(1권 21장)"를 겨냥한 것만은 분명하다. 그러나 당시에도 고대 역사가들 사이에는 자신이 전임자보다 어떤 점에서든 낫다고 주장하는 관례가 있었다. 그 관례는 지금도 계속 이어지는 듯하다.

투키디데스는 후대를 의식하며 글을 쓴 최초의 서구 작가였을 수 있다.[29] 헤로도토스와 달리, 투키디데스는 자신의 글이 먼 미래에도 읽힐 거라는 걸 알았다. 또 그는 역사가 '유익해야useful' 한다고 최초로 주장하기도 했다. 그는 당대와 미래의 정치인들이 자신의 기록에서 뭔가를 배우기를 바랐다. 어쩌면 헤로도토스에 대한 반발로, 그는 정보의 출처를 실질적으로 언급하지 않고, 일관된 관점을 제시했을 수 있다. 그는 항상 초연한 자세를 유지하며, 도시의 생활상이나 사회 제도, 여자와 예술 작품에 대해 아무런 말도 않는다. 개인적인 동기로 언급하지 않고, 구체적인 설명을 위해 옆길로 빠지지도 않는다. 그 자신도 "내 역사 기록에 로맨스가 없어, 오히려 관심도가 떨어질까 두렵다(1권 22장 4절)"고 말한다.*

최근에 고전 역사학자들이 투키디데스의 글을 다시 검토한 끝에, 그가 냉정하고 초연한 역사학자이기는커녕 분명한 목표를 설정하고, 사건에 대한 자신의 해석에 독자를 끌어들이려고 자료를 가공했다는 결론을 내렸다. 가장 가혹한 평론가로는 예일 대학교의 고전학자 도널드 케이건Donald Kagan(1932-2021)이 있다. 케이건은 2009년의 연구에서, 투키디데스가 당시의 일반적인 통설과 달리 페리클레스 시대의 아테네가 민주주의였다는 걸 부정하려고 안간힘을 다했고, 페리클레스 사후에 아테네 권력을 장악한 장군, 클레온이 여러 사건에서 증명되었듯이 기민하고 대담한 지도자가 아니라 무모하지만 운좋은 미치광이라고 묘사하며 그에게 불리한 증거를 모았다고 주장했다. 또 투키디데스는 다른 사람들, 특히 아테네 시민 전체가 어떤 생각을 하는지 안다고 주장하면서도 중대한 토론에서 지도자들이 어떤 견해를 취했는지에 대한 중요한 사실을 상습적으로 빠뜨린다. 또 패배로 끝난 시켈리아 원정을 최종적으로 책임졌던 원로 장군, 니키아스(c. 470-413 BC)를 영웅으로 묘사하지만, 그가 아테네 시민들에게는

---

* 요즘은 모든 번역가가 '로맨스romance'라는 단어를 사용하고 있지만, 이 단어는 미심쩍을 정도로 현대적 냄새를 풍긴다. 케임브리지 대학교에서 명예 교수로 그리스 문화를 가르치는 폴 카틀리지Paul Cartledge는 원래 그리스어에서 이 단어는 "재미를 목적으로 이야기를 말하는 행위"에 더 가깝다며, 투키디데스였다면 그런 행위에 부정적인 편견을 지녔을 것이라고 나에게 말해주었다.

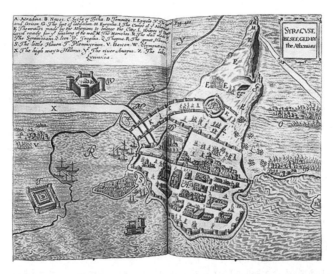

기원전 414~413년 아테네에게 포위된 시켈리아. 하지만 이 포위 공격은 아테네 패배의 원인이 되었다. 포위된 동안, 시라쿠사는 외벽 안쪽으로 계속 측벽을 쌓았다. 아테네는 시라쿠사를 성벽 안에 가둬두려 했고, 시라쿠사는 측벽을 계속 쌓았다.

우유부단한 겁쟁이로 여겨졌기 때문에 투키디데스의 그런 묘사는 설득력이 떨어진다.

투키디데스는 민주주의를 믿었다. 그러나 민주주의라는 이름으로 실권을 장악한 페리클레스는 명목상으로는 아니지만 실질적으로는 독재자와 다를 바가 없었다. 투키디데스는 아테네의 궁극적 우월성을 지지했지만, 아테네가 전쟁의 범위를 더 좁히기를 바랐다. 아테네가 시라쿠사와 운명적인 충돌에 나섰을 때 그는 아테네의 지배 집단이 운명적인 결정을 내린 것이라 생각했고, 니키아스는 지도자로 적합하지 않다는 걸 알았다. 그는 격정적인 사람이었지만, 믿고 싶은 것과 실제로 일어난 결과 사이에 괴로워하며 냉정하게 기록하려고 애썼다. 하지만 그가 증거를 존중했다는 사실에서 그의 설명 글을 근거로, 그의 판단이 어떻게 잘못되었는가를 알아낼 수 있다. 그는 정확한 기록자가 되려는 노력을 잠시도 게을리하지 않았다. 객관적 사건으로 그가 틀렸다는 게 입증된 경우에도 마찬가지였다. 놀라울 정도로 모순된 행위였고, 로빈 조지 콜링우드는 《서양사학사》(1946)에서 그런 모순이 양심의 가책에서 비롯된 것으로 보았다.

투키디데스의 뒤틀린 외곬에서 그를 문학적인 옥타비아누스에, 헤로도토스는 위험과 모험을 즐기는 책임 관리자 안토니우스에 비유하고 싶은 유혹을 받는다. 사실 두 역사학자는 많은 점에서 공통된다. 둘 모두 아웃사이더였다. 헤로도토스의 고향은 적군에게 짓밟힌 그리스인 정착지였고, 투키디데스는 사랑하는 아테네를 떠나 망명자의 삶을 받아들일 수밖에 없었던 장군이었다. 헤로도토스는 타고난 세계주의자였던 까닭에 점령 당한 도시에서 자신이 차지할 적절한 공간이 없다고 느낀 반면, 투키디데스는 고향 사람들에게 추방되는 아픔을 겪었다. 둘 모두에게 개인적인 수입원이 있었다는 것도 똑같다. 헤로도토스의 아버지는 부유한 상인이었고, 투키디데스에게는 트라키아에 가족이 소유한 금광이 있었다. 그들은 고향을 떠나 오랜 시간을 지내면서 무위도식하지 않고, 그들이 공통된 문제로 당면한 가까운 과거를 기록했다.

그들은 많은 사실과 경험을 어떤 기준에서 받아들였을까? 또 펜과 공책, 백과사전과 만세력, 연감 등 이름조차 없던 것의 도움을 받기 힘든 시기에, 그렇게 선택한 사실과 경험을 무엇으로 무엇에 써두었을까? 끝으로, 그들은 각자의 작품에 대해 어떤 평가를 얻었을까?

이런 의문들에 대해 적어도 부분적으로는 대답할 수 있을 듯하다. 세계 전역에서 그랬듯이 서구에서도 무척 오랜 시간 동안, 무엇인가를 기록하는 행위는 결코 쉽지 않았다. 그리스인들은 기억을 문자 그대로 숭배했다.[30] 그들에게는 기억의 여신인 므네모시네까지 있었고, 그 여신은 아홉 뮤즈의 어머니로도 여겨졌다. 아홉 뮤즈는 서사시와 연애시, 찬가와 춤, 희극과 비극, 천문학 그리고 역사에 영감을 주던 여신이었다. 지식을 정리하고 기억하는 능력은 중요한 수단이었다. 따라서 기억하는 법의 학습은 개인의 지위를 강화하는 방법이었다. 아테네 정치인 테미스토클레스(c. 524–459 BC)는 2만 명의 이름을 암기했던 것으로 추정된다. 소크라테스와 동시대를 살았던 한 시민은 거의 4000행에 달하는 《일리아스》와 《오디세이아》를 통째로 외웠다고 자랑했고, 아테네 원정군의 일원으로 시라쿠사를 포위했지만 그들에게 사로잡힌 포로들은 에우리피데스(노예 제도를 처음 비판한 것으로 알려진 학자 중 하나)의 합창곡 중 어느 악절이든 암송해 노래하면 석방되었던 것으로 추정된다. 몇몇이 악절을 암기하는 데 성공해 실제로 석방되었고, 아테네로 돌아가 그들의 목숨을 구해준 에우리피데스에게 감사했다고 전해진다.

우리는 짐작만 할 수 있을 뿐이다. 그러나 기억을 돕기 위하여 짤막하게 기록해두는 걸 습관으로 삼았던 투키디데스보다, 헤로도토스가 기억이란 전통에 더 큰 영향을 받았을 것이고, 따라서 지금의 우리보다 기억력을 키우려고 더 노력했을 것이다. 우리가 정확히 알지는 못하지만, 파피루스 두루마리와 점토판, 붓과 잉크를 갖고 다녔을 수 있다(아니면 수행한 노예가 갖고 다녔을 것이다). 그러나 940명이 넘는 사람의 이름을 언급하는 데다, 이집트의 문화생활과 많은 다양한 집단, 지역별 전통 의상, 크세르크세스 군대가 보유한 전쟁 무기 등을 정교하고 자세히 묘사하고 있어, 그는 어마어마한 기억력을 지녔던 듯하다.*

* 조슈아 포어는 고대의 기억술사가 어느 정도의 기억력을 지녔는지에 대해 알려준다. "총 63책 5422쪽에 달하는 방대한 바빌로니아 탈무드를 통째로 암기한다

헤로도토스는 요즘의 칼라브리아(남이탈리아)에 해당하는 투리이에 정착했고, 투키디데스는 트라키아의 영지로 돌아갔다. 그는 그 지역의 유지들에게 '상당한 영향력'을 지녔고, 스타르타와 아테네에서 피신해온 병사들에게 돈을 쥐어주며 전쟁에 대한 세세한 소식을 들었다. 헤로도토스와 투키디데스는 원고를 작성하기 시작한 때부터, 구술자(반드시 저자가 구술자는 아니었다)가 여러 필경사에게 소리 내어 읽어주는 공간이 따로 마련되었을 것이다—필사본에 동일한 글이 반복된 경우는 구술자가 말을 더듬었다는 증거로 여겨진다. 투키디데스는 자신의 글이 가급적 자주 옮겨 쓰여지며 많은 독자에게 읽히기를 바랐지만, 먼 훗날에도 학자들은 투키디데스와 헤로도토스의 역사를 계속 베껴 썼다. 그러나 기원전 480년경 기껏해야 5퍼센트의 그리스인만이 글을 읽을 수 있었다는 걸 기억해야 한다.[†]

다른 많은 문자와 달리, 그리스 문자에는 민주적인 요소가 있다. 달리 말하면, 그리스 문자를 쓰거나 읽기 위해 특별한 필경사가 필요

는 초정통과 유대교도에 대한 이야기에 매료된 적이 있었다. 그들은 몇 번째 책, 몇 쪽에 무슨 말이 있는지 토씨 하나 틀리지 않고 암송할 수 있었다." Joshua Foer, *Moonwalking with Einstein: The Art and Science of Remembering Everything* (New York: Penguin, 2011)을 참조할 것. 우리 시대에는 트럭 기사들이 교통 체증에 갇히면 '허공 체스air chess'를 두고, 런던에서 택시 기사 면허를 따려면 2만 5000개 도로가 어디에 있는지 설명된 '런던 알기Knowledge of London'를 외우며 거의 4년의 시간을 보내야 한다. 런던 택시 기사를 연구한 보고서에 따르면, 뇌에서 방향을 읽는 부분이 일반인보다 컸고, 해마에서 복잡하고 특수한 상황을 관장하는 부분의 회백질이 런던 버스 기사의 경우보다 많았다. 퇴직한 택시 기사들의 뇌영상에서는 그 능력이 더는 필요하지 않기 때문인지 회백질 크기가 줄어든 결과를 보인다.

[†] 문자의 발전도 상당한 역할을 했지만, 적어도 서구에서는 그 역할이 구체적으로 나타나는 데는 수 세기가 걸렸다. 과장했겠지만, 단테는 자신의 시대(1265-1321)에 1000종류의 이탈리아어가 이탈리아에 존재한다고 말한다. 윌리엄 캑스턴 William Caxton(1422-1491)은 잉글랜드에서는 달걀을 가리키는 단어가 너무도 많아 달걀을 사는 것도 무척 어렵다고 투덜거렸다. 인쇄가 시작되며 언어가 안정되었

하지 않다. 문자가 없을 때는 극작품은 거의 불가능했다(현존하는 가장 오래된 비극, 아이스킬로스의 《페르시아 사람들》은 기원전 472년에 쓰였고, 역사적 사건을 기초로 그 시대에 쓰인 희곡 중 유일하게 전해지는 작품이기도 하다). 글을 읽고 쓰는 능력이 확고히 확립된 뒤에야 그리스 연극은 꽃피웠다. 문자가 탄생하며 산문이 가능해졌다.[31]

그러고는 글이 쓰이는 매개체가 만들어졌다. 이집트는 문자 언어를 고안해내고, 돌과 청동, 구리와 나뭇잎이 아닌 다른 매개체를 개발함으로써 선사시대에서 역사시대로 옮겨갔다. 호메로스의 작품은 뱀의 창자에 쓰여졌다. 투키디데스는 포도주 항아리의 파편 조각에 썼다. 이집트인들은 파피루스 줄기의 새로운 용도를 찾아냈다. 파피루스는 나일강 삼각주 일대에서 거의 독점적으로 자라는 삼각 갈대이다. 파피루스의 사용은 적어도 제1왕조(3100-2900 BC)까지 거슬러 올라가지만, 기원전 5세기 이후로 파피루스는 바구니와 상자, 밧줄과 샌들, 배만이 아니라 가구를 만드는 데도 지중해 전역에서 사용되었다. 그때부터 파피루스는 사람들이 기억하고 싶은 것을 적어두는 주된 매개체가 되었다.

파피루스는 원래 '집에 속한 것'을 뜻했고, 파피루스의 여러 품종과 크기에는 황제나 관리에 경의를 표하는 이름들이 종종 붙여졌다. 그리스인들은 파피루스를 '비블로스biblos'라 칭했다. 이 이름은 파피루스가 주로 전해진 페니키아 항구, 비블로스에서 생겨났고, 결국에

지만, 제한적이었을 뿐이다. 리보의 엘레드Aelred of Rievaulx의 설교집은 100년 동안 두 번 다시 쓰였을 뿐이다. 게다가 극수소만이 글을 읽을 줄 알아, 문어의 '동결' 효과가 작동할 여지가 없었다. 세계 문자 중 중국 한자의 변화가 가장 적었다. 광둥어를 말하는 북방어를 말하는 간에 동일한 문자를 사용하고, 발음을 다르게 할 뿐이다. 인류의 역사에서 지금까지 말해진 수천 개의 언어 중 6퍼센트만이 문자로 쓰여졌다.

는 book(책)이란 영어 단어로까지 이어졌다. 헤로도토스는 올림피아에서 축제가 열렸을 때 대중을 상대로 낭송했던 것으로 여겨진다. 그러나 헤로도토스는 아테네에서 처음 명성을 얻었고, 10탈렌트(44파운드의 황금에 해당하는 가치)를 받고 대체로 아고라에서 대중을 상대로 일련의 낭송을 시작했다. 아고라는 그리스 폴리스의 중심지로, 사람들이 모이던 광장이었다. 낭송을 알리는 공고문은 공공장소에 게시되었고, 낭송에는 고유한 기술이 필요했다. 지붕이 없는 공간에서 낭송되었기 때문에 연사는 상당히 큰 목소리로 낭송해야 했다.

투키디데스는 헤로도토스가 특유의 이오니아 방언으로 열변을 토하는 걸 들은 뒤에 역사를 쓰기로 결심했고, 그의 시대가 도래했을 때는 그의 책에서 등장하는 주된 인물들의 연설을 낭송하는 걸 즐겼다는 기록이 있다. 플라톤이 그 연설들의 낭송을 허락한 덕분에 투키디데스는 사후에 명성을 얻을 수 있었다. 한편 퀸틸리아누스와 디오니시우스 같은 후세의 작가들은 그의 산문에서 연극적인 힘이 느껴진다고 평가했다. 키케로는 투키디데스의 수사에 별다른 관심을 보이지 않았고, "그 유명한 연설들에는 모호하고 불가해한 문장이 상당히 많아 명료하게 이해되지 않는다. 이런 모호함은 대중 연설에서 반드시 피해야 할 잘못이다"라고 평가했지만 "문장을 구성하는 재주에서는 타의 추종을 불허하는 사람"이라며 투키디데스를 칭찬했다.*

헤로도토스는 모든 것에 관심을 보이며 백합에도 황금을 칠하는

---

* 투키디데스의 그리스어는 이해하기가 무척 어려웠다. 그의 시대에도 어려웠지만 시간이 지난 뒤에도 마찬가지였다. 셜록 홈스가 등장하는 한 소설에서, 아서 코난 도일Arthur Conan Doyle(1859-1930)은 장학금 시험으로 투키디데스의 글을 선택하고, 인쇄된 시험지를 교정하는 데도 1시간 반이 꼬박 걸린다. Arthur Conan Doyle, "The Three Students," *The Return of Sherlock Holmes* (London: Geoffrey Newnes, 1905), p. 227을 참조할 것. 에벌린 워Evelyn Waugh(1903-1966)가 제2차

걸 망설이지 않는 여행자였다. 반면에 투키디데스는 관심사를 전쟁에서의 사례 연구와 고등 정책high politics(정치에서 군사 혹은 좁은 의미의 외교/옮긴이)으로 제한한 도학자였다. 역사의 방향은 때로는 헤로도토스 쪽으로, 때로는 투키디데스 쪽으로 바뀐다. 고전학자 앤드루 포드Andrew Ford는 "한때는 헤로도토스를 시학적 이야기꾼으로, 투키디데스를 과학적 역사학자로 평가했다"고 말했다.[32] 월 듀랜트는 더 가혹하게 "정신 구조에서 헤로도토스와 투키디데스의 차이는 거의 청소년과 성인의 차이이다"라고 진단했다.[33] 그러나 속된 말로, 어떤 대학생도 교수에게 "선생님, 헤로도토스가 그렇게 바보라면 왜 우리가 그 사람의 글을 읽어야 합니까?"라고 묻지는 않는다.[34]

헤로도토스와 투키디데스는 우리가 지금도 이해하려고 애쓰는 의식의 변화 과정에 있었다. 그 이전의 문화권은 과거를 연속적으로 생각했다고 가정할 수 있겠지만, 역사의식은 그런 것이 아니다. 그 이전 시대에는 헤로도토스와 투키디데스 같은 집중적인 탐구가 없었다. 영웅 전설을 쓴 사람들은 역사 기록과 경쟁하지 않았다. 물론 상이집트의 아마르나(기원전 1350-1330년경에 아케나텐이 세운 거대한 문서고), 앙카라에서 약 240킬로미터 떨어진 보가즈쾨이에서 발견된 기원전 1400년

세계대전 후에 발표한 중편소설 《스콧 킹의 현대 유럽》에서, 스콧 킹은 그랜트체스터 학교에서 고전어를 오랫동안 가르치는 교사답게 펠로폰네소스 전쟁에 관심을 가져보려 한다. "라틴어 동명사 뒤로 그들은 반 페이지 정도의 투키디데스 글을 더듬거리며 읽었다. 그가 말했다. '포위 공격에서 이 마지막 장면들은 커다란 종이 울리는 것처럼 쓰였다.' 그러자 교실 뒤에서 합창하는 듯한 목소리가 들렸다. '종이요? 수업이 끝났다는 종을 말씀하신 건가요, 선생님?' 그리고 책들이 덮이는 요란한 소리가 들렸다. '아직 20분이 남았다. 선생님은 이 책이 종처럼 울렸다고 말한 거다.'" 너무 늦었다. 학생들은 우르르 교실 밖으로 나갔다. Evelyn Waugh, *Scott-King's Modern Europe* (Boston: Little, Brown, 1949), pp. 11-12을 참조할 것.

경의 설형문자(cuneiform, '쐐기'를 뜻하는 라틴어 cuneus에서 파생) 문서고가 무척 오래전부터 존재했지만, 그곳의 문서들은 역사 기록이 아니라 관료적 문서로 대중에게 공개된 적이 없었다. 최초의 사설 도서관은 기원전 340년경에 세워진 아리스토텔레스의 서고로 여겨진다.

투키디데스가 전형적인 예를 보여주었듯이, 역사학자의 임무는 일정한 분야에 제한을 두고 객관적인 진실을 추적해야 하는 것일까? 오히려 진정한 역사학자라면, 정의의 경계를 뛰어넘어 제약을 두지 않는 조사를 진행하는 데 매진해야 하지 않을까? 2500년 동안, 두 질문이 서로 경쟁하며 많은 결실을 이루어냈다. 첫째로는 헤로도토스와 투키디데스가 보여준 정교한 글쓰기, 그들 이후에 폭발적으로 증가한 역사서에 감사해야 할 것이다. 그러나 간혹 '그리스 계몽 운동 Greek Enlightenment'이라 일컬어지는 현상은 소아시아의 일부 도시에서만 일어났다. 그렇더라도 겨우 두 세대 만에 그리스는 수학과 천문학, 기하학과 물리학, 연극과 수사학, 논리학과 철학, 그리고 역사(이 모든 학문의 명칭이 그리스어에서 파생)에서 탁월한 창의력을 발휘하며, 거의 1000년 동안 지속된 모험을 시작했다.

2장 고대 로마의 영화

: 폴리비오스에서 수에토니우스까지

타키투스의 어법이 대담하다고 생각할 사람이 있을지도 모르겠다. 일례로 그는 나뭇짐을 옮기는 한 병사에 대해 말해줄 때, 그 병사의 두 손이 꽁꽁 얼고 나뭇짐에 죽은 것처럼 달라붙어 떨어지지 않아, 결국 팔에서 잘려 나가야 했다고 실감나게 말한다. 나는 이런 것들에서 위대한 목격자들의 신빙성을 인정하는 편이다.

– 미셸 드 몽테뉴, 1588[1]

투키디데스의 실질적인 후계자는 없었다. 약 두 세기 뒤에 폴리비오스(c. 200-c. 118 BC)의 시대가 도래하기 전까지는 말이다. 왜 그런 시간적 공백이 있었을까? 과거를 기록하는 게 굴욕적인 작업이었던 것일까? 펠로폰네소스 전쟁의 패전 이후로, 아테네 사람들은 실현되지 않은 약속을 재앙으로 보았고, 그 쓰라린 과거를 기억하고 싶지 않았을 것이다.

아리스토텔레스라면 자신을 결코 역사학자로 칭하지 않았을 것이고, 역사는 경험적으로 증명할 수 없기 때문에 역사가 엄격히 규정되는 지식에 포함되지 않는다는 입장을 명확히 했을 것이다. 하지만 아리스토텔레스는 《정치학》에서, 과거에 대한 기술은 어떤 미학적 원칙을 충실히 지켜야 한다고 말하며, 역사와 시학을 조심스레 구분한다.

둘의 차이는… 하나는 산문으로 쓰이고, 다른 하나는 운문으로 쓰인다는 데 있지 않다. 헤로도토스의 글은 운문으로 옮기더라도 여전히 역사일 것이다. 그럼 둘의 실질적인 차이는 무엇일까? 역사는 존재했던 것을 기술하고, 시학은 존재할 수 있는 것을 기술하는 데 있다. 따라서 시학은 역사보다 더 철학적이고 더 중요한 것이다. 시학적 표현은 보편적인 속성을 띠는 반면, 역사적 기록은 일회적이기 때문이다.[2]

이런 격하는 파급 효과를 갖기 마련이다. 오래전 〈뉴스위크〉의 한 젊은 기자가 컬럼비아 대학교의 한 교수에게 "언제부터 역사학자가 사실을 말하는 걸 중단하고, 지금처럼 과거의 해석을 수정하는 쪽으로 넘어갔습니까?"라고 물었다.[3] 투키디데스의 시대에 역사학자는 역사를 말했다. 하지만 투키디데스 이후에도 과거에 대해 쓴 사람은 많았지만 지금까지 살아남은 글은 소수에 불과하다. 고대 그리스 시대에 쓰인 주요 고전 중 20퍼센트 미만만이 지금까지 전해지는 것으로 추정된다.[4]

고대 로마라고 더 나을 것은 없었다. 베르길리우스의 친구, 가이우스 아시니우스 폴리오(기원후 4년 사망)가 남긴 글은 몽땅 사라졌고, 살루스티우스(86-34 BC)의 역사서도 가벼운 저작만이 전해진다. 리비우스와 타키투스의 글도 단편적인 조각만이 전해질 뿐이다. 카툴루스(84-54 BC)의 시 116편이 실린 두루마리는 베로나에서 발견된 포도주통의 마개로 14세기 동안 쓰인 덕분에 부분적으로 살아남았다. 1414년 스위스의 한 수도원 책꽂이 선반에서 발견된 비트루비우스(c. 75-15 BC)의 《건축술에 대하여》는 건축술을 다룬 주요 저작으로 유일하게 현존하는 책이고, 그 시대의 주요 전투와 포위 공격에 대한 유일한 자료이기도 하다. 고대 세계를 파악하는 데 필요한 자료가, 지독한 폭격을 받은 공문서 보관소에서 구할 수 있는 자료만큼이나 부족하다는 뜻이다(충격적이지만 실감 나는 비유로, 고전학자 앤드루 로버트 번Andrew Robert Burn(1902-1991)이 제2차 세계대전이 끝난 직후 쓴 글에서 사용한 것이다).

이런 낙오자 명단에서 빠지는 한 명이 있다. 크세노폰(c. 430-c. 354 BC)이다.* 그는 몇몇 크게 중요하지 않은 저작을 남겼다. 그중 하나가 《헬레니카》로, 투키디데스가 글쓰기를 중단한 시점, 즉 기원전 411년부터 시작하는 그리스 역사이다. (〈스타워즈〉가 많은 파생작을 양산했듯이, 투키디데스의 사후에 '속편'과 모방작이 봇물처럼 터져 나왔다.) 그러나 《헬레니카》는 실망스럽게도 편파성을 띠어 신뢰하기 어렵다. 그러나 크세노폰이 아테네에서 추방된 동안에 쓴 《아나바시스》는 걸작으로 여겨진다('아나바시스'는 해안에서 내륙으로의 원정을 가리키는 용어여서 대안적 제목으로 《내륙으로의 행진》이 가능하며, 《페르시아 원정》이라 번역된 경우도 있다). 아테네 상류층에서 태어난 크세노폰은 젊었을 때, 페르시아 왕자 키루스가 형 아르타크세르크세스 2세에게 저항한 2년간의 전투(401-399 BC)에 참전했다. 《아나바시스》는 군인이던 당시

* 메리 레놀트Mary Renault(1905-1983)는 크세노폰을 주인공으로 삼은 소설 《마지막 포도주》에서, 크세노폰이 말馬을 좋아했다고 재미삼아 말하지만, 그의 저작들을 분석해 그의 성격을 섬뜩할 정도로 정확히 판단하는 듯한 글을 써내려간다. 크세노폰은 어렸을 때 "잘생기고, 또래보다 크며, 검붉은 머리칼과 잿빛 눈동자를 지닌 소년"으로 우리에게 소개된다. 성인이 되어서는 "어느 모로 보나 완벽한 아테네 기사, 자신의 말을 직접 사육하고 가르치며 거세하는 일종의 기병, 전쟁에 가장 앞서 뛰쳐나가는 걸 자랑스러워하고, 저녁 식탁에서는 대화를 즐기지만 정치는 정해진 것이고 궁극점을 뜻하는 것이라 생각하기 때문에 정치를 싫어한다고 말하는 뼈대 있는 군인이었다. …언제나 그는 실리적으로 명예를 중시하고 종교적이며, 확고하고 제한적이었지만 잘못된 것은 아닌 윤리관을 지닌 사람이었다. 그런 사람에게 바람직한 방향을 명확히 가리킨다면, 험준하기 이를 데 없는 땅에서도 그 방향을 따라갈 것이다. …그는 군인이었지 바보가 아니었다." Mary Renault, *The Last of the Wine* (New York: Pantheon, 1956), pp. 16, 253 – 54, 373을 참조할 것.

를 기록한 역사책이다.

키루스가 전사함에 따라, 그 원정은 재앙적 비극으로 끝났다. 1만 명의 병사가 적군 지역(현재 튀르키예와 이라크)에 고립된 채로 바다로 가는 길을 뚫으려고 싸워야 했다. 존 버로는 역사서의 역사를 다룬 책에서, 그 원정을 격정적으로 표현하며 "군인이 자신의 행동을 정당화하고, 자신이 지닌 힘을 입증해 보이는 이야기이며, 직접 경험한 까닭에 숨이 막힐 정도로 자세히 묘사되고⋯ 크세노폰은 그 자신의 영웅이다"라고 말했다.[5] 그 군대가 흑해 해변의 트라브존(현재 튀르키예 북동부)에 도착한 순간은 무척 유명하다.

선두에 선 병사들이 정상에 도착하고 눈앞에 펼쳐진 바다를 보자, 커다란 함성이 울려 퍼졌다. 크세노폰과 후위 부대는 그 소리를 듣고, 선두 부대를 공격하는 적군이 있다고 생각했다. 그들이 약탈한 지역의 토착민들이 그들을 뒤쫓아와서 몇몇 토착민을 죽였고, 매복했다가 습격하던 토착민들을 포로로 사로잡은 데다 털도 뽑지 않은 생소가죽 방패까지 20개 남짓 노획했다. 하지만 함성이 점점 커졌고 가까워졌다. 앞쪽의 병사들이, 계속 함성을 지르는 선두 부대를 향해 달려가기 시작했다. 그 수가 많아지자 함성도 더욱 잦아지며 커졌고, 뭔가 중요한 게 앞에 있는 것 같았다. 그래서 크세노폰은 말에 올라, 리쿠스와 기병 부대를 거느리고, 선두를 지원하려고 달려갔다. 곧 그들은 병사들이 "바다! 바다!"라고 소리친다는 걸 알게 되었다. ⋯마침내 그들도 모두 정상에 올랐다. 병사들은 물론 장군들과 지휘관들도 눈물을 머금은 채 서로 얼싸안았다.[6]

문체론적으로는 상당히 잘 쓰인 글이지만, 대부분의 이야기는 자기변명에 가깝다. 크세노폰은 두 비슷한 비판에 대한 대응으로 이 글을 썼다. 하나는 그의 참전 동기에 의문을 품은 동료들의 비판이었고, 다른 하나는 귀향한 뒤에 동배同輩들로부터 받은 비판이었다. 그들은 크세노폰이 올바른 대의가 아니라 용병으로 참전한 것을 매섭게 비판했다. 귀족들은 돈을 위해 싸우지 않았다. 따라서 크세노폰은 '제니아(환대 선물)'와 '도라(뇌물)'를 구분함으로써 돈에 매수된 게 아니라는 걸 강조한다. 그의 주된 후원자이던 세우테스에게 보낸 편지에서는 "저는 군인들에게 할당된 보수를 전혀 받지 않았습니다. 개인적인 용도로 보수를 요구한 적도 없었습니다. 당신이 저에게 약속한 것조차 요구하지 않았습니다. 당신에게 맹세하건대 당신이 저에게 합당한 대가를 치르겠다고 제안했더라도 저와 함께한 병사들이 합당한 대가를 동시에 받지 않았다면 저는 그 제안을 받아들이지 않았을 겁니다"라고 말한다.[7] 고대 세계에서 가장 흥미진진한 모험담 중 하나가 간절한 자기변명의 시도로 쓰인 셈이었다.*

※ ※ ※

전설에 따르면 쌍둥이 아기 로물루스와 레무스가 암늑대에게 구

* 다른 유명한 군사 지도자들도 자신의 무용담을 기록할 때 자기변명을 시도했다. 알렉산더 대왕은 기원전 334년부터, 사망한 기원전 323년까지 세 제국, 이집트와 페르시아와 인도의 펀자브 지역을 정복했다. 그의 침략은 다양하게 기록되었지만 목격담은 전혀 전해지지 않는다. 알렉산더에게 선택받은 기록자, 아리스토텔레스의 조카이던 칼리스테네스는 알렉산더에게 음모죄로 처형되기 때문에 그의 기록은 그 순간부터 중단되었다. 한니발은 자신의 승리를 기록할 작가로 두 명의 그리스인을 수행원단에 두지만, 그들의 기록은 사라지고 없다.

원을 받은 기원전 753년, 로마는 시작되었다. 로물루스는 이른바 '로마 콰드라타Roma Quadrata(정사각형 로마: 그리스어에서는 '강함'이란 뜻으로 옮겨진다)'의 첫 성벽을 쌓았다. 이와 비슷한 사건이 일어났을 수 있지만, 내버려진 아이가 성장해서 큰 인물이 된다는 이야기는 고대 신화에서 흔하다. 라틴어에서 '루파lupa'는 암늑대를 뜻하지만 '매춘부'를 뜻하는 은어이기도 하다. 여하튼 두 쌍둥이는 성인이 된 뒤에 다투었다. 리비우스(59 BC-AD 17)에 따르면, 로물루스는 레무스를 때려 죽인 뒤에 자신의 도시를 세웠다(-ulus는 에트루리아어에서 설립자를 뜻하는 접미어). 로물루스는 점점 독재적으로 변해갔고, 재위 37년째 되던 해 먹구름에 들어 올려져 사라지며 역사에서 갑자기 지워졌다.

로물루스와 레무스 신화는 방랑하는 영웅, 아이네이아스 이야기와 유사하다. 아이네이아스는 인간인 아버지와 비너스 여신 사이에서 태어난 아들로, 기원전 1184년경 로마를 건국했다고 한다. 고대 그리스·로마 전문가, 앤서니 에버릿Anthony Everitt은 "오랜 시간적 공백을 메우기 위해 순전히 상상의 왕들로 꾸며진 목록이 만들어지며… 두 전설을 연결했다. …로마의 역사학자들은 자신들을 전문 학자로 생각하지 않았고… 한가한 지배계급의 일원이 되는 경향이 있었다"고 말했다.[8] 그들은 역사를 기록할 때 진실에 충실하기를 바랐지만 "객관적 사실이 부족하다는 한계 때문에 전설을 받아들였고, 실제로 일어났을 것이라 생각되는 사건으로 공백을 채울 수밖에 없었다." 이탈리아 속담으로는 "진실이 아닐 수 있지만 좋은 이야기"로 채운 것이다.

로물루스가 전성기를 맞았을 때, 로마 인구는 약 3000명이었다. 당시 로마는 테베레강이 지나는 실질적으로 가장 낮은 지대에 위치하고, 범람원에 화산 작용으로 일렬로 형성된 산마루에 올라선 곳이었다. 그로부터 수 세기가 지난 뒤에야 로마는 저명한 역사학자들을

로물루스와 레무스와 암늑대. 건국 신화를 널리 알릴 의도로, 늑대 조각상은 11세기 혹은 12세기에 제작되었고, 아기 쌍둥이는 15세기에 더해졌다. 특히 무솔리니가 선전 도구로 활용한 까닭에 이 조각상은 세계 전역에 알려졌다.

배출했다. 기록은 훨씬 전부터 존재했을지 모르지만 라틴 문헌은 기원전 3세기부터 등장하기 때문이다.[9] 로물루스 이후로, 로마의 지배자는 에트루리아인이었다. 즉 로마의 북부와 동부를 차지한 에트루리아(현재 토스카나)에 살던 사람들이었다. 기원전 500년경 로마인들은 반란을 일으켰고, 오랜 독립 투쟁을 치른 뒤에 공화국을 세웠다. 로마 공화정을 다스리는 주체는 로마의 원로원과 시민을 뜻하는 '세나투스 포풀루스케 로마누스Senātus Populusque Rōmānus'였고, 그 약어 SPQR은 지금도 맨홀 덮개와 쓰레기통에서 볼 수 있다.

기원전 387년에는 갈리아인이 로마를 약탈했다. 그 이후에도 로마는 6번 더 파괴를 당했지만 꾸준히 성장했고, 기원전 323년에는 면적이 약 1만 제곱킬로미터에 달했다(미국 로드아일랜드주의 약 3배, 영국 요크셔보다 약간 더 넓은 면적). 그러나 그리스와 달리, 로마는 500년 동안 어느 때라도 지도에서 사라질 수 있는 사회였다. 에페이로스의 피로스와의 전쟁(280-272 BC)을 치른 뒤에야 로마는 중앙 지중해를 지배하는 도시가 되었다. 그 이후에도 서너 세대가 지난 뒤에야 로마는 막강한 해군력을 키우기 시작했다. 리비우스는 해군이 존재하기 전의 시대를 기록하며, 모래밭에서 노젓는 법을 배우는 시민군에 대해 언급한다. 그렇지만 트라야누스가 통치하는 시기(AD 98-117)에는 오비디우스의 표현을 빌리면, "건물들로 숲을 이룬 로마"에 거주하는 인구가 140만 명에 이르러, 세계에서 가장 인구가 밀집된 도시였으며, 3명 중 한 명이 노예, 10명 중 한 명이 군인이었다. 로마에서만 매년 2500만 리터의 포도주, 500만 리터의 올리브유가 소비되었다.

전성기에 로마 제국은 무섭도록 영토를 확장했다. 아프리카에서는 누미디아, 마우레타니아, 키레나이카, 아프리카 베투스('구舊아프리카')를 속주屬州로 삼았다. 로마는 풍요로운 이집트 전역을 넘어 이베리아 반도, 갈리아(프랑스)와 브리튼섬(지금도 스코틀랜드에는 로마 유적이 있다)까지 지배했다. 로마는 독일 변경 지역, 다뉴브강의 자연 경계를 따라 형성된 지역을 점령했고, 그리스 반도를 비롯해 소아시아의 넓은 지역을 차지했다. 동쪽 끝에는 유대, 시리아, 메소포타미아가 속주로 편입되었다. 그 거대한 제국의 인구는 5000-6000만에 이르렀고, 모두가 백인대百人隊와 그 시종들과 개인적인 관계를 통해 감시를 받았다. 그리스는 로마에 합병된 직후부터 동쪽의 핵심적인 속주가 되었다. 게다가 그리스의 많은 지식인이 로마로 건너가 본래의 직업을 계속 추구함으로써 그리스적인 것이 로마에 상당한 영향을 미쳤다. 로마의 엘리트 계급도 그리스어를 진정한 문명어로 여겼다. 일찍이 기원전 250년부터, 로마의 부유한 부모들은 그리스어를 구사하는 선생을 고용해 자식 교육을 맡겼고, 그들 자신도 그리스어를 사용하는 경우가 많았다. 호라티우스(65-8 BC)의 표현을 빌리면, "그리스는 정복된 순간부터 정복자의 마음을 사로잡았다."[10]*

그리스의 영향은 기원전 148년부터 기원후 150년까지 최소한 300년 동안 지속되었다. 라틴어로 쓰인 문헌이 처음 등장하기 시작한 때는 기원전 240년경이고, 과거 사건에 대한 기록은 그로부터 약간의 시간이 지난 뒤였다. 역사 기록에 관심을 가진 인물은 모두 시간적 여유가 있는 실무자들, 즉 행정관과 군인과 정치인이었다. 네로의 시대에 로마의 공휴일은 연간 159일, 즉 주당 평균 3일이었다. 여기에 축제일을 고려하면 실질적으로 평일 하루에 휴일 하루였고, 평일에도 6시간밖에 일하지 않았다. 대다수의 로마 시민에게 일상생활은 여전히 생존을 위한 전쟁터여서 휴일에도 일하는 경우가 많았지만, 소수의 특권층에게는 글을 쓰기에 충분한 여가 시간이 많았다.

로마의 역사가들은 대체로 사회적으로 크게 성공한 사람들이었

---

* 고대 로마인들은 라틴어를 공식 언어와 기본적 문자 언어로 사용했지만, 길거리에서는 '로마니쿠스Romanicus'라는 방언을 사용했다. 로마 제국에는 '민중 문학'이란 것이 없었다. 그러나 중세 시대에 들자, 사람들은 쉽게 이해할 수 있는 언어로 쓰인 이야기, 즉 '로마니크Romanic(이때에는 -us가 탈락하고 쓰이지 않았다)'로 쓰인 이야기romanice scribere를 읽고 싶어 했다. 13세기 말, 단테는 '일반 대중이 사용하는 언어vulgar tongue'가 아담이 에덴 동산에서 처음 사용한 언어이기 때문에 자연스런 언어인 반면, 라틴어는 '인위적'이고 극소수만이 사용하는 언어라는 이유로, 대중어가 라틴어보다 훨씬 더 고결하다는 뜻을 넌지시 내비추었다. 볼테르는 로마니크가 '루프티카Ruftica'라는 이름으로도 불렸고, 프리드리히 2세의 시대까지 쓰였다고 말한다(Voltaire, *Essay on the Manners and Spirit of Nations*, vol. 1, p. 94). 모든 형태의 로마니크 방언이 똑같지는 않았지만, 로마와 프랑스, 스페인과 루마니아에서 널리 사용된 까닭에 용감하고 잘생긴 기사와 곤경에 빠진 여자에 대한 이야기를 가리키는 포괄적인 용어가 되었다. 로마니크는 점진적으로 변해 romances가 되었고, 이런 이야기의 분위기를 재현하는 시도는 romantic으로 표현되었다. Mark Forsyth, *The Etymologicon: A Circular Stroll Through the Hidden Connections of the English Language* (London: Icon Books, 2011)를 참조할 것.

다. 그들 중에서도 중요하다고 손꼽히는 여덟 명을 소개해보자. 폴리비오스Polybios(c. 208-c. 116 BC)는 그리스 정치인의 아들로 기병 대장이 되었다. 살루스티우스Sallustius(c. 86-35 BC)는 호민관, 속주 총독, 원로원 의원이었다. 율리우스 카이사르Julius Caesar(102/100-44 BC)는 로마에게 가장 오래된 가문의 후손이었다. 리비우스Livius(59 BC-AD 17)는 율리오-클라우디아 가문과 친했고, 말년에는 록스타만큼 유명해져서 그를 보겠다고 스페인의 카디스에서 로마까지 달려오는 열광적인 지지자가 있을 정도였다. 요세푸스Josephus(37-100)는 베스파시아누스 황제의 아들, 티투스의 친구였으며, 타키투스Tacitus(c. 56-117)는 원로원 의원이었다. 플루타르코스는 고향의 시장이 되었고, 집정관을 지내기도 했다. 수에토니우스Suetonius(69/75-c. 130)는 트라야누스 황제와 하드리아누스 황제의 총애를 받아, 트라야누스 황제의 시대에는 황실 문서고 관리자를 지냈고, 하드리아누스 황제의 시대에는 황제 비서로 활동했다. 그들 중 누구도 밥벌이를 위해 노래할 필요가 없었다.

※ ※ ※

폴리비오스는 이런 역사서 지도에 첫머리를 차지한다.《로마 제국의 발흥》으로도 일컬어지는《역사》에서, 폴리비오스는 로마가 처음으로 바다를 건너가 시칠리아에서 카르타고군과 충돌한 기원전 264년부터, 카르타고를 멸망시킨 기원전 146년까지 120년 동안 로마가 번성하는 과정을 다루었다.* 하지만 기원전 241년까지의 시기는 서문에

* '카르타고(라틴어)', 혹은 '콰르트 하다쉬트(페니키아어)'는 레바논 출신이던 페니키아 무역상들에 의해 세워졌고, '새로운 도시'라는 뜻이었다. 로마는 그곳 주민

불과하다. 그가 진짜로 다룬 시기는 제2차 포에니 전쟁(218-201 BC) 이후의 반세기였고, 역사를 쓴 주된 동기 중 하나는 동포 그리스인들에게 조국이 쇠락하고 로마가 강대국으로 부상한 새로운 세계질서를 가르치기 위한 것이었다. 폴리비오스는 서지중해 너머에 널찍한 땅이 있다는 걸 알았지만, 존 버로의 표현을 빌리면 "그의 판단에 아시아는 '기력을 다한 곳'이었다. 따라서 로마는 남쪽과 동쪽으로 영토를 확장하며 세계사를 만들어갔다."[11]

폴리비오스가 그렇게 판단하는 데는 이유가 있었다. 그는 기원전 168년 피드나 전투 후에 인질로 로마에 끌려온 1000명의 그리스 상류층 중 한 명이었고, 아무런 재판도 받지 못한 채 16년(167-150 BC) 동안 인질로 지내야 했다. 책에 대한 공통된 관심사 덕분에 그는 푸블리우스 스키피오(피드나를 공격한 로마군 사령관의 아들)와 친구가 되었고, 따라서 다른 인질들과 달리 로마에 머물 수 있었다. 투키디데스와 크세노폰처럼, 또 훗날의 유대인 역사학자 요시푸스처럼 고향 땅을 떠나 있었지만, 폴리비오스는 그리스인과 새로운 주인을 연결하는 중재자 역할로 그리스에서 상당한 명성을 얻었고, 그가 세상을 떠났을 때는 적어도 여섯 곳의 도시에서 그를 기리는 조각상이 세워졌다. 그는 82세에 낙마落馬 사고로 사망했다. 한 그리스 정치인의 전기, 군사 전술을 다룬 저작, 스키피오 아프리카누스를 도와 스페인에서 20년 동안 전쟁한 시기를 간략히 다룬 역사를 비롯해 그가 남긴 많은 저작 중 지금까지 전해지는 것은 모두《역사》에 실린 것이다.《역사》는 모두 40권으로, 기원전 264년부터 기원전 146년까지 로마 공화국을 다룬 책이었다. 40권 중 첫 다섯 권, 제6권의 많은 부분, 나머지 34권

들을 '포에니poeni(페니키아인을 뜻하는 라틴어에서 파생)'라고 칭했다. 형용사 punic은 poeni에서 파생했고, punicus는 결국 '배신하는'을 뜻하게 되었다.

은 부분적으로만 현존하지만, 번역하면 대략 500페이지가 된다. 원래의 책은 헤로도토스의《역사》보다 4-5배 길었을 게 분명하다. 그사이에 역사도 성장하지 않았겠는가. 그러나 모든 책이 손으로 힘들게 쓰였고, 필기구도 값비쌌던 걸 고려하면, 일부만이 현존한다고 해서 놀랄 것은 없다.

과거의 기록자로서 폴리비오스는 역사를 쓰는 나름의 규칙에서 엄격한 편이었다. "감상적인 글쓰기로 독자를 놀라게 하는 것은 역사가의 도리가 아니다. 마땅히 전달해야 할 연설을 다시 옮길 때 역사가는 비극 시인처럼 꾸며서는 안 된다[투키디데스가 들었다면 가슴이 뜨끔했을 것이다!] …무엇보다 역사가의 본분은 실제로 일어난 사건을 충실하게 기록하는 것이다."[12] 요컨대 역사서는 재미보다 유익성을 우선시해야 한다는 뜻이다. 폴리비오스는 과거의 역사 기록자들이 과장과 외설적인 표현, 과도한 미화를 일삼고, 독자의 선입관(마케도니아 궁전을 방탕하게 묘사한 테오폼포스)과 편견(차례로, 로마와 카르타고에 대한 파비우스와 필리누스의 편견)에 부응하며 '소문 전달'에 그치거나, 역사 서술을 단일한 주제에 제한했다고 나무란다. 당시 세계사에서는 대략 53년(220-167 BC) 만에 우뚝 일어선 로마의 발흥이 핵심적인 주제였기 때문에 이 주제를 다루지 않은 역사서는 하찮고 지엽적인 것이었다. 따라서 투키디데스는 한 번, 헤로도토스는 전혀 언급되지 않는 게 우연은 아니다. 폴리비오스는 "우리와 최악의 글쟁이가 어떤 점에서 다르겠는가?"라고 묻고는 "독자는 역사가들의 글을 비판적으로 신중하게 읽어야 하고, 항상 그들을 경계해야 한다"고 덧붙였다.

폴리비오스는 로마의 건국부터 시작하지 않는다. 그 시기를 대수롭지 않게 넘기고, 마지막 한 세기를 집중적으로 다룬다. 그 때문에 그보다 약 50년 후에 탄생해 거의 같은 시기를 다룬 리비우스의 주된 경쟁자로 부지불식간에 부각된다. 폴리비오스는 역사가 예측 가능한 권력 순환을 따른다고 생각하며, 그런 생각은 그리스 이론가들로부터 물려받은 것이다. 그는 세 가지 유형의 정치 형태—군주제(왕정과 비슷할 뿐 같지는 않다), 귀족제, 민주제—가 있다고 주장한다. 시간이 흐르면서 각 정치 형태는 차례로 독재정치, 과두정치, 중우정치로 퇴락한다. 이런 해석은 마키아벨리와 몽테스키외, 기번, 심지어 역사를 자유주의적으로 해석하는 학자들에게도 영향을 미쳤고, 그들 모두가 역사 순환을 믿었다. 가장 안정된 통치 형태는 세 정치 형태를 건강하게 혼합한 형태이겠지만, 그 건강한 형태도 끊임없이 변하기 마련이다.

폴리비오스의 역사 순환이란 개인적인 견해에 공감하는 이론가는 상당히 많다. 대표적인 예가 14세기의 이슬람 역사가 이븐 할둔, 20세기 초의 독일 철학자 오스발트 슈펭글러, 몇몇 유교 사상가이다. 폴리비오스는 사건의 원인을 추적하는 데 몰두했다. 특히 무기에 박식했고, 무기가 전쟁의 결과에 미친 영향도 연구했다.* 여기에 폴리비오스는 경험에서 얻은 교훈 및 행운의 영향(그리스 여신 '티케(행운)'가 도시의 운명을 결정하듯이)을 덧붙이며, 그 요인들을 '실용적 역사 Pragmatic History'라는 이름으로 묶었다. 따라서 역사가는 교훈을 가르치는 데 그치지 않고 '역사의 존엄'을 존중해야 했다.

우리에게는 다행스럽게도, 폴리비오스는 역사가의 소명을 이렇게 엄격히 받아들였지만 극적인 사건들을 완전히 배제하지는 않았

---

* 비교에 도움이 될 만한 예를 들면, 기원전 216년 칸나에 전투에서 한니발의 군대는 약 8만 명에 달하던 로마 병사 중 5만 명을 학살했다. 한편 1916년 솜 전투 첫날, 영국군 사상자는 5만 7000명이었지만 대다수는 살아남았다. 칸나에 전투에서와 달리, 솜 전투에서는 포로를 죽이지 않았다. 전쟁터에서 즉사한 영국군 병사도 2만 명을 넘지 않았다. 그들을 공격한 무기는 독일군 기관총이었지, 카르타고의 창과 칼이 아니었다.

다. 따라서 한니발의 군대가 알프스 산맥을 넘을 때 맞이한 눈사태, 짐바리 짐승들이 벼랑에서 떨어진 사건, 눈더미에 갇힌 노새와 말, 다루기 힘든 코끼리 등에 대한 이야기가 소개된다. 또 한니발이 암벽을 불로 뜨겁게 달군 뒤에 적포주를 잔뜩 쏟아부어, 부서지게 쉽게 만들었다는 일화도 언급한다. 폴리비오스에게 로마는 애증의 대상이었을 수 있다. 그 때문인지 역사적 사건을 기록할 때 자신의 업적이나, 후일 그의 친구이자 후원자가 되는 푸블리우스 스키피오의 공적을 무척 자세히 설명한다. 폴리비오스의 문체는 그리스 폴리스들의 궁전에 뿌리를 둔 것이어서 따분해도 정확한 것일 수 있다. 그도 때로는 투덜거리고 똑같은 말을 반복하며, 어리둥절할 정도로 무게를 잡고 훈계를 늘어놓지만, 최상의 상황에서는 이야기를 흥미진진하게 끌어가는 역사가이다.

폴리비오스는 문서로 증거가 갖추어지더라도 최근 사건을 역사로 쓰려면 "해당 사건에서 직접 어떤 역할을 한 사람"의 증언이 필요하다고 주장한다. 애국주의에 의해 약간 완화되더라도 진실을 말하는 게 지극히 중요하다. "작가가 자신의 조국에 대해서는 편애를 보이는 것까지는 인정하지만, 그 때문에 거짓을 말해서는 안 된다." 성실한 역사가라면 도시와 지역, 강과 항구 및 지리적 특징을 잘 알아야 했고(전통적으로 역사를 쓰기 시작하기 위한 조건), 전쟁을 포함해 정치를 경험하고, 일반적으로 많은 곳을 돌아다닌 여행가여야 했다. 폴리비오스도 "아프리카, 스페인과 갈리아를 두루 섭렵하고, 그 국가들의 서쪽 경계를 이룬 바다를 여행하기도 했다." 초대를 받아 북아프리카에서 스키피오를 만나고 로마로 돌아가던 길에 폴리비오스는 한니발이 70년 전에 넘었던 사건에 대한 "정보와 증거를 직접 수집할 목적"에서 일부러 알프스를 돌아서 갔다.

폴리비오스는 역사가의 무기고에서 문서의 연구보다 그런 실질적인 경험을 더 높이 평가했지만, 공문서와 비문 이외에 회고록과 증언도 구해 구석구석 철저히 살펴보았을 것이다. 그가 글을 쓰던 시대에는 이탈리아 전역, 100곳이 넘는 도시에 도서관이 있었다. 그런 도서관이 언제 처음 생겼는지는 누구도 확실히 말할 수 없지만, 문서 보관소보다 기록 보관소에 해당하던 문서국은 기원전 3000년 전에 이집트와 바빌로니아에 존재했고, 우리가 도서관이라 칭하게 되는 기관은 기원전 2000년 전부터 존재했다. 메리 비어드의 표현을 빌리면,

> 그런 곳은 단순히 책을 보관해두는 곳만이 아니다. 지식을 체계적으로 정리하고… 그 지식을 관리하며, 그 지식에 접근하는 걸 제한하는 수단이다. 그곳은 지적 능력과 정치 능력을 상징하고, 갈등과 대립의 결코 무고하지 않은 진원지이다. 안전을 이유로 많은 도서관이 요새를 본떠 지어진 것은 아니다.[13]

무엇을 도서관에 옮기고, 도서관에 보관할 것인가에는 문헌적 결정보다 정치적 결정이 더 크게 개입한다. 폴리비오스의 시대에, 로마에는 상당히 많은 문헌이 있었고, 최초의 공공 도서관은 기원전 39년에 세워졌다.[14] 아우구스투스가 두 곳을 더 지었지만 보관할 문헌을 통제하며 율리우스 카이사르와 오비디우스의 저작을 배제했다. 칼리굴라는 베르길리우스와 리비우스가 마음에 들지 않는다는 이유만으로 그들의 저작을 모든 공공 도서관에서 금지했다. 기원후 4세기 무렵 로마에는 11곳의 공중목욕탕, 28곳의 도서관이 있었고, 매음굴은 무려 46곳이었다.

글은 그대로 베껴도 아무런 처벌을 받지 않았기 때문에 원전

보다 변질된 텍스트가 더 자주 유통되는 경우가 많았다(최초의 저작권법은 영국에서 1710년에 제정된 앤 여왕법). 글은 지식을 신성화하는 경향을 띠기 때문에 그런 현상은 역사가들에게 무척 중요했다. 고대 세계에서 '책'은 요즘 출간되는 서적에서 대략 한 장章에 해당했다는 걸 인정하더라도 오랫동안 개인은 작은 서재를 개인적으로 갖는 게 고작이었다.* 중세 시대에 들어서도 제프리 초서Geoffrey Chaucer(1343-1400)는 40권, 레오나르도 다빈치Leonardo da Vinci(1452-1519)는 37권을 소장하는 데 그쳤지만, 벤 존슨Ben Jonson(1572-1637)은 약 200권을 보유했다. 고대 로마에서 시민들은 공공 도서관을 찾아가 책을 빌렸다. 요컨대 폴리비오스도 책을 찾아 여기저기를 돌아다녔겠지만, 읽고 싶은 책의 대부분을 구할 수 있었을 것이다.

꼭 꼭 꼭

역사가가 자신이 들은 이야기를 아주 세세한 것까지 충실하게 기술하는 것이 어째서 나쁘다고 할 것인가? 이야기 속의 인물들이 불행하게도 작가가 공감할 수 없는 정열에 이끌려 매우 부도덕한 행위를 저질렀다면 그것이 작가의 죄일까?[15]

---

* 따라서 평생 2000권의 '책'을 쓰는 게 가능했다. 카이사르에 맞서 폼페이우스를 지원했고, 부대원들에게 버림을 받은 뒤에는 사서로 일하게 된 마르쿠스 테렌티우스 바로Marcus Terentius Varro(116-27 BC)는 약 490장章을 썼고, 그의 방대한 《학문에 대한 9권의 책》은 훗날 백과사전파의 표본이 되었다. 로마 제국의 몰락 이후로 글이 쓰이는 매개체가 이집트 파피루스에서 짐승 가죽으로 바뀜에 따라, 책의 형태도 정사각형에서 직사각형으로 바뀌었다. 그 이유는 지극히 단순해서, 대부분의 포유동물이 길쭉하다는 게 이유였다.

위의 글귀는 살루스티우스를 인용한 게 아니라, 프랑스 작가 스탕달Stendhal(1783-1842)의 《파르마의 수도원》에서 인용한 것이다. 두 작가의 감성은 똑같다. 따라서 살루스티우스도 이 정도를 너끈히 써낼 수 있었을 것이다. 살루스티우스, 즉 카이우스 살루스티우스 크리스푸스Gaius Sallustius Crispus는 현존하는 역사서를 남긴 최초의 로마인이다. 거의 당시의 역사를 다룬 두 편의 논문, 《카틸리나의 모반》(기원전 63년 선동적인 몰락한 귀족, 카틸리나가 정부의 전복을 시도한 사건)과 《유구르타 전쟁》(기원전 112년부터 기원전 106년까지, 부패한 로마 공화정이 누미디아(현재 알제리 북부)를 공격한 전쟁을 다룬 역사서), 그리고 기원전 78년부터 기원전 67년까지 로마의 역사를 다룬 《역사》의 일부만이 지금까지 전해진다. 타키투스는 살루스티우스를 존경했고, 퀸틸리아누스Quintilianus는 그를 역사학자로서 리비우스보다 좋아하며 투키디데스와 동등한 반열에 두기도 했다. 극적이었지만 실제로는 중요하지 않은 사건들을 다룬 짤막한 두 편의 논문과, 현재 500여 조각—모두 합해도 75개 단락에 불과—만이 전해지는 로마의 역사서 한 편으로 그런 명성을 얻었다는 게 놀라울 따름이다.

살루스티우스는 로마에서 북동쪽으로 95킬로미터 정도 떨어진 곳에서 태어났고, 거친 젊은 시절을 보낸 뒤에 정치적, 군사적 이력을 시작했다. 그는 카이사르의 군대를 이끌고 폼페이우스에 맞서 싸웠고, 아프리카에서는 카이사르의 정적들을 물리치는 데 일조했다. 이런 공로로 카이사르의 지원을 받아 원로원에 복귀했고 기원전 47년에는 집정관이 되었다. 또 나중에는 누미디아 총독에 임명되어, 유구르타가 로마에 저항해 반란을 일으킨 현장을 둘러보는 기회를 얻었다. 누미디아 총독을 지내는 동안 부당하게 갈취했다는 고발을 받았지만 그때마다 살루스티우스는 재판을 피하며 엄청난 재산을 축적했다. 카이사르가 암살로 세상을 떠나자, 그는 공직에서 물러나 글을 쓰는 데 전념했다. 정치권력에서 퇴출되어 쓸쓸하기도 했겠지만, 키케로의 전 부인, 테렌티아와 결혼하며 물질적인 보상을 받았다. 그녀가 로마 시내에 소재한 두 채의 공동주택 건물, 로마 외곽의 숲과 커다란 농장을 지참금으로 가져왔기 때문이다.

역사학자 콜린 웰스Colin Wells(1933-2010)는 살루스티우스를 "그레이엄 그린Graham Greene(1904-1991) 같은 순수소설가로 평가받으려고 안달하는 이언 플레밍Ian Fleming(1908-1964) 같은 대중소설가"라고 재밌게 표현했다.[16] 달리 말하면, 엄격한 윤리관을 지키는 척하지만 기본적으로 경박하다는 뜻이다. 결코 공정한 평가는 아닌 듯하다. 살루스티우스의 첫 책은 카틸리나의 미수에 그친 쿠데타가 있고 겨우 20년 후에 쓴 것이었고, 공모자들에 대한 묘사에서 보듯이 그는 로마의 도덕적 타락에 경악한다. 그러나 주동자, 카틸리나의 행동(친아들이 자신의 정부情婦에게 아첨했다는 이유만으로 살해한 행동)을 책망하면서도 그에게 내재한 몇몇 고결한 성품을 칭찬하는 것도 잊지 않는다.

《유구르타 전쟁》은 조금 더 과거, 기원전 111-105년으로 거슬러 올라가지만, 살아 있는 사람들의 기억에 여전히 생생했다. 살루스티우스가 총독을 지낸 속주의 아프리카 왕이 관련된 책이다. 꼭두각시 통치자이던 유구르타가 로마를 척지자, 로마는 그를 진압하려고 집정관과 지휘관을 연이어 파견하지만, 그는 그들에게 뇌물을 주어 휴전 상태를 지속한다. 마침내 그는 로마의 포룸(Forum, 로마의 광장)에 직접 출두하라는 소환장을 받는다. 그러나 이번에도 돈으로 매수한 호민관의 도움을 받아 민중의 분노로부터 보호를 받는다. 로마를 떠나라는 원로원의 명령을 받고, 그는 로마 풍경을 뒤돌아보며 "돈에 좌지우지되는 도시로다. 돈으로 사들이는 자가 나타난다면 로마는 금방 망할 것이다"라는 유명한 말을 남긴다.[17] 하지만 그 즈음 청렴한 장군, 가이우스 마리우스Gaius Marius(157-86 BC)에게 유구르타를 진압하라는 명령이 내려지고, 유구르타는 포로로 잡혀 마리우스의 전리품으로 로마 시내를 끌려다닌 끝에 교살된다.

살루스티우스는 이렇게 볼썽사나운 이야기를 강력한 증거로 내세우며 기준의 타락을 고발하지만, 당시 역사가들과는 상당히 다른 방식으로 글을 썼다. 그는 투키디데스를 본보기로 삼아 모방하며 때때로 의도적으로 모호하게 쓰지만, 전체적으로는 명쾌하고 극적이며 부패에 대한 고발은 인상적이다. 하지만 로마의 역사를 기록하는 데 다음 세대의 역사가, 즉 우리에게 리비우스로 알려진 역사가만큼 헌신적인 연대기 작가도 아니었고, 교훈적인 비판가도 아니었다.

X X X

박학다식한 대니얼 멘덜슨Daniel Mendelsohn은 "라틴어는 빡빡한 언어"라며, 라틴어가 잔뜩 쓰인 종이는 "벽돌담처럼 보일 수 있다"고 말한다.[18] 내가 학교를 다닐 때, 티투스 리비우스 파타비누스는 나에게 영원한 숙제였다. 도무지 뚫고 들어갈 수 없을 정도로 뒤얽힌 단락들을 나열하고, 탈격 독립어구, 여격과 호격과 대격을 끝없이 반복했기 때문이지만, 지금도 그를 위대한 역사가 중 하나로 읽어야 하는 이유가 이해되지 않는다. 리비우스는 파타비움(파도바)에서 기원전 59년, 즉 카이사르가 처음 집정관에 오른 해에 태어나, 기원후 17년 같은 도시에서 영면했다. 당시 파도바는 이탈리아 반도에서 두 번째로 부유한 도시였고, 보수적인 가치를 추구한 도시로도 유명했다. 리비우스는 고향을 향한 깊은 애정을 감추지 않았지만 주로 로마에서 살았다. 공화정에 심정적으로 동조했지만, 아우구스투스의 절친한 친구였고, 클라우디우스 황제의 가정교사로, 황제에게 역사를 쓰라고 독려하기도 했다.*

리비우스는 평생을 글 쓰는 데 전념한 듯하다. 그는 《아브 우르베 콘디타Ab Urbe Condita》('도시가 세워진 때부터'라는 뜻으로, 우리나라에서는 《로마사》라는 제목으로 번역됨/옮긴이)에서 거의 여덟 세기를 다루었고, 이 책은 총 142권으로 이루어졌다. 이 책은 '수십 년decades'으로 알려졌고, 그중 10권은 초기의 필사본 책으로 옮겨 쓰기에 적합했을 수 있다. 대략적으로 계산하면, 전작全作은 권당 300쪽으로 24권의 크라운 옥타보판(대략 사륙판)을 채웠을 것이다.[19] 전작 중 35권이 현존하며, 나머지 권들의 요약도 아울러 전해진다. 4분의 1에 약간 못 미치게 남은 기록들은 기원전 167년, 즉 리비우스가 태어나기 100년 전에 끝난다. 사라진 부분에서는 제1차 포에니 전쟁, 그라쿠스 형제에서 비롯된 혼돈의 시기, 카토의 시대와 제2차 포에니 전쟁만이 아니라 폼페이우스와 카이사르와 안토니우스의 전쟁, 아우구스투스 시대가 주된 주제로 다루어졌을 것이다. 따라서 상당한 손실이 아닐 수 없다.†

하지만 남은 자료에서만도 역사를 쓰는 기법이 크게 발전했다는 게 확인된다. 이제는 역사 기록이 가깝고 먼 과거에 대한 이야기가 되

---

* 클라우디우스 황제(10 BC-AD 54)는 많은 글을 남겼다. 아우구스투스 황제의 통치 기간을 다룬 역사(총 41권)를 비롯해 에트루리아 역사(총 20권), 카르타고 역사(총 8권)를 썼다. 그 밖에 에트루리아어 사전, 주사위 놀이에 대한 책, 키케로의 변명, 자서전(총 8권)을 쓰기도 했다. 클라우디우스 황제는 라틴어 알파벳에 세 문자를 새롭게 더하자고도 제안했다. 그중 둘은 현대어에서 w와 y의 기능을 담당하는 것이었다. 또 당시 라틴어에는 띄어쓰기가 없어, 연속되는 단어들 사이에 가운뎃점을 두려고도 했다. 수에토니우스에 따르면, 클라우디우스 황제는 건강을 지키는 수단으로 식탁에서도 거리낌 없이 방귀를 뀌는 걸 권장하는 칙령을 내리기도 했다. 안타깝게도 그의 글은 부분적으로도 전혀 전해지지 않는다.

었고, 정치와 군사에 초점을 맞추는 경향이 뚜렷해졌다. 살루스티우스나 키케로와 달리, 리비우스는 로마가 공화정에서 제국의 중심으로 변해가던 절정기에 역사를 썼다. 따라서 로마의 위대함을 은연중 믿었다. 또 로마 역사가로는 특이하게도 리비우스는 정계에서 활동하지 않았다. 그는 일인 통치를 필요악으로 보았고, 아우구스투스('존엄한 자'라는 뜻)를 비판할 수 있었지만, 아우구스투스가 죽을 때까지 그가 황제에 오르는 과정과 내전을 다룬 책의 발표를 미루었다. 현명한 처세였다.

초기 로마 제국의 위대함을, 그가 주변에서 보던 도덕적 타락과 대조하는 게 주된 목표 중 하나였다. 이 점에서는 로마의 과거를 연대순으로 기록하던 다른 역사가와 크게 다르지 않았다. 리비우스는 광범위한 자료를 참조하면서도 그 자료의 정확성에는 크게 관심을 두지 않았다. 따라서 핵심 인물들의 중요한 연설을 집중적으로 다룰 때 그 내용을 꾸미는 경우가 많았다. 그러나 투키디데스와 달리, 리비우스는 연설에 화자의 성격을 반영하려고 애썼다. 리비우스는 다른 역

---

† 중세 초기에, 리비우스는 그다지 많이 읽히지 않았지만 르네상스의 중심인물로 점차 부각되었다. 르네상스 동안에 리비우스의 필사본이 더는 완전하지 않다는 것이 알려지자, 수집가들은 거액을 주고서라도 그의 필사본을 구하려 했다. 예컨대 시인 안토니오 베카델리Antonio Beccadelli(1394-1471)는 한 권을 구입하려고 고향집을 팔았다. 페트라르카(1304-1374)와 교황 니콜라오 5세(1397-1455)는 사라진 필사본을 추적하기 시작했고, 사라진 판본의 행방에 대한 신화까지 만들어졌다. 교묘한 위작이 발각되는 경우도 있었다. 1924년, 리비우스를 전공한 한 저명한 학자가 사라진 10권을 포함해《로마사》전작을 한 오래된 수도원의 구석에서 직접 보았다고 발표했지만, 그 발표도 거짓말이라는 게 밝혀졌을 뿐이다. *The Daily Princetonian*, vol. 45, no. 98, October 6, 1924를 참조할 것. 언젠가 잡지〈펀치〉는 유머 작가 A. P. 허버트(1890-1971)의 이름으로 기사를 발표했지만, 허버트는 '과거-현재-미래, 학생 연합 협회'를 대표해서 리비우스의 책을 발견했다는 기사에 대해 항의했다.

사가들의 기록을 전적으로 신뢰했고, 자신이 누구보다 역사 이야기를 더 효과적이고 더 요령 있게 써낼 수 있을 거라고 확신했다. 리비우스는 암늑대가 로물루스와 레무스에게 젖을 먹였다는 전설부터, 사비니 여인들의 강간과 다리를 지킨 호라티우스에 대한 민담까지, 또 그리스 신화와 성경만큼이나 다양하고 풍부한 전설을 역사서에 담아냄으로써 그 이전에는 누구도 해내지 못한 방법으로 로마의 거의 완벽한 역사를 써냈다.

로마 초기의 인간미가 넘치는 읽을거리, 즉 로마인들의 애국적이고 영웅적인 행위와 자기희생에 대한 전설적인 이야기는 거의 모두가 리비우스에게서 비롯된 것이다. 뛰어난 영재에 대한 이야기와 초자연적인 사건들도 반복된다. 리비우스는 눈물을 흘리는 조각상, 폭우처럼 쏟아져 내린 피와 돌과 육고기, 괴물의 탄생, 말하는 소를 정말 믿고 기록한 듯하다. 어떤 면에서 리비우스는 황색저널리스트이고, 후안무치한 저널리스트이다. "인간의 힘과 신적인 능력을 뒤섞으며 고대 세계에 지나치게 많은 재량을 부여하면 도시들이 설립되는 이야기가 한층 고결해진다."

몇몇 예외적인 사건을 제외하면, 기본적으로 리비우스는 엄격한 학자가 아니라 역사에 관심을 둔 문예가였다. 스페인 수사학자, 퀸틸리아누스(AD 35-100)는 한니발과의 전쟁을 묘사하는 부분을 예로 제시하며 리비우스의 글을 '젖이 철철 흐르는 글'이라 평가했다. 실제로 리비우스는 폴리비오스에 크게 의지하면서도, 폴리비오스가 몹시 싫어한 화려한 문체로 실제로 일어난 사건을 써내려갔다. 한편 때로는 어떤 사건이 기록되어 있다는 이유만으로, 연대기 편찬자인 것처럼 그 기록을 무덤덤하게 적어두었다는 느낌을 자아낸다. 그러나 곧바로 행동으로 가득한 이야기가 이어진다. 아펜니노 산맥을 넘어가던 한니발 군대가 비바람에 부딪힌 때의 묘사를 예로 들어보자.

> 굵은 비와 거센 바람이 그들의 얼굴을 정면에서 때려 진군이 불
> 가능했다. 무기를 쥐고 있을 수도 없었다. 그들은 바람을 뚫고 진
> 군해보려 했지만 제자리에서 맴돌고 휘청거리며 쓰러졌다. 거친
> 바람에 숨조차 제대로 쉴 수 없어, 모든 병사가 바람을 등지고 땅
> 바닥에 웅크려 앉아 있을 수밖에 없었다. 그때 하늘이 갈라지며
> 우르릉거리는 소리가 들렸고, 천둥 소리 사이에 번개가 번쩍거렸
> 다. 순간적으로 그들은 눈과 귀가 멀었고, 두려움에 온몸이 마비
> 되었다.(12권 58장)

서문에서 리비우스는 역사적 정확성을 넘어, 독자들에게 본받아
야 할 행동과 인물에 대해 알려주고 싶다고 말한다. 그는 외국에서 수
입한 사치품부터, 부모에 대한 공경심의 결여까지 타락의 징후를 매
섭게 비난하지만, 침대보와 장식용 탁자와 여성 류트 연주자는 기꺼
이 인정한다. 한편 "과거 로마에서는 가장 무가치한 노예였던 까닭에
그에 합당한 가격이 매겨졌고 그에 따른 대우를 받았던 요리사가 어
느덧 높은 가치를 인정받기 시작했을 뿐만 아니라, 한낱 봉사에 불과
하던 요리가 예술로 여겨지게 되었다."(39권 6장) 리비우스는 자신의
목적이 로마의 역사를 기록하는 데만 있는 게 아니라는 걸 분명히 밝
힌다.

> 내가 모든 독자에게 면밀한 관심을 가져보라고 요구하고 싶은
> 문제들이 있다. 삶은 어떤 것이고 도덕은 무엇인가? 제국은 평화
> 시와 전시에 어떤 사람을 통해, 어떤 정책으로 확립되고 확대되

있는가? 어떻게 기준이 점차 느슨해지며 도덕이 처음에 가라앉고, 점점 타락해서 결국에는 현재처럼 우리가 악행도 견디지 못하고 그 치유법도 견디지 못할 정도로 거꾸러진 지경에 이르렀는지도 살펴보아야 할 것이다.[20]

비관적 견해가 물씬 풍기는 글이지만, 리비우스가 자신의 시대보다 과거를 도덕적으로나 지적으로 우월하다고 보았던 건 사실이다. 그렇다고 그를 음울한 염세주의자로 생각해서는 안 된다. 그는 염세주의자인 적이 거의 없었다. 기원전 311년 로마의 플루트 연주자들이 동맹 파업을 벌였을 때 그가 어떻게 묘사했는지를 예로 들어보자. 그들은 수십 년 전부터 누리던 특권이던 연례 연회를 열지 말라는 지시를 받았다. 로마가 전쟁 중에 있다는 게 이유였다. 그들은 크게 분개하며, 로마에서 북동쪽으로 30킬로미터쯤 떨어진 티볼리로 다 함께 떠났다. 그래서 로마에는 중요한 종교 행사에 참석해 연주할 악사가 한 명도 남지 않았다. 원로원은 절박한 심정에 티볼리 주민들에게 도움을 청했다. 때마침 축제일이어서, 티볼리 지역민들은 악사들을 집으로 초대해 음식과 포도주를 대접했다. 특히 "악사라면 누구나 미치도록 좋아하는" 포도주를 아낌없이 권했다. 곧 플루트 연주자들은 술에 취해 잠이 들었다. 지역민들은 그 기회를 놓치지 않고, 급조해 만든 수레에 연주자들을 싣고 로마로 데려가 포룸에 내려놓았다. 이튿날 아침, 악사들은 여전히 술기운을 떨치지 못한 채 잠에서 깨었다. 그런데 군중이 그들을 에워싸고 있지 않은가. 군중은 그들에게 연주하라고 윽박질렀고, 결국 그들은 플루트를 연주했다. 원로원은 그들에게 매년 사흘 동안 멋진 옷을 입고, 모든 구속에서 벗어나 시내를 행진하는 특권을 부여했다. 양쪽 모두가 승리한 파업이었다.

＊ ＊ ＊

역사가 문학의 한 분야라면, 요세푸스의 이야기는 그야말로 픽션의 영역에 속하기에 충분할 것이다. 기원후 66년, 역사시대에 확고히 들어선 때, 팔레스타인의 유대인들이 지배자이던 로마에 저항하며 반란을 일으켰다. 당시 요세프 벤 마티탸후라고 불리던 요세푸스는 유대인 학자이자 성직자로 바리새파였다. 그는 반란에 그다지 동조하지 않는 신중한 온건주의자였지만, 유대인들이 로마를 예루살렘에서 몰아내자 갈릴리 북부 지역의 지휘권을 받아들였다. 네로 황제는 영국을 성공적으로 정복하고 돌아온 장군, 베스파시아누스에게 반란을 진압하라는 명령을 내렸다.

약 6만 명으로 이루어진 로마 대군이 팔레스타인을 침략했다. 두 차례의 치열한 전투가 있은 뒤, 요세푸스와 그의 부대는 하下갈릴리의 요드파트 요새로 후퇴할 수밖에 없었고, 그곳에서 47일 동안 포위 공격을 받았다. 요세푸스는 40명의 부하를 데리고 피신하던 중, 베스파시아누스의 병사들에게 발각되었다. 당시 29세의 청년이던 요세푸스는 항복하고 싶었지만, 그의 병사들은 동반자살 합의가 더 명예로운 선택이라며 항복에 반대했다. 요세푸스는 자살이야말로 혐오스런 행동이라 주장하며, 제비를 뽑아 서로 죽이자고 제안했고, 그 제안이 받아들여졌다.

요세푸스는 지휘관의 자격으로 제비뽑기를 감독하며, 그가 마지막까지 남는 한 명이 되도록 조절했다. 그가 반란에 대해 쓴 이야기에서 제비뽑기 부분을 인용하면, "그는 병사들의 수를 치밀하게 계산했고, 모두를 어떻게든 속였다." 그렇게 차례로 병사들은 서로를 죽였고, 마침내 요세푸스와 단 한 명의 병사만이 남았다. "신의 섭리에 맡길 것인가, 그냥 운에 맡길 것인가?"²¹ 요세푸스는 포로가 되는 게 최악의 선택은 아니라고 병사를 설득했고, 결국 그 둘은 로마군에게 투항했다. 포로로 잡힌 요세푸스는 환상을 보았다고 주장하며, 베스파시아누스가 황제가 될 거라고 예언했다. 요세푸스는 그럴듯한 점쟁이로 여겨지며, 인질이자 노예로 목숨을 부지했다. 2년 후, 서기 69년, 베스파시아누스는 정말 로마 황제가 되자, 요세푸스의 예언을 기억해내며 그를 자유인으로 풀어주었다. 한편 요세푸스는 베스파시아누스 황제의 성姓을 자신의 '둘째 이름'으로 삼았고, 세 명의 (유대인) 부인보다 오래 살았으며, 베스파시아누스의 아들인 티투스의 보좌관 겸 통역관이 되었다.

그리하여 요세푸스는 플라비우스 요세푸스로 알려졌고, 그는 반란에 대한 이야기를 쓰기 시작했다. 첫 권이 《유대 전쟁사》(베스파시아누스와 티투스가 내용을 점검했다고 전해진다)였고, 그 후에 쓴 《유대 고대사》는 히브리 성경을 길게 요약한 것으로 많은 내용이 생략되고 더해졌다. 두 책은 일찍이 로마의 지배에 반발하며 반란을 일으킨 마카베오 시대부터, '시카리이Sicarii(단도를 사용한 자객)'가 로마에 부역하는 사람들을 암살하고, 티투스 치하에서 예루살렘이 파괴된 시대까지 세속적인 관점에서 두 세기 동안의 유대 역사를 다룬 최초의 권위 있는 역사서로, 그리스어를 사용하는 비유대인 독자를 대상으로 쓰인 것이다. 요세푸스에 따르면, "하느님이나 인간이 지금껏 자행한 어떤 파괴도 이번 전쟁의 대량 학살에 비길 바가 아니었다."²² 그가 자세히 묘사한 그 시대의 잔혹 행위는, 다른 역사가들이 일찍이 고대 세계를 설명하며 묘사한 야만 행위만큼이나 공포심을 불러일으킨다.

전부는 아니겠지만, 요세푸스는 부역자라는 비난을 논박하고, 자신에게 주어진 기회를 최대한으로 활용한 것에 불과하다고 변명할

플라비우스 요세푸스는 원래 유대인 반란 지도자 요세프 벤 마티탸후였다. 플라비우스 요세푸스는 베스파시아누스 황제 앞에서 무릎을 꿇었고, 훗날 황제는 그를 자유인으로 풀어주었다. 그가 미래의 로마 황제에게 그럴듯하게 보이며 인류 역사상 가장 운 좋은 예언을 하지 않았더라면 그는 네로 앞에 끌려가 십중팔구 죽음을 맞았을 것이다.

목적에서 유대의 역사를 썼다. 그는 자신을, 로마군의 포로가 되면 국가적 재앙으로 여겨지는 용맹하고 유능한 장군으로 묘사한다. 그러나 로마 제국에서 그리스어를 사용하는 사람들에게 유대인의 율법과 관습을 설명하려는 열망도 있었다(《유대 전쟁사》는 처음에 그의 모국어인 아람어로 쓰였고, 나중에야 그리스어로 번역되었다). 요세푸스는 예수와 초기 기독교인에 대해 거의 언급하지 않지만(따라서 훗날 기독교 필경사들이 반드시 포함되어야 한다고 생각한 세부적인 사건들과 관련된 구절들을 보충했다), 신약성서에 언급된 사건들에는 귀중한 보충 자료를 제공해주었다.

2013년 여름, 나는 처음으로 예루살렘을 방문했다. 요세푸스의 글귀가 박물관의 설명 글, 석조 표지판, 지역 인쇄물, 모든 역사책 등 어디에나 있었다. 나는 20세기 시오니즘과 관련된 위대한 전설이 만들어진 유적지, 마사다 요새를 관광하며 안내인의 설명에 귀를 기울였다. 안내인은 요세푸스가 거의 확실한 죽음에서 탈출했던 때에 대한 직접적인 설명을 인용한 뒤에 이렇게 덧붙였다. "기회가 허락된다면 누가 살아남는 길을 선택하지 않겠습니까? 누가 영웅으로 기억되기를 원하지 않겠습니까?" 우리 모두가 포위된 상태에 최후의 순간까지 어떻게든 필사적으로 살아남으려는 상황을 상상하며 고개를 끄덕였다. 그러나 메리 비어드가 요세푸스를 "역사상 가장 운 좋은 배신자"라 칭한 건 당연한 듯하다.[23]

※ ※ ※

그는 로마에서 가장 위대한 역사가, 황제의 독재 통치를 가장 날카롭게 분석한 학자로 불렸다. 그의 실질적인 마지막 이름은 '침묵'을 뜻했지만, 푸블리우스 코르넬리우스 타키투스Publius Cornelius Tacitus는 자신의 생각을 명확히 전달하는 뛰어난 웅변가였고, 적잖은 저작을 숨김없이 써내려간 작가였다. 기원후 56년경 북동부 속주들 어딘가에서 태어난 타키투스는 네로의 시대에 소년이었고, 공직으로 사회생활을 시작했다. 그의 아버지는 기사단 장교를 지냈고, 갈리아 벨지카Gallia Belgica(현재 네덜란드, 벨기에, 북동부 프랑스와 북서부 독일/옮긴이)의 재무 책임자였다. 따라서 로마 사회에서 상류층에 가까웠지만 귀족은 아니었다. 기사단은 일종의 동호회여서, 가입하려면 개인적으로 상당한 재산을 지녀야 했다. 기사단 회원은 많은 특권을 누렸지만, 그 특권이 원로원 계급의 특권만큼 광범위하지는 않았다.

타키투스는 서른 살에 법무관이 되고 원로원 의원에 올랐으며, 한 집정관의 딸을 부인으로 얻어 로마를 떠났지만 4년 뒤에 집정관이 되었다. 그리하여 그는 로마를 관리하는 두 집정관 중 한 명이 되어, 군대를 지휘하고 원로원을 주재했다. 서기 100년에는 친구이던 소小플리니우스(61-112)와 함께 일하며, 네로 시대에 집정관을 지낸 한 인물을 뇌물과 갈취로 기소하는 데 성공해 큰 명성을 얻었다. 타키투스는 더 높은 지위까지 올라갈 수 있었지만, 현재 튀르키예에 해당하는 지역의 총독을 끝으로 공직을 떠났다. 영국 작가 톰 홀랜드Tom Holland는 "눈부신 경력을 쌓는 동안, 불명예스럽더라도 약삭빠른 생존 본능을 보여주었다"고 평가한다.[24] 황제들이 폭정을 휘두를 때 그는 "고개를 조아리고 시선을 돌리는 쪽을 선택했다." 그러나 그는 역사를 쓰기 시작하며 그런 안전제일주의를 만회해 나아갔다.

타키투스는 보좌 집정관이 된 이듬해에 두 권의 얄팍한 책을 써냈다. 하나는 브리튼 총독(타키투스는 처음으로 런던을 브리튼이라 칭했다)을 지낸 장인의 전기 겸 찬사인 《아그리콜라전傳》이고, 다른 하나는 《게르마니아》이다. 이 책은 로마 지식인들의 취향에 맞아떨어지던 게르만족을 다룬 30페이지가량의 논문이다. 당시 로마 식자층은 독일의 독립된 부족들과, 로마군에 맞선 그들의 군사작전에 관심이 많았다. 타키투스에게 두 책은 글 쓰는 능력을 다듬기에 좋은 주제였다. 두 책이 쓰였을 때 아그리콜라는 세상에 없었다. 일화도 거의 없고, 군사작전도 대략적으로만 그려진다. 또 타키투스는 독일에 발을 들여놓은 적이 없었고, 군경력이 없는 역사가로 흔히 여겨졌다. 그러나 그의 후기 저작에서 뚜렷이 드러나는 예리한 판단은 여기에서도 이미 엿보인다. 아그리콜라가 브리튼을 로마화하려는 대책들을 개략적으로 나열한 뒤에 타키투스는 "그들은 우리 의복을 동경했고, 토가가 유행하게 되었다. 또 조금씩 그들은 악의 유혹, 공공 술집, 목욕탕, 시끌 법석한 연회의 유혹에 빠져들었다. 부지불식간에 그들은 그런 변화를 문화라 칭했다. 하지만 그런 유혹 거리들은 그들을 노예로 만들어가 는 계책의 일부였다"고 덧붙인다.[25] 타키투스는 장인을 염두에 둔 듯 우리에게 "나쁜 통치자 아래에서도 위대한 인물은 탄생할 수 있다"는 경구를 남긴다. 이 경구는 로마 점령군에 대한 한 브리튼 족장의 입에 서 이렇게 바뀐다. "그들은 로마법이란 기만적인 이름하에 모든 것을 훔치고 죽이며 약탈한다. 그들은 사막을 만들고는 그것을 평화라 말 한다."[26]

그 이후로 타키투스는 훨씬 더 세련된 저작들을 계속 발표했다. 수사학에 대한 논문 《웅변가들의 대화》를 썼고, 기원후 68년 네로가 몰락한 때부터 '네 황제의 해(AD 68-69: 갈바, 오토, 비텔리우스, 베스파 시아누스)'를 거쳐 짧게 이어진 내전을 다룬 뒤에 도미니아투스가 사 망한 기원후 96년에 끝맺은 《역사》도 썼다. 또 10년이 지난 뒤에는 16세기 이후로 《연대기》로 알려진 역사서를 썼다. 아우구스투스가 사망한 때부터 네로까지 다루지만 기원후 66년에 중단되는 역사이 다. 전체적으로 《연대기》는 미치광이 황제 칼리굴라를 다룬 중간 부 분을 포함해 절반 이상이 전해지지 않는다.

리비우스가 그랬듯이 타키투스는 도덕적 교훈을 전하는 데 열중 한다.

> 원로원에서 제기된 모든 안건을 다루는 게 내 목적은 아니다. 하
> 지만 그중에는 기록해두어야 할 훌륭한 것과 결코 잊지 않아야
> 할 부끄러운 게 있다. 본받아야 할 것을 망각의 늪에서 구해내고,
> 사악한 말과 행위를 후세의 질책이란 무서운 심판대에 세우는

게 역사의 주된 기능이라 생각하기 때문이다.[27]

　타키투스는 구술 암송의 수사학적 장식에는 별다른 관심이 없고, 개별 독자에게 다가가는 데 주력한 듯하다. 그는 철학이나 종교에서 확정된 개념어를 거의 사용하지 않는다. 그의 글에는 일관된 특징이 눈에 띄지 않지만, 경구를 선호하는 습관은 헤로도토스에 못지않다. "살상이 시작되면 한도를 정하는 게 어렵다."[28] "지극히 선한 사람의 경우에도 명예를 바라는 욕망은 어떤 열망보다 오래 지속된다."[29] "법이 많을수록 정부는 더 부패한다."[30] "은혜에 보답할 수 있을 것 같을 때 그 은혜를 받아들이라. 은혜가 보답할 수 있는 수준을 넘어서면 증오가 감사하는 마음을 대신한다."[31] 마지막에 인용된 경구에서는 새뮤얼 존슨이 글을 쓴 듯한 균형 잡힌 리듬감이 읽힌다.

　그 이후에 타키투스는 그 시대의 내전들을 다루었고, 그 책들에서는 환희와 혐오가 복합되는 인간의 고통이 거의 영화 장면처럼 그려진다. 기원후 9년, 세 로마 군단이 토이토부르크 숲(현재 니더작센)으로 유인되어, 그곳에 매복해 있던 젊은 게르만족 지도자, 아르미니우스에게 습격을 받았다. 5년 후에는 게르마니쿠스 장군이 지휘하는 로마 군단이 그 지역을 찾아갔다.

　주변에서 섬뜩한 기운이 물씬 풍겼다. …반쯤 무너진 흙벽, 얕은 배수로에는 지난 안타까운 전투의 잔존물이 모여 있었다. 널찍한 공터에는 하얗게 변해가는 뼈들이 널브러져 있었다. 병사들이 도망치던 곳에서는 뼈들이 곳곳에 흩어졌고, 병사들이 맞서 싸운 곳에서는 잔뜩 쌓여 있었다. 부러진 창 조각, 잘려 나간 말 다리도 눈에 띄었다. 나무줄기에 매달린 병사의 머리도! 근처의

작은 숲에는 게르만족이 로마 장교들을 학살한 기이한 제단들이 있었다.[32]

이런 섬뜩한 구절을 남겼지만 타키투스는 로마 제국 전체에 큰 관심이 없었고("내 연대기는 초기 로마 제국의 역사와는 별개의 것이다"), 황제들의 사적인 삶, 궁중과 그곳의 음모, 그 자신이 속한 지배계급에 초점을 맞추었다. 《연대기》의 앞부분에서 타키투스는 "나는 증오심이나 편애에 흔들릴 이유가 없다. 그래서 냉정한 마음으로" 글을 쓸 계획이라고 밝힌다. 그러나 선언으로만 그친다. 그는 자신이 승진하는 데 적잖게 도미니아투스에게 빚졌다는 걸 인정하지만, 《역사》에서 그 황제에 대한 혐오를 감추지 않는다. 타키투스는 도미니아투스의 많은 업적을 무시하고, "태생적으로 폭력에 취한 사람"이라고 낙인 찍는다. 티베리우스(그의 말년에 대해서는 좋은 평가가 거의 없다), 클라우디우스, 네로에 대한 타키투스의 묘사는 거의 희화戱畵에 가깝고, 개인적인 감정을 노골적으로 드러낸다. 예컨대 티베리우스의 사후에, 타키투스는 그 황제를 이렇게 요약한다.

그의 성격은 주변 상황에 따라 달라졌다. 아우구스투스 시대에는 시민과 지휘관으로서의 행실과 평판에서 나무랄 데가 없었다. 게르마니쿠스와 드루수스가 살아 있을 때는 속내를 감추고 선한 사람인 척했다. 어머니가 세상을 떠날 때까지는 그렇게 선악이 어지럽게 뒤섞인 사람이었다. 어머니가 영면한 뒤에는 잔혹한 행동으로 악명을 떨쳤고, 세이아누스를 사랑하고 두려워하던 동안에는 방탕한 면도 감추었다. 결국 잔혹하고 방탕한 본성이 폭발했고, 그는 수치심이나 두려움도 잊은 채 본래의 모습을 드러냈다.[33]

흥미를 불러일으키는 단락이지만, 티베리우스가 죽을 때까지 성실했다고 증언하고, 타키투스가 언급하는 주지육림과 공포 정치는 없었다고 주장하는 다른 이야기들과는 완전히 배치된다. 그러나 타키투스의 기록은 티베리우스가 어린 소년들에게 자신의 고환을 핥게 하거나, 로마 고위 가문의 자식들이 "그의 면전에서 서로 성교하도록" 했다는 충격적인 묘사로 우리에게 기억되는 자료이다. 게다가 타키투스는 많은 인물 묘사에서 뛰어난 심리학자적 면모를 보이지만 성격을 정적이고 변하지 않는 것이라 생각했다. 따라서 티베리우스가 독재자로 통치를 끝냈다는 평가에 영향을 받아, 타키투스는 티베리우스가 처음부터 잔인했을 것이라 추정할 수밖에 없었을 것이다. 다른 경우에는 도덕적 타락이 과정이고 상당한 시간이 걸린다고 생각하면서도 황제들을 용서하지 못한다. 타키투스의 역사에서, 황제들은 교활하고 잔인한 아내들을 제대로 관리하지 못하고, 관리들은 황제의 비위를 맞추며 방관한다. 따라서 제국의 병사이던 피에 굶주린 군중이 법을 무시하고 황제를 없애버린다. 그리하여 서기 68년경에는 아우구스투스의 후손이 단 한 명도 살아남지 못했다.

타키투스의 표현력은 뛰어났다. 특히 전쟁을 묘사할 때는 탁월했다. "미증유의 불안과 공포… 잔혹한 명령, 끝없는 비난, 우정의 배신, 질투와 나태, 부패와 살인 충동, 아첨과 악의, 어리석은 언동, 과잉된 성욕"으로 요약되는 궁중에 등을 돌리기 쉬운 상황이었지만, 그는 영원한 도덕주의자였다. 전체적으로 그는 증거를 충실히 제시하고 보여주려고 애썼다. 하지만 성공이 하룻밤에 이루어진 것은 아니었다. 소플리니우스는 타키투스의 역사 기록이 후세까지 오랫동안 전해질 거라고 확신했던지, 자신의 이름을 기록에 언급해달라고 부탁했다. 그러나 로마 제국 후기의 역사가들은 소플리니우스를 거의 언급하지 않는

새롭게 조각된 타키투스. *1883년, 오스트리아 의회 박물관. 빈. 타키투스의 기록에 따르면, 티베리우스 황제는 "후세의 평가가 우호적이지 않다면 대리석 기념물은 방치된 무덤일 뿐이다"라고 말했다. 문자 그대로 해석하면 '기념물monument'는 '기억을 떠올려주는 것reminder'을 뜻한다. 서기 109년, 소플리니우스는 "기념물은 낭비된 돈이다. 내 삶이 기억할 만한 가치가 있다면 후세가 나를 기억할 것이다"라고 말했다.*

다. 따라서 그의 글은 14세기 전에는 거의 읽히지 않았고, 여기에는 이교도로 여겨지는 작가에 대한 기독교의 반감도 적잖게 작용했다. 타키투스의 《연대기》와 《역사》는 각각 하나의 필사본으로 중세 시대를 견뎌냈지만, 《연대기》는 불완전하고 상당히 훼손된 상태로 전해졌다.

하지만 곧이어 타키투스를 향한 찬사가 쏟아지기 시작했다. 에드워드 기번은 타키투스를 '철학적 역사학자'의 표본이라 극찬했다. 마키아벨리는 《군주론》에서, 《연대기》와 《역사》를 읽고 나서야 권력층의 무도덕성에 눈을 뜰 수 있었다고 말했다. 스탕달은 여러 소설에서 타키투스를 50번 이상 언급했고, 죽음을 앞두고도 타키투스를 읽었다. 제퍼슨은 고대의 어떤 역사가보다 타키투스를 사랑했고, 할아버지에게 보낸 편지에서 "어떤 조건에서도 저는 타키투스를 세계 최고의 작가로 생각합니다"라고 말했다. 사이먼 샤마도 한때나마 'Tacitus99'를 자신의 이메일 주소로 사용했다.

하지만 타키투스는 당시에도 그랬지만 지금도 여전히 논란거리이며, 그 주된 원인은 게르만 부족들이 인종적으로 섞이지 않은 "다른 피가 끼어들지 않은 순수한 단일민족"이라는 그의 주장에 있다. 또 게르만 부족들의 순박한 미덕을 찬양한 《게르마니아》는 16세기에 가톨릭에 맞선 독일 개신교도의 저항과, 공감하기는 힘들지만 19세기와 20세기의 독일 민족주의를 뒷받침하는 문헌적 자료가 되었다. 평론가들은 타키투스가 반유대주의자였다고 비난했고, 그 때문인지 우리 시대에 그의 책들은 동유럽에서 금서가 되었다. 스탠퍼드 대학교의 고전학 교수, 크리스토퍼 크레브스Christopher Krebs는《매우 위험한 책》에서, 나치가《게르마니아》를 '경전', '황금 책자', 독일의 찬란한 과거를 입증하는 증거라고 어떻게 극찬했는가를 보여주었다.[34] 하인리히 히믈러Heinrich Himmler(1900-1945)는 고대 게르만인을 자유분방한 전사로 묘사한 장면을 크게 반기며,《게르마니아》를 번역한 1943년 판에 추천사를 썼다. 하지만 제3제국은 여러 작가의 메시지를 지신들의 입맛에 맞게 왜곡해 프로파간다에 이용한 것으로 악명이 높았다. 여하튼 타키투스가 거의 2000년 동안 깊은 영향을 미쳤다고 결론짓기에는 충분하다.

Ⅹ Ⅹ Ⅹ

고대 로마가 인류의 역사에서 가장 많이 언급된 도시인 건 거의 분명하지만, 이 시기에 활동한 두 명의 역사가는 별도로 언급할 가치가 있다. 한 명은 "역사에 관심이 크게 없다"고 말했지만 셰익스피어가 로마를 무대로 희곡을 쓸 때 주된 자료원(거룻배에 탄 클레오파트라를 묘사한 유명한 구절은 그의 글을 거의 그대로 옮겨놓았다)으로 삼았다는 플루타르코스이고, 다른 한 명은 짜릿짜릿한 묘사가 로버트 그레이브스Robert Graves(1895-1985)의《나는 황제 클라우디우스이다》를 떠올려주는 수에토니우스이다.

플루타르코스는 중부 그리스, 보이오티아의 한 벽촌에서 태어났다. 그의 라틴어 구사력은 그다지 뛰어나지 않아, "로마식 어법의 아름다움과 기민성, 연설의 문채文彩와 리듬"을 제대로 인식할 수 없다고 고백했다.[35] 그래도 그는 '달의 얼굴'부터 '상대의 기분을 거스르지 않고 자화자찬하는 법'까지 무척 다양한 주제로 227꼭지 이상의 많은 글을 썼다. 그의 목표는 재미를 주면서도 가르치는 것, 즉 양수겸장이었다. 그는 역사가 위인들의 행동만으로 만들어진다고 믿었다. 따라서 흔히《플루타르코스 영웅전》이라고 짧게 일컬어지는《고결한 그리스인들과 로마인들의 삶》은 23쌍으로 짝지은 유명인들의 전기와 짝이 없는 4쌍의 전기로 이루어진다. 아이네이아스부터 아우구스투스까지 고대 세계 전체에서 유명한 위인들이 다루어지고, 거의 3분의 1이 기원전 첫 세기의 중반에 활약한 사람들—폼페이우스, 크라수스, 카토, 카이사르, 브루투스, 안토니우스, 데모스테네스와 짝지은 키케로—로, 모두가 서로 잘 아는 사이였다. 플루타르코스의 목표는 대상의 도덕적 성품을 독자에게 보여주는 것이었다. 따라서 그는 선택한 인물의 글과 연설을 눈여겨보며 인격을 판단할 단서를 찾아냈다. 그 방법론을 설명한 부분을 보면,

《플루타르코스 영웅전》, 1727년판의 제3권. 두 명의 전기가 사라졌고, 나머지 46명이 그리스인 한 명과 로마인 한 명으로 짝지었다.

내가 여기에서 쓰려는 것은 역사가 아니라 '삶'이다. 한 사람의 선하고 악한 면은 그의 가장 유명한 행동에서 드러나는 게 아니다. 수천 명이 죽은 전투, 치열한 격전, 도시가 포위당한 때보다 작은 행동이나 사소한 말 혹은 가벼운 농담에서 성격이 더 명확히 드러나는 경우가 많다.

네덜란드의 위대한 인문주의자, 데시데리위스 에라스뮈스 Desiderius Erasmus(1466-1536)는 플루타르코스의 영웅전을 "눈부시게 아름다운 모자이크 작품"에 비유했다. 그러나 인물 묘사가 때로는 심리적으로 정교해질 수 있더라도 플루타르코스는 정확한 조사에 크게 신경쓰지 않았고 자료에 충실하려고 하지 않았다. 그가 오래된 필사본의 집요한 사냥꾼이었다는 점에서 이런 자세는 놀랍기만 하다. 그렇지만 그의 전기들은 재밌었고, 로마 공화정의 장점을 정리한 그의 생각은 18세기 말 프랑스에서 열렬히 받아들여졌다. 예컨대 샤를로트 코르데Charlotte Corday(1768-1793)는 장 폴 마라Jean-Paul Marat(1743-1793)를 암살하던 날 아침에도 《플루타르코스 영웅전》에서 가장 잔혹한 장면을 읽으며 시간을 보냈다고 한다. 《로마에 대한 질문》에서 보여주듯이, 플루타르코스의 글솜씨는 재기 발랄하기도 하다.

질문 49: 왜 투니카를 걸치지 않고, 토가를 입고 연설을 했을까?[36]

질문 55: 왜 플루트 연주자들은 1월이면 여자처럼 옷을 입고 로마 시내를 돌아다닐까?

질문 87: 왜 신부의 머리카락을 창끝으로 가를까?

질문 93: 왜 동물점을 칠 때 하고많은 새 중에서 독수리를 사용할까?

플루타르코스와 같은 시대를 살았던 수에토니우스는 타키투스의 아버지처럼 기사단의 일원이었다. 따라서 사회적 신분도 높은 편이었다. 그가 남긴 가장 영향력 있는 저작은 율리우스 카이사르부터 도미티아누스까지 12명의 로마 황제를 다룬 《황제 열전》이다. 황제의 외모, 징조와 가족사, 황제가 남긴 말이나 황제에 대한 평가가 소개된 뒤에 황제의 삶이 이야기처럼 쓰였다. 수에토니우스는 주인공의 특징을 압축적으로 요약해야 한다는 강박증이 있었던지, 베스파시아누스를 "변기에 앉아 힘을 쓰는 사람"의 표정을 습관적으로 짓는다고 묘사한다.* 따라서 재밌게 읽히지만, 목숨을 걸고 글을 쓴 듯한 인상

---

* 수에토니우스의 책에는 이런 일화로 가득하다. '일화anecdote'는 그리스 역사가 프로코피오스(500-565)가 '비화祕話(공개되지 않은 이야기)'라는 뜻으로 처음 사용했

까지 준다. 수에토니우스는 타키투스와 거의 같은 시기에 활동한 까닭에 두 역사가는 곧잘 비교되었다. 둘 모두가 세상을 떠난 뒤에는 수에토니우스가 더 많은 인기를 누렸다. 현재 우리가 알고 있는 칼리굴라와 클라우디우스의 삶에 대한 정보는 수에토니우스에서 주로 얻은 것이고, 율리우스 카이사르의 간질을 처음 기록한 역사가도 수에토니우스였다.

수에토니우스가 황제의 문서고에 들어가 목격담을 찾아보기 시작한 것은 사실이지만, 조사를 시작한 직후에는 문서고에 들어가는 게 허락되지 않아 다른 증거, 주로 소문과 동료 역사가들에게 의존해야 했다. 지금은 사라지고 없거나 불완전한 많은 저작이 문화와 사회, 예컨대 로마력, 바다 명칭, 《유명한 매춘부들》 등을 다루었지만, 그 저작들에 대해서는 다른 글을 통해 어렴풋이 짐작할 뿐이다. 수에토니우스가 역사 기록의 대상으로 삼은 시기를 고려하면, 그가 '크레스투스Chrestus'라고 칭해지는 인물을 단 한 번만 언급하는 게 흥미롭다. 그가 쓴 네로의 전기에서는 그리스도인Christian이라는 증오하는 종파

다. 그의 시대, 즉 유스티아누스 시대와 그 이후에 출판할 수 없는 글들이 적지 않았기 때문이다. 그렇다고 그가 유스티아누스와 주변 사람들에 대해 의심스러울 정도로 폭로한 글을 출판하지 못한 것은 아니었다. 프로코피오스는 지진 같은 자연 재앙을 유스티아누스의 사사로운 행동 탓으로 돌렸고, 테오도라 황후가 섹스에 집착했고, 젊은 시절에 매춘부였으며, 유아살해 및 여러 살인에 연루되었다고도 주장했다. 테오도라는 "매력적인 얼굴과 예쁜 몸매를 지녔지만 키가 작고 얼굴빛이 창백했다. …황후는 외모에 불필요할 정도도 관심을 기울였지만 좀처럼 만족하지 못했다. 황후는 서둘러 욕조에 뛰어들었고 마지못해 욕조에서 나왔다…." 프로코피오스가 쓴 《전사戰史》와 《건축에 대하여》도 무척 중요한 저작이지만, 1623년 바티칸 도서관에서 발견된 《비사祕史》는 그에게 더 큰 명성을 안겨주었다. 프로코피오스는 살아 있는 황제의 시대를 기록한 이야기를 출간하고, 고대에서 중세 세계로 전환되는 과정을 그린 유일한 고대 역사가이다. Averil Cameron, *Procopius and the Sixth Century* (Berkeley: University of California Press, 1985), p. 8을 참조하기 바란다.

가 언급되기 때문이다.

⚹ ⚹ ⚹

대니얼 울프Daniel Woolf는 《역사의 세계사》에서, 로마 시대에 역사는 선례를 통한 도덕적 가르침이 되었다고 주장한다. 그러나 그리스도 다를 바가 없었다. 그리스는 자신들을 계승한 로마처럼, 사회적 문제, 여성의 지위, 경제 발전 등에 대해 거의 언급하지 않고, 정치적이고 군사적인 문제에 집중했다. 그렇지만 과거를 기록하는 방법은 그 시대에 발전했다. 특히 로마의 접근 방식은 중요한 문제를 새로이 제기한다. 과거와 역사는 어떻게 구분되는가? 언제 과거가 단순한 기억과 전통이 아니라 정리된 역사로 발전하는가? 언제 역사는 의식적으로 의문을 품는 정신 문제가 되는가? 과거의 사건이 일정한 목적하에 쓰일 때, 즉 역사가 일종의 증거testament로 쓰일 때 이런 의문들은 더욱 설득력을 갖는다. 이런 이유에서 이번에는 성경의 역사가들에 대해 살펴보자.

3장 역사와 신화

: 성경의 탄생

지난날을 회상해보아라! 과거의 모든 역사를 생각해보아라!
너희 부모들과 나이 많은 어른들에게 물어보아라!
그들이 너희에게 설명해줄 것이다.
- 신명기, 32장 7절

성경이 펼쳐지면, 놀라움의 연속입니다….
- 조지 허버트George Herbert, 1633년[1]

MAKING HISTORY:
THE STORYTELLERS WHO SHAPED THE PAST

성경은 역대 최고의 베스트셀러일 뿐만 아니라, 매년 올해의 베스트셀러이기도 하다. 미국 소설가 존 업다이크John Updike(1932-2009)의 표현을 빌리면 "세계의 베스트셀러"이다.[2] 평균적으로 12개월 동안, 북아메리카에서만 약 2500만 권의 성경이 팔린다. 가장 성공했던 세속적인 책, '해리 포터의 모험'보다 두 배나 많은 수치이다. 미국 가정의 91퍼센트에 한 권 이상의 성경이 있고, 평균적인 가정에는 4권이 있다. 성경은 500개 이상의 언어로 번역되었고,[3] 영어 번역판에서는 성소수자LGBTQ+ 공동체, 서퍼와 스케이트보더, 재활 중인 중독자를 위한 특별판, 심지어 어린이용 슈퍼히어로판이 있다.[4]

Bible(성경)은 그리스어 biblica에서 파생했고, biblica는 레바논의 해안 마을 비블로스에서 파생했을 가능성이 크다. 비블로스에서 이집트 파피루스가 그리스로 수출되었기 때문이다. bible은 '작은 책들'을 뜻한다. 달리 말하면, 40명 이상의 작가가 1200년에 걸쳐 세 개의 대륙에서 세 개의 언어로 쓰인 텍스트들을 모아 엮은 경이로운 문집

文集이다. 성경은 대체로 66권으로 구성되지만, 히브리어 성경인 타나크는 24권으로 이루어진다. 개신교 교회에서 사용하는 구약성경에는 39권이 있지만, 로마 가톨릭교회의 구약성경에는 46권, 동방정교회에서는 전통이나 교회에 따라 48-50권을 인정한다. 신약성경은 보통 27권으로 고정된 편이지만, 지금도 100편이 넘는 복음이 저마다 신약성경에 포함되어야 한다고 가지각색의 주장을 펼치고 있다. 성경은 어떤 형태로 나타나든 시가집, 즉 영감을 주는 이야기, 율법과 예언, 아름답게 비상하는 상상, 역사—예컨대 《일리아스》와 《오디세이아》를 시기적으로 앞서는 '드보라의 노래'는 실제 사건에 뿌리를 두고, 전쟁에서 사기를 북돋워주는 노래였다—와 관련된 독립된 조각들의 문집이 포함된다.[5]

성경에서 언급되는 땅에는 많은 종족이 뒤섞여 살아갔다. 북쪽으로는 가나안족, 히타이트족, 아모리족, 히위족, 여브스족 및 블레셋족과 페니키아족이 있었고, 동쪽 경계에는 시리아족, 남쪽에는 아몬족과 모압족, 에돔족이 있었다. 기원전 12세기부터는 이스라엘족이 수적으로 가장 많았고, 현재 웨일스와 메인주의 면적에 해당하는 그 땅은 아프리카와 아시아를 잇는 무역로였다. 구약성경은 기원전 8세기와 기원전 4세기 사이에 주로 히브리어로 쓰인 텍스트들로 엮였다. '지혜서Book of Wisdom'와 '마카베오'(상하권으로 구성됨/옮긴이)는 기원전 2세기에 엮인 반면, 신약성경의 첫 권은 서기 50년경에 쓰인 데살로니가전서였을 것으로 추정된다. 마지막 권은 계시록으로, 파트모스(성경에서는 '밧모')의 요한 성자가 도미티아누스 황제의 시대(AD 81-96)에 쓴 것으로 여겨진다.

현대인의 눈으로 보면, 구약성경은 모순과 불가능한 사건의 집약체이다. 풍자 신문 〈더 어니언The Onion〉이 한 머리기사에서 말했듯이 "성경에서는 약간의 모순이 발견된다."[6] 구약성경은 282조의 법조문으로 이루어진 고대 이라크의 함무라비 법전을 표절했고('눈에는 눈, 이에는 이'라는 동태복수법이 대표적인 예), 노아의 홍수 이야기는 기원전 18세기 메소포타미아의 서사시《길가메시 서사시》를 훔친 것이다. 십계명조차 기원전 1600년경 중북부 아나톨리아에서 제국을 건설한 히타이트족이 제정한 맹약을 부분적으로 모방한 것이다. 성경이 사실로 받아들여지는 것도 놀랍기만 하다. 히브리인들은 창세기의 앞부분을 우화, 즉 꾸며낸 이야기로 줄곧 이해했다. 오늘날에도 성경을 문자 그대로 해석해야 한다는 '직해주의literalism'은 1910년경 미국 남부 개신교도들의 영향이 크다.

구약성경은 '창조 신화'로 일컬어지는 게 더 정확할 수 있다. 첫 5권은 창세기(히브리어로는 '태초에'를 뜻하는 bereshith), 출애굽기, 레위기, 민수기, 신명기('말씀')로 구성되고, 5서書(Pentateuch, 그리스어에서 '다섯 두루마리'를 뜻하는 Πεντετεύχως에서 파생) 혹은 토라Torah('율법' 혹은 '가르침'을 뜻하는 히브리어)로 일컬어진다.* 모세 5경으로도 불리는 첫 5권은 17세기 말까지 모세라는 위대한 예언자가 혼자 쓴 것으로

---

* 13세기 즈음, 책을 제작하는 기술이 발전함에 따라 성경이 단권으로 제작될 수 있었지만, 여전히 한 권 한 권을 손으로 써야 했고, 무게도 4.5킬로그램이 넘었다. 인쇄술이 발명된 뒤에도 처음에는 구두점과 철자, 대문자 사용에서 빈번한 실수가 저질러지며 1500곳의 오식誤植이 있었다. 가장 눈에 띈 현상은 간음을 금지하는 계명에서 not을 빠뜨린 경우여서, 그런 판본은 '부도덕 성경Wicked Bible'이라 일컬어졌고, 인쇄업자에게는 벌금이 부과되었다. '식초 성경Vinegar Bible'은 vineyard(포도원)가 vinegar(식초)로 잘못 인쇄되어 붙여진 이름이었고, '살인자의 성경Murderer's Bible'에서는 Let the children first be filled(자녀들을 먼저 먹여야 한다)가 killed로 인쇄되었고, hating life가 hating wife로 둔갑했지만 이 때문에 벌을 받은 사람은 없었다. 시편 14편 1절은 "The fool hath said in his heart, 'There is a god'"이지만 'There is no God'이라 인쇄한 인쇄업자는 파산하고 말았다. Melvyn Bragg, *The Book of Books* (London: Hodder, 2011), p. 50을 참조하기 바란다.

알려졌다.

11세기로 거슬러 올라가면, 무슬림이 지배하던 스페인에서 유대인 의사 이삭 이븐 야슈스가 모세 5경에서 역사적으로 모순된 사건들을 찾아내 지적하며, 모세 5경이 부분적으로 모세 이후에 쓰인 게 분명하다고 주장했다. 이런 주장으로 야슈스는 '얼간이 이삭'이란 별명을 얻었지만, 15세기가 되자 다른 학자들이 야슈스의 주장을 공유하며, 신명기 34장 5절("여호와의 종 모세는 여호와께서 말씀하신 대로 모압 땅에서 죽었다")이 '비범한 자전적 기억 능력'으로 정의되는 희귀한 질병hyperthymesia이 아니라면, 그 구절에 쓰인 대로 모세가 어떻게 자신의 죽음을 기록할 수 있었겠느냐는 의문을 제기했다. 그렇지만 모세가 유일한 전달자라는 믿음은 계속 유지되었고, 다르게 주장하는 학자들, 예컨대 유대계 네덜란드 철학자 바르휘 스피노자Baruch Spinoza(1632-1677)와 영국인 정치철학자 토머스 홉스Thomas Hobbes(1588-1679) 등의 저작들은 가톨릭 금서 목록에 올라갔다. 스피노자는 자신의 의견을 진술하고 6년이 지나지 않아 파문되었고, 그를 제약하는 36개 이상의 칙령이 내려졌으며, 그의 목숨을 빼앗으려는 시도까지 있었다. 스피노자가 성경에 역사적 사건이나 신성의 본질에 대해 특별한 정보가 담겨 있지 않다며 성경도 다른 저작처럼 작가의 동기를 고려하는 방향으로 연구되어야 한다고 주장한 것은 조금도 놀랍지 않다.[7] 스피노자는 많은 비평가에게 무신론자로 낙인이 찍혔지만, 성경의 진위에 의혹을 제기하는 사람들이 완전히 사라지지는 않았다. 마침내 19세기 말, 모세 5경은 여러 명이 기원전 1000년(다윗의 시대)부터 기원전 500년(에스라의 시대)까지 썼고, 기원전 538년과 기원전 332년 사이의 언젠가에 현재의 형태를 갖추게 되었다는 주장이 받아들여졌다.

구약성경의 특징 중 하나는 똑같은 이야기를 두 번 반복하는 '중복doublet'에 있다. 창조 과정이 두 번 언급되고, 하느님과 아브라함 간의 약속, 아브라함에게 아들의 이름을 이삭이라 하라는 하느님의 명령, 그 밖에 많은 예가 두 번 반복된다. 그리하여 첫 5권이 예전부터 존재한 문서들이 결합되고 융합되어 만들어진 결과물이란 견해가 구체화되었다. 1780년경부터 학자들은 모세 5경의 출처로 인정되는 원래의 문서들에 J와 E라는 알파벳 기호를 부여하기 시작했다. J는 Yahwist(독일어로는 Jahwait, 여호와 문서)를 대신하고, E는 Elohist(엘로힘 문서)를 대신한다. 특히 E는 그 문서들에서 Elohim(엘로힘)이란 단어가 광범위하게 사용되었기 때문에 그렇게 이름이 붙여졌다(히브리어에서 Elohim은 '신'과 '신들'을 뜻한다). 창세기의 어법을 분석하면, 둘 혹은 세 종류의 다른 어법을 찾아내는 게 가능했다. 심지어 같은 쪽에서 다른 어법으로 쓰인 예도 찾아졌다. 곧 알파벳 기호는 신명기Deuternomy에서만 발견되는 문서라는 뜻에서 D로도 확대되고, 엘로힘 문서는 엘로힘 문서와 제사장 문서(Priestly, P 문서)로 분리되며, 문서의 수는 넷으로 늘었다.

그러나 네 문서의 순서는 어떻게 되는가? 왜 하필이면 넷인가? 게다가 "누가 그런 글을 썼을까? 우리가 성경을 역사 연구에서 검토해야 할 자료로 생각한다면, 우리는 누구의 기록을 검토하는 것일까?"[8] 미국 성경학자 리처드 엘리엇 프리드먼Richard Elliott Friedman(1946년생)은 1987년에 발표한《누가 성경을 썼는가?》에서 이런 의문을 제기했다. 나는 이 책에서 가장 설득력 있는 답을 찾아냈다.

이 모든 의문에 답을 찾아내기 위한 단서가 없지 않다며 프리드먼은 이렇게 말한다. 각 문서는 고대 이스라엘 종교의 단계적 차이를 보여주고 있으므로 다른 시기에 쓰였을 수 있다. J 문서와 E 문서는 다른 두 문서에서 다루어진 내용들을 전혀 언급하지 않아, 더 일찍 쓰여진 게 분명하다. P 문서는 다른 세 문서에서 거론되지 않는 사건들을 다루고 있으므로 가장 나중에 쓰였을 것이며 제사장과 제물, 의식과 율법에 기초를 둔 이스라엘 종교의 최근 모습까지 담아내려고 한 게 분명하다.

모세 5경은 상당히 독특한 글쓰기 방식을 띤다. 다시 프리드먼의 표현을 빌리면, "네 사람에게 동일한 주제로 글을 쓰라는 숙제를 주고, 네 종류의 글을 받은 뒤에 잘라내고 짜깁기해서 하나의 연속적인 이야기를 만들어내고는 그 이야기를 한 사람이 전적으로 쓴 것이라 주장하는 상황을 상상해보라. 이번에는 그렇게 완성된 책을 탐정들에게 주고, (1) 그 책을 한 사람이 쓴 게 아니고 (2) 네 사람이 썼다는 증거를 찾아내고, (3) 그 네 사람이 누구였고, (4) 누가 그 책을 짜깁기했는지를 알아내라고 과제를 부여했다고 상상해보라."[9] 무척 뛰어난 편집자가 여러 조각을 순서대로 모아서 하나의 연속된 이야기로 빈틈없이 짜맞추었다는 증거가 있기 때문이다.[10] 그런데 편집자가 한 사람이었을까, 여러 사람이었을까?

19세기 말, 학자들은 J 문서와 E 문서의 저자를 추적하기 시작하며 하느님을 지칭하는 데 사용된 이름, 야훼(혹은 여호와)와 엘로힘에 주목했다. 두 명칭이 동일한 이야기의 두 판본에 각각 사용되기 때문이었다. 따라서 J 문서의 저자, 즉 '야훼 숭배자Yahwist'는 다윗 왕의 직계 가족이었고, 그래서 이스라엘이 하느님을 지칭하던 이름을 사용했으며, 유다 왕국 출신으로, 이 문서를 기원전 848년과 기원전 722년 사이에 썼을 것이라 추정했다. 성경에서 가장 널리 사랑 받는 이야기들, 예컨대 아담과 하와, 바벨탑, 모세와 출애굽, 불이 붙었지만 타지 않는 떨기나무 등은 J 문서에서 비롯된 것이다. E 문서의 저자는 주인공을 완벽하게 묘사하지도 않고(그 때문인지 프리드먼과 해럴드 블룸은 증거가 박약한 데도 저자가 여성일 거라고 썼다), 악당을 희화화하지도 않아 찾아내기가 한층 더 어렵다.[11]*

기원전 622년, 힐키아라는 제사장이 예루살렘에 있는 야훼 성전에서 우연히 두루마리 하나를 발견했다고 주장했다. 그 두루마리가 모세의 다섯 번째 책인 신명기인 것으로 주장했지만, 거짓말로 판명났다. 그 두루마리는 당시 유다 왕국의 왕이던 요시아의 종교 개혁을 뒷받침할 목적에서 '발견'되기 직전에 쓰인 것이었다.

누가 그런 위조를 했을까? 1943년, 독일 성경학자 마르틴 노트Martin Noth(1902-1968)는 신명기가 구약성경의 다른 여섯 권(여호수아, 사사기, 사무엘상하, 열왕기상하)과 많은 점에서 공통된다는 걸 밝혀냈다. 특히 어법이 우연을 넘어 무척 유사하다는 걸 증명해냈다. 그 일곱 권을 하나로 합하면, 정확하지는 않지만 기원전 1391-1271년으로 추정되는 모세의 시대부터 시작해서 기원전 587년 바빌로니아에 의한 유다 왕국의 멸망까지 이어지는 이스라엘 민족의 역사가 된다. 한 명의 작가가 그 이야기를 썼을 게 분명하지만, 한 명의 필경사가 작가 겸 편집자 역할을 해내며 완성본을 써냈을 것이다. 따라서 프리드먼은 "그는 여러 자료를 정리했겠지만 잘라내고 덧붙이며 때로는 자신의 해석을 끼워 넣고, 앞부분도 썼을 것"이라고 정리했다.

* 작가 앤드루 솔로몬Andrew Solomon은 〈뉴욕 타임스 북 리뷰〉의 '바이 더 북By the Book'에 실린 인터뷰에서, 생사를 불문하고 어떤 작가를 만나고 싶고, 그에게서 무엇을 알고 싶으냐는 질문을 받았을 때 J 문서를 쓴 사람을 만나고 싶다고 대답했다. "그분에게 사실을 그대로 옮긴 것인지, 상징적으로 쓴 것인지를 묻고 싶습니다. 이 의문을 둘러싼 혼란이 그 이후로 인류의 역사에 해로운 영향을 미쳤다는 것도 지적할 겁니다." 많은 사람이 이 말에 동의할 것이다. The New York Times Book Review, 2013년 9월 26일, p. 8을 참조하기 바란다.

추가 분석에서 신명기에 열거된 율법들은 실로의 레위지파 제사장들에게서 비롯되었다는 게 확인되었다. 실로는 사해四海의 북서쪽에 위치한 산악 지대, 에브라임 산지에 자리 잡은 도시로, 다윗 왕 이전 시대에는 이스라엘의 수도였다. 실로의 제사장들은 글을 쓰는 전통을 소중히 지켜 나갔다. 프리드먼의 표현을 빌리면, "그들은 오래전부터 율법과 이야기, 역사 기록과 시를 썼고, 그 결과물을 보존했다." 요시아 왕의 시대(전통적으로 648-609 BC)에 신명기의 편찬자는 이스라엘 민족이 이스라엘에 도착한 과정에 대한 문서들, 예컨대 여호수아 이야기, 여리고 이야기, 가나안 정복 등에 대한 문서들의 앞뒤로 적절한 구절을 덧붙여 하나의 이야기를 완성했고, 그 이야기가 '여호수아서書'가 되었다. 그 편집자는 똑같은 식으로 작업해 사사기, 사무엘, 열왕기도 차례로 써냈다. 이스라엘 왕국과 유다 왕국, 두 왕국을 하나로 뭉뚱그린 이야기는 그 이전에는 없었다. 신명기 작가는 이스라엘 왕들의 연대와 유다 왕들의 연대를 잘게 쪼갠 뒤에 왕들을 사이사이에 끼워 넣고, '다윗의 언약'—다윗 왕의 후손이 큰 잘못을 범하더라도 이스라엘을 지배하는 특권을 주겠다는 약속—을 특별히 언급하며 이스라엘 민족에 대한 하나의 이야기를 만들어냈다. 다시 프리드먼의 표현을 빌리면 "그 편집자의 역할은 역사를 기록하는 동시에, 전통에 비추어 역사를 해석하는 것이었다."[12]

하지만 요시아가 죽은 후, 이스라엘의 역사는 큰 혼돈에 빠졌다. 기원전 603년 바빌로니아가 유다 왕국을 침략했고, 이른바 영원한 왕국이 갑자기 소멸되었다. 유다 사람들은 전력을 다해 잘 싸웠지만 그들의 저항은 오래가지 못했다. 기원전 586년, 침략자들은 예루살렘을 다시 점령하고 파괴한 뒤에 주민들을 포로로 끌고 갔다. "이스라엘의 왕위에 오를 사람이 끊어지지 아니할" 백성들도 방랑길에 오를 수밖에 없었다. 따라서 다윗 가문이 이스라엘을 다스릴 신성한 권한을 약속 받았다고 주장한 이후의 역사를 짜맞추던 신명기 편집자가 이제는 그 꿈이 좌절된 이유를 설명해야 할 처지가 되었다.

그의 해결책은 책 끝에 바빌로니아 침략을 약간 덧붙이는 게 아니라, 정복과 유형이 끝없이 반복되는 위협으로 보이도록 책의 곳곳에 방랑의 가능성을 언급해두는 것이었다. 이스라엘 민족의 실제 삶도 그랬겠지만, 그리하여 정복과 유형이 이야기 전체를 관통하는 주제가 되었다. 편집자는 기록하는 데 그치지 않고, 다윗 백성의 행복은 예루살렘의 옥좌에 앉은 왕에게 주어진 약속이 아니라 백성들이 하느님과 맺은 계약을 얼마나 잘 지키느냐에 달렸다는 '해석'까지 더했다. 당시에는 다윗의 옥좌가 빈 자리였지만, 그 옥좌가 영원히 없어진 것은 아니었다. 언제라도 다윗의 후손, 메시아가 돌아와 그 자리를 요구할 수 있었다. 프리드먼의 생각에, 그 해석은 유대교와 기독교에 무척 큰 영향을 미쳤다. 놀랍겠지만 신명기 작가는 "원본에서 한 단어도 빠뜨리지 않고, 그 이야기에 새로운 형태와 방향을 부여했다. …그는 과거를 기록하는 동시에 미래의 희망을 불어넣는 방향으로 이야기의 뼈대를 설계했다."

기원전 609년 요시아 왕이 살해되기 전에 쓰인 게 분명한 원본과, 기원전 587년 바빌로니아가 예루살렘을 파괴한 뒤에 작성되었을 수정본은 22년의 간격이 있지만 한 사람의 작품이었다. 그 사람이 누구였을까?

적절한 시대에 적절한 장소에 있었던 한 사람은 선지자 예레미야였다. 예레미야는 실로의 제사장 중 한 명으로 요시아 시대에 예루살렘에 거주했고, 바빌로니아의 침략이 있은 뒤에는 이집트에서 살았다. 예레미야서書는 신명기의 두 판본에서 정확히 확인되는 어법과 구절로 채워져 있다. 그렇다고 그것이 예레미야가 신명기 작가라고 말하는 것은 아니다. 우리가 아는 예레미야는 네리야의 아들, 바룩이란 필경사와 밀접한 관계가 있고, 예레미야서에서도 바룩이란 이름이 몇 번이고 언급된다. 따라서 예레미야는 감화를 주는 선지자였고, 바룩은 예레미야의 눈을 통해 역사를 해석한 대필자였을 것이란 추정이 가장 합리적이다.

기원전 586년의 대재앙 이후에 어떤 사건에 있었는지에 대해서는 알려진 바가 거의 없다. 구약성경도 50년을 훌쩍 건너뛰며 에스라와 느헤미야로 넘어간다. 그러나 프리드먼이 지적하듯이, 분명한 것은 "신학과 역사가 충돌하는 과정에 있던 때였다. 하나님을 어떻게 이해하느냐에 따라, 유배된 사람들이 자신들의 상황을 어떻게 인식하느냐가 결정되던 때였다." 기원전 538년 페르시아가 바빌로니아를 정복하며, 키루스 2세(성경에서는 고레스 왕) 치하에서 거대하고 강력한 제국을 건설했다. 키루스는 유대인들에게 유다 땅에 돌아가 그들의 신전을 재건하는 걸 허락했고, 예루살렘 성전의 재건은 기원전 515년 완성되었다. 그리고 성경이 "과거와 연결하는 끈, 귀향한 유배자들에게는 새로운 시작을 넘어 재건을 뜻했던 연결 고리"로서 여느 때보다 중요하게 여겨졌다.

학자들은 P 문서의 작가를 찾아내기 위한 연구를 시작하며, 그 작가가 아론이 이끄는 레위지파 제사장(Aaronid, 당시 아론파 제사장들이 예루살렘 성전의 중앙 제단을 관장했다)이거나, 적어도 예루살렘 출신으로 제사장 계급의 이익을 대변하는 사람일 것이라 추론했다. 프리드먼은 P 문서의 작가가 예루살렘 함락 이전, 구체적으로 말하면, 기원전 722년과 기원전 609년 사이, 즉 히스기야 왕의 통치 기간(715-687 BC)에 썼을 것이라 추정한다. 그러나 이 추정은 유대교계 학자와 기독교계 학자 사이에 의견이 다른 쟁점이다. 일반적으로 보수적 견해를 띤다고 여겨지는 프리드먼 같은 유대교계 학자들은 상대적으로 이른 시기를 선호하는 반면, 기독교계 학자들은 그 시기를 늦추는 경향을 띤다. 분명한 것은, 그 작가가 다른 제사장들의 반론, 또 경쟁 관계에 있던 다른 종교 기관들의 저항을 견뎌내야 했다는 것이다. 따라서 그는 신학적이고 정치적이며 경제적인 면을 고려하며, J 문서와 E 문서를 대신할 목적에서 P 문서를 써냈다. 세 문서는 나중에 다른 사람에 의해 결합되었다.

구약성경의 가장 큰 출처는 P 문서를 기초로 쓰인 것으로, 구약성경의 다른 세 이야기를 합한 것만큼의 길이이다. 창세기 1장의 창조 이야기, 두 차례 반복되는 홍수 이야기, 아브라함과 야곱에 대한 설명, 광야를 지나는 여정, 출애굽기와 민수기의 약 30장, 레위기 전체가 여기에서 비롯된다. 이 최종적인 편집자는 J 문서와 E 문서를 동등한 수준에 두고 잘라내고 결합하는 차원에 그치지 않고, 모세의 고별사처럼 신명기로 끝냈지만, 다른 데다 때로는 모순되는 네 출처를 너무도 교묘하게 짜맞추어 전체적으로 분류하는 데는 앞으로도 수천 년이 걸릴 것이다.

그럼 누가 이 모든 것을 짜맞추었을까? 에스라!

성경 전체에서 두 사람만이 율법을 전해준 사람으로 등장한다. 모세와 에스라이다. 에스라는 제사장이자 필경사였다. 에스라는 페르시아 황제가 후원자여서, 대제사장이 아니었지만 엄청난 권한을 휘두르며 어떤 자료에나 접근할 수 있었다. J 문서와 E 문서, D 문서와 P 문서는 많은 부분에서 모순되지만 에스라의 시대에는 네 문서 모두 모세가 쓴 것으로 여겨졌기 때문에 에스라도 신약성경의 복음서들처럼 네 문서를 동등한 차원에 둘 수 없었다. 따라서 그는 네 문서를 결합해 하나로 짜맞추는 작업을 시작했다. 중요도에서 그 작업은 P 문서를 짜맞추던 작업과 달랐다. 예레미야와 바룩이 J 문서와 E 문서의 대안으로 협업해 P 문서를 만들어냈다면, 에스라는 그 문서들을 '조화 있게' 짜맞추었다reconcile. P 문서는 과거의 문서들과 적잖게 충돌했지만, 에스라는 그 충돌을 감싸 안았다. 프리드먼에 따르면,

> 모든 문서에서 사건들이 나열된 순서는 우리가 알고 있던 역사적 순서와 일치한다. …최종 문서가 역사 기록으로 합당한 것인지 그렇지 않은 것인지는 논란의 여지가 있지만… 그 문서가 최초의 역사 기록이라는 사실에는 변함이 없다.[13]*

그 결과로 하나의 연속된 이야기가 11권—창세기, 출애굽기, 레위기, 민수기, 신명기, 여호수아, 사사기, 사무엘상과 사무엘하, 열왕기상과 열왕기하—의 책에서 전개된다. 그 11권은 흔히 '제1성경the First Bible'으로 일컬어지며, 다윗의 증조모로 추정되는 룻의 생애를 기록한 룻기를 포함해 나머지 책들의 발판 역할을 해냈다. 프리드먼은 자신의 설득력 있는 책의 끝부분에서 언급하듯이, "나중에 일어나는 모든 사건을 위한 무대를 놓는 이야기들, 예컨대 창조, 사람의 탄생, 땅에의 정착, 구세주의 계보 등"에 대한 이야기들이 '제1성경'에서 다루어진다. 또한 네 가지 주된 약속(노아, 아브라함, 시나이산, 다윗)도 여기에 담겨 있다. 따라서 구약성경은 "역사와 문학이 때로는 조화를 이루고, 때로는 충돌하지만 불가분하게 결합된 결과물"로 여겨질 수 있다.

---

* 여기에서 나는 신약성경을 포함해 성경 전체를 다루고 있기 때문에, 고대 그리스와 로마의 역사가를 앞 장에서 먼저 다루었다. 일반적으로 그들의 저작이 복음서보다 먼저 쓰였기 때문이다. 복음서를 제외하면 프리드먼의 말이 맞다.

신약성경은 어떤가?* 첫째로, 바울이 사용한 단어, '디아데케 diatheke'는 '계약pact'을 뜻하기 때문에,[14] '새 언약'이란 뜻으로는 New Testament보다 New Covenant가 더 나은 번역이다. 어느 쪽이든 성경에 새롭게 덧붙인 부분은 그리스도에 대한 충성을 독려하고 확대할 목적, 또 그리스도를 기억하는 수단으로 활용하려는 주된 목적에서 꾸며졌다는 점에서, 과거의 것과 다른 유형의 역사이다. 신약성경은 27권으로 구성된다. 그리스어에서 '좋은 소식'을 뜻하는 ευαγγέλιον 을 번역한 '복음gospel'으로 마태(히브리어에서는 '마티트-야후'), 마가(히브리어에서는 '요안네스-마르코스'), 누가(그리스어로는 '루카스'), 요한(그리스어로는 '요안네스')이 쓴 복음들과 사도행전 및 사도 바울이 쓴 것으로 추정된 14편의 편지가 있다.

바울이 아닌 다른 사도가 쓴 8편의 편지로는 야고보서(일반적으로 의인 야고보의 편지로 여겨지지만 여러 명이 함께 썼을 가능성이 크다)가

---

* 구약Old Testament과 신약New Testament이란 개념은 서기 2세기 말부터 시작된다. 사르디스의 주교인 멜리토(180년 사망)가 한 편지에서 "구약성경을 구성하는 책들이 몇 권이고, 어떤 순서로 정리되었는지 정확히 알게 되었다"라고 말한 때였다. '신약'이란 용어가 명확히 사용되지는 않지만, '구약'이란 명칭에 '신약'이 함축된 것이라 볼 수 있다. 또 신약을 가리키는 표현이 적어도 8번 사용된다는 점에서 '구약'이란 명칭이 아무런 설명도 없이 언급되는 건 당연한 듯하다. David Trobisch, *The First Edition of the New Testament* (Oxford University Press, 2000)를 참조하기 바란다. 그 외로, '구약'이 처음 사용된 예는 신학자 테르툴리아누스(c. AD 155 – 220)의 글에서 찾아진다. 프랭크 커모드Frank Kermode(1919-2010)가 《비밀의 기원The Genesis of Secrecy》(Harvard University Press, 1980)에서 말하듯이, 문화사에서는 책의 제목을 정정함으로써 책에 함축된 전체적인 의미를 바꿀 수 있다. '구약'성경이 대표적인 예이다. '구old'는 경멸적으로 해석될 수 있기 때문에, 학계에는 '구약성경'이란 표현 대신에 '히브리 성경' 혹은 '히브리 성서'라는 표현을 사용해왔다.

가장 앞에 놓였고, 베드로전서(베드로가 로마 주교일 때 쓴 편지)와 베드로후서, 요한1서(복음사가 요한이 서기 95년과 110년 사이에 에베소에서 썼을 가능성이 크다)와 요한2서와 요한3서, 유다서(총 25절로 성경에서 가장 짧은 책이고, 유다는 의인 야고보의 동생이다)가 뒤를 잇는다.

　　마지막 권은 요한 계시록 혹은 묵시록이다. 편지와 예언이 번갈아 나타나며, 코이네 그리스어koiné Greek(지중해에 쓰이던 구어口語로 폴리비오스와 플루타르코스가 글을 쓸 때 사용한 방언이지만, 얄궂게도 예수와 그의 사도들은 코이네 그리스어로 말하지도 않고, 글을 쓰지도 못했다)로 쓰였다. 계시록이란 제목은, 글을 여는 첫 단어 '계시' 혹은 '벗겨냄'을 뜻하는 apokalypsis에서 끌어낸 것이다. 계시록 작가는 자신을 간략히 '요한'이라 소개하고, 자신이 그리스 에게해의 밧모섬(파트모스섬) 출신이라 말하며, 복음사가 요한이 아니라 지역민이라는 걸 알리는 듯하다.

　　여러 편지들은 역사 기록으로 의도된 것이 아니었지만 역사적 가치를 띤다. 하지만 복음들은 주된 목적이 개종에 있었더라도 예수의 삶을 기록하려는 시도였고, 기록된 역사로서 상당한 영향을 미쳤다. 복음들이 예수의 사후에 곧바로 쓰이지 않은 이유는 그럴 필요가 없었기 때문이다. 처음에 그리스도의 복음은 구전과 짤막한 글을 통해 널리 퍼졌다. 예루살렘과 그 인근에 살던 사람들은 예수를 직접 만났거나, 그의 설교에 대해 전해 들었을 것이므로, 그리스도의 복음이 널리 확산되기 전에는 그 부근에서만 맴돌았을 것이다. 기독교 신자는 서기 60년 1000명가량에 불과했지만, 150년에는 4만 명, 300년에는 250만 명, 1400년에는 6000만 명으로 증가했다. 어니스트 헤밍웨이의 파산 이론처럼, 서서히 증가하다가 갑자기 폭발적으로 늘어났다.

　　마가복음은 서기 70년 유대인들의 첫 반란으로 예루살렘 성전이 파괴되기 수년 전에 쓰인 것으로 추정된다. 한편 기독교에서 상대적으로 친숙한 설교들이 많이 실려, 가르침의 복음이라 일컬어지는 마태복음은 75년과 85년 사이로 조금 뒤에 쓰였다. 누가복음은 80년과 95년 사이에 쓰였을 가능성이 크지만, 110년까지도 수정되고 있었다는 증거가 있다. 신학자이며 예언자이던 요한이 95-100년경에 쓴 복음은 일반적으로 네 번째에 놓이지만, 파피루스에 쓰인 것으로 현존하는 최초의 신약성경 필사본, '파피루스 45'에서는 요한복음이 마태복음 바로 뒤, 두 번째에 놓였다. 이 순서는 초기의 다른 신약성경 필사본에서도 확인되는 순서이다.

마태-마가-누가-요한으로 이어지는 현재의 순서가 지배적인 이유는 성 아우구스티누스St. Augustine(354-430)가 복음이 이런 순서로 쓰였다고 믿었기 때문이지만, 현대 대부분의 전문가는 그렇게 생각하지 않는다. 또 처음 세 복음이 흔히 '공관 복음synoptics(동일한 관점에서 설명된 복음)'이라 일컬어지는 이유는 동일한 사건들을 비슷한 방식으로 혹은 비슷한 관점에서 보기 때문이다. 2세기 말, 로마령 갈리아에 속한 리옹의 주교이던 이레네오 성자는 충분한 근거하에 이단으로 판정된 텍스트를 매섭게 공격하며, 마가복음과 마태복음, 누가복음과 요한복음만을 기독교인이 읽어야 할 복음서라고 주장한 첫 교부였다. (니체는 "안타깝게도 이 흥미로운 데카당스의 주변에 도스토옙스키를 위한 자리는 없었다"라고 말했다.) 네 방향의 바람(동풍, 서풍, 남풍, 북풍), 네 방위(동서남북), 4대 원소(흙, 공기, 물, 불)라고 말하듯이, 이레네오는 4라는 수數가 적절하다고 생각했다. 4대 복음은 본연의 역할을 깔끔하게 해냈다.

그 즈음 신약성경을 구성할 책들은 이미 차곡차곡 수집되고 있었고, 4세기 중반경에는 많은 책들이 배제되었다. 367년 부활절 편지에서 알렉산드리아 주교 아타나시우스는 훗날 교회에서 인정하게 될 책들에 이름을 붙였고, 그 책들을 "정전正典에 놓아야 할 것"이라는 표현을 사용했다. 382년에는 교황 다마소 1세가 주재한 로마 공의회가 동일한 표현을 사용하며, 성경을 믿을 만한 라틴어판으로 번역하겠다고 결정을 내렸고, 그때 서구 세계에서 기독교 교리가 실질적으로 결정되었다(그렇게 번역된 성경은 13세기에 "일반적으로 사용되는 번역"이란 뜻으로 '불가타 성경(Vulgate, versio vulgata)'이라 불렸다). 4대 복음은 그 이후, 즉 393년 히포 공의회에서, 또 397년 카르타고 공의회에서 승인되었다. 하지만 그 이후에도 공의회가 열리면, 시인 앤드루 마벌 Andrew Marvell(1621-1678)의 표현대로 "서로 고함치고 할퀴며"[15] 사대 복음을 계속 수정했고, 교회의 권위를 떨어뜨린다고 판단되는 부분들을 지워냈다. 신학적 치밀함이 더 중요했던 셈이다.

물론 논란이 완전히 사그라들지는 않았다. 1945년 다른 복음들이 이집트의 나그 함마디에서 발견되며 불씨를 지폈다. 코덱스(두루마리와 달리, 책의 형태를 띤다)가 잔뜩 발견된 저장고에서 50편 이상의 새로운 복음서가 확인되었고, 그중에서 2세기와 3세기에 쓰인 복음들은 당연히 정전에 포함되어야 한다는 주장이 빗발쳤다.[16] 누가는 자신의 시대에도 그리스도와 그의 초기 제자들에 대한 많은 글이 쓰였다고 말한다. 대략 200편에 달하지만, 선택받은 4편을 제외하고는 모든 글이 교회에 의해 이단으로 버려졌다.*

* 고고학자들은 조각이나 완전한 형태로 약 5500개의 필사본을 발견했다. 처음에 얼마나 많은 복음이 있었는지는 누구도 모른다. 앞으로도 계속 발견될지 모른다. 완전한 형태로 보존된 복음들로는 도마 복음, 진리의 복음, 콥트어로 쓰인 이집트 복음, 니코데모 복음('빌라도 행전'으로도 알려짐), 바르나바 복음, 가말리엘 복음이 있다. 또 예수의 어린 시절을 집중적으로 다루기 때문에 적절히 유년기 복음Infancy Gospel이라 불리는 복음들도 있다. 가장 널리 알려진 예가 야고보 복음이지만, 야고보가 직접 쓴 것은 아니다. 또 성모의 성탄 복음, 가짜 마태복음(혹은 마태의 유년기 복음), 도마의 유년기 복음, 아랍판 유년기 복음, 시리아판 유년기 복음도 있다.

꘎ ꘎ ꘎

예수는 실존했다. 앞에서 이미 언급했듯이, 플라비우스 요세푸스(AD 38-100)는 《유대 고대사》에서 예수에 대해 쓰며 "놀라운 위업을 남겼고 많은 사람을 가르쳤으며, 많은 유대인과 그리스인 추종자를 두었고 메시아로 믿어졌으며, 유대인 지도자들에게 기소되어 빌라도에게 십자가에 못 박히는 형벌을 받았지만 부활한 것으로 여겨진 지혜로운 사람"이라 평가했다.[17] 수에토니우스, 탈루스, 소小플리니우스도 초기 기독교 역사에 대한 글을 남겼고, 그들의 글은 신약성경과 일치한다. 탈무드에서도 예수의 삶에서 일어난 주된 사건들을 인정한다. 하지만 네 복음을 쓴 사람들에 대한 정보는 거의 없는 편이며, 그들의 복음은 신화 창작과 역사 쓰기의 혼합물에 가깝다.

마태는 서기 1세기에 갈릴리에서 태어났다.[18] 로마 점령기에 그는 북이스라엘의 산악 지대에 거주하던 유대인들로부터 세금을 거두었다. 당시 그 지역의 통치자는 헤로데 안티파스(성경에서는 헤롯 안디바)였고, 누가복음에서 예수는 헤로데를 '저 여우'라고 칭했다. 세금을 걷어 부자가 된 히브리인들은 부역자로 손가락질을 받았다. 이런 이유에서 마태복음은 처음에 익명으로 알려졌을 수 있다. 하지만 마태는 직업상 아람어만이 아니라 시장에서 사용되는 그리스어도 알았을 것이다.

마태복음이 처음 인용된 예는 안티오크의 이그나티오스Ignatius of Antioch에서 찾아진다. 이그나티오스가 서기 115년경에 영면했으므로, 마태복음은 이그나티오스 시대에 존재했던 게 분명하다. 신약성경에서 증명되듯이, 마태는 부활과 승천을 목격했고, 열두 사도 중 한 명으로도 언급된다. 마태는 히브리계 기독교인들을 위해 복음을 썼

3장 역사와 신화

고, 그 복음이 나중에 그리스어로 번역되었지만 두 판본 모두 사라졌다. 최근에는 마태복음을 가장 앞에 두는 것에도 의심이 쏟아지며, 요즘에는 마가복음이 가장 먼저 쓰인 것으로 인정된다. 마태는 마가의 이야기를 기준으로 사용하며, 자신과 다른 사람들이 기억하는 사건들을 덧붙이거나 더 명료하게 설명한 듯하다.

해럴드 블룸Harold Bloom(1930-2019)은 지극히 개인적인 관점에서 복음을 다룬 책에서, 마가를 "나에게 애드거 앨런 포를 떠올려주는 마녀"라고 칭한다.[19] 마가의 이야기가 이상한 것은 사실이다. 마가복음에서 예수는 성마른 성격과 빈정대는 성향만이 아니라 "음울한 흉포함"까지 보인다.[20] 콥트 정교회에 따르면, 마가는 복음을 유다 땅 전역에 전파한 70명 제자 중 하나였고, 베드로의 제자이기도 했다. 그래서 베드로의 도움을 받아 복음을 쓴 것으로 전해진다. 하지만 현대 학자들은 사도행전에 언급된 마가가 복음의 저자라는 걸 부정하며, 복음이 예수의 삶을 옆에서 지켜본 믿을 만한 인물에 의해 쓰였다는 걸 강조하려는 교회의 의도에서 마가가 띄워진 것이라 주장한다. 따라서 현대 학자들은 무명씨가 많은 기적과 우화 및 하나의 수난 설화를 묶어, 비유대인을 위해 그리스어로 쓴 것이 마가복음이라 생각한다.

달리 말하면, 예수를 곁에서 지켜본 측근의 증언이 아니라는 것이다. 따라서 마가복음의 저자가 사도행전에 언급되는 요한 마가를 지칭하는 것인지는 분명하지 않다. 하지만 실제 저자가 누구이든 간에 마가복음은 예수의 삶을 전반적으로 기술하고 있다는 점에서 네 복음 중 가장 믿을 만하다. 다만 직접적인 증언이 아니라 짜깁기된 형태로 우리에게 전해지는 것일 뿐이다.

✵ ✵ ✵

교회가 정전으로 인정하는 세 번째 복음의 저자, 누가는 시리아 안티오크 출신이다. 초기 교부들은 누가가 자신의 이름을 딴 복음과 사도행전을 썼다며, 두 책이 원래는 '누가 행전'이라 불리던 한 권이었다고 주장했다. 둘을 합하면 신약성경의 27.5퍼센트를 차지하기 때문에, 한 작가가 가장 큰 기여를 한 것이 된다. 누가는 그리스도의 삶을 직접 목격한 적이 없었지만, 그 시대 사람들을 인터뷰할 기회가 많았다. 또 누가복음은 이야기의 흐름에서 다른 복음들과 대체로 같고, 다른 제자들을 인용한 모순된 정보가 없어, 특히 믿을 만하다고 여겨진다.

누가복음은 이렇게 시작한다. "우리에게 일어난 일들을 차례대로 이야기로 엮어내려고 시도한 사람이 많이 있었습니다. 처음부터 말씀의 목격자요 전파자이던 사람들이 우리에게 전해준 대로 그들은 엮어냈습니다. 그런데 존귀하신 데오빌로 님[직역하면 '하느님의 친구'라는 뜻], 나도 모든 것을 시초부터 정확하게 조사하여 보았으므로, 각하께도 그 이야기를 순서대로 써 드리는 것이 좋겠다고 생각하였습니다. 그리하여 각하께서 이미 알고 있는 것들이 맞다는 걸 확신하게 되기를 바라는 바입니다."[21] 6세기의 전설에 따르면, 누가는 화가였고, 성모 마리아, 베드로와 바울의 초상화를 그렸다. 따라서 누가는 지금 화가들의 수호 성자이다. 날개가 달린 황소가 누가를 상징하는 이유는, 제사장이 소를 제물로 바친다는 이야기로 그의 복음이 시작되기 때문이다. 아마도 이런 이유에서 누가는 푸주한과 외과 의사의 수호 성자이기도 한 듯하다.

누가는 예수의 활동을 직접 본 적이 없다는 걸 분명히 하면서도 사도 바울의 전도를 묘사할 때는 '우리'라는 단어를 반복해 사용하며, 그도 말씀의 전파에 참여했다는 걸 드러낸다. 글의 구성과 사용된 단

16세기 기도서에 실린 누가 성자의 소형 초상화. 누가는 책상에 앉아 있고, 날개가 달린 황소가 그의 옆에 보인다. 오른쪽 아래에는 성모가 이젤에서 그림을 그리고 있다.

어의 범위로 짐작할 때 그는 상당한 교육을 받은 듯하다(바울이 골로새 사람들에게 보낸 편지에서는 '의사'로 지칭된다). 따라서 누가는 바울의 제자이자 의사였던 것으로 여겨진다.

누가가 마을과 도시와 섬을 정밀하게 묘사하고, 다양한 관직의 명칭도 정확히 지칭한다는 사실에 근거해, 저명한 아마추어 성경학자 윌리엄 램지William Ramsay(1852-1916)는 "누가는 일등급 역사가이다. 그의 사실 기술은 신뢰할 수 있을 뿐만 아니라… 그는 가장 위대한 역사가들과 같은 반열에 놓여야 마땅하다"고 생각했다. 한편 유명한 기독교 변증론자, 에드워드 머스그레이브 블레이클록Edward Musgrave Blaiklock(1903-1983)은 "세부 사항을 정밀하게 묘사하고, 분위기를 머릿속에 그리게 해준다는 점에서 누가는 투키디데스와 어깨를 나란히 한다. 사도행전은 경건한 상상의 부정직한 산물이 아니라, 신뢰할 수 있는 기록이다"라고 말했다.

하지만 이런 긍정적인 추정은 그들의 시대에 그쳤고, 누가의 정확성에도 차츰 의문이 제기되었다. 학자들의 평가에 따르면, 누가의 글에는 연대순의 착각도 있지만, 사도행전 4장 4절에서 보듯이 베드로의 설교를 들었다는 군중의 규모처럼 통계적으로 불가능한 현상도 언급된다(군중의 수를 추정하는 건 지금도 여전히 까다롭다). 게다가 천사와 악마 같은 환상적인 것들에 대해 이야기하는 묘사에도 문제가 있다. 로마 당국의 인구 조사 때문에 요셉과 마리아가 베들레헴에 돌아갈 수밖에 없었다는 예수의 탄생 이야기는 완전한 창작이다. 당시에는 그런 인구 조사가 없었고, 수백 년 전에 떠난 고향으로 돌아가 인구 조사에 응하라는 명령 자체가 터무니없는 것이었기 때문이다. 간단히 말해서, 누가는 예수를 다윗의 도시로 유도하기 위한 그런 이야기를 꾸몄다. 요컨대 누가는 역사를 기록하는 데 그치지 않고, 찬양하고 설득할 수 있기를 바랐다.

✳ ✳ ✳

이제 12제자 중 하나이던 사도 요한, 즉 "예수가 사랑한 제자"가 쓴 복음에 대해 살펴보자. 정확히 말하면, 요한복음은 한 사람이 쓴 게 아니라 '요한 공동체Johannine community'의 작품이다. 요한 공동체는 세 단계에 걸쳐 글쓰기를 감독하며, 초고를 완성하고 40-45년이 지난 서기 90-100년에야 최종적인 원고를 완성했다. 저자가 한 명 이상이라는 주장은 1941년 독일 루터파 신학자 루돌프 불트만Rudolf

Bultmann(1884-1976)이 처음 제기한 이론이었다. 이 주장에 당시 사람들은 크게 격분하며, 20세기 중반이었는데도 그를 겨냥한 이단 심판이 제기되었다. 그러나 이제 요한복음은 세 단계를 걸쳐 완성되었다는 이론이 대체로 인정된다.

1. 예수를 직접 목격한 경험에 근거한 초고(요한복음의 저자는 그리스도의 삶을 직접 목격한 듯하고, 예수의 목회 활동에도 적잖게 함께한 것처럼 말한다).
2. 요한이 그 초고에 다른 자료들을 참조해서 문학적 창작물로 짜맞춘다.
3. 다른 사람들이 다듬고 윤색한 최종 원고가 85-90년경에 완성된다.

내적인 증거에 근거해 추론하면, 요한은 예수의 삶을 쓰다가 급작스레 죽었다. 따라서 새로운 판본을 즉흥적으로 만들어내야 했다. 세 공관 복음은 상당한 내용이 중첩되지만, 요한복음의 내용은 90퍼센트 이상이 독자적이다. 마가와 마태와 누가는 예수의 삶에서 마지막 3년을 다루지만, 요한복음에는 마지막 10주가 더해진다. 또 공관복음에서는 메시아가 지상에 머물며 보낸 시간, 그의 기적과 우화, 악령 퇴마가 상대적으로 많이 다루어진다. 하지만 문학 평론가 테리 이글턴Terry Eagleton이 말하듯이, "신약성경에서 예수는 일종의 등장인물이지만, 그의 심리에 대한 심층적인 묘사는 없다. 이런 심리학적 고찰은 신약성경의 목적과 무관한 것이었다. 신약성경은 전기로 쓰인 게 아니다. 따라서 주인공이 어떻게 생겼는지에 대해서도 말하지 않는다. 복음서 작가들이 오늘날 창조적 글쓰기 강의를 듣는다면 부끄러울 정도로 낮은 점수를 받을 게 뻔하다."[22]

요한복음의 예수는 예루살렘에 들어가 유대인들을 경멸하는 발언을 한다. 전반적으로 요한복음은 '유대인'이 하느님의 아들을 적대시하며 집단행동을 하는 적으로 묘사되는 주된 출처이다. 유대인들이 초대 교회를 적대시한 행동에 대한 저자의 반감이 그렇게 표현된 듯하다. 2013년, 옥스퍼드 대학교의 교회사 교수 더머드 맥컬로크 Diarmaid MacCulloch는 레자 아슬란Reza Aslan이 예수의 삶을 추적한《젤롯》을 논평한 글에서, 아슬란이 "네 복음서 저자 모두 어떤 손해를 입을까 두려워하며, 예수의 죽음에 대한 책임을 로마인들에게서 유대인 지도층과 피에 굶주린 폭도들에게로 돌리며, 그들을 거짓되게 희화화하는 식으로 이야기를 꾸몄다"고 믿는다고 말한다.[23] 하지만 요한복음은 예수의 적을 뭉뚱그려 '유대인'이라고 말하지만, 다른 복음들에서는 '유대인' 전체가 예수의 죽음을 요구하지는 않는다. 오히려 예수를 처형장에 세우려는 음모는 특정한 제사장 집단인 사두개파(에세네파와 바리새파와 더불어, 당시 히브리 세계의 정치와 종교를 지배한 세 집단 중 하나)에서 비롯된 것으로 묘사된다.

요한복음은 신중하게 다루어져야 한다. 19세기에 비판적 학계는 공관 복음의 '전기적' 접근법과 요한복음의 '신학적' 방법론을 구분하며, 요한복음을 사료, 즉 역사 연구에 필요한 문헌으로서는 무시하기 시작했다. 요즘에도 '소설가 요한'이라 조롱하는 평론가들이 적지 않다.[24] 그러나 요한복음이 사료로서 상당한 가치를 갖는다는 데는 많은 학자가 동의한다. 무엇보다, 요한복음은 예수의 초기 삶에 대한 대안적 시간표를 보여준다는 특징이 있다. 예컨대 마태복음과 누가복음처럼 그리스도의 탄생에 대해 전혀 언급하지 않는다. 또 산상수훈을 비롯해 공관 복음에서 찾아지는 주된 설교들이 요한복음에는 없다.

그러나 요한—원래의 요한과 그 이후의 편집자들—이 지향한 목표는 다른 복음서 저자들과 달랐다. 요한은 비유적인 면과 영적인 면을 강조하려 했다.

성경학자 도널드 포스터Donald Foster는 「지각한 요한」이란 논문에서, "모든 곳에서 요한은 예부터 떠돌던 이야기와 소문을 무작정 전달하지 않고, 예수의 삶을 진실되게 전하려고 안간힘을 다한다"며 이렇게 덧붙인다.[25]

> 마태와 마가와 누가가 요한과 충돌하는 곳에서는 언제나 그들이 틀린다. 증거가 필요하면, 요한이 말하듯이 예수가 교리의 옳음을 행동으로 얼마나 명확히 보여주는가를 찾아보면 된다. 공관복음에서는 그런 일치의 노력이 전혀 눈에 띄지 않는다. 이때 제시되는 함축적인 우화는 요한의 이야기가 역사적으로 정확하다고 '보장'하는 징표이다.[26]

따라서 요한은 사실 전달에 무심한 듯 보이면서도 역사적 사실에 바탕을 둔다고 주장한다. 이후 세대의 많은 작가가 그랬듯이, 요한복음도 '더 큰 진리'를 목표로 삼았다. 위대한 문학 평론가 프랭크 커모드Frank Kermode(1919-2010)의 주장에 따르면, 요한복음에서는 이야기 자체가 해석으로 시작하며 앞의 이야기에 대한 논평으로 새로운 이야기를 만들어낸다.[27] 결국 해석이 더해진 픽션들이 전체를 채운다. 따라서 요한복음이 역사이든 픽션이든 복음이든 간에 독자는 검토해서 선택하고, 해석하며 공백을 채우고 연결해 나아가야 한다. 이런 형태의 글쓰기는 성경의 독특한 특징이다. 따라서 이런 글쓰기 방식은 과거에 대해 기록하는 혁명적 수단으로 인정되어야 마땅하다.

꓿ ꓿ ꓿

　그렇더라도 성경 이야기와 역사의 관계는 복잡하다. 저명한 신학자 존 바턴John Barton은 "구약성경은 수 세기에 걸쳐 쓰였고, 공식적으로 알려진 확실한 한 명의 등장인물이 있는 한 민족의 문학이다. 반면에 신약성경은 동지중해 세계에 널리 분포된 한 작은 종파의 문학이며, 그 기원이 공인되지 않았을뿐더러 실험적이기도 한 글이다"라고 말했다.[28] 예수가 실재한 인물이었고, 구약과 신약에서 언급된 사건들 중 일부는 실제로 일어났다는 걸 인정하고, 동정녀의 출산, 홍해의 분리, 부활 등을 믿느냐 믿지 않느냐는 개인적인 믿음의 문제로 남겨두더라도 얼마나 많은 부분이 역사로 간주될 수 있을까? 이쯤에서 관점을 달리해서, 구약성경을 다시 들여다보자.

　지난 세기까지는 학자들로부터 받은 도움이 거의 없었다(대체로 학자들은 성경을 하느님의 말씀으로 인정하는 기독교 변증론자들이었다). 따라서 성경의 무대가 된 땅의 역사와 문화를 이상적이고 낭만적인 비유로 묘사하고, 성경이 역사적으로 정확하다는 추정을 뒷받침하는 미사여구를 사용하는 경향을 띤다. 제2차 세계대전이 끝나기 전에는 고대 근동에 대한 전문화된 연구가 거의 없었다. 모두가 모든 분야를 연구했다. 하지만 1918년 이후로 발굴 작업을 통해 방대한 문헌과 고고학적 자료가 쏟아지며(지금은 이스라엘에만 3만 곳이 넘는 고고학적 유적지가 있다), 무척 다른 역사의 증거를 보여주었지만, 신학자들과 보수적인 학자들은 성경의 권위에 의문을 제기하는 것들을 인정하지 않고, 한 현대 학자의 표현대로 '분수계watershed' 정신 구조의 포로가 되어, '잉크에 포획된 감정'만을 보여줄 뿐이었다.

성경의 앞부분을 차지하는 '초기' 시대들이 역사에 근거한 게 아니라는 건 누구나 거리낌 없이 인정한다. 그 이후의 시대에 대해서는 증거가 차곡차곡 축적된 까닭에 그 시대들이 역사에 일치하지 않는다는 것을 마지못해 인정할 수밖에 없었다. 홍수 이전의 시대가 역사와 충돌하는 첫 시대였다. 그 이후로 족장 시대, 모세 시대, 사사士師(구약 시대에 유대 민족을 다스리던 제정일치의 통치자/옮긴이) 시대가 차례로 도래했다. 각 시대에 대한 이야기는 완전히 불가능하다는 게 입증될 때까지 유효한 역사로 끈덕지게 유지되었다. 역사적 증거와 연결될 수 있는 뭔가가 발견되면, 우리는 비판을 중단한다. 우리는 성경 이야기가 역사와 일치해야 한다고 줄곧 주장해왔다.[29]

현재 팔십대 중반인 성경학자 토머스 라킨 톰프슨Thomas Larkin Thompson이 쓴 글을 인용한 것이다. 톰프슨은 펜실베이니아에서 가톨릭교도로 성장했고, 1971년 말에 '가부장적 서사Patriarchal Narratives'의 역사성을 주제로 박사 논문을 완성했다. 심사위원 중 한 명이 훗날 명예 교황 베네딕트 16세가 된 요제프 라칭거Joseph Ratzinger였다. 이때 라칭거는 학위 논문이 가톨릭 신학자에게 부적절하다며 퇴짜를 놓았다. 그 뒤에도 그 논문은 여러 가톨릭계 출판사로부터 거절을 당했지만, 마침내 1974년 독일에서 출간되었다. 당연히 많은 논란이 있었고, 그 때문에 톰프슨은 교수직을 얻지 못해 청소부, 칠장이 등 온갖 임시직을 전전하고 다닐 수밖에 없었다. 그러나 1984년 예루살렘에 있는 성경 학교의 객원 교수가 되었다. 그 학교는 도미니코회가 운영하고, 고고학 연구과 성경 해설에 집중하는 프랑스계 연구소였다. 이곳에서도 톰프슨은 구약에 쓰인 이야기들의 역사적 정확성에 의문을 제기함으로써 유대인 공동체로부터 거센 비난을 받았다.

그 이후로 몇 번의 우여곡절을 거친 끝에, 1993년 톰프슨은 코펜하겐 대학교 신학과에서 구약 주해를 가르치는 교수가 되었다.* 그때부터 18권의 저서를 발표했지만 가장 큰 영향을 미친 저작은 1999년에 발표한 《성경에서의 역사: 어떻게 작가들은 과거를 만드는가》였다. 그는 이 책에서, 구약성경은 거의 전적으로 기원전 5세기와 기원전 2세기 사이에 만들어진 것이라 주장했고, 다시 많은 평론가가 일제히 비난의 목소리를 높였다. 그 책은 비학문적이고("방약무인하고 어리석은 허튼소리", "명백한 거짓"),[30] 반유대주의적이며, 기독교에 대한 공격이자 무례라고 칭해졌다. 그 책에는 찾아보기는 없지만 색다른 참고 문헌이 있다. 문체는 간혹 무척 따분하고 까다롭게 느껴진다. 톰프슨은 자신의 이론을 이해시키려는 열의에 사로잡혀 같은 말을 끊임없이 되풀이한다. 어쩌면 그가 과거에 걸핏하면 오해를 받은 까닭에 자신의 주장을 몇 번이고 입증해야 한다는 강박이 있었을지 모르겠지만, 그의 전반적인 논지는 설득력 있고, 성경이 문화적으로 상당히 중요한 책이라는 것도 인정한다.

톰프슨은 역사를 고대의 세계관과 양립할 수 없는 현대적 개념이라 생각하기 때문에, 우리가 성경을 역사로 읽는다면 성경을 잘못

---

* 톰프슨은 '코펜하겐 학파Copenhagen School'로 알려진 단체와 밀접한 관계가 있다. 코펜하겐 학파는 그 비판가들에게 '성서 최소주의Biblical minimalism'를 지지하는 단체로 여겨진다. 이 단체의 주장에 따르면, 현재 발견되는 고고학적 증거들은 성경의 역사성을 허물어뜨릴 뿐만 아니라 과거 사건들의 믿을 만한 기록이라는 성경의 권위까지 위협한다. Israel Finkelstein, Amihai Mazar, Brian B. Schmidt가 편집해서 비교적 최근에 출간한 *The Quest for the Historical Israel: Debating Archaeology and the History of Early Israel* (San Diego: SBL Press, 2007)에서는 현대 고고학 덕분에 우리가 당연히 배척해야 하는 두 극단적인 관점 사이의 중간 지대를 찾아낼 수 있게 되었다고 주장한다.

이해하는 것이라 주장한다. 1960년대에 들어서 역사학자들이 한층 비판적인 방법론을 사용한 후에야, 성경 중심의 이스라엘 역사도 점차 해제되기 시작했다. 그러나 톰프슨이 주장하듯이, 아직도 우리는 성경에서 다루어진 대부분의 시대를 거의 모르기 때문에, 신뢰할 수 있는 것과 그렇지 못하는 것을 구분해야 한다.

1970년대까지만 해도 학자들은 성경 시대의 왕들을 손쉽게 '전제적' 혹은 '억압적'이라 표현했고, 도시들은 소돔과 고모라의 모습으로 그려졌지만 그런 선입견은 고고학이나 고대 문헌에서 얻은 증거와 거의 관계가 없었다. 구약성경에서 역사 시대는 철기 시대(대략 1250-600 BC)에 중부와 북부의 팔레스타인 고원지대에 살던 사람들을 다룬다. 또 성경에서 어떤 부분은 묘사된 사건으로부터 오랜 시간이 지나지 않아 쓰인 까닭에, 그 부분을 쓴 사람이 이념적 편향에 크게 영향을 받지 않은 듯하다. 하지만 진실이든 허구이든 사건이 있고 오랜 시간이 지난 뒤에 대다수의 작가가 그 사건을 다루었기 때문에 출처에 상관없이 역사를 짜맞출 수밖에 없었다. 따라서 셰에라자드의 천일야화와 그림 형제의 이야기처럼, 그들의 세계도 가급적 많은 왕과 왕자로 채워졌고, 심지어 요셉과 모세, 엘리야와 엘리샤, 히스기야와 요시야 같은 종교적 영웅과 반反영웅에 대한 독립된 이야기들을 연결하는 왕조를 창작해내기도 했다.

어떤 의미에서 고대 이스라엘은 과거에 대해 커다란 경외심을 가졌다. 그러나 성경에서 중요하게 생각하는 것은 역사적 정확성이 아니다. (예컨대 여호수아가 기원전 13세기 말에 약탈했다는 도시들 중 다수는 당시에 이미 소멸된 상태였다.) 대신 작가들은 가정된 '사건'으로부터 배울 수 있는 것에 역점을 두었다. 이런 접근법은 반半유목민이 실제로 정복한 역사적 사건을 길게 허구화한 '기억'에 기원이 있고, 대부분이 농업에 종사할 때 시작된다. 예컨대 아담은 한 줌의 흙으로 만들어진다(히브리어에서 '아다마adamah'는 '흙'을 뜻한다). 따라서 엄격히 말하면, 인류의 '세속적'인 아버지, '아담'은 말장난이다. 물론 하와도 '모든 살아 있는 것의 어머니hevah'에서 비롯된 말장난이다. 성경이 역사적으로 진실이기를 바라는 열망은, 성경을 구성하는 책들이 과거를 말하는 방법을 혼란에 빠뜨렸을 뿐이다. 따라서 성경에서는 실제로 일어난 사건이 아니라, 수 세기 전에 형성된 특별한 전통 내에서 생각되고 기록되고 전해진 것이 다루어졌다.

성경에 따르면, 사울(c. 1082-1007 BC)은 이스라엘과 유다가 통일된 왕국의 초대 왕이었다. 그의 계승자는 사위 다윗(c. 1040-970 BC)이었고, 다윗의 아들인 솔로몬은 아버지의 사후부터 기원전 931년까지 이스라엘 왕국을 통치했다. 그러나 사울, 다윗, 솔로몬이라 불리던 왕들이 실제로 존재했다는 외적인 증거는 없다. 따라서 고고학자들이 조사할 만한 흔적도 없고, 그 지역의 다른 국가들이 남긴 기록에도 그들에 대한 언급이 없다. 고대 히브리어에서 다윗이란 이름이 '사랑받는 사람'을 뜻하는 dwd였다는 사실을 고려하면 무척 많은 다윗이 있지 않았을까? 그들이 한때 살았을 가능성이 크지만, 지금까지 전해지는 흔적이 없다. 따라서 유대 역사의 권위자, 나다브 나아만은 다윗 왕에 대한 이야기를 '탁월한 픽션'이라 규정한다.[31]

청동기 시대 내내 팔레스타인에는 외부의 공격을 방어하거나 다른 세계를 침략할 군대가 없었다. 히브리어에서 '도시'는 크고 작은 마을, 심지어 10명 남짓한 사람이 모여 사는 서너 개의 천막까지 가리킬 수 있고, '왕'은 자주권을 지닌 마을 촌장일 수 있기 때문에 '도시 국가'와 '왕'이란 단어는 오해를 불러일으킨다. 예루살렘이 팔레스타인의 거의 전역에서 종교·정치적 중심지로 자리를 잡은 때는 기원전 1세기였다. 하지만 드넓은 통일 군주국이란 개념은 성경 이야기에서 역사적 분수령이 되었다. 그 이전의 것은 대체로 선사 시대와 민속으로 받아들여진 반면, 사울 시대 이후의 사건은 역사적 현실에 가까운 것으로 여겨진다. 따라서 학자들도 편한 기분에서, 성경의 설명을 다른 식으로 풀어쓴다. 이집트에서의 탈출을 입증할 만한 고고학적이고 역사적인 증거, 문화적인 증거는 없다.[32] 데이비드 플로츠David Plotz가 지적했듯이, "이스라엘 사람들이 가나안을 침략했다는 증거도 없다. 하물며 가나안을 정복했다는 증거는 더더욱 없다. 여리고가 무너졌다는 징후도 찾을 수 없다."[33] 탈출이 있었더라도 지극히 작은 사건, 즉 몇몇 가구가 탈출한 사건에 불과했을 수 있다.

성경 속의 이스라엘은 신학과 문학이 전통과 전설과 설화를 바탕으로 빚어낸 창조물이다. 출애굽과 바빌론 유수, 그리고 귀향은 배신의 과거와 경건한 미래를 가리키는 은유이다. 톰프슨의 표현을 빌리면, "정치 프로파간다의 언어는 종교적 비유의 언어를 바꾸고 결정하는 데 적잖은 역할[34]을 했다."[35] 성경에 실린 대부분의 이야기는 완전한 것도 아니고 독창적인 것도 아니다. 과거로부터 살아남은 전통의 조각들을 모아 해석한 것이다. 또한 작가들에게 가장 중요한 것은 거의 언제나 해석이었다. 따라서 전체적으로 볼 때 성경은 역사적 가치가 없다는 이유로 폄훼될 수 없다. 성경 작가들은 놀랍도록 현실적이고 진실하다. 다시 톰프슨의 말을 빌리면,

> 그들은 실재한 세계에 대해 말하고, 지금의 우리도 무척 이해하기 쉽게 그 세계를 글로 써낸다. 하지만 그들이 글에서 전달하려는 견해, 생각과 상상, 은유와 동기, 관점과 목표는 오늘날의 것과 전혀 무관하지는 않다. …성경과 역사를 둘러싼 갈등은 기본

적으로 잘못된 논란이다. 기원 신화를 역사에 기반한 현대 세계의 일부로 보며, 성경의 관점을 역사적으로 해석하기 때문에 그런 갈등이 생긴 것일 뿐이다. 그러나 그 반대를 보여주는 결정적인 증거가 나타나면 그 갈등도 해소될 것이다. 따라서 기원 신화를 역사로 끌어올리려고 시도해서는 안 된다.[36]

톰프슨은 얼마나 믿을 만할까? 최근에 성경 역사학자 필립 데이비스Philip Davies은 "구약성경의 작가들이 일관적이지 않고 자기모순적이며",[37] "대부분의 '성경 시대'에 역사 기록에 없는 인물들과 사건들만이 아니라 역사에 전혀 속하지 않는 시간까지 언급되고,"[38] "종교적인 헌신이 학문적 방법으로 착각되어서는 안 된다"[39]고 주장하며 톰프슨의 결론에 힘을 실어주었다. 존 바턴은 "이스라엘 역사에서 구약성경의 서술을 현대 학자들이 동의한 사건은 단 한 건도 없다"고 말하지만,[40] 톰프슨을 진지하게 평가하며 "그는 성경학자들의 코를 세게 비트는 걸 좋아하며 약간은 과도할 정도로 의혹을 제기한다"고 말한다.[41] 위대한 성경 주석가 조반니 가르비니Giovanni Garbini(1931-2017)는 1988년에 발표한 연구서에서 이렇게 결론지었다.

일반적으로 언급되는 시기를 객관적으로 뒷받침해주는 증거는 없다. …그 시기는 연대순의 가정일 뿐이다. 단순한 희망사항일 뿐이기도 하다. …구약성경에서 '역사'인 것과 '종교'인 것을 명확히 구분하는 선을 긋기는 어렵고, 나에게 묻는다면 불가능하다고 대답하겠다. 구약성경의 '종교'는 우리 '종교'가 아니고, 구약성경의 '역사'는 우리 '역사'가 아니기 때문이다.[42]

그렇다고 성경의 역사서 대부분이 역사로 유효하지 않다는 건 아니다. 오히려 "비역사적인 자료를 쥐어짜서라도" 그런 자료에서 역사에 대한 정보를 얻어내야 할 필요가 있다. 누구나 알고 있듯이, 비역사적인 자료 곳곳에 진실한 기억에 담겨 있지 않은가. 성경은 역사가 아니라는 폭로로는 충분하지 않다. 성경은 순전한 신화가 아니다. 사이먼 샤마가 지적했듯이, "성경을 완전한 허구, 역사적 사실과 동떨어진 것으로 보는 '최소주의적' 관점은 그 자신이 대체하려는 '성경 문자주의Biblical literalism'만큼이나 잘못된 것일 수 있다."[43]

성경에서 언급된 특정한 사건의 객관적 증거를 찾으려는 노력이 대체로 헛된 시도일 수 있지만, 성경 작가들이 현대 역사학자처럼 글을 썼을 것이라 생각하고 싶은 유혹은 피하기 힘들다. 성경에도 불완전하게 표현되었지만 역사적으로 확인된 다양한 사건들이 적지 않다. 따라서 성경에서 정치의 역사, 설화의 역사(사건의 연대기), 지성의 역사, 문화의 역사, 자연의 역사(인간이 어떻게 주변 환경을 인식하고 적응하는가)를 끌어낼 수 있다.[44] 성경은 프로파간다를 위한 신화서일 뿐만 아니라 역사적 자료이기도 하다. 성경은 과거의 지혜를 모아 놓은 서고이고, 역사의 한 형태로 여겨져야 마땅하다. 다만 고도로 허구화되고 다듬어진 역사일 뿐이다.

4장 과거를 폐쇄하라

: 무슬림의 역사관

내가 현재의 세계상을 갖게 된 것은 내 세계상이 옳다고 만족하기 때문이 아니다.
… 아니다. 나는 물려받은 배경을 근거로 옳고 그름을 구분한다.
– 루트비히 비트겐슈타인Ludwig Wittgenstein(1889-1951)[1]

에드워드 기번은 일찍이 선의로 아랍어를 배우려고 시도하기는
했지만 제대로 공부한 적은 없었다. 그러나 10대 중반부터 평생 동안
'무함마드주의Mohammedanism'에 매료되었다. 《로마 제국 쇠망사》에서
기번은, 이슬람교의 창시자인 무함마드가 "양심의 자유를 역설하며
종교의 이름으로 폭력을 사용하는 걸 배척했다"고 주장한다.[2] 하지만
온유한 무슬림들도 역사 쓰기에는 비타협적인 태도를 보이는 경우가
많다. 게다가 이슬람 학자들과 성직자들도 쿠란과 그 주석이 과거를
이해하는 데 필요한 모든 것이라 주장한다. 그들의 세계에는 "이슬람
은 그 이전에 존재한 모든 것을 무효화한다"는 격언까지 있을 정도이
다. 달리 말하면, 쿠란이 과거의 모든 역사를 무의미하게 만든다는 점
에서 '무효화'한다는 뜻이다. 따라서 무슬림 역사가들은 특별한 문제
에 부딪힌다. 허락되는 경우, 개인적인 판단력을 얼마나 자유롭게 발
휘해야 할까? 그들의 종교가 반反지성적이지는 않지만 넘어서는 안
되는 한계를 둔다. 이슬람 학자 이스라르 아흐마드 칸이 말했듯이,

"쿠란의 계시 이후로 1500년의 시간이 흘렀지만, 쿠란에서 말하는 (때로는 '무효화'로 번역되는) 폐기에 대한 논쟁은 오늘날에도 초기 단계만큼이나 새롭다."[3]

이슬람은 현재 세계에서 가장 빠르게 성장하는 종교이다. 오늘날 이슬람교를 믿는 신도 수는 약 16억, 즉 지구 전체 인구의 4분의 1이다. 4400만 명이 서유럽에 살고, 345만 명이 미국에 거주한다. 미국에서는 기독교와 유대교 다음, 세 번째로 큰 종교 집단이다. 무슬림은 다양한 문화적 배경을 띠고, 다양한 언어를 구사한다. 심지어 쿠란을 어떻게 해석하느냐에 따라, 다시 말하면 어떤 '하디스(무함마드의 말씀)'를 진본으로 받아들이느냐에 따라 믿음의 근본도 다르다.*

아랍어는 이슬람의 언어이다. 하지만 오늘날에는 20퍼센트 미만의 무슬림만이 아랍인이다. 이슬람은 서기 900년 이후에 그 존재를 뚜렷이 드러냈다. 아랍인은 같은 언어, 주로 아랍어를 사용하는 사람을 가리킨다. '아랍Arab'이란 단어의 뿌리는 '사막(히브리어에서 '아라브'와 '아라바'는 '사막'이나 '스텝'으로 번역된다)'과 '상인', 심지어 '큰까마귀(아랍인처럼 그 지역을 누비고 다니는 걸로 알려진 새)'에도 공통되게 쓰인다. 이 단어의 일부 형태는 '돌아다니다'를 뜻하는 아랍어에서 파생했고, 이런 이유에서 '행인'과 '유목민'이란 뜻도 갖게 되었다.

아랍인이 역사 기록에서 처음 등장하는 곳은 기원전 853년의 아시리아 비문이다. 처음에 아랍인은 중동의 곳곳에, 즉 고대 세계를 지배한 거대한 제국의 습지들에 흩어져 살았다. 그러나 서기 8세기 초,

---

* 이 책의 끝부분에 더해진 각주에서 확인되듯이, 나는 아랍과 이슬람 권위자들에게 자문을 구했다. 그러나 이 장에서 인용된 논평의 대다수는 서유럽 전문가들에게서 얻은 것이다. 그렇다고 내가 서유럽 문명을 이상적인 잣대로 생각하는 것은 아니며, 유일하게 이상적인 잣대라 생각한다는 것은 더더욱 아니다.

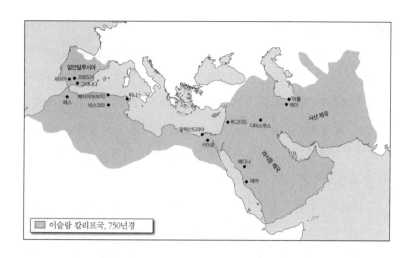

이슬람 칼리프국, 750년경

아랍인은 고대 근동 문명의 중심지를 정복했고, 피네레 산맥부터 히말라야 산맥까지 점령지를 확대해 나아갔다. 모로코에서 스페인까지, 시칠리아와 남이탈리아, 시리아와 이라크와 이란, 아나톨리아와 아르메니아와 아제르바이잔, 중앙아시아 대부분, 비옥한 초승달 지대(페르시아만에서 시작해 현재의 남이라크와 시리아, 레바논과 요르단, 이스라엘을 거쳐 북이집트까지 초승달 모양으로 굽은 지역), 홍해 동쪽의 모든 땅을 지배하며, 아랍인은 하나의 신앙을 기초로 거대한 제국을 건설했다.[4] 그 과정에서 아랍어는 사막의 한 방언에서 세계어로 발돋움하며, 수백 년 동안 인간 지식의 저장고로서 중국어와 라틴어, 그리스어를 대신했다.

아랍이 지배한 땅과 기간만이 주목되는 건 아니었다. 8세기 후반기부터 12세기 초까지 아랍어는 인류의 과학 지식을 책임진 언어였고, 아랍 과학자들이 가장 앞섰다(예컨대 프톨레마이오스도 아랍 문헌을 통해 후대에 전해졌을 뿐이다). 아랍 학자들은 법학, 시학과 신학 등 다른 많은 분야에서도 중요한 역할을 했고, 단 한 분야에서만 아랍은 뒤처졌다. 9세기부터 역사서가 대량으로 제작되었지만, 이슬람 세계에서 역사는 다른 학문만큼 높은 위치를 차지하지 못했다. (그래도 역사가가 사회 계급에서 밑바닥에 있어, 매춘부보다 낮았던 몽골 사회보다는 나았다.) 따라서 이 장에서는 800년가량의 이슬람 문화를 조망하며(조망의 수준을 넘을 방법이 없다), 역사가들이 역사를 쓰기 위해 요구 받은 방법을 통제한 엄격한 기준을 살펴보려 한다.

이슬람 세계는 처음부터 끝까지 무척 다원적인 세계였다. 아바스 시대(750-1258)는 우마이야 시대(661-750)와 다르고, 우마이야 시대는 맘루크 시대(1250-1517)와 다르고, 오스만 시대(1299-1922)와도 다르다. 요컨대 각 시대마다 고유한 역사적 전통이 있다. 그 기나긴 시간 동안, 개인적으로 유명세를 떨친 역사가는 극소수에 불과하다. '아랍의 헤로도토스'로 알려지고, 과학과 전기, 지리와 사회 비평을 결합한 유명한 역사서 《황금 목장과 보석 광산》을 쓴 아부 알하산 (893-956), 11세기 인도 문화를 다룬 논문 《인도의 역사》를 써서 '스승'이란 칭호를 얻은 이란 학자 아부 라이한 알비루니(973-1050년 이후) 정도가 알려졌을 뿐이다. 하지만 나는 그들보다 훨씬 큰 영향을 미친 다른 두 역사가를 선택해 집중적으로 살펴보려 한다. 하나는 이란의 자리르 알타바티(839-923)이고, 다른 하나는 튀니스의 이븐 할둔(1332-1406)이다. 또 나는 일반화의 위험을 무릅쓰기도 했다. 예컨대 대부분의 무슬림이 자신들의 역사에 대해 갖는 태도가 구술로 기억을 전달하던 초기부터 무함마드 이후로 이슬람이 지배하던 시대까지 오랜 세기 동안 다른 문화권이나 종교와 현격히 다른 듯하다고도 일반화했다. 무슬림들의 역사에 대한 태도에서는 역사가 신학적 목적을 위해 쓰여야 한다는 의식이 명확히 읽힌다.

이슬람 이전의 아랍 세계에서는 과거에 대해 말했지만 과거를 글로 기록하지는 않았다. 가족과 씨족, 부족, 부족 연합은 혈족 관계로 맺어졌고, 문서는 실질적인 효용성이 없었다. 말로 전해지는 내용은 부족 사회의 변하는 조건에 따라 개작될 수 있었고,[5] 구성원의 신분은 누구를 알고, 누구와 관계 있느냐에 따라 주로 결정되었다. 혜택받은 사람들이 공유된 과거("우리는 함께 이동했다", "우리는 함께 싸웠다")로 뭉쳤고, 다른 사람들은 배척되었다. 따라서 부족의 계보는 시간의 흐름에 따라 변할 수 있었다. 구술되는 역사는 탄력성을 발휘하며 사회의 요구에 따라 변할 수 있다. 한마디로 과거는 진실되지 못한 것이다. 글로 쓰인 역사는 현재의 명령에 따라 꾸며질 수 있는 반면, 구술되는 역사는 언제라도 꾸며진다. 따라서 구술 역사는 사회 변화의 지표에 더 가깝다. 특히 사람들이 과거를 보는 관점에서 현재와 어떻게 타협하는가를 잘 보여준다.* 고대 그리스(유일하지는 않지만 가장 적합한 비교 대상)가 문자를 경멸하고, 기억에 의존하는 걸 더 소중하게 생각했을지 모르지만, 글에 의존하는 건 그들에게 지적인 나태함을 뜻했다. 소크라테스가 말했듯이, 우리가 어떤 사건을 두루마리에 기록하면 "그 사건을 철저히 자기 책임하에 내면에서부터 기억할 필요를 느끼지 못할 것이다." 힌두교 문헌은 기본적으로 두 가지로 분류된다. 하나는 '들은 것'을 뜻하는 슈루티이고, 다른 하나는 덜 권위적인 것으로 '기억된 것'을 뜻하는 스므리티이다. 이슬람 전후의 사회에서는

---

* 이 현상은 많은 문화에서 눈에 띄는 특징이다. 타히티어는 1805년에야 표기되기 시작했다. 인도 문명도 다른 대문명권에 비교하면 뒤늦게야 문자를 가졌다. 기원전 3세기, 위대한 인도 학자 파니니는 산스크리트어가 기억될 수 있는 유일한 방법이라며, 산스크리트어의 분석 겸 문법을 운문으로 썼다. 문자는 글을 아는 사람의 생각만을 보존한다.

4장 과거를 폐쇄하라

구술 역사가 더 필수적인 역할을 했다. 또 어떤 생각이 구술되는 동안 마음속에서 변한다면 그 변화를 실시간으로 반영할 수 있기 때문에 구술 역사가 더 믿을 만하다고 여겨졌다.

역사를 문자로 기록하는 전통이 없는 사회에서, 과거는 전설과 신화 및 합리적 추측의 재료가 된다. 아랍인들은 예부터 시, 특히 송시頌詩에 높은 가치를 부여했다. 따라서 무함마드(기원후 6세기 말에 태어났다) 이전에도 오래전부터 송시는 부족의 과거 사건을 기록하는 방법, 예컨대 승리와 패배를 기념하고, 특별한 무용담을 전하는 수단이 되었다. 이런 시는 대체로 자전적 성격을 띠었다. 영웅적인 전사들은 직접 지은 시를 읊조리며 전쟁터로 향했고, 살아남은 전우들은 그 시를 기억하고 보존하며 후세에 전달했다. 새로운 소식을 널리 알리고, 미래를 예측하며 집단의 의견을 대변하고, 즐거움을 제공하는 역할이 점쟁이, 예언자, 부족 대변인에게 맡겨졌다. 장터와 축제장에서, 혹은 개인적인 의뢰를 받아, 다시 말하면, 즐겁게 해주어야 할 청중이 있는 곳이면 어디에서나 전문적인 이야기꾼이 기량을 뽐내며, 밤새 이야기를 풀어냈고, 때로는 잠깐만 쉬고 일고여덟 시간을 계속하기도 했다. '쿠사스(이야기꾼)'는 이곳저곳을 돌아다니며, 널리 알려진 인물이나 부족민에게 자부심을 안겨줄 만한 이야기들을 주로 암송했다. 그러나 말이나 낙타의 장점, 흥미진진한 사냥, 사랑의 아픔, 때로는 외세와 맞선 전쟁을 이야기하기도 했다. 그들은 번질나게 이야기를 각색하거나 꾸몄고, 그런 각색은 너그럽게 용인되었으며, 심지어 요구되기도 했다. ("때로는 약간의 부정확함으로 몇 톤의 설명을 아낄 수 있다"는 사키의 태평스런 경구가 떠오른다.)[6] * 특히 송시는 신뢰할 수 없었

---

* 사키Saki(영국 작가로 본명은 헥터 휴 먼로Hector Hugh Munro(1870-1916))는 Clovis on the Alleged Romance of Business라는 짧은 단편에서 이 경구를 사용했다. 이 단

이슬람 세밀화에 그려진 이야기꾼과 그 청중. 마카마(복수는 마카마트)는 삽화가 더해지고 운율이 맞추어진 짧은 산문으로, 바디 알자만 알하마다니(1007년 사망)가 처음 고안해냈다. 나중에 알하리리(1054-1122)가 그 장르를 더 세련되게 다듬었다.

고 편향적이었다. 그런데도 훗날 역사학자들이 송시에 담긴 이야기에 의존한 이유는 다른 자료가 없었기 때문이다. 기록이 모호한 데는 이주도 부분적인 이유였다. 사람들은 끊임없이 움직였고, 새로운 이웃들이 흘러들어왔다.

편이 아랍인의 특징을 다루지는 않았지만, 맥락상 완벽하게 들어맞는다. "어디에도 얽매이지 않은 방랑자들, 모험적인 뱃사람들, 버림을 받고 목적지를 잃은 사람들이 새로운 무역로를 열고 새로운 시장을 두드린 끝에 새로운 먹을거리와 미지의 향료를 고향에 가져왔다. 파운드와 실링과 펜스, 송장과 복식 부기, 견적과 상각 등으로 지체없이 요약되던 비즈니스에 멋과 로맨스를 더해준 것도 그들이었다. 이 용어들은 대부분은 잘못된 것일 수 있지만 때로는 약간의 부정확함으로 몇 톤의 설명을 아낄 수 있는 법이다."

4장 과거를 폐쇄하라

하지만 구술 역사가 문자화된 역사보다 반드시 덜 신뢰할 만한 것이 아니고, 구술 문화가 과거 이야기를 바꾸고 신화와 전설을 믿는 경향을 띠는 것도 아니라는 점에 주목하는 게 중요하다. 구술 문화도 문자 문화만큼이나 이야기를 꾸미는 걸 달갑게 생각하지 않고, 놀라울 정도로 확고하다. 아는 것이 기록되지 않는다는 이유에서, 정보를 정확히 유지해서 전달하는 역량이 상대적으로 강하다. 얼핏 생각하면 문자화된 자료가 덜 영향을 받고 덜 변할 듯하지만, 현실을 들여다보면 (과거에는 소수만이 글을 읽고 쓸 수 있었기 때문에) 문자 자료는 대체로 제한적이고 출처를 언급하지 않은 경우가 비일비재하다. 요컨대 구술 역사도 문자 역사만큼이나 현재에 적합하도록 이야기를 꾸미거나 과거를 바꾸지 않는다.

구술 역사가 지배적인 문화에서도 역사책은 쓰였다. 실제로 메소포타미아(대략적으로 현재 이라크)는 문자 기록을 남긴 최초의 국가였다. 도시 거주자들은 피라미드부터 무덤까지, 그리스 극장과 로마 목욕탕, 사산 왕조의 궁전, 공중으로 15미터까지 치솟은 기둥 위에 걸터앉은 삭발승과 희한한 모습의 종교인으로 꾸며진 비잔틴 교회까지 과거의 흔적들로 가득한 세계에서 살았다. 상대적으로 큰 도시에서 인구가 1-1.5만 사이로 성장하자, 시민들은 자신들의 도시가 어떻게 설립되었고, 주요 건물들이 어떻게 세워졌는지 알고 싶어 했다. 따라서 과거를 문자로 기록하는 작업이 시작되었다. '타리흐(역사)'라는 단어는 '날짜 기입', '달月을 부여'로 번역될 수 있다. '타리흐 알라 알 시닌'은 '월 단위로 구성된 역사'였고, '하바르(복수는 아흐바르)'는 일종의 이야기, 즉 일화였지만, 율법적 중요성보다 역사적 의미를 지닌 이야기를 가리켰다. '아흐바리'는 '아흐바르'를 쓰거나 수집해서 전달하는 사람, 즉 역사가였다.[7]

이런 초기의 문자 기록은 정치적 목적에서 노골적으로 왜곡되는 경우가 많았지만, 낭만적 문학이 그 옆에서 무럭무럭 자랐다. 코르도바에서 한 작가가 글을 완성한 뒤에 안전하게 보관하려고 완성된 필사본을 하인에게 맡겼고, 하인은 곧바로 근처의 강으로 달려가 그 원고를 강에 던져 감추는 바람에 그 원고가 영원히 사라지는 안타까운 사건이 있었다. 그리하여 그런 재앙이 되풀이되는 걸 방지하려고 작품이 완성되면 옮겨 쓰는 작업이 시작되었다. 그 작업은 상대적으로 수월했다. 작가가 직접 옮겨쓰는 경우도 있었지만 필경사를 고용하기도 했다. 글 쓰는 작업은 무척 피곤한 작업이었다. 필경사들은 피로하면 필체가 엉망진창이 된다는 걸 너무도 잘 알았기 때문에 한동안 작업한 뒤에는 잠깐 낮잠을 잤다.

서기 2세기 중반경, 부자들의 세계에서 책을 수집해 모으는 게 유행이었다. 아부 아유브 알아타는 천장까지 책을 쌓아두었다. 그가 서기 154년, 즉 산문 문학이 막 태동된 때 사망했다는 걸 고려하면 엄청난 열정이 아닐 수 없다. 죽기 전에 그는 소유하고 있던 모든 책을 태웠다. 적잖은 전문적인 작가가 어떤 주제에 대한 권위자의 위치를 유지하고, 미래의 경쟁가가 연구 자료에서 이점을 누리지 못하게 하려고, 보유한 모든 책을 태우며 알아타를 흉내 내기도 했다. 이런 '예방책'은 수 세기 동안 지속되었고, 지금도 고령의 학자들이 책들에 담긴 오류가 후대 학자를 잘못된 방향으로 미혹할까 두렵다는 핑계를 대며, 자신의 책들을 태우는 경우가 가끔 있다.

✕ ✕ ✕

이슬람 창시자 무함마드 이븐 압달라는 570년경, 사우디아라비아 서쪽 메카라는 도시의 무척 가난한 집에서 태어났다. 그는 여섯 살에 고아가 되어 친할아버지의 양육을 받았고, 나중에는 삼촌의 손에서 키워졌다. 삼촌은 주변 국가들과 교역해서 부유해진 쿠라이시 부족에 속했다. 무함마드는 처음에 유모가 양 떼를 돌보는 걸 도왔고, 그 후에는 수년 동안 부유한 상인의 미망인을 대리한 상인으로 일했는데, 나중에는 그 여자와 결혼했다. 당시 무함마드는 25세, 미망인은 40세여서, 여자 집안이 크게 반대했지만 그들은 서너 명의 자녀를 두었다. 무함마드는 40세가 되었을 때 대천사 가브리엘의 방문을 받는 환상을 겪은 뒤, 하느님의 말씀을 전달하고, 예수와 아브라함을 비롯해 과거 모든 선지자들의 가르침을 완성하기 위해 보내진 예언자라고 주장하기 시작했다.

622년, 무함마드는 지역 다신론자들의 탄압을 피해 약 70명의 가족을 데리고 메카를 떠나, 지금의 메디나로 이주했다. 메디나도 아라비아의 서쪽에 위치한 주요 도시였다. 오랜 시간이 지나지 않아, 그를 실질적인 군사 지도자이자 예언자로 받아들이는 충성스런 추종자들이 생겼다. 메카 주변의 부족들과 8년 동안 간헐적으로 싸운 끝에 무함마드는 1만 명의 군사를 모았고, 그들을 이끌고 메카로 돌아가 그곳을 점령했다. 632년 죽음을 맞기 전 10년 동안, 아라비아반도의 대부분이 이슬람의 지배하에 들어왔다. 그때까지 아랍인들에게는 그들만의 위대한 예언자도 없었고, 아랍어로 쓰인 경전도 없었다. 전적으로 단일 종교에 기반하고, 그 종교의 율법에 구속을 받으며, 전도에 헌신하는 제국이 처음으로 세워졌다. 학자들은 그 제국을 '퍼져가는 잉크병'이라 칭했다.[8]

예언자로 활동한 23년 동안 무함마드는 계시를 계속 받았다고 한다. 그 계시들이 이슬람의 기반이 되는 쿠란이 되었는데, '쿠란'은 문자 그대로 번역하면 '낭송', '소리 내어 읽기'라는 뜻이다. 약 7만 7430개의 단어가 114장 6236절로 구분된다(일반적인 구분이고, 다른 식으로 헤아리는 방법도 많다). 운을 맞춘 산문으로 이루어진 구절들은 처음에 입말로 전해졌지만, 무함마드가 죽고 한 세대가 지나지 않아, 도자기 조각과 가죽 및 짐승 뼈 등 다양한 표면에 문자로 기록되기 시작했다.

무함마드가 누구였는지 우리가 정말 알고 있을까? 예수 그리스도나 싯다르타의 경우와 달리, 충분한 수준을 넘는 자료가 존재하지만 신뢰하기 어렵다. 톰 홀랜드는 당시의 증거가 없어 '충격적'이라 표현하며, "전기 작가가 예언자로부터 시간적으로 멀어질수록 그의 전기가 더욱 풍성해지는 듯하다"고 빈정거렸다.[9] 무슬림은 쿠란을 '고귀한 쿠란Noble Qur'an'이라 칭한다. 이 쿠란에서 무함마드의 삶을 암시하는 부분은 너무 모호해서 해석하기 불가능하고, 예언자가 이름으로 언급되는 것도 네 번에 불과하다. 그가 죽고 10년이 지난 뒤에도 그를 객관적으로 언급한 문헌이 적지 않아, 그의 존재 자체를 의심할 필요는 없다. 그러나 사막 한복판의 다신교 도시에서 살던 문맹자, 즉 예언자의 생전에는 언급조차 되지 않던 사람의 입에서 그처럼 난해하고 생략적이며 암시적인 구절이 어떻게 암송될 수 있었는지 의문을 품는 건 당연하다. 물론 예수 그리스도와 윌리엄 셰익스피어에 대해서도 비슷한 의혹이 제기되었다. 그렇지만 이슬람 기록은 실망스럽다. 7세기 말이 되어서야 한 칼리프가 공공 기념물에 무함마드의 이름을 처음 새겼고, 8세기 중반에서야 전기들이 등장하기 시작했으며 현존하는 최고最古의 전기는 9세기의 것이다. 다른 문헌들도 곧이어 뒤따랐고, 모두가 경건한 믿음의 표본을 알려주는 걸 목표로 세웠다. 그러나 '하디스', 즉 무함마드의 환상에 동반되었다는 말씀이 얼마나 사실일까? 존경받는 무슬림 학자 무함마드 알부하리(810-870)는 예언자가 말한 것으로 추정되는 계율 60만 개를 수집한 뒤에 7225개만 남기고 모두 버렸다.

무함마드 가르침의 진실 여부에 대한 의혹에도 불구하고, 그 새로운 신앙은 급속히 퍼졌다. 9세기 초에는 쿠란과 쿠란에 동반된 말씀이 이슬람 사상의 근본으로 받아들여졌다. 쿠란은 모든 무슬림에게 알라로부터 직접 받은 계시를 뜻했고, '순나'로 알려진 말씀은 '하디스'에서 표현된 대로 예언자의 '길'을 가리켰다. 순나를 수집해 편집하고 해설하는 작업을 뜻하던 '전통의 학문science of traditions'은 곧 이슬람 학문에서 명망 있는 행위가 되었고, 신앙심이 해석에 영향을 미친다는 가르침이 끊이지 않았다(쿠란에 의문을 품는 건 무슬림이 아니라는 증거이다). 순나에서 표현된 것은 역사적 사실이 아니라, 예언자가 살았던 삶의 방식에 대한 설명이므로, 무슬림 공동체가 올바른 삶의 방식으로 받아들여야 하는 것이었다.* 어떤 사실이 쿠란의 내용과 맞아떨어지지 않는 듯하면, 정보 자체에 문제가 있는 것이라 가정하지 말고, 우리가 쿠란을 올바로 이해하지 못했을 가능성도 가정해야 한다는 것이다. 아랍어는 한 단어가 여러 방향으로 해석될 수 있는 탄력적인 언어이기 때문이다. 따라서 학자들은 때로는 자신의 해석이 틀

---

* 이 부분은 일반 독자에게 지뢰밭이다. 1960년대 영국계 독일 학자 요제프 샤흐트Joseph Schacht(1902-1969)는 *The Origins of Muhammadan Jurisprudence* (Oxford: Oxford University Press, 1950)에서, 이른바 무함마드의 말씀 중 다수가 720년 이후에 어떻게 임의적으로 만들어졌는가를 입증해 보였다. 최근에는 컬럼비아 대학교의 와엘 할락Wael Hallaq이 샤흐트의 접근법을 비판하며, *Authority, Continuity, and Change in Islamic Law* (Cambridge: Cambridge University Press, 2001)와 *Origins and Evolution of Islamic Law* (Cambridge: Cambridge University Press, 2005)에서, 이슬람 율법은 크게 변할 수 있다고 주장했다. 용기 있는 독자라면 이 지뢰밭에 들어가보라.

릴 수 있다는 걸 깨달아야 한다.

새로운 시대가 시작된 까닭에 이전 시대는 망각의 늪에 던져져 야 한다는 생각은 다른 때, 예컨대 프랑스 대혁명 기간에도 들불처럼 일어났다.[10] 많은 것을 바꿔버린 프랑스 대혁명처럼, 이슬람 세계에 서도 시간을 기록하는 방법이 달라졌다. 이슬람력 1년은 무함마드가 고향을 떠나 메디나로 피신한 때, 즉 622년 7월 16일(율리우스력에서) 에 시작한다. 따라서 아랍군이 로마를 침략한 846년은 이슬람력으로 224년이 된다. 이슬람은 쿠란이 완벽한 까닭에 바꾸거나 수정하거나 편집이 필요하지 않은 무결점의 책이라 주장하기도 했다.

기껏해야 기억을 돕는 글을 쓸 수 있겠지만, 쿠란을 완벽하게 암 기하고 나면 모든 참조 기록을 없애버려야 한다(쿠란은 무척 길지만 애 초부터 암기하도록 쓰인 것이다). '쿠란'이란 단어 자체가 '암기해서 말하 다'를 뜻하는 아랍어 동사에서 파생된 것이다.[11] 우마이야의 칼리프 인 압드 알말리크 이븐 마르완(646-705)은 아들 하나가 무함마드를 동행한 누군가에 대한 이야기를 책의 형태로 갖고 있다는 걸 알게 되 자, 아들에게 당장 그 책을 태워버리라고 명령했다. 그의 후손들은 쿠 란을 읽고 전통을 배워야 했지만, 이븐 마르완은 다른 어떤 형태의 학 습도 허용하지 않았다. 쿠란은 무슬림에게 기독교인의 성경과 같아, "처음이자 끝인… 중심축을 이루는 경전"이었다.[12] 역사학자 제임스 웨스트폴 톰프슨James Westfall Thompson(1869 - 1941)이 말했듯이 "역사 기록이 백지에서 다시 시작한 듯했다."[13]

이런 전통주의를 고수한 이유 중 하나는, 무슬림을 아랍이란 뿌 리에 묶어두는 데 유리했기 때문이다. 전통주의는 사회 질서를 유지 하는 한 방법이었다(카스트 제도를 힌두교와 떼어놓고 생각할 수 없는 이유 와 같다). 쿠란은 아랍인들의 언어, '알아라비아툴'의 가장 적절한 예로 여겨졌고, 쿠란에 쓰인 표현은 다른 어떤 언어로도 전환될 수 없는 것으로 생각되었다. 토머스 칼라일Thomas Carlyle(1795-1881)은 영어 번역판을 통해 쿠란을 읽은 뒤에 그 책을 "내가 지금까지 읽은 책들 중에서 가장 읽기 힘들었고… 지루하고 혼란스러우며 뒤죽박죽이고, 투박하고 구성이 서투르며, 끝없이 반복되고 장황하게 길며 복잡하게 뒤얽힌 책"으로 평가했다.[14] 이슬람교도들에게 이런 비판은 지극히 무례하고 모욕적인 것이었다(나도 그랬지만 쿠란을 영어로 읽고 이해하는 게 어렵다는 건 누구도 반박할 수 없다). 게다가 많은 무슬림이 쿠란을 번역이 아니라 반드시 아랍어로 읽어야 하고, 읽는 수준을 넘어 노래해야 완벽하게 느껴진다고 믿는다.

쿠란을 향한 충성은 지도 제작에도 영향을 미쳐, 서유럽에서 그 랬듯이 무슬림 세계에서도 지도 제작은 신학의 한 분야가 되었다. 유대·기독교 전통에서는 예배 장소만이 아니라 지도도 동쪽을 향하도록 한다. 동쪽에 지상의 낙원이 있다고 생각하기 때문이다. 반면에 서쪽은 도덕성과 관계가 있어, 십자가에 매달린 그리스도가 바라보는 방향이 되고, 북쪽은 악마의 영향권과 관계가 있어, 세례 받지 않거나 파문된 사람이 묻힐 때 얼굴이 향하는 방향이 된다. 이슬람 지도 제작 자들은 동쪽을 숭배하는 전통을 물려받았지만, 쿠란이 무슬림에게 성지를 향해 기도하라고 명령했고, 초기에 이슬람으로 개종한 대부분이 메카의 정북正北에 살았다는 사실을 고려하면, 그들의 지도는 일반적으로 남쪽이 위를 향했다. 그것으로도 충분하지 않았던지, 1860년대 오스만 시대의 학교에 지도가 처음 도입되었을 때 보수적인 무슬림들은 크게 격분해서 교실 벽에 걸린 지도를 뜯어내 변소에 던져버렸다. "지식을 부적절한 사람에게 알려주는 것은 금은보석과 진주로 꾸며진 목걸이를 돼지에게 채워주는 것과 같다"는 '하디스'의 유명한 구절을 실천한 셈이다.

과거를 쓰는 사람들에게 기대한 것은 인간의 행위에 대한 설명이 아니라, 진실로 알려지고 그렇게 여겨지는 것을 실질적인 예로 보여주는 것이었다. 연속성이 무엇보다 중요했다.[15] 따라서 부족은 계보에 집착했고, 그 때문에 역사서는 대체로 족보, 즉 친족 명단과 크게 다르지 않았다. 사실에 기반한 중요성보다, 삶을 지탱하는 하나의 관점을 고수하는 게 더 중요했다. 물론 칼리프와 총독의 입에서 나온 말은 정확히 기록되지 않고, 그럴듯한 대화로 꾸며졌다. 이런 규정에서 대담히 벗어난 학자는 극소수에 불과했지만, 이런 추정도 회의적이다. 예컨대 10세기의 고위 관리, 아부 이샤크 이브라힘 이븐 야햐 알나카시 알자르칼리는 부와이흐(혹은 부예) 왕조의 공식적인 역사를 작성할 때 어떤 일을 하느냐는 질문에 "거짓말 무더기들을 엮고 있는 중"이라고 대답했다고 한다. 그의 상관이던 아두드 알다울라(949-983) 대신은 그 소문을 듣고, 이브라힘을 처형하라는 명령을 내려야 했다.

초기 무슬림 작가들로 추정되는 저작들의 다수는 실제로 그들의 손으로 쓰이지 않았다. 학자들의 명성은 강의에 사용된 잉크통의 수로 판단되었고, 그 수가 1000통에 이르는 경우도 있었다. 학생들은 선생의 강의를 받아 적었고, 선생의 허락 여부와 상관없이 그 강의록을 책의 형태로 만들었다. 구전口傳이 여전히 가장 중요했고, 역사가들은 '이스나드(어떤 이야기가 최초의 목격자까지 거슬러 올라간 뒤에 일련의 중계자를 지나 최종적인 화자까지 사슬처럼 연결되며 전달되는 과정에 있는 권위자들)'에 의존했다. 따라서 반복이 많고 지루할 정도로 되풀이된다.

글쓰기는 한층 일반적인 재능이 된 뒤에도 걸핏하면 폄하되었다. 통치자가 역사서에서 뭔가를 배울 수 있기를 바라는 마음에 역사서를 읽는 걸 멀리해서는 안 된다고 생각한 대신들은 소수에 불과했다. 이슬람 학문 세계에서 중심부를 차지한 학문, 특히 경전을 이해하는 데 반드시 필요한 언어와 문법, 또 일일 기도의 방향과 시간을 알아내는 데 사용된 기하학과 천문학에 비교하면, 과거를 기록하는 작업은 부차적인 학문에 불과했다.

610년부터 약 730년까지는 구전이 우월한 위치를 차지했지만, 그 이후로는 새로운 문화가 나타났다. 기록물로 보관되지는 않았지만 사건들의 구체적인 시기가 기록되기 시작했다. 연대기 편자들은 누가 누구와 어디에서 싸웠는지를 체계적으로 정리했고, 가장 이해하기 쉽게 정리된 글이 가장 좋은 글로 여겨졌다. 초기의 예로, 우스만 이븐 아판(576-656) 칼리프—무함마드의 초기 동행자 중 한 명이자, 무함마드의 사위—는 쿠란의 성문화를 명령했다. 이 작업으로 아랍 서체가 활성화되었고, 서예는 이슬람 세계에서 예술적 표현의 정수가 되었다.

730년부터 약 830년까지 다음 단계에서는 역사를 기록하는 방법이 달라졌다. 손꼽히는 이슬람 역사학자 체이스 로빈슨Chase Robinson은 그 시기의 "폭발적으로 성장한 역사기록학"에 대해 이렇게 설명한다. 당시 바그다드에서는 1주일에, 프랑스나 독일 전역에서 1년에 만들어내는 것보다 더 많은 이야기체 역사서를 생산해냈다. 9세기의 위대한 평론가 아부 우스만 아미르 이븐 바르 알자히즈('휘둥그런 눈'이란 뜻)는 늘그막에 중풍에 걸렸고, 책에 짓눌려 압사한 것으로 전해진다. 10세기의 한 대신은 전근을 받아들이면 신학 관련 서적만 무려 400낙타 하량(낙타 한 마리가 짊어질 수 있는 짐의 양/옮긴이)에 해당하는 막대한 장서를 옮겨야 했기 때문에 전근을 완곡하게 거절했다고 한다.

쿠란은 역사책이 아닐 수 있다. 그러나 팔레스타인 역사학자 타리프 할리드가 지적했듯이, 쿠란은 과거에 사로잡혀 있다.[16] "이슬람이 탄생한 직후에 많은 종파가 과거의 선례에 호소하며 자신들의 관점을 정당화하려고 했기 때문에", 초기 무슬림 공동체의 정치 투쟁은 역사 기록을 자극하는 강력한 촉매 역할을 해냈다. 바그다드를 세우기 위한 첫 벽돌은 762년 7월 30일 놓였고, 바그다드 설립은 아랍 역사에서 상징적 순간이 되었다. 그때부터 암송만을 위한 책이 아니라 읽기 위한 책도 제작되기 시작했다. 그로부터 200년이 지나지 않아, 바그다드의 동쪽에는 100곳의 서점이 들어섰다. 그때 역사는 사건의 기록에 불과한 것이 아니라, 종교 학습을 위한 기록부, 즉 과거를 기억하기 위해 남자에게 필요한 것이기도 했다. 9세기에 이미 전기를 쓰는 방법이 '혁혁한 공적', '탁월한 장점', '미덕'의 선택적인 나열로 굳어졌다. 따라서 전기 작가의 목표는 주로 군사 영웅, 칼리프, 법학자인 대상을 독자에게 이해시키는 게 아니라, 그 대상을 성스런 전사의 원형原型으로 제시하는 것이었다. '회고록'에 해당하는 '키타브 알 이티바르'는 "본보기로 가르치는 책"으로 번역된다.

✕ ✕ ✕

따라서 역사 기록은 이슬람의 발흥과 밀접한 관계가 있었다. 두 세대를 거치는 동안, 지중해의 정치·종교적 풍경이 다시 그려졌고, 보잘것없던 아랍에 기원을 둔 사람들이 페르시아와 비잔티움(옛 동로마 제국)에서 가장 풍요롭던 지역을 지배하게 되었다. 아랍어는 학문에 사용되는 권위 있는 언어가 되자, 역사 기록을 위한 언어가 되기도 했다. 변화의 속도는 지역마다 달랐다. 예컨대 스페인에서는 새로운 형태의 글쓰기가 비옥한 초승달 지대보다 약 한 세기 늦게 나타났다. 또 고대 그리스와 로마의 역사가들은 당대 역사에 대한 구두 증언을 가장 높이 평가한 반면, 초기 무슬림 역사가들은 과거 이야기에 대해 구전되는 증거에 의존했다. 현재에 대해 글을 쓰는 행위는 오만하고 부적절하게 여겨졌다.

어쩌면 초기 역사가들은 당연한 일로 공을 인정받는 것일 수 있다. 종이나 양피지 혹은 짐승 가죽에 쓰인 9세기의 필사본은 극히 일부만이 지금까지 전해질 뿐이다. 중동의 많은 지역이 습하기 때문에 많은 필사본이 자연스레 삭아 없어졌을 것이다. 또 중동에서는 종이가 양피지나 파피루스보다 더 싸서 더 쉽게 구할 수 있었을지 모르지만 내구성은 부족했다. 게다가 초기 이슬람 시대, 즉 제도가 완전히 갖추어지기 전에는 필사본이 잘못 보관되거나 도적맞기 일쑤였고, 의도적이거나 사고로 파손되는 경우가 많았다. 일례로 11세기의 카이로에서는 도서관들이 급료를 받지 못해 분노한 군인들에게 시시때때로 약탈을 당했다.

전파되는 속도는 국가마다 달랐지만 이슬람 세계관이 지배적이었다. 영국인 아랍학자 데이비드 새뮤얼 마골리어스David Samuel Margoliouth(1858-1940)의 표현을 빌리면, "굵은 밧줄을 이루는 하나하나의 가닥처럼 제각각 달랐다."[17] 알라의 의지가 모든 사건의 궁극적인 원인으로 여겨졌고, 알라는 선택한 개개인의 행동을 도구로 사용하는 걸 좋아했다. 그 때문에 15세기까지, 과거의 기록자는 주로 특권층 가문 출신이었고, 종교인이거나 법률가, 혹은 왕족이거나 관리이기도 했다. 무슬림 역사가들은 일반적으로 평민에 대해서, 구체적으로는 시골의 평민에 대해서는 거의 언급하지 않는다. 허구적 이야기의 집대성인 《천일야화》도 이란판과 이라크판에서 주인공들이 바그

아랍 이야기꾼을 배경으로 삼은 우편엽서, *1925년경.*

다드의 귀족들로 바뀐다.*

유명한 독일인 아랍 연구자 하인리히 페르디난트 뷔슈텐펠트
Heinrich Ferdinand Wüstenfeld(1808-1899)는 이슬람력으로 첫 번째 천년시

* 흔히 《아라비안 나이트》(영어로는 1706년 처음 번역)로도 알려진 이 아랍 문학의 이
정표는 서아시아, 중앙아시아, 남아시아 및 북아프리카 전역에서 수 세기 동안 수
집된 일련의 이야기들이다. 8세기 초로 추정되는 언젠가에 이 이야기들이 아랍어
로 번역되어 '알프 라일라(천일 밤)'란 제목으로 편찬되었고, 결국에는 《천일야화》
의 근간이 되었다. 이 이야기는 처음에 무척 적게 시작되었지만, 9세기부터 더 많
은 이야기가 더해지며 최종적으로 1001번의 밤에 행해지는 이야기가 되었다.
역사와 연애, 비극과 희극, 서정시와 풍자시, 성애性愛를 바탕에 둔 이야기가 많아,
헨리 필딩과 윌리엄 새커리부터 찰스 디킨스와 톨스토이를 거쳐 호르헤 루이스 보
르헤스와 오르한 파묵까지 많은 작가에게 영향을 미쳤다. 천일야화가 아랍의 역사
쓰기에도 영향을 미쳤을 것이란 예상이 가능하지만, 겉보기에는 그렇지 않은 듯하
다. 픽션은 중세 아랍에서 경시되었는데, 《천일야화》는 '후라파(여자와 어린아이를
재밌게 해주는 데 적합한 기상천외한 이야기)'로 폄하되었고, 오늘날에도 아랍 세계에
서는 평판이 좋지 않다.

대부터 활약한 아랍 역사가를 최대한 목록화해서 590명까지 찾아냈지만, 그가 찾아내지 못한 역사가도 많았다. 특히 8세기와 9세기의 역사가 중에서 적어도 12명의 영향력은 상당했다. 《정복지에 대하여》를 쓰고 892년에 사망한 아흐마드 이븐 야햐 알발라두리는 특히 주목할 만하다. 기억력을 증진하는 견과류인 발라두르 중독이었기 때문에 '발라두르'라는 이름을 얻었지만, 그 견과를 지나치게 많이 섭취한 까닭에 재기발랄한 총기를 상실한 것으로 추정된다. 그러나 모두를 압도하는 역사가 아부 자파르 무함마드 이븐 자리르 알타바리가 있었다.

이 발군의 학자는 그야말로 다재다능했다. 종교와 시학, 수학과 윤리학, 의학과 문법학과 사전학까지 모든 저작을 아랍어로 썼다. 기록에 따르면, 그는 커다란 눈에 갈색을 띤 얼굴로 인상적이고, 군살이 없는 몸매의 소유자였다. 염색제를 사용하지 않았겠지만, 그의 수염과 머리칼은 85세로 세상을 떠날 때까지 검은빛을 유지했다고 전해진다. 암송하는 목소리가 아름다웠고, 평생을 미혼으로 지낸 게 분명한 듯하다. 재치 있고 세련된 데다 건강을 의식해서 붉은 살코기와 지방 등 해로운 음식을 피했다. 병이 들면 직접 치료법을 찾았고, 그 방법에 의사들도 깜짝 놀라 거의 개입할 여지가 없었다.

알타바리는 북이란에 위치한 타바리스탄의 한 도시, 아물에서 838-839년 겨울에 태어났다. 글을 읽을 수 있게 되자마자 알타바리는 이슬람 이전의 역사와 이슬람 초기의 역사에 대한 글을 읽었고, 일곱 살이 되었을 때는 쿠란을 완전히 외웠다고 한다. 2년 뒤에는, 그가 무함마드 앞에 서서 가방에서 돌멩이를 꺼내 예언자에게 던지는 모습을 아버지가 꿈에서 보았다. 아버지는 알타바리가 훗날 쿠란의 대변자가 되는 꿈이라 해석하고, 그때부터 아들이 학자의 길을 걷도록 뒷받침해주었다.

12세 생일을 맞기 직전 알타바리는 고향을 떠나, 20년 동안 많은 곳을 여행하기 시작했다. 우선 레이(지금 테헤란의 교외)에서 5년을 머물며 무슬림 율법학을 공부했다. 최종적으로는 바그다드에 터전을 잡았고, 죽을 때까지 그곳에 머물렀다. 전설에 따르면, 알타바리는 40년 동안 매일 40페이지의 글을 썼다. 하지만 알타바리만큼 많은 저작을 남긴 무슬림 작가는 적지 않다. 그렇더라도 알타바리가 무척 근면했던 것은 분명하다. 아버지에게 개인적으로 지원을 받고, 나중에는 유산을 물려받은 덕분에 글쓰기에만 몰두할 수 있었던 것으로 보인다. 실제로 그는 관료나 법률가로 일한 적이 한 번도 없었다.

875년 무렵 알타바리는 거의 모든 부분의 이슬람 율법에 깊은 지식을 갖게 되었고, 마흔 살 무렵에는 전통과 율법, 쿠란과 역사의 전문가로 여겨졌다. 그는 논란을 불러일으켰지만 여하튼 유명 인사였다. 그는 많은 책을 썼고, 무엇보다 율법 서적을 가장 중요하게 생각했다. 그러나 그의 많은 저작 중 두 권이 특히 뛰어나지만, 안타깝게도 둘 모두 율법을 다룬 책이 아니다. 하나는 쿠란을 자세히 주해한 《타프시르 알타바리》로, 이 책은 발표되자마자 이슬람 주해의 초석이 되었다. 다른 하나는 《예언자들과 왕들의 역사》(혹은 《연대기》)로, 여러 고대 국가들, 특히 페르시아 국가들의 성립과 예언을 연대순으로 기록한 책이다. 두 책은 처음에 각각 3만 장이었는데, 알타바리는 제자들이 자신의 강의를 듣고 내용을 덧붙여주기를 기대했으나, 제자들이 질적 수준을 유지할 수 없다는 걸 깨닫고는, "알라여, 불쌍히 여기소서! 꿈이 사라졌나이다!"라고 한탄하며 두 책을 각각 10분의 1로 압축했다고 전해진다.*

***

* 과거를 쓰는 사람들에게는 먼저 세상을 떠난 선배 작가들의 이름을 길게 나열하는 게 일종의 의무였다. 알부하리(870년 사망)의 '위대한 역사'에서 보듯, 때로는

알타바리는 일흔을 훌쩍 넘겨서 《예언자들과 왕들의 역사》를 최종적으로 출간했다. 그 필사본은 7500장에 달했고, 필사본 한 장이 인쇄된 책에서는 대략 1.5쪽에 해당했다. 고령에 쓴 데다 출처도 들쑥날쑥하고, 초고를 상대적으로 서둘러 압축하고 정리했기 때문인지 질적인 면에서 쿠란 주해서 《타프시르 알타바리》에 미치지 못했다. 그렇다고 그 책의 인기가 떨어지지는 않았다. 전해지는 바에 따르면, 파티마 왕조의 칼리프인 아부 만수르 니자르 알아지즈 빌라(955-996)의 서고에 20부가 있었고(그중 1부는 알타바리가 직접 쓴 것), 살라딘이 이집트 군주가 된 1169년 무렵에는 왕실 도서관이 놀랍게도 원본 1200부를 소장했던 것으로 전해진다. 그 책의 저자는 그렇게 공경을 받았다.

현대인의 눈에 그 책은 만족스럽지 못하다. 알타바리는 엄청난 양의 자료를 참조할 수 있었지만 그중 10퍼센트만이 당대의 역사를 다룬 것이었다. 그 자신도 당시의 사건을 기술할 때는 중요한 세부 사항들을 빠뜨렸고, 핵심 인물들은 그림자 뒤에 남겨졌다. 그는 과거를 다룰 때 다른 저작도 전혀 인용하지 않았고, 그런 책들은 멀리하거나 허락되지 않아야 한다고 말했다. 그는 자신이 무엇을 할 수 있고, 무엇을 해야 하는지 정확히 알아, 율법을 엄격히 따르며 신중하게 글을 썼다.

그 명단이 1만 2000명에 달하는 경우도 있었다. 최근에 70권으로 출간된 이븐 아사키르(1176년 사망)의 《다마스쿠스의 역사》는 처음 출간되었을 때 훨씬 길어 1만 6000장이었던 것으로 추정된다. 그 일부는 과시적이었다. 선배 역사가를 나열한 명단이 길수록 저자의 근면성과 지식이 많다는 걸 보여주는 증거였기 때문이다. 바그다드 전통주의자 이븐 알자우지는 자신의 추정으로는 2000권을 썼다지만, 한 객관적인 관찰자는 1000권으로 계산했다. 한 동료 역사가는 "그가 《전통》을 쓸 때 사용한 갈대 펜의 조각들은 커다란 더미를 형성할 정도로 많았다. 그의 유언에 따라, 그 더미는 그의 시신을 씻길 물을 데우는 데 사용되었지만[하나피 무슬림의 관습], 그 목적을 달성하고도 남았다고 전해진다"는 기록을 남겼다.

내가 여기에서 쓰기로 결정하고 언급하는 모든 것에 관련하여, 내가 읽은 기록과 내가 귀로 들은 구전을 통해 나에게 전해진 것에 의존했을 뿐 극히 일부를 제외하면, 합리적인 판단으로 이해되거나 인간의 머리로 추론되는 것은 배제하였음을, 이 책을 점검할 사람에게 알려두는 바이다. 합리적인 연역과 정신적인 추론을 배제할 때, 기록자의 설명과 전달자의 전달을 통하지 않으면, 해당 사건을 직접 목격하지도 않고 그 시대를 살지도 않았던 사람이 어떻게 과거 사람들이 남긴 기록을 알고, 요즘 사람들이 기록한 이 시대의 사건들에 대해 알겠는가. 따라서 내가 이 책에서 과거 인물에 대해 독자와 청자에게 불쾌한 기분을 안기거나 견책을 받아야 하겠다고 판단되는 기록을 언급한다면, 내 글에 진실되거나 사실적인 면을 볼 수 없기 때문에 그렇게 판단하는 독자에게는 그 잘못은 우리 탓이 아니라 그 기록을 우리에게 전달한 사람들의 탓이라고 알려두고 싶다. 우리는 전달받은 것을 다시 전달할 뿐이기 때문이다.[18]

아랍 학자 타리프 할리디가 지적했듯이, 알타바리의 판단에 과거에 대한 지식은 연역되거나 추론될 수 없고, 전달될 수 있을 뿐이다. 알타바리는 위험을 무릅쓰고 어떤 자료가 정확한지를 평가함으로써 논란을 자초했지만, 그렇다고 자신을 혁신적으로 생각했다는 뜻은 아니다. 이런 이유에서 알타바리는 역사가라기보다 율법학자이고 구전의 수집가이다.[19] (알타바리는 쿠란에 담긴 한 비유를 역사적으로 설명해야 하는 경우에도 솔로몬 왕이 시바 여왕의 다리를 수북이 뒤덮은 털을 없애기 위한 제모제를 고안해냈다는 구전을 언급하는 걸로 끝낸다.) 그가 쿠란의 형식과 실체에 일치하도록 이야기들을 재구성해야만 한다고 느꼈던 때 글을 썼다는 게 중요하다. 요컨대 알타바리는 "현명한 사람은 보석을 능숙하게 배열해 목걸이를 만들지만 직접 보석을 찾아다니지는 않는 보석 세공인과 같다"라는 경구에 맞아떨어지는 학자였다.[20]

　현대 독자가 이런 현상을 이해하기는 어려울 수 있다. 적어도 역사 기록이 관련된 부분에서, 알타바리는 "우리 예언자의 권위와, 우리보다 앞서 살았던 정의로운 무슬림의 권위에 대한 구전과 기록에 의존하는 쪽"을 선호하며 "우리는 이성과 사고력을 사용하지 않는다"고 말한다. 조지프 콘래드Joseph Conrad(1857-1924)의 《비밀 요원》에 등장하는 경무관처럼, "그의 생각은 다른 단어로 넘어가기 전에 단어 하나하나에 머무르는 것 같았다. 마치 그에게는 단어 하나하나가 잘못된 물길을 가로질러 놓인 지성의 징검돌인 것 같았다."[21] 알타바리는 평지풍파를 일으킬 수도 있었지만, 다른 식으로도 항해할 수 있다는 가능성을 전혀 제시하지 않았다.

　알타바리는 바그다드에서 활동하는 동안에도 고향과의 접촉을 끊지 않았다. 적어도 두 번쯤 귀향했고, 두 번째로 찾은 때가 903년, 그의 직설적인 말투에 분노한 지역 총독이 그를 체포하라는 명령을 내렸다는 한 친구의 경고를 듣고 곧장 피신한 때였다. 하지만 그의 동료는 운이 없었던지 당국에 체포되어 심한 매질을 당했다. 다시 바그다드로 돌아온 알타바리는 언젠가 종파 지도자 이븐 한발을 비판하며, 한발파를 세운 이븐 한발이 올바른 율법학자가 아니라는 이유로 한발파가 적법한 학파가 아니라고도 주장했다.[22] 따라서 그는 한발의 추종자들과 싸우며 말년을 보내야 했다. 타바리가 강연할 때 한발의 추종자들은 알타바리에게 잉크통을 던지기 일쑤였고, 한층 심각한 공격을 가하기도 했다. 얼마나 심하게 괴롭혔던지, 아바스 당국이 무력으로 한발파 추종자들을 진압해야 할 정도였다. 바그다드의 치안 책임자는 분쟁 해결을 위한 토론을 양측에 제안했다. 알타바리는 그 제안을 받아들였지만, 한발파는 거부하고 그의 집에 돌 세례를 퍼부어 "돌이 수북하게 쌓였다." 알타바리는 한발파가 다시 공격할지 모른다는 두려움에 여생을 집 밖에서 보내야 했다.

알타바리는 923년 2월 17일 바그다드에서 세상을 떠났고, 아바스 왕조는 시끄러운 시위를 예방하려고 밤에 몰래 그를 매장했다. 마지막 순간을 맞아 그는 모든 적을 용서했지만, "새로운 생각을 종교에 끌어들였다"고 그를 비판한 사람들은 끝까지 용서하지 않았다. 그가 과거로부터 물려받은 전통을 충실히 지키며 평생을 살았다는 사실을 고려할 때 그런 비판은 용서할 수 없는 공격이었던 셈이다.

✕ ✕ ✕

수 세기 동안 이슬람 세계에서 모든 종류의 글쓰기는 적어도 부분적으로 현재 서구의 지배를 가능하게 해준 사상의 자유와 충돌했다. 유럽에서 역사 서술의 본보기로 여겨지는 저작이 아랍에는 없다. 글의 보존에 관련해 말하자면, 아랍인들은 길에서 종교와 관련된 종잇조각을 보면 그 종이에 입맞춤해야 했다. 그 종이에 알라의 말씀이 쓰인 경우에 입맞춤하지 않는다면 알라의 가르침을 모독하는 게 될 수 있다.

거의 모든 문화권에서 역사가는 일반적으로 매력적인 문체로 글을 쓰려 애썼고, 따라서 그들의 저작은 진실한 만큼이나 예술성을 띤 것으로 평가되었다. 무슬림 역사가들은 옛 권위자를 출처로 삼을 수 있는 독립된 이야기들을 엮는 데 주력했다. 9세기가 끝날 즈음에는 이야기 형식을 띤 역사 쓰기가 규범이었고, 정복과 내전을 길게 설명한 이야기, 우마이야 왕조의 전복, 중동에 다민족 국가를 세운 혁명이 다루어졌다. 알타바리의 뒤를 곧바로 이은 뛰어난 후계자는 알마수디였다. 마수디는 역사를 한층 정교한 학문으로 개선했고, 왕조와 왕과 주요 인물을 중심으로 사건들을 재정리해 30권의 야심찬 세계사로 펴냈다.

문서 작업은 칼리프의 후원을 얻는 경우가 많아 무함마드의 전기로 이어졌고, 더 나아가 유력한 총독과 반역자의 전기도 쓰이며 상당한 호응을 새롭게 불러일으켰다. 문서화된 글도 나름의 역할을 떠맡은 셈이었다. 여하튼 연대기에 분석은 없었지만, 연대기는 기록을 중시하는 문화에서 탄생했기 때문에 기록은 하나의 정치 행위가 되었고, 율법가로서 무함마드라는 개념이 카리스마를 지닌 지도자 무함마드라는 개념을 가리기 시작했다. 초기 무슬림은 역사라는 관점에서 생각했지만, 그렇다고 역사가가 되지 않았다. 그러나 지나간 시간에 대한 생각들이 문학적 형태로 구체화되기 시작했다. 그리하여 무슬림들은 자신들의 과거만이 아니라, 자신들이 정복한 민족의 과거에 관심을 갖기 시작했다.

H. G. 웰스가 말했듯이, "민족적이고 인종적인 성공에 자극을 받아, 아랍 정신은 최적의 시기에 그리스 다음으로 활활 타올랐다."[23] 이런 평가는 알안달루스로 알려진 지역, 즉 이베리아반도에서 무슬림이 차지한 지역에서 완벽히 들어맞았다. 지리적으로는 스페인와 포르투갈의 대부분과 현재의 남프랑스 일부에 해당하는 지역이었다. 무어인이란 종족의 이름으로 알려진 무슬림의 지배하에서, 알안달루스는 특히 코르도바 칼리파국Caliphate of Córdoba(929-1031)의 시대에 학문의 중심지가 되었다. 코르도바는 당시 유럽에서 가장 큰 도시였고, 지중해 유역과 유럽 및 이슬람 세계 전역에서 손꼽히는 문화·경제 중심

지 중 하나가 되었다.

이슬람교의 눈부신 성공으로, 지배자와 왕실 및 도시 상류층에게 교훈을 줄 만한 이야기에 굶주린 독자가 많았고, 그들을 위한 시장이 형성되었다. 시인, 의사, 율법학자 등을 다룬 많은 전기가 출간되었다. 13세기 이후에는 한층 자부심이 깃들고 역동적인 전통이 생겨났다. 따라서 이야기가 동시에 여러 차원에서 기능할 수 있다는 걸 알아챈 야심찬 작가들이 역사 쓰기에 관심을 두고 시작했다. 처음에는 역사와 전통을 연구하는 학자들이 동일했지만 점차 두 분야가 분화되었고, 과거에 대한 글쓰기는 별개의 학문이 되었다. 이런 발전적 변화에도 불구하고, 가장 대담한 학자들조차 과거의 이슬람 학자들과 마찬가지로 상대적으로 온건한 목표를 계속 추구했고, 기껏해야 "점진적인 혁신"을 시도하거나,[24] 쉽게 구분되는 장르로 글을 썼고, 널리 알려진 관습의 틀에서 벗어나지 않았다. 독자적인 생각은 기존 질서에 위험했기 때문에 학파들은 '타크리드', 순응의 경쟁장이었다.

가장 확실한 삶의 지침은 계시였지, 이성적 판단이 아니었다. 따라서 새로 발간되는 책들은 대체로 고전 텍스트를 그대로 펴내거나 축약한 것이었고, 그렇지 않으면 문학적 기법을 더한 것이었다. 그러나 역사가 쓰여야 하는 방법에 대한 무슬림의 관심이 여전히 창시자의 예언적인 시에 집중되었고, 모든 것을 이슬람의 세계관에 맞추어야 했지만, 세밀하면서도 생동감 넘치는 묘사, 두드러진 성격 묘사, 재밌는 말장난 등이 신성한 역사, 부족의 기록, 국가와 도시의 역사, 세계 탐구 등 그 시대의 많은 저작에서 찾아진다. 다른 모든 언어가 그랬듯이, 아랍어도 중동에 확산되며 풍부하고 다양한 형태의 문학을 빚어냈다.

11세기와 12세기에는 많은 역사가가 처음에는 관료로 고용되어, 후원자가 요구한 역사 쓰기에 언어적 능력을 발휘했다. 알사하위 (1497년 사망)라는 학자는 대담하게도 《역사를 비판하는 사람들에 대한 공개 비난》이란 논쟁적인 저작을 발표하기도 했다. 일화적 글쓰기는 여전히 인기가 좋았다. 《쿠라이시족의 이름난 거짓말쟁이들》과 《애꾸눈이었던 위대한 지휘관들》이 대표적인 예였다. 한편 14세기 초의 관리로 상류 계급 출신이던 시하브 알딘 알누와이리의 《학문의 궁극적인 야망: 고전 이슬람 세계의 지식 백과》는 200만 단어로 쓰인 33권의 백과사전이었다. 역사가 많은 양을 차지하지만, 아랍어에서 먼지를 가리키는 다양한 단어들("말굽에서 피어오르는 먼지… 바람에 흩날리는 먼지… 전쟁터의 먼지… 발밑에서 맴도는 먼지"), 전갈의 공격을 막는 데 쓰이는 무의 효용성, 집에서 최음제를 제조하는 법, 술탄의 식료품 저장실에 보관된 것들, 카이로를 덮친 역병에 대한 섬뜩한 요약 등도 담겨 있다.[25] 또 다른 저명한 작가, 알사파디(1363년 사망)는 맹인 학자들을 집중적으로 다룬 사전을 썼다. 그의 시대에는 거의 모든 이슬람 국가에서 역사가를 후원했고, 모든 통치자가 왕국의 역사를 어떤 형태로든 기록에 남길 기회를 모색했다.

자부심이 한층 높아진 덕분에 《무깟디마》('역사 서설')도 기꺼이 받아들여졌다. 《무깟디마》는 근대 이전의 문화권에서 역사가가 써낼 수 있는 가장 지적인 사상사로, 1377년에 쓰였지만 600년 이상이 지난 뒤에도 유의미한 책이다. 이 책의 저자 이븐 할둔은 자신의 독창성에 대한 자부심을 감추지 않았다. "이 주제에 대한 논의는 새롭고 특별하고 유용한 것이다. …실제로 나는 이 주제를 다룬 부분을 누구의 글에서도 지금까지 본 적이 없다."[26] '서설'이라고 번역되는 이 책은 역사 법칙을 이론적으로 자세히 다루었지만, 이슬람 사회 및 그 사회의 예술과 과학을 전반적으로 조망한 책이기도 하다. 이 책은 6장으로 나뉜다. 1장에서는 사회 전반을 다루고, 2장에서 유목 사회를 다룬다. 3장에서는 국가와 칼리프와 왕, 4장에서는 문명사회와 도시들, 5장에서는 생계를 꾸리는 방법과 교환, 6장에서 과학과 예술이 다루어진다.

이븐 할둔은 사회를 체계적으로 분석해 이야기로 꾸민 최초의 역사가가 되었다. "여기에서는 문명의 성격에 영향을 미치는 조건들, 예컨대 야만성와 사회성, 집단 감정, 인간 집단이 상대 집단에 대해 우월성을 확보하는 다양한 방법들 등이 다루어진다."[27] 할둔은 역사를 별개의 학문으로 생각하지 않은 듯하다. 《무깟디마》에서는 '아사비야'라는 단어가 500번 이상 쓰인다. 할둔은 특별한 종류의 사회적 연대, 단결 의식, 부족의 일치단결을 뜻하는 '아사비야'의 필요성을 역설하며, 그 부재를 입버릇처럼 안타까워한다. 비관주의였던 할둔은 인간이 더 나아질 거라고 기대하지 않으며 "전 세계가 하찮고 헛되다. 따라서 죽음과 소멸로 귀결될 것이다"라고 말했다.[28] 그러나 이런 관점은 14세기와 15세기 아랍의 유수한 역사가에게 공통된 것이었다.

정치학자들은 이븐 할둔의 책을 아리스토텔레스의 《시학》에 비견했다. 실제로 할둔은 아리스토텔레스가 알렉산더 대왕을 위해 편지 형식으로 썼다고 여겨지는 '최고의 비밀Secret of Secrets'이란 백과사전을 많이 참조했다.[29] 할둔은 아리스토텔레스에 버금가는 찬사를 들었다. 역사학자 웨스트폴 톰프슨Westfall Thompson(1869-1941)은 "투키디데스는 그리스, 타키투스는 로마, 오토 폰 프라이징은 중세의 역사를 썼듯이 이븐 할둔은 무함마드의 역사 편찬에서 가장 위대한 역사학자였다"며[30] 할둔을 칭송한 반면, 누군가를 평가할 때는 곧이곧대로 꾸밈없이 말하던 아널드 토인비Arnold Toynbee(1889-1975)는 《무깟디마》를 "시대와 공간을 막론하고 인간이 그런 종류의 책으로 써낼 수 있는 가장 위대한 저작"이라 평가했다.[31] 이븐 할둔과 같은 시대에 활동한 알리 알마크리지는 할둔의 문체를 더욱 시적으로 "잘 다듬어진 진주보다 빛나고, 미풍에 흔들리는 수면보다 맑다"고 칭찬했다.[32] 《무깟디마》에 담긴 개념들은 브루스 채트윈Bruce Chatwin(1940-1989)의 소설 겸 여행기《송라인》에서 다시 취해졌고, 프랭크 허버트Frank Herbert(1920-1986)의 대하소설《듄》시리즈의 토대를 이루었으며, 아이작 아시모프Isaac Asimov(1920-1992)의 파운데이션 삼부작을 빚어냈고, 궁극적으로는 완전히 새로운 학문, 즉 과거의 '내적 의미'를 탐구하며 훗날 역사철학이라 알려진 학문의 선구가 되었다.

기번은 아랍 역사가들을 무미건조한 연대기 작가와 화려한 웅변가로 나누었다. 할둔은 어디에도 속하지 않는 예외였다. 그가 많은 논쟁적 쟁점에 대해 주된 신학적 관점—역사의 진실성에 의문을 제기하던 신학자들의 관점—에 반론을 제기했다는 점에서 그의 글은 독창적이었고, 천만다행으로 반복을 최소화하려고도 애썼다. 더욱더 중요한 것은, "과거는 물방울이 서로 닮은 정도보다 미래를 닮는다"며 사회 변화의 원인을 추적하려고 시도했다는 점이다. 보편 법칙들이 사회의 흥망성쇠를 지배했지만, 오래전의 사건을 판독하는 것은 지독히 복잡했다.

> 표면적으로 역사는 정치적 사건과 왕조, 먼 과거에 일어난 사건들을 품격 있게 소개하며 간혹 격언을 양념처럼 더한 정보에 불과하다. …한편 역사의 내적 의미를 파악하려면, 진실에 다가가려는 시도와 추론, 현재에도 영향을 미치는 현상의 원인과 기원에 대한 정교한 설명, 어떤 사건이 어떤 이유에서 어떻게 일어났는지에 대한 깊은 지식이 있어야 한다.[33]

이븐 할둔은 역사가 세대를 넘기면서 어떻게 전개되는지 알고 싶었다. 예전의 무슬림 작가들에게서는 볼 수 없던 새로운 접근법이었고, 역사학자의 주된 목적은 과거 자체에 대해 쓰는 게 아니라 모든 사실에 적용될 수 있는 포괄적인 이론 틀을 찾아내는 것이라 주장한 게오르크 빌헬름 프리드리히 헤겔Georg Wilhelm Friedrich Hegel(1770-1831)의 이론만이 아니라, 심지어 페르낭 브로델Fernand Braudel(1902-1985)이 20세기에 주창한 접근법, 즉 장기적인 관점에서 역사에 접근하는 방법론까지 미리 내다본 듯한 접근법이었다. 이븐 할둔은 맘루크 왕조의 시대에 글을 썼다. 맘루크는 이집트와 레반트, 이라크와 인도를 1250년부터 1517년까지 거의 3세기 동안 지배한 왕조였다. 할둔은 권력이 그 자체로는 좋지도 않고 나쁘지도 않은 상품에 불과하다는 걸 인정했지만, 권력의 행사에 특별한 능력이 필요하다고 말했다. 할둔은 문명의 본질에 대한 최초의 일반론을 제기하기도 했다. 예컨대 아랍 부족민들의 투박한 삶과 고도로 발전한 도시 사회 간의 끝없는 충돌을 문명의 발전에 핵심적인 요소로 생각하며, 문명이 어떻게 진보할 수 있는가를 분석했다. 그러나 할둔은 보좌관에게 필요한 능력, 꿈, 신비로운 체험, 교육 원리 및 그가 좋아하던 아랍 시학 등과 같은 과제를 다루기도 했다.* 로버트 어윈Robert Irwin은 2018년에 발표한 할둔 전기에서 "엄격히 말해서 이런 과제들은 역사 과정을 이해하는 데 필요하지 않다. 십중팔구 그의 박식함을 과시

---

* 할둔은 시적인 이미지를 좋아했다. 《무깟디마》 제3장에는 이런 우화가 소개된다. 서기 271년부터 274년까지 사산 제국을 통치한 바흐람 이븐 바흐람 왕은 올빼미가 날카롭게 우는 소리를 듣고, 선임 종교 보좌관에게 그 울음에 담긴 뜻이 무엇이겠느냐고 물었다. 성직자인 종교 보좌관은 이렇게 대답했다. 수컷 올빼미가 암컷과 짝짓고 싶을 때 그렇게 울고, 그럼 암컷은 마음껏 울어댈 수 있도록 20곳의 폐허가 된 마을을 구해달라고 요구한다. 수컷은 그 정도의 요구를 쉽게 들어줄

하는 홍보 수단이었을 것이다"라며, 마키아벨리가 그랬듯이 이븐 할둔도 권력의 회랑을 거닐면서도 정치적으로 실패한 이유를 이해하려고 역사를 썼을 것이라고 덧붙였다.[34]

결론적으로 할둔은 대단하고 복합적이며 갈등을 겪는 인물이었다. 이제부터는 할둔이 몇 가닥의 실에 의지해 아슬아슬하게 살아가고, 공중에 매달려 흔들거리던 때로 돌아가보자.

✳ ✳ ✳

1401년 1월의 어느 날 아침, 이븐 할둔은 거의 일흔 살이었지만 1300년 전의 바울 성자처럼 공중에 높이 매달렸다가 밧줄에 묶인 채 땅에 내려졌다. 튀니스에서 태어난 이븐 할둔(이븐 할둔은 단축된 성姓이다. 아랍식의 본명은 한 팔을 쭉 뻗은 것보다 길다)은 포위된 도시 다마스쿠스에 갇힌 까닭에, 성벽에서부터 밧줄에 묶인 채 성 밖에 내려졌다. 할둔이 다마스쿠스를 포위한 차가타이 튀르크족의 지도자로, 대부분의 중앙아시아, 이란과 이라크를 점령한 제국의 통치자이던 티무르 대왕을 만나려고 애썼기 때문이다. 무엇보다도 타타르족과 몽골족의 역사에 대한 연구의 일환으로 티무르를 만나 많은 것을 물어보려 했다. 마침내 그들의 만남이 성사되었고, 이븐 할둔은 미리 알리지도 않은 채 대왕의 천막에 불쑥 들어갔다. 한 이집트 연대기 편자의 기록에 따르면, 티무르는 이븐 할둔의 진지한 태도에 즉시 마음이 움직

수 있다고 대답한다. 바흐람 왕이 현재의 방식으로 통치를 계속하면 그런 마을을 1000곳이라도 구해줄 수 있을 거라고 덧붙인다. 그 대답을 듣고, 바흐람 왕은 큰 깨달음을 얻어 자신부터 달라지기로 결심했다. Ibn Khaldūn, *The Muqaddimah*, vol. 2, pp. 104-105를 참조하기 바란다.

여, '리시타'라는 마카로니 수프를 함께 먹으며 방문객과 우정을 나누었다. 포위는 그 후로도 35일 동안 조금도 누그러들지 않고 계속되었지만, 이븐 할둔은 티무르(티무르는 탐구심이 강해 회고록과 병법에 대한 글을 쓰기도 했다)와 역사의 본질에 대해 논의했고, 특히 이집트와 북서아프리카의 정치 상황에 대해 집중적으로 대화를 나누었다.* 티무르는 이븐 할둔의 유난히 밝은 잿빛을 띤 노새를 사고 싶어 했다(아마 노새는 성벽에서 밧줄로 내려지지 않고, 성문을 통과해 나왔을 것이다). 그런 마음을 눈치채고, 이븐 할둔은 노새를 티무르에게 선물로 주며 "저 같은 사람이 폐하 같은 분에게 어떻게 팔겠습니까. 폐하께 경의를 표하는 마음으로 이 노새를 드리겠습니다"라고 말했다.

그리고 그들은 헤어졌다. 무자비했던 티무르(튀르키예어로는 '티무르렌크'. 오른쪽 허벅다리에 화살을 맞아 다리를 절름거렸다. 여기서 '절름발이 티무르'라는 별명이 생겼다)는 항복 조건을 무시하고 다마스쿠스를 약탈했지만, 이븐 할둔과 그의 절친한 친구들이 이집트까지 안전하게 피신하도록 보장해주었다. 그렇지만 이븐 할둔은 고향에 가던 길에 도적들에게 공격을 받아 모든 물건을 빼앗겨 큰 손해를 입었다.

이런 사실들을 우리에게 전해주는 이븐 할둔의 자서전은 개인적인 회고록을 넘어, 가장 자세히 쓰인 중세 이슬람 문헌 중 하나이다.

---

   * 이븐 할둔은 '아프리카(Africa 혹은 Ifriqiya)'라는 단어가 예멘 왕, 이프리코스 빈 카이스빈 사이피Ifriqos bin Qais bin Saifi에서 파생한 것이라 믿었지만, 다른 해석도 적지 않다. 그중 하나가, 아프리카에는 구름이 없다고 말해지기 때문에 '맑다'를 뜻하는 아랍 단어에서 파생했다는 것이다. 스페인 지리학자이자 외교관이던 레오 아프리카누스Leo Africanus(c. 1494-c. 1554)는 지중해가 아프리카와 유럽을 떼어놓고, 나일강이 아프리카와 아시아를 나누는 장벽 역할을 하기 때문에 Ifriqiya가 아랍어에서 '분할하다'의 뜻인 Farawa에서 파생한 것이라 주장한다. 그 어원은 지금도 여전히 오리무중이다.

그의 부모는 남부 아라비아 출신으로, 무슬림이 스페인을 정복한 후에 세비야에 정착해서 그곳의 지적 문화를 주도하는 역할을 했고 기독교가 그곳을 탈환하기 직전에 튀니스로 떠났다. 이븐 할둔은 그곳에서 1332년 5월 27일에 태어났다. 그러나 흑사병이 북아프리카 전역을 뒤덮었을 때 아직 십대이던 이븐 할둔은 부모 모두를 잃었다. 그는 전통적인 종교학을 공부한 뒤에 정부에서 일하려고 훈련을 받았고, 스무 살이 되었을 즈음에는 공문서 보관청의 말단 직원이 되었다. 그러나 곧바로 그의 스승이자 철학자이며 수학자이던 틀렘센의 알아빌리를 따라 페스로 이주했다. 페스는 당시 모로코의 두 대도시 중 하나로, 북아프리카와 이슬람령 스페인에서도 경쟁이 치열한 정치 세계의 중심지였다. 그러나 이븐 할둔은 도시 너머에서, 즉 모로코인들이 한때 '오만의 땅'이라 일컫던 곳에서 실질적인 경험을 쌓기도 했다. 예컨대 베르베르 부족민들과 협상하는 데 자주 불려나갔고, 한번은 자신의 말을 먹어야 했다.

장수하는 동안, 이븐 할둔은 앞날을 예측하기 힘든 삶을 살아야 했다. 학자에서 궁전의 비서관으로, 정치적 음모에 연루되었다가 이곳저곳을 떠돌아다녀야 했고, 상당히 풍요로운 삶을 즐기다가 궁핍하고 금욕적인 상태로 전락하기도 했다. 페스에서 8년을 지내는 동안에도 학문에 정진했지만 정치에 휘말렸다. 술탄을 제거하는 음모에 가담했다는 의심을 받아, 1357년에 21개월의 징역형을 선고받았다. 후임 총독하에서는 다시 고위직에 올랐는데, 궁중 정치에 염증을 느끼면서도 정치에 참여했다. 그는 몇 번이고 막후 실력자가 되기 직전까지 접근했지만 결국에는 성공하지 못했다. 일례로 존경받는 역사가이자 시인이며 정부 고관이던 친동생 야히야의 암살을 막는 데도 실패했다.

14세기에 마그레브 전역을 잠시 지배한 마린 왕조의 방해로, 이 븐 할둔은 알제리 북동부의 틀렘센을 지배하던 왕조로 옮겨갈 수 없 었다. 따라서 그는 어쩔 수 없이 그라나다로 방향을 돌렸고, 그곳에서 젊은 지배자 무함마드 5세와 고위 관료인 이븐 알하티브의 환영을 받 았다. 알하티브는 그 지역에서 존경받는 학자로, 이븐 할둔이 페스에 서 지내는 동안 우정을 쌓은 인물이기도 했다. 오래지 않아 이븐 할둔 과 무함마드 5세의 친밀한 관계를 알하티브가 질투한 까닭에, 1365년 이븐 할둔은 다시 다른 곳으로 떠날 수밖에 없었다. 이번에는 이븐 알 하티브의 질투심이 이븐 할둔을 살린 셈이었다. 곧이어 무함마드 5세 가 피에 굶주린 폭군으로 돌변했기 때문이다.

이때 이븐 할둔은 하프스 왕조의 통치자 이브라힘 2세로부터 지 중해 변의 부지(현재 알제리의 베자이아) 항구를 방문해달라는 초대를 받았고, 그의 각료가 되었다. 그러나 1년 뒤에 이브라힘이 사촌인 아 부 알바카 할리드에게 살해를 당했다. 따라서 이븐 할둔은 할리드를 위해 일했지만, 곧이어 다시 궁전의 음모에 휘말려 할리드 곁을 떠나 야 했다. 그 이후로 9년은 그야말로 격동의 시간이었다. 덴마크 역사 학자 파트리시아 크로네Patricia Crone(1945-2015)의 표현을 빌리면, "많 은 고위급 총독과 장군이 비명에 죽었고, 고문과 암살과 갈취가 일 상사였다."[35] 30대 중반에 "관직의 유혹에서 벗어났다"고 말했듯이,[36] 그는 권력 다툼에 철저히 실망해서 비스크라와 페스에서 연구하고 가르치는 데 주로 시간을 보냈다. 하지만 지역 지배자들은 끊임없이 그에게 정치적 임무를 맡아달라고 부탁했고, 그의 위치에서 매번 안 된다고 거절할 수는 없었다.

모든 요구를 거절하기에는 너무 벅찼다. 결국 이븐 할둔은 서알 제리의 절벽 꼭대기에 올라앉은 칼라트 바누 살라마라는 외딴 성에 틀어박혔고, 그곳에서 완전히 은둔한 채 3년 이상의 시간을 보내며 무슬림 세계가 타락하고 분열한 이유를 파고들었다. "은둔 생활에서 큰 영감을 받았다. 크림이 교반기에 밀려들 듯이 단어와 아이디어가 머릿속에 흘러들었다."[37] 그로부터 4년 뒤에 《무깟디마》가 완성되었지만, 그 저작은 방대한 일곱 권의 서곡에 불과했다. 그가 제기한 첫 질문은 "왜 역사가는 실패하는가?"이고, 이 질문에 그는 세 가지 이유—동반자 관계, 쉽게 믿는 기질, 본질적으로 가능한 것에 대한 무지함—를 내놓는다.

이븐 할둔도 귀가 얇았던 것으로 보인다. 한 조상이 1200년을 살며 4000명의 남자와 1000명의 여자를 자손으로 두었다는 글을 아무런 논평도 없이 남겼고, 태양이 뜨겁지도 않고 차갑지도 않으며 빛을 발산하는 불안정한 물질에 불과하다고 쓰기도 했다. 또 비술祕術과 마법에 심취했고("총명한 사람은 마법의 존재를 의심하지 않는다"), 미래를 예측하려는 강박증에 시달렸다. 좋은 꿈은 "예언의 46번째 부분"이란 무함마드의 말을 인용했고, 초자연적인 현상을 직접 경험한 까닭에 잘 이해한다고 주장했으며, 북아프리카에 있는 "손가락으로 가리키는 것만으로 짐승의 내장을 떼어내거나 가죽을 벗길 수 있는 칼잡이"에 대해 쓰기도 했다. 이븐 할둔은 인종 차별이 별다른 문젯거리가 아니었던 시대의 분위기를 그대로 받아들이며 인정했다. 실제로 이븐 할둔은 "일반적으로 흑인은 순종적이어서 노예로 삼기에 적합하다"며, 흑인이 "인간 이하"이기 때문이라고 주장했다.[38] 그러나 흑인의 열등함이 회복 불가능한 것은 아니었다. 신체적으로 열등한 아프리카 사람들을 적당히 서늘한 환경에 살게 하면, 그들의 피부가 흰색으로 변하고, 머리칼도 곧게 변할 것이라고 말했다. 요즘의 분위기에서 그런 글을 읽기는 정말 쉽지 않다.

1379년 이븐 할둔은 튀니스에 돌아왔다. 그곳의 기록 보관소가 유혹의 손짓을 보냈기 때문이다. 하지만 곧바로 궁전의 음모에 다시 휘말렸고, 1382년 메카 순례를 떠나는 척하며 황급히 이집트로 피신했다. 그의 개인적인 삶에는 친동생의 암살을 넘어서는 커다란 비극이 적어도 한 차례 있었다. 1383년, 50대 초반이었을 때 그는 식구들보다 먼저 카이로로 이주했고, 아내와 다섯 딸을 맞이할 준비를 끝냈다. 그들이 탄 배가 알렉산드리아 항구 앞에서 난파하며 승객 전부가 목숨을 잃었고, 이븐 할둔의 장서도 모두 물속으로 사라졌다. 두 아들은 나중에 따로따로 카이로에 들어왔고, 그는 결국에는 재혼했다. 그의 삶에서 마지막 20년 동안에는 두 지역 술탄의 후원을 받으며, 다수의 대학에서 교수직도 얻었다. 또 6번가량 대법관에 임명되어 엄격하고 청렴하게 일했다. 그러나 지나치게 엄격하고, 사소한 일에도 왈칵 성을 내는 성향을 띠며, 화를 내면 목이 벌개진다는 비판을 받은 까닭에 매번 짧게 끝나고 말았다. 게다가 그가 법을 정확히 모르지만 "거짓을 진실처럼 꾸미는" 말솜씨로 모면한다고 비판하는 사람이 적지 않았다. 이븐 할둔은 노골적인 엘리트주의자였던 까닭에 고고하고 오만하게 보였고, 이집트 '카디(샤리아, 즉 율법 법정의 판사)'에게 공식적으로 요구된 법복을 입지 않고 모로코의 전통적인 '뷔르누(두건이 달린 긴 겉옷/옮긴이)'를 입은 아웃사이더였다.*

당시에도 여전히 대부분의 시간을 연구에 할애했다. 그러나 가르치고 글을 쓰는 데 그치지 않고, 안전하게 관리해주는 부업을 시작해 괜찮은 소득을 얻었다. 말년에는 나일강 옆의 주택에 정착했고, 정

---

* 학생들을 가르칠 때는 다른 교수들과 마찬가지로, 이븐 할둔도 교수는 의자에 앉고 학생들은 그의 발 아래에 앉는 관습을 따랐다. 이런 이유에서 '의자chair'라는 단어가 대학 교수를 뜻하게 되었다.

적들은 그가 그곳에 노래하는 여자와 젊은 사내를 불러다가 환락을 즐긴다는 혐의를 제기했다. 이때 그는 메카를 한 번 더 순례했고, 다마스쿠스를 두 번 여행했다. 두 번째 여행한 때 티무스와 대화하는 기회를 얻었다. 1406년 3월 17일 세상을 떠나는 순간까지 그는 공직에 있었다.

※ ※ ※

그의 뒤를 이어, 역사가들은 아랍 역사가들이 과거에 대한 글을 쓴 방법을 범주별로 분석하기 위해 다양한 시도를 거듭했다. 전기 biography(본보기가 되거나 다른 이유로 뚜렷이 다른 사람의 삶), 집단적 인물 연구prosopography(집단과 그 집단의 공통된 특징에 대한 연구), 연대학 chronography(연표: 실제로 일어난 사건의 자세한 기록, 칼리프의 연대표를 기준으로 정리한 역사)이 있고, 그 밖에도 네 종류의 구분되지만 중첩되는 글쓰기 방법이 있다. '하디스(역사보다 신학에 가깝지만, 기록과 일화와 꾸민 이야기로 과거를 전달하고, 앞에서 언급한 대로 '이스나드'를 포함한다는 점에서 역사의 글쓰기라 할 수 있다)', 교육적 목적을 띤 특별한 형태의 글쓰기로 '아름다운 글belle-lettres'로도 칭해질 수 있는 '아다브', '건강한 판단'과 '지혜'를 뜻하며 역사가의 고유한 연구 대상이고 자연과학과 철학까지 포함하는 '히크마', 이븐 할둔의 접근법을 설명하기에 가장 적합한 방법으로, 샤리아 범위 밖에 있어 통치 행위와 관련된 경우가 많은 '시야사'가 그것이다.

이 모든 범주는 나름대로 유익하지만, 무슬림 문명이 수백 년을 지배하는 사이에 숨이 막힐 정도로 편협하게 변한 이유를 설명하는 데는 도움이 되지 않는다. 11세기와 13세기 사이에 무슬림 문명은 십자군과 셀주크 튀르크 제국의 끔찍한 맹공격을 견뎌야 했다. 1258년에는 몽골족의 침략에 바그다드만이 아니라, 중요한 도서관들이 있던 다른 많은 곳이 파괴되며 심각한 피해를 입었다. 그러나 이븐 할둔 이후에도 아랍 역사가는 부족하지 않았다. 특히 이집트에는 연대기와 전기 및 포괄적인 역사서가 무척 많다. 하지만 《무깟디마》가 페르시아를 필두로 중동 전역에서 널리 읽혔지만, 아랍인들은 그 책을 무시했다. 1850년, 프랑스어 번역판이 발간된 이후에야 이븐 할둔은 서구에서 주목받기 시작했다. 하지만 그는 한 명의 학자에 불과하다. 역사학자 콜린 웰스Colin Wells(1933-2010)가 그의 업적을 압축해 표현했듯이 "그는 끝없이 평평한 이슬람 역사 기록에서 불쑥 솟은 못처럼 두드러진 존재이다. 그가 본보기로 삼을 만한 실질적인 선배 학자가 없었듯이 그의 뒤를 이은 실질적인 계승자도 없었다."[39]

이븐 할둔의 생전만이 아니라, 그가 죽은 뒤에도 이슬람의 많은 지역이 문화적으로 쇠락하기 시작하며 오랜 침체에 빠져들었다. 그 기간에 철학자, 과학자 들은 이런저런 종교 기관들로부터 생경한 이질적인 문제를 추구한다는 이유로 비난을 받았다. 중동과 북아프리카의 많은 지역에서 인쇄기의 소유는 사형죄에 해당하기도 했다. '울라마(학자)'로 알려진 소수의 무슬림 학자는 "쿠란의 접근이 용이해지면 무지한 사람들이 쿠란을 잘못 해석할 가능성이 커질 뿐"이라는 이유에서 인쇄기 같은 신기술을 거부했다. 나폴레옹이 이집트를 침략한 1798년경, 3퍼센트의 무슬림만이 글을 읽을 수 있었다(같은 시기에 잉글랜드의 경우에는 68퍼센트의 남녀가 글을 읽을 수 있었다).

에드워드 기번은 이슬람 문명에 "탐구 정신과 관용 정신"이 없다는 이유로, 그 문명을 혹독하게 평가한다. 그렇다고 이슬람 문명이 학문을 반대했다는 뜻은 아니다. 이슬람 문명도 많은 영역에서 뛰어난 학자들을 배출했기 때문이다. 오히려 종교적 근본주의자들이 과도한 영향력을 행사했다는 뜻에 가깝다. 잠깐 동안이었지만 희망의 시기가 있었다. 18세기 초였다. 그때 레바논에서 수도원들이 학문이 중심지가 되었고, 그곳 수도자들의 주도로 아랍 문학이 르네상스를 맞았으며, 성직자와 평신도 사이에서 세속의 역사에 대한 관심이 고조되었다. 서구에는 거의 알려지지 않은 역사가들과 학자들, 예컨대 성직자이던 리파 알타흐타위(1801 – 1873), 하이르 알딘(1890년 사망), 자말 알딘 알아프가니(1897년 사망)가 있었고, 수십 년 뒤에는 타하 후사인(1889-1973)과 말렉 벤나비(1905-1973)가 있었다. 그들은 이슬람의 전통적 개념을 유럽의 지배적인 사상에 접목해보려고 애썼다. 특히 알타흐타위는 볼테르가 쓴 표트르 대제의 전기를 비롯해 2000종에 달하는 유럽과 튀르키예의 저작을 번역함으로써 지적 혁명을 시도하기도 했다. 하지만 무슬림의 계몽 시대는 단명하고 말았다. 숨이 막힐 듯한 이슬람 근본주의의 영향으로, 이라크와 이란 및 옛 이란 영토이던 중앙아시아에서 개혁 시도는 급작스레 꺾이고 말았다.

　황폐해진 자유사상의 전형적인 예는 20세기의 이란 역사학자 에산 야샤터Ehsan Yarshater(1920-2018)에서 찾을 수 있다. 야샤터는 이란의 역사와 문화를 망라하는 백과사전의 제작에 필요한 기반을 놓았다. 그 백과사전을 제작하는 데 무려 1600명의 저자가 참여했고, 고대 페르시아 철학부터 양배추의 특징까지 7300개의 항목이 다루어진다. 1950년대에 야샤터는 번역과 출판 연구소를 세웠다. 서구 세계가 제공하는 것을 받아들인다고 근본주의자들이 두려워하는 것처럼 이란이 본연의 진정성을 상실하지는 않을 것이란 그의 믿음이 반영된 결과였다. (야샤터는 알타바리의 저작을 40권으로 번역한 작업의 편집자 중 한 명이기도 했다.) 그 백과사전은 그의 주된 관심사였지만, 1979

년의 혁명으로 중단되었다. 당시 그는 A에 해당하는 부분을 작업 중이었지만, 새롭게 들어선 이슬람 정권은 그에게 그 프로젝트를 유예하라는 압력을 가했다. 야샤터는 북아메리카로 망명해 컬럼비아 대학교에서 다시 시작했고, 이란을 다시는 방문하지 않았다. 2011년 그는 "백과사전의 불편부당이 현재의 페르시아 정부에게는 달갑지 않겠지"라고 냉담하게 말했다.[40]

이븐 할둔조차 기독교인과 유대인에게는 세 가지 선택 가능성만이 있다고 믿었다. 이슬람으로 개종하거나, 이슬람 율법에 따르며 '지즈야'라는 특별 세금을 납부하거나, 아니면 죽음을 택해야 했다. 이븐 할둔은 쿠란에 어떤 의문도 제기하지 않았다. 신의 문제에 인간의 지적 능력을 적용해서는 안 된다는 게 그의 믿음이었다. 이븐 할둔이 죽은 뒤로도 수 세기 동안, 중동 전역의 역사 연구는 동일한 정통 신앙에서 벗어나지 못했다. 내가 반反이슬람주의자가 되거나, 무슬림 문화를 무정하게 비판하려는 것은 아니지만, 어떤 뚜렷한 경향을 마냥 무시하기는 어렵다. 20세기가 끝나갈 즈음, 무슬림 세계에서 상당히 많은 지역이 광적인 신앙과 지적인 편협성 및 독선적 민족주의, 즉 반反계몽주의와 이슬람주의라 일컬어지는 흐름에 빠져들었다. 예언자의 언행을 담은 '하디스'에는 "누군가를 흉내 내면 어김없이 그 사람이 된다"는 가르침이 있다.[41] 수니파 교리에서 무슬림과 신앙심이 없는 사람을 구분하는 핵심적인 기준이 되었고, 정체성의 상실과 다른 문화로부터 유입되는 사상의 위험을 경고하는 가르침이기도 하다. 이런 이유에서, 오늘날의 역사가도 경멸까지는 아니어도 다시 의심을 받는 실정이다. 과거는 이국의 땅이 되었다.

5장 중세의 연대기 작가들

: 국가의 이야기를 만들어라

고대 국가, 브리튼에 대해 실질적으로 알려진 것은 모두 몇 쪽에 담긴
다. 우리가 알 수 있는 것은, 과거의 작가들이 우리에게 알려준 것이 전
부이다. 하지만 그 전부는… 모두 꿈이다.
– 새뮤얼 존슨

가장 훌륭한 초상화는 약간의 풍자가 더해진 초상일 수 있다. 가장 훌륭
한 역사는 약간의 과장된 허구적 이야기가 신중하게 사용된 역사가 아
니라고 확신하지는 못한다. 정확성에서 뭔가를 잃더라도 효과에서는 많
은 것을 얻는다.
– 토머스 배빙턴 매콜리[1]

타키투스는 "주목할 만한 사건에 관련해서 우리는 아무것도 모른다"고 말했다. 하지만 오늘날 학계의 역사학자들은 '암흑시대Dark Ages'라 일컫는 것을 달갑게 생각하지 않는다. 그러나 내가 처음 배웠던 '암흑시대'는 서유럽에서 서로마 제국이 멸망한 때, 정확히 말하면 스키타이 출신의 반달 오도아케르가 로물루스 아우구스툴루스 황제를 폐위시킨 476년 9월 4일부터, 9세기 초의 카롤링거 르네상스 Carolingian Renaissance까지 계속된 시기를 묘사하는 용어였다. 하지만 이 암흑의 시기를 14세기 중반 이탈리아 르네상스가 처음 싹트기 시작한 때까지 더 길게 계산하며, 정체와 쇠락이 거의 1000년 동안 지속되었다고 인식하는 역사학자도 적지 않다.

이른바 '암흑시대'는 이탈리아 시인이자 외교관이던 프란체스코 페트라코Francesco Petracco(1304-1374, 영어로는 페트라르카)가 1330년대에 처음 지어낸 별칭이었다. 페트라르카는 고전 고대classical antiquity 이후의 문학을 비판하며 '새쿨룸 옵스쿠룸saeculum obscurum(암흑 시대)'이란 단어를 사용했다. 그 이후로 이 표현은 확대되어 중세 전기中世 前 期, 즉 약 1000년경을 가리키는 데도 사용되었고, 더 나아가 훗날의 역 사학자들은 로마 시대부터 중세 성기中世 盛期(11-13세기)까지의 시기 를 언급할 때도 이 표현을 사용했다. 인구가 줄어들고, 새로운 건축물 도 세워지지 않고, 역사 기록도 거의 없어, 문화적 성취가 크게 부족 한 때였다. 1347년에 시작된 흑사병으로 약 2억 명, 즉 세계 인구의 거 의 60퍼센트가 사망했다. 17세기에는 '암흑시대'라는 용어가 서유럽 전역에서 여러 언어로 광범위하게 사용되었다. 형세가 표현을 만드는 법이다. 내 생각에 '암흑시대'는 더할 나위 없이 적합한 표현이다.

이 기나긴 시기에 역사 쓰기도 악화되었다. 페트라르카의 친구 조반니 보카치오Giovanni Boccaccio(1313-1375)는 중세 후기에 고대의 필사본을 되살려보려고 시도한 극소수 중 한 명이었다. 보카치오는 다행히 폐쇄된 적이 없던 수도원들의 창고에서 옛 필사본을 종종 찾 아냈지만, 그 필사본들은 한 웅큼씩 뜯겨져 나갔거나 쓰레기에 뒤덮 인 채 훼손되거나 색깔이 바랬고, 필사의 오류로 가득하거나 먼지로 변해가고 있었다. 1363년, 보카치오는 로마와 나폴리의 중간 거리에 위치한 높이 치솟은 언덕에 들어앉은 몬테 카시노 대수도원을 방문 했다. 그 수도원은 서구 수도원의 창시자인 성 베네딕트(480-543)의 본향이었다.[2] 그러나 많은 필사본이 크게 훼손된 것을 보고, 보카치오 는 눈물을 터뜨렸다.

✻ ✻ ✻

서유럽·전역에서 11세기까지는 문자 기록에 대한 신뢰가 즉각 적이지도 않고 당연한 것도 아니었다. 사람들은 과거에 대한 정보가 필요할 때 책이나 두루마리를 찾아 읽지 않고, 연장자들이 말해줄 수 있는 것에 귀를 기울였다. 오랜 기간 동안 역사가들을 연구하는 과정에서 어떤 궁금증이 생긴다면, 그 역사가들이 종교적 문제를 해결하기 위해 과거를 이용했거나, 로마의 역사가들이 그랬듯이 자국민들에게 자부심을 줄 수 있는 고상하고 대담한 행위를 설명하는 그럴듯한 이야기를 꾸미려고 과거를 이용했기 때문이다. 물론 요즘에도 많이 읽히는 대부분의 역사가 중 상당수가 이야기를 듣기 좋게 꾸미려한 이유는 돈보다 명성 때문이었다. 그러나 저명한 옥스퍼드 역사학자 크리스 위컴Chris Wickham이 말하듯이, 로마 말기와 중세 초기에 쓰인 모든 이야기는 "최근에… 공허한 미사여구에 불과한 것으로 분석되었고, 저자의 정신 구조와 교육 수준을 제외한 다른 것을 이해하는데는 아무짝에 쓸모없는 것으로 판명되었다."[3] 지나치게 비판적인 해석인 듯하지만, 지금도 시의적절한 경고로 받아들여진다.

　　서로마 제국이 멸망한 476년 이후로, 중세 초기에 주목할 만한 역사가—대표적인 예가 투르의 주교로, 존 버로John Burrow가 "완고한 앤서니 트롤럽"이라고 정확히 표현한 그레고리우스 투로넨시스 Gregorius Turonensis(538-594)와 성 비드로 알려진 베다 베네라빌리스the Venerable Bede(673-735)—가 적잖게 등장했지만 그들의 저작은 주로 교회의 기록이었다.[4] 따라서 신앙심을 함양하는 보조 도구로 주로 쓰인까닭에 기적을 비판 없이 믿었고, 성인들의 언행을 일방적으로 칭송했다. 그리하여 성인들의 삶이 세속적 전기를 대체함에 따라, 하나의 범주로 존재하던 세속적 인물의 전기는 수 세기 동안 사라졌다. 550년과 750년 사이에는 소중한 문헌을 옮겨 쓰는 작업도 거의 중단되었고, 글을 읽고 쓰는 행위는 종교적 공간에서만 거의 전적으로 유지되었다.

서유럽의 역사가는 대부분 남자였고, 주로 성직자여서 대체로 동료 종교인들을 대변해 글을 썼다. 또 그들은 지주 계급의 아들로 태어났거나, 그들에게 유리한 글을 썼기 때문에 예외없이 상대적으로 부유한 편이었다. 중세 잉글랜드에서 여자로서 글을 남긴 사람은 한 명도 없다. 유럽 대륙에서는 낭만파 시인, 마리 드 프랑스Marie de France(존명기 1160-1215)를 비롯해 여성이 간혹 드물게 과거에 대한 글을 썼지만, 주로 성인전이나 신비주의적인 글에 집중되었다.

이렇게 역사 연구를 남성이 주도한 주된 이유는 무엇이었을까? 콘스탄티누스가 기독교로 개종한 이후로 서유럽이 점점 확대되는 교회의 영향권하에 있었기 때문이다. 4세기 첫 사분기에는 수도원 생활을 선택하는 삶이 유행이 되었고, 중세 초기—5-10세기—까지는 수도자와 교구의 성직자가 거의 유일하게 교육받은 사람이었다.* 게다

---

* '중세Middle Ages'라는 용어는 '암흑시대'만큼이나 역사에서 골칫거리였다. 중세는 콘스탄티누스 황제가 개종한 312년부터 콘스탄티노플이 함락된 1453년까지로 규정되는 게 일반론이지만, 일부 역사학자는 그 시기를 18세기 중반까지도 확대한다. 로마 가톨릭교회는 중세 성기가 사회적이고 종교적인 합의를 이룬 시기였지, 결코 '암흑'이 아니었다고 묘사하며 페트라르카의 '암흑시대'를 인정하지 않았다. 체사레 바로니오Cesare Baronio(1538-1607) 이탈리아 추기경은 기독교가 탄생한 이후로 1200년이 지난 1198년까지 다룬 《교회 연보》에서 '암흑시대'를, 카롤루스 제국이 몰락한 888년부터 그레고리오 개혁의 첫 낌새가 있었던 1046년까지의 시기로만 규정했다. 결국 '암흑시대'라는 명칭은 역사학자에게 자신의 뜻대로 조절할 수 있는 것이란 인상을 주었다. 따라서 에드워드 기번은 '암흑시대라는 쓰레기'라는 경멸적 표현을 서슴지 않았다. 그렇지만 '중세'가 통용되기 시작한 때는 윌리엄 캠던William Camden(1551-1623)이 자신의 연구서 《브리태니커》(1695)에서 그 개념을 처음 사용한 이후였고, medieval이란 영어 단어가 처음 사용된 기록은 1827년에야 나타난다. A. J. P. 테일러Alan John Percivale Taylor(1906-1990)의 표현을 빌리면, "중세 사람들은 자신들이 무엇인가의 중간 시대에 살고 있다는 걸… 몰랐다." A. J. P. Taylor, *From Napoleon to the Second International* (London: Faber, 1950), p. 27을 참조하기 바란다.

가 우리가 읽는 문헌의 대부분이 수도원의 필경사들(하루에 6시간 이상 옮겨 쓰는 작업에 열중했고, 필경실은 난방이 되지 않아 그들의 손가락은 무감각해졌다)이 옮겨 쓴 것이거나, 그들과 상호작용한 남성 지식인이 쓴 것이었다. 시간이 흐르자, 교회는 지식을 보존하려고 대학을 설립했다. 옥스퍼드와 케임브리지, 파리(1250년쯤에는 도미니크회와 프란체스코회의 탁발 수도자들이 대학에서 가르치며 프랑스의 지적 분위기를 주도했다), 볼로냐(1088년에 설립. 대학으로 인정된 최초의 대학이며, 법학 강의로 유명해졌다), 톨레도, 오를레앙 등 유럽의 거의 모든 유수한 대학이 이때 세워졌다. 일반적인 삶에서 그랬듯이, 역사를 쓰는 과업도 특권을 지닌 남자들이 지배했다.

6세기 후반부에 들며 학문은 심각할 정도로 쇠락했지만 역사서는 꾸준히 쓰였다. 8세기 이전에 가장 지속적으로 활동한 역사가는 갈리아 중부에서 태어난 귀족 출신의 프랑스인으로, 진지한 학자로 보이려고 애썼지만 철저하게 실패한 주교이던 그레고리우스 투로넨시스였다. 그는 글을 쉽고 재밌게 썼고, 일화를 생생하게 소개하며 이야기를 그럴듯하게 꾸미는 걸 좋아해서 갈리아의 헤로도토스가 되었다.

그레고리우스 투로넨시스, 즉 투르의 그레고리우스는 갈리아 중부에 있는 클레르몽(현재는 클레르몽페랑)에서 태어났다. 그의 아버지는 귀족으로 그의 가계도는 원로원 의원과 주교로 가득 차 있었다. 35번째 생일을 맞았을 때 주교로 서임되었는데, 다섯 명의 전임자를 제외하면 투르의 모든 주교는 그의 친척이었다. 투르는 수상 고속도로라 할 수 있는 루아르 강변에 위치하고, 프랑크 왕국의 북부 지역과 남서 지역 사이, 스페인으로 가는 주요 길목에 있었다. 따라서 그는 투르에 앉아, 모든 유력 인사를 만났다. 또 투르는 (누더기만을 걸친 걸인에게 자신의 외투 절반을 잘라 주었다는 일화로 유명한) 마르티노 성자를 향한 민중 숭배 중심지여서 순례지이자, 정치적 피난처이기도 했다.

그레고리우스는 열정적이고 양심적인 지도자여서, 정치적인 격동의 시기에도 자신의 길을 개척해 나아갔다. 한번은 갈리아의 여왕 프레데공드를 모략했다는 이유로 교구민에게 고발을 당해, 선서를 하고 자신의 무고함을 주장해야 했다. 재판정에서 "그는 위엄 있고 강직한 모습을 보이며 적들을 놀라게 했다."[5] 그 때문인지 그는 만장일치로 무죄 판결을 받았다.

주교에 선출된 때부터 그는 글을 쓰기 시작했다. 그는 자신의 저작을 "'열 권의 히스토리아'로 압축했다. 일곱 권은 기적을 다루었고, 한 권은 교부들의 삶, 한 권은 시편에 대한 해설, 나머지 한 권은 교회의 전례典禮를 다루었다." 마르티노 성자가 보여준 기적들을 4편의 글로 자세히 이야기한 첫 저작은 575년부터 587년 사이에 쓰였지만 마지막 편이 완결되지 못했다. 587년에는 갈리아가 로마에게 박해를 받는 동안 순교자들이 일으킨 기적을 다룬 '순교자의 영광'이란 책을 쓰기 시작했다. 그 뒤에도 다른 저작들을 잇달아 발표하며 당시 상류 계급에 대한 이상한 이야기들을 전해주었지만, 그중에서 가장 흥미로운 저작은 《교부들의 삶Liber vitae Patrum》이었다. (그레고리우스는 라틴어로 글을 썼다. 흥미롭게도 프랑스어는 노르만 정복 이후로 100년 남짓 동안 처음에는 프랑스가 아니라 잉글랜드에서 글말로 발달했다.)

그레고리우스는 자신의 시대에 대한 대부분의 이야기를 10권에 담은 《프랑크 역사》로 명성을 얻었다. 제1권은 아담 이후의 세계사를 간략하게 정리하고, 교회의 역사를 합친 다음 자신의 고향인 클레르몽으로 넘어와, 프랑크족에 의한 갈리아 정복을 언급하고 397년 마르티노 성자의 죽음으로 끝맺는다. 제2권은 프랑크 왕국을 세운 정치적이고 종교적인 지도자 클로비스 1세와, 그가 기독교로 개종한 사건을 다룬다. 그 이후로 종교적 사건과 세속적 사건을 뒤섞어가며 591년까지의 역사가 제10권까지 다루어진다. 제5권부터 그레고리우스는 직접 주인공 역할을 하며, 그의 교구 안팎에서 일어난 사건들을 집중적으로 이야기한다. 그는 대화하듯이 글을 쓰고, 상당히 유머러스하지만, 편향적이란 인상을 풍긴다. 또 논점이 쉽게 딴 데로 빠지며 범죄와 전쟁, 기적과 온갖 유형의 과잉, 특히 클로비스 1세의 사후에 뒤따른 살인과 반목 등이 언급된다. 그레고리우스는 클로비스 1세를 영웅으로 숭배하지만, 그 왕이 충동적으로 도끼를 휘둘러 한 지방 주민을 둘로 쪼개버린 만행을 감추지 않는다. 그레고리우스는 자료를 비판 없이 믿고 받아들인 듯하지만, 독자가 눈을 뗄 수 없을 정도로 이야기를 흥미진진하게 끌어간다.

파리에 거주할 때 클로비스 왕은 시고베르트의 아들에게 사람을 은밀히 보내 "당신 아버지가 어느새 나이 들었고, 약한 발로 절름거리는 걸 보라. 그 노인이 죽는다면 그의 왕국이 당연한 권리로 당신의 것이 될 것이고 우리 우정도 돈독해질 것"이란 말을 전했다. 아들은 권력욕에 사로잡혀, 아버지를 살해할 음모를 꾸몄다. 어느 날, 아버지가 쾰른을 떠나 라인강을 건너 보이하 숲을 여행하는 계획을 세웠다. 그때 아들은 자객을 보내 아버지가 정오에 천막에서 낮잠을 잘 때 암살했다. 아들은 왕국을 손에 넣었다고 생각했지만, 하느님의 심판을 받아 아버지를 묻으려고 잔혹하게 파둔 구덩이에 제 발로 걸어 들어갔다. 아들은 사절단을 클로비스 왕에게 보내 아버지의 죽음을 알리는 동시에 "내 아버지는 죽었다. 그래서 아버지의 보물과 아버지의 왕국이 내 것이 되었다. 나에게 사절단을 보내면, 내가 아버지로부터 물려받은 보물을, 당신이 흡족할 만큼 기꺼이 보내겠다"고 말했다. 클로비스 왕이 대답했다. "당신의 선의에 감사하는 바이다. 내가 사절단을 보내니, 그들에게 보물을 보여주기 바란다. 그 후에 당신이 모든 것을 갖도록 하라." 클로비스 왕의 사절단이 마침내 도착했고, 아들은 아버지의 보물을 그들에게 보여주었다. 그들이 다른 물건들을 만지작대자, 아들이 "내 아버지가 황금 동전을 넣어둔 곳은 이 작은 상자요"라고 말했다. 그러자 그들이 "그럼 전하께서 손을 상자 바닥까지 넣어서 전부를 꺼내보시지요"라고 말했다. 아들이 그렇게 하려고 허리를 깊이 구부렸을 때, 한 사내가 손을 높이 치켜들고는 큰 도끼로 아들의 머리를 내리쳤다. 그리하여 아들은 아버지를 살해했던 것만큼이나 수치스런 죽음을 맞아야 했다.[6]

그레고리우스는 정치적 메시지도 전달했지만, 그의 주된 목적은 성자들의 모범적인 행실과 비교하며 세속 생활의 가식성을 고발하는 데 있었다. 그레고리우스는 자신을 철저히 작가로 의식했고, 자신의 이야기를 후세에게 운문으로 다시 써달라고 부탁하기도 했다(지금까지 누구도 그 제안을 받아들이지 않았다). 그러나 그 훌륭한 주교는 타고난 이야기꾼이어서 그가 가정 노예, 숙련공, 반항적인 수녀, 사기꾼(특별한 걱정거리), 몇몇 주교까지 언급된 술꾼들 등에 대해, 또 간음하는 성직자들과 프랑크 왕국의 흉포한 귀족들에 대해 남긴 이야기들은 지금도 우리 기억에 생생하다. 결론적으로 그레고리우스는 헤로도토스의 유령을 떠올려주는 데 그치지 않고, 마치 6세기의 보카치오를 미리 보는 듯한 기분을 우리에게 안겨준다.

✶ ✶ ✶

그레고리우스가 프랑크 왕국의 역사를 기록한 것처럼, 베다 베네라빌리스가 731년 노섬벌랜드의 한 수도원에서 《잉글랜드 교회사》를 완성하지 않았다면, 8세기의 잉글랜드와 웨일스, 아일랜드에 대해 지금 우리는 거의 아무것도 모를 것이다. 이 시대를 연구한 역사학자로 존경받은 프랭크 스텐턴Frank Stenton(1880-1967)은 베다의 역사를 "시간과 공간의 가장 근본적인 조건을 제외하고는 모든 것을 초월하는 극소수 저작" 중 하나로 평가하며, "전통, 친구 관계, 증거 문서를 통해 그에게 전해진 정보 조각들을 조합하는 탁월한 능력"이 만들어낸 역사라고 덧붙였다.[7] 그레고리우스 투로넨시스와 비교할 때, "베다는 자료가 많은 도서관에서 조용히 연구한 학자였다. …그레고리우스의 저작이 흙 냄새를 풍긴다면, 베다의 저작에서는 조용히 타오르는 양초 냄새가 난다." 이런 비유는 로마 역사가 세네카가 서기 65년 강제로 자결하기 얼마 전에 했던 "어둠을 꿰뚫지 못하고 어둠이 있다는 걸 어렴풋이 알려주는 데 불과한 횃불보다 희미한 것은 없다"라는 말을 새삼스레 기억에 떠올려준다. 하지만 베다가 증명하듯이, 어렴풋이 보는 것도 때로는 값질 수 있다.

베다는 더럼의 몽크턴에서 태어났지만 배경에 대해서는 알려진 게 거의 없다. 그의 이름은 앵글로·색슨어에서 "말하다, 명령하다"를 뜻하는 단어에서 파생한 것이다. 일곱 살에 그는 잉글랜드 북동 해안 지역인 위어머스에 있는 성 베드로 수도원에 맡겨졌다. 2년 뒤, 수도원장이 근처 재로에 자매 수도원을 세웠고, 베다는 그곳으로 옮겨갔다. 4년 뒤인 687년, 흑사병이 발발했다. 710년경 익명으로 쓰인 《첼프리스의 생애》에 따르면, 두 명의 수도자만 살아남아 겨우 온전한 성무일도를 치를 수 있었다. 그중 한 명은 14세 소년이었고, 베다였던 게 거의 확실하다. 베다는 서른 이전에 정식 사제가 되었다.

701년경, 베다는 처음으로 《운율에 대하여》와 《계획과 비유에 대하여》를 썼는데, 두 책 모두 교실에서 사용할 목적으로 쓴 것이었다. 베다는 평생 60종 이상의 책을 썼고, 거의 모두가 지금까지 전해진다. 그 저작들이 베다의 것으로 파악되는 이유는, 현재의 저작권 개념이 다소나마 공유되었고, 어떤 책이 쓰이면 저자의 재산권을 침해하지 않는 제도가 시행된 문화권에서 베다가 연구한 덕분이었다. 베다는 다양한 분야의 학문을 연구했다. 예컨대 베다는 연대 표기에서 '서기'를 처음 사용한 학자였다. 이것만으로도 역사 쓰기에 엄청난 발전이었다. 어떤 사건이 일어난 때는 문제가 아니었다. 예컨대 '기원전 261년의 코스 전투'라는 식의 표기는 수세기 동안 역사가들 사이에서 흔한 시대 표기법이었다. 그러나 이때 사용된 표기법은 어색했다. 그리스도가 태어난 해를 중심으로 그 이후나 그 이전에 일어났다는 꼬리표—즉 '기원후'와 '기원전'—를 붙인 베다의 방법론은 《교회사》와 연대기를 다룬 두 저작이 인기를 얻으며 널리 사용되었다. 이 새로운 표기법은 규범이 되기까지 많은 시간이 걸렸지만, 서구의 시간 기록을 효과적으로 일치시키는 성과를 거두었다.

　　베다는 지금 주로 역사가로 알려졌지만, 그의 생전에는 성경, 문법과 연대기를 다룬 논문들도 역사서만큼이 중요하게 여겨졌다. 그의 저작들은 시가詩歌, 문법적이고 '과학적인' 저작, 성경 해석(성인전, 순교자 열전, 성가학), 역사와 전기에 대한 연구로 뚜렷이 구분된다. 신학적인 글로 성자가 되었고, 지금까지도 '교회 학자Doctor of the Church'로 칭해지는 유일한 잉글랜드인이다. 9세기에 이미 '가경자Venerable'로 알려졌지만, 미래의 성자로 여겨졌기 때문은 아니었다. 일설에 의하면, 베다는 자신의 무덤에 쓰일 적절한 문구로 이행시로 쓰기도 했는데, "이 무덤에 잠들다/ ___ 베다의 시신이"라고 쉽게 썼지만, 빈칸

베다가 쓴 《잉글랜드 교회사》의 첫 장. 735년 그가 사망하고 수십 년이 지난 후에야 제작된 것으로 추정된다.

에 들어가기에 적합한 단어를 찾아내지 못했다. 밤중에 신의 계시를 받았고, 이튿날 베다는 빈칸을 '가경자Venerabilis'로 채웠다.[8] 멋진 이야기이지 않은가. 그리고 11세기쯤에는 베다에 덧붙여진 '가경자'라는 경칭은 상식이 되었다.

그의 대표작 《잉글랜드 교회사》는 5권으로 나뉜다. 첫 권은 지리적인 환경으로 시작하며, (그리스도가 재림할 때 영국인들이 '구원'받을 수 있게 하려는 듯) 영국을 장미색으로 색칠하며 창세기의 에덴동산을 떠올려주었고, 곧이어 잉글랜드의 역사를 카이사르가 침략한 기원전 55년부터 기록하기 시작했다. 로마 제국 시대의 영국에 기독교가 어떻게 도래했는지를 간략하기 기술한 뒤에는 색슨족, 앵글족, 주트족이 5세기에 침략해서 정착하게 된 과정을 자세히 설명했다. 또 아우구스티누스 칸투아리엔시스(캔터베리의 아우구스티누스)가 597년 잉글 랜드에 도착해서 기독교를 앵글로·색슨족에게 전파한 이야기도 빠뜨 리지 않았다. 제2권은 604년 교황 그레고리오 1세의 죽음으로 시작 한다. 기독교가 잉글랜드 남부에서 확산되고, 북부에도 복음을 전하 려는 첫 시도가 있었다는 이야기로 이어진다. 제3권에서는 노섬브리 아에서 기독교가 어떻게 성장했는지가 설명된다. 특히 영국 교회의 단일화가 확정된 휘트비 공의회에 대한 자세한 설명으로 절정을 이 룬다. 제4권에서는 기독교를 영국 전역과 '고집 센' 아일랜드에 전파 하기 위한 노력이 다루어지고, 제5권에서는 베다의 시대까지가 연대 순으로 기록된다.

베다가 《잉글랜드 교회사》를 쓴 주된 목적은 통일된 교회가 영 국에서 어떻게 성장했는가를 보여주는 데 있었다. 그 책이 마무리되 었을 즈음에는 잉글랜드인과 그들의 교회가 지배적 위치에 있었다. 베다가 자신의 개혁 프로그램을 널리 알릴 계획이었던 까닭에, 그의 사적인 편지에서 읽히는 비관주의와 달리 무척 낙관적인 그림을 그 린다. 그는 이단에 초점을 맞추고, 이단을 근절하기 위한 노력을 강조 한다. 또 도덕적인 견해를 전개하는 데 도움이 될 때에만 세속의 역사 를 끌어오는데, 흥미로운 정보가 담긴 토막 소식으로 독자를 즐겁게 해주려고도 했다. 예컨대 베다는 브리턴족이 로마의 침략을 막으려고 템스강 바닥에 박은 말뚝들이 700년이 지난 당시에 보인다고 주장하 며, 그 말뚝들을 자세히 묘사한다. 베다의 개인적인 면에 대해서는 알 려진 게 거의 없다. 그가 음악을 좋아한다고 어딘가에 언급한 적이 있 었고, 시를 멋들어지게 암송했던 것으로도 보인다.*

---

* 수 세기 동안, 작가들은 대중 앞에서 소리 내어 낭송할 목적에서 역사를 썼다. 묵 독이 특별한 재능으로 여겨졌던 게 이상하게 생각될 수 있지만, 묵독은 기원전

베다가 객관적 증거를 존중했다는 사실을 고려할 때, 그의 책들이 무수한 기적으로 채워졌다는 건 모순이 아닐 수 없다.[9] 신성한 죽음, 천당과 지옥의 환영, 초자연적 힘을 지닌 유물, 썩지 않고 향내를 풍기는 시신, 허약한 말馬과 신의 개입까지 온갖 기적과 관련된 이야기에 140개 장章 중 약 40개 장이 할애된다. 따라서 가경자 베다와 투르의 그레고리우스는 크게 다르지 않다. 베다는 자신이 사실을 쓰는 것이라 굳게 믿었을 것이다. 그의 저작은 출처의 정확성을 세심하게 평가했고, "믿을 만한 증인들의 신뢰할 수 있는 증언으로부터 내가 배울 수 있는 것"만을 기록했다는 점에서 학자의 저작과 다를 바가 없기 때문이다.[10]

베다는 캔터베리에 있는 성 아우구스티누스 수도원의 수도원장으로부터 도움을 받았다는 걸 인정한다. 베다가 있던 재로 수도원은 잉글랜드의 북단 끝, 캔터베리는 남단에 위치한다. 따라서 적어도 잉글랜드에서는 지리적 장애에 따른 소통이 극복하지 못할 문제가 아니었다는 게 입증된 셈이다. 위어머스-재로에 있던 수도원도 유명

405년, 아리스토파네스의 희극《개구리》에서 처음 언급된다. 플루타르코스는 기원전 4세기에, 알렉산더 대왕이 어머니에게 받은 편지를 소리 내지 않고 읽어 병사들이 그 모습을 보고 놀랐다는 기록을 남겼다. 기원전 63년, 소小카토의 이부 누이로, 율리우스 카이사르의 정부이던 세르빌리아는 성적으로 노골적인 편지를 카이사르에게 보냈고, 그 편지는 때마침 원로원에서 논쟁 중이던 카이사르에게 전해졌다. 카토는 그 편지가 정치적 음모와 관련 있을 것이라 의심하며, 카이사르에게 소리 내어 읽으라고 요구했다. 카이사르는 처음에 입술만을 움직이며, 편지를 속으로 읽었다. 그래서 카토가 그 편지를 받아들고 소리 내어 읽었고, 그러고는 난처한 지경에 빠지고 말았다. 그런 반응은 카이사르가 바라던 바였다. 입술조차 움직이지 않고 묵독하는 사례에 대한 첫 기록은 서기 397년과 400년 사이에 쓰인 성 아우구스티누스의《고백록》에 등장한다. 아우구스티누스는 그의 조언자이자 밀라노의 주교이던 암브로시우스가 그렇게 책을 읽는 것을 보고, 그런 독서법의 이점에 대해 깊이 생각해보았다. 독서의 개인주의적인 면은 중세 시대에야 보편화된다.

한 학문 중심지였고, 약 200권의 장서를 지닌 훌륭한 도서관이 있었다. 그 수도원은 활기차고 지적인 공간이었고, 710년쯤에는 600명이 넘는 수도자의 보금자리였다. 그렇지만 노섬브리아에는 베다가 자신의 생각을 두고 유익하게 논쟁할 말한 학자가 한 명도 없었다. 베다가 세상을 떠난 뒤 수 세기 동안《교회사》는 시시때때로 옮겨 쓰였다. 덕분에 160개의 필사본이 지금까지 전해지고, 다수가 영국 밖에 존재한다. 베다의 권위에 압도되어 다른 역사학자들이 잉글랜드 교회사를 다시 쓰는 걸 아예 단념했을 수 있고, 그 이전의 저작들도 깨끗이 사라졌던 게 아닐까 싶다. 베다는 역사가로서 잉글랜드에서만이 아니라 대륙에서도 존경을 받았으며, 거의 400년이 지난 12세기 중엽까지 그에게 비견할 말한 역사가가 등장하지 않은 것만은 분명하다.

※ ※ ※

위대한 역사학자 에릭 홉스봄Eric Hobsbawm(1917-2012)은 "국가를 만드는 것은 과거이다. 한 국가의 존재를 정당화하는 것은 과거이다. 역사학자는 그런 과거를 만드는 사람이다"라고 말했다.[11] 하지만 뛰어난 역사서가 반드시 한 명의 저자나 조직 구성원에 의해 꾸며진 것은 아니다. 유럽에서는 극히 드문 시도였고, 적어도 13세기 초까지 계속된《앵글로·색슨 연대기》가 대표적인 예이다. 각 항목이 하나의 짤막한 단락으로 이루어진《앵글로·색슨 연대기》에는 길에 떠돌던 이야기, 즉 어딘가로부터 흘러나온 것, 글쓴이들이 들은 것이 담겼다. 또 일상적인 언어로 작성되어, 대륙에서 라틴어로 쓰인 유사한 저작을 흉측하게 만드는 화려한 미사여구와 도덕적인 설교가 없다. 또한 당시에는 문서고가 실질적으로 존재하지 않아, 대부분의 정보가 다른 곳에 기록되지 않은 것이다. 다양한 이야기를 이런 식으로 수집해 정리하는 방법은 '부활절 계산표Easter Tables'로 알려진 것에서 발달했다. 부활절 계산표는 성직자가 향후의 교회 축제일을 알아내는 데 도움을 주던 일종의 달력이었다. 한 페이지에 수평선이 줄줄이 그어졌고, 뒤쪽으로 천문학적 정보가 보충되고, 한 해 한 해를 구분하는 짤막한 설명이 담긴 공간이 있었다. 수도자들은 온갖 종류의 글을 여백에 끄적대기 시작했고, 시간이 지남에 따라 이런 개인적인 논평이 늘어났다. 때때로 왕가의 혈통이 쓰였고, 유행하던 노래의 노랫말, 지역 전설과 풍습 등이 단편적으로 쓰이기도 했다. (영국 해협 건너편 대륙에서는 샤를마뉴가 이런 관습의 가치를 지체없이 파악하고, 왕국 내의 모든 수도원에게 비슷한 편년사를 쓰라고 명령을 내렸다.)*

잉글랜드의 수도원 대부분, 심지어 웨일스와 아일랜드의 수도원에서도 연대기를 어떤 형태로든 기록했고, 교구의 많은 교회도 예외는 아니었다. 이 시기에 쓰인 역사들은 단순한 연대기의 수준을

---

* 연대기는 '집단 역사가collective historians'라 칭해질 수 있는 사람들의 몫이다. 예컨대 17세기의 역사 기록으로 여러 판본이 존재하는 《갈리아의 기독교Gallia Christiana》는 프랑스와 프랑스 점령지 내의 모든 가톨릭 교구와 수도원을 정리한 목록이다. 장 볼랑Jean Bolland(1596-1665)의 이름을 딴, 볼랑디스트Bollandist는 성인전을 기록하는 데 앞장섰던 베네딕파의 일원이다. 그들은 고문서학자와 역사학자의 모임으로 17세기 초부터 기독교 성자들의 삶을 연구했다(처음에는 모두 예수회 소속이었지만 이제는 다른 수도회 연구자들도 받아들인다). 그들이 펴낸 가장 중요한 자료는 《성인전집Acta Sanctorum》이다. 이 책은 1월의 모든 성자로 시작되지만 400년이 지난 뒤에야 12월 1일에 도달했고, 결국 그 지점에서 중단되었다.
독일로 눈을 돌리면, 일반적으로 '에르슈-그루버'로 알려진, 요한 사무엘 에르슈Johann Samuel Ersch(1766-1828)와 요한 고트프리트 그루버 Johann Gottfried Gruber(1774-1851)가 함께 펴낸 19세기의 백과사전 《과학 및 예술에 대한 일반 백과》가 있었다. 그때까지 시도된 가장 야심찬 백과사전 중 하나로 끝내 완성되

넘지 않았다. 하지만 7세기와 9세기 사이에 여러 수도원장과 종교인이 유명 인사의 행적에 대한 이야기를 썼고, "그 이야기를 그럴듯한 책으로 만들어, 연대기라 칭했다." 871년 앨프레드 대왕Alfred the Great(849-899)은 잉글랜드의 왕권을 이어받은 뒤, 그런 정보를 더 효과적으로 활용하려는 목표를 세우고, 《앵글로·색슨 연대기》의 첫 판본(윈체스터에서 작성되었지만 855년과 892년 사이에 다른 지역의 편년사가 덧붙여져 확대된 판본)을 "기둥에 묶어두고… 그 안에는 잉글랜드에 지금까지 군림했던 모든 왕의 삶이 담겨 있기 때문에 누구도 없애거나 떼어가지 못하도록, 누구나 읽고 또 읽을 수 있도록 했다."

《앵글로·색슨 연대기》는 그 이후로 옮겨 쓰여져서, 많은 수도원에 보내졌다. 기록하는 방법이 발달함에 따라, 항목은 줄어들었고 비망록은 조금씩 길어져 역사 기록이 되었다. 또 달력은 편년사로 바뀌었고, 편년사는 연대기로 발전했으며, 연대기가 결국 역사서로 승화되었다. 그 이후에 《앵글로·색슨 연대기》에 더해진 많은 항목은 소박하면서 기운찬 언어로 쓰여, 고대 영어 산문의 진수를 보여준다.

《앵글로·색슨 연대기》 판본 중 적어도 9개가 지금까지 전해진다. 최초의 연대기는 9세기에 편찬되었지만 기원전 60년(편년사에 카이사르가 브리튼섬을 침략했다고 기록된 해)부터, 어떤 연대기가 쓰인 해까지의 자료가 소개된다. 《앵글로·색슨 연대기》에는 1154년에도 새로운 정보가 활발히 더해진 흔적이 있다. 적잖은 항목이 편향성을 뚜렷이 띠며,

지 못했다. 1813년에 시작되었지만 나폴레옹 전쟁으로 잠시 중단되었고, 첫 권은 1818년에야 출간되었다. 이 프로젝트를 포기한 1889년까지 167권이 발행되었고, 그리스에 대한 항목만도 무려 3668쪽에 달했다. 중국에서는 송나라에 거의 100년을 걸쳐 완성된 방대한 백과사전 《송사대서宋四大書》가 있었고, 명나라 시대에는 무려 1만 1095권으로 구성된 《영락대전永樂大典》이 쓰였다. 《영락대전》은 디지털 시대인 지금까지 시도된 가장 방대한 백과사전이었다.

글쓴이의 관점을 명확히 드러내고, 그 결과로 중요한 사건을 빠뜨리거나 얼버무리며 넘어간 듯하다. 하지만 전체적으로 볼 때《앵글로·색슨 연대기》는 로마인들이 떠난 때부터 노르만 정복 이후로 수십 년까지 잉글랜드 역사를 다룬 중요한 사료이다.

※ ※ ※

편년사annals는 사건의 원인과 결과, 중요성과 영향에 대해 아무것도 말해주지 않는다. 편년사는 의도적으로 해석을 멀리한다. 하지만 존 버로가 말하듯이, "하나의 장르로서, 역사는 이야기의 확대, 관련된 상황의 세밀한 묘사, 주제의 일관성이란 특징을 띤다. 따라서 단순히 사건을 연대적으로 나열하는 관습보다, 주제와 사건과 설명을 고려하는 요구에 사실을 기록하게 된다." 버로는 글로 쓰인 역사에 대해 말했지만, 11세기의 역사를 가장 효과적으로 보여주는 작품 중 하나는 '바이외 태피스트리Bayeux Tapestry'라는 자수 작품이다. 이 자수 미술품은 11세기의 가장 중요한 사건, 즉 노르만족의 영국 침략을 거짓으로 이야기하는 '거짓말 태피스트리'로 프랑스의 프로파간다라는 비판을 받지만, 그 시대를 시각적으로나 다른 방식으로나 가장 인상적으로 보여주는 기록이다.[12]

진실이 무엇이든 간에 그 태피스트리는 앵글로·색슨족의 삶, 중세의 무기와 의상 및 그 시대부터 지금까지 존재하는 것 이외의 용품들을 보여주는 유일한 기록이다. 길이 224.3피트(68.4미터)에 높이가 18인치(0.46미터)의 태피스트리이지만, 라틴어로 가로로 길게 쓰인 글이 있어 하나의 텍스트이기도 하다(흥미롭게도 '텍스트text'는 라틴어에서 '짜다, 엮다(weave)'를 뜻하는 texere에서 파생된 단어). 주요 인물과 장면 이외에, 일상의 삶을 보여주는 여러 장면이 위와 아래에서 수평으로 좁게 묘사된다. 남자들이 꼬챙이에 꿴 새고기를 먹고, 말다툼하던 중에 삽으로 서로 공격하며, 무거운 짐을 배에 실으려고 얕은 물을 헤치며 걷고, 돼지를 어깨에 짊어지고, 씨를 뿌리고, 교회에 가는 모습들이 눈에 들어온다. 때로는 에로틱한 장면이 노골적으로 그려졌다. 스콧 피츠제럴드Scott Fitzgerald(1896-1940)는 1931년에 발표한 글에서 "뉴욕 지방법원의 한 판사가 바이외 태피스트리를 보여주려고 딸을 데리고 갔다가, 한 장면이 지나치게 비도덕적이란 이유로 한바탕 소동을 피웠다"는 이야기를 전해준다.[13]

사람 626명(그중 15명만 이름이 언급됨), 말 202마리, 개 55마리, 그밖의 짐승 505마리, 나무 49그루, 건물 37채, 선박 41척이 자수로 묘사되었다. 여성은 '백조목 이디스Edith Swan-Neck'라 불리던 해럴드의 정부를 포함해 5명만이 등장한다. 이 태피스트리는 여성들의 손으로 짜였지만 남성의 이야기이다. 태피스트리의 끝부분은 오래전에 사라졌고, "그리고 잉글랜드인들은 달아나는 걸 그만두었다Et fuga verterunt Angli"라는 최종적인 설명글은 1814년 직전, 나폴레옹 전쟁 동안 프랑스 길쌈녀들에 의해 더해졌다. 처음 제작되었을 때 그 태피스트리는 훨씬 더 길어 두 조각이 더 있을 것으로 추정되고, 그중 하나는 정복자 윌리엄의 대관식이 묘사되었을 것이다.

바이외 태피스트리, 즉 '정복 이야기La telle du conquest'에는 잉글랜드 역사에서 가장 결정적이던 해까지 이어지는 사건, 정확히 말하면 1066년 10월 14일의 헤이스팅스 전투에서 막을 내리는 사건이 묘사된다. 약 75개의 장면으로 구성되고, 각 장면마다 라틴어 설명글이 더해졌다. 직조된 천이 아니라 린넨 천을 이어 붙인 여덟 조각에 털실로 수를 놓았다(따라서 거의 언제나 태피스트리라 칭해지지만 엄격히 말하면 태피스트리가 아니다. 자수에서는 바늘땀이 바닥 천 위로 도드라져 보이는 경우가 많다). 이 태피스트리는 정복자 윌리엄의 탐욕스럽고 야심찬 이부동생이자, 대성당이 있는 도시 바이외의 주교이던 오도의 주문으로, 1070년대에 바이외가 아니라 잉글랜드에서 제작되었을 가능성이 크다. 정복이 끝난 뒤에 오도는 켄트의 백작이 되었고, 윌리엄이 노르망디로 돌아가 잉글랜드에 없을 때는 잉글랜드의 섭정 역할도 했다. 오도는 자신의 궁전을 장식할 목적에서 이 태피스트리를 주문했지만, 궁극적으로는 자신이 세운 성당을 장식하는 데 썼다. 이 장식물을 완전히 펼쳐놓을 만큼 널찍한 공간은 거의 없었다. 이 태피스트리는 엄청나게 긴 영화 필름에 비견되고, 넬슨 기념탑 높이보다 3분의 1만큼 더 길다.*

바이외 태피스트리는 잉글랜드 왕, 참회자 에드워드로 시작한다. 에드워드 왕은 약 60세쯤에 뚜렷한 후계자가 없어, 처남이자 웨식스의 백작인 해럴드 고드윈슨Harold Godwinson을 노르망디로 보내, 윌리엄 공작(훗날의 정복자 윌리엄)에게 자신의 후임으로 잉글랜드 왕권을 넘기겠다고 약속한다. 해럴드는 고향으로 돌아가기 전에 난파와 투옥 등으로 고생하고, 마지막으로 투옥되었을 때는 윌리엄의 선처로 풀려난다. 이런 우여곡절 끝에 해럴드는 고향으로 떠나고 마침내 에드워드 앞에 출두한다. 하지만 에드워드는 집게손가락까

---

* 나는 중등학교와 대학교를 다닐 때, 그 후에도 꽤나 오랫동안, 글로스터셔에 있던 절친한 친구의 집에서 많은 시간을 보냈다. 거실의 소파와 안락의자들이 바이외 태피스트리를 날염한 길쭉한 직물로 덮여 있었다. 나는 그 덮개를 무척 좋아했다. 그래서 친구 가족은 다른 곳으로 이사할 때 그 덮개를 나에게 물려주었다. 안타깝게도 그 덮개는 태피스트리 전체가 아니었다. 내가 지금 갖고 있는 것은 태피스트리 윗부분의 장식띠이다. 디데이 직후, 잡지 〈뉴요커〉는 바이외 태피스트리를 모방해 겉표지를 제작했다(1944년 7월 15일).

지 흔들며 해럴드를 나무라고, 해럴드는 몸을 움츠리며 굴욕을 견뎌야 한다.

에드워드가 죽자, 해럴드는 스스로 왕위에 오른다. 해럴드가 에드워드를 배반하며 잉글랜드 왕이 되었다는 소식이 노르망디까지 전해진다. 태피스트리에서는 윌리엄이 함대를 편성하라는 명령을 내리지만, 자수를 놓는 공예가들을 지휘하는 사람은 오도로 보인다. 침략자들은 영국 해협을 건너, 페번지라는 마을 근처의 해변에 상륙한다. 잉글랜드 군(정확히는 앵글로·데인 군)과 노르만 군 사이에 사절이 오간다. 윌리엄의 신장은 5피트 10인치(178센티미터)로 당시에는 무척 큰 키였다. 윌리엄은 병사들에게 전투를 준비하라고 명령한다. 다음 장면에서는 병사들이 죽어가고, 다리가 잘리며 대지를 뒤덮는다. 태피스트리에서 해럴드 왕은 죽음의 순간을 맞아 등장하지만, 관례상 이해가 되지 않는다. 황금 화살이 눈을 관통한 잉글랜드인이 묘사되고 있지만, 그가 해럴드는 아니다. 해럴드는 군마軍馬에게 짓밟히고, 앵글로·데인 방어선을 돌파하는 네 명의 노르만 기사에게 토막 난 게 거의 확실하기 때문이다. 역사학자 벤 매킨타이어Ben Macintyre에 따르면, 황금 화살이 눈을 관통했다는 이야기는 불안정한 신新왕조에 종교적이고 정치적인 정통성을 부여하려고 나중에 꾸며져서 12세기 무렵에 전설로 굳어졌고, 19세기 초에 복원되었을 때 태피스트리로 수놓아졌다. 따라서 운명적인 화살이 미사일처럼 하늘을 가르며 날아가 잉글랜드 왕을 쓰러뜨렸다는 전설은 하느님의 행위, 즉 해럴드가 윌리엄에게 충성하겠다는 서약을 깨뜨린 배신에 내려진 신의 형벌로 해석되었다.

앵글로·색슨의 자수 작품이 유럽 전역에서 칭찬받았다는 사실을 고려하면, 그 태피스트리를 수놓은 사람들은 캔터베리에 있는 성 아우구스티누스 수도원에 소속된 침모들이었고, 설계자는 십중팔구 그곳의 수도원장이었을 것이다. 또 수도원장은 그런 작업으로 국제적인 명성을 지닌 까닭에, 새로운 주인들의 지시를 따르는 수밖에 다른 도리가 없었을 것이다. 태피스트리에 담긴 이야기가 노르망디에서 행한 해럴드의 행위를 2년 뒤의 침략에 관련짓고 있어, 태피스트리는 정복에 대한 변명으로 해석된다. 하지만 엄격히 말하면, 노르만족의 선전과 앵글로·색슨의 역선전이 절묘하게 뒤섞인 태피스트리이다. 주된 이야기는 침략자의 승리를 찬양하는 것으로 보일 수 있지만, 노르만족의 주장을 깎아내리는 은밀한 메시지가 태피스트리에 감춰져 있다. 해럴드가 용감한 지도자로 묘사되고(해럴드는 프랑스에 있을 때 강에서 두 병사를 구한다), 그의 병사들도 비겁하지 않게 그려진다. 반면에 침략자들은 여자와 아이가 안에 있는 건물을 불태운다. "우리는 얼마나 뒤얽힌 망을 짜는가…."

바이외 태피스트리가 900년 이상을 견딘 내구성은 놀라울 정도이다. 이 태피스트리는 역사에 대한 우리 이해에 다른 시각적 인공물보다 더 큰 영향을 미쳤다. 바이외 태피스트리만큼 뛰어난 예술 작품인 동시에 우리에게 역사 이야기를 설득력 있게 전해주는 것은 이탈리아 화가 피에로 델라 프란체스카Piero della Francesca(1415-1492)가 1452년부터 1456년까지 아레초의 성 프란체스코 성당에 그린 프레스코 벽화 말고는 없을 것이다.

✳ ✳ ✳

체코슬로바키아계 영국인 극작가인 톰 스토파드Tom Stoppard의 희곡 《아르카디아》에서 교수가 소리친다. "알잖아요! 그들은 글을 썼어요. 그들은 끄적거렸다니까요. 종이에 글을 썼다고요. 그들은 종이를 사용했고, 시간을 죽이려고 글을 썼어요. 그들에게 종이가 있었습니다. 더 있었을 겁니다. 항상 그랬으니까요…."[14] 실제로 1120년대와 1130년대는 영국에서 역사 쓰기가 고조되던 때였다. 특히 저명한 세 저자, 몬머스의 제프리Geoffrey of Monmouth(c. 1100-c. 1155), 헌팅던의 헨리Henry of Huntingdon(c. 1088-c. 1157), 맘즈버리의 윌리엄William of Malmesbury(1095-1143)은 900년이 지난 뒤에도 읽을 만하다.

우아한 즐거움을 누리려고 썼든 진지한 학문적 관심에서 썼든 간에 대부분의 중세 역사가들은 특정한 편향성을 완전히 탈피하지는 못했고, 찾아내려는 것에 조건화되는 경향을 보였지만 진실하려고 애썼다. 그러나 몬머스의 제프리는 그들과 달랐다. 지금은 제프리가 셋 중 가장 많이 알려졌지만, 그의 시대에도 거짓된 이야기꾼이란 혹평을 받았다. 그는 몬머스 출신이 아닐지도 모른다. 어쩌면 웨일스 출신도 아닐 수 있다. 그는 성품을 받고 옥스퍼드에 정착한 뒤에 《브리타니아 열왕사》를 쓰기 시작했다. 이 책은 출간되자마자 인기를 끌었고, 그 인기는 16세기까지 이어졌다. 215개의 중세 필사본이 지금까지 전해진다. 이 책은 라틴어로 쓰여, 고상한 논문으로 여겨진다(당시 귀족은 영어보다 프랑스어에 더 가까운 앵글로·색슨어를 사용했고,* 보통 사람들은 웨일스어, 컴브리아어, 콘월어, 브르타뉴어, 영어 등이 뒤섞인 혼합어를 사용했다). 이 책은 기원전 12세기부터 시작해서, '브리타니아'라는 이

＊ 1086년 정복자 윌리엄이 조세를 징수할 목적에서 토지 현황을 조사하는 《둠스데이 북Domesday Book》의 제작을 지시했을 때 잉글랜드의 절반을 그의 최측근 11명이 차지했고, 잉글랜드 국민의 약 10퍼센트가 노예였다. 또 잉글랜드 땅의 4분의 1을 차지한 200명 남짓한 귀족과 투기꾼 중 잉글랜드인은 4명에 불과했다. 1362년에야 프랑스어는 의회 언어라는 위치에서 물러났지만, 영어가 영국인의 공통어가 된 것은 15세기였다.

름이 그 땅에 안겨준 트로야의 부르투스Brutus of Troy가 정착하는 사건을 거쳐, 마지막 왕 카드발라데르가 사망하는 7세기에 끝난다. 그 기간 동안 브리타니아를 통치한 100명이 넘는 군주의 이름, 예컨대 리어('레이르'), 킴벨리누스, 늙은 왕 코엘, 보르티게른 등이 언급된다. 제프리의 주장에 맞다면, 5세기에 앵글족과 색슨족을 독일로부터 끌어들인 장본인이 보르티게른이다. 가장 널리 알려진 아서는 용맹하고 결단력 있는 모습으로, 제프리의 이야기에서도 모든 영웅을 상당히 앞서며 30개의 왕국을 정복해 역사상 가장 화려한 궁전을 세운다.

제프리는 단편적인 증거조차 거의 없는 세계 전체를 창작해냈고, 그 안을 무수한 사람으로 채웠다(특히 많은 장소 이름에는 가공의 어원적 설명까지 덧붙였다). 역시 성공한 역사가이던 뉴버그의 윌리엄 William of Newburgh(c. 1136 – c. 1198)은 "고대 역사를 전혀 모르는 사람조차 그가 후안무치하고 무분별하게 거짓말하고 있다고 의심할 것이다. …이 사람이 아서와 그 후계자들에 대해, 심지어 보르티게른부터 그 이후의 선대 왕들에 대해 쓴 모든 것이 조작된 게 분명하다"고 주장했다.[15] 하지만 제프리는 자신을 진지한 역사가로 알리기 위한 수고를 마다하지 않는다. 서문에서 제프리는 "적절한 순서로 그들 모두의 공적을 정리하고… 눈부시게 아름다운 이야기 형식으로 풀어낸" 문서 하나가 내 손에 놓여 있다고 설명한다. 그 문서는 "브리튼[즉 웨일스]어로 쓰인 가장 오래된 책"이었고, 옥스퍼드의 부주교가 그에게 제공한 것이었다. 아무런 증거도 없는 주장이었다. 당시 어떤 연대기 작가도 그 책을 구경조차 못 한 듯하고, 그 이후의 연구에서도 그 책은 찾아내지 못했다.[16] 정확히 말하면, 제프리가 쓴 글의 대부분은 베다의 책을 기초로 한 것이고, 아서 왕의 전설은 넨니우스Nennius(769년 탄생)라는 9세기의 웨일스인이 웨일스어식 라틴어로 쓴《브리튼인의 역사》에서 처음 등장한다. 이 책에서는 아서가 싸웠던 것으로 추정되는 10여 건의 전투가 소개되지만 명확한 시기에 대한 언급이 없고, 아서가 혼자 960명을 살해했다는 전투도 이 책에 실려 있다. 넨니우스는 "나는 찾아낼 수 있는 모든 자료를 찾아냈다"고 말한다. 제프리는 그 자료를 유효적절하게 사용한 셈이다.

나는 얼마 전에 '네펠리바타nefelibata'라는 새로운 단어를 우연히 알게 되었다. 상상의 구름이나 꿈속에서 사는 사람을 가리키는 단어이다. 이 단어만큼 제프리를 완벽하게 표현하는 단어는 없을 듯하다. 그렇더라도 제프리는 대체 자기가 무엇을 한다고 생각했을까? 먼저, 빈칸을 메운다고 생각했을 것이다. 브리타니아의 초기에 대해서는 알려진 게 없는 것과 다를 바가 없었다. 그래서 제프리는 최대한 상상력을 동원해 매혹적인 이야기를 지어냈다. 제프리는 멀린과 아서 신화를 재가공해 두 신화의 인기를 크게 높임으로써 다른 작가들의 참여를 끌어들었다. 1191년, 아서와 그의 왕비 귀네비어의 것으로 추정되는 유해가 글래스턴베리의 수도사들에 의해 '발견'되었다. 오래지 않아, 가웨인과 성배, 케이와 베디비어와 란슬롯, 기사도적 사랑의 이상이 더해졌다. 많은 시인을 포함해 훗날 작가들은 제프리의 이야기를 떼어내지 못하고, 그 이야기가 역사적 사실인 양 그 이야기를 되풀이하며 아름답게 꾸몄다. 제프리는 아서가 알렉산더나 샤를마뉴처럼 실재한 전설적인 인물과 경쟁할 수 있는 영국 군주가 될 거라고 확신했다. 브리타니아가 그런 영웅을 갖지 못할 이유가 어디에 있는가? 《브리타니아 열왕사》는 영국인들에게 기원 신화를 주었다. '사실fact'은 그 후로도 수 세기 동안 '실재하는 것'이란 현재의 의미를 갖지 않았다. 전설은 역사일 수 없지만, 과거에 대한 우리 의식에 심대한 영향을 미칠 수 있다.*

오랫동안 연대기 작가들은 제프리의 책을 옳다고 믿으며 받아들였다. 1152년, 제프리는 북웨일스 덴비셔의 세인트애서프 주교로 임명되며 멋진 이야기를 꾸민 보답을 공식적으로 얻었다. 그사이에 《브리타니아 열왕사》는 서유럽 전역에 전해졌고, 그가 세상을 떠나고 200년 후에는 제프리 초서Geoffrey Chaucer(1340-1400)가 《영예의 집》에서 그를 높은 자리에 올려놓을 정도로 그의 명성은 확고해졌다. 윌리엄 캑스턴William Caxton(1422-1491)은 《브리타니아 열왕사》를 새로 도입한 인쇄기로 가장 먼저 펴낼 책 중 하나로 선택했고, 존 밀턴John Milton(1608-1674)은 아서를 주인공으로 서사시를 쓸 계획을 품었지만 결국 사탄에 대해 쓴 것으로 만족하고 말았다.

※ ※ ※

수도원에 들어가지 않고 속세에서 활동한 성직자로, 가장 주목해야 할 앵글로·노르만 역사가는 헌팅던의 헨리이다.[17] 교구 부주교의 아들로 태어난 헨리는 《잉글랜드인의 역사》를 썼다. 1129년경에

* A. J. P. 테일러는 "대부분의 유럽어에서 '이야기story'와 '역사history'는 한 단어이다. 예컨대 프랑스어에서는 histoire, 독일어에서는 Geschichte이다. Quelle histoire와 Was für eine Geschichte는 '얼마나 멋진 역사'를 뜻하지는 않는다. 오히려 '말도 안 되는 소리'를 뜻한다. 영어에도 두 단어가 구분되지 않았다면 우리는 많은 수고를 덜었을 것이고, 어쩌면 history가 story-telling의 근저에 있다고 말하면서도 전혀 부끄럽지 않을 것이다. A. J. P. Taylor, *From Napoleon to the Second International: Essays on Nineteenth-Century Europe* (London: Hamish Hamilton, 1993), p. 36. 아랍어에서 '정치'를 뜻하는 현대어는 '시야사siyasa'이고, 이 단어가 "말과 낙타의 관리와 훈련"을 뜻하는 중세 단어에 뿌리를 둔다는 것도 이런 맥락에서 이해되는 듯하다.

처음 출간된 이 책은 잉글랜드의 처음부터 그 시대까지를 다룬 이야기였다. 그는 경구를 다룬 8권, 사랑을 주제로 8권, 의학적 관점에서 약초와 향료와 보석을 추적한 8권을 발표해 젊은 시절부터 두각을 나타냈다. 1110년, 그는 아버지의 뒤를 이어 링컨의 부주교가 되었다. 서른도 되지 않은 젊은이에게는 상당한 유산이었다. 개인적인 서신은 지금까지 전해지는 게 없으며, 누구도 그가 전기로 쓰여야 할 만큼 중요한 인물이었다고 생각하지 않은 듯하다. 현재 알려진 바에 따르면, 그는 링컨의 주교, 로버트 블로트Robert Bloet(1123년 사망)의 인척이었고, 잉글랜드에서 가장 화려한 주교궁에서 성장했다. 블로트의 후임이던 알렉산더가 그에게 《잉글랜드인의 역사》를 쓰라고 제안한 것으로 알려졌다.

헨리는 계속 개정판을 출간했고, 1154년 제5판이자 최종판을 출간하며 스티븐 왕의 죽음으로 기록을 끝내고, 전체 이야기를 8권으로 재구성한 것으로 추정된다(그가 8이란 숫자에 집착한 이유는 누구도 모른다). 헨리가 스티븐의 후임, 헨리 2세의 처음 5년을 다룬 책을 집필할 계획이었다는 증거가 있지만, 헨리 2세가 즉위했을 때 헨리는 적어도 70세였고, 그 직후에 세상을 떠났다.

헌팅던의 헨리는 성 비드만이 아니라, 지금은 사라졌지만 그의 역사서에서만 언급되는 색슨족의 침략 전쟁들이 자세히 설명되었을 《앵글로·색슨 연대기》판본도 자료로 삼았을 것이다. 또 동료 고서 수집가에게 얻은 제프리의 《브리타니아 열왕사》를 무비판적으로 활용하기도 했다. 따라서 허구적 이야기가 민중의 믿음에 더 깊이 스며들었다. 헨리는 제프리의 이야기에 자기만의 색채를 덧입혔다. 예컨대 아첨하는 대신들에게 왕명으로도 밀물을 막을 수 없다는 것을 보여준 크누트 대왕, 죽음을 맞는 순간까지 칠성장어(뱀장어와 비슷하고 턱이 없는 물고기로, 상류층에 인기가 많던 어류)에 탐닉했다는 헨리 1세 식으로 이야기가 꾸며졌다. 이런 기발한 상상 덕분에 그의 책은 엄청난 인기를 얻었다. 그는 결코 신뢰할 수 없는 역사가였지만, 그 시대의 역사가들에게 생각하는 방법에 대한 소중한 통찰을 전해주었다.

헨리와 같은 시대에 활동했고, 인기와 영향력에서 몬머스의 제프리에게 미치지 못하지만 일반적으로 12세기의 가장 뛰어난 잉글랜드 역사가로 여겨지는 맘즈버리의 윌리엄도 마찬가지이다. 미국의 중세학자 C. 워런 홀리스터Charles Warren Hollister(1930-1997)는 윌리엄을 성 비드 이후로 가장 재능 있는 학자로 평가하며 "재능이 뛰어난 역사학자였고 잡식성 독자였다. …어쩌면 윌리엄이 12세기 서유럽에서 가장 박식한 학자가 된 것은 당연했다"고 말했다. 윌리엄 자신도 이런 평가에 십중팔구 동의했을 것이다. 735년 성 비드가 세상을 떠났을 때부터 평화왕 에드거가 즉위할 때까지 "223년의 간격이 있었고… 그사이에 역사가 문학으로부터 어떤 지원도 받지 못한 채 절름거린 것"을 윌리엄이 한탄했기 때문이다. 윌리엄의 기준에 몬머스의 제프리와 헌팅던의 헨리는 그저 그런 이야기꾼에 불과했던 셈이다.

윌리엄의 아버지는 노르만인이었지만 어머니는 잉글랜드인이었다. 윌리엄은 윌트셔의 맘즈버리 수도원에서 수도자로 성년 시절을 보냈다. 그 수도원의 도서관에는 200명 남짓한 저자가 쓴 400권 이상의 장서가 있었다. 윌리엄은 온갖 종류의 중세 역사서를 모았다. 그렇게 모은 자료를 바탕으로, 그는 비드의 《잉글랜드 교회사》를 표본으로 삼아 《잉글랜드 왕들의 행적에 대하여》를 썼다. 1125년에 완성된 이 책은 449년부터 1120년까지를 다루었다. 나중에 그는 1127년까지로 연장하며, "다시 생각하는 과정에서, 나이가 들어감에 따라 한층 부드러워진 면모"를 여실히 드러내고 내용도 크게 수정한 개정판을 내놓았다. 같은 해, 1125년에《잉글랜드 주교들의 행적에 대하여》가 연이어 출간되었다. 잉글랜드의 수도원과 주교 관할 지역을 실감나게 묘사한 역사서였다. 1140년부터는《현대사》를 쓰기 시작했고, 이 책은 1128년부터 스티븐 왕의 통치 기간(1135-1154)까지 기록한 3권의 연대기였다. 그러나 이 책은 1142년에 갑자기 중단되고, 윌리엄은 얼마 후에 사망한 것으로 추정된다.

윌리엄은 증거 자료를 확실히 제시하고, 명확하고 매력적인 문체로 말하기 때문에 지금도 읽을 만한 가치가 있다.[18] 윌리엄은 라틴어 문장가답게 타고난 문학적 소질을 여실히 보여준다. 그의 자료 배열이 가볍고 부주의하다고 평가하는 학자가 적지 않지만, 그가 지금도 칭찬받는 데는 충분한 이유가 있다. 특히 그는 성격 묘사에 관심이 많았다. 그래서 우화, 직접 화법, 외모 묘사를 통해 대상의 성격을 설명하며 개인적인 의견을 간간이 보탰다. 무수히 많은 예가 있지만, 윌리엄 2세(1056-1100)의 묘사보다 더 나은 예는 없을 듯하다.

그는 하느님을 거의 존중하지 않았고, 사람은 전혀…. 외국에서, 또 낯선 사람들과의 모임에서 그는 오만하고 뻣뻣했다. 눈앞의 사람을 위협적인 눈초리로 쏘아보았고, 엄한 표정과 매몰찬 목소리로 대화 상대를 위압했다. …국내에서, 또 사적인 친구들과 함께하는 공간에서는 한없이 온화하고 공손했으며, 곧잘 농담식으로 요점을 전달하기도 했다. 또한 자신의 실수를 기꺼이 비판하며 실수에 따른 문제를 희석하거나 웃음으로 넘겼다. …매우 값비싼 옷을 좋아했다. 누군가 옷값을 낮게 평가하면 그 옷을 내던져버렸다. 예를 들면, 어느 날 아침, 그는 새 구두를 신으며 하인에게 구두를 얼마에 구입했느냐고 물었다. 하인이 "3실링입니다"

라고 대답하자, 그는 발끈해서 "빌어먹을 놈! 언제부터 왕이 그런 싸구려 구두를 신었느냐? 당장 가서, 은 한 덩어리를 줘야 하는 구두를 구해 오거라!"라고 소리쳤다.[19]

이런 이야기에서 그 시대 사람들이 우리와 정말 그렇게 달랐을까 궁금해진다. 아니면 볼테르가 말했듯이, 지금 우리와 똑같았지만 충치가 있었을 뿐일까?

※ ※ ※

대니얼 울프의 《역사의 세계사》는 중세를 다룬 장에서, 상대적으로 덜 알려진 서유럽 학자들을 위한 공간을 할애한다. 여기에서 독일의 비두킨트 폰 코르바이Widukind von Corvey(925-980), 프랑스의 위그 드 생빅토르Hugues de Saint-Victor(c. 1096-1141), 영국인 솔즈베리의 존John of Salisbury(c. 1120-1180)이 소개된다. 또 내가 지금까지 언급조차 않았던 역사가들도 소개된다. 220년 동한(東漢, 혹은 후한) 시대가 끝난 때부터 역사 백과사전이 탄생한 8세기 말까지 활동한 중국 역사가들, 6세기 이후의 일본 연대기 작가들, 러시아와 몽골, 이슬람 세계, 한국과 덴마크의 역사가들이 언급된다. 그러나 생전에 가장 많이 읽힌 작가들 중 하나, 즉 하트퍼드셔의 세인트 올번스 수도원에 살던 13세기의 수도자, 매슈 패리스Matthew Paris(c. 1200-1259)에 대한 언급은 어디에도 없다.

양피지에 거위 깃펜으로 읽기 힘든 각진 고딕체로 글을 쓰며, 매슈는 여러 권의 책을 써냈다. 대부분이 역사서였고, 삽화도 직접 그려 넣었다. "생동감 넘치고 통속적이며 때로는 섬뜩한" 그림들은 그의 책에 매력을 더해준다.[20] 존 버로는 이렇게 평가하며, 매슈를 "준열하고 냉소적이며, 편파적이고 편향적이면서도 재밌는 포퓰리스트"라고 칭한다. 한마디로, 투르의 그레고리우스와 크게 다르지 않았다. 버로는 패리스가 역사가보다 연대기 작가에 가깝다는 걸 인정한다. 그의《주요 연대기Chronica Majora》는 개인적인 세계관으로 채워져 분노의 코웃음과 혐오로 가득하다. 누군가에게 반박할 때도 불쾌한 감정을 억누르며 감추지 않았다. 세인트 올번스 교회가 관련된 소송 사건에서 그런 면모가 여실히 드러난다.

> 이 교회의 형제들 중에는 고깔이 달린 옷을 입고 수도자인 척하지만 결코 수도자가 아닌 사람, 천사들 틈에 섞인 악마, 사도들 사이의 유다, 수도자들 사이에 숨은 쓸모없는 위선자, 요컨대 수도자가 아니라 살아 있는 악마 같은 사람이 있다.[21]

이름까지 거론된다. 윌리엄 피건이란 수도자이다. 그가 수도원 생활을 제대로 해냈을지 의문이다.

프랑스 수도와 발음이 같은 성姓에도 불구하고, 패리스는 잉글랜드인이었다. 하지만 그는 일찍부터 프랑스 수도 파리에서 공부한 듯하다. 또 세속 세계에서 상당한 경력을 쌓은 뒤에야 수도자가 된 듯하기도 하다. 상류층 사람들과 편하게 지냈고, 심지어 왕족과도 스스럼없이 어울린 까닭에 연줄이 좋은 가문 출신이었다는 걸 짐작할 수 있다. 우리는 그가 남긴 글을 통해, 그가 1217년에 수도자가 되었고, 1236년에는 웬도버의 로저Roger of Wendover(1236년 사망)의 뒤를 이어 수도원의 공식적인 기록 담당자가 되며 그 시대의 사건들까지 새로운 내용을 역사로 기록하기 시작했음을 안다.

책과 관련된 임무로 노르웨이에 파견된 때를 제외하면, 1217년부터 죽을 때까지 패리스는 수도원을 떠나지 않고 역사 쓰기에 몰두했다. 세인트 올번스 수도원은 역사 기록으로 유명했고, 궁극적으로는 200년이 넘는 기간을 기록한 연대기를 남겼다. 따라서 중세 말의 잉글랜드에서 그 수도원은 역사 쓰기의 실질적인 중심지였다. 패리스는 《주요 연대기》 외에도 몇 권의 책을 남겼다. 그중에는 《잉글랜드의 역사》(1253년경), 《세인트 올번스 수도원 수도원장들의 행적》 및 올번스 성자, 참회자 에드워드 왕과 토머스 베킷Thomas Becket(1120-1170) 등에 대한 전기가 있다. 《주요 연대기》는 지금도 그 시대를 이해하는 데 중요한 기준이지만 개인적인 편향성 때문에 패리스는 신뢰하기 힘든 역사가이다. 예컨대 그는 기회가 닿을 때마다 교황을 폄하했고, 프리드리히 2세(1194-1250)를 미화했다. 하지만 역설적으로 《잉글랜드의 역사》에서 그 신성 로마 제국의 황제는 "수치스런 범죄를 저지른 폭군"으로 묘사된다.

패리스는 대부분의 정보를 궁중 사람들로부터, 목격자들과의 대화를 통해 얻었다. 헨리 3세도 그런 정보원情報源 중 하나였다. 게다가 헨리 3세는 패리스가 사건들을 기록하고 있어, 그로부터 정보를 얻고 싶어한다는 걸 잘 알고 있었다.[22] 1257년, 헨리 3세는 세인트 올번스를 일주일 동안 방문했다. 그때 헨리 3세는 패리스를 항상 곁에 두었고, 패리스는 당시를 회상하며 "왕이 내 펜을 인도했다"고 말했다. 이런 사실을 고려하면 《주요 연대기》가 헨리의 치세를 매섭게 비판하는 게 희한하지만, 패리스는 자신의 글이 지금 우리에게 전해지는 형태로 읽힐 거라고는 생각하지 않았을 수 있다. 실제로 많은 구절 옆에 붉은색으로 '삭제vacat', '장애물offendiculum', '부적절impertinens'이라고 써여, 궁극적으로는 삭제할 구절이었던 것으로 여겨진다. 하지만 어

코끼리 등에 올라탄 크레모나의 마을 악단이 담긴, 매슈 패리스의 스케치. "생동감 넘치고 통속적이며 때로는 섬뜩한" 그의 그림은 그가 지닌 매력의 일부이다.

떤 구문도 삭제되지 않은 채 원본이 그대로 그의 생전에 출간되었고, 그렇게 거침없는 필사본이 전해졌다. 패리스 자신은 당사자의 마음에 상처를 줄 만한 무분별한 표현을 삭제하려 했지만, 다시 버로의 표현을 빌리면, 그의 글에서 충격적인 부분을 삭제하는 것은 "고르곤졸라 치즈에서 푸른 곰팡이를 빼려는 것과 같다."[23] 패리스가 정말 자신의 뜻대로 글을 편집하는 데 성공했더라면 지금 누구도 그의 글을 읽지 않을 것이다.

※ ※ ※

확대된 중세 기간 동안에는 미래 세대가 '르네상스'라 칭한 시기가 적어도 3번 있었다. '르네상스renaissance'는 영어권에서 1830년대에야 처음 나타나기 시작한 단어였다. 샤를마뉴Charlemagne(재위 768-814)가 주도한 르네상스가 처음이었고, 오토 1세(재위 936-973)의 시대가 뒤를 이었다. 오토 1세는 황권皇權을 장악한 뒤에 왕국에서 가장 유능한 사람들을 옆에 둘 수 있었고, 그들의 도움을 받아 대대적인 개혁을 단행했다. 세 번째 르네상스는 12세기에 있었고, 사회·정치·경제 분야의 변화를 포함해 가장 철저한 개혁이 시도되었으며, 예술과 과학도 다시 활력을 되찾았다. 이 모든 것이 15세기의 르네상스, 즉 르네상스의 르네상스Renaissance renaissance에 일어난 예술 운동의 밑거름이 되었다.

샤를마뉴는 서유럽의 모든 기독교 국가를 실질적으로 지배했다. 이탈리아 남부, 스페인의 아스투리아, 영국 섬만을 제외하고 프랑스와 독일, 저지대 국가들(벨기에, 네덜란드, 룩셈부르크 등으로 구성된 지역/옮긴이), 오스트리아와 스위스, 이탈리아와 슬로베니아에 해당하는 지역으로 면적만도 약 100만 제곱킬로미터였다. 그러나 문화 회복을 위한 시도는 대체로 궁전의 필경사와 화가에게만 국한되었다. 필경사들은 기독교 문헌에만 제한을 두지 않고, 종교를 초월해 고전 문헌들을 옮겨 썼다. 독일 중부의 풀다에서 수고한 수도자들 덕분에 타키투스의 《연대기》 중 처음 6권이 지금까지 전해지고, 프랑스 르와르 강변의 베네딕트회 수도원, 플뢰리 수도원은 카이사르의 《갈리아 전쟁기》를 남겼다. 게다가 샤를마뉴의 여동생으로 파리 근처의 수녀원 원장이던 기젤라Gisela는 자신과 오빠의 선조들을 중심에 놓은 일련의 연대기를 의뢰했고, 샤를마뉴도 왕국 내의 모든 교회에 남녀 모두를 위한 학교를 운영하라는 칙령을 내렸다. 작은 혁명이었지만, 전체적으로 볼 때 샤를마뉴의 르네상스는 왕국 밖에서는 거의 전적으로 성직자에게만 제한되었다는 점에서 먼동의 미광에 불과했다. 따라서 두 세대가 지나지 않아, 그 영향은 내란의 열기에, 또 바이킹과 사라센과 마자르인의 약탈에 녹아 사라졌다.[24] 하지만 뛰어난 역사학자들이 배

롤랑의 죽음. 장 푸케*Jean Fouquet(1420-1481)*가 서사시《롤랑의 노래》의 필사본에 그린 삽화, *1455-1460*년경.《롤랑의 노래》는 약 *4000*행의 서사시로, 프랑스 문학에서 현존하는 가장 오래된 작품이다. *1040*년과 *1115*년 사이에 쓰인 '롤랑의 노래'는 *778*년 롱스보 고갯길에서 벌어진 전투를 노래한 것이다. 이 전투에서 샤를마뉴 군의 후위 부대는 프랑스와 스페인 사이의 산중에 매복해 있던 이슬람군에게 공격을 받았다.

출되었고, 그중 가장 눈에 띄는 학자는 아인하르트Einhard(c. 775-840)이다. 그의 대표작은 샤를마뉴 황제가 814년에 죽기 직전에 쓴 황제의 삶으로, 중세 전기 작품 중 가장 널리 알려진 것이다.

가경자 비드가 그랬듯이, 아인하르트도 어렸을 때 지역 수도원에 보내졌다. 작은 체구 때문이었던지 그는 학문에 매진했다. 791년경 아인하르트는 샤를마뉴의 궁전에 들어갔다. 그는 황제의 총애를 받았고, 황제를 대신해 몇 건의 국무를 수행하기도 했다. 아인하르트는 특히 건축에 관심이 많았다. 그래서 황제는 그에게 궁전 건축을 맡겼고, 출애굽기 31장 2-5절을 언급하며 '브살렐'이란 애정 어린 별명을 주었다.*

그의 샤를마뉴 전기는 전체적인 흐름이 칭찬이며, 어조와 구조에서 수에토니우스의 《황제 열전》에서 아우구스투스 황제의 전기를 표본으로 삼았다. 아인하르트는 황제의 어린 시절을 거의 알지 못해 안타까워했지만, 왕국에 보관된 문서와 자료를 사용해서 '카롤루스 마그누스Carolus Magnus'의 삶을 설득력 있게 써냈다.[25] 190센티미터의 당당한 체구를 지닌 위압적인 전사, 매섭지만 무정하지는 않은 통치자, 궁전에 초대된 외국인과 지식인을 따뜻하게 맞아주며 진심으로 대화를 즐겼고, 사냥과 수영을 좋아한 지도자, 성질이 급하고 유머 감각이 부족한 사람, 자신의 이름을 쓰지는 못했지만 시와 신학의 필요성을 인정하며 끊임없이 공부하기를 바랐던 황제로 그려냈다.

> 그는 서판과 백지를 침대 베개 밑에 두고는 틈나는 대로 손을 움직여 글자의 형태를 잡아가며 글을 배우려고 애썼다. 하지만 적절한 시기에 글을 배우기 시작하지 않았기 때문에 말년이 되어서도 그 노력은 별다른 성과를 거두지 못했다.

아인하르트는 몇몇 문제에서 샤를마뉴의 혐의를 벗겨주려 애쓰고, 호색한 딸들의 행실 등은 얼버무리고 넘어간다. 반면에 황제의 많

---

* "들어라. 나는… 브살렐을 지명하여 불러, 그에게 신통한 생각을 채워주어, 온갖 일을 멋지게 해내는 지혜와 재간과 지식을 갖추게 하겠다. 그러면 그는 여러 가지를 고안하여 금, 은, 동으로 그것을 만들고 테에 박을 보석에 글자를 새기고 나무를 다듬는 온갖 일을 다 잘 해낼 것이다(출애굽기 31:2-5)." 나쁘지 않은 별명이었다.

은 정부情婦 등과 같은 쟁점은 공공연히 다루어진다(그 밖에도 황제는 5명의 부인과 19명의 자녀를 두었다). 아인하르트의 개인적인 능력도 샤를마뉴의 전기가 인기를 얻게 된 큰 요인이었다. 아인하르트는 샤를마뉴가 총애하던 코끼리 아불 아바스를 처음으로 언급하며, 그 코끼리에 대한 짤막한 전기도 곁들였다. 요컨대 아인하르트의 전기는 서구에서 수 세기 동안 반복해서 쓰인 세속적 인물에 대한 첫 전기였을 뿐만 아니라, 유럽의 창시자를 가까이에서 지켜본 결과물이었다.

잉글랜드가 그랬듯이, 샤를마뉴 시대의 프랑스도 중앙 집권적 군주국으로 연대기의 작성을 권장하며 국사國史 쓰기의 서막을 열었다. 프랑스 연대기의 질과 범위는 영국의 것만큼 뛰어나지 않지만, 수십 년 동안 중단 없이 계속되었다. 13세기에는 생드니의 수도자들이 왕궁의 공식 역사가가 되어, 트로야 시대부터 1223년 필립 2세의 죽음까지 프랑스 왕의 역사를 추적한《프랑스 대연대기Grandes Chroniques de France》를 쓰기 시작했다. 이 연대기는 그 후로도 계속되어 15세기 말에야 끝났다. 자신의 시대에서 가장 뛰어난 역사가 중 한 명이 되었던 연대기 작가가 탄생한 때도 이쯤이었다. 그는 자신을 이렇게 소개한다.

미래의 언젠가 사람들이 누가 이 역사를 썼는지, 누가 이런 글을 썼는지 알고 싶어 할 수 있기 때문에 내 이름을 밝혀두고 싶다. 나를 공경하고 싶어 하는 사람들은 나를 장 프루아사르 경이라 부른다. 나는 에노라는 시골에서 태어났다. 발랑시엔[지금은 프랑스 북부이지만 당시에는 플랑드르]에 있는 아름답고 풍요로운 마을이다.[26]

장 프루아사르Jean Froissart(c. 1337 – c. 1405)는 궁중 역사가로서 대부분의 삶을 살았다. 아서 왕의 모험담을 장시長詩로 쓰고, 두툼한 시집을 발표한 경우를 제외하면, 프루아사르는 '프랑스, 잉글랜드와 스코틀랜드, 브르타뉴와 카스코뉴, 플랑드르와 주변 지역들'의《연대기》를 썼다. 최종적으로《프루아사르의 연대기》로 알려진 그 책은 오랫동안 100년 전쟁 전반부의 주된 출처가 되었다. 또한 12세기부터 발달하기 시작해 14세기 잉글랜드와 프랑스에서 절정에 도달한 기사도 정신—몬머스의 제프리가 기발하게 꾸며낸 아서 왕 이야기의 주인공, 즉 기병을 이상화하며 기사들에게 요구한 행동 기준—과 관련된 주된 개념들도 이 책에서 나왔다(chivalry(기사도)는 고대 프랑스에서 '말을 탄 병사'를 뜻하던 chevalerie에서 파생되었다).

프루아사르가 역사를 쓴 주된 목적은 프랑스인들에게 잊어버린 가치관을 다시 가르치는 데 있었다. 한번은 한겨울 6주 동안 불면증에 시달리던 블루아 백작에게 아서 왕의 전설을 노래한《멜리아도르》를 낭송해주고는 "다시 나는 대장간을 열고, 과거의 시간에서 얻은 고귀한 재료로 소중한 것을 빚어냈다"는 유명한 말을 남겼다. 그때 그에게 친숙한 대장간은 프랑스의 대장간이 아니라 잉글랜드의 대장간이었다. 24세의 나이, 즉 1361년이나 1362년에 프루아사르는 잉글랜드 왕 에드워드 3세의 아내인 필리파 왕비에게 고용되었다. 공식적인 직책은 아니었고, 왕실의 배려로 부여된 자리였다. 1369년 왕비가 죽은 뒤에는 다른 왕족의 후원을 받았다. 예컨대 프루아사르는 훗날 잉글랜드 왕 리처드 2세와 그의 아버지 흑태자Black Prince를 만났고 그들의 가치관을 수용했다. 리처드 2세가 태어났다는 소식이 프랑스 궁전에 전해졌을 때 아키텐의 의전관이 젊은 연대기 작가에게 고개를 돌리며 나지막이 속삭였다. "프루아사르, 이 날짜를 적어두고 꼭 기억해

화려한 주변 장식에서 짐작되듯이, 장 프루아사르는 궁중 역사가였다. 《프루아사르의 연대기》는 1337년에 시작한 100년 전쟁 전반부의 주된 출처이다.

두게."[27] 그로부터 수년 후, 프루아사르는 성직자가 되어 벨기에 에노의 리에주 근처에 있는 시메의 참의회 회원이 되었다. 덕분에 이곳저곳을 여행하며 연구 자료를 수집하는 데 필요한 자금을 확보할 수 있었다. 1395년 그는 잉글랜드에 돌아갔지만, 기사도 정신이 저물어가는 전조를 보고 크게 실망했다.

그의 《프랑스 연대기》는 1327년(잉글랜드에서 에드워드 3세가 즉위한 해)부터 1400년, 즉 리처드 2세가 퇴위한 직후인 이듬해까지 다루며, 위대한 고전적인 역사들과는 다른 연대기의 탄생을 알렸다. 과거의 두 역사가만을 언급하면 헤로도토스나 투르의 그레고리우스처럼, 프루아사르는 자신의 마음에 든다는 이유만으로 어떤 이야기를 연대기에 끼워 넣었다. 그러나 질적인 묘사에 더 관심이 많아 겉모습의 묘사는 엉성한 편이다. 그래도 그의 글은 무척 쉽게 읽히는 편이다. 프루아사르는 기사도의 인상적인 활동과 과시, 화려한 가설무대, 정교한 예술품, 왕궁에 들어가는 장면, 축제, 기사 작위를 받는 의식과 결혼식 장면 등을 좋아하고, 연애가 전투력을 향상시킨다고 암시하기도 한다.[28] 무엇보다 프루아사르는 전쟁을 "경이로운 업적과 불가사의한 무훈"의 무대로 기록하는 연대기 작가였고, 토착어로 글을 썼다는 점에서 일반 독자를 겨냥한 게 분명했다. 미국 역사학자 윌 듀랜트Will Durant(1885-1981)가 프루아사르를 가장 정확히 판단한 듯하다. "그는 동기에는 의문을 품지 않았다. 미화된 이야기나 편향된 이야기를 너무 쉽게 믿었다. 이야기에 철학을 더하려는 흉내조차 내지 않았다. 그는 연대기 작가일 뿐이었다. 그러나 연대기 작가 중에는 최고였다."[29]

위대한 중세학자 요한 하위징아Johan Huizinga(1872-1945)는 프루아사르의 주된 결점이, 진지하게 생각하지 않고, 등장인물의 묘사가 상투적이라는 데 있다고 지적한다.[30] 정확한 진단일 수 있지만, 어떤 세대에나 과거에 대한 고유한 의식이 있다. 우리는 하나의 관점에서 과거를 볼 뿐이다. 예컨대 14세기 사람은 자신의 시대에는 생각할 수 없는 짓을 로마인들이 했다고 생각하며, 그런 행동은 아무리 뛰어나더라도 칭찬할 가치가 없다고 생각할 수 있다. 그러나 이른바 암흑시대도 성과 성당, 이탈리아와 플랑드르와 비잔틴 미술, 인쇄술, 목소리만으로 노래하는 성가, 의회와 대학을 우리에게 물려주었다.[31] 14세기가 저물어갈 무렵, 과거를 쓰는 작가들이 한층 성장했다. 편년사는 사건의 원인과 결과, 중요성과 영향에 대해 아무것도 말해주지 않는다. 편년사는 해석을 하지 않는다. 한편 연대기 작가들은 더는 단순한 편년사가에 머무는 데 만족하지 않았다.[32] 그들은 더욱더 자신감을 갖게 되었고, 따라서 다른 이야기를 하고 세련되게 다듬고 보충하는 빈도가 늘어났다. 물론 자신을 '역사가historian'라 생각한 사람은 극소수였겠지만, 수천 년의 시간은 종이(혹은 송아지 가죽이나 삼베)에 옮겨질 만큼 영향력 있는 역사서를 적잖게 만들어냈다. 그 시대를 다룬 글에서 페트라르카는 "과실의 틈새에서도 천재적인 사람들이 빛났다. 그들을 둘러싼 짙은 어둠 속에서도 그들의 눈은 예리하게 반짝거렸다"고 결론지었다.

6장 어쩌다가 역사가

: 니콜로 마키아벨리

못생긴 여인이 위대한 화가를 두려워하는 이유보다 군주가 역사가를 두
려워할 이유가 더 많다.

– 안토니오 페레스(스페인 왕 펠리페 2세의 비서), 1585년경[1]

평범한 지위에 있는 사람에게는 역사가 그다지 필요하지 않다. 공적인
일에서 상당한 역할을 하는 사람에게는 역사가 상당히 필요하고, 군주
에게는 역사가 무한히 필요하다.

– 플뢰리 추기경(프랑스 왕 루이 15세의 보좌관), 1720년경

니콜로 마키아벨리Niccolò Machiavelli(1469-1527)는 고향 피렌체의 남동부에 위치한 웅장한 산타 크로체 프란치스코회 성당에 묻혀 있다. 그의 무덤 기단에는 "어떤 찬사도 이 위대한 이름에 어울리지 않는다"라는 묘비명이 쓰였다. 근처의 우피치 미술관에는 생각에 잠겨 턱을 쓰다듬는 그의 조각상이 있다. 다른 손에 쥔 두툼한 책은《군주론》이 아니라, 상당한 두께를 지닌 다른 책인 게 분명하다.《군주론》은 80페이지에 불과하기 때문이다.

나는 마키아벨리가 손에 쥔 책이 그의 유일한 진짜 역사서《피렌체사》일 것이라 생각하고 싶다. 그가 1520년 교황 레오 10세의 의뢰를 받아 쓴 책이다. 훗날의 편집자들이 채택했듯이, 이 책의 완전한 제목은 '초기부터 위대한 로렌초 데 메디치의 사망까지, 피렌체와 이탈리아 사건들의 역사'이다.《피렌체사》는 현대적 분석이 최초로 시도된 연구였고, 신 중심의 세계에서 인간 중심의 세계로 전환되는 기점이기도 했다.[2] 그가 그려낸 인간 세계에서는 도덕적 행위가 하늘나라에 올라가기 위한 안전판이 더는 아니었다. 또한 마키아벨리는 시민만이 아니라 정치 상황도 하나의 도덕률에 영향을 받는다는 기독교 교리를 부인함으로써 역사를 기록하는 방법에 평지풍파를 일으켰고, 그의 글쓰기 방법은 또 다른 혁명적 변화의 불씨가 되었다.[3]

이탈리아의 통치자들은 15세기 초부터 줄곧 작가들에게 역사를 기록해달라고 부탁했다. 1516년 베네치아 정부는 한 작가에게 상당한 보수를 쥐어주며, 그 도시의 이야기를 글로 써달라고 의뢰했다. 피렌체와 베네치아는 전통적으로 경쟁 관계에 있었던 까닭에, 베네치아의 시도가 피렌체 프로젝트를 자극했을 가능성이 크다. 《피렌체사》는 1532년, 즉 그의 사후에 8권으로 출간되었다. 그 밖에도 마키아벨리는 《군주론》만이 아니라 《전술론》(그의 생전에 출간된 유일한 책), 《로마사 논고》(정식 제목은 '티투스 리비우스가 쓴 첫 10권에 대한 담론'/옮긴이), 두 권의 희곡으로 《군주론》의 몇몇 핵심 주제를 극화한 《만드라골라》와 《클리치아》, 상대적으로 덜 중요한 《첫 번째와 두 번째 10년 제祭》와 《카스트루초 카스트라카니의 생애》를 썼다. 1559년까지 《전술론》은 13쇄를 거듭했고, 《로마사 논고》는 26쇄, 《군주론》은 17쇄, 《피렌체사》는 15쇄를 찍었다. 세상을 떠나고 20년이 지났을 즈음, 마키아벨리는 유럽에서 가장 인기 있는 작가 중 하나가 되었다. 같은 시기, 즉 1559년 마키아벨리는 첫 번째 '교황령 금서 목록'에 오르는 작가가 되기도 했다(약 600권이 금서로 지정되었다). 금서 목록은 이탈리아와 스페인에만 영향을 미쳤을 뿐, 다른 지역에서는 실효성이 없었다. 따라서 마키아벨리가 죽고 한 세기 동안 그의 저작들은 158회 인쇄되었고, 과반수가 금서 지정 이후에 행해졌다. 그러나 바티칸은 금서 목록을 1966년까지 고집스레 밀고 나갔다.

마키아벨리가 이른바 전업 작가가 된 것은 거의 우연이었다. 그래서 친구인 위대한 역사가 프란체스코 귀차르디니Francesco Guicciardini(1483-1540)에게 보낸 편지에 그들끼리의 농담으로 "역사 작가, 희극 작가 겸 비극 작가"라고 서명하곤 했다.* 귀차르디니가 항상 마키아벨리의 저작에 대한 최적의 평론가는 아니었다. 《피렌체사》는 일부 평론가에게 《군주론》에서 풀어낸 규칙들의 확장판—마키아벨리가 근본적으로 우연한 역사가라는 증거—이란 평가를 받은 반면, 일부 평론가에게는 그의 다른 글들에 비해 덜 유토피아적이고 더 구체적이란 점에서 역사를 쓰는 방법의 전환점이란 평가를 받았다. (먼 훗날, 카를 마르크스는 《피렌체사》를 걸작이라 칭했다.) 마키아벨리에게 '진정한 역사'가 인간 중심적 역사였다는 건 논란의 여지가 없다. 달리 말하면, 성자와 종교인의 삶이 아니라 정치와 군사의 세계가 진정한 역사였다. 그는 과거를 전통적인 윤리 기준에 따라 이야기하는 방식을 거부했다. 그리하여 역사가 현명한 사람에게 미래의 방향을 결정하는 데 도움을 줄 수 있는 선례와 비유의 창고라는 걸 보여주었고, 역사서의 범위와 야망을 크게 확대하는 역할도 해냈다.

그런 글쓰기에는 마키아벨리가 연속되는 혼란의 시대를 살아간 게 도움이 되었다. '이탈리아'는 지리적 개념에 불과했을 뿐, 하나의

---

* 귀차르디니는 마키아벨리로부터 몇 집 떨어진 곳에 살았다. 귀차르디니는 교황청 행정관을 지냈고, 고향이던 피렌체와 이탈리아 전쟁에 대해 여러 권의 책을 썼다. 1512년부터는 스페인에서 피렌체의 특사, 1516년부터는 모데나·레조 공국의 총독을 지냈고, 1521년에는 교황군軍의 병참감, 1524년에는 로마냐의 섭정, 1526년에 교황군의 부사령관에 임명되었다. 그의 모든 저작은 사후에 출간되었지만, 현재 명성은 마키아벨리라는 이름과 종종 연결 지어질 정도로 확고하다. 일부 평론가는 귀차르디니를 타키투스와 볼테르 사이에 위치한 가장 위대한 역사가로 평가하며, 객관성과 인물 묘사, 언어 사용, 주인공에게 부여하는 연설의 구조에서 타키투스에 비교한다. 특히 귀차르디니와 마키아벨리가 서로 자극제가 되었다는 게 주목된다.

통일 국가가 아니었다. 밀라노 공국, 피렌체 공화국(이름만 공화국이었고, 최근에 마키아벨리의 전기를 쓴 작가의 표현을 빌리면 "점차 과두제로 자리를 잡아가던"[4] 국가), 베네치아와 시에나, 루카와 제노바를 비롯해 호전적인 영토 국가들이 각축을 벌이는 전쟁터였다. 로마의 교황은 여느 도시의 통치자처럼 잠정적인 군주와 다르지 않았다.* 마키아벨리가 성인이 된 이후로, 프랑스 왕과 스페인 왕은 이탈리아 땅을 전쟁터로 삼았고, 도시 국가들은 동맹을 맺었다가도 조약문의 잉크가 마르기도 전에 깨뜨릴 정도로 외교적 관계가 갈갈이 찢어졌다.

권력은 소수의 가문, 심지어 한 가문의 손에 집중되는 경향을 띠었다. 밀라노에서는 비스콘티 가문과 그 이후에는 스포르차 가문, 페라라에서는 에스테 가문, 만토바에서는 곤차가 가문, 교황령이던 페루자와 우르비노에서는 발리오니 가문과 몬테펠트로 가문, 피렌체에서는 메디치 가문이 군림했다. 어떤 도시에서나 잘못된 곳에 줄을 서는 것은 투옥과 고문과 변사를 뜻했다. 누구를 알고, 누구 편에 서느냐가 중요했다. 마키아벨리 가문은 특별히 부유하지는 않았다. 그의 아버지는 몇 번이고 옷가지를 팔아야 입에 풀칠을 할 수 있을 정도로 비현실적인 지식인이었지만, 피렌체에 다 허물어져 가는 궁전, 도심에서 남쪽으로 16킬로미터밖에 떨어지지 않은 토스카나 키아틴 지역에서 포도를 재배해 포도주를 만드는 작은 농지를 소유하기는 했다.

* 교황이 라치오(1만 7242제곱킬로미터), 움브리아(8456제곱킬로미터), 마르케(토스카나 동쪽에 위치한 약 9583제곱킬로미터의 언덕), 에밀리아·로마냐(이탈리아 북동부로 수도는 볼로냐, 2만 2274제곱킬로미터)에 이르는 세속 지역을 지배했다. 동서 바다를 가로지는 중부 이탈리아 전역에 26개의 도시가 포함된 상당히 넓은 땅이었다. 게다가 시칠리아와 나폴리 왕국은 교황의 봉지였던 반면, 1107년 이후로 교황은 피렌체와 루카, 피스토이아와 피사, 시에나와 아레초를 포함해 토스카나 전역에 대한 지배권을 주장했다. 교황은 이탈리아에서 첫째가는 왕자였다.

마키아벨리는 젊은 시절에도 정치에 관심이 많았지만, 정치계에 입문하는 데는 시간이 걸렸다. 1494년 9월, 프랑스 왕 샤를 8세가 이탈리아를 침략해 피렌체까지 진군할 기세였다. 그때까지 종말론적 설교로 지역민들을 선동하며 교황청에 부패를 척결하라고 요구—"아 이탈리아여! 아, 군주들이여! 아, 교황청의 고위 성직자들이여! 하느님의 노여움이 그대들에게 떨어지리라!"—하던 도미니크회 수사 지롤라모 사보나롤라Girolamo Savonarola(1452-1498)가 뜻밖에도 중재자 역할을 떠맡고 나섰고, 피렌체 사람들은 지배자이던 메디치 가문을 축출했다. 이듬해, 전통적으로 프랑스의 동맹이었던 까닭에 피렌체는 프랑스의 침략에 맞서려는 교황 알렉산데르 6세의 동맹군에 가담하는 걸 거부했고, 사보나롤라는 더는 설교를 하지 말라는 교황의 명령을 거부하고 설교함으로써 파문되었다. 사보나롤라와 교황 간의 대립은 이후로도 거의 3년 동안 지속되었다. 당시 마키아벨리는 28세였지만, 여전히 안정된 직업에 정착하지 못한 상태였다. 그런데 1498년 교황청에 주재한 피렌체 대사로부터 그 천방지축인 설교자를 염탐해 달라는 의뢰를 받았다. 마침내 그해 사보나롤라는 투옥되었고, 자신이 여러 환상을 지어냈다는 걸 '고해'한 뒤에(볼테르는 그가 "일곱 번 고문을 받았다"고 말했다. 일반적인 경우에는 신뢰할 만한 출처가 아니지만 사보나롤라에 대해서는 상당한 정보가 있었던 것으로 보인다), 피렌체 중앙 광장의 교수대에 매달린 채 화형에 처해졌다.[5]

이 모든 상황에 대한 마키아벨리의 보고서가 고용주들에게 깊은 인상을 주었던지, 그는 정부에서 일한 경험이 전무한 무명의 젊은이였지만 피렌체 정부로부터 제2서기국에서 근무해달라는 요청을 받았다. 물론 마키아벨리가 일자리를 얻으려고 노력했던 건 분명하다. 그의 정치적 견해 덕분이었겠지만 행운이 적잖게 작용한 것도 사실이다. 국가의 서신을 다루는 직책이었지만, 마키아벨리는 국내외 사건에도 깊숙이 관여했고, 공화국 외교 관계를 감독하는 10인의 원로들로 구성된 '자유와 평화의 10인회Dieci di Libertà e Pace'의 비서라는 직책을 추가로 얻었다.

사보나롤라가 죽은 뒤 수개월 동안 여러 집단이 권력을 차지하려고 다투었고, 그때 마키아벨리는 정치와 관련된 첫 교훈—정치 세계는 계급과 후원 및 개인적인 경쟁 관계에서 영향을 받는 끝없는 투쟁—을 얻었다. 4년 전에 있었던 프랑스 침략의 반향으로 모든 유력한 도시의 구조가 바뀌었고, 마키아벨리의 주된 과제는 군사적 문제와 관계가 있었다. 1499년 3월, 마키아벨리는 피렌체가 고용한 용병들과 협상에 나서야 했다. 용병들이 더 나은 대우를 요구하며 용병 계약을 파기하겠다고 위협했기 때문이다. 마키아벨리는 용병 대장을 어렵사리 설득해서 원래의 고용 조건을 관철시켰다. 그러나 그때의 경험으로 그는 용병을 불신하게 되었고, 그 이후로는 평생 동안 기회가 닿을 때마다 시민들로 구성된 민병대의 필요성을 역설했다.

마키아벨리는 다른 임무로 프롤리에 파견된 적이 있었다. 프롤리는 피렌체에서 북동쪽으로 80킬로미터쯤 떨어진 교황령으로, 대담한 데다 눈부시게 아름다운 여인 카테리나 스포르차Caterina Sforza(1463-1509)가 다스리는 도시였다. 그녀의 아버지는 암살을 당한 밀라노 통치자였고, 그 아버지에게 오랫동안 시달렸던 부하들이 그녀의 잔혹하고 폭력적이던 남편도 살해했다(그녀는 14세에 그 남자와 결혼했다). 반란군은 그녀의 두 어린아이들을 인질로 잡고, 그녀에게 항복하지 않으면 두 자식을 죽이겠다고 협박했다. 카테리나는 성의 난간에 뛰어올라가 치마를 걷어 올리고 자신의 생식기를 가리키며 소리쳤다. "그렇게 하고 싶다면 그렇게 해라! 내 앞에서 두 자식의

마키아벨리의 판화 초상. 1769년 출간된《군주론》에 삽입, 평화궁 도서관. 2019년에는 마키아벨리와 동시대를 살았던 레오나르도 다빈치가 그린 것으로 추정되는 초상화가 발견되었고, 현재 진위 여부를 확인하는 중이다.

목을 매달아 죽여봐라. …여기 이것으로 다른 자식을 또 만들면 되니까!" 결국 반란군은 붕괴되었다. 두 번째 남편도 첫 남편과 똑같은 운명을 맞자, 카테리나는 그 음모에 가담한 것으로 추정되는 40명의 용의자를 공공 광장에서 고문하고 처형했다. 이때 그들의 아내와 정부 및 자식들도 죽임을 당했는데, 갓 태어난 유아도 서너 명 정도 있었다. 카테리나는 인정사정을 베풀지 않았다.

마키아벨리가 프롤리를 다녀온 뒤에 작성한 보고서에 따르면, 그가 카테리나의 궁전에 들어가자 "피렌치 사람들로 가득했다." 그래서 마키아벨리는 그들의 도움을 받아 임무를 수행할 수 있기를 기대했다. 카테리나의 삼촌, 즉 밀라노 공작의 대리인들도 눈에 띄었다,

며칠간 협상한 뒤에 마키아벨리는 카테리나가 받아들일 만한 합의안을 만들었다. 이튿날 그는 카테리나의 부름을 받았고, 카테리나는 생각이 바뀌었다며, "피렌체 사람들은 항상 그럴듯하게 말했지만 행동은 그렇지 못했다"는 이유를 들먹였다. 그리고 카테리나는 밀라노 쪽과 합의했다. 카테리나는 자신의 상대로 대사급을 기대했던 까닭에, 마키아벨리는 거의 중요하지 않은 사람, 즉 중간 관리급으로 취급을 받았다(피렌체에 보낸 편지들에서 자신을 무가치한 존재라는 뜻으로 '니힐 경Sir Nihil'이라 칭했다). 마키아벨리는 부끄럽게도 맨손으로 돌아왔지만 더 지혜로워졌다.*

　　마키아벨리가 공직에서 활동하는 동안 내내, 피렌체는 서로 적대적인 세력 사이에서 우왕좌왕하며 어느 쪽에 서는 게 피렌체에게 유리한지, 어느 쪽에 서면 파멸의 늪에 떨어질 위험이 있는지를 확신하지 못했다. 그러나 그 과정에서 마키아벨리는 끊임없이 무엇인가를 배웠다. 스페인 태생으로 본명이 로드리고 보르자인 교황 알렉산데르 6세에게는 주된 정부이던 반노차 카타네이Vannozza Cattanei에게서 얻은 딸 하나와 아들 셋만 아니라 다른 여자들에게서 얻은 여러 자식도 있었다(당시에는 교황들이 권력을 탐했을 뿐만 아니라 불륜도 다반사로 저질러 자식들을 낳았고, 그 자식들을 고위직에 앉혔다). 그 딸이 인격적으로 평판이 좋

* 카테리나의 운명은 일희일비를 계속했다. 그 직후 그녀의 도시는 악명 높은 체사레 보르자Cesare Borgia(1475-1507)에게 포위되었다. 체사레가 그녀와 협상하려고 성벽에 다가오자, 그녀는 그를 사로잡으려 했지만 실패했다. 체사레는 크게 분노해서 그녀의 성채를 급습했고, 그녀를 감옥에 가두었다. 그래도 지략이 있었던 까닭에 그녀는 체사레의 눈을 사로잡았고, 둘은 연인 관계가 되었다. 마키아벨리는 카테리나가 출세하려는 욕심에 교황을 독살하려 했다는 걸 믿었다. 말년에 카테리나는 수녀원에 들어가 한 수도자에게, "저에게 글을 쓰는 재주가 있다면 세상을 충격에 빠뜨릴 수 있을 겁니다"라고 속내를 털어놓았다.

지 않았던 세 번이나 결혼한 루크레치아(1480-1519)였고, 세 아들로는 장남이던 체사레, 교황에게 사랑을 받았던 후안 조반니 간디아 공작 등이 있었다. 어느 날 밤, 체사레와 후안은 어머니와 함께 저녁 식사를 하러 나갔다. 그날 밤 집으로 돌아오던 길에 두 형제는 로마의 유대인 구역에서 헤어졌다. 체사레는 집에 무사히 돌아왔지만 후안을 그렇지 못했다. 이튿날 9번이나 칼에 찔린 후안의 시신이 테베레 강둑에서 발견되었고, 체사레의 사주로 살해된 것이란 의심이 있었다. 처음에 교황 알렉산데르 6세는 슬픔을 가누지 못했지만, 몇 주 만에 감정을 추스르고는 체사레에게 아버지의 사랑을 쏟기로 결정을 내렸다.

체사레는 15세에 주교가 되었고, 3년 뒤에는 추기경에 올랐다. 그러나 그는 결국 성직을 포기하고 군인의 길을 택했다. 1496년 스물두 번째 생일을 맞기 전, 그는 교황군 사령관이 되었다. 프랑스 루이왕은 교황과 동맹을 맺으면 유리할 것이라 생각하고, 체사레를 초대해 발랑티누아 공작령을 하사하며 동맹군에서 고위직을 맡기겠다고 약속했다. 체사레는 그 약속에 무척 기뻐했고, 곧이어 프랑스군의 선두에 섰다. 가장 먼저 밀라노를 점령했고, 포를리와 페사로와 리미니를 차례로 물리쳤다. 수개월 만에 체사레는 무용으로 명성을 얻었지만, 간교하고 무자비하다는 평판도 얻었다. 그는 힘도 무척 강했지만(맨손으로 편자를 비틀어 돌릴 수 있었다고 전해진다), 이탈리아에서 가장 잘생긴 남자로도 여겨졌다. 또 "세상을 물려받았다고 생각하는 사람이란 분위기"를 풍기며 사자처럼 위풍당당하게 행동했지만,[6] 마음속으로 정반대의 생각을 품은 채 거짓말을 설득력 있게 해내며 여우처럼 교활한 술책도 부릴 줄 알았다(체사레의 이런 속성은 "군주는 야수처럼 행동할 수 있어야 한다. 따라서 군주는 여우와 사자로부터 배워야 한다. 사자는 덫으로부터 자신을 지킬 수 없고, 여우는 늑대로부터 자신을 지킬 수 없기 때문이다"라는 말로 집약되었다). 특히 체사레는 마피아처럼 보호를 명목으로 갈취했고, 몸뚱이를 둘로 가른 뒤에 공공 광장에 내던져두는 사악한 성향을 보였다.

1500년 7월 18일, 마키아벨리는 체사레가 예측할 수 없는 위험한 사람이라는 걸 루이 왕을 만나 설득하는 임무를 띤 두 대표 중 한 명으로 프랑스를 향해 출발했다. 당시 강대국 중 하나인 프랑스의 핵심층을 지근거리에서 관찰할 첫 기회였다. 마키아벨리의 전기를 쓴 마일스 엉거Miles Unger는 이때의 경험이 향후의 역사가, 즉 마키아벨리에게 무엇을 뜻했는지를 잘 정리해주었다.

> 그곳은 심성이 약한 사람이나 쉽게 속는 사람이 견딜 수 있는 곳이 아니었다. 황금빛 옷을 입고 반짝이는 진주로 장식한 대사들이 키케로를 본보기로 삼아 라틴어로 연설하고, 아첨과 모호함의 문화가 지배하는 곳이었다. 마키아벨리는 그 모든 것을 꿰뚫어보았다. 화려한 겉모습 아래에, 지극히 야만적인 무엇인가가 진행되고 있었다.[7]

마키아벨리는 프랑스에 거의 6개월을 머물렀다. 이듬해 봄, 체사레의 군대가 피렌체로 진군했다. 체사레 군대의 잔혹성에 대한 소문을 비롯해 섬뜩한 보고서가 거의 매일 2등 서기관의 책상 위에 올라왔다. 피렌체는 체사레 군대에 맞서기에는 너무 약해, 300명의 무장한 병사를 고용하는 대가로 3만 6000두카트라는 엄청난 비용을 지불하는 계약을 체결하는 데 필요한 시간을 벌어야 했다. 체사레는 우르비노 공작령을 점령한 뒤에 피렌체에게 협상할 대표단을 보내라고 요구했다. 이때 마키아벨리는 협상단의 부대표가 되었다.

마키아벨리에게 사보나롤라는 큰 인상을 주지 못했지만 체사레(당시는 발렌티노)는 그렇지 않았다. 누구도 체사레를 좋은 사람이라 생각하지 않았지만, 상대적으로 유약한 피렌체와는 대조적으로 체사레는 전투에서는 주도권을 어렵지 않게 잡고, 협상에서는 연극적인 재능을 십분 활용해 상대를 압도하는 듯했다. 이런 체사레에게 흠뻑 빠진 마키아벨리는 우르비노에서 이런 보고서를 보냈다.

이 군주는 무척 인상적이고 위풍당당합니다. 전쟁에서는 어떤 것도 겁나지 않은 것처럼 단호하기 그지없고, 어떤 문제도 가볍게 넘기지 않습니다. 승리의 영광을 위하여, 현재의 지위를 유지하기 위하여 잠시도 쉬지 않습니다. 피곤이 무엇인지 두려움이 무엇인지 모릅니다. 그가 어떤 곳으로 출발했다는 소식을 듣기 전에 이미 그곳에 도착해 있습니다. 병사들을 잘 대해주는 까닭에 이탈리아에서 최고의 병사들을 모았습니다. 행운도 있었겠지만, 그 병사들이 그에게 최고의 승리를 계속 안겨주는 겁니다.[8]

책상에 앉아 일하는 글쟁이가 행동가에게 느끼는 경외감으로 읽힐 수 있다. 체사레는 단순한 행동가가 아니었다. 체사레의 지시를 받아, 약 1년 동안 마키아벨리는 레오나르도 다빈치를 군사 전략가이자 공학자로 고용하기도 했다.* 그러나 체사레의 끝없는 정복욕에 주요

* 1502년 그들은 피렌체와 피사를 관통하는 아르노강의 물줄기를 돌려 피사에 공급되는 물을 차단함으로써 피사를 물리치는 기발한 계획을 함께 시행하기도 했다. 그러나 그 계획은 비협조적인 일꾼들, 시큰둥한 감독들, 피사 군대의 끊임없는 방해로 중단되고 말았다. 마키아벨리는 미켈란젤로와 보티첼리 및 르네상스를 대표하는 많은 예술가들을 알고 지냈다.

지휘관들도 자신의 안위를 걱정하기에 이르렀고, 결국 체사레를 제거하려는 모의가 시작되었다. 그런데 분위기가 바뀌고 또 바뀌었다. 그리고 1503년 8월 5일, 교황 알렉산데르 6세와 그의 아들 체사레가 저녁 식사를 함께했고, 그 후에 둘 모두 고열에 시달렸다. 원인은 말라리아였던 것으로 추정된다. 의사들은 치료법으로 얼음물로 채운 커다란 항아리에 체사레를 담갔다. 어떤 이유로든 체사레는 회복되었고, 72세의 늙은 아버지는 거의 보름 동안 버티었지만 결국 굴복하고 말았다. 교황의 죽음으로 체사레의 운명도 바뀌었다. 교황이 부여하던 적법성이 사라지자, 그의 세계 전체가 위협받았다. 영토가 쪼개지기 시작했고, 친구를 찾기도 어려웠다. 새 교황, 비오 3세가 그를 지원해주었지만, 취임한 지 26일 만에 세상을 떠났다.

이때 마키아벨리는 로마에 파견되어 콘클라베conclave(교황을 선출하기 위한 추기경 회의/옮긴이)를 지켜보았고, 체사레를 찾아가 그의 의중을 살피기도 했다. 결국 그 위대한 전사의 숙적인 줄리아노 델라 로베레Giuliano della Rovere가 만장일치로 교황에 선출되어 율리오 2세가 되었다. 줄리아노는 체사레에게 금전을 제공하며 교황에 선출된 뒤에도 지원을 계속하겠다고 약속했지만, 교황에 선출되자마자 그 약속을 머릿속에서 지워버렸다. 체사레는 자신의 실수를 깨닫고 새로운 동맹을 구하려고 애썼지만, 율리오 2세는 매번 체사레에게 실패했다는 걸 재확인해주었다. 마키아벨리는 자신이 한때 완벽한 지도자라고 생각한 사람이 무력한 존재로 추락하는 걸 보며, 서둘러 그에게서 등을 돌렸다. 그는 "그 공작은 자신의 무덤에 서서히 들어가고 있다"라고 보고서를 끝맺었다.[9]*

* 마키아벨리는 지나치게 속단하는 경향을 띠었다. 체사레는 1507년 3월에야 실질적인 종말을 맞았다. 체사레는 스페인으로 피신해, 처남인 나바라 국왕을 위해 싸

즉각적으로 이탈리아에서 권력의 균형추가 이동했다. 마키아벨리에게 그런 권력 이동은 정치공작의 기간이 연장되고, 피렌체가 오랜 골칫거리이던 피사에 맞서 시민군을 책임지고 양성해야 한다는 걸 뜻했다. 다행히 마키아벨리의 조직력 덕분에 피렌체는 승리를 거두었다. 그러나 스페인과 프랑스가 이탈리아반도에서 여전히 강력한 군사 대국으로 군림하는 동안, 율리오 2세는 곧 '전사 교황'과 '무서운 교황'이란 별명까지 얻으며 최근에 상실했던 교황청의 영토를 되찾겠다는 결정을 내렸다. 곧이어 교황청은 프랑스와 싸웠고, 그사이에 스페인은 메디치 가문과 동맹을 맺었다. 나폴리, 밀라노, 베네치아와 마찬가지로 피렌체도 처음에는 프랑스에 추파를 던졌고, 다음에는 스페인에 눈길을 돌렸다. 여기에는 복잡한 이야기가 있지만, 여하튼 그 복잡한 이야기는 1512년 9월, 교황군이 프랑스를 이탈리아에서 몰아내고, 동맹군인 스페인의 지휘관 줄리아노 데 메디치Giuliano de' Medici(1479-1516)가 마키아벨리의 고향인 피렌체에 행진해 들어오는 것으로 끝난다.

마키아벨리는 과거에 메디치 가문의 몇몇 사람과 우호적으로 지

우며 반란군의 요새를 포위했다. 반란군 사령관인 루이스 데 보몽은 노새들을 구해, 갑작스레 몰려온 폭풍을 틈타 요새로 식량을 실어오려 했다. 체사레는 그 움직임을 눈치채고 70명의 기병을 지휘해 데 보몽과 호위대를 공격했다. 체사레는 열의가 넘쳤던지 부하들보다 지나치게 앞섰고, 매복해 있던 반란군에게 습격당했다. 중과부적이었던 까닭에, 체사레는 말에서 끌어내려지고 갑옷까지 벗겨졌다. 결국 체사레는 25번이나 칼에 찔려 피투성이가 되었다. 반란군은 그가 누구였는지 몰랐고, 체사레는 그렇게 31세에 유명을 달리했다. Richard Cavendish, "Death of Cesare Borgia," History Today, vol. 57, 2000년 3월 3일을 참조하기 바란다.

냈기 때문에 처음에는 낙관적으로 생각하며 새 정부에서도 살아남을 수 있으리라 확신했지만, 2개월이 지나지 않아 공직에서 물러나야 했다. 공식적인 표현에 따르면 "파면되고 면직되고 완전히 삭관되었다." 게다가 피렌체를 떠나지 않겠다는 약속으로 1000리라(대략 현재 만 달러) 상당의 보석금을 내야 했고, 정부와 관련된 건물들을 1년 동안 드나들 수 없었다. 결국 그는 분을 감추고 기가 꺾인 채 고향집에 내려갔지만, 그래도 최악을 면한 것만도 다행이라 자위했다. 1513년 2월, 20명의 공모자가 줄리아노 데 메디치를 암살하고 쿠데타를 일으키려고 계획한다는 투서가 당국에 전해졌다. 한 젊은 선동가의 주머니에서는 공모자 이름들이 적힌 명단이 나왔다. 마키아벨리는 그 음모에 대해 전혀 몰랐고, "많은 음모가 시도되었지만 원하는 목적을 달성한 경우는 극소수에 불과했다"며 그런 시도의 무모함을 날카롭게 지적한 글을 일찍이 쓴 적도 있었다. 하지만 그 명단에는 마키아벨리의 이름도 있었고, 음모의 마지막 단계에서 포섭되었을 것이라 추정되었다. 마키아벨리는 체포되었고, 오랫동안 관리로 일하던 사무실에서 가까운 '레 스틴케Le Stinche' 감옥, 악취가 진동하는 감옥에 갇혔다.

그로부터 22일 동안 그는 벌레가 우글대는 독방에서 웅크린 채 지내며 시시때때로 고문실에 끌려가, 두 손목을 등 뒤로 묶어 공중으로 끌어 올렸다가 갑자기 바닥에 떨어뜨리는 '스트라파도strappado'라는 형벌을 견뎌야 했다. 죄수를 공중에서 지탱하던 밧줄이 손목에 연결된 뒤에 갑자기 툭 떨어지면, 어깨가 탈구되고 근육이 찢어지며 한 팔이나 양팔 모두를 못 쓰게 된다. 자백을 억지로 끌어내려고 그 고문은 필요한 만큼 반복된다. 마키아벨리는 (오랫동안 남창男娼을 즐겼다는 것을 제외하면) 자백할 게 없었기 때문에 침묵할 수밖에 없었다. 그 때문에 적어도 4번, 어쩌면 6번까지 공중으로 들어 올려졌다. 언젠가는 간수들이 그를 성폭행한 뒤에 독방에 돌려보냈다. 그는 깃펜과 종이를 요구했고, '위대한 줄리아노'에게 보내는 두 편의 소네트를 썼다. "내 발에는… 족쇄가 채워졌고"라고 말한 뒤에 지독한 악취와, 갈라진 벽을 기어 다니는 이가 나비처럼 크고, 열쇠와 자물쇠가 덜컹거리는 소리가 천둥소리처럼 그의 귀를 때린다고 하소연했다. 그러고는 씁쓰레한 농담처럼 "이렇게 시인이 대우받고 있나이다!"라고 마무리 지었다.[10]

　　그 두 편의 시가 줄리아노에게 전해졌다는 증거는 없다. 하기야 마키아벨리가 솔직한 심정, 자기연민, 가시를 감춘 농담을 뒤섞은 시가 줄리아노에게 전달되었다면 어떻게 되었을지 궁금하기는 하다. 그러나 현실에서는 마키아벨리의 정치 이력이 끝났고, 또 다른 이력, 즉 작가의 삶이 시작되었다. 그렇지만 약간의 행운이 없었다면 그는 "까다로운 숙박소"에서 계속 번민하며 괴롭게 살았을 것이다. 1513년 2월 20일, 교황 율리오 2세가 말라리아에 걸렸고, 며칠 후에 서거했다. 추기경들은 당시 38세였던, 줄리아노 데 메디치의 형 조반니 데 메디치Giovanni de' Medici(1475-1521)를 율리오 2세의 후임 교황으로 선출했다. 조반니는 교황좌에 오른 최초의 피렌체 출신으로, 레오 10세가 되었다. 줄리아노는 자신의 아량을 과시할 기회를 놓치지 않고, 마키아벨리를 포함해 많은 죄수를 풀어주었다. 그리하여 마키아벨리는 자유를 되찾았다.

　　고향집에는 자그마한 땅만 있는 게 아니었다. 1501년 8월, 마키아벨리는 마리에타 코르시니Marietta Corsini를 아내로 맞이한 터였다. 마리에타는 지역 유지의 딸이었고, 마키아벨리에게 6명의 자녀를 낳아주었다. 하지만 배경이 유별난 것도 아닌 마키아벨리가 틈나는 대로 사창굴을 찾아가 남창을 불렀고, 그런 습관이 50대까지도 계속된 까닭에 마리에타는 잇달은 치욕을 견뎌야 했다. 이런 사실은 그가 '라 브라가타', 즉 남자 친구들에게 보낸 상스럽고 음란한 편지에서 확인된 것이다. 한 역사학자의 표현대로 "탈선 전문가connoisseur of depravity"이던 마키아벨리는 함께 어울려 지내던 남자들을 '이louse'라고도 칭했다.[11] 하지만 그와 마리에타는 서로 무척 좋아한 게 분명했다(마리에타가 남편에게 보낸 한 편지에는 애정이 넘쳐흐른다). 그녀의 주된 불만은 남편이 정부 업무로 자주 집을 비우는 것이었다. 그러나 그때부터 그런 생활은 끝이었다.

마키아벨리는 먹고살 것은 거의 없었지만 시간은 남아돌았다. 그래서 농장에서 나무꾼들과 잡담하거나, 동네 술집에서 카드놀이를 하며 시간을 보냈다. 그가 희극《만드라골라》에서 썼듯이, 피렌체에서 힘없는 사람에게는 "동네 개조차 그 얼굴을 보고는 짖지 않는다." 잊히고 잉여 인간이 된 듯한 기분에 사로잡힌 마키아벨리는 자신을 고용할 만한 일거리를 두루 찾아다녔다. 공직에 다시 돌아갈 수 있을까? 이런 바람에 그는 줄리아노 데 메디치에게 또 한 편의 소네트를 썼고, 이번에는 그 소네트를 암수 한 쌍의 엽조獵鳥와 함께 줄리아노에게 직접 보냈다. 뇌물이라 하기에 너무도 초라한 선물이었다. 결국 마키아벨리는 완전히 다른 식으로 접근하기로 마음먹었다. 즉 그가 공직에서 일하며 배운 모든 교훈을 하나로 묶은 책, 권력을 어떻게 쟁취하고 사용해야 하느냐에 대해 무모할 정도로 솔직한 입문서, 요컨대 일종의 금언집을 엮어 줄리아노에게 헌정하기로 했다. 그 책은 역사를 기록한 책이 아니라 역사를 활용한 책이었다. 그렇게 마음먹은 순간부터 마키아벨리는 마음의 위안을 얻었다.

저녁이 되면 나는 집에 돌아가 서재에 들어갑니다. 문지방에서

흙먼지를 뒤집어쓴 평상복을 벗고, 궁중이나 왕궁에 어울리는 예복을 입습니다. 그렇게 적절히 차려입은 뒤에 나는 옛 어른들로 가득한 궁전에 들어갑니다. 그곳에서 나는 그들에게 따뜻한 환대를 받고, 나만을 위해 차려진 음식을 먹습니다. 나는 그런 음식을 먹도록 태어났으니까요. 그분들과 스스럼없이 대화를 나누며, 그분들에게 어째서 그렇게 행동했는지 설명해달라고 부탁하고, 그분들은 나에게 친절하게 대답해줍니다. 한 번에 4시간씩 그렇게 대화하지만 나는 조금도 지루하지 않습니다. 아니, 모든 걱정거리를 잊습니다. 가난이 두렵지 않고, 죽음조차 두렵지 않습니다.[12]

＊ ＊ ＊

마키아벨리즘Machiavellism은 하나의 사고방식과 하나의 행동 방식으로, 마키아벨리 훨씬 이전부터 존재했다. "요즘 정치는 교육을 받은 인격자에게 적합한 일이 아니다. …선동가는 제대로 공부한 사람도 아니고 정직한 사람도 아니다. 무식한 사기꾼인 게 분명하다."[13] 아리스토파네스는 《기사》라는 희곡에서 이렇게 냉소적으로 말했다. 그가 네 번째로 쓴 희곡, 《기사》는 기원전 424년에 처음 공개되었다. 투키디데스가 쓴 《펠로폰네소스 전쟁사》의 제5권에도 아테네인과 밀로스 섬사람의 대화에, 또 에우리피데스의 《포이니케 여인들》(제524-525행)에도 비슷한 논조의 글이 있다. "잘못된 것이 옳은 것이 될 수 있다면, 옥좌를 위해서는 잘못된 것도 대부분이 옳다." 기원전 4세기의 인도 고전 《아르타샤스트라》은 도덕심에 구애받지 않고 국정을 운영하는 기술을 다루어, 《군주론》마저 무색하게 만든다. 오래전부터 많은 작가가 권력을 탐하는 정치를 비슷하게 냉소적으로 평가했지만, 마키아벨리는 체사레가 '능란하게 사용하는' 잔혹성을 수년 동안 지켜보며 숙고한 뒤여서, 양심에 얽매이지 않고 권력을 얻고 유지하는 방법에 대한 최고의 분석가가 되었다.

목적이 수단을 정당화한다는 격언이 《군주론》에 실제로 있지는 않지만, 정치만이 아니라 사회 전반에도 적용되는 마키아벨리의 경험 법칙—어떤 수단을 써서라도 승리해야 한다—으로 여겨진다. 아첨꾼을 다루는 방법, 정부 관리들을 대하는 방법 등이 언급되고, 지도자들에게 이 책에 담긴 교훈을 활용해 이탈리아를 야만의 땅에서 구해내라고 독려하는 것으로 끝난다. 그러나 우리 기억에 깊이 새겨진 구절들은 대략 다음과 같다.

> 항상 선하게 행동하려는 사람은 결국 패망하게 됩니다. …
> 현명한 군주는 상황이 자신에게 불리하게 바뀌면… 약속을 지키지 않아도 됩니다.
> 때로는 거짓되게 꾸미고, 가식적으로 행동할 필요가 있습니다. …
> 사랑과 공포는 공존하기 힘들기 때문에 둘 중 하나를 선택해야 한다면, 사랑받는 것보다 두려움의 대상이 되는 게 훨씬 더 안전합니다. …
> 모든 걸 고려하다 보면, 도덕적으로 보이지만 파멸의 원인이 되는 것과, 사악하게 보이지만 안전을 보장하고 승리를 앞당겨주는 것을 만납니다.

이 책을 읽은 교황청은 당연히 충격을 받아 망연자실했을 것이다. 마키아벨리가 이상적인 군주로 삼은 표본이 어둠의 인물인 체사

체사레 보르자(1475-1507)로 추정되는 초상화. 발렌티노로도 알려진 체사레는 교황 알렉산데르 6세의 사생아였고, 마키아벨리는 그에게 영감을 받아《군주론》을 썼다. 체사레는 성직자가 되도록 교육을 받았지만, 성직을 포기하고 용병이 되었다.

레 보르자였다는 것도 도움이 되지 않았다. 체사레는 곧 '마키아벨리의 뮤즈'라는 별명을 얻었고, 한 장章 전체의 주제가 되었다. 특히 나폴레옹은 그 책에 주석을 달며 읽었고, 스탈린은 침실용 탁자에서 그 책을 꾸준히 번역했다고 전해진다. 또 내가 케임브리지 대학교 졸업반이었을 때 새뮤얼 존슨부터 프리드리히 니체, 조지 엘리엇과 D. H. 로런스까지 모두를 읽어야 했고, 영문학과 졸업 시험 중 하나로 '도덕주의자'라고 칭해지던 특이한 과정을 등록해 공부하던 때가 지금도 기억에 뚜렷하다. 마키아벨리를 읽을 차례가 되었을 때였다. 교수와 다른 학생 하나와 함께한 개별 지도 시간에,《군주론》을 윤리적 기준

6장 어쩌다가 역사가

269

에 얽매여 평가하지 말라는 요구가 있었다. 당시 건방진 데다 천방지축이었던 나는 그런 요구에 격분해서 강의실을 뛰쳐나갔다. 내가 그렇게 행동한 이유를 변명하자면, 오래전부터 마키아벨리는 냉소적이고 무익하며 도덕적으로 야만적인 사람, 심지어 좋은 정부의 적이란 평가를 받아왔다는 게 내가 그에 대해 아는 전부였기 때문이다. '마키아벨리즘'이란 용어는 프랑스에서 1581년에 처음 사용되었고, 영어로는 1589년에 처음 알려졌다. 한편 프로이센 왕 프리드리히 2세(1712-1786)는 《군주론》을 맹렬히 비난한 《반反마키아벨리론》을 써냈다(볼테르가 출간해 배포했다!). "《군주론》이 본질적으로 도덕성을 다룬 것이라면 스피노자의 저작은 신앙과 관련이 있다. 스피노자는 신앙의 기초를 무너뜨리며, 종교라는 구조 전체를 뒤집어버리려 했다. 한편 마키아벨리는 정치 행위를 더럽혔고, 건전한 도덕적 계율을 파괴하려 했다."[14]

그러나 많은 점에서 마키아벨리는 무척 도덕적인 사람이었고, 정치가 실제로 어떻게 작동하는지를 직접 보고 관찰한 결과를 글로 써놓았을 뿐이다. 한 세기가 지난 뒤에 프랜시스 베이컨Francis Bacon(1561-1626)은 "우리가 어떻게 행동해야 하느냐가 아니라 어떻게 행동하고 있느냐를 쓴 마키아벨리 및 그 밖의 작가들에게 우리는 많은 신세를 지고 있다"고 말했다.[15]* 훗날 베니토 무솔리니Benito

---

　＊　15세기 말에는 군주의 역할을 다룬 다양한 책들이 출간되었고, 문학적 형태로도 발전하며, 작가들은 자신의 작품을 통해 군주의 본질을 여실히 보여주었다. 이런 맥락에서 보면, 《군주론》은 특별한 책이 아니고, 어떤 의미에서는 에라스무스, 토머스 모어, 단테, 아퀴나스 등의 저작과 같은 계열에 속한 것이다. 그들의 저작도 결국에는 리더십과 그에 상응하는 것을 다루고 있기 때문이다. 그러나 마키아벨리의 저작에 대한 평가는 그들의 저작과 뚜렷이 대조되었다. 프리드리히 대왕의 《군주론》에 대한 맹비판에 관련해서, 볼테르는 "마키아벨리가 군주를 제자로 두

Mussolini(1883-1945)와 실비오 베를루스코니Silvio Berlusconi는 자신들의 시대에 새로 간행된《군주론》에 추천사를 썼다.

마키아벨리는 학문적인 라틴어가 아니라 모국어, 즉 토스카나 방언을 기초로 한 이탈리아어로 다듬고 또 다듬어 읽기 쉬운 산문으로 위선이나 희망사항을 배제한 채, 격동의 시대를 맞은 당시 이탈리아 공화국에서 온갖 사건이 실제로 어떻게 결정되었는가를 가감 없이 써내려갔다. "시민들을 학살하고, 자기편을 배신하고, 신의나 자비심이나 종교심을 저버린 행위는 도저히 좋게 볼 수 없다"는 걸 거리낌 없이 인정했지만, 마키아벨리가 살던 세계는 그런 행동이 보상을 얻던 세계였다. 훗날 비스마르크가 니체의 영웅이었듯이 체사레는 마키아벨리에게 영웅이었다. 왜 지도자는 무엇보다 정직해야 하는가? "세상의 변천에 자신의 처신을 일치시키는 군주는 성공하며, 반대로 시대와 자신의 처신이 어긋나는 군주는 곤란을 면치 못한다." 이 교훈은 도덕적 상대주의moral relativism, 즉 평범한 상식일 수 있다. 마키아벨리는 결코 죄 없는 사람이 아니었고, 독자의 분노를 자극하는 걸 좋아한 게 분명하다. 하지만 그는 관습을 포기한 만큼이나 엄격히 지켰다. 얼마 전에 마키아벨리의 전기를 발표한 정치철학자 에리카 베너 Erica Benner는 마키아벨리가 반어적으로 글을 써서, 그의 책 전체가 조롱이라고 주장하기도 했다.

> 《군주론》은 확실한 정치적 사실을 도덕적 이상보다 앞에 두어야
> 한다고 주장했다. 그러나 권력을 잡는 법에 대한 안내서로서,《군

었다면, 그도 마키아벨리즘을 반박하는 책을 군주에게 우선적으로 추천했을 것" 이라고 신랄하게 평가했다. *Memoirs of the Life of Monsieur de Voltaire Written by Himself* (London: Hesperus, 2007), p. 16을 참조하기 바란다.

주론》에 담긴 조언은 가히 비현실적이다. 마키아벨리가 주장하는 현실주의는 판촉을 위한 구호일 뿐, 순전히 사기이다.[16]

베너의 평가에 동의하기는 어렵다. 무엇보다도 통치자에게 보내는 마키아벨리의 조언이 오랫동안 액면 그대로 받아들여졌기 때문이다. 마키아벨리의 진의를 추적하고 싶다면, 그가 체사레의 무자비함을 단 한 번도 질책하지 않을 정도로 체사레에게 깊은 감명을 받았다는 사실에서 시작해야 할 것이다. 마키아벨리는 공중도덕과 개인의 도덕을 구분하며, 군주는 국가에 도움이 된다면 범죄를 저지를 수 있어야 한다고 주장했다. 미국 역사학자 게리 윌스Garry Wills가 말했듯이, 이런 주장 때문에 마키아벨리는 "한 차원 높은 체니즘Cheneyism의 후원자"가 된다.[17] 또 사이먼 샤마가 지적했듯이, "마키아벨리에게 정치 이론과 역사는 분리되지 않는 것이었다."[18]

처음에 마키아벨리의 조언을 따르는 군주는 거의 없었고, 그의 얄팍한 책은 역사에서 가장 권장하고 싶지 않은 처세서가 되었다. 줄리아노 데 메디치는 1516년에 죽어서 생전에는 그 책을 받지도 못했다. 초조해진 마키아벨리는 제목을 *De principatibus*라는 라틴어에서 한결 친숙한 이탈리아어 *Il Principe*로 바꾸고, 줄리아노로부터 1513년 권력의 고삐를 물려받은 조카이자 우르비노의 공작인 횡포한 로렌초(1492-1519)에게 그 책을 헌정했다. 로렌초가 그 책을 읽었더라도 별다른 감흥이 없었을 것이다. 마키아벨리가 원고를 로렌초에게 주었을 때 로렌초는 자신에게 한 쌍의 사냥개를 선물할 손님에게 관심을 보이며 마키아벨리를 무시했다고 하지 않는가. 그리하여 마키아벨리는 낙심해서 집으로 터덜터덜 걸어와야 했다(마키아벨리는 결코 권모술수에 능하지 않았고, 오히려 안타까울 정도로 거의 모든 경우에 패자의 편에 섰던 슬픈 역사의 주인공이었다).

　마키아벨리는 지루함을 잊으려고 페트라르카를 읽었다.《군주론》을 쓰기 시작하기 전부터 그는 이미 '티투스 리비우스가 쓴 첫 10권에 대한 담론(《로마사 논고》)'을 작업하고 있었다.《군주론》보다 훨씬 길고 논증적인 책이었다. 여기에서 마키아벨리는 로마가 세워진 때부터 기원전 293년까지의 로마 역사에 대한 리비우스의 설명을 참고해서, 그때로부터 배울 수 있는 것을 분석했다. 그가 리비우스를 주된 연구 대상으로 선택한 이유는 가난한 지식인이었던 아버지 덕분이었다. 법학을 전공한 아버지는 피렌체에서 활동하던 대부분의 법률가와 공증인과 달리 본래의 직업으로는 돈을 거의 벌지 못했다. 따라서 그의 아버지는 리비우스의 방대한《로마사》에 언급된 장소 명칭의 색인을 작업하며 9개월을 보냈고, 품삯 대신에 원본을 보유하는 권리를 얻었다. 그래서 마키아벨리는 로마의 초기 시대를 잘 알았고, 그때를 문명의 중대한 시기로 여겼으며, 당시 사건을 언급하는 걸 사과하며 자신의 논증을 전개하기도 했다.

　《로마사 논고》를 작업하는 과정에서 마키아벨리는 그 작업이 지나치게 길어지면 메디치에게 헌정하는 실질적인 선물로 적합하지 않다는 걸 깨달았다. 그런 이유에서 그는 작업을 중단하고, 결론으로 의도했던 내용을 압축적으로 써냈다.《로마사 논고》는 1519년에야 완결되었다. 여기에서 그는 정부의 성격에 대해 자세히 분석하며, 군주국보다 공화국이 어떻게 형성되는가를 추적한다. 마키아벨리의 주장에 따르면, 강력한 정치 세력은 잠시 나타났다가 사라지지만, 역사는 순환하며 끊임없이 반복된다. 또 그는 군주 국가, 귀족 국가, 민주 국가의 주장을 차례로 살펴보고, 각 국가가 타락한 형태, 즉 독재 국가와 과두 국가와 무정부 국가에 대해서도 언급한다. 좋은 정치 체제는 이기적인 목적을 추구하는 이기적인 사람들로부터 생겨나고 모두의 이익을 증진하기 위해 인간의 기본적인 속성을 이용하며, 지혜와 정의는 구성원들이 이익을 경쟁적으로 주고받을 때 최적으로 완성된다고도 말한다. 그러고는 리비우스를 인용해, 역사는 과거의 실수를 기록하기 때문에 "아픈 마음을 달래주는 최고의 영약"이라고 결론짓는다(로마 역사가들에게서 영감을 받은 역사 쓰기가 18세기까지 이어지는 데[19] 마키아벨리가 큰 역할을 한 게 분명하다). 인간의 본성은 어느 시대, 어느 곳에서나 똑같기 때문에 우리는 앞서 살았던 사람들의 실수를 되풀이하기 마련이다. 이런 인간 본성의 불역성不易性은 가족, 제도적 기관, 심지어 국가까지 확대될 수 있다. 하지만 완벽한 형태의 정치 체제는 불가능하지만, 역사는 우리에게 운명의 수레바퀴를 늦추는 방법을 알려준다. 일시적인 개선은 가능하지만, 그 정도가 우리가 기대할 수 있는 최상이다.

마키아벨리는 《피렌체사》에서 다룬 주제로 돌아가, 살루스티우스의 말을 "따라서 세상사는 좋은 상태에서 나쁜 상태로 떨어지고, 나쁜 상태에서 좋은 상태로 올라가는 등락을 거듭하기 마련이다. 미덕은 평화를 낳고, 평화는 나태를 낳고, 나태는 무질서를 낳고, 무질서는 패망을 낳기 때문이며, 거꾸로 생각하면 패망에서 질서가 잉태되고, 질서에서 미덕이 잉태되며, 미덕에서 영광과 행운이 잉태되기 때문이다"라고 쉽게 풀어 말한다.[20] 결국 세 권의 책, 《군주론》과 《로마사 논고》와 《피렌체사》는 동일한 세계관을 수미일관하게 주장하는 동일한 범주에 속한다. 어떤 책도 작가의 생전에 출간되지 않았지만, 은밀히 복제된 필사본들이 사방에 나돌아다녀, 마키아벨리가 메디치가의 핵심층에 들어가지는 못했더라도 그의 사상은 그들에게도 알려졌을 것이다.

세 책이 그의 유일한 저작은 아니었다. 오래전부터 그는 애절한 운문 작가였고, 주로 고전적 주제에 관심을 기울였다. 고향에 낙향한 이후로는 특히 희극에 관심을 쏟았다. 그가 존경받는 정치 이론가나 고위 관리는 될 수 없었더라도 자신의 영락한 상황을 재밌게 풍자할 수는 있었다. 그에게는 적잖은 별명이 있었고, 모든 별명이 우호적인 것은 아니었다. 대중은 그에게 사탄을 순화해 '악마Old Nick'라는 별명, '니콜로'라는 이름과 썩 어울리는 별명을 붙여주었다. 한편 친구들은 그를 '일 마키아il Macchia(얼룩)'라 칭했다. 이런 별명들에서, 마키아벨리가 격식에 얽매이지 않고 재치가 있었지만, 눈치없이 매섭게 말을 뱉어내고 쉽게 발끈하는 성격이었다는 걸 짐작할 수 있다. 그는 중편소설 《벨파고르의 우화》와 두 편의 희곡, 《만드라골라》(1518)와 《클리치아》(1525)를 쓰기도 했다. 《벨파고르의 우화》는 결혼에 대한 풍자로, 남자에게 닥치는 모든 불행의 원인이 부인에게 있다는 게 사실인지 확인하려고 플루톤(저승의 왕/옮긴이)이 지상에 악마를 보낸다는 우화다. 또 두 편의 희곡은 마키아벨리 자신의 성격과 성적 성향을 풍자하지만, 그의 진지한 저작들과 동일한 세계관을 보여주는 해학극이다. 두 희곡은 처음에 사사로운 공간에서만 공연되었지만, 입에서 입으로 전해지는 추천에 교황 레오 10세도 관심을 보이며 교황궁에서 《만드라골라》의 공연을 요청하기에 이르렀고, 그 연극은 축제기간에 매진이 될 정도로 인기를 끌었다. 따라서 1520년, 즉 레오 10세가 마르틴 루터Martin Luther(1483-1546)를 파문한 그해, 마키아벨리는 법률 고문으로 일할 때 그토록 염원하던 인정을 희극 작가로서 얻었다.

그해 3월, 마키아벨리는 교황의 승인을 등에 업고 메디치 가문의 또 다른 인물인 줄리오(1478-1534) 추기경을 방문했다. 당시 줄리오는 피렌체를 지배하는 주된 정치인 중 한 명이었다. 둘의 만남은 순조로웠던지, 그 직후 마키아벨리는 피렌체의 역사를 써달라는 의뢰를 받았다. 그가 바라던 안정된 고용은 아니었지만 호의에 대한 답례로 그 의뢰를 받아들였고, 그 이후로 더 많은 의뢰가 뒤따랐다. 보수는 후하지 않았다. 연간 57플로린으로, 요즘 가치로 환산하면 약 8000달러였고, 나중에는 1만 4000달러로 인상되었다. 하지만 피렌체의 파란만장한 과거를 어떻게 쓰느냐는 적잖은 문제였다. 메디치 가문을 미화하지는 않더라도 논란을 불러일으키지 않고, 문체와 형식에서 본보기가 되는 역사서가 최종적인 기대치였다. 마키아벨리는 사실의 정확성을 무시하고 옛 역사가들을 표절하며, 피렌체 정치에서 당시와 그 이전에도 끊이지 않았던 가문과 계급 및 이해관계의 충돌을 설득력 있는 이야기로 매끄럽게 풀어냈다. 그는 피렌체의 역사를 '여러 권'으로 분할했고, 눈높이를 철저히 자신의 시대에 두고 일반론적인 서문을 더했으며, 여러 연설을 실제로 있었던 것처럼 지어냈고, 파벌 간의 치열한 다툼과 피렌체의 점점 약해지는 군사력에 대해서도 가감 없이 드러냈다.

1525년, 마침내 완성된 역사서가 줄리오 데 메디치, 즉 2년 전에 교황으로 선출된 클레멘스 7세에게 제출되었다. 마키아벨리는 직접 몇 구절을 교황에게 읽어주었고, 교황은 만족한 듯한 반응을 보였으며, 사재로 120두카트를 마키아벨리에게 건네며 감사의 뜻을 표했다. 그때 마키아벨리는 로마 시민을 무장시키는 프로젝트를 제안하기도 했다. 그가 오래전부터 주장하던 프로젝트로, 교황청도 필요에 따라 피렌체 민병대 같은 조직을 결성해두어야 한다는 것이었다. 클레멘스 7세는 그 프로젝트를 추진하려는 의향을 보였지만, 이런저런 사건으로 그 프로젝트가 제대로 진행되지 않았다. 예컨대 교황은 신성 로마 제국에 대한 의존에서 벗어나려는 시도의 일환으로 프랑스군을 지원했다. 그러나 3만 4000명에 달하는 교황군에게 지불할 자금이 고갈되자, 그 교황군은 폭동을 일으키고 지휘관에게 로마로 진군하자고 압력을 가했다. 그들은 로마를 쉽게 점령하고는 마음대로 약탈하고 파괴했다. 곧이어 피렌체에서는 메디치 가문의 몰락이 뒤따랐다.

마키아벨리는 기회를 놓치지 않고, 다시 관직으로 복귀하려고 열심히 뛰어다녔지만, 클레멘스 7세에게 고용된 최근 전력이 걸림돌로 작용했고, 《군주론》의 저자라는 평판도 복귀를 방해하는 요인이 되었다. 따라서 당시 거의 60세이던 니콜로 마키아벨리는 실망하고 슬픔에 젖었다.[21] 오랫동안 스트레스에 시달리고 과로한 탓에 그는 병에 걸려 극심한 위경련에 시달렸고, 결국 1527년 6월 22일, 사랑하는 고향에서 숨을 거두었다. 그는 자신의 죄를 고해하지 않고 죽었지만, 죽은 뒤에 지옥에 가서 플라톤과 세네카 같은 비기독교도들과 재밌는 담소를 나눌 수 있기를 기대한다고 생전에 말하곤 했다. 게다가 《만드라골라》에서 "지옥에 훌륭한 사람들이 얼마나 많은가!"라고 말하기도 했다. 그러나 생전의 확신을 부정하며, 교회의 마지막 의식, 즉 '임종을 돕는 예식'을 받아들였다. 그렇다. 양다리를 걸치며 위험을 분산하는 게 항상 더 낫다.

7장 윌리엄 셰익스피어

: 역사극

이제부터 시작하려는 고결한 이야기에 등장하는 사람들이 살아가던 모습을 직접 본다고 상상해보라. …

– 윌리엄 셰익스피어, 《헨리 8세》[1]

MAKING HISTORY:
THE STORYTELLERS WHO SHAPED THE PAST

로열 셰익스피어 컴퍼니Royal Shakespeare Company는 2000-2001년 공연 프로그램에서 셰익스피어의 역사극들을 〈이것이 잉글랜드This England〉라는 이름으로 무대에 올리며, 그 8편의 역사극을 통해 '잉글랜드의 역사를 꿰뚫어본 한 남자의 통찰력'을 엿볼 수 있을 것이라고 말했다. 하지만 셰익스피어가 역사학자로 칭송되는 경우는 극히 드물다. 그러나 그가 플랜태저넷Plantagenet 가문에서 배출된 국왕들이 대체로 어떠했는지에 대해 그 어떤 작가보다 강렬한 인상을 우리에게 남겨준 것은 사실이다. 다트머스 대학교의 영문학 교수 피터 사초Peter Saccio도 말했듯이, "리처드 2세의 우아한 무책임, 헨리 5세의 무모한 용기, 리처드 3세의 현란한 악행을 우리 기억에 깊이 새겨준 사람이 셰익스피어였다."[2] 클레오파트라와 마르쿠스 안토니우스, 브루투스와 코리올라누스를 앞세워, 로마를 무대로 그린 역사극도 마찬가지이다. 독일의 위대한 시인 하인리히 하이네Heinrich Heine(1797-1856)는 셰익스피어를 "시인이자 역사학자"라고 평가하며, "그는 역사를 가장 먼저 쓰기 시작한 작가라 할 수 있다. 그는 시와 역사가 다르다는 걸 몰랐기 때문에… 시로 진실을 밝혀주었다"고 덧붙였다.[3]

위의 찬사가 너무 거창하게 들리면, 사실을 꾸밈없이 진술하는 게 역사학자의 역할이고, 어떤 것의 실체와 본질을 추적하는 것은 시인의 몫이라고 한 아리스토텔레스의 지적을 기억할 필요가 있다. 다시 말하면, 역사학자는 전해 들은 말을 근거로 삼고 임의적 사실에 의존해서 상대적 진실을 다루는 반면, 시인은 더 높은 차원에 있는 진실을 향해 다가간다는 뜻이다. 역사와 문학이 이렇게 중첩된 까닭에, 역사는 엘리자베스 시대의 무대에서 자연스런 주제가 되었다. 게다가 셰익스피어가 그린 왕들이 학문적으로 연구된 왕들보다 더 사실적으로 보이고, 주변 인물들이 기억에 더 오랫동안 남으며, 악당들이 더 매력적으로 여겨지는 건 분명하다. 문학 평론가 조너선 베이트Jonathan Bate가 요약했듯이 당시에는,

신문도 없고 텔레비전도 없었다. 일반인들이 한곳에 모여, 종교나 정치와 관련된 중대한 쟁점에 대해 정보를 얻고, 회유되거나 자극을 받을 만한 곳은 교회와 극장, 두 곳밖에 없었다. 대중 설교는… 많은 관객이 모이는 운동 경기와 같았다. 그러나 설교단에서 보내는 메시지는 항상 정통적인 틀에서 조금도 벗어나지 않았다. 왕과 법에 순종해야 한다는 설교가 전국의 모든 교구에서 주기적으로 행해졌다. …정치적 이견은 악마와 결탁한 산물이었다. 그러나 무대에서 보내는 메시지는 달랐다.[4]

16세기 중반부터 잉글랜드 내전English Civil War이 시작된 1642년 전까지 적어도 70편의 역사극이 쓰인 것으로 지금까지 알려지지만,

실제로는 훨씬 더 많았을 것으로 추정된다. 아쉽게도 무척 많은 작품이 소실되었거나 아예 발표되지 않았다. 게다가 70편 중 절반 이상이 엘리자베스 1세 시대에서도 마지막 15년 동안 집중적으로 공연되었다. 사이먼 샤마는 엘리자베스 1세를 '궁극의 연극 여왕'이라 칭하며 "놀랍게도 16세기에는 잉글랜드에만 연극 전용으로 지어진 상업 극장이 있었다. 이탈리아에서는 콤메디아 델라르테Commedia dell'arte가 여기저기를 떠돌아다니며 길거리에서 공연했고, 스페인과 네덜란드에서는 연극이 장식된 수레나 마차에서 공연되었다"고 덧붙였다.[5] 1595년쯤 영어는 전국적인 언어로 쓰였고, 역사서와 연대기 및 값싸고 얄팍한 소책자가 폭넓게 읽혔다.[6] 글을 읽는 중산 계급은 성경과 고전 다음으로 역사서가 도덕적인 삶을 사는 방법을 가르쳐주는 책이라 믿었다.*

도시인들은 셰익스피어만이 아니라 크리스토퍼 말로Christopher Marlowe(1564-1593), 토머스 헤이우드Thomas Heywood(1570년대 초-1641), 벤 존슨Benn Jonson(1572-1637), 필립 매신저Philip Massinger (1583-1640), 존 플레처John Fletcher(1579-1625) 등이 쓴 연극을 통해 과거를 배웠다. 셰익스피어의 시대에 '역사history'는 다양한 형태의 글─희극과 시, 회고록과 전기, 시사 기록, 연보와 연대기, 개론과 골동품 기록─을 가리켰다. 《헨리 5세》에서 코러스(극의 서두와 마무리 부분을 들려주는 배우/옮긴이)는 청중들에게 "이 역사의 줄거리를 전해

---

* 최근의 연구에 따르면, 엘리자베스 시대의 잉글랜드에서는 서적 판매량이 6개 범주로 구분되었는데, '종교'가 단연 1등이었고, '시와 예술'이 '역사'와 함께 똑같이 2위를 차지했으며 '과학과 수학', '교과서', '사교와 행실'을 훨씬 앞섰다. Andy Kesson and Emma Smith, *The Elizabethan Top Ten, Defining Print Popularity in Early Modern England* (London: Routledge, 2016)를 참조하기 바란다.

주는 걸 양해해주기"를 부탁한다.[7] 여기에서 역사 기록을 다루는 문학 작품도 '역사서'로 여겨질 수 있었다는 게 짐작된다. 4절판으로 출간된 《리어왕》은 "진정한 편년사chronicle history"를 제시하겠다고 호언하고, 《말괄량이 길들이기》에서도 크리스토퍼 슬라이 앞에서 펼쳐진 단막극이 '일종의 역사'로 묘사되며, 가상 작품도 역사서라는 권위를 지닐 수 있다는 걸 간접적으로 주장한다.

셰익스피어라는 이름이 처음으로 극작가로 인쇄되어 등장한 책은 1598년 판 《헨리 4세》였다. 1623년, 셰익스피어의 좋은 친구이자 동료 배우인 존 헤밍스John Heminges(1556-1630)와 헨리 콘델Henry Condell(1576-1627)이 당시에 존재하던 38편의 희곡을 모아, 윌리엄 셰익스피어William Shakespeare라는 한 사람의 이름으로 작품집을 발간했다(그 이후로 Shakespear, Shakespere, Shazpere, Shaxberd, Schaftspere라는 철자가 더는 사용되지 않았다).* 제1폴리오(First Folio, 제2, 제3, 제4폴리오는 각각 1632년, 1663년, 1685년에 발간되었다)로 알려진 이 판본은 작품들을 희극(모두 14편), 역사라는 관점에서 잉글랜드 국왕들을 다룬 작품(10편: 《존 왕》, 《리처드 2세》, 《헨리 4세 1부》와 《헨리 4세 2부》, 《헨리 5세》, 《헨리 6세 1부》, 《헨리 6세 2부》와 《헨리 6세 3부》, 《리처드 3세》, 《헨리 8세》), 비극이란 항목하에 이탈리아를 다룬 작품(11편: 《코리올라누스》, 《율리우스

---

* 셰익스피어의 희곡 중 19편만이 그의 생전에 인쇄본으로 출간되었다. 그 이유는 셰익스피어가 장수를 생각하거나 전작 목록을 욕심내지는 않았기 때문인 것으로 추정된다. 더구나 셰익스피어의 육필 원고는 물론이고, 필경사가 옮겨 쓴 원고도 전혀 전해지지 않는다. 큰 종이를 4번 접어 인쇄한 판형 때문에 콰르토Quarto라 불린 책은 한 편의 희곡을 실었고, 6펜스에 팔렸다. 반면에 제1폴리오의 정가는 파운드 단위였다. 제1폴리오에 실린 작품 중 적어도 8편에는 공동 작업자가 참여한 게 분명하다. 특히 《헨리 6세 1부》의 경우에는 80퍼센트를 공동 작업자가 쓴 것으로 추정된다. 역사극과 비극은 완전한 극본이 인쇄되었지만, 공연에서는 시간 문제로 단축되었다.

카이사르》,《안토니우스와 클레오파트라》,《심벌린》,《티투스 안드로니쿠스》,《로미오와 줄리엣》,《아테네의 타이먼》, 스코틀랜드로 배경을 옮긴 《맥베스》,《햄릿》,《리어왕》,《오셀로》)으로 분류했다. 헤밍스와 콘델이 국가적 구분을 의도하지는 않았겠지만, 이 분류에서는 잉글랜드 희곡을 독립된 하나의 범주로 올려놓는 민족주의적 정서가 여실히 드러나 보인다.

끝으로 《트로일러스와 크리세이드》는 역사극과 비극의 중간 지대에 있다. 제1폴리오를 편집한 헤밍스와 콘델은 처음에 이 작품을 비극이란 범주에 넣을 계획이었다. 하지만 인쇄업자와 의견이 충돌했기 때문에, 이 작품은 비극에 포함된 모든 작품의 뒤에 배치되고, 그 결과로 역사극들의 바로 앞에 놓였다. 그 밖에도 이상한 면이 적지 않다. 《헨리 6세》는 크리스토퍼 말로를 비롯해 다른 극작가들이 함께 썼지만 셰익스피어의 전작 목록에 포함된 반면, 《펠리클레스》는 셰익스피어가 후반부만 썼다는 이유로 전작 목록에 포함되지 않는다. 《헨리 8세》가 그랬듯이, 《2인의 귀공자》도 존 플레처와 함께 썼지만 전작 목록에는 포함되지 않는다(플레처는 셰익스피어의 뒤를 이어, '왕의 극단The King's Men company'의 전속 극작가가 되었다). 1596년에 익명으로 발표되지만 셰익스피어의 작품인 게 분명한 《에드워드 3세》도 마찬가지로 전작 목록에서 배제된다. 흥미롭게도 역사극들은 집필 순서가 아니라, 셰익스피어의 원대한 계획이 애초부터 있었던 것처럼 재위 순서로 소개된다. 그러나 설령 그런 계획이 있었더라도 그 계획은 나중에야 드러날 뿐이었다. 하지만 우연이었든 계획이었든 간에 제1폴리오 편집자들은 결국 역사극history play이라는 새로운 장르를 만들어 냈다. 엘리자베스 1세가 자식을 두지 못한 채 세상을 떠난 뒤, 제임스 1세가 왕위를 계승했고, 세 자녀를 두어 왕위 계승의 문제가 사그라들었다. 그러자 역사극을 쓰는 작업도 거의 즉시 중단되었다.

지금의 눈으로 보면, 이런 분류는 상식에서 벗어나는 듯하다. 여하튼 '비극tragedy'이란 단어가 연극의 한 범주로 영어에 도입된 때가 1559년이었고, 그때 세네카의 희곡 10편이 번역되었다. 4절판으로 제작된 《리처드 2세》(1597)와 《리처드 3세》(1597)는 제목이 쓰인 속표지에 '비극'이란 단어도 표기했다. 제1폴리오에서 《존 왕》은 비극으로 분류되었고, 나중에 발간된 4절판은 《리어왕》과 《베니스의 상인》을 역사극으로 분류했다. 분류 작업은 더 세분화되며 로맨스, 후기 로맨스, 문제극, 로마극(《안토니우스와 클레오파트라》, 《율리우스 카이사르》, 《코리올라누스》, 《티투스 안드로니쿠스》) 등으로도 분류되었다. 로마극으로 언급된 네 작품은 실제 인물을 다루기 때문에 어느 정도까지는 역사서인 게 분명하고, 특히 앞의 세 작품은 빠른 속도로 연이어 쓰였다. 그리스를 무대로 한 두 작품, 《아테네의 타이먼》과 《페리클레스》도 마찬가지이다. 《아테네의 타이먼》은 플루타르코스의 《영웅전》을 기초로 삼았고(플루타르코스가 전기 형식으로 역사를 쓴 덕분에 셰익스피어는 큰 도움을 받았다), 《페리클레스》는 존 가워John Gower(1330-1408)가 1390년에 발표한 시 「연인의 고백」을 기초로 삼아 쓰였다. 《심벌린》은 아우구스투스 시대의 영국을 무대로 삼고 있지만 로마인들이 등장하고, 결국에는 로마가 승리하기 때문에 로마극의 하나로도 분류된다. 《트로일러스와 크리세이드》는 여전히 어중간한 상태에 머문다. 역사일까, 신화일까? 그렇다고 셰익스피어가 이야기를 지어내지는 않았다. 여러 자료, 특히 제프리 초서의 서사시 《트로일러스와 크리세이드》와 조지 채프먼George Chapman(1559-1634)이 번역한 호메로스의 저작들을 기초 자료로 활용했다.

새뮤얼 테일러 콜리지Samuel Taylor Coleridge(1772-1834)는 "《맥베스》에는 《리처드 2세》만큼이나 많은 역사가 담겼다"고 생각했다.[8]

스코틀랜드가 무대인 《맥베스》는 라파엘 홀린셰드Raphael Holinshed 의 《연대기》를 기초로 쓰였기 때문이다. 1587년에 출간된 홀린셰드 의 《연대기》는 스코틀랜드만이 아니라 잉글랜드와 아일랜드까지 포괄한 역사서였다. 그러나 여기에서 셰익스피어가 맥베스 부인에 대해 알아낸 것은 "그러나 그의 부인은 반란을 시도하라고 남편을 무척 괴롭혔다. 부인은 왕비라는 이름을 얻고 싶은 엄청난 야심에 사로잡혀 끝없는 욕망을 불태웠다"고 콜리지가 말한 게 전부였다. 리어왕에 대한 이야기는 몬머스의 제프리Geoffrey of Monmouth(1095-1155) 의 《영국 왕들의 역사Historia regum Britannia》에 처음 언급되고, 홀린셰드에서도 반복된다(홀린셰드의 《연대기》에서는 코넬리아와 리어왕은 살아남는다). 햄릿은 셰익스피어가 12세기의 덴마크 전설에서 끌어온 등장인물에 불과했을 수 있지만, 로젠크란츠와 길든스턴은 덴마크 궁전에서 일하던 실제 인물이었다. 《오셀로》는 조반니 친티오Giovanni Cinthio(1504-1573)가 1565년에 쓴 이야기 「무어인 선장」에서 영감을 받았고, 친티오의 이야기는 1508년경 베네치아에서 일어난 사건을 기초로 꾸며진 듯하다. 요컨대 셰익스피어의 장시長詩 「루크리스의 능욕」(1593-1594)이 기원전 496년 타르퀴니우스를 로마에서 축출하며 공화정의 기초를 놓는 과정을 묘사하고 있듯이, 그의 희곡 중 절반 이상이 역사에 뿌리를 두고 있다.*

* Richard Helgerson이 말하듯이, "그렇다고 '역사'라는 용어를 사용할 권리가 엘리자베스 시대의 잉글랜드에서 뜨거운 논쟁거리는 아니었다." 역사는 극작가들의 전유물이 아니었다. Richard Helgerson, "Shakespeare and Contemporary Dramatists of History," *A Companion to Shakespeare's Works: The Histories* (Oxford: Blackwell, 2006), p. 27을 참조할 것. 라파엘 홀린셰드(c. 1529 - 1580)는 연대기의 단독 저자가 아니라, 영국의 역사를 기록해달라는 의뢰를 받은 팀의 관리자였고, 그 자신은 잉글랜드의 역사를 맡았다. 홀린셰드는 당시의 연대기만이 아니라 르

셰익스피어가 자신의 희곡에 등장시킨 실제 인물에 대해 자기만의 견해를 지녔던 게 분명하다(미치광이로 묘사되는 티투스 안드로니쿠스가 정말 칼로 파리를 죽이려고 했을까?). 그러나 최근의 연구에서 밝혀진 바에 따르면, 셰익스피어의 인물 묘사는 과거에 추정하던 수준보다 훨씬 더 정확했다. 헨리 7세는 아버지 리치먼드 백작만큼이나 무기력한 인물이었지만 동정적으로 표현되었고, 클레오파트라는 실제보다 더 아름답게 묘사된 듯하다. 스테이시 시프Stacy Schiff는 2010년에 발표한 클레오파트라의 전기에서, 셰익스피어의 묘사를 액면 그대로 받아들이는 것은 "영화배우 조지 C. 스콧George Campbell Scott(1927-1999)의 대사를 패튼 장군의 말로 받아들이는 것과 다를 바가 없다"라고 지적했다.[9] 또 전기의 뒷부분에서는 "우리가 클레오파트라 7세의 본모습을 잃게 된 데는 알렉산드리아의 습도, 로마의 프로파간다, 엘리자베스 테일러의 맑은 연보라빛 눈동자만큼이나 셰익스피어의 책임이 크다"고 덧붙였다. 마르쿠스 안토니우스도 역사 기록에서는 술독에 빠져 지내는 천박한 인물이 아니다. 그러나 셰익스피어의 인물 묘사는 역사적으로 우리에게 전해지는 모습과 전반적으로 맞아떨어진다. 다른 부분에서 셰익스피어는 홀린셰드와 플루타르코스의 기록을 마음대로 바꾼다. 예컨대 인물들의 연령와 혈통, 가족 관계와 인간 관계에 변화를 주며 자신이 원하는 방향으로 이야기를 끌어간다.《헨리 4세 1부》에서 핫스퍼는 젊은이로 등장하지만, 희곡의 배경인 시대에 그는 이미 중년에 접어든 나이였다.《리처드 2세》에서 이사벨 왕비는

네상스 시대의 기록까지 다양한 자료를 활용했고, 의심스럽다는 걸 알았던 자료도 포함했다. 따라서 그의《연대기》에서는 상당히 다양한 관점이 읽힌다. 첫 권이 발간된 1577년 직후에 홀린셰드는 세상을 떠났다. 셰익스피어가 자료로 사용한 1587년의 개정판은 1553년까지 올라갔다. 개정판도 여전히 홀린셰드의 저작으로 알려졌지만, 실제로는 거의 다 다른 사람들이 쓴 것이다.

원숙한 여인이지만 실제로는 11세에 불과했다.

가장 극명한 차이를 보이는 예는 리처드 3세이다. 셰익스피어의 희곡에서 리처드 3세는 신체적으로 정상이 아니고("기형에 설익은 채 신체가 절반도 제대로 만들어지지 않은 상태로…"), 사냥개와 멧돼지, 두꺼비와 거미, 심지어 무시무시하게 큰 독사와 더러운 물질 덩어리에 비유되는 폭압적인 악의 화신이다. 게다가 등장인물이 많은데도 부차적인 줄거리가 없이, 사악한 왕위 찬탈자에 대한 이야기가 전부이다. 무대에서 리처드 3세는 헨리 6세, 랭커스터의 에드워드, 윌리엄 헤이스팅스 경, 심지어 헤이스팅스의 두 어린 조카까지 연이어 살해할 뿐만 아니라, 자신의 피붙이 동생을 죽이고, 질녀와 결혼하려고 아내를 독살하는 것으로 살인 행각을 끝낸다. 셰익스피어는 홀린셰드 및 이탈리아 역사학자 폴리도로 비르질리Polidoro Virgili(1470-1555)의《영국사》(1534년에 발간된 역사서로 리처드 3세에게 대체로 호의적이다)를 비롯해 어떤 자료보다 리처드 3세를 훨씬 어둡게 묘사하며, 여러 왕자의 죽음에 직접적인 책임이 있는 것으로도 평가한다.

350년 이상 동안, 셰익스피어의 해석은 대중의 상상력을 사로잡았다. 예컨대 셰익스피어는 장미 전쟁Wars of the Roses이 1399년부터 1487년까지 끝없이 반복된 유혈극으로 묘사했지만, 실제로는 그렇지 않았다. 다른 작가들도 리처드 3세를 흉악한 찬탈자로 묘사한 셰익스피어의 해석을 그대로 받아들였다. 따라서 찰스 디킨스의 첫 소설《픽윅 클럽 여행기》에서, 디킨스를 유명하게 만들어준 등장인물로 언어의 마술사인 런던 토박이 샘 웰러도 "리처드 3세가 런던 탑에서 아이들을 질식시켜 죽이기 전에 왕을 먼저 칼로 찔러 죽이면서 말했던 것처럼 재미는 나중이고, 일이 먼저죠"라고 말한다.[10] 셰익스피어의 희곡에서는 리처드 3세가 서머싯 공작을 죽이지만, 현실에서 당시 리처드는 겨우 3세에 불과했다. 그렇지만 리처드 3세를 잔혹한 꼽추 왕으로 묘사하지 않으면 천벌이라도 받는 듯이 그 이후의 모든 제작물이 셰익스피어의 해석에서 벗어나지 않았다. (나치의 공포가 온 유럽을 짓누르던 제2차 세계대전 동안, 영국의 극단 책임자 겸 배우 도널드 울핏Donald Wolfit(1902-1968)은 리처드 3세를 연기할 때 히틀러를 흉내 내기도 했다.)

또 스코틀랜드의 미스터리 작가 조세핀 테이Josephine Tey(1896-1952)가 1951년에 발표한 《시간의 딸》에서는 주인공 앨런 그랜트 경감이 온화하고 사려 깊은 사람으로 그려진 리처드 3세의 초상화에 궁금증을 품는다. 수 세기 전에 리처드 3세가 어린 조카들을 살해했다는 사건이 사실이 아닌 걸까? 테이의 대변자인 그랜드 경감은 궁금증을 풀기 위해 추적에 나섰고, 리처드 3세가 그 더러운 범죄를 저질렀다고 입증할 만한 검시관의 조사, 개인적인 권리 박탈 등 어떤 법적 조치가 없었다는 걸 알아낸다. 리처드 3세가 죽을 때까지, 그 왕자들의 어머니 엘리자베스 우드빌은 리처드 3세와 좋은 관계를 유지했다. 게다가 리처드가 어린 조카들을 살해해서 얻을 만한 정치적 이익도 없었다. 리처드 3세는 합법적인 왕이었다. 그 왕자들이 그의 계승자인 헨리 7세에게 위협적이지도 않았다. 헨리 7세가 왕위에 올랐을 때 왕자들이 런던 탑으로부터 사라졌다는 증거도 없다. (2016년 여름 새롭게 발견된 치아 기록에서 확인된 바에 따르면, 리처드 3세와 왕자들은 DNA가 일치하지 않았다. 그렇다면 왕자들을 살해할 이유가 더더욱 없었다.) 그랜트는 셰익스피어의 조작으로 리처드 3세가 죄를 뒤집어쓴 것이란 결론에 이른다. 그가 꼽추였고, 한쪽 팔이 기형이었다는 것도 역시 셰익스피어가 꾸며낸 것이라 결론짓는다. 따라서 신화는 그렇게 만들어지는 것이었다. (공정하게 말하면 1768년에 이미 잉글랜드 작가 호러스 월폴 Horatio Walpole(1717-1797)이 똑같은 결론을 내렸고, 그 이후로 리처드 3세를 옹호하는 학자들이 많이 나타났다.) 하지만 《리처드 3세》에서는 플랜태저넷 가문의 마지막 통치자에 대한 튜더 가문의 평가가 승리를 거둔 게 분명했다.

역사학자 앨리슨 위어Alison Weir는 테이의 추론에서 몇 가지 결함을 지적하며, 테이가 당시 출간되지 않은 자료들을 고려하지 않았다는 사실에 주목했다.[11] 예컨대 헤이스팅스를 살해한 사건은 한 점의 의혹도 없이 이제 증명되었다는 것이다. 하지만 리처드 3세에 대한 묘사가 잘못된 것으로 밝혀진 부분들이 있다. 2011년 리처드 3세의 유골이 영국산 황금빛 떡갈나무 관에서 발견되었다. 요크 가문을 상징하는 흰 장미가 새겨진 그 관은, 리처드 3세가 전사한 전쟁터로부터 30킬로미터 정도 떨어진 레스터의 한 지방 의회 주차장 아래에 묻혀 있었다. 유골을 분석한 결과에 따르면, 리처드 3세가 기형인 것은 사실이지만 청소년기에 심각한 척추 측만증으로 고통을 받은 정도였다. 셰익스피어는 이런 사실들을 확대해 리처드 3세로 '기형 쇼 freak show'를 벌였고,* 그 악당의 신체적 결함이 내면의 일탈로 나타난 것처럼 해석했다. 하지만 리처드 3세가 영웅적으로 최후를 맞이하고, 리치먼드 백작 헨리에 대한 간략한 성격 묘사가 더해지는 까닭에, 관객들은 극장을 떠날 때 조금은 꼽추의 편이 된다.[12] 심지어 미국의 문학사가 스티븐 그린블랫Stephen Greenblatt은 "그가 악행을 저지르며 왕

---

* 맥스 피셔Max Fisher가 2013년 2월 4일 〈워싱턴 포스트〉에 기고한 글에 '크로체론'이란 닉네임을 사용하는 독자가 2014년 5월 24일 다음과 같은 답글을 달았다. "나는 척추 측만증이 있습니다. 한쪽 어깨가 반대쪽보다 높습니다. 내 척추는 오른쪽으로 굽어, 윗등의 오른쪽에 돌출이 있습니다. 나는 1973년에 수술을 받았고, 의사들은 그 돌출을 늑골 돌출rib hump이라고 부르더군요. 요즘에는 융합 수술로 그런 돌출을 교정할 수 있습니다." 따라서 척추가 비틀린 척추 측만증과 척추 후만증에 따른 '꼽사등'은 별개의 증상일 수 있지만, 겉으로는 똑같아 보인다.

위에 접근해가는 매 순간을 우리 안의 무엇인가가 은근히 즐긴다"고 고백할 정도였다.[13] 셰익스피어가 세상을 떠날 때까지 《리처드 3세》는 그의 다른 어떤 희곡보다 높은 인기를 누렸다.

※ ※ ※

그렇지만 셰익스피어가 리처드 3세를 그렇게 악의적으로 묘사한 이유는 무엇일까? 분명한 것은, 그가 멋진 이야기를 풀어내려고 고심했다는 것이다. 이런 추정은 《리처드 2세》에서 1381년의 '농민의 난Peasants' Revolt'이나, 《존 왕》에서 마그나 카르타 서명 같은 중대한 사건들이 언급되지 않았다는 데서 설득력이 있다. 조너선 베이트의 관점을 받아들이면, 신문도 없고 라디오와 텔레비전, 인터넷도 없는 세계에서 극장은 상상의 세계와 과거의 역사를 절묘하게 뒤섞어 보여주는 특별한 공간이었다. 제임스 샤피로James Shapiro가 말하듯이, 극장은 "부유한 사람과 가난한 사람이 모여, 배우들이 공연하는 과거의 이야기나 꾸며진 이야기를 보는 곳"이었다.[14] 무대에서 공연되는 장면은 관객들 자신의 욕망과 불안이 굴절된 모습이었기 때문에 관객들이 관련된 역사에 대해 전혀 모르더라도 그 과거에 대해 뚜렷한 견해를 갖게 된다. 비록 극작가의 견해에 불과하겠지만 말이다.

셰익스피어는 엘리자베스의 시대가 저물며 긴장이 고조되던 시기에 활동하기 시작했다. 당시 잉글랜드는 영양부족과 실업, 흉작과 식량 폭동으로 몸살을 앓았다. 실질 가치로 계산하면, 1597년의 평균 임금은 한 세기 전의 3분의 1에도 미치지 못했다. 그런데도 노동자가 극장에서 연극을 관람할 여유가 있었다는 게 놀라울 따름이다. 더구나 대부분의 연극이 낮결에 공연되었고, 대체로 오후 2시에 시작해

2-3시간 동안 이어졌기 때문에 더더욱 놀랍다. 하지만 그 시기에 극장 혹은 공연장은 노동자 계급에게 대단한 인기를 꾸준히 누렸다. 여하튼 셰익스피어의 관객은 교회에 의무적으로 다니며 긴 설교를 듣는 데 익숙했기 때문에 훈련된 경청자이기도 했다. 더구나 설교를 들으려면 연극보다 훨씬 더 주의를 기울여야 했다.

연극이 인기를 누렸던 이유 중 하나는, 셰익스피어와 그의 동료 극작가들이 1588년 해군의 승리 이후에 불어닥친 애국열에 편승했기 때문이다. 스페인의 펠리페 2세는 잉글랜드를 침략하려고 총 5번이나 함대를 파견했지만, 그해 5월 말 스페인의 무적함대는 단 하루에 8000명의 병사를 잃는 수모를 당했다. 3주 동안 스페인은 1만 7000명의 병사를 잃었지만, 잉글랜드는 단 한 척도 잃지 않았다. 그 결과 애국심이 하늘을 찔렀고, 셰익스피어는 그런 현상을 철저히 이용했다. 그로부터 몇 년이 지나지 않아 연극 〈존 왕〉이 제작되며 애국심에 영합한 것은 조금도 놀랍지 않다.

엘리자베스가 통치하던 기간에 수천 종의 극본이 발표되었지만, 글을 읽을 수 있는 시민은 극소수에 불과했다(엘리자베스는 저질 이탈리아 중편소설에 푹 빠져 지냈다). 따라서 다수의 대중에게 다가가는 유일한 방법은 새로운 종류의 구경거리를 이용하는 것이다. 하지만 에드워드 6세(재위 1547-1553)가 개신교를 중심에 두려고 극단적인 종교개혁을 시행하는 동안, 공공장소에서의 공연은 금지되었다. 그러나 엘리자베스의 통치 기간에는 면허를 받은 극단은 전국을 순회하며 여관 앞마당에서 공연할 수 있었다. 무적함대를 무찌른 직후에는 '극단이 관객을 찾아가는 대신, 관객이 극단을 찾아오게 만들지 못할 이유가 어디에 있는가?'라는 생각이 대두되었다. 극장을 세우기에 런던보다 더 나은 곳이 있었을까? 런던 변두리의 빈민가에는 개를 동원

리처드 3세 역할을 맡은 로런스 올리비에, *1955*년. 영국 영화 협회에 따르면, 이 영화는 "다른 어떤 단일 작품보다 셰익스피어를 대중화하는 데 큰 역할을 했다."

해 황소와 곰을 괴롭히는 놀이, 닭싸움, 공개 처형 등 다른 구경거리도 있었다. 게다가 1500년에는 5만 명이던 런던 인구가 1600년에는 20만 명으로 폭발적으로 증가하는 추세였고, 런던보다 큰 도시는 파리와 나폴리밖에 없었다. 기대수명은 25-35세여서, 런던은 그야말로 젊음이 넘치는 도시였다. 또 교외 지역은 창의적인 위그노Huguenot(프랑스의 칼뱅파 신도/옮긴이)들이 정착한 뒤로, 직조부터 비누 제작까지 모든 것을 생산하는 기업 활동의 중심지가 되었다. 템스강 남쪽 사우스 뱅크South Bank는 평판이 그다지 좋지 않았지만(특히 템스강 남쪽 지역과 동쪽 지역으로 이어지는 매음굴과 도박장에는 곧 '죄악의 근교'라는 별명까지 붙여졌다), 관객을 끌어당기기에는 더할 나위 없이 좋았다.

스페인 무적함대를 무찌르기 전후로, 특히 그 이후에 런던에서는 연극 공연장이 거의 하룻밤 사이에 폭발적으로 증가했다. 1576년에는 쇼어디치에서만 3곳의 극장이 개장되었다. 대부분의 극단은 일주일에 적어도 5편의 다른 연극을 공연했다. 극단들은 자주 공연한 작품과 유명한 작품으로 레퍼토리를 꾸준히 늘려갔지만 매년 20편 정도의 새로운 작품을 확보해야 했다. 극작가들이 그런 수요를 맞추는 게 쉽지는 않았다. 1590년대 무렵에는 매주 공연장을 찾는 런던 시민이 1.5-2만 명에 이르렀다. 1567년과 1642년 사이에는 5000만의 유료 관객이 공연장을 찾았다는 경이로운 기록이 세워졌다. 하루에 2000명으로(많은 관객이 재관람했다는 사실에 의심의 여지가 없었다), 런던 인구의 약 1퍼센트에 해당하는 수치였다. 셰익스피어의 어떤 희곡도 런던을 배경으로 하지 않았고, 당시를 묘사하지 않았는데도 이런 기록이 세워졌다. 입장료는 귀족의 경우에는 4펜스, 나머지 관객은 1페니였다.* 이런 수치는 역병의 창궐로 극장을 시시때때로 닫아야 했는데도 달성한 성과였다. 제임스 1세는 즉위하자마자 일요일에는 극장을 닫으라는 명령을 내렸다.

공연의 기준도 크게 달라졌다. 16세기 말에는 대부분의 관객이 두 개의 저명한 극단만이 남는 것을 받아들였다. 하나는 애드미

---

* 셰익스피어가 글을 쓰던 시기인 1558-1603년과 중첩되는 기간에 입장료가 크게 올랐고, 통화 가치는 등락을 거듭했다. 그러나 1쿼트(약 1.1리터) 용량의 순한 맥주 값은 1페니, 1쿼트 용량의 좋은 에일맥주는 4펜스, 180쪽가량의 연애 소설은 1실링이나 그 이하였다. 또 3펜스가 있으면, 파이프를 가득 채울 정도의 담배를 구입하거나, 템스강에서 작은 배를 빌려 뱃놀이를 하거나, 저렴하게 한 끼를 때울 수 있었다. 따라서 셰익스피어의 글로브Shakespeare's Globe를 방문하는 비용, 즉 연극 공연 관람비가 비싼 편은 아니었다. Leonard Ashley, *Elizabethan Popular Culture* (*Bowling Green*, Ohio: Bowling Green State University, 1988), p. 24를 참조하기 바란다.

럴 극단Admiral's Men이었고, 다른 하나는 로드 체임벌린 극단Lord Chamberlain's Men이었다. 로드 체임벌린 극단은 1594년 합자회사로 설립된 셰익스피어 전용 극단이었고, 이익을 배우들이 분배해서 가졌다. 1603년 5월, 즉 스코틀랜드의 제임스 6세가 엘리자베스의 후임으로 잉글랜드 왕위를 계승하려고 런던에 도착하고 보름이 지나지 않아, 로드 체임벌린 극단은 '왕의 극단King's Men'이 되었다. 따라서 셰익스피어를 비롯해 동료 주주들은 그 명칭을 사용하는 대가로 6실링 8펜스—현재 가치로는 1000파운드—를 지불했다. 셰익스피어는 주식 배당금으로 매년 150-200파운드—현재 가치로는 4-10만 달러—를 받은 것으로 추정된다. 크고 작은 극장에서는 음란하고 난폭하며 폭력적인 새 작품들이 앞다투어 공연되었다. 따라서 극장은 "온갖 야만적이고 추잡한 것"이 전개되는 곳이었고,[15] 조지 버나드 쇼George Bernard Shaw(1856-1950)의 표현을 빌리면, 그 때문에 공연장은 '불건전한 연극이 들끓는 곳'이 되었다. 하나의 연극을 장기적으로 공연하는 걸 목표로 삼은 요즘과 달리, 역사학자 게리 윌스Garry Wills가 말하듯이 당시에는,

> 1596년 1월… 애드미럴 극단은 일요일을 제외하고 매일 공연하며 14편의 희곡을 선보였다. 6편은 그달에 1번만 공연되었고, 4번 이상 공연된 작품은 하나도 없었다. 하나의 작품이 다시 공연되는 가장 짧은 간격은 사흘이었고, 다음으로는 닷새였다. 하나를 제외하고는 모든 작품이 예부터 공연하던 것이었지만, 이 기록만으로 요즘 배우의 역량을 분명히 넘어서는 대단한 업적이란 걸 보여주기에 충분하다.[16]

배우들의 기억력이 대단했던 게 분명하다. 셰익스피어도 그런 배우 중 하나였다(이런 점에서, 당시의 위대한 극작가로 창작에 전념하며 정부의 밀정 노릇을 했고, 무대에는 직접 올라가지 않았던 크리스토퍼 말로와 달랐다). 게다가 셰익스피어는 서사시와 소네트를 썼고 극단을 관리했으며, 새로운 희곡을 창작했다. 또 당시에는 '연출자director'라는 직책이 공식적으로 없었기 때문에 실질적인 연출자 역할까지 때로는 맡았을 것이라 추정된다. 극단은 대본 하나를 5-11파운드로 구입했다.[17] 대본이 나중에 인쇄되어 책으로 발간되면 극작가는 2파운드의 추가 수입을 기대할 수 있었다. 따라서 희곡만을 써서는 윤택하게 살 수 없었다.

극단은 보통 9-12명의 성인으로 구성되었고, 2명의 소년 배우를 두는 경우도 있었다. 스페인과 프랑스와 이탈리아에서는 여성이 무대에 올라갈 수 있었고, 잉글랜드에서도 궁전 가면극에서는 여성이 무대에 오를 수 있었다. 그러나 런던 무대에서는 소년 배우가 1660년대와 왕정복고Restoration 전까지는 여성의 역할을 맡았다. 이런 제약이 셰익스피어의 손을 묶었다. 배우를 할 만한 소년을 찾아내, 변성기를 맞기 전의 짧은 기간 동안 훈련하기가 쉽지 않았다. 따라서 셰익스피어의 희곡에서 여성 배역이 차지하는 비율은 13퍼센트에 불과했다.[18] 재능이 뛰어난 소년 배우가 들어오면 상황이 달라졌다. 따라서 클레오파트라의 대사는 678행이고, 맥베스 부인과 오필리아, 줄리엣과 데스데모나, 베아트리스 및 《말괄량이 길들이기》에서 케이트의 분량도 상당하다. 《당신 뜻대로》에서 로잘린드의 대사는 총 대사량의 4분의 1, 즉 686행이다. 암기하기에 만만찮은 양이다. (햄릿 역할을 하는 배우는 1476행을 암기해야 한다.) 소년 배우는 조심스레 보살펴야 했다. 맥베스 부인은 마지막 두 막에서 한 번씩 잠깐(20행) 출연한다. 하지만 '왕의 극단'에 소속된 소년 배우 존 라이스John Rice는 3막에서 맥더프 부인 역할까지 맡아야 했다(45행).《리어왕》에서도 똑같은 제약이 있었다. 한 배우가 코델리아와 광대 역할을 맡았기 때문이다. 셰익스피어 자신도 언어의 마술사인 동시에 저글링에 재주가 있었다.* 한편 밥 딜런Bob Dylon은 2016년 노벨 문학상의 수상을 수락하며 남긴 연설문에서 셰익스피어의 속마음을 짚어보았다.

그는《햄릿》을 쓸 때 이런저런 생각을 많이 했을 게 분명합니다. '이 역할에 적합한 배우는 누굴까?' '이걸 어떻게 무대에 올리

---

* 셰익스피어가 언어의 마술사인 것은 분명하다. 1500년과 1650년 사이에 약 12000개의 신조어가 영어에 도입되었고, 그 절반이 지금까지도 사용된다. 놀랍게도 800개 이상이 셰익스피어 개인의 창작품이다. better days(좋은 시절), strange bedfellow(속마음을 모르는 동료), sorry sight(비참한 모습)는 말할 것도 없고, good riddance(보기 싫은 것이 없어서 시원함), fob off(얼렁뚱땅 넘어가다), puke(토하다), queasy(메스꺼운), excellent(탁월한), critical(비판적인), foul-mouthed(입버릇이 더러운)는 극소수의 예에 불과하다. 그러나 다른 신조어에서도 역사가 우리에게 좋은 것을 많이 남겼다는 게 확인된다. 그 시기에 쓰여 지금까지 전해지는 230편의 희곡 중 15퍼센트가 놀랍게도 셰익스피어의 작품이고, 1590년과 1616년 사이에 쓰여 지금까지 존속하는 3000행 이상, 29편의 희곡 중 22편은 벤 존슨이나 셰익스피어의 작품이다. 존슨과 셰익스피어가 세상을 떠나고 한 세기 동안, 존슨이란 이름이 경쟁자이던 셰익스피어보다 3배나 많은 인쇄물에 기록되었다는 사실에 비추어보면, 셰익스피어의 생존은 더욱더 놀랍다. 셰익스피어의 희곡을 근거로 계산하면, 그는 3만 개 이상의 어휘를 사용했다. 존 밀턴이 8000단어를 사용한 것에 비교하면, 엄청난 양이다. 셰익스피어의 생애를 다룬 첫 전기는 1709년에야 출간되었다. 이 전기에는 11가지의 정보가 담겼지만, 그중 8가지가 잘못된 것이다. 영국 대학에서 셰익스피어 작품이 강의되기 시작한 때도 1751년으로, 옥스퍼드 대학교에서 윌리엄 호킨스William Hawkins라는 교수가 라틴어로 강의한 것이었다. 지금은 셰익스피어를 다룬 4000편의 새로운 연구가 매년 발표된다. 400주기를 기념하는 열풍에 따른 일시적인 결과가 아니다. 예컨대 1997년에는 셰익스피어를 다룬 책이나 논문이 무려 4780편이나 발표되었고,《햄릿》을 연구한 것만도 342편이었다.

지?' '배경을 덴마크로 설정한 게 맞을까?' 창의적 비전과 야망이 그의 마음에서 가장 앞자리를 차지했을 게 틀림없겠지만, 고려하고 해결해야 할 지극히 평범한 문제도 있었습니다. '자금은 제대로 확보되었는가?' '후원자들에게 제공할 좋은 좌석은 충분한가?' '인간의 두개골은 어디에서 구할 수 있을까?'[19]

※ ※ ※

사이먼 샤마가 셰익스피어를 다룬 두 편의 텔레비전 다큐멘터리에서 강조했듯이, 종교개혁과 '대재건Great Rebuilding(이때 돌과 벽돌이 대부분의 목조 주택을 대신하면서, 잉글랜드에서 많은 도시의 외관이 근본적으로 달라졌다)', 프랜시스 드레이크의 세계 일주, 스페인 무적함대에게 거둔 승리가 있은 뒤로, 봉건제도가 쇠락하고 자본주의가 싹트며 두 철학이 충돌하던 때 잉글랜드인들은 자신들이 누구이고, 어떤 이유로 남다른 민족이 되었는지를 알아야 할 필요가 있었다. 글로브 극장Globe Theatre은 일주일에 엿새 동안 매일 3000명가량을 수용하는 대중교육 시설이었다. 반면에 블랙프라이어스 극장Blackfriars Theatre은 훨씬 작아, 청중을 600명밖에 수용할 수 없었다. 셰익스피어는 현재의 문제를 해결하는 최선의 방책이 과거와 소통하는 것이란 걸 알았다.

샤마의 설명에 따르면, 셰익스피어는 역사극, 특히 걸작으로 손꼽히는 《헨리 4세 1부》와 《헨리 4세 2부》에서 "편집하지 않은 잉글랜드, 고상한 면과 저열한 면… 우리가 진정으로 알고 싶은 것… 추잡한 면과 극악한 면"을 우리에게 보여주었다. 따라서 《헨리 4세》는 잉글랜드 국왕에 대한 이야기가 아니라, 잉글랜드의 나쁜 점까지 모두 들추어낸 진짜 얼굴에 대한 획기적인 이야기이다. 이스트칩의 선술집

분위기는 15세기 초보다 16세기 말에 더 가깝기는 하지만, 술집에서 시간을 보내는 폴스타프는 갑자기 자의식을 갖게 된 작은 나라를 상징하는 인물로 그려진다. 관객들은 무대에서 묘사된 잉글랜드를 나중에야 현실에서 볼 수 있었다. 과거의 낡은 문화는 사라지고 있었지만, 셰익스피어의 "자코비던 양식"(17세기 초 영국의 건축 양식/옮긴이)잉글랜드는 훨씬 오래된 극장, 즉 가톨릭교의 세계가 붕괴된 뒤에야 탄생할 수 있었다. 왕권은 신으로부터 주어진다는 왕권신수설은 더 이상 군주들만이 사사로이 논의하는 주제가 아니었다. 샤마의 표현을 빌리면, 역사극이 잉글랜드의 새로운 신학이 되고 있었다. 셰익스피어는 이런저런 음모를 대조하고, 도심와 궁전을 비교하며 사회의 여러 계층을 나란히 배치하는 방식으로 잉글랜드의 가까운 과거를 제시하며 잉글랜드라는 국가를 기록하는 데 그치지 않고, 자신의 주장을 새로운 영국의 목소리로 끌어올리며 잉글랜드를 새롭게 만들어가는 데도 도움을 주었다. 제임스 샤피로의 표현을 빌리면, 그의 모든 역사극에는 "잉글랜드가 어떤 국가인지에 대한 하나의 주장이 어김없이 있다. 예컨대《리처드 2세》에서 셰익스피어는 '위대한 왕들의 보좌이던 섬나라'를 언급하며, 그 섬나라가 어떤 국가인지에 대해 우리에게 말해준다."

어떤 면에서 셰익스피어는 튜더 왕조의 대의만이 아니라, 잉글랜드와 웨일스는 통일된 사회라는 튜더 왕조의 주장을 옹호하는 선전원 역할을 했다. (《헨리 8세》는 엘리자베스의 탄생을 낯뜨거울 정도로 찬양하는 것으로 끝난다.《헨리 5세》와 더불어,《헨리 8세》에서만 셰익스피어는 잉글랜드의 지도자를 존경할 만한 모습으로 묘사했다.) 그 시기는 잉글랜드가 종교적 갈등으로 분열된 때였다. 교황 비오 5세는 1570년에 엘리자베스를 파문했고, 1588년에는 교황 식스토 5세가 잉글랜드 가톨릭

신자들에게 여왕의 법을 따르지 않아도 괜찮다는 교황 칙령을 발표했다. 이 칙령은 실질적으로 잉글랜드 여왕에게 내리는 종교적 명령이었고, 그 때문에 잉글랜드의 모든 가톨릭 신자는 반역자라는 혐의를 받았다. 연극들은 그런 반란이 어리석은 행동이라는 걸 보여주는 수단으로 여겨졌다. 어떻게 해야 그 끝없이 계속되던 사회적 갈등을 끝낼 수 있을까?

1558년 엘리자베스 1세가 여왕으로 즉위했을 때 신교도들은 그녀를 정당한 계승자로 보았지만, 가톨릭 신자들은 파문된 헨리 8세의 사생아 딸로, 합법적인 후계자인 스코틀랜드인의 여왕 메리Mary, Queen of Scots로부터 왕권을 찬탈했다고 보았다. 《헨리 6세 1부》에서는 요크 가문(플랜태저넷 왕가의 방계/옮긴이)의 성향이 뚜렷이 드러난다. 역시 플랜태저넷 왕가의 방계, 랭커스터 가문 출신인 헨리 6세는 금욕적이고 우유부단하며 독실한 척한다. 요크 가문 사람들은 물론이고 마거릿 왕비마저 그를 왕으로 적합하다고 생각하지 않는다. 요크 가문의 의견은 너무도 노골적이어서, 헨리 6세는 자신의 권한이 약하다는 걸 방백으로 인정한다. 튜더 왕조를 연구한 역사학자 헨리 켈리Henry Kelly의 지적처럼, "이 시기를 다룬 역사물에서 랭커스터 가문의 이런 인정이 언급된 때는 이때가 처음이었다."[20] 하지만 켈리가 주장하듯이, 셰익스피어가 튜더 왕가의 통치를 찬양했다는 사실보다 중세의 질서가 붕괴된 모습을 극적으로 묘사했다는 사실이 더 중요하다. 셰익스피어의 《헨리 6세》 3부작이 큰 성공을 거둔 데는 애국심이 적잖은 역할을 했고, 그 애국심은 전통적인 연대기적 연극의 흥행에도 기여했다. 그러나 엘리자베스의 통치가 끝을 향해 다가감에 따라, 후계에 대한 불안도 커져갔다. 따라서 리처드 2세가 통치한 22년 중 마지막 2년(1398-1399)부터 장미 전쟁까지 초기의 왕조 투쟁을 다룬 연극들이 특히 인기를 끌었다. 애국심과 조국애는 모든 역사극의 주제이지만, 역사극의 4분의 1은 왕위 계승 문제를 중심으로 전개된다.

또 다른 셰익스피어 학자 존 F. 댄비John F. Danby는 《셰익스피어의 자연관Shakespeare's Doctrine of Nature》(1949)에서, "반란을 일으켜도 괜찮은 때는 언제인가?"라는 가시 돋친 질문을 던졌다.[21] 그는 세 무대에 셰익스피어의 생각이 짙게 배어 있다는 결론을 내렸다. 첫째는 《헨리 6세》부터 《리처드 3세》까지로 장미 전쟁(1455-1485)을 다룬 작품들이다. 여기에서 셰익스피어는 합법적이고 독실한 왕을 거부하는 반란은 잘못된 것이란 생각을 넌지시 내비친다. 글로스터의 리처드, 즉 리처드 3세처럼 명백한 악한만이 그런 반란을 도모한다는 비판이다. 둘째는 《존 왕》과 《리처드 2세》부터 《헨리 5세》까지이다. 여기에서 셰익스피어는 튜더 왕가의 정통성을 받아들인다. 따라서 튜더 왕조에 대한 반란, 심지어 찬탈자에 대한 반란도 결코 용납될 수 없는 것이다. 끝으로는 《율리우스 카이사르》 이후의 작품이다. 여기에서는 폭군의 살해가 용서된다. 그러나 로마와 덴마크, 스코틀랜드와 영국에서 일어난 사건을 소재로 삼아 자신의 진의를 감춘다. (셰익스피어를 엘리자베스 시대의 극작가라 생각하는 경향이 있지만, 적어도 극작가로서는 제임스 1세 시대에 속한다. 엘리자베스 시대에 그는 잉글랜드 역사에 집중한 반면, 제임스 1세 시대에는 영국 전체에 초점을 맞추었다. 따라서 그가 '잉글랜드'를 수식어로 사용한 143회 중에서 126회가 엘리자베스 시대에 쓴 희곡에서 사용되었고, 제임스 1세 시대에는 17회밖에 사용되지 않았다.)

셰익스피어의 희곡은 자잘한 오류와 연대의 착각으로 가득하다.[22] 예컨대 《코리올라누스》에서 카토가 언급되지만, 그가 실제로 살았던 때는 300년 이후였다. 《율리우스 카이사르》에서는 한 등장인물이 "지금 몇 시입니까?"라고 묻지만 당시에는 유럽에 시계가 없었다.

《리어왕》은 선사 시대의 영국이 배경이지만, 엘리자베스 시대의 런던에 있던 정신병원 베들럼이 언급된다. 실제 인물 뱅쿠오는 맥베스에게 죽임을 당하는 피해자가 아니라 공모자였다. 그러나 새뮤얼 테일러 콜리지는 셰익스피어를 대신해 이렇게 변명해주었다.

> 연극이 정확한 역사극으로 비추어지기 위해서는 거기에서 다루어지는 사람들의 역사가 되어야 한다. 현실은 당연한 것으로 의문의 여지가 없다고 생각되기 때문에, 구성에서도 있을 법하지 않은 극적인 전개가 없도록 주의를 기울여야 한다. …사건 자체는 중요하지 않다. 그 사건에 내재한 정신을 구체적으로 표현하기 위해 어떻게 옷을 입히느냐가 중요하다.[23]

《셰익스피어 전쟁The Shakespeare Wars》을 쓴 미국의 역사학자 론 로즌바움Ron Rosenbaum은 콜리지의 주장에서 한 걸음 더 나아가, "역사를 어떻게 비트느냐에서 그 작가의 진면목이 드러나기 때문에 위대한 작가의 역사 비틀기가 더 흥미롭게 다가온다. 바보들이나 소설에 그려진 역사를 실제로 그런 사건이 있었을 거라고 받아들일 뿐이다. 사실로부터의 일탈이 얼마나 흥미롭게 받아들여지느냐는 판단은 작가의 능력, 즉 작가의 사고방식 및 세계관에 따라 달라진다"고 말했다.[24] 《당신 뜻대로》에서 지혜로운 광대 터치스톤이 말하듯이, "진정한 시일수록 거짓투성이다."

역사극이 일정한 경계를 지나치게 넘어서지 않는 한, 과거라는 프리즘을 통해 현재에 대해 안전하게 말하는 방어막으로 기능한 것도 역사극이 인기를 끌었던 이유 중 하나이다. (빅토리아 시대의 소설도 마찬가지이다. 당시 소설도 현재에 대한 역사 소설로 읽힐 수 있었지만, 소설가들은 즉결 처형을 받지 않았다.) 엘리자베스 정부가 어떤 역사적 유사점을 찾아냈고, 역사극이 어떤 영향을 미쳤는지에 대한 증거는 거의 없지만, 엘리자베스 정부와 제임스 1세 정부는 잉글랜드의 자료가 정부의 통제하에 있다고 보았다. 잉글랜드 정치인 월터 롤리 경Sir Walter Raleigh(1552-1618)은 역사학자를 지망하는 사람들에게 이빨을 뽑히지 않고 싶다면 진실을 너무 바싹 좇지 말라고 충고했고, 추밀원은 명확한 허락을 받지 않고는 잉글랜드 역사를 다룬 책을 출간하지 못하도록 법제화했다. (홀린셰드의 1587년판 연대기는 추밀원의 기준에 저촉되어 책에서 몇 쪽이 삭제되었고, 1723년에 다시 완전한 형태로 출간되었다.)

셰익스피어는 자신이 어떤 줄타기를 하고 있는지 잘 알았다. 《햄릿》에서 클로디어스는 '곤자고의 암살'에 어떤 범법 행위가 있느냐고 묻지만, 전혀 없다는 냉소적인 대답을 들을 뿐이다. 따라서 클로디어스는 역사의 아이러니에 경계심을 품게 된다. 《헨리 5세》에서 해리는 크리스핀 성자의 축일에 "소수인 우리, 소수여서 행복한 우리, 전우가 된 우리"가 "그날부터 세상이 끝나는 날까지" 기억될 거라고 자랑한다.[25] 하지만 엘리자베스 시대에 전례력이 신교도식으로 개혁되며, 크리스핀 성자의 날은 엘리자베스 시대에 섬겨지지 않았다. 셰익스피어의 연극들은 왕실의 합법성을 뒷받침하는 근거로 활용되었을 수 있지만(왕의 극단은 다른 극단보다 궁전에서 공연해달라는 요구를 더 자주 받았다), 군림하는 군주에 도전하는 가능성의 문도 열었다. 예컨대 《헨리 4세 1부》는 왕권을 찬탈한 뒤에, 저항하는 귀족들과 순종하지 않는 아들을 상대하며 겪는 곤경을 다룬다. 《헨리 5세》에서 셰익스피어는 아쟁쿠르 전투 직후 잉글랜드 군대에 프랑스군 포로를 학살하라는 명령이 어떻게 전달되었는지를 공개적으로 언급함으로써—헨리는 "모든 병사는 자신의 포로를 처단하라!"(4막 6장)고 명령한다—왕실의 반발을 샀다. 프랑스군 전쟁 포로의 학살은 당시에도 전쟁 범죄였다. 튜더 왕조 시대에 셰익스피어가 그처럼 자세히 기록한 것은 대담하기 이를 데 없었고, 그 때문에 같은 해인 1599년, 정부는 모든 희곡은 추밀원으로부터 직접 공연 허가를 받아야 한다는 명령을 내렸다.

2년 뒤, 에식스 백작 휘하의 반란군은 《리처드 2세》—"리처드 왕을 폐위하고 살해하는 연극"—의 공연을 의뢰하며, 정상적인 요금보다 20퍼센트 더 많은 금액을 극단에 지불했다. 요컨대 초청 공연의 '정상적인' 요금인 10파운드에 40실링을 얹어 주었다. 그리고 바로 다음 날, 반란이 시작되었지만 실패로 끝나고 말았다. 연극의 초반에, 곤트는 리처드에게 "당신은 잉글랜드의 지주이지 왕이 아닙니다"(2막 1장)라고 비난한다. 엘리자베스 1세는 한 신하에게 "내가 리처드 2세입니다. 그걸 모르겠습니까?"라고 소리쳤다고 한다.[26] 대본은 1597년 4절판으로 출간되었고, 2번 더 인쇄되었지만 리처드가 정식으로 왕위를 넘겨주는 장면을 묘사한 160줄이 그때마다 삭제되었다. 그 퇴위 장면은 엘리자베스의 생전에 결코 공개되지 않았고, 1608년에 발행된 4절판과 1623년의 2절판에서 '신규 추가new addition'라는 형식으로 인쇄되었다. 1601년 2월, 에식스 백작이 "반란의 칼을 휘두른" 죄로 처형되던 날, 셰익스피어의 극단은 궁전에 들어가 여왕 앞에서 공연함으로써 보복을 피했다.

여왕의 수석 보좌관 윌리엄 세실 경Lord William Cecil(1520-1598)이 '그 위험한 사고'라 칭했던 '에식스 사건Essex affair'은 셰익스피어가 정치적 재앙을 겪을 뻔한 중대한 사례였다. 그러나 정부의 감시와 편집증은 16세기를 넘어 17세기까지 이어졌다. 1599년에 제정된 법에 따라, 대본은 '축연 사무국장Master of the Revels'으로 알려진 정부 관리에게 제출해 국가 검열을 받아야 했다. 이런 사전 검열에도 불구하고 연극이 공연 과정에서 선동적이거나 중상적으로 여겨지면, 작가와 배우에게 책임을 물었다. 벌금과 출연 정지로 끝나거나 투옥되는 경우도 있었지만, 낙인을 찍히거나 코나 귀를 잘리며 신체 훼손을 당하기도 했다. 그렇지 않으면 극장이 폐쇄되는 경우도 있었다.[27] 셰익스피어는 검열의 기준을 넘지 않게 글을 쓰는 법을 알고 있었다. 실제로 1590년대 초, 헨리 체틀의 희곡 《토머스 모어 경》이 관료 집단의 반발에 부딪혔을 때 셰익스피어는 문제가 되는 장면을 다시 써달라는 요청을 받았다.

당시 일부 극작가들은 그다지 정치적이지 않았다. 1597년 여름, 벤 존슨은 "음란하고 선동적이며 중상적인" 풍자극, 《개들의 섬》을 공동 집필했다는 이유로 체포되었다. (당국은 이 희곡에 격분하며, 모든 극장을 철거하라는 명령을 내렸다. 하지만 왕실에는 배우가 필요했기 때문에 그 명령은 철회되었다.) 1605년 존슨은 《동쪽으로》라는 제목의 반反스코틀랜드 희극 때문에 다시 체포되었고, 2개월 동안 투옥되었다. 말로는 《파리의 대학살》(1593)에서 1572년에 벌어진 '성 바르톨로메오 축일의 학살'을 폭로하며 죽음을 자초했고, 실제로 그 때문에 싸구려 단도에 눈 바로 위를 찔려 죽음을 맞고 말았다. (한편 벤 존슨은 26세에 동료와 결투를 벌였지만 운 좋게 동료를 죽인 덕분에 60대 중반까지 꾸역꾸역 살아남았다.) 셰익스피어도 개인적으로 이런 위험에 직면했지만, 그의 경우에는 당국이 그의 희곡이 여론이 미치는 영향을 과소평가했던지, 아니면 튜더 왕조의 대의를 선전하는 그의 능력이 효과적인 위장막으로 작용한 듯하다. 게다가 셰익스피어는 하나의 관점을 주장하지 않고, 여러 관점을 뒤섞는 데 능숙했다.

셰익스피어 연구에 새롭게 뛰어든 이탈리아 학자 파올라 푸글리아티Paola Pugliatti는 당시 상황을 잘 정리해주었다.

> 국가 역사와 관련해서 이미 확립된 사실과 정치적 쟁점에서 적
> 절한 주제를 찾아내는 것은, 이탈리아 중편소설 목록이나 플루
> 타르크의《영웅전》을 단순히 뒤적거리는 것보다 더 힘들고 위험
> 한 작업이었을 게 분명하다. 연극적 위험만이 아니라 정치적 위
> 험까지 감당해야 했기 때문이다. 첫째로 극작가는 연대기에 나열
> 된 사건들을 무차별적으로 변경할 수 없었다. 관련된 역사가 어
> 느 정도까지 알려져서, 관객들이 무대에서도 정확히 재연되기를
> 기대했을 것이기 때문이다. 둘째로 정치적 쟁점을 다루면 검열관
> 의 관심을 끌 가능성이 더 높았다.[28]

'관용toleration'과 '자유 민주주의liberal democracy'는 엘리자베스 시
대와 스튜어트 시대에 통용되던 단어가 아니었다. 하지만 셰익스피어
는 어떤 희곡에서나, 잉글랜드나 영국이 어떤 식으로 통치되어야 하
는가라는 중요한 주제를 건드리며, 매번 자신의 의견을 제시했다. 예
컨대《리처드 3세》는 도덕성을 상실한 기회주의에 절망적으로 오염
된 잉글랜드 궁전을 보여준다. 헨리 7세가 리처드 3세에게 승리를 거
두고, 장미 전쟁 이후로 사회가 통합되자 잉글랜드는 예술과 과학에
서 중대한 진전을 이루어냈다. 이런 발전은 헨리 7세가 프랑스 루이
11세의 궁전에서 성장하며 프랑스의 국정 운영 기술을 습득했던 덕
분일 수 있지만, 이탈리아 르네상스로부터도 큰 영향을 받았다. 셰익
스피어는 영국계 이탈리아인 존 플로리오John Florio(1552-1625)와 교
제하며 이탈리아 문화에 푹 빠져들었다. 플로리오는 셰익스피어의 초
기 후원자이던 사우샘프턴 백작의 가정교사였고, 1603년에는 몽테뉴

의《수상록》을 영어로 번역해 출간했다.

이런 영향에서, 셰익스피어가 고대 그리스나 앨프리드 대왕 시대의 잉글랜드, 아서의 전설보다 고대 로마를 무대로 희곡을 쓴 이유가 설명되는 듯하다. 로마는 셰익스피어의 시대에 잉글랜드가 본받아야 할 표본으로 여겨졌고, 셰익스피어의 관객이었다면 누구나 그렇게 인정했을 것이다. 셰익스피어는 잉글랜드를 무대로 한 역사극들을 끝낸 뒤, 홀린셰드의 연대기를 오랫동안 책꽂이에 꽂아두었다. 고대 잉글랜드는 2번 다루어졌고, 처음 쓴 작품은 그의 대표작 중 하나가 되었다. 1606년, 셰익스피어는 42세로 당시에는 늙은 편에 속했다. 극장을 찾던 관객들이 힘든 시기를 보낸 뒤였고, 셰익스피어 자신도 상대적으로 조용하게 보낸 뒤여서 큰 인기를 끌 만한 작품이 필요하던 때였다. 극장이 1603년 5월부터 1604년 4월까지, 다시 1604년 5월부터 9월까지, 1605년 10월부터 12월까지, 1606년에는 거의 절반 동안, 매번 역병의 창궐을 이유로 폐쇄되었다. 그러나 1606년, 영국을 상징하는 깃발인 유니언 잭Union Jack이 처음으로 펄럭였던 해, 셰익스피어는 권력을 양도하는 늙은 왕의 이야기에서 다시 왕위 계승이란 문제에 눈을 돌렸다.

일반적으로 셰익스피어의 희곡은 당시의 뜨거운 문젯거리를 간접적으로 빗대는 대사로 시작했다. 배경이 기원전 800년인《리어왕》도 마찬가지여서, 분열된 왕국의 문제를 거론하는 것으로 시작한다. 따라서 연극을 시작하는 켄트 백작의 첫마디도 "국왕께서는 콘월 공작보다 올버니 공작을 더 아끼시는 것 같더군요"이다. 제임스 1세 시대의 관객들은 국왕의 장남 헨리가 콘월 공작이고, 차남 찰스가 올버니 공작이라는 걸 알았다. 제임스 1세와 그의 아버지는 모두 올버니 공작이었기 때문에 그런 언급은 스코틀랜드에 대해 말하는 것과 같왔다. 따라서 '누가 지금 잉글랜드를 통치하는가?'라는 의문을 제기한 것이었다. 물론 셰익스피어였다면, 제임스 1세가 '바실리콘 도론 Basilikon Doron('왕의 선물'이란 뜻/옮긴이)'을 써서 아들이며 왕위 계승자인 헨리 왕자에게 왕국을 쪼개지 말라고 조언했다는 걸 알았을 것이다. 그 책은 제임스 1세가 아버지로서 아들에게 전하는 조언을 그리스어로 쓴 것으로, 런던에서도 1603년에 출간되어 널리 팔렸다. 따라서《리어왕》은 제임스 1세가 아들에게 주는 교훈을 극화한 것이라 할 수 있다.《리어왕》에서는 누가 어떤 원칙에 따라 왕위를 계승해야 하는지에 대한 문제만이 다루어진 게 아니다. 통치 자체가 본질적으로 어때야 하는지에 대한 쟁점도 다루어진다. 리어왕이 연이어 실수를 범하고, 곧 그의 왕국은 윤리적 고민도 없이 통치하려는 신하들에게 위협을 받는다. 연극이 끝날 즈음에야 왕국은 적절한 청지기 정신이 되살아나며 구원을 받는다.

　　햄릿과 레어티즈 같이 '착한' 등장인물들도 정치 세계에서는 개인적인 윤리와 다른 윤리가 작동한다고 생각하며, 그 결과에 대해 걱정한다.[29] 지배자들이 점점 간교해지기 때문에 선한 사람들은 항상 경계심을 늦추지 않아야 한다. 이쯤에서 앞 장에서 다루었던 피렌체의 역사학자 마키아벨리를 다시 소환해보자. 마키아벨리Machiavelli라는 이름은 음습하게 들리는 Machevil(make-evil 혹은 much-evil)로 영어화되었지만, 존 폴리오가 1603년에 번역한《군주론》을 통해 셰익스피어에게도 잘 알려졌다. 심지어 말로의 희곡《몰타의 유대인》(1589년경)은 마키아벨Machiavel이란 등장인물의 연설로 시작한다("나는 나를 가장 증오하는 사람들에게 존경을 받는다"). 물론 마키아벨은 마키아벨리를 본뜬 유령이다. 이 이탈리아의 관리이자 외교관이 남긴 글은 셰익스피어에게도 중요한 참고 자료가 되었다.《군주론》이 바티칸의 금서 목록에 올랐지만, 이런 지정이 로마를 혐오하던 잉글랜드의 신교도에는 아무런 영향을 미치지 못했다. 셰익스피어는 《헨리 6세 3부》에서 훗날 리처드 3세가 되는 젊은 글로스터 공작의 입을 통해 표명한 왕권에 대한 개념이 마키아벨리에게 영향을 받은 결과라는 걸 인정한다.

> 물론, 나는 미소 지을 수 있고, 미소 지으면서 살인할 수 있다.
> 내 마음을 슬프게 하는 것들에 대고 '만족한다'고 외칠 수 있고
> 꾸며낸 눈물로 내 뺨을 적실 수 있다.
> 게다가 모든 경우에 어울리는 표정을 지을 수도 있다.
> 인어보다 더 많은 뱃사람을 익사시킬 것이고,
> 바실리스크보다 더 많은 사람을 이 눈으로 죽일 것이며
> 네스토르만큼이나 멋지게 웅변할 것이고
> 율리시즈보다 더 교활하게 속임수를 써서
> 시논처럼 또 다른 트로이를 점령할 테다.
> 나는 카멜레온보다 더 많이 몸빛을 바꿀 수 있고
> 이익을 위해서는 프로테우스처럼 변신할 수 있으며
> 잔혹한 마키아벨리도 학교에 데려갈 수 있다.
> 내가 이렇게 할 수 있는데 왕관을 손에 넣지 못하겠는가?
> 쳇, 왕관이 저 멀리에 있어도 난 잡아챌 테다![30]

셰익스피어가 《리어왕》을 쓸 무렵, 콘월과 고너릴과 리건 같은 기회주의자들은 물론이고 훨씬 더 사악한 에드먼드조차 주요 인물이 되었다. 남녀를 불문하고 야망에만 사로잡힌 사람, 즉 정치적 모략꾼, '개인적인 이득만을 좇는 부도덕한' 관리는 위험한 시민이지만 핵심적인 이야깃거리이다. 《존 왕》에서 사생아 필립, 《리처드 3세》에

서 글로스터,《티투스 안드로니쿠스》에서 무어인 아론,《오셀로》에서 이아고("나는 겉으로 보이는 내가 아니다"),《템페스트》에서 안토니오,《헨리 4세 1부》에서 자신을 흠잡을 데 없다고 자처하는 어린 할왕자까지 모두가 '모사꾼machiavel'이며, 공통된 특징은 이득, 이익, 편익 등 다양하게 해석되는 '거시기Commodity'를 추구한다는 것이다. 설득력 있는 말솜씨와 변신하는 능력이 대단하다는 공통점도 있다. 테리 이글턴이 지적하듯이, "소유의 개인주의라는 이념은 17세기에 등장했다."[31] 어떤 국가에서나 지도자가 마땅히 해야 할 역할을 해내지 못하면 '모사꾼'이 득세하기 마련이다. 어떤 역사를 제시한다는 것은 그 역사와 그 역사에 관계한 인물들, 역사를 표현하는 수단에 의문을 제기하는 것이다. 마키아벨리가 말했듯이, 정치권력은 연극적 환상을 동원해 장악할 수 있다. 국민은 위장, 이미지 만들기, 역할극을 통해 얼마든지 통제할 수 있다. 과거에는 왕권이 신의 선물로 신성하게 여겨졌지만, 이제는 좋은 연기에 불과한 것이 된다.

당시 청중들도 생생한 전투 장면을 좋아했겠지만, 등장인물이 사건을 끌어가는 주역이란 개념에 점차 관심을 높여가고 있었다. 셰익스피어의 거의 모든 역사극에는 중산 계급과 노동자 계급에게 헌정한 중대한 숨겨진 의미가 있다. 요컨대 셰익스피어는 그 계급에 속한, 등장인물을 이용해서, 현실을 실제로 지배하는 현상과는 상반된 견해 및 대안적 목소리가 있을 수 있다는 가능성을 제시했다.《헨리 4세 2부》에서 치안 판사 로버트 섈로, 팽 경사와 스네어 경사 같은 무능한 법집행관들,《리처드 3세》에서 살인을 범한 대서인, 로미오에게 독약을 판매한 굶주릴 정도로 궁핍한 아포세카리,《헨리 6세 2부》에서 이곳저곳을 떠돌아다니는 심콕스,《페리클레스》에 등장하는 어부,《헨리 5세》에서 잠깐 얼굴을 비추는 세 잉글랜드 병사 등이 대표적인 예이다. 특히 세 병사는 이른바 "셰익스피어의 주변 인물들Shakespeare's marginals"로 존 베이츠, 알렉산더 코트, 마이클 윌리엄스라는 이름만이 아니라, 그들에게 다가온 낯선 사람, 즉 변복한 왕과 함께 훌륭한 대의 에 충성하는 마음에 대해 대화하며 개별적인 생명까지 부여받는다.

베이츠:
…우리는 왕의 신하라는 것만 알면 충분하니까. 왕의 명분이 잘 못된 것이더라도 우리는 왕에게 복종한 거니까 우리에게 죄를 물을 수는 없지.

윌리엄스:
그러나 왕이 내세운 명분이 그릇된 것이면 왕은 청산할 게 많아 지는 거지. 전쟁에서 잘린 다리랑 팔이랑 목이 최후의 심판일에 몰려와서는 '우리는 이러이러한 곳에서 죽었다'고 한목소리로 외 칠 테니까. 어떤 사람은 욕을 하고, 어떤 사람은 외과 의사를 불 러달라고 하겠지. 어떤 사람은 고향에 무일푼으로 남겨둔 마누라 를 그리워하고, 어떤 사람은 은혜를 갚아야 할 사람, 어떤 사람은 핏덩이였을 때 떠난 자식을 그리워하겠지. 전쟁터에서 죽는 사람 치고 멋지게 죽는 사람이 거의 없다는 게 나는 두려울 뿐이야. 서 로 피를 흘리는 게 다반사인 전쟁터에서 적이 자비심을 베풀 거 라고 기대할 수 있겠어? 그래서 멋지게 죽지 못한 사람들이 있다 면, 그들을 전쟁터로 끌어낸 왕에게는 불명예가 되는 셈이지. 그 들로서야 복종하지 않는 건 신하의 도리가 아니었으니까.[32]

셰익스피어는 다양한 관점으로 과거를 재조명하고, 과거의 잉글랜드 연극에서는 시도되지 않았던 심리적 분석을 크고 작은 역사적 인물들에 대해 시도하는 게 가능하다는 걸 보여주었다. (샤마는《헨리 5세》에서 왕과 마이클 윌리엄스의 만남을 가장 중요하다고 생각한다.)[33] 또 셰익스피어는 자료를 단순화함으로써 부차적인 줄거리들을 대조적인 관점에서 배치했고, 다루는 모든 것을 조화롭게 짜맞추었다. 몬머스의 제프리와 헌팅던의 헨리가 토대를 놓은 역사 쓰기를 훌쩍 뛰어넘는 자료의 조절과 순서의 순수한 창작은 이제 역사학자의 무기가 되었다. 그렇게 판도라의 상자가 열렸고, 과거에 대한 글쓰기가 예전과 같을 수는 없었다.

8장 조조와 불충한 꼭두각시

: 볼테르와 기번

최고의 악당이… 마침내 밥숟가락을 놓았군요.
- 모차르트, 볼테르의 사망 소식을 듣고[1]

스레일 부인이 말했다. "그 기번이란 사람, 정말 꼴 보기 싫은 개랑 같다니까요. 펀치처럼 깽깽거리잖아요. 죽기 전까지 깽깽거릴 거예요. 그 사람도 종교 교육을 받았을 텐데." 내가 익살맞게 맞장구쳤다. "맞습니다. 그 사람은 신앙심이라곤 없는 꼭두각시, '마리오네트 앵피델'입니다."
- 제임스 보즈웰, 1781년 3월 28일[2]

프랑스인 볼테르와 영국인 에드워드 기번은 조직화된 기독교에 반발하는 데 그치지 않고, 역사를 쓰는 방법도 바꿔놓았다. 구체적으로 말하면, 셰익스피어처럼 역사를 쓰지 않고, 예전의 역사가들을 옭아매던 족쇄를 풀어 던지며 역사를 (적어도 잠시나마) 신화 만들기로부터, 또 기독교 교리라는 기준으로부터 해방시켰다. 호르헤 루이스 보르헤스는 《로마 제국 쇠망사》의 저자를 다룬 글에서 이렇게 결론지었다.

> 기번을 생각하면 볼테르가 떠오른다. …그 둘은 인간의 종교와 미신을 경멸한다는 점에서 똑같다. 그러나 그들의 문학적 글쓰기는 크게 다르다. 볼테르는 탁월한 문체로, 역사적 사실들이 경멸을 받을 만하다는 걸 보여주거나 암시했다. 반면에 기번은 볼테르보다 인간을 더 낮게 생각한 것은 아니지만, 인간의 행위가 무척 매력적이라 생각하며, 그 매력을 드러내 보여주며 독자의 마

음을 사로잡고 즐겁게 해준다.

1767년 볼테르는 "[역사는] 범죄와 불행한 사고를 정리한 표에 불과한 것"이라고 호기롭게 주장했지만,[3] 항상 그랬듯이 정반대로, 가장 많은 독자를 가진 문학의 한 형태라고도 말했다.[4] 기번도 볼테르의 생각에 동의하며 "역사는 가장 인기가 있는 글쓰기 방식"이라고 맞장구쳤다.[5] 게다가 그 둘은 과거를 어떻게 기록할지에 대해 생각하는 새로운 방법을 선두에서 끌어나갔다. 미래와 마찬가지로 과거도 더는 신의 계획, 즉 인간이 신의 의지를 실현하는 행위가 아니었다. 역사는 각 개인의 선택으로 기록되어야 마땅했다.

볼테르와 기번은 생존 시기가 겹치지만 볼테르(1694-1778)가 마흔한 살이나 더 많다. 거의 반세기 동안 계속된 문인의 삶에서, 볼테르는 50편의 희곡, 과학과 정치와 철학에 대해 수십 편의 논문을 썼고, 유명한 중편소설《캉디드》및 7편의 역사서를 발표하기도 했다. 그 과정에서 볼테르는 수많은 시를 지었고, 현재까지 남아 있는 편지만 약 2만 통에 달한다. 그 편지가 총 13권으로 발간되었고, 각 권이 1200쪽을 넘어, 성경의 단어량을 훨씬 넘어선다.* 그는 종종 침대에 앉은 채 글을 쓰거나 비서에게 받아쓰게 하며 하루에 18시간을 글과 함께 보내며 그 방대한 결과물을 만들어낸 것으로 추정된다. 그는 엄청난 양의 카페인에서 활력을 얻기도 했다. 프리드리히 대왕의 기록에 따르

---

* 이 부분에서 볼테르의 유일한 경쟁자는 괴테Goethe(1749-1832)이다. 괴테의 저작은 유럽 문학에서 가장 큰 영향을 남긴 소설로 선정된 3종을 비롯해 143권에 달한다. 그 밖에도 그가 바이마르 공국에서 고위 관리로 일하는 동안 쓴 2만 통의 편지가 있다. 옥스퍼드 대학교 내에 설립된 볼테르 재단Voltaire Foundation은 볼테르의 글을 연대순으로 발간하고 있다. 205권으로 2022년 완간되었다.

면, 볼테르는 파리의 부유층이 드나들던 제6구에 있는 프로코프 카페에서 잠을 깼을 때부터 잠들기 전까지 50잔의 커피를 마신 것으로 전해진다.

빅토르 위고Victor Hugo(1802-1885)에 따르면, "볼테르는 18세기 전체가 압축된 인물이다." 괴테는 볼테르를 그 시대의 가장 위대한 문학인으로 평가했다. 물론 볼테르에 대한 평가는 관점에 따라 무척 다르다. 열렬한 기독교인이던 모차르트가 볼테르를 악당으로 생각한 것은 당연했다. 볼테르는 낯 두꺼운 자화자찬가였고, 무모하고 부산스러운 데다 변덕스럽고 우유부단하며 벌컥 화를 잘 냈지만 의외로 이타적이었다. 또한 허영심이 많고, 악의적이며 지독한 위선자에다 뼛속까지 물질주의자였지만(그의 시골 저택에 쌓인 물건들을 보았다면 마사 스튜어트Martha Stewart조차 얼굴을 붉혔을 것이다), 영성은 초라하기 그지없었다. 잉글랜드 작가 리턴 스트레이치Lytton Strachey(1880-1932)의 표현을 빌리면, 볼테르는 "인정도 양심도 없는 투사, 후회를 모르는 투사였다. …그는 요란하게 윙윙대는 파리와 닮은 데가 있는 듯하다. 열린 창문으로 느닷없이 방에 들어와 미친 듯이 이리저리 날아다니다가, 갑자기 별안간 다른 방향으로 열린 창문으로 뛰쳐나가 널찍하고 꽃들이 만발한 들판을 향해 날아가는 파리를 상상해보라. 결국 무모하기 그지없는 피조물이던 그가 어디로 향할지는 그 자신만이 알았다."[6] 이런 모순된 행동에 정작 볼테르는 터럭만큼도 걱정하지 않으며 "누구에게나 성격에는 혼란스런 면이 있다"고 말했다.[7]

토머스 칼라일은 뛰어난 통찰력을 과시해 보인 글에서, 볼테르가 무엇보다 종교의 사회적 중요성을 전혀 이해하지 못했다고 지적했다(오랜 기간 동안, 저명한 작가들은 앞다투어 볼테르를 연구 대상으로 삼았다). 볼테르는 역사를 "충실한 관찰자, 혹은 냉정한 비평가의 눈이 아니라, 반反가톨릭계 안경을 통해" 읽었지만, 칼라일은 "볼테르는 힘차게 물살을 가르는 힘보다 물에 뜨는 가벼움 덕분에 항상 최정상에 있었다"고 멋지게 빈정거린다.[8]

볼테르—본명은 프랑수아 마리 아루에François-Marie Arouet—는 자신의 필명에 대해 한 번도 설명한 적이 없었다. 가장 널리 알려진 의견에 따르면, 볼테르Voltaire는 Arouet에 해당하는 라틴어 철자에 Le Jeune(젊은이)의 앞 글자들을 더해 철자 순서를 바꾼 결과물이다. 그러나 젊은 볼테르의 선천적인 잔혹성을 조소하며 붙여준 별명, '프티 볼롱테르petit voluntaire(꼬마 지원병)'가 변형된 형태라고 주장하는 의견도 있다. 그러나 볼테르에게는 하나 이상의 별명이 있었다. 어설프고 어리석은 소년을 뜻하는 '조조zozo'도 그중 하나이다. 어느 의견이 맞든 간에 아루에Arouet는 그에게 어울리지 않았다. 볼테르는 공증인이던 아버지와의 관계가 원만하지 않았다. 아버지는 볼테르의 삶을 "빈곤으로 떨어지는 지름길"로 보며, 아들에게 법률가가 되라고 강요했다.[9] 1718년, 프랑수아 마리는 아버지의 가치관을 일축하며, 오래전에 잊힌 시인이자 머스킷총으로 무장한 장교이던 로슈브륀Rochebrune이 진짜 아버지라고 주장하는 데 그치지 않고, 소포클레스의 비극을 재작업한 첫 희곡 《오이디푸스》가 코메디 프랑세즈에서 공연될 때 아버지에게 물려받은 성姓까지 포기했다. '볼테르'라는 이름은 그렇게 세상에 등장했다.

다섯 형제 중 막내였던 볼테르는 병약하게 태어나 어린 시절을 무사히 넘길 것이라 기대되지 않았다. 생존이 그가 거둔 첫 승리였다. 예수회 학교에 들어갔지만, 그의 주장에 따르면 '라틴어와 많은 허튼소리' 이외에 배운 것이 없었다. 그러나 그는 그 죽은 언어, 즉 라틴어에 능숙해졌고, 나중에는 이탈리아어, 스페인어, 영어까지 유창하게 구사했다. 1713년, 억지로 법학을 공부하고 2년이 지난 뒤, 그는 헤이그 주재 프랑스 대사(볼테르 대부의 형제)의 비서로 보내졌다. 그곳에서 볼테르는 가난하지만 눈부시게 아름다운 올랭프 뒤누아예Olympe Dunoyer에게 흠뻑 빠졌다. 대사는 둘의 관계를 알게 되자, 볼테르에게 귀국하라는 명령을 내렸다. 아버지는 볼테르에게 상속권을 박탈하고 서인도 제도로 보내겠다는 위협도 서슴지 않았다. 볼테르가 법학 공부에 매진하겠다고 약속한 뒤에야 그 협박은 철회되었다. 그러나 볼테르는 자신이 속한 상류 계급의 삶을 풍자하는 시를 쓰며 소일했다. 21세가 되었을 때 그는 자신을 "키만 크고 빼빼 말라 살이 없고, 궁둥이도 없다"고 묘사했다.[10] 게다가 대부분의 기록에 따르면, 그는 성욕이 강하지도 않았다. 테스토스테론에서 부족한 부분을 과잉 행동으로 보충했다. 그는 명성뿐만 아니라 논란거리도 찾아다녔고, 결국 둘 모두를 얻었다.

1716년 5월, 볼테르는 처음으로 곤경에 빠졌다. 어린 루이 15세를 대신해서 프랑스를 통치하던 섭정의 딸을 조롱하는 시를 썼다는 이유로 파리에서 잠시 동안 추방된 사건이었다. 이듬해 5월에도 볼테르는 불경한 시를 이유로 다시 곤경에 빠졌다. 이번에는 그 시를 짓지 않았지만, 볼테르의 악명이 너무도 높았던 까닭에 누구도 그의 부인을 믿어주지 않았다. 결국 볼테르는 11개월의 징역형을 선고받고, 파리의 동쪽 변두리에 위치한 중세의 요새였지만 당시에는 왕가의 심기를 거스른 저명 인사의 구금 시설로 사용되던 바스티유 생 앙투안Bastille Saint-Antoine에 투옥되었다.

일반적인 평판과 달리, 바스티유는 벌레가 득실대는 불결한 곳이 아니었다. 볼테르는 책과 가구, 침대용 시트와 취침용 모자, 심지어 향수까지 반입할 수 있었다.[11] 때로는 저녁 식사를 교도소장과 함께했고, 간수들과는 당구와 공놀이를 함께 즐겼다(그가 운동을 즐긴 유일한 때였다). 훗날 볼테르는 두께가 3미터에 달하고 창문도 없는 독방에서 사색하는 유익한 시간을 가졌다고 떠벌리기도 했다(이때 그는 '볼테르'라는 새로운 이름을 떠올렸다). 그의 손에 들어가면 위험한 무기로 변한 까닭에 종이의 반입은 허용되지 않았다. 하지만 볼테르는 프랑스의 대담하고 호색한 왕 앙리 4세(1553-1610)에 대한 서사시를 책의 행간에 쓰기 시작했다. 그렇게 탄생한 《라 앙리아드》는 볼테르의 중요한 첫 역사서로, 광적인 신앙이란 악을 상대로 던진 선전 포고이기도 했다. 이 서사시에서 볼테르는 가톨릭교를 선택한 앙리의 교묘한 정치적 개종을 괜찮게 생각했고, 가톨릭교의 신교도 학살을 종식시키려는 노력을 높이 평가했지만, 교황을 "패자에게는 완강하고, 정복자에게는 순응하며, 이해관계에 따라 용서하거나 정죄하는" 권력자라고 비판했다. 그 시는 금지되었지만 해적판으로 팔려나갔다.

《오이디푸스》는 1718년 11월 중순, 석방되고 7개월 뒤에 발표되었다. 평론가와 대중으로부터 뜨거운 찬사를 받았고, 곧이어 볼테르는 유명 인사가 되었다. 젊은 나이에 크게 성공한 볼테르는 계속 적대감과 찬사를 똑같은 정도로 불러일으켰다. 하지만 볼테르는 높은 지위에 있는 적들과 언쟁하는 걸 멈추지 않았다. 결국 오래지 않아, 그를 심하게 두들겨 팬 젊은 귀족에게 결투를 신청했다는 죄목으로 다시 바스티유에 갇혀 11개월을 복역해야 할 처지가 되었다. 법정이 투옥 기간을 연장할지도 모른다는 걱정에 볼테르는 대체 형벌로 국외 추방을 제안했고, 프랑스 당국은 그 제안을 받아들였다. 볼테르는 짐을 꾸려 잉글랜드로 넘어갔고, 그곳에서 거의 3년을 지내며 알렉산더 포프Alexander Pope(1688-1744), 조너선 스위프트 Jonathan Swift(1667-1745), 윌리엄 콩그리브William Congreve(1670-1729)

등과 커피를 마셨고, 메리 워틀리 몬터규 부인Lady Mary Wortley Montagu(1689-1762)과 말버러 공작 부인 같은 유명인들이 주최한 파티에 초대를 받았다. 그로부터 수십 년이 지난 뒤에 새뮤얼 존슨이 말했듯이, "포프와 볼테르만큼 생전에 그렇게 큰 명성을 얻은 작가는 그때까지 없었다."[12] 볼테르도 "나는 잉글랜드인의 담대함이 너무도 마음에 든다!"는 기록을 남겼다. 동기가 무엇이었든 간에, 뉴턴이 사과가 떨어지는 걸 보고 중력 이론을 생각해냈다는 전설을 만드는 데는 볼테르도 한몫을 했다.

그 즈음 볼테르는 편안하게 잘 지냈다. 그가 아버지에게 뜯어낸 자금도 있었지만, 프랑스 공작들과 유럽의 왕족들에게 상당한 이율로 돈을 빌려주며 금전적 이득만이 아니라 외교적 영향력까지 얻었다. 그의 희곡들이 만족스러울 정도로 오랜 기간 동안 공연된 덕분에 그는 상당한 보수를 받았고, 정부로부터 조기 연금까지 확보했다. 볼테르는 시를 짓고 적을 만든 것만큼이나 쉽게 돈을 벌었다. 1729년 한 만찬장에서 진취력을 지닌 수학자 샤를 마리 드 라 콩다민Charles Marie de La Condamine(1701-1774)과 우연히 대화를 나눈 뒤에, 볼테르는 은행가 친구들로부터 상당한 돈을 빌려 프랑스 정부가 발행한 복권을 대거 구입했다. 프랑스 정부가 복권을 발행하는 총비용보다 훨씬 많은 당첨금을 실수로 약정한 걸 알아냈기 때문이다. 볼테르 일당은 복권을 거의 매점했고, 엄청난 수익을 거두었다, 복권 발행을 주관한 관청이 지급을 거부하자, 볼테르는 법원에 소송을 제기했고 결국 승소했다. 그때 볼테르는 거의 50만 프랑(현재 가치로 148만 5000달러)이란 돈벼락을 맞았고, 평생 돈 걱정 없이 살 수 있게 되었다.

※ ※ ※

책을 쓰더라도 출간할 수 없게 되자 1722년 8월 볼테르는 프랑스 밖에서 출판사를 구해보려고 다시 조국을 떠났다. 이때 새로운 정부情婦, '황금빛처럼 불타는 머리칼'을 지닌 35세의 미망인 마리 마그리트 드 뤼펠몽드Marie-Marguerite de Rupelmonde가 동행했다.[13] 볼테르는 가능한 거의 모든 형태로, 돈키호테의 근거가 된 실제 인물부터 예언자 무함마드의 가르침이나 결투에서 승리하는 방법까지 거의 어떤 주제에 대해서나 계속해 글을 썼다.

1720년대에 볼테르는 어느덧 프랑스에서 손꼽히는 논객의 위치에 올라섰다.* 산문으로 쓰인 글은 주로 소책자로 발간되었고 거의 2000종에 달했으며, 다수가 누군가의 의견을 비판하는 글이었다. 프랑스의 소설가 귀스타브 플로베르Gustave Flaubert(1821-1880)는 "우리가 실제로는 광기에 사로잡힌 사람에게서 해학적인 면을 찾아보려고 애쓰는 이유가 무엇일까요?"라는 의문을 던졌다.[14] "그의 모든 지능은 전쟁 도구입니다." 볼테르도 한 친구에게 보낸 편지에서 "펜을 쥐는 것은 곧 전쟁을 하는 것입니다"라며 플로베르와 비슷한 논조로 말했다.[15] 그러나 그 전쟁은 게릴라전이어야 했다. 볼테르가 조직화된 기성 종교부터 사법 제도까지 모든 것을 폄하했기 때문에 검열관과 맞

---

* 볼테르가 성인이 된 이후로, 가장 큰 숙적 중 하나는 장 자크 루소Jean-Jacques Rousseau(1712-1778)였다. 《사회계약론》을 쓴 그 스위스 작가는 도시에서 맴도는 지식인들을 신랄하게 혹평했기 때문에 볼테르는 저자를 밝히지 않은 한 소책자에서, 루소가 '가족의 가치를 진실로 옹호한다고 말하지만 다섯 자녀를 고아원에 맡겼다'고 폭로했다. 또 루소의 소설 《신 엘로이즈》의 전반부가 매음굴에서 쓰였고, 후반부는 정신병원에서 쓰였다고 주장했다. 게다가 루소의 교육에 대한 논문, 《에밀》을 "4권으로 구성된, 어리석은 유모의 횡설수설"로 깎아내리며 "그렇게 부정직한 건달에 의해… 그런 책이 쓰였어야 했다는 게 유감스럽다"고 덧붙였다. 볼테르와 루소는 몇 주 간격으로 세상을 떠나고, 1794년 루소의 시신은 판테온으로 옮겨져 볼테르의 시신에서 가까운 곳에 안장되었다.

부딪칠 때마다 항상 위험을 각오해야 했다. 볼테르는 특히 조직화된 종교를 혐오했고, 신성 로마 제국은 신성하지도 않고 제국도 아니라고 빈정댄 적도 있었다. 잉글랜드에서 지내는 동안《시학론》과《프랑스 내전에 대한 소론》을 썼고, 스웨덴 국왕 칼 12세의 전기를 쓰기 시작했다. 이 전기에서 볼테르는 인간이라면 자신의 운명을 통제하고, 신의 간섭에 의존하지 않아야 한다고 주장했다. 무척 도발적이고 위험천만한 주장이었다. (지금도 그렇지만 당시에도, 성공한 역사서는 어떤 주제나 제한된 기간을 철학적 성찰의 기준이나 사회 전반을 연구하기 위한 출발점으로 활용해야 한다고 여겨졌다.) 1734년에는《철학 서간》에서 영국 문물을 편지 형식으로 소개하며 영국의 정치 체제가 프랑스보다 훨씬 우월하다고 선언했다. 예상대로 격렬한 반응이 뒤따랐지만, 그 이후로 이 선언은 계몽주의의 발현에 기여한 볼테르의 첫걸음으로 인정되었다. 계몽주의는 급진적 지적 운동으로, 전통보다 개인주의를 강조하는 '이성의 시대Age of Reason'로도 알려졌다.

다른 주요 계몽주의 철학자들이 그랬듯이, 볼테르도 '절대적 존재supreme being'라는 개념을 받아들였지만, 세상사에 직접 간섭하지 않는 존재라는 전제가 더해졌다. 그러나 1730년대 중반에는 전통주의자들이 우세했다.《철학 서간》을 출간한 출판업자는 바스티유에 투옥되었고, 그 책은 "종교와 도덕과 사회에 가증스러울 정도로 반하는 책"이란 비난을 받아, 최고 재판소의 앞마당에서 교수 집행인에 의해 공개적으로 불태워졌다. 경찰이 체포 영장을 들고 볼테르의 집을 찾아갔지만, 그런 조치가 있을 것이란 정보를 듣고 볼테르는 닷새 전에 달아난 터였다. 그는 다시 파리를 떠나야 했고, 이번에는 새로운 후원자와 새로운 보금자리, 시레쉬르블레즈Cirey-sur-Blaise에 있는 성을 찾아갔다. 그 성은 프랑스 북동부 국경에 위치한 거의 허물어져 황폐한

13세기 성이었다.

　볼테르는 법적으로는 평생 독신으로 지냈지만 적잖은 정부情婦가 있었고, 뛰어난 과학자이자 작가이던 뒤 샤틀레 부인Madame du Châtelet(1706-1749)과 유명한 연애를 하기도 했다. 그녀는 가브리엘 에밀 르 토넬리에 드 브르퇴유로 태어나 후작 부인이 되었고, 26세에 볼테르를 만났다. 그때 볼테르는 38세였다. 달리 말하면, 그들이 만났을 때 에밀리는 이미 결혼해 두 자녀를 둔 상태였다(셋째는 분만 과정에서 혹은 그 직후에 사망한 것으로 알려진다). 1733년 5월 볼테르와 후작 부인은 사랑에 빠졌고, 그녀의 초대에 볼테르는 시레의 허름한 성으로 향했다. 일종의 중혼重婚이던 그들의 사랑은 거의 16년 동안 이어졌는데, 그녀가 42세로 1749년에 사망하면서야 끝났다. 그녀의 남편은 둘의 관계를 알았을 뿐만 아니라 용인하기도 했으며, 시레에 머물 때는 자기만의 공간을 조심스레 지켰고, 식사 시간도 별도로 가졌다.

　1744년 볼테르와 에밀리의 관계에서 육체적인 면이 자연스레 끝나갔고, 둘이 함께하는 시간이 격렬한 말다툼으로 중단되는 경우가 잦아졌다(그들은 각자 성의 양 끝에 있는 방에서 지냈다). 그렇지만 그들은 많은 관심사를 공유했고, 약 2만 1000권의 책을 함께 모았다. 게다가 시간의 흐름을 잊은 채 토론했을 뿐 아니라, 집에 만든 실험실에서 과학 실험을 함께 시도하기도 했다. 볼테르는 그녀의 조수 역할을 하며, 산소를 거의 발견할 뻔하기도 했다. 한편 에밀리는 라틴어로 쓰인 뉴턴의《프린키피아》를 프랑스어로 번역하며, 이해를 돕기 위한 주석까지 더했다. 에밀리는 자신과 볼테르의 사고하는 능력을 특징짓는 뜻으로 Newtoinze라는 동사를 만들어내기도 했다.

　에밀리는 뛰어난 수학자이자 과학자였지만, 볼테르와 함께한 까닭에 역사와 철학도 학습했고 독일어를 독학해서 라이프니츠를 원본으로 읽을 수 있었다. 그러나 그녀는 역사라는 학문을 경멸했다. 그 때문에 볼테르는 직접 역사서를 써서 역사가 가치 있는 연구라는 걸 그녀에게 입증해 보이려 했다.* 에밀리는 대학의 문턱을 넘어선 적이 없었다. 춤추는 걸 좋아했고, 하프시코드와 스피넷을 괜찮게 연주했으며 가극을 즐겨 불렀고(볼테르는 에밀리를 맹목적으로 사랑했던지 그녀가 '신의 목소리'를 가졌다고 극찬했다), 열정적인 아마추어 배우이기도 했다. 10대에는 책을 살 돈이 없어 도박 전략을 고안해냈다. 그녀는 평생의 취미로 도박을 즐겼고, 1747년에는 하루 저녁에 8만 4000프랑을 잃기도 했다.

그들이 함께한 시간은 순식간에 지나갔다. 그사이에 에밀리는 정기적으로 파리를 오가며, 때로는 볼테르의 기소를 취하시키려고 애썼다. 마침내 볼테르도 안심하고 파리를 여행할 수 있게 되었고, 파리에 가면 자신의 희곡이 공연되는 걸 보거나 (통과의례처럼) 친구들과 함께 커피를 마셨다. 언젠가 에밀리는 볼테르의 대리인에게 "그 사람과 두 시간만 떨어져 있어도 온몸이 아파요"라고 말했다.[16] 하지만 에밀리는 프랑스 궁정 경비대 장교를 새로운 연인으로 받아들였고, 볼테르는 질투하면서도 그 관계를 묵인했다. 곧이어 에밀리는 임신하는 실수를 저질렀다. 1749년 9월 4일 밤 에밀리는 딸을 나았지만, 폐색전증으로 엿새 만에 세상을 떠났다. (그 딸도 두 살을 넘기지 못하고 죽었다.) 볼테르는 임종의 자리에서 비틀거리며 일어섰고, 한눈파는 사이에 아래층으

* 에밀리는 역사에 대해 "나는 근대 국가들의 긴 역사를 끝까지 읽어낼 수 없었다. 그 국가들의 역사에는 혼돈 이외에 어떤 것도 보이지 않는다. 무수히 많은 사소한 사건들이 연결되지도 않았고, 수많은 전투가 있어도 해결되는 게 없었다. 결국 정신을 맑게 해주기는커녕 오히려 혼란스럽게 억누르는 학문을 포기하고 말았다"고 썼다. Will and Ariel Durant, *The Age of Voltaire* (1965; repr. New York: Simon & Schuster, 2011), p. 483을 참조하기 바란다.

로 굴러떨어져 두개골이 깨지는 부상을 입었다. 훗날 볼테르는 회고록에 "나는 큰 충격을 받아 깊은 황폐감에 빠졌다"고 썼다.[17]

✳ ✳ ✳

가장 이상한 우정, 하지만 무척 오랫동안 조금씩 진화한 우정이 볼테르를 그 슬픔의 늪에서 구해주었다. 1736년 8월 8일 그가 42세였을 때, 훗날 프리드리히 대왕(1712-1786)이 되는 프로이센의 젊은 황태자로부터 편지를 받았다. 볼테르는 우쭐해서 정중하게 답장을 보냈고, 곧 황태자는 직접 쓴 시를 볼테르에게 보내며 다듬어 달라고 부탁했다(프리드리히는 독일어를 좋아하지 않았고, 여성적인 기운을 풍기는 프랑스어로 문학적인 글을 썼다). 그 뒤로 많은 편지가 오갔고, 프리드리히는 그 위대한 작가를 독일에 데려오려고 몇 번이고 시도했다. 프리드리히는 남자들만의 모임을 바랐던 까닭에 뒤 샤틀레를 한 번도 초대하지 않아 그녀에게 끝없는 미움을 받았다. 잠깐 독일을 방문한 경우를 제외하면, 그녀가 세상을 떠난 뒤에야 볼테르는 프리드리히를 만나러 갔다. 볼테르는 언제나 솔직했다. 프리드리히가 쓴 긴 시를 받았을 때 볼테르는 "적잖은 행이 아베 신부와 나를 도용했고, 생각의 흐름이 모순되기 일쑤이며, 운문인 데도 음악성이 전혀 없다. 그러나 좋은 면도 있다. 국왕이 국정을 살피면서 200행의 고약한 운문을 지었다는 게 대단하다"는 기록을 남겼다. 볼테르로부터 지독히 비판적인 편지를 받고 관계가 잠시 냉랭해진 적이 있었지만, 그들은 다시 서신을 교환하기 시작했고, 서로 비난을 주고받으며 다시 친구가 되었다.

1750년, 뒤 샤틀레가 사망한 뒤로 수개월 만에 볼테르는 프리드리히가 제안한 일자리를 받아들였다. 볼테르는 대왕이 좋아하던 궁전, 즉 베를린에서 남서쪽으로 25킬로미터쯤 떨어진 포츠담에 있는 상수시 궁전에 널찍한 방을 할애받았고, 왕의 하인들을 마음대로 부릴 수 있었으며 연간 2만 프랑의 보수까지 받았다. 볼테르는 그때의 기분을 이렇게 표현했다. "30년 동안 폭풍우에 시달린 끝에 마침내 항구를 찾아냈다."[18] 식사 시간에 볼테르는 프리드리히의 옆에 앉았고, 그들은 뜨겁게 대화를 나누었다. 그러나 볼테르는 함께 살기가 쉽지 않은 사람이었다. 따라서 프리드리히의 친구들과 걸핏하면 입씨름을 벌였고, 탐욕스럽고 무분별한 행동 및 명백한 날조로 왕을 불안하게 만들었다(프로이센의 외교 정책을 자세히 설명한 편지를 프랑스에 보내는 간첩 노릇을 돈을 받고 하기도 했다). 도발적인 글쓰기도 멈추지 않았다. 한편 프리드리히는 나름대로 계획이 있었다. 볼테르의 괴팍한 언동을 언제까지 참고 견딜 것이냐는 늙은 신하의 질문에 프리드리히는 "많아야 1년 더 지켜볼 겁니다. 오렌지의 단물을 다 빨아먹으면 껍질은 내다버려야지요"라고 대답했다고 전해진다. 그 말이 볼테르에게도 전해졌지만 볼테르는 자신의 잘못을 깨닫지 못했다. 결국 볼테르가 왕의 최측근 중 하나에게 신랄한 공격을 가하자 프리드리히는 볼테르의 소책자를 공개적으로 불태우고는 그를 가택 연금에 처했다("흙길에도 아랑곳 않고, 네 병사가 우리를 질질 끌고 갔다…"). 볼테르는 35일을 갇혀 지낸 뒤에야 배불리 먹고는 1753년 3월에 프로이센을 영원히 떠났다. 그 이후로 두 사람은 한 번도 마주 앉지 않았다.

고향에 돌아온 볼테르는《회고록》을 쓰기 시작했다. 원고는 완성되자마자 도난당했고, 해적판이《프로이센 왕의 은밀한 삶》이란 제목으로 암스테르담에서 출간되었다. 그 회고록에서 볼테르는 프리드리히의 동성애적 성향 및 프로이센 궁전의 방탕한 면을 가감없이 폭로했다. 프리드리히가 남성으로 구성된 집단에서 많은 시간을 보냈

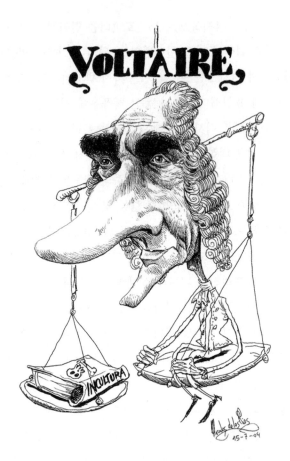

〈저울 위에 올라선 볼테르〉, 파올로 모랄레스 데 로스 리오스, 2004년.

고, 고대 그리스인들의 동성을 향한 애착을 찬양하는 '우정의 신전 Temple of Friendship'이 왕궁의 정원에 있었던 것은 분명하다. 그럼에도 이 책은 한 친구가 다른 친구에 대해 쓴 탁월한 회고록이다.

회고록의 폭로는 잔혹할 정도로 재밌게 쓰인 것일 수 있다. 볼테르가 스스럼없이 털어놓듯이, 그들의 우정은 일종의 추파로 시작되었고 "나는 금세 그에게 애착을 느꼈다. 재주가 있고 예절 바르기도 했지만 무엇보다 왕이었다. 유약한 인간이 이겨내기 쉽지 않은 유혹적인 상황이었다."[19] 프리드리히 대왕의 아버지 프리드리히 빌헬름 1세("관용이라고는 없는 왕")는 아들이 군사적 행동이나 종교적 의식보다 음악과 문학에 심취하고, 16세에는 왕의 13세 시동에게 애착을 드러내는 걸 보고 경악했다. 프리드리히 2세는 10대 누이이던 빌헬미네 공주의 도움을 받아, 그 시동과 달아날 계획을 세웠다. 격노한 왕은 아들을 나무라지 않고, 오히려 빌헬미네를 창밖으로 쫓아내려 했다. 빌헬미네가 창턱에 아슬아슬하게 서 있는 걸 보고, 왕비가 딸의 속치마를 붙잡고 딸을 구해냈다.[20]

※ ※ ※

대부분의 글이 프랑스에서 금지된 까닭에 볼테르는 해외에서 책을 발간하거나 다양한 필명으로 발표했는데, 그가 생전에 사용한 필명은 적어도 178개에 이르렀다. 가장 유명한 작품이며 영어 번역본이 75쪽에 불과한 《캉디드, 혹은 낙관주의》(1759)는 원래 "랄프 박사"가 쓴 것으로 소개되었고, "박사가 죽었을 때 주머니에서 발견된 것"이었다. 행정 당국과 교회가 그 책을 비난하자, 볼테르는 적극적으로 그 책과 거리를 두려고 애쓰며 "그 터무니없는 책을 내가 썼다고 말하다니, 사람들이 제정신이 아닌 게 분명하다. 감사하게도 나는 더 나은 직업을 갖고 있다"고 말했지만, 그 말을 믿는 사람은 거의 없었다.

영어에서 candid와 candor라는 단어는 원래의 의미를 거의 상실했다. 볼테르의 시대에 두 단어는 프랑스어 짝꿍들과 마찬가지로, 불쾌한 진실을 말하는 행위가 아니라, 캉디드처럼 다른 사람을 좋게 생각하기 위해 최선을 다하는 행위를 가리켰다. 충분히 숙고하지 않은 종교적이고 철학적인 낙관주의를 공격하는 '철학적 모험담(모든 것이 가능한 세계에서는 결국 모든 것이 가장 좋은 것이라는 라이프니츠의 견해에 대한 약간 위장된 공격)'인 이 이야기의 주인공 캉디드는 "충직함과 순박함"을 겸비한 청년으로, 일련의 이상한 모험들을 연이어 겪는다. 예컨대 고약한 사기꾼들에게 당하고 불가리아 군대에 들어가며, 두들겨 맞고 조난을 당하며 배신과 도둑질을 당하지만, 그 과정에서도 "독일에서 가장 심오한 형이상학자" 팡그로스Pangloss('만국어 all-tongues'를 뜻함)에게 배운 철학을 자신의 경험에 접목해보려 애쓴다. 결국 캉디드는 삶을 살아가는 최선의 방법은 주변 환경 내에 머무는 것, 즉 "자기만의 정원을 가꾸는 것"이라는 걸 깨닫는다.

캉디드가 살아가는 세계는 사악한 세계일 수 있지만, 무척 재밌게 읽히는 세계일 수도 있다. 그가 직접 목격한 잔혹한 장면들, 예컨대 내장을 뽑아내고 성폭행이 자행되는 장면들, 여성들의 한쪽 엉덩이를 잘라내는 장면이 가감 없이 사실적으로 묘사된다. 어느 순간, 캉디드는 영국에서는 '모두에게 용기를 북돋워주기 위해서라도' 해군 제독을 죽이는 게 현명한 판단으로 여겨진다는 걸 알게 된다. 연극 관람이 끝난 뒤에 캉디드는 만찬에 참석한다. "만찬은 파리에서 참석한 만찬과 거의 똑같았다. 처음에는 조용했지만 나중에는 알아들을 수 없는 말소리로 웅성거렸고, 간혹 재밌는 말도 들렸지만 대부분이 추문과 잘못된 추론으로 뒤범벅된 지루한 이야기였다. 정치 이야기도 약간 있었지만 비방이 큰 몫을 차지했다." 상당히 폭넓은 문제를 다루었지만, 표적을 정확히 맞춘 철학 소설이었다.

❈ ❈ ❈

고향인 프랑스의 궁전에 돌아온 볼테르는 데투알 부인Madame d'Étoilles의 측근이 되었다. 그녀는 왕의 애첩이 되며 '드 퐁파두르 부인 Madame de Pompadour'으로 불리게 되자, 오랜 친구에게 보답했다. 볼테르 자신이 "100권의 책을 쓰는 것보다 왕의 정부에게 몇 마디를 하는 게 더 효과적이다"라고 말했듯이, 그녀의 지원에 힘입어 볼테르는 아카데미 프랑세즈Académie Française의 회원이 되었고, 프랑스 지정 역사가가 되었다. 그렇지만 볼테르는 글쓰기를 멈추지 않았다. 〈뉴요커〉에 기고한 글에서 애덤 고프닉Adam Gopnik은 볼테르의 책들을 "화분에 심은 생생한 역사"라고 썼지만, 이것도 과소평가한 것이다. 볼테르 자신도 역사를 쓰는 걸 그다지 중요하게 생각하지 않아, "역사가는 죽은 사람을 놀리는 험담꾼"이라거나 "역사는 범죄와 불행한 사고를 정리한 표에 불과한 것"이라 말하기도 했다. 그러나 볼테르는 이렇게 말하면서도 그 말을 진짜로 믿지는 않았다. 여하튼 오랫동안 그렇게 믿지는 않았다. 한마디로 볼테르는 끝없이 자기모순을 저지르는 사람이었다.

역사를 어떻게 생각했든지 간에 그는 역사적 인물을 대상으로 많은 역사극을 썼다.《라 앙리아드》,《마리암느》(고대 예루살렘이 배경),《마호메트》(이슬람의 창시자),《자이르》(7세기 예루살렘),《게스클린의 아델라이드》(15세기 프랑스),《세자르의 죽음》,《알지르》(16세기 페루),《소크라테스》등이 대표적인 예이며,《스웨덴 왕, 칼 12세의 역사》 (1731)를 필두로 산문으로 쓰인 역사서도 있다. 특히 스웨덴 왕의 삶을 추적한 이 책은 평론가들로부터 구조와 형식, 문체 등 역사 쓰기에서 새로운 지평을 열었다는 평가를 받았다.[21]

볼테르는 20년 동안 주된 자료를 조사한 끝에 다시 과거의 발굴에 나섰다. (첫 책을 더 일찍 마무리 지을 수도 있었지만 뒤 샤틀레가 원고를 감추고는 볼테르에게 과학 실험에 집중하라고 다그친 탓에 뒤로 미루어졌다.)

결국 여러 권이 연이어 쏟아졌다.《루이 14세 시대》(1751),《루이 15세 시대》(1746-1752), 루이 14세 시대의 프랑스 문화사(1751), 1741년의 전쟁을 다룬 역사서(1755), 표트르 대제 시대의 러시아(1760), 파리 고등 법원의 역사(1769) 등이 있었고, 그 한복판에는 야심찬《여러 국가의 관습과 정신에 대한 소론Essai sur les mœurs et l'esprit des nations》(1756)이 있었다.《여러 국가의 관습과 정신에 대한 소론》은 유럽 문명을 정리한 무척 중요한 역사서로 174장으로 구성되며, 샤를마뉴부터 루이 14세 시대까지의 유럽, 프랑스의 식민지 개척사만이 아니라 인도와 중국 및 이슬람 세계까지 언급된다(프랑스어 제목에 쓰인 mœurs는 품행과 도덕만이 아니라 관습과 생각, 신앙과 법까지 뜻한다). 볼테르는 샤를마뉴를 출발점으로 선택한 이유가, 모 교구의 주교이던 자크 베니뉴 보쉬에Jacques-Bénigne Bossuet(1627-1704)를 향한 존경심 때문이라고 설명했다. 구체적으로 말하면, 보쉬에가 1682년에 발표한《보편적 역사에 대한 담론》(보쉬에의 견해에 따르면, 역사적으로 모든 주요 사건은 신의 부분적인 계획이다)이 샤를마뉴에서 끝나고, 당시에도 폭넓게 읽히고 있었기 때문이다(기번도 이 책에서 감화를 받아 가톨릭으로 개종했다고 밝혔다). 그러나 볼테르는 보쉬에의 접근 방식에 별다른 관심을 보이지 않았고, 서기 800년 이전의 사건들에 대해서도 길게 다루었다. 여하튼 그 위대한 설교를 존경한다는 말은 홍보 효과로 그만이었다.

볼테르의 역사서들은 역사의 진화 과정을 쓰는 방법에 엄청난 영향을 미쳤다. 일찍이 1738년, 볼테르는 "역사를 철학자로서 써야 한다"며 역사를 대하는 자신의 생각을 명확히 밝혔다. 15년 뒤에는 드니 디드로Denis Diderot(1713-1784)가 기획한《백과전서》에 제출한 '역사'라는 항목에서 "현대 역사가에게는 더 많은 세부 사항, 더 치밀하게 확인된 사실, 정확한 날짜가 요구되고, 관습과 풍습, 법률과 상업과 금융, 농업과 인구에 대해서도 많은 관심이 요구된다"고 썼다. 여기에서 볼테르는 외교적 사건과 군사적 사건을 나열하는 전통에서 벗어나, 과거를 다룬 책에서는 처음으로 과학기술의 발전을 중요한 연구 영역으로 강조해야 한다는 새로운 원칙을 제시했다.[22] 역사 저술은 "발명에 대한 지식과 예술의 발전 과정을 조직적으로 설명"할 때 가장 효과적이었다. 그가 이 항목을 쓸 때, 뒤 샤틀레 부인이 그의 옆에 서 있었던 것 같았다. 이렇게 볼테르는 구태의연한 전통주의로부터 역사 서술을 해방시키는 데 성공했다. 게다가 유럽을 국가들의 집합체가 아니라 한꺼번에 뭉뚱그려 취급하며 유럽 중심의 서술에서도 벗어났다. 또한 볼테르는 왕과 여왕을 중심으로 역사를 기술하는 걸 마뜩잖게 생각했지만, 그들에 대해 서술할 때는 예리한 통찰력을 발휘해 보였다. 예컨대 잉글랜드의 엘리자베스 1세에 대한 글에서 그는 뛰어난 분석력을 보여주었다.

> 엘리자베스는 감금된 삶을 살며 이복누이 메리에게 박해를 받던 동안, 여러 언어를 학습하고 다양한 분야의 문학을 섭렵하며 그 불행한 시간을 최대한 이용했다. 그러나 엘리자베스가 보여준 발군의 능력들 중에서, 누이와는 물론이고 가톨릭 신자만이 아니라 신교도와도 원만하게 지낸 능력, 특히 진의를 감추고 통치하는 방법을 터득한 능력은 그녀만의 고유한 특징이었다.[23]

물론 볼테르의 접근 방법에도 여러 결함이 있다. 볼테르는 사실 여부에는 무관심했던지 세부 사항을 "위대한 작품을 망치는 해충"이라 폄하했다(한 프랑스 학자는 볼테르의 오류를 찾아 지적한 《볼테르의 오류》를 두 권으로 펴냈다). 또 볼테르는 다른 작가의 글을 마음대로 사용하면서 출처를 전혀 밝히지 않았다. 게다가 역사가의 편견을 조심해야 한다고 거듭 경고하면서도, 정작 그 자신은 모든 책에서 가톨릭교회를 조롱하고 비웃었다. 에밀 뒤 샤틀레는 과거의 역사서들을 따분한 사실의 나열이란 이유로 매몰차게 비판했었다. 볼테르는 그 비판이 자신에게는 적용되지 않는다며, 그녀가 감춘 원고를 되돌려 받으려 했다. 버지니아 울프Virginia Woolf(1882-1941)가 기번에 대해 "그는 서두르거나 힘들이지 않고, 자신이 선택한 곳에 등불을 비춘다"고 쓴 것처럼 말이다.[24]

✷ ✷ ✷

그리고 볼테르의 몸이 다시 화끈 달아오르는 사건이 있었다. 1744년 볼테르가 파리를 방문했을 때였다. 여전히 에밀리와 동거하고 있었지만, 그때 볼테르는 새로운 사랑을 찾아냈다. 이번에는 열여덟 살이나 어린 마리 루이즈 미뇨Marie Louise Mignot(1712-1790)로, 친누나 카트린의 딸이었다. 볼테르는 마리에게 그야말로 첫눈에 홀딱 반했다. 마리가 가까운 친족이었고 여전히 10대였다는 점에서 그런 열병은 좋게 생각하더라도 신중하지 못한 행동이었지만, 그가 질녀에게 보낸 편지들이 1957년에 발견되었다. 1748년 7월 27일에 쓴 편지가 전형적 예이다. "오직 너를 보기 위해서만 파리에 가련다. 내 안타까운 처지가 허락한다면, 네 무릎 앞에 무릎을 꿇고 너의 아름다운 모든 것에 입맞춤하련다. 너의 봉긋한 젖가슴, 너의 황홀한 그곳, 줄곧 나를 발기시켜 환희의 홍수에 깊이 빠뜨렸던 너의 모든 것에 끝없이 입맞춤을 퍼부으련다."[25]

1737년 마리 루이즈의 홀아버지마저 세상을 떠나자, 볼테르는 질녀를 위해 지참금을 마련해주었다. 남편마저 일찍 세상을 떠나자, 마리 루이즈는 삼촌의 가정부이자 안주인이자 동반자가 되었다. 볼테르의 한 여자 친구는 그녀를 "공처럼 동그랗고, 뚱뚱하고 자그마한 여자"로 묘사했고, "지적 능력이 없어… 볼테르는 그녀를 비웃으면서도 맹목적으로 사랑한다"고 덧붙였다.[26] 미뇨는 프리드리히 대왕의 궁전에 볼테르를 따라 들어가지 않았다. 볼테르가 포츠담을 도망치듯 빠져나오고, 또 다시 논란을 불러일으킨 출판물로 프랑스에 안전하게 돌아갈 수 없는 처지가 되자 제네바 호숫가에 '환희Les Delices'라는 시골 저택을 8만 7000프랑에 구입한 뒤에야 미뇨는 볼테르와 다시 함께 살기 시작했다.

볼테르는 새 보금자리를 멋지게 개조했다. 개인 극장(그는 자신의 희곡을 공연하는 걸 좋아했다)을 설치했고, 6마리의 말과 4대의 마차, 마부와 보조 마부 각 1명, 하인 2명과 시종 1명, 프랑스 요리사와 비서를 두었고, 원숭이 1마리도 키웠다. 또 관할 구역은 다르지만 가까운 곳 서너 군데에 땅을 구입해 1-3곳의 도피처를 마련해두었다(제네바는 내부 지향적이고 의심스런 칼뱅주의자들이 지배하는 도시 국가였기 때문에 그런 예방 조치가 필요했다).

1758년이 끝나갈 즈음, 볼테르는 제네바로부터 멀리 떨어지지 않고, 프랑스 영토 내에 있는 페르네에서 훨씬 널찍한 토지를 구입했다. 그곳에서 그는 '유럽의 청지기maître d'hôtel de l'Europe'를 자처하며, 실내복 안에 꽃무늬 가운을 입고, 검은 벨벳이 씌인 커다란 가발, 빨간 반바지에 회색 긴 양말, 흰색 천으로 만든 신발을 신고 나타나서, 끝없이 밀려드는 방문객들을 즐겁게 해주었다. 여기에 화장품과 향수와 머릿기름을 더해 완벽을 기했다. 볼테르는 자신을 '죽지 않아 우스꽝스런' 존재로 묘사하며, 자식이 없는 걸 후회하기 시작했고,

1760년에는 비극 배우의 질녀인 마리 프랑수아즈 코르네유라는 극빈한 어린 소녀를 입양했다. 마리가 결혼할 때 볼테르는 지참금을 내주었고, 미뇨와 자신을 부모라 소개하기도 했다. 볼테르와 미뇨는 결혼하지 않았지만 20년 이상을 함께 살았다.

몇몇 문제에서는 볼테르에게 어떤 면죄부도 용납되지 않는다. 그의 견해에는 혐오스런 것도 적지 않았다. 1740년대와 또 1751년에 볼테르는 (프랑스 동인도 회사를 통해) 노예 무역에 투자하며,《아마베드의 편지》(1769)에서 아프리카인은 "지능이 거의 없거나 전혀 없고, 검은 코가 납작한 짐승"이라고 썼다.[27] 게다가 철두철미한 반反유대주의자로, 1772년에 발표한 한 소론에서는 유대인을 가장 야만적인 종족이라며 "너희는 벌을 받아 마땅하다. 그것이 너희 운명이기 때문이다"라고 선언하기도 했다. 그런데도 볼테르는《관용론》(1763)의 저자로 유명하다.

하지만 그 말년에 볼테르는 인권 운동을 본격적으로 시작했다. 종교와 도덕, 신념과 관련해 생각할 수 있는 모든 가능한 주제에 대해 충격적으로 해설한《철학 사전》(1764)을 비롯해 전통을 뒤집는 글을 연이어 발표했다. 억압 받는 사람들과 부당하게 기소된 사람들을 대변하는 노력으로 그는 "냉소주의자로 가장한 박애주의자"라는 새로운 평판을 얻었다.[28] 한편 톰 홀랜드는 볼테르를 "기독교 윤리에 흠뻑 젖었지만 기독교를 혐오하는 진보주의자의 전형"이라 요약해주었다.

볼테르의 글, 특히 사적인 편지에서는 'l'infâme(비열한 것)'이란 단어와 'écrasez l'infâme(비열하고 혐오스런 것을 박살내다)'라는 표현이 자주 눈에 띈다. 1759년에 처음 만들어진 이 단어는 광적인 신앙과 국가 기구의 연합, 가톨릭교회의 이름으로 저질러지는 잔혹 행위, 성직자가 평범한 사람들에게 심어주는 미신과 불관용을 가리킨다. 마지막 20년 동안, 조직화된 종교를 향한 그의 증오는 강박이라 할 정도로 격화되었다. 그러나 인권을 위한 십자군 운동에만 온 마음을 쏟지는 않았다. 페르네에 사는 동안 볼테르는 두 가지 사업을 시작했다. 하나는 정원의 뽕나무에서 얻은 명주실로 긴 양말을 짜는 사업이었고, 다른 하나는 스위스에서 추방된 시계공들을 받아들여 시작한 시계 제작 사업이었다. 한때 그는 800명까지 고용했고, 생전에 그의 사유지에 조성된 마을은 400명의 소작농이 살던 공간에서, 1200명의 가톨릭교도와 신교도가 행복하게 어울려 살아가는 곳으로 성장했다. 볼테르가 경영과 자금을 책임지고 뛰어난 영업사원으로 활약한 덕분에 벽시계와 회중시계의 제작은 어엿한 기업으로 성장하며, 연간 60만 파운드를 벌어들였다. 볼테르는 직원들을 위해 100채의 주택을 지었고, 페르네 시계는 유럽에서 최고의 자리를 넘보는 수준에 올라섰다. 볼테르의 고객 중에는 러시아의 예카테리나 황제와 프랑스의 루이 15세가 있었다. 특히 예카테리나는 볼테르와 15년 이상 서신을 활발히 주고받은 상대로, 훗날 6814권에 달하던 볼테르의 장서를 구입해 상트페테르부르크의 예르미타시 박물관으로 옮겼다. 그 책들은 지금도 그곳에 보관되어 있다.

볼테르는 자신의 희곡 《이렌》의 제작 과정을 살펴보려고 28년 만에 파리로 돌아왔다. 그리고 수개월 뒤인 1778년 5월 30일에 눈을 감았다. 마지막 며칠 동안, 가톨릭 성직자들은 그에게서 임종 고백을 받으려고 반복해서 방문했지만, 볼테르는 한사코 거절했다. 그것은 볼테르의 장례가 기독교식으로 치러질 수 없다는 뜻이었다. 그러나 그의 조카가 시신을 파리 밖으로 몰래 갖고 나가 비밀리에 매장했다. 1791년 7월 10일, 볼테르의 유해가 파리로 옮겨졌고, 판테온에 안치되었다. 장례식에는 100만 명이 참석한 것으로 전해진다. 그 정도로 성대한 규모였다면 볼테르도 분명히 자랑스러워했을 것이다.

※ ※ ※

수십 년 동안, 처음에는 제네바 호숫가의 '환희'로, 그 뒤에는 페르네로 볼테르의 비위를 맞추려고 사람들이 줄지어 찾아왔다. 그들 중에는 자코모 카사노바Giacomo Casanova(1725-1798), 제임스 보즈웰 James Boswell(1740-1795), 애덤 스미스Adam Smith(1723-1790)도 있었다. 그리고 1757년 볼테르를 방문한 손님은 당시 20세의 에드워드 기번 이었고, 그때가 그의 유일한 방문은 아니었다.

볼테르의 삶(1694-1778)과 기번의 삶(1737-1794)은 40년 이상 중첩된다. 그러나 그들이 처음 만났을 때 볼테르는 기번에게 별다른 관심을 보이지 않았고, 그래서 기번은 수치스럽게 생각했다. 기번의 친할아버지인 에드워드 기번 1세는 한때 번창한 사업가였지만, 남해 회사South Sea Company의 이사로 재직할 때 그 회사가 크게 파산했기 때문에 1만 파운드(감출 수 있었던 그 이상)를 제외하고 모든 재산을 잃었다. 하지만 기번 1세는 신속히 재산을 다시 불렸다. 그러고는 아들 에드워드 기번 2세에게 햄프셔의 커다란 시골 저택만이 아니라 의회의 안정된 지위까지 물려주었다. 기번 2세, 즉 우리가 다루려는 역사학자의 아버지는 사업 머리가 없는 "멍청하고 충동적인 사람"이었다. 그의 부인 주디스는 일곱 자녀를 낳았지만, 에드워드를 제외하고는 모두 유아기를 넘기지 못하고 죽었다. 에드워드가 열 살이던 1747년, 주디스도 일찍 세상을 떠나며, 혼자 살던 독신 누이를 어머니의 대리로 남겼다. 에드워드가 편지에서 '사랑하는 키티'라 칭했던 이모 캐서린 포튼은 친모가 주지 못했던 사랑과 관심을 에드워드에게 아낌없이 베풀었다. 키티는 그를 책의 세계로 이끌었고, 그들은 마주 보고 앉아 알렉산더 포프, 이솝 우화, 호메로스의 등장인물들에 대해 토론을 벌였다. 고모를 통해 그는 '독서를 향한 변함없는 사랑'을 일찍이 몸에 익혔다. 어느 날, 기번은 이모를 죽이겠다고 말하며, 그 이유를 "이모는 지금 완벽하게 착하잖아요. 그래서 지금 죽으면 당연히 천당에 갈 거예요. 하지만 이모가 더 살아서 고약해지면 지옥에게 가게 되잖아요"라고 설명했다. 캐서린이 "네가 나를 죽이면 너는 어디로 가겠느냐?"고 묻자, 기번은 "내 대부가 벌을 받겠지요. 나는 아직 견진성사도 받지 않았으니까요"라고 대답했다. 어른이 된 기번에게 그런 일화의 진위를 묻자, 기번은 부인하지 않았다.

기번은 14세 때 처음 역사의 부름을 받았다. 윌트셔의 한 도서관에서 그는 로런스 에처드Laurence Echard(1670-1730)가 쓴 로마사를 발견하고는 "고트족이 다뉴브 강을 건너는 장면을 묘사한 구절에 푹 빠졌다. 저녁 식사를 알리는 종소리에 나는 마지못해 지적인 향연을 멀리하고 일어섰다." 기번은 낙천적인 기질을 타고난 덕분에 웨스트민스터 학교에서 참담했던 시간을 견뎌낼 수 있었고, 15세 생일을 한 달 앞두고 옥스퍼드의 모들린 칼리지로 옮겼다. 그때 그는 "박사조차 당혹감에 빠뜨릴 만한 박식함과, 남학생이면 누구나 부끄러워할 만한 무지함"을 겸비한 학생이었다.

기번의 생각에 옥스퍼드의 교육은 웨스트민스터보다 더 엉망이었다. 따라서 대부분의 경우, 그는 제대로 지도를 받지 못했다. 그는 습관적으로 검은 옷을 입기 시작했고, 공동 저녁 식사에 늦는 경우가 많았지만 당시에도 그랬고 평생 동안 항상 아침 일찍 일어났다. 당시에도 기번은 종교적 논쟁에 관심이 많아, 보쉬에 주교와 엘리자베스 시대의 예수회 신부 로버트 파슨스Robert Parsons(1546-1610)의 저작을 탐독한 뒤에 한 친구에게 "순교자의 장려함과 위엄과 자기 만족으로", 당장 로마 가톨릭으로 개종하겠다고 알렸다.[29] 지역 서적상이 기번에게 신부를 소개해주었고, 1753년 6월 8일 그 신부는 기번에게 고해성사를 들었다. 그때 기번은 겨우 16세였다.

옥스퍼드 모들린 칼리지의 특별 자비생—자비로 입학해 대학생이란 특권을 특별히 누리던 학부생—이 로마로 옮겨 가는 것은 엄밀히 따지면 대반역죄에 해당했다. 그 법까지 언급되지 않았겠지만, 그래도 사람들의 입방아에 올랐고, 런던에서는 좋은 이야깃거리가 되었다.[30] 아버지는 격분해서 아들에게서 상속권을 박탈하겠다고 위협했고, 한 사촌은 그 젊은 배교자를 로잔에 보내는 게 좋겠다고 조언했다. 그리하여 1753년, 고집쟁이 청년 기번은 제네바 호수의 남쪽 기슭에 위치한 스위스 도시 로잔과 오랜 인연을 맺기 시작했다.

❉ ❉ ❉

기번의 아버지는 재산 관리에는 태만했을지 모르지만 아들은 주도면밀하게 관찰하려고 애썼다. 그는 파빌리아르라는 칼뱅파 목사에게 아들을 엄하게 다루어 달라고 부탁했다. 그 때문이었던지 18개월이 지난 뒤에 기번은 마침내 "로마 가톨릭은 이성과 배치된다"고 약간의 반감이 섞인 결론을 내리며, 새 신앙을 버리고 가족의 종교로 돌아왔다. 그러고는 키티 이모에게 "이제 좋은 개신교인으로 돌아왔어요. 정말 기뻐요!"라는 편지를 보냈다. 다른 분야들에 대한 열정도 있었다. 그는 그리스어를 깊이 배운 적이 없어, 거의 언제나 라틴어와 프랑스어로 글을 썼다. 그 때문에 영어의 고유한 표현 방식을 점차 잃어버렸고, 18세가 되었을 즈음에는 모국어로 글을 쓸 수 없는 지경에 이르렀다.

파빌리아르 목사의 감시가 항상 효과 있던 것은 아니었다. 언젠가 기번은 파빌리아르의 감시를 벗어나, 친구들과 어울려 도박을 하다가 40기니(영국의 옛 금화, 현재의 1.05파운드에 해당/옮긴이)를 잃었고, 그 손해를 만회하려다가 70기니를 더 잃었다. 겁에 질린 기번은 어떻게든 돈을 구해보려고 말을 빌려 런던으로 향했다. 하지만 제네바까지 갔을 즈음, 파빌리아르에게 붙잡혔다. 결국 기번의 아버지가 파빌리아르의 설득을 받아들여, 그 빚을 대신 갚아주었다.

이 사건에도 불구하고, 로잔은 목가적인 곳이었다. 1757년 여름, 기번은 스물한 살이 되었고 사랑에 빠졌다. 사랑의 대상은 18세의 스위스 아가씨 수잔 퀴르쇼Suzanne Curchod였다. 퀴르쇼는 로잔에서 6킬로미터쯤 떨어진 크레스 출신의 목사 딸이었다. 수잔은 예쁘고 영리한 데다 활달했다. 집안이 부유하지 않았기 때문인지, 부유하고 안목이 높은 영국인 기번의 관심을 순순히 받아들였다. 기번은 그녀에게 보낸 편지에서 "사랑에 넋을 잃어, 시간의 공격을 초월하는 사랑의 마음을 맹세했습니다. 그대는 눈을 거두지 않았고, 그대의 두 눈에서 나는 그대의 온유함과 내 행복을 읽을 수 있었습니다"라고 썼다. 기번은 그녀를 천사에 빗댔지만, 그녀는 자신이 천사와는 거리가 멀다는 걸 지체 없이 지적했다. 게다가 수잔은 기번에게 사랑은 말이 아니라 행동이란 것도 알려주었다. 그러나 기번이 '사랑에 빠졌다'는 개념과 사랑에 빠졌더라도 "지금 당장이라도 내가 그대의 노예로 죽을 수 있다는 확신을 그대에게 심어주기 전에는 죽고 싶지 않습니다"라고 말한 것으로 보아, 수잔에게 진정으로 반한 것은 분명했다.[31] 기번은 둘이 떨어져 지낸 시간(21시간 18분 33초)을 강박적으로 기록하고, 그녀의 편지를 몇 번이나 읽었는지 헤아리기도 했다. "내가 사랑하는 사람이 보낸 편지인 까닭에 15번, 글씨체가 아름다워서 9번, 내가 그대의 종이기에 10번을 읽었습니다."³² 심지어 로잔 주변의 길에서 낯선 사람을 멈춰 세우고, 단검으로 위협하며 수잔의 아름다움을 인정하도록 강요했다고도 전해진다. 그해 11월, 기번은 수잔에게 청혼했고, 수잔은 받아들였다. 그러나 고향 잉글랜드로부터 부름을 받아, 1758년 봄 기번은 햄프셔에 있던 가족 저택으로 돌아갔고, 그제야 아버지가 재혼했고(1755년 5월 8일, 상대는 도러시아 페이튼), 할아버지도 세상을 떠나며 대부분의 재산을 딸들에게 상속했다는 걸 알았다.

기번의 아버지는 아들이 가난한 성직자의 딸과 결혼하려는 걸 알고 불같이 화를 냈다. 2시간 동안 아버지와 격렬한 말다툼을 벌인 끝에 아들이 굴복했고, 훗날 "아버지의 허락이 없이는 나는 가난하고 무력한 존재였다. …연인으로서는 한숨을 내쉬었고, 아들로서는 순종했다"고 썼다. 기번이 수잔에게 아버지를 만난 결과를 편지로 알리자, 수잔은 기번에게 아버지가 세상을 떠나기 전까지 매년 3개월을 스위스에서 보내라는 타협안을 제시했다. 그러나 기번의 새어머니가 수잔의 편지를 가로챘고, 상황이 절망적이라고 수잔에게 정중히 알렸다. 전기 작가들은 그 이후로 기번이 그렇게 결혼했더라면 큰 실수가 되었을 거라는 걸 깨닫고 안도했다는 결론을 내렸다. 그러나 아버지와 말다툼을 벌이고 수개월이 지난 뒤, 기번은 그들의 사랑이 단순한 불장난이 아니라고 하소연하며 다시 아버지의 허락을 받아보려고 시도했다. 아버지는 여전히 단호했다. "네가 경제적으로 결혼할 여유가 생기더라도 안 된다. 수잔은 외국인이잖니. 너는 이미 외국의 풍습에 물들어서 외국에 살더라도 문제가 되지 않겠지. 영어를 제대로 구사하지 못할 정도니까. 하지만 수잔이 잉글랜드에서 지내려면 무척 불편할 거다. 그래서 너를 스위스로 데려가려고 항상 꿍꿍이짓을 할 거다.

그 때문에 수잔을 탓할 수는 없겠지만, 그런 상황이 나에게는 힘들고, 너에게는 죄를 짓는 게 될 거다."

결국 기번은 수잔을 아내로 맞아들이는 걸 포기했지만 친구 관계까지 포기하지는 않았다. 수잔이 스위스 은행가로 훗날 루이 16세의 재무 장관이 된 자크 네케르Jacques Necker(1732-1804)와 결혼한 후에도 기번은 그녀를 평생 동안 계속 친구로서 방문하고 만났다. 네케르와 수잔은 자식 하나, 안 루이즈 제르맨Anne-Louise Germaine(1766-1817)만을 두었다. 언젠가 기번이 그들의 집을 방문했을 때 안 루이즈가 기번에게 결혼하자고 말했다. 그때 안 루이즈는 열한 살에 불과했다. 그 여자 아이가 바로 훗날 나폴레옹의 대적大敵으로 19세기 초의 프랑스를 대표하는 인물 중 하나가 되는 드 스탈 부인Madame de Staël(1766-1817)이다. 기번이 오랜 시간을 기다렸다가 그녀의 제안을 받아들였다면 어떻게 되었을까?

어쨌거나 기번이 여자 동반자를 찾았어야 했다는 게 놀랍게 여겨질 수 있다. 기번이 지독히 못생겼기 때문이다. 어느 날 저녁 파리에서 벌어진 성대한 사교 모임에서 기번의 못생긴 외모가 구체적으로 증명된다. 사교계의 유명한 안주인이던 뒤 데팡 부인Madame du Deffand(1697-1780)의 살롱은 유럽에서 무척 유명했다. 그런데 뒤 데팡 부인은 57세에 시력을 잃어, 그 후에는 손님의 얼굴을 두 손으로 만지는 게 당연지사가 되었다. 그녀는 볼테르의 얼굴을 만지고는 "살과 뼈가 쭉쭉 늘어난다"고 말했다. 어느 날 저녁, 그녀는 기번의 뺨을 만지작거렸지만 그의 작고 둥근 코를 찾지 못하자 뺨을 계속 만지작거렸다. 그 때문에 소문자 o만큼 작은 입과 불룩한 뺨—잉글랜드 여류 소설가 패니 버니Fanny Burney(1752-1840)의 표현을 빌리면 '브로브딩내그의 뺨'—을 지닌 기번은 얼굴이 아니라 바지를 벗고 엉덩이를

풍자 만화가 데이비드 러바인이 그린 기번, 1973년.

내밀고 있는 기분이었다.[33]

그의 얼굴이 끝이 아니었다. 키는 142센티미터에 불과했고, 밝은 적갈색 머리칼을 옆으로 말아 뒤에서 묶었다. 버지니아 울프의 묘사는 무자비할 정도이다. "기번의 몸뚱이는 기상천외했다. 지독히 뚱뚱한 데다 상체가 엄청나게 무거워서 작은 발로 버티는 게 위태로워 보였고, 때로는 무서운 속도로 빙글빙글 맴돌았다."[34] 건강이 좋지 않아 학교를 그만둘 수밖에 없었던 기번은 열병과 무력증, 한쪽 눈에 생긴 비정상적인 샛길, 폐결핵과 신경 수축 및 이름조차 알 수 없는 여러 장애를 견뎌야 했고, 심지어 미친개에게 물리기도 했다. 성인 초기에는 히포크라테스가 '걸을 수 없는 질병'이라 칭했던 통풍에 걸렸다. 몸에 꼭 맞는 옷이 남성에게 유행이던 시대에, 기번은 민병대원으로 복무하던 동안에 음낭수종으로, 특히 왼쪽 고환이 퉁퉁 부어 고생했고, 그 이후로도 음낭이 팽창해 붓는 증상으로 평생 동안 시달렸다. 그 때문에 곤란한 상황에 처하기 일쑤였고, 한번은 패혈증으로 발달해 지독한 통증과 싸워야 했다. 게다가 시시때때로 음낭을 절개해 체액을 뽑아내야 했고, 때로는 4쿼트(약 1리터/옮긴이)까지 뽑아내기도 했다. 말년에 기번은 엘리자베스 포스터라는 여인에게 청혼하지만, 그녀의 비웃음을 살 뿐이었다. 더구나 그녀가 그에게 일어나라고 부탁했을 때도 그는 혼자 일어서지 못했다. 2명의 건장한 스위스 남자가 그를 일으켜 세워야 했다. 그 후에 수잔 퀴르쇼는 기번을 질책하며, 뒤늦은 결혼은 위험하다고 경고했다. "불완전한 결합은 어리석은 물고기의 몸뚱이에 아름다운 얼굴을 갖다붙인 호루스의 석상과 비슷한 거예요." 기번의 신체적 결함이 세상을 고찰하는 방법과 글을 쓰는 방법에 영향을 미친 것은 아닐까? 기번은 자신의 외모를 깊이 의식했고, 따라서 "냉소적으로 피땀을 쥐어짬으로써 자의식을 채웠다." 하지만 기번은 "아름다움은 적당한 외모조차 지니지 못한 사람을 제외하면 누구에게도 경멸을 받지 않는 외적인 선물이다"라고 말하기도 했다.

✕ ✕ ✕

수잔을 포기한 후, 기번은 어떤 직업을 택할 것인지 결정해야 했다. 기번은 아버지와 (한때 그에게 토끼를 쫓아 7-8킬로미터를 걷게 하며 억지로 운동을 시켰던) 의붓어머니처럼 시골의 삶에 흠뻑 빠졌지만, 마침내 역사학자가 되기로 결심했다. 로잔에서 지낼 때 볼테르의《루이 14세 시대》에 영감을 받아 첫 책《문학 연구에 대한 소론Essai sur l'Étude de la Littérature》을 프랑스어로 쓰기 시작해서, 1761년에 출간하며 '내 문학적 처녀성의 상실'이란 소감을 남겼다. 기번의 생각에, 철학은 기본 원칙들을 탐구하는 학문인 반면에 역사는 '움직임의 원리principle of movement'를 탐구하는 학문이었다. 따라서 자연주의자가 그렇듯이, 역사가도 모든 자료를 수집해 체계화함으로써 증거의 의미를 명확히 드러내야 했다. 기번은 이 책을 수잔에게 헌정했고, 그들의 약혼 관계는 1762년 8월에야 공식적으로 깨졌다.

기번은 로잔에 돌아갈 수도 있었다. 그러나 7년 전쟁이 격화되자, 아버지는 아들과 함께 지역 민병대에 지원하는 서류에 서명하면서도 장교로 임관될 거라고는 기대조차 하지 않았다. 하지만 1760년 6월, 아들은 대위, 아버지는 소령으로 외국의 침략을 막는 국가 방위대의 일원이 되었다. 2년 동안, 그 풋내기 역사가는 사우스햄프셔의 나지막한 구릉 지대를 헤집고 다녔다(기동 훈련 중에도 이동식 서고를 갖고 다녔다). 이때 기번은 아버지와 한층 가까워지며 아버지를 점점 좋아하게 되었고, 아버지의 그늘 아래에 있던 농민들과도 더 가까워졌다. 민병대에 복무하며 "나는 진짜 잉글랜드인이자 군인이 되었다"고 말했듯이, 기번은 군 생활을 능숙하게 해내는 자신에게 스스로 놀랐을 정도였다. 프랑스와의 전쟁이 끝나갈 무렵, 기번은 이스트햄프셔에서 안전한 피터스필드 선거구에 출마하라는 제안을 받았지만, 하원 의원이 될 기회를 완곡히 거절했다. BBC의 사극 〈블랙애더〉의 기막힌 표현을 빌리면, 당시 그곳은 "뚱뚱한 토리당 지주들이 일정한 체중에 이르면 하원 의원이 되는 곳"이었다.[35]

대신 기번은 유럽을 다시 여행할 기회를 얻었다. 그가 의회에 입성할 때 사용할 예정이던 돈을 여행 비용으로 써도 좋다는 아버지의 허락을 얻어낸 뒤에 본격적인 유럽 일주에 나섰다. 파리에서 시작했고, 당연한 말이겠지만 로잔에도 들렀다. 조지 맬컴 영George Malcolm Young(1882-1959)이 쓴 기번의 전기에 따르면, 수잔 퀴르쇼는 그 무렵 제네바 근처에서 가정교사로 일하고 있었다. "반짝이는 푸른 눈동자와 황금빛 머리칼, 짧았지만 눈부시게 아름다운 전성기를 맞아, 모든 남자에게는 흠모의 대상이었고 모든 여자에게는 시기의 대상이었다."[36] 1763년 9월, 한때 폭풍처럼 사랑했던 두 연인이 볼테르의 극장에서 우연히 마주쳤고, 그 이후로 6개월 동안 정기적으로 만났으며, 볼테르의 〈자이르〉를 함께 관람하기도 했다. 그러나 기번은 단호했다. 그들은 친구가 될 수 있었지만 그 이상은 아니었다. 네케르는 질투하기는커녕 그 둘만을 남겨두고 잠자리에 들거나 일하러 갔다. 이런 이야기는 잉글랜드 소설가 헨리 필딩Henry Fielding(1707-1754)이 《업둥이 톰 존스 이야기》에서 했던 "남녀를 불문하고 현명한 사람은 누구나 평생에 한 번은 운명적으로 사랑에 빠진다고 말하겠지만 나는 기억나지 않는다"는 말을 떠올려준다.[37]

기번은 집에도 자주 편지를 썼고, "아버지, 가장 순종적이고 가장 충직한 아들이 존경과 진심을 담아 편지를 드립니다"라며 편지를 끝맺었다. 그사이에도 그의 여행은 계속되었다. 알프스를 넘어 밀라노로 향했고, 다시 제노바와 피렌체를 지나 영원의 도시 로마에 도착했다.

1764년 10월 15일, 나는 캄피돌리오 언덕의 유적지에 앉아 사색에 빠졌고, 맨발의 수사들은 유피테르 신전에서 저녁 기도를 암송했다. 그때, 그곳 로마에서 나는 그 도시의 쇠망 과정을 써야겠다는 생각을 처음으로 떠올렸다.*

＊ 맨발의 수사들이 저녁 기도를 암송했던 곳, '하늘의 제단Ara Celi'이 유피테르 신전이 아니라 유노 신전의 터에 있다는 걸 제외하면, 기번이 자서전 제3판에서 잘못된 부분을 수정한 것은 조금도 놀랍지 않다. 게다가 틀린 기억을 바로잡는 게 잘

여행을 끝내고 잉글랜드에 돌아왔을 때 그는 28세였다. 시간은 속절없이 흘렀지만 그는 여전히 장래의 직업, 적어도 다음에 어떤 주제로 글을 쓸 것인지에 대해 결정하지 못했다. 여전히 민병대 장교, 정확히 말하면 중령이었지만, 그 역할이 점차 지루해졌고 결국 사임했다. 그는 대여섯 가지 주제를 고려했지만 채택하지 않았다. 그중에 메디치 가문 시대의 피렌체 역사가 있었을까? 잉글랜드 정치인이자 탐험가이던 월터 롤리 경Sir Walter Raleigh(1552-1618)의 삶도 고려했을까? 그 이후로 3년 동안 (지독히 지루한)《스위스 자유사History of the Liberty of the Swiss》의 첫 권과 2권의 서평집을 프랑스어로 마무리했다. 세 책의 총 판매량은 영국에서 12권, 해외에서 25권에 그쳤던 것으로 보인다. 데이비드 흄David Hume(1711-1776)이 기번에게 영어로 글을 쓰라고 조언하는 편지를 보내며 머지않아 사용 지역과 영향력에서 그들의 모국어인 영어가 프랑스어를 능가할 것이라 예측하기도 했다. 기번은 흄의 조언을 따랐지만, 호르헤 루이스 보르헤스는 프랑스어가 여전히 그의 내적 생각을 지배하는 언어로 군림했고, 기번의 문체를 본보기로 삼았던 존 뉴먼John Newman(1801-1890) 추기경은 기번이 여전히 지적으로는 '반쪽 프랑스인'이라 평가했다.[38]

1770년 아버지가 사망하면서 집안의 재무 상황이 혼란에 빠졌다. 기번은 부동산의 절반을 팔아야 했고, 서른다섯 살이 되어서야 금전 문제가 안정되었다. 1772년 기번은 햄프셔를 떠나 런던, 포트먼 광장에서 조금 떨어진 벤팅크가 7번지로 이사했다. 그의 시종 캐플린을 비롯한 6명의 하인, 반려동물로 키우던 앵무새, 배스(또는 머프)라

못된 것도 아니다. 다만 이 사건이 기번의 삶을 바꿔놓은 사건이었다는 점에서 기억이 틀렸다는 게 아쉽다. 또 기번은 그 사건이 일기에서 10월 15일로 기록되었다고 주장했지만, 현존하는 그의 일기에는 해당하는 날짜가 없다.

는 포메라니안 강아지를 데려갔다. 기번은 책을 읽고 또 읽으며, 장래에 치열하게 다룰 정보들로 머릿속을 채웠다. 당시의 두 위대한 역사서, 흄의 영국사(1754-1761년 출간)와 윌리엄 로버트슨William Robertson의 스코틀랜드 역사(1759년)를 열심히 읽었고, 역사가로서 볼테르와 전쟁을 벌이며 그를 '자신의 간교함에 넘어간 얼간이'라 칭했다. 더이상 검은 옷을 입지 않고 유행하는 남성복을 구입해 입었으며, 화려할수록 더 좋아했고, 매일 밤 외식을 즐겼다. 런던 사교계에도 얼굴을 내밀기 시작했고, 극장을 자주 찾았으며, 프리메이슨단 회원이 되었고 엄청난 양의 코담배를 소모했으며 최소한 4곳의 남성 전용 클럽—코코아 트리Cocoa Tree, 화이츠White's, 브룩스Brooks's, 새뮤얼 존슨이 설립하고 흔히 '더 클럽the Club'이라 불렸던 모임—에 가입했다.*

　　1774년 11월, 기번은 과거의 생각을 뒤집고 친척이 관할하던

＊　새뮤얼 존슨과 초상화가 조슈아 레이놀즈Joshua Reynolds(1723-1792)가 '더 클럽'을 1764년에 창립했다. 그들이 사회 생활을 본격적으로 시작한 초기였다. 처음 8년 동안에는 올리버 골드스미스Oliver Goldsmith(1728-1774)와 에드먼드 버크Edmund Burke(1729-1797)를 비롯한 12명의 회원이 일주일에 한 번씩 저녁 7시에 소호 구역의 제라드가에 있던 술집 터크스 헤드Turk's Head에 모여 담배를 피우고 커피와 포트와인을 마시며 저녁 시간을 보냈다. 새로운 회원을 받아들이는 선서는 만장일치여야 했다. 1780년까지 데이비드 개릭David Garrick(1717-1779), 보즈웰, 셰리든, 애덤 스미스가 새로운 회원으로 가입했다. 1784년에는 회원 수가 35명까지 늘어났다. 이 클럽의 주된 목적은 각자 재치를 뽐내는 것이었다. 특히 존슨은 상대를 재치 있게 표현하는 데 거리낌이 없었다. 예컨대 처음에는 누군가의 반대로 회원이 되지 못했지만 1774년 재도전해서 회원이 된 기번에게 '감자 씨'라는 별명을 붙여주었다. 보즈웰은 훨씬 더 신랄해서 "기번은 못생긴 데다 지나치게 꾸며 역겨운 놈이고, 우리 문학 클럽에 나쁜 영향을 준다"고 비판했다. *Letters of James Boswell, Addressed to the Rev. W. J. Temple*, 1857을 참조하기 바란다. 기번은 이런 비판에 대응해서 자신의 자서전에서 보즈웰이란 이름을 지워버렸다. 다른 회원들은 기번의 통통한 뺨에 주목하며 '푸딩 얼굴 기번'이란 별명을 붙여주었고, "암갈색 벨벳 양복과 오렌지색 줄무늬 조끼를 지나치게 좋아하는 성향"을 지적했다.

8장 조조와 불충한 꼭두각시

'포켓 선거구pocket borough(한 가문의 독점 선거구, 1832년 선거법 개정으로 폐지/옮긴이)', 콘월의 리스커드 선거구를 물려받아 그곳의 하원 의원으로 의사당에 입성했지만 뒷좌석을 지키는 전형적인 평의원으로 (그의 말로는 수줍음이 많아) 한 번도 연설하지 않았고, 코담배 상자를 손에서 놓지 않고 항상 토리당을 위해 투표했다. 의회에 입성하기 전에 그는 로마 제국의 역사를 쓰겠다며 중대한 결정을 내렸다. 그 계획을 마무리 짓는 데는 거의 20년이 걸렸고, 율리아누스와 콘스탄티누스 같은 로마 황제들만이 아니라 알라리크와 아틸라, 칭기즈칸과 티무르, 보이티우스와 무함마드(볼테르처럼 기번도 이슬람교의 창시자에게 매혹되었지만 동시에 혐오감을 느끼기도 했다) 같은 인물들을 되살려내며 71개의 장을 채웠다.

　　순수한 역사라는 개념이 존재할 수 있다면, 그의 주된 목표는 순수한 역사를 쓰려는 것이었을까? 그렇지 않았다. 과거에 대한 모든 해석은 현재와 관련이 있다는 걸 기번도 알았다.[39] 기번의 경우에는 로마 제국의 강점과 약점을 분석한 결과에서 얻은 교훈을 가르치고, 로마인들이 범한 실수를 당시 영국 지도자들에게 피하는 방법을 알려주려는 목적에서 글을 쓴 게 분명하다(《로마 제국 쇠망사》의 첫 권이 우연히 미국 독립 전쟁이 시작된 해에 발간되었기 때문에, 그의 글에 영국 제국도 비슷하게 붕괴될 거라는 두려움이 전염병처럼 확산된 것은 사실이다).[40] 기번의 책들은 일반적인 학술 논문과 상당히 달랐다. 그러나 후세가 그의 책들에서 얻은 것은 위압적인 교훈이 아니라, 흥미진진하게 짜 맞추어진 글을 읽는 즐거움, 크고 작은 주제들에 대한 기번의 깊고 넓은 지식, 함축적인 의미가 담긴 격언("인간과 관련된 모든 것은 진보하지 않으면 후퇴하기 마련이다", "모든 의사는 자신이 치료한 질병의 고질적인 속성을 과장하는 경향이 있다", "역사는 인류가 범한 범죄와 어리석은 행동과 불운의 기록에 불과하다"),* 그리고 본문 옆에 더해진 냉소적이고 역설적인 해설이다. 1414년에 열린 대립 교황 요한 23세에 대한 재판에 대해, 기번이 아니면 누가 "가장 추악한 혐의는 유야무야 덮어지고, 그리스도의 대리자, 즉 교황만이 약탈과 살인, 강간과 남색男色과 근친상간으로 피소되었다!"고 쓸 수 있었겠는가?

기번이 하원 의원으로 처음 재직하는 동안 완성된《로마 제국 쇠망사》제1권은 1776년 초에 출간되었다. 따라서 그 책을 쓰는 데 7년이 걸린 셈이었다. 1776년은 애덤 스미스가《국부론》(원제는 '국부의 본질과 원인에 관한 연구')을 출간한 해이기도 하다. 기번은 서기 180년 마르쿠스 아우렐리우스의 죽음에서 시작해서, 1453년 콘스탄티노플의 함락으로 끝맺으며, 로마 제국만이 아니라 이슬람의 설립과 비잔티움까지 다룬다. 제1권은 빠르게 팔리며 3쇄를 찍었다. 첫 판은 1000부를 찍어 1기니(현재 가치로는 대략 75달러)에 판매되었고,

---

* 역사에 대한 기번의 견해는 "역사는 범죄와 불행한 사고를 정리한 표에 불과한 것"(풍자소설《랭제뉘》제10장)이란 볼테르의 견해와 비슷한 듯하다. 게다가《로마 제국 쇠망사》는 "바람과 파도는 항상 가장 유능한 항해사의 편이다"(제1권 68장)라고 말하고, 볼테르는 1770년, 즉 기번보다 8년 전에 르 리슈le Riche에게 보낸 편지에서 "하느님이 항상 가장 힘든 부대의 편에 서 있다는 게 주목된다"고 말했다. 우연의 일치일까, 두 위대한 사상가가 비슷하게 생각한 결과일까, 아니면 지혜를 훔친 것일까? 듀랜트 부부는 볼테르가 기번의 '무의식적인 스승unacknowledged teacher'이라 생각한다. Rousseau and Revolution, 앞의 책, p. 804. 하지만 기번은 한때 정신적 지주이던 볼테르를 "역사의 표면을 예리하고 생생하게 관찰하지만 자신의 입맛에 맞게 편집하고 윤색하며 누구나 쉽게 받아들이는 피상적이고 부정확한 역사를 만들어내는" 껍데기만 역사가라고 깎아내렸다. 그러나 에벌린 위가 정확히 지적했듯이 "볼테르와 기번의 잘못된 판단은 오래전에 정정되었다. … 하지만 날카롭고 세련된 글쓰기와 그런 글을 읽을 때 얻던 즐거움 때문에 그 잘못들은 지금도 우리에게 기억된다." *Waugh Without End: New Trends in Evelyn Waugh Studies,* ed. Carlos Villar and Robert Murray Davis (New York: Peter Lang, 2005), p. 89.

모두 팔리는 데 6주가 걸렸다. 제2판은 1500부가 인쇄되었고 사흘 만에 다 팔렸다.

출판사는 기번의 책이 "시사 문제를 다룬 3페니짜리 소책자처럼 팔려 나갔다"고 자랑했다. 2종의 아일랜드 해적판으로 인한 판매 손실을 계산하지 않더라도 그해 3월까지 3500부가 판매되었다. '문자로 쓰인 글'을 넘어 '작가의 활동'이란 뜻의 '문학literature(새로 만들어진 프랑스어 단어)'이 있는 책이었다. 데이비드 흄은 세상을 떠난 해에 기번에게 극찬의 편지를 보냈고, 기번은 그 편지를 받고 크게 기뻐하며 "10년 동안의 수고에 대한 과분한" 인정이라 말했다.[41] 그때 기번의 나이는 39세였다.

후세에도 찬사는 계속되었다. 윌리엄 글래드스턴William Gladstone (1809-1898)은 기번을 희곡의 셰익스피어, 시의 밀턴에 비견되는 역사상 가장 위대한 세 명의 역사가 중 한 명으로 꼽았다. 1786년 6월 볼테르의 후원자이던 프리드리히 대왕이 중병에 걸리자 의사가 증상을 완화하려고 기번의 책을 처방했을 정도였다. 1830년대 초에는 암살된 영국 총리 스펜서 퍼시벌Spencer Perceval(1762-1812)의 아들, 존 퍼시벌이 정신병원에 감금되었을 때 유일하게 요청한 책이《로마 제국 쇠망사》였다. 잉글랜드의 위대한 소설가들도 이 책에 주목했다. 조지 엘리엇George Eliot(1819-1880)은 1860년 첫 출간된《플로스 강의 물방앗간》에서 어린 매기 털리버가 어른들이 무척 소중하게 생각하는 게 분명한 어떤 책의 뒷면을 읽는다고 썼는데, 그 책이 기번의 걸작이다.[42] 찰스 디킨스가 1864-1865년에 쓴《우리 서로의 친구Our Mutual Friend》에서는, '황금을 뒤집어쓴 청소부golden dustman'인 노디 보핀이 우연히 막대한 재산을 물려받아 배운 사람으로 남들에게 보여지기를 바라며, 사랑의 시를 낭송하는 사일러스 웨그를 고용해 대표적인 위대한 저작을 자신에게 읽어주게 했는데, 이번에도 그 위대한 저작은 기번의 역사서였다.

수십 년이 지난 뒤에도 마찬가지였다. 1896년, 젊은 윈스턴 처칠은 해발 900미터 높이에 위치한 인도 벵갈루에서 복무할 때 일련의 독학을 시작했다. "역사는 기번부터 시작하기로 마음먹었다. 누군가에게 내 아버지[잠깐 동안 재무 장관을 지낸 랜돌프 처칠 경]도 기번을 탐독했고, 그 책 전체를 외웠을 뿐만 아니라 연설과 글쓰기 방식에서도 크게 영향을 받았다는 말을 들었기 때문이다."[43] 그 풋내기 육군 중위는 어머니가 우편으로 보내준 8권의 역사서를 지체 없이 읽기 시작했다.* "책을 읽기 시작한 순간, 나는 이야기와 문체에 완전히 매료되었다. 마구간을 떠난 때부터, 저녁 그림자 아래에서 폴로를 시작할 때까지 따가운 햇살이 내리쬐는 인도의 긴 낮 시간 내내 나는 기번에 빠져들었다. 그 책을 처음부터 끝까지 거침없이 읽어가며 책 읽는 즐거움을 만끽했다."

기번의 글쓰기 방식!《로마 제국 쇠망사》에서 그려지는 무대는

* 옥스퍼드판은 8권으로 이루어지고, 각 권이 4-500쪽 남짓이며, 전체는 3860쪽이다. 19세기의 한 독자가 지친 말투로 인정하듯이, "기번을 좋아하고 존경하더라도 가볍게 읽을 책이라고 말할 수는 없다. 저녁 시간이 하루하루 지나고, 독자가 성실해서 건너뛰지 않으면 완독하는 데도 오랜 시간이 걸린다. 요즘처럼 퇴화한 시대에 기번을 끝까지 읽어냈다고 말할 수 있는지 정말 많이 의심스럽다." Sir Arthur Phelps, *Brevia: Short Essays and Aphorisms* (Boston: Roberts Brothers, 1871), pp. 116–117을 참조하기 바란다. 어느 날 의회에서, 휘그당 하원 의원으로 극작가이자 시인이던 리처드 셰리든Richard Sheridan이 '어둠에서 빛나는 글luminous pages'이라며 기번의 책을 칭찬했다. 기번은 그 칭찬에 활짝 웃어 보였지만, 셰리든이 '방대한 글voluminous'이라 말했을 가능성도 있다. 주인공이 조지 3세인지, 동생 윌리엄 헨리 왕자인지 분명하지 않은 유명한 일화도 있다. 기번 본인으로부터 제2권(혹은 제3권, 아니면 둘 모두)을 받은 그 왕족은 통명스레 "또 지독히 두꺼운 네모난 책이군! 주절, 주절, 주절, 어, 기번 씨라고?" Sir Leslie Stephen, *Dictionary*

명확한 서술의 경이로운 결과물이다. 기번은 선택한 시기의 모든 것, 예컨대 도로와 (그가 화석에 비유한) 동전, 도량형과 거리, 비문과 건축물, 세세한 것까지 놓치지 않은 고대 지리적 상황, '시간과 공간의 순서'까지 모든 것을 면밀히 연구한 듯했다. 특히 기번은 '미스터 시계장치Mr. Clockwork'라는 새로운 별명을 얻었을 정도로 시간에 집착한 것으로 보인다.

제2권과 제3권은 1781년 3월 1일 한꺼번에 출간되었고, "전반적인 평가에서 제1권의 수준"에 올라서는 데는 오랜 시간이 걸리지 않았다. 제4권은 1784년 6월에 마무리되었고, 기번은 마지막 두 권을 1787년 완성하며 6월 27일에 펜을 내려놓았다. 독자들은 그의 어투, 그가 좋아하는 형용사, 그가 선택한 일화 및 짤막한 경구("대중의 호평은 결코 오래가지 않는다", 제1권)에 호응했고, 이탤릭체가 점차 많아지는 글쓰기도 참고 견뎌냈다.[44] (이야기를 끌어가는 그의 글솜씨와 신랄한 각주는 별개의 것이었다.) 기번은 1780년 하원 의원 선거에서 패했지만, 이듬해 수상이던 프레더릭 노스 경Lord Frederick North(1732-1792)의 지원을 받아, 햄프셔의 뉴포리스트 구역에 위치한 항구 도시 리밍턴의 보궐 선거에 출마해 다시 하원에 복귀했다. 호사가들은 조지 3세가 그렇게 기번을 매수한 까닭에 기번이 영국 제국의 쇠망사를 쓸 수 없었을 것이라고 떠벌리고 다녔다.

of National Biography, 1921, vol. 21, p. 1133을 참조하기 바란다. 클라이브 제임스Clive James(1939-2019)는 기번의 책을 '해변에 밀려온 고래', "거대한 규모로 지어진 세인트판크라스역… 약 10미터 간격으로 울타리가 세워지고, 그 울타리를 앞쪽으로나 뒤쪽으로 뛰어넘어야 해서 말을 끌고 다녀야 하는 대장애물 경마"에 비유했고, 나도 이 비유가 썩 마음에 든다. Clive James, *Cultural Amnesia: Necessary Memories from History and the Arts* (New York: Norton, 2007), pp. 263, 267을 참조하기 바란다.

기번은 무척 오래전부터 로마 제국의 쇠망사를 저술할 계획이었던 게 분명하다. 예컨대 제1권이 완성되기 전에 제3권의 결론이 대략적으로 결정된 상태였고, 그가 다루려고 계획한 시대의 연표가 최근에 발견되기도 했다. 14세와 16세 사이에 손으로 작성한 연보였다. 원래는 476년 서로마 제국의 멸망으로 끝낼 계획이었지만, 제3권을 출간한 뒤에 욕심이 커져 '로마 제국'을 서로마만이 아니라 동로마까지 포함하는 방향으로 해석해서, 1453년 튀르크족이 콘스탄티노플을 점령하며 비잔틴 제국이 멸망할 때까지로 범위를 넓히기로 결정했다. 달리 말하면, 1000년의 시간을 더 연구하고 기록해야 한다는 뜻이었다. 그렇게 그는 약간 당혹스럽지만 '내 다른 형태의 아내'라 칭했던 것에 충실한 삶을 살았다.

기번의 절친한 친구인 셰필드 경은 기번의 유고遺稿 관리자로서 기번이 죽기 전에 남긴 6종의 부분적으로 겹치는 원고를 짜깁기해서 1796년 기번의 자서전을 한 권으로 엮어냈다.* 이때 셰필드는 "편지이든 글이든 기번이 쓰려는 내용을 머릿속으로 완전히 정리한 뒤에야 책상에 앉아 쓰기 시작했다는 것이 분명한 사실이다"라고 말했다.[45] 기번 자신도 "긴 단락을 한 틀에 넣고 귀로 들어본 뒤에 기억에

---

* 더 현명한 편집자가 기번의 유고를 짜깁기했으면 어땠을까 싶다. 셰필드 경이 편집한 결과물은 "자기 의심, 변덕과 저급한 취미, 모순이 제거되고… 기번이 꾸역꾸역 이루어낸 수준보다 더 단호하고 자신만만한 기번이 되었던" 삶의 이야기를 만들어냈다. Charlotte Roberts, *Edward Gibbon and the Shape of History* (London: Oxford University Press, 2014), p. 4를 참조하기 바란다. 따라서 셰필드가 편집한 책에서 "나는 어린 데다 수줍음이 많아 남성적인 옥스퍼드 대학생답게 코번트 가든에 늘어선 술집들과 매음굴을 즐기지 못했다"는 기번의 고백은 "…런던의 재밌거리들"로 바뀌었다. J. B. Bury, *introduction to Autobiography of Edward Gibbon* (Oxford: Oxford University Press, World's Classics edition, undated), p. v를 참조하기 바란다.

저장했고, 펜은 마지막으로 글을 쓸 때에야 손에 쥐는 게 내 오랜 습관이었다"고 자랑했다. 기번은 책을 읽을 때 카드에 내용을 간략히 정리했고, 방을 서성대며 한 번에 한 단락을 머릿속에 그린 뒤에 종이에 옮겼고, 참고 문헌을 덧붙였다.

특히 기번은 대조적인 어구를 좋아했다. "복수를 하면 이득이 남지만, 감사하는 데는 많은 돈이 든다." 독재 정권에서의 삶에 대해서는 "저항은 죽음을 초래했고, 달아나는 건 불가능했다." 또 "잘못을 되돌릴 수 없는 곳에서 회개는 무의미한 짓이다"라는 말도 남겼다. 버지니아 울프가 신랄하게 빈정대듯이, 신뢰가 무너지면 적의가 뒤따르는 건 시간 문제일 뿐이다.[46] 많은 사람이 헤밍웨이 문체를 모방해 글을 썼다. 헤밍웨이가 형편없이 글을 쓰는 경우에는 쉽게 놀림감이 되고 풍자된다. 그러나 헤밍웨이만이 좋은 헤밍웨이식 문장을 써낼 수 있었다.[47] 기번의 경우도 다를 바가 없었다.

하지만 기번이 능수능란하고 쉽게 글을 썼다는 속설은 부분적으로만 사실이다. 첫 권은 힘든 노동이었다. "많은 시도가 있은 뒤에야, 따분한 연대기와 미사여구로 가득한 열변의 중간 정도로 문체를 결정할 수 있었다. 첫 장은 3번이나 썼고, 2장과 3장은 각각 2번을 쓰고 나서야 그 결과물에 그럭저럭 만족할 수 있었다."[48] 기번은 그 밖에도 많은 구절을 다시 쓰고 고쳐 썼다. 특히 골칫거리이던 15장과 16장은 대폭 수정했다. 책 전체에 대한 많은 찬사가 뒤따르더라도 두 장이 큰 논란을 불러일으킬 거라는 걸 예측했기 때문이다.

❊ ❊ ❊

일찍이 기번이 주장했듯이, 카이사르 아우구스투스가 사망했을 때부터 안토니누스 왕조(마키아벨리가 '5명의 현명한 황제'라 칭한 네르바, 트라야누스, 하드리아누스, 안토니누스 피우스, 마르쿠스 아우렐리우스)까지, 즉 서기 96년부터 180년까지 로마는 안정되고 적절히 통치되어, 당시 알려진 서구 세계에 유익한 영향을 미쳤다. 또한 기번은 이 시기에는 노예 제도까지 개선됨으로써 노예가 자유인이 되고, 노예 소유주가 아니라 법정이 노예의 잘못에 대한 처벌을 결정했다. 그리고 새로운 종교가 등장했다.

정통적 견해에 따르면, 제국들이 붕괴되는 이유는 '묵시록의 다섯 기수', 즉 기후 변화, 이주와 기근, 전염병과 국가 실패이다.[49] 하지만 기번은 기독교의 도래가 로마 제국의 붕괴를 앞당겼다고 생각하며, 15장과 16장에서 자신의 견해를 펼친다. 그의 표현을 빌리면, 첫째로 우리가 미신에 젖으면 폭압과 독재를 인정하고 광신에 빠질 여지가 있다. 더 폭넓게 보면, 다양한 문화와 신을 허용하던 로마 제국의 여유가 "융통성 없는 사람들, 이런 표현을 사용할 수 있다면 기독교인들의 편협한 광신"에 의해 사라졌다. 기독교를 믿는 사람들이 "나머지 모든 인류를 대담하게도 파문했다." 기독교인들이 로마의 권위에 의문을 제기하고, 복음의 전파를 명목으로 그들이 완전히 혁명적 세력으로 변해감으로써 로마는 더욱더 약화되었다. 기독교인들은 "로마 제국의 심장부에서 커져가는 독립 국가"를 염원하며, '바빌론', 즉 로마의 몰락을 공공연히 예언했다. 기번은 가톨릭 정통 기독교가 로마를 지배하자 편협함이 뒤따랐고, 로마의 군사 문화가 약화되었다는 부인할 수 없는 진실을 제기했다. 그 결과는 재앙과 다를 바가 없었다. 로마의 몰락으로 암흑시대가 거의 1000년 동안 지속되었고, 지중해 지역의 인구가 4700만에서 2900만, 즉 약 40퍼센트가 줄어든 뒤에야 암흑시대는 끝났다.[50] 《로마 제국 쇠망사》는 "나는 지금까지 야만과 종교의 승리를 서술했다"는 말로 끝맺는다.

기번은 개신교로 다시 돌아온 이후로 줄곧 주기적으로 교회에 출석했고, 영어 성경이 항상 머리맡에 있었다(당시는 잉글랜드에서 종교가 쇠퇴하던 때였다. 예컨대 1800년 부활절에는 세인트폴 대성당에서도 6명만이 성찬식에 참석했다). 기번은 캔터베리 대주교 부인의 짝이 되어 카드놀이를 하기도 했다. 전능한 신에 대한 믿음은 그에게 전혀 문제시되지 않았다. 따라서 일반적으로 그는 기독교에 대한 적대감을 직접적으로 표현하지 않았지만, 개인적인 경험과 역사가로서 짊어져야 할 의무감에서 종교, 특히 종교적 광신의 파괴적인 해악에 대한 반감까지 감추지는 않았다. 그렇다고 기번이 개신교가 가톨릭보다 본질적으로 더 자유롭거나 관용적이라고 생각하지는 않았다. 오히려 둘 모두 똑같이 해악적이라 생각했다. (마녀들이 그의 생전에도 여전히 화형에 처해졌다.) 그러나 그는 성직자들이 사악하고, 황제들이 음란한 삶을 살아간다고 기꺼이 믿으며, 거의 악의적인 회의懷疑를 숨김없이 드러내 보였다.[51] 따라서 그는 "복음의 전파와 교회의 승리는 로마 군주제의 몰락과 불가분의 관계에 있다"고 결론을 내렸다.

기번은 이런 주장을 의식적으로 책의 끝부분에 배치한 게 분명하지만, 그 주장은 거센 비판을 불러일으켰다. 역사학자 토머스 배빙턴 매콜리Thomas Babington Macaulay(1800-1859) 경의 견해에 따르면, 기번은 "개인적인 피해를 입은 사람"처럼 기독교에 대해 썼다. 예언들이 "권력자의 정치적 술책, 쉽게 속는 민중의 순진함, 역사가들의 영합, 성직자의 위선을 보여주는 유감스런 증거"로 받아들여져야 한다고 썼을 때, 또 (그가 특히 싫어하던) 성직자들의 설교를 "주장과 성경의 두서없는 부조리한 나열"로 묘사했을 때 그의 목소리에서는 칼날 같은 날카로움이 느껴진다.

이렇게 가톨릭을 비난한 까닭에, 그의 책은 여러 나라에서 금서가 되었다. 주요 대학의 교수들과 몇몇 고위 성직자가 그의 객관성에 의문을 제기하며, 학문적 지위와 도덕적 품성을 공격했다. 케임브리지의 고전학자 리처드 포슨Richard Porson(1759-1808)은 매콜리의 판단에 앞서, "그는 대의를 구현하겠다는 열의에 사로잡혀, 성경을 음담패설로 격하하고 예수를 사기꾼이라 폄하할 목적에서 비열한 말장난을 시도하거나 언어를 불편하고 변태적인 방향으로 비틀었다"고 말했다.[52] 마침내 1779년 기번은 격분해서, 「《로마 제국 쇠망사》, 15장과 16장의 일부 구절에 대한 변명」을 썼다.

기독교의 변천 과정을 로마 제국의 시민 의식과 그곳에서 일어난 혁명들에 연결해 분석할 수밖에 없었던 중요한 역사서의 제1권을 세상에 내놓았을 때, 그 연구의 결과로 이해관계에 피해를 입는 무리가 있고, 전혀 다른 의견을 불쾌하게 생각할 무리가 있을 수 있다는 걸 모를 만큼 내가 무지하지는 않았다.

역사가로서의 선의를 보여줄 목적에서 발표한 반박문에서 보듯이, 그는 단 한 곳도 잘못 인용하지 않았고, 그가 제시한 증거는 흠잡을 데가 없었으며, 그의 동기도 진실하기 그지없었다. 그의 반론은 돛을 활짝 펴고 예인선을 향해 돌진하는 군함처럼 단호했다. 그러나 적어도 기번을 비판하던 학자들은 완전히 대응하지 못한 채 침묵에 빠졌고, 그리하여 기번은 계속 앞으로 나아갈 수 있었다. 그렇지만 개정판을 낼 때마다 기번은 철학이 기독교 교리에 대립된다는 뜻으로 해석되는 구절들을 삭제할까 고민했고, 제2판의 인쇄를 기다리는 동안에는 15장과 16장을 통째로 날려버릴까도 생각했지만 행동에 옮기지는 않았다.

※ ※ ※

  기번의 글투도 문제였다. 사적인 편지에서는 달랐지만, 기번의 글투는 언제나 냉담하고 냉소적이며, 무엇인가를 쓰고는 독자가 행간의 뜻을 스스로 알아내도록 내버려둔다. 한편 '기번의 한담'으로 알려진 해설은 충격적이면서 재밌기도 했다. 예컨대 즉위하고 한 달 만에 전쟁터에서 전사한 고르디아누스 2세(c. 192-238)에 대해서는 "22명의 공인된 첩과 6만 2000권의 책이 보관된 도서관에서 그의 다채로운 성향이 입증되고, 그가 후세에 남긴 유물로 보건대 많은 첩과 도서관은 과시용이 아니라 사용할 목적으로 둔 게 분명하다"는 해설을 남겼다. 또 앙주 백작인 조프루아 5세Geoffroy V(1113-1151)에 대해서는 "그가 노르망디 주인이었을 때, 프랑스 세 교구의 사제단은 그에게 허락을 받지 않고 주교를 선출했다. 이에 격분한 그는 새로 선출된 주교를 포함해 모든 사제를 거세해서, 그들의 고환을 접시에 담아 가져오라는 명령을 내렸다. 사제들은 그에 따른 고통과 위험을 거론하며 당연히 불평했겠지만 순결을 맹세한 성직자들이었던 까닭에 그는 그들에게서 불필요한 잉여적인 보물을 빼앗았다"(제6권, 68장)라는 해설을 덧붙였다. 끝으로 제4권에서는 "더 고집스런 야만인들이 대대로 믿던 신들에게 암염소를 제물로 바쳤다. 어쩌면 포로를 제물로 바쳤을지도 모른다"고 말하고는 "로마인 그레고리우스는 그들도 암염소를 숭배했다고 추정한다. 나는 신과 제물이 동일한 종교를 하나밖에 모른다"는 주석을 덧붙인다. 십자가에 못 박힌 그리스도를 뜻한 게 분명하다.
  그의 역사서 전체에서 이런 해설은 악의적인 면을 띠고, 도덕적이고 문화적인 우월성을 지나치게 과시하는 경향을 띤다. 다른 부문에서는 적극적인 지지자이던 조지 고든 바이런 경Lord Gordon Byron(1788-1824)마저 "예리한 무기로/ 근엄하게 조롱하며 엄숙한 신념을 깎아내리는/ 빈정거림의 제왕"이라 썼다. 보즈웰도 짐작건대 '더 클럽'의 모임에서 드러내 보인 기번의 '습관적인 조롱'에 대해 썼다. 버지니아 울프는 1942년에 발표한 수필에서 "그는 자기가 이해하지 못한 것을 조롱했다"며 기번의 자기만족과 안주를 매섭게 나무랐다.[53] 기번도 자신이 세련되지 못하다는 걸 인정했다. 다른 면에서는 결코 프랑스 혐오자가 아니던 조지 맬컴 영도 기번을 비판하는 데 뛰어들었다.

> [에드먼드] 버크와 [새뮤얼] 존슨도 나름대로 광적인 면을 띠지만 기번의 냉담함에는 없는 여유와 관용이 있다. 기번의 글에는 이질적인 것이 있다. 매콜리의 독단과 다르고, 타키투스의 면밀한 심판과도 다른 것이다. 대체로 영국인에게 흔히 눈에 띄지만 결코 바람직하지 않은 자기중심적인 악의, 즉 프랑스 문학과 태도와 외교술에 숨겨진 것과 무척 비슷한 것으로 알은체하는 습성이다.[54]

사랑받지 못한 채 어린 시절을 보낸 데다 외로이 독신으로 지내야 했던 못생긴 어른이 몰락해가던 로마에 고소하다는 기분을 느끼며 로마인들을 질책했던 걸까? 그랬다면 기번은 자신이 인정했던 수준보다 더 볼테르에 가까운 편이었다. 그러나 볼테르와 마찬가지로 기번도 명성과 영향력 및 재정적 안정을 얻었다. 글을 써서도 상당한 소득을 거두었지만, 콘월의 구리 광산에 투자해 연간 750파운드의 순수익을 거두었다. 1781년 그는 은퇴해서 로잔에서 살겠다고 수잔에게 털어놓았고, 1787년, 즉《로마 제국 쇠망사》의 마지막 권을 완성한 직후에는 상대적으로 젊은 나이였는데도 런던의 '소란'과 '연기와 물질적인 부와 소음'을 떠나, 절친한 친구 자크 조르주 데베르뎅Jacques Georges Deyverdun(1734-1789)과 함께 로잔 저택에서 살았다. 그때 기번은 6-7000권에 달하는 엄청난 양의 책을 가져갔고, 오스만 제국의 한 궁전에 있던 여성 전용 공간을 칭하던 단어를 본떠 '세랄리오Seraglio'라는 의미심장한 이름을 그 장서에 붙였다. 셰필드 경에게 보낸 편지에서 "나는 땅과 헤어질 수 있어도 책과는 떨어질 수 없습니다"라고 썼다.[55]

기번에게는 좋은 남자 친구들이 항상 주변에 있었지만, 여자 동반자를 애타게 구했다. 그는 26세이던 젊은 미망인 엘리자베스 포스터Elizabeth Foster(엘리자)에게 구애하기 시작했고, 한 동료에게는 그녀가 '너무도 유혹적이어서' 대법관마저도 옷을 벗게 유도할 수 있을 거라고 말했다. 역사서를 완성한 그날, 기번은 엘리자에게 서너 장을 읽어주었고, 단 둘이서 점심을 먹었다. 그러고는 정원을 함께 걷던 중에 기번이 갑자기 무릎을 꿇고 청혼했다. 그러나 기번의 바람은 이루어지지 않았다. 엘리자는 깜짝 놀란 듯한 웃음으로 사랑의 고백을 받아들였다. 하지만 그때의 허탈감은 오래 지속되지 않았다. 1784년 그는 셰필드 부인에게 이런 편지를 보냈다.

내가 결혼한다는 소식을 들으면 틀림없이 놀라시겠지요? 놀랍게 들릴 수 있겠지만, 12개월 전의 내 상황에 비교하면 결혼할 가능성이 조금은 높아졌다는 걸 장담할 수 있습니다. 데베르뎅과 나는 때로는 농담으로 때로는 진지하게, 우리가 사는 집에 사근사근한 여자 동반자가 들어와 질서를 잡고 아름답게 꾸며주며 활기를 더해주면 좋겠다는 데 합의했습니다. …그렇다고 내가 어떤 특정한 여자와 사랑에 빠졌다는 건 아닙니다. 다른 식으로, 그러니까 각자의 장점으로 나를 즐겁게 해줄 만한 대여섯 명의 '아내'를 찾아냈습니다. …애인으로 적합한 여자가 있고, 활기차고 재밌는 지인도 있습니다. 진실하고 성격이 좋은 친구 같은 여자, 내 식탁에서 우아하고 품위 있게 가족을 대표할 만한 여자, 경제 관념이 투철한 가정주부로는 더할 나위가 없는 여자, 간호사로는 무척 유능한 여자가 있습니다. 이 모든 자질을 겸비한 여자를 찾아낼 수 있다면 대담하게 청혼해보려 합니다.[56]

대단히 진지하지도 않았고, 그렇다고 농담으로 내뱉은 말도 아니다.* 기번의 삶은 대체로 상실의 연속이었다. 그가 자신에 대해 농담처럼 말했듯이 "늙고 부유해서 빈둥대며" 보낸 말년에 그는 더욱더 외톨이가 되었고, 스위스 현지의 가문이던 드 세베리 가족과 보내는 시간이 많아졌다. 1786년에는 사랑하던 키티 이모가 죽었고, 3년 뒤의 여름에는 데베르뎅도 세상을 떠났다. 기번은 불안과 외로움을 견디지 못하고, 세베리 가문의 아들인 빌헬름을 입양하려고 했다. 볼테르가 마리 프랑수

---

* 전형적인 독신 학자이던 기번은 말년에 결혼에 대한 자신의 적합성을 고민하며 놀라울 정도로 많은 시간을 보냈다. 엘리자베스 부인과 함께한 시간이 그의 내적 고민에서 큰 몫을 차지했다. 기번은 셰필드 경에게 "때때로 혼자라는 기분에 빠지면, 교제와 대화에서 나에게 가장 큰 즐거움을 주는 사람과 결혼했다고 상상합니다. 그러나 결혼에서 비롯된 온갖 가능한 결과로 그 상상을 그리다 보면, 곧장 꿈에서 빠져나오고 그런 탈출을 마냥 즐거워하며, 내가 여전히 자유의 몸이라는 것에 감사합니다"라고 고백했다. *The Letters of Edward Gibbon*, vol. 3, p. 196, letter to Lord Sheffield, 1790년 8월 7일을 참조하기 바란다.

아즈 코르네유를 받아들인 것과 섬뜩할 정도로 대칭을 이룬다. 기번은 '나의 오랜 적, 통풍'에 크게 시달린 탓에 특별히 제작한 휠체어를 타거나 2개의 지팡이를 사용해서 "집 안을 기어 다녔다." 기번은 파리에서 일어난 혁명적 사건들("불쌍한 프랑스! 국가가 해체되고 국민들이 미쳐버렸다!")에 경악하며,[57] 다시 영국-프랑스 전쟁이 일어나 고향과 같은 프랑스에서 쫓겨날까 두려워했다.

한동안 기번은 완전히 새로운 책, 즉 "헨리 8세가 통치하던 때부터 현대까지 영국에서 융성한 예술과 군대, 교회와 국가에서 저명한 인물들의 삶과 특징"을 다룬 책을 쓰려고 생각했다.[58] 그러나 그 생각은 사그라들고, 자신의 삶에 대한 이야기를 쓰기로 결정했다. 그런데 그의 삶을 이야기한 원고가 그렇게 많은 이유가 무엇일까? 퇴고하고 다듬은 원고만이 아니라, 진실을 다른 관점에서 접근하며 중첩된 원고도 있기 때문이다. 기번은 역사가인 자신을 어떻게 판단할지에 대해 걱정했다. 따라서 그는 로마 제국의 역사에 구체적인 형태를 주었듯이, 56세로 세상을 마치는 순간까지 자신의 이야기에 적합한 틀을 계속 만들어갔다. 기번은 유언장에서 "감히 말하건대, 기념비적인 저작은 필요하지 않은 것일까?"라고 썼다.

9장 학문이라 선언하다

: 매콜리부터 폰 랑케까지

왜 역사는 감히 그 이름을 말할 수 없는 학문이어야 했을까?
– 사이먼 샤마, 2009년[1]

철학부터 원자론에 이르기까지 모든 위대한 사고 방법에는 혁명적인 순간이 있었고, 19세기에는 역사학에서 혁명이 일어날 차례였다. 적어도 300년 동안, 역사가 무엇이고 어떻게 쓰여야 하는가에 대한 논쟁이 뜨겁게 계속되었다.《옥스퍼드 영어 사전》에 '공식적인 기록'이란 뜻으로 '역사history'라는 영단어가 처음 등재된 때가 1482년, '역사가historian'란 단어는 약 반세기 뒤로, 이상하게도 둘 모두가 늦었다. 마키아벨리 및 그와 같은 시대에 활동한 프란체스코 귀차르디니 Francesco Guicciardini(1483-1540)가 역사라는 세속적인 글쓰기를 학문적 차원이 아니라 해석의 일환으로 처음 선보였다. 16세기 말과 17세기 초에는 민족적이고 종교적인 당파성이 역사에 접근하는 방식을 지배했고, 그런 편견은 18세기까지 이어졌지만 다른 접근 방식도 서서히 부각되었다.

역사의식historical consciousness의 출현은 과학 원리의 진화보다 훨씬 더 중요했을 수 있다.[2] 과거에 대한 정보가 증거에 대한 체계적인 분석이라는 의미에서 '역사history'가 되지는 못했다. 게다가 18세기 말 이전에는 세계 어디에도 통계 정보가 거의 없었다. 하지만 그때부터 변화가 시작되었다. 토머스 배빙턴 매콜리Thomas Babington Macaulay(1800-1859)가 그 길을 개척하며 비평가들로부터 찬사를 받았을 뿐만 아니라 유명한 역사가가 되었다. 독일계 미국 역사학자 피터 게이Peter Gay(1923-2015)는 매콜리를 "영어로 글을 쓴 가장 인기 있는 역사가"이며, "그 시대의 문화 중재자 중 한 명"이라 칭하기도 했다.[3] 매콜리는 과거에 널리 읽힌 책들에 대한 책을 썼고, 이런 노력은 동시대를 살았던 독일의 유수한 역사학자 레오폴트 폰 랑케Leopold von Ranke(1795-1886)가 역사를 기록하는 차원을 넘어 대학에서 인정받는 직업의 하나로 역사학이란 학문을 정립하는 결실로 이어졌다.

마침내 그 시대가 도래했다. 닥터 존슨, 즉 새뮤얼 존슨이었다면 유수한 역사가의 글을 "역사가 아니라 상상이다"라고 비난하고, 역사가의 활동을 "기계적인 편집에 불과한 것"이라 폄하했을지도 모른다. 그러나 역사극들, 심지어 존슨의 〈아이린〉까지도 런던의 극장들을 가득 메웠고, 서유럽 전역의 상업 미술관들은 지나간 시대의 영웅들을 찬양하는 그림들로 채워졌다.* 과거를 다룬 수많은 책이 인쇄기에서 쏟아져 나왔다. 게다가 그 이후로 200년 동안, 종교 분쟁이 엄청난 양의 결과물을 쏟아내는 역사 논쟁으로 이어졌고, 거의 모든 것이 성경의 지위에 대한 논쟁과 관계가 있었다.

---

* 런던의 국립 초상화 미술관National Portrait Gallery은 1859년에 문을 열었다. 당시 재무장관이던 윌리엄 글래드스턴은 초상화 수집을 시작하는 발판을 놓은 엘즈미어 경에게 감사의 편지를 썼고, 엘즈미어는 이사진을 대신해 보낸 답장에서 미술관이 "예술이 아니라 역사를 운영 원칙으로 삼을까" 걱정이라고 말했다. 불과 300년 전만 해도 티치아노(1488-1576)를 비롯한 화가들은 성경 이야기를 압축한 장면들과 16세기 이탈리아 주택을 배경으로 16세기 옷을 입은 사람들을 그렸다.

조사 기법의 급속한 발전은 믿음에 대한 갈등과 직접적인 관계가 있었다.[4] 그러나 기독교만에서만 새싹이 돋아나며 다양한 분파가 생겨난 것은 아니었다. 독일에서 1819년 하노버에 설립된 '독일의 역사적 기념물Monumenta Germaniae Historica'이란 협회가 독일 민족의 역사에 대해 수천 건의 문서를 출간했다. 프랑스에서는 '에뤼디트Erudites' 혹은 '앙티케르Aantiquaires'로 알려진 성직자 단체가 중세 문헌, 의심스런 전설과 자료를 조사하는 데 처음으로 비판적 방법을 적용했다. 프랑스 대혁명으로, 과거는 단일 계급의 소유라는 개념을 철폐하려는 시도가 있었고, 적어도 한 가지 면에서 성공을 거두었다. 예컨대 알베르토 망겔Alberto Manguel이 말했듯이, 오래된 물건의 수집이 귀족만의 오락거리에서 벗어나 부르주아의 취미가 되었다.[5] 나폴레옹이 고대 로마의 장신구를 좋아한 까닭에 처음에는 나폴레옹 치하에서, 나중에는 그의 후계자들이 고대 유물을 수집하고 나섰다. 19세기에 접어들면서, 퀴퀴한 냄새를 풍기는 장식품들과 과거 거장들의 그림, 골동품이 된 고서적을 과시하는 게 중산 계급에서 유행하는 취미가 되었다. 1792년에는 루브르 궁전이 공공 미술관으로 바뀌었고, 수년 뒤에는 프랑스 대혁명기에 대저택과 수도원, 궁전과 교회에서 약탈한 조각상과 석조물을 보존할 목적에서 프랑스 기념물 박물관Musée des Monuments Français이 설립되었다.

19세기는 독서의 황금시대로 불렸고, 이는 통계 자료에서도 입증된다.[6] 도서관에서 책을 빌려주고 의무 교육이 확산된 결과로 19세기 중엽에는 유럽인의 절반이 글을 읽을 수 있었지만(대략적인 추정이다), 남유럽과 북유럽, 신교도와 가톨릭교도의 차이가 컸다. 스웨덴의 식자율literacy rate은 약 90퍼센트, 스코틀랜드와 프로이센은 80퍼센트, 잉글랜드와 웨일스는 65-75퍼센트, 프랑스는 60퍼센트에 달했지만 이탈리아는 20퍼센트에 불과했다. 또 농노가 1861년에야 해방되기 시작한 러시아의 경우에는 국민의 5-10퍼센트만이 글을 읽을 줄 알았다. (톨스토이의 독자는 러시아보다 서유럽에 더 많았다.)

1840년대에 들어서자, 많은 사람이 과거의 중요성을 새롭게 인식하면서 과거에 관심을 두었을 뿐만 아니라, 일상생활의 세세한 부분에도 유의미한 역사가 있다는 걸 깨닫게 되었다. 따라서 역사의 영역이 전에는 고려하지 않던 범주까지 받아들이며 크게 확대되었다. 과거의 역사가들은 이런 점을 몰랐던 것일까? 그렇지는 않다. 그러나 그때처럼 방대한 양으로, 또 다양한 주제에서 접근하지는 않았다. 예컨대 기번의 시대에도 동전이 죽은 황제들의 연대를 추정하는 중요한 증거로 여겨졌기 때문에 화폐학numismatics 같은 실용적인 지식을 확보하는 게 중요했다. 프톨레마이오스 8세와 9세의 역사는 전적으로 동전에 쓰인 글귀를 기초로 2명의 프랑스 학자에 의해 기록되었다. 동전이 그 시대에 접근할 수 있는 유일한 수단이었기 때문이다. 역사에서 중요한 진실이 뜻밖의 물건에서 발견될 수 있다. 영국 동요도 특정한 역사적 사건들로부터 유래한 것으로 보인다.

소금과 하수 처리, 맹세의 역사, 금속과 화석에 대해 연구한 논문도 등장했다. 존 메이슨 닐John Mason Neale(1818-1866)이 1841년에 발표한 교회 신도석에 대한 연구는 19세기의 어떤 강박을 보여주는 논문이지만 예배의 속성에 대한 새로운 사실들을 밝혀주기도 했다. 예컨대 워싱턴 DC에 소재한 대부분의 교회는 1854년까지도 신도석을 임대해 사용하고 있었다. 차가운 돌덩이에서도 그 비밀이 파헤쳐졌고, 덕분에 고대 그리스에도 기원전 1100-800년 사이에 역사 기록이 침묵에 빠지는 암흑 시대가 있었다는 게 밝혀졌다. 이런 연구에서 알아낸 성과가 하나 있다면, 시신과 함께 묻히는 부장품은 수적으로 그다지 많지 않았다는 것이다. 가치를 지닌 것은 실질적으로 시신과 함께 묻히지 않았다.

전투 방법의 진화를 추적한 한 중요한 논문은 등자鐙子의 발달 과정에 대한 연구이기도 했다. 말을 무릎으로 제어하면, 창으로 무장한 병사들을 향해 돌격하기 쉽지 않다. 또 어떤 역사가는 일본의 산악 지대에서 호숫물이 녹기 시작하는 날짜를 조사했고, 그 기록을 바탕으로 중세 일본의 기후를 알아내서 기후와 식량 생산의 관련성을 보여주고, 일본 사회가 생존이 필요한 최저 경계선에서 살아갔다는 걸 입증할 수 있다. 또 14세기에는 옥수수 값이 가파르게 상승하며 기아가 만연했다. 이때 굶주린 사람들이 도적질을 시작했기 때문에, 역사가들은 식량 가격의 변화와 범죄율 사이에 상관관계가 있을 수 있다는 걸 알게 되었다. 이렇게 밝혀진 사실들은 과거의 역사가들이 언급할 생각은커녕 조사할 엄두조차 내지 못하던 것이었다. 그 밖에도 문장紋章, 지명 연구 등이 역사학의 한 분야가 되었다. 예컨대 커비 오버블로Kirby Overblow라는 잉글랜드 마을 이름은 앵글로·색슨족에게 '용광로furnace'를 가리키는 특별한 단어가 있었다는 유일한 증거이다. 어디든 꼼꼼히 관찰하면, 일상생활의 사소한 면이 역사의 황금으로 변할 수 있었다.

갑자기 세계의 역사가 장군과 국왕과 추기경에 대한 이야기를 넘어서는 훨씬 방대한 세계로 여겨졌다. 그러나 '위인'을 중심으로 접근할 수밖에 없었던 이유 중 하나는 자료의 부족 때문이었다. 왕과 황제의 삶에 대한 증거는 찾아내기가 상대적으로 더 쉬웠다. 더 많은 역사가가 연구에 뛰어들자, 행정을 쉬운 것으로 생각해서는 안 된다는 게 밝혀졌다. 예컨대 리처드 2세의 시대에 의회는 잉글랜드에 당연히 4만 개의 교구가 있을 것이라 추정하며 그 계산하에 신중히 과세했지만, 실제로 존재한 교구는 9000개에 미치지 못했다는 걸 나중에야 알았다. 사물에 대한 역사라는 개념은 나중에야 정립되었다. 과거에 대한 위대한 저작은 네 기둥, 즉 인쇄된 문서와 짤막한 논문, 관리들의 기록과 이름 없는 무수한 역사가들이 남긴 기록에 기초한다는 걸 학자들이 깨닫는 데는 오랜 시간이 걸렸다. 오스트리아의 소설가 슈테판 츠바이크Stefan Zweig(1881-1942)는 제1차 세계대전 이후에 쓴 소설 《초조한 마음》에서 이런 사실을 다음과 같이 표현했다.

> 정해진 서식에 따라 규격을 정확하게 맞춘 소위 '관청 용지'는 오스트리아의 민간 및 군 관청에서 절대로 없어서는 안 되는 필수 용품이라 할 수 있다. 청원서, 문서, 보고서 등 모든 서류는 이 깔끔하게 재단된 관청 용지에 작성되어야 했다. 관청 용지의 획일적인 형태는 공적인 서류와 사적인 서류를 한눈에 구분할 수 있게 해주었다. 어쩌면 관청에 쌓여 있는 수십억 장의 관청 용지를 정리함으로써 합스부르크 왕가의 삶과 그 고통스러운 역사를 되돌아볼 수 있는 날이 올지도 모른다.[7]

19세기 후반기 내내 영국에서만도 역사, 주로 중세를 집중적으로 연구하는 아마추어 조직이던 캠던 협회Camden Society 같은 단체만이 아니라 중요한 가치를 지닌 고서적을 출판하는 명망 있는 출판사들이 연이어 설립되었다. 사회 계급을 초월해 모두가 묵묵히 돌아다니며 자료를 수집해 공공의 영역에 옮겨왔다. 런던 밖에서는 더럼에 기반을 둔 서티스 협회Surtees Society가 1835년에 활동을 시작했다. 1844년에는 맨체스터에 기반을 둔 체텀 협회Chetham Society가 설립되었다. 그 이후에도 여러 지역에서 많은 단체가 세워졌다. 백과사전의 발간이 유행이 되었다.* 17세기 말, 토머스 라이머Thomas Rymer(1643-1713)라는 연구자가 영국 정부 기록 보관물을 정리하고 편집해 달라는 의뢰를 받았다. 최종적으로 50권이 출간되었고, 하나하나가 화이트 홀에 잔뜩 쌓인 문서를 자료로 정리한 것이었다. 라이머가 결과물을 오븐에서 너무 일찍 꺼낸 듯했다. 그래도 그가 참조한 자료의 범위는 상당히 넓고 깊어, 후세의 역사가들이 그 결과물로부터 큰 혜택을 누렸다. 그 밖에도 수많은 사람이 무명의 간행물에 글을 남겼고, 그 글은 기존 역사가들에서는 찾아볼 수 없던 인내심을 발휘한 사람들의 연구 결과였다.

신세대들은 사람들이 인식하지 못하는 사이에 역사가 흘러간다는 걸 깨달았다. 약 50년 전, 하버드 대학교의 시그닛 협회 도서관 Signet Society Library에서 1851년에 번역된 투키디데스가 발견되었다. 제작 상태가 형편없었던 것으로 보아, 학생들을 위한 보조 자료로 사용된 게 분명했다. 그 번역본은 겉표지가 비스듬히 접혀 담당 교수는 볼 수 없었겠지만, 면지面紙에 무척 작은 글씨로(종이가 부족하던 시대였다) "시내에서 리(남북 전쟁 당시 남군의 로버트 E. 리 장군을 가리킴/옮긴이)가 항복했다는 소문이 돌아"라고 쓰여 있었다. 리가 항복했다는 소식은 이튿날에야 북쪽에 전해졌지만, 그 엄청난 소식이 학생의 낙서

---

* 얄궂게도 과거에 조사 방법을 배우는 최고의 훈련장은 대학이 아니라 상업적 출판사 사무실이었다. 1882년 런던의 기업가로, 인도와 전문적으로 무역하던 선박 대리점의 관리 이사, 조지 스미스George Smith(1824-1901)는 새로운 형태의 인명 백과사전을 의뢰했다. 스미스는 그 이전에 〈콘힐 매거진〉을 창간했고, 편집장 레슬리 스티븐Leslie Stephen(1832-1904)의 조언을 받아들여 그 백과사전에 다룰 인물을 영국인으로 국한했다. 그리하여 7200만 단어로 6만 명의 인물을 다룬《영국 인명 사전》이 탄생했는데, 이 책에는 1만 1000장의 초상도 수록되어 있다. 이 책은 지금도 역사 연구에서 빼놓을 수 없는 필수적인 도구로 사용된다.

로 기록되었고, 그 낙서는 십중팔구 교실의 옆자리 학생에게도 넘겨졌을 것이다. 그 속보가 낙서로 쓰인 날짜는 1865년 4월 10일 월요일 아침 8-10시였던 것으로 정확히 추적할 수 있다. 달리 말하면, 그 낙서는 역사를 관통하던 작은 유성이 남긴 흔적인 셈이다. 19세기는 하늘을 가로지르는 그런 작은 돌멩이가 가득하던 때였다.

※ ※ ※

토머스 배빙턴 매콜리에게는 더할 나위 없는 시대였다. 매콜리는 고위 정치인이자 법정 변호사, 인기가 많은 시인이었다. 게다가 상원 의원에 오른 최초의 '문학인'이기도 했다. 그러나 그가 얻은 명성은 당시 영어권 세계에서 가장 널리 읽힌 책, 특히 영국과 미국에서 디킨스에 버금가는 독자를 얻은 4권의 책, 즉《제임스 2세 즉위 이후의 잉글랜드 역사》로 얻은 것이었다. 두 젊은 여성이 1847년 일반인에게 개장된 런던 동물원을 방문했을 때였다. 한 여성이 "저기 봐, 에밀리, 하마야!"라고 말했다. 에밀리가 넋을 잃은 표정으로 반대편을 뚫어지게 바라보며 대답했다. "그건 신경 쓰지 마. 저기에 매콜리 씨가 있어!"

그의 아버지인 재커리는 믿음이 깊은 스코틀랜드 장로교파 목사의 아들이었다. 재커리의 할아버지도 역시 장로교파 목사였다. 그러나 재커리는 10대 중반에 술고래가 되었고, 거의 모든 면에서 방탕한 아들이었다. 그래도 한 가지 차이가 있었던지, 재커리가 29세에 직접 쓴 회고록에 따르면, 1789년 재커리는 영적으로 개심해서 개혁적인 성공회 클래펌파派의 일원이 되었고(가족이 비슷한 믿음을 지닌 복음주의 신도들이 많이 살던 클래펌의 하이스트리트로 이사한 영향이 컸다), 노예제도를 격렬히 반대했다. 재커리는 자메이카와 시에라리온에서 식민지 총독으로 임기를 마친 뒤에 귀국해 결혼했고, 1800년에 토머스가 태어났다. 신동으로 이름을 떨쳤던 토머스는 세 살이었을 때 창밖으로 보이는 동네 공장의 굴뚝을 뚫어지게 쳐다보며, 연기가 지옥불에서 뿜어져 나오는 것이냐고 물었다고 전해진다. 토머스에게는 5명의 누이―제인과 패니와 셀리나, 그리고 막내들로 그가 아꼈던 마거릿과 해나―와 2명의 남동생―헨리와 존―이 있었다. 매콜리의 전기를 쓴 존 클라이브John Clive에 따르면, 마거릿은 "마음이 따뜻하고 상냥했으며", 해나는 "불평이 많고 신경질적이었다."[8]

집안 분위기는 엄격했다. 극장에는 얼씬도 하지 않았고, 8명의 자녀는 까다로운 아버지에게 끊임없이 지적을 받았지만 활달했다. 언젠가 가장 무도회가 열렸을 때 토머스는 나폴레옹으로 분장했다. 또 토머스는 두 자릿수 연령에 이르기 전에 찬송가를 지었고, 여덟 살쯤에 기숙 학교에 보내졌지만 토론에 진지하게 참여했고, 세계의 역사를 이미 대략적으로 머릿속에 담고 있었다. 게다가 베르길리우스를 모방해 라틴어로 시를 지었고, 이교도 야만인들을 개종시키는 방법에 대한 글을 쓰기도 했다. 어머니가 주기적으로 2기니(현재 가치로 100달러 이상)를 보낸 덕분에 토머스는 그럭저럭 살아갔을 뿐만 아니라, 아버지가 윤리적으로 용인할 만하다고 허락하는 범위 내에서 데이비드 흄과 토비아스 스몰렛Tobias Smollett(1721-1771), 특히 프랑스 문학 서적을 구입해 읽었다. 토머스는 수석으로 학업을 마쳤고, 아버지는 "지금까지는 잘했다!"고 짤막하게 칭찬을 끝냈다.

학문적으로는 뛰어났을지 모르지만, 개선할 부분들이 많았다. 토머스는 점점 뚱뚱해졌고, 10대의 열병을 어리숙하게 따랐다. 아버지는 자신의 결함―교만, 사회에 대한 경멸, 지나친 상상―을 아들이 물려받을까 두려워했지만, 재커리의 눈에 아들은 한술 더 떠서 입도 거칠고 예의 바르지도 않았다. 게다가 옷차림과 행동거지에서도 조심성이 없었다. 따라서 재커리는 아들에게 시시때때로 그렇게 지적했다.

1819년 토머스는 케임브리지의 트리니티 칼리지에 진학했다. 그곳은 존 드라이든John Dryden(1631-1700)이 공부했고, 아이작 뉴턴 Isaac Newton(1642-1726)이 획기적인 돌파구를 마련한 학교였다. 또한 바이런은 곰을 키웠고, 곰을 사슬에 묶고 교정 곳곳을 돌아다니며 트리니티의 학칙에는 그런 행동을 금지하는 조항이 없다고 설득력 있게 주장하기도 했다. 매콜리는 그 학교를 사랑했고, 월터 스콧Walter Scott(1771-1832)의 소설을 빠짐없이 읽은 까닭에 '소설을 읽는 남자', 단정하지 못한 외모를 빗대어 '야수'라는 별명을 스스로에게 붙였다. 2년 동안, 매콜리는 시로 학장의 금메달을 받았고 학생 신문 등에 글을 기고했으며, 케임브리지 유니언Cambridge Union이란 토론 클럽에도 부지런히 들락거리며 나중에는 클럽 총무가 되었다. 한 동창생은 그를 이렇게 시적으로 표현했는데, 결코 박정한 평가가 아니었다.

진실로 말하면 외형적으로는 대단히 본능적인
힘을 과시하지만 단구에 뚱뚱하고, 이목구비는
험상궂고, 안색은 거칠며 머리칼은 볼품없이 곧고
게다가 눈동자는 작은 데다 잿빛이어서
남성미라는 은총을 받지 못한 사람, 많은 사람이 말하기를
얼굴도 나와 크게 다르지 않고, 목소리마저 퉁명스러워
귀에 거슬리지만, 그가 말할 때는 귀가 마법에 걸린 듯
쫑긋 세워지고, 눈은 풍요로운 내면을 둘러싼 외적인
틀을 잊어버렸다.[9]

매콜리의 지도 교수들도 똑같은 인상을 받았다(매콜리 가문에게 가장 힘든 학문이던 수학 담당 교수들은 제외). 하지만 아버지와의 관계는 여전히 껄끄러웠고, 그가 복음주의 교파를 버리고 케임브리지에 진학한 뒤에는 더욱 서먹해졌다.[10] (개인적으로는 '낸시'라고 불렸던) 해나에게 개인적으로 보낸 편지에서 "아버지는 흡연, 덜 구워진 고기를 먹는 것, 명성을 탐하는 것, 아침에 늦게까지 누워 있는 것 등 많은 사람에게 즐거움을 주지만 자신에게는 어떤 즐거움을 주지 않는 모든 것을 절대적인 죄악으로 생각하신다"고 말하기도 했다.[11] 그러나 가족과 함께하는 삶은 그에게 여전히 중요했다. 따라서 케임브리지에 입학한 뒤에 변호사가 되기 위한 공부를 시작했지만 계속 집에서 살았다. 그 무렵 매콜리 가족은 런던 중심부를 가로지르는 오먼드대로大路에 있는 꽤 큰 집에서 살았다.

노예 제도의 폐지는 당시 상당히 떠들썩한 쟁점이었다. 1824년 6월 25일, '노예 제도의 경감과 철폐를 위한 협회Society for the Mitigation and Gradual Abolition of Slavery(전해에 재커리가 설립한 단체)'가 당시 잉글랜드에서 가장 큰 공회당이던 런던의 프리메이슨스 홀Freemasons' Hall에서 어떤 회의를 주최했다. 토머스는 그 회의에 초청을 받아 중요한 연설을 할 예정이었다. 토머스의 연설은 큰 반향을 불러일으켰고, 그날 회의에는 왕실을 대표한 윌리엄 윌버포스William Wilberforce(1759~1833)를 비롯해 많은 유력 인사가 참석했다. 재커리도 참석해서, 예부터 관심을 둔 주제에 대한 아들의 연설을 경청했다. 재커리는 아들의 연설에 감동을 받았을 게 분명하다. 하지만 모임이 끝나고 아들과 함께 집에 돌아가는 길에, 재커리는 본래의 성격대로 "그런데 톰, 왕족 앞에서 연설할 때는 팔짱을 껴서는 안 된다는 정도는 알았어야지"라고 아들을 나무랐다.[12]

매콜리가 다음으로 명성을 얻게 된 통로는 언론이었다. 1802년에 창간된 〈에든버러 리뷰〉는 영국에서 손꼽히는 잡지가 되었을 뿐만 아니라, 개혁적인 휘그당의 주요 기관지 중 하나이기도 했다. 1825년 1월, 매콜리는 노예 제도를 반대하는 글을 그 잡지에 기고했고, 그 글은 상당한 찬사를 받았다. 따라서 〈에든버러 리뷰〉의 편집장은 매콜리에게 이번에는 다소 문학적인 글을 의뢰했다. 그리하여 매콜리는 존 밀턴을 다룬 42쪽의 평론을 썼다. 그 잡지에 실린 모든 글이 그랬듯이, 그 평론도 익명으로 처리되었다. 그러나 반향이 엄청났던 까닭에 저자는 그야말로 공개된 비밀이 되었고, 월터 스콧이 《웨이벌리》를 발표했을 때 얻은 정도의 명성이 매콜리에게도 주어졌다. 그런 명성을 얻는 데는 직유법, 경구와 독설, 쉽게 잊히지 않는 사례로 채워진 매콜리의 글쓰기 방법도 적잖은 역할을 했지만, 그 평론에서 17세기 잉글랜드의 정치 투쟁들을 분석하며 그때의 상황이 당시의 정치 상황과 어떤 관련성을 갖는지도 분석했기 때문이었다.

1826년 매콜리는 변호사로 임명되며 북부 순회 재판부에 소속되었지만, 소송 사건을 맡는 데는 어려움을 겪었다. 여하튼 매콜리는 하원 의사당의 방청석에 앉아 토론을 듣는 걸 훨씬 더 좋아했고, 그 자신도 정치 활동에 적극적으로 참여해 레스터 선거구에 출마한 노예 제도 폐지론자의 선거 운동을 지원했다. 그 후로도 20년 동안 〈에든버러 리뷰〉에 꾸준히 글을 기고했고, "화가 나서 싸우려드는 젊은이"라는 별명으로 유명해졌다.[13] 친구들은 그를 열정적이고 낭만적이라 생각했을지 모르지만, 정작 그 자신은 양심과 원한을 품고 그랬을 수 있다. 예컨대 공리주의Utilitarianism를 특히 신랄하게 공격한 글을 발표한 뒤에 스코틀랜드 역사가이자 존 스튜어트 밀의 아버지인 제임스 밀James Mill(1773-1836)이 "매콜리, 그 사람을 내가 산산조각 내

20대 초반과 말년의 매콜리. 한 동창생의 표현에 따르면 "진실로 말하면 외형적으로는 대단히 본능적인/ …남성미라는 은총을 받지 못한 사람"이지만 젊은 시절의 초상에서는 괜찮게 보인다.

버리겠어!"라고 말했다는 걸 전해 듣고는 밀의 성격을 공격하는 글을 연이어 발표했다는 게 그런 추론을 뒷받침한다. 하지만 그렇게 복수한 뒤에는 "밀이 무슨 말을 했는지도 잊어버렸는걸"이라 말할 정도로 뒤끝이 없었다.[14]

1830년 초 휘그당의 온건파 지도자인 랜즈다운 경이 매콜리의 글에 깊은 인상을 받았던지, 자신의 관할하에 있었지만 공석이던 윌트셔의 칼네 선거구를 매콜리에게 제안했다. 매콜리는 만장일치로 당선되었다(당시 그 선거구에는 20명만이 투표권을 가졌다). 그리고 그해 2월 18일, 뜨겁게 논쟁을 벌일 사건을 잔뜩 기대하며 하원 의사당에 입성했다.

당시 당면한 쟁점은 그를 너무도 쉽게 의사당으로 인도해준 투표 제도였다. 당시에는 일정한 정도의 세금을 납부하거나 재산을 보유한 사람에게만 선거권이 허용되었기 때문에 투표 제도가 현저히 불공정한 게 분명했다. 랜즈다운이 그랬듯이, 강력한 영향력을 지닌 지주는 원하면 누구라도 지명할 수 있었고, 투표권이 공개적으로 매매되었다. 어떤 변화도 없을 수 있었지만, 1830년 7월 프랑스에서 일어난 혁명(7월 혁명)으로 의원들의 생각이 바뀌었고, 휘그당이 많은 불의를 바로잡는 데 그치지 않고 선거에서 승리하기를 바라는 마음으로 개혁 법안을 제출하기 시작했다. 1830년 가을, 남부 지역 전역에서 격렬한 시위가 줄지어 일어났고, 브리스톨의 일부 지역은 화염에 휩싸였다. 시위는 서부와 북부로 확산되었고, 북부 산업 지역에서는 파업이 분출했다. 이른바 '영국 혁명British Revolution'은 그렇게 시작되었다. 웰링턴 공작이 총리이던 정부가 예상대로 패했고, 휘그당이 정권을 되찾았다. 개혁을 위한 여러 제안이 곧 하원에 제출되었고, (매콜리의 선거구를 포함해) 60개 선거구가 사라질 처지였다. 그러나 지루한 토론이 계속되며 그 혁명적인 법안의 통과가 미루어졌다. 갓 당선된 젊은 하원 의원 매콜리가 이때 맹활약을 펼쳤다. 웅변가로서 그의 명성은 이때 쏟아낸 열변들 덕분이었다.

매콜리는 이런 법안들이 발의되기 거의 1년 전에 하원 의원으로서 첫 연설을 했다. 유대인에게도 피선거권을 허락하자는 게 주된 내용이었다. 첫 연설은 대성공을 거두었지만, 나중에 누이 마거릿이 연설을 끝냈을 때 어떤 기분이었느냐고 매콜리에게 물었을 때 매콜리는 "절망적이었지! 정말 죽고 싶더라고! 알잖아!"라고 대답했다. 하기야 많은 점에서 매콜리는 천부적인 웅변가는 아니었다. 매콜리는 무척 빠른 속도로 연설해서, 기자가 그의 말을 모두 옮겨 적을 수 없을 정도였다. 한 평론가는 매콜리의 "상상조차 할 수 없는 속도"를 주요

역에서도 멈추지 않는 급행열차에 비교하기도 했다. 목소리도 단조로운 데다 고음이어서 이상적이지 않았다. 게다가 혀짤배기소리에 말끝을 흐려 전달력도 좋지 않았다. 체격이 좋지도 않은 데다 행동거지도 세련되지 않아, 한 경쟁자가 "그의 두 팔과 그의 은유가 서로 엇갈린다"고 풍자하는 글을 쓴 적도 있었다. 하지만 하원에 입성한 이튿날 하원 의원 300명 앞에서 개혁 법안에 대해 첫 연설을 하게 되었을 때 매콜리는 그런 장소와 분위기에 익숙해진 터였다. 따라서 그의 명성을 재확인해주는 연설을 해낼 수 있었다. 연설을 끝냈을 때, 그는 격정적으로 열변을 토했기 때문인지 거의 탈진한 지경이었고, 한 동료 의원이 그에게 기운을 되찾으라며 오렌지 하나를 황급히 건넸다. 그러나 전체적으로 볼 때 그의 연설은 의원들에게 큰 충격을 안겼다. 토리당의 기관지《블랙우드》의 표현을 빌리면, 뚱뚱하고 밭장다리로 걷고, 혼자서는 자기 구두끈도 묶지 못하고, 망망대해에서 스카프의 매듭을 묶는 "땅딸보 촌놈"에 불과했지만,* 곧 전국적인 인물이 되었다. 매콜리는 1857년까지 줄곧 하원 의원을 지냈다. 가장 심드렁한 의원들도 그가 지극히 재미없는 주제에 대해 연설하는 날에도 만사를 제쳐두고 달려왔다.

그에게는 음악을 듣는 귀가 없었고 미술에도 관심이 없었다. 또 영적이고 종교적인 것을 입으로는 칭찬했지만 실제로는 멀리하려고

---

* 인도에서 정부 관리로 지내는 동안, 매콜리는 "남자들의 어깨 위"에 앉아 인도 남부를 6500킬로미터가량 돌아다녔다. 그를 짊어진 사람들은 계속 노래를 불렀고, 매콜리는 그 노래를 "즉흥적인 찬사"로 생각했지만 실제로는 그렇지 않다는 걸 나중에야 알았다. 그들이 부른 노래를 대략적으로 번역하면, "뚱뚱한 돼지, 거대하고 뚱뚱한 돼지가 있네/ 너무 무겁구나, 헉헉/ 흔들자, 흔들어 떨어뜨리자"라는 뜻이었다. Raleigh Trevelyan, *The Golden Oriole* (London: Secker & Warburg, 1987)을 참조하기 바란다.

애썼다. 그러나 기억력이 대단해서 셰익스피어의 희곡 1편을 하루 저녁에 암기했으며, 야간 우편선을 타고 아일랜드에 가는 길에 《실낙원》 전체를 암송했다고도 전해진다. 《실낙원》이 1만 행을 넘는 서사시라는 점을 고려하면, 이런 이야기는 사실이 아닌 듯하지만, 사람들이 그의 능력을 어느 정도로 추정했는지 짐작해볼 수 있는 단서이다. 우리 시대에는 문학 평론가 해럴드 블룸Harold Bloom(1930-2019)이라면 그런 능력을 발휘했을 법하다.

매콜리의 연설은 계속되었고, 그사이에 매콜리는 역사가와 행동가 및 기억할 만한 경구를 짓는 명사("폭력을 동반한 혁명에는 반발이 뒤따르기 마련이다. 이성에 의한 승리만이 영원히 지속된다")로서의 능력을 유감없이 과시했다. 그는 과거에 의회를 지배한 웅변가들, 예컨대 에드먼드 버크, 찰스 제임스 폭스Charles James Fox(1749-1806), 조지 캐닝George Canning(1770-1827)에 비교되는 경우가 많았지만, 이미 런던 사교계에 얼굴을 자주 내비치는 인물이었다. 1832년 여름에는 인도 통제 위원회의 위원으로 임명되었고, 그해 말 대개혁법Great Reform Act이 마침내 통과된 뒤에는* 새로운 선거구인 리즈에서 치열하게 싸운 끝에 당선되었다. 리즈는 산업화로 인해 새로이 결정된 선거구 중 하나로 1984표 대 1596표로 토리당 후보에게 승리를 거두었다.

그의 두 가지 직업은 둘 모두 까다롭게 부담이 컸다. 하지만 그의 채무자들이 빚을 다 갚았다고 가정할 경우에도 1833년 그의 총소득은 겨우 709파운드에 불과했고, 그 돈으로 아버지와 누이들을 부

---

* 엄격히 말해서 대대적인 개혁은 아니었다. 투표자 수가 36만 6000명에서 65만 명으로 증가했을 뿐이었다. 잉글랜드와 웨일스 성인 남자의 18퍼센트에 해당하는 숫자였다. 그러나 리버풀과 맨체스터 같은 도시들이 처음으로 하원 의원을 배출할 수 있었다.

양해야 했다. 그러나 인도를 통치하던 최고 심의회Supreme Council에 결원이 생겼다. 연봉이 1만 파운드에 달하는 직책이었다. 매콜리는 4년 동안 그 자리를 지키며 연봉의 절반을 저축할 수 있다면, 그 돈으로 죽을 때까지 편히 살 수 있겠다는 생각이 들었다. "부패한 사회의 재건"을 앞당기겠다는 열망으로 매콜리는 그 자리를 노렸고, 결국 목적을 이루었다(너그럽게도 밀도 매콜리를 추천하며 한마디를 거들었다).[15] 1834년 2월 15일, 매콜리는 누이 해나를 가정부로 동반하며 콜카타를 향해 출발했다(해나를 설득하려고 매콜리는 무려 70통의 달콤한 편지를 해나에게 보냈다). 이때 해나는 영양 섭취를 위해 300개의 오렌지를 가져갔고, 매콜리는 기번의 역사서 전집, 볼테르의 많은 저작들, 새뮤얼 리처드슨Samuel Richardson(1689-1761), 호라티우스와 호메로스를 포함해 "많지는 않지만 탁월하게 선택한" 책들을 가져갔다. 한편 패니는 매콜리의 인도행이 가족에게 남긴 영향을 "태양이 지구를 버릴 때 밀려올 법한 충격과 비슷한 것"이라 표현했다.[16]

※ ※ ※

그들이 도착했을 즈음 인도에는 이미 4만 명의 유럽인이 거주하고 있었고, 대부분이 영국인이었다. 게다가 3만 7000명이 군인이었다. 매콜리와 해나는 6년 동안 인도에 체류할 예정이었다. 그 기간 동안 마거릿이 성홍열로 사망했고, 해나는 인도에 도착하고 6개월 만에 남편감을 만났다. 해나의 결혼식 다음 날, 매콜리는 어쩌면 가장 정직하게 자기분석을 시도한 글을 남겼다.

나는 이제 변했다. 내 양식과 인간애가 인간을 혐오하는 불신으로부터 나를 지켜줄 것이다. 내 정신은 쉽게 우울증에 굴복하지 않을 것이다. 그렇지만 내 안에서 어떤 변화가 일어나고 있다는 게 느껴진다. 누군가를 사랑하는 마음이 닫히고 시들어간다. 냉소하고 의심하는 경향이 짙어가는 듯하다. 내 지적 능력은 여전해서 인간을 통째로 삼켜버릴 수 있을 것 같다는 생각마저도 가끔 든다. 게다가 나에게서 모든 것을 빼앗아간 사건들로 인해 기운이 떨어지기는커녕 더욱 강해졌다. …이런 마음 상태가 오랫동안 지속되지 않는다는 건 나도 알고 있다. …내 마음속에서 야망이 다시 꿈틀거린다. 사회적 교제와 즐거운 우정은 다시 누릴 수 있겠지만, 내가 두 어린 누이에게 품었던 사랑, 더구나 마거릿이 세상을 떠난 뒤로 낸시에게 온 정성으로 기울였던 사랑과 같은 것을 다시는 느끼지 못하겠지.[17]

매콜리는 인도에서 보낸 시간을 유배 기간이라 생각했을지 모르지만, 상당히 생산적인 시간이었다. 매콜리는 거의 무일푼으로 인도에 도착했지만, 50개월이 지나지 않아 부유해졌다. 그가 새롭게 마련한 재산은 그에게 주어진 마땅한 보상이었다. 그는 인도와 인도인을 무척 경멸한 까닭에 그가 상대한 인도인들은 "그에게 거의 보이지 않는 존재"가 되었지만,[18] 인도가 향후 100년간의 교육 체제를 구축하는 데 그의 역할은 상당했다. 게다가 그가 정립한 형법이 기본적으로는 지금도 여전히 시행되고 있다. 성인이 된 이후로 매콜리는 일기를 거의 매일 자세히 기록했고, 편지도 끊임없이 썼다. 인도에 체류하는 동안,*

* 인도에 역사를 기록하고 분석하는 전통이 없었다는 건 그야말로 미스터리이다 (물론 오늘날에는 뛰어난 역사가가 많다). 하지만 힌두교의 《베다(지식)》와 극단적으로 내용이 다른 2만 4000연聯의 《라마야나》 같은 경전들, 《다사쿠마라차리타(10

매콜리는 구할 수 있는 모든 그리스·로마 고전을 읽었다. 게다가 독일어와 네덜란드어와 스페인어를 독학했고, 지역 언어들을 배우려고도 애썼다. 그가 대표적인 시집 《고대 로마의 서사시들》과, 1820년대 이후로 줄곧 마음속에 품고 있던 계획인 《잉글랜드 역사》를 쓰기 시작한 것도 인도에 체류할 때였다. 그가 〈에든버러 리뷰〉에 기고한 글들을 모아 편집한 책인 《비판적이고 역사적인 소론들》을 발간하겠다는 출판사를 만난 때도 이때였다. 1835년 말 매콜리는 정계를 완전히 떠나 "돈벌이가 되는 동시에 삶의 즐거운 소일거리가 될 수 있는 위대한 역사서를 쓰겠다"는 편지를 한 친구에게 보냈다.[19]

《고대 로마의 서사시들》은 로마의 역사에서 영웅적인 사건들을 선별해 노래한 시들로, 매콜리가 한가한 시간에 틈틈이 쓴 것이었다. 그는 많은 업무를 처리했지만 여유 시간도 적지 않았다. 고대인들이 흥얼거렸을 노래를 상상해서 서사시로 다시 써보려는 의도에서 시작된 것이었다. 매콜리는 경묘한 시light verse를 쓰는 데 재주가 있었다. 《고대 로마의 서사시들》은 초판으로 750부만 찍었지만, '흔들 목마 같은 음율'을 지닌 때문이었는지 출간되자마자 엄청난 인기를 끌었고, 1875년 여름쯤에는 10만 부 이상이 팔렸다. 따라서 재쇄를 거듭하며, 영국 공립학교에서는 한 세기 이상 동안 학생들의 필독서가 되었다. 매콜리의 누이 해나는 그 서사시들을 '형편없는 졸작'이라 생각했지만, 치밀한 조사를 근거로 쓴 서사시였던 까닭에 평론가들은 재밌게 읽을거리를 넘어 역사서로 보았다. 윈스턴 처칠은 해로 스쿨

명의 왕자에 대한 이야기)》 같은 소설들과 〈수브하사랏나코샤(잘 지어진 운문의 보고)〉' 같은 시들이 있다. 한편 바라타 왕조의 서사시로 거의 10만 쌍의 대구對句로 구성된 《마하바라타》는 일종의 역사서로 여겨지지만 일반적으로 말하는 역사 기록은 아니다(산스크리트 itihasa를 문자 그대로 번역하면 '실제로 일어난 사건'을 뜻한다).

Harrow School에 다닐 때 매콜리의 서사시들을 암송했으며, 훗날 제2차 세계대전에서 최악의 시기를 맞았을 때 '호라티우스'의 구절을 인용하며 내각에 군건히 버티라고 독려했던 것으로 전해진다.[20]

나중에 실감했지만 '실제' 역사서를 쓰는 건 더 어려웠다. 매콜리의 계획은 영국의 과거를 처음부터 끝까지 완전히 추적하는 게 아니라,* "국왕을 의회와 협력하도록 이끌었던 혁명"(1688)부터 "의회를 국민과 협력하도록 이끌었던 혁명"(1832)까지 기록하는 것이었다.[21] 매콜리는 그 계획을 마음속 깊이 품고, 1838년 6월 1일 고향에 돌아왔다. 그리고 이듬해 봄, 일기에 "1839년 3월 9일, 잉글랜드의 초기 혁명들을 간략히 정리하려는 역사 쓰기를 시작했고, 출발은 썩 좋다. 그러나 약간은 너무 장중하고 웅변적인 듯하다"고 썼다.

그런 와중에도 매콜리는 시간을 할애해서, 〈에든버러 리뷰〉에 장문의 평론을 2편이나 기고했다. 하나는 프랜시스 베이컨에 대한 글이었고, 다른 하나는 주로 존 템플John Temple(1600-1677)을 다룬 평론이었다. 템플은 '1641년의 아일랜드 반란'을 다룬 책을 1645년에 발표해 큰 반향을 일으킨 저자였다. 템플을 다룬 평론에서 그는 아

---

* 영국사를 초기부터 완벽하게 추적한 역사서가 그보다 얼마 전에 발간되었다. 잉글랜드 가톨릭 성직자 존 린가드John Lingard(1771-1851)가 1819년에 8권으로 출간한 《잉글랜드의 역사, 로마의 첫 침략부터 헨리 3세의 즉위까지》이다. 린가드는 종교개혁의 재앙적 결과를 강조할 목적에서 이 책을 썼지만 그래도 일차 자료를 사용해 공정하게 역사를 쓰려고 했다(그 때문인지 속표지에도 그가 성직자라는 표기가 없다). 책의 앞부분에서 린가드는 자신에게 주어진 주된 의무 중 하나가 "내가 참조하는 권위 있는 자료의 가치를 신중하게 평가하고, 내 개인적인 감정과 선입견의 은밀한 영향을 비판적인 안목에서 관찰하는 것"이라고 주장한다. John Lingard, *The History of England*, vol. 1 (London: Charles Dolman, 1854), p. 6을 참조하기 바란다. 역사학자 데이비드 스타키David Starkey는 린가드를 초기의 위대한 영국 역사가 중 하나로 평가하고, 또 린가드의 한 전기에는 '잉글랜드의 랑케'라는 제목이 붙여졌다.

일랜드의 역사를 이용해서, 제국이 어떻게 구축되는가에 대한 자신의 견해를 자세히 설명했다.[22] 그는 제국의 학살을 용인되는 정책 수단으로 옹호함으로써 논란의 여지를 남겼다(오늘날에는 받아들일 수 없을 정도이다). 또 잉글랜드의 발전이란 명목에서, '근절'과 '박멸'이란 치명적인 수단이 영국의 장기적인 목표에 기여한다면 용인된다고도 말했다. 아일랜드 '원주민aboriginal'과 '미개한uncivilized' 인도인은 더 큰 대의를 위해 대량으로 학살될 수 있는 존재였다. 이런 집단학살genocide(이 용어는 제2차 세계대전의 막바지 단계에서야 처음 생겨났다)이란 매콜리의 의견에, 그 시대를 끌어가던 주요 인물들이 공감했다는 게 놀라울 따름이다.* 따라서 대량 학살의 옹호가 현대인의 눈에는 섬뜩하게 보일 수 있지만, 매콜리의 의견을 매몰차게 비난하는 목소리는 없었다.

따라서 그 평론이 매콜리의 성공가도에 걸림돌이 되지는 않았다. 다음 책을 구상하고 있던 1839년, 그는 당시 수상이던 멜버른 경Lord Melbourne(1779-1848)의 제안을 받아들여 전쟁부 장관으로 내각의 일원이 되었다. 따라서 《잉글랜드 역사》의 저술이 늦추어졌다. 그러나 멜버른 정부가 1841년에 해산되며, 매콜리는 다시 글을 쓸 시간을 얻었지만 1846년에 재무부 국고청장으로 다시 공직에 들어갔다. 1847

---

* 1941년 윈스턴 처칠은 독일의 소련 침략을 비난하며 '이름 없는 범죄crime without a name'라 칭했다. '집단학살genocide'이란 용어는 폴란드계 유대인 법률가 라파엘 렘킨Raphael Lemkin이 1944년에 발표한 《유럽을 점령한 추축국의 지배》에서 처음 사용되었다. 렘킨은 10대에 헨리크 시엔키에비치Henryk Sienkiewicz(1846-1916)의 소설 《쿠오 바디스》에서 네로가 수십 명의 기독교인을 사자들에게 던져주는 장면을 읽으면서 다수에게 범하는 잔혹 행위라는 개념을 알게 되었다고 전해진다. 렘킨이 이 용어를 고안해내고, 홀로코스트의 가해자들이 뉘른베르크 재판에 기소된 뒤에야 유엔은 '집단학살'이란 범죄를 국제법으로 다루기 시작했다.

년의 선거에서는 에든버러에서 출마했지만 낙선했다. 그러나 5년 후에 유권자들이 그에게 다시 출마하라고 권했다. 매콜리는 선거 운동을 하지 않겠으며 정치적으로 어느 쪽도 지지하지 않겠다는 조건에서 그 제안을 받아들였다. 유권자들은 뜻밖에도 그 조건에 수긍했고, 곧이어 매콜리는 세 번째 선거구를 대표하는 의원이 되었다.

※ ※ ※

역사학자 존 케넌John Kenyon(1927-1996)은 17세기부터 20세기 말까지 활동한 영국 역사가들을 조망한《역사가들The History Men》에서, 당시의 매콜리를 "빅토리아 시대의 상대적으로 달갑지 않은 모든 속성, 예컨대 현실 안주, 자기 만족, 수줍어하는 성격, 우월감을 상당한 정도로 지닌 인물"이라 평가했다. 그의 역사서에 대한 대중의 반응에 이런 결함들이 더욱 악화될 가능성이 높았다. 1848년 11월 7일,《제임스 2세 즉위 이후의 잉글랜드 역사》의 첫 두 권이 출간되었다. 그날 아침 런던의 관문 러드게이트 힐은 근처 패터노스터 로Paternoster Row 거리에 있던 출판사에 가려는 서적상들의 마차로 붐볐다. 매콜리도 기번만큼 폭넓은 독자층을 확보하고 싶었다. 따라서 "일반적인 역사서에서 배척 받는 독자들에게 글을 읽는 재미와 즐거움을 주는 데 초점을 맞추었다." 매콜리는 인간사에 대한 깊고 높은 분석을 피하고, "젊은 여성들의 탁자 위에서 최근에 유행한 소설을 며칠 동안이라도 대체할 수 있는 이야기"를 썼다.

그 역사서는 결국 약 16년의 기간을 다루지만, 매콜리가 이야기를 풀어가는 능력(특히 극적인 효과를 자아내는 전투 장면 묘사)과 연극적인 감각 및 장소를 실감나게 묘사하는 솜씨를 증명하기에 충분했다.

등장인물의 묘사도 충격적일 수 있다. 예컨대 제임스 1세는 "혁명을 앞당기려는 명백한 목적으로 하느님이 보낸 듯한 국왕 중 하나"라고 평가된다. 그해가 저물어갈 즈음, 4쇄마저 소진되었다. 이듬해 새해 첫날, 매콜리는 "내 책이 지금처럼 계속 팔린다면 나는 부자가 될 것이다!"라고 예언하기도 했다.[23] 1848-1857년 사이에 제1권은 3만 부 이상 팔렸다. 1875년쯤에는 그 숫자가 15만에 바싹 다가섰다. 앨버트 황태자의 부름을 받아 버킹엄 궁을 방문한 매콜리는 케임브리지의 현대사 흠정 강좌 담당 교수직을 제안 받았지만 정중히 거절했다. 한편 1850년까지 《잉글랜드 역사》는 미국에서도 10만 부 이상 팔렸다. 아마도 매콜리는 세계 최초로 책을 팔아 백만장자가 된 저자가 아닌가 싶다. 놀랍겠지만, 그 역사서는 지금까지 절판된 적이 없었다. 매콜리는 한 서점의 진열장에서 2기니로 가격을 낮춘 데이비드 흄의 영국사에 "매콜리를 읽기 위한 필독서"라고 쓰인 쪽지를 보고 크게 기뻤고 뿌듯한 승리감마저 느꼈다며 "나는 미친 듯이 웃었다. 옆에서 책을 살펴보던 사람들은 나를 실성한 신사로 불쌍하게 여겼다"고 털어놓았다.

1855년에 출간된 제3권과 제4권은 1667년의 레이스베이크 조약(프랑스와의 9년 전쟁을 종결지은 조약)으로 끝났고, 초판으로 2만 5000부를 인쇄했다. 그러나 매콜리는 자신의 원대한 계획에 더는 지적인 자극을 받지 못했고, 때때로 편두통에 시달리는 데다 지난 2년 동안 2번의 심장마비를 일으키기도 했다. 따라서 1856년 1월 말에는 하원 의원직을 사퇴했다. 1857년에는 상원 의원에 올랐지만 회의에는 거의 참석하지 않았다. 하지만 제5권을 끈질기게 집필한 끝에 1702년 윌리엄 3세의 죽음—1820년 조지 3세의 죽음까지 끌어가려던 원래의 계획에는 턱없이 모자랐다—으로 마무리 지었다. 1859년

12월 28일, 그는 다시 심장마비를 일으켰고, 향년 59세의 나이로 세상을 하직했다.

매콜리의 사인은 상심傷心이 아니라 심장의 기능 장애였다. 하지만 한동안 매콜리도 개인적인 슬픔으로 상심한 때가 있었다. 마거릿이 죽었을 때 매콜리는 슬픔을 가누지 못했고, 해나가 결혼해 떠났을 때도 다시 슬픔을 견뎌야 했다. 말년에는 만성적인 우울증과 씨름했다. 기번처럼 매콜리도 20대에 부잣집 딸 마리아 키너드Maria Kinnaird(1810-1891)라는 여인과 진지하게 연애한 적이 있었지만 결실을 맺지 못했다. 또 기번처럼, 자신이 못생긴 데다 뚱뚱하다는 강박에 시달릴 정도로 자의식이 강했다.[24] 매콜리는 조너선 스위프트가 《스텔라에게 보낸 일기》에서 자신을 스스로 깎아내리며 선택한 '불쌍한 프레스토'라는 이름을 직접 별명으로 삼았고, 평생 독신으로 지내며 결혼하지 않겠다고 상당히 이른 나이에 결심했다. 그 대신, 해나와 마거릿을 향해 거의 소유욕에 가까운 모습을 실질적으로 보였고, 급기야 그들 둘과 함께 살기 시작했다.[25]

1832년 여름, 매콜리는 해나와 마거릿에게 "내가 너희를 얼마나 사랑하고, 얼마나 그리워하는지 모를 거다. 그래도 내가 열두 살에 학교를 다닐 때 자주 그랬던 것처럼 너희한테라도 마음껏 투덜거릴 수 있어 기쁘다"는 편지를 보냈고,[26] 다시 해나에게는 "사랑하는 여동생, 내 귀여운 친구이고 애인 같은 여동생, 내가 폭풍처럼 휘몰아치는 파벌 싸움에 휘말리고, 화려한 귀족들과 어울리다 보면 너와 함께하는 시간, 너의 목소리와 너의 손길을 얼마나 간절히 바라는지 너는 모를 거다. 마음과 눈으로 연약한 여인을 그리며 이 편지를 쓴다"는 편지를 보냈다.

해나가 결혼하던 날, 매콜리는 실의에 빠졌고 회복하는 데 수 주일이나 걸렸다. 사이먼 샤마는 "현대 독자라면 매콜리의 많은 편지에서 눈에 띄는 본능적인 열정이 많은 점에서 근친상간에 가깝다고 생각할 수밖에 없을 것"이라고 지적한다.[27] 당시 사람들도 이상하다고, 부적절하다고도 생각했다. 해나와 그녀의 남편은 결국 잉글랜드로 돌아갔고 여러 자녀를 두었으며, 그들 후손 중 하나가 유명한 역사학자 조지 매콜리 트리벨리언George Macaulay Trevelyan(1876-1962)이 되었다. 이 어린아이들에게 매콜리는 "활기와 기운에 넘치고, 시와 이야기를 읽어주며 여행과 맛있는 것으로 그들을 즐겁게 해주는 삼촌"이었다. 해나가 나이를 먹자, 매콜리는 해나의 딸 마거릿을 '바바'라 부르며 유난히 예뻐했다. 매콜리는 역사를 흥미진진하게 풀어가는 자신의 능력이, 어린아이들과 대화하며 많은 시간을 보낸 덕분이라 진단하기도 했다.

매콜리의 글이 재밌게 읽히는 근원이 무엇이든 간에 《잉글랜드 역사》는 준비된 독자를 찾아냈고, 그의 낭랑한 산문은 영국이 끊임없이 발전하고 있다는 그의 확신에 찬 목소리를 뒷받침해주었다. 그는 1835년에 발표한 평론에서 "잉글랜드의 역사는 단연코 진보의 역사이다. 잉글랜드의 역사는 끊임없이 앞으로 전진한 국민 의식의 역사이기도 하다"라고 썼다.[28] 영국 국민들은 그런 찬사를 들은 적이 없었다. 영국의 역할에 대한 거의 무한한 낙관주의 덕분에 더 큰 인기를 얻었지만, 그를 비방하는 학자가 없지는 않았다. 19세기 말이 되자, '휘그당의 역사 해석'에 대한 협공이 강화되었고, 매콜리가 그 공격의 주된 표적이었다. 휘그당과 토리당의 차이를 명확히 규정하기는 쉽지 않다. 휘그Whig는 말에 박차를 가할 때 외치는 Whiggam이란 소리에서 파생했다고 전해지며, 원래는 1648년 새로운 왕의 즉위에 반대하며 에든버러에서 벌인 행진, '휘그모어 습격Whiggamore Raid'에 참가한 사람들을 가리키려고 17세기 중엽에 만들어진 용어였다. 그로부터 두 세기 뒤에 '휘그'는 토리당에 반대하는 사람을 뜻하게 되었고, 실질적으로는 '자유당Liberal Party' 내에서 보수 세력의 핵심이 되었다.

대서양 건너편에서는 현상이 무척 달랐다. 휘그당원은 미국 독립전쟁을 지지했고, 유산 계급과 전문직 종사자로 이루어진 정치 집단의 일원으로 민주당을 반대했을 가능성이 높았다. 따라서 휘그당이 매콜리의 견해를 대체로 대변하는지는 의심스럽다. 대부분의 정당 명칭이 그렇듯이, '휘그'도 무척 다양한 이념을 포괄했다.

그럼에도 매콜리는 휘그당의 대의와 동일시되었고, 그의 역사서는 휘그당이 추구하는 가치로 여겨졌다. 그가 세상을 떠나고 한참 뒤에야 그의 명성에 대한 주된 공격이 본격적으로 시작되었다. 훗날 케임브리지의 역사학 흠정 교수가 된 허버트 버터필드Herbert Butterfield(1900-1979)가 1931년에 출간한 《휘그당의 역사 해석》이 출발점이었다. 그의 주장에 따르면, 19세기 영국에서 역사가들은 주로 신교도와 진보주의자와 휘그당원이었고, 그들은 과거가 오로지 현재를 위해서만 존재하는 것처럼 과거의 사건을 지금과 항상 관계가 있는 것으로 보았다. 버터필드의 책은 '불쌍한 프레스토'의 명성에 구멍을 냈고, 역사를 휘그당처럼 쓰는 방식에도 실질적인 타격을 주었다.*
매콜리의 시대에도 그런 접근 방식은 이미 고루하고 낡은 것이었다.

---

* 매콜리는 글솜씨도 뛰어났지만, 연구 범위에 안주하지 않고 폭넓게 연구하는 편이었다. 따라서 치밀한 계획에 따라 움직이지는 않았지만, 당시로서는 드물게 자료를 찾아 광범위하게 여행했고 일시적으로 유행한 노랫말을 비롯해 다양한 민중 문화 자료까지 수집했다. 버터필드는 과장해서 매콜리 등을 비판했을 수 있고, 그 시대의 역사학자 중 일부만이 버터필드처럼 생각한 것은 분명하다. 예컨대 A. J. P. 테일러의 위대한 멘토인 루이스 네이미어 경Sir Lewis Namier(1888-1960)은 학자로서 냉정하면서 신랄하게 "불쌍한 허버트, 그는 못을 삼키고는 나사못을 배설한다"고 빈정거렸다. 달리 말하면, 버터필드는 사태를 항상 복잡하게 만들었다.

역사가가 활동하는 분야에서, 비유해서 말하면 역사가가 풀을 뜯을 수 있는 새로운 목초지에서 신선한 발상들이 돋아나고 있었다.

꽃 꽃 꽃

지금 어엿한 사회과학으로 자리매김한 학문에는 전문가인 동시에 현자가 맹활약한 기간이 있었다. 기번과 매콜리는 거대한 미스터리를 밝히겠다는 목적의식을 지닌 개척자로 여겨지지만, 하원 의원이란 지위를 제외할 때 그들의 사회적 지위는 전혀 다른 문제였다. 전업 역사가였다면 어떤 평판을 얻었고, 금전적 보상은 어땠을까? 전업 역사가라는 직업이 가능하기나 했을까? 빅토리아 시대의 문필가는 박학다식해야 했다.[29] 그 이유는 무엇보다 한 분야만 전공해서는 생계를 꾸리는 게 불가능했기 때문이다. 따라서 과거에 대해 글을 쓰는 직업이 존중받아야 할 필요가 있었다. 이 부문에서 독일이 앞장섰다. 특히 베를린과 괴팅겐의 대학들이 앞장서서 역사를 '학문discipline'으로 규정했다. '학문'의 유의미한 정의에 따르면, 그 분야의 종사자들이 세심히 통제된 방법으로 행동하고, 일반적으로 인정된 기준을 준수해야 했다. 자연과학의 성과가 꾸준히 증가하는 현상은, 과학이 미래로 가는 길로 인식된다는 뜻이었다. 게다가 실증주의의 창시자 오귀스트 콩트Auguste Comte(1798-1857)의 가르침이 맞다면, 모든 진정한 지식은 과학적이어야 했다. 역사에도 증거를 수집해 일차적으로 연구하고 객관적으로 분석하는 동일한 규칙들이 적용되므로, 역사학을 과학(좁은 의미의 자연과학이 아니라 독일어 Wissenschaft, 즉 '학문' 혹은 '체계화된 지식'이란 뜻에서)으로 선포하는 것보다 더 나은 방법이 있을까?

역사에 이런 접근법을 시도한 공인된 대가가 바로 레오폴트 폰 랑케(1795-1886)였다. 랑케는 장수하며 19세기의 대부분을 살았던 독일 학자로 54권의 책을 발간했다. 영국 역사학자 액턴 경Lord Acton(1834-1902)의 평가에 따르면, "랑케는 현대 역사학이 정식으로 시작된 시대의 대표이다."[30] 랑케 전문가인 미국 노스웨스턴 대학교의 역사학자 에드워드 뮤어Edward Muir도 "역사가들에게 랑케는 생물학자들에게 다윈, 심리학자들에게 프로이트와 같은 존재이다. 요컨대 역사학의 방법론을 정립한 존경 받는 저자이고, 과학이 인류의 발전을 위해 많은 것을 약속한 시대를 주도한 인물이다"라며 랑케를 칭송했다.[31]

역사학의 위상을 바꿔놓은 레오폴트 폰 랑케는 1795년 12월 21일, 중부 독일의 작은 도시 비어에서 아홉 형제의 장남으로 태어났다. 비어는 '황금 목초지'라 일컬어지는 골짜기에 위치하고, 산과 숲으로 완전히 둘러싸인 지역으로, 마르틴 루터Martin Luther가 성장한 곳이 가까이에 있었다. 그러나 그 골짜기는 혁명의 불길에 휩싸인 프랑스의 지배하에 있어, 남자 아이들은 각자의 석판에 나폴레옹의 고시를 옮겨 쓰며 시간을 보냈다. 1815년에야 비어는 완전히 프로이센의 일부가 되었다. 랑케의 가족은 다수가 루터파 목사여서, 랑케도 그들의 뒤를 따를 것으로 예상되었다. 하지만 깊은 종교심과는 별개로 랑케는 문헌학에 마음이 끌렸다. 그래서 라이프치히 대학교에 진학해 문헌학을 배웠고, 언어학에 대한 깊은 지식이 없으면 다른 문화를 이해할 수 없다는 걸 알게 되었다. 그 주장은 설득력 있는 것이었다.[32] 그때까지 전해지던 고대 문헌들이 필경사의 실수, 후세 작가가 덧붙인 어구, 추측으로 메울 수 있는 공백이나 그렇지 못한 공백 등으로 무척 다양하게 읽히며, 저자가 애초에 어떻게 썼는지 알아내는 게 어려웠기 때문이다. 따라서 언어적 맥락의 정확한 이해는 원전의 재구성에 반드시 필요한 도구였다.

처음에 랑케는 학자가 되고 싶었을 뿐이지, 반드시 역사학자가 되겠다는 건 아니었다. 랑케는 책을 닥치는 대로 읽었고, 특히 철학과 독일 낭만주의 운동을 주도한 작가들의 글에 심취했다. 마침내 과거를 연구하기로 마음을 굳히고는 문서 자료에 몰두하며, 수집한 사실들 뒤에 존재하는 '하느님의 손'을 찾아보려 애썼다. 달리 말하면, 첫 단계에서는 역사적 사실을 확보해야 했고, 다음 단계에서는 역사적으로 중요한 순간마다 하느님이 바랐던 것이 무엇인지 알아내야 했다.

라이프치히에서 프랑크푸르트안데어오데르Frankfurt an der Oder (현재의 프랑크푸르트)로 이주해서는 교사로서 유복한 십대 학생들에게 고전어들을 가르쳤다. 그곳에서 랑케는 첫 책《라틴어와 튜턴족의 역사: 1494년부터 1514년까지》를 쓰기 시작했고, 1824년에 출간했다. 그 책은 곧바로 인정을 받았다. 독일의 대형 공공 도서관들을 활용하지 않고 써낸 역사서였다는 점에서 높은 평가를 받았다. 그가 자료 수집을 위해 베를린을 자주 들락거리며 그곳의 권위 있는 대학에 소장된 자료들을 활용했지만 말이다. 당시 프로이센 교육부 장관이 그 책을 읽고, 정치적으로 위험한 견해가 없다는 점에 주목했다. 덕분에 랑케는 젊은 나이에 신생 대학(자연과학자 알렉산더의 형으로 외교관이자 언어학자이던 빌헬름 폰 훔볼트가 1810년에 설립한 대학)에 역사학 조교수로 초빙을 받았고, 그 대학에서 거의 50년을 재직했다. 랑케의 동료 교수로는 신학자 프리드리히 슐라이어마허Friedrich Schleiermacher(1768-1834), 철학자 게오르크 빌헬름 프리드리히 헤겔 Georg W. F. Hegel(1770-1831: 헤겔이 역사 저술에서 철학으로 넘어갔기 때문인지 랑케는 헤겔의 견해에 비판적이었다), 역사학자 바르톨트 게오르크 니부어Barthold Georg Niebuhr(1776-1831)가 있었다. 특히 니부어의《로마사》(1811)는 랑케가 초기에 보물처럼 아끼던 학술서 중 하나였다. 작센 출신으로 수줍음 많던 랑케는 진보와 보수 양쪽 진영으로부터 환영을 받았다. 그러나 권력자를 좋아하는 성향을 보였고, 직접 만난 정부 주요 인사들의 매력에 빠져들었다. 요컨대 그는 프로이센 보수주의자로 성장했고, '학문 양성소이자 전쟁 무기'로 설비된 대학의 일원이 되었다.[33]

첫 책의 부록에서, 랑케는 해당 분야의 역사를 먼저 쓴 프란체스코 귀차르디니Francesco Guicciardini(1483-1540)를 신랄하게 비판하며 논란을 불러일으켰다. 귀차르디니의《이탈리아 역사》가 거의 같은 영역을 다루지만, 그가 이차적인 자료를 사용해서 증거를 왜곡하며 사실을 고치고, 심지어 세부 사항을 창작까지 했다는 게 비판의 주된 이유였다. 그러고는 그의 역사관을 요약하는 구절을 덧붙인다. "역사는 과거를 판단해서 미래에 대해 현재에 교훈을 주어야 한다고 생각해왔다. 그러나 이 책은 그런 원대한 목표를 바라지 않는다. 과거에 실제로 어떤 일이 있었는지를 알리려는 것일 뿐이다(독일어 wie es eigentlich gewesen는 '실제의 과거를 보여주다', '과거에 실제로 어떤 일이 있었는지를 말하다', '과거에 실제로 일어난 사건들을 보여주다' 등으로 번역되며, 각 번역 사이에 약간의 의미 차이가 있다)." 하지만 이 구절은 그의 출발점이었을 뿐이다. 그는 증거를 출발점으로 삼아 '역사의 진실'을 향해 나아갔고, 이런 방법론은 문법과 문서를 분석함으로써 고대인의 삶과 생각을 알아내려는 문헌학자의 방법론과 크게 다르지 않았다. 그는 오류와 편견으로 가득한 당시의 역사서를 가급적 멀리하고, 정부의 법령과 기록 및 외교 보고서(특히 이탈리아의 '렐라치오니relazioni('관계'라는 뜻)'는 작성자들이 유럽 전역에서 명망이 있었다)에 중점을 두었다. 이 문서들을 기반으로 할 때 역사가들은 '과학적'인 역사를 기술할 수 있었

다. 문서는 오래된 것일수록 진본일 가능성이 높았기 때문이다. 랑케
는 이런 문헌의 생생함, 특히 거기에 실린 뒷공론과 일화를 개인적으
로 무척 좋아했다(예컨대 스위스 용병들이 "무기 앞에서는 용맹무쌍하지만
황금 앞에서는 겁쟁이가 된다"는 뒷공론).

　　베를린으로 떠나기 전, 랑케는 두 번째 저작《오스만 제국과 스
페인 제국》을 펴냈다. 그리고 1825년, 서른의 나이에 랑케는 자료 조
사를 위해 베네치아를 여행했다. 랑케의 주된 전기를 쓴 에드워드 뮤
어가 말하듯이, 베네치아는 1797년 나폴레옹에게 호되게 당했고, 나
중에는 평화 회담에서 오스트리아 제국의 속주屬州가 됨으로써 더욱
위축되었다. 실질적으로 유럽의 다른 국가에는 완전한 접근이 허용되
지 않았지만, 베네치아는 이익을 보호해줄 독립된 정부가 없었던 덕
분에 랑케는 그곳의 기록 보관소를 제한 없이 이용할 수 있었다.[34] 베
네치아의 귀족 가문들은 현금이 부족한 까닭에 그림과 고서적 및 사
문서private papers를 매각해야 했다. 사문서에는 먼 조상이, 당시에는 기
능을 상실한 상원에 보낸 다수의 렐라치오니가 포함된 경우가 많았
다. 그렇게 구한 사문서, 특히 2절판으로 이루어진 47권의 보고서는
역사가에게 그야말로 알라딘의 동굴이었고, 마크 트웨인의 표현을 빌
리면 "어둡고 은밀한 로맨스의 세계"였다.

　　렐라치오니는 객관적인 진실을 서술한 결과물이 아니라 자기 이
익을 추구한 지배 계급의 산물이었기 때문에 이 문서들에 대한 랑케
의 생각은 환상에 불과했다. 여하튼 랑케는 그런 자료를 사용한 최초
의 학자였다.* 랑케의 기록에 따르면, 그는 "새로운 콜럼버스가 된 기

---

*　윈스턴 처칠은 "외교관들은 자국의 정부에 진실을 말한다. 물론 이탈리아인은 예
　외이다"라고 말하곤 했다. 이탈리아가 제2차 세계대전에서 독일의 편에 섰다는
　연락을 받았을 때 처칠은 "공평한 듯하군요. 지난번에는 우리 편이었으니까"라고

분이었다." "설명 가능성 여부를 떠나, 인류를 있는 그대로 기록한 보고서"였고, 때가 되면 그가 훨씬 더 야심찬 것, 즉 근대 유럽의 발전사를 만들어낼 수 있는 자료였다. 랑케는 그런 보고서들을 쉽게 구하고 복제한 덕분에 많은 책을 빠른 속도로 써낼 수 있었다. 베네치아에서 구한 자료를 바탕으로 곧바로 써낸 결과물은 「베네치아에 대한 음모」라는 장문의 평론이었다.

랑케는 베네치아에서 로마로 이동했다(그때까지 랑케는 귀족을 뜻하는 경칭, '폰'을 얻지 못했다). 랑케는 로마에서 교황의 권위가 저물고 있어, 교황의 역사에 대한 냉정한 평가가 마침내 가능해졌다고 믿었다. 랑케는 신교도였던 까닭에 바티칸의 문서고를 사용할 수 없었지만, 다른 일차적 자료들이 있었다. 그는 "책들, 더 정확히 말하면 조금씩 썩어가던 문서들에 파묻혔다."[35] 18세기까지 역사는 이차 자료를 근거로 쓰이는 게 관례였다. 귀차르디니의 방법론도 크게 다르지 않았다.[36] 일차 자료들이 인쇄되어 출간되기 시작한 것은 인쇄기가 발명되고 200년이 지난 뒤였다. 랑케의 생각에, 자료는 자료로 설명되므로 몇 번이고 확인해서 적정한 순서로 배열하면 그것으로 충분했다. 그가 로마에서 찾아낸 자료의 대부분은 정돈되지도 않고 접근하기도 쉽지 않아, 면밀히 조사하고 선택해서 옮겨 쓰는 데 수개월을 보낸 뒤에야 자기만의 고유한 글을 쓰기 시작할 수 있었다. 하지만 그가 고향에 보낸 편지에서는 지루함이나 피곤의 흔적이 전혀 보이지 않

대답했다. 처칠의 시대에 이탈리아는 재치 있는 영국인들에게 놀림감이었던 것 같다. A. J. P. 테일러는 1954년에 발표한 《유럽에서의 패권 다툼: 1848-1918》의 앞부분에서 "일반화 작업에 '이탈리아를 제외하고'를 덧붙이는 것도 이제는 짜증난다. 따라서 이제부터는 그런 추가가 없더라도 있는 것으로 생각해주기 바란다"는 각주를 덧붙였다. 한편 17세기부터 1917년까지 서유럽국 대사들은 자국의 외무부에 보내는 문서를 프랑스어로 썼지만 영국만은 예외였다.

는다. 1829년 11월에 보낸 편지에서 그는 동생 하인리히에게 이렇게 말했다.

> 이곳 로마에 체류한 지 벌써 상당한 시간이 흘렀다. 긴 여름 내내 지루할 틈도 없이 계속 작업했다. 자료를 조사하고 찾는 과정에는 기운을 북돋워주고 활력을 되찾게 해주는 뭔가가 있는 모양이다. 그러니까 내 세계는 도서관에 불과하지만 더 큰 보편적 목적을 중단 없이 추적할 수 있는 게 아니겠느냐.* …나는 역사를 쓰라는 부름을 받은 게 분명하다. 이 일을 위해 태어났고, 이 일을 위해 존재하고, 이 일에서 즐거움과 슬픔을 만끽하니 말이다.37

1831년 베를린에 돌아온 후, 랑케는 자신의 가장 유명한 저서 《로마 교황사: 16세기와 17세기를 중심으로 교황의 교회와 국가》를 썼다. 3권으로 구성된 이 책을 바티칸은 금서로 지정했지만, 랑케는 최대한 객관적으로 기록하려 애쓰며 '반종교개혁Counter-Reformation' 이란 용어를 만들어냈고, 그 개혁 운동을 처음으로 해석하는 권위자의 역할을 떠안았다. 결과적으로, 많은 신교도가 그 책이 충분히 반가톨릭적이지 않다는 이유로 비난을 퍼부었다. 랑케는 역사가가 반드

---

* 랑케는 도서관에서 읽은 책의 대부분을 구입할 수 있어 방대한 양의 서적을 수집했다. 그가 세상을 떠난 뒤, 관료적 형식주의와 정치적 내분으로 프로이센 정부가 그의 장서를 구입하지 못했다. 1887년 4월 22일, 랑케의 아들은 아버지의 장서 전체—약 1만 7000권의 서적, 4000종의 소책자, 430종의 필사본—를 미국 뉴욕주의 한복판에 있던 시러큐스 대학교에 팔았다. 지금도 그의 서고에는 그가 낙서를 남기고 밑줄을 그은 서적이 많이 남아 있다. 랑케가 소장한 도서의 총수를 확인하려고 유형별 자료의 규모를 뜻하는 일련의 숫자를 더한 흔적이 때때로 페이지의 하단에서 찾아진다. Andreas D. Boldt, "Leopold von Ranke on Irish History and the Irish Nation," 2017년 4월 17일 온라인에 게재.

시 지켜야 할 원칙을 고수하며 회고록과 일기, 사적인 편지와 공적인 서신, 외교 문서, 직접 목격담 등 광범위한 자료를 사용했지만, 그 자료들 안에 담긴 정신적인 면과 그 정신을 파악하는 데 필요한 직관을 끊임없이 강조했다.

가톨릭과 신교 간의 종교 경쟁과 정치는 별개였다. 그는 투키디데스의 정치사상을 주제로 논문을 써서 1817년에 박사 학위를 받은 반면, 바티칸 대사들의 자세한 보고서들을 폭넓게 활용한 덕분에 명성을 얻었다. 게다가 랑케는 잘생기고 성격이 좋아, 왕족과 유력 정치인들 모두에게도 인기가 있었다. 그의 삶에서 정치적이고 역사적인 단계는 박사 학위를 받은 직후에 시작되었고, 그는 그런 삶을 거부하지 않았다.

독일은 약 300개의 공국으로 분할된 상태였고, 통일의 희망은 1814-1815년의 빈 회의Wiener Kongress로 산산조각났지만, 그때의 합의로 국가의 수가 약 36개로 크게 줄어들었다. 프로이센은 혁명과 반동의 중간쯤에 있는 것으로 여겨졌다. 프리드리히 빌헬름 4세는 당시 30년의 통치 기간 중 중간쯤에 있었고, 전반적으로 인기도 좋았다— 그가 즉위했을 때 베를린의 한 재단사는 '그분의 보호하에/ 나는 편안히 다림질할 수 있네'라는 노래로 당시 프로이센의 분위기를 요약해주었다. 그러나 프리드리히 빌헬름 4세가 늙고 쇠약해지자, 보수적인 부류가 궁전에서 지배적인 위치를 차지했다. 1832년 랑케는 정부의 재촉을 받아 정치 계간지, 정확히 말하면 세계 최초의 역사 잡지인 〈역사-정치 잡지Historische-Politische Zeitschrift〉를 창간하고 편집했다. 곧이어 랑케는 그 잡지를 이용해 자유주의 사상을 공격했고, "현 세계의 상황과 이해관계 및 정세를 알게 되는 좋은 기회를 다시는 이처럼 쉽게 얻을 수 없을 거다"라는 편지를 동생에게 보냈다.[38]

랑케는 자신의 역사철학을 정치에 적용해보려고 시도한 두 논문, 「강대국들」(1833)과 「정치에 대한 대화」(1836)에서, 모든 국가에는 신으로부터 고유한 덕성moral nature이 부여되고, 국가는 그 덕성에 의해 결정된 과정에 따라 발전한다고 주장하며, 각 개인은 소속된 공동체의 '신념'을 성취하는 데 힘을 보태야 한다고 덧붙였다. 랑케는 이렇게 이상적인 개념을 추상화하며, 프랑스 대혁명의 수칙들은 프랑스에만 유의미한 것이라 주장하며 그 수칙들을 배격하라고 독자들에게 촉구했다. 요컨대 독립된 국가는 다른 국가를 모방하지 말고, 자신에게 충실해야 한다는 뜻이었다. 독일의 문제는 독일의 방식으로 풀어야 한다는 뜻이기도 했다.

플라톤에 자주 비유되었던 역사가답게, 랑케도 플라톤처럼 독자에게 깨달음과 영감을 주는 글을 쓰려고 애썼다. 하지만 랑케에게는 더 큰 목표가 있었다. 그가 기꺼이 선언했던 목표, 즉 인간의 역사 기록 뒤에 언제나 존재하는 '하느님의 손'을 찾아내는 목표였다. 어떤 현상에나 신의 뜻이 반영되므로, 역사가의 임무는 "겸손하고 온유한 자세로" 하느님의 의도, 즉 "선천적인 생명의 씨를 지배하는 강력한 힘"을 알아내는 것이었다.[39] 랑케는 이때 필요한 능력을 '아인퓌렁스베르뫼겐Einfühlungsvermögen'이라 명명했다. 비독일어권 독자에게는 아무런 도움이 되지 않는 용어로 쉽게 풀어보면, 시간적·거리에 구애받지 않고, 역사를 기록하려는 시대의 시대정신에 순응하며 그 시대의 역사적 인물 자체로 변신하는 능력을 뜻한다.

랑케를 다룬 글에서 액턴 경은 랑케가 "기록을 장렬하게 연구했다"고 말했다.[40] 그러나 기록은 추측이나 합리적 해석이 아니라 그 자체로 믿을 수 있는 것이어야 했다. 원천적 자료는 고유한 역사적 맥락 내에 위치하고, 개별적으로 신뢰성이 분석되어야 했다. 이 조건이 랑

레오폴트 폰 랑케, 1850년대(왼쪽)와 1875년(오른쪽). 랑케는 "회고록과 일기, 사적인 편지와 공적인 서신, 정부 문서와 외교 문서, 목격자의 직접 진술"을 비롯해 광범위한 자료를 사용한 선구적 역사가였다.

케가 말하는 '과학적' 접근의 핵심이었다. 랑케의 지나친 종교적 색채와 철학적 야심을 고려하면 그의 역사서가 현재 거의 읽히지 않는 것이 이해가 되지만, 그의 방법론, 즉 그가 증거를 평가할 때 적용한 방법은 그 이후로도 수 세기 동안 계속 사용되었다. 랑케는 과학적 방법론을 신봉하며, 역사가로서 과거에 대해 도덕적 판단을 내리지 않는 접근법을 처음으로 시도했다. 이런 접근법은 훗날 "위대한 과학에는 개인적 판단이 개입되지 않아야 한다"는 아인슈타인의 견해에서 재확인된다.[41] 따라서 랑케는 부지런히 연구하며, 국내 정책과 해외 사건을 다룬 글을 끊임없이 발표했다. 그러나 〈역사-정치 잡지〉는 무겁고 고상한 데다 학술적이어서 폭넓은 독자를 확보하지 못했고, 더구나 근면한 편집자, 즉 랑케 자신이 대부분의 기사를 썼다. 결국 1년 만에 랑케가 사직하자 그 계간지는 1836년에 폐간되고 말았다. 다시 학교로 돌아간 랑케는 과거를 돌이켜보며, 국가를 위해 자신이 할 수 있는 역할을 재평가한 끝에, 역사가가 멈춘 곳에서 정치인의 역할이 시작된다는 결론에 도달했다. 다시 말하면, 역사가는 과거 사건을 분석하고 숙고함으로써 정치인에게 기본적으로 나아갈 방향을 제시하고, 정치인은 그렇게 제시된 로드맵에 따라 국민을 미래로 끌어가야 했다.

랑케의 이런 관점을 확대하면, 전쟁은 국가 간의 상호 관계에서 국민에게 존재 이유를 깨닫게 해주는 최고의 순간이었다. 따라서 "역사적으로 강대국 간의 전쟁을 야만적인 힘의 충돌로만 보는 것은 지극히 잘못된 것이다. …힘 자체에는 고유한 생명력을 갖는 영적인 흐름이 있다." 원대한 목표를 수행하기 위해서는 대군大軍이 구성되었고, 하느님이 반드시 대군의 편에 있지는 않았다. 오히려 하느님은 자애로운 미소를 띠며, 승리를 거둔 군대를 내려다보았다. 그렇게 그 시대 최고의 역사가는 80년 동안 독일을 통일하겠다는 명목으로 지도자들이 전쟁에 나서는 철학적 근거를 제시해주었다.

랑케는 전쟁에 참전한 적이 없었다. 그는 역사를 기록함으로써 정치계에 기여했고, 그는 2년을 주기로 새로운 결과물을 꾸준히 출간했다. 1859년 기사 작위를 받은 뒤로는 낭만주의적 성향을 드러내며, 자신의 문장紋章에 '일 자체가 즐거움이다Labor ipse voluptas'라는 좌우명을 새겨 넣었다. '즐거움'이란 성적인 표현에 크게 구애 받지는 않았다. 성인이 된 이후로 대부분의 시간을 육체적으로 순결한 독신의 삶을 살았지만, 결국 48세에 더블린 법정 변호사의 딸로 열세 살이나 어린 클러리사 헬레나 그레이브스Clarissa Helena Graves를 배우자로 선택해 결혼했다. 그들은 1843년 파리에서 처음 만났고, 세 자녀를 두었다(1843년은 랑케가 착각에 빠진 경쟁자로 보았던 매콜리를 만난 해이기도

했다).* 시인이자 소설가인 로버트 그레이브스Robert Graves(1895-1985)
가 그의 손자였다.

　오랜 기간 동안 랑케는 교수직을 유지했고, 주로 베를린에서 가
르쳤다. 랑케는 강연자로는 자질이 없었던지, 1857년 한 학생은 "강
의는 없고, 웅얼거리고 속삭이고 구시렁거리는 독백만 있었다"는 불
평을 남겼다.[42] 게다가 하나의 문장도 끝까지 말하지 않고, 갑자기 중
간쯤에 멈추고는 학생들을 어리둥절하게 만드는 것도 그의 습관 중
하나였다. 그러나 뛰어난 학생들이 그에게 배우려고 왔다. 랑케는 학
생들에게 따뜻한 관심을 보였고, 학생들은 결국 독일의 거의 모든 역
사학부에서 교수직을 차지했다. 미국 대통령을 지낸 존 퀸시 애덤스
John Quincy Adams(1767-1848)의 손자이자, 역시 미국 대통령을 지냈고
건국의 아버지로 추앙 받는 존 애덤스John Adams(1735-1826)의 증손
자이던 헨리 애덤스Henry Adams(1838-1918)는 역사학자가 되는 방법
을 깨우치려면 반드시 독일에 가야 한다고 생각했다. 당시 수백 명의
젊은 미국 청년들이 세계 의학의 중심이던 파리를 유학한 뒤에 미국
의 보건 수칙을 바꿔놓았던 것과 다를 바가 없었다. 랑케의 추종자들
은 '역사주의Historismus'로 알려진 학파를 형성했고, 그 학파의 영향은
랑케의 학문적 영향보다 훨씬 오랫동안 지속되었다.

＊ 랑케가 잉글랜드를 방문했을 때 둘을 위한 조찬 모임이 마련되었다. 당시 모임에
　참석한 일기 작가 찰스 그레빌Charles Greville(1794-1865)은 이런 기록을 남겼다.
　"둘의 만남은 완전한 실패작이었다. 랑케 교수는 작은 체구에 무척 활달해서 위
　엄 있어 보이지 않았고, 영어를 전혀 말하지 못했다. 프랑스어는 유창하게 구사했
　지만 알아듣기 무척 힘들었다. 한편 매콜리는 독일어를 전혀 몰랐고, 프랑스어는
　유창하지 않은 데다 억양이 엉망진창이었다." 곧 매콜리는 인내심을 잃고 "영어
　로 자신의 역사관을 쏟아냈지만 독일 교수는 전혀 이해하지 못한 채 멍한 반응을
　보였다." 조찬 모임은 마무리되었고, 랑케는 본연의 모습대로 기록 보관소를 향해
　달려갔다.

랑케의 제자이던 빌헬름 폰 기제브레히트Wilhelm von Giesebrecht (1814-1889)는 랑케의 모습을 가감 없이 묘사했다.

길에서 그를 만나면, 바삐 서두르는 몸짓과 뛰는 듯한 걸음걸이가 가장 먼저 눈에 들어왔다. 상체와 하체의 불균형도 빼놓을 수 없는 특징이었다. 작은 키에 머리가 유난히 컸고, 치렁거리는 짙은 머리칼의 안쪽을 차지한 이목구비는 뚜렷했다. 게다가 크고 푸른 눈동자의 날카로운 눈빛에 얼굴까지 환히 빛나는 광채를 띠었다.[43]

랑케는 일방적인 강의 이외에 토론식으로도 수업을 진행했다. 한 학생의 표현을 빌리면, '매주 시행되는 십자가 형벌weekly crucifixion'이던 토론식 수업에서는 장래에 교수를 꿈꾸는 학생들이 각자 과제물을 제출했고, 그 과제물은 담당 교수의 지도하에 평가되었다. 랑케는 너그러웠지만 쉽게 만족하지 않는 까다로운 심판이었다. 랑케가 토론식 수업에서 핵심적인 역할을 맡는 경우에는 특별한 영광으로 여겨졌다. 유럽, 특히 유럽 대륙을 연구하는 미국의 많은 역사학자는 지적인 계보가 이런 토론식 수업까지 거슬러 올라간다. 독일어와 이탈리아어를 전공한 학자들이 특히 그렇다. 시카고 대학교와 존스 홉킨스 대학교는 19세기 말에 랑케의 토론식 수업 방식을 받아들여 역사의 직업화를 미국에서 주도했다. 캘리포니아 대학교 버클리, 미시간 대학교, 위스콘신 대학교, 아이오와 대학교도 조금 뒤에 똑같은 과정을 밟았다. 컬럼비아 대학교를 제외한 아이비리그 대학교들은 한참 뒤에야 랑케의 사례를 따랐다. 박사 학위doctorate of philosophy는 미국에서 1880년대에야 채택한 독일식 학위로, 역사학자에게는 능력을 입증하는 필수적인 증표가 되었다. 박사 학위는 중세 독일의 길드로부터 유래한 개념으로, 길드에 들어가려면 장인(匠人, master craftsman) 밑에서 수련을 받고 만들어내야 하던 독창적인 작품과 다를 바가 없었다. 여하튼 여기에서 '걸작masterpiece'이란 단어가 만들어졌다. 역사학 박사 학위는 독일에서 먼저 스페인으로, 그 뒤에 러시아 등으로 퍼져 나갔다. 미국에서는 최초의 역사학 박사 학위가 1881년 존스 홉킨스에서 수여되었다.

역사학자 테오도르 폰 라우에Theodore Von Laue(1916~2000)는 랑케가 종교적이고 윤리적인 의미에서는 아니지만 "역사라는 학문과 저술이란 분야에서 성인의 반열에 올랐다"고 평가했고,[44] 이 평가는 결코 과장된 것이 아닐 수 있다. 랑케는 베를린에서 가르치고 때때로 해외를 여행하며 수십 년 동안 평온하게 살았다. 그는 '인간으로 누릴 수 있는 가장 만족스런 삶'을 살았다. 시력과 청력을 잃어 결국 교직에서 물러날 수밖에 없었지만, 오래전부터 끝내고 싶었던 저작, 즉 고대와 중세의 역사를 망라한 《세계사》를 두 비서의 도움을 받아 제8권까지 완성해냈다. 1880년대에 들어 그는 국보가 되었고, 역사는 어떻게 쓰여야 한다는 걸 보여준 상징적 존재가 되었다. 게다가 그의 90회 생일은 독일 전역에서 공휴일로 선포되었다. 그리고 1년 뒤, 1886년 5월 그는 눈을 감았다. 따라서 그의 마지막 프로젝트는 12세기에서 중단되었지만, 학생들이 필기한 기록을 바탕으로 1453년에서 종결되었다. 프랑크푸르트 김나지움Gymnasium(초등학교와 대학교를 연결하는 중고등학교/옮긴이)에서 르네상스 연구로 시작되었던 역사가로서의 이력이 완전히 한 바퀴를 순환한 셈이었다.

※ ※ ※

랑케의 영향에도 불구하고, 역사학이 명망 있는 대학에서 학과로 자리를 굳히는 데는 시간이 걸렸다. 옥스퍼드 대학교에서 첫 역사학 교수직은 일찍이 1622년에 할당된 듯하지만, 옥스퍼드와 케임브리지 양쪽 모두에 조지 1세가 제정한 현대사 흠정 교수직은 이름만 있고 실무가 없는 한직에 불과했고(그래도 연봉은 현재 가치로 7만 5000달러에 달하는 400파운드로 상당히 괜찮았다), 고대사를 제외한 역사는 교육 과정에 포함되지도 않았다. (1762년에도 트리니티 칼리지의 한 선임 연구원은 케임브리지 역사학 교수직에 지원하며 "직업적으로 성공하지 못한 데다 병약한 절름발이인 까닭에 저는 현재의 소득에 약간을 더하고자 교수직에 지원합니다"라고 호소했지만 성공하지 못했다.) 옥스퍼드 교수들의 의무적 역할은 젊은 외교관들을 양성하는 데 국한되었다. 최초의 역사학 학위는 1776년 괴팅겐에서 수여되었다. 케임브리지에서 처음으로 역사학 교수가 임명된 때는 1807년이었지만, 역사학은 1851년에도 도덕학 시험의 한 분야에 불과했고, 나중에는 (옥스퍼드를 모방해서) 법학사法學史 시험의 일부가 되었다. 역사학은 1856년 이후에야 독립된 학문으로 도입되었고, 박사 학위 과정은 1920년 이후에 개설되었다. 미국에서는 1861년에 예일 대학교에 처음으로 역사학 박사 과정이 마련되었고, 라틴어로 강의되었다. 그 이후로 박사 학위 제도는 역사 연구에 결정적인 영향을 미쳤다.

대학 교수들이 그리스·로마 시대가 아닌 과거에 대해 실질적으로 책을 쓰기 시작한 때는 1850년대 이후였다. 그러나 유수한 대학을 졸업한 역사학도들이 예전처럼 성직까지는 아니어도 공직에 진출하는 게 당시의 일반적인 현상이었다. 따라서 온갖 분야에서 역사가 새로운 활력을 띠었다. 전쟁의 역사, 의학의 역사, 산업 발전과 탐험의 역사 등 전문적인 학문 영역들이 우후죽순으로 생겨났다. 따라서 역사가가 되는 사람의 유형도 달라졌다. (케임브리지에서는 연구원에게 결혼을 허용하는 학칙이 1868년에야 통과되었다.) 과거 연구는 정치인들에게도 그런대로 괜찮은 학문이 되었다. 덕분에 19세기 중반 이후로는 기록 보관소가 양적으로나 질적으로 크게 나아졌고, 그 보관소에 들어갈 수 있는 사람에게는 무엇보다 중요한 자료원이 되었다. 일례로 레오 12세는 학자들에게 바티칸 문서고에 들어가는 걸 허락한 최초의 교황이었다. 물론 랑케의 사례에서 입증되듯이, 가톨릭계 학자에게만 허용되었다.

이런 새로운 현상은 관련된 분야들에도 확산되었다. 미국의 역사학자 체이스 로빈슨Chase Robinson이 말하듯이, "오늘날 역사는 '문학'과 구분되는 논픽션의 하나이며 독자적인 학문 분야로 상대적으로 새로운 분야라는 게 공통된 인식이다. …부분적으로는 우리가 역사에서 민족의 정체성을 찾기 때문에 역사는 유용하고 중요한 것으로 여겨진다. 따라서 우리는 박물관, 지역별 역사 협회, 서점과 도서관에 독립적으로 할당된 구역, 대학교에 설립된 역사학과 등 다양한 제도적 형태를 역사에 부여한다."[45]

역사 저술은 예부터 문학과 뚜렷이 구분된 듯하지만(학문으로서 영문학은 19세기 말에 탄생한 또 하나의 새로운 영역이었다), 상상에 기반한 소설을 쓰는 방법에 많은 빚을 졌다. 매콜리는 1828년에 발표한 한 평론에서 소설을 쓰는 법으로부터 많은 영향을 받았다는 걸 인정했지만, 경계선을 명확히 그었다. "신중하게 선택하고 폐기하고 배열함으로써" 이상적인 역사가는 소설가가 "없애버린" 매력적인 부분을 되찾아 논픽션적 이야기를 써낸다는 게 매콜리의 주장이었다.[46] 매콜리는 19세기 역사의 아버지가 자신이나 랑케가 아니라, 역사가 실제로는 상상하는 직업이라는 걸 몸소 보여준 위대한 역사 소설가 월터 스콧Sir Walter Scott(1771-1832)이란 걸 알고 있었다.

매콜리가 그 평론을 썼던 때와 거의 같은 시기에 랑케는 역사가가 되기로 결심했다. 랑케는 스콧의 몇몇 소설을 "무척 재밌게" 잃었지만, "그 소설들에 기분이 상하기도 했다." 랑케의 생각에, 명확히 밝혀진 사실을 의도적으로 부정하는 행위는 용서할 수 없는 짓이었다. 스콧은 '역사 기록에 없는unhistorical' 사건을 대거 소설에 끼워 넣었을 뿐만 아니라 의도적으로 그렇게 한 듯했다. 그 때문에 랑케는 "나는 그를 용서할 수 없을 것 같았다"라고 결론지었다.[47] 랑케의 새로운 이력은 이렇게 시작되었지만, 스콧이 과거에 생명의 기운을 불어넣는 새로운 방법을 예고한 것만은 분명했다.

10장 옛날 옛적에

: 과거를 빚어내는 대가로서의 소설가

역사가: 성공하지 못한 소설가.

- 헨리 루이스 멘켄[1]

우리가 소설을 그런 식으로 쓴다면 역사는 어떻게 써야 할까?

- 헨리 제임스, 《미들마치》 서평, 1870년[2]

제인 오스틴Jane Austen(1775-1817)은 나폴레옹 전쟁의 원인을 직접적으로는 다루지 않았지만, 그 시대의 삶이 어떠했는지에 대해 우리에게 깊이 생각하게 만든다. 소설이 역사에 더할 수 있는 것에 대한 첫 단서는 여기에서 찾을 수 있다. 요컨대 역사가가 '확실한 증거hard evidence'라 칭하는 게 존재하지 않는다는 이유로 공식적인 역사에서는 다룰 수 없는 공백을 소설이 채워준다.

오스틴은 주변 세계 너머에서 일어나는 현상들에 항상 관심이 많았다. 7세에도 오스틴은 신문에서 읽은 의회 보고를 대화의 주제로 삼았을 정도였다. 16세에는 짓궂고 때로는 폭력적인 동화들을 연이어 쏟아냈고, 심지어 올리버 골드스미스Oliver Goldsmith(1728-1774)의 《잉글랜드 역사》를 풍자하고 모방한 '역사서'를 쓰기도 했다. 여기에서 오스틴은 골드스미스의 제목을 그대로 사용하며 "저자: 편애와 편견에 사로잡힌 무지한 역사가. …이 역사책에는 날짜가 거의 쓰이지 않았다"고 덧붙였다. 성인이 되어서는 그녀의 견해를 간접적으로 세

상에 알렸다. 예컨대 《맨스필드 파크》에서 '맨스필드'라는 이름은 제
1대 맨스필드 백작으로, 노예 제도를 반대하며 하원 의원과 대법관을
지낸 윌리엄 머리William Murray(1705-1793)를 향한 그녀의 경의의 표
현이라 할 수 있다. 한편 역겹게 신분을 따지는 노리스 부인은 맨스필
드 백작의 정적에서 이름을 따온 것이다. 그러나 오스틴이 역사에 기
여한 주된 몫은 그 시대의 삶이 사람들에게 어떻게 느껴졌는지를 보
여준 것이다.

처음부터 픽션 작가들은 역사적인 틀 내에서 이야기를 꾸미거
나(예를 들면 호메로스와 아풀레이우스의 《황금 당나귀》), 필요한 만큼 등
장인물과 사건을 창작해서라도 실제 사건을 다른 방식으로 풀어내며
과거에 대한 독자의 이해를 높이려고 애썼다. 오스틴은 가정의 차원
에서 머물렀지만, 1814년 월터 스콧의 《웨이벌리》가 출간되며 역사
소설의 무대에서 상전벽해 같은 변화가 일어났다.*

스콧은 31세에야 문학인의 길에 들어섰다. 당시로는 중년 초에
해당하는 나이였지만, 그보다 수년 전에 제4대 오퍼드 백작인 호러스
월폴이 중세의 관습과 공포를 뒤섞은 고딕 소설 《오트란토 성》을 발
표한 데서 스콧도 용기를 얻었다. 하늘에서 떨어진 거대한 투구에 주
인공의 아들이 깔려 죽는 장면으로 시작되는 소설로, 스콧 자신도 그
소설을 "과거의 기사 문학chivalric romance을 기반으로 재밌는 공상적 이
야기를 만들어낸 최초의 현대적 시도"라고 극찬했다. 스콧과 같은 시

---

* 사랑하던 질녀 애나 오스틴에게 1814년 9월 28일 보낸 편지에서 오스틴은 "월
터 스콧은 소설, 특히 좋은 소설을 써서는 안 된다. 그 사람은 시인으로 이미 명
성을 얻었고 상당한 돈도 벌고 있잖니. 그가 소설까지 쓰는 건 공정하지 않아, 다
른 사람들의 입에서 빵을 빼앗는 셈이니까. 나는 스콧을 좋아하지 않고, 가능하다
면 《웨이벌리》도 좋아하고 싶지는 않지만 좋아하게 될까 두렵구나." *Jane Austen's
Letters*, 2d edition, ed. R. W. Chapman (London, 1952)

대에 활동한 소설가로 「래크렌트 성Castle Rackrent」(1800) 같은 단편소설들을 발표한 마리아 에지워스Maria Edgeworth(1768-1849)를 보고 스콧은 가까운 과거를 배경으로 소설을 써보겠다는 용기를 얻었다. 처음에는 주로 금전적인 이유에 따른 결정이어서 충분한 판매가 예상되는 실제 사건을 기초해 이야기를 꾸몄지만, 그런 이야기가 역사를 해석하며 독자에게 즐거움만이 아니라 교훈까지 주는 기회가 된다는 걸 스콧이 깨닫는 데는 오랜 시간이 걸리지 않았다. 스콧이 《웨이벌리》에서 말했듯이, 이상적인 무대로는 "지난 반세기 안팎의 시간 동안 유럽에서 스코틀랜드 왕국만큼 급격한 변화를 겪은 국가는 없었다."

스코틀랜드인들은 조지 2세를 영국 땅에서 몰아내려고 1745년 자코바이트 봉기Jacobite uprising를 일으켰지만 실패했고, 그 대가로 그들에게 소중한 많은 것을 빼앗겼다. 태어난 땅을 향한 스콧의 충성심은 평생 동안 조금도 사그라들지 않았다. 1771년 에든버러에서 엄격한 장로교파 변호사이던 아버지와 외향적인 어머니 사이에서 태어난 스콧은 생후 18개월이 되었을 때 소아마비에 걸렸다(11명의 형제자매 중 6명이 어린 나이에 죽었다). 스콧은 질병에서 회복하려고, 스코틀랜드와 잉글랜드 경계지에 있던 가족 농장으로 옮겼고, 그곳은 모험 이야기로 가득한 한적한 곳이었다. 그의 증조할아버지 '비어디Beardie(수염을 기른 남자)'는 자코바이트의 열렬한 지지자로, '적법한' 왕인 보니 프린스 찰리Bonnie Prince Charlie가 귀환할 때까지 수염을 자르지 않겠다고 맹세했을 정도였다. 스콧은 이 시대의 이야기를 들으며 어린 시절을 보냈지만, 곧 에든버러로 돌아가 학업을 마쳤고, 소아마비 치료를 위해 전기 충격 요법을 견뎌야 했다. 1792년 21세의 나이에 스코틀랜드 법정 변호사가 되었다.

스콧은 평생 다리를 절어야 했지만 충분히 회복되어, 예상되는 프랑스 침략을 격퇴하기 위해 에든버러 용기병 분대의 일원으로 훈련도 받았다. 복잡하게 얽히고설킨 연애를 적잖게 경험했고, 첫 번째 진지한 사랑에는 실패했지만 두 번째에는 성공해서, 1797년 크리스마스이브에 샤를로트 샤르팡티에Charlotte Charpentier와 결혼했다. 샤를로트는 프랑스 망명자의 딸이었고, 그들은 행복하게 살아가며 5명의 자녀를 두었다. 1799년 스콧은 셀커크셔의 지방 판사가 되었고, 1806년에는 사법 재판소장으로 승진했다. 그리하여 판사로서 자리를 잡았고 재정적으로도 안정되었다. 그 시기에 스콧은 스코틀랜드와 독일의 속요俗謠를 수집했고, 독일 속요 중 일부를 번역하기도 했다. 1802-1803년에는 경계지의 민요들을 편찬해 3권으로 펴내며 "미약하지만 이런 노력을 통해 나는 고향 땅의 역사에 조금이나마 기여한 듯하다"고 말했다. 스콧은 기록하고 정리하는 데 그치지 않고 글을 편집하는 과정에서 원문이 부족하다는 생각이 들면, 적절한 시구詩句를 지어 써넣기도 했다. 그의 바람에 맞게 과거에 변화를 주는 첫 실험이었던 셈이다.

민요 선집이 큰 호응을 얻자, 이 성공에 용기를 얻어 스콧은 중세 모험담을 흉내 내어 직접 서사시를 쓰기 시작했다. 16세기를 배경으로 쓴 《마미온》은 3년 동안 2만 8000부가 팔렸다. 또 스코틀랜드 고지, 하일랜드에 자극을 주어 부흥을 앞당겼다는 《호수의 여인》은 8개월 만에 2만 5000부가 팔렸고, 사람들은 스콧이 묘사한 장면의 현장들을 방문하기 시작했다. 하지만 연이은 성공에 스콧은 지나치게 빨리 서사시를 써내야 하는 처지가 되었다. 게다가 스코틀랜드 경계지보다 더 이국적인 환경을 배경으로 삼은 바이런의 《차일드 헤럴드의 편력》 같은 시들에 스콧은 빛을 잃어갔다("바이런이 나를 능가한다"). 따라서 스콧은 주변을 둘러보며 새로운 탈출구를 모색했고, 결국 소설을 시도해보기도 했다. 그러나 자신의 능력을 확신하지 못해 《웨이벌리》를 익명으로 발표하며 신분을 철저히 숨긴 까닭에 '위대한 무명씨'로 불렸지만 그가 그 소설을 썼다는 건 문학계에서 공공연한 비밀이었다.*《웨이벌리》는 최초의 베스트셀러로 불렸고(성경 제외), 마크 트웨인조차 스콧의 소설이 미국 남부의 특성을 형성하는 데 크게 기여하며 남북 전쟁의 발발에 부분적인 원인을 제공했다고 주장하기도 했다(하지만 노예였던 프레더릭 더글러스Frederick Douglass(1817-1895)는 원래 이름이 프레더릭 베일리였지만, 월터 스콧의 서사시에 등장하는 인물에 경의를 표하는 뜻에서 이름을 그렇게 바꾼 것이라고 트웨인에게 반박할 사람이 있을지도 모르겠다).[3]

스콧이《웨이벌리》로 벌어들인 수익은 4000파운드에 달했다. 그 돈으로 스콧은 트위드 강변에 농장을 구입했고(트위드 강은 스코틀랜드와 잉글랜드의 경계를 표시하는 강이다), 본채를 웅장한 성으로 크게 개축했으며, 수백 에이커의 땅을 추가로 구입했다. 그렇게 구축한 그의 새로운 집 근처를 흐르는 강의 이름을 따서 '애버츠퍼드Abbotsford'라는 이름을 붙였고 스코틀랜드 영주처럼 살았다. 그의 저택은 온갖 유물로 신속히 채워졌다. 위대한 몬트로즈 후작의 검, 민중의 영웅이 되었던 범법자 롭 로이의 총, 찰스 에드워드 왕자의 사냥 칼, 심지어 스코틀

---

* 스콧의 소설 중 7종은 '웨이벌리 소설Waverley novels'의 일부로 '여인숙 주인의 이야기'라는 시리즈 제목이 붙여져 4권으로 출간되었다. 미드로디언의 갠더클르흐에 있는 윌리스 여인숙의 (가공의) 주인이 들려주는 이야기들을 '피터 패티슨'이란 사람이 편찬한 것으로 여겨졌기 때문에 그런 제목이 붙여졌다. 하지만 그중 한 소설은 부분적으로 콘스탄틴노플이 무대였다! 스콧의 소설을 출간한 존 머리 2세 John Murray II는 저자가 "월터 스콧이 아니면 악마"일 것이라 확신했지만, 스콧은 그 시리즈의 1816년판을 직접 비평하며 자신이 저자라는 걸 극구 부인했다. 게다가 스콧은 한 이야기가 "지나치게 인위적이고, 남자 주인공이나 여자 주인공 모두 아무런 흥미를 불러일으키지 못한다"며 준열하게 비판하며, 진짜 작가는 스콧의 동생 토머스가 쓴 것이라 결론지었다. 머리는 스콧의 이런 해명에 설득되었다.

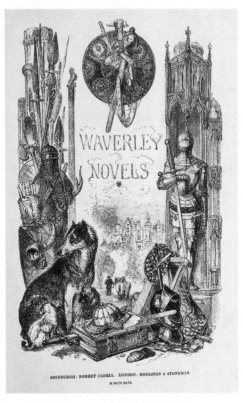

'웨이벌리 소설'의 속표지, *1842-1847*년, 애버츠퍼드판.

랜드 여왕 메리가 1568년 무사히 탈출한 뒤에 성을 둘러싼 해자에서
발견된 로크리벤 성의 열쇠도 있었다. 정교하게 설계된 풍경風磐과 석
유를 이용한 혁신적인 조명 기구도 있었다. 스콧은 이런 유물을 구하
는 데 돈을 아끼지 않았다. 전기 작가 앤드루 노먼 윌슨Andrew Norman
Wilson의 표현을 빌리면 "땅과 주택에 관한 한, 그는 지독한 중독증에
걸려 도박판에서 벗어나지 못하는 도박꾼과 다를 바가 없었다."[4]

그사이에도 스콧은 소설을 계속 발표했고, 놀랍게도 그의 모든

소설이 15년 사이에 쓰였다. 《기 매너링》, 《골동품 애호가》, 《롭 로이》, 《미드로디언의 심장》(대부분의 대사가 저지대 스코틀랜드어로 쓰여, 일부 판에는 용어집이 제공된다), 《레드건틀렛》(자전적 소설에 가깝고, '건너뛰기'라는 칭찬할 만한 습관'이 언급된다), 《옛 사람》(최고의 걸작으로 평가되며, 불공정한 체제에서는 저항만이 종교적 자유를 획득하는 유일한 길이라는 생각이 다루어진다), 《몬트로즈의 전설》은 스코틀랜드가 배경이었다. 말년에 이르러서는 출판사에 빚진 글 약속을 해결하려고 배경을 스코틀랜드 밖으로 돌려 황급히 휘갈겨 써댔다. 그리하여 《아이반호》('사자 심장'이라 불린 리처드 1세 시대의 잉글랜드), 《케닐워스》(엘리자베스 1세의 궁전), 《퀜틴 더워드》(15세기 프랑스)처럼 돈벌이와 인기를 노린 소설들이 탄생했다. 스콧은 나폴레옹 황제가 죽고 6년 뒤에 정부 비밀 문서에 접근할 수 있어, 600쪽이 넘는 나폴레옹 전기까지 써냈다.*

스콧은 개인적인 문제에서는 정직하고 솔직했지만, 금전적 관계

---

* 런던의 일간지 〈더 타임스〉가 사상 최초로 그 전기를 발췌해서 연재했다. 나폴레옹에 대한 스콧의 비판적 견해는 상당한 논란을 불러일으켰고, 스콧은 몇 건의 결투를 제안받았지만 단호히 거절했다. 보나파르트 추종자들은 몹시 격분했다. 예컨대 나폴레옹의 오랜 친구이던 루이 앙투안 포블레 드 부리엔Louis Antoine Fauvelet de Bourrienne(1769-1834)은 "월터 경은 나폴레옹을 비방하는 저속한 이야기들, 또 프랑스에 대한 영국인의 증오와 혐오를 부추기는 자료들에서만 정보를 구해 《나폴레옹의 삶》을 쓴 듯하다. 스콧의 전기는 지나치게 태만하게 쓰여졌다. 오류가 많은 것은 말할 것도 없고, 독자에게 재미를 주겠다는 의도로만 쓰인 게 분명하다. 모든 것을 역사로부터 빌려왔던 소설과는 정반대로 전기를 써내는 게 그의 목적이었던 듯하다. 게다가 내가 확인한 바에 따르면, 맥도널드 원수(나폴레옹 정부에서 봉직한 스코틀랜드계 이민자)가 군사적 사건들에 대해 가장 정확한 정보를 제공해줄 수 있는 장군들을 월터 스콧 경에게 소개해주겠다고 제안했을 때 월터 경은 '감사합니다만 민간 보고서에서 정보를 수집하겠습니다'라고 대답했다"라고 말했다. *Memoirs of Napoleon Bonaparte* (Charleston: CreateSpace Independent Publishing Platform, 2015), ch. 2를 참조하기 바란다.

를 감독하고 관리하는 데 신경을 거의 쓰지 않았다. 그는 출판업자와 비밀리에 제휴하고 협력했지만, 출판사로부터 정확한 거래 명세서를 받은 적이 없었다. 1826년 출판사가 파산하자, 스콧은 법적으로 어떤 책임도 없었지만, 10만 파운드(현재 가치로 320만 달러)가 넘는 빚을 떠안았고, 외부의 도움을 받지 않고 그 돈을 갚기로 다짐했다. 이때 스콧은 일기장에 《로미오와 줄리엣》에서 약제상의 대사를 인용해 "굴복하는 것은 내 가난이지 내 의지가 아니다"라고 썼다. 질병과 스트레스가 스콧의 건강에 악영향을 주었고, 결국 1832년 스코틀랜드에서 가장 영향력 있던 소설가는 발진티푸스로 사망했다.

✳ ✳ ✳

호러스 월폴은 줄거리를 먼저 짠 다음에 역사를 덧붙이는 방식으로 고딕 소설을 썼다. 반면에 스콧은 배경을 먼저 선택한 뒤에 줄거리를 구성하고는 실제로 일어난 사건들의 범위 내에서 이야기를 전개해 나아갔다. 《웨이벌리》에 부제를 더할 때 스콧은 '과거의 이야기', '감상적인 이야기', '독일에서 전해진 모험담(당시 독일에는 '영광스런 과거가 시간이란 안개에 감추어진 국가'로 특징지어지는 이야기들로 가득했다)' 등을 고려했지만,[5] '그 이후로 60년'으로 결정하며 1745년의 봉기를 직설적으로 다시 언급하는 이야기가 아니라, 그 이후에 뒤따른 사건들에 대한 면밀한 조사를 기대해야 할 거라는 방향타를 독자에게 제시했다. 다시 말하면, 계급의 고하를 막론하고, 또 그들이 어떤 시대에 살던 간에 "사회를 구성하는 모든 계층에 공통된 열정"을 다루게 될 거라는 암시를 주었다. 스콧은 위기를 맞이했을 때 세 방향의 선택—과거를 고수할 것인가, 과거를 부정할 것인가, 타협점을 모색할 것인가—에 직면하면 세 번째 방법이 최선이라는 걸 독자에게 가르쳐주려 했다. 스콧의 역사 소설에는 멋진 결말이 없었다. 독자가 쉽게 이해할 수 있는 개인적인 설명이 있을 뿐이었다. 역사는 앞으로 전진하는 게 아니라 그저 움직일 뿐이었다.

과거를 현재에 관련짓기 위해 스콧은 과거를 설득력 있게 꾸며야 했다. 정신없이 전개되는 마상馬上 시합, 성의 지하 감옥, 농가 오두막의 내부 등에서 세부적인 것까지 정확히 묘사해야 했다. 따라서 스콧은 제복의 색깔, 문장紋章의 무늬, 심지어 그 시대의 식습관까지 치밀하게 조사하며 신빙성을 더하려 애썼다. 당시 사람들은 스콧에게 천재적인 역사가라는 칭찬을 아끼지 않았다. 스코틀랜드와 잉글랜드 경계지 풍경의 묘사가 얼마나 세심했던지, 스탕달은 스콧이 틀림없이 조사원을 따로 두었을 거라고 조롱하기도 했다. 그러나 대부분의 독자는 스콧의 '진실한' 배경에 그의 최대 강점이 있다고 믿었지만, 어떤 의미에서 그들은 자발적으로 속임수에 넘어간 사람들이었다. 스코틀랜드인다움이란 특징은 대체로 그가 만들어낸 허상이었다. 그가 민요 선집을 꾸미려고, 직접 지어낸 '사라진' 시구들이 대표적인 예였다. 바둑판 무늬의 킬트를 입고, 마음을 뒤흔드는 백파이프 소리에 맞추어 행진하는 하일랜드 전사들의 모습은 순전히 공상이었다. 스콧의 소설에 등장하는 상징들은 (킬트처럼) 상상으로 생각해낸 것이거나, (원래 고대 이집트의 유물인) 백파이프처럼 얼마 전에야 스코틀랜드에 도래한 것이었다.

역사는 새롭게 만들어지지 않더라도 언제라도 구부러질 수 있다. 여하튼 '픽션fiction'은 라틴어 어원에서 '어떤 모양을 빚어내다shaping'를 뜻한다. 《아이반호》에 등장하는 인물들, 예컨대 로빈 후드와 탁발 수사 터크는 실제로 잠시도 함께 있었던 적이 없었다. 찰스

2세가 우드스톡 궁에 감추어진 적도 없었다. 《퀜틴 더워드》에서는 보베의 주교가 현실보다 30년이나 앞서 끈적한 삶을 끝낸다. '스코틀랜드' 고지대도 많은 면에서 아일랜드였지만, 그런 사실은 스콧의 독자에게 중요하지 않았다. 스콧의 소설들은 엄청난 성공을 거두었고, 반세기 뒤에 빅토리아 여왕이 고지대에서 사유지 저택, 밸모럴 성을 구입한 뒤에 남편 앨버트 공이 성을 증축하겠다며 격자무늬로 설계했을 때 누구도 반론을 제기하지 않았다. 역사화historical painting는 예전부터 최고의 회화 양식으로 여겨졌지만, 마침내 작곡가들도 스콧의 이야기를 소재로 삼아 오페라를 작곡했고, 아이들은 스코틀랜드풍 옷을 입었으며, 건축가들은 스콧의 애국심에 영감을 받았다. 1824년과 1828년 사이에 윈저성이 '진정한' 고딕 양식으로 개축되었다. 영국 소설가 힐러리 맨틀Hilary Mantel(1952-2022)이 2017년 리스 강연Reith Lectures에서 "다른 모든 가능한 스코틀랜드는 월터의 스코틀랜드에게 밀려났다"고 결론지었을 정도였다.[6]

    그렇다고 스콧에게 지나치게 비판적이어서는 안 된다. 스콧은 상상으로 만들어낸 것과 연대의 오기를 "흥미를 끌어내기 위해 필요한 것"이라 변명했고, 조국 스코틀랜드를 휩쓴 거대한 위기들을 평범한 사람들의 삶을 통해 묘사함으로써 독자의 마음을 얻었다. 《두 도시 이야기》부터 《바람과 함께 사라지다》까지, 더 나아가 알렉스 헤일리의 《뿌리》와 힐러리 맨틀의 《울프 홀》까지 훗날의 역사 소설들이 스콧의 예를 따랐다. 스콧의 시대에는 학교에서 역사를 거의 가르치지 않았다. 과거에 대한 지식은 독학으로 얻어야 했다. 대부분의 독자에게 '웨이벌린 소설'은 과거에 대한 지식을 재밌으면서도 효과적으로 얻는 수단이었다. 《웨이벌린》은 지금까지도 1745년 봉기가 있었을 때 삶이 어떤 모습이었는지를 알려주는 최고의 설명서이다.

한동안 어떤 분야의 소설가도 스콧의 영향에서 벗어나는 게 거의 불가능한 것처럼 보였다(시인도 마찬가지였다. 바이런조차 일기에서 스콧의 모든 소설을 "적어도 50번"이나 읽었다고 말하고는 "놀라운 사람이다! 그와 함께 취하도록 마시고 싶다"고 덧붙였다). 로버트 루이스 스티븐슨 Robert Louis Stevenson(1850-1894)은 직계 제자였다. 이탈리아에서는 알레산드로 만초니Alessandro Manzoni(1785-1873)가 17세기 밀라노 사교계를 배경으로 걸작 《약혼자》를 썼다. 러시아에서는 알렉산드르 푸시킨(1799-1837)이 어떤 지역에서 일어난 반란을 배경으로 한 사랑 이야기인 《대위의 딸》을 썼고, 독일에서는 테오도어 폰타네Theodor Fontane(1819-1898)가 1812-1813년의 군사 작전에 대해 쓴 첫 소설 《폭풍이 오기 전》을 쓰기 시작했으며, 그로부터 1년 뒤에는 톨스토이가 《전쟁과 평화》를 발표했다. 스페인에서는 베니토 페레스 갈도스 Benito Pérez Galdós(1843-1920)가 나폴레옹에 대한 항전을 추적하며 역사 대하소설 《국민 일화집Episodios Nacionales》을 쓰기 시작했고, 40년 동안 46종의 소설로 완성했다.

18세기에는 소설을 쓰는 속도가 더 빨라졌고, 작가들은 자신의 작품을 '역사서'라 칭하며 권위를 부여하고 싶어 했다. 헨리 필딩은 《업둥이 톰 존스의 이야기History of Tom Jones, a Foundling》(1749)가 그런 작품이라는 걸 속표지에서 선언하며, 역사를 읽고 쓰는 방법에 대한 사색을 소설 형식으로 18권의 '책'을 시작했다. 필딩은 한 장章에 '이런 역사 이야기를 적법하게 쓸 수 있는 사람과 그렇지 않은 사람에 대하여'라는 제목까지 붙였다. 필딩이 제공하는 것은 "진짜 역사"였고,

"픽션은 역사가들이 쓰는 것이었다."[7]* 필딩은 두 가지 이유에서 그런 책을 쓰고 싶어 했다. 하나는 진짜 이야기를 제시해 존경을 받고 싶었던 것이고, 다른 하나는 역사가 중요하지만 최고의 소설은 가장 권위 있는 역사서도 감히 주장하지 못하는 일종의 진실을 자랑스레 떠벌린다고 지적하려는 것이었다. (기번이 '톰 존스'를 열렬히 탐독한 독자였던 것은 하나도 놀랍지 않다.) 헨리 필딩과 대니얼 디포Daniel Defoe(1660-1731)는 가짜로 지어낸 역사 문헌을 자주 끼워 넣기도 했다. 예컨대 디포는 《로빈슨 크루소의 생애와 이상하고 놀라운 모험》(1719)의 서문에서 "이 책을 편집하고 펴낸 사람은 이 이야기가 역사적인 사실이라고 믿는다. 이 이야기에는 허구 같은 것이 보이지 않기 때문이다"라고 역설하기도 했다. 그러나 실제로는 편집자도 없었고 일기도 없었다. 디포의 상상만이 있었다. 미국에서는 소설이 1780년대와 1790년대에 처음으로 등장하기 시작했고, 그 책들의 속표지에는 "사실에 근거해 쓰임" 혹은 "진실한 이야기"라는 구절이 일종의 법칙처럼 쓰였다. 호메로스라는 사람 자체가 가공의 인물이 아니라는 전제가 있어야겠지만, 호메로스도 그 시대에 살았다면 똑같이 주장했을 것이다.

18세기에는 역사서와 소설, 둘 모두를 쓴 작가가 적지 않았다. 볼테르, 토비아스 스몰렛, 올리버 골드스미스, 대니얼 디포, 윌리엄 고드윈William Godwin(1756-1836), 메리 울스턴크래프트Mary Wollstonecraft

---

＊ 필딩과 같은 시대에 활동한 데이비드 흄은 언젠가 '미모의 젊은 여인'에게 소설 몇 권을 보내달라는 요구를 받았다. 흄은 소설 대신에 플루타르코스의 《영웅전》을 포함해 3권의 역사서를 보내주며, 3권 모두가 소설이며 "그 안에 진실이라곤 하나도 없다"고 굳이 덧붙였다. 그녀는 《영웅전》을 그때까지 막연히 알고 있던 알렉산더 대왕과 율리우스 카이사르의 전기까지 읽었다. 그러고는 곧바로 그 책들을 흄에게 돌려주며, 자신을 기만했다고 항의했다. *David Hume, Of the Study of History* (1741)을 참조하기 바란다.

(1759-1797)가 대표적인 예이다. 그 후로 둘의 경계가 더욱 확실해졌고, 작가들은 한쪽에 정착하는 경향을 띠었다. 하지만 찰스 디킨스는 어린이를 위한 잉글랜드의 역사를 썼고, D. H. 로런스David Herbert Lawrence(1885-1930)는 교과서로 유럽의 역사를 쓰기도 했다.

1937년 마르크스주의 평론가 죄르지 루카치György Lukács(1885-1971)가 《역사 소설론》을 발표했다. 이 책에서 루카치는 "역사를 연구할 때 합리적인 사회, 합리적인 국가를 만들어가는 데 도움을 주는 원칙을 찾아낼 수 있다"는 이유로,[8] 계몽주의 사상가들이 절대주의적 규칙의 비합리성을 보여주려는 목적에서 역사 탐구를 무기로 사용했다고 주장했다.* 루카치는 볼테르의 《라 앙리아드》를 인용했지만, 소설로 역사에 확실히 기여한 사람들은 볼테르 이후의 작가들이었다. 알렉산드르 뒤마Alexandre Dumas(1802-1870), 스콧을 최대한 모방해달라고 출판사의 요구에 맞추어 《노트르담의 꼽추》를 쓴 빅토르 위고Victor Hugo(1802-1885), 스탕달, 귀스타브 플로베르Gustave Flaubert(1821-1880), 나폴레옹의 몰락 이후에 프랑스인들에게 닥친 굴곡진 삶을 《인간 희극》으로 그려낸 오노레 드 발자크Honoré de Balzac(1799-1850), 20권의 역사 소설을 연이어 써낸 에밀 졸라Émile Zola(1840-1902)가 대표 주자들이었다. 아버지가 이탈리아인이었던 졸라는 zolla가 이탈리아어에서 '땅덩어리'를 뜻하며, 인간의 삶과 사회의 문제를 있는 그대로 묘사하려는 자신의 목표에 부합한다고 무척 자랑스러워했다.

글의 질적 수준은 다양했다. 알렉산드르 뒤마의 《삼총사》와 많

* 1956년 루카치가 헝가리 봉기에 참가했다는 이유로 체포되었을 때 한 KGB 요원이 루카치에게 무기를 갖고 다니느냐고 물었다. 그때 루카치는 주머니에서 펜을 꺼내 보였다.

은 모방작은 '오락 문학entertainment literature'이라 할 수 있었다(영국에서 요즘 '아가 사가Aga saga'라고 칭해지는 소설이 1820년대에는 '은제 포크 소설silver-fork novel'로 알려졌다). 그러나 프랑스의 주요 사실주의 작가들, 이디스 워튼Edith Wharton(1862-1937)의 표현을 빌리면 "어떤 상황이나 사건을 사진처럼 정확히 재현해내는 수법으로 한때 유명했던 '인생의 단면tranche de vie'이란 개념을 만들어낸 뛰어난 작가들"은 19세기의 위대한 소설들을 적잖게 써냈다.[9] 특히 플로베르는 "내 세대 사람들이 겪은 도덕의 역사, 더 정확히 말하면 그들이 느낀 감정의 역사를 쓰고 싶다"고 말했다. 나폴레옹이 그들의 많은 책에서 유령처럼 출몰했고, 스탕달은 '꼬마 하사le petit caporal', 즉 나폴레옹의 역사가 6년을 주기로 다시 쓰여야 한다고 믿었다. 그의 소설 《적과 흑》에서, 주인공 쥘리앙 소렐은 나폴레옹의 금언에 맞추어 살아간다. 스탕달만이 나폴레옹에 집착했던 것은 아니다. 위고의 아버지는 스페인에서 패할 때까지 나폴레옹 군대에서 고위 장교를 지냈다. 발자크의 책상에는 언제나 나폴레옹 황제의 흉상이 한쪽에 놓여 있었고, 흉상 받침대에는 "그가 칼로 해낸 모든 것을 나는 펜으로 해내리라"는 구절이 선명히 새겨져 있었다. 발자크는 '나폴레옹의 전투들'이란 제목으로 소설을 쓰기 시작했지만 안타깝게도 끝내지 못했다. 그러나 그때 쓴 이야기들은 그의 소설 곳곳에 배치되어, 가장 자주 언급되는 등장인물로 나폴레옹이 손꼽힐 정도이다.

발자크는 월터 스콧에게서 많은 영감을 얻었다. 그러나 《모히칸족의 최후》를 비롯해 5권으로 구성되며, 미국 서부 개척지의 변경과 원주민의 삶을 그린 고전으로 여겨지는 '가죽 스타킹 이야기'를 1823년부터 꾸준히 발표한 제임스 페니모어 쿠퍼James Fenimore Cooper(1789-1851)에게서도 큰 영향을 받았다. 발자크는 '사회의 모든 면'을 들여다보는 연작을 쓰겠다는 원대한 계획을 세웠다. 처음에 발자크는 그 책들에 '풍속 연구Études des Mœurs'라는 제목을 붙였지만, 결국 그 책들은 2000명 이상의 등장인물이 숨쉬는 《인간 희극》으로 역사가 되었다. 그 원대한 계획으로 발자크는 총 85종의 소설을 써냈고, 세상을 떠난 51세에도 50권을 더 쓸 계획을 품고 있었다. 당시는 식자공이 무척 힘든 직업인 시대였지만 발자크는 매번 소설을 50번까지 수정하곤 했고, 한번은 창조적 에너지가 끝없이 분출했던지 서재를 전혀 떠나지 않고 26시간을 연속해 작업하기도 했다. 졸라는 발자크 소설의 질적 수준이 전반적으로 믿기 어려울 정도로 뛰어났던 까닭에 이런 '혼란스런 창의력messy creativity'을 높이 평가했고, 발자크가 소설을 쓰는 동시에 역사를 쓰고 있다는 걸 의심한 적이 없었다.

"소설은 민족의 사적인 역사"라고 확신한 발자크는 인간이 이루어낸 모든 것에 대한 기록, 즉 '보편적 관점'을 받아들이기 시작했다. 따라서 《고리오 영감》(1835)의 서문에서, 발자크는 "전반적인 계획에 따라… [작가]는 모든 것을 의무적으로 묘사해야 한다. …예컨대 인간의 감정, 사회의 위기, 선과 악, 뒤범벅된 문명 전체를 표현하려고 애써야 한다"고 선언했다. 그렇지만 발자크는 쿠퍼에게 헌정한 소설 《올빼미당》을 제외하면, 자신이 태어난 1799년 이후를 소재로 삼지는 않았다(《올빼미당》은 발자크가 1829년에 본명으로 발표한 첫 소설로, 프랑스 대혁명 동안 활동한 게릴라 전사들에 대한 이야기이다). 카를 마르크스는 발자크에 대해 "그가 죽은 후에야 많은 등장인물의 면모가 완전히 증명되었을 정도로 위대한 소설가였다"고 평가했다.[10] 죽음을 앞두고, 발자크는 개인적으로 신뢰할 수 있는 유일한 의사라며 오라스 비앙송Horace Bianchon을 불러달라고 부탁했다―"그래, 바로 그거야! 지금 나에게 필요한 사람은 비앙송이야! 비앙송이 지금 여기에 있다면 좋을 텐데!"[11] 그러나 발자크가 부탁한 사람은 《인간 희극》에 등장하는 가공의 의사였다. 위의 일화는 사실이 아닐 가능성이 높지만, 발자크가 죽어가던 순간에도 자신의 죽음과는 상관없이 등장인물들은 계속 살아갈 거라는 걸 알았다는 증거가 되기에 충분한 일화이다.

한편 이디스 워튼은 "발자크와 스탕달에서 새롭게 찾아지는 공통점은, 등장인물 하나하나를 물질적으로나 사회적으로 특정한 조건의 산물로 보았다는 것이다. 예컨대 (발자크의 경우에는) 등장인물이 추구한 소명이나 등장인물이 거주한 집을 근거로, (스탕달의 경우에는) 등장인물이 어떻게든 들어가려 한 사회적 계급 때문에, (발자크와 스탕달 모두의 경우에) 등장인물이 널찍한 사유지를 탐내거나 권력자와 상류층을 부러워하며 흉내 낸다는 이유로, 그 등장인물을 어떠어떠할 것이라 판단했다"고 말했다.[12] 훨씬 더 대담하게 주장한 작가들도 있었다. 예컨대 조지프 콘래드Joseph Conrad(1857-1924)는 "소설은 역사, 인간의 역사이며, 그렇지 않으면 아무것도 아니다"라며 "그러나 소설은 역사 이상의 것이기도 하다. 역사는 문서 및 인쇄물과 필사본의 판독, 즉 간접적인 기록에 기반하는 반면, 소설은 사회적 현상의 관찰과 현실적인 형태에 바탕을 두기 때문에 더 확실한 기반 위에 서 있는 셈이다. 따라서 소설이 진실에 더 가깝다. 그러나 그 정도의 차이는 눈감아줘도 상관없다. 역사가는 소설가일 수 있지만, 소설가는 역사가가 분명하기 때문이다. 달리 말하면, 인간의 경험을 보존하고 유지하며 설명하는 사람이다"라고 말했다.[13]

그러나 그 위대한 소설가들은 어떤 종류의 현실을 드러내 보여주려 했던 것일까? 모두가 자신을 역사가라고 생각하지는 않았다. 토머스 칼라일이 찰스 디킨스가 《두 도시 이야기》를 쓴다는 걸 알았다면, 그 소설의 초안을 잡는 데 참고하라고 논픽션 서적을 수레에 가득

실어 보냈을지도 모른다. 졸라는 석탄 운반용 조랑말들이 탄광 지하에서 살다가 죽는다는 걸 알았던 까닭에, 그들의 암울한 삶을 《제르미날》에 자세히 옮겨놓을 수 있었을 것이다. 톨스토이는 러시아 기록보관소의 관리자들에게 도움을 청했겠지만, 사실을 파악해서 올바르게 이해하는 것보다 좋은 이야기로 풀어 쓰는 데 우선순위를 두었다.

역사 소설가라면 자신의 창작물이 허구라는 데 대체로 동의할 것이다. '실존' 인물이 소설에 등장하더라도 그 인물의 말과 행동은 창작된 것일 수 있다. 미국의 역사 소설가 토머스 맬런Thomas Mallon은 이와 관련된 쟁점을 "역사 소설을 쓸 때 어떤 사실에서 무엇을 바꾸고 언제 그대로 내버려두어야 하는지를 결정하는 기준은 아직까지 약속된 것도 없고 애매하다. 따라서 상황에 따라 달라지지만, 미끄러운 비탈길처럼 일단 시작하면 중단하기 어렵다"고 요약해주었다.[14] 1975년 E. L 닥터로Edgar Lawrence Doctorow(1931-2015)가 1902년부터 1912년까지의 뉴욕시를 주된 배경으로 한 소설《래그타임》를 발표했을 때 한 기자의 질문에 "이 소설은 결코 존재하지 않았던 일련의 만남"을 짜맞춘 결과물이라고 대답했다. 이 소설에서는 J. P. 모건이 헨리 포드와 함께 환생에 대해 논쟁을 벌이지만, 그 둘이 실제로 그랬다는 증거는 없다. 한편 지그문트 프로이트와 카를 구스타프 융이 미국을 여행했다는 사실은 관련된 증거가 많고, 그들이 코니 아일랜드를 방문한 것은 분명한 사실이다. 그렇다면 소설에서 묘사된 것처럼 프로이트와 융이 함께 보트를 타고 '사랑의 터널'을 지났을까? 그 기자의 이런 질문에 닥터로는 "지금 그렇게 하지 않는가"라고 대답했다.[15] 존 업다이크John Updike(1932-2009)는 "무력한 죽은 인형들을 갖고 논다"라는 이유로 닥터로를 비난했지만, 닥터로는 조금도 물러서지 않고 "실제로 어떤 일이 있었는지는 역사가가 말해줄 것이고, 소설가는 그 사건이 어떤 느낌이었을지를 말해줄 뿐이다"라고 말했다. 다시 말하면, 다른 종류의 역사라는 뜻이었다.

※ ※ ※

1981년 프랑스의 위대한 역사학자 에마뉘엘 르 루아 라뒤리 Emmanuel Bernard Le Roy Ladurie가 발자크의 초기 소설《시골 의사》의 역사적 정확성을 평가한 논문을 발표했다. 그 소설의 배경은 프랑스 남동부의 경계에 위치하고, 그르노블로부터 멀리 떨어지지 않은 도피네 지방이었다. 라뒤리는 프랑스 작은 마을들의 삶과 사회상을 조사한 책들로 명성을 얻은 학자답게, 도피네 지역의 방언과 경제와 지리에 대한 발자크의 지식을 비판하는 것으로 시작하지만 "그런 것들은 하나도 중요하지 않다." "이런 오류에도 불구하고, 발자크의 작품에서는 항상 그렇듯이 기본적인 것들이 빠짐없이 묘사되기 때문이다."[16] 제재소에는 통나무를 깎아 만든 여물통들, 껍질이 벗겨진 전나무 몸통, 일꾼들의 금방이라도 무너질 듯한 오두막과 형편이 나은 소작농들의 집, 지주대가 똑바로 높이 세워진 포도나무들, 가축에게 풀더미를 먹이는 목축민들, 현관문 위에 어김없이 달린 양동이와 그 안에 담겨 건조되는 작은 치즈들은 지금도 눈에 띈다. 라뒤리는 발자크가 작가로서 사전 조사라는 숙제를 훌륭하게 해냈다며 "오늘날의 꼼꼼한 인류학자라면 이런 조사 방법에서 비롯된 혼란스런 뒤범벅에 경악하겠지만, 발자크가 글을 쓰던 때는 주변에 그처럼 꼼꼼한 인류학자가 없었다"고 결론지었다.

이 소설에는 두 명의 주인공이 있다. 퇴역 군인인 피에르 조제프 제네스타스가 작은 마을에 찾아와 베나시스 박사의 집에 숙소를 정

'소설을 무기로 역사를 써낸 프랑스의 위대한 사실주의 작가들. (왼쪽 위부터 시계 방향으로) 스콧을 최대한 모방해달라는 출판사의 요구에 맞추어 《노트르담의 꼽추》를 쓴 빅토르 위고, 나폴레옹의 몰락 이후에 프랑스인들에게 닥친 굴곡진 삶을 《인간 희극》으로 그려낸 오노레 드 발자크, '제2제국하에서 한 가족이 겪은 자연사와 사회사'라는 부제로 20권의 역사 소설을 연이어 써낸 에밀 졸라, 스탕달을 필명으로 사용한 마리 앙리 벨, "내 세대 사람들이 겪은 도덕의 역사, 더 정확히 말하면 그들이 느낀 감정의 역사를 쓰고 싶다"고 말한 귀스타브 플로베르 등이 대표 주자였다.

한다. 베나시스 박사는 작은 마을을 10년 만에 풍요로운 공동체로 바꿔놓은 지역 시장이다. 선견지명이 더해진 이타주의를 통해 이루어낼 수 있는 이상적인 모습이 독자에게 주어진다. 그러나 발자크는 단선적으로 묘사하는 데 그치지 않고 가중치를 두었다. 그 마을은 접근하기 힘든 벽촌에 있어 무척 이례적인 곳이다. 다른 자질구레한 부분들도 빠짐없이 묘사된다. 라뒤리가 인정하듯이, "삶의 방식과 주변 환경을 재현해내며, 발자크는 믿을 만한 숙련된 관찰자라는 걸 다시 한번

증명했다. 실내, 특히 식당을 묘사하는 데는 발자크에 필적할 작가가 없다." 따라서 알프스가 거의 언제나 눈에 덮여 있고, 그 마을의 집 지붕들이 알프스의 널빤지, 프로방스의 타일, 앙주의 얇은 석판, 어디에서나 구할 수 있는 짚으로 뒤죽박죽 뒤덮여 있다는 걸 몰랐다면 어떻게 되었겠는가? 베나시스 박사가 세운 작업장들에 대한 묘사는 완벽에 가깝다. 그렇지만,

> 1815년경 이후로 알프스 지역 사람들은 더는 위로 올라가지 않고 아래로 이동하는 경향을 띠었다. …발자크는 이런 변화에 주의하지 않았다. 발자크는 이렇게 역사의 중력 법칙을 무시하며, 현상에 대한 정확한 관찰이 소설가의 상상을 자극하는 새로운 현상은 산중턱에서 멈춰야 한다고 판단한다. 1815-1835년의 기간에 농촌 지역은 실제로 경제적으로 성장했다. 발자크는 유토피아를 꿈꾸는 창의력을 발휘하며, 이런 경제 성장을 지나치게 호의적으로 표현한다.

라뒤리의 분석은 이런 식으로 계속되며, 농민 문화가 죽음을 어떻게 다루었는지 등 많은 세부적인 면을 발자크가 빈틈없이 정확히 묘사했다고 지적하는 한편, 다수의 오류와 믿기지 않는 사건을 들추어낸다. 예컨대 빵을 굽는 혁명적인 기법이 소개되고, 벽촌에 1년 만에 70채의 주택이 새로 지어지며, 산 전체에서 나무들이 자연스럽게 쑥쑥 자라고, 눈송이는 떨어지는 법이 없다. 라뒤리는 "6주 만에 지역 인구가 수백 명이나 증가한다! 발자크는 끔찍할 정도로 비현실적이다. 그의 소설은 현실을 초월하며, 가능성의 범위에 머물러야 한다는 것조차 망각한다"고 말한다. 그렇지만 "많은 선지자가 그렇듯이, 발자

크도 단기적으로는 도를 넘는다. 그러나 중기적으로, 더 나아가 장기적으로 보면, 발자크가 실수하고 잘못한 게 아니었다." 따라서 라뒤리의 최종적인 평가는 이렇게 요약된다. 발자크는 꼼꼼한 인류학자라고 말하기에는 약간 부족하다. 유토피아를 꿈꾸는 사회학자, 정밀하지 못한 지리학자에 가깝지만 시골의 다양한 면들을 최고 수준으로 보고하고 통합함으로써 이런 부족함을 벌충한다. 발자크는 "우리의 손을 잡고 미스터리로 가득한 시골 마을의 문턱까지 인도할 뿐이다. 우리를 문턱 너머까지 데려가는 데는 성공하지 못했다."

그런 성공을 거둔 역사 소설가는 극소수에 불과하다. 그러나 전문 역사가도 그 정도의 성공을 거두는 경우가 무척 드물다. 문서 자료나 증인의 증언이 아무리 많더라도 과거에 대한 글에는 약간의 추측이 있기 마련이다. 우리가 확실히 알 수 없는 경우가 비일비재하다. 밀란 쿤데라Milan Kundera(1929-2023)에 따르면, "소설의 가치를 염두에 두면, 역사적 사실에 충실해야 하느냐는 이차적인 문제이다."[17] 과거를 이야기하는 소설가는 두 방향을 취할 수 있다. 하나는 그 시기를 최대한 설득력 있게 묘사함으로써 실제한 사실을 끼워 넣더라도 독자가 그 이야기를 진짜로 믿게 만드는 것이다. 이때 역사학자 브렌다 와이내플Brenda Wineapple의 표현대로 "역사 소설의 마법적인 복화술"을 살려내는 방법도 더불어 고려되어야 한다.[18] 발자크를 좋아하는 또 다른 역사가 제프리 울프는 "실제한 사실과 인공물, 숙어와 속어, 의상과 관습, 유행과 가격, 전통적인 지혜와 기발한 아이디어"를 더하는 방법도 생각해봐야 할 것이라 말했다.[19] 하지만 스콧은 1832년판 《부적》의 서문에서 "역사의 진실에서 벗어나… 상당한 정도가 고쳐졌다"고 공개적으로 인정했다. 정확성이 중요할 수 있지만, 이야기와 등장인물이 더욱더 중요하다는 뜻이었다.

다른 하나는 전업 역사학자만큼이나 모든 세부 사항을 꼼꼼히 정확하게 전달하려고 애쓰는 동시에, 어떤 것도 의도적으로는 왜곡하지 않는 데 있다. 독자에게는 이런 글쓰기도 문제를 야기한다. 어느 정도까지 믿어야 하느냐의 문제이다. 독자는 여전히 소설, 즉 픽션을 읽기 때문이다. 요즘 몇몇 작가가 시도하듯이 저자가 역사 기록인 부분과 그렇지 않은 부분을 설명하는 주석을 덧붙이더라도, 독자의 손에 쥐어진 소설은 원천적으로 허구로 꾸민 것이다. 따라서 소설은 특수한 종류의 역사, 즉 편익을 추구하는 역사이다. 따라서 "내 세대 사람들이 느낀 감정의 역사"라고 말한 플로베르에게 동의하게 되며, 그 역사는 엄격한 구성주의자constructionist는 생략하고 외면하는 경향을 띠는 부분의 역사이다.

뛰어난 역량을 지닌 논픽션 작가도 뭔가를 빠뜨린 것은 아닐까, 소설가의 글쓰기 방법을 흉내 내고 있는 것은 아닐까 걱정한다. 미국 역사가 아서 슐레진저 주니어Arthur Schlesinger Jr.(1917-2007)는《루스벨트 시대》제3권에서, 루이지애나 출신으로 많은 논란을 불러일으킨 부패하고 무자비한 연방 상원 의원, 휴이 롱Huey Long(1893-1935)을 암살한 와이스 박사에게 무려 3쪽이나 할애하며, 그 암살범의 마음속에 들어가 역사의 저울을 기울게 했을지도 모를 개인적인 열정의 강도를 짐작해보려 한다.

영국의 전기 작가 피터 아크로이드Peter Ackroyd는 아예 상상으로 과거를 더듬어보려 했다. 1990년 아크로이드는 찰스 디킨스를 다룬 방대한 전기를 출간했다. 7개 부분이 순전한 공상으로 꾸며지고, 그중 하나에서 아크로이드는 어느 시점에서 디킨스를 만난다. 그가 자신을 전기 작가라고 소개하자, 디킨스는 "아, 전기 작가! 전기 작가는 상상력이 없는 소설가에 불과하지!"라고 조롱한다. 그 전기가 출간된 후에 시끌벅적한 소동이 일어나자, 아크로이드는 "디킨스는 현실을 자신이 머릿속에 그린 허구의 반영으로 보았다"고 말하며, 소설과 전기를 뒤섞은 자신의 글을 변호했다. 그러나 2002년의 축약판에서 아크로이드는 공상으로 꾸민 7개 부분 모두를 삭제했다. 한편 에드먼드 모리스Edmund Morris(1940~2019)는 13년간 자료를 조사하고, 로널드 레이건을 직접 방문한 결실을 바탕으로 1999년 레이건의 전기를 발표했다. 이때 모리스는 레이건을 간혹 마주치는 가공의 '복합적인' 인물로 만들어냈다는 이유로 그 전기를 픽션이란 범주에 넣었다. 모리스는 퓰리처상까지 수상한 역사가였지만, 원하면 언제라도 전기에서 픽션을 사용할 수 있다는 걸 보였다는 점에서 그런 창작은 분명한 일탈이었다.

그 이후로, 두 가지 형태의 글쓰기가 서로 자극을 주며 계속되었다. A. S. 바이엇Antonia Susan Byatt은 2002년에 출간한 《역사와 이야기에 대하여》에서, "사이먼 샤마 같은 최근의 역사가들은 역사 서술에 의도적이고 의식적으로 이야기 형식을 되살리려고 시도"해왔지만 반대로 "'모든 역사는 허구'라는 생각이 역사로서의 허구에 대한 새로운 관심을 불러일으켰다"고 지적한다.[20] 또한 샤마는 논리적 전개를 포기하면서까지 이야기를 강조했다는 비판도 받았다.

한편 이슬람 역사에 대한 미국 학자 체이스 로빈슨Chase Robinson과 영국의 손꼽히는 군사 역사학자 마이클 하워드Michael Howard는 환영할 만한 공통점을 찾아냈다. 로빈슨은 "상상에 기반한 문학과 일반적으로 관련된 기법, 즉 이야기를 꾸려가는 기법을 사용하는 논픽션 역사서와, 등장인물과 이야기가 과거의 사건에 기반을 두는 역사 소설을 구분짓는 경계가 어디에 있을까? 특히 두 글쓰기가 공통된 목적, 즉 저자가 진실이라 생각하는 것을 재밌게 설명하고 가르치려는

목적을 공유한다면 그 경계가 어디에 있을까?"라는 의문을 제기했
다.²¹ 이런 의문의 제기에 하워드는 간단히 대답한다. "우리 모두가 나
름의 방식으로 진실에 흠집을 내고 있습니다."²²

✳ ✳ ✳

　세계 최고의 역사 소설은 《전쟁과 평화》가 아닐까 싶다(물론 최
고의 베스트셀러는 《바람과 함께 사라지다》).* 그 소설의 초고는 1863년
에 완성되었다. 일부가 '1805년'이란 제목으로 러시아 문학 잡지에
1865년부터 1867년까지 연재되었지만 톨스토이는 그 기간 동안 전
체를 다시 썼고, 그렇게 완성된 소설은 1869년에야 처음 모습을 드
러냈다. 톨스토이는 무엇을 소재로 역사 소설을 써야 할지를 수년
동안 숙고한 끝에 나폴레옹과 러시아 간의 전쟁으로 결정을 내렸
다. 톨스토이는 발칸반도와 크림반도와 캅카스에서 직접 전쟁에 참
전했고, 그때의 경험을 통해 전쟁의 성격과 원인을 분석해보려 애
썼다. 톨스토이의 전기를 가장 먼저 쓴 전기 작가 에일머 모드Aylmer
Maude(1858-1938)는 《전쟁과 평화》가 작가의 부모 세대의 기억 내에
서 이야기가 전개되기 때문에 진정한 의미에서 역사 소설이 아니라
고 말했다. 톨스토이 자신도 최고의 러시아 문학은 정해진 규칙을 따
르지 않는다고 말하며, 《전쟁과 평화》를 소설이라 칭하기를 주저했
고, 《안나 카레리나》를 자신이 쓴 최초의 진정한 픽션 작품, 즉 소설

　✱　작가의 인기도에 대한 소련의 통계자료에 따르면, 1953년까지 판매 부수에서 막
심 고리키가 1위로 7100만 부, 푸시킨이 6800만 부, 톨스토이가 4200만 부였다.
R. H. Bruce Lockhart, *Your England* (New York: Putnam, 1955), p. 250을 참조하
기 바란다.

이라 생각했다. 말년에 종교적 회심과 관련된 일련의 작품을 발표한 뒤에는 《전쟁과 평화》와 《안나 카레리나》 둘 모두를 부끄럽게 여겼다. 그의 표현을 빌리면, 《전쟁과 평화》는 "소설이 아니었다. 시는 더더욱 아니었으며, 물론 연대기도 아니었다." 그러나 톨스토이는 항상 무엇이든 반대하는 성향을 띠었고, 자신에 대해 정의한 적이 없었다. (그렇다고 톨스토이만이 자신의 초기작을 부정한 것은 아니다. 니콜라이 고골도 《죽은 영혼》과 《감찰관》과의 절연을 선언했다.)

대학을 졸업하기 전부터 톨스토이는 교수들이 사소한 문제에 많은 시간을 허비한다는 결론에 도달했다. 게다가 합리적인 사람이라면 신학과 사어死語를 알고 싶지 않을 것이라며, 그에 대한 교육을 맹렬히 비난했다. 또한 역사학은 진정으로 중요한 것을 언급하지 않는다고 지적하며 달갑게 생각하지 않았고, 언젠가 사소한 반항을 했다는 이유로 한 친구와 함께 벌칙 방에 갇혔을 때 "역사학은 누구도 묻지 않은 질문에 혼자 대답하는 귀머거리와 같아"라고 말해 그 친구를 놀라게 하기도 했다.[23] 톨스토이는 과거를 깊이 조사할수록 기존 설명을 더욱 불신하게 되었고, 결국에는 농담기를 싹 지우고 "역사는 진실인 경우에만 탁월한 것이 된다"고 씁쓸하게 말했다.

톨스토이가 훗날 《전쟁과 평화》가 되었던 소설을 쓰기로 결정했을 때는 종군 기자로 상당한 명성을 얻은 뒤였다. 특히 크림반도에서 보낸 보도들 및 카자크 사람들의 삶을 다룬 초기의 단편소설들로 명성을 얻었다. 1861-1862년, 톨스토이는 서유럽을 방문했고 빅토르 위고를 만났다. 그때 위고가 막 끝낸 《레 미제라블》을 읽었고, 그 소설에서, 특히 전투 장면의 묘사에서 큰 영향을 받았다. 러시아로 돌아가자마자 톨스토이는 《레 미제라블》에 못지않은 장편소설을 쓰겠다는 계획을 실천에 옮기며 1812년 프랑스가 러시아를 침략했을 때를 겪고 살아남은 사람들을 만나 이야기를 나누었고, 그 전쟁과 관련된 자료를 폭넓게 읽었다. 《전쟁과 평화》에 등장하는 580명의 등장인물 중 약 160명이 실존 인물이다. 톨스토이가 그 소설에서 공개적으로 인정하듯이, 그의 목표는 픽션과 역사의 경계를 융합하는 것이었다. 초기의 원고에서, 그는 러시아가 나폴레옹과 전쟁한 이야기를 사실적으로 쓰고 싶었지만 픽션의 도움을 받지 않고 그 작업을 해내려면 "진실보다 역사 자료에 더 의존할 수밖에 없다"고 말했다.

《전쟁과 평화》의 후반부에는 전쟁과 권력과 역사에 대한 단상이 곳곳에 등장한다. 대부분 이해하기가 쉽지 않다. 유명한 편집자 맥스웰 퍼킨스Maxwell Perkins(1884-1947)는 소설가 존 골즈워디John Galsworthy(1867-1933)에게 1929년 보낸 편지에서 아이들에게 《전쟁과 평화》를 읽어주고 있다며, "톨스토이가 자신의 전쟁론을 펼쳐놓은 이 부분은 건너뛰더라도 괜찮을 것"이라고 썼다.[24] 실제로 몇몇 판본에서는 그 부분을 완전히 들어내기도 했다. 심지어 톨스토이 생전에 출간된 몇몇 판본에서도 지루하게 이어지는 전쟁론이 부록으로 처리되었다.

따라서 톨스토이의 전통적인 역사관을 비판하는 데는 두 번째로 쓴 에필로그가 주로 인용된다. 19세기의 '위인론great man theory'에서 핵심적인 사건은 '영웅'의 행위가 빚어낸 결과물이다. 톨스토이는 영웅의 행동이 위대한 사건으로 귀결되는 경우는 무척 드물고, 위대한 사건은 관련된 수많은 개인이 행한 작은 행동들의 결과에 불과하다고 주장하며, "역사적 사건에서 이른바 위인은 사건에 명칭을 부여하는 꼬리표이고, 꼬리표와 마찬가지로 사건 자체와 거의 관련이 없다"고 말한다.[25] 현명한 톨스토이는 "땅딸막하고, 똥짤막한" 나폴레옹이 아니다.[26] 나폴레옹은 자신이 역사를 지배한다고 믿지만, 러시아 장군 쿠투조프는 그렇지 않다는 걸 안다. 마침내 두 군대가 보로디노에서

1860년대의 레프 톨스토이. 《전쟁과 평화》는 1867-1869년에 출간되었다. 톨스토이는 첫 원고를 마무리하자마자 원고를 다시 쓰기 시작했다. 따라서 두 종류의 《전쟁과 평화》 가 있는 셈이다. 세계 전역에 출간된 것은 나중에 쓴 것이다.

크게 충돌하며 대학살이 벌어지고, 톨스토이는 당시 전투를 이렇게 묘사한다.

전투 과정을 지휘한 것은 나폴레옹이 아니었다. 그의 명령이 하나도 실행되지 않았고, 전투가 진행되는 동안에 그는 저 앞에서 전개되는 전황에 대해 전혀 몰랐기 때문이다. 따라서 군인들이 서로 죽이는 대학살은 나폴레옹의 의지에 따른 것이 아니라, 그와는 상관없이 그 전투에 참가한 수십만 명의 의지에 따른 것이었다. 나폴레옹에게는 상황 전체가 자기 의지대로 일어난 것처럼 보였을 뿐이다. ···27

1891년 안톤 체호프가 한 친구에게 보낸 편지에서 "나폴레옹이 등장하자마자 우리는 그가 실제보다 더 어리석다는 걸 보여주기 위해 결과를 비틀고 왜곡하게 된다"고 말했던 것도 놀랍지는 않다.[28] 그러나 톨스토이가 (좋든 싫든 간에) 역사를 쓴 것일까, 아니면 평론이나 소설을 쓴 것일까? 《전쟁과 평화》가 발표되자, 진보적 성향을 띠었던 신문 〈골고스(목소리)〉는 "이런 글이 어떻게 가능할 수 있을까? 이 글을 어떤 종류의 장르로 분류해야 할까? 이 글에서 허구는 어디에 있고, 실제 역사는 어디에 있는가?"라는 의문을 제기했고, 이 의문은 나중에 많은 다른 작가에게 의해서도 제기되었다.[29] 이 의문에 톨스토이는 잡지 〈러시아 전령〉의 편집자에게 보낸 편지에서 "그 작품은 소설이 아닙니다. 허구로 만들어낸 이야기도 아닙니다. 문제가 해결되며 끝나는 줄거리 같은 것도 없습니다. 지금 내가 이 편지를 쓰는 이유는, 목차가 소개되는 속표지에서, 더 나아가 광고에서도 내 작품을 소설로 규정하지 말아달라고 부탁하려는 것입니다"라고 설명했다.[30]

톨스토이가 종합적인 역사가 노릇을 하려고 했지만 그에 대한 비판이 있다고 해서, 그가 《전쟁과 평화》에서 묘사해 보인 가장 '허구적'인 부분들—예컨대 19세기 초 러시아 상류 사회와 군부의 삶이 어땠는지를 독자의 기억에서 영원히 지워지지 않을 정도로 생생히 포착한 장면들—은 역사학 교수였다면 종신 재직권을 요구할 만한 성과였다는 사실까지 외면해서는 안 된다. 전투 장면들(군사 전문 작가이던 미하일 드라고미로프(1830-1905) 장군은 참모 장교들에게 《전쟁과 평화》를 필수적인 교본으로 사용하라고 조언했다), 썰매로 눈밭을 무지막지하게 질주하는 장면들, 가족의 늑대 사냥, 나타샤의 민속춤 등의 사실적인 묘사를 통해, 톨스토이는 그 시대의 사회상을 우리에게 비할 데 없이 깊이 들여다보게 해준다.*

나폴레옹이 모스크바를 향해 진군할 때 그곳 주민이 두려움과 공포에 사로잡혀 어떻게 반응했는지에 대한 톨스토이의 묘사는 기억에서 쉽게 사라지지 않는다. 그러나 당시 상황은 기록물이나 다른 문서를 사용해서 우리에게 전달되지 않고, 전적으로 비유, 벌집의 비유를 통해 전해진다. 그 일부를 여기에 옮겨보자.

그사이에 모스크바는 텅 비어 있었다. 아직 이전 인구의 50분의 1가량은 남아 있었지만 텅 비어 있었다. 여왕벌이 없어 죽어가는 벌집처럼 모스크바는 비어 있었다.

여왕벌이 없는 벌집에는 이미 생활이라는 것이 없지만, 표면적으로는 다른 벌집과 마찬가지로 생활하고 있는 것처럼 보인다. 여왕벌이 없는 벌집도 생활이 계속되는 다른 벌집과 마찬가지로 주위로 꿀벌들이 대낮의 뜨거운 햇살 속을 즐겁게 날아다니고, 멀리까지 꿀 냄새를 풍기고, 꿀벌들 역시 벌집을 드나든다. 그러나 좀더 주의깊게 들여다보면 그 벌집에는 이미 생활이 없는 것을 알게 된다. 꿀벌이 나는 모습도 생활이 있는 벌집과 다르고, 냄새도 날개를 치는 소리도 다른 것을 양봉가는 안다. 양봉가가 병든 벌집을 두드려보아도 전과 같이 일제히 일어나던 반응은 없고, 위협하듯 엉덩이를 움츠리고 날쌔게 날개를 치며 생기

---

* 거의 모든 주요 등장인물이 톨스토이가 실생활에서 알았던 사람들, 특히 가족 구성원에 근거를 두었다. 예컨대 나타샤는 처제인 타티아나 안드레예브나 베르스가 표본이었다. 톨스토이가 소니아 베르스와 결혼했을 때 16세이던 타티아나는 활달한 10대 소녀였고, 톨스토이에게 많은 사랑을 받았으며, 소설 속의 나타샤와 무척 비슷했다. 언젠가 연애 문제가 그녀의 바람대로 풀리지 않자 독약을 마시지만, 한 구혼자에게 연락을 받고는 죽겠다는 생각을 단념하고 그 구혼자를 정중히 받아들인 뒤에 어머니에게 달려가 해독제를 구했다.

있는 공기 소리를 내던 수만의 꿀벌 소리는 나지 않으며, 텅 빈 벌집 여기저기서 헛되어 울리는 고르지 않은 소리가 날 뿐이다. 벌집 입구에서도 전과 같이 알코올 성분이 있는 꿀과 독소의 향내가 나지 않고, 또 벌이 가득한 온기도 불어오지 않으며, 꿀 냄새는 공허와 부패의 냄새를 풍길 뿐이다.

벌집 입구에는 방어를 위해 목숨을 걸고 엉덩이를 높이 쳐들고 위험을 알리는 파수벌도 없다. 이제는 그 규칙적이고 조용한 울림도, 물이 끓는 듯한 노동의 기색도 없고, 고르지 않은 혼란한 소음만 드문드문 들릴 뿐이다. 머뭇거리며 의뭉스럽게 벌집을 드나드는 것은 온몸이 꿀투성이가 된 허리가 긴 검은 도둑벌뿐이며, 그놈들은 쏘이지 않고 위험에서만 도망치려고만 한다. 전에는 먹이를 가지고 왔다가 빈손으로 나갔던 벌들이 이제는 먹이를 가지고 나간다. 양봉가는 벌통 바닥을 열고 벌집 아래쪽을 들여다본다. 서로 발을 감고 끊임없이 노동의 소리를 울리며 밀랍을 칠하고, 덩굴처럼 벌집 밑바닥까지 검고 윤기 나는 벌들이 죽 늘어선 대신, 마르고 졸린 듯한 벌들이 벌집 바닥과 벽 여기저기를 멍청히 기어다닐 뿐이다. 깨끗하게 아교풀을 바르고 날개로 쓸어낸 바닥에는 밀랍 조각과 벌똥과 간신히 발을 꼼지락거리며 다 죽어가는 벌들과 완전히 죽어서 아직 치워지지 않은 벌들만 뒹굴고 있다. …

이런 식으로 모스크바도 비어 있었다.[31]

X X X

문학성을 띠든 대중적이든 간에 주목할 만한 역사 소설가는 영어로 글을 쓴 20세기 후반 이후의 작가로 제한하더라도 상당히 많은 편이다. 메리 레놀트Mary Renault(1905-1983), 로버트 그레이브스, 애니아 시턴Anya Seton(1904-1990), 대프니 듀 모리에Daphne du Maurier(1907-1989), 세실 스콧 포레스터Cecil Scott Forester(1899-1966), 폴 스콧Paul Scott(1920-1978), 로즈메리 서트클리프Rosemary Sutcliff(1920-1992), 진 플레이디Jean Plaidy(1906-1993), 메리 스튜어트Mary Stewart(1916-2014), 윌리엄 골딩William Golding(1911-1993), 조지 맥도널드 프레이저George MacDonald Fraser(1925-2008), 도로시 더넷Dorothy Dunnett(1923-2001), 조젯 헤이어Georgette Heyer(1902-1974), 패트릭 오브라이언Patrick O'Brian(1914-2000), 코맥 매카시Cormac McCarthy(1933-2023), 토니 모리슨Toni Morrison(1931-2019), 하워드 패스트Howard Fast(1914-2003), 콜린 매컬로Colleen McCullough(1937-2015), 버나드 콘웰Bernard Cornwell, 배리 언스워스Barry Unsworth(1930-2012), 베릴 베인브리지Beryl Bainbridge(1932-2010), 제임스 고든 패럴James Gordon Farrell(1935-1979), 토머스 케닐리Thomas Keneally,* A. S. 바이엇A. S. Byatt, 패트 베이커Pat Barker, 필리파 그레고리Philippa Gregory, 피터 아크로이드, (하나의 소설에서 여러 장르를 혼용한) W. G. 제발트Winfried Georg Sebald(1944-2001), 고어 비달Gore Vidal(1925-2012), 조이스 캐럴 오츠Joyce Carol Oates, 멜빈 브

---

* 토머스 케닐리는 역사 소설에서 무척 다양한 주제를 다루었다. 모세와 잔다르크와 스톤월 잭슨의 삶에 대해 썼고, 1918년 베르사유 조약이 맺어지는 과정이나 제2차 세계대전에 파르티잔으로 활동한 요시프 브로즈 티토에 대해서도 썼다. 나폴레옹의 말년 및 오스트레일리아의 과거를 주제로도 여러 편의 소설을 발표했다. 1980년 나는 '호더앤드스토턴' 출판사에서 픽션 담당 책임자로 일했다. 그때 나는 논픽션 담당 책임자 이온 트레윈과 함께, 케닐리를 당시 출판사로부터 꾀어내려 했다. 케닐리의 대리인인 데사 세일이 우리 둘에게 당시에 꽤나 알려진 오스카어 쉰들러Oskar Schindler에 대한 책을 쓰면 어떻겠느냐는 제안서를 보냈다. 나

래그Melvyn Bragg, 퍼넬러피 피츠제럴드Penelope Fitzgerald(1916-2000), 마거릿 애트우드Margaret Atwood, 로즈 트레메인Rose Tremain, 피터 케리Peter Carey, 로버트 해리스Robert Harris, 시배스천 폭스Sebastian Faulks, 이언 피어스Iain Pears, 시배스천 배리Sebastian Barry, 세라 워터스Sarah Waters, 앤드루 밀러Andrew Miller, 헬렌 던모어Helen Dunmore(1952-2017)가 대표적인 예이다. 그러나 그 숫자는 이미 감당하기 힘들 정도로 많고, 영어권 소설가로 제한하는 것도 이제는 무의미하다. 예컨대 이탈리아 소설가 엘레나 페란테Elena Ferrante의 소설들, 시몬 볼리바르를 멋지게 그려낸 가브리엘 가르시아 마르케스Gabriel García Márquez(1927-2014)의 《미로에 빠진 장군》, 제프리 힐Geoffrey Hill(1932-2016)이 8세기를 배경으로 노래하고 《머시아 송가》에 게재한 30편의 산문시도 역사 소설에 포함하고 싶은 사람이 있을 것이다.

1973년, 저자들의 기준에서 "문학성과 가독성 및 역사적 가치를 기준으로 평가할 때 더 나은 작품"으로 여겨지는 작품들을 정리한 결과를 담아낸 책이 발표되었다.[32] 대니얼 D. 맥개리Daniel D. McGarry와 세라 해리먼 화이트Sarah Harriman White가 연대순과 지역별로 정리하고 편집한 《세계 역사 소설 안내서》(런던, 스케어크로 출판사)에는 무려 6455편의 작품이 담겼다.

는 그 제안에 너무 흥분해서 우리 출판사 건물 안으로 미친 듯이 뛰어다녔다. 그러나 그 제안은 제2차 세계대전 동안 많은 유대인의 생명을 구해낸 독일인 향락주의자의 삶을 논픽션으로 다루겠다는 것이었고, 따라서 이온의 몫이 되었다. 하지만 글을 집필하던 과정에서 케닐리는 쉰들러 이야기를 픽션으로 다루는 게 더 낫겠다는 결론에 도달했고, 그런 우여곡절 끝에 탄생한 소설 《쉰들러의 방주》는 1982년 퓰리처상을 수상했고, 1994년에는 스티븐 스필버그가 감독한 영화 〈쉰들러 리스트〉가 7개 분야에서 아카데미상을 받았다. 케닐리와 스필버그는 '선한 독일인Good German'(나치를 지지하지 않았다고 주장하지만 침묵하며 유의미하게 저항하지 않는 독일인/옮긴이)에 대한 우리 생각을 바꿔놓았다.

역사 소설이란 장르가 어떻게 진화했는지 보여주려고, 죄르지 루카치만이 아니라 프레드릭 제임슨Fredric Jameson과 페리 앤더슨Perry Anderson 같은 평론가들까지 역사 소설은 여러 단계를 거쳐왔다고 주장한다.[33] 그들의 주장에 따르면, 역사 소설은 낭만주의적 민족주의 romantic nationalism의 부산물로 시작되었다. 놀랍게도 루카치가 좋아한 작가 월터 스콧은 서사적 시대극을 도입한 까닭에 그의 줄거리에는 선과 악의 충돌이 그려진다. 톨스토이는 다른 차원의 사실주의를 추구하며 공적인 사건과 개인적인 삶을 뒤섞지만, 역사적 증거가 그의 목적에 부합하지 않으면 비틀어진다.

프랑스에서는 발자크와 스탕달과 알렉상드르 뒤마, 영국에서는 H. 라이더 해거드Henry Rider Haggard(1856-1925)와 존 버컨John Buchan(1875-1940)을 필두로, 역사 소설의 영역을 다양한 방향으로 넓혔을 뿐만 아니라 지적 수준의 고하를 막론하고 모두를 가능한 독자로 받아들이며 다른 형태의 글들과 차별을 두었다. 그때부터 역사 소설은 국가 건설이란 목적을 떨쳐내고 순전히 재밌는 읽을거리가 될 수 있었지만, 에드워드 7세 시대(대체로 1910년/옮긴이)까지는 온갖 유형의 글에서 역사 소설이 지배적인 위치를 차지했고, 포드 매덕스 포드Ford Madox Ford(1873-1939)와 아나톨 프랑스Anatole France(1844-1924), 심지어 조지프 콘래드도 역사 소설을 썼다. 20년 뒤, 두 세계대전 사이의 기간에서야 역사 소설의 열기가 시들해졌다. 제1차 세계대전으로 전투와 군사 외교의 민낯이 드러났고, 흥미를 자극한 통속적인 역사 소설은 웃음거리가 되었으며, 심지어 천박하게 여겨졌다. 모더니즘modernism이 도래하며, 다른 종류의 의식 세계가 더 중요하게 부각되었다. 그러나 미국에서는 여전히 역사 소설이 쇠퇴하지 않아, 윌리엄 포크너William Faulkner(1897-1962)의《압살롬

압살롬》, 미국에 정착한 뒤의 토마스 만Thomas Mann(1875-1955), 손턴 와일더Thornton Wilder(1897-1975)가 주목할 만한 성공을 거두었고, 《바람과 함께 사라지다》가 그야말로 파죽지세로 대성공을 거두었다.

버지니아 울프의 《올랜도》, 요제프 로트Joseph Roth(1894-1939)의 《라데츠키 행진곡》 등 적잖은 예외가 있었지만, 제1차 세계대전에서 비롯된 역사 소설에 대한 편견은 제2차 세계대전으로 더욱 심화되었다. 하지만 상업적인 차원에서 역사 소설은 여전히 인기여서, 그 시대의 여러 분야를 소개한 안내서에 따르면 6000종 이상의 신간이 출간되었다. 게다가 1951년 프랑스에서 마르그리트 유르스나르Marguerite Yourcenar(1903-1987)가 로마 황제를 다룬 《하드리아누스 황제의 회상》으로 페미나상을 수상하며, 세상을 놀라게 했다. 1960년에는 이탈리아의 주세페 토마시 디 람페두사Giuseppe Tomasi di Lampedusa(1896-1957)의 《표범》이 사후에 출간되었고, 루카치는 이 소설에서 역사적인 것과 실존적인 것이 서로 맞물리며 역사 소설의 진수를 보여주었다고 평가했다. 거의 같은 시기에 이집트의 나기브 마푸즈Naguib Mahfouz(1911-2006)는 카이로 3부작에서 1918년부터 수에즈 운하가 국유화된 때까지 한 부르주아 가문을 추적하며, 허구적 등장인물들과 역사적 실존 인물들을 얼기설기 섞어 짜며 민족 해방을 향해 이야기를 진행해 나아간다.*

비사교적인 반半벨기에인, 시칠리아 출신의 귀족, 무명에 가까운 이집트인은 이례적으로 탁월한 역사 소설을 남겼지만, 30년 동안 그들의 소설들은 겉만 번드르르한 역사 소설 세계에서 빛나는 보석이었다. 그러고는 1970년대 초에 변화가 일어났다. 오늘날 역사 소설은 무척 높은 평가를 받아, 뛰어난 소설가라면 누구나 시도해보려는 장르가 되었다. 그러나 글을 쓰는 방법이 바뀌었다. 이제 과거와 현재가 자유롭게 뒤섞이고, 작가가 이야기의 전개에 끼어들기도 한다. 역사적 실존 인물이 주변에 맴돌지 않고 중심을 차지할 수 있다. 또 이야기가 조건법적으로 서술되며 실제로 일어나지 않은 사건을 기술하고, 결말이 다양한 형태가 나타날 수도 있다. 알레호 카르펜티에르Alejo Carpentier(1904-1980)부터 가브리엘 가르시아 마르케스나 마리오 바르가스 요사Mario Vargas Llosa까지, 카리브해와 라틴 아메리카의 소설가들은 특히 주목할 만한 방법으로 과거를 재해석했다. 예컨대 요사의 소설로, 가장 많은 찬사를 받은 《세계 종말 전쟁》(1981)은 19세기 말에 브라질의 한 지역에 일어난 봉기가 1만 5000명이 넘는 농민의 대학살로 확대된 사건을 다루었다. 러시아 작가 블라디미르 샤로프 Vladimir Sharov(1952-2018)는 '마법적 역사주의magical historicism'라 칭해지는 것을 《이전과 도중》(1993)과 같은 소설들에서 선구적으로 시도하며, 역사에 실제한 사건들과 인물들(톨스토이, 드 스탈 부인, 알렉산드르 스크랴빈, 스탈린)을 상상으로 꾸민 대안적 연대기에 등장시킨다. 미국에서 핵심적으로 다루어지는 소재는 인종 갈등(윌리엄 스타이런, 월리스 스테그너, E. L. 닥터로, 앨리스 워커)이거나 제국(고어 비달, 토머스 핀

* 중국 역사학자는 이 책에서 거의 언급되지 않는다. 그러나 단톈팡单田芳(1934-2018)이란 인물은 주목할 만하다. 처음에는 찻집에서 나중에는 라디오에서 중국 고전 소설과 과거의 역사적 사건을 암송해주는 역사가였다. 송나라(AD 960-1279) 시대에 확립된 '평슈評話'를 행하는 사람으로, 전통적인 의상을 입고 책상 뒤에 앉아, 순전히 기억에 의존해서 다양한 목소리와 과장된 몸짓으로 전설을 이야기하듯이 풀어내며, 간혹 해설도 덧붙인다. 그 전설은 주로 중국 서사이고, 책상 위에는 항상 접부채와 나무 망치가 놓여 있다. 단톈팡은 1966년부터 1976년까지 반反혁명분자로 유배되었지만, 다시 평슈 공연자로 복귀해 라디오 앞에 섰을 때 1억 이상의 중국인이 그의 이야기를 들으려고 라디오 주파수를 맞추었다. 하지만 위대한 평슈 공연자들이 이제는 거의 세상을 떠난 까닭에 그 전통도 서서히 사라지고 있다. Amy Qin, obituary of Shan Tianfang, The New York Times, 2018년 9월 19일, B16면.

첫 소설《가장 푸른 눈》(1970)의 겉표지에 실린 토니 모리슨의 사진. 존 레너드는 〈뉴욕 타임스〉에 게재한 서평에서 이 소설은 "역사이고 사회 비평이며, 민속이고 악몽이며 음악"이라고 썼다.

천, 돈 디릴로, 노먼 메일러)으로 군부 독재, 인종 살상, 테크놀로지 전쟁, 집단 학살 등으로 이야기되며, 역사서가 공포 소설처럼 읽힌다.

소설은 아프리카계 미국인 작가들이 과거를 후세에 알리고 해석하는 중요한 출구가 되었다. 알렉스 헤일리Alex Haley(1921-1992:《뿌리: 한 미국인 가족의 이야기》), 제임스 맥브라이드James McBride(특히 선동가 존 브라운을 다룬 2013년의 코믹 소설《더 굿 로드 버드》), 월터 모슬리Walter Mosley(사설 탐정 이지키얼 '이지' 롤린스가 활약하는《푸른 드레스를 입은 악마》를 비롯한 미스터리 역사 소설들), 콜슨 화이트헤드Colson Whitehead(《언더그라운드 레일로드》를 비롯해 지금까지 8권의 소설)는 소설이란 형식을 통해 역사를 이야기하며 재평가도 하는 대표적인 소설가들이다. 하지만 그들의 머리 위에는 노벨상을 수상한, 토니 모리슨Toni Morrison(1931-2019)으로 알려진 클로에 아델리아 워포드Chloe Ardella Wofford가 앉아 있다.

오하이오 로레인에서 태어난 모리슨은, 흑인 노동자 계급에 속한 부모 밑에서 사형제 중 둘째로 태어났다. 아버지는 US 스틸에서 일용직 용접공으로 일했고, 어머니는 전업주부로 아프리카 감리교 감독교회The African Methodist Episcopal Church의 충실한 신자였다. 모리슨이 두 살이었을 즈음 가족 모두가 집 안에 있을 때, 집주인이 그들 가족이 집세를 내지 못한다는 이유로 그들의 집에 불을 질렀다. 모리슨의 부모는 화를 내거나 복수하지 않고, 웃음으로 넘기며 집주인을 겸연쩍게 만들었다.

어린 시절, 클로에는 어머니가 출석하는 교회에서 노래하는 걸 좋아했다. 그러나 1943년, 12세가 되었을 때 가톨릭교로 개종했다. 가톨릭교의 강렬한 역사와 예술 작품에도 끌렸지만, 가톨릭 신자이던 사촌의 열정도 한몫을 했다. 모리슨은 당시를 회상하며 "얄팍한 생각에 따른 개종이었다. 그러나 내가 더 나이가 들어 종교를 진지하게 받아들이기 시작하기 전까지는 그랬다. 그 이후에는 오랫동안, 아주 오랫동안 가톨릭교로의 개종을 진지하게 받아들였다"고 말했다.[34] 평론가들이 지적하듯이, 모리슨은 자신의 생각과 믿음을 담은 이야기를 가톨릭 세계관에 끼워넣는 걸 두려워하며 피한 적이 없었다. 모리슨은 개종한 신앙의 '경전과 모호함'에 마음이 끌렸고, 가톨릭교가 "극적인 종교여서, 흑인에게 특별히 흥미로운 것을 말해준다. 그래서 흑인이 가톨릭교에 크게 쓸모가 있겠다고 생각한다"는 결론에 도달했다.

모리슨은 성자 파도바의 안토니오에 경의를 표하며 선택한 세례명에 근거해 '토니'라는 별칭을 얻었다. 시간이 지남에 따라 그녀는 교회에 불만을 품게 되었고, 특히 미사에 라틴어를 포기하고 영어를 사용하기 시작한 것에 불만을 드러냈다. 2007년쯤 그녀의 종교적 정체성은 더욱더 미궁에 빠져, 그녀는 완전히 신앙을 버린 것처럼 말했다. 하지만 2014년 그녀는 "나는 가톨릭 신자다!"라고 확인해주었다.

고등학교 시절, 그녀가 좋아한 작가는 교부들이 아니라 제인 오스틴과 레프 톨스토이였다. 워싱턴 DC에 위치한 유서 깊은 흑인 교육 기관인 하워드 대학교 영문학과를 졸업한 뒤에 코넬 대학교 대학원으로 진학해서 버지니아 울프와 윌리엄 포크너를 주제로 논문을 썼다. 하워드 대학교에서 학생들을 가르쳤고, 그 과정에서 자메이카 출신의 건축가를 만나 결혼했지만, 1964년 둘째 아들을 임신한 상태에서 이혼했다. 이듬해 그녀는 뉴욕 시러큐스에 소재한 랜덤하우스의 교과서 부서에서 편집자로 일하기 시작했고, 1967년에는 뉴욕시의 랜덤하우스 종합 출판부로 자리를 옮기며 랜덤하우스에서 최초로 흑인 여성 선임 편집자가 되었고, 곧이어 앤절라 데이비스Angela Davis부터 게일 존스Gayl Jones, 심지어 무하마드 알리Muhammad Ali(1942-2016)까지 유색인 작가를 키워내기 시작했다. "나는 문학에서 침묵에 묻혀 존재하는 것처럼 여겨지는 것에 눈을 돌렸다. 언어로 표현되지 않아 음미되지 않은 이야기가 너무도 많았다." 언어와 이야기와 종교라는 고유한 요소들이 모이면 '흑인'의 책을 만들 수 있다고 믿기에 이르렀다. 모리슨은 "흑인들의 이야기가 동시에 여러 방향으로 진행되는 것처럼 구불구불하게 전달될 뿐"이라고 말했다.[35]

1974년 토니 모리슨은 이런 이야기들을 수집해 정리하는 중요한 작업을 해낸 끝에 《블랙 북The Black Book》을 펴냈다. 노예 제도 시대부터 1920년대까지 미국에서 흑인들이 어떻게 살았는지를 보여주는 사진과 삽화, 수필 등 여러 자료를 편집한 문집이었다. 그녀는 기록이 일방적으로 치우친 현상에 큰 충격을 받았다. 아프리카계 미국인들이 어떤 삶을 살았는지를 보여주는 자료가 거의 없었다.

　그 무렵 그녀는 하워드 대학교 작가 모임에 참여해서 이미 소설을 쓰고 있었다. 그 모임에서 그녀는 1970년에 출간된 첫 작품《가장 푸른 눈》이 되는 원고를 조금씩 채워갔다. 대공황 직후가 배경으로, 주인공은 어린 아프리카계 미국인 소녀 피콜라 브리드러브이다. 술에 취한 아버지가 집을 불태운 뒤에 피콜라는 이웃들에게 맡겨지지만 결국 가족의 곁으로 돌아간다. 따돌림과 무시에 지친 피콜라는 피부가 흰색이고 눈동자가 푸른색이었다면 사랑을 받았을 거라고 확신한다. 어느 날, 술에 취해 집에 돌아온 아버지가 피콜라를 강간한다. 그 끔찍한 시련에 미쳐버린 피콜라는 자신의 바람이 응답을 받아, 마침내 꿈에 그리던 하얀 피부와 푸른 눈을 갖게 되었다고 믿는다. 모리슨은 이 소설을 통해, 아름다움마저 자기들 방식으로 생각하는 백인 문화에 의해 악화되는 비극을 보여주었다.

　세 번째 소설《솔로몬의 노래》(1977)로 모리슨은 미국 비평가 협회상을 받으며 소설가로서 크게 발돋움했지만, 다음 소설《타르 베이비》(1981)와 마찬가지로 역사적 사건이 그녀의 소설에서 중요한 역할을 했으나 여전히 중심을 차지하지는 않았다. 1955년 백인 남자들이 흑인 10대 소년 에멧 틸을 살해한 사건을 바탕으로 쓴 희곡이 뒤를 이었고, 마침내《빌러비드》가 발표되었다.

　이 소설은 미국 남북 전쟁 후를 배경으로 한 유령 이야기로, 흑인 여자 노예 마거릿 가너Margaret Garner의 진술에서 영감을 받은 것이다. 모리슨은《블랙 북》을 편찬하는 과정에서 가너의 아픔을 알게 되었고, 1856년 한 신문에 실린 「자식을 죽인 노예 어머니를 방문하다」라는 기사를 찾아냈다.《빌러비드》는 6000만 이상의 흑인에게 헌정되었다. 그 숫자는 대서양을 횡단한 노예 무역의 결과로 사망한 아프리카인과 그 후손을 가리키는 숫자였다. 그 소설은 악폐와 미신과 환상에 대한 이야기이지만, 미국 문학 전체에서 노예 제도라는 트라우마를 가장 감동적이고 공감할 수 있도록 그려낸 소설이기도 하다.

1985년 4월 모리슨이 《빌러비드》를 쓰고 있을 때, 흑인 여성을 위한 생활 잡지 〈에센스〉가 그녀에게 창간 15주년판을 기념하는 수필을 써달라고 청탁했다. 그때 기고한 글 「깊이 알아야 한다」에서 모리슨은 "여러분의 역사를 모르는 사람은 자신의 역사도 모른다"고 썼다.[36] 《빌러비드》가 출간된 1987년, 모리슨은 그 소설을 역사 기록이 부족한 분야에서 진실을 찾아낸 '정서적 기억'이란 과정이라고 자평했다.[37] 하지만 그녀가 미국 흑인이 겪은 고통에 대해서만 쓴 것은 아니었다. 그녀는 더 야심찬 계획을 마음속에 품고 있었다.

1990년 모리슨은 하버드 대학교에서 행한 일련의 강연에서, 문학 평론가들이 대체로 백인 프로테스탄트여서 미국 문학의 '고전적 작품'에는 아프리카 미국인의 삶이 끼어들지 않은 것처럼 소개된다고 주장하며, 그런 평가는 명백히 진실이 아니라고 덧붙였다. 게다가 그녀의 주장에 따르면, 백인 평론가들은 '미국적인 것'과 '아프리카적인 것'이 완전히 대척점에 있는 것처럼 둘을 대조하는 잘못을 저질렀다. 평론이란 이름으로 미국 문화의 수호자들이 규범적인 것을 평가하는 방법에 인종 차별이 내재했던 셈이다. 모리슨은 평론가들과 작가들에게 과거부터 길들여진 '백인의 관점'을 포기하고, 미국인을 보는 관점을 편견이 없는 새로운 눈으로 대체하라고 촉구했다.

모리슨은 이 모든 것을 역사적 과제로 보았다. 2017년 역사 전문 잡지 〈히스토리 투데이〉에 기고된 한 기사는 하버드 강연을 요약하며, "그녀는 미국의 과거로 거슬러 올라가, 흑인의 관점에서 그때의 역사를 묘사하는 이야기를 꾸미는 걸 자신의 과제로 보았다. 그 결과로 아프리카계 미국인들이 겪은 경험을 되살려냈을 뿐만 아니라, 지배적인 백인 문화가 아프리카계 흑인들에게 가한 신체적이고 심리적인 피해까지 들추어냈다"고 말했다.[38]

《빌러비드》는 '사랑하는 사람을 찾아가는 과정'―모리슨은 자신의 모든 글이 '사랑이나 사랑의 부재'에 대한 것이라고 말했다―을 주제로 다루었지만, 아프리카 문화와 미국 문화를 통해 흑인의 역사를 추적한 3편의 소설 중 첫 권이었다(그 이후로 1992년과 1997년에《재즈》와《파라다이스》가 차례로 출간되었다). 그녀의 모든 소설이 그렇듯이, 글은 열정적이고 격정적이며 지독至毒스럽다. 모리슨은 이 삼부작의 세 번째 소설의 제목을 '파라다이스'가 아니라 '전쟁'이라 하고 싶었지만, 편집자의 만류를 받아들였다.

모리슨은 희곡과 오페라 및 많은 평론을 썼지만, 특히 11편의 장편소설을 통해 미국의 역사를 새로운 관점에서 쓰는 데 도움을 주는 걸 평생의 소명으로 삼았다. 2003년 〈뉴요커〉의 인물 소개에서는 앨라배마에서 태어난 시인 퍼트리샤 스토레이스Patricia Storace를 인용해 "모리슨은 우리가 미국 역사를 보는 관점들을 다시 밝히며 그림자의 색을 바꾸었고, 백인들이 흑인의 거울에 어떻게 비치는지를 보여주었다"고 말하며 모리슨의 그 소명이 성공했다는 결론을 내렸다.[39]

※ ※ ※

미국이 아니라 소련에서도 알렉산드르 솔제니친Aleksandr Solzhenitsyn(1918-2008)이 역사를 악몽 같은 모습으로 설득력 있게 그려냈다. 러시아 정치범으로 강제 수용소에 투옥되었던 솔제니친은 수감자의 하루를 묘사한 중편소설《이반 데니소비치의 하루》를 1962년에 러시아의 문학잡지 〈노비 미르〉('신세계'라는 뜻/옮긴이)에 발표해 세계인의 의식을 불쑥 사로잡았다.* 1945년 소련 육군에 복무하던 솔제니친은 한 친구에게 보낸 편지에서 스탈린을 '두목', '집주인'이라 칭하며 가볍게 비방했는데, 그 이유로 체포되어 반소비에트적 글에 흔히 내려지던 형벌인 8년의 중노동형에 처해졌다. 솔제니친은 과학 연구 시설에 배치되었고, 1950년에 정치범 수용소로 이송되었다. 형량을 모두 채운 뒤에는 카자흐스탄 남부로 추방되어 원시적인 흙집에서 지내며, 모스크바 4 타자기를 구입해 수용소에서 겪은 일들을 기록했다. 원고를 완성한 뒤에는 모든 초안을 태워버렸고, 완성된 원고만을 복잡하게 연결된 일련의 은신처에 안전하게 보관했다. 1956년 2월, 훗날 '해빙기'라고 불린 시기에 니키타 흐루쇼프는 유명한 탈스탈린화 정책을 추진하며 굴라크 강제 수용소의 존재를 공식적으로 인정했다. 솔제니친은 무고함이 밝혀져 석방되었을 뿐만 아니라, 흐루쇼프는 스탈린 시대를 격하하는 방법의 하나로 솔제니친 책의 출간을 개인적으로 승인했다.

카자흐스탄에 유배된 동안, 솔제니친은 광부와 벽돌공과 주조공장 감독으로 일했고, 그때의 경험이 소설《이반 데니소비치의 하루》의 토대가 되었다. 그의 또 다른 자아인 이반 데니소비치 슈호프

---

* 그 잡지의 편집자는 침대에 누워 출판 전의 원고를 읽기 시작했다. 하지만 가슴 벅찬 감동에 침대에서 벌떡 일어나, 작가에게 존경심을 보여야 마땅하다는 생각에 황급히 양복을 입고 넥타이까지 맨 채 그 원고를 끝까지 읽었다. 이 소설을 평론한 극소수의 작가 중 한 명이 미하일 숄로호프(1905-1984)였다. 숄로호프는 4권으로 구성된《조용한 돈강》에서 러시아 혁명부터 내전을 거쳐 스탈린의 집단화까지 카자크인들의 삶과 운명을 다루었고, 1965년에는 노벨 문학상을 수상했다. 숄로호프는 소비에트 시대에 노벨상을 수상하면서도 소련 당국으로부터 미움을 받지 않은 유일한 작가였다. 이런 정치적인 수완에 정부로부터 후원까지 받아 '스탈린의 서생'이란 별명까지 얻었다.

는 수용소 식당에서 쥐꼬리만큼 배급되는 식사를 게걸스레 먹어치우고, 영하의 추위와 싸우며 일터로 느릿느릿 걸어가 아무짝에도 쓸모가 없는 벽을 쌓는 걸 돕는다. 동료 수감자들의 이야기를 근거로 소련의 대체 역사alternative history를 의도적으로 완화된 어조로 짜맞추며 독자들에게 분노할 기회를 제공한다.[40] 이 소설은 정치적으로 용기 있고, 정신적으로 야심찬 시도였다. (솔제니친은 몰랐겠지만, 프리모 레비 Primo Levi(1919-1987)가 나치 수용소에서 겪은 훨씬 더 악랄한 상황을 고발하려고 비슷한 접근법을 사용했다.) 솔제니친은 "수용소에서 어떻게 해서라도 살아남겠다는 생각을 포기하면, 그 순간부터 본래의 성격이 놀라울 정도로 변하기 시작한다"고 말했다.[41] 일설에 따르면, 러시아 시인 안나 아흐마토바(1889-1966)가 지하 출판물로 발간된《이반 데니소비치의 하루》를 읽고는 "우아! 사회주의적 사실주의의 정수가 바로 여기 있구나!"라고 소리쳤다고 전해진다.[42] * 솔제니친에 대한 전반적인 반응에 소련 공산당 정치국 간부들은 크게 불안해하며, 솔제니친이 더 이상 작품을 출간하는 걸 금지했다.

그러나 솔제니친은 글쓰기를 멈추지 않고 더 부지런히 써댔다. 낮에는 모스크바의 한 고등학교에서 수학을 가르쳤고, 밤에는 새로운 책을 쓰는 데 몰두했다. 3편의 중편소설이 뒤따랐고, 1968년에는 전화 속의 목소리가 누구인지 알아냄으로써 불온분자를 추적하는 비밀

---

* 먹지를 사용하면, 한 번 타이핑해서 10부를 만들어낼 수 있었다. 그렇게 만들어진 복사본은 각각 다른 독자에게 전달되었고, 각 독자는 다시 원고를 복사해 다른 독자에게 전해주는 형식으로 지하 출판물은 번져 나갔다. 많은 사람이 체포되어도 지하 출판은 멈추지 않았다. 지하 출판물을 갈구하는 독자가 많았기 때문이다. 할머니가 손녀에게《전쟁과 평화》를 읽어보라고 권했는데 실패하자, 그 방대한 소설을 필사적으로 타이핑해서 지하 출판물처럼 보이게 했다는 우스갯소리도 떠돌았다. Martin Puchner, *The Written Word: The Power of Stories to Shape People, History, Civilization* (New York: Random House, 2017)을 참조하기 바란다.

경찰을 돕는 수감자('제크')들에 대한 짙은 자전적인 이야기《연옥 1번지》가 발표되었다. 같은 해 솔제니친은 또 한 편의 소설을 '탐이즈다트tamizdat(해외 출판)'의 형태로 내놓으며, "저자의 동의 없이 출판 가능함"이란 쪽글을 덧붙였다. 그 밖에도 캐내야 할 개인적인 경험이 많았다. 예컨대 1950년경 솔제니친은 복부에서 악성 종양을 제거하는 수술을 받았다. 1953년 암이 재발했고, 연말쯤에는 죽음의 문턱까지 이르렀다. 그는 타슈켄트의 한 종합 병원에 보내졌고, 다행히 증세가 완화되었다. 그러나 그때의 경험이《암병동》의 토대가 되었다. 나는 대학생일 때 솔제니친의《연옥 1번지》와《암병동》을 읽었다. 두 소설은 서방 세계로 밀반입된 것이었기 때문에《연옥 1번지》가 자체 검열을 거쳤거나 '왜곡된' 형태로 출간되었더라도 그 소설을 처음 읽었을 때 나는 뒷머리를 세게 얻어맞은 듯 멍한 기분이었다는 기억이 지금도 생생하고, 내가 존재하는지도 몰랐던 세계에 대해 말해주는 뛰어난 거장을 찾아냈다는 걸 알았다.

소련 당국은 경악했다. KGB는 감시망의 강화, 살인 협박과 도청 장치, 불법 체포를 명령했다. 1970년 솔제니친은 노벨상 수상자로 결정되었지만, 소련 당국이 귀국을 허락하지 않을지도 모른다는 두려움에 상을 받으러 가지 않기로 결정했다. 그의 판단이 옳았다. 시상식이 있고 오래지 않아, KGB는 노보체르카스크의 한 상점에서 치명적인 독성 물질인 리신으로 솔제니친을 암살하려 했다. 그 이후로 솔제니친은 암살자가 언제라도 닥칠지 모른다는 생각에 침대 옆에 항상 쇠스랑을 두고 잠을 잤다. 1974년 1월 7일, 소련 지도부는 솔제니친이 마이크로필름 형태로 서방 세계의 출판사에 몰래 빼돌린 소설,《수용소 군도》의 파장을 상의하려고 모였다.

그 거북한 노벨상 수상자에게서 시민권을 빼앗자는 결정이 내려졌고, 그는 추방되어 독일로 쫓겨났다. 서독 수상 빌리 브란트Willy Brandt(1913-1992)의 묵인하에 그는 독일에 잠시 머물렀고, 스위스를 거쳐 미국으로 건너가 버몬트에 정착해 18년 동안 살았다. 그의 증언에 따르면, 그때가 "내 삶에서 가장 행복한 시기"였다. 게다가 무기한으로 미루어졌던 노벨상도 받을 수 있었다. 3권 7부로 구성된 《수용소 군도》는 20세기의 가장 중요한 역사 소설로 불렸다. 그 소설의 러시아어 제목 '아르히펠라크 굴라크Arkhipelag Gulag'에는 '압운 속어rhyming slang(본래의 단어를 바로 쓰지 않고 운을 이용한 어구를 대신 쓰는 속어/옮긴이)'가 사용되어 으스스한 기분을 자아낸다. 북극권 남쪽 아래에 위치한 솔로베츠키 제도에 처음으로 설치된 굴라크 중 하나를 관리하던 사디스트적인 소장이 즐겨 사용하던 구절에서 따온 제목이었다. '굴라크'라는 꼬리표는 거의 하룻밤 사이에 엄청난 반향을 일으켰지만, 처음에는 1929년 이후에 스탈린이 설치한 수용소만을 가리켰다. 그러나 〈워싱턴 포스트〉의 칼럼니스트로 굴라크 체계를 추적한 책을 2003년에 발표해 퓰리처상을 수상한 앤 애플봄Anne Applebaum은 그 단어가 마침내 "강제 수용소만이 아니라 노동 수용소, 형벌 수용소, 범죄자 및 정치범 수용소, 여성 수용소, 아동 수용소, 임시 수용소 등 온갖 형태로 운영되는 소비에트 노예 노동 시스템 자체"를 의미하게 되었다고 썼다.[43] 더 넓게 보면, 굴라크는 억압적인 소비에트 체제 전체, 즉 수감자들이 한때 '고기 분쇄기'라 칭했던 일련의 절차—체포, 심문, 난방이 되지 않는 가축 운반차로의 이송, 강제 노동, 가족의 파괴, 유배지에서 하염없이 보내는 시간, 때이른 불필요한 죽음—를 뜻했다.

대숙청Great Purge이 가장 기승을 부렸던 해인 1937-1938년에만 여러 수용소에서 100만 명 이상이 죽었다. 솔제니친은 《이반 데니소비치의 하루》를 발표한 뒤에 받은 많은 편지와 개인적인 이야기에 감

알렉산드르 솔제니친, *1974년* 취리히. 《수용소 군도》가 서방 세계에서 출간된 여파로 소비에트 시민권을 빼앗기고 추방된 직후의 모습.

동을 받아 더 많은 글을 쓰기로 했지만 소설을 발표하더라도 안전을 이유로 출처의 대부분을 밝힐 수 없었다. 《수용소 군도》가 출간되기 얼마 전에 나는 그 소설의 영국 판권을 보유한 윌리엄 콜린스 출판사에 입사했고, 인쇄기에서 빠져나오는 첫 권의 앞부분을 뚫어져라 읽을 때 밀려오던 역겨움이 뒤섞인 흥분감은 지금도 잊히지 않는다. 어딘가에서 만들어지고 있었지만 전에는 감추어진 역사가 폭로되는 중요한 순간이었다.*

* 《수용소 군도》는 북극권에 속한 콜리마에 세워진 수용소에서 한 작업반이 꽁꽁 얼어붙은 고대의 개울을 우연히 발견한 뒤에 발굴 작업을 한다는 이야기로, 참신하게 들린다. 그 작업반은 개울에서 선사 시대의 어류와 도롱뇽을 발견하지만, 역사적으로 중요한 그 표본들은 연구실로 전해지지 않았다. 어류 표본들을 발굴한 수감자들이 그 자리에서 먹어버렸다.

러시아 연방의 초대 대통령 보리스 옐친(1931-2007)은 약간 조롱하듯이 "그래, 맞아. 그 친구는 역사 전문가이지"라고 말했다.[44] 어떤 종류의 역사였을까? 솔제니친의 소설은 픽션이었을까 회고록이었을까, 아니면 정치 분석이었을까 다큐멘터리였을까? 그런 분류는 중요하지 않았다. 소비에트의 실상이 전에 없이 폭로된 게 중요했다. 솔제니친이 취리히를 떠나기 전까지 방대한 자료를 수집했다. 초기의 인터뷰에서 "이제부터 이야기를 구성하는 돌들을 하나씩 걷어내서 꼬리표를 붙여야 한다. 그래야 돌 하나하나를 원래 속한 곳에 돌려놓을 수 있지 않겠는가. 나는 다른 어떤 직업보다 석공에 가깝다. 당신도 아시겠지만 나는 과거에 석공이었다"라고 한 기자에게 말했다.[45]

솔제니친은 버몬트에 안전하게 정착한 뒤에 매일 10-12시간씩 규칙적으로 일했다. 9세부터 그는 작가가 되겠다고 다짐했고, 18세가 되었을 즈음에는 제정 러시아의 소멸과 초기 소비에트 연방을 자세히 추적하는 역사를 쓰겠다는 계획을 마음에 품기 시작했다. 그로부터 50년 이상이 지난 뒤에야 그 계획은 《붉은 수레바퀴》로 결실을 맺었다. 《붉은 수레바퀴》는 10권으로 구성된 4편의 소설로 5000쪽이 넘었고, 《1914년 8월》(1971년 발간), 《1916년 11월》, 《1917년 3월》, 《1917년 4월》로 출간되었다. 첫 권만이 예전의 소설들(주석과 긴 참고문헌이 더해진 소설들)만큼 판매되었고, 마지막 권은 아직 영어로 번역되지 않았다. 솔제니친의 전기를 쓴 작가로 가장 널리 알려진 마이클 스캐멜Michael Scammell조차 "역사와 비판으로 뒤덮인 소설이다. 비러시아계 독자에게는 그 쟁점들이 아무리 중요하더라도 소설을 그렇게 쓰는 게 합리화되지는 않을 듯하다"고 인정했다.[46] 예스런 냄새를 물씬 풍기는 단어와 구, 지나치게 격식을 차린 구절, 인위적으로 들리는 대화 등으로 가득한 데다 이야기의 전개에 뉴스 기사, 긴 전기적 기술

등 다양한 실험이 끼어들어, 미국 소설가로 한때 친소비에트 작가이던 존 더스 패서스John Dos Passos(1896-1970)의 서술 방법을 다시 보는 듯하다.

위대한 사실주의 소설가가 철저하고 강경한 민족주의자, 전제 군주 시대를 그리워하는 따분한 사람, 친슬라브주의자, 심지어 반유대주의자로 변했다. 삶의 과정에서 흔히 보여주었듯이, 솔제니친은 자신의 영웅인 레프 톨스토이를 본받고 싶었던지, 도덕 교사의 역할에 매몰된 듯했다. 솔제니친의 첫 부인 나탈리아 레셰톱스카야가 전 남편의 혼외정사를 낱낱이 폭로한 책에 따르면, 솔제니친은 소설에 필요한 새로운 소재를 얻으려고 애인을 얻는 거라고 변명했다. 새로이 구한 애인과의 관계를 두고는, "당신 도움에 내가 지금까지 소설을 쓸 수 있었소. 이번에 새 소설을 쓰려고 하는데 그 여자에게 도움을 받도록 허락해주면 고맙겠소"라고 말했다. 소설에 역사를 활용하려고 역사를 창작하는 소설가로서 유일무이한 예는 아니지만 특이한 사례인 것만은 분명하다.

1990년 솔제니친의 소련 시민권이 회복되었다. 그리고 4년 후, 솔제니친은 둘째 부인과 함께 미국을 떠나 서西모스크바로 향했다. 그는 시와 단편소설을 계속 발표했고 회고록도 썼으며, 자신의 이름을 내건 텔레비전 토크쇼까지 진행했다. 그러나 그가 독자와 시청자에게 남긴 주된 인상은, 서구 문화의 지루함을 맹렬히 비판하는 동시에 소비에트 이후의 러시아에 대한 환멸을 쏟아내는 수구적인 노인의 모습이었다. 그는 강력한 공화국을 염원하며 전통적인 가치를 되살리고 싶어 했다. 2007년 블라디미르 푸틴 대통령이 그를 방문해서, 그들의 견해가 하나라는 걸 확인해주었다. 이듬해 8월 솔제니친은 심부전으로 사망했고, 그때 그의 나이는 89세였다.

2010년 러시아 정부는 학생용으로《수용소 군도》특별판을 제작하는 걸 허가했다. 스탈린이 소련의 근대화를 앞당기며, 소련의 이익을 위해 행동했다고 설명하는 교사용 지도서도 함께 제작되었다. 최근에 한 텔레비전 방송국의 조사에 따르면, 역사상 가장 위대한 러시아인의 순위에서 스탈린은 러시아 국가의 기초를 놓은 13세기의 영웅 알렉산드르 넵스키(1220-1263)와 러시아 제국의 총리로서 개혁을 시도했지만 1911년에 암살된 표트르 스톨리핀(1862-1911)에 이어 3위를 차지했다. 5000만 명 이상이 투표에 참여한 까닭에 믿을 만한 조사였다. 한편 2018년에는 솔제니친의 동상이 모스크바에서 제막되었다. 탄생 100주년을 맞아 그를 기리는 찬사에서 스캐멜은 "소련의 신뢰성을 무너뜨리고 소비에트 국가를 무릎 꿇게 하는 데 어느 누구도 그만큼 해내지 못했다"고 결론지었다. 과장이지만, 솔제니친만큼 역사에 영향을 미친 소설가는 그때까지 없었다는 뜻이다.

※ ※ ※

그런데 여전히 의문이 남는다. 소설은 어떤 종류의 역사를 말하는 것일까? 권투를 즐긴 문필가 블라디미르 나보코프Vladimir Nabokov(1899-1977)는 싸울 구실을 찾고 싶었던지 이렇게 썼다.

북클럽이 역사 소설이라는 꼬리표를 달아 팔아치우는 유쾌한 베스트셀러로부터 과거에 대해 무엇인가를 배울 수 있을 것이라 생각하는 순진한 사람이 있을까? 또 이른바 걸작이라는 것은 어떤가? 제인 오스틴이 제대로 아는 것이라고는 성직자의 거실이 전부였는데, 그녀가 작품에서 그려낸 풍경, 즉 잘 다듬어진 정원과 준남작이 등장하는 영국 지주 계급의 풍경을 믿어도 될까? 환상적인 런던을 배경으로 환상적인 로맨스가 펼쳐지는《황폐한 집》이 100년 전에 런던을 연구한 결과로 봐도 괜찮은 걸까? 그렇지 않다. …사실 위대한 소설은 위대한 동화에 불과하다.[47]

나보코프의 주장에 동의할 사람도 있겠지만, 실제로는 그렇지 않은 경우가 대부분이다. 따라서 그가 썰렁한 링에서 가상의 상대를 두고 혼자 권투하도록 내버려두면 된다. 미국 역사가 질 르포어 Jill Lepore는 2008년 〈뉴요커〉에 기고한 글에서 "역사가와 소설가는 친척이다. …그러나 그들은 서로 옷을 빌려주는 자매보다 서로 치고받고 싸우는 형제에 가깝다"고 비유적으로 말했다. 그녀가 지적하듯이 역사가 과거 자체를 뜻하는 게 아니고 과거에 대해 글을 쓰는 행위를 뜻한다면, "역사는 끝없이 재밌게 이어지는 논쟁이므로, 여기에서는 증거가 가장 중요하고, 스토리텔링은 부차적이다." 따라서 그녀가 결론짓듯이 "어떤 면에서 역사는 반反소설, 즉 소설의 쌍둥이이다."[48]

이런 논쟁의 연장선에서 힐러리 맨틀은 BBC가 중진에게 선택된 주제에 대해 일련의 연속 강의를 의뢰한 연속 기획물 2017년 리스 강연에서, 소설이나 '역사'로서 과거에 대한 글쓰기의 성격을 분석하는 데 할애했다. 맨틀은 강연대에 올라서자마자 "역사는 과거가 아니다"라며 "역사는 과거에 대한 우리의 무지함을 체계화하려고 발전시켜온 방법이다. …역사는 수 세기 동안 체로 걸러지고도 체에 남겨진 것이다"라고 말했다.[49]

맨틀의 주장에 따르면, 그렇더라도 증거는 항상 불완전하고, 사실은 강력하지만 안정적이지 않다. 실제로 일어난 현상, 혹은 그랬을 것이라 추정된 현상의 99퍼센트는 우리에게 전해지지 않기 때문이다. 실제 역사는 "혼란스럽고 불확실해서 영원히 끝나지 않는 논쟁거리"이다. 역사가나 소설가가 역사를 재구성할 때 사실은 진실의 일부이더라도, 그 자체로는 진실이 아니라 창의적 생각을 자극하는 요소로 여겨져야 한다. "내가 역사를 쓰는 방식은… 기존에 인정된 해석에 회의적으로 접근하며, 독자들에게 알고 있다고 생각하는 것에 의문을 제기하도록 유도하는 것이다." "역사 소설은 일반적인 기록에서 특별한 것을 찾아내게 한다는 커다란 강점이 있지만", 현명한 소설가라면 "기록에 없는 것"에 집중한다. "정치적으로 억압받던 것이나 심리적으로 억눌렸던 것에 대해… 말해지지 않은 이야기를 끊임없이 찾는다." 맨틀은 이렇게 말해지지 않은 이야기를 "공중그네를 타는 텅 빈 공간"이라 칭한다.

알려지지 않은 것, 또 알 수 없는 것에도 여전히 힘이 있다는 걸 우리에게 떠올려주기 위해서라도 소설이 필요하다. 맨틀은 성 아우구스티누스를 인용해 "죽은 사람들은 보이지 않는다. 그렇다고 그들이 부재하는 것은 아니다"라고 말한다. 그들을 다룬 소설은 독자에게 종이에 쓰인 것을 그대로 믿으라는 게 아니라, 그랬을 가능성을 고려해보라고 요구하는 것이다. 소설가는 "선택하고, 삭제하고, 강조하고, 빠뜨릴 뿐이지 속이지는 않는다." 달리 말하면, 허구의 세계를 창작하는 과정이 엉터리라는 게 아니라, "이리저리 뒤뚱거리며 현실을 짜맞추는 과정"이란 뜻이다. 그리고 독자는 그 현실과 타협한다는 점에서 소설가의 동맹이 된다.

이상하게도 맨틀이 생전에 발표한 14권의 책 중에서 4권만이 역사 소설이었다. 역사 소설로 완성한 첫 작품, (무덤을 가리키는)《더 안전한 곳》은 몇 번이고 여러 출판사에서 거절당했고, 1992년 마침내 발간되어 큰 호평을 얻었다. 그 이후로 문체와 주제에서 현격히 다른

문제를 다룬 여러 권의 소설을 발표했다. 모두 재밌게 읽혀졌지만 다시 역사 소설로 돌아와, 크롬웰의 흥망성쇠를 그린 《울프 홀》(2009)과 《시신을 인양하라》(2012)를 연이어 발표했고, 2020년에는 크롬웰 3부작을 마무리 짓는 《거울과 빛》을 발표해 출간 즉시 판매 기록을 깨뜨렸다. 또 하나의 역사 소설 《거인 오브라이언》(1998)은 실제로 살았지만 제대로 알려지지 않은 사람들, 즉 아일랜드인으로 신장이 210센티미터를 넘겼던 괴물 찰스 번Charles Byrne(1761-1783, 실제 이름은 찰스 오브라이언)과 스코틀랜드 외과 의사 존 헌터John Hunter(1728-1793)를 다룬 소설이다. 헌터는 당시 가장 유명한 과학자 중 하나였지만, 맨틀의 소설에서는 인간의 몸을 실험하려는 끝없는 욕망에 사로잡혀, 서서히 죽어가는 거인 오브라이언의 시신을 탐내는 사람으로 그려진다.

맨틀은 원래 헌터에 대해 "호의적이고 사실적인 소설"을 쓰려고 했지만, 오브라이언에게 연민을 느꼈다고 말한다. 그래서 오브라이언은 소설에서 아일랜드 신화들을 이리저리 엮어 재구성해서, 사람들에게 재밌게 들려주는 이야기꾼으로 그려진다. 이 부분은 맨틀이 꾸며낸 허구이지만, 그 거인의 큼직한 뼈대는 오늘날 런던의 잉글랜드 왕립 의사회 박물관에 전시되어 있다. 한 주석에서 맨틀은 "이 소설은 실화가 아니지만 사실에 기반해 쓰였다"고 말하고, 실제의 오브라이언은 그녀의 거인과 같지 않았을 수 있다고 인정함으로써 독자에게 아무것도 감추지 않는다. 요컨대 "이 책은 첫 페이지부터 동화에 대한 동화라고 고백하는 것"으로 시작된다.[50] 따라서 《거인 오브라이언》은 이야기를 꾸려가는 방식에 대한 의식적인 실험이어서, 그녀가 다른 역사 소설들에 적용한 규칙과는 다르다.*

맨틀의 리스 강연은 재밌지만 생각을 가다듬게 해주며, 광범위한 주제를 다룬다. 따라서 '영국 언론인 협회Broadcasting Press Guild'로부터 2017년 최고의 라디오 프로그램으로 선정되어 상을 받기에 충분했다. 다양한 주제를 다룬 강연이었지만, 소설가는 사실을 기반으로 삼을 수 있지만 사실을 조작해서는 안 된다는 게 그녀의 일관된 주장

---

* 얄궂은 각주 하나: 기존 출판계에 반발하며 올랭피아 출판사를 설립한 모리스 지로디아스Maurice Girodias(1919 – 1990)는 결국 파산했다. 그가 1974년에 마지막으로 출간한 책은 성애적인 면을 더한 허구적 전기 《대통령 키신저: 정치 소설》이었다. 훗날 그는 그 책을 출간했다는 이유로 미국에서 강제 추방을 당할 위기를 맞았다. 지로디아스를 기소한 검사는 "당신이 실재하는 사람을 끌어와서는 그 사람을 중심으로 허구적 상황을 꾸며낼 수 있다고 생각하지 않습니다"라고 순진하게 말했다. Erika Blair, "Famous Authors Who Wrote Filth," Please Kill Me, 2018년 3월 12일 인터넷 팟캐스트를 참조하기 바란다. 엄격히 말하면 별다른 관련성이 없을 수 있지만, Muriel Spark, The Abbess of Crewe(1974년 초판)의 신판에 실린

이다. "거짓 정보가 빛의 속도로 세계 전역을 날아다니는 지금의 세계에서, 역사가의 역량이 그 어느 때보다 필요하다." 게다가 "우리가 진실에 충실해야 하는 이유는, 진실이 소설가가 분칠하는 어떤 이야기보다 더 낫고, 색다르며 강력하기 때문이다." 이런 이유에서 작가는 "사실에 기반한 상상력 및 사실 자체와 정직하게 협상하는 자세"로 과거에 대한 소설을 써야 한다는 게 그녀의 한결같은 믿음이다. 일반 독자가 어떤 부분이 진실이라는 걸 어떻게 알 수 있을까? 소설가만이 아니라 역사가에게도 이렇게 물어야 한다. 역사는 과학이 아니다. 역사는 "실수를 범하고 약속을 어기는 인간"이 쓴 인간에 대한 이야기이다.

맨틀은 사실을 바꾸려 하면 혼란에 빠진다고 말하며 "역사를 함부로 대하면 엄청난 결과를 초래할 것"이라 경고한다.[51] 맨틀의 이런 순수주의적 관점은 누구에게도 공격을 받지 않을 듯하지만, 예부터 적잖은 공격을 받았다. 영국 헌법 전문가이자 튜더 왕조 시대의 손꼽히는 권위자인 데이비드 스타키는 "역사 소설가가 진짜 역사가가 된 것처럼 진지하게 말하는 걸 당장 중지해야 한다"며 이렇게 덧붙였다.

> 소설가에게 권위가 있다는 발상 자체가 터무니없다. 소설가는 인물을 상상하는 데 무척 능숙하다. 그래서 소설이 팔리는 것이다. 역사 자료를 다루는 분야에서 소설가에게 권위를 부여한 것은 그야말로 어불성설이다. …소설가로서의 힐러리 맨틀에 대해 나는 한마디도 언급하지 않을 것이다. 따라서 역사가로서의 내 역할에 대해 그녀가 입을 다물면 더할 나위 없이 고맙겠다.

> Ali Smith의 추천사를 통해, 세계를 여행하는 거트루드 수녀가 키신저를 기반으로 삼았다는 걸 아는 것도 재밌기는 하다.

스타키는 맨틀이 역사 자료를 남용하거나 무시한 사례를 전혀 언급하지 않는다. 2013년 텔레비전 프로그램에 맨틀과의 동반 출연을 앞두고 행한 이런 발언은, 영국의 아동문학가 베아트릭스 포터 Beatrix Potter(1866-1943)의 등장인물인 맥그리거 씨가 화를 내며 정원의 식물을 보호하려는 모습과 비슷하다.

스타키의 동료 역사가 이먼 더피Eamon Duffy도 한 강연에서 스타키를 인용하며, 자신의 분석에는 "튜더 시대의 역겨운 해결사"인 크롬웰이 맨틀의 소설에서는 "현명하고 친절하며 엄청나게 점잖게" 소개된다며 맨틀을 비판했다. 또 맨틀이 토머스 모어Thomas More(1478-1535)를 "냉소적인 여성 혐오자"로 묘사했고, 자신의 집에서 신교도들을 지독히 잔혹하게 고문한 까닭에 그들은 의자에 앉힌 채 무덤으로 옮겨야 했을 정도였다는 식으로 폄하했다고도 비난했다. 더피는 아일랜드 로마 가톨릭 신자답게, 모어가 거짓말하는 걸 거부해 화형까지 당했을 정도로 진실만을 말하는 위인이었다고 주장하며, "이단으로 내 손에 들어온 사람들 중에서, 하느님의 도움으로… 누구도 채찍이나 몽둥이로 맞지 않았고, 이마에 낙인이 찍히지도 않았다"는 모어의 말을 그대로 받아들이고 싶어한다. 하지만 어느 쪽 주장에나 확고한 증거는 없다. 더피도 "50년 후에도 역사가들은 튜더 시대의 과거에서 무엇이 사실이고 무엇이 허구인지를 두고 여전히 논쟁을 벌이고 있을 것이다"라고 말하며 강연을 마무리 짓는다.

역사 소설가가 역사가로서 중요한 위치를 차지한다고 최종적인 판결을 내릴 수 있을까? 역사가로서 글을 쓰는 게 소설가의 신성한 책무라고 믿었던 헨리 제임스Henry James(1843-1916)는 "소설은 역사이다"라고 주장했다. 그러나 힐러리 맨틀이 한 강연에서 결론지었듯이, "소설가라는 진짜 직업은 역사가보다 열등한 위치에 있는 게 아니라, 과거의 삶을 생생하고 조화롭게 재현함으로써 독자의 오감을 자극하고, 감성을 통해 독자의 적극적인 참여를 유도하는 것이다." 따라서 "과거가 어땠는지만이 아니라 과거가 어떻게 느껴졌을지를 내부로부터 상상하는 부가가치를 원한다면, 소설을 선택해야 한다." 결국 그 느낌이 역사가의 이야기를 확대해주는 가장 중요한 것이다. (소설을 역사로 인정하기로 한다면) 소설은 내부에서 들여다본 삶—튜더 시대의 시인 필립 시드니Philip Sidney(1554-1586)의 표현을 빌리면 "사람들의 정서와 속삭임과 움직임"—을 우리에게 전해준다.

11장 미국의 남북 전쟁

: 남북 전쟁에 대한 여러 해석

모든 전쟁은 두 번 치러진다.
처음에는 전쟁터에서, 다음에는 기억에서.
– 비엣 타인 응우옌, 2017년[1]

MAKING HISTORY:
THE STORYTELLERS WHO SHAPED THE PAST

과거에 대해 글을 쓰는 동기 중 하나는 돈을 벌려는 것이다. 물론 경력을 쌓으려는 목적, 과거에 일어난 사건에 대한 해석을 기록해 두려는 목적도 있다. 더 나아가, 예전의 해석을 바로잡으려는 목적도 있을 수 있다. 어떤 사건은 국내적으로나 국제적으로 무척 중요해서 끊임없이, 심지어 강박적으로 재검토되기도 한다. 두 번의 세계 전쟁, 프랑스 대혁명, 헨리 8세의 삶과 사랑이 대표적인 예이다(특정한 개인에 대한 이야기가 특별한 매력을 발산하는지, 지금까지 히틀러에 대한 책이 대략 12만 8000종이나 발간되었다. 이것도 놀라운 수치이지만, 파리의 프랑스 국립 도서관에 소장된 나폴레옹에 대한 책은 그 숫자가 2배를 넘는다).[2]

자료가 그 이상으로 산더미처럼 축적된 주제가 미국의 남북 전쟁이다. 그 전쟁의 의미와 기원에 대한 갑론을박이 오늘날까지도 뜨겁게 계속된다. 남부의 시인이자 소설가로 젊은 시절에는 인종 차별을 옹호했지만 나중에는 인종 차별을 반대하며 마지막 40년을 북부에서 살았던 로버트 펜 워런Robert Penn Warren(1905-1989)은 "미국인의 상상에서 남북 전쟁은 미국 역사에서 엄청난 규모의 단일 사건이었다. 어쩌면 남북 전쟁이 미국 역사 자체라 말해도 크게 왜곡하는 것은 아니다. 남북 전쟁 전에는 우리에게 심원하고 내적인 의미에서 아무런 역사가 없었기 때문이다"라고 말했다.[3] 물론 한 백인의 의견이다. 그러나 남북 전쟁이 미국 역사에서 비교할 대상이 없을 정도로 치명적인 갈등이었다는 데는 누구나 동의한다. 그 전쟁의 결과로 62만 3026명이 어떤 이유로든 사망했고, 47만 1427명이 부상했다. 요컨대 총 109만 4453명의 사상자가 있었다.[4]* 1만 회 이상의 군사적 충돌이 적어도 20개 주에서 벌어졌다. 버지니아 체스터필드의 한 작은 마을은 72번이나 주인이 바뀌었다. 미국 역사가들이 생각하는 남북 전쟁은 영국 역사가들이 생각하는 제1차 세계대전과 많은 점에서 무척 유사하다.

2011년, 남북 전쟁 발발 150주년을 맞아 잡지 〈타임〉은 특별 기사를 실었다. 그 기사를 쓴 칼럼니스트 데이비드 본 드렐David Von Drehle은 링컨의 1861년 첫 취임 연설을 인용했다. 남부를 달래기 위한 최후의 시도였던 그 연설에서 링컨은 "우리나라의 한쪽에서는 노예 제도가 정당하므로 확대되어야 한다고 믿는 반면, 나머지 지역에서는 노예 제도가 옳지 못하므로 확대되어서는 안 된다고 믿습니다. 이 차이가 우리를 갈라놓는 유일한 쟁점입니다"라고 선언했다.[5] 링컨은 1860년 대

---

* 이 숫자를 평가할 때는 약간의 균형적인 시각이 필요하다. 성격이 무척 다른 갈등이었지만 중국에서 1851-1864년에 일어난 '태평천국의 난'으로는 2000만 명 이상이 희생되었고, 그 이후에 발발해서 1877년에 끝난 4번의 반란으로도 3000만 명 이상이 희생되었다. 그러나 이 수치는 민간인 사상자까지 포함한 것이다. 한편 미국 남북 전쟁의 사상자에 대한 현재의 추정치에는 리치먼드 화재로 인해 소실된 상당량의 공식 기록이 고려되지 않았고, 포로 수용소에 보내졌지만 끝까지 살아남지 못한 포로들이나 전선에 투입되지 않은 여성들이 포함되지 않았기 때문에 남북 전쟁의 사상자는 전투원만을 계산하더라도 일반적인 추정치보다 많을 게 거의 확실하다.

통령 선거에서 180 대 72로 과반의 선거인단을 얻어 승리했지만, 국민 투표에서 얻은 득표율은 40퍼센트에 미치지 못했고 남부의 10개 주에서는 완패해서 1명의 선거인단도 얻지 못했다. 링컨이 대통령에 당선된 즉시, 노예 제도를 방해할 의도도 없고 그럴 만한 힘도 없으므로 노예 제도의 확대만 제한하겠다고 발표했지만, 남부의 반발은 가라앉지 않았다(과거에도 토머스 제퍼슨이 노예 무역을 비난하는 조항을 삭제할 때까지 남부는 독립 선언문의 비준을 집단으로 거부한 적이 있었다). 남북의 경계에 위치한 4개 주—미주리와 켄터키, 메릴랜드와 델라웨어—는 합중국의 일원으로 남았지만, 다른 7개 주는 노예를 가장 중요한 경제적 자산으로 생각하며 똘똘 뭉쳐, 링컨이 1861년 3월 정식으로 취임하기도 전에 아메리카 연합국Confederate States of America을 결성했다.

당시 노예 인구가 가장 많았던 사우스캐롤라이나가 1860년 12월 20일 가장 먼저 합중국을 탈퇴했다. 그러자 그 지역 정치인 제임스 L. 페티그루James Louis Petigru(1789-1863)는 "사우스캐롤라이나는 독립된 공화국이 되기에는 너무 작고, 정신병원으로 쓰기에는 너무 넓다"며 반발했다. 두 달이 지나지 않아, 미시시피와 플로리다, 앨라배마와 조지아, 루이지애나와 텍사스가 뒤따랐다. 전쟁이 시작된 뒤에는 버지니아와 아칸소, 테네시와 노스캐롤라이나도 합중국을 탈퇴했다. (켄터키는 공식적으로 합중국 편에 가담했지만 전쟁이 끝난 뒤였고, 미주리는 원래 노예주였지만 중립을 표방했다. 그러나 두 주는 합중국과 남부 연합 양측에 수천 명의 전투원을 파견했다.) 합중국에서 탈퇴한 남부 연합은 드넓은 면적을 차지해 약 234만 제곱킬로미터였고, 인구는 1200만이었다. 그중 노예가 400만, 백인 여성이 400만으로 그들에게는 투표권이 없었다.

미국 내의 이런 물리적 충돌에 '시민 전쟁Civil War(일반적으로 남북 전쟁으로 번역된다/옮긴이)'이란 이름을 붙인 주역은 남부 연합을 이끌

연방주
(전쟁 기간 동안 가입한 주들도 포함)
경계주
남부 연합

던 장군 로버트 E. 리Robert E. Lee(1807-1870)였다. 그러나 그 갈등을 북부인들은 '반란 전쟁War of the Rebellion', 남부인들은 '북부의 침략 전쟁War of Northern Aggression'이라 주로 칭했다. 대규모 군사 충돌이 흔히 그렇듯이―워털루 전쟁이 프랑스에서는 '아름다운 동맹La Belle Alliance'이라 칭해지고, 1870년 프랑스와 프로이센 간의 대규모 전투가 독일에서는 '글라블로트 대학살'로, 프랑스에서는 '생프리바 전투'라 칭해진다―, 전쟁에 이름을 붙이는 작업조차 정파성을 벗어날 수 없다.

전투는 1861년 4월 12일 시작된 것으로 추정된다. 남북 전쟁은 그때 남군이 찰스턴 항만에 위치한 섬터 요새를 공격한 것(유일한 피해는 남군 소속의 말 한 필)으로 시작해서, 1865년 4월 9일 버지니아의 아포맷톡스에서 58세의 리 장군이 42세의 율리시스 S. 그랜트Ulysses S. Grant(1822-1885)에게 항복하는 것으로 끝났다. 당시 3100만 명에 달하던 인구의 2퍼센트가 목숨을 잃었다.

처음에는 양측 모두가 전쟁이 90일 내에 끝날 거라고 예측했고, 앨라배마주의 한 하원 의원은 병사들이 흘린 피를 작은 손수건 하나로 지워낼 수 있을 거라고도 말했다. 1861년 7월 21일, 불런에서 첫 지상전이 벌어졌다. 2만 2000명의 남부 연합군이 3만 명의 연방군, 즉 북군에 맞서 도열했다. 그 전투를 많은 구경꾼이 지켜보았다. 워싱턴에서 달려온 그 구경꾼들은 소풍 바구니를 펼쳐놓고 샴페인을 마시며 전투를 구경했고, "파이를 비롯해 먹을 것"을 파는 배짱 좋은 장사꾼도 적잖게 눈에 띄었다. 총구에는 꽃이 꽂혀 있고, 형형색색의 장식용 색테이프가 안장에서 휘늘어졌으며, 위스키 병들이 곳곳에서 돌아다녔다. 그러나 전쟁은 결코 재밌는 구경거리가 아니었다. 샤일로 전투Battle of Shiloh(1862년 4월 6-7일)에서만 2만 3000명이 죽었다. 한 역사학자의 표현을 빌리면 "무지막지하고 살인적인 주먹싸움"이었던 그 전투에서 전사한 병사의 숫자가 독립 전쟁과 멕시코와의 전쟁에서 사망한 병사를 합한 수보다 많았다.[6] 그 직전의 나폴레옹 전쟁 이후로 무기는 크게 개선되었지만, 전술은 그에 걸맞게 진화하지 못한 때문이었다. 역사가 브루스 캐턴Bruce Catton(1899-1978)을 인용하면, 그 새로운 교전은 "총력전이어서… 19세기 중엽의 직업 군인들이 흔히 생각하던 종류의 전쟁과는 사뭇 달랐다."[7] 요약하면, 19세기의 무기로 18세기처럼 싸웠다. 그 결과로 섬뜩한 살육전이 벌어졌다. 한쪽의 군대가 무작정 전진하며 언덕을 올라가면, 상대편은 참호로 둘러싸인 요새에서 집중 사격을 퍼붓는 사례가 끝없이 반복되었다. 기침 소리가 북소리에 묻히는 건 당연했지만, 때로는 음향 음영acoustic shadow(지형적 장애물 때문에 음파가 확산되지 못하는 지역/옮긴이) 때문에, 수 킬로미터밖에 떨어지지 않은 곳에서 벌어지는 전투도 겉으로는 소리 없이 전개되는 듯했다.

많은 병사가 부상으로 죽어갔고, 둘 중 하나는 질병에 쓰러졌다. 이질은 치명적이어서, 약 9만 5000명이 이질로 사망했다. 그랜트의 증언에 따르면, 샤일로 들판은 시체로 뒤덮여 어느 쪽으로도 땅을 밟지 않고 300미터를 걸어갈 수 있을 정도였다.[8] 훗날 챈슬러즈빌 전투에서 남군의 리 장군에게 결정적인 패배를 당한 조지프 후커Joseph Hooker(1814-1879) 북군 장군은 앤티텀 전투에서 "병사들이 얼마 전까지 줄지어 서 있던 그 순서대로 쓰러져 죽었다"고 말했다. 양측의 병사들은 새로운 형태의 전쟁, 다른 사람들은 거의 구경조차 못한 이국적인 전쟁—'코끼리를 보았다'라는 전설 속의 전쟁—을 치르고 있다는 걸 실감나게 느꼈다.*

사상률은 10퍼센트도 피바다로 여겨진다. 그러나 남북 전쟁은 사상률이 많은 전투에서 그 수치의 3배에 달했다. 공식적인 연구에

* 요즘 '인생 경험을 쌓다, 세상 물정을 알다, 대도시 따위를 구경하다'라는 뜻으로 쓰이는 'see the elephant'라는 표현은, 코끼리가 순회 서커스단에서도 가장 눈에 띄는 동물이었고, 대부분의 미국인에게는 서커스를 구경하는 것도 색다른 경험이었던 사실에서 유래한 것이다. 이 표현은 1835년 처음으로 "견딜 수 있는 모든 것을 보거나 경험하다, 충분히 보다, 순수함을 잃다"라고 정의되었다. *The Veteran: Vietnam Veterans Against the War*, vol. 39, no. 1, Spring 2009를 참조하기 바란다. 남북 전쟁 이후로는 'to see combat and death, especially for the first time'이 관련된 표현으로 사용되었지만 코끼리에의 비유는 지금도 계속된다. 미국 해병대를 퇴역한 반전운동가 에릭 바가이Eric Bagai는 1960년대에 「코끼리」라는 시를 썼다. 그 일부를 인용하면,

  우리는 코끼리를 보았다.
  우리는 전장으로 향했고, 순전히 천운으로 돌아왔고,
  돌아와 영웅이 되었지만 더는 옛날과 같지 않다.
  우리는 다시 전장으로 향하고, 코끼리를 안다…
  우리는 전장으로 향했고, 복무를 끝내고 어떻게든 돌아왔다.
  영웅? 천만에. 순전히 운이었다.
  옛날과 같지 않다. 우리는 코끼리를 보았다.

따르면, 북군 병사들이 남군 병사 1명을 향해 1000발의 총격을 가하기도 했다. 그 때문인지 전사한 병사의 약 40퍼센트는 신원을 확인할 수 없어, 병사들은 이름 없는 시체로 묻히지 않으려고 자신의 이름을 끄적거린 종잇조각을 군복 등판에 핀으로 꽂아두었다.

남북 전쟁은 승리한 전쟁이었을까, 비극이었을까? 미국의 재탄생이었을까, 대량 학살이었을까? 남북 전쟁은 피할 수 있었던 전쟁이었을까? 그 전쟁의 결과는 무엇이었을까? 실제로 무엇 때문에 양측이 그렇게 싸웠던 걸까? 돈이 원인이었을까? 2011년에 미국 전역에서 2500명을 대상으로 실시한 여론 조사에 따르면, 전 남부 연합에 속한 주에서 응답한 백인의 3분의 2가 노예 제도라는 쟁점보다 '주권state's rights'의 확립이 전쟁의 주된 원인이었다고 대답했다. 그러나 지난 160년 동안 미국인들은 각자의 관점에 따라서, 또 시대에 따라서 다양한 책을 읽고 교육을 받았다. 일기 작가 조지 템프턴 스트롱George Templeton Strong(1820-1875)이 일기에서 털어놓았듯이, 리의 항복 이후로 "전쟁에 참전하거나 관련된 사람들로 골치를 썩일 사람은 역사가밖에 없다—영원히." 스트롱은 자신도 모르는 사이에 진실의 진실을 말한 셈이었다.

✳ ✳ ✳

제임스 맥퍼슨James McPherson의 《자유의 함성》(1988)은 남북 전쟁을 가장 잘 설명한 역사서의 하나로 손꼽힌다(특히 충돌에 이르는 과정에 대한 추적이 탁월하다고 평가된다). 맥퍼슨은 이 책에서 남북 전쟁이 미국 역사에서 가장 많이 쓰인 사건이라 추정한다. 한편 다른 역사가의 계산에 따르면, 남북 전쟁을 다룬 책만도 약 5만 종에 달한다.

이 추정치는 1995년에 계산된 것이며, 그 이후로 사반세기 동안 얼마나 더 많은 연구서가 출간되었을지는 추측할 수만 있을 뿐이다. 남북전쟁에서 3년 동안 자원 봉사 간호사로 복무한 시인 월트 휘트먼Walt Whitman(1819-1892)은 "우리가 어떤 짓을 하더라도 역사는 진실을 말해야 한다. 우리가 어떤 야만인이 되더라도 진실을 말해야 한다"고 말했다. 그러나 사람들은 제각각 다른 진실을 고수한다. 휘트먼이 나중에 덧붙였듯이 "진짜 전쟁은 책에 결코 쓰이지 않을 것이다."[9]

전쟁이 끝난 이후로 수십 년 동안 온갖 이유가 봇물처럼 쏟아져 나왔다. 본 드렐이 정리한 이유 중 일부를 소개하면, 북부의 침략자들이 독립된 남부를 침입한 결과, 북부는 진보한 반면에 남부는 타락한 결과, 경제 전쟁을 촉발한 높은 관세, 자제하지 못하고 실수를 연발한 어리석은 정치인들, 공업 문화와 농경 문화의 충돌 등이었다.[10] 정치인들이 사악한 행위를 미연에 방지하지 못했고, 광신자들을 억누르지 못한 것도 전쟁의 원인으로 여겨졌다. 마르크스주의자들의 계급 투쟁도 부분적인 원인이라 언급하거나, 남부 사람들이 서쪽으로 이동하는 걸 북부가 차단하며 노예 제도의 확산을 막으려 했던 게 원인이라 지적하는 학자도 있었다(역사가 질 르포어는 "서쪽으로 정착지를 넓힐 때마다 노예 제도가 유령처럼 뒤따랐다"고 썼다).[11] 폰 드렐은 미국이 노예 제도의 역할을 과소평가하며 "집단 기억상실증"에 걸렸다고 평가했다.

어떤 추정에나 나름대로의 근거가 있었다. 본 드렐의 표현을 빌리면, 전쟁이 끝나고 거의 100년 동안 역사가와 소설가와 영화제작자는 "생존자와 그 후손들의 외상 후 기억을 달래려고 최면술사처럼 애쓰며", 멋진 신화로 전쟁의 아픔을 감추었다. 특히 남부에서는 '부정denial'이 큰 역할을 했다. 처음에는 남군 지도자들의 자기변명에 가까운 이야기가 나왔다. 따라서 전쟁에 대해 초기에 발간된 대부분의 서적은 전기와 회고록이어서, 같은 편에서 싸웠던 장교들이 서로 비난하는 글을 쓰는 경우가 많았다.

1885년 그랜트의 회고록이 2권으로 발간되며 베스트셀러가 되었다. 이 회고록에서 그랜트는 "누구도 부당하게 평가하고 싶지 않다"고 말했지만, 그의 전기를 가장 근래에 발표한 론 처나우Ron Chernow는 그랜트의 회고록을 '숨 막히는 얼버무리기'라고 평가한다. 다른 군사 지도자들의 글도 다를 바가 없었다. 모두가 자신이 참가한 전투를 자세히 묘사했지만 전쟁을 전체적으로 분석하는 데는 소홀했고, 한 북군 장교는 "끔찍한 깜** 문제"라고 칭했을 정도였다.[12]

남부 연합의 대통령을 지낸 제퍼슨 데이비스Jefferson Davis (1808-1889)가 2권으로 발표한 역사서 《남부 연합 정부의 흥망성쇠》는 달랐다. 데이비스가 성경 이외에 어떤 책도 허용되지 않았던 연방 교도소에서 24개월을 구금된 이후로 10년 만에 발표한 책이었다. 그는 3년 동안 자료를 수집한 뒤에 "남부의 주들이 주권 공동체로 그 존재와 권리를 유지하기 위한 투쟁에 수반되고, 그보다 앞서 있던 사건들에 대한 역사적 고찰"을 완성해냈다. 그러나 그의 역사서는 그 이전의 기록보다 훨씬 더 당파적이었다. 예컨대 북부의 '정치 선동가들'이 정권을 잡으려고 노예 제도를 날조했다는 전형적인 주장을 서슴지 않으며, "당신이라면 재산(노예를 뜻함)을 빼앗아가는 걸 동의하겠는가, 아니면 자유와 재산, 명예와 삶을 지키기 위해 싸우겠는가?"라고 되물었다. 데이비스의 생각에는 남부 연합이 결과적으로는 패배했지만 정신적으로는 승리한 전쟁이었다. 남군이 수적으로 열세였고, 무기도 훨씬 더 적었으며, 북군에 비교하면 기본적인 장비도 턱없이 부족했지만(1863년의 혹독한 겨울에 남군은 수백 명이 신발도 없이 다녀, 그들의 발이 꽁꽁 얼어 땅바닥에 달라붙었다), 침략군을 격퇴하려고 용감무쌍하게 싸웠기 때문이고, 어두컴컴한 공장에서 일하는 악마와도 같은 북군은 착취자와 다를 바가 없었기 때문이다.[13]

데이비스의 견해는 남북 전쟁의 역사에서 훗날 '잃어버린 대의 Lost Cause'로 알려진 이론의 일부였다. '잃어버린 대의'라는 표현은 리치먼드에서 발행되던 한 신문의 편집자가 쓴 책에서 따온 표현이었다. 이 이론의 추종자들은, 전쟁 전에 남부가 추구하던 미덕을 인정하는 데 그치지 않고, 남북 전쟁이 독립을 지키기 위한 명예로운 전쟁이라 추켜세운 반면에, 노예 제도의 잔혹함보다 혜택을 강조하며 노예 제도의 실질적인 역할을 경시하는 경향을 띠었다. 여하튼 노예 소유주는 국민의 1퍼센트에 불과했다. 이 책을 통해 남부인들은 수치심을 크게 떨쳐냈고, 참전 용사들의 회고록과 연대의 기록, 재향 군인회에서의 연설, 남군들이 안장된 공동묘지에서 펼쳐진 기념식, 박물관과 기록 보관소, 남부 연합에 동정적인 많은 그림과 노래와 영화에서 기운을 얻었다. 남부 연합을 위해 참전한 병사들은 용감하고 진실했다. 남부 군대들은 패한 게 아니라 수적으로 제압되었을 뿐이다. 스톤월 잭슨Stonewall Jackson(1824-1863) 장군의 병사들은 탄약이 떨어지자 적들에게 돌을 던지며 끝까지 맞서 싸웠다. '잃어버린 대의'의 수호성자는 로버트 E. 리였다. 월터 휘트먼조차 1874년 '재건Reconstruction'에 대해 논평할 때, 편협하다는 낙인이 찍힐까 두려워하지 않고 "전체적으로 개코원숭이의 지능과 능력을 지닌 흑인을 대거 우리 사회에 이제 받아들였다"고 말했을 정도였다.[14]

1894년에 결성된 강력한 단체, '남부 여성 연합United Daughters of the Confederacy'은 남북 전쟁에 대한 자신들의 견해가 남부 전역에서 가르쳐지도록 학교 교과과정을 감시하기 시작했다. 교과서 출판사들은 그들의 요구에 부응할 수밖에 없어, 북부 학생들과 남부 학생들은 남북 전쟁에 대해 다르게 쓰인 교과서로 공부해야 했다.[15] '남부 여성 연합'은 남부에서 최근에 많은 논란을 불러일으켰던 조각상들을 세우는 데도 크게 관여했다.

1913년 게티즈버그 전투 50주년을 맞아, 우드로 윌슨Woodrow Wilson(1856-1924: 1849년 이후로 대통령에 당선된 첫 남부인이자, 정치에 입문하기 전에 대학에서 역사를 가르친 학자)은 쿠 클럭스 클랜(Ku Klux Klan, KKK) 같은 테러 조직을 "자기 보존이라는 순전한 본능에 사로잡힌 사람들이 조직한 남부의 제국"으로 묘사했다.* 게티즈버그에서 열린 기념 연설에서 윌슨은 노예 제도에 대해 전혀 언급하지 않았고, 워싱턴에 돌아가서는 워싱턴에 소재한 연방 정부 기관들을 인종에 따라 분리하라는 명령을 내렸다. 그로부터 2년 뒤, 미국 작가 애덤 고프닉의 표현을 빌리면 "위대하면서도 사악한 영화"인 〈국가의 탄생〉이 개봉되었다.[16] 데이비드 와크 그리피스David Wark Griffith(1875-1948)가 감독한 그 영화에서 KKK단은 잔혹한 폭도들(얼굴이 검은 배우들)로부터 강간을 당할 위험에 처한 릴리언 기시Lilian Gish를 구해내는 영웅들로 그려졌다. 윌슨은 그 영화를 보고 "번갯불로 역사를 쓰는 것 같군. 저 모든 게 사실이라는 게 안타까울 뿐이오"라고 논평했다고 전해진다.

1929년에는 클로드 바우어스Claude Bowers(1878-1958)의 역사서, 《비극의 시대》가 발표되었고, 폭넓게 읽히며 재건 시대 이후의 차별 체제에 대한 지적인 토대를 제공해주었다. 재건 시대에는 앤드루 존슨Andrew Johnson(1808-1875) 대통령이 1865-1868년에 남북의 화합을

---

* 테네시주 펄래스키 출신의 남군 퇴역 군인들 6명이 1865년 크리스마스이브에 결성한 조직이다. 당시는 재건 시기의 초기였고, 그 명칭은 그리스어 kyklos(κύκλος, 모임)에 clan(집단)을 더한 것이다.

도모하려던 미적지근한 시도가 있었고, 반노예 제도라도 원칙하에 남
부를 재건하려는 북부의 노력이 있었다. 하지만 미국 평론가 헨리 루
이스 멘켄Henry Louis Mencken(1880-1956)은 "에이브러햄 링컨의 게티
즈버그 연설에서 유일한 결함이 있다면 국민의, 국민에 의한, 국민을
위한 정부를 위해 싸운 쪽은 북부가 아니라 남부였다"고 말하며 편향
된 시각을 버리지 못했다.

　　1939년, '잃어버린 대의'를 그려낸 새로운 영화가 〈국가의 탄
생〉보다 훨씬 큰 파장을 일으켰다. 데이비드 O. 셀즈닉David O.
Selznick(1902-1965)이 제작한 〈바람과 함께 사라지다〉였다. 마거릿 미
첼Margaret Mitchell(1900-1949)이 결단력 있는 스칼렛 오하라와 그녀의
'아름다운 세계'가 파괴되는 과정을 그린 이야기는 역대 최고의 베스
트셀러가 되었고,* 영화는 모든 영화관을 가득 채웠다. 소설에서 '비
극적 필연성a tragic necessity'이라 칭해진 KKK단은 언급되지 않았고,

* 유일한 경쟁자로는 해리엇 비처 스토Harriet Beecher Stowe(1811-1896)의《톰 아저
씨의 오두막: 하찮은 사람들과 함께한 삶》이었다. 이 소설은 1851년부터 신문에
연재되었다. 이 소설은 2권으로 발간된 즉시 베스트셀러가 되었고, 미국만이 아
니라 영국판도 미국보다 3배나 많은 100만 부가 팔렸다. 러시아에서는 톨스토이
와 레닌도 어렸을 때 재밌게 읽은 책이었고, 빅토리아 여왕은 이 소설을 읽으며
눈물을 흘렸으며, 하인리히 하이네는 이 소설에 담긴 메시지에 깊이 감동해서 죽
음을 앞두고 기독교로 개종했다고 전해진다.《톰 아저씨의 오두막》이 19세기 미
국에서 가장 인기 있던 소설은 아니었지만(그 명예는 그랜트 휘하의 북군 장군
이던 루 월리스Lewis Wallace(1827-1905)가 1880년에 발표한《벤허: 그리스도 이
야기》에 있다), 중국에서 출간된 최초의 미국 소설이었으며 쿠바와 브라질(세계
에서 마지막까지 노예 제도를 합법적으로 운영하던 국가)에서 노예 제도를 반대
하는 운동에 힘을 북돋워주었다. 스토의 톰 아저씨는 무대에 각색된 것처럼 결코
순종적인 노인이 아니라, 흑인의 권리를 지켜주려고 애쓰는 위엄 있는 인물이다.
링컨은 스토 부인에게 그 책을 쓴 것만으로도 남북 전쟁을 시작한 주역은 그녀였
다고 말해주었던 것으로 전해진다. 스토 부인은 아프리카에 새로운 기독교 문명
을 세울 수 있을 것이라 믿으며, 아프리카인의 송환을 적극적으로 지지했고, 모

영화는 본격적으로 시작되기 전에 "예의 바른 신사들과 목화밭의 땅", 즉 "기사도가 마지막까지 살아 있던 아름다운 세계"에 경의를 표했다. 그리피스만이 아니라 미첼과 셀즈닉도 전쟁 전의 남부를 지상 천국에 가까운 곳으로 묘사한 뒤에, 그 천국이 전후에 한몫을 챙기려는 북부인들과 악의적이고 무지한 해방 노예들로 들끓는 무질서한 세계로 추락하는 과정을 추적한다. 이런 이미지는 윌리엄 아치볼드 더 닝William Archibald Dunning(1857-1922)과 예일 대학교의 U. B. 필립스 Ulrich Bonnell Phillips(1877-1934) 같은 역사학자들이 북부의 사악함을 울부짖는 동시에 흑인들은 자신에게 강요된 자유의 가치를 제대로 깨닫지 못하는 '어린아이'와 같다고 가르쳤기 때문에 점차 굳혀졌다.

캐나다의 역사학자로 옥스퍼드에서 가르치는 마거릿 맥밀런 Margaret MacMillan이 말하듯이, "전쟁 전의 남부가 남자는 신사, 여자는 숙녀이던 세계, 품위와 예의가 사람들의 관계에, 심지어 노예 소유주와 노예 사이에도 존재하던 낙원의 모습을 띠었던 건 조금도 놀랍지 않다."[18] 이 상상의 세계에서 "도의심은 계급이나 지위와 떼어놓을 수 없는 것이었고, 혈통과 공동체를 지키기 위해서도 반드시 필요한 것이었다."[19] 북군의 승리로 이 고결한 문명이 끝났고, 상실과 모멸의 시대가 시작되었다. 1877년에는 재건이 배신으로 끝나며 짐 크로 법

든 남부인을 비방하지 않고 모든 북부인을 괜찮은 사람으로 묘사하지 않으려 애썼다. 그러나 《톰 아저씨의 오두막》의 영향력에도 불구하고, 높은 인기가 "노예제도를 유지하며 북부를 악마화하려는 남부의 결의를 굳히는 역효과"를 낳았다. David S. Reynolds, *Mightier Than the Sword: Uncle Tom's Cabin and the Battle for America* (New York: Norton, 2011)을 참조하기 바란다. 마크 트웨인의 《허클베리 핀의 모험》과 《얼간이 윌슨》이 노예 제도에 대해 공격한 효과를 언급하고 싶은 사람들도 있겠지만, 두 소설은 훗날과 달리 당시에는 별다른 영향을 미치지 못했다.

Jim Crow laws이 제정되었다.*

훗날 더닝 학파Dunning School로 알려지는 역사가들이 남부 연합을 미화하고 재건을 반대하며 부정적인 영향을 미쳤다. 미국의 역사학자 에릭 포너Eric Foner가 말하듯이, 더닝 학파의 견해가 "여러 세대 동안 백인 남부가 유지되는 데 큰 역할을 했다."[20] 많은 남부인과 소수의 북부인이 컬럼비아 대학교 교수이던 더닝 밑에서 박사 학위를 받은 뒤에 남부로 돌아가서는 주요 대학교의 역사학과를 점령했다. 사우스캐롤라이나 주정부가 승인하고 배포한 고등학교 역사 교과서

* '짐 크로 법(미국에서 흑인을 차별하며 권리를 박탈하던 규정)'의 기원은, 백인 배우 토머스 '대디' 라이스Thomas 'Daddy' Rice가 얼굴을 검게 칠해 흑인으로 분장하고 노래하며 춤추던 히트곡 〈점프 짐 크로Jump Jim Crow〉까지 거슬러 올라간다. 이 노래는 1830년 처음 알려졌고, 앤드루 잭슨Andrew Jackson 대통령의 정책을 풍자하는 데 사용되었으며, 남부가 아니라 북부에서 철도 차량이 피부색에 따라 구분되던 1840년대 동안에는 흑인과 백인의 분열을 초래하는 원인이 되었다.
일반적인 믿음과 달리, 검게 칠한 얼굴은 미국에서 생겨난 게 아니다. 1605년, 영국의 극작가 벤 존슨은 제임스 1세의 왕비이던 덴마크의 앤으로부터 특별한 의뢰를 받아 가면극 〈검은 가면〉을 썼다. 이 가면극은 화이트홀 궁전에서 공연되었고, 그때 앤과 5명의 왕녀가 검게 칠한 얼굴로 공연을 관람했다. 한 참관자가 남긴 기록에 따르면, "그들은 가면 대신에, 얼굴과 손은 물론 팔꿈치까지 검게 칠한 모습으로 나타났고, 알아보기 힘들 정도로 완벽한 위장이었다. …뺨이 움푹 들어간 검은 무리보다 보기에 흉측한 모습이 또 있을까 싶었다." *Memorials of Affairs of State from the Papers of Ralph Winwood*, vol. 2 (London, 1725), p. 44를 참조하기 바란다.
재건의 종결은 1876년 뜨거운 논란을 불러일으킨 대통령 선거 이후 일어났다. 선거에서는 민주당이 승리했으나 양측의 유력한 후보들, 즉 민주당의 새뮤얼 J. 틸던Samuel Jones Tilden(1814-1886) 후보도, 공화당의 러더퍼드 B. 헤이스Rutherford Birchard Hayes(1822-1893) 후보도 과반의 선거인단을 확보하지 못했다. 따라서 민주당이 승리를 선언하지 않은 답례로 공화당 연방 정부는 남부로부터 군대를 천천히 철수하며, 1877년 재건 정책을 공식적으로 끝냈다. 그 지저분한 거래로, 공화당이 원칙보다 권력을 우선시한다는 게 드러났고, 민주당은 그 후로도 수십 년 동안 미국 흑인을 불평등의 늪에 가둬둘 수 있었다.

1913년 게티즈버그 전투 50주년을 맞아, (남군 8750명을 포함해) 5만 명의 참전 군인이 모여 악수를 나누었다. "좀먹은 푸른색과 회색 제복을 입은 노인들이 어울리며, 포화 아래에서 용맹을 발휘하던 무용담을 서로 나누었다(아리 켈먼)."[17]

에서 '재건'이란 항목은 이렇게 설명된다. 이런 설명은 특별한 게 아니라, 교과서 전체에서 확인되는 전형이었다.

가장 큰 문젯거리

흑인들에게 갑자기 자유를 허락하면, 카펫배거Carpetbagger(남북전쟁 이후에 남부로 이주한 북부인/옮긴이)의 악의적인 영향이 없더라도 중대한 문제가 야기되었을 것이다. 우리 주에는 백인보다 흑인이 더 많았다. 흑인들은 교육을 받지 않았고, 백인의 지도가 없으면 어떻게 생계를 꾸려야 하는지도 몰랐다. 흑인들은 보호와 지시를 받는 데 길들여져서 자유가 주어져도 어떻게 처신해야 하는지를 전혀 몰랐다. 흑인들은 소와 닭과 돼지를 훔쳤고,

헛간과 마구간을 불태웠다. 흑인들은 자발적으로 일하려 하지 않
았다. 교사가 등을 돌리는 순간, 수업을 빼먹으려는 어린아이와
같았다. …흑인들에게 투표권을 허락하자 우리 주가 거의 파멸될
지경에 빠졌다.[21]

그 교과서는 1940년에 발간되었고, 그 이후로도 약간의 수정만
을 거친 채 계속 재발행되었다. 상당한 기간 동안, 노예 소유자의 아
들이던 U. B. 필립스가 플랜테이션 경제plantation economy를 연구한 유
일한 학자였고, 노예화된 종족은 '순종적'이고 '고민이 없으며', '알랑
거리고', '모방하고… 진지하며 우스꽝스럽게' 보이는 사람들이란 이
유로 필립스는 플랜테이션 경제가 자애롭고 문명적인 제도라고 주
장했다. 게다가 노예 제도가 수익성이 좋은 제도가 아니기 때문에 조
만간 저절로 사라질 것이라 주장하기도 했다. 그러나 남북 전쟁 전,
10년 동안 노예와 토지, 둘 모두의 가격이 70퍼센트가량 상승했기
때문에 필립스의 이런 주장은 동의하기 어렵다.*

그러나 1940년대쯤에는 북부도 남부의 인종 차별적 태도를 대
체로 받아들였다. 격언을 변형해 말하면, 남부가 전쟁에서는 패했지
만 역사 전투에서는 승리한 셈이었다.[22] 더닝의 연구에 기초해 정리

* 1931년 영국의 극작가이자 시인인 J. C. 스콰이어John Collings Squire(1884-1958)
가 《만약 사건이 다른 식으로 전개되었더라면》이란 평론집을 펴냈다. 그중 한 기
고자는 윈스턴 처칠로, 「리가 게티즈버그 전투에서 승리하지 않았더라면」이란 제
목의 글을 썼다. 여기에서 처칠은 역사가가 되어, 남부 연합이 게티즈버그 전투와
더 나아가 남북 전쟁에 승리한 세계에서, '그렇게 되지 않았더라면 어떤 일이 벌
어졌을까'라고 묻는다(재밌게도 우리는 남부 연합이 패했다는 걸 알고 있다). 처
칠이 상상한 세계에서는 리가 제퍼슨 데이비스를 대체하고, 남부 연합에서 노예
제도를 종식시킨다. 더 나아가, 영어권 국가들이 연합해 세계 전쟁이 발발하는 걸
예방하고, 빌헬름 황제는 통일된 평화로운 유럽의 명목상 수장이 된다.

된 재건 과정이 1930년대까지 고등학교와 대학교의 교과서를 지배했고, 적어도 1945년까지도 폭넓게 받아들여졌다. 미국의 역사학자 C. 반 우드워드Comer Vann Woodward(1908-1999)가 1955년에 발표한 《남부 역사의 짐》에서 지적했듯이, 남부는 미국에서 전쟁에 패한 적이 있는 유일한 지역이고, 그 때문에 향수에 빠져 허우적대고 있었다.[23] 얼마 뒤에는 닉슨의 수석 연설문 작성자를 지낸 윌리엄 새파이어William Safire(1929-2009)가 《자유: 에이브러햄 링컨과 남북 전쟁에 관한 소설》(1987)을 출간했고, 2011-2012년에 공화당 대통령 후보 경선에도 나선 뉴트 깅리치Newt Gingrich가 '잃어버린 대의'를 4부작의 역사 소설로 재구성하며, 남부에서 정치적 지지자를 확대하는 수단으로 삼았다. 한편 리는 남부 대의를 상징하는 화신에서, 전국적으로 숭배자를 거느린 인물인 '현실화된 아서왕' 그랜트라는 피에 굶주린 도살자를 능란하게 다룬 장군으로 진화되었다. 1930년대에는 더글러스 사우설 프리먼Douglas Southall Freeman(1886-1953)이 4권으로 펴낸 '성인전'은 로버트 E. 리의 최종적인 전기로 여겨졌다. 이 책에서 노예 제도에 대한 리의 견해는, 고향이던 버지니아가 노예 제도를 최적으로 활용했다고 지나가는 농담처럼 언급하는 정도로만 그친다. 따라서 리가 250명의 노예를 소유했고, 재건 기간 동안 옛 노예들의 정치적 권리를 반대했다는 사실에 대해서는 전혀 언급되지 않는다. 게다가 KKK단을 비판해달라는 요구를 받았을 때도 리는 침묵으로 일관했다. 더 많은 시간이 지나서야 이런 사실들은 표면으로 드러났다.*

위대한 흑인 행동주의자이자 학자 윌리엄 에드워드 버가트 듀보

---

* 빅토르 위고의 《레 미제라블》에서 노예 제도의 해악에 대한 모든 언급이 생략된 판본(1862)이 리의 병사들에게 큰 인기를 끌었고, 그 때문에 그 판본은 '리의 미제라블'이라 불렸다.

이스William Edward Burghardt Du Bois(1868-1963)의《미국에서의 흑인 재건Black Reconstruction in America》이 1935년에 출간된 걸 고려하면, '잃어버린 대의'가 여러 형태로 역사에서 지속된다는 사실이 더욱더 암울에게 느껴진다. 남북 전쟁 이후의 재건 과정을 호의적으로 해석하고, 학계에 만연한 흑인에 대한 편견에 격렬히 반론을 제기한 768쪽의 연구서는 U. B. 필립스 등이 편향된 자료를 사용하고 있다는 걸 지적하며 "노예들은 자유를 얻어 잠시 햇살을 받고 섰지만, 곧 노예 제도를 향해 되돌아갔다"고 안타까워했다. 흑인들이 느낀 배신감이 얼마나 컸는지를 이해해야 흑인들이 되돌아선 이유를 미국인들이 이해할 수 있다는 게 듀보이스의 생각이었다.

〈뉴욕 타임스〉에 게재된 서평에서 보듯이, "이 책의 곳곳에서 감지되는 도전적 기운을 보면, 적어도 저자의 마음속에서는 피할 수 없고 치명적인 인종 투쟁이 임박한 듯하다. 듀보이스 교수는 절대적 평등을 위한 투쟁에서 '타협은 있을 수 없다'며, '그 투쟁이 서구 세계에서 마지막 위대한 전투'가 될 것이라고 썼다."

듀보이스의 책은 「역사의 프로파간다」라는 인상적인 제목이 붙은 마지막 장으로 끝난다. 반反흑인적 편견에 대한 고발장이라 할 수 있다. 여기에서 듀보이스는 "하나의 사실, 그 하나만으로도 최근에 재건에 대해 글을 쓴 작가들의 사고방식이 대체로 설명된다. 그들은 흑인을 인간으로 생각하지 않는다"고 썼다. 호의적인 서평을 폭넓게 받았지만 책의 판매는 시원찮았다. 초판 2150부 중 1984부가 팔렸을 뿐이었다. 최근에 그 책을 다룬 서평가가 "저자는 성당의 경내에 들어가듯이, 아프리카계 미국인의 삶에 대한 연구를 어렴풋이 시작했다"고 말했듯이 듀보이스의 연구가 지금은 고전으로 여겨지지만, 당시 백인 학계에서는 크게 폄하되었고, 듀보이스도 재건 과정을 마르크스

이론에 끼워 맞추려고 시도했다. 기록 보관소의 자료를 제대로 이용하지 않았다고 비난을 받았지만, 그 시대에 흑인 역사가가 남부를 연구하는 건 거의 불가능에 가까웠다. 듀보이스의 흑인 동료들이 남긴 글들도 마찬가지로 제대로 평가받지 못했다. 따라서 더닝-필립스가 키운 군마들이 1960년대까지 승승장구했지만, 마침내 시민권 단체들이 그 주장의 부정확성을 알리는 데 성공을 거두며, 군마들의 기수를 밀어내기 시작했다.

※ ※ ※

1952년, 존경받는 학자 케네스 스탬프Kenneth Stampp(1912-2009)는 〈미국 역사 리뷰American Historical Review〉에 기고한 논문을 "남부 흑인 노예 제도를 다룬 문학을 조사해보면, 지금까지 해결되지 않은 근본적인 문제 하나가 드러난다. 편향된 역사가라는 문제이다"라고 시작한다. 편견은 노예 제도나 남부 군인들의 영웅적 행위라는 쟁점을 넘어, 북군 지휘관의 비방으로 확대된다. 그랜트가 오래전에 짜증을 내며 불만을 터뜨렸듯이,

> 우리 장군들은 악의적인 언론, 미적지근한 친구들, 외부 여론을 상대해야 했다. 북군은 오직 야만적인 무력으로만 승리하지만, 남군에게는 지휘 능력과 용맹무쌍함이 있다는 소문이 나돌았다. 많은 엉뚱한 환상이 역사가 되듯이 이런 소문도 역사의 일부가 되었다.

노예 제도 문제는 여전히 해결되지 않았지만, 적어도 그랜트

의 명성은 1950년에 어느 정도 되살아나기 시작했다. 로이드 루이스Lloyd Lewis의 호의적인 전기 《대장 샘 그랜트》가 북군의 영웅 율리시스 S. 그랜트의 이야기를 1861년의 전쟁 직전까지 풀어낸 덕분이었다. 그리고 거의 사반세기라는 기간 동안, 브루스 캐턴Bruce Catton(1899-1978)은 그랜트만이 아니라 남북 전쟁 전체를 다룬 베스트셀러를 연이어 쏟아냈다. 《미스터 링컨의 군대》(1951), 《영광의 길》(1952), 퓰리처상을 수상한 《애퍼매턱스의 정적》(1953)을 완성한 뒤에 캐턴은 또 다른 삼부작을 쓰기 시작했고, 그전까지 회색 제복의 패자에게 부여되던 낭만과 품격을 푸른 제복의 승리자들에게 돌려주었지만, 대체로 놀라울 정도로 공정한 태도를 유지했다.

《애퍼매턱스의 정적》에서, 캐턴은 1864년 7월 30일 피터즈버그의 북군 전선에서 폭발한 거대한 광산을 묘사한다. 그 부분은 그의 생생한 문체를 음미할 수 있는 좋은 예이다. "처음에는 무겁게 웅웅거리는 소리가 멀리 떨어진 지평선을 따라 우르릉거리는 여름 천둥처럼 길게 이어지며" 끈기 있게 공격 신호를 기다리던 북군 병사의 귀를 사로잡았다. 그러고는

> 눈앞에서 땅이 흔들리고 불룩해지고는 단단한 지면이 솟아올라 둥근 언덕처럼 변했다. 모든 것이 순차적이고 느긋하게 진행되는 듯했다. 그러고는 둥근 언덕이 갑자기 쪼개지며, 거대한 불덩이와 검은 연기가 하늘을 향해 치솟아올랐다. 집채만큼 큰 흙덩이, 놋쇠 대포와 거기에서 떨어져 나온 포대 바퀴, 갈기갈기 찢어진 탄약 상자[탄약을 실은 마차]가 하늘을 뒤덮었고, 천막이 곳곳에서 휘날렸으며, 공중으로 솟아오른 인간의 몸뚱이가 괴이한 모습으로 굴러떨어졌다. …대포들이 늘어섰던 주변의 모든 풍경이 먼

지와 연기로 변했고, 온갖 잔해가 하늘을 뒤덮었으며, 병사들은 눈도 뜨지 못한 채 숨 가쁘게 콜록거렸다.[24]

캐턴은 북군 생존자로부터 그때의 상황을 자세히 들었을까? 캐턴의 책들은 대체로 개인적인 회고처럼 읽히지만, 영웅담 같은 분위기도 띤다. 예일 대학교의 역사학자 데이비드 W. 블라이트David William Blight는 캐턴의 이력을 다룬 예민한 글에서, 킬링 필드의 끔찍한 실상을 모호하게 뒤덮는 고상한 신화를 원하는 대중의 욕구를 이용했던 게 아닌가를 캐턴이 말년에 자문하며 괴로워했다고 말한다.[25] 다시 말하면, 실제로는 섬뜩하기 그지없는 이야기를 세세한 것도 놓치지 않는 눈으로 전달함으로써 독자의 욕구만이 아니라 그 자신의 욕구까지 채웠던 게 아닌가 되돌아보았다는 뜻이다. 블라이트는 캐턴이 전체적으로 "분리주의자와 남부 연합의 반反국가주의에 호의적이었다"고 결론짓는다. 결국 캐턴이 책을 쓸 때는 아프리카계 미국인의 삶을 묵살했지만, 남북 전쟁에도 불구하고 그들의 완전한 해방이 "심원하고… 끝나지 않은 과제"로 남았다는 걸 뒤늦게 인정했다는 뜻이다. 나는 2011년 〈뉴욕 타임스〉의 공개 토론회에 참석한 적이 있었다. 그때 연사 중 한 명으로 참석한 블라이트는 "미국인들은 우리 과거를 비극으로 생각하지 않으려는 경향을 띤다. 우리 역사가 승리의 역사이기를 원한다. 지금 1억 명의 미국인에게는 가계도의 어딘가에 남북 전쟁에 참전한 조상이 한 명쯤 있다. 이른바 '다락방에 감추어진 남부의 병사Confederate in the attic'로, 우리 모두가 함께 나눌 수 있는 짐이다"라고 청중에게 말했다.[26] 결국 남부에 대한 지속적인 연민에, 미국이 세계에서 차지하는 위치에 대한 절대적인 낙관주의가 더해지며, 미국의 과거가 한없이 낙천적으로 그려졌던 것이다. 그러나 그렇게 낙천적인 이야기에도 많은 가닥이 있다.

⋇ ⋇ ⋇

프리먼과 캐턴이 긴 이력에서 중간쯤에 이르렀을 때 다른 견해들도 제기되며 자리를 굳혀갔다. 대표적인 예로 케임브리지학파Cambridge School, 세인트루이스 학파St. Louis School, 터너 학파Turnerian School, 국가주의 학파Nationalist School가 있었다. 남북 전쟁으로 인해 촉진된 산업화 및 부의 불공평한 분배에 주목한 찰스 비어드Charles Beard(1874-1948: 윌리엄 더닝과 동시대에 컬럼비아 대학교에 재직한 역사 교수)가 주도한 학파도 있었다. 비어드와 그의 아내이자 동료이던 메리는 전쟁과 그 여파에서 이득을 챙긴 사람들에 주목했다. 그들의 해석에 따르면, 노예 제도의 근절은 자본주의 발흥 및 노동 운동의 성장과 직접적인 관계가 있었다. 비어드는 대중의 요구가 있다면, 주석에서만 노예 제도를 언급하며 남북 전쟁 전체를 말할 수 있다고도 말했다.

이렇게 미국 흑인의 삶을 경시하는 경향은 에이버리 크레이븐 Avery Craven(1885-1980)과 일리노이 대학교의 교수 제임스 랜들James Randall(1881-1953)이 주도한 수정주의 학파에서도 계속되었다. 제임스 맥퍼슨은 그 학파의 견해를 "그들은 북부와 남부의 지역적 차이가 분열을 초래한 진짜 원인이라는 걸 인정하지 않았다. 그런 차이는 분명히 존재하지만 군이 전쟁으로 이어질 필요가 없었다. 정치 체제 내에서 평화롭게 수용될 수 있고, 수용되어야 했던 차이였다. 그러나 이기적인 정치인들이… 북부와 남부 모두에서 당파적 목적으로 분노를 자극했다. 가장 큰 책임은 노예 제도를 반대한 급진주의자들에게 있었다…"고 정리해주었다.[27] 랜들은 제1차 세계대전에서 벌어진 대학살의 전조를 남북 전쟁의 참호와 불태워진 시골 지역에서 보았고, 크레이븐은 건국의 아버지들이 정립한 정치 체제라면 전쟁이란 비극을 겪지 않고도 다양함을 수용하기에 충분한 탄력성을 지녔어야 했다고 주장했다. 당시는 국가에 대한 이야기가 긍정적이고, 국민의 자부심을 고양하는 '합의의 역사' 시대였다. 그러나 '어떻게' 했어야 평화가 수용될 수 있었을까? 그런 방식은 어떤 모습을 띠어야 했을까? 확실한 답을 내놓기는 지금도 어렵지만, 수정주의 이론은 남북의 갈등을 이해하려고 노력하는 많은 사람의 마음을 얻었다.

크레이븐과 랜들이 수정주의 이론을 널리 전파하고 있을 때에도 그들의 주장에 반론을 제기하는 학파들이 있었다.[28] 대공황을 기회로 삼아, '남부 중농주의자들Southern Agrarians'이 남부의 반물질주의가 미국의 이익을 위해서는 필요하다고 주장했다. 그들의 주장에 따르면, 남부는 원칙에 입각한 조화로운 공동체였지만 북부 산업가들은 반노예 제도라는 멋진 구호를 악용해 남부의 경제적 이득을 착취했다. 그리고 1960년대에는 윌리엄 지냅William Gienapp(1944-2003), 마이클 F. 홀트Michael F. Holt, 조엘 H. 시블리Joel H. Sibley 등이 포함되는 '새로운 정치사학자new political historian'들이 나타났다. 그들의 주장에 따르면, 남북 간의 긴장은 프로테스탄티즘이나 이민자 배척주의에서 비롯된 것이지, 노예 제도는 핵심적인 쟁점이 아니었다. 정치인이 갈등을 완화하기 위해 아무것도 할 수 없을 정도로 양측의 적대감이 고조되자, 북부와 남부는 서로 상대에게 책임을 물었고, 결국 전쟁은 피할 수 없는 것이 되었다.

이렇게 각기 다른 견해들은 각 이론이 생겨난 시대를 반영한다. 남북 전쟁에 참전한 병사들이 자신들의 대의를 알리려고 더는 주변에 어슬렁거리지 않을 때부터 '국가주의 학파'는 위세를 떨쳤다. '마르크스주의자'와 '비어드 추종자'는 경제의 역할을 강조한 까닭에 대공황 시기에 목소리를 높였다. 중도를 지향하며 극단적인 해석을 피한 '정치 학파Political school'는 1950년대 합의 정치의 산물로, 그 10년의 시간에 목격한 의회의 마녀사냥에 대한 반성이기도 했다. 1990년 경에는 '비교 학파Comparative School'가 남북 전쟁에 노예 제도가 미친 영향을 정확히 이해하려면 세계 다른 지역의 노예 제도와 비교해야만 한다고 주장했다. 적어도 이런 주장은 전투와 죽음을 처음으로 보았던 옛 병사들의 심정까지 헤아린 것은 아니었지만, 수십 년 동안 노예 제도가 금기시되는 주제였다는 걸 인정한 것이었다.

1947년 흑인 역사가 존 호프 프랭클린John Hope Franklin(1915-2009)이 아프리카에서부터 시작해 노예로 살았던 서반구에서의 삶을 거쳐 인종적 평등을 위한 끝없는 투쟁까지 아프리카계 미국인의 운명을 추적한《노예에서 자유인으로: 아프리카계 미국인의 역사》를 펴냈다(350년 동안 3만 6000척의 노예선이 대서양을 건넜다).* 미국의 역사가 앨런 네빈스Allan Nevins(1890-1971)는 남북 전쟁으로 치닫는 과정을 조사한 결과를 1947년부터 8권으로 차근차근 발표했다. 그 이후로 학자들은 남북 전쟁과 그 여파를 거의 모든 면에서 파고들었다. 1955년에는 C. 반 우드워드가《짐 크로의 이상한 여정》을 출간했고, 1년 뒤에는 케네스 스탬프가 1952년의 논문을 통해 불러일으킨 경각심의 후속 작업으로, 노예의 관점에서 노예 제도를 관찰하고 분석한 책《특

---

* 노예 제도는 바빌론과 이집트, 그리스와 로마, 이스라엘과 중국 한나라, 일본만이 아니라 아스테카 왕국, 마오리 왕국, 오스만 제국 및 유럽의 많은 강대국에서도 행해졌다. 오늘날에도 모리타니, 말리, 니제르, 차드, 수단에서는 노예 제도가 계속 운영된다. 착취는 인간의 기본적인 속성인 듯하고, 예속은 섬뜩할 정도로 광범위하게 만연된 현상이다.

이한 제도: 전쟁 전 남부의 노예 제도》를 펴냈다.

처음 16명의 대통령 중 10명이 노예를 소유했다. 제퍼슨은 무려 130명의 노예를 소유한 주인이었다. 미국 독립 혁명이 시작되었을 때 제퍼슨은 "우리는 모든 사람이 평등하게 창조되었다는 걸 자명한 진리라 받아들인다"고 썼지만,《버니지아 주에 대한 비망록》(1785)에서는 흑인을 제거하지 못한다면 미국의 장래가 결코 안전하지 않을 것이라 기록하기도 했다. 아프리카로부터의 노예 수입은 1807년 의회에서 불법화되었지만, 남북 전쟁이 발발하기 전 수십 년 동안 200만 이상의 노예가 매매되었다. 건강한 남성 '표본specimen'은 경매에서 1750달러(현재 가치로는 4만 달러 이상)로 낙찰되었고, 1860년에는 미국인 7명 중 1명이 누군가의 소유였다. (콜슨 화이트헤드Colson Whitehead가 치밀한 자료 조사를 바탕으로 쓴 소설《언더그라운 레일로드》에서, 주인공 코라는 "88명의 인간이 60개 상자의 럼주와 화약에 교환되는 대량 구매의 일부였고, 그 값은… 일반적인 흥정을 통해 정해졌다.")[29] 남부에 거주하던 900만 인구 중 350만 명이 노예 상태에 있었고, 흑인은 10명 중 9명이 노예였다. 백인은 출생 시 평균 기대수명이 약 43세였지만, 흑인 노예의 출생 시 기대수명은 약 22세에 불과했고 영양 부족이 주된 요인이었다. 대부분의 흑인은 하루에 14시간까지 일했다. 농장주들은 노예들이 더 열심히 일하도록 끊임없이 때렸고, 성적 수치심과 신체 절단, 심지어 물고문 같은 징계를 가했다.[30] 따라서 노예로 끌려온 흑인의 약 40퍼센트가 미국에 도착하고 3년 내에 사망했다.

처음에 북부는 노예 제도의 종식을 고집하지 않았다. 더는 확대하지 말라고 요구했을 뿐이다. 1854년 갓 창당한 공화당은 자유로운 백인 노동자와 농민이 노예 소유주와 경쟁할 필요가 없도록, 새로이 편입되는 주와 준주에서 노예 제도를 제한하겠다고 약속했다.

같은 해 링컨은 노예 제도에 관련해 발언하며, "지상의 모든 권력이 내게 주어진다면 내가 무엇을 할지는 나도 모르겠다"고 말했다. 1858년, 인종 차별주의자이던 상원 의원 스티븐 A. 더글러스Stephen Arnold Douglas(1813-1861)와 토론할 때는 "흑인이 독립 선언문에 열거된 모든 자연권, 즉 생명과 자유와 행복 추구권을 이 세상에서 누릴 자격이 없을 이유가 없다. 나는 흑인도 백인만큼이나 그런 권리를 누릴 자격이 있다고 생각한다"고 명확히 주장했다.[31] 그러나 의회에서 활동하던 짧은 기간 동안에나, 대통령이 된 이후에도 그는 노예 제도를 종식시키기 위한 공식적인 문서로 헌법을 동원할 수 없었다. "압도적 다수의 백인"이 지지하지 않았기 때문에 노예에게 시민으로서 평등한 권리를 허용하는 게 불가능했다.

편견은 남부의 주에만 국한된 게 아니었다. 미국 평론가 루이 므낸드Louis Menand가 지적하듯이, "분리 정책은 북부에서 시작되었고, 북부에서 분리 정책은 노예 제도라는 관습의 산물이 아니라 흑인 혐오의 산물이었다."[32] 1830년까지도 뉴저지에만 2254명의 노예가 있었다.* 뉴욕에는 노예 경매장과 노예 태형 기둥이 있었고, 노예 반란도 몇 차례 있었다. 흑인 개혁가 윌리엄 J. 왓킨스William J. Watkins(1803-1858)는 "편견은 북부가 남부보다 훨씬 더 악랄했다"고 공언했고, 많은 노예 폐지론자가 그 주장에 동의했다. 영국의 소설가 앤서니 트롤럽Anthony Trollope(1815-1882)의 어머니 프랜시스 트롤럽은 1820년대를 미국에서 보내며 미국에서 만난 사람들을 이렇게 묘

---

* 1850년의 인구조사에 따르면 미국의 총인구는 2319만 1876명이었다. 그중에서 363만 8808명이 아프리카계 미국인이었고, 노예 인구는 320만 4313명이었다. 오랜 시간이 지난 후, 맬컴 엑스Malcolm X(1925-1965)는 북부의 태도에 대해 "캐나다 국경 남쪽에 사는 사람은 모두 남부에 사는 것이다"라고 냉소적으로 말했다.

사했다. "집에서 그들을 만나면, 한 손으로는 자유의 모자를 들고, 다른 손으로는 노예를 채찍질하는 모습을 볼 수 있다."

흑인에 대한 편견을 지적한 사람들은 그 밖에도 많았다. 위대한 인종 차별 개혁가로 20년 동안 노예로 지냈고, 남북 전쟁을 앞두고 미국에서 가장 영향력 있는 아프리카계 미국인이던 프레더릭 더글러스Frederick Douglass(c. 1818 – 1895)는 노예 제도라는 관습이 무시무시한 괴물과도 같아, '타협의 넋두리'라고 비난하는 것으로도 부족하다고 선언했다. 그는 링컨을 끊임없이 쫓아다니며 더 강경한 태도를 취하라고 압력을 가했다. 1860년 대통령 선거를 맞아, 링컨의 공개 선언도 더욱 강경해졌다. "다른 사람의 자유를 부정하는 사람은 그 자신도 자유를 누릴 자격이 없다." 하지만 1787년에 제정된 미국 헌법은 아프리카계 미국인에게 그런 자유를 부여하지 않았고, 노예는 의회에서 남부에 더 많은 좌석을 주기 위한 유명한 절충안에서 "5분의 3의 사람"으로 계산되었다. (새뮤얼 존슨은 "어찌하여 흑인 운전자들 사이에서 자유를 요구하는 소리가 가장 크게 들리는가?"라고 도발적으로 묻기도 했다.)[33]

남부 연합은 자체적인 헌법을 제정하며 "우리의 새로운 정부는 '흑인은 백인과 평등하지 않다'는 명확한 진리를 근거로 세워졌다"고 선포했고, 인간을 재산으로 소유하는 것도 자연권이라 선포했다. 이런 선포에 링컨은 노예 제도를 폐지까지는 아니어도 제한해달라고 요구했다. 남부가 이 요구를 받아들이면 노예 제도가 남부에서는 유지된다는 점에서 결코 자유주의자답지 않은 대응이었다. 그러나 링컨은 공화당원들과 북부의 민주당원들 및 노예주였지만 연방에서 탈퇴하지 않은 경계주의 연방주의자들과 불안정하게 연대하려고 애썼다. 맥퍼슨의 표현을 빌리면 "링컨은 급진주의자들이 원하는 대로 대담한 조치를 취하면, 공화당원과 북부의 민주당원이 연대에서 빠져나갈 수 있다고 우려했고, 그런 우려는 충분히 근거가 있었다."³⁴ 링컨 자신도 진의를 감춘 채 농담처럼 "하느님이 내 편이면 좋겠지만, 켄터키는 반드시 내 편이어야 한다"고 말했다.*

정직한 에이브, 울타리용 가로대를 만들던 사람, 옛날 사람, 타이쿤大君, 위대한 해방자, 즉 에이브러햄 링컨은 2년 이상 동안 숙고했고, 미국 흑인들을 아프리카로, 그게 불가능하면 열대의 라틴아메리카로 돌려보내는 가능성도 고려해보았다─한편 듀보이스는 링컨을 "조각처럼 신중하게 깎아놓은 듯한 길쭉한 얼굴로 백악관에 앉아 있던 사람"이라고 호의적으로 묘사했다.³⁵ 1862년 8월 14일, 링컨은 백악관에 발을 들여놓은 최초의 흑인 대표단을 만나 이렇게 말했다. 흑인에 대한 동정심과 편견이 똑같은 정도로 느껴지는 발언이었다.

> 여러분과 우리는 다른 인종입니다. 우리 사이에는 대부분의 다른 두 인종 사이보다 더 큰 차이가 있습니다. 노예 제도가 옳으냐 그르냐를 따지고 싶지는 않습니다. 그러나 외형적 차이는 우리 두 인종 모두에게 크나큰 난점입니다. 물론 저는 여러분 중 다수가 우리와 함께 살며 무척 큰 고통을 받고 있다고 생각하지만, 우리도 여러분의 존재로 인해 힘든 것은 사실입니다. 한마디로 우리 양측 모두가 고통을 받습니다. 이런 현실을 인정한다면 우리가 서로 떨어져 살아야 하는 충분한 이유가 되지 않을까요.³⁶

1862년 가을까지 공식적인 정부 정책은, 연방의 복원이 전쟁의

---

* 링컨이 죽었을 때 그의 주머니에는 남부 연합에서 발행한 5달러짜리 지폐가 있었고, 많은 사람이 그 이유를 궁금해 했다. 그러나 남북 전쟁 동안 링컨은 압박감에서 벗어나려고 흑인 분장 쇼를 관람하고는 했다.

유일한 목적이었다. 링컨은 한 장군에게 "암탉이 가장 현명한 동물입니다. 알을 완전히 낳을 때까지는 울지 않으니까요"라고 말했다고 전해진다. 링컨은 전쟁터에서 지켜지지도 않을 원칙을 고집하는 바보처럼 보이고 싶지는 않았다. 따라서 앤티텀 전투에서 북군이 승리하자, 1862년 9월 22일 링컨은 자신감을 얻어 "[반란으로] 어떤 주에서든 노예로 사로잡힌 사람은 누구나… 이제부터 영원히 자유로워질 것이다"라고 선언할 수 있었다. 그러나 그 명령으로는 북부의 통제하에 있는 땅에서도 한 명의 노예도 자유인이 되지 못했다. 링컨은 준주 지역에서도 노예 제도의 지속을 허용하며, 심판의 날을 차일피일 미루었다. 그러나 그 명령으로 남부의 여러 주에서는 300만 명의 노예가 자유를 얻어, 그때의 선언은 그야말로 "남부에 불을 질렀다."[37]

그때부터 북부의 야심은 남북을 하나의 국가로 유지하려는 목적을 넘어 우월성까지 띠게 되었다. 링컨이 의회에서 말했듯이 "이번 전쟁은 고결한 전쟁이 되었다. 노예에게 자유를 주는 것은 자유인에게 자유를 주는 것이다." 서반구에서 가장 크고 가장 부유하던 노예 제도, 250년 동안 융성하던 노예 제도가 마침내 종말을 향해 치닫고 있었다.[*]

* 1858년, 역시 일리노이 출신의 상원 의원으로 민주당 대통령 후보이던 스티븐 더글러스Stephen Douglas(1813-1861)와의 유명한 토론에서 링컨은 "과거에도 그랬지만 지금도 어떤 형태로든 백인과 흑인의 사회적이고 정치적인 평등을 추구하는 걸 찬성하지 않는다"고 말했다. 그러나 그런 견해가 줄곧 유지되지는 않았다. 프레더릭 더글러스는 "진정한 폐지론적 관점에서 보면 링컨은 굼뜨고 차가우며, 따분하고 무심하게 여겨졌다. 그러나 국가의 정서, 즉 정치인으로서 그가 고려해야 했던 정서를 기준으로 그를 평가하면, 신속하고 열성적이며 급진적으로 단호했다"는 최종적인 판결을 내렸다. *Frederick Douglass: Selected Speeches and Writings*, ed. Philip S. Foner (Chicago: Lawrence Hill, 1999), p. 616. 그 이후로는 재건 기간을 연구한 탁월한 역사학자 에릭 포너가 "중요한 것은 링컨이 근대의 평등주의자였다는 게 아니라, 그의 후임이던 앤드루 존슨 같은 고질적인 인종 차별주의자들과 달리 성장하며 변할 수 있었다는 것이다. 전쟁이 깊어감에 따라, 링컨의 인

11장 미국의 남북 전쟁

전략적으로 보면 링컨의 선언은 전환점이 되었어야 했지만, 미국 국민의 마음에서 그런 반응을 유도하지 못했다. 북부가 미국 국민에게는 엇갈리는 메시지를 계속 보냈기 때문이다. '연방 구하기'라는 구호는 모든 정파를 하나로 묶었지만, 여기에 노예 해방이란 구호를 더하면 그 어떤 쟁점보다 국가를 분열시키는 원인이 되었다.[38]

전쟁이 끝난 뒤에도 남부인과 '도우페이스doughface(남부의 원칙에 동의한 북부인)'의 견해가 토론에서 우세했다. 그런 의견이 그처럼 오랫동안 우세했던 이유는 무엇일까? 맥퍼슨은 그 이유의 하나로 이렇게 말했다.

> 내가 대학원에 입학한 1958년, 노예 폐지론자들에 대한 역사적 평판은 낮은 편이었다. 이전 세대의 역사가들은 노예 폐지론자들을 독선적인 광신자들, 즉 북부와 남부 사이에 지역적 갈등을 조장한 끝에 결국 불필요한 남북 전쟁을 초래한 사람들로 평가했다. …노예 폐지론자들의 이런 이미지는 1950년대까지 지속되었지만, 그 이후로 역사학의 흐름이 방향을 전환하기 시작했다.[39]

종관도 진화했다"고 정리했다. Eric Foner, "The Not-So-Great Emancipator," New York Times Book Review, 2017년 6월 25일, p. 14. 프레더릭 더글러스는 링컨을 위해 선거 운동에 나서지 않았지만 링컨은 재선되었을 때 백악관 연회장에서 그를 맞으며 '더글러스 씨'가 아니라 '내 친구'라고 반겼다.

1868년의 대통령 선거에서는 율리시스 S. 그랜트가 허레이쇼 시모어Horatio Seymour(1810-1886)를 간발의 차이, 즉 30만 4906표 차이로 물리쳤다. 총 투표자가 거의 600만 명이었고, 약 50만 명의 흑인 남성이 처음으로 시민권을 얻어 투표에 참가했다. 따라서 흑인 남성이 그랜트를 대통령에 당선시켰다고 말해도 과언이 아니었다. 헨리 루이스 게이츠 주니어Henry Louis Gates, Jr.가 말했듯이, 그랜트는 흑인들에게 감사하며, "흑인의 힘이 투표로 증명되었다"는 걸 깨달았을 것이다. Henry Louis Gates, Jr., and Paula Kerger, "Reconstruction: America after the Civil War," SXSW EDU conference, April 2019.

하지만 여러 세대의 역사가들이 어떤 형태로든 남북 전쟁에 대해 논의할 때 노예 제도를 무엇보다 중요한 주제로 삼는 걸 어렵게 생각했다는 건 여전히 놀랍기만 하다. 북부는 연방을 지속하는 게 궁극적인 목적이었기 때문에 남부가 역사를 명예 회복의 수단으로 활용하는 걸 허용했을 수 있다. 에릭 포너는 1980년에 발표한《남북 전쟁 시대의 정치와 이데올로기》에서 "남북 전쟁에 대한 연구의 쇠퇴는 어느 정도 자초한 것이었다. 1950년대 말에 이 주제는 개념적으로 막다른 길에 봉착했기 때문이다"라고 말했다.[40]*

하지만 1960년대에 들어 시민권 운동이 활성화된 덕분에 노예 제도에 대한 연구가 다시 시작되었고, '근본주의 학파Fundamentalist school'라는 강력한 조직이 생겨났다. 지금까지 자주 언급된 포너와 맥퍼슨도 소속된 이 학파의 주장에 따르면, 노예 제도가 남북 전쟁의 근본 원인이었을 수 있지만 북부와 남부는 근본적으로 적잖은 면에서 달랐다. 북부는 자유 노동 사회였지만, 남부는 노예 제도를 운영하며 그 범위를 확대하려고 애썼다. 새로운 준주가 자유주로 연방에 가입한다면, 힘의 균형이 노예 폐지론자 쪽으로 넘어가고, 남부도 민주적 절차에 의해 변할 수밖에 없었다. 특히 포너는 노예 제도가 조직적인 인종 지배일 뿐만 아니라 조직화된 노동의 한 형태라고 주장했고, 북

* 포너가 중학교 3학년, 즉 14세쯤이었을 때, 역사 교사이던 버사 베리먼Bertha Berryman(그녀를 비난하던 사람들은 제1차 세계대전에서 활약한 독일군의 유명한 대포 이름을 따서 '빅 베르타Big Bertha'라는 별명으로 불렀다) 부인은 남부에서 흑인 남성에게 투표권을 부여한 1867년의 재건법을 "미국 역사상 최악의 법"이라고 학생들에게 가르쳤다. 포너가 항의하자, 베리먼 부인은 포너에게 "에릭, 내가 가르치는 게 마음에 들지 않으면, 재건에 대해 직접 공부하고 와서 내일 강의를 해보는 게 어떻겠니?"라고 말했다. 포너는 그렇게 했고, 그 주제에 대해 평생 관심을 갖게 되었다. Eric Foner, *Who Owns History?* (New York: Hill and Wang, 2002), p. 14.

부의 승리로 자유가 개인의 노동을 시장에서 판매할 수 있는 능력으로 규정됨으로써 자유방임 자본주의의 문화적 패권이 강화되었다고 주장했다. 노예 제도는 인간의 상품화로 이어졌고, 노예를 포기하는 것은 화석 연료를 포기하는 것과 같았다. 고대 로마에서 노예가 '인간 황금human gold'이라 불렸듯이, 노예의 포기는 결국 자신에게 가장 가치 있는 물건을 처분하는 것이었다. '연방이란 대의Union Cause'는 '잃어버린 대의'만큼이나 신화와 공경의 대상이었다.

다양한 관점으로 다루어진 남북 전쟁은 지금의 우리를 혼란스럽게 만들지 모르지만, 각 관점은 시대와 정치 상황, 공동체의 요구와 감성을 반영한 것이다. 이 모든 요인이 복합되며 '남북 전쟁이 편향적으로 다루어진다.' 전투적인 역사가들의 노력에 남북 전쟁을 연구할 만한 방법론이 고갈되었는지, 1970년대 말에 남북 전쟁이란 주제가 다시 변두리로 밀려나고 말았다. 포너의 표현을 빌리면, 그런 현상은 "역사학계에 닥친 전반적인 위기의 일부"였고, 그 위기는 "제도와 사건, 정치와 이념을 중시하던 전통적인 방법론이 '사회적 관심사' 및 구술 역사 자료와 인구 통계 등을 중요하게 여기는 새로운 방법론으로 대체되는 역사학의 전례 없는 재정의"에서 비롯된 것이었다. 그러나 포너는 사회과학적 방법론의 개입으로 남북 전쟁을 연구하는 학자들이 도움을 받게 되었다고도 인정한다.

하지만 남부의 견해는 여전히 살아 있다. 하버드 대학교 교수 헨리 루이스 게이츠가 말했듯이, "남부 연합은 1865년 4월에 소멸되지 않았다. 형태가 바뀌었을 뿐이다."⁴¹ 예컨대 2010년 버지니아 주지사는 노예 제도를 전혀 언급하지 않으며 400단어로 '남부 연합 역사의 달Confederate History Month'을 선포했고, 옛 남부를 낭만적으로 그려내는 영화도 계속 제작된다. 2017년 10월에는 트럼프 대통령의 수석 보좌관 존 켈리John Kelly가 '타협력의 부족'으로 남북 전쟁이 발발했다는 의견을 개진했다. 이 의견에 역사가들이 극도로 분노하며, 그런 고위급 인사가 자국의 과거에 대해 그토록 무지한 것이 '개탄스럽고', '분노를 유발한다'고 비난했다. 그러나 재건 시대를 상징하는 흑인 지도자의 조각상이 거의 없는 것은 사실이다. 2020년 11월, CNN은 미국 고등학교 학생 중 16퍼센트만이 노예 제도가 남북 전쟁의 주된 원인이었다는 것을 안다고 보도했다. 미국 역사에서 하나의 상수가 있다면 인종 차별이다. 그렇다고 해서 인종 차별이 미국에만 있는 것은 아니다.

✻ ✻ ✻

남북 전쟁이 문자 기록으로만 우리에게 전해지는 것은 아니다. 전쟁이 진행되는 동안 사진은 초기 단계에 있었지만, 이미 자체의 역사를 만들어가고 있었다. 사진이라는 새로운 기술은 사람과 장소 및 사물을 가장 정확히 담아내는 수단으로 알려졌다. 전시에 사람들은 기억에 남겨지기를 원했기 때문에 사진은 민주주의를 위한 테크놀로지가 되었다. 전쟁이 시작되고 첫해가 끝나갈 무렵까지, 미국은 2500만 장의 은판 사진을 찍어냈다. 사진, 특히 '카르트 드 비지트carte de visite(명함을 대신하는 작은 초상 사진)'의 수요가 폭발적으로 증가했다. 신병들이 전선으로 향하기 전에 사진관을 방문해 1달러를 지불하고 자신을 빼닮은 모습을 남겨놓으려고 했기 때문이었다. 뉴욕의 한 유명 사진관에서는 "때때로 몇 시간을 기다려야 했다."⁴² 많은 병사가 가족 사진—다게레오타이프daguerreotype(은을 입힌 구리판)만이 아니라, 그것만큼 선명하지만 더 저렴한 값으로 더 빨리 제작할 수 있었던 최신 기법들인 틴타이프tintype(철판)와 암브로타이프ambrotype(유리)에 찍어낸 사진—을 꼭 움켜쥔 채 죽었다.

하지만 1861년까지는 사건 기록을 위해 사진이란 새로운 도구를 사용한다는 개념이 거의 존재하지 않았다. 최초의 종군 사진사는 1846년 '멕시코-미국 전쟁Mexican-American War'에 참전한 미군에 배속된 무명의 미국인이었다. 그 이후로 3명의 사진사가 크림 전쟁Crimean War(1853-1856)의 현장을 사진에 담았다. 그들은 이제 잊혔지만, 새로운 직업을 확립하는 데 중요한 역할을 해냈다. 1861년 뉴욕에서 그런대로 인정받던 사진사 매슈 브래디Mathew Brady(c. 1822-1896)가 대통령에게 편지를 써서 북군과 동행하며 미래 세대를 위해 남북 전쟁을 기록하게 해달라는 허락을 구했을 때도 사진은 여전히 새로운 형태의 기술이었다. 링컨은 브래디의 요청을 받아들였고(링컨 자신도 카메라를 좋아했다. 그를 찍은 사진이 100장 이상 지금까지 전해진다. 브래디가 찍은 사진 하나는 1864년 선거에서 기장記章이 되었고, 다른 사진은 지금까지도 5달러짜리 지폐를 빛내주고 있다), 그 젊은 뉴요커는 자기 돈으로 구입한 첨단 이동식 사진기를 메고 전장으로 향했다. 밀리터리히스토리나우닷컴militaryhistorynow.com에 실린 한 권위 있는 설명에 따르면, "이 초기 사진 기법은 1839년 루이 자크 망데 다게르Louis-Jacques-Mandé Daguerre(1787-1851)라는 프랑스 발명가에 의해 개발되었다. 유리로 감싸고, 빛에 민감한 화학 물질로 처리한 매끄러운 금속판에 피사체를 투사할 수 있는 초보적 단계의 카메라 같은 장치가 사용되었다. 그 과정을 완료하는 데는 10분이나 그 이상이 걸릴 수 있었기 때문에 피사체는 빛이 노출되는 동안 꼼짝 않고 서 있어야 했다." 따라서 브래디는 전투 장면이나 움직이는 병사를 기록할 수 없었다. 그래도 그의 사진 촬영 팀은 북적대는 전장에서 카메라가 해낼 수 있는 것을 경험을 통해 깨우쳐가고 있었다. 하지만 포격하는 대포, 적군을 찌르는 총검, 폭발하는 요새, 병사들의 육박전을 찍은 사진은 없었다.[43] (전투 현장은 1870년 보불전쟁 동안 처음으로 사진에 담겼다. 전장으로 일렬로 전진하는 프로이센 병사들의 모습을 프랑스 수비대의 위치에서 찍은 사진이다.)

초기의 종군 사진사들은 한결같이 용감무쌍했다.[44] 1861년 제1차 불런 전투First Battle of Bull Run에서 브래디는 전투 현장에 얼마나 가까이 접근했던지 북군이 후퇴할 때 거의 포로로 잡힐 뻔했다. (장교들은 기자를 간첩이라 생각하며 기자에게 거의 시간을 할애하지 않았다. 심지어 윌리엄 테쿰세 셔먼William Tecumseh Sherman(1820-1891) 장군은 "신문 기자라는 더러운 나부랭이들은 사탄만큼이나 뻔뻔하다"고 욕했을 정도였다.) 사진이라는 테크놀로지는 전투 현장 밖의 병사들을 기록하는 데 더 적합했다. 브래디가 직접 찍은 사진이 많지는 않았다(하지만 앨프리드 히치콕Alfred Hitchcock 감독이 그랬듯이 사진 속에 슬그머니 등장하는 경우가 많았다). 브래디는 주로 워싱턴에서 지내며, 20명 이상의 사진사와 이동식 암실을 현장에 효율적으로 배치했고, 그들이 찍은 사진을 자신의 이름으로 발표했다. 그가 고용한 사진사들이 찍은 장면은 전체적으로 1만 장이 넘었다. 그처럼 많은 장면이 사진으로 기록된 적이 과거에는 없었다. 브래디의 작업은 포토저널리즘photojournalism에서 최초의 조직적인 시도였다. 브래디는 〈뉴욕 데일리 트리뷴〉에 "서둘러도 너무 늦을 수 있다는 걸 절대 모르실 겁니다"라는 협박성 광고까지 실었다. 치밀하게 배치된 워싱턴 작업실에는 자정 8분 전이라는 음침한 시간에 멈춰 있는 벽시계도 있었다.

남북 전쟁을 담은 사진들에는 브래디와 그의 촬영 팀이 북군에게 실제로 전투하는 것처럼 포즈를 취해달라고 요청한 게 섞여 있다

미국 역사상 가장 치열한 교전을 벌였던 전투 중 하나인 1862년 9월 17일, 앤티텀 전투 이후의 던커 교회 주변. 전투가 끝난 뒤, 남군은 이 교회를 임시 의료 지원 센터로 사용했다. 한 간호사는 전투 현장에 얼마나 가까이 접근했던지, 탄환 하나가 그녀의 소매를 뚫고 지나간 뒤 그녀가 돌보던 병사를 죽였을 정도였다. 매슈 브래디의 촬영 팀원 중 하나가 찍은 사진으로 많은 미국인에게 노출되었다. 이 사진을 통해 죽은 병사의 모습이 후방의 미국인들에게 처음으로 알려졌는데, 전쟁의 참상을 새롭게 이해하는 계기가 되었던 게 분명하다.

는 문제가 있다. 그 사진광들은 더 극적인 사진을 만들어내려고 사람과 장소를 습관적으로 재조정했다. 따라서 많은 사진이 나중에 인위적인 조작하에 찍은 것이었다. 게다가 그들은 사진 속 인물들의 신분을 얼버무렸고, 동일한 현장을 여러 각도에서 찍으며 다른 사건을 보여주는 것처럼 왜곡하기도 했다. 브래디의 사진사로 가장 널리 알려진 알렉산더 가드너Alexander Gardner(1821-1882)는 그의 고전적인 사진으로 알려진 〈반란군 명사수의 집, 게티즈버그, 1863년 7월〉을 찍기 위해 한 병사의 시신을 현장에서 바위까지 40미터쯤 끌고 가서 얼굴이 나오도록 조심스레 눕혔고, 소총을 바위에 기대놓았다. 그 모든 것이 더 극적인 장면을 만들어내기 위한 연출이었다. 이런 시도는 전쟁의 참상을 전하는 데 도움이 되었을 수 있지만 역사 기록을 바꿔치기 한 것이었다. 엄격히 말하면, 그런 시도는 사기였다.

전투 현장을 사실적으로 보여주는 것은 사진 보도만이 아니라, 〈하퍼스 위클리〉에서 만평가로 일하던 윈슬로 호머Winslow Homer (1836-1910)와 이스트먼 존슨Eastman Johnson(1824-1906) 같은 화가들의 그림도 있었다. 또한 앨프리드 오드Alfred Waud(1828-1891)와 에드윈 포브스Edwin Forbes(1839-1895)가 군사 작전을 현장에서 스케치한 그림도 있었다. 그 결과물은 당시 전쟁 보도를 정리한 연보에만 쓰인 일련의 증거였다. 그러나 가장 강력한 효과를 낳은 수단은 미국 대중들에게 직접적으로 전달된 사진이었다. 브래디는 뉴욕시 10번가와 브로드웨이가 만나는 모퉁이에 위치한 '국립 초상 사진 미술관National Photographic Portrait Gallery'에서, 가드너가 찍은 사진들로 〈앤티텀의 시신들〉이란 제목의 전시회를 개최했다. 그때 〈뉴욕 타임스〉는 "브래디 씨는 전쟁의 끔찍한 참상과 진실을 우리에게 깨닫게 해주었다. 그가 시신들을 가져와 우리의 현관 앞마당과 도로변에 늘어놓지는 않았지만, 그와 비슷한 일을 해냈다"고 논평했다. 미국의 저명한 심리학자 윌리엄 제임스William James(1842-1910)는 사진의 영향이 얼마나 위력적일 수 있는지에 대해 이렇게 말했다.

사진을 찍는 순간 개개인이 생각하지 못한 생생한 표정이 담기기 때문에 1860년대 병사의 노랗게 바랜 사진이 우리 손에 들어오는 경우에야 우리는 지나간 역사를 구체적으로 알게 된다.[45]

이 모든 자료를 활용할 준비를 끝낸 한 역사가가 자기 차례를 기다리고 있었다. 1990년 PBS(미국 공영 방송)에서는 켄 번스Ken Burns가 제작한 다큐멘터리 〈남북 전쟁〉이 닷새 동안 연속으로 방영되었다. 원래는 1시간씩 5회 방영으로 끝낼 계획이었지만, 결국 163곳의 자료를 집대성한 11.5시간의 프로그램으로 확대되었다. 번스는 편지와 일기, 인터뷰와 인용글, 그림과 지도, 전쟁터 광경만이 아니라 전투가 벌어진 지역의 풍경을 다양한 형태로 담아낸 90만 장 이상의 사진에서 선별한 1만 6000장의 당시 사진을 자료로 활용했다. 그 다큐멘터리가 폭풍처럼 숨 가쁘게 방영된 그 주에, 4000만 명 이상의 미국인이 적어도 한 편을 시청했다.

과거에는 이야기가 핵심이었다. 그러나 번스는 "제2차 세계대전 이후로 이야기식 서술은 유행에서 멀어져 프로이트식 해석으로 대체되었고, 그 후에는 다시 마르크스주의의 경제결정론적 해석으로, 그 후에는 상징주의와 해체주의와 기호학으로, 그 후에는 포스트모더니즘과 퀴어학Queer studies으로 대체되었다. 이 모든 방법론이 나름대로 합리성을 띠지만, 이상하게도 이 이야기에서는 거북이가 탈진한 토끼보다 훨씬 앞서 결승선을 통과한다"고 말했다.[46]

전쟁이 끝나고 약 120년 이후에 연구를 시작했기 때문에 번스는 수천 명에 달하는 참전 병사들의 개별적인 이야기들을 전달할 방법을 찾아내야 했다. 당시 상황에 대해 직접 만나 물어볼 만한 목격자는 한 명도 남아 있지 않았다. 전쟁에 참전한 것으로 확인된 마지막 병사도 이미 1959년에 세상을 떠난 터였다. 번스는 주로 데이비드 매컬로David McCullough(1933-2022)의 협력을 받아 적잖은 다큐멘터리를 제작했다. 그의 다큐멘터리에는 샘 워터스턴Sam Waterston(링컨), 제이슨 로버즈Jason Robards(1922-2000: 율리시스 그랜트), 모건 프리먼Morgan Freeman, 개리슨 킬러Garrison Keillor, 스터즈 터클Studs Terkel(1912-2008), 조지 플림프턴George Plimpton 같은 유명인들, 심지어 아서 밀러Arthur Miller(1915-2005)까지 편지와 회고록 및 신문 기사를 읽어주며 목소리로 출연했다. 번스는 개인적인 삶과 관련해서 "나는 어렸을 때 엄마를 여의었고, 언젠가 한 심리학자는 내게 말했다. …내가 생계를 위해 어떤 일을 했는지를 돌아보라고. 나는 죽은 사람들을 깨워내고 있었다"고 덧붙였다.*

촬영이 끝난 뒤에 대본이 종이에 쓰였다. 번스는 나에게 "우리는 끊임없이 대본을 썼습니다. 대본을 썼다가 다시 쓰며 멈춘 적이 없었습니다. 덕분에 우리는 사건을 건조하게 낭송하거나 이미 종착역에 도달한 결론을 보여주는 수준을 넘어, 우리가 역사를 발견해가는 과정을 시청자와 함께 공유하는 유연성을 확보할 수 있었습니다"라고 말했다. 결국 그의 동기는 지극히 개인적인 것이었다. "역사는 일반적으로 '이야기'로 구성된다는 점에서 나는 어떤 주제에나 관심이 많습니다. 남북 전쟁에 관련해서는 미국 역사에서 그 전쟁이 갖는 중심적 역할을 알게 되고는 크게 놀랐습니다. 물론 지적으로는 예전부터 그렇게 알고 있었습니다. 하지만 정서적인 면에서도 중심적 위치를 차

---

* 콜린 파월Colin Powell(1937-2021)은 자서전에서, 조지 H. W. 부시 대통령 시대에 합동 참모 의장으로 복무하던 시절 번스로부터 남북 전쟁 다큐멘터리 시리즈 비디오테이프를 받았을 때를 회상한다. "켄이 보낸 비디오테이프에 우리 가족은 깊이 감동해서 텔레비전 앞에 들러붙어 몇 시간을 꼼짝하지 않았다. 내가 그 이야기를 대통령에게 했더니 대통령도 그 다큐멘터리를 보고 싶어해서, 나는 비디오테이프를 백악관에 보냈다. 대통령과 영부인도 그 다큐멘터리에 깊이 감명을 받았던지, 나는 한참 뒤에야 비디오테이프를 돌려받았다."

지하고 있다는 걸 새삼스레 알았습니다." 이런 이유에서 번스는 수천
장의 오래된 사진을 새로 필름에 담았고, 하나의 이미지를 10번씩 다
시 찍으며 "그 사진에 귀를 기울여보았습니다."

번스는 한 번을 제외하고는 모든 인터뷰를 직접 진행했다. 특히
저명한 소설가에서 역사가로 변신한 셸비 푸트Shelby Foote(1916-2005)
와 인터뷰한 경우가 주목된다. 인터뷰를 요청할 만한 학자도 많았
을 텐데 주로 소설가로 활동하던 사람에게 귀중한 방송 시간을 할애
한 이유는 무엇이었을까? 1980년대 어느 날 저녁, 번스는 다른 다큐
멘터리를 제작할 때 인터뷰한 적이 있던 평론가 로버트 펜 워런Robert
Penn Warren(1905-1989)으로부터 전화를 받았다. "그가 멋진 켄터키 억
양으로 '남북 전쟁에 대해 생각해보게. 그 다큐멘터리를 제작할 계획
이 세워지면 곧바로 셸비 푸트를 인터뷰하는 것도 고려해보고'라 했
는데, 당시 초보 다큐멘터리 제작자에 불과한 나로서는 '알겠습니다!'
라고 대답할 수밖에 없었습니다."

셸비 데이드 푸트 주니어는 특이한 사람이었다. 그의 문화적 뿌
리는 미시시피 삼각주Mississippi Delta 지역에 있었다. 그는 지역 유지의
외동아들로 태어나 그곳에서 자랐다. 친증조할아버지가 남군으로 남
북 전쟁에 참전한 퇴역 군인이었고, 지역 정치인이기도 했다. 셸비는
노스캐롤라이나 대학교를 2년 동안 다닌 후 졸업하지 않고 군대에 입
대해 제2차 세계대전에 참전했다(그는 착실한 학생은 아니었지만 지독한
독서광이어서, 한번은 대학교 도서관에 틀어박혀 밤을 꼬박 새우기도 했다).

소설가 워커 퍼시Walker Percy(1916-1990)는 그의 어린 시절 친구
이자 평생지기였다. 퍼시의 왕고모부도 남북 전쟁의 영웅이었다. 퍼
시와 푸트는 소설가가 되기로 마음을 굳혔고, 푸트는 일찍이 1939년
에 첫 소설《토너먼트》를 썼다. 그 원고는 조이스와 울프의 영향이 노

골적으로 느껴진다는 이유로 크노프 출판사에서 퇴짜를 맞았지만 마침내 1949년에 출간되었다. 이듬해 푸트는 퍼시에게 "나는 사람들에게 '보는 법'을 가르치고 싶어. 사람들에게 '품격 있는 시각(문체에 대한 프루스트의 정의)'을 알려주고 싶거든"이라는 편지를 보냈다.[47] 셸비는 마르셀 프루스트Marcel Proust(1871-1922)의《잃어버린 시간을 찾아서》를 무려 7번이나 읽었다. 그러나 프루스트 외에도 투키디데스와 타키투스를 읽었고, 특히 기번을 읽으면서는 그가 이야기를 끌어가는 목소리를 감탄하며 동경했다. 셸비는 그들처럼 역사가가 되겠다는 계획을 세우고, 1952년 퍼시에게 다시 편지를 보냈다. "기대해봐. 자네에게만 미리 알리면, 나는 역사상 가장 위대한 작가 중 한 명이 될 거야!" 퍼시는 아무 말도 않고, 묵묵히 셸비를 응원했다.

그 이후로 4권의 소설을 빠른 속도로 발표했다. 그중 하나가 샤일로 전투를 북군과 남군 모두의 1인칭 시점에서 매순간을 묘사한 《샤일로》(1952)였다. 남북 전쟁 100주년이 다가오는 때였던 데다《샤일로》의 인상적이고 세밀한 묘사에 감동한, 랜덤하우스 출판사의 공동 창립자 베넷 서프Bennett Cerf(1898-1971)는 푸트에게 남북 전쟁의 간략한 역사를 써달라고 의뢰했다. 그 프로젝트의 범위는 제안된 길이를 금세 넘어섰지만 서프는 너그럽게 이해했다. 그 결과로 3권으로 구성되고, 모두 합해 거의 3000쪽에 달하는 두툼한 역사서가《남북 전쟁: 해설》이란 제목으로 1958년, 1963년, 1974년에 차례로 출간되었다. 그 삼부작이 완성되자,《문학의 역사 사전Dictionary of Literary Biography》은 "중요한 전투들을 설명하면서 관련된 사건들을 정밀하게 묘사했다는 점, 지휘관과 일반 병사의 관점과 경험을 균형 있게 배치했다는 점에서 푸트에 필적할 만한 책은 여지껏 없었다는 주장이 가능하다"고 논평했다.[48] 캐턴이 그렇듯이, 푸트도 병사들을 바로 옆에서 지켜본 듯하다. 게티즈버그 전투에서 조지 피켓George Pickett(1825-1875)의 병사들은 돌격을 시작하며 어둑한 그림자에서 벗어나 밝은 햇살로 뛰쳐나간다. "그 결과는 눈부셨을 뿐만 아니라 뿌듯한 자부심과 해방감을 더해주었다." 그러고는 그들이 짊어졌던 과제가 막중했다는 걸 깨닫는다.

푸트는 까다로운 역사적 분석보다 이야기의 논리적 흐름에 따라 사건을 전개할 수 있기를 바랐다. 따라서 북군이 채터누가 근처에서 미셔너리 능선을 공격하는 장면을 묘사할 때 그랜트의 지휘 본부에 있던 북군 대령의 시점을 사용한다. 따라서 대령은 능선을 올라가는 깃발들의 '용맹한 경쟁'을 지켜보며, 그 깃발들을 '철새 무리'에 비교하지만 곧 시선을 다른 곳으로 옮긴다. "그 때문에 오처드 노브에서는 그들이 무척 작아 보였다. 하지만 가까이 다가가면, 뒤처지지 않으려는 투지, 거칠고 묵직한 숨소리가 있었고, 군화가 돌바닥에 부딪히는 소리와 북소리가 들렸으며, 총알이 살을 파고들어 뼈를 때리는 역겨운 소리도 끊이지 않았다."[49]

푸트는 《일리아스》를 본보기로 삼아 삼부작을 214장과 1편의 서사적 프롤로그로 구성했으며, 자신을 예술가라 보았지 역사가로 생각하지는 않았다. 기껏해야 "역사가에게 필요한 자질을 갖추지는 못했지만 역사가의 기준"을 충실히 지킨 '소설가-역사가novelist-historian'로 생각했다.[50] 삼부작은 잘 팔렸고, 눈에 띄게 좋은 서평을 많이 받았지만, 전문 역사가들의 반응은 시큰둥했다. 푸트의 삼부작은 남북 전쟁을 다룬 문학이지 사회과학이 아니라는 것이었다. 더구나 푸트가 각주를 생략했을 뿐만 아니라, 128권짜리 《반란 전쟁의 공식 기록》만을 참조해서 역사서와 회고록을 펴냈다는 비판도 있었다. (하지만 이는 부당할 뿐만 아니라 태만한 비판이었다. 푸트가 첫 권에 상당한 정도의 해제를 부록으로 덧붙였고, 남북 전쟁 동안 북군과 남군의 해군을 다룬 30권의 역사서를 비롯해 많은 참고 서적을 제시했기 때문이다.) 푸트는 때로는 영리하게 미묘한 의견을 제시하는 데 그쳤지만, 그의 결론은 명확했다. 그는 노예 제도가 전쟁의 원인이라는 걸 부정했고, 잃어버린 대의에 동정적이었으며, 재건이 의도는 좋았지만 부정적인 기간이었던 것으로 규정했고, 아프리카계 미국인의 해방에 대해서도 양면적인 태도를 보였다.

그 결과로, 켄 번스가 전문가 집단을 모집할 즈음에는 푸트에 대한 평가가 엇갈렸다. 따라서 푸트는 번스의 전문가 집단에 처음에는 포함되지 못했지만, 펜 워런의 추천이 있은 뒤에 포함되었다. 푸트와 번스는 처음부터 죽이 맞았다. 푸트는 당시 70대에 들어선 노인이었던 까닭에 재밌는 소일거리가 생겨 무척 좋아했다. 그는 (자신이 좋아하는 도스토옙스키의 책들이 보기 좋게 전시된) 멤피스의 서재에서 2번의 인터뷰를 가졌고, 남북 전쟁에서 중요한 전투가 벌어졌던 현장인 미시시피주 빅스버그로 제작 팀을 데려갔다. 그리고 1년 뒤, 번스는 새로운 질문을 잔뜩 안고 푸트를 다시 찾아갔다.

인터뷰를 시작하고 얼마 지나지 않아, 남북 전쟁을 깊이 내면화한 사람을 내가 만나고 있다는 걸 알게 되었다. 그는 남북 전쟁을 문학적이고 시적인 것, 언어적이고 지리적인 것으로 내면화한 사람이었다. 그는 속속들이 알았다. 모든 전쟁터를 한 곳도 빼놓지 않고 직접 거닐었다. 나는 질문을 던졌다. 수류탄을 던지듯이 질문을 던지고는 폭발이 일어나기를 기다렸다. [셸비는 말했다.] "아, 그에게는 새벽 4시의 용기라는 게 있었지요. 그러니까 당신이 새벽 4시에 그를 깨우고는 적군이 측면으로 우회했다고 보고

하더라도 침착함을 유지했다는 뜻입니다."⁵¹

푸트는 켄 번스의 다큐멘터리 〈남북 전쟁〉의 제작에 중요한 역할을 해냈다. 그 다큐멘터리가 처음으로 방영되고 20년 뒤에 동료 역사가 제임스 런드버그James Lundberg는 잡지 〈슬레이트〉에 기고한 글에서, "수줍음이 많은 미시시피 출신의 작가가 일화를 끝없이 전해주며 다큐멘터리의 주인공이 되었고, 결국에는 전국적인 명사가 되고, 〈뉴스위크〉와 〈피플〉의 인물란에 '일화를 전해주는 최고의 이야기꾼'으로 소개되기에 이르렀다"고 썼다.⁵² 푸트의 책들이 다시 매주 1000부씩 팔리기 시작했고, 덕분에 푸트는 백만장자가 되었다. 런드버그는 "푸트의 얼굴이 화면을 가득 채우고는 겁먹은 남군 보초병이 올빼미에게 말을 걸었던 일화를 들려준다. 그럼 거실에서 버번과 파이프 담배 연기 냄새가 코끝을 자극하고, 묵직한 남부의 역사가 어깨를 짓누르는 듯하다"고 말했다. 그러나 런드버그는 그 다큐멘터리 시리즈가 궁극적으로 남긴 메시지를 의식한 듯 "그 다큐멘터리를 보고 나면, 한쪽에서는 번스가 남북 전쟁이 너무도 멋지게 이루어냈다고 주장하는 것을 위해 싸운 게 아니라, 반대하며 싸웠다는 걸 자칫하면 잊을 수 있다. 다큐멘터리를 본 뒤에는 남부 연합이 국가의 통일이 아니라 국가의 해체를 위해 싸웠다는 걸 반드시 기억에 되살릴 필요가 있다"는 우려를 감추지 않았다.

런드버그는 푸트가 계속해서 기억에 남는 일화를 푸근한 말투로 느릿하게 말하며 인종 갈등에 적절한 비중을 두려고 하지만, 시시때때로 '결정적인 선언'으로 되돌아가는 다큐멘터리에 해결할 수 없는 긴장감을 조성한다고 주장했다. 예컨대 전쟁의 예비 단계에서 노예 제도가 어떤 역할을 했는지를 15분가량 면밀하게 분석한 뒤에, 푸

셸비 푸트의 옆에 앉은 켄 번스(오른쪽). 푸트는 남북 전쟁을 다룬 번스의 텔레비전 다큐멘터리 시리즈를 주도한 미시시피 출신의 역사가이다. "남북 전쟁은 우리가 누구인가를 규정해주었고, 우리가 앞으로 나아갈 방향을 열어주었다."

트는 "누더기를 걸쳐 노예를 전혀 소유하지 않은 게 분명한 남군 병사 하나"에 대해 이야기한다. 북군 병사들이 그에게 왜 전쟁에서 싸우냐고 묻자, 그 남군 청년은 "너희가 여기에 내려왔으니까"라고 대답하고, 푸트는 그 대답을 "상당히 만족스런 대답"이라 평가한다.[53] 푸트의 동정심은 약자를 향한 것이어서 고개가 끄덕여지고, 시청자들은 곧 "감미로운 향수"에 젖어 남부의 점잖은 지도자들과 이용당한 병사들을 안타깝게 생각한다.

번스의 다큐멘터리는 남북 전쟁에 대한 공정한 평가일까? 나와 가진 개인적인 인터뷰에서 번스는 런드버그의 비판을 부인하려 애썼다. 그는 "남북 전쟁 이전과 전쟁 과정, 그리고 현재에 이르기까지 인종적 갈등이 있었지만 미국은 지상의 어떤 국가보다 인종 문제를 더 잘 처리해왔다"고 믿는다며, 남북 전쟁에 대한 다큐멘터리를 제작할 때의 주된 기준에 대해서 이렇게 말했다.

말도 안 되게 낭만적이었을지 모르지만, 남북 전쟁의 모든 것을 아우르며, 과거에 대중 문화에 의해 상당히 잘못 알려진 부분이 많다는 걸 알려주려고 했다. 말하자면, 남북 전쟁을 다룬 영화로 가장 많이 알려진 두 영화, 〈국가의 탄생〉과 〈바람과 함께 사라지다〉에서는 모든 게 뒤집혔고, 자생적인 테러 조직인 KKK단이 어떤 이유로든 '영웅'처럼 그려진다. 하지만 진실은 그렇지 않다는 걸 우리는 직감적으로 알았다. 그래서 부정적인 현상을 틀렸다고 입증하는 데 주력하기보다, 남북 전쟁의 복잡한 역사를 보여줌으로써 남부인과 북부인 모두가 남북 전쟁에 더 많은 관심을 갖도록 유도하고 싶었다.[54]

번스는 트위터(엑스)로도 자신의 입장을 변호했다. "남북 전쟁에는 많은 요인이 있었고, 그중 하나가 노예 제도였다." 번스는 어느 부분에서 부족했을 수 있다는 지적을 마뜩잖게 생각하지는 않는다. 남북 전쟁 동안에는 의회에서 노예 해방을 강력히 요구하며 수정 헌법 제13조를 통과시켰고, 전쟁이 끝난 뒤에는 수정 헌법 제14조와 제15조를 통과시켰으며, 재건에도 앞장섰던 급진적 공화당원들의 역할을 더 강조했어야 했다는 지적을 기꺼이 인정한다. 그러나 1865년 이후의 사건을 다루려면 "완전히 다른 다큐멘터리"가 필요했을 것이다. 남북 전쟁으로 미국인들은 "비견할 것이 없을 정도로" "좋은 것을 다 갖춘 국가를 완성하게 되었다. 남북으로 분할되었다면, 남부와 북부는 각각 독립 국가로서 조용하고 안정적으로 공존했을 가능성이

W. E. B. 듀보이스. 남북 전쟁을 탁월하게 해석한 중요한 학자였지만, 백인 중심의 학계에서 수십 년 동안 무시와 조롱을 받았다.

거의 없었다. 노예화된 사람들은 끊임없이 도망쳤을 것이다. …현재의 미국처럼 온갖 에너지가 개방적으로 시끌벅적하게 뒤섞이는 땅은 결코 탄생하지 못했을 것이다."[55] 다큐멘터리에서 푸트는 미국인들이 합중국United States을 무의식적으로 하나로 생각하며 복수[are]가 아니라 단수[is]로 취급하는 문법적 오류를 범한다고 주장하며 "그런 오류가 미국의 현재를 만들었다. 남북 전쟁은 우리가 누구인가를 규정해주었고, 우리가 앞으로 나아갈 방향을 열어주었다. 남북 전쟁은 우리 존재의 교차로였다. 우리의 모든 것을 결정한 엄청난 교차로였다"고 무덤덤하게 말했다.

푸트의 주장은 설득력 있게 들린다. 그러나 필연적이다시피 도덕적으로 승리함으로써 노예 제도라는 원죄를 씻어내고 영원히 계속될 세계사에서 책임을 짊어질 각오로 다시 태어난 예외적인 국가가 되었다는 뜻이 함축된 주장이다. 예일 대학교의 데이비드 블라이트는 "미국은 끊임없이 개선되는 아이디어"라고 말했다.[56] 실제로 미국은 우리 시대에 눈에 띄게 개선되었다. 월트 휘트먼의 표현을 빌리면, 남북 전쟁으로 "국민적 감정이 응축되었다." 번스의 다큐멘터리는 이점을 포착해냈다. 그러나 블라이트는 "지금부터라도 역사가들은 미국 국가라는 아이디어에 진지한 관심을 기울여야 한다"고 충고한다. 우리가 향수에 젖은 눈길로 되돌아보듯이, 미국에는 자기만족과 한없는 낙관주의가 적잖게 있다. 에릭 포너는 "미국인들은 예부터 역사에 대해 무척 모호한 태도를 취해 왔다"고 지적한다.[57] 북군의 승리로 미국이란 땅덩어리에서 대변동이 끝나며 어떤 의미에서 하나의 국가가 형성되었지만, 그 이후로 시작되어 지금까지도 지루하게 계속되는 또 다른 투쟁의 서막이 올랐다. 한 세기 동안 계속된 시민권 투쟁, 백인이 흑인에게 가하던 폭력과 지배가 1960년대에 마침내 곪아터졌고, '흑인 생명도 중요하다(Black Lives Matter, BLM)'의 시대에도 여전히 계속되고 있다.

포너도 역사가들이 번스의 다큐멘터리를 평가한 글들을 편찬한 평론집에 참여했다. 여기에 기고한 글에서 포너는 번스가 남북 전쟁 이후의 시대에 정확히 2분을 할애했고, '재건'이란 단어는 한 번도 등장하지 않으며(다큐멘터리에 기초한 500페이지의 책에서도 단 세 번만 언급된다), 재건과 관련한 '사실들'이 남북을 통합하는 힘으로서의 전쟁이란 개념을 어떤 이유로든 뒤집기 때문에 역사적 맥락 밖에 있어 아무런 의미를 갖지 못한다고 지적한다. 포너는 소설가이자 평론가 윌리엄 딘 하우얼스William Dean Howells(1837-1920)를 인용해 "미국 대중이 항상 원하는 것은 해피 엔딩으로 끝나는 비극이다"라고 덧붙인다.[58]

남부를 떠나 뉴욕의 할렘에 정착한 부모에게서 1924년에 태어난 아프리카계 미국인 작가 제임스 볼드윈James Baldwin(1924-1987)은 '해방'으로 잘못 알려진 '어중간한 자유'를 누린 90년이라 고발하면서 "가장 깊은 조현병에 걸린 공화국"인 "미국이란 신화에서 벗어나야 한다"고 역설하며, 미국이 "그 땅에서 흑인의 위치라는 문제를 애써 회피하며 100년을 보냈다"고 맹비난했다.

번스의 다큐멘터리 끝부분에서, 컬럼비아 대학교의 역사학자 바버라 필즈Barbara Fields는 남북 전쟁이 끝나며 "미국은 하나의 국가, 이론적으로 하나이던 국가에서 벗어나 실제로 하나인 국가가 되었다"고 결론지었다. 이런 점에서 필즈는 푸트와 번스가 믿었던 것을 재확인해주고 있지만, 필즈는 거의 예언하듯이 "남북 전쟁은 너무 복잡해서 여전히 이해하기 힘들다"고 덧붙였다.

12장 신발과 선박과 봉랍에 대하여

: 아날학파

좋은 역사가는 전설에서 사람을 잡아먹는 괴물과 같다. 인간의 살냄새가 나는 곳이면 어디에서나 먹잇감을 귀신같이 찾아낸다.

– 마르크 블로크, 1944년 미완성으로 남겨진 마지막 저작 《역사를 위한 변명》에서[1]

노르망디에 상륙한 디데이 열흘 뒤, 1944년 6월 16일 오후 8시 경, '나르본'이라 알려진 레지스탕스 전사는 58번째 생일을 한 달쯤 남겨두고 덮개가 없는 트럭 짐칸에 태워져서, 프랑스 동부의 생디디 에드포르망이란 마을 밖에 있는 목초지로 끌려갔다. 높은 덤불로 에워싸여 밖에서는 보이지 않는 목초지였다. 나르본은 28명의 포로 중 한 명이었다. 포로들은 둘씩 짝을 지어 수갑을 찬 채 독일군 기관총 앞에 강제로 섰고, 요란한 총소리와 함께 모두가 쓰러졌다. 한 장교가 시체들을 둘러보고는 권총을 꺼내 시신들의 머리와 목덜미를 겨냥해 쏘았다. 그 시신들은 신분증이 수거된 후 그대로 방치되었다. 이튿날 아침, 마을 시장이 시신들을 땅에 묻었다.

나르본은 지긋한 나이였지만 1942년 말에 레지스탕스에 가담했 다. 그러나 1944년 3월, 비시 정부의 경찰에게 체포된 뒤에 게슈타포 에 넘겨졌다. 나르본은 몽뤼크 교도소로 이송되었다. 몽뤼크 교도소 는 리옹 한복판에 세워진 요새의 일부였고, 120명이 수용 한계이던 그곳에는 거의 400명이 수감되어 있었다. 며칠 동안 나르본은 '리옹의 도살자'로 악명 높던 클라우스 바르비Klaus Barbie(1913-1991)에게 심문과 고문을 받았다. 그러나 엄청난 고문을 받으면서도 나르본은 실명만을 밝히고는 침묵을 지켰다. 그의 실명은 마르크 레오폴드 뱅자맹 블로크Marc Léopold Benjamin Bloch(1886-1944)로 20세기에 가장 영향력 있던 역사가 중 한 명이었다(그가 체포되었다는 소식은 그의 이름이 알려진 해외까지 전해졌다).

블로크는 레지스탕스 영웅으로 죽었지만, 그 이전에 이미 혁명적 변화를 불러일으켰다. 1929년부터 적어도 1969년까지, 그가 공동으로 창간한 잡지 〈아날〉(정확한 명칭은 〈사회경제사 연보〉)이 과거를 기록하는 방법을 바꿔놓았을 뿐만 아니라, 역사의 연구 영역에 속한다고 역사가들이 주장할 수 있는 연구 범위를 프랑스의 동료 역사학자들과 함께 크게 넓혀놓았다. 블로크는 그 자체로도 무척 매력적인 인물이었다. 경제학부터 지리학까지, 기후 상황부터 출생 통계까지 역사가는 좋아하는 분야를 조사하며 지금껏 무시되었거나 역사가의 영역을 벗어난다고 여겨지던 분야를 연구할 수 있다는 것을 폭넓은 통찰력으로 입증해 보였다. 예컨대 왕과 장군에 대해서만이 아니라, 신발과 선박과 봉랍의 역사에 대해서도 썼다. 블로크가 아니었다면, 기원전 4000년부터 주식으로 사용된 양배추가 켈트족에 의해 널리 알려졌다는 걸 누가 알았겠는가?

동화된 알사스계 유대인으로 학자 가정에서 태어난 블로크는 1886년 리옹에서 태어났지만 파리와 베를린, 라이프치히에서 공부했고, 당시는 역사학이 정부로부터 지원을 받던 시대여서 전문 역사가로 연구에 몰두할 수 있었다(그의 아버지는 소르본에서 고대 역사를 가르친 교수였다). 학술 잡지가 우후죽순처럼 생겨났고, 1896-1897년에는 훗날 블로크의 스승이 된 샤를 세뇨보Charles Seignobos(1854-1942)와 샤를 빅토르 랑글루아Charles-Victor Langlois(1863-1929)의 감독하에 소르본에서 첫 역사학 강의가 시작되었다.* 블로크는 그들로부터, 역사가는 위인과 대사건에만 관심을 두지 말고, 제도와 경제와 사회적 조건의 느릿한 발전을 추적해야 한다는 걸 배웠다. 그 가르침은 블로크에게 훗날 만트라가 되었던 견해로, '총체적 역사 혹은 전체사histoire totale'로 알려지게 된 것이다. 블로크에게 영향을 준 또 한 명의 스승은 앙리 베르그손Henri Bergson(1859-1941)이었다. 베르그손도 파리에서, 하지만 콜레주 드 프랑스에서 가르치던 교수로, 과거를 시간과 공간의 덩어리로 임의적으로 분할해서는 안 된다며, 역사가라면 인간조건을 이해하는 데 더 적합한 '가변적variable'인 기준과 폭넓은 경계를 개발해야 한다고 주장했다.² 또 한 명의 멘토를 고른다면, 역사학자가 아니라 철학자이던 앙리 베르Henri Berr(1863-1954)였다. 1900년에 〈르뷔 드 생테즈 이스토리크Revue de synthèse historique〉를 창간한 베르는 학문의 전문화를 반대하며, 모든 사회과학을 하나로 통합해야 한다고 주장했다.

블로크가 1909년부터 1912년까지 파리에서 보낸 시간은 그야말로 흥미진진했다. 250만 이상의 인구가 살아가고, 지성과 문화의 중심지에서 학문을 함께하는 친구들과 어울리며 (13세기 프랑스의 농노제와 해방에 대한) 박사 학위 논문을 준비하기 시작했다. 1912년이

---

* 그들은 블로크만의 스승이 아니었다. 페르낭 브로델도 그들이 함께 쓴 《역사학 입문》(1898)을 '소중한 책'이라 언급하며 "오랫동안 이 책은 가장 권위 있는 저작이었다"고 덧붙였다. Fernand Braudel, *On History*, trans. Sarah Matthews (Chicago: University of Chicago Press, 1980), p. 8을 참조하기 바란다. 브로델과 블로크는 이 책을 통해 긴 호흡으로 사고하는 법을 배웠다.

저물어갈 무렵, 블로크는 첫 교직을 얻었다. 지중해에서 10킬로미터쯤 떨어진 몽펠리에의 한 고등학교에서 1년 예정의 교사로 임용되었다. 이듬해 가을에는 몽펠리에보다 약간 더 크고, 파리에서 130킬로미터쯤 떨어진 도시 아미엥의 고등학교로 옮겼고, 15-18세의 학생들을 다시 가르쳤다. 그해 27세이던 블로크는 뤼시앵 페브르Lucien Febvre(1878-1956)의 신작에 대한 서평을 썼고, 페브르가 중세의 사회경제적 역사를 제대로 파악하지 못했다고 비판하는 데 그치지 않고 미사여구로 가득한 화려한 글쓰기까지 트집을 잡았다. 이런 호된 비판에도 불구하고, 그와 페브르는 훗날 절친한 친구가 되었고 평생의 공동 연구자가 되었다.

하지만 그 이후의 이력은 잠정적으로 유예되고 말았다. 1914년 8월 독일이 벨기에를 침략하자, 블로크는 "달갑지는 않았지만 단호히" 군대에 자원해 입대했다.[3] 통통하고 근시인 학자였지만 조국을 위해 싸우는 걸 두려워하지 않았다. 블로크는 병장으로 뫼즈강 유역에 주둔한 연대에 배치되어, 벨기에 국경 근처의 다리들을 감시했다. 알제리에 4개월 동안 파견 근무한 때를 제외하면, 전쟁 기간 내내 최전선에 있었다. 1916년 이후에는 주로 아르곤 숲에 주둔해 지독한 포격과 독가스를 견뎌내야 했고, 질병(첫해 겨울에 장티푸스로 죽을 뻔했다)과 동료들의 주기적인 죽음, 극심한 육체적 고난, 적군과 수없이 마주친 섬뜩한 순간들도 이겨내야 했다. 연기 색으로 격발 신관 포탄과 시한폭탄을 구분하는 법도 배웠다. 1916년 3월에는 프랑스 주력부대가 독일군의 참호를 공격하기 전에 독일군의 시선을 분산하는 임무를 맡고 파견대를 이끌고 나가기도 했다. 이 작전은 훗날 그가 용기의 예로 인용하는 행위가 되었다. 또 한번은 단독 정찰 임무를 수행한 뒤에 독일군의 끝없는 사격을 견뎌내며 프랑스 진지까지 낮은 포복으로 기어서 돌아오기도 했다. 전쟁터에서 겪은 경험을 기록한 책 《전쟁 회상》에서, 그는 총에 맞은 상태를 사교 모임에서 못된 심술쟁이 때문에 궁지에 몰린 상태에 비유하기도 했다. 상당히 당혹스런 비유였지만 결코 과장된 허풍이 아니었다. 블로크는 전투 상황에서 무척 침착했을 뿐만 아니라 뛰어난 장교였으며, 활기차고 박식한 데다 혁신적이기도 했다. 게다가 상관들을 "부하들을 지휘할 만한 자격과 권위를 지니지 못한 사람들"이라 평가했다. 전쟁이 끝났을 때 블로크는 대위로 전역하며, 프랑스 최고 훈장인 레지옹 도뇌르 훈장Légion d'honneur을 받았다.

평화가 찾아오고, 새로운 교수직도 얻었다. 스트라스부르 대학교에서 중세사 담당 조교수로 임용되었다. 베르사유 조약에 의해 스트라스부르가 프랑스에게 되돌려졌지만, 그곳의 대학교는 독일 지배 하에서 크게 성장한 까닭에 프랑스는 내친김에 그 대학교를 더욱 발전시키기로 결정하고 최고의 학자들을 끌어들이려 애썼다. 오래지 않아 역사학부는 프랑스에서 가장 큰 학과 중 하나가 되었고, 블로크의 선배 동료 교수로는 '화려한 글쓰기'의 주인공, 뤼시앵 페브르가 있었다. 블로크는 전쟁 기간 중에 페브르를 만난 적이 있었고, 그때 페브르는 블로크의 첫 논문을 학술지에 게재하는 데 동의해주었다. 블로크는 즉각적으로 논문을 쓰기 시작했지만, 파리에서 휴가를 보낼 때 다른 문제에 관심을 갖게 되었다. 그리하여 1920년 7월에 다시 파리로 돌아가, 프랑스에서 최고의 수로 항해 전문가의 딸 시몬 비달Simone Vidal과 결혼했고, 여섯 자녀를 두었다.

블로크는 스트라스부르에서 17년을 보내며, 거의 광적으로 바쁘게 활동했다. 그는 교수로서 두드러졌고, 그의 강의 내용은 체계적으로 제시되며 무척 폭넓었다. 게다가 그가 강의에 앞서 제공한 필독서 목록은 한없이 긴 데다 다른 언어로 쓰인 서적들도 있어, 그를 냉정하고 무척 비판적인 학자로 생각한 학생이 적지 않았다. 그러나 그는 자신에게 주어진 책임과 가족의 행복을 거의 언제나 가장 중요하게 생각했다. 또한 블로크는 페브르와 협력해 작업하는 경우가 점점 잦아졌다. 둘의 학문적 열정이 엇비슷했기 때문이다. 블로크의 주된 전기 작가인 캐럴 핀크Carole Fink는 둘의 관계를 이렇게 요약했다. "블로크는 내성적이었고, 페브르는 활달한 성격이었던 까닭에 둘 사이에는 기질적으로 상당한 차이가 있었다. 그럼에도 이 경이로운 짝패는 똑같은 학문적 열정과 대비되는 성격으로 학생들과 교수진에게 잊을 수 없는 인상을 남겼다."[4]

그들은 개인적으로도 글을 써서 발표했다. 1920년 블로크는 박사 학위 논문 「왕과 농노」를 발표해서 큰 찬사를 받았다. 4년 후에는 제1차 세계대전에서 겪은 경험들을 바탕으로 소문과 가짜 뉴스의 역할을 분석해서 그의 대표작 중 하나가 된 《기적을 행하는 왕》을 썼다. 여기에서 블로크는 왕이 목 림프샘 결핵에 걸린 신하를 어루만지기만 해도 그 병을 낫게 할 수 있었다는 민간 신앙이 800년 동안이나 유지되었던 이유를 분석했다. 블로크는 사람들이 그 소문을 곧이곧대로 받아들인 이유, 또 그 소문이 왕과 신하 간의 관계 형성에 어떤 영향을 주었는가를 추적했다. 의학과 심리학, 사회사와 문화 인류학에서 얻은 통찰을 통합한 획기적인 연구였다. 뒤이어 블로크는 훨씬 더 존경받는 저서 《프랑스 농촌사의 기본 성격》(1931)을 펴냈고, 그 책으로 '역사 인류학의 아버지'라는 꼬리표를 얻었다. 블로크는 낡고 잘못된 편의주의적인 범주 구분, 즉 정치와 전쟁과 외교만을 기준으로 삼는 구분을 '타파'하겠다고 공언했다. '인간의 역사histoire humaine'라는 이름으로, 블로크는 모든 교조적인 접근법, 특히 독일 학계 및 오스발트 슈펭글러Oswald Spengler(1880-1936)와 H. G. 웰스Herbert George Wells(1866-1946) 같은 시스템 구축가들이 주장하는 것처럼 지나치게 규범에 따르는 접근법을 반대했다. 블로크는 프랑스 사회학자 에밀 뒤르켐Émile Durkheim(1858-1917: 앙리 베르처럼 뒤르켐도 모든 관련 학문을 하나의 사회과학으로 통합하고 싶어 했다)의 글에서 많은 것을 배웠지만, 마르크스의 모든 것을 아우르는 이론은 탐탁지 않게 생각했다.

하지만 블로크의 가장 큰 영향은 1929년에 창간한 학술 잡지로부터 시작되었다. 그 잡지는 오랜 시간 동안 이름이 서너 번 바뀌었지만 처음에는 〈사회경제사 연보〉였다.* 그와 함께한 공동 편집자가 페브르였다. 그 잡지는 파리에서 출간되었지만, 사령탑은 스트라스부르였다. 스트라스부르는 라인란트의 중심지였고, 역동적인 교수진과 방대한 도서관이 있어 연구하기에 최적인 곳이었다. 그들이 역사 전문 잡지를 발간하겠다는 생각을 처음 떠올린 때는 1921년이었다. 처음에는 국제 평론지를 염두에 두었지만 8년이란 시간이 흐르고 반대가 많아, 결국 프랑스에 기반을 둔 잡지, 즉 '국제적 시각을 갖춘 국내 학술지'를 창간하기로 결정했다. 국제적 시각이란 "역사가의 관심사를

---

* 이 제목은 1938년까지 사용되었고, 그 후에는 Annales d'Histoire Sociale로 바뀌었고, 다시 1942년부터 1944년까지는 Mélanges d'Histoirs Sociale, 1945년에는 Annales d'Histoire Sociale로 바뀌었고, 1946년에야 비로소 Annales: Economies, Sociétiés, Civilisations로 정착되었다. 폰 랑케가 창간한 Historisch-Politische Zeitschrift는 1832년부터 1834년까지, Zeitschrift für Geschichtswissenschaft는 1844년부터 1848년까지 출간되었다. 1859년에 창간해 현재까지 출간되는 Historische Zeitschrift는 현존하는 가장 오래된 역사 학술지이다. 그 뒤로는 프랑스와 영국과 미국에서 출간된 많은 역사 학술지가 있고, 그중에는 1876년에 창간된 Revue Historique, 1886년에 창간된 English Historical Review, 1895년에 창간된 American Historical Review가 있다. 하지만 Annales만큼 폭넓은 범위를 다루며 큰 야심을 품었던 학술지는 없었다.

벗어나는 것은 아무것도 없다"는 것이었다.[5] 미국과 덴마크, 체코슬로바키아, 영국과 독일, 스웨덴과 북아프리카로부터 사회학과 민족학, 심리학, 문학 연구와 언어학 전문가들에게 받은 글을 꾸준히 출간했다(블로크의 바람과 달리 이탈리아 학자들은 참여하지 않았다). 이렇게 국제적인 협력을 받았지만, 두 창립자 블로크와 페브르는 글쓰기를 게을리하지 않았고, 1933-1938년 사이에 매년 평균적으로 각각 16편과 14편의 글을 썼다.

페브르의 삶은 여러 면에서 블로크의 삶과 닮은꼴이었다. 페브르는 프랑스 북동부의 낭시에서 태어나고 자랐지만 뿌리와 가족은 프랑슈콩테(브장송)에 더 많이 있어, 훗날 그곳의 연구에 많은 시간을 할애했다. 언어학자이던 아버지의 소개로 고대 언어들에 관심을 가졌고, 사고방식도 아버지에게 큰 영향을 받았다. 스무 살에 파리로 상경해 고등사범학교École normale supérieure에 입학했고(블로크는 그 이후), 1899년부터 1902년까지 역사학과 지리학을 집중적으로 공부했다. 졸업한 뒤에는 그도 지방의 고등학교에서 가르쳤고, 제1차 세계대전 기간 동안에는 블로크처럼 프랑스군에 입대해 주로 베르됭에서 지냈다. 1917년, 페브르는 전선에서 앙리 베르에게 이런 편지를 보냈다. "제 생각에는 전쟁이 끝나고 평화가 찾아와, 사회적 갈등으로 인한 고통과 번민의 시대가 시작되면 사회사가 크게 유행할 것 같습니다." 전쟁이 끝난 뒤, 실제로 페브르는 모더니스트 운동, 예컨대 T. S. 엘리엇 Thomas Stearns Eliot(1888-1965)과 제임스 조이스James Joyce(1882-1941) 및 프랑스 문인들의 새로운 시각에 심취했다.

스페인의 펠리페 2세와 프랑슈콩테(스트라스부르와 리옹 사이에 있는 프랑스 동부 지역으로 당시에는 프랑스의 지배하에 있지 않았다)를 다룬 페브르의 첫 논문은 1911년에 발간되었다. 이 논문에서 페브르는 지

뤼시앵 페브르, 쥐라의 수제에 있던 집 정원에서. 페르낭 브로델은 페브르와 함께하며 그에게 이야기를 듣던 저녁들에 대해 이렇게 썼다. "어둠이 내리기 시작하면 우리는 정원에 나가 삼나무 아래에 앉았다." 페브르는 1956년에 세상을 떠났다.

리와 환경이라는 렌즈를 통해 역사적 사건들을 분석함으로써 시골 사람들과 도시 거주자들의 삶을 재구성해냈다. 페브르는 프랑슈콩테의 인근 지역을 정밀하게 묘사함으로써 중세 농촌의 삶을 정확히 되살려냈고, 프랑스 정부가 그 지역에 가한 폐해도 폭로했다. 이런 접근법은 훗날 그와 블로크가 과거에 대해 글을 쓰는 방법의 전형적인 예가 되었다.

그 잡지에 기고하던 학자들은 결국 아날학파로 알려졌고, 아날학파는 역사 연구에서 20세기를 대표하는 학파로 성장했다. 프리드리히 니체는 역사에 접근하는 방법을 세 가지—기념비적 방식, 골동품적 방식, 비판적 방식—로 구분했다.[6] 이런 구분은 아날학파에게 아무런 의미가 없었다. "사회주의적 감성을 지닌 좌파"[7]이던 〈아날〉의 편집자들은 미시사microhistory 같은 당시의 경향을 포함해 "정신 세계와 관련된 모든 것",[8] 쉽게 말하면 사회과학의 모든 분야를 겸손하게 포용하겠다는 대담한 목표를 내세웠다(미시사라는 용어는 결국 나중에 그렇게 알려진 것이며, 실제로는 하나의 사건이나 공동체, 개체나 분쟁 해결 등 작은 단위의 연구에 초점을 맞추어 글을 쓰는 작업을 뜻하는 것에 불과했다). 페브르는 "군복을 막 벗은 40명이 모였다. 우리는 즐겁고 자발적으로 만나 한 걸음씩 전진해 나아갔다. 그런 자발적 즐거움을 다시 경험할 수 있을까 모르겠다."[9] 중세 시대의 물건 가격과 통화 가치의 등락, 신세계나 16세기 스페인에서 들여온 귀금속의 영향 등에 초점을 맞춘 논문들이 전형적으로 쓰였지만, 그들의 잡지는 당대의 역사에도 깊은 관심을 기울였다. 따라서 미국 사회, 나치즘의 사회학, 소련의 경제를 다룬 논문들도 실렸다. 페브르는 사설에서 "과거와 현재 사이에는 어떤 절대적인 칸막이가 없다. 이것이 〈아날〉의 기본 원칙이다."[10]

매번 푸른색을 겉표지에 반영한 〈아날〉은 비록 소수의 독자였지만 열광적인 호응을 얻었고, 프랑스에서보다 해외에서 더 따뜻한 환대를 받았다. 1932년까지 〈아날〉은 발행의 빈도를 차근차근 늘려갈 수 있었다. 그들 두 공동 창간자가 경쟁하듯 많은 일을 벌이면서도 그렇게 할 수 있었다는 게 놀랍기만 하다. 그들은 학생들을 가르치며 책을 썼고, 다른 학술지에 기고하며 학회에도 참석하고 행정적 업무를 처리해야 했다. 게다가 함께 살아가는 가족까지 있었다. (심지어 페브르는 1933년에 《프랑스 백과사전》을 기획해서 처음에는 공동 편집자로 일하기도 했다. 이 사업은 정부로부터 지원을 받아 21권까지 출간되었다.) 잠시도 가만히 못 있고 야심도 컸던 페브르와 블로크는 본질적인 문제에서는 의견이 항상 일치했던 것으로 전해졌다. 그러나 둘이 서로 상대를 편견 없이 공정하게 대한 게 사실이더라도 그들이 항상 화합하는 관계였다는 역사는 블로크의 사후에 페브르가 만들어낸 신화의 일부였다. 그들의 관계는 때때로 "무척 혼란스럽고 불안했다."[11] 그들이 서로 상대의 전문성을 인정했지만 개인적인 성향은 상당히 달랐다. 선배이던 페브르는 더 충동적이었고,[12] 블로크는 따지기를 좋아하고 더 날카로운 편이었다. 잡지 〈아날〉의 역사를 추적한 프랑스의 역사학자 앙드레 뷔르기에르André Burguière는 그 둘을 "오래된 부부와 같았다"고 표현했다.[13]

페브르는 젊은 블로크에 못지않게 열정적으로 연구하며 많은 책을 쏟아냈다. 대표적인 저서로는 《땅과 인간의 진화》(1925), 《마르틴 루터, 한 인간의 운명》(1928),* 《라인강: 역사와 경제의 문제》(1935), 《16세기 무신앙의 문제: 라블레의 종교》(1947), 《책의 탄생: 책은 어떻게 지식의 혁명과 사상의 전파를 이끌었는가》(1958)가 있었고, 그의 대표적인 논문을 모아 편집해 영어판으로 제작한 《새로운 역사》(1973)가 있다.

수년에 걸쳐 〈아날〉의 주된 관심사는 사회경제적인 현상에서 사회문화적 현상으로 넘어갔다. "어제의 세계는 끝났다!" 이 간결한 구호는 페브르가 창간호의 앞부분에서 언급한 '새로운 연보의 선언'에 포함된 구절이다. 잡지 〈아날〉이 입증했듯이, 역사는 과거에는 고려하지 않았던 물질적 범주들을 흡수함으로써 그 범위가 확대된다. 그 새로운 범주들은 어디에서 찾아낼 수 있었을까? 1935년 11월에 발행

* 페브르에게 큰 영향을 미친 두 스승인 셰노보와 랑글루아가 전기로부터 거리를 두었다는 점을 고려하면, 페브르가 전기를 썼다는 게 흥미롭다. 프랑스 역사학계에는 개인은 중요하지 않다는 전통이 있었다. 그들의 관점에서 중요한 것은 사회 구조였다. 따라서 페브르가 1911년의 박사 논문에 「펠리페 2세와 프랑슈콩테」라는 제목을 붙였을 때, '1567년 위기, 그 기원과 결과에 대한 정치적, 종교적, 사회적 연구'라는 부제를 더하며 그 논문이 전통적인 전기를 넘어선다는 점을 강조했다. 그렇지만 약 20년 뒤에 페브르는 루터를 연구한 결과를 바탕으로 또 한 명의 개인적인 삶을 추적했다. 프랑스에서 전기가 완전히 사라지지는 않았지만 1930년부터 1970년대 중반까지 크게 쇠퇴한 것은 사실이다.

된 호號을 보면, 어떤 테크놀로지의 역사에 접근하는 세 가지 방법(그 테크놀로지에 대해 조사하고, 발전 과정을 파악한 뒤에 인간의 여러 활동들과 어떤 관계가 있는지를 추적)을 규정하는 페브르의 글이 실렸고, 블로크의 「중세 유럽에서 물레방아의 도래와 성공」이란 글이 뒤따랐다. 그 글에서는 페브르의 기준이 적용되었고, 해당 테크놀로지가 사회에 미친 영향이 광범위하게 분석되었다. 블로크는 '정치 우위의 원칙'을 통렬히 비난하며, 마을 지도와 토지 소유 등기부를 찾아내서 해석하는 데 몰두했다. 블로크의 정의에 따르면, 지도는 일반적으로 '인간의 공간적 분할을 보여주는 수단'이고, 토지 소유 등기부는 여러 시기에 과세를 위해 작성되었기 때문에 프랑스 시골의 삶을 분석하는 데 반드시 필요한 자료였다.[14] 잡지 〈아날〉에는 항공 사진을 설명하는 글이 실렸고, 물품 가격의 역사와 프랑스 대혁명을 다룬 논문, 19세기 말에 시작된 공장 관리 시스템이던 테일러주의Taylorism를 소개한 논문도 있었다. 자본주의가 새로운 주제로 떠올랐다. 블로크는 '문자로 쓰인 증거'보다 '과거의 흔적', 예컨대 도구와 항아리, 동전, 그림이나 조각, 장례용품, 건물의 잔존물 등에 집중했다. 이런 흔적들이 그 물건을 사용한 사람들의 '정신 구조mentalité'를 보여준다고 믿었다.

블로크와 페브르는 최소한의 이야기로 인간 경험을 분석하려 했다는 점에서는 의견이 일치했지만, 1930년대 내내 그들의 의견이 충돌하는 경우가 점점 잦아졌다. 페브르는 〈아날〉이 '아이디어를 제공하는 학술지'가 되기를 바랐지만, 블로크는 정기적인 모임이 없는 걸 불만스레 생각하며 습관적으로 불평을 쏟아내기 시작했고, 저자와 부적절한 연락을 주고받으며 서평을 연기하기 일쑤였다. 결국 10년이란 긴밀한 협력 관계가 있은 뒤에 둘의 관계는 소원해졌다. 페브르는 1933년 유명한 콜레주 드 프랑스의 교수로 임용된 뒤로 파리에서 많

마르크 블로크. 제1차 세계대전 당시 군복을 입은 모습과 1944년 사망하기 전에 찍은 마지막 사진.

은 시간을 보낸 반면, 블로크는 콜레주 드 프랑스로부터 퇴짜를 맞고 수년을 기다린 뒤에야 소르본에서 경제사 교수가 되었다. (그때 받은 스트레스가 그의 두 손에 나타났고, 두 손이 거의 마비가 되었을 정도로 제대로 움직이지 않았다.)

블로크와 페브르는 계속 장문의 편지를 자주 주고받았다. 얼굴을 마주보면 자칫 상대의 마음에 상처를 줄 수 있어, 그런 만남을 피하고 싶었던 이유가 컸다. 하지만 어느 쪽도 잡지를 인수해서 단독으로 운영하려 하지 않았다―물론 자기 손으로 폐간하고 싶지도 않았을 것이다. 그들은 개인적인 차이를 깊이 감추고, 계속 잡지를 끌어갔다. 블로크가 말했듯이, "중요한 것은 우리 사이에 팀 정신이 살아 있어야 한다는 것이다."[15] 캐럴 핀크는 이 시기의 블로크를 이렇게 묘사한다.

12장 신발과 선박과 봉랍에 대하여

쉰 살의 블로크는 작지만 다부지고, 단정하고 말쑥한 옷차림으로
품위 있어 보였다. 벗겨진 머리와 약간 주름진 얼굴에서 그의 나
이가 드러났다. 굵고 빽빽한 콧수염이 다소 큰 코와 유난히 얇은
입술 사이를 가득 채우고 있었다. 가장 눈에 띄는 특징은 두꺼운
안경 뒤에서 뚫어지게 쏘아보는 옅은 눈동자였다. 거의 언제나
진지한 표정이었지만 때로는 빈정대는 듯한 미소를 띠거나 거꾸
로 진정으로 따뜻한 미소를 보여주기도 했다. 블로크는 까다롭
지만 헌신적인 남편이자 아버지였다. 지독한 골초였고, 자제력이
대단했지만 신경질적인 편이었다. 따라서 집에 혼자 있을 때는
느닷없이 분노를 터뜨렸고, 그 이유가 자신의 '못된 성격'에 있다
고 생각했다.[16]

　　하지만 블로크의 분노 발작보다 더 큰 문제가 있었다. 1938년 무
렵 잡지가 침체에 빠졌고, 발행자들이 지원을 중단했기 때문이다. 〈아
날〉은 생존을 위해 몸부림쳤고, 그 무렵 유럽도 위기에 빠져들었다. 그
해 3월 독일이 오스트리아를 병합하자, 블로크는 한 저명한 오스트리
아 중세학자에게 헌정하는 책에 기고하기로 한 약속을 철회하며 "그의
국적, 그의 생각, 그의 이름"이 나치의 지배를 받는 빈에서 출간되는 책
에 쓰여서는 안 된다고 믿었다.[17] 이듬해에는 2권으로 구성된 걸작《봉
건 사회》의 첫 권이 출간되어 성공을 거두었고, 브뤼셀과 케임브리지
에서 강연해 명성을 얻었다. 그러나 같은 시기에 〈아날〉은 1년에 4회
발행으로 축소될 수밖에 없었다. 발행자들과의 언쟁이 있었고, 급기야
히틀러의 독일에 대한 특별호 발간을 두고 의견이 크게 충돌했다. 블로
크와 페브르는 자체적으로 마련한 재원으로 잡지를 계속 출간하기로
결정했다. 역사는 그들에게 애인이자 주인이었다. 그해 2월에는 프란

시스코 프랑코가 스페인 공화국을 무너뜨리고 정권을 장악했고, 3월에는 체코슬로바키아가 붕괴되고 독일군이 진입했다. 8월 24일, 블로크는 연령 때문에 징집을 면제받았지만 예비군으로 부름을 받고 싶어 했다. 전쟁이 유럽 전체를 삼키자, 그는 54세의 나이였지만 다시 프랑스 군대의 일원이 되었다. 하지만 중년을 넘긴 나이였던 까닭에 펜대를 굴리며 "서류 작업과 자질구레한 업무"를 처리하는 직책에 배치되었다. 독일의 침략에 애매하고 무력하게 대응하는 프랑스 정부의 태도를 불안과 불신의 눈으로 바라보던 블로크의 인내심은 결국 폭발하고 말았다. 프랑스가 항복한 뒤로 석 달 동안, 블로크는 '하얗게 타오르는 분노'를 억누르며《이상한 패전》을 썼다. 그가 가장 개인적인 감정을 담아낸 책 중 하나로, 조국 프랑스가 어떻게 괴멸되었고, 두 세계대전 사이에 낀 그의 세대를 매섭게 평가한 책이었다.

프랑스가 항복하자, 블로크는 아내와 자식들, 조카딸과 82세의 노모를 근처의 클레르몽페랑으로 데려갔고, 그곳에서 교직을 구했다. 스트라스부르 대학교가 그곳으로 피신했기 때문이다. 블로크는 프랑스에 거주하는 31만 명의 유대인 중 한 명이었고, 피신은 일시적인 해결책에 불과할 수 있었다. 따라서 블로크는 가족의 탈출을 지원해 달라고 미국의 록펠러 재단에 도움을 청했다. 록펠러 재단은 신속히 응답하며, 뉴스쿨 대학교The New School(미국 뉴욕시의 그리니치빌리지에 위치한 사립 대학교/옮긴이)가 그를 중세사 조교수로 초빙할 수 있도록 충분한 지원금을 배정했다. 그러나 1년간의 청원과 협상 끝에 원래의 계획은 표류했고 결국 무산되고 말았다. 아내와 어린 자식들을 위한 비자는 약속되었지만, 그는 노모도 데려갈 수 있기를 바랐다. 그러나 노모가 병에 걸렸고, 여행할 수 없을 정도로 아팠다. 게다가 징집 연령에 들어선 성장한 두 아들의 비자도 얻을 수 없었다.

〈아날〉의 운명도 미궁에 빠졌다. 블로크가 비非아리안계 공동 소유주였기 때문에 몰수되거나 청산될 위험이 있었다. 1941년 부활절에 페브르는 블로크에게 소유자 지위를 포기하라고 부탁하는 편지를 보냈다. 블로크는 처음에 거절했지만 5월 16일 페브르의 부탁을 받아들였다. 페브르는 〈아날〉의 발행인란에서 친구의 이름을 지웠고, 블로크는 가족을 데리고 몽펠리에로 이주했으며, 그곳의 대학에서 교직을 얻었다. (문과대학 학장이 과거에 블로크로부터 혹평을 받은 것에 원한을 품고, 온갖 수단을 동원해 블로크의 임용을 방해한 까닭에 교직을 얻는 데 어려움이 있었다.) 이듬해 2월 초에는 독일군 병사들이 파리에 있던 그의 아파트를 점유했고, 그로부터 두 달이 지나지 않아 그의 모든 책이 압류되었다는 소식을 들었다. 하지만 어느 쪽으로 눈을 돌려도 반反유대인 정서가 고조되자, 블로크는 신체적으로 공격을 받을 가능성 때문에 강의실을 갈 때에도 호위를 받았다.

그 암울한 기간에도 블로크는 여전히 바빴다. 그는 파시즘과 나치즘의 뿌리를 추적했고, 광범위하게 책을 읽었다. 특히 애거사 크리스티Agatha Christie와 도러시 L. 세이어스Dorothy L. Sayers의 미스터리 소설에 심취했고, 직접 추리소설을 쓰기 시작하기도 했다. 사랑의 서정시를 써서 아내에게 보냈고, 4편의 논문과 서너 편의 짧은 서평을 익명으로 〈아날〉에 발표하기도 했다. 무엇보다 "아빠, 역사가 어디에 쓸모가 있어요?"라는 아들의 질문에 답한 책《역사를 위한 변명》의 원고를 마무리하는 저력을 보였다. 그 책은 두 사람—한 명은 얼마 전에 세상을 떠난 어머니, 다른 한 명은 숨을 곳을 찾아다녔을지 모르지만 여전히 친구이던 뤼시앵 페브르—에게 헌정되었다.

오랫동안 우리는 인간의 역사를 더 크고 넓게 보기 위해 함께 싸

었습니다. 지금 우리의 공동 과제가 위협받고 있습니다. …확신
하건대 과거처럼 우리가 다시 공개적으로 자유롭게 함께 작업할
수 있는 때가 틀림없이 올 것입니다. 그때까지는 우리의 공동 과
제에서 당신의 글로 채울 부분들을 내가 채우겠습니다.[18]

그사이에 블로크는 생애의 마지막 장을 향해 다가가고 있었다.
1942년 말, 프랑스는 거의 완전히 독일의 지배하에 들어갔고, 유대인
을 억압하는 법들이 제정되며 블로크는 일자리를 잃었다. 나치는 한
풀이하듯이 더욱더 잔혹하게 변해갔다. 새로운 법들이 연이어 제정
되며 검거와 처형의 빈도가 높아졌고, 프랑스 지하 조직의 통합이 빠
르게 진행되었다. 1943년 초, 프랑스 남부에서 독자적으로 활동하
던 세 곳의 주요 저항 조직이 합의하에 MUR(Mouvements Unis de la
Résistance, 연합 저항 조직)로 통합되었다. 그렇잖아도 애국심이 투철하
고 방관을 혐오하던 블로크는 그 레지스탕스 조직에 가담하기로 마
음을 굳혔다.
　그런 결심을 행동에 옮기는 것도 쉬운 결정은 아니었다. 블로크
는 아내에게 "목숨을 바치는 게 그처럼 어려운 것인지 예전에는 몰
랐소"라고 털어놓았다.[19] 성공한 저항 조직은 어떤 경우에나 그렇듯
이, 그 지하 조직도 개인적인 접촉과 확인된 충성심을 기반으로 촘촘
한 네트워크로 이루어져 있었다. 따라서 블로크는 처음에는 받아들여
지지 않았다. 그러나 클레르몽페랑으로 이주한 스트라스부르 대학교
교수진에는 블로크가 알기에 레지스탕스로 활동하는 동료들이 있었
다. 마침내 블로크는 당시 20세이던 철학과 학생 모리스 페시Maurice
Pessis의 보증으로 MUR에 가입해서 지하 신문 〈르 프랑 티뢰르Franc-
Tireur〉를 제작하는 데 힘을 보탰다. 그 신문의 당시 편집장은 훗날 블

로크를 처음 만났을 때를 이렇게 회상했다.

단춧구멍에 훈장을 단 50세의 신사, 갸름하고 마르고 세련된 얼굴, 은회색 머리카락, 안경 너머로 반짝이는 눈동자, 한 손에는 서류 가방을 들고, 다른 손으로는 지팡이를 짚고 있었다. 처음에는 약간 딱딱하게 처신했지만, 잠시 후에는 미소 띤 얼굴로 손을 내밀며 정중하게 말했다. "예, 저는 모리스의 '망아지'입니다."[20]

블로크는 리옹으로 이주하라는 지시를 받았다. 리옹은 그가 태어난 곳이어서, 그곳으로 이주하더라도 의심을 받을 이유가 없었다. 그곳에서 그가 받은 첫 임무는 메시지와 신문을 전달하는 것이었다. 처음 몇 주 동안 가족과 떨어져서 가구가 갖추어진 아파트에서 살았지만, 그는 자신이 신뢰할 만한 사람이란 걸 신속히 입증해 보였다. 레지스탕스 요원들이 체포되거나 이동함으로써, 1943년 7월쯤 블로크는 〈르 프랑 티뢰르〉의 론알프 지역région 책임자가 되었다. 또한 3명으로 구성된 MUR 지역 협의회에 론알프 지역의 대표로 참석했을 뿐만 아니라, 론알프 지역을 위한 사회 봉사를 기획하고, 론알프 지역 내의 10개 구역département을 감찰하는 역할도 맡았다. 블로크와 소수의 요원들은 메시지를 해독하고, 다시 암호화해서 도시 전역에 흩어진 다른 요원들에게 전달했다. 블로크의 책무는 크게 증가했고, 전에는 지리멸렬하던 조직이 그의 지휘하에서 곧 안정을 되찾았다. 이때 블로크는 여행업에 종사하는 사업가, '무슈 블랑샤르'가 되었다. 그때부터 아내가 그를 방문할 수 있었고, 먹을거리와 옷가지도 보낼 수 있었다.

블로크는 다시 론알프 지역 곳곳을 돌아다니며 단위 조직들을 점검했다. 그런 와중에도 〈르 프랑 티뢰르〉와 레지스탕스의 더 지적인 잡지 〈레 카이에 폴리티크Les Cahiers Politiques〉에 기고할 글을 썼다. 어쩌면 필연적인 운명이었던 것처럼 완전히 새로운 학술지 〈르 르뷔 리브르Le Revue Libre〉를 창간하고 편집까지 맡았다. 그러나 블로크는 너무 자주 노출되었고 쉽게 인지되었다. 1944년 3월 8일 아침, 게슈타포 자동차가 블로크의 동네에 들이닥쳤고, 게슈타포 요원들이 자동차에서 쏟아져 나와 블랑샤르로 알려진 노인에 대해 묻고 다니기 시작했다. 동네 빵집 주인이 블로크가 여행 가방을 들고 몇 분 전에 지나간 방향을 게슈타포 요원들에게 가리켰다. 블로크는 오전 9시경에 다리 부근에서 체포되었다. 이튿날 아침 게슈타포는 그의 사무실을 급습했고, "사무실 점유자가 레지스탕스 조직원이라는 것"을 입증하는 수신기와 서류가 발견되었다고 발표했다. 그 주에 약 60명의 MUR 핵심 조직원이 더 체포되었다. 내부자가 그들을 넘겼던 것일까? 그 의문은 영원히 풀리지 않았다. 적어도 블로크는 어떤 의심도 받지 않았다.

블로크는 살아날 가망도 없었다. 며칠 동안 심문과 고문을 받은 뒤에 블로크는 기관지 폐렴과 타박상으로 고생하며 리옹의 교도소 의무실에서 4주를 보냈다. 그는 남은 시간을 알차게 보내겠다는 일념에, 한 젊은 레지스탕스 조직원에게 프랑스의 역사를 가르치기도 했다. 독일군은 검거하는 레지스탕스 조직원들이 늘어나자, 레지스탕스 전투원들의 탐지와 보복을 피하려고 그들을 트럭에 태워 리옹 인근의 한적한 곳으로 데려가 처리하기 시작했다. 6월 16일 밤, 28명의 포로를 생디디에드포르망 외곽의 들판에서 처리하는 데는 20분이 채 걸리지 않았다. 기적적으로 그중 2명이 살아남았고, 당시 상황을 생생하게 증언할 수 있었다. 안타깝게도 마르크 블로크는 두 생존자 중

한 명이 아니었다. 8주 후, 딸 알리스와 제수가 그의 개인 소지품—안경, 재킷과 넥타이, 그가 항상 착용하고 다녔던 3개의 무공 훈장—을 확인함으로써 그의 사망이 공식적으로 확정되었다.[*]

✳ ✳ ✳

블로크가 사망한 이후로 전쟁 기간 내내, 더 나아가 전후에도 페브르가 〈아날〉을 끌고 나아갔다. 그래도 그의 뜻을 계승할 인재를 확보하려고 페브르는 조르주 프리드만Georges Friedmann(1902-1977: 마르크스주의 사회학자)과 샤를 모라제Charles Morazé(1913-2003) 같은 젊은 학자들을 이사진에 영입하는 동시에 다양한 배경을 지닌 새로운 기고가들을 끌어들였다. 그중 가장 주목할 만한 학자는 페르낭 브로델Fernand Braudel(1902-1985)이었다.

이 탁월한 역사가는 프랑스 북동부의 로렌 지역, 뤼메빌앙오르누아에 위치한 뫼즈라는 작은 마을에서 태어났고, '농부의 후손'이란 걸 항상 자랑스레 생각했다. 어렸을 때 한동안 친할머니와 함께 살았지만, 수학 교사이자 종교의 정치 개입을 열렬히 반대하는 아버지의 영향도 받았다. 페르낭은 일찍부터 역사와 사랑에 빠졌지만 시도 지었고, 아버지가 다른 방향을 제시할 때까지 처음에는 의학을 공부하고 싶어 했다. 페르낭이 처음에 의사가 되려 했던 이유는 증거를 분

---

[*] 오스트레일리아의 작가 겸 방송인 클라이브 제임스Clive James(1939-2019)는 106명의 전기를 간략하게 정리한 《문화의 망각증》에서 블로크를 감동적으로 설명했다. "그는 무엇에 맞서고 있는지를 알았다. 물고문용 웅덩이, 몽둥이, 엄지손가락을 죄는 고문 기구, 불길을 토해내는 토치… 그의 상상력이었다면 현실에서 보는 것만큼이나 끔찍한 것들이란 걸 틀림없이 알았을 것이다. 그럼에도 그는 그 위험을 기꺼이 감수했다." Clive James, *Cultural Amnesia* (New York: Norton, 2007), p. 62

석하는 걸 좋아하는 개인적인 성향에서 비롯된 듯하다. 페르낭 브로델의 뒤를 이어 잡지 〈아날〉의 편집장을 지낸 앙드레 뷔르기에르는 이런 추정에 동의하며 "그가 사회에 접근하는 방법에 잠재한 다윈주의Darwinism에 아날학파의 전통과 다른 그의 차별성"이 있는 듯하다고 말했다.[21] 브로델의 분석 방법은 "추론의 원리를 생물학에서 차용한 것"이다. 그럴 수도 있겠지만, 워릭 대학교 부설 르네상스 연구 센터의 연구원 알렉산더 리Alexander Lee가 지적하듯이 "브로델은 위대한 저작들을 엄밀한 의미에서 역사가보다는 소설가의 방법으로 써냈다." 실제로 어떤 책의 초판 서문에서 브로델은 자신을 '역사가historien'가 아니라 '작가écrivain'로 묘사하기도 했다.[22]

브로델은 뒤늦게 1938년에야 아날학파의 일원에 되었다. 당시 브로델은 이미 30대 중반이었다. 소르본에서 학업을 마친 뒤(이곳에서 프랑스 마르크스주의자들의 영향을 받았다), 알제리에서 8년을 가르쳤고, 그 과정에서 지중해와 그 환경에 매료되며 '지리 역사학geohistory'이란 용어까지 만들어냈다. 알렉산더 리는 브로델의 학문적 생애에서 이 시기를 다음과 같이 서정적으로 설명한다.

> 그가 새로운 환경을 경험하며 시야를 넓혀가는 과정은, 같은 시기에 이런저런 식민지에서 새롭게 삶을 시작하던 많은 프랑스 문인들의 삶과 다르지 않았다. 앙드레 말로가 그랬듯이, 멀리에서 프랑스를 지켜볼 수 있어 맹목적인 애국심을 떨쳐내고 더 큰 가능성에 가슴을 열었다. 그러나 앙투안 생텍쥐페리처럼 풍경과 사랑에 빠졌고, 시장 냄새와 좁은 길과 작열하는 열기만이 아니라 낭만적인 사막과 일렁이는 드넓은 바다에도 매료되었다.[23]

브로델의 세계관이 달라졌다. 펠리페 2세와 스페인 정책이 지중해에 미친 영향을 주제로 박사 학위 논문을 쓰기 시작했다. 하지만 그의 접근법은 여전히 전통적 방법론에 뿌리를 두며 외교사에 많은 지면을 할애했다.

1930년 여전히 알제리에 있을 때, 브로델은 역사가 앙리 피렌 Henri Pirenne(1862-1935)을 우연히 만났다. 피렌은 사회경제적 변화 및 문화와 종교의 변화가 전통적인 접근법으로 과거를 조사하면 찾아낼 수 없는 근본 원인의 결과라고 믿고, 그 믿음에 따라 글을 쓰는 역사가였다. 알렉산더 리의 표현을 빌려 다시 말하면, 피렌은 "역사를 연구 과제가 아니라 일종의 모험이라고, 또 바다를 인간 드라마의 무대가 아니라 고유한 성격과 목소리를 지닌 하나의 등장인물이라 말했다." 브로델 아내의 회상에 따르면, 그날의 만남이 있은 뒤로 "브로델은 지중해를 그 자체로 꿈꾸고, 지중해의 멋진 과거를 꿈꾸기 시작했으며, 펠리페 2세라는 안타까운 인물보다 훨씬 더 다채롭고 흥미진진한 지중해의 역사를 머릿속에 그렸다."

1932년 브로델은 프랑스에 돌아와, 파리의 여러 고등학교에서 가르쳤다. 1924년에 그는 뤼시앵 페브르의 《땅과 인간의 진화》를 우연히 읽은 뒤로 1927년쯤에는 둘이서 주기적으로 편지를 교환하고 있었다. 페브르는 브로델에게 박사 학위 논문 제목의 순서를 바꾸라고 조언했다. 구체적으로 말하면, '펠리페 2세와 스페인 정책 및 지중해'가 아니라 '지중해와 펠리페 2세'로 바꾸며 지중해를 강조하는 게 낫겠다고 조언했다. 그 조언을 받아들인 브로델은 지중해를 고유한 시간을 지닌 역사적 공간인 동시에 산과 반도와 지리적 한계를 지닌 세계로 그려냈다.

그리고 그는 역사가로서 우뚝 올라서는 중요한 계기가 된 교수직을 제안받았다. 파리의 지적 경쟁자들로부터 거리를 둘 수 있는 기회였다. 20세기 초에 많은 수의 프랑스 사회학자와 경제학자가 브라질, 특히 리우데자네이루와 상파울루 주변에 정착했다. 1934년 브로델은 인류학자 클로드 레비 스트로스Claude Lévi-Strauss(1908-2009)를 따라서, 상파울루에 설립된 첫 공립 대학교의 초빙을 받아들였다. 훗날 그의 회상에 따르면, 그곳에서 보낸 3년이 그의 삶에서 가장 행복한 시기였다. 로렌과 북아프리카와 남아프리카에서 보낸 시간들이 그가 멀리 떨어진 것들을 연결하는 능력을 키우는 데 도움을 주었다. 실제로 그는 "우리 주변에서 더는 명확히 보이지 않을 수 있지만, 놀랍고 멀리 떨어진 것이 우리를 에워싸고 있는 게 분명하다는 걸 느낄 수 있어야 한다. 그것들이 우리를 에워싸고 있는 것을 이해하는 데 도움을 주는 중요한 요소이기 때문이다"라고 말하기도 했다.[24]

1937년 브로델은 파리로 돌아와 박사 학위 논문을 쓰는 데 몰두했고, 뤼시앵 페브르와 같은 배를 타게 되었다. 항구에서 페브르는 급성장하는 신진 학자의 아버지가 되어, 브로델이 쓰고 있던 책의 방향에 대해 조언해주었다. 하지만 제2차 세계대전의 발발로 징집되었던 브로델은 1940년 6월 29일 독일군에게 포로가 되었고, 처음에는 마인츠의 제12-B 포로수용소에서, 나중에는 북부 독일 뤼베크 근처의 수용소에서 5년 이상 포로로 지내야 했다.

브로델이 포로로 수감된 동안 훗날 삼부작으로 출간된 지중해의 역사에 대해 1375쪽에 달하는 대작의 초고를 완성했다는 신화 같은 이야기가 전해진다. 정말 그랬다면 엄청난 기억력과 필력이 전제되어야 했겠는데, 이는 부분적으로만 진실이다. 수용소에서도 그는 페브르와 편지를 주고받는 게 허용되었다. 그들은 암호로 글을 주고받았고, 한 독일군 간수가 브로델이 원하는 자료를 지역 도서관에서 구해

전해주었다. 게다가 브로델에게는 이미 작성한 원고를 되짚어볼 시간
이 충분했다. 그는 '수용소 대학'을 설립해 수감자들을 대상으로 시시
때때로 강의했고, 수감자들은 그에게 '총장님Magnifizenz'이란 별명을
붙여주었다. 그는 강연을 통해, 간수들이 그들에게 주입하는 프로파
간다는 일시적 '사건에 불과한 것'이며 정말 중요한 것은 장기적인 삶
이라는 걸 수감자들에게 거듭해 강조하며 그들의 기운을 북돋워주었
다. 그 장기적인 삶은 서서히 나타나서 정립되는 데 오랜 시간이 걸리
는 구조라고 가르쳤다는 점에서 그의 책들에 담긴 사상과 직접적으
로 관련된 사고방식이다.

그렇지만 그의 노트 대부분은 프랑스의 집에 있었다. 또한 그의
기록에 따르면,《지중해: 펠리페 2세 시대의 지중해》를 쓰기 위한 작
업은 일찍이 1923년부터 시작되었다. 실제로 브로델은 그 책의 제2판
서문에서 "게다가 이 책은 처음 출간된 1949년, 혹은 소르본에서 박
사 학위 논문으로 발표된 1947년부터 쓰기 시작한 게 아니다. 이 책
의 내용을 완전히 정리한 것은 아니더라도 큰 틀을 잡은 것은 1939년
이었고, 당시는 마르크 블로크와 뤼시앵 페브르가 주관하던 〈아날〉이
초반의 열정을 마무리하던 때로, 이 책은 그런 변화의 직접적인 산물
이었다"고 덧붙였다.[25]

전쟁이 끝난 뒤, 페브르는 브로델이 제2기 아날학파의 리더가 되
어야 할 것이라 확신했고(브로델이 '끝없이 수감된 기간' 동안 페브르는 그
에게 식료품을 보냈고, 1945년 5월에는 자신의 집에 머물도록 그를 초대하기
도 했다),[26] 1949년에는 콜레주 드 프랑스를 은퇴하며 브로델이 그 자
리를 차지할 수 있도록 길을 열어주었다. 브로델은 학위 논문을 쓰는
데 혼신의 노력을 기울였고, 2년 만에 프랑스에서 손꼽히는 역사학자
들의 심사를 통과했다. 1명을 제외하고는 모든 심사위원이 탁월한 논

문이라고 칭찬했다. 알렉산더 리는 "참신한 연구 범위와 능수능란한 묘사에 강렬한 인상을 받은 심사위원들은 그 논문이 걸작이라는 걸 주저 없이 인정했다"고 평가했다. 그러나 그 논문의 탁월함은 브로델의 학문적 능력이 아니라, 소설가처럼 생각하고 글을 쓰는 능력에서 비롯된 것이었다. 달리 말하면, 브로델 논문의 진정한 중요성은 "아날 학파의 접근법을 완벽하게 적용한 데 있는 게 아니라, 문학적 상상력을 유감없이 입증해 보인 데 있었다."[27]

《지중해》는 출간되자마자 프랑스 독자들의 마음을 완전히 사로 잡았고, 그로부터 오랜 시간이 지나지 않아 그 저자는 투키디데스부터 기번까지 저명한 역사가들에게 비견되었다. 페브르로부터 삼부작이 "전문 역사학자의 걸작을 넘어서고, 역사를 생각하는 방법에 혁명적 변화를 일으킨… 역사에 대한 완벽한 저작"이란 칭찬을 받았을 때[28] 브로델은 특히 기뻤을 것이다(첫 권이 페브르에게 헌정되었다). 외국의 독자들도 깊은 인상을 받았다. 옥스퍼드 대학교의 휴 트레버로퍼Hugh Trevor-Roper(1914-2003)는 "폭넓은 실례, 세세한 것도 놓치지 않는 눈, 특정한 것을 선택해서 활력을 불어넣어 일반화하는 브로델의 능력은 놀라울 따름이다. 브로델은 지중해에 존재하는 산맥들의 모든 구릉, 그 바다에 떠 있는 모든 섬, 그곳에서 일어난 모든 특이한 현상들, 그 현상들에 대한 인간의 반응을 빠짐없이 아는 듯하다"고 전체적인 인상을 요약했다. 역시 옥스퍼드 대학교의 콜린 웰스 Colin Wells(1933-2010)는 "그 책을 읽고 있으면, 헤로도토스의 폭넓고 끝없는 탐구심이 새로운 표현을 찾아낸 듯한 느낌을 받는다"고 극찬했다.[29] 훗날 브로델이 에릭 홉스봄Eric Hobsbawm(1917-2012)에게 말했듯이, "역사가에게는 휴일도 없고 방학도 없다. 말하자면, 역사가는 항상 작업 중이란 뜻이다. …예컨대 나는 기차를 탈 때마다 뭔가를 배운다. 나는 이런 자세가 중요하다고 생각한다. '새로운 현상에 대해 개방적이어야 한다'는 뜻이기 때문이다."[30]

1996년에 개최된 한 연구 발표회에서, 케임브리지 대학교의 역사학자 앨런 맥팔레인Alan Macfarlane은 브로델이 전쟁 포로로 보낸 시간 덕분에 이런저런 생각들을 하나로 새롭게 통합할 수 있었고, 사랑하는 조국 프랑스가 패하는 데 아무런 역할도 못 했다는 무력감과 회한이 '시간을 세 차원으로 구분'하며 역사학에 크게 기여하는 계기가 되었을 것이란 의견을 제시했다.[31] 세 차원의 시간은 고고학에서 말하는 '수직적 사고vertical thinking'에 비견되는 것으로 '장기longue durée'와 '중기moyenne durée'와 '단기courte durée'로 구분되었다. '장기'는 장기적으로 중요한 변화들이 기록되는 지질학적 시간, 즉 수천 년에 해당한다. '중기'는 수십 년 혹은 수백 년에 해당하고, 예컨대 산업혁명처럼 경제·사회적으로 중요한 사건이 일어나는 시간이다. 끝으로 '단기'는 며칠부터 1년까지로 전투나 선거가 해당한다. 브로델의 표현을 빌리면, 16세기에 사용되던 표현을 떠올려주는 '경각심을 주는 새로운 것nouvelle sonnante(지극히 중요한 문제)'도 '단기'적인 것에 속했다. 브로델은 자신의 개인적인 성장에 관련해 말할 때,

> 적의 라디오와 신문이 우리에게 쏟아내는 온갖 사건들, 혹은 우리가 비밀 수신기로 청취한 런던발 소식까지, 나는 거리를 두고 부정하고 부인해야 했다. 이런저런 사건, 특히 짜증나는 사건들에 귀를 닫아야 했다! 역사, 운명이 한층 더 심원한 차원에서 쓰여야 한다고 굳게 믿어야 했다.[32]

《지중해》의 첫 권이 발간되자마자, 브로델은 제2권을 쓰기 시작

했다. 처음에는 페브르를 비롯한 여러 역사가의 저작들을 보완하는 수준에서 한 권으로 끝낼 계획이었다. 하지만 그 계획은 20세기 역사서에서 비견할 것이 없는 방대한 작업의 일환으로 25년 뒤에야 끝났다. 그 삼부작을 쓰는 과정에서 브로델은 다른 사회과학에서 얻은 통찰을 열정적으로 활용했고, '단기적 사건'의 중요성을 대단치 않게 생각했으며(사건의 서술이 중요하지만 개인의 이야기에 국한되어서는 안 된다고 믿었다), 무엇보다 '장기'라는 개념을 널리 알리는 데 주력했다. '장기'는 원래 '긴 기간the long period'을 뜻할 뿐이었지만, 브로델의 책에서는 역사가들이 일반적으로 사용하는 기간 너머까지 관찰하는 방법을 뜻했다. 다시 말하면, 2-3세기에 걸친 변화, 특히 움직임이 느릿해서 거의 감지되지 않는 지리와 환경의 변화에 초점을 맞추기 위해 '시간을 두텁게 하는 방법'을 뜻했다. 이 방법을 통해 역사가는 장기적인 양상, 예컨대 특정한 집단의 흥망성쇠를 추적하고, 도시 생활과 언어, 여행과 기후가 단기적 기간을 넘어 수 세기 동안 인간의 삶을 어떻게 변화시켰는지도 연구 대상으로 삼을 수 있었다. 정치의 역사는 파도의 거품에 불과했고, 중요한 것은 표면 저 아래에서 발견되었다.

'장기'라는 개념은 그 자체로는 전혀 새로운 통찰이 아니었다. 이미 1749년 데이비드 흄이 몽테스키외의《법의 정신》을 읽은 뒤에, 역사에 대한 견해를 지속적인 과정, 즉 지리와 기후, 경제력, 법과 제도, 종교 등에 의해 지배되며 계속되는 과정으로 전환한 선례가 있었다. 또한 그 모든 요인이 개인의 간섭에 제한적으로 영향을 받을 수 있어도 통제된다고는 믿지 않았다. 그 이후에도 독일의 역사가 야코프 부르크하르트Jacob Burckhardt(1818-1897)가《이탈리아 르네상스의 문화》(1860)에서, 네덜란드의 역사가 요한 하위징아가《중세의 가을》(1919)에서 하나의 문화를 전체적으로 조감하려고 시도했다. 옥스퍼

페르낭 브로델이 1937년 브라질에 체류할 때와, 아카데미 프랑세즈 회원이던 때. 브로델은 「1950년의 역사 상황」에서 "프랑스 학파? 프랑스인이라면 누구도 감히 그 단어를 입에 올리지 않을 것이다"라고 썼다.

드 대학교, 올 소울스 칼리지All Souls College의 역사학 교수 크리스 위컴Chris Wickham은 "독일은 정치권력과 귀족 정체성과 사회법학적 분류를 역사적으로 연구하는 경향을 띠고, 프랑스는 지역별로 사회경제와 사회정치를 연구하는 경향을 띠는 전통적인 구분이 지금도 여전히 존재한다. 벨기에는 경제사를 주로 다루었지만, 경제사는 세 국가의 전통이 모두 수렴하는 영역이기도 하다"고 덧붙였다.[33] '움직이지 않는 역사histoire immobile'라는 개념은 콜레주 드 프랑스에서 브로델의 후임으로 에마뉘엘 르 루아 라뒤리Emmanuel Le Roy Ladurie가 취임 기념 공개 강의의 제목을 정할 때 실질적으로 만들어낸 용어였다.

카미유 에르네스트 라브루스Camille-Ernest Labrousse(1895-1988)는 아날학파의 일원은 아니었지만, 소르본의 사회사 교수로 제3세대 아날학파 역사가의 대부분에게 중대한 영향을 미쳤다. 라브루스가 두 권의 주요 저서에서 원칙으로 제시한 세 개념—구조에 기반한 기간time span, 국면conjucture, 사건event—을 브로델이 받아들여 확대했다.

그러나 브로델의 손에서 세 요소는 완전히 새롭게 탈바꿈되었다. 브로델이 직접 말했듯이, "역사학은 인간이 추구하는 학문 중 가장 덜 구조화된 학문일 수 있지만, 다양한 이웃 학문의 교훈을 받아들여, 그 교훈을 역사 연구에 반영하려고 애쓴다."[34]

1750년부터 제2차 세계대전이 끝날 때까지 유럽의 운명이 인구 통계에 의해 주로 결정되었다는 걸 브로델은 입증해 보였다. 그렇게 브로델이 주도하자, 그 시대의 역사학자들도 본연의 영역 밖에 있던 주제들—인구 증가를 보여주는 다양한 곡선을 이용한 '간접적인' 지식—을 지속적으로 연구했다. 예컨대 프랑스가 유럽에서 핵심적 위치에서 밀려난 주된 이유를 출생률의 저하에서 찾았다. 동일한 현상이 아일랜드에서도 나타났다. 아일랜드에서는 사람들이 예부터 결혼을 늦게 하는 데다 토요일 밤에는 거의 어김없이 술에 만취해서 남녀가 접촉하지 않기 때문이었다. 놀랍지만 이론의 여지가 없는 발견이었다. 그러나 과거에 대해 글을 쓰던 학자들이 예전에는 연구할 생각조차 하지 않은 영역이었다. (브로델이 아버지의 불가지론을 그대로 물려받았던지, 《지중해》에서는 종교가 완전히 배제되어 단 한 줄도 언급되지 않는다. 이 때문에 비난을 받기도 한다.)

이런 이상한 흠결에도 불구하고, 사회의 역사를 강조한 브로델의 접근법은 성경학자들에게 영향을 주었다. 특히 미국에 큰 영향을 주었는데, 이는 브로델의 저작들이 마침내 출간되기 시작한 1970년대 말부터였다. '과거에 체계적으로 접근할 수 있는 이야기가 있는가' 등과 같은 의문들이 전면에 부각될 수밖에 없었다. 기후에 대한 연구('사람의 없는 역사')는 과거에 시도되었더라도 기후학자의 전유물이었다. 하지만 그때부터는 역사 연구에서 빠질 수 없는 적법한 영역이 되었다.

엄밀히 말하면, 유럽은 거대한 유라시아 땅덩어리에 부속된 반도에 가깝지만 관례적으로 '독립된' 대륙으로 지칭되었다. 아랍의 위대한 역사가 이븐 할둔이 일찍이 이런 지리적 분류의 관계에 불만을 터뜨렸고, 브로델도 그런 관례를 지적하며 한탄했다.[35] 그때부터 역사가들은 유럽 중심에서 조금씩 벗어났다. 더구나 전후 기간 동안, 학자들은 대부분의 유럽어가 인도 아대륙의 언어들과 밀접한 관계가 있다는 걸 알게 되었다. 또 아이슬란드인의 유전자에서 70퍼센트 이상이 아일랜드인과 같다는 것도 밝혀졌다(여성의 경우에는 거의 똑같다). 아일랜드 노예들이 아이슬란드에 정착했던 것일까? 또 쿠르간 Kurgan(러시아어로는 '인공 언덕' 혹은 '고분古墳'으로 알려진, 흑해 북쪽의 선사시대 문화권이 갑자기 이동하기 시작했고, 그 후손들이 필리핀까지, 또 동인도를 거쳐 벵골까지 자신들의 언어를 전해주었다. 현재까지 알려진 바에 따르면, 의식적인 기록을 통한 전파가 아니라 구어를 통한 전파였다. 파라과이와 볼리비아, 아르헨티나와 브라질에서 주로 사용된 언어는 과라니어, 스페인어나 포르투갈어, 네덜란드어였다. 아이티에서는 아프리카 프랑스어가 주로 사용되었다. 이런 현상은 역사학에서 새로운 영역이었지만, 아날학파는 이런 현상을 다루는 게 자신들의 임무라 생각했다.

브로델은 지중해를 다룬 역작의 후속으로, 산업혁명의 근대 세계 역사를 삼부작으로 펴냈다.《물질문명과 자본주의》로 프랑스어로는 1967년부터, 영어로는 1979년부터 '일상생활의 구조', '교환의 세계', '세계의 시간'이란 부제가 덧붙어 차례로 출간되었다. 브로델은 '장기'라는 개념을 꾸준히 고수하며, 12세기 서유럽에서 발전한 자본주의 경제에서 장기적 순환이 반복되었다는 걸 밝혀냈다. 그런 순환망을 통해 자본주의 경제가 베네치아와 제노바를 기점으로 안트베르펜과 암스테르담에 전해졌고, 최종적으로 18세기 중엽에는 런던에

도달해서 19세기 말까지 지속되었다는 게 브로델의 주장이었다.

《물질문명과 자본주의》를 발표한 뒤로 20년 동안은 상대적으로 짧지만 다양한 주제를 다룬 책들이 꾸준히 출간되었다. 하지만 거의 모두가 노예와 농노, 소작민과 도시 빈민의 중요성을 강조한 책들이 었다. 이런 저작들은 잡지 〈아날〉의 명성을 공고히 하는 데 큰 역할을 해냈다. 브로델은 여전히 〈아날〉의 발행인과 편집인을 겸임한 데다 넘치는 창조적 에너지를 주체하지 못하고, 〈아날〉의 범위를 확대하기로 결정했다.[36] 1947년, 뤼시앵 페브르와 샤를 모라제, 특히 에르네스트 라브루스의 도움을 받아, 브로델은 프랑스 정부와 록펠러 재단으로부터 고등연구 실습원École pratique des hautes études에 특별히 제6분과를 설립하는 데 필요한 재정 지원을 얻어냈고, 제6분과가 프랑스에서 사회과학 분야를 가르치고 연구하는 가장 핵심적인 기관으로 성장하도록 도움을 아끼지 않았다. 15년 후에는 포드 재단의 지원을 받아, 〈아날〉의 접근법을 유럽 전역과 그 바깥 세계까지 전파하기 위한 독자적인 기관, 인문과학 재단Fondation Maison des sciences de l'homme을 설립했다.

이런 준정치적인 계획들을 진취적으로 추진한 결과, 브로델은 잡지 〈아날〉을 소규모 동호회에서 세계적인 영향력을 지닌 조직으로 바꿔놓았다. 그러나 그는 이 모든 것을 자기만의 방식대로 해냈다. 그를 모방하기는 무척 어려웠다. 그는 학파를 세우지도 않았고, 문하생을 거의 두지 않았으며 제자를 키우지도 않았다. 앙드레 뷔르기에르는 그를 온정주의자이고("다른 잡지였다면 고용하지 않았을 사람들을 직원으로 채용했다"[37]) 대담하며, 사람에 대한 원래의 생각을 쉽게 바꾸는 경향을 띠었다고 규정했다(예컨대 롤랑 바르트Roland Barthes(1915-1980)를 채용했지만 나중에는 무척 혐오했다). 내성적인 성격과 학문적 다툼이

다시 그의 삶에서 중요한 위치를 차지했다. 브로델은 1968년 학생들의 시위를 무척 못마땅하게 생각했고, 1972년 젊은 학자들이 그의 거시적 접근 방식에 이의를 제기하고 억압받는 피지배 계층의 역사에 대해 논쟁을 벌이면서, 그는 〈아날〉에서 물러나야 했다. 하지만 1985년 세상을 떠나기 직전까지 그가 설립한 재단들에서 계속 일하며, 20세기의 위대한 역사가 중 한 명으로 자신의 역할을 충실히 해냈다.

※ ※ ※

브로델의 뒤를 이어 〈아날〉을 물려받은 제3세대에는 에마뉘엘 르 루아 라뒤리(1929-2023), 라뒤리처럼 전향한 공산주의자였고 고전적인 저서 《프랑스 혁명사》(1965-1966)를 남긴 프랑수아 퓌레François Furet(1927-1997), 프랑스 대혁명을 주된 관심사로 삼았던 필립 아리에스Philippe Ariès(1914-1984), 자크 르 고프Jacques Le Goff(1924-2014), 러시아와 소련 전문가로 문화사를 연구한 마르크 페로Marc Ferro(1924-2021), 《파리의 사라진 아이들》(1991)의 공저자인 자크 르벨Jacques Revel(1942년생), 〈아날〉의 편집자로 일하며 호당 3000부를 발행하던 잡지를 5000부까지 키워낸 앙드레 뷔르기에르(1938년생)가 있었다. 그 이후로도 〈아날〉은 5000부를 넘긴 적이 없었다. 20권 이상의 책을 발표하고, 세계 최고의 중세학자 중 하나로 손꼽히던 자크 르 고프는 공식적으로 공동 편집자였고, 2014년 아날학파의 냄새를 물씬 풍기는 책 《왜 역사를 여러 기간으로 구분해야 하는가?》로 역사가로서의 삶을 마무리 지었다("나는 적절한 비율로 르네상스도 찬란하지만 피상적으로는 막간에 불과한 것으로 파악되기를 바랄 뿐이다"). 아날학파라는 빼어난 집단이 있었지만 프랑스 역사학자들은 조직화되지 못하고, 자신들이 찾아낸 새로운 지식을 추적하고 제대로 활용하지 못한 까닭에 유럽에서만이 아니라 미국에서도 다른 선두권 국가들에 뒤처졌다. 그러나 그 무렵에는 아날학파를 설립한 학자들의 주된 저작이 완료된 때였다.

제3세대 아날학파에서 가장 유명한 라뒤리도 삶과 경력이 제2차 세계대전에 크게 영향을 받았다는 점에서, 앞 세대와 크게 다르지 않았다. 그의 아버지 자크는 1942년에 수개월 동안 필리프 페탱Philippe Pétain(1856-1951) 원수의 비시 정부에서 농림부 장관을 지냈다. 그의 어머니 가문은 오랜 노르망디 출신이었고, 교구민과 결혼하려고 사제직을 포기한 가톨릭 성직자의 후손이었으며, (사제직을 포기했기 때문은 아니었겠지만) 왕으로부터 귀족에 봉해졌다. 그러나 프랑스 대혁명의 불길이 한창이던 때 박해될까 두려워 자신의 성姓에서 귀족을 뜻하는 de를 스스로 지워버렸다.

라뒤리 가문은 계속 롤러코스터 같은 역사를 살았다. 자크 르루아 라뒤리는 정치적으로 보수적이었고, 1933년에는 준파시스트 조직인 '초록 셔츠Chemises vertes'를 후원했다. 농림부 장관이 된 뒤에는 나치의 요구를 두고, 총리이던 피에르 라발Pierre Laval(1883-1945)과 충돌했다. 결국 1942년에 장관직을 내던지고 레지스탕스에 가입해 오를레앙 부근에서 유격대원으로 싸웠지만, 한번은 체포되어 모진 구타를 당했다. 이런 변신으로도 페탱 체제하에서 장관을 지냈다는 이유로 전후의 투옥을 피할 수는 없었다. 하지만 투옥되고 6개월 뒤에 고등법원은 그의 레지스탕스 활동을 고려해서 공소를 기각했다. 자크는 레무티에앙생글레의 시장으로 선출되었지만, 비시 정부에 참가했다는 사실은 가문의 수치스런 오점으로 남았다.

훗날 역사학자가 된 아들은 한 인터뷰에서, 자신이 어렸을 때 아

에마뉘엘 르 루아 라뒤리. 58세이던 1987년과 2014년에 국립 도서관에서 찍은 사진.

버지가 페탱 정부에서 일했고, 그 이후 자중자애하며 살았던 것을 회상하며 "그 이후로 나는 흔히 쇠락과 추락이라 일컬어지는 것에 푹 빠졌다"며 "지금 프랑스는 한때 무척 중요했지만 그 이후로는 아무것도 아닌 사람들로 가득하다. 내가 추락이란 현상에 관심을 갖게 된 이유도, 내 가족이 한때 중요했지만 아무것도 아닌 존재로 추락한 때문일 것이다"라고 덧붙였다.[38] 그의 가족은 독실한 가톨릭 가문이어서 라뒤리가 처음에는 사제, 그 뒤에는 군인이나 사업가가 되기를 바랐지만, 라뒤리는 역사가가 되기로 마음을 굳혔다.[39] 레지스탕스에서 공산주의자들이 해낸 주된 역할, 전통적인 프랑스 엘리트들이 비시 정권을 자발적으로 지지했다는 사실, 스탈린의 계획경제와 그의 '과학적 사회주의'가 보여준 외견상의 성공에 라뒤리는 공산주의를 열렬히 수용하고, 20세이던 1949년에는 공산당에 가입해서 확고한 스탈린주의자가 되었다. 프랑스 공산당(Parti communiste français, PCF)은 '7만 5000발의 정당'이라고 번지르르하게 광고했다. 1941-1944년 사이에 독일군이 7만 5000명의 프랑스 공산당원을 총살했다는 걸 암시한 광고였지만, 실제 숫자는 1만 명 정도였다. 그러나 이런 거짓 주장과는 별개로, PCF는 레지스탕스로 활약했다는 사실에서 상당한 명망을 얻었다. 라뒤리는 자신의 세대를 큰 정신적 외상을 받은 세대라 규정하며 "폭력을 당하면 다른 사람에게 폭력을 휘두르게 된다. 비역질을 당한 사람이 다른 사람에게 비역질하는 것과 같다"고 말했다.[40]*

라뒤리는 박사 학위 논문 「랑그도크의 농민들」을 발표한 때부터 역사학계의 주목을 받았고, 그 논문은 1966년에 책으로 출간되었다. 남프랑스의 소작농들을 수 세기 동안 추적해 연구한 이 논문에서, 라뒤리는 십일조 기록과 임금 장부, 세금과 지대地代에 관련된 문서 등 다양한 정보를 활용함으로써 먼 옛날 사람들의 정서를 되살려냈다.[41] 달리 말하면, 사고방식과 세계관에 해당하는 '정신 구조mentalité'의 역사를 연구했다는 점에서 아날학파의 접근법과 다를 바가 없었다. 그 뒤에 커다란 행운이 뜻밖에 찾아왔다. 라뒤리는 아내의 고향 몽펠리

---

* 1949년 아서 쾨슬러Arthur Koestler(1905-1983)가 1940년에 발표한 소설 《한낮의 어둠》이 프랑스어로 번역되어 출간되었을 때 라뒤리는 그 소설이 스탈린의 위대함을 확인해주는 것이지, 쾨슬러가 목표한 스탈린에 대한 비난으로 보지 않았다. 소설에서는 루바쇼프라는 유명한 공산주의자가 소련을 비방했다는 이유로 기소된다. 쾨슬러가 주인공의 표본으로 삼았던 니콜라이 부하린은 수개월의 고문을 받은 뒤에 심리적으로 무너진 상태에서 형식적인 재판을 받았고, 있음 직하지 않은 죄들을 고백했으며, 그 결과로 1938년에 처형된 원조 볼셰비키였다. 라뒤리는 1949년에 발표한 한 시론에서 "이론적으로 최적인 체제가 언젠가 수립될 수 있도록 루바쇼프가 자신의 생명, 특히 자신의 혁명적 명예를 희생한 것은 옳았다"고 말했다. 수년 후 라뒤리는 자신의 잘못된 판단을 인정했지만, 당시는 냉전이 한창이던 때여서 공산당 내의 분위기가 '종교적 광기'에 가까웠다고 덧붙였다.

12장 신발과 선박과 봉랍에 대하여

에에서 고등학교 교사를 지냈고, 그 후에는 그곳 대학에서 연구원을 지냈다. 새로운 연구 주제를 찾아 사방을 들쑤시고 다니던 그는 언젠가 그곳의 기록 보관소를 뒤적거렸다. 그 과정에서 14세기의 문서를 우연히 발견했다. 파미에의 주교로 훗날 교황 베네딕토 12세가 된 자크 푸르니에Jacques Fournier(1285-1342)가 자신의 교구, 특히 남프랑스에서도 산악 지역에 파묻힌 몽타이유 마을에서 엄격한 종교 재판을 시행하며 이단 카타리파를 가려내던 과정을 자세히 기록한 문서였다. 그 문서는 그야말로 연구의 금광이었지만, 금광석을 먼저 표면으로 드러내야 했다. 라뒤리는 그 자료를 활용해 평범한 사람들이 어떻게 살았고 어떻게 생각했으며, 그들의 범죄 행위와 성생활 및 가족 간의 문제까지 자세히 추적하는 인류학적 연구를 시도해서, 서평가들로부터 연속극처럼 재밌고 짜릿하게 읽힌다는 평가를 받았다. 1975년에 출간된《몽타이유: 중세 말 남프랑스 어느 마을 사람들의 삶》은 세계적인 베스트셀러가 되었다. 덕분에 전에는 거의 알려지지 않았던 마을이 관광 명소가 되었고, 라뒤리는 '가장 널리 알려진 살아 있는 역사학자', '록스타급 중세 역사가'라는 찬사를 받았다.

평론가들은 푸르니에 이외에 종교 재판에서 주된 역할을 한 지역 사제로, 몽타이유의 여성들 거의 모두와 성관계를 가진 듯한 색마, 피에르 클레르그Pierre Clergue가 라뒤리에게는 주인공인 듯한 인상을 준다고 비판했다. 실제로 클레르그와 지역 귀부인이자 눈부신 미녀이던 베아트리스 드 플라니솔Béatrice de Planisoles의 불운한 불륜이 주된 줄거리 중 하나이기도 하다. 라뒤리는 예전의 역사가들과 달리, 하나같이 독특한 삶을 살았던 개개인이 어떻게 살았는지에 초점을 맞추었다고 주장하며 이런 비판에 반박했다. 연대기적 역사 편찬이라는 담합이 서사로서의 역사를 질식시키고 있다는 것이다. 그의 역사 접근법은 최소한의 자료에서 최대한 많은 정보를 얻어내는 것이었다.[42] 그러고는 "젊지 않은 사람에게는 소화할 수 있을 정도의 자료가 필요하다"며, 역사가는 두 유형으로 나뉠 수 있다고 덧붙였다.[43] 하나는 넓은 영역을 샅샅이 뒤지는 낙하산 부대원 유형이고, 다른 하나는 코를 쿵쿵대며 특정한 보석만을 찾아 두리번거리는 송로버섯 채취가 유형이다. 라뒤리는 자신이 두 유형 모두에 속한다고 믿었다.

라뒤리는 《몽타이유》를 발표한 이후에도 꾸준히 연구하며 그 결과를 발표했다. 그중 하나가 1580년 참회의 화요일Mardi Gras(사순절이 시작하기 전날)에 프랑스 로망이란 도시에서 시작된 사회적 소요를 기록한 《로망의 사육제》(1979)였다. 라뒤리의 결론에 따르면, 종교 전쟁과 인구 증가, 불공평한 과세가 축제를 맞아 유혈극으로 발전한 사례였다. 그리고 1982년에는 《랑그도크 지방에서의 사랑과 죽음과 돈》을 발표했다. 18세기 랑그도크에 떠돌던 짤막한 이야기를 치밀하게 분석해서, 당시의 삶과 그 지역의 구전口傳들을 찾아낸 연구서였다.

이렇게 연구서를 꾸준히 발표했지만(약 30권), 라뒤리의 개인적인 삶은 사고와 사건의 연속이었다. 프랑스 내에서는 상당히 유명했던 까닭에 정치적 배경에 관계없이 여러 신문에 주기적으로 글을 기고했고, 짧은 기간이었지만 미국 코넬 대학교에서 가르쳤으며, 프린스턴과 미시간, 스탠퍼드와 피츠버그 대학교에서 특강을 하기도 했다. 그는 1955년에 결혼해서, 이듬해 소련 탱크가 시위하는 헝가리 시민들을 짓밟는 것을 보고 프랑스 공산당을 떠났다. 그때 그는 헝가리 시민들은 기본적인 인권을 요구했을 뿐이라고 썼고, 공산주의는 비인간적이고 전체주의적인 이데올로기라는 결론을 내렸다. 공산당을 떠났지만 그는 정치적으로 계속 좌익으로 활동하며, 1957년에는 연합사회당 후보로 몽펠리에에 출마했지만 2.5퍼센트밖에 얻지 못했다.

1963년에는 결국 사회당마저 떠났지만 정계를 완전히 떠나지는 못했다. 1989년 말에는 국립 도서관 관장으로서, 프랑수아 미테랑 대통령의 국립 도서관 신축 계획과 예산을 이유로 그 계획을 비판하던 사람들 사이를 오가며 중재자 역할을 해보려고 애썼지만 결국 실패하고 해고되었다.

1978년 1월에는 공산당이 프랑스 문화에 미치는 영향을 반대하는 진보적인 지식인들의 반공 조직, '자유 유럽을 위한 지식인 위원회Comité des intellectuels pour l'Europe des libertés'의 창립 회원이 되었다. 한편 라뒤리는 여전히 아날학파의 일원으로 활동하며 미시사의 필요성을 역설했고, 미시사는 1460년부터 1774년까지의 프랑스 정치사를 2권으로 다룬 연구서에서 중심을 차지했다. 잡지 상황은 초창기와 달라진 게 거의 없었지만, 당시에는 상당수의 역사가가 잡지를 통해 명성을 떨치고 있었다. 특히 피에르 구베르Pierre Goubert(1915-2012: 그의 인구 통계에 대한 연구는 아날학파의 역사에서 생략할 수 없는 부분이 되었다), 드니 리셰Denis Richet(1927-1989), 모리스 아귈롱Maurice Agulhon(1926-2014), 미셸 드 세르토Michel de Certeau(1925-1986) 등이 잡지의 지면을 번질나게 채웠다. 잡지 〈아날〉에 직접 글을 기고하지는 않았지만, 잡지의 기고자들에게 영향을 준 '외부인'들도 있었다. 미셸 푸코Michel Foucault(1926-1984), 미셸 보벨Michel Vovelle(1933-2018), 필리프 아리에스가 대표적인 예였다. 특히 아리에스는 어린 시절과 죽음에 대한 집단의 사고방식을 독창적인 시각에서 연구한 결과로 많은 영향을 미쳤다.

얄궂게도 아날학파라는 명칭은 잘못 지어진 것일 수 있다. 원래 '아날Annales'이란 명칭은 경제학자와 사회학자를 끌어들이기 위한 전략적인 타협이었다. "역사는 자료로 엮이는 것"이 초기의 구호였지만,

처음부터 연대기annals 자체는 많은 자료 중 하나에 불과했다. 아날학파는 스위스 군용 칼처럼 연구 범위를 가리지 않았다는 점에 '총체적 역사Total History'라는 명칭이 훨씬 더 정확한 것이다. 1979년, 창간 50주년을 기념해 자크 르벨은 〈아날〉에 기고한 글에서 "반세기 동안 지속된 이 지적인 운동에는 어떤 공통점이 있었던 것일까? 고도로 통일된 초기 프로그램과, 그 이후에 확연히 분산된 연구 방향들 사이에는 또 어떤 공통점이 있을까?"라는 의문을 제기했다.[44]

페브르와 블로크의 시대를 특징지었던 목표의 통일성도 그 이후로는 사라진 듯했다. 그러나 20세기 중반경, 프랑스를 강타한 혁명은 학자들이 과거에 접근하는 방법을 크게 바꿔놓았다. 그때부터는 역사가들이 다른 학문의 전문가들과 손을 잡는 게 당연하게 여겨졌다. 또한 그들은 예전보다 훨씬 긴 시간을 연구 단위로 삼아야 했고, 그들 앞에 놓인 모든 것으로부터 정보를 얻어야 했다. 요컨대 우리 삶에서 역사가가 관심을 갖지 않아도 괜찮은 부분은 아무것도 없다는 걸 자각한 결과였다.

13장 붉은 역사가들

: 카를 마르크스부터 에릭 홉스봄까지

마르크스주의에서 미래는 명확한 것이고, 과거는 불확실한 것이다.

– 폴란드 격언[1]

〔대학교의〕 젊은 공산주의자들 사이에 농담처럼 떠돌아다니는 이야기가
있었다. 공산주의 철학자들은 비트겐슈타인을 공부했고, 공산주의 경제
학자들은 케인스를 공부했으며, 공산주의 문학가는 프랭크 레이먼드 리
비스의 제자였다. 그럼 역사가는 어땠을까? 역사가가 마르크스주의자였
던 이유는, 우리가 알기에 케임브리지를 비롯해 어떤 곳에도… 영감을
주는 대가로서 마르크스에 겨눌 만한 역사가가 없었기 때문이다.

– 에릭 홉스봄

MAKING HISTORY:
THE STORYTELLERS WHO SHAPED THE PAST

1860년대 중엽, 카를 마르크스Karl Marx(1818-1883)가 런던에 살고 있을 때 라이프치히의 출판사로부터 편지를 받았다. "박사님, 안녕하십니까. 선생님께서 저희에게 《자본론》을 써주기로 동의하셨습니다. 그런데 원고를 보내기로 약속한 날짜가 벌써 10개월이 지났습니다. 6개월 이내에 원고를 받지 못하면, 다른 저자에게 의뢰할 수밖에 없습니다."[2]

마르크스가 그 책을 결국 쓰지 못했다면 역사가 얼마나 달라졌을까! 마르크스는 끊임없이 질질 미루는 사람이었지만, 그 숙명적인 과업의 첫 권을 결국 완성했고 1867년에 출간했다. 마르크스는 계획된 제2권과 제3권이 출간되는 걸 보지 못한 채 세상을 떠났다. 그러나 마르크스가 휘갈겨 쓴 기록들을 바탕으로, 친구인 프리드리히 엥겔스Friedrich Engels(1820-1895)가 제2권과 제3권을 완성해냈다. 엥겔스는 책으로 마무리하지 못한 마르크스의 원고가 많은 것을 보고는 망연자실해서는 그 자료들을 짜맞추어,《자본론》제2권과 제3권이란 이름으로 1885년과 1894년에 차례로 출간했다. 또 네 번째 책은 체코계 오스트리아인으로 마르크스주의 이론가인 카를 카우츠키 Karl Kautsky(1854-1938)에 의해 1905년과 1910년 사이에 출간되었다. 그 책들은 과거의 사건들을 빈번하게 언급하지만, 기본적으로는 경제 이론을 다룬 책이다. 하지만 마르크스는 역사를 썼다. 특히 사회경제적 요인들에 대한 체계적 연구에서 역사가 어떻게 쓰여야 하는가에 대해 마르크스가 영향을 미친 것은 분명하다. 그 영향에 대해, 타고난 마르크스주의자라고 할 수는 없는 보수적인 역사가 휴 트레버로퍼는 "그는 체계적으로 글을 쓰는 새로운 철학적 방향을 역사학에 제시해주었다. 그것도 새로운 방법론이 가장 필요했던 때, 즉 역사 자료가 감당하기 힘들 정도로 많아져서 이전의 역사 철학들이 효능을 상실해가고 있을 때 새로운 철학을 제시해주었다"고 말했다.[3]

마르크스에게 지적으로 영향을 미친 첫 안내자는 철학자이자 인류학자인 루트비히 포이어바흐Ludwig Feuerbach(1804-1872)였는데, 그는 1841년에 발표한《기독교의 본질》에서 무신론과, 훗날 '역사적 유물론historical materialism'으로 알려진 것을 옹호했다.* 처음에 마르크스는 한때 헤겔이 가르쳤던 본의 프리드리히 빌헬름 대학에서 공부했지만, 곧 베를린으로 옮겨가 법학을 공부했다. 1840년대 초 여전히 20대였지만, 헤겔의 저작에 내포된 급진적 의제를 되살려내려던 '청

---

* 역사적 유물론은 마르크스 사상에서 핵심적인 개념이다. 이 개념에 따르면, 한 사회가 필요한 것을 생산하는 방법에서 물질적 조건이 그 사회가 어떻게 조직되고 발전하는지를 결정한다. 따라서 정치 구조와 사고방식이 그렇듯이, 사회를 구성하는 계급들과, 그 계급들 간의 관계도 경제 활동에 기반을 둔다. 마르크스는 자신의 이론을 설명하기 위해서 '역사적 유물론'이란 표현을 사용한 적이 없다. 이 용어는 엥겔스가 1880년에 발표한《사회주의: 공상에서 과학으로》에 처음 등장하고, 마르크스는 이 책의 추천사를 썼을 뿐이다.

년 헤겔학파Junghegelianer'의 일원이었다(이때 마르크스는 이미 결혼해서 아내가 있었다. 관습을 무시하고, 당시 22세이던 예니 폰 베스트팔렌과 결혼했을 때 마르크스의 나이는 겨우 18세였다). 헤겔은 정신의 발전 단계를 설명하며, 자본주의가 붕괴하면 훨씬 더 나은 세계가 탄생하며 역사가 종착점에 이를 거라고 말했다. 마르크스는 헤겔의 이런 설명을 이용해서 역사의 발전 과정을 한층 현실적으로 설명했다. 헤겔의 거창하고 과장된 이론들과는 대조적으로, 마르크스는 역사가 어떤 시점에나 존재하는 물질적인 조건, 즉 경제적 조건에 의해 결정된다고 주장했다.

마르크스의 주된 직업은 '캠페이닝 저널리스트 campaigning journalist(일종의 탐사 기자/옮긴이)'였다. 마르크스는 진보적 성향을 띤 신문인 〈라인 신문Rheinische Zeitung〉에 글을 기고하는 것으로, 1842년 1월부터 탐사 기자로서의 이력을 쌓기 시작했다. 그해 11월, 두 살이 어린 엥겔스가 쾰른에 있던 그 신문사에 들렀다. 그날 이후로, 그들의 삶은 불가분하게 결합되었다(엥겔스는 여우 사냥을 좋아했지만 마르크스가 그 취미를 공유하지 못했던 것을 제외하면, 한 역사학자의 표현대로 그들의 관계는 '갈라놓을 수 없는 것inseparable'이었다).[4] 언젠가 마르크스는 자신만큼 돈에 대해 그렇게 많은 글을 썼지만 항상 돈에 쪼들린 사람은 없을 거라고 푸념했다. 쉰 살을 넘긴 뒤에야 마르크스는 경제적 안정을 얻었다. 그것도 엥겔스가 가족으로부터 받은 유산에서 매년 일정한 액수를 마르크스에게 양도한 덕분이었다. 마르크스는 철도 역무원이 될 생각으로 지원까지 했지만, 지독한 악필이었던 까닭에 채용되지 못했다. 유일한 외투를 전당포에 잡혔기 때문에 집에서 한 발짝도 나갈 수 없던 때도 있었다. 엥겔스가 없었더라면 마르크스는 완전히 빈털터리가 되었을 것이다. 다행히 1849년 11월 엥겔스가 맨체스터에 있던 아버지의 섬유 공장에서 일하게 되며, 마르크스에게 정기적으로 도움을 줄 수 있었다. 엥겔스는 금전적으로만 도움을 준 게 아니었다. 마르크스가 가정부인 렌헨 데무트Lenchen Demuth(1820-1890)로부터 아들을 얻었을 때 엥겔스가 그 아기의 아버지라고 나선 덕분에 마르크스는 행복한 결혼 생활을 계속 유지할 수 있었다.

1840년대 동안, 마르크스는 유럽의 여러 정치 신문에 글을 기고하고 편집에도 참여함으로써 급진주의자로 명성을 얻었다. 그러나 국가 검열관들이 그가 일하던 신문사를 강제로 폐간하자, 그는 곧장 라인란트를 탈출했고, 그 뒤에도 파리, 브뤼셀, 쾰른, 다시 프랑스의 수도에서 추방되며 연쇄적으로 망명해야 했다. 엥겔스는 1848년 파리에서 마르크스를 만난 뒤에 곧이어 그를 영국으로 데려갔다. 그리고 그들은 공동 작업에 몰두해서 《신성 가족》, 《독일 이데올로기》(주로 포이어바흐와 철학자 막스 슈티르너Max Stirner(1806-1856)에 대한 공격), 《철학의 빈곤》(프랑스 철학자 피에르 조제프 프루동Pierre-Joseph Proudhon(1809-1865)에 대한 공격)을 연이어 발표했다. 세 저서 모두에서 마르크스는 다른 학자들의 사상만이 아니라 자신의 초기 사상까지 신랄하게 비판했다. 비교적 최근에 발간된 전기는 그를 "결코 타협하지 않고 물러서지 않는 고집스런 성격"이라 표현하며, 그의 무지막지한 흉포함은 자신의 편을 공격할 때도 여실히 드러났다고 말한다.[5] 마르크스의 아버지는 아들의 이런 성격에 자포자기해서 1837년에 "네 주변 사람들에게 행복이란 걸 전해줄 수 있겠니?"라고 물었다고 한다. 마르크스의 장례식에 11명만이 문상했다는 게 조금도 놀랍지 않다.

하지만 마르크스에게는 친구들, 특히 엥겔스가 있었다. 마르크스와 엥겔스는 잉글랜드 해안 피서지들, 특히 켄트의 마게이트와 램스게이트를 좋아했고, 틈나는 대로 전통 인형극 〈펀치와 주디〉, 흑인들의 음악 공연을 함께 보러 다녔다. 마르크스는 잉글랜드에 망명해서 〈디플로매틱 리뷰〉에 글을 기고하기 시작하며, 그곳의 편집자인 돕슨 콜릿Dobson Collet(1812-1898)과 친해졌다. 그들의 가족은 번갈아가며 매주 한 집에 모여, 셰익스피어를 함께 읽었다. 그 모임에는 셰익스피어의 《헛소동》에 등장하는 자아도취에 빠진 경관의 이름을 따서 '도그베리 클럽'이란 이름까지 지어졌다.[6]

　1852년부터 1862년까지 마르크스는 뉴욕의 〈데일리 트리뷴〉에 칼럼을 썼다. 당시 〈데일리 트리뷴〉은 발행 부수가 세계에서 가장 많은 신문이었다. 이때 그는 총 487개의 글을 기고했는데, 이 수치는 그가 평생 다른 곳에 쓴 글보다 많은 것이었다. 하지만 그중 약 4분의 1이 엥겔스가 대필한 것이었다. 특히 마르크스가 아플 때 엥겔스가 대신 쓰는 경우가 많았다. 마르크스는 평생 이런저런 질병에 시달렸지만, 특히 화농성 종기로 발전하는 피부 질환으로 큰 고통을 받았다. 그 때문에 엥겔스에게 "부르주아들이 죽는 날까지 내 큼직한 종기를 기억해주면 좋겠는데"라는 편지를 보내기도 했다.

　1847년과 1848년에는 프랑스와 이탈리아, 오스트리아와 헝가리와 프로이센 등 유럽 전역에서 혁명이 빗발쳤다. 50개국 이상에서 혁명이 일어났다. 유럽 역사상 가장 널리 확산된 혁명의 파도였다. 마침내 마르크스가 속내를 드러낼 때였다. 1848년 2월이 끝나갈 즈음, 마르크스는 파리 오를레앙가 42번지의 서재에 혼자 앉아, 그의 전기를 가장 실감나게 써낸 프랜시스 윈Francis Wheen의 표현을 빌리면 "짙은 시가 연기 속에서 밤을 새우며 격정적으로 끄적거린 끝에" 23페이지의 소책자 《공산당 선언》을 써냈다.[7] 이 책은 지금도 마르크스의 대표적인 저서로 여겨지지만, 이 책에는 엥겔스가 일찍이 '공산주의의 기본 원칙'이란 제목을 붙이고 교리 문답식, 즉 25개의 질문 하나하나

마르크스와 엥겔스, 그리고 마르크스의 세 딸. 젊었을 때 마르크스는 얼굴색이 거무스름해서 대학교에서 '무어인'이란 별명으로 불렸다. 아내는 마르크스에게 편지를 보낼 때 '나의 귀여운 야생 멧돼지'라고 쓰는 경우가 많았다. 반면에 엥겔스는 친구들에게 '장군님'이라 불렸다. 이 별명은 그가 혁명군의 장군이 되었을 때를 준비하고자 여우 사냥을 가면서 생겼다.

에 명확한 답을 제시하는 방식으로 써내려간 원고에서 거의 그대로 인용한 10가지 강령이 포함되었다(당시 정치 운동에는 흔히 종교적 형식이 이용되었다). 엥겔스는 '기본 원칙'이란 제목을 불만스레 생각하며, '선언'이란 제목을 붙이는 게 낫다고 마르크스에게 편지를 보냈다.[8] 그래서 '공산당 선언'이 되었다.

《공산당 선언》은 1840년대의 상황에 초점을 맞춘다. 따라서 자본주의가 국가와 종교의 정체성을 송두리째 해체하는 힘으로 규정되고, 결국에는 시장의 명령에 통제되는 보편 문명으로 변해갈 것이라 경고한다.[9] 그러나 프롤레타리아가 그런 가능성을 깨닫기 전에 자본주의는 세계를 근대화하고 나섰다. 산업 생산이 급속히 커졌고, 그 결과 태생적으로 대립적 관계에 있는 두 계급만이 남아 자본주의의 붕괴를 두고 씨름하게 된다.

《공산당 선언》의 핵심적인 메시지를 간략히 정리하면 그렇다. 그러나 지적으로 보면, 《공산당 선언》은 그야말로 뒤죽박죽이다. 미국의 역사학자 티머스 셴크Timothy Shenk의 표현을 빌리면, "영국 경제, 프랑스 정치, 독일 철학이 뒤범벅된 글이지만, 그 셋이 갖는 내적인 일관성보다 마르크스의 순전한 의지로 뭉쳐진 것"이다.[10] 마르크스는 역사 자체를 설명해보려 했지만, 어떤 특정한 사건도 제대로 설명해내지 못했다. 그는 새로운 유형의 사회를 찾아 앞을 내다보았지만 그 사회가 어떤 모습을 띠게 될 것인지에 대해 확정된 구상이 없었다.[11] 예컨대 20세기에 두 커다란 세력, 파시즘과 복지 국가가 등장하게 될 거라고 전혀 예측하지 못했다. 더구나 '복지 국가'는 마르크스의 생전에 비스마르크가 이미 독일에 도입한 개념이었다.

'자본주의capitalism'란 용어는 《자본론》의 첫 권에는 전혀 등장하지 않는다. 마르크스가 자본주의를 비판하는 선봉장이기 때문에 무척 이례적인 현상이다. '공산주의communism'는 라틴어 어근 communis와 접미어 -isme가 결합된 프랑스어 communisme으로부터 파생한 단어이고, 마르크스가 경제·정치적인 체계를 뜻하는 개념으로 사용하기 훨씬 전에 일반적으로 사용되었다. 하지만 일반적으로 '공산주의'는 모든 재산이 공공의 소유가 되고 개인은 각자의 능력과 필요에 따라 보수를 받는 사회를 지향하는, 계급 전쟁을 옹호하는 마르크스의 발명품으로 여겨진다. 공산주의가 사회주의와 정확히 어떻게 다른지는 그 이후로 끝없는 논쟁거리가 되었다. 그 시대에 대부분의 작가가 그랬듯이, 마르크스는 두 용어를 같은 의미로 사용했다.

계급이 없는 사회라는 개념은 고대 그리스에서 처음 등장했다. 그 이후로, 5세기의 페르시아에서 있었던 '마즈다크 운동Mazdakism'은 귀족 계급에 부여되는 우선적 지위를 거부하고, 평등한 공화국을 만들어가려고 애썼다는 점에서 '공산주의적communistic'이었다고 평가할 만하다. 그 이후로도 성경에서 영감을 받았다며 유사한 형태의 공동체가 때때로 생겨났다. 이런 사회에 대한 생각의 뿌리는 토머스 모어까지 거슬러 올라가기도 했다. 그의 《유토피아》(1516)에서 재산을 공동으로 소유하는 사회가 그려지기 때문이다. 그러나 공산주의가 정치적 신조로 거듭난 때는 훨씬 나중인, 정치적 프랑스 대혁명 이후였다. 또 공산주의라는 용어를 근대적 의미로 처음 정의한 사람은 프랑스작가 빅토르 뒤페이Victor d'Hupay(1746-1818)였다. 그는 1777년에 발표한 《철학적 공동체를 위한 프로젝트》에서 독자들에게, "공동체 거주민들이 경제적이고 물질적인 산물을 빠짐없이 공유하면 모두가 모두의 노동으로부터 혜택을 누릴 수 있을 것"이라고 조언했다.

마르크스와 엥겔스는 '공산당 선언'을 통해 공산주의를 새롭게 정의했고, 그 단어를 널리 퍼뜨렸다.* 하지만 수십 년 동안 《공산당 선언》은 잊혔고, 20세기 초가 되어서야 그 안에 담긴 행동 강령을 실천해보려는 독자들이 나타났다. 《자본론》과 《공산당 선언》이 유명세를 얻은 것은 바로 그때였다. 장 폴 사르트르Jean-Paul Sartre(1905-1980)는 1956년에 "마르크스주의는 아직 무척 어리다. 거의 유아기에 있다"고

---

* 오래지 않아, 공산주의의 적들이 다수의 다른 정의를 내놓았지만 대부분이 극단적으로 모호한 정의였다. 영국의 국내 정보국 MI5에서는 '코민테른으로부터 지배를 받고', '공산당에 동조하며', '사회주의적 견해를 지닌 것으로 알려지고', '유대인 공산주의자 모습을 띠며', 심지어 '보헤미안처럼 옷을 입은' '공산주의자 외모를 지닌 사람'으로 받아들이는 모든 것이라고 공산주의를 정의했다.

말했다. 이렇게 초기에 지지부진했지만,《공산당 선언》만큼 짧은 시간에 강렬한 영향을 미친 글은 그때까지 없었다.

마르크스와 공산주의 사상을 떼어놓고 생각할 수 없더라도 공산주의가 마르크스의 고유한 사고방식은 아니었다. 언젠가 마르크스가 프랑스인 사위에게 "확실한 게 있다면 내가 마르크스주의자가 아니라는 걸세"라고 말했다지 않은가.¹²* 오히려 마르크스는 정반대의 태도를 자주 보였다. 1842년 〈라인 신문〉에 글을 연속으로 기고하며, 독일의 유수한 신문 〈아우크스부르크 소식〉이 공산주의적 관점을 촉구하는 기사들을 내보냈다는 이유로 매섭게 공격하기 시작했다. 마르크스는 공산주의 사상이 확산되면 "우리 지성이 소멸되고, 우리 감성이 억눌릴 것"이라며,¹³ 그 은밀한 확산을 막을 수 있는 확실한 해결책도 없다고 한탄했다. 훗날 마르크스는 '경제에 관한 헛소리economic crap'인《자본론》을 쓰는 대신에 원래 계획한 대로 발자크의 전기를 쓰는 데 집중하고 싶었다고 발언하기도 했다. 또 프롤레타리아의 혁명적 독재라는 개념이 그의 사상에서 중심이었지만, 1848년의 한 강연에서는 그런 개념 자체가 '허튼소리nonsense'라고 비난했다.

마르크스는 과거를 여러모로 활용했다. 많은 사람이 그를 정치이론가로 생각하지만, 그가 역사를 쓰는 방법에서 차지하는 역할을 과소평가한다면 실수하는 것이다. 특히 과거를 짜깁기해서 4권으로 완성한《자본론》에서 보여준 역사 쓰기가 주목된다(마르크스는 찰스

---

* 마르크스의 발언을 정확히 파악하려면 약간의 설명이 필요하다. 1880년 마르크스는 사회주의자들이 프랑스 노동자당의 강령을 작성하는 걸 돕고 있었다. 그런데 부르주아에게 더 나은 노동 조건과 임금을 요구하는 문제에서 사회주의자들과 심각한 의견 차이를 보였다. 자본가들에게 그런 개혁을 촉구하는 게 마르크스주의라 생각한다면, "나는 마르크스주의자가 아니다"라고 말했던 것이다.

다윈이 제시한 끝없는 생존 투쟁 이론을 높이 평가하며, 그 책을 다윈에게 헌정하고 싶어 했지만 다윈은 그 명예를 거절했다). 비교적 최근에 마르크스의 전기를 쓴 작가 개러스 스테드먼 존스Gareth Stedman Jones에 따르면,

> 《자본론》에 특별한 점이 있다면, 범세계적인 규모로 사회를 변화시키는 자본주의의 역동성과 변혁력을 지금까지도 《자본론》만큼 생생하게 보여주는 책이 없다는 것이다. 《자본론》 덕분에 상품과 자본이란 개념이 확고히 일상적인 어휘가 되지 않았는가. 또 《자본론》을 통해, 자본주의에 내재한 취약점이 부분적으로 드러난 것도 사실이다. 국가와 정치 체계를 불안하게 만든다는 게 예이다. …《자본론》이 19세기 사상을 대표하는 저서의 하나로 떠오른다면, 역사에 뿌리를 두고 그 시대의 경제를 비판적으로 분석했기 때문일 것이다.[14]

달리 말하면, 마르크스가 《자본론》을 통해 "사회와 경제의 역사를 체계적으로 연구하며, 역사 탐구에서 새롭고 중요한 분야를 부지불식간에 정립한 주요한 창시자 중 하나"로 확인된다는 점에서 《자본론》은 재평가된다. 마르크스가 도화선에 불을 붙인 것이다.

※ ※ ※

마르크스주의와 가장 흔히 쓰이는 동의어가 '역사적' 유물론이란 걸 인정한다면, 마르크스주의에 근거한 역사서가 1930년 이전에는 거의 쓰이지 않았다는 게 놀랍기만 하다. 마르크스 이후에 가장 먼저 등장한 눈에 띄는 공산주의 역사가는 레프 트로츠키(1879-1940)이

다. 트로츠키는 60권이 넘는 책과 더 많은 소책자를 썼다. 1989년 그가 쓴 모든 글을 정리한 목록은 1100쪽이 넘었다. 그중에는 프랑스와 독일과 중국에서 일어난 공산주의 혁명들, 스페인 내전의 역사, 주목할 만한 자서전《나의 생애》도 있었다. 트로츠키의 역사서로는 영어로 1932년에 3권으로 출간된《러시아 혁명사》가 가장 유명하다. 마르크스주의적 관점에서 전례가 없이, 최초로 쓰인 역사서였다. 트로츠키가 역사를 쓴 이유는 그의 정치 이력과 불가분의 관계에 있지만, 고도로 당파적 관점에서 접근했더라도 혁명 자체는 정확히 기술했다.

'트로츠키'는 그를 감시하던 많은 교도관 중 하나의 이름에서 따온 필명이었다. 본명은 레프 다비도비치 브론시테인이었고, 흑해 근처에 살며 농업에 종사하던 유복한 유대인 가문의 아들로 태어났다. 성년이 된 직후에 '유대인'과 관련된 모든 전통을 포기했지만, 말년에는 독립된 유대 국가라는 개념을 지지해 주변을 놀라게 했다. 10세에 오데사로 보내졌고, 제대로 교육을 받은 친척의 집에서 지냈다. 그때 오페라를 좋아하게 되었고, 책을 미친 듯이 읽었으며, 친척의 집을 들락이는 진보적인 지식인들을 쉽게 접촉할 수 있어 사회의식도 키워갔다. 그 때문인지, 학교에서 어떤 교사가 한 학생을 독일인이라는 이유만으로 괴롭히는 사건이 있는 뒤에 학교에서 벌어진 시위에 참여하기도 했다. 브론시테인은 불복종을 이유로 1년을 통째로 정학을 당했고, 훗날 자서전에서 당시 상황을 이렇게 썼다.

말하자면, 그때가 나에게는 첫 정치적 시험대였다. 그 사건 이후로 교실은 세 무리로 나뉘었다. 한쪽은 험담하며 소문을 퍼뜨리는 놈들, 반대편에는 용기 있게 진실을 말하는 친구들, 그리고 가운데에는 중립을 표방하며 눈치를 보는 무리가 있었다. 먼 훗날

에도, 이런 세 무리는 결코 사라지지 않았다.[15]

1896년, 17세가 되었을 때 그는 학업을 마치기 위해 우크라이나 남부의 니콜라예프로 보내졌다. 이곳에서 브론시테인은 사회주의 사상을 처음으로 만난다. 그해 12월 젊은 정치 지망생들의 모임에서 거침없이 발언을 이어가던 한 여학생에게 브론시테인은 "모든 마르크스주의자들에게, 삶의 모든 관계를 꾸들꾸들하고 뻑뻑하게 만들려는 사람들에게 저주가 있을 것!"이라며 논박을 가했다. 그가 공격한 대상은 알렉산드라 소콜롭스카야였고, 그녀는 눈물을 터뜨리며 회의장을 빠져나갔지만, 그녀의 주장이 그날의 논쟁에서 승리를 거두었다. 그 직후 브론시테인은 마르크스주의로 전향했고, 소콜롭스카야는 그의 첫 부인이 되었다.*

1897년 봄, 트로츠키의 소모임은 '남러시아 노동자 연맹'이란 비밀 조직을 결성했다. 그들은 열띤 토론을 벌였고, 정치적 전단을 발행했다. 브론시테인이 모든 글을 썼고, 발행까지 도맡았다. 대부분의 조직원이 경찰에 체포되었고, 브론시테인도 예외가 아니었다. 이가 들끓는 독방에 갇힌 채 수개월을 견뎌야 했고, 그 뒤에는 우크라이나의 다른 지역으로, 다시 오데사 옆으로 옮겨져 18개월을 지냈고, 최종적으로 시베리아에서 4년을 복역해야 했다. 그때 브론시테인은 마르크스의 고전들을 연구했고, 다른 유배자들과 토론하며 시간을 보냈다.

---

* 그들의 관계에서 두 딸, 지나이다 볼코바와 니나 네벨손이 태어났지만, 둘 모두 부모보다 먼저 죽었다. 니나는 결핵으로 죽었는데, 마지막 몇 달 동안 지나이다의 보살핌을 받았다. 지나이다는 아버지를 따라 베를린으로 망명했다. 당시에는 치명적인 질병이던 결핵을 앓은 데다 우울증에 시달린 끝에 결국 자살로 삶을 끝내고 말았다. 소콜롭스카야는 1935년 대숙청 기간에 행방불명되었다. 3년 뒤에 다시 모습을 드러냈지만 곧바로 스탈린 군에게 살해되었다.

헨리크 입센Henrik Ibsen(1828-1906), 니콜라이 고골, 에밀 졸라 등 문학을 주제로 폭풍처럼 글을 쓴 것도 이때였다. 그중 몇 편은 밀반출되어 이르쿠츠크의 한 진보 매체에 실리기도 했다.

대부분의 러시아 마르크스주의자들은 고향을 떠나 서유럽으로 망명했다. 1902년 가을, 브론시테인은 외로움을 견디다 못해 건초를 싣는 수레에 숨어 시베리아를 탈출했고, 러시아를 가로지른 끝에 런던으로 망명했다. 런던에 도착해서는 서둘러 블라디미르 레닌(1870-1924)을 만났다. 당시 레닌은 30대 초반이었지만 이미 중요한 혁명가로 여겨졌다. 그들은 곧 동료가 되었고, 런던의 곳곳을 오랫동안 산책하며 멋진 신세계를 실현할 수 있는 방법에 대해 논의했다. 브론시테인이 트로츠키라는 '필명'을 사용하기 시작한 것도 이때였다. 그는 레닌이 런던의 이즐링턴 지역에 마련한 작은 사무실에서 관리하던 러시아의 지하 신문 〈이스크라〉('불꽃'이란 뜻)에 글을 기고하기 시작했다. 또 다른 필명으로 '깃털' 혹은 '깃펜'을 뜻하는 '페로'를 사용하던 트로츠키는 시시때때로 레닌의 뒤에 서서, 자신이 지나치게 공들인 문체를 레닌이 수정하는 걸 지켜봐야 했다. 덕분에 그의 문체는 점점 나아졌다.

영국에 모인 망명자 단체는 곧 트로츠키를 파리에 보내 경험을 쌓게 했다. 파리에서 트로츠키는 젊은 러시아 여인 나탈리아 세도바를 만났고, 1902년 그녀는 트로츠키의 두 번째 부인이 되었다. 그녀에게서 얻은 두 아들도, 첫 부인에게 얻은 두 딸처럼 부모보다 먼저 죽음을 맞았다. 그사이에 〈이스크라〉는 여러 파벌로 분열되었고, 1904년부터 1917년까지 트로츠키는 그 파벌들을 화해시키려고 분주하게 뛰어다녔다. 그 과정에서 트로츠키는 레닌과 몇 번이나 충돌했고, 결국 레닌은 그를 '유다', '돼지', '비열한 악당'이라 칭했다. 열정에

사로잡힌 두 청년이 각자 진실이라 믿는 것이 무엇인지 찾아내려 노력하던 과정에 있었기 때문에, 그들이 실제로 똑같은 목적을 위해 일했는지도 의심스럽다.

1903년 벨기에에서 마르크스주의 러시아 사회민주당 제2차 전당 대회가 거창하게 개최되었다. 이때 볼셰비키('다수파'라는 뜻)라는 분파가 새로운 정치 집단으로 독립했다. 트로츠키는 그때까지 볼셰비키와 함께하지 않고, "비당파적 사회민주당원"을 자처했다. 이듬해 그는 다음과 같은 글로 놀라운 혜안을 보여주었다.

레닌의 방법론은 이렇게 변해갈 게 분명하다. 처음에는 당 조직
이 당 전체를 대신하지만, 다음 단계에서는 중앙위원회가 당 조

직을 대신할 것이고, 최종적으로는 한 명의 '독재자'가 중앙위원회를 대신할 것이다.[17]

볼셰비키는 권력을 장악하는 데 성공한 뒤, 트로츠키가 위에서 말한 대로 1920년대에 타락하는 과정을 밟았다. 볼셰비키는 자신들의 당을 역사에서 '선택받은' 도구라 생각하며, 다른 사회주의 정당들은 저급한 부르주아 집단이거나 반혁명적인 집단이라 믿었다. 이런 불관용은 끔찍한 결과로 이어졌다.

트로츠키는 대담무쌍한 성품, 탁월한 전술적인 역량, 뛰어난 웅변술, 선동적인 글솜씨로 개인적으로 존경을 받았지만, 고압적이고 신랄한 독설가로 여겨지기도 했다. 대의를 위해 투쟁하던 사람들은 그의 그런 능력을 활용했지만 그를 좋아하거나 신뢰하지는 않았다. 적어도 당시의 마르크스주의자들은 차르 체제를 전복하고 새로운 정부를 수립하는 게 최우선적인 과제라는 데 모두가 동의했다. 1905년 1월 22일, 상트페테르부르크의 겨울 궁전으로 평화롭게 행진하던 시위대에 정부군이 발포해 수천 명이 총격에 쓰러진 '피의 일요일'로 알려진 재앙이 일어났다. 러시아는 대혼란에 빠졌고, 많은 대도시에서 파업이 발생했다. 그해 2월, 트로츠키는 러시아의 상트페테르부르크로 돌아와서 절반은 공개적으로 절반은 비밀리에 살았지만, 그것으로도 그가 혁명적 좌파의 민중 지도자로 부상하기에는 충분히 눈에 띄는 삶이었다. 그는 일간지 〈러시아 가제트〉를 인수해 발행 부수를 50만 부까지 늘렸고, 월간지 〈나찰로〉('시작'이란 뜻)를 공동으로 창간했다. 그 잡지도 당시의 광적인 분위기에 힘입어 성공했다. 한번은 20만 명의 군중 앞에서 연설하기도 했다. 20만 명이면 상트페테르부르크 노동자의 거의 절반에 달하는 숫자였다. 요컨대 겨우 26세에 트로츠키는 어느덧 고위급 지도자가 되어 있었다.

하지만 러시아 황제 니콜라이 2세는 통제력을 되찾았고, 뒤따른 탄압으로 수천 명이 죽거나 투옥되었다. 트로츠키는 무장봉기를 지지했다는 이유로 기소되어 재판을 받았고, 종신형을 선고받고 다시 시베리아로 유배되었다. 그러나 (다시) 탈출해서, 보드카에 흠뻑 취한 농부로부터 일주일 동안 도움을 받아 매서운 눈보라를 뚫고 얼어붙은 툰드라(평상시처럼 혹독한 러시아의 겨울이었다)를 가로지른 끝에 런던의 은신처에 도착할 수 있었다.[18] 그리고 역사를 다룬 첫 주요 저작, 즉 그 격동의 해에 있었던 사건들을 세심하게 이야기한《1905》를 쓰기 시작했다.

1908년 10월 트로츠키는 러시아 산업 노동자를 위한 격주간지〈프라우다〉('진실'이란 뜻)의 제작에 참여해달라는 요청을 받았다. 트로츠키는 그 격주간지의 공동 편집자로 일했고, 그 잡지는 러시아에 밀반입되었다. 그 잡지가 발간을 중단한 1912년 4월까지 3년간 계속 그곳에서 일하며 글을 기고했지만, 트로츠키의 주된 과제는 영구 혁명론, 특히 후진 국가에서 부르주아를 혁명으로 유도하는 방법을 모색하는 혁명론을 개발하는 것이었다. 물론 그런 혁명의 기운이 그의 뒷마당에서 무르익고 있었다. 제1차 세계대전이 발발했을 때 트로츠키는 초창기를 유럽에서 보냈고(반전 활동 때문에 프랑스에서 추방되어 스페인으로 넘어갔다), 뉴욕에서 잠시 기자로 일하며 전쟁에 반대하는 책을 쓰기도 했다. 그러나 1917년 2월, 러시아에서 혁명이 일어나자 황급히 러시아로 돌아갔다. 처음에는 키에프에서 활동했지만, 유리한 위치를 차지하려는 욕심에 상트페테르부르크(독일 냄새를 덜어내려고 1914년에 페트로그라드로 이름을 바꾸었다)로 넘어갔다. 하지만 상황이 급변했다. 레닌은 몸을 감추었고, 트로츠키는 다시 투옥되었다. 그러나 전세가 역전되며, 9월에 볼셰비키가 페트로그라드 소비에트(노동자가 선출하는 평의회)에서 과반을 차지했다. 트로츠키가 감옥에서 석방되어 페트로그라드 소비에트의 의장이 되었다.

11월에는 한때 변호사이던 알렉산드르 케렌스키(1881-1970)가 이끌던 공화국 임시 정부가 전복되고, 레닌이 국가수반이 되었다. 트로츠키는 볼셰비키 핵심 지도부에는 갓 들어온 상황이었지만 외무장관에 임명되었다. 그때 트로츠키는 드물게 유머 감각을 발휘하며 "몇몇 혁명 선언문을 발표한 뒤에 가게 문을 닫을 작정이었다"라고 말했다고 전해진다. 트로츠키는 소비에트 대표단을 이끌고 독일과 평화 협상을 진행했고, 1917년 말쯤에는 볼셰비키 정당에서 레닌 다음으로 명실상부한 2인자가 되었다. 비열한 돼지가 온갖 역경을 뚫고 승리한 셈이었다.

1918년 러시아 전역에서 내란이 일어났다. 트로츠키는 군사적 경력이 전혀 없었지만 전쟁부 장관이 되었다. 놀랍게도 그는 거의 바닥에서 수백만 병력의 군대, 이른바 적군(赤軍, Red Army)을 창설하며 그 역할을 훌륭히 해냈다. 2년 동안 그는 장갑 열차에서 숙식하며, 그곳을 그의 움직이는 정치·군사 사령부로 삼았다. 역사가이자 평론가 어빙 하우Irving Howe(1920-1993)가 말했듯이, "말과 글로 먹고살던 사람이 순전한 의지로 행동가로 변모하는 경이로운 모습에 세계 전역의 지식인들은 매혹될 수밖에 없었다."[19]

트로츠키는 41세에 권력과 명성에서 정점에 올랐다. 그는 여러 결정적인 전투에서 승리를 거두었고, 그 성과로 내전에서 승리를 부르는 지휘관으로 여겨졌다. 적군의 지휘권을 그대로 유지한 상태에서 러시아 철도 운영의 책임자가 되었을 뿐만 아니라 당의 핵심적인 이론가로도 군림했다. 그러나 볼셰비키가 권력을 장악한 이후를 깊이 생각하지 못한 대가를 체제가 대신 치러야 했다. 어떤 것도 그들의 바람대로 진행되지 않았다. 트로츠키는 때때로 그들의 양심이 되었지만 때로는 그들을 옹호하는 변호인이 되어야 했다. 1920년 그는 《테러리즘과 공산주의》를 발표했다. 이 책은 노동자 계급과 운명과 이익을 볼셰비키당과 동일시했다는 점에서 그의 가장 독선적인 책으로 여겨진다. 1904년의 생각을 완전히 뒤집으며, 트로츠키는 절박한 시기에는 지배 기관의 권력을 '강화'할 필요가 있다고 주장했다. 소비에트의 역사에 대해 권위 있는 저작을 적잖게 남긴 역사가 로버트 콘퀘스트 Robert Conquest(1917-2015)는 "그는 개인적으로 매력적인 인물이었을지 모르지만, 당의 의지를 무자비하게 강요하며 당내의 민주적인 반대파를 철저히 탄압했고, …지배 집단에 전권을 부여하는 법칙들을 전폭적으로 지지했다"고 트로츠키를 매몰차게 평가했다.[20]

유럽의 다른 지역에서 일어난 혁명은 모두 실패했다. 반면에 혁명에 성공한 러시아 경제는 속절없이 무너져 내렸다. 레닌조차 러시아를 "기형이 된 노동자 국가"라고 언급할 정도였다. 1921년 이후로 볼셰비키는 자신들 이외에 어떤 정당도 법적으로 허용하지 않았고, 폭정 형태로 추락하기 시작했다. 레닌은 1924년에 세상을 떠났지만, 1921년에 이미 "트로츠키가 조직과 사랑에 빠졌지만 현실 정치를 능란하게 풀어갈 능력이 없다"고 평가했다. 그 평가는 무서울 정도로 정확했다. 트로츠키는 때로는 자신이 직접 목격했다며 원칙에서 벗어난 현상을 맹렬히 비난했고, 때로는 날카로운 분석을 제시했지만 때로는 깊은 우울에 빠지며, 종잡을 수 없는 변덕을 보여주었다. 따라서 경쟁자들이 그의 '실수'를 계속 지적하고 언급했더라도 표면적으로는 여전히 볼셰비키에서 가장 중요하고 대중적인 지도자였다. 그러나 권력의 밀실에서는 의사 결정 과정에서 배제되었다. 볼셰비키 중앙위원

1903년 3월, 레닌은 트로츠키에 대해 "보기 드문 능력의 소유자인 게 분명하다. 신념과 행동력도 있다. 훨씬 더 멀리 나아갈 인재이다"라고 평가했다. 트로츠키는 실제로 그랬다. 1929년 스탈린에 의해 추방된 뒤에 이스탄불 근처의 프렌스섬에서 4년 동안 살았다. 위의 사진은 책상에 앉아 '미국 공산주의 동맹'의 기관지 〈더 밀리탄트〉를 읽는 모습을 찍은 것이다.

회 회의에 참석해서도 주변에서 휘몰아치는 토론에는 아랑곳하지 않고 프랑스 소설에 푹 빠진 그의 모습을 찾는 건 그다지 어렵지 않았다. 언젠가 공산당 정치국 회의에 참석해서는 회의가 뜻대로 진행되지 않자, 트로츠키는 벼락같이 회의장을 뛰쳐나가 문을 멋들어지게 닫으려고 했다. 그러나 육중한 철문이어서, 어쩔 수 없이 문을 천천히 닫을 수밖에 없었다.[21] 그의 무력함이 의도치 않게 크게 부각된 순간이었다.

1922년 트로츠키는 《일상생활의 문제》라는 뜻밖의 책을 발표했고, 이듬해에는 문학 비평에 본격적으로 도전한 《문학과 혁명》 및 정제되지 않은 볼셰비키 권력의 특징을 파헤친 시론들을 모은 《새로운 길》을 발표했다. 많은 사람에게 소비에트 러시아에서 손꼽히는 문학 평론가라는 평가를 받았지만, 그는 여전히 '좌익 반대파Left Opposition'의 정치 지도자이자 지적인 인도자였다. 그러나 스탈린에 대한 그의 비판이 점점 격해졌고, (그가 결코 진지하게 고려한 적은 없었지만 군사 쿠데타를 시도한 것 이외에) 그 결말은 하나밖에 없었다.

1928년 스탈린은 권력을 한층 공고히 했다. 좌익 반대파는 궤멸되었고, 우익은 무력했다. 트로츠키주의자들은 유배되었고, 트로츠키 자신은 처음에 이단자로 불렸지만 나중에는 '반역자', 최종적으로는 모스크바에서 재판을 받은 뒤에 '파시즘의 공범자'로 낙인이 찍힌 채 아시아의 러시아라는 멀리 떨어진 지역, 카자흐스탄으로 홀로 보내졌다.

1929년 초, 그는 완전히 강제 추방되어 떠돌이 망명객의 삶을 시작했다. 튀르키예와 프랑스, 노르웨이를 떠돌았고 마침내 멕시코에 도착했다. 어디에서나 지역 스탈린주의자들과 파시스트들이 그를 추방하라고 요구했다. 그에게 남은 무기는 펜밖에 없어, 끊임없이 글을 썼다. 그러나 그 시기에 그는 암살의 위험을 감수한 채 살아야 했고, 지지자들이 그에게 경호원을 붙여주기도 했다. 소비에트 요원들이 파리에 있던 트로츠키 문서고를 몽땅 털어갔을 뿐만 아니라 그의 많은 정치적 동료를 살해했고(센강에서 머리 없이 발견된 한 시신은 그의 비서로 밝혀졌다), 파시스트들은 그의 노르웨이 집을 샅샅이 뒤지며 뒤엎어놓았다. 1940년 5월, 20명의 공산주의자 암살단이 그의 멕시코 은신처를 급습해 기관총으로 300발을 쏘아댔다. 경호원들은 모두 살해되었고 한 명은 납치되었으며, 트로츠키는 오른쪽 다리에 총을 맞아 거의 죽을 뻔했다. 트로츠키와 그의 가족에게 안전한 곳은 없었다. 러시아로 돌아간 막내아들 세르게이는 "노동자들을 대거 독살하려는 음모"를 꾸몄다는 죄목으로 기소되었다. 하지만 아버지와 절연하라는 요구를 끝까지 거부한 까닭에 총살당했다. 1938년에는 세르게이의 형 레프 세도프가 파리의 한 병원에서 '불가사의하게' 목숨을 잃었다.

그사이에도 트로츠키는 마르크스-레닌주의의 원래 원칙에 충실한 새로운 조직을 만들려고 동분서주했고, 때로는 하루에 18시간씩 꾸준히 글을 썼다. 그의 대표적인 저서들이 망명 기간에 쓰였다. 《나의 생애》는 1930년, 《러시아 혁명사》는 2년 뒤에 출간되었다. 《러시아 혁명사》는 방대한 양이었지만 열악한 조건에서, 도서관에도 다닐 수 없던 튀르키예에서 주로 글을 쓰며 13개월 만에 완성해냈다. 더 정확히 말하면, 1917년 2월부터 10월 사이에 집중적으로 쓰였다.

그 책의 서문에서 트로츠키는 중립성과 객관성을 구분하며 팬스레 공정한 척하지 않고 객관적으로 써보려 한다고 말한다. 정치적 신념을 완전히 배제한다는 건 불가능하기 때문에 누구도 중립적일 수 없지만, 선동가이기를 포기하면 객관성은 얼마든지 유지할 수 있다는 게 이유였다. 그러고는 "진지하고 비판적인 독자라면 이런 기만적인 중립성을 원하지 않을 것이다. 중립성은 반동적인 증오심을 밑바닥에 깊이 감춘 채 화해의 잔을 제안하는 이율배반적인 성향을 띠기 때문이다. 따라서 현명한 독자라면… 사실들을 정직하게 연구하며 독자의 지지를 구하는 과학적 양심을 원할 것이다"라고 덧붙인다. 그러나 이런 공언도 조심스레 받아들여야 한다. 사건들 자체는 정확히 기술되었을지 모르지만, 트로츠키는 신념에 따라 필요한 경우에는 사건을 덮어버리거나 왜곡하는 걸 꺼리지 않았다. 트로츠키는 러시아 혁명이 어떻게 성공을 거두었고, 어떤 집단과 어떤 개인적 참가자가 그 성공에 기여했는지에 대해 독특한 견해를 제시했다.[22] 톰 스토파드Tom Stoppard의 희곡 《밤과 낮》에서 한 노련한 기자가 자신의 신문사에 대해 "멍청하기는. 우리는 어느 편도 아니야. 그냥 객관적 사실을 수집하는 조직이야"라고 말하자, 다른 등장인물이 "그렇겠죠. 그런데 어느 쪽을 편드는 객관인가요, 아니면 어느 쪽을 반대하는 객관인가요?"라고 묻는 장면이 생각난다.[23] 트로츠키는 '어느 쪽을 편드는 객관'이었다.

《러시아 혁명사》에서 트로츠키는 자신을 3인칭으로 서술하고, 1977년판은 거의 1300쪽에 달한다. 《러시아 혁명사》의 문체는 건조하지만, 트로츠키는 평생 문학을 혁명한 사람답게 어떤 인물이나 사건을 하나의 구절로 간결하게 표현하거나 전달하는 솜씨를 발휘했다. 예를 들면, 1917년 핀란드 역에 도착한 레닌을 묘사하며 "출입문 앞에 서서 비가 그치기를 초조하게 기다리는 보행자처럼, 지루하게 이어지는 찬사 연설들을 견뎌냈다"고 썼다.[24] 《러시아 혁명사》는 혁명이 변질되기 전에 끝난다. 따라서 그 책은 타락 이전의 역사로, 볼셰비키의 신화를 옹호하는 역사서이다.

모스크바에서 쏟아지는 중상모략으로부터 자신을 지켜야 하는 분노와 모욕감에 트로츠키는 극심한 우울증에 빠지곤 했다. 한때 자살을 진지하게 고려하기도 했지만 대외적으로 굳건한 태도를 유지했다. 1937년에는 한 오랜 정치적 친구에게 "분개, 분노, 반감, 대체 무엇일까? 그래, 일시적인 피로감일 수도 있겠지. …그러나… '역사는 있는 그대로 받아들여야 하겠지.' 하지만 역사가 더럽고 추악한 잔학 행위를 허용한다면 우리도 주먹으로 역사에 맞서 싸워야 하지 않겠나"라는 편지를 보냈다.[25] 마지막 날까지 트로츠키는 마르크스주의 혁명 사상을 고수했다.

그 마지막 날은 빠른 속도로 다가왔다. 1940년 8월 20일, 실제 이름은 하이메 라몬 메르카데르 델 리오였지만, '잭슨Jacson(철자에 명백한 잘못이 있었지만 누구도 눈치채지 못했다)'이란 가명이 부여된 러시아 비밀경찰 요원이 속임수를 써서, 멕시코시티 외곽의 코요아칸에 있던 트로츠키의 요새화된 집에 침투해서, '러시아의 문제'에 대해 썼다는 글을 읽어봐 달라고 트로츠키에게 부탁했다. 그 남자는 트로츠키 보좌관 중 하나와 데이트를 하고 있어, 즉각적으로 의심스럽게 보이지는 않았다. 트로츠키는 그 글을 읽어보기로 했고, 그 둘은 서재로 향했다. 메르카데르는 초조하게 비옷을 움켜쥐었다. 트로츠키가 고개를 숙이고 글을 읽기 시작하자, 메르카데르는 작은 피켈을 꺼냈다(그는 경험 많은 등반가였던 듯하다). 그리고 (그가 훗날 이상하게도 인정했듯이) 두 눈을 감고 그 살인 무기로 트로츠키의 머리를 내리찍었다. 트로츠키는 "무척 길게, 끝없이 길게" 울부짖었고, 메르카데르는 "그가 울부짖던 소리를 평생 잊지 못할 것"이라고 증언했다.* 피켈이 거의 7센티미터까지 두개골을 파고들었지만, 트로츠키는 벌떡 일어나 손에 잡히는 대로 아무것이나 마구 던졌고, 메르카데르의 손을 부러뜨렸다. 집에 있던 사람들이 서재로 달려 들어와 메르카데르를 붙잡았다. 그러나 트로츠키는 그런 절망적인 상태에서도 여전히 정치적으로 머리를 굴리며, "그에게 자백을 받아내야 한다"는 이유로 메르카데르를 해치지 말라고 말했다.

트로츠키는 병원으로 황급히 이송되었고, 하루 더 삶의 끝에 매달렸지만 결국 숨을 거두고 말았다.

✳ ✳ ✳

---

* 1943년 메르카데르는 멕시코 법정에서 살인죄로 기소되어 20년 형을 선고받았다. 그를 탈옥시키려는 한 번의 시도가 있었지만 실패했다. 여하튼 그는 형기를 마친 뒤에 체코슬로바키아로 이주했고, 다시 1968년에 모스크바로 넘어가 소련의 영웅으로, 미국의 '명예 훈장Medal of Honor'에 상응하는 금성 훈장을 받았다.

마르크스의 사후에 그의 글들이 유럽 대부분의 지역에서 읽히기 시작했고, 1800년대 말에는 그의 신봉자들이 몇몇 반란을 주도하기도 했다. 그러나 러시아에서 일어난 혁명을 제외하고는 한 건도 성공하지 못했다. 따라서 마르크스의 사상이 널리 확산되는 데는 러시아의 역할이 절대적이었다. 1918년과 1945년 사이에 서구의 많은 지식인들, 예컨대 H. G. 웰스와 조지 버나드 쇼, 장 폴 사르트르는 소비에트 체제를 지지했거나, 자국에서 생겨난 공산당에 가입했다. 독일의 패전 이후에 소비에트 연방, 즉 소련은 중앙 유럽과 동유럽 국가들에 꼭두각시 정부를 세웠고, 남북아메리카와 아시아와 아프리카에서는 공산당 정부가 수립될 수 있도록 간접적으로 지원했다. 따라서 1985년쯤에는 전 세계의 3분의 1이 공산주의하에서 살았다. 1991년 소련이 해체되며 공산주의 이데올로기도 신속히 시들해졌고, 2020년쯤에는 쿠바와 북한, 베트남과 라오스 등 소수의 극단적인 사회주의 정부만이 남았을 뿐이다. 중국조차 이제는 공산주의 국가로 보이지 않으려고 노력할 정도이다. 1992년 은퇴할 때까지 중국을 오랫동안 다스린 지도자 덩샤오핑鄧小平(1904-1997)은 "쥐를 잡는 데 고양이의 색깔이 뭐가 중요한가?"라며 실용주의를 천명했다.

마르크스에 영향을 받은 책이 많이 출간되었지만, 역사서는 상대적으로 드문 편이었다. 미셸 푸코, 에밀 뒤르켐, 시몬 드 보부아르Simone de Beauvoir(1908-1986), 헤르베르트 마르쿠제Herbert Marcuse(1898-1979), 앙드레 지드André Gide(1869-1951) 등 공산주의에 심취한 작가들은 과거를 기록하는 것보다 마르크스주의와 사회주의 이론을 발전시키는 것에 관심이 더 많았다. 이탈리아 마르크스주의자로 무솔리니 체제하에서 교도소에 갇혀 지내며 3000쪽 이상의 분석 글을 남겼고, 위대한 역사 이론가 베네데토 크로체Benedetto Croce(1866-1952)

에게 크게 영향을 받은 안토니오 그람시Antonio Gramsci(1891-1937)조차 정치 이데올로기에 집중했다. 역사가로서 이력을 쌓는 데 성공한 공산주의 역사가들도 상아탑 내에서 성공을 거두었을 뿐, 전반적으로 독자층을 폭넓게 확보하지는 못했다.

그렇지만 몇몇 예외가 있었다. 주로 문학 평론가로 활동했지만 공산주의 역사가들이 어떻게 글을 써야 하는지에 대해 많은 영향을 끼친 글을 많이 쓴 죄르지 루카치는 마르크스주의의 발전 과정에 대한 입문서라 할 수 있는《역사와 계급 의식》(1923)을 발표했다. 그러나 이 책이 엄격한 소비에트 당 노선에서 벗어난 까닭에 루카치는 모스크바에 소환되었고, 결국 그 책을 공개적으로 부정해야만 했다. 이탈리아에서는 묵직하게 4권으로 구성된 무솔리니 전기로 가장 널리 알려진 렌초 데 펠리체Renzo De Felice(1929-1996)는, 소련이 헝가리 봉기를 무력으로 진압했는데도 이탈리아 공산당이 소련을 지지하자 이탈리아 공산당을 매섭게 비난한 많은 이탈리아인 중 하나였고, 그 이후로 공산당과의 관계를 끊었다. 국제적으로 더 많은 영향을 미친 이탈리아 역사가로는 똑같이 1939년 4월에 태어난 조반니 레비Giovanni Levi와 카를로 긴츠부르그Carlo Ginzburg가 있다. 그 둘의 사고 구조는 사회과학에 크게 영향을 받았고, 그에 기반한 역사 연구 방법론을 각자의 대학, 즉 토리노 대학과 볼로냐 대학에서 가르쳤다. 긴츠부르그는 10여 권의 역사서를 썼지만 가장 널리 알려진 저서는 16세기 이탈리아 이단자의 믿음을 추적한《치즈와 구더기: 16세기 한 방앗간 주인의 우주관》(1976)이란 재밌는 제목이 붙은 책이다.

이런 확대에는 명백히 정치적인 면이 있다. 예컨대 잡지〈아날〉은 40년 이상 서유럽 문화사에서 중요한 역할을 했지만 갈등을 유발하기도 했다. 많은 마르크스주의 학자가〈아날〉을 통해 명성을 쌓았지만, 잡지를 끌어가던 주요 인물 중 몇몇은 그 학자들과 지적인 전쟁을 벌이기도 했다. 당시는 파리에서 공산주의 지식인이 되는 것은 승리자가 되는 때였고, 여러 근거지도 있었다. 핵심적인 마르크스주의 사상가 중 하나인 루이 알튀세르Louis Althusser(1918-1990)는 일반적인 대학 체제 밖의 고등교육 기관이던 고등사범학교에서 35년 동안 가르치며 학생들에게 큰 영향을 미친 철학 교수였다. 그는 비극적인 삶을 살았다. 1980년 그는 정신이 혼미한 상태에서, 프랑스 레지스탕스의 일원이었고 공산주의 활동가이던 아내를 목 졸라 죽였다. 그는 재판을 받기에 부적합하다는 판정을 받고, 정신 병원에 3년 동안 수용되었다. 정신 질환을 겪기 전에도 그는 학생들에게 범죄 행위를 긍정적인 눈으로, 요컨대 혁명적 성격을 띤 행위로 보라고 가르쳤다는 이유로 기소된 적이 있었다. 그럼에도 누군가에게 알튀세르는 새로운 세계질서의 예언자로 여겨졌다.

파리의 반대편에는 아날학파가 있었다. 페르낭 브로델이 고등연구실습원에 설립한 제6분과를 핵심적인 연구소로 키워낸 이후로, 프랑수아 퓌레(1927-1997)은 훗날 사회과학고등연구원(École des Hautes Études en Sciences Sociales, EHESS)으로 확대된 제6분과의 의장으로서 유명 인사가 되었다. 과거의 아날학파 지도자들과 달리, 퓌레는 대단한 역사서를 남기지는 않았지만 전향한 공산주의자로서 〈아날〉과 〈누벨 옵세르바퇴르〉 및 여러 매체를 통해 마르크스주의 역사가들의 '혁명적 교리 문답'을 공격함으로써 프랑스 문화계와 정치계에 중대한 영향을 미쳤다. 퓌레는 마르크스주의 역사가들을 독단적인 스탈린주의자로, 태생적으로 전체주의적이고 반反민주적이라고 규정하며, 진정한 사회 개혁에는 무관심하다고도 비판했다. 프랑스에서 과거의 사건에 대해 글을 쓰는 길을 선택한 공산주의자들이 먹고살기가 힘들었던 건 분명하다.

✳ ✳ ✳

독일은 자체적으로 역사 전쟁을 벌이고 있었다. 특히 훗날 '프랑
크푸르트학파Frankfurter Schule'로 알려지는 학자들이 1923년 프랑크푸
르트 괴테 대학교에 한 부속 기관을 설립한 이후로 독일 내에서 공산
주의 사상의 지적 토론을 주도해왔다. 그 기관은 독일의 주요 대학교
에 최초로 설립된 마르크스주의 연구소였고, 제1차 세계대전 직후에
사회주의의 실현이란 실질적인 문제로 박사 학위를 받은 젊은 마르
크스주의자 펠릭스 바일Félix Weil(1898-1975)의 머리에서 나온 작품이
었다. 1922년 바일은 마르크스주의의 다양한 연구 분파를 하나로 묶
어보려고 독일 동중부에서 심포지엄을 개최했다. 그 행사가 무척 성
공적으로 끝나자, 바일은 곡물 사업을 하던 아버지의 돈을 이용해 상
설 연구소를 하나 설립하고 지원하기 시작했다. 루카치는 초기부터
그 연구소의 지지자였다. 연구소가 개설되고 1년 뒤에 모스크바의 요
구로 루카치가 자신의 저작《역사와 계급 의식》을 부정해야 했다는
사실은 일찍부터 공산주의 이론가들이 당 노선을 이탈하는 것은 위
험하다는 걸 보여주는 증거였다.

서유럽에서, 특히 마르크스가 성공을 예언했던 국가들에서 혁명
이 실패한 데다 독일처럼 과학 기술이 발달한 나라에서 나치즘이 발
흥하자, 프랑크푸르트학파의 많은 학자가 당시의 사회 조건을 명확
히 설명해줄 수 있을 듯한 구절들을 마르크스의 글에서 찾아내려 애
썼다. 국가사회주의National Socialism가 점점 위협적으로 변해가자, 연
구원의 대부분이 유대인이었던 까닭에 창립 회원들은 처음에는 제네

13장 붉은 역사가들

바로, 1935년 이후에는 뉴욕으로 피신했다. 1953년에야 그 연구소는 공식적으로 프랑크푸르트에서 재건되었지만, 그때는 헤르베르트 마르쿠제와 에리히 프롬Erich Fromm(1900-1980)을 비롯한 몇몇 주요 회원들이 이미 미국에 머물기로 결정한 뒤였다.

저명한 역사가는 이 연구소에서 거의 나타나지 않았다. 프랑크푸르트학파는 처음부터 자기성찰적이었고, 마르크스 이론과 언어적 표현을 정밀하고 세밀하게 연구하는 데 집중했다. 그 때문에 그들이 끌어낸 결론이 문제를 해결하기는커녕 오히려 문제를 키우는 경우도 있었다. 발터 벤야민Walter Benjamin(1892-1940)은 예외였다. 벤야민은 주로 철학자로 활동했지만, 역사를 글로 쓰는 방법에 대해 영향력 있는 글을 적잖게 남겼다. 고뇌하는 뛰어난 영혼이었던 벤야민은 1930년대 초부터 떠돌이 망명 생활을 시작했고, 연구소로부터 재정적 지원을 받았다. 나치가 시민권을 박탈하자 그는 국적이 없는 사람이 되었고, 프랑스에서는 부르고뉴의 가운데에 위치한 느베르 근처의 수용소에 수감되었다. 그러나 1940년 1월, 프랑스 당국의 허락을 받아 파리로 돌아갈 수 있었다. 벤야민은 게슈타포의 감시로부터 탈출하기로 마음먹고, 스페인을 경유해 중립국 포르투갈로 들어가기로 계획을 세웠다. 그는 프랑스와 스페인 국경을 안전하게 넘어 카탈루냐에 도착했고, 그곳에 모여 있던 동료 유대인들과 합류했다. 그러나 스페인의 프랑코 정부는 프랑스 난민을 찾아내서 돌려보내라는 명령을 내렸다. 나치에게 넘겨질지도 모른다는 두려움에 벤야민은 모르핀이 함유된 알약들을 한꺼번에 삼켜 자살했다. 그가 살았더라면 그의 사상이 어떻게 발전했을지는 누구도 모르지만, 우리에게는 독일 이상주의와 낭만주의, 유대 신비주의의 복합체가 그의 유물로 남겨졌다. 쉽지 않은 결합이었겠지만, 나중에는 그의 사상도 여기에 더하지 않았을까 싶다.

당시 유럽을 휩쓴 혁명의 불길은 자본주의를 억누르는 최적의 기회로 여겨졌을 수 있다. 공산주의라는 깃발 아래에 모인 대부분이 그랬듯이, 프랑크푸르트학파도 더 나은 세계, 더 공정한 세계를 만들어가고 싶었다. 따라서 그들의 이상주의는 많은 점에서 칭찬할 만했다(여기에서 어린 트로츠키가 괴롭힘을 당하던 학교 친구를 도우려고 달려가는 모습을 떠올릴 사람도 있을지 모르겠다). 하지만 소련의 후원은 오히려 악영향을 미치며 별다른 효과를 거두지 못했다. 그러나 10월 혁명 100주년을 기념한 시론에서 영국의 작가 마틴 에이미스Martin Amis(1949-2023)가 말했듯이, "마르크스주의 프로그램의 결정적인 단점은 거의 모든 면에서 인간의 본성을 거슬렀다는 점이다."[26] 따라서 유럽의 공산주의 역사가들은 처음부터 두 다리가 묶인 채 달릴 수밖에 없었다.

✻ ✻ ✻

오직 한 나라에서만 이데올로기의 경계를 넘어 폭넓은 영향을 미친 상당수의 뛰어난 역사가가 생겨났다. 바로 영국이었다. 1930년대 초, 영국 공산당(Communist Party of Great Britain, CPGB)은 당원 수가 5000명에 불과했지만 적극적으로 활동하며, 특히 노동조합에 상당한 영향력을 행사했다.

1946년 말에는 공산당에 호의적인 역사가와 시민, 공산당 당원들이 런던에서 정기적으로 모임을 갖기 시작했다. 주된 모임 장소는 새프런 힐에 있던 갈리발리 레스토랑의 위층 방이었고, 때로는 클라컨웰 그린에 있던 마르크스의 허름한 집에서도 모였다. 그중에서 훗날 가장 유명해진 에릭 홉스봄의 표현을 빌리면, 처음 수십 년은 "우리가 진정으로 역사가가 되었던 곳"이었다.[27] 그 모임은 '공산당 역사가 모임(Communist Party Historians Group, CPHG)'으로 발전했고, 그 시대에 최고의 학자로 손꼽히던 에릭 홉스봄, 크리스토퍼 힐Christopher Hill(1912-2003), 래피얼 새뮤얼Raphael Samuel(1934-1996), E. P. 톰슨 Edward Palmer Thompson(1924-1993) 등을 배출해냈다.

초기에 그들은 아서 L. 모턴Arthur Leslie Morton(1903-1987)이 1938년에 발표한 《잉글랜드 민중사》를 재평가하는 데 열중했다. 또 프랑크푸르트학파처럼 마르크스 이론에서 난해한 점들을 알아내려고 애쓰는 데 시간을 보내지 않고, 억압되는 계층의 관점에서 사건들을 재조명하고, 주변부 계층이 간헐적으로만 언급된 자료에서 그들의 목소리를 찾아내는 데 집중했다. 그들의 통찰에 힘입어, 민중이 군주와 수상 및 '위인'으로 이루어진 '고상한 역사'에서 해방되고, 영국이 혁명보다 점진적 발전을 모색해야 한다는 생각의 틀을 깨뜨리게 하는 것이 그들의 궁극적인 바람이었다.

모임의 회원 수가 점차 세 자릿수에 이르렀다. 모임이 역사 연구에 관심 있는 누구에게나 열려 있었기 때문에 회원 모두가 역사 전문가는 아니었다. 그들은 네 분과—고대, 중세, 16세기와 17세기, 19세기—로 나뉘었다. 사회과학들로부터 얻은 통찰을 활용했다는 점에서 아날학파의 접근법과 유사했지만, 모든 것에 마르크스 원리를 적용했단 점에 큰 차이가 있었다.

거의 즉각적으로, 영국 공산당에 가입한 회원들이 학문의 진실성을 훼손할 수 있지 않느냐는 의문이 제기되었다. 정말 그렇다면, 어떤 식으로 훼손되겠느냐는 의문도 아울러 제기되었다. 그러나 회원들이 소비에트 모당母黨의 존재에 구속되지 않고 각자의 연구에 전념한다면, 그런 의문은 문제될 것이 없었다. 1952년 말, 런던에서 발행되는 문학 주간지 〈더 타임스 리터러리 서플리먼트The Times Literary Supplement〉(1974년까지 모든 원고를 익명으로 실었다)에 실린 기사가, 모스크바에 심정적으로 동조하거나 심지어 충성하는 역사가들에게 영국의 대학교들에서 가르칠 자격이 있느냐는 의문을 제기했다.[28] 영국 공산당원이던 주요한 역사가들은 그 기사에 자극을 받아 스탈린주의로부터 탈피하려는 모습을 보여주려고 애썼고, 같은 해에 〈과거와 현재〉라는 잡지를 자체적으로 창간했다. 그 잡지는 "이상주의만이 아니라 객관성이란 악마까지" 통렬히 비난함으로써 즉각적인 인상을 남겼고, 결국에는 영어권 세계에서 가장 권위 있는 학술지가 되었다.[29] 게다가 그 모임에 속한 한 역사가가 말했듯이, "영국 좌파의 무기고에서 최상의 무기를 무모할 정도로 자신만만하게 휘두르며, 그들은 非마르크스 계열의 전통주의자들에게 제약을 두지 않는 토론을 제안했다."[30] 한 평론가는 〈뉴요커〉에 기고한 글에서 "공산당은 바람대로 영국을 바꾸지 못했지만 '역사가 모임'은… 역사학계를 바꿔놓았다는 주장을 할 만한 자격이 있다"고 전체적인 상황을 요약해주었다.[31]

이 기사에서는 런던의 국립 초상화 미술관에 일곱 사람이 책으로 가득 둘러싸인 서재에서 나지막한 탁자에 모여 앉은 모습을 묘사한 그림이 걸려 있다는 게 언급된다. 〈과거와 현재〉의 편집진이었다. 많은 회원이 정식 대학교보다 성인 교육 기관(예컨대 노동자 대학이나 폴리텍 대학)에서, 그들의 철학에 맞추어 역사를 가르쳤다. 하지만 옥스퍼드와 케임브리지는 마르크스주의 역사가를 채용하는 이상적인 대학의 모습을 보여주었다. 1936년 홉스봄은 케임브리지에 진학해서 "그 대학 역사상 가장 붉고 가장 급진적인 세대"와 함께하게 되었다.[32] 공산주의의 매력을 자세히 알려준 교수 중 하나는 1920년에 공산당에 가입했고 트리니티 칼리지에서 경제학을 가르치던 모

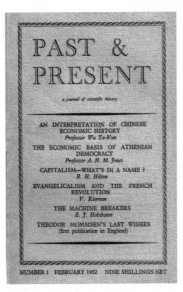

<과거와 현재>는 매년 2회씩 60-70쪽으로 발행되었고, 400부가 손익분기점이었다. 처음에는 별다른 반응을 얻지 못했지만, 결국에는 영어권에서 가장 널리 인정받는 사회과학 학술지가 되었다. 1958년에야 마르크스주의와 관계를 끊고, 독일의 <역사와 사회 Geschichte und Gesellschaft>, 이탈리아의 <역사 수첩Quaderni Storici> 등에 버금가는 주류 역사 학술지 중 하나가 되었다.

리스 돕Maurice Dobb(1900-1976)이었다. 돕은 지루하고 따분한 강의로 악명이 높아, 그의 강의를 듣는 학생은 극소수에 불과했다. 그러나 마르크스주의의 안내자로는 누구에게도 뒤지지 않았다. 그의 집은 '레드 하우스The Red House'로 불렸을 정도로, 제자들이 빈번하게 드나드는 모임의 장소가 되었다. 그 제자들 중에 에릭 홉스봄과 빅터 키어넌Victor Kiernan(1913-2009), 아마르티아 센Amartya Sen(1998년 노벨 경제학상 수상), A. L. 모턴Arthur Leslie Morton(1903-1987, 1946년부터 '공산당 역사 모임' 회장)이 있었고, 당시 트리니티 칼리지의 학부생으로는 조지 루데George Rudé(1910-1993, 프랑스 대혁명 전공), 킴 필비Kim

크리스토퍼 힐. 1965년 1월, 옥스퍼드 베일리올 칼리지의 학장으로 임명되었을 때의 모습. 힐은 1978년까지 학장을 지냈다. 그는 1957년 교통사고로 딸 케이트를 잃은 충격으로부터 다시 회복하지 못했다.

Philby(1912-1988, 영국과 소련의 이중간첩)도 있었다.

옥스퍼드에서는 베일리올 칼리지가 중세학자 로드니 힐턴Rodney Hilton(1916 - 2002), 〈과거와 현재〉의 공동 창간자이자 노동 계급의 역사를 개척한 래피얼 새뮤얼, 탁월한 마르크스주의 역사학자 크리스토퍼 힐을 배출해냈다. 1931년 힐은 독일을 여행하며 나치의 세력이 급성장하는 걸 목격했고, 훗날 그때의 경험으로 정치적 성향이 왼쪽으로 급격히 기울어졌다고 회고했다. 1935년에는 모스크바에서 10개월 동안 체류하며 러시아어에 능통해졌고, 특히 영국과 관련된 소비에트 역사학을 공부했다. 영국에 돌아와서는 사우스웨일스 앤드 몬머스셔 대학교University College of South Wales and Monmouthshire(현재는 카디프 대학교)의 전임강사직 제안을 받아들였다. 제2차 세계대전이 발발하자, 영국 야전 헌병대 이등병으로 징집되었고, 외무부의 첩보부에서 종전을 맞이했다—훗날 MI5가 그를 반역 용의자로 정밀하게 조사했다는 사실을 고려하면 얄궂은 직책이 아닐 수 없었다. 옥스퍼드의 다른 역사학자가 말했듯이, 힐은 언제나 말을 더듬었지만 간결하고 함축적으로 말했고, (염색을 했지만) 반질거리는 검은 머리카락을 바싹 빗어 올렸으며 수줍음이 무척 많았다. 훗날 베일리올 칼리지의 동료가 되었던 리처드 코브Richard Cobb(1917-1996)는 마르크스주의자이던 힐이 워낙에 취미가 없는 사람이었다며 힐의 그런 성격을 두둔했지만, 태생적 보수주의자이던 휴 트레버로퍼는 힐이 실제로는 상당한 유머 감각을 지녔다고 기록하며 "나는 그 악마 같은 인간을 좋아하지 않을 수 없었다"고 덧붙였다.

영국 공산당 역사가 모임에서 주목할 만한 또 한 명의 역사가는 일반적으로 E. P.로 알려진 에드워드 파머 톰슨이다. 톰슨은 대학에서 가르치는 것으로 만족하지 않고, 핵무기를 반대하는 열렬한 운동가로 활약했다. 그는 옥스퍼드에서 사립 고등학교를 다녔지만 케임브리지 대학교로 진학했고, 그 시대의 많은 엘리트가 그랬듯이 톰슨 자신도 성년이 된 후에 엘리트 계급을 공격했지만, 글에서는 18세기 말과 19세기 초 영국의 급진적 사회운동에 초점을 맞추었다. 사회운동가이며 예술가이던 윌리엄 모리스William Morris(1955)와 화가이자 시인이던 윌리엄 블레이크William Blake(1993)의 전기를 썼고, 많은 언론에 끝없이 글을 기고했으며, 시집과 소설 《시카오스 페이퍼스》를 발표해 좋은 평가를 받기도 했다. 그러나 그가 남긴 가장 중요한 저작은 《영국 노동 계급의 형성》(1963)이다. 거의 900쪽에 달하는 방대한 저서로, 한때 경쟁자이던 홉스봄은 "그에게는 자신의 의견을 간결하게 표현하는 능력이 부족했다"고 지적했지만,[33] 이 시대를 다룬 최근의 역사서에서 톰 로건Tim Rogan은 사회사의 분수령으로 "20세기에 영어로 출간된 역사서 중에서 가장 널리 읽히고 가장 영향력 있는 저작"이라 평가했다.[34] 이례적인 찬사였지만 논박하기 어려운 것이었다. 과거에는 무시되던 노동 계급의 사소한 일상을 통해 그들의 문화를 추적함으로써 톰슨은 정치적 좌파인 노동 계급의 역사를 세계에서 처음으로 정리하는 업적을 남겼다. 발간 50주년을 맞아, 영국 현대사 교수 에마 그리핀Emma Griffin은 〈가디언〉에 기고한 글에서 이 책의 중요성을 되짚어보며 이렇게 말했다.

> 톰슨은 노동 현장의 관습과 관례, 실패한 음모, 협박 편지, 유행한 노래, 노동조합 조합증 등에 대해 세세한 부분까지 조사해서 폭로했다. 그는 다른 학자들이 기록 보관소에 덩달아 들어간 무의미한 조각이라 취급하던 것들을 모아, 그 조각들이 승리한 쪽에 서지 못한 사람들의 믿음과 목적에 대해 우리에게 무엇을 말해주고 있는가에 의문을 품었다. 그 결과로, 인간의 삶에서 전에는 어떤 역사가도 거들떠보지 않던 면들을 담아낸 책이 탄생했다.[35]

영국 공산당 역사가 모임CPHG이 발표한 모든 역사서는 유사한 마르크스주의 의제하에서 쓰였다. 미국의 역사가 스티븐 코트킨Stephen Kotkin이 〈뉴요커〉에 기고한 글에서 지적했듯이, 중세학자 로드니 힐턴은 작은 시장 도시의 중요성에 대해 언급하며 봉건주의가 자본주의로 대체된 결과로 농민들의 계급 투쟁이 일어났다고 설명하고, 반면에 크리스토퍼 힐은 잉글랜드 내전English Civil War을 '부르주아' 혁명으로 묘사하며 비국교도들─수평파Levellers와 평등파Diggers

와 급진파Ranters—을 볼셰비키의 원조로 보았다. 힐의 정의에 따르면, "역사는 종이 위에 쓰인 글이 아니다. 역사는 왕과 수상의 행적도 아 니며 단순한 사건의 나열도 아니다. 역사는 보통 사람들, 우리 민중의 땀과 피와 승리였다."[36]* 그러나 이런 식의 접근에는 결함이 있었다. 코트킨이 지적하듯이,

마르크스주의적 서술은 흥미롭고 자극적이었지만 그 자체로 방 해 요인이기도 했다. 농민 봉기를 새로운 생산 방법의 분출과 연 결하려던 로드니 힐턴의 시도는 발전성이 없다는 게 입증되었다. 잉글랜드 내전과 자본주의의 발흥을 동일한 틀에 끼워 넣으려던 크리스토퍼 힐의 노력도 다를 바가 없었다. 톰슨의 저작만이 지 속적으로 영향력을 행사할 뿐이다.[37]

톰슨과 힐과 힐턴은 모두 영국사에 집중한 반면, 그 모임의 회원 중 하나는 더 큰 세계로 눈을 돌렸고, 결국 국제적으로 훨씬 큰 명성 을 얻었다. 그의 전기를 쓴 작가의 표현을 빌리면, 한동안 "세계에서 가장 유명하고 가장 널리 읽힌 역사가"였다.[38] 따라서 CPHG에서 가

* CPHG의 창설자 중 하나인 도나 토르Dona Torr(1883-1957)에게 헌정한 논문 집에 힐이 쓴 서문에서 인용한 글이다. 허락된 지면을 이유로, 나는 상당수의 영 향력 있던 공산주의자나 준공산주의자 역사학자를 생략할 수밖에 없었다. 대 표적인 예가 도나 토르, 19세기 영국 경제와 노동의 역사를 연구한 존 새빌John Saville(1916-2009), 트리니티 칼리지를 졸업한 E. H. 카Edward Hallett Carr(1892-1982)와 레이먼드 윌리엄스Raymond Williams(1921-1988)이다. 카는 14권으로 구 성된 《소비에트 러시아의 역사》와 《역사란 무엇인가》의 저자로 널리 알려졌고, 윌리엄스는 문화 이론가이자 문학 평론가였다. 한편 E. P. 톰슨의 아내인 도로시 톰슨(1923-2011)도 케임브리지의 졸업생으로, 차티스트 운동의 최고 전문가로 손꼽혔다. 요컨대 CPHG는 주목할 만한 역사가 모임이었다.

장 주목할 만한 역사가이자 가장 복잡한 역사가를 이제부터 만나보기로 하자.

＊ ＊ ＊

2011년 3월 2일 오후 4시 직전, 나는 팔러먼트 힐의 비탈길을 북 런던 나싱턴 로드까지 내려간 뒤에 빅토리아풍의 커다란 주택을 향해 여덟 계단을 올라갔다. 그리고 환히 불이 밝혀진 거실에 들어가 19세 기와 20세기의 역사를 연구한 94세의 원로, 에릭 홉스봄을 만났다. 같 은 시대를 살았던 평론가 칼 밀러Karl Miller(1931-2014)의 표현을 빌리면, 홉스봄은 젊은 시절, 구체적으로 말하면 제2차 세계대전이 끝난 직후에 "호리호리한 금발에 유대인처럼 보이기도 했고, 독일인처럼 보이 기도 했으며, 격자무늬 셔츠에 가죽 혁대로 바지를 잔뜩 졸라맨 모습" 이었다.[39] 또 대학에서 그의 강의를 수강하며 그를 감시했던 사복경찰 이 상관에게 보고한 내용에 따르면, "마른 체격, 푸른 눈동자, 창백한 안색, 옅은 갈색 머리카락, 길쭉한 계란형 얼굴, 큰 코와 큰 귀, 굵은 입 술"의 소유자였다. 밝은 자주색 셔츠를 입은 걸 제외하면 그때와 거의 똑같은 모습이었다. 우리는 거의 2시간 동안 대화를 나누었다. 10대에 공산주의로 전향한 이유, 니키타 흐루쇼프의 1956년 연설 이후에도 스탈린을 솔직담백하게 공격하지 않아 받았던 비판에 대해서도 물었 다. 또 홉스봄은 나에게 이탈리아 역사학자 알도 아고스티Aldo Agosti의 책을 읽어보라고 권하며 "하지만 그와는 오래전부터 친분이 있어, 좋 은 쪽으로 편견이 있다"고 덧붙였다. 우리는 공산주의를 받아들인 다 른 이탈리아 역사학자에 대해서도 이야기를 나누었다.

홉스봄은 언젠가 자신에 대해 스스로 평가했듯이 "수줍음이 많고 빈정거리며 속삭이듯 말하는 사람"이 결코 아니었다.[40] 톰 스토파드가 2006년에 발표한 희곡《로큰롤》에서 '붉은 케임브리지 교수'의 표본으로 삼았다는 세련되었지만 고집스런 교수의 모습에 더 가까웠다. 인터뷰를 시작하고 잠시 뒤에 나는 노파심에 그에게 피곤하지 않냐고 물었고, 그는 전혀 그렇지 않다고 대답했다. 그가 가장 최근에 발표한 책《세상을 어떻게 바꿀 것인가》(2011)가 그 주 초에 열광적인 호평을 얻었고, 그날 아침에도 그는 〈런던 리뷰 오브 북스〉에 게재할 긴 글을 끝낸 터였다. 그는 자신을 낮추며 말했지만, 나에게는 신념과 확신에 찬 목소리로 들렸다. 그는 함께하기에 편한 사람이었다. 나중에 내가 썼듯이, 그는 방금 도착한 잡지의 비닐 포장을 뽀드득뽀드득 밀어냈고, 나는 내 질문이 거북해서 그렇게 행동하는 게 아니기를 바란다고 말했다. 홉스봄은 "사람들과 대화하든 않든 간에 포장을 바로 뜯는 습관이 있어서. 당신을 짜증나게 했다면 미안해요"라고 대답했다.

그는 1789년부터 시작해서 1914년에 끝나는 '장기 19세기Long 19th Century('전통의 발명'과 더불어 그가 만들어낸 가장 인상적이고 논란도 많은 개념)'라는 개념을 창안해낸 저자였고, 나는 그와 관련된 삼부작—가장 나중에 발표된《극단의 시대》를 더하면 사부작—을 다 읽었다. 1958년, 빈 태생의 영국인 출판인 조지 바이덴펠트George Weidenfeld(1919-2016)가 홉스봄에게 40권으로 예정된 문명사 시리즈에 참여해달라고 요청했고, 이미 3권의 작은 책을 출간했지만 별다른 호응을 얻지 못한 홉스봄은 그 제안을 적극적으로 받아들였다. 모든 경험적 지식을 끌어모아, 1789년부터 1848년까지를(유럽에서 일어난 혁명의 해부터 다음 혁명의 해까지) 다룬 첫 권에서는 예술과 과학에서 불어닥친 혁신을 새롭게 형성된 계급, 즉 부르주아의 경제적 요구에 연결시켰다. 요컨대 홉스봄은 부르주아를 정치적·경제적 변화의 원인이자 결과로 보았다. 1975년에 출간된 후속편 《자본의 시대: 1848 – 1875》에서는 세계 경제의 탄생이 다루어졌고, 1987년에 출간된 제3권 《제국의 시대: 1875 – 1914》에서는 경제 붕괴, 영토를 확장하려는 제국들 간의 무한 경쟁, 결국 1914-1918년의 세계 전쟁으로 끝난 대살육전이 사례를 더해가며 쓰였다. 홉스봄은 자신을 "심리적으로 계획을 세우는 걸 좋아하지 않아, 비체계적이고 직관적이며 충동적인 역사가"라고 묘사하지만,[41] 20세기 문화와 경제의 역사를 시대순으로 정리하며 서로 연결되는 4권의 저작을 써냈다. 그는 지식의 폭이 좁다고 겸손을 차렸지만, 자기만의 매력은 충분히 드러냈다.

> 나는 강의를 하는 사람인 까닭에 의사소통도 일종의 쇼 비즈니스라는 걸 알고 있다. 우리가 청중이나 독자의 관심을 붙잡지 못한다면 모두의 시간을 낭비하고 있는 셈이다. 나는 청중이나 독자의 관심을 붙들어두기 위해 3가지 방법을 사용해왔다. 하나는 열정(즉 말하려는 주제가 중요하다는 작가의 확신)을 전달하는 것이고, 다른 하나는 독자로 하여금 다음 문장을 읽고 싶도록 글을 쓰는 것이며, 마지막 하나는 긴장을 풀어주는 표현과 기억해야 할 어구를 적절히 안배하는 것이다.[42]

삼부작은 이례적인 찬사를 받았다. 홉스봄의 평생지기로, 이튼 칼리지를 졸업한 스코틀랜드 작가 닐 애셔슨Neal Ascherson은 "현재 영어로 글을 쓰는 역사가 중에서 사실과 자료를 장악하는 능력에서 홉스봄에 견줄 만한 역사가는 없다. 여기에서 핵심어는 '장악하다 command'이다. 현재 홉스봄이 저장하고 검색하는 자료량은 많은 직원을 둔 대규모 기록 보관소에 버금갈 정도이다. …그의 작은 머릿속에

에릭 홉스봄, *1976년 1월*. 키는 거의 *183*센티미터에 달했지만 체중은 *68*킬로그램에 불과했다. 홉스봄이 *10*대였을 때 데니스 프레스턴은 "넌 정말 못생겼어. 하지만 머리가 있어"라고 말했다.

담긴 엔진은 롤스로이스급 힘을 지녔다"고 평가했다.[43] 시사 주간지 〈스펙테이터〉는 우익적 성향을 띠지만, 홉스봄을 "영국만이 아니라 세계 전체에서 우리 시대에 살아 있는 최고의 역사가"라고 추켜세웠다.[44] 그를 향한 찬사는 세계적이었다. 영국의 역사학자 토니 주트Tony Judt(1948-2010)는 〈뉴욕 리뷰 오브 북스〉에 기고한 글에서, 홉스봄을 문화적으로 민중의 영웅으로 평가하며 "홉스봄은 어떤 역사가보다 박식할 뿐만 아니라 글을 더 잘 쓴다"고 말했다.[45] 그러나 홉스봄이 소련을 편드는 편향성 때문에 민족주의 운동을 일시적인 것으로 폄하하는 경향을 띠었고, 20세기의 상당 부분에 대한 이해가 부족한 면을 드러냈다고도 덧붙였다. 게다가 역사적 중대성에서 경제가 문화보다, 남자가 여자보다, 서구가 나머지 지역보다 더 중요했던 것도 사실이다.[46]

홉스봄의 처신에 대한 비판은 새삼스러운 게 아니었다. 더구나 그런 외고집을 명예의 훈장처럼 여기며 조금도 물러서지 않아, 그 자신이 비판의 불길에 부채질해댔다. 1994년 영국 텔레비전 방송국과의 인터뷰에서는 결과적으로 진정한 공산주의 사회가 형성되었다면 수백만 소련 시민의 죽음은 가치가 있었을 것이란 뜻에서 "여러분이 상상할 수 있듯이 대량 학살과 집단 고통이 절대적으로 보편적인 시대에, 큰 고통이 있더라도 새로운 세계가 탄생할 가능성이 있었다면 그 가능성을 뒷받침할 만한 가치가 있었을 것"이라 말했다.[47]

홉스봄은 이렇게 제대로 참회하지 않았지만, 주트의 글은 이런 사실을 피상적으로만 지적할 뿐이다. "홉스봄은 후기 계몽시대의 잘못된 환상, 즉 자애로운 결과가 약속될 수 있다면 인간의 희생을 감내할 가치가 있다는 환상을 포기하지 않는다. 그러나 20세기의 크나큰 교훈 중 하나는 그 환상이 명백한 거짓이라는 걸 우리에게 알려준 것이다. 냉철하기 그지없는 작가라는 그가 인간이 지불한 어마어마한 규모의 대가를 알지 못하는 척한다. 그런 자세는 내 눈에 부끄럽기보다는 애처로워 보인다." 오래전부터 계속된 일련의 비판들, 특히 1939년 몰로토프-리벤트로프 조약(독일-소련 불가침 조약의 다른 명칭/옮긴이)이 체결된 뒤에 영국과 프랑스를 견제하고 나치를 편들라는 지시를 홉스봄이 받아들였다는 비판, 또 소련의 헝가리 침공을 반대하는 한 역사가의 편지에 홉스봄이 서명했지만 소련의 공격을 지지했다는 비판에 비하면, 주트의 이런 비평은 유순한 편이었다.*

***

* 제20차 소련 공산당 대회의 마지막 날, 즉 1956년 2월 25일, 니키타 흐루쇼프는 '비밀 연설'에서, 공산당 지도부가 스탈린의 범죄 행위를 오래전부터 알고 있었

홉스봄은 나와 인터뷰한 뒤에 이런 편지를 보내왔다. "물론 소련의 역사를 포함해 러시아의 역사에 대해서는 나도 알고 있습니다. 그런데도 내가 침묵해서 많은 사람이 불만스러웠겠지만, 그럴 만한 이유가 있었습니다. 똑같은 이유에서 나는 제1차 세계대전 이후의 영국 노동사를 연구하지 않았습니다. 1920년 공산당이 창당된 이후로, 영국 노동계에 일어난 변화에 대한 공식적인 의견이 헛소리라고 생각하기 때문입니다."[48] 여하튼 1991년 소련이 붕괴된 이후로 홉스봄은 침묵에서 벗어났고, 《극단의 시대》(1994)에서 러시아 역사에 대해 자유롭게 논평했다. 어떤 면에서 홉스봄은 자신의 의견을 정직하게 말했다. 공산주의가 세계적으로 받아들여지지 않았기 때문에 공산주의라는 이름으로 치러진 희생이 정당화되지 못한 것이라고 역설했다.

어떻게 추정하더라도 직간접적인 피해자의 수는 일곱 자릿수보다 여덟 자릿수로 측정될 게 분명하다. 이런 환경에서, 우리가 2000만보다 1000만에 가깝게 '보수적인' 추정치를 선택하느냐 아니면 더 큰 수를 선택하느냐는 중요하지 않다. 어떤 숫자이든 정당화는 고사하고 수치스럽고 변명의 여지가 없는 짓일 수밖에 없다.[49]

다고 폭로했다. 그로 인해, 영국 공산당 역사가 모임은 소련 체제를 지지하는 입장을 포기하고 비판적 목소리로 바꾸었다. 그해 10월, 흐루쇼프는 탱크로 부다페스트를 밀어버리라는 명령을 내렸고, 그 사건을 계기로 E. P. 톰슨, 로드니 힐턴, 래퍼얼 새뮤얼, 존 새빌 등 많은 역사가가 공산당을 탈당했다. 크리스토퍼 힐은 1957년 재가입했고, 빅터 키어넌은 1959년에 재가입했지만, 그때는 거의 모든 지식인이 그 모임을 떠난 뒤였다. 하지만 홉스봄은 1991년 소련 공산당이 해체되기 직전까지 당원 자격을 유지했다.

홉스봄은 1930년대에 관련해서는 이렇게 말했다.

파시즘과의 싸움에서 공산주의와 자유주의가 궁극적으로 같은 대의를 위해 싸우고 있었다는 인식 없이는 남녀를 불문하고 좌익이 당시 소련에서 일어나던 현상을 비판하거나 심지어 자인하는 것조차 꺼리던 이유, 또 좌파에서 소련을 비판한 학자들이 고립된 이유를 이해하는 건 불가능하다.

심지어 홉스봄은 누군가 슬그머니 다가와 "히틀러를 물리치는 유일한 방법"이라며 스탈린을 위해 간첩 노릇을 해달라고 부탁했다면, 기꺼이 그 역할을 맡았을 것이라고도 말했다. 홉스봄은 모스크바에서 전해지는 지침을, 역사가 당을 통해 말하는 로고스ogos로 보았다. 따라서 볼셰비키 혁명에 잔혹 행위가 수반되더라도, 홉스봄이 그 혁명을 문명의 희망으로 지지해야 한다고 생각했다는 점에서 일관성을 띠었다. 자서전 《미완의 시대》에서 그는 그 이유를 이렇게 설명했다.

나는 잉글랜드에서 영국 젊은이의 자격으로 공산주의에 입문한 게 아니었다. 바이마르 공화국이 무너져갈 때 중앙 유럽에서 공산주의자가 되었다. 내가 공산당에 가입했을 때만 하더라도 공산주의자가 된다는 것은 그저 파시즘하고만 싸운다는 뜻이 아니었다. 세계 혁명을 위해 싸운다는 뜻이었다. 지금도 나는 제1세대 공산주의자의 말석에 앉아 있을 뿐이고, 그들에게 정치를 보는 중심점은 10월 혁명이었다.[50]

그도 인정하듯이, 이런 견해는 "1931년과 1932년에 베를린에서 정치에 관심을 갖게 되었고, 그때를 결코 잊지 못하는 사람"의 견해였다.[51] 이제 결론을 내려보자. 공산주의는 그에게 응원해야 할 것만이 아니라 영원한 안식처까지 주었다. 2012년 세상을 떠났을 때 그는 런던의 하이게이트 공동묘지Highgate Cemetery에, 더 정확히 말하면 카를 마르크스의 무덤에서 몇 미터 떨어진 곳에 묻혔다.

✕ ✕ ✕

그는 1917년 영국 보호국이던 이집트 알렉산드리아에서 태어났다. 그가 태어났을 때 행정 직원의 실수로 성姓의 철자가 Hobsbaum에서 Hobsbawm으로 잘못 쓰였다. 그때는 러시아에서 2월 혁명이 일어나기 4개월 전이었고, 마르크스가 죽고 34년이 지난 때였다. 그의 영국인 아버지, 레오폴드 '퍼시' 홉스봄Leopold Percy Hobsbaum은 영국 정부가 이집트에서 운영하던 우편 사업에 참여했고, 어울리지 않게 이집트 아마추어 라이트급 권투 챔피언을 2번이나 차지했으며, 1870년대에 폴란드로부터 이주해서 런던 이스트엔드에 정착해 장식장을 만들던 목수의 불운한 아들이었다. 에릭의 어머니 넬리 그륀은 오스트리아계 헝가리인으로, "적당히 부유하던 보석상"의 허약한 딸이었다. 그의 어머니는 여러 편의 단편과 한 편의 장편소설을 써서 돈을 벌어 살림에 보탰고, 소설을 출간해준 출판사에서 번역가로 일하기도 했다.

에릭의 부모는 율법을 준수하지 않는 유대인이었고, 에릭이 두 살이었을 때 전쟁에서 패해 빈곤에 시달리던 빈으로 이주했으며, 집세 독촉을 피해 번질나게 이사를 다녔다. 에릭 홉스봄의 회상에 따르면, 대공황이 닥쳤을 때 "중앙 유럽의 정치계는 두 색깔로 나뉘었다. 하나는 반反유대주의적 우익을 상징하는 갈색이었고, 다른 하나는 혁명적 좌익을 상징하는 적색이었다." 에릭이 열두 살이었을 때 아버지가 심장마비로 사망했고, 어머니는 그로부터 2년 뒤에 폐 질환으로 세상을 떠났다. 어머니의 사망은 에릭에게 "엄청난 충격"이었다.[52] 에릭과 누이 낸시는 베를린에 살던 삼촌 부부에게 맡겨졌다. 남매는 2년 동안 베를린에서 살며 바이마르 공화국의 마지막 시기에 어린 시절을 불안정하게 보냈고, 그들의 방탕한 삼촌은 당시 그곳에 진출한 할리우드의 유니버설 영화사에서 일했다. 에릭은 자서전(2003)에서 "우리는 타이태닉호에 올라탄 신세였고, 그 배가 빙산을 향해 다가가고 있다는 걸 모두가 알고 있었다"고 당시를 회상했다.

자서전 뒷부분에서 말하듯이, 에릭은 삼촌 가족으로부터 별다른 위안을 얻지 못했다. 그는 "친밀감을 나누지 못한 채 살았다."[53] 그러나 보이 스카우트가 되었고 우표를 수집했으며, 주변을 산책했고, 책을 읽는 데 몰두했다. 그도 제2의 조국에 위기가 닥친 걸 눈치챘다. 노동 인구의 3분의 1 이상이 실업한 상태였고, 사람들은 세계 질서가 금방이라도 무너지지 않을까 두려워했다. 그런 상황에서 에릭이 자본주의 체제를 신봉할 근거는 전혀 없었다. 오히려 자본주의 체제가 거의 붕괴된 지경이었기 때문에 에릭은 어떤 형태로든 개인적인 행동을 취하기로 결정하고, 독일 공산당 청년 분과에 가입했다. "그때가 정치적 경험으로는 나에게 가장 중요한 시기였다." 독일 공산당은 그에게 거의 황홀경에 가까운 정체성을 주었다.

그때는 그가 나치 독일의 발흥을 이미 목격한 뒤였다. 1933년 히틀러가 투표를 통해 수상으로 임명되자, 홉스봄은 당시 10대에 불과했지만 곧 손과 발이 묶일 게 뻔한 독일 공산주의자들을 대신해서 아파트 현관 틈새로 전단을 밀어 넣고 다녔다. 그가 행한 "진정한 의미에서의 첫 정치 행위"였다. 그는 독일어로 쓴 일기에 "당신에게 주먹을 날리려는 사람 앞에 서서 주먹이 날아오기를 기다릴 때처럼 몸을 움츠리게 되는 약간의 불쾌한 긴장감"을 느꼈다고 숨김없이 털어놓았고,[54] 나중에 자서전에서는 "육체적 경험과 강렬한 감정"이 복합되었다는 점에서 성관계에 필적하는 경험이라고 썼다. 언젠가 전차에서 2명의 나치 돌격대원하고만 있었을 때는 그들이 자신의 공산당 배지를 보면 자신을 덮칠 거라는 공포에 휩싸였고, 나치 친위대를 등에 업은 폭력배들이 온 도시를 휩쓸고 다니며 공산당원을 색출해 두들겨 패고 다닐 때는 수 주 동안 복사기를 침대 밑에 감춰두기도 했다. 그가 말하듯이, "희망이 없고 위험하더라도 당의 명령이기 때문에 해내야 하는 공산주의 운동의 특징을 처음으로 경험한 때였다." 다른 곳에서는 "내가 유대인이 아니고 독일인이었다면 나도 나치가 되고, 독일 국가주의자가 되었을지 모른다는 생각이 들었다"고 썼다.

당시는 그가 자신의 방식대로 당에 끝까지 충성했던 이유의 정서적 토대가 형성된 때, 즉 그에게는 로즈버드Rosebud(한 사람의 삶을 관통하며 그에 대해 말해주는 것을 상징/옮긴이)의 순간이었다. 2004년 한 인터뷰에서 말했듯이 "그 이유를 이해하려면, 내가 한참 폭발하고 있던 화산 아래서 자랐다는 걸 먼저 이해해야 한다. 산산조각난 세계에서, 제1차 세계대전으로 황폐화된 세계에서 자랐다. 그런데 제2차 세계대전으로 다시 황폐화되는 세계가 눈앞에 그려졌다."[55] 그에게 공산주의는 '부족의 문제a tribal matter'였다.[56] 그는 "냉전이 한창이던 때, 널리 알려진 공산주의자로서 성공함으로써 내 선택이 옳았다는 걸 입증할 수 있었다. 이런 형태의 자기중심주의를 옹호하는 건 아니지만, 그 힘을 부인할 수도 없다. 그래서 나는 공산주의자로 계속 남았다"고도 말했다.[57]

가족들은 영국 여권을 갖게 되자, 영국으로 이주하기로 결정했다. 하지만 그런 결정을 내리는 데는 불길한 예감보다 경제적 어려움이 더 큰 역할을 했다. 유대인을 향한 혐오가 공개적으로 크게 표현되기 시작한 때는 1933년 4월 이후였다. 영국으로 이주한 홉스봄 가족은 런던에 정착했다. 에릭은 웨스트엔드에 있던 명문 메릴리번 중등학교에 보내졌고, 그의 주장에 따르면, 그곳의 지역 공공 도서관을 다니며 책을 읽었고 "열여섯 살에 역사가가 되겠다는 생각을 품었지만", 그가 역사를 잘했기 때문에 선택했을 가능성이 크다.[58] (그가 학창 시절에 쓴 일기를 보면, 시인이나 교사가 되겠다는 꿈을 품었던 것으로 보인다.) 에릭은 공개 장학금을 받아 케임브리지의 킹스 칼리지에 진학해 역사를 본격적으로 공부하기 시작했다. 복수 전공을 해서 두 분야 모두에서 일등급 성적을 받았고, 좌익 단체인 페이비언 협회Fabian Society를 연구해 박사 학위를 받았으며,* 명망이 높은 토론 단체 '케임브리지 사도회Cambridge Apostles'에도 선출되었고, 학부생을 위한 잡지 〈더 그랜타The Granta〉의 편집에도 참가했다. 이때 홉스봄은 이 잡지의 주요 영화 평론가로 활동했고, (렌 데이턴Len Deighton, 로버트 해리스Robert Harris, 필립 로스Philip Roth(1933-2018)보다 훨씬 앞서) 나치와 유사한 파시스트가 영국을 지배한다는 가정하에 상상력이 풍부한 공상 소설을 쓰기도 했다. 학부생이었을 때도 홉스봄은 다른 학생들에게 마르크스

---

  * 하지만 홉스봄의 논문은 까다로운 경제사학자 R. H. 토니Richard Henry Tawney
    (1880-1962)에게 "그럴듯하게 읽히지만 피상적이고 가식적"이라는 평가를 받았고, 케임브리지 대학 출판부에서도 퇴짜를 맞았다. 페이비언 협회는 급진적지식인들이 19세기 말에 설립한 단체로, 로마 장군 퀸투스 파비우스 막시무스Quintus Fabius Maximus(280-203 BC)에서 이름을 따왔다. 장군의 별명인 '굼뜬 사람Cunctator'은, 그가 모든 면에서 우월한 적인 한니발에 맞섰을 때 사용한 전술—직접적인 충돌을 피하고, 결정적으로 공격할 순간이 올 때까지 게릴라 전술로 적의 힘을 떨어뜨리는 전술—에서 비롯된 것이다.

13장 붉은 역사가들

주의에 대해 가르쳤고, 영국 공산당에도 가입해서 MI5의 파일에 공식적으로 이름을 올렸다.

제2차 세계대전이 발발하자, 그는 새로이 선택한 조국을 위해 입대했지만 당국은 그를 정보 업무로부터 멀리 떼어놓았다. 그는 정보 업무를 가장 잘해낼 수 있다고 확신했지만 당국은 그를 공병 연대에 배치했고, 그의 부대장은 "그는 좌파적 글을 써서 주변에 내던져두는 경향이 있다"고 평가했다. 어쩌면 홉스봄은 도로 굴착기를 조작하고, 대전차 참호를 파고, 다리에 폭발물을 설치한 최초의 스파이였을지도 모른다.[59] 그가 와이트섬에 재배치되었을 때 MI5는 그가 디데이에 대한 '민감한' 군사 계획에 어떻게든 접근할지 모른다고 걱정하며, 그를 며칠 만에 다른 구역으로 옮겼다.

평범한 시민들과 뒤섞여 지내는 동안, 홉스봄은 공산주의가 현실적인 정치사상을 넘어 '이상적인 소망 성취'라는 생각을 굳혔다.[60] 마침내 제대해서 케임브리지로 돌아온 그는 킹스칼리지 연구원으로 선정되었다. 1947년에는 런던의 버크벡 칼리지로부터 교직을 제안받았다. 버크벡 칼리지는 성인 대학생을 위한 야간 대학교로, 당시로서는 예외적으로 반공주의적인 색채를 거의 띠지 않았지만, 역사학과 과장인 R. R. 달링턴이란 사람이 홉스봄의 승진을 번질나게 방해했다.

홉스봄이 말했듯이, 1950년대에는 영국에도 매카시즘의 바람이 살그머니 불었고, 마르크스주의 학자들은 자신들의 이력에도 영향이 미칠 거라는 걸 알았다. "10년 동안 승진하지 못했지만 그렇다고 쫓겨나지는 않았다." 홉스봄도 정적들의 방해로 케임브리지의 교수가 되지 못했고(케임브리지의 옛 멘토로, 러시아 이민자이자 확고한 반공주의자이던 무니아 포스탠Mounia Postan(1899-1981)이 '독화살'을 담은 추천서를 보낸 것으로 전해진다),* BBC에도 지원했지만 받아들여지지 않았다. 그는 버크벡 칼리지에 꼼짝없이 갇힌 신세였지만, 냉전이 취업에 실질적인 영향을 미치기 전에 그곳에 자리를 잡아 무척 운이 좋은 셈이었다. 그러나 역사 저술의 기반으로 여겨지던 기록 연구에 그가 별다른 관심을 기울이지 않았던 것도 취업 및 진급 심사 위원회가 반대한 이유였다. 일찍이 1965년, 영국의 문예 월간지 〈인카운터〉는 그를 "역사학자라는 직업에 도전하는 사람"으로 표현하기도 했다.[61]

그렇지만 1959년에 그는 부교수가 되었고, 1970년부터 1982년까지는 정교수, 1982년에는 명예 교수가 되었다. 때로는 승진에서 누락되었고 때로는 뒤늦게 승진했지만, 말년에는 곳곳에서 인정을 받았다. 그의 책들이 50개 언어로 번역되었고, 그는 킹스 칼리지의 명예연구원이 되었으며 올프슨 경제학상Wolfson Economics Prize도 받았다. 게다가 국가에 공로가 있는 사람에게 수여되는 명예 훈작Companions of Honour(홉스봄은 "CH는 다루기 힘든 사람들에게 주는 감투"라고 해석했다)과 왕립 문학 협회Royal Society of Literature의 회원으로도 선정되었다. 홉스봄은 바티칸을 제외하고는 단위 면적당 주교가 세계 어느 지역보다 많다고 알려진 팰맬 거리의 애서니엄 클럽The Athenaeum Club 회원

---

*   여러 평론가가 이렇게 주장하지만, 홉스봄의 전기를 쓴 리처드 에번스는 이런 주장을 의심스러워한다. "나는 그[포스턴]가 홉스봄의 케임브리지 종신직 임용을 한 번 이상 반대했다는 말을 들었지만 그 말을 뒷받침할 문서나 직접적인 증거를 발견할 수 없었다." 에번스는 이 장의 초안을 읽고는 홉스봄이 체스에 대한 책을 썼다고 내가 언급한 것에 깜짝 놀라며, 그 출처가 어디냐고 나에게 물었다. 나는 2004년 로스앤젤레스의 UCLA 체스 연구소에서 헝가리 역사가 이반 베렌드Iván Berend가 홉스봄을 인터뷰했고, 인터넷에 돌아다니는 그 인터뷰의 녹취록에는 베렌드가 홉스봄에게 재즈 책을 펴낼 때 사용한 필명으로 체스에 대한 책을 썼다고 들었다고 말하는 부분이 있다고 대답했다. 그러자 에번스는 "하하! 그건 헝가리 역사가가 재즈jazz를 체스chess로 잘못 들어 오해한 겁니다. chess를 중앙 유럽어의 억양으로 발음해보십시오!"라고 대답했다. 결론: 안타깝지만 홉스봄은 체스 책을 쓴 적이 없다. 2019년 1월 7일과 7월 17일, 에번스가 저자에게 보낸 이메일.

으로도 선정되었다. 평생 공산주의자이던 사람에게 그런 화환들이 씌이는 역설적인 상황을 의식했던지 홉스봄은 "지식인들은 계급 투쟁이란 드라마를 멋지게 꾸며주는 합창단이다"라고 결론지었다.[62]

　　1943년 홉스봄은 유복한 집안에서 태어난 동료 공산주의자 뮤리얼 시먼Muirel Seaman과 결혼했지만, 1950년 무렵 사이가 멀어졌다. 뮤리얼은 공산주의자가 아닌 남자를 사랑하며 홉스봄에게 혐오와 불신을 안겨주었다. 그들은 소원하게 살다가 결국 1953년에 이혼했다. 홉스봄은 다시 혼자가 되었고, 허우적대며 불안정하게 살았다. 재즈가 하나의 위안거리였다. 제1차 세계대전을 통해 이 새로운 음악 형식이 많은 국가에 소개되었지만, 1930년대에 스탈린주의자들은 이 '흑인들의 문화'를 맹렬히 비난하며 한때 색소폰을 금지하고 수천 개의 악기를 몰수하기도 했다. 영국에서 발행되던 〈코뮤니스트 리뷰〉도 재즈에 악담을 퍼부었지만 홉스봄은 휘둘리지 않았고, 재즈를 조직화되지 않는 문화 저항의 한 형태로 보았다. 그는 10대였을 때 런던의 한 클럽에서 듀크 엘링턴Duke Ellington(1899-1974)을 심취해 들었던 적도 있었다. 재즈는 즉시 그에게 "말없이, 의심할 여지가 없는 육체적 감정"을 안겨주었다. 홉스봄은 파리까지 넘어가, 클럽 생제르맹, 르 샤 퀴 페슈 같은 재즈의 명소들을 찾아다니는 걸 좋아했다.* 1950년대 중반경에는 프랜시스 뉴턴Francis Newton이란 필명으로 〈뉴 스테이츠먼〉에 재즈와 관련된 칼럼을 쓰기도 했는데, 그 필명은 빌리 홀리데이Billie Holiday(1915-1959)의 옆에서 트럼펫을 불던 마르크스주의자의 이름에

---

* 파리를 들락거리는 동안 홉스봄은 한 좋은 친구의 아내와 불륜 관계를 맺기 시작했다. 과거에 그녀는 임신하지 못할 가능성이 크다는 말을 들었지만, 홉스봄과의 연애에서 임신한 것을 알고는 깜짝 놀랐다. 그녀는 1958년 아들 조슈아를 낳았다. 홉스봄은 그녀에게 양육비를 보냈고, 오랫동안 그녀를 계속 만났다. 나중에는 조스(조슈아의 애칭)와도 친해졌고, 조스를 가족에게 소개하기도 했다.

서 따온 것이었다. 홉스봄은 재즈광들이나 연주자들과 시간을 보내기도 했으며, 그들을 "일종의 반半지하 국제 프리메이슨단"이라 칭했다.[63] 곧 〈뉴 스테이츠먼〉의 편집자 킹슬리 마틴Kingsley Martin(1897-1969)이 홉스봄에게 글이 지나치게 전문적이라고 불평하며, 주된 독자이던 중년 남성 공무원이 실제로 원하는 기사는 재즈가 인기를 끄는 홍등가에 떠도는 소문이라고 알려주었다. 홉스봄은 그 요구를 받아들여, 런던 소호 구역의 '전위적이고 자유분방한 문화'에 스며들어 '영계'와 '재즈광'과 함께 시간을 보내며 그들의 모습을 독자에게 전해주었다.

홉스봄은 1958년에 소호 구역의 워더 스트리트에 있던 스타 클럽에서 22세의 소녀 조Jo를 만났다. 조는 마약 중독자에 어린아이까지 딸린 시간제 매춘부였다. 그 이후로 그들은 4년 동안 정기적으로 만났다. 재즈를 향한 사랑이 둘을 하나로 묶어준 것이지, 간헐적인 섹스를 위한 만남만은 아니었다. 홉스봄은 조를 극장과 발레 공연장 및 파티에 데리고 다니며 친구들에게 소개했다. 육체적 관계가 끝난 뒤에도 홉스봄은 세상을 떠날 때까지 그녀에게 계속 연락했고, 돈을 보냈다. 상대를 눈에 보이는 그대로 받아들이는 건 그의 천성이었지만, 소호 사람들의 눈을 통해 세상을 바라보는 것은 그가 과거를 고찰하는 방법, 즉 알려지지 않은 사람과 민중 운동이 역사의 실체라는 생각을 뒷받침하는 데도 중요했다. 그가 1959년에 펴낸 《반란의 원초적 형태: 자본주의 발전에 따른 유럽 소외 지역 민중 운동의 모든 형태》는 강도와 무법자를 자처한 농민들을 다룬 책으로, 그가 가장 좋아한 책 중 하나였다.

1950년대 중반경, 그는 웨스트엔드의 클럽들과 대영 박물관이 가까이에 있는 블룸즈버리 구역으로 이사했고, 다시 클래펌 구역으로 이사해서는 《토요일 밤과 일요일 아침》과 《장거리 주자의 고독》을 쓴 작가 앨런 실리토Alan Sillitoe(1928-2010)와 공동으로 소유한 집에서 살았다. 그 후에는 한 해의 절반을 맨해튼의 뉴스쿨 대학교에서 가르치며 보냈다. 그때 그리니치빌리지에 살며 마련한 사무실의 아래층에는 재즈 클럽이 있었다. 이때 홉스봄은 빈 태생의 마를레네 슈바르츠 Marlene Schwarz를 만나 다시 사랑에 빠졌다. 1962년 그녀는 그의 두 번째 부인이 되었고, 그에게 두 자녀를 낳아주었다. 홉스봄은 첫 자동차를 구입했고, 2만 파운드에 조금 못 미치는 금액으로 큼직한 집을 북런던에 마련했다. 게다가 웨일스 북서부의 산악 지역인 스노도니아에 휴가용 별장도 구입했다. 홉스봄 가족만이 아니라, 그곳을 제2의 집으로 삼아 '웨일스와 블룸즈버리의 조합'이란 별명이 붙여진 작가, 예술가 들은 그 별장에서, 즉 "우리가 노동자들을 착취한 이유로 비난하던 자본주의가 제공한 조건"에서 즐겁게 지냈다.[64] 홉스봄은 결코 공산주의 운동가가 아니었다. 당시 〈선데이 타임스〉의 문학 담당 편집자이던 클레어 토말린Claire Tomalin이 그에게 그런 생활방식으로 어떻게 공산주의자가 되었느냐고 묻자, 그는 "가라앉는 배에 타고 있다면 일등석으로 여행하는 게 낫지 않겠습니까"라고 대답했다.[65]

홉스봄은 해외를 여행하며 많은 시간을 보냈다. 민중 전선이 전성기를 누리던 1936년에는 파리에서 바스티유의 날, 즉 프랑스 혁명 기념일을 축하하는 행사가 열리는 동안, 뉴스 영화를 제작하는 사회당 트럭에 올라탔고, 스페인 내전 중에는 카탈루냐에 잠시 들어갔으며, 아바나에서는 체 게바라를 위해 즉흥적으로 통역사 역할도 했다.[66] 홉스봄은 많은 명사, 특히 라틴 아메리카와 이탈리아에서 국경을 초월한 우애를 쌓았다. 그사이에 그의 견해도 조금씩 변해갔다. 1970년대와 1980년대에 불어닥친 악의적인 환경에서, 마르크스주의 역사학은 급격히 쇠락했고, 홉스봄도 그 영향을 피해갈 수 없었다. 그는 역사의 준엄한 '법칙'을 믿었고, 그 믿음은 자본주의 세계에 대한 불만으로 이어졌다. 그러나 말년의 글에서 그는 '자유지상주의적 사회주의libertarian socialism'에 대한 희망을 포기했고, 2003년에는 "10월 혁명으로 탄생한 사회주의는 죽었다"고 인정했다. 대략적으로 보면, 마르크스주의는 영국 노동자 계급을 포섭하지 못했다. 영국 노동자들이 혁명적인 성향보다 자유민주적이고 급진적인 성향을 띠었기 때문이다. 공산주의는 전체적으로 막다른 골목까지는 아니었지만 적어도 역사적인 우회로였다. 하지만 "나는 공산주의를 버렸다. 아니, 거부했다. 그러나 공산주의가 완전히 사라지지는 않았다. 지금까지도 나는 소련의 전통을 너그럽고 온유한 마음으로 기억한다. …10월 혁명에 꾸던 꿈은 내 안의 어딘가에 아직도 남아 있다."[67] 리처드 에번스가 말했듯이, "홉스봄이 역사가로 활동하는 동안… 그를 인도한 것은 첫째로 자신이 공산주의자라는 사실, 더 넓게 보면 마르크스주의자로서의 신념이었고, 둘째로는 사실과 문서 기록 및 다른 역사가들의 발견과 주장을 존중하는 마음이었다."[68] 궁극적으로 그가 원한 것은 "역사적 이해였지… 동의나 인정, 연민이 아니었다."[69]

언젠가 홉스봄은 마르크스주의에 대해 언급하며, "여인을 사랑하는 것처럼" 마르크스주의를 사랑하고 싶다고 말했다.[70] 홉스봄에 호의적인 사람들은 그의 정치적 충성심이 그의 업적을 방해한 적이 없다고 일관되게 주장하지만, 실제로는 그렇지 않았다. 에번스가 그의 전기에서 썼듯이, "에릭은 두 마리의 토끼를 다 잡고 싶어 했다."[71] 홉스봄이 세상을 떠나기 4년 전인 2008년, 토니 주트는 홉스봄을 찬양하는 또 한 편의 글을 발표하며, 그 글을 이렇게 끝냈다.

이야기체로 역사를 풀어가는 영국의 전통에서, 에릭 J. 홉스봄은 누구보다 뛰어난 역사가였다. 직접 손댄 모든 분야에서, 그는 많은 인기를 누린 경쟁자들보다 더 낫게 글을 썼고 훨씬 더 많은 자료를 읽었으며 역사에 대한 이해의 폭과 깊이를 가졌다. 그가 평생 공산주의자가 아니었다면 20세기의 위대한 역사가 중 하나로 어렵지 않게 기억되었을 것이다.

❊ ❊ ❊

1950년대 동안 냉전은 점점 심화되었고, 영국 정부와 미국 정부는 더욱더 편집증적으로 변해갔는데, 때로는 그렇게 반응할 수밖에 없는 충분한 이유가 있었다. 그러나 그렇게 예민하게 대응할 필요가 없는 경우가 더 많았다. 영국의 경우, 영국 공산당원은 약 2만 명에 불과해서 어느 때에도 유권자의 1퍼센트에도 미치지 못했다. 게다가 그중 일부만이 불법 행위나 반역 행위에 가담했을 뿐이다. 에릭 홉스봄과 크리스토퍼 힐은 전화가 도청되었고, 편지는 검열을 받았으며, 그들의 친구와 아내는 감시당했다. MI5는 공산주의자로 의심되는 사람들, 예컨대 옥스퍼드의 역사학자 A. J. P. 테일러, 소설가 아이리스 머독Iris Murdoch(1919-1999)과 도리스 레싱Doris Lessing(1919-2013)의 활동을 감시했다. 특히 레싱은 20년 동안 염탐을 받았다. 에릭의 누이 낸시와 해리 삼촌도 공산주의자라는 혐의를 받은 적이 있었다.*
킹 스트리트, 코벤트 가든에 있던 공산당 사무실들에는 온갖 곳에 도

---

* MI5의 불순분자 목록에서 홉스봄은 211764번이었다. 홉스봄은 2009년 MI5에 자신의 파일을 보여달라고 요구했지만 받아들여지지 않았다. 많은 구절, 때로는 한 면 전체가 지금은 삭제된 상태이고, 홉스봄에 대한 파일은 '일시적으로 작성된 것'이었다. MI5의 한 지부 사무실에는 한 유명한 공산주의자가 보낸 편지가

청 장치가 설치되었던지 훗날 건물을 보수할 때 도청 장치들이 천장에서 후두둑 떨어졌다.

1958년 공산주의자 역사가 래피얼 새뮤얼이 소호 구역에 '파르티잔 커피 하우스Partisan Coffee House'를 열자, 경찰은 체스 애호가로 변장한 끄나풀들을 심어두었다. 한 끄나풀의 암호명은 '쥐잡이꾼'이었다. 60년이 넘도록 영국 정부는 정치권 안팎에서 영국 공산주의자들을 추적하는 데 혼신을 다했다.[72] 홉스봄을 비롯한 마르크스주의 역사가들이 BBC에 출연하는 게 허용되었을 때 MI5는 크게 분노했고, BBC 직원들은 정치적으로 의심스런 존재를 뜻하는 작은 크리스마스트리가 붉은색으로 파일에 찍혀 승진 등 이력에서 불이익을 받았다고 증언했다. BBC 직원 중 50퍼센트 이상이 자신도 모르는 사이에 조사를 받았고, 그런 은밀한 조사가 1980년대 말에 단계적으로 축소되며 결국 종료되었지만, 1만 2000명의 직원 중 6000-8000명에 대해서는 여전히 안보를 이유로 신원 조사가 시행되었다.

미국에서는 극좌에 동조하는 사람들을 악마화하는 행위가 훨씬 더 심했다. 미국 공산당CPUSA은 결코 정치적으로 주된 세력이 되지 못했지만 매우 우려되는 정당이었고, 조지프 매카시Joseph McCarthy(1908-1957) 상원 의원이 공산주의자의 영향력에 대한 경종을 불러일으키려고 '적색 공포Red Scare'를 자극하기 시작했던 1940년대 말부터는 약간의 동정심까지 얻었다. 이때 수백 명이 투옥되었고, 약 1만 명이 직업을 잃었다. 많은 경우에, 비미국 활동 위원회(House

---

액자로 만들어져 벽에 걸려 있었고, 그 편지에는 "MI5에게, 이 편지를 증기로 연다면 너희는 정말 빌어먹을 개자식들이다"라는 추신이 있었다. 그 지부는 이 편지를 '외설적인 우편물'로 분류했고, 법적으로는 그 편지를 반송할 의무가 없어 반송하지 않았다.

Un-American Activities Committee, HUAC)로부터 소환장을 받기만 해도 해고 사유로는 충분했다. 결국 1958년 무렵 미국 공산당은 당원 수가 3000명으로 쪼그라들어, 미국 내에서 어떤 유의미한 역할도 해낼 수 없었다.

미국 공산주의자가 쓴 주목할 만한 첫 역사서는, 존 리드John Reed(1887-1920)의《세계를 뒤흔든 열흘》이었다. 그가 직접 경험한 볼셰비키 혁명을 기록해서 1919년 초에 발표한 책이지만, 그가 러시아어를 전혀 말할 줄 몰랐다는 게 흥미롭다. 역사가이자 외교관으로 좌익의 대의에 호의적이지 않았던 조지 케넌George Kennan(1904-2005)이었지만 "당시 사건들에 대한 리드의 설명은 문학성, 통찰력, 세세한 부분의 묘사력에서 같은 시대의 다른 모든 기록을 능가한다"고 평가했다.[73] 리드의 책은 미국에 엄청난 영향을 미쳤다. 그 이후로 미국 공산주의 역사가나 공산주의에 동정적인 작가가 남긴 읽을 만한 글은 거의 없다. 준準마르크스주의자이던 찰스 비어드Charles Beard(1874-1948)가 쓴 교과서가 많이 팔렸지만, 1950년대에 들어 그의 글이 신뢰성을 크게 상실했다.* 남북 전쟁 이후의 재건을 다룬 에릭 포너의 글들은 무척 뛰어나지만, 자기 분야를 벗어난 주제들, 예컨대 공산주의자였던 로젠버그 부부나 1945년 이후의 스파이 활동을 다룬 글들에서 그의 판단력은 미심쩍은 편이다. 예컨대 포너는 미국 공산당이 미국 자유의 경계를 다시 긋는 데 도움을 준 사례였다고 칭찬한다.

* 찰스 비어드는 지칠 줄 모르는 행동가이면서도 엄청나게 많은 글을 써낸 작가였다. 언젠가 컬럼비아 대학교 총장의 부름을 받은 비어드가 총장실에 들어가며 "제 신간을 읽으셨습니까?"라고 묻자, 총장은 곧바로 "그랬으면 좋겠네"라고 대답했다는 이야기가 전해진다.

언론 보도를 표방한 리드의 역사서가 있은 이후로 이데올로기가 어떤 형태로든 객관성보다 우선시되는 경우가 일반적 현상이 되었다. 두 역사학자, 존 얼 헤인스John Earl Haynes와 하비 클레어Harvey Klehr는 2003년에 발표한 믿을 만한 연구서《부인In Denial》에서, 모두가 당원은 아니었지만 많은 미국 좌파 역사가가 진실을 부정하며 공산주의 역사에 대한 문서적 증거를 상당히 왜곡했다는 걸 입증해 보였다. 소련에 동조하던 현상은 1940년대 말에 크게 사라졌지만 베트남 전쟁 중에 다시 살아났고, 급진화된 새로운 세대의 학자들이 반反공산주의를 맹렬히 공격하기 시작하며 소련을 비판하는 학자들의 신뢰성을 떨어뜨렸다. 그 결과, 진보적 반공산주의자들은 역사학과에서 멸종위기종이 되었다.[74]

1970년대 후반 이후로는 한 단호한 집단이 스탈린 시대에 피해를 입은 사람들의 숫자가 300-900만 사이가 아니라 수만 명, 어쩌면 수천 명에 불과할 수 있다며 그 숫자를 최소화하는 동시에 그 대숙청의 책임이 통제를 벗어난 관료주의적 절차에 있었다고 주장하며 스탈린 체제하에서 일어난 참상을 '정상화'하기 시작했다. 많은 학자가 인용하는 권위자 프레드릭 제임슨Fredric Jameson은 1996년에 심지어 "스탈린주의가 사라진 이유는 실패했기 때문이 아니라 성공했기 때문이다. 다시 말하면, 한 저개발국가의 신속한 산업화를 강제로 앞당기는 역사적 소명을 다했기 때문이다. 따라서 스탈린주의는 제3세계의 많은 국가에서 본보기로 채택되었다"고도 주장했다.

미국에서 새롭게 등장한 이런 공산주의 역사가들은 대다수가 자신들의 연구를 개인적인 급진적 동정심에 결부시켰고, 자신의 정치적 신념을 입증하려는 욕심에서 그런 방향을 띠었다고 공개적으로 인정하는 경우도 적지 않았다. 그들은 '수정주의자revisionist'를 자처했고, 과거의 의미를 자체적으로 재정의한 것이어서 논란이 될 것이 없었다. 한편 미국 공산당의 핵심적인 이론가 중 하나인 노먼 마코위츠Norman Markowitz의 표현을 빌리면, 전통적인 역사가들은 '승리주의자triumphalist', '반수정주의자counter-revisionist', '우익 낭만주의right-wing romantics', '반동주의자reactionary'였다. 서유럽과 캐나다에서는 공산당이 미국 공산당만큼 배척과 정부의 감시를 당하지 않은 게 사실이다. 그러나 상당한 명성을 지닌 역사학자가, 공산주의에 대한 비판이 도덕적으로나 정치적으로 정당하지 않다고 주장할 수 있었다는 게 놀랍기만 하다.

헤인스와 클레어가 말했듯이, "공산주의, 반공산주의, 스파이 행위를 다룬 학술적 연구가 많지만, 그중에는 부정직하게 쓰였고, 회피와 애틋한 변명과 도덕적 추태를 여실히 보여주는 부분이 지나칠 정도로 많다."[75] 미국 공산주의자들과 그들의 세계관에 동조한 사람들은 다른 생각을 지닌 역사가들이 제시한 정보를 쓰레기로 취급하며 조롱했다. 스탈린의 공포 정치를 비판한 글들을 경멸했을 뿐만 아니라, 압도적 다수는 나치와 소련이 맺은 불가침 조약을 언급조차 하지 않았으며, 일부는 필요한 조치였던 것으로 옹호하기도 했다. 또한 소련군이 2만 명의 폴란드인 주요 인사를 살해한 1940년의 '카틴 숲 대학살'을 인정하지 않았으며, 넘치는 증거에도 불구하고 줄리어스 로젠버그Julius Rosenberg(1918-1953)와 클라우스 푹스Klaus Fuchs(1911-1988), 앨저 히스Alger Hiss(1904-1996) 같은 사람들이 소련 스파이가 아니었다고 주장했다.

게다가 미국 공산당은 모스크바로부터 독립된 정당이라고 대외적으로 떠벌렸지만, '모스크바 황금Moscow Gold'으로 알려진 보석이나 장신구의 형태로, 혹은 현찰로 막대한 재정적 지원을 75년 동안 받았다. 미국 공산당의 창당을 지원할 목적에서 모스크바는 존 리드를 통해 100만 루블이 넘는 귀중품을 전달했고, 그 후에도 100만 미국 달러가 넘는 상당액을 보냈다.

1991년 소련이 붕괴되고 소련 시대의 문서고가 부분적으로 열리자, 수정주의자들의 노력이 무색해지고 말았다. 미국 공산당원이나 그 동조자이던 미국 역사가들에게는 유감스런 결과일 수밖에 없었다. 토니 주트는 "[공산주의는] 그럴듯한 신뢰를 주었지만, 영국과 미국에서 열정적으로 순전히 선의로 많은 사람을 지옥행 길로 밀어 넣은 무심한 변증론자들까지 동의 피해자로 만든 무척 특이한 야바위였다"며 직설적인 평결을 내렸다.

마르크스가 죽고 70년이 지났을 즈음, 3분의 1의 인류가 그의 생각에 영향을 받은 체제하에서 살았다. 지금도 20퍼센트 이상이 그런 체제하에서 살아간다.[76] 그러나 독일의 뛰어난 역사 이론가 발터 벤야민의 글로 이 장을 마무리 짓도록 하자. 《역사의 개념에 대하여》에서 그는 진보에 대한 마르크스주의 사상을 전시 유럽의 고뇌에 접목해보려 애썼고, 화가 파울 클레Paul Klee(1879-1940)의 그림, 〈새로운 천사Angelus Novus〉를 흥미롭게 해석했다(저자는 이 그림을 '역사의 천사'로 번역했다/옮긴이). 벤야민은 1921년에 이 작품을 약 30달러에 구입했고, 그 이후로 이 작품은 그가 가장 소중히 간직한 보물이 되었다. 그는 이 그림에 대해 이렇게 설명했다.

천사는 자신이 뚫어지게 응시하고 있는 어떤 것으로부터 금방이라도 멀어질 듯이 그려졌다. 그의 눈은 뭔가를 노려보고, 입은 벌어져 있으며 날개는 활짝 편 모습이다. 누군가 역사의 천사를 그린다면 이런 모습일 것이다. 천사의 얼굴이 과거를 향하고 있다.

일련의 사건이 전개되는 현장에서 천사는 하나의 재앙만을 바라본다. 그 재앙의 파편들이 차곡차곡 쌓이고, 그 더미가 천사의 발치에 내던져진다. 천사는 그곳에 머물며, 죽은 자들을 죽음에서 깨워내고, 산산이 부서진 것들을 되돌려놓고 싶어 하지만, 폭풍이 낙원에서부터 불어온다. 거센 폭풍에 천사는 두 날개를 편 채다시 접지 못한다. 천사는 미래를 등지고 있지만, 폭풍은 천사를 무지막지하게 미래 쪽으로 밀어붙인다. 그사이에도 파편 더미는 하늘을 향해 더 높이 쌓여간다. 이 폭풍이 바로 우리가 진보라 칭하는 것이다.[77]

벤야민의 글은 상상으로 써낸 것이지만, 그림보다 더 많은 것이 담겨 있을 수 있다("하늘을 향해 더 높이 쌓여가는 파편 더미"를 보려면, 또 "낙원에서부터 불어오는 폭풍"을 보려면 허리를 쭉 펴야 한다). 하지만 그의 글에는 상당한 설득력이 있어, '마르크스주의의 꿈이 꺾였다'는 그의 절망감이 읽힌다.

14장 안에서 들여다본 역사

: 율리우스 카이사르부터 율리시스 S. 그랜트까지

역사적 사건에서 어떤 역할을 수행하는 사람은 그 사건의 진정한 의미를
이해하지 못한다.
– 레프 톨스토이[1]

MAKING HISTORY:
THE STORYTELLERS WHO SHAPED THE PAST

　　자신이 중요한 역할을 맡은 사건의 역사를 쓰려면 어떻게 해야 할까? 냉소적으로 대답하면, 역사적 사실이 인정할 수 있을 정도로 동정적이고 영웅적인 역할을 맡으면 된다. 힐러리 맨틀은 "역사는 승자에 의해 쓰인다"라는 격언을 인용하고는 "그런 의도에서 로베스피에르가 '역사는 허구'라는 말했던 것"이라 덧붙였다.[2] 한편 아프리카에는 "사자에게도 역사가가 생길 때까지 사냥 이야기는 항상 사냥꾼을 미화할 것이다"라는 정곡을 찌르는 속담이 있지만 꼭 그렇지는 않다.[3] 게다가 에릭 홉스봄은 "패자가 최고의 역사가가 된다"고 주장했다.[4] 그도 그럴 것이 헤로도토스는 정복된 지역 출신이었고, 투키디데스는 지휘권을 빼앗기고 유배되었다. 고대 로마의 경우에도 마르쿠스 테렌티우스 바로Marcus Terentius Varro(116-27 BC)와 마르쿠스 툴리우스 키케로Marcus Tullius Cicero(106-43 BC) 같은 패자가 역사 이야기를 장악했다. 분노한 수도자들은 바이킹에게 악평을 남겼다. 3권으로 이루어진 《잉글랜드 반란과 내란의 역사》를 쓴 에드워드 하이드 제1대

클래런던 백작Edward Hyde, 1st Earl of Clarendon(1609-1674)은 소수의 대의를 옹호했다는 이유로 추방되었다. 1453년 콘스탄틴노플이 함락된 이후로 그리스 학자들이 대거 서쪽으로 몰려와서는 편향된 눈으로 오스만의 야만성을 쏟아냈다. 따라서 당시 사건들에 대한 그들의 편향된 설명이 19세기까지 서유럽을 지배했다. 하지만 그들은 예외적인 경우에 불과하다. 대체로 영향력 있는 역사가들은 이런저런 동기에서 글을 썼지만, 후손을 위해 중립적인 위치를 지키려는 노력이 공통된 특징이었다.

전문 역사가와 회고록 집필자가 중첩되는 경우는 무척 드물다. 그들은 다른 각도에서 과거에 접근한다. 회고록 집필자는 자신을 중심으로 한 개인적 관점에서 이야기를 꾸려간다. 시간순으로 나열하더라도 '자신'의 역사가 우선이다. 그러나 에릭 홉스봄은 많은 요청이 있은 뒤에야 자서전을 쓰며 "역사를 쓸 때 가장 기본적인 원칙은 거리를 두는 것"이라 말했지만, 곧이어 당신이 살아온 시대에 글을 쓰게 되면 "그 시대를 바로 전에 겪은 데다 그때 당신의 취한 행동과 의견으로부터 거리를 두기가 무척 어렵다. …따라서 당신이 정서적으로 관련된 것에 대해 쓰게 된다"고 덧붙였다.[5]

프랑스에는 정치인들이 역사를 쓰는 전통이 있고, 루이 14세는 자신의 전기가 그 시대의 역사라고 염치없이 말하기도 했다. 프로스페르 올리비에 리사가레Prosper-Olivier Lissagaray(1838-1901)의 《코뮌의 역사》(1876)는 바리케이드 뒤에서 싸웠고, 그 때문에 추방되었던 사람이 쓴 것이어서 주목된다(저항한 후의 추방은 또 다른 전통). 그러나 리사가레 자신도 인정하듯이 "코뮌의 회원도 지휘관도 관리도 아니었다." 알렉시 드 토크빌Alexis de Tocqueville(1805-1859)의 사후에 출간된 《회고록》은 자기중심적이어서 오늘날 거의 읽히지 않는다. 샤를 드골

Charles de Gaulle(1890-1970)의 회고록은 훨씬 더 자기중심적이지만 대충 훑어볼 만하다.

이탈리아 정치인들도 역사를 즐겨 쓰는 편이다. 독일 정치인은 그다지 많지 않지만 비스마르크는 방대한 회고록을 썼고, 지금도 그 회고록은 독일 산문의 걸작으로 여겨진다. 19세기가 끝나갈 즈음, 권력자들이 실각하면 시를 쓰는 유행의 바람이 불었다. 이탈리아 군대가 1870년 로마를 기습적으로 점령했을 때 교황 비오 9세는 시를 쓰기 시작했고, 브라질 황제 패드루 2세도 1889년에 그랬다. 앞에서 이미 언급했듯이, 레프 트로츠키는 자신을 변호하는 관점에서 러시아 혁명사를 썼는데, 프랑스에서 보낸 마지막 해에 쓴《망명지에서의 일기》는 역사를 찬미하지만, 그 역사가 자신에게 어떻게 적용되는지 모른 채 썼다는 점에서 더욱더 주목할 만하다.

영국에서는 윈스턴 처칠이 개인적인 회고록으로 대중에게 큰 찬사를 받은 정치인으로 유일하다. 제1차 세계대전 중인 1916년부터 수상을 지낸 데이비드 로이드 조지David Lloyd George(1863-1945)는 자신이 주된 역할을 한 사건들에 대해 썼는데, 그의 회고록은 많은 정보가 담긴 자료의 보고이지만 그 자체로는 영향력이 크지 않다. 제2차 세계대전 직후에 수상을 지낸 클레멘트 애틀리Clement Attlee(1883-1967)의 회고록《한 수상의 기억A Prime Minister Remembers》에 분노한 A. J. P. 테일러Alan John Percivale Taylor(1906-1990)는 수상을 지낸 사람이 너무도 많은 것을 잊어 놀랍기만 하다고 논평했다. 1970년대의 노동당 정치인 로이 젠킨스Roy Jenkins(1920-2003)는 훌륭한 역사가였지만 독자가 지극히 한정되었고, 새로운 것을 말한 게 거의 없었다. 넬슨 만델라의 자서전《자유를 향한 머나먼 길》(1995)은 남아프리카공화국에서 40년 이상 자행되던 아파르트헤이트에 대한 귀중한 기록이지만 대필로 작성되었다. 세계사에서 군인과 정치인이 은퇴 후에 역사가로 활동한 사례는 무척 드물지만, 크세노폰의 《페르시아 원정기》는 군인의 자기변명으로 읽히더라도 중요한 역사서이다.

미국에서는 율리시스 S. 그랜트의 회고록이 절대적인 위치를 차지하고, 19세기의 가장 위대한 미국인으로 칭해지는 프레더릭 더글러스는 자신의 삶에 대한 이야기를 3번이나 썼는데, 매번 그 목적이 조금은 달랐다. 조지 워싱턴이었다면 회고록을 쓰려고 꿈조차 꾸지 않았을 것이다. 위대한 정치인 조지 마셜George Marshall(1880-1959)은 미국 국민에게 이미 보상을 받았다며 회고록을 쓰라는 제안을 거부했고, 더글러스 맥아더Douglas MacArthur(1880-1964) 장군도 마찬가지였다. 대통령을 지낸 그로버 클리블랜드Grover Cleveland(1837-1908), 벤저민 해리슨Benjamin Harrison(1833-1901), 러더퍼드 헤이스Rutherford Hayes(1822-1893), 윌리엄 하워드 태프트William Howard Taft(1857-1930)도 회고록을 쓰겠다고 펜을 집지 않았다. 우드로 윌슨Woodrow Wilson(1856-1924)은 너무 병약해 회고록을 쓸 수 없었다. 허버트 후버Herbert Hoover(1874-1964)와 조지 W. 부시George W. Bush는 회고록을 썼지만 재미없고 지루하다. 드와이트 아이젠하워Dwight Eisenhower(1890-1969)의 회고록 《유럽에 파견된 십자군》과 2권으로 구성된 또다른 회고록은 지금도 읽을 만한 가치가 있다. 하지만 존 캘빈 쿨리지John Calvin Coolidge(1872-1933)의 회고록은 따분하기 그지없고, 해리 트루먼Harry Truman(1884-1972)은 그런대로 흥미로운 2권짜리 회고록을 남겼다. 린든 베인스 존슨Lyndon Baines Johnson(1908-1973)의 회고록은 보좌관들의 작품이었고, 로널드 레이건Ronald Reagan(1911-2004)의 유령 작가는 로버트 린지Robert Lindsey였다. 리처드 닉슨Richard Nixon(1913-1994)과 지미 카터Jimmy Carter도 회고록을 쓰는 전통을 이어받았고, 빌 클린턴Bill Clinton의 회고록《마이 라이프》는 무려 1000 페이지를 넘겼다. 버락 오바마Barack Obama의 이야기는 아직 절반 정도만 쓰였는데(2권 중 첫 권인《약속의 땅》만도 무게가 1킬로그램이 넘고, 768페이지에 달한다), 꾸준히 일기를 쓰는 습관이 회고록을 쓰는 데 많은 도움이 되었다고 한다. 조만간 도널드 트럼프Donald Trump의 책이 발간되지 않을까 싶다. 이제는 은퇴를 기념하는 회고록이 기대된다. 그러나 과거에도 이랬던 것은 아니다….

※ ※ ※

가이우스 율리우스 카이사르Gaius Julius Caesar는 (현대 달력에 따르면) 기원전 100년 7월 13일에 태어났으며, 부모는 로마에서 가장 연륜이 깊은 귀족 가문의 자손이었다. 카이사르의 첫 가정교사는 그리스인 노예로, 그리스어만이 아니라 라틴어에도 능통했던 마르쿠스 안토니우스 그니포Marcus Antonius Gnipho였다. 당시는 알렉산드리아 외에는 공공 도서관이 존재하지 않던 때였지만, 카이사르는 그런대로 상당한 책을 갖춘 여러 곳의 서고를 이용할 수 있었고, 일찍부터 자신의 책을 써야겠다는 꿈을 키웠다.《황제 열전》을 쓴 수에토니우스는 카이사르를 다룬 부분에서, 헤라클레스에 바치는 찬가와 비극《오이디푸스》를 언급한다. 훤칠한 키에 맑은 피부, 상대를 꿰뚫어보는 듯한 검은 눈동자를 지닌 카이사르는 테베레강에서 수영을 배웠고, 무기를 다루는 법도 배웠다.* 하지만 성인이 되어서는 (뇌전증 발작으로 추정되

---

* 카이사르가 살았을 때 어떤 모습이었을지 현대에 재현해본 모습이 642쪽에 실렸다. 2020년, 토론토의 가상현실 전문가 대니얼 보샤트Daniel Voshart는 현재까지 전해지는 흉상 및 수에토니우스 같은 당시 작가들이 남긴 기록을 바탕으로, 기원

는) '병치레'를 해야 했다. 기원전 85년경, 카이사르의 아버지는 신발을 신다가 급작스레 쓰러져 숨을 거두었고, 10대에 불과하던 카이사르는 가장이 되었다. 1년이 지나지 않아, 카이사르는 아버지가 예전에 약속해두었던 약혼을 파기하고, 로마에서 가장 강력한 세력을 지닌 가문의 딸인 코르넬리아 친나와 결혼했다. 덕분에 그는 때이른 나이에 신분 상승이 시작되었다(그는 이런저런 모든 직책을 맡았지만, 처음에는 그 직책들을 감당하기에 너무 어려웠을 것이다). 처음에는 신들을 관장하는 정예 사제단의 일원인 플라멘flamen이 되었고, 훗날 그 직책을 발판으로 예상대로 600명으로 구성된 원로원에서 한자리를 차지할 수 있었다.

로마는 곧 내전의 악순환에 빠져들었다. 루키우스 코르넬리우스 술라Lucius Cornelius Sulla(138-78 BC)가 내전에서 승리를 거두고 공포 정치를 시작했다. 카이사르는 당시 18세로 술라의 숙청에 추방될 만큼 부자도 아니었고 중요한 직책에 있지도 않았다. 다만 술라의 주된 적 중 하나의 딸과 부부 관계일 뿐이었다. 술라는 카이사르에게 코르넬리아와 이혼하라는 명령을 내렸다. 그러나 카이사르는 그 명령을 거부하고 로마를 탈출하지만 술라의 부하들에게 체포되었다. 어머니의 간곡한 탄원으로 카이사르는 사면되었고, 술라는 카이사르의 젊은 용기에 감탄한 듯했다. 카이사르는 애초에 사제직에 특별한 관심이 없었다(돌이켜 생각해보면, 카이사르는 역사상 가장 어울리지 않는 성직자였

전 24년부터 기원후 284년까지 로마를 통치한 황제들의 모습을 "인공지능을 활용해 천연색으로 사진처럼 정확한 초상을 그려냈다." 보샤트가 창조해낸 아우구스투스는 영화배우 대니얼 크레이그Daniel Craig와 무척 비슷하지만, 카이사르는 그다지 잘생긴 얼굴로 빚어지지 않았다. Mark Bridge, "Behold! AI Puts Flesh on the Busts of Roman Emperors," The Times (U.K.), 2020년 8월 31일을 참조하기 바란다.

던 듯하다). 그러나 플라멘은 꽤 괜찮은 직책이었고, 그에게는 가족을 부양하기 위해서도 돈이 필요했다. 기원전 80년에는 그런 신분 덕분에 군 지휘관이 되었고, 그 후에는 법률가로 변신해서 3년이 지나지 않아 여러 중요한 사건을 기소해 담당했다. 계급 투쟁가로 여겨진 그는 특히 부패로 악명이 자자하던 총독들을 무자비하게 단죄하고, 열정적인 몸짓과 또렷한 고음으로 전달하는 웅변으로 명성을 얻었다. 기원전 75년에는 로도스섬에 가던 길에 에게해의 해적들에게 붙잡혀 몸값을 지불해야 했다.* 이듬해에는 튀르키예 대부분과 시리아 상당 지역의 총독이 되었고, 자체적으로 군대를 양성해 폰토스 왕국의 미트리다테스 왕 수하 지휘관 중 하나를 물리쳤다.

그 이후에도 카이사르는 군사적 공훈을 계속 세웠고, 비유해서 말하면 사다리보다 깔때기에 더 가까웠을 정도로 복잡하고 경쟁이 치열했던 로마 정치에서 승승장구했다. 기원전 73년에는 제사장회College of Pontiff의 구성원이 되었고, 이듬해에는 군사 호민관tribunus

---

* 카이사르의 몸값으로 해적들은 20달란트를 요구했다. 그 액수는 약 10만 데나리온에 해당했다. 구체적으로 말하면 목수의 하루 일당이 50데나리온이었으므로, 목수가 7년을 일해야 벌 수 있는 액수였다. 카이사르는 자신의 몸값이 그렇게 하찮게 책정된 것에 비웃으며, 자신을 풀어주면 자신의 돈으로 50달란트를 주겠다고 해적들에게 약속했다. 플루타르코스에 따르면, 카이사르는 해적들을 얼마나 경멸하고 무시했던지 잠을 자려고 누울 때마다 해적들에게 시끄럽게 떠들지 말라고 명령했고, 그들을 전부 십자가에 매달아 처형하겠다고 가볍게 위협했다. 억류되어 지내던 38일 동안, 카이사르는 해적들과 함께 운동을 즐겼고, 훗날 선원들에게 크게 낭송해줄 시와 연설문을 썼다. 석방되자마자 카이사르는 함대를 소집해 해적을 추적해 사로잡았다. 그들을 튀르키예 서부의 페르가뭄으로 끌고 가서는 약속한 대로 십자가에 매달아 죽이라는 명령을 내렸다. 그래도 자비심을 보이려고, 카이사르는 그들을 십자가에 매달기 전에 목을 잘라, 오랫동안 죽음의 고통에 시달리지 않도록 해주었다. 이런 사건을 통해 카이사르는 정치권력이 궁극적으로 인간을 죽음에 이르게 할 수 있다는 걸 일찍이 깨우쳤다.

militium, 기원전 69년에는 재무관quaestor(재정과 회계를 책임지는 관직),
기원전 65년에는 고위직인 안찰관aedilis(공공 건물과 축제를 감독), 기원
전 63년에는 제사장회의 대제사장(로마에서 가장 강력한 성직자), 기원
전 62년에는 법무관praetor(군사 지휘관인 동시에 선임 재판관)이 되었고,
다시 히스파니아 울레티오르Hispania Ulterior(스페인 서부의 안달루시아와
현재 포르투갈의 대부분)의 총독이 되었다. 기원전 59년에는 로마 공화
정에서 정치적으로 가장 높은 선출직이던 두 집정관 중 한 명이 되었
고, 전 세대에서 가장 뛰어난 지휘관이던 그나이우스 폼페이우스 마
그누스Gnaeus Pompeius Magnus(106-48 BC)와 경제계의 거두이던 마르
쿠스 크라수스Marcus Crassus(115-53 BC)와 더불어 제1차 삼두정치의
일원이 된 때도 41세이던 그때였다.

그 무렵 로마는 기존에 알려진 세계에서 가장 큰 도시였고, 인구
도 100만을 넘었다. 문자 그대로 번역하면 '공적인 관심사', 따라서
'연방'를 뜻하던 '레스 푸블리카res publica'가 지중해와 그 주변 땅의 대
부분—이탈리아반도 전체, 프랑스 남부, 시칠리아, 사르데냐와 코르
시카, 그리스와 마케도니아, 일리리쿰의 일부(대략 현재 크로아티아와
보스니아 헤르체고비나), 소아시아, 스페인 대부분과 북아프리카 일부—
을 직접 다스렸다. 카이사르는 집정관으로 1년을 보낸 뒤에 군사 정
복을 갈망한 끝에, 주변 지역에서 로마에게 가장 중요한 세 지역—갈
리아 키살피나(한때 음침한 늪지대였던 아드리아해의 베네치아부터 지중해
변의 니스까지, 서쪽으로는 제네바 호수, 북쪽으로 알프스산맥까지, 북부 이탈
리아), 갈리아 트란살피나(현재 프랑스와 벨기에, 네덜란드 남부, 스위스, 라
인강 서쪽의 독일), 일리리쿰(달마티아)을 점령하기 위해 전례가 없던 5
년 간의 원정을 계획했다. 카이사르가 정복을 끝냈을 즈음 로마는 방
대한 영토를 보유하게 되었다. 그 과정에서 카이사르는 80개의 도시

를 함락했고, 300개의 종족을 정복했으며, 300만 명과 싸웠는데 그들 중 3분의 1을 죽였다.

이 기간이 고대 역사에서 문서로 가장 훌륭하게 기록된 게 사실이지만, 지금까지 전해지는 자료는 카이사르가 직접 쓴 글의 극히 일부에 불과하다. 카이사르가 중요한 공적 지식인이었을 뿐만 아니라, 편지를 무척 많이 썼다는 점에서 대단한 손실이 아닐 수 없다. 플리니우스에 따르면, 카이사르는 글을 직접 썼고, 많은 책을 읽었으며 주변의 조언에 귀를 기울이는 지도자였고, 필경사에게 4통의 편지를 동시에 받아쓰게 할 수도 있었다. 역시 플리니우스의 주장이지만, 한가한 경우에는 7통의 편지를 동시에 받아쓰게 한 적도 있었다.[6]

수 세기 동안 카이사르의 글은 거의 읽히지 않았다.[7] 그 이유는 무엇보다 1000년 동안은 다른 작가들이 쓴 글로 여겨졌기 때문이다. 카이사르와 키케로가 주고받은 편지들을 모은 몇 권의 책은 회복할 수 없을 정도로 손실되었고, 그의 연설이나 그가 쓴 글도 단편적으로 전해질 뿐 거의 사라졌다. 사라진 작품들 중에는 《금언집》과 《비유에 대하여》, 《여행기》와 《카토에 대한 반론》, 기원전 69년에 사망한 고모 율리아를 추모한 연설 등이 있다. 《금언집》은 2권으로 이루어졌고, 그가 좋아하는 우스개를 모은 책으로 가끔 언급되었다. 《비유에 대하여》는 연설과 글에는 정확성과 단순성이 있어야 한다고 주장한 논문으로, 그가 위기에 빠진 군대를 구원하려고 갈리아 키살피나를 출발해 북쪽으로 내달릴 때 썼다고 전해진다. 《여행기》는 스페인에서 복무할 때 쓴 글이었고, 《안티카토》는 기원전 49년의 내전에서 그의 강력한 정적이던 마르쿠스 포르키우스 카토Marcus Porcius Cato(95-46 BC), 즉 소小카토의 평판을 깎아내리려고 쓴 글이었다.[8] 카이사르가 좋아하던 시들은 아우구스투스의 명령으로 태워졌다. 현재까지 전해지는 카이사르의 저작은 적어도 10권이고, 모두 자신의 무훈을 기록한 '승전한 전쟁에 대한 회고Commentarii Rerum Gestarum'이다. 그중 7권은 기원전 58년부터 기원전 52년까지 갈리아에서 치러진 전쟁을 다루었고, 나머지 3권은 기원전 49년부터 기원전 48년까지 폼페이우스가 이끄는 반란군과 벌인 내전을 다루었다. 카이사르의 사후에, 그를 따르던 몇몇 장군이 기원전 51년 갈리아에서 치른 전투들을 설명한 4권의 책을 더했고, 알렉산드리아와 아시아, 북아프리카, 스페인에서 치른 전쟁을 설명한 기록을 남겼다. 그 기록들도 지금까지 전해진다.

카이사르가 로마로 귀환하지 않고, 거의 9년 동안 계속된 원정을 떠난 때가 41세 때였다. 그 기간 동안 그는 여러 주요 전투와 포위 작전을 지휘했다. 플리니우스의 기록이 맞다면, 카이사르는 총 50회의 교전에서 군대를 지휘했다. 고대 로마의 그리스인 역사가인 아피아노스는 갈리아에서만 30회의 전투가 있었다고 덧붙였다. 카이사르에 흔히 비교되는 두 군사 지휘관 중에서 알렉산더 대왕은 5번의 대격전에서만 전투에 참여했고, 한니발은 더 많았지만 대다수의 전투가 크게 중요한 게 아니었다. 또 알렉산더는 33세에 사망했고, 한니발은 45세에 마지막 전투를 치렀다. 그러나 카이사르는 50세 이후에도 여전히 전선에서 병사들을 진두지휘하며, 위험에 빠지는 경우가 적지 않았다.

고대 전투를 직접 목격하고 자세히 기록한 자료로는 크세노폰의 글과 카이사르의 글, 오직 둘 밖에 없다. 카이사르의 글도 공개되자 곧바로 라틴 문학의 위대한 작품 중 하나로 칭송되었으며, 카이사르는 로마 최고의 산문 작가 중 하나로도 여겨졌다(더구나 카이사르는 좋은 라틴어로 글을 쓰는 방법에 대한 책도 쓴 것으로 알려졌다). 그의 정적이던 키케로조차 자신의 문체가 화려하지만 "역사를 쓰는 데는 명료하고 간결한 문체보다 더 나은 것은 없다"고 인정했다.[9] 카이사르의 문체는 간결한 것만이 아니었다. 복잡하지 않고 명확했으며, 일반 대중을 독자로 삼아 의도적으로 제한된 어휘를 사용했다. 따라서 그의 글은 단순한 문서 기록을 넘어, 재밌는 말장난과 두운으로 가득하고 독창적인 구조로 정교하게 짜여진 소논문이라 할 수 있다. 또한 그는 많은 분야에 관심을 두어, 그의 책에서는 갈리아와 영국의 지형, 영국의 전투 방법, 갈리아와 독일의 사회적 풍습 비교, 군사 작전의 상세한 묘사, '털투성이 갈리아hairy Gaul'의 정치사가 읽힌다.

특히 그의 전투 보고는 무척 흥미진진하다. 포위 공격과 들판에서의 공방전, 밀고 밀리는 전투 상황, 유격전과 소규모 충돌, 영웅적인 행동, 한밤중의 강행군, 재앙을 초래한 군사적 실수(그 자신의 잘못된 판단으로 위험한 상황에 빠지는 경우가 적지 않았다), 잔혹하기 이를 데 없는 행위와 정반대로 자비심이 넘치는 행위, 신비로운 전조, 대학살과 대규모 처형, 예측하지 못한 장애물, 날씨나 신의의 급작스런 변화, 감동적인 충성과 비열한 배신 등이 흥미진진하게 나열된다.《내전기》는 구어체로 쓰여, 글을 해독하는 데 어려움을 겪는 10대가 아니라면 누구에게나 훌륭한 읽을거리이다. 또한 로마군이 갈리아를 정복함으로써 로마가 동쪽으로는 라인강까지, 북쪽으로는 영국 해협까지, 서쪽으로는 대서양 해안까지 영토를 확장하던 때의 서사적 기록으로, 군사 원정이 성공한 사례들을 정리한 책이기도 하다.

카이사르는 군사 작전을 기본적인 소재로 삼지만 그의 글은 쉽게 읽힌다. 언젠가 "조타수가 암초를 피하듯이 웅변가는 특이한 단어를 피해야 한다"고 말했듯이,* 카이사르는 글을 쓸 때도 이 원칙을 고

---

* 그렇지만 카이사르는 수식어를 능숙하게 다루었다. 상대적으로 빈번하게 사용한 형용사로는 (군사적으로 중요한 지형의 특징을 가리킬 때 사용한) aequus, iniquus, patens, apertus, (비난하거나 허가할 때 사용) turpis, pulcher, (연속성)

수했다. 따라서 그의 글에는 '보랏빛 산문(같은 시대에 활동하던 시인이 사용한 표현으로, 부의 상징처럼 옷에 꿰매 붙인 가식적인 보랏빛 천 조각에 비유한 글)'이 전혀 없다. 게다가 카이사르는 자신을 3인칭으로 칭하며, 광장이나 극장에서 그의 보고서를 소리 내어 읽는 사람들에게 카이사르를 흉내 낸다는 감당하기 벅찬 부담감을 덜어주었다.

그러나 카이사르가 자신에 대해 언급한 자료는 거의 없다. 진정한 자서전은 기원후 397년과 400년 사이에 출간된 성 아우구스티누스의 《고백록》이 처음이고, 이 책은 '나'를 사용하고 있어 출간을 목적으로 쓰인 최초의 자서전이기도 하다(적어도 아직도 존재한다). 그 이전의 책들은 카이사르가 사용한 형식을 따른다. 《갈리아 전기》 등은 그의 삶에 대한 이야기일 수 있지만, 역사가의 관점에서 쓰였다. 카이사르가 직접 참여하지 않은 상황도 자세히 기록된 경우가 적지 않고, 이 경우에는 카이사르가 장교들의 보고서를 바탕으로 기록한 것이었다. 하지만 인물을 거의 강박적으로 자세히 묘사했던 수에토니우스나, 인물의 특징을 포착하는 데 탁월한 능력을 보였던 타키투스와 달리, 카이사르는 상대의 성격에 대해서는 거의 언급하지 않는다(그러나 제2차 세계대전을 다룬 윈스턴 처칠의 자서전에도 히틀러에 대한 대략적인 묘사조차 없다). 카이사르는 불분명한 동기를 해석하는 걸 피하고, 누군가를 칭찬하거나 비난하는 경우가 거의 없으며, 어떤 행위를 하는 사

---

perpetuus, (감탄이나 찬사를 뜻하는) egregius, eximius, (오늘날에도 그렇지만 celeritas(속도)를 수식할 때 가장 자주 사용된) incredibilis, 속도와 놀라운 현상에 흔히 사용되며 예측하지 못한 것을 뜻하는 repentinus가 있었고, 동료애라는 개념과 관련된 수식어도 다양하게 썼다. 부사는 속도(celeriter), 편이성(commode)을 가리킬 때, 특히 직업적 역량(caute, industrie, diligenter)을 뜻할 때 주로 사용되었다. 모든 것을 종합하면, 카이사르의 글은 설득력 있는 보고서였지만 때로는 학생이 선생에게 숙제로 제출하는 보고서 냄새를 풍겼다.

람에 대해 최소한의 정보만을 제공한다.[10]

간혹 카이사르가 동기에 대해 언급하는 경우에는 그 이후의 행동에 대한 예증과 설명이 뒤따른다. 예컨대 아투아투카(현재 리에주) 근처에서 벌어진 전투에서 15개 보병대(모두 합해 약 7000명의 병사)가 주력 부대로부터 이탈한 뒤에 적군에게 포위되어 마지막 한 명까지 난도질을 당하고 말았다. 이때 카이사르는 그들의 죽음을 복수할 때까지 수염과 머리칼을 자르지 않겠다고 맹세했는데, 그가 느꼈을 법한 분노의 깊이가 우리에게 와닿는다. 하지만 이렇게 단호하고 냉정한 카이사르도 간혹 유머 감각을 엿보인다. 기원전 53년의 군사 작전을 다룬 제6권에서 카이사르는 독일 숲에서 살아가는 한 엘크에 대해 언급한다.[11] 그 엘크는 무릎이 없어, 나무에 기댄 채 잠을 자야 했다. 사냥꾼들은 그 엘크를 사로잡으려고, 한 나무의 줄기를 거의 완전히 톱질해서 조금만 힘을 주어도 쓰러지도록 해놓았다. 마침내 엘크가 잠을 자려고 그 나무에 기댄 순간, 나무와 엘크가 동시에 넘어지며 요란한 소리가 들렸고, 사냥꾼들이 곧바로 달려가 엘크를 사로잡았다. 이 일화가 사실이 아니었다면, 그 위대한 사령관이 우리를 재밌게 해주려고 지어낸 이야기였을 수 있다.

또 기원전 47년 어느 즈음엔가, 보스포로스 왕국의 파르나케스 2세가 아버지인 폰토스 왕국의 미트리다테스가 잃어버린 땅을 되찾으려고 군사를 일으켰다. 카이사르는 폼페이우스와 겨루던 전쟁을 잠시 중단하고 파르나케스 2세의 반란을 해결해야 했다. 카이사르는 현재 튀르키예 북부의 젤라라는 언덕 마을에서 반란군을 맞닥뜨렸고, 즉시 반란군을 진압했다. 그 군사 작전을 전개하는 데 전체적으로 몇 주밖에 걸리지 않아, 카이사르는 로마의 한 대리인에게 보낸 편지에서 "베디, 비디, 비치(veni, vidi, vici: 나는 왔노라, 보았노라, 이겼노라)"

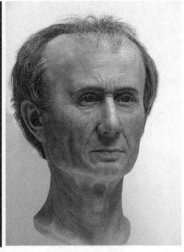

⤳ 〈투스쿨룸 초상Tusculum portrait〉(왼쪽)은 카이사르의 생전에 만들어진 것으로 지금까지 전해지는 유일한 흉상으로 여겨진다. 카이사르가 갈리아에서 승전을 거듭하는 동안 로마 병사들은 갈리아에 있는 카이사르의 정부情夫들에 대해 노래하며, 그들이 '대머리 오입쟁이'와 함께 로마로 개선하니 로마인들에게 아내 단속을 철저히 하라고 경고했다. 2019년, 네덜란드 국립 고고학 박물관은 카이사르의 얼굴을 큼지막하게 융기된 이마까지 완벽하게 재현한 흉상(오른쪽)을 공개했다. 한 체질인류학자는 "이렇게 이마가 융기된 모습은 난산의 증거이다. 어떤 예술가도 이런 이마를 만들어내지 않을 것이다"라고 말했다.

라고 농담조로 말했다. 그 말에는 자만심보다 놀랍다는 뜻이 더 많이 담겼지만, 카이사르는 전례가 없이 4번의 승리를 거두고 로마로 돌아와 개선 행진을 하던 중에 도시 곳곳에 그 문구가 쓰인 플래카드가 내걸린 것을 보고서야, 그 문구의 가치를 알았다.

　　카이사르가 '승전한 전쟁에 대한 회고'를 쓴 의도는 자신의 공훈을 최대한 긍정적으로 알리려던 게 분명했다. 그러나 그가 언급하지 않고 넘어간 사건 중에는 중요한 것도 적지 않다. 예컨대 기원전 49년 1월 10일경, 카이사르가 루비콘강을 건넜다는 건 널리 알려진 사실이다. 루비콘강은 무시무시한 강이 아니라, 리미니의 정북방에 위치한 작고 얕은 강에 불과하다. 여하튼 그 강을 건널 때 카이사르는 자신의 행동에 온갖 비난이 쏟아질 거라는 걸 알았지만, 그 이후에 어떤 사태가 있었는지에 대해 거의 언급하지 않았고, 루비콘강이란 단어는 입에도 올리지 않았다. (그 숙명적인 도강渡江이 있기 전날, 그는 검투사 양성 학교를 건립할 계획을 숙고하며 시간을 보냈고, 해가 떨어진 뒤에는 어둠 속을 산책하다가 길을 잃기도 했다.) 하지만 우리는 다른 자료들을 통해, 그의 성미가 급했다는 걸 알고 있다. 예컨대 수준 이하의 빵을 만들어 제공했다는 이유로 제빵사에게 쇠사슬을 채웠을 정도였다.[12] 또 카이사르가 대규모 군사에게 몇 달치의 수고비를 지불해야 했던 까닭에 재정적 지원을 절실히 바라며 로마의 재정 담당자를 찾아간 때가 있었다. 당시 호민관이던 메텔루스가 그의 길을 막아섰고, 둘 사이에 언쟁이 벌어졌다. 카이사르는 그를 죽이겠다고 위협했지만, 모든 로마 시민은 호민관을 재임 중에는 해치지 않는다고 맹세한 터였다. 구경꾼들은 카이사르의 만행에 겁먹고 깜짝 놀랐지만, 결국 메텔루스가 물러섰다. 카이사르는 1만 5000개의 금괴, 3만 개의 은괴, 최소한 3000만 세스테르티우스(빵 한 덩어리의 가격이 대략 0.5세스테르티우스였다)를 갖고 떠났다. 하지만 그의 내전사에 이 사건에 대한 언급은 전혀 없다.[13]

다른 사례를 들자면, 카이사르가 끈질기게 저항하는 독일 부족들과 교전할 때였다. 이때 카이사르는 독일 부족이 목축민이지 농민이 아니라는 이유로 로마 병사들에게 전진을 중지하라고 명령했다. 로마군이 현장에서 식량을 구하는 게 어렵다고 판단했기 때문이었다고 카이사르는 기록하지만, 실제로 그 지역은 오래전부터 농사를 짓던 곳이었다.[14] 또 카이사르는 비위를 맞춰야 하는 가문과 관계가 있는 장교가 있을 경우에는 그를 분수에 넘치도록 칭찬하기도 했다. 일례로, 기원전 57년 벨기에의 호전적인 부족인 네르비족과 대적해 그들을 물리쳤을 때였다. 이때 카이사르는 6만 명에 달하던 네르비족 병사 중 500명만이 살아남았다고, 또 600명의 지휘관 중에서는 단 3명만이 살아남았다고 말하지만 지나치게 과장된 숫자인 데다, 그가 나중에 쓴 책에서 언급한 내용과는 모순되기도 한다. 카이사르가 로마군의 사상자 숫자에 대해 구체적으로 언급하는 경우는 무척 드문 반면, 한번은 43만 명의 적을 습지에 몰아넣어 익사시켰다고도 주장했다.* 이집트 왕권을 당시 21세인 클레오파트라와 12세인 그녀의 남동생에게 넘겨주었다고 기록했지만, 나중에 두 남매가 이집트 전통에 따라 결혼했다거나, 그 직후에 클레오파트라가 남동생을 독살했다고

---

* 특이하게도 네르비족은 주요 부족 중에서도 부족의 이름을 지닌 도시를 남기지 않은 유일한 부족이었다. 네르비족이 극소수만 살아남은 것은 분명한 듯하다. 플루타르코스의 주장에 따르면, 카이사르가 갈리아를 원정하는 동안 100만 명이 넘는 갈리아인이 죽었고, 그보다 많은 수가 노예가 되었다. 갈리아에서 죽은 적군에 대한 카이사르의 추정은 그 수치의 근사치에도 미치지 못하고, 내전으로 인한 사상자에 대해서도 카이사르는 침묵한다. 일부 로마인들은 카이사르가 현재의 기준에서는 대량 학살을 저질렀다고 비난했다. 카이사르도 초기에 '젊은 도살자'라는 별명을 얻었듯이, 폼페이우스만큼이나 무자비했을 게 분명하다. 카이사르는 수백 명의 포로를 석방하면서 그 전에 손목을 잘라버리는 명령을 내렸을 정도였다. 갈리아 키살피나에서 일어난 반란을 진압할 때는 반란군의 가옥과 농토를 완전히 휩쓸어 아무것도 남기지 않았고, 반란에 가담한 사람들의 가족까지 죽이거나 노예로 삼았다. 이른바 '바스타티오vastatio'로 알려진 전술로, 이 단어는 영어 lay waste(초토화하다)에서 waste(불에 타서 검게 그을린 땅)와 devastation(대대적인 파괴)의 어원이 되었다. 그러나 적군의 도시가 싸우지 않고 카이사르에게 항복했고, 카이사르가 정복한 땅에서 존경을 받았던 이유 중 하나는 그의 전반적인 관대함에 있었다. 카이사르는 자주 적군을 용서하며 풀어주었지만, 상당수가 다른 적군에 가담해서 다시 카이사르에 맞서 싸웠다. 고대 로마의 서정시인 카툴루스Catullus(84-54 BC)도 카이사르를 비판하는 시를 썼지만, 저녁 식사에 초대를 받았다.

덧붙이지는 않는다.

그 밖에도 카이사르가 갑작스레 자신을 낮추며 겸손해졌기 때문이 아니라, 자신보다 군사적 업적에 독자들이 주목하기를 바랐기 때문에 언급하지 않고 넘어간 사건이 적지 않다(그가 신비로운 힘을 발산하고, 누구도 막을 수 없는 존재라는 걸 알리고 싶었던 욕심은 분명히 있었다). 그가 젊은 군사 호민관으로 기원전 73-70년에 저명한 검투사 스파르타쿠스가 이끈 폭동을 진압하는 데 참가했을 가능성이 크지만, 그 역할에 대해서도 전혀 언급하지 않았다. 또 내전 동안에, 그에게 가장 충성스럽던 제9군단이 이런저런 불만을 토로하며 반란을 일으킨 적이 있었다. 특히 카이사르가 패한 적에게는 관용을 베푸는 반면, 로마군에게는 약탈할 권리를 빼앗는다는 게 가장 큰 불만이었다. 카이사르는 그 소식을 듣고, 제9군단이 진을 치고 대치한 곳까지 황급히 달려가, 병사들이 더는 군인이 아닌 것처럼 '퀴리테스Quirites('시민들'이라는 뜻)'라 칭했다. 경멸적 의미의 호칭은 반란군의 사기를 저하시켰다. 카이사르의 전기를 쓴 에이드리언 골즈워디Adrian Goldsworthy가 계속 전해주는 이야기에 따르면,

> 총독은 엄중하고 차가운 말투로, 이런 반란은 서둘러 대충 처리될 수 없는 것이라며 덧붙여 말했다. 10명 중 1명을 제비뽑기로 뽑아 죽을 때까지 동료들에게 맞는 고대의 형벌을 가할 작정이고, 나머지는 불명예스럽게 군대를 떠나야 할 것이라고 선포했다.

> 그러자 노련한 병사들이 카이사르에게 자비를 구하기 시작했다.

> 카이사르는 군중을 다루는 법을 알았다. 카이사르는 강경한 입장

에서 조금씩 물러섰고, 최종적으로는 120명의 주동자만이 제비를 뽑도록 해서 12명만을 처형하겠다고 말했다. 진짜 주동자들의 이름이 확실히 뽑히도록 제비뽑기는 조작되었을 게 분명하다. 하지만 아피아노스[기원후 c. 90-c. 160, 알렉산드리아 출신의 그리스인 역사가]에 따르면, 반란 기간 동안 제9군단이 주둔한 곳에 가본 적도 없던 병사 하나가 12명에 포함되었다. 카이사르는 그런 실수가 범해진 것을 알게 되자, 지체없이 그 병사를 풀어주었고, 그 무고한 병사를 그렇게 죽음의 길에 몰아넣으려 했던 백부장을 대신 처형했다.[15]

그러나《내전기》에서는 이 사건 전체가 전혀 언급되지 않는다.

군사 원정에 나선 기간 내내 갈리아에서만 아니라 잉글랜드와 스페인 등에서도 카이사르는 전쟁 보고서를 주기적으로 공개하며 로마에 자신의 존재를 떠올려주고, 자신이 이루어낸 모든 공훈을 로마 시민들에게 알리려고 애썼다.* 카이사르의 전쟁 보고서는 매년 4월

---

* 로마에서 역사를 쓴 사람은 거의 예외 없이 부유한 상류 계급이었다. 항상 그랬듯이, 삶의 이야기를 기록하는 데는 행운과 상황의 도움이 필요했다. 예컨대 당대에 쓰인 클레오파트라의 모든 전기는 그녀의 적들이 쓴 것이었다. 마르쿠스 브루투스는 내전에 대한 이야기를 쓰며, 자신의 역할은 최소화하고 삼촌 카토의 역할을 크게 다루었다. 카토를 찬양한 글에 카이사르는 극도로 분노하며 반박하는 글을 지체 없이 썼다. 카이사르의 사후에 그에 대한 역사를 집필하게 될 아울루스 히르티우스Aulus Hirtius(90-43 BC)에게, 카이사르는 카토를 비판하는 책을 쓰라는 지시를 내렸고, 나중에 그 책을 근거로 삼아《안티카토》를 썼다. 그러나 많은 사람이 직접 글을 쓰려고 애썼다. 클레오파트라는 '종족의 영광'을 뜻하는 그리스어를 이름으로 지닌 군주답게 화장품과 미용美容부터 의학과 철학까지 다양한 주제로 글을 썼다고 전해지고, 마르쿠스 안토니우스는 음주의 역사에 통달했던 사람답게 음주에 대한 책을 썼다.

초에 시작되는 '연극 경연theater games'의 개막에 맞추려고 로마에 서둘러 전해졌고, 카이사르의 무훈은 많은 관객을 끌어모을 수 있었다.

카이사르는 자신의 행위를 정당화하려고 글을 썼던 것이지, 돈을 벌기 위한 목적은 분명히 아니었다. 과거를 연대순으로 정리하는 게 주된 목표라는 개념도 없었다. 카이사르는 자신의 말과 행위가 대중에게 널리 알려지기를 바랐고, 자신의 글이 세상에 드러내고 싶은 자신의 모습, 역사가로서 자신의 약점만이 아니라 강점, 또《갈리아 전기》에서 이루어내려 했던 것의 충분한 증거가 되기를 바랐다. 갈리아 키살피나에 있을 때는 겨울마다 글을 썼고, 군사 작전을 시작한 직후에 게시했다. 따라서 전선에서 보내는 일종의 보고였다. 나중에 책으로 꾸려진 것을 보면, 단어를 신중하게 선택한 흔적이 보이지 않고 이야기의 흐름도 산만해서 서둘러 쓰였다는 인상을 준다.

플루타르코스에 따르면, 군사 작전을 전개하는 기간에 카이사르는 낮 동안에 요새와 도시와 진지 등을 순회했고, 그때마다 그의 곁에는 그의 말을 받아쓰는 노예가 하나 있었다. (카이사르는 보고서를 로마까지 쉽게 보내려고 두루마리를 납작하게 접었던 최초의 장군이기도 했다.) 카이사르가 어떻게 글을 썼는지는 정확히 알려진 바가 없지만, 그는 말을 타고 이동할 때도 2명의 비서를 두고 자신의 말을 받아쓰게 했다. 로마에서 그가 잊힐지도 모르는 순간을 잠시도 헛되이 보내고 싶지 않았던 것이다. 로마에서는 검투사들이 경기하는 걸 지켜보는 동시에 비서에게 자신의 말을 받아쓰게 했다. 그에게 스마트폰이 있었다면 어떻게 사용했을지 충분히 상상할 수 있을 듯하다.

카이사르는 사람들이 그의 개인적인 삶을 두고 그를 어떻게 생각하는지에 대해 개의치 않았고, 젊었을 때부터 군중 속에서 눈에 띄는 걸 좋아했다. 한편 술은 지독히 싫어했다. 처음 원로원(혹은 그곳의 지도자급 원로들이 불리기를 바랐던 명칭인 '선한 사람들')의 일원이 되었을 때도 허리띠를 하지 않고, 손목까지 내려오고 가장자리에 술이 달린 긴소매 옷, 즉 자기만의 고유한 원로원 튜닉을 입었다. 그가 전신을 제모했다는 소문도 있었고, 젊은 시절에는 항상 최신 유행을 좇아 겉모습이 별나기는 했지만 흠 잡을 데는 없었다(키케로는 카이사르가 머리 모양에 지나치게 신경을 쓴다고 생각하며 처음에는 그를 진지한 사람으로 받아들이지 않았다).[16] 장신구에서도 카이사르는 클레오파트라 못지않게 진주를 탐했고, 평생 동안 성욕을 주체하지 못한 것으로도 유명했다. 게다가 막대한 재산을 축적했지만 탕진한 까닭에 엄청난 빚을 남기는 것으로도 악명이 높았다.* 그는 겨드랑이 털을 뽑았고, 근무를 끝낸 병사들에게도 그 털을 뽑는 걸 허용하며, 그들이 향수 냄새를 풍기더라도 잘 싸울 거라고 말했다. "내 최고의 병사들은 모두 멋쟁이다"라고 태평스레 말하기도 했다.

내전에서 최종적으로 승리할 게 분명해지자, 카이사르의 자신감은 하늘을 찔렀다. 기원전 46년 7월이 끝나갈 때, 그는 로마에 입성했다. 원로원은 전례가 없이 40일간의 축제를 약속하며 카이사르에게 포상했다. 그가 아르베르니족의 부족장인 베르킨게토릭스에게 승리를 거둔 때보다 축제가 2배로 늘어난 셈이었다. 9월 21일부터 10월 2일까지 행렬이 계속되었고, 그 이후로 성대한 연회가 열릴 때까지 며칠

---

* 영국의 작가 토머스 드 퀸시Thomas De Quincey(1785-1859)가 1915년에 발간된 《갈리아 전기》의 서문에서 말했듯이, "언젠가 카이사르가 외국의 직책에 임명되었지만 수많은 채무자들의 원성이 너무 높아, 크라수스가 거의 20만 파운드에 달하는 금전적 지원이나 보증에 나서지 않았다면 카이사르는 그 공직을 맡으려고 로마를 떠나지 못했을 것이다. 또 언젠가는 그 자신을 무가치한 존재로 만드는 데 필요한 돈의 액수, 즉 모든 빚을 청산하려면 얼마가 있어야 하는지를 재미 삼아 계산해보기도 했다. 한 계산에 따르면, 200만 파운드 이상이 필요했다."

동안 2만 2000개의 탁자가 곳곳에 배치되었으며, 로마 시민이면 누구나 참가해 향연을 즐길 수 있었다. 카이사르에게 특전을 허용하느라 여러 전통마저 무시되었다. 예컨대 모든 행렬에서 그의 앞에는 72명이 넘는 수행원이 배치되었다. 가두 행진에 동원된 포로 중에는 베르킨게 토릭스만이 아니라 클레오파트라의 이복누이 아르시노에도 있었다. 축제 기간에는 운동 경기와 검투사 경기가 함께 치러졌고, 특히 닷새가 맹수들 간의 생사를 건 싸움에 할애되었다. 이때 400마리의 사자가 죽었고, 로마에는 처음 등장한 들짐승인 기린도 상당수가 죽었다. 키르쿠스 막시무스(고대 로마에 있던 전차 경기장/옮긴이)에서는 포로들이 양편—각각 사람은 2000명, 말은 200마리, 코끼리는 20마리—으로 나뉘어 죽을힘을 다해 싸웠다. 그 밖에도 테베레강의 오른쪽 강둑을 깊이 파내 특별히 만든 인공 호수에서는 연출된 해전이 볼거리로 펼쳐졌다. 과거에 보던 것과 비교하면, 모든 구경거리가 압도적으로 호화롭고 규모도 컸다.

그리고 명예가 계속 그에게 안겨졌다. 기원전 44년 카이사르는 네 번째로 종신 독재관dictator perpetua에 임명되었다. 또 직접 선거를 주재해서 두 번째로 집정관이 되었고, 그 이후에도 집정관으로 세 번째, 네 번째 임기를 누렸으며, 마지막에는 동료가 없이 단독으로 집정관을 지냈다. 원로원은 그에게 종신 감찰관과 '조국의 아버지Pater Patriae'라는 직책을 부여했으며, 동전에는 그의 얼굴이 새겨졌다. 또 원로원 회당에는 그를 위한 황금 의자가 놓였고, 그에게는 원하면 언제라도 승전복을 입는 게 허용되었으며, 훤히 벗겨진 대머리를 감추기 위해 머리에 월계관을 쓰는 것도 허락되었다. 한마디로 그는 공식적으로 거의 신처럼 숭배되었다. 그가 살던 개인 주택도 입구 상단이 삼각형 페디먼트pediment(신전을 장식하는 데 주요 사용된 기법으로, 건물

입구의 삼각형 부분/옮긴이)로 장식되어 신전처럼 보였다. 카이사르는 신으로 선포되기를 바랐던 것일까?

카이사르의 욕심은 너무 지나쳤다. 게다가 일부 고위층에서는 끔찍할 정도로 평판이 좋지 않았다. 마침내 60명 정도가 그를 암살할 음모를 꾸미기 시작했다. 기원전 44년 이두스 마르티이Idus Martii(3월 15일),* 카이사르는 원로원 회의에 참석할 예정이었다. 술을 많이 마시는 데다 폭력적인 성향을 띤 것으로 알려진 원로원 의원인 틸리우스 킴베르Tillius Cimber가 추방된 형을 다시 불러들이라고 부탁하는 탄원서를 카이사르에게 제출했다. 20명의 다른 공모자들도 카이사르 주변에 모여들어 각자 탄원서를 제출하는 척했다. 카이사르가 손을 저으며 물러서라고 하자, 킴베르는 그의 어깨를 움켜잡고, 그의 튜닉을 잡아당겼다.

그와 동시에 세르빌리우스 카스카Servilius Casca가 어느새 단검을 손에 쥔 채 카이사르의 뒤로 다가가 그의 목에 단검을 찔러 넣었지만 약간 빗나갔다. 곧이어 무리 전체가 카이사르에게 우르르 달려들며 주먹을 휘둘렀다. 카이사르는 달아나려 애썼지만, 피가 눈을 가려 발을 헛딛고 넘어졌다. 암살은 혼란스럽고 엉망진창으로 진행되었지만, 살해범들은 카이사르에게 계속 타격을 가했고, 카이사르는 안마당으로 연결되는 계단의 아래쪽에 널브러지고 말았다.[17] 공모자도 많았고, 단검도 많았다. 그렇게 공모자들의 손에는 한결같이 단검이 쥐어져 있어, 그들은 서로에게 상처를 주는 실수를 범하기도 했다. 가이우

---

* 셰익스피어가 카이사르의 암살 사건을 재구성한 덕분에 '이두스 마르티이(영어로는 Ides of March, 3월의 가운데 날)'는 대의에 입각한 암살, 폭정에 대한 반대를 상징하는 구절로 쓰인다. 링컨을 암살한 존 윌크스 부스John Wilkes Booth(1838-1865)도 'Ides'를, 링컨을 살해하려는 날을 뜻하는 암호로 삼았다.

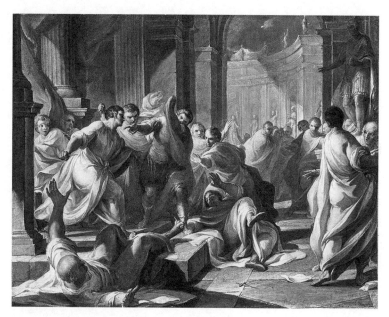

〈율리우스 카이사르의 암살〉, 마리아노 로시*Mariano Rossi(1731-1807)*. 많은 화가가 이 순간을 그렸지만, 이 그림이 그 순간에 틀림없이 닥쳤을 혼란과 소동을 가장 잘 묘사한 듯하다.

스 카시우스 롱기누스Gaius Cassius Longinus(86-42 BC)는 단검을 쥐고 카이사르에게 돌진했지만, 브루투스의 손에 상처를 내고 말았고, 다시 단검을 휘둘렀을 때는 다른 공모자의 허벅지를 찔렀다. 무수한 칼질에도 23번만이 카이사르의 몸을 찔렀고, 수에토니우스에 따르면, 그중에서도 단 하나, 가슴에 두 번째로 찔린 상처만이 치명적이었다는 게 나중에 의사의 검시로 확인되었다. 독재자의 시신은 거의 3시간 동안 원로원 회의실 바닥에 방치된 채 있었고, 그 뒤에야 누군가가 그 시신을 대담하게 옮겼다. 카이사르가 살해된 회의실은 폐쇄되었고, 나중에는 공동 화장실로 개조되었다. 역사상 가장 유명한 암살은 그렇게 막을 내렸다.

14장 안에서 들여다본 역사

카이사르를 가장 흠모한 유명인 중 하나는 나폴레옹 보나파르트 Napoleon Bonaparte(1769-1821)였다. 나폴레옹은 원대한 야망을 지닌 장군이라면 그 위대한 로마인, 즉 카이사르의 글을 반드시 읽고 연구해야 한다고 말했을 뿐만 아니라(하지만 나폴레옹은 카이사르 글의 진실성을 부분적으로 의심했다), 세인트헬레나섬에 유배 중이었을 때는 카이사르의 군사 작전을 비판하는 238쪽의 글을 쓰기도 했다. 물론 카이사르가 그랬듯이, 나폴레옹도 프랑스 국민의 마음을 사로잡으려고 자신의 전투를 호의적으로 미화해서 묘사했고, 승전을 최대한 활용해 성공과 영웅적 행위와 관련된 모습을 프랑스인들에게 심어주려 애썼다. 그가 전쟁터에서 보내는 공고들은 신문에 보도되며 프랑스 전역에 알려졌다. 자신을 승리자로 세상을 알리려는 편지들도 쓰였고, 패배한 전쟁에서도 그는 승리자로 둔갑했다. 나폴레옹은 모든 것에 승리해야 했기 때문에 심지어 카드놀이에서도 속임수를 썼다(나폴레옹을 흠모했던 샤를 드골에게도 이런 약점이 있었다).

나폴레옹은 역사서, 특히 폴리비오스와 플루타르코스를 흥미롭게 읽었다. 하지만 학창 시절에는 수학에 뛰어나다는 칭찬을 받았고, 사고방식도 과학적이었다. 그렇지만 16세이던 1785년 나폴레옹은 자전적인 중편소설로, 한 군인과 그의 연인에 대해 이야기한《클리송과 유제니》를 썼다. 군사 학교에서 15개월 동안 교육받을 때 그는 대포와 철학과 역사에 대한 개인적인 생각으로 36권의 공책을 빼곡히 채웠고, 나중에는 서너 편의 단편소설과 정치적 소논문을 쓰기도 했다. 그가 세상을 떠난 뒤에 그의 글을 찾아 읽는 독자가 많았다. 그가 전술과 병법에 대한 78개의 격언을 정리한 원고와, 깊은 진리를 간결

세인트헬레나섬에 함께 유배된 샤를 트리스탕 드 몽톨롱*Charles Tristan de Montholon* (*1783-1853*) 장군과 체스를 두고 있는 나폴레옹. 드 몽톨롱 장군은 나폴레옹에게 일부 러 져주었다.

하게 표현한 금언과 잠언을 수집해놓은 책이 출간되었고, 그가 남긴 많은 편지도 여러 판형으로 출간되었다.[18] 나폴레옹은 자신과 관련된 사건들을 직접 기록할 필요를 느끼지 못할 정도로, 자신이 역사에서 확고한 위치를 차지할 것이라 확신했으리라고 생각할 독자가 있을지 도 모르지만(프랑스가 모스크바로부터 퇴각하는 동안 나폴레옹은 자서전을 쓰려고 기록한 자료들을 불태우기도 했다), 그가 운명을 달리하고 2년이 지난 뒤, 즉 1823년 4권으로 구성되어 약 1600쪽에 달하는《회고록》

이 출간되었다. "황제가 세인트헬레나섬에 함께 억류된 장군들에게 받아쓰게한 다음, 황제 자신이 직접 수정한 원고를 출간한 것"이었다.

나폴레옹이 남긴 묵직한 경구를 한두 개쯤 소개하면, "내 역사에는 단순히 말만으로는 지워버릴 수 없는 사건들이 있다",[19] "수사학자들이 쓴 글이 고전으로 여겨지는 게 현실이지만, 국가를 경영하고 세상사를 잘 아는 사람이 쓴 글이 고전으로 여겨져야 마땅하다"[20]가 있다. 프랑스의 역사가 자크 뱅빌Jacques Bainville(1879-1936)에 따르면, "그는 역사에 대한 자신의 발언을 수정하며, 처음부터 그렇게 말했던 것처럼 기록해두기도 했다. 그 이후로는 글에 썼듯이 역사에 대한 그의 발언은 똑같아졌다."[21] 영국의 작가 앤서니 버제스Anthony Burgess(1917-1993)는 《나폴레옹 심포니》라는 소설에서 "막연한 역사는 끝났네/ 이제 남은 것은 특별한 신화"라고 재밌게 말했다.[22]

오늘날 나폴레옹의 회고록을 일부러 찾아 읽는 사람은 거의 없다. 하지만 나폴레옹의 회고록은 19세기 베스트셀러 목록에서도 상위권을 차지했다. 카이사르처럼 나폴레옹도 자신을 3인칭으로 지칭하고 독선적이고 논쟁적이며, 자신을 긍정적으로 평가한다. 하지만 카이사르에 비하면 자화자찬의 정도도 훨씬 더 심하다. 예컨대 1796년, 프랑스군과 오스트리아군 사이에 로디 전투Battle of Lodi가 있은 뒤, '꼬마 하사관Le Petit Caporal'이란 별명을 얻은 나폴레옹은 "살인적인 포화에도 신중하게 진행된 이 격렬한 작전은 병사들에게 이번 전쟁에서 가장 성공적으로 수행된 행위로 여겨졌다"는 기록을 남겼다.* 카이사

---

* 로디 전투에서 나폴레옹은 젊은 패기와 용기를 발휘했지만, 일설에 따르면 키가 158센티미터(5피트 2인치)를 넘지 않았다. 그 때문에 이 전투가 끝난 뒤에 나폴레옹은 경멸과 애정이 동시에 담긴 이 별명을 얻었다. 나폴레옹은 이 별명을 좋아하며 권장했다. 하지만 대부분의 자료에 따르면, 그의 키는 168센티미터(5피트

르도 자신이 거둔 최고의 승전을 비슷하게 평가하고 싶었겠지만(더구나 로디 전투는 결정적인 전투도 아니었다), 나폴레옹처럼 그렇게 자기만족에 빠지지는 않았을 것이다.

지금 생각해도, 나폴레옹이 히틀러나 예수 그리스도보다 많은 책의 주인공이라는 게 약간은 놀랍다.《브리태니커 백과사전》의 설명에서는 나폴레옹을 다룬 책이 20만 권이 넘고, 프랑스 역사가들은 40만 권에 달한다고 주장한다. 비교적 최근에 나폴레옹의 전기를 쓴 앤드루 로버츠Andrew Roberts에 따르면, 보나파르트가 죽은 이후의 일수日數보다 제목에 나폴레옹이 언급된 책의 숫자가 더 많다. 그러나 로버츠는 나폴레옹의 회고록이 비정상적인 개인 기록이라는 걸 말하지 않는다. 물론 다수의 나폴레옹 전기 작가가 이에 대해서 함구하는 것은 똑같다. 나폴레옹의 회고록은 1779년에 시작해서, 1806년 이탈리아에서의 전투로 끝난다. 따라서 방대한 양에도 불구하고, 나폴레옹의 이력에서 가장 중요했던 시절이 빠졌다. 3권으로 구성된《역사의 사소한 사건들》은 사후에 출간되었고, 여기에서 나폴레옹은 1813년과 1815년의 군사 작전에 대해 짤막하게 언급한다. 그런 대화와 기억을 편찬한 이 책은 나폴레옹이 직접 쓴 게 아니다. 나폴레옹이 "우리가 역사에 기록으로 남긴 의견을 제외하고는 지상의 모든 것이 곧 잊힌다"고 말했듯이, 그가 쓴 회고록은 저울 위에 올려진 그의 손가락이었다.

6인치)로, 그 시대의 평균 신장보다 약간 컸다. 인치의 크기가 프랑스와 영국에서 달랐기 때문에 이런 차이가 존재한 듯하다. 여하튼 프랑스 육군에서 체격이 가장 컸던 척탄병들의 옆에 선 나폴레옹을 그린 그림들을 보면, 척탄병들이 월등히 크기는 하다. 또 나폴레옹은 항상 조끼 안에 한 손을 넣은 모습으로 희화화되지만, 그런 자세는 차분하고 안정된 지도자를 상징하는 모습으로 많은 통치자의 초상화에서 사용된 기법이지 나폴레옹만의 고유한 자세는 아니었다.

※ ※ ※

카이사르와 나폴레옹은 기록을 위해 글을 쓴다고 생각하며, 3인
칭을 사용함으로써 그들의 글이 객관적인 보고서로 읽히기를 바랐다.
미국 남북 전쟁 동안 북군 사령관이었고, 미국 제18대 대통령을 지
낸 율리시스 S. 그랜트는 그런 의도에서 회고록을 쓰지 않았다. 하이
럼 율리시스Hiram Ulysses(나중에 하이럼이란 이름을 버리고, 어머니가 결혼
전에 사용하던 Simpson이란 성에서 따온 S로 대체한 뒤에 율리시스 뒤에 붙였
다)는 2제곱미터가 채 안되는 두 칸짜리 오두막에서 태어났다. 오하
이오의 포인트 플레전트에서 무두질로 힘겹게 먹고살던 집안에서 태
어난 까닭에, 어려서부터 그는 "피범벅인 가죽과 그 가죽을 갉아먹는
커다란 쥐들과 씨름하며" 무두질 공장에서, 또 (그가 다른 어떤 직업보다
농사일을 더 좋아하고, 그래서 말을 좋아하게 된 것이라고 입버릇처럼 말했듯
이) 집 주변에서도 열심히 일해야 했다.[23] 회고록에서 그는 여덟 살에
겪었지만 그 이후로 뇌리를 떠나지 않던 한 사건에 대해 말해준다.

마을로부터 수 킬로미터 정도 떨어진 곳에 살던 랠스턴이란 사
람에게… 수망아지 한 마리가 있었다. 나는 그 망아지를 무척 갖
고 싶었다. 아버지가 20달러를 제안했지만, 랠스턴은 25달러를
받고 싶어 했다. 나는 그 망아지를 정말 갖고 싶어서 랠스턴이 떠
난 뒤에 그가 제안한 가격에 망아지를 데려올 수 있게 해달라고
아버지에게 간청했다. 아버지는 내 간청에 양보했지만, 모든 말
값은 20달러가 적정하므로 처음에는 20달러를 제안하라고 말했
다. 20달러가 받아들여지지 않으면 22달러 50센트를 제안하고,
그 가격마저 받아들여지지 않으면 25달러를 내놓기로 했다. 나

는 즉시 말에 올라타 망아지를 사러 갔다. 랠스턴의 집에 도착해서, "아빠가 망아지 값으로 20달러를 제안하면 괜찮을 거라고 말씀하셨어요. 하지만 어르신이 그 액수를 받아들이지 않으면 22달러 50센트를 제안할게요. 그 가격도 받아들이지 않으면 25달러를 제안하겠어요"라고 말했다. 코네티컷 사람이라면 망아지 값이 최종적으로 어떻게 합의되었을지 추측할 필요가 없을 것이다. ··· 그 거래는 나에게 가슴 아픈 기억을 남겼다. 그 이야기가 마을의 남자 아이들 사이에 퍼졌고, 오랜 시간이 지난 뒤에야 나는 그 소문을 가장 나중에 들었다.[24]

친구들은 그랜트의 이름, 즉 율리시스Ulysses를 비틀어 '쓸모없는 놈Useless'이라고 놀렸다. 이 사건은 그랜트에게 사업가적 자질이 없다는 잔혹한 기억을 남겨주었다. 하지만 학업에서는 결코 뒤처지지 않아, 아버지의 권유를 받아들여 웨스트포인트로 진학했다. 당시는 의회가 웨스트포인트의 폐쇄 여부를 두고 치열하게 토론하던 때였다. 새로운 급우들은 그를 '샘'이란 별명으로 불렀는데, 그 이유는 그의 입학 원서에 쓰인 이름이 'U. S. 그랜트'였고, 두문자인 U. S.가 'Uncle Sam(엉클 샘)'을 뜻했기 때문이다. 그랜트는 웨스트포인트에서 소설을 읽고 그림을 그리며 즐거운 시간을 보냈지만(그는 뛰어난 화가이기도 했다), 프랑스어를 배우느라 무척 고생했다. 당시 사관 학생들은 나폴레옹 전문가들이 프랑스어로 작성한 전쟁에 대한 논문을 번역 없이 읽을 수 있어야 했다. 그랜트는 학교에서 누구보다 뛰어나고 대담한 기병騎兵이 되었다.[25] 게다가 그가 17핸드(핸드는 말의 키를 측정하는 단위로, 1핸드가 대략 10센티미터이므로, 그랜트의 키인 172센티미터에 해당하는 높이/옮긴이)에 달하는 고집스런 말을 얌전하고 순종적인 말로 바뛰가는 과정을 지켜보려고 구경꾼들이 모여들었다. 그랜트는 말 등에 올라서서, 혼자서 고향 근처의 거친 길을 달리는 걸 좋아했다. 1843년 7월 1일 졸업식 날, 승마 교관은 졸업식장 한복판에 도약대를 설치하고, 여지껏 누구도 본 적이 없는 높이까지 가로대를 올린 뒤에, 그때까지 누구도 올라탄 적이 없던 사나운 말을 끌고 와서는 "그랜트 생도! 저 도약대를 뛰어넘어라!"라고 말했다. 그날, 엉클 샘은 그 이후로 25년 동안 깨지지 않은 기록을 세웠다.

그랜트의 회고록은 총 1231쪽이지만, 극히 일부만이 이 젊은 시절에 할애되고, 3분의 2는 남북 전쟁이 차지한다. 하지만 남북 전쟁이 끝난 뒤의 사건에 대해 한 페이지도 쓰지 않고, 대통령으로 보낸 2번의 임기에 대해서도 전혀 언급하지 않는다. 나머지 부분에서는 1846-1848년의 멕시코 전쟁이 멋들어지게 설명되고(이때 멕시코는 영토의 절반 이상을 미국에게 잃었다), 그 직후에 그랜트가 힘들게 보낸 6년이 간략하게 요약된다. 그랜트는 편두통을 가라앉히려고 위스키를 습관적으로 마시기 시작했고, 술주정꾼이란 아름답지 못한 평판을 얻어, 결국 군대에서 제대해야만 했다. 음주벽은 그랜트의 성격에서 '유일하게 극적인 부분'이었지만 회고록에서는 전혀 언급되지 않는다─예컨대 두세 달 동안 술을 끊고 지내다가 이틀 동안 술독에 빠져 지내는 경우가 많았다.[26] 하지만 그의 음주벽은 론 처나우Ron Chernow의 2018년 전기에서 반복적으로 나타나는 주제로, 이 전기에서는 그랜트가 '평생 동안 알코올 중독과 벌인 싸움'이 차근차근 소개된다.[*] 한

---

[*] 처나우의 설명에 따르면, 그랜트는 한 잔으로 멈추지 못했고, 알코올이 들어가면 유쾌해졌고 비틀거리며 주변을 돌아다녔으며 혀 꼬부라진 소리로 말하다가 결국에는 침울한 기분에 빠져들었다는 점에서 알코올 중독자의 전형적인 특징을 보여주었지만, 사회생활은 유지하는 고기능high-functioning 알코올 중독자였다. 미

번에 불과했지만, 뉴욕에서는 술을 얼마나 많이 마셨던지 술에 취했다는 이유로 투옥되기도 했다. 게다가 그랜트는 직업을 가리지 않고, 미주리에서는 농부로, 세인트루이스에서는 세관 직원과 임대료 수금원으로 일했고, 또 지역 토목기사로(웨스트포인트가 당시 미국에서 토목기사를 양성하는 주요 기관이었지만 그랜트의 취업 지원서는 반려되고 말았다), 최종적으로는 가족이 운영하던 상점에서 두 동생 심슨과 오빌의 감시를 받으며 마구를 비롯해 가죽 상품을 판매하는 점원으로 일해 보려고도 했다.

극심한 불황이 닥친 1857년, 그랜트는 길거리에서 장작을 파는 지경에까지 추락했고, 아이들을 위해 크리스마스 선물을 사려고 금시계를 22달러에 저당 잡혀야 했다. 그때는 말도 없어 뚜벅뚜벅 걸어 다녀야 했다. 그랜트의 전기를 쓴 다른 작가 윌리엄 맥필리William McFeely(1930-2019)의 표현을 빌리면, "일터에 가려면 길고 긴 계단을 내려가야 했고, 하루 일과를 마치고 집에 오려면 다시 그 길고 긴 계단을 올라가야 했다. 그렇게 힘겹게 걸어 다니던 그의 멍한 표정은 많은 사람의 이야깃거리였다."[27] 일리노이 북서부에 위치한 고향 걸리나에 돌아갔지만, 마을 사람들은 침울한 표정에 구부정한 모습의 그와 마주치지 않으려고 황급히 길을 건넜다. 그러고는 1861년 남북 전쟁― 그랜트의 표현을 빌리면 "근대에 가장 많은 피와 비용을 치렀던 전

국의 역사가 브루스 캐튼Bruce Catton(1899-1978)이 남북 전쟁을 다룬 연구서에서 말하듯이, "군에서는 그랜트의 음주에 대해 우려하지 않았다. 술을 마시지 않는 장군은 극히 드물었다." Bruce Catton, *A Stillness at Appomattox* (New York: Doubleday, 1953), p. 42를 참조하기 바란다. 그랜트는 전투 전이나 전투 중에는 술을 전혀 입에 대지 않았다. 이런 폭음 습관을 해결한 방책에 대해서는 James Thurber, "If Grant Had Been Drinking at Appomattox," *The Thurber Carnival* (New York: Harper Perennial, 2013), pp. 140-142를 참조하기 바란다.

쟁—이 시작되었고, 마침내 그랜트는 역량을 발휘할 기회를 얻었다.

　찰스턴의 섬터 요새가 포격을 받자마자 그랜트는 자원해 입대했고, 전쟁은 "그를 다시 제복에 밀어 넣었다."[28] 그때 그는 39세였다. 옛 전우들의 도움을 받아, 놀랍게도 대령이란 계급을 얻었고, 그렇게 전광석화 같은 진급 신화가 시작되었다("그는 싸울 때마다 진급했다").[29] 처음에는 걸리나에서 신병을 모집하는 책임자로 시작했지만, 3년 만에 미군 총사령관이 되었다. 오래지 않아 벨몬트, 도널슨 요새(북군이 처음으로 거둔 중요한 승리), 샤일로, 빅스버그, 채터누가, 스포칠베이니아, 콜드 하버(8500명의 사상자), 리치먼드 함락과 리 장군의 애퍼매톡스 항복으로 이어진 피터즈버그까지, 남북 전쟁에서 유명한 전투들이 이어졌다.

　그랜트의 설명에 따르면, "전쟁하는 방법은 단순하다. 적의 위치를 찾아내서 최대한 신속하게 접근해 최대한 강력하게 공격한 뒤에 계속 전진하는 것이다."[30] 언젠가 그의 부대는 17일 만에 240킬로미터를 행군하며 5번의 전투에서 승리를 거두었다. 그랜트는 자신의 위세를 의식하지 않은 듯하지만, 그의 명성은 점점 높아갔다. 덕분에 그는 영웅이 되었고, 1864년 무렵에는 미국에서 가장 인기 있는 사람이 되었다.[31] 링컨조차 "그가 있는 곳에서는 모든 것이 들썩인다"고 부러운 듯 말했다. 영국의 역사가 존 키건John Keegan(1934-2012)이 《명령의 가면The Mask of Command》이란 책에서 주장하듯이, 그랜트는 '비非영웅적인 리더십'을 만들어냈다. 그의 보좌관 찰스 프랜시스 애덤스Charles Francis Adams는 아버지에게 보낸 편지에서 "그랜트는 무척 특이한 사람입니다. 장군처럼 보이지 않습니다. 땅딸막하고 구부정해서 하급 장교라고 말해도 모두가 믿을 겁니다. 게다가 담배를 무척 좋아합니다.* 사람들은 그의 입에서 성격이 보인다고 말하고, 정말 그럴지 모르지만 그의 입은 온통 수염으로 덮여 있어, 그 소문이 사실인지 확인할 길이 없습니다"라고 썼다.[32] 그랜트는 삶을 편하게 해주는 물건들을 경멸해서 톱으로 대충 만든 통에 들어가 목욕을 했고, 하인을 전혀 두지 않았다. 그래서 1863년 2월의 어느 날에는 실수로 틀니를 세숫물과 함께 버렸다는 편지를 아내에게 보내기도 했다.

그랜트는 현실에서나 지도에서나 지형을 읽는 데 타고난 재능이 있었다. 극작가이며 역사가인 엘리자베스 디그스Elizabeth Diggs가 말하듯이, "그의 기억력은 믿기 힘들 정도로 뛰어났다. 그가 여덟 살 때부터 아버지의 무두질 공장에서 가죽을 잔뜩 실은 배달 수레를 끌고 이정표도 없는 울퉁불퉁한 길을 따라 숲과 농지를 지나야 했듯이, 어린 시절에 이미 전쟁 준비를 했던 게 아닌가 싶다. 그는 혼자였고 높은 자리까지 올라갔다. 사람들은 그가 항상 최적의 길을 찾아낸다는 걸 결국에는 알게 되었고, 그에게 조언을 구했다."[33] 그는 자신이 서부에서 '여행을 가장 잘하는 남자'라는 걸 자랑스러워했다. 그에게는 미국 개척자다운 자제력이 있었다. 시가를 씹을 때가 아니면 거의 언제나 "입에 자물쇠를 채우고" 당면한 문제에 집중하는 관찰자였다. 전쟁터에서는 무자비해서 냉철하게 병사들을 사지로 보냈고, 항복 협상을 할 때는 옛 웨스트포인트 동료들이 반론을 제기하며 그의 입장을 완화해보려는 어떤 시도도 일축해버렸다. 그에게 전쟁은 싸움을 뜻했고 살육을 뜻했으며 절멸을 뜻했다. 미국의 작가 허먼 멜빌Herman

---

* 전쟁이 한창인 때에, 한 신문이 그랜트가 시가를 좋아한다고 잘못 보도했다. 고맙게도 시민들이 시가를 계속 보내준 까닭에 그랜트는 파이프 담배를 끊고 시가를 피울 수밖에 없었고, 그 이후로 평생 시가 중독자가 되었다. 그랜트는 담배를 끊어보려 했지만 하루에 2갑(1갑에 12개)의 시가를 습관적으로 피웠다. (윈스턴 처칠은 하루에 평균 10개비를 피웠다. 더 정확히 말하면 씹었다. 그가 평생 씹은 시가 수를 계산하면 25만 개비 정도 된다.)

Melville(1819-1891)은 1864년 버니지아 전장을 방문해서 북군 기병대와 함께 남군 유격대를 추적하며, (그다지 뛰어나지는 않지만) 「조용한 장군」이란 시에서 그랜트를 이렇게 묘사했다.

> 조용한 남자, 소박한 옷차림—
> 잠시 손에 쥔 담배를 바라보더니
> 그러고는 잿빛 눈동자를 땅으로 떨어뜨린다
> 장전을 끝낸 박격포처럼 그는 여전히 고요하다
> 그에게서 온유함과 냉혹함이 만난다—
> 조용한 장군…
> 사이클론의 눈만큼이나
> 평온한 마음으로 세운 단호한 계획.[34]

그랜트는 대중의 눈에 비친 것처럼 결코 과묵하거나 자신의 생각을 제대로 표현하지 못하는 천재가 아니었다. 그런 모습은 유용한 겉모습에 불과했다.[35] 이런 이유에서 미국의 역사가이자 논평가 헨리 애덤스Henry Adams(1838-1918)는 그랜트를 '전前지식인pre-intellectual'이라 조롱하며, "동굴에 살던 혈거인에게도 그렇게 보였을 사람"이라 평가했다. 그랜트는 자신을 '군대에 어울리지 않는unmilitary' 사람이라며 자신의 단순한 성격을 끊임없이 강조했지만, 회고록을 이용해 적잖은 원한을 해결하기도 했다(전기 작가 T. J. 스타일스는 "그는 주머니 속에 원한이라는 꿈틀대는 작은 뱀을 꼭 쥐고 있었던 듯하다"고 말했다). 그랜트는 민간인과 군인을 비슷하게 대하며 싸운다는 비난을 받았을 때 그런 부정적 비판에도 대응하며 자신을 공정한 사람이라고 믿었고, 이런저런 사건들, 특히 샤일로 전투와 그곳에서 확인된 만행에 대한 자신의 기억들을 기록해두고 싶어 했다. "북군이 전쟁에서 필요 이상으로 잔인하지는 않았다." 남북 전쟁에서 사용된 탄환, 즉 거의 60그램에 달하던 미니에탄Minié ball이 550미터까지 날아가 그때까지 전쟁에서 발생된, 소형 병기로 인한 부상 중 최악의 부상을 남길 수 있었던 이유는 무기의 진화였지, 그랜트의 무자비함이 아니었다는 뜻이었다.[36]

하지만 그랜트는 때때로 진실을 다 말하지 않았다. 예컨대 그랜트는 샤일로 전투에서 큰 실수를 범했다. 남군의 전술을 심각하게 잘못 판단했지만 그 실수를 인정하지 않았다. 또 유대인을 자신의 명령 계통에서 배제한다며 논란을 불러일으킨 1862년 12월의 일반 명령 제11호에 대해서도 언급하지 않았다.* 1864년 11월 15일 애틀랜타를 불태운 사건도 회고록에서는 언급되지 않는다. 그저 점령했다고 말한다.[37] 링컨이 암살되고, 곧바로 앤드루 존슨Andrew Johnson(1808-1875)이 대통령직을 이어받은 직후, 그랜트의 절친한 친구였지만 때로는 경쟁자이던 윌리엄 테쿰세 셔먼William Tecumseh Sherman(1820-1891)이 급작스레 소집된 내각으로부터 남군과의 평화 협상에서 월권을 범했다고 공식적으로 질책을 받자, 그랜트는 평화 협상을 개인적으로 추진한 적은 없으며 그저 '명령을 받아' 협상에 참석한 것일 뿐이라고도

---

* 그랜트를 다룬 희곡까지 쓴 엘리자베스 디그스의 견해에 따르면, 그랜트가 그 명령을 내린 이유에는 아버지와의 갈등이 있었다. 아버지가 전쟁을 통해 부당한 이익을 취하려고, 자신과 몇몇 동업자(모두 유대인)에게 특별 대우를 계속 요구했기 때문이다. "아버지의 요구에 그랜트는 크게 화를 냈다. 그의 아버지는 집요하게 특혜를 요구했다. 내가 읽은 편지들에서, 그랜트가 화를 낸 이유는 그것밖에 없었다. 여하튼 그런 명령을 내린 것은 어리석고 잘못된 것이었다. 그는 그 잘못을 '보상'하려고, 그때까지의 그 어떤 대통령보다 정부의 중요한 직책에 더 많이 유대인을 임명했다." 2016년 4월 7일, 저자에게 보낸 편지. 그랜트는 유대인들과 긴밀한 관계를 맺었고, 유대인 회당에서 연설할 기회를 얻으려고 애쓰기도 했다.

변명한다.

그랜트는 사회 경험이 많은 생존자이기도 했다. 이런 이유에서 그의 회고록이 더 흥미롭게 읽히는 것일 수 있다. 예컨대 멕시코 전쟁 동안, 멕시코 북동부에서 가장 큰 도시 중 하나인 몬테레이를 공격할 때 그랜트와 그의 병사들은 집집마다 돌아다니며 총격을 가했고, 마침내 탄환이 떨어지고 말았다. 그랜트는 평소에 타던 말이 아니었는데도 왼발을 안장 뒤에 올리고 오른발은 등자에 끼워 넣은 채 말의 오른쪽 옆구리 뒤로 상반신을 감추었다. 그런 자세로 전속력으로 달려, 한 발도 맞지 않고 멕시코군의 사격권을 빠져나왔다.[38] 그랜트가 최악의 전투 상황에서도 이런 순발력을 보여줄 수 있었던 이유가 '초자연적인 평정심preternatural tranquility'에 있었을 거라고 론 처나우는 결론짓는다.

역시 남북 전쟁 동안, 미시시피의 벨몬트에서 강변의 요새를 점령하려고 할 때였다. 그랜트는 그날의 두 번째 말을 타고(첫 번째 말은 적군의 총에 맞았다), 북군의 포함砲艦 근처를 느긋하게 돌아다닐 때 남군 병사들의 공격을 받았다. 말은 상황을 파악한 듯이, 앞발을 강둑 뒤쪽에 올려놓고 뒷발로 몸을 지탱하며 강둑을 미끄러져 내려와, 포함으로 연결된 하나의 널빤지에 올라섰다.[39] 그러고는 마지막 승선자인 그랜트를 안전하게 배에 태웠다.

그랜트는 압박을 받는 상황에서도 평정심을 잃지 않았다. 한 참모 장교의 목격담에 따르면, 언젠가 그랜트가 나무 그루터기에 앉아 명령서를 작성하고 있을 때 포탄 하나가 그의 위에서 터졌다. 그런데도 그랜트 중장은 명령서를 계속 작성했다. 참모 장교에게 넘겨진 명령서는 중단된 곳이 없이 깔끔하게 쓰여, 그랜트의 마음이 순간적으로나마 흔들렸을 것이란 흔적이 전혀 없었다. 그랜트는 위험에도 무

버지니아 콜드 하버에 설치된 한 천막 앞에 서 있는 그랜트, *1864년 6월 11일 혹은 12일.* 삶의 과정에서 무수히 패배를 경험한 사람만이 패전반 병사들의 심리를 이해할 수 있을 것이다.

관심했다. 한 병사는 "율리시스는 겁이 전혀 없다"고 썼다. 1862년 그랜트는 아내 줄리아에게 보낸 편지에서, 이미 많은 전투를 치렀기 때문인지 "이제는 전쟁터가 고향처럼 느껴지기 시작한다"고 말하기도 했다. 어쩌면 진짜 그랬을지도 모르지만, 훗날 그랜트는 대포 소리를 결코 좋아하지 않았다고 인정했고, (아버지의 무두질 공장에서 보고 맡았던 죽은 짐승들과 그들의 냄새, 결국 도살된 짐승들의 악취를 떠올려주었기 때문인) 피를 보는 걸 지독히 싫어해서 새까맣게 태울 정도로 바싹 굽지 않은 고기는 먹지 않았다고 고백하기도 했다.[40] 그랜트는 동물이나

새를 사냥하거나 죽이지 않았다. 음담패설이나 욕을 하는 것도 용납하지 않았고, 그런 말이 불가피한 상황에서는 그 자리를 피해버렸다.

1864년 8월 피터즈버그를 포위해 공격할 때, 그랜트는 한 반역자가 사령부로 밀반입한 폭탄이 터지며 크게 부상당할 위험을 가까스로 모면했다. 탄약을 쌓아놓은 곳에서 '위장 폭파 장치infernal machine'가 엄청난 폭발을 일으켰기 때문이었다. 1862년 6월 23일에도 운 좋게 매복 공격을 피했고, 대통령으로 재임할 때는 암살 시도를 면했다. 링컨이 암살된 그날 밤, 그랜트도 링컨과 함께 문제의 극장을 방문할 예정이었지만, 마지막 순간에 방문을 취소했다. 존 윌크스 부스John Wilkes Booth(1838-1865)는 애초에 둘 모두를 죽일 계획이었다.

그랜트는 1868년까지 육군 사령관으로 재임했고, 그해 퇴역해 대통령에 당선되었다. 대통령으로 백악관에서 두 번의 임기를 보냈지만, 남북 전쟁 이후의 그 시간은 쇠락기였다. 그랜트는 국민적 영웅일 수 있었지만, 그의 정부는 무능하고 부패했다는 평가를 받았다. 그의 재임 기간은 금융 비리, 외교 정책에서의 확연한 실수, 실질적인 진전이 거의 없었던 국가 재건 등으로 얼룩졌다. 두 번째 임기를 끝내고, 1877년 3월 그랜트는 2년간의 세계 일주를 시작했다. (아일랜드의 소설가 제임스 조이스James Joyce(1882-1941)는 소설 《율리시스》에서 몰리 블룸을 통해, 그랜트의 소함대가 지브롤터에 입항할 때 그를 맞이하던 웅장한 예포를 기억에 떠올린다.) 정치적 야심은 여전했지만, 고향에 돌아오자마자 세 번째 임기에 도전하겠다는 꿈은 곧 무너졌다. 공화당이 제임스 A. 가필드James Abram Garfield(1831-1881)를 후보로 선출했기 때문이었다.

그 정치적 실패는 위기로 이어졌다. 간단히 말하면, 그랜트는 60세에 가까웠지만 수입이 거의 없었고, 망아지를 구입하던 어린 시절에 입증했듯이 돈을 버는 재주도 없었다. 어떻게든 돈을 벌어야 한다는 불안감에 오히려 고전적인 폰지 사기의 희생양이 되고 말았다.* 1878년 그랜트는 아들 율리시스 '벅' S. 그랜트 주니어Ulysses 'Buck' S. Grant Jr.와 퍼디넌드 워드Ferdinand Ward(1851-1925)라는 젊은 벤처 투자자와 사업을 해보려고 뉴욕시로 이주했다. 워드의 증손자인 제프리의 표현에 따르면, 퍼디넌드는 "말주변이 좋고 매력적이며 겸손하고 날씬한 사람, 특히 연로한 사람들을 찾아내서 그들을 즐겁게 해주는 천재적인 능력을 지닌 사람"이었다.

처음에 그랜트 앤드 워드사社는 전쟁 영웅의 평판에 힘입어 성공적으로 운영되었다. 에드먼드 윌슨Edmund Wilson의 표현을 빌리면 '치유할 수 없을 정도로 잘 속는 사람'이었고,[41] 론 처나우가 '나이를 먹어도 순진한 사람'이라고 표현했던 그랜트는 세상에는 부정직한 사람이 있다는 것조차 믿지 않아, 회사의 일상적인 운영에는 거의 관여하지 않았고, 서류를 읽어보지 않고 서명하기 일쑤였다. 하지만 그랜트는 자신이 250만 달러의 가치를 지녔다고 주변 사람들에게 자랑했고, 친척과 친구 들은 그 자랑을 믿고 상당히 큰돈을 기꺼이 투자했다. 폰지 사기는 항상 실패하기 마련이고, 차라리 일찌감치 터지는 편이 낫다. 1884년 5월쯤, 그랜트 앤드 워드사는 완전히 나락으로 떨어졌다. 마크 트웨인에 따르면, 그랜트는 40만 달러를 잃는 데 그치지 않고, 워드가 회사를 살리려면 15만 달러가 필요하다는 말을 믿고 윌

---

* 1920년대에는 찰스 폰지Charles Ponzi(1882-1949), 그 이후에는 버니 메이도프 Bernie Madoff(1938-2021)가 있었지만, 이런 유형의 사기는 자본주의의 도래 이후에 끊임없이 존재했다. 일부 학자의 주장에 따르면, 이런 신용 사기는 1899년, '520퍼센트'로 알려진 윌리엄 W. 밀러William W. Miller가 뉴욕 브루클린에서 시작한 작전이 최초였다. 밀러는 매주 10퍼센트의 이자를 약속했고, 폰지 사기의 주된 특징들, 예컨대 고객이 자신의 이자를 재투자하는 방식 등을 활용했다. 그러나 그랜트가 당한 신용 사기는 이보다 10년을 앞선 것이었다.

리엄 H. 밴더빌트William H. Vanderbilt(1821-1885)에게 빌린 15만 달러까지 잃었다. 밴더빌트가 그 돈을 원하지 않았는데도 그랜트가 갚겠다고 고집한 것에서 그의 성격이 고스란히 읽힌다. 그랜트는 밴더빌트가 그를 도우려고 개인적으로 그 돈을 대출받았다고 말했기 때문에 그 돈을 갚겠다고 고집했던 것이다. 그 돈을 갚는다는 것은, 그랜트가 값나가는 거의 모든 재산을 팔아야만 한다는 뜻이었다. 푼돈을 모아 마련한 1000달러를 투자한 한 친척 노인도 비슷한 사기를 당했다. 트웨인의 표현을 빌리면, "워드는 아무런 가책도 없이 그런 돈을 받았고," 투자자들의 돈으로 코네티컷과 뉴욕시에서 저택을 구입하는 등 허랑방탕한 삶을 살았다. 워드는 결국 교도소 신세를 면할 수 없었다. 그랜트에게도 잘못이 있었을까? 〈뉴욕 월드〉는 「그랜트는 유죄인가?」라는 제목을 기사를 실었고, 그도 유죄라고 넌지시 암시했다.

그랜트는 개인적인 명성 덕분에 구제되었지만, 그때쯤 궁핍하기 이를 데 없었다. 보도에 따르면, 현찰이 180달러밖에 없었다고 한다. 가족을 부양할 방법을 다시 필사적으로 찾아야 했다. 마침내 그는 센추리 컴퍼니라는 대형 출판사와 계약을 맺고, 그곳에서 출간하는 한 잡지에 남북 전쟁의 주요 전투들에 대해 4편의 글을 쓰기로 했다. 그 당시에도 그랜트는 두툼한 책을 쓰면 상당한 돈을 벌 수 있다는 걸 전혀 몰랐다. 1881년에도 마크 트웨인이 그에게 회고록을 써보라고 권유하고 나섰지만 그랜트는 귀담아듣지 않았다.[42] 그랜트가 결국 회고록을 쓰게 된 주된 동기는, 1866년에 처음 소개를 받았고, 대통령으로 첫 임기를 맞아 일하던 1870년에 오랫동안 함께 대화를 나누었던 그 소설가, 즉 마크 트웨인 때문이었다. 1882년, 트웨인은 자신의 책을 출간하던 출판사에 크게 격분하며 향후에 자신의 모든 책을 직접 출간하겠다고 결심하고 웹스터 앤드 컴퍼니라는 출판사를 설립한 뒤에 조카 찰스 루서 웹스터Charles Luther Webster(1851-1891)를 사장으로 내세웠다. 그 출판사는 순조롭게 출발했고, 《허클베리 핀의 모험》을 출간한 뒤에는 저자 트웨인과 공동 창업자에게 5만 4500달러에 달하는 수표를 안겨주었다. 현재 가치로는 거의 150만 달러에 달하는 액수였다.

트웨인은 자서전에서 "내 책을 제외하고 다른 사람의 책을 출간할 의도는 전혀 없었다"고 말했지만,[43] 1884년 11월 트웨인은 강의를 끝내고 집으로 돌아가던 길에, 지나가던 사람이 옆 사람에게 그랜트가 마침내 회고록을 쓰기로 결심했다고 말하는 걸 우연히 엿들었다. 그 무렵 트웨인은 간혹 그랜트의 집에 들러 시가를 피우며 한담을 나누기도 했다. 그래서 바로 다음 날 트웨인은 그랜트를 방문했는데, 그랜트는 센추리 컴퍼니가 보낸 계약서를 읽고 서명하기 직전이었다.

일반적으로 잡지를 출간하던 센추리 컴퍼니가 판매액의 10퍼센트를 고정적으로 저작권료로 지급한다는 조건이었다. 트웨인은 그 조건이 "부당하고 불공평하며 전적으로 잘못된 것"이라고 즉시 항의하며, 그랜트가 총수익의 75퍼센트를 받고, 더 나아가 출판사가 운영 비용까지 나머지 4분의 1에서 추가로 부담해야 할 것이라고 제안했다. 그랜트는 그런 조건을 제시하면 강도와 다를 바가 없지 않겠느냐며, 자신의 회고록으로 2만 5000만 달러—윌리엄 T. 셔먼이 9년 전에 출간한 회고록으로 벌어들인 액수—라도 벌어들일 수 있을지 의문이라고 말했다. 트웨인은 "그때 나도 출판사를 갖고 있다는 생각이 문득 떠올랐다"고 당시를 회고하며, 그랜트에게 20퍼센트의 인세 혹은 총수익의 75퍼센트를 제시했다. 그리고 수개월간의 밀고 당기는 협상이 있은 끝에 계약이 체결되었다.

그랜트는 집필을 시작했지만, 1883년 크리스마스이브에 맨해튼

이스트 66번가의 집 옆에 멈춘 임대 마차에서 얼어붙은 인도로 내리다가 넘어져서 다리를 다쳤다. 이 부상은 곧 인후염으로 악화되었고, 결국에는 혀뿌리에 악성 종양이 생겼다는 진단을 받았다. 신문에서는 그랜트의 과도한 흡연이 암의 원인이라고 보도했지만, 그의 주치의는 대실패로 끝난 투자에서 비롯된 수치심과 굴욕감이 더 유력한 원인이라고 진단했다. 그랜트도 이런 정신적 고통이 암에게 길을 열어주었을 거라고 말했다. 처음에 그랜트는 목소리를 사용하는 게 불가능해질 때까지 회고록을 받아쓰게 했다. 트웨인은 유명한 작가이자 그랜트의 회고록을 발간하기로 계약한 출판인이었던 까닭에, 그가 그랜트의 회고록을 대신 썼을 것이란 소문이 있었지만 전혀 그렇지 않았다. 트웨인은 그랜트를 격려하고 용기를 북돋워주었지만, 단 한 단어도 대신 쓰지 않았다. 그랜트에게는 이른바 대필 작가가 필요하지 않았다.* 셔먼이 증언했듯이, "그랜트가 작가처럼 글을 썼다고 해서 조금도 놀라울 게 없다. 나는 그의 편지를 수없이 읽어 그의 문체를 너무도 잘 알고, 그가 완전한 문장을 만들어내려고 치열하게 애쓴다는 것도 잘 알고 있다."

엄격히 말하면 회고록 집필은 남북 전쟁 기간에 시작되었고, 그 이후로도 수십 년 동안 꾸준히 계속되어 마지막 단계에 있었다. 이런 사실은 그랜트의 글에서도 확인된다.

---

* 회고록을 쓰는 초기 단계에 그랜트는 남북 전쟁의 마지막 해에 군 담당 비서를 지낸 작가 애덤 바도Adam Badeau(1831-1895)에게 도움을 받았다. 회고록이 완성되기 훨씬 전에 바도는 자신이 받을 수수료와, 그가 회고록에 기여한 공로를 어떻게 인정받을 것인지를 두고 그랜트 및 그랜트 가족들과 다툰 끝에 관계마저 끊고 말았다. 그랜트가 세상을 떠난 뒤에 바도는 1만 달러—현재 가치로는 약 25만 달러—로 합의를 보았다. 바도는 3권으로 이루어진 그랜트 전기를 썼지만, 그랜트의 비서이자 조사원을 넘어서는 존재는 결코 아니었다.

지난 24년 동안 나는 글을 쓰는 데 많은 시간을 보냈다. 군인이었을 때는 명령서를 직접 작성했고, 전투 계획과 지시 상황 및 보고서도 직접 썼다. 그 글들은 편집되지 않았고, 누구에게 도움을 받은 것도 아니었다. 대통령이었을 때도 내 이름으로 발표되는 모든 공식 문서를 직접 작성했고, 대통령이 직접 쓰는 게 당연한 것이라 믿었다. 이 모든 것이 활자로 인쇄되어 널리 배포되었다. 국민은 내 글쓰기 방식에 익숙하다. 내 문체가 문학적이거나 고전적인 문체를 흉내 내려는 시도조차 아니고, 그야말로 그랜트만의 순수한 글쓰기 방식이라는 걸 알고 있다.[44]

일반적으로, 그랜트의 글은 간결하고 함축적이며 명료하다는 찬사를 받았다. 이런 점에서, 과장된 표현을 선호하는 시대적 분위기가 짙게 배인 로버트 리의 명령서 및 남북 전쟁에 참전한 다른 유명인들의 회고록과는 뚜렷이 대비된다. 50년이 넘었지만, 미국의 문학 평론가 에드먼드 윌슨Edmund Wilson(1895-1972)은 남북 전쟁 시대의 문학을 연구한《애국의 선혈Patriotic Gore》에서 지금도 리트머스 시험지로 쓰이는 기준 하나를 제시했다.*

* 42쪽의 짤막한 논문에서 윌슨이 언급하듯이, 그랜트의《회고록》은 거트루드 스타인Gertrude Stein(1874-1946)이 무척 좋아하는 책 중 하나였다. 게다가 그녀는 그랜트의 전기를 직접 써보려고 했고, 그랜트가 원했다면 위대한 종교 지도자가 될 수 있었을 거라고도 생각했다. 스타인의 이런 판단에 대해 윌슨은 이렇게 진단했다. "거트루드 스타인이 그랜트의 어떤 면을 존경했고, 그녀가 그에게서 느꼈을 공통점이 무엇이었는지 알아내는 건 그다지 어렵지 않다. 어떤 상황에서도 쉽게 흔들리지 않는 냉정함과 침착함, 그리고 그녀가 본질적으로 미국적인 특징이라 생각한 것으로 약간의 추상성이 더해진 단조로운 어조의 연속이 대표적인 예이다. …그녀는 그랜트에게서 장엄한 침착성, 행동하는 도중에 느끼는 소외감, 침묵하며 관찰하고 흥분하지 않고 지휘하는 능력을 틀림없이 찾아냈을 것이다."

그랜트의《회고록》은 그랜트라는 전국적 인물의 독특한 자기 표현이다. …《회고록》에서는 그랜트의 역동성과 명확한 성격도 읽힌다. 어쩌면 이 책만큼, 겉으로는 무척 객관적인 형태를 띠지만 한 줄 한 줄에 개성이 뚜렷이 묻어난 책은 없을 것이다. 글의 전개 속도가 빨라지지는 않지만, 전쟁에 관련된 부분에 돌입한 순간부터 그랜트도 전쟁터에서 분명히 그렇게 느꼈던 것처럼 이야기의 흐름이 점차 빨라지는 듯하다. …회고록은 냉정하고 진지하게 쓰였지만, 전투 자체의 긴박함을 어떻게든 전달해주는 까닭에 그랜트가 어떻게 전투에서 승리했는지 이해할 수 있게 해준다.[45]

그랜트는 자신의 글쓰기에 자신감에 부족한 모습을 빈번하게 보여주었다. 첫 권이 마무리된 후, 교정쇄가 그랜트에게 전해질 때마다 똑같은 교정쇄가 트웨인에게도 보내졌지만, 그랜트는 이에 대해 전혀 언급하지 않았다. 트웨인은 자신이 의견을 전혀 표명하지 않는 것에 그랜트가 낙담했다는 걸 알게 되자, 서둘러 상황을 바로잡았다. "그랜트는 새로운 세계, 즉 지도가 없는 바다에 과감히 뛰어들었다. 흙으로 빚어진 모든 피조물과 마찬가지로 그에게도 격려의 말이 필요했다."[46] 공교롭게도 그때 트웨인은 카이사르의 책을 읽고 있어, "명확한 진술, 직설적이고 간결하며 꾸밈이 없는 글쓰기, 진실만을 말하며 친구과 적을 똑같이 대하는 공정성과 정의로움이 두 책의 최고 장점이라고 정말 진심으로 말할 수 있다. …그랜트는 이 평가에 무척 기뻐했다. 그도 한낱 평범한 남자이고 사람이며, 저자라는 걸 입증해 보인

Edmund Wilson, *Patriotic Gore: Studies in the Literature of the American Civil War* (New York: Oxford University Press, 1966), p. 140을 참조하기 바란다.

반응이었다."*

이 땅에서 맞은 마지막 해에 그랜트는 끝없이 통증에 시달렸고, 숨이 막혀 죽을 것 같은 기분에 사로잡힌 적도 적지 않아, 앉은 채 자겠다고 고집을 부리기도 했다. 그는 간병인들에게 "납이 녹아 목구멍을 타고 내려가는 느낌을 상상할 수 있겠소? 내가 뭔가를 삼킬 때 바로 그런 느낌이라오"라고 말했다.[47] 그는 우유와 찬 수프밖에 삼킬 수 없었다. 한 독자는 그의 회고록에 찬사를 보내며 "수십 년 동안 시가를 피운 탓에 목구멍이 막혀 말하지 못하고 먹지도 못한 채 맑은 정신으로 글을 쓰겠다고 모르핀을 거절하고 암과 싸우는 노인이, 하루 종일 현관 앞 포치에서 담요를 덮고 글을 쓰는 모습은 미국 역사를 상징하는 위대한 사진 중 하나이다"라고 말했다(하지만 코카인을 섞은 얼음물을 거부하지는 않았다).[48] 회고록의 마지막 부분은 무릎 위에 올려진 공책에 쓰여졌고, 그 과정에서 그의 두 다리는 심하게 떨렸다.

그런 신체적 곤경에도 불구하고 그는 빠른 속도로 글을 써냈고, 때로는 하루에 50쪽을 완성하기도 했다. 1885년 6월, 그의 상태가 악화되자 가족은 그의 삶을 조금이라도 편하게 해주려고, 뉴욕주 북동부의 새러토가 카운티에 있는 맥그리거산으로 이주했다. 혼자 걸을 수 없을 정도로 허약해진 그랜트는 의자에 앉아 지내며, 자신의 역사를 끝내야겠다는 하나의 바람밖에 없었다. 7월 18일 그는 회고록의 마지막 문장을 썼고, 그로부터 닷새 후에 숨을 거두었다.

---

* 그랜트가 신랄한 유머 감각의 소유자였다는 걸 잊어서는 안 된다. 미국의 작가 고어 비달Gore Vidal(1925-2012)은 소설 《1876》에서, 그랜트가 대통령으로 재임할 때 상원 의원 찰스 섬너Charles Sumner(1811-1874)와 그의 지나친 자만심을 혐오했다며, 섬너가 성경을 믿지 않는다고 누군가 말해주자 그랜트가 "그 친구가 직접 성경을 쓰지 않아서 그런 거야!"라고 대답했다는 일화를 전해준다.

회고록을 집필하는 그랜트, *1885년*. 그랜트는 자신의 문체가 "그야말로 그랜트만의 순수한 글쓰기 방식"이라고 썼다.

회고록은 2권으로 출간되었다. 첫 권은 1885년 12월 1일, 둘째 권은 이듬해 3월에 출간되었다. 판형은 두 종류였다. 하나는 천으로 장정해 9달러에 판매된 판형, 다른 하나는 송아지 가죽으로 장정해 25달러에 판매된 판형이었다. 두 판형 모두에 그랜트가 손으로 직접 쓴 듯한 글귀가 포함되었다. 퇴역 군인들이 그랜트의 죽음을 애도하는 수 주 동안, 트웨인은 수백만 명의 참전 용사들에게 그랜트의 회고록이 출간되었다는 걸 알릴 계획을 세웠다. 1만 명의 판매원과, 빛깔이 바랜 제복을 입고 오래된 훈장을 매단 많은 북군 참전 용사들이 북부 지역을 종횡으로 오가며 주문을 받았다. 회고록은 30만 세트가 팔려, 그랜트의 미망인에게 현재 가치로 800만 달러 이상을 안겨주었다. 덕분에 가족의 재산이 크게 늘어났고, 여유도 많이 생겼다.

그랜트는 숨을 거두기 며칠 전, 좋아하던 의사 존 H. 더글러스 John H. Douglas(1824-1892)에게 보낸 편지에서 이렇게 말했다.

이 세상에서도 인간의 운명은 다음 세상에서 맞이할 운명만큼이나 불가사의한 듯합니다. 나는 교육을 받은 직업 세계에서 높은 지위까지 올라가야겠다고 생각해본 적이 없었습니다. 그런데도 일반 장성보다 두 단계나 높은 계급까지 올라갔습니다. 더구나 정치적으로는 야망도 없었고, 정치적 감각도 없었습니다. 그렇지만 미국 대통령을 두 번이나 역임했습니다. 누군가 나에게 작가가 되지 않겠느냐고 제안했다면, 실제로 그런 제안을 자주 받았지만, 나를 놀리는 게 아닌지 지금도 의심할 것 같습니다.[49]

15장 역사를 잣다

: 처칠, 역사를 잣는 공장

과거는 역사에 맡기는 것이 모든 당사자에게 훨씬 더 나을 겁니다. 더구
나 내가 그 역사를 직접 쓰겠다고 나선다면 더욱더 그럴 겁니다.

- 윈스턴 S. 처칠, 1948년 하원 연설

1948년 웨스트민스터궁宮, 우드퍼드 선거구에서 하원으로 당선
된 윈스턴 처칠은 긴 논쟁적인 연설을 통해 제2차 세계대전의 역사를
쓰는 작업에 대해 반박했다(678쪽 발언).* 결국 처칠은 제2차 세계대
전의 역사를 썼고, 그가 출간한 43종의 저서 중에서 제1차 세계대전
이 끝났을 때부터 1945년 7월까지, 그 전쟁을 다룬 역사서는 190만

---

　　* 이 반박은 영국 외교 정책에 대한 질문에 주어진 긴 대답의 일부였다. "우리가 두
　　세계대전 사이에 개개인이 어떻게 행동했고 어떻게 발언했는지를 자세히 조사해
　　야 한다면, 이제 우리는 그렇게 할 준비가 상당히 갖추어졌기 때문에 나는 그런
　　조사를 결코 마다하지 않을 겁니다. …총선을 앞두고 과거의 논란을 되살려내려
　　는 시도가 있을 경우를 대비해서 우리는 그 당혹스런 시대와 관련된 주요 인사들
　　이 그때그때 어떻게 발언했는지를 기록한 작은 책자를 준비하기 위한 조치를 취
　　하고 있습니다. 내 생각에는 과거는 역사에 맡기는 것이 모든 당사자에게 훨씬 더
　　나을 겁니다. 더구나 내가 그 역사를 직접 쓰겠다고 나선다면 더욱더 그럴 겁니
　　다." Hansard, vol. 446, cc 529−622. 이 발언은 처칠이 반복해서 사용한 비유였
　　기 때문인지, "역사는 내 편일 것이다. 내가 역사를 쓸 작정이니까!"로 잘못 인용
　　되는 경우가 많다.

9000개의 단어로 6권으로 이루어졌다. 1948년부터 1953년까지 차례로 출간된 그 역사서는 그에게 노벨 문학상을 안겨주었다. 뒤이어 출간된 4권짜리 《영어를 사용하는 민족들의 역사》(1956-1958)에 대해, 그의 정적이던 노동당 당수 클레멘트 애틀리Clement Attlee(1883-1967)는 '역사에서 내 흥미를 돋운 것들'이란 제목이 더 적합하지 않겠느냐고 빈정거렸다.

1930년대에 역시 하원에서 스탠리 볼드윈Stanley Baldwin(1867-1947)과 언쟁을 벌이던 처칠은 "역사는 존경하는 볼드윈 의원이 문제에서 틀렸다고 말할 겁니다"라고 소리치고는 활짝 웃으며 "내가 어떻게 아느냐고요? 내가 그 역사를 쓸 거니까요!"라고 덧붙였다. 처칠은 1944년 1월에 스탈린과 주고받은 전문電文에서도 비슷하게 말했다. 처칠은 자신이 만든 최고의 문장을 이렇게 반복해 말하는 걸 좋아했다. 그가 즐겨 사용한 또 하나의 경구는 "다 함께 앞으로 나아갑시다"였다. 그는 주로 단합을 요구하는 호소로 이 경우는 19번이나 사용했고, 그의 반려견인, 붉은 오렌지색을 띤 푸들 루퍼스에게도 적어도 한 번은 사용했을 것이다.

역사가를 겸한 국가 지도자들의 만신전에서 처칠이 차지하는 위치에 대해서는 설왕설래가 있을 수 있다. 2004년에 출간된 빌 클린턴의 《마이 라이프》를 읽고 평론가들은 대통령의 회고록을 재평가하게 되었고, 그랜트의 회고록은 대통령 재임 시절에 대해 언급하지 않지만 지금도 여전히 회고록의 황금 기준이라는 데 대다수가 동의한다. 그랜트는 돈벌이로 글을 쓴 작가가 아니었지만, 처칠은 정계를 은퇴한 즉시 글로 생계를 꾸려가기 시작했다. 그의 전집은 37권으로 이루어지고, 단어 수는 셰익스피어와 디킨스를 합한 것보다 많아, 활자화된 것이 510만 단어, 발언된 것이 610만 단어에 이른다.

한 전기 작가가 말했듯이, 정치는 처칠에게 가족 사업이었다.[1] 그러나 처칠이 하원 의원으로 일하며 의회로부터 받은 급여는 총소득의 2.5퍼센트에 불과했다. 글을 써서 벌어들인 소득이 30배나 더 많았다. 90년이란 기간 동안 그는 현재 가치로 약 4000만 달러를 벌었고, 하원에서 보낸 65년은 대부분의 시간을 수상이나 각료 혹은 야당 지도자로 지냈다.

처칠의 아버지인 랜돌프 경은 한때 보수당의 떠오르는 별이었고, 37세에 재무 장관을 지낸 멋진 귀족이었다. 그러나 변덕스럽고 자기도취적이던 랜돌프는 자신을 지나치게 과신해서 일찍감치 은퇴해야 했다. 게다가 방탕한 삶을 살아 45세에 세상을 떠났다. 소문에 따르면 매독이 사인이었지만, 부분적으로 매독과 동일한 증상을 띠던 희귀한 뇌질환이었을 가능성이 더 크다. 당시는 "즐겁지 않더라도 신실하게Faithful but Unfortunate"라는 가훈에 따라 살기가 힘든 때였다. 오히려 '불성실하고 무책임하게Faithless and Feckless'가 더 적합했을 법한 시대였다.

스코틀랜드의 작가 뮤리얼 스파크Muriel Spark(1918-2006)의 표현을 빌리면, 윈스턴의 부모는 "섹스로 유명했다." 윈스턴의 아름다운 어머니 제니 제롬Jennie Jerome(1854-1921)은 뉴욕 태생으로, 불륜을 많이 저질렀다. 그중에는 비만인 영국 왕세자와 3명의 유부남과 벌인 불륜도 있었다(한 추종자는 "그녀의 얼굴에는 여성보다 표범의 모습이 더 많았다"고 말했다). 남편이 그랬듯이 그녀도 상속받은 재산을 탕진했다. 따라서 윈스턴과 동생 잭은 생계를 위해 일해야만 했다. 언젠가 윈스턴은 잭에게 "지금 우리 삶에서 형이 걱정하는 유일한 것은 돈이다. 우리는 완전히 빈털터리가 될지도 모르겠다"고 말했다.[2] 실제로는 전혀 '가난'하지 않았지만,* 처칠이 한 번 이상 금전적 파탄에 떨어질 뻔했던 것은 사실이다(처칠이 1930년대에 그렇게 많은 책을 썼던 것도 주식 투기 실패와 도박 빚이 적잖은 이유였다). 처칠은 우듬지에서 태어났지만, 누구에게도 도움을 받지 못하는 위험한 상황까지 추락했다.[3] 법적으로 그의 이름은 스펜서-처칠Spencer-Churchill이었고, 학창 시절에는 그렇게 불렸다(그 때문에 알파벳 순서로 진행되던 출석 확인에서 뒷자리를 차지한다고 불만스러워하기도 했다). 그러나 언젠가 아버지가 야심찬 정치인들이 깊은 인상을 주려고 대시(-)를 사용한 이중 이름을 쓴다고 험담하던 기억이 떠올랐던지, 윈스턴은 Spencer를 중간 이름으로 바꿔버렸다.

해로 스쿨을 다닐 때는 학칙까지 위반하며 불도그를 키웠고, 돈을 받고 급우들을 대신해 수필을 써주기도 했다. 해로 스쿨을 졸업한 뒤에는 샌드허스트 육군사관학교에 입학했다(3번에나 시도한 끝에 입학했지만 130명의 생도 중 20등으로 졸업했다. 처칠이 《나의 청춘》에 150명 중 8등으로 졸업했다고 썼지만 실제로는 그렇지 않았다). 사관학교를 졸업한 뒤에 처칠은 인도에 파견되어 제4기병연대에서 복무했다. 그는 1895년 쿠바를 방문했을 때 스페인에 항거하는 반란을 직접 목격한 경험을 바탕으로 여러 편의 기사를 써서 〈데일리 그래픽〉에 게재해, 신문사로부터 회당 5기니(현재 가치로 250달러)를 받는 적이 있었다. 파키스탄 북서부에 파견되었을 때 그는 더 많은 글을 쓰고 싶은 욕심에, 튀르키예와 그리스가 그곳에서 벌인 교전을 취재하는 〈데일리 텔레그래프〉의 특파원으로 변신하기도 했다. 모두 15편의 글이 게재되었고, 처칠은 그 글

---

 * 처칠은 73세에야 전화기 다이얼을 처음으로 직접 돌렸다. 그 번호는 전화로 시간을 안내해주는 곳이었고, 그 목소리에 처칠은 정중하게 고맙다고 답례했다. Andrew Roberts, *Churchill: Walking with Destiny* (New York: Viking, 2018), p. 11을 참조하기 바란다.

들을 모아 첫 책《말라칸드 야전 부대에 대한 이야기》를 1898년 4월에 펴냈다. 그때 처칠의 나이는 겨우 23세였다.*

연대와 함께 인도에 복귀한 뒤에는 그의 유일한 장편소설《사브롤라》를 1898년에 마무리했고, 이듬해에는 키치너 경의 나일강 원정대에 참가해서 겪은 경험을 재가공하여 이야기를 흥미진진하게 끌어간《나일강 전쟁》을 펴냈다. 이때 처칠 중위는 창기병 부대의 지휘관으로, 영국 육군이 마흐디(이슬람교에서 '신에 의해서 올바르게 인도된 자'를 뜻함/옮긴이)를 자처한 무함마드 아마드의 6만 병력을 상대로 벌인 최후의 기병전에 참전했다. 그 책은 더 이상 종군 기자의 보도가 아니었다. 역사를 써보겠다는 진지한 시도로, 새뮤얼 존스와 에드먼드 버크, 에드워드 기번, 토머스 배빙턴 매콜리 같은 역사가들의 저서를 읽은 뒤에 쓴 것이었다. 일찍이 14세에 매콜리의《고대 로마의 서사시들》에서 1200행을 암송해 상을 받은 적이 있을 정도로 암기력이 뛰어났던 처칠은 기번과 매콜리의 글은 순전히 기억만으로 길게 암송할 수 있었다. 수년 뒤 역사학자 루이스 네이미어는 처칠이 "어떤 일이 일어났을지, 또 사람들이 어떻게 느꼈을지에 대해 상상의 그림"을

---

* 저명한 사회개혁가 비어트리스 웹Beatrice Webb(1858-1943)은 사회 초년병이던 처칠을 만났을 때 "자의식이 강하고 잘난 체하며, 잠시도 가만히 있지 못하고 지식 수준이 얕고, 보수적인 사상을 지녔지만 개인적인 매력 및 용기와 독창성을 갖춘 사람, 요컨대 영국 귀족보다 미국 투기꾼에 더 가까운 유형"이라고 평가했다. 출판 편집자 맥스웰 퍼킨스Maxwell Perkins(1884-1947)도 이에 동의하며 "처칠은 영국인보다 미국인처럼 보인다"고 말했다. Maxwell Perkins, *Editor to Author: The Letters of Maxwell E. Perkins*, ed. John Hall Wheelock (New York: Scribner, 1987), p. 161과, Lord Esher told Earl Haig: "His temperament is of wax and quicksilver." *Journals and Letters of Reginald, Viscount Esher*, ed. Maurice Brett, vol. 4, 1934, p. 121을 참조하기 바란다.

그렸다는 이유로 질책했지만,[4]* 처칠은 수단의 북서 경계지에서 마흐디 추종자들의 광신적 행위를 직접 경험한 덕분에 영국의 일반적인 정치인들과는 다른 시각에서 나치의 위협에 접근할 수 있었다.[5]

1899년 말, 처칠은 보어 전쟁을 취재하려고 케이프타운으로 향했다. 그가 군인으로 받던 연봉은 50파운드에 미치지 못했지만 매달 250파운드를 받기로 했다. 그는 3주간의 여정에 대비해 6상자의 포도주와 증류주도 가져갔다. 남아프리카공화국의 블룸폰테인에서 그의 짐을 실은 우마차는 "포트넘 앤드 메이슨Fortnum & Mason에서 구입한 식료품"으로 가득 채워졌고, 물론 알코올음료도 빠지지 않았다. 오래지 않아 그는 포로가 되었지만 대담하게 탈출했다. 이때 신문사에 발송한 기사를 모은 것이 《런던에서 남아프리카공화국의 레이디스미스까지》가 되었고, 이 책이 출간되고 닷새 뒤에 마피켕이 수복되었다. 정예 영국군이 그곳을 217일 동안 포위해 공격한 끝에 얻은 성과였다. 덕분에 많은 독자에게 호의적인 반응을 얻어 1만 4000부가 팔렸다. 그리하여 처칠은 4개 대륙에서 총격전을 경험했다.

이때 처칠은 의회에 진출하려고 유망한 선거구를 찾아 돌아다녔고, 한 번의 실패가 있은 뒤에 올덤에서 당선된 두 보수당 하원 의원 중 한 명이 되었다. 보어 전쟁이 한창인 때 실시된 까닭에 '카키 선거Khaki Election'로도 칭해진 1900년 10월의 선거에서, 유명한 종군 기자이자 전쟁 포로(prisoner of war, POW)는 낙승을 거두었다. 그 때문에 처칠은 "나에게 인내의 복음을 설교하는 것은 무의미했다"고 흐뭇하

* 1897년 12월, 처칠은 어머니에게 보낸 편지에서 자신의 언론관에 대해 "사실을 내 글에 맞추려는 유혹에 너무 자주 넘어갑니다"라고 썼다. Carlo D'Este, *Warlord, A Life of Winston Churchill at War,* 1874 - 1945 (New York: Harper, 2008), p. 74 를 참조하기 바란다.

보어 전쟁 동안 〈모닝 포스트〉의 종군 기자로 활동한 뒤에 남아프리카공화국의 더반에서 증기선을 타고 잉글랜드로 향하는 처칠. 머리카락이 풍성하다. 처칠은 포로가 된 뒤에 프레토리아의 포로수용소였던 주립 모델 학교에서 탈출해 국민적 영웅이란 지위에 올랐다.

게 말할 정도였다.[6] 뒤이은 미국 여행에서 녹초가 되었지만, 그 여행 덕분에 어머니에게 2년 만에 1만 파운드—현재 가치로는 거의 50만 달러—를 강연료와 5권의 인세로 벌었다는 편지를 보낼 수 있었다. 당시는 영국에서 적어도 연간 160파운드를 번 사람에게만 소득세를 납부할 자격을 주던 시대여서 100만 명만이 소득세를 납부했다는 걸 고려하면 대단히 큰 액수였다.

그 시대에 처칠은 가장 좋은 대우를 받은 기자이자, 재정적으로도 성공해 선택받은 작가 중 한 명이었다. 그가 다음 책으로 아버지의 전기를 2권으로 쓰기로 약속하며 받은 선인세가 8000파운드였고, 이때 그를 대신해서 아버지 랜돌프 경의 달변가 친구이자 작가로 '천둥

같은 거짓말쟁이'인 프랭크 해리스Frank Harris가 협상을 도맡아주었다.[7] 1902년에 이미 아버지에 대한 자료를 조사하기 시작한 터였고, 직접 손으로 원고를 써내려갔다. 이 책이 그가 직접 손으로 원고를 쓴 마지막 작품이었다. (처칠은 고무를 사용해서 잉크를 빨아들이던 '스퀴저 펜Squeezer pen'으로 글을 쓰는 것을 무척 좋아해서 "그때 진정한 행복을 느낀다"고 말했을 정도였다.) 아버지의 전기 2권이 모두 출간된 1905년,* 그는 이미 행정부의 일원으로 식민청 차관이었고, 1908년에는 무역 위원회 의장으로 정식 내각 각료가 되었다. 그때 그는 33세였다.

처음으로 비서들이 배치되자 그때부터 처칠은 편지를 받아쓰게 했다. 하지만 그는 편지를 아주 길게 쓰는 편이 아니었다. 여하튼 그 이후로 다른 사람에게 받아쓰게 하는 것이 그가 책과 글을 쓰는 데 선호하는 방법이 되었고, 그의 표현을 빌리면 "입에서 손으로", "책을 말하고 연설문을 쓰는" 삶을 살았다.[8] 소설 《사브롤라》의 주인공에 대한 친절한 묘사에서 처칠의 글쓰기 방법을 엿볼 수 있다.

* 윈스턴 처칠은 전기에서만 아버지를 옹호하고 아버지의 이력을 찬양하는 게 아니라, 실제 삶에서도 평생 동안 아버지를 존경해서 아버지의 이름을 맏아들에게 붙였을 정도였다. 또한 아버지가 그를 실패자로 보지 않기를 바란다는 개인적인 소망을 자주 언급하기도 했다. 1947년 11월 처칠은 수 주 전에 꾸었던 꿈, 즉 개인적인 경험을 바탕으로 '꿈'이란 제목의 단편소설을 받아쓰게 했다. 그 이야기에서는 처칠이 차트웰에 마련한 개인 작업실에서 아버지의 초상화를 모사하고 있을 때 아버지가 한창때의 모습으로 그의 앞에 불쑥 나타난다. 둘의 대화가 뒤따른다. 아버지는 여전히 아들에 대해 좋게 말하지 않는다. 한편 윈스턴은 작가로 생계를 꾸린다고 말하지만, 2번의 세계대전과 2번의 전쟁에서 그가 해낸 역할에 대해서는 전혀 언급하지 않는다. 랜돌프는 혼잣말로 "네가 정치에 뛰어들지 않았다는 게 정말 놀랍구나. 너라면 혼자 힘으로도 이름을 남길 수 있었을 텐데"라고 중얼거린다. 그 유령은 담배에 불을 붙인다. 성냥불이 확 타오르자 그 유령이 사라진다. 유머와 연민으로 가득하고, 오랜 시간이 지난 뒤에도 아버지에게 인정받고 싶은 바람이 명확히 드러난 단편소설이다.

담배를 연이어 기계적으로 피웠다. 연기의 틈새로 그는 군중의 마음속까지 깊이 파고드는 것을 찾아냈다. 그것은 가장 무지한 사람도 이해할 수 있고 가장 단순한 사람에게도 먹히는 정확한 단어와 어법으로 표현된 고결한 생각과 적절한 비유였고, 군중의 마음에서 물질적 삶에 대한 걱정을 덜어주고 고상한 정서를 일깨워주는 것이었다. 그의 생각들이 단어라는 형태를 띠고, 그 단어들이 모여 문장을 형성하기 시작했다. 그는 혼잣말로 중얼거렸고, 그 혼잣말의 운율에 마음이 흔들렸다. 그가 본능적으로 두운을 사용했기 때문이다. 시냇물이 빠르게 흐르고, 그 물결에 빛이 변하듯이 이런저런 생각이 꼬리를 물고 이어졌다. …동어반복으로 강조할 수 없을까? 그는 한 문장을 생각나는 대로 휘갈겨 쓰고는 다듬고 또 다듬으며 다시 썼다. 소리가 군중의 귀를 즐겁게 해주듯이, 의미는 군중의 마음을 향상시키고 자극한다. 그래서 글을 쓴다는 건 정말 재밌는 작업이다!⁹

1904년 4월 22일 하원에서 연설할 때 처칠은 논증의 가닥을 놓쳐버렸고, 그 때문에 크게 당황하며 자리에 앉아야 했다. 그날 이후로 처칠은 즉흥적으로 연설하는 걸 자제하고 사전 준비를 게을리하지 않았다. 또한 그 이후로는 기억력이 도와주지 못할 경우를 대비해서 비망록을 챙긴 뒤에 하원에 등원했다.¹⁰ 그 전에는 그렇지 않았다. 1904년까지 그는 무대에 오르는 배우처럼 연설을 준비했다. 이리저리 서성대며 자신이나 고양이를 상대로 말하면서 연설문을 반복적으로 연습했다. 1901년 5월 13일 하원에서 행해진 그의 가장 유명한 연설 중 하나를 위해서는 6번이나 원고를 고쳤고, 완벽하게 암기했다. 언젠가 주말을 맞아 시골 저택에 초대를 받았을 때 처칠은 안주인이

풍자 잡지 〈펀치〉에 *1912*년에 실린 만평 「어떤 역할을 선택할까」. "어디 보자, 데모스테네스, 다르타냥, 댄 오코넬레노로 갈까, 아니면 사자 굴의 다니엘 선지자로 갈까?"라는 설명글이 더해졌다. 당시 *37*세인 처칠은 해군부 장관이었고, 이미 많은 역할에 익숙한 터였다. 이상하게도 '작가'라는 역할은 없다.

마련한 티타임에도 나타나지 않았고, 그의 침실에서는 하루 종일 웅얼거리는 소리에다 가구를 톡톡 두드리는 소리가 들렸다.[11] 처칠은 연설하는 동안 잠시 멈추는 기법을 사용하고, 필요하지도 않은 쪽지를 찾아 주머니를 뒤적이던 아버지의 연설법을 따라하기 시작했다. 제2차 세계대전 당시 영국 본토 항공전이 치열하게 전개되는 동안,

그가 남긴 유명한 어구들 중 일부는 결코 그의 창작품이 아니었다.

"Never in the field of human conflict has so much been owed by so many to so few(인류의 갈등이란 영역에서 이처럼 많은 사람이 이처럼 적은 사람에게 이처럼 많은 빚을 졌던 적은 없었다)"(1940년 8월 20일) 같은 표현은 1899년과 1920년 사이에 발표된 연설이나 글에서 적어도 5번이나 확인된다. 미국과, 한때 미국을 식민지로 지배한 국가인 영국 간의 관계가 '특별한 관계special relationship'라는 표현은 1930년 영국 수상이던 램지 맥도널드Ramsay MacDonald(1866-1937)가 만들어낸 것이었고, 역시 그럴듯한 상황에서 차용되었다. '철의 장막Iron Curtain'은 처칠이 1945년 5월 13일 해리 트루먼 미국 대통령에게 보낸 서신에서 처음 사용된 것으로 전해지지만, 제3제국이 저물어가던 시기에 나치의 프로파간다에서 기원했을 가능성이 크며, 1946년 3월 미주리의 풀턴에서 공산주의를 경계해야 한다고 촉구한 유명한 연설에서 다시 사용되었다(진짜 철의 장막은 19세기 중반경, 극장에서 화재가 연이어 일어나자 무대에서 시작되는 불길로부터 관객을 보호할 목적에서 도입되었다/옮긴이).

"피, 수고, 눈물, 땀"에도 고유한 역사가 있다. 리비우스와 카이사르만이 아니라, 스페인의 정복자 프란시스코 피사로Francisco Pizarro(1478-1541)도 "피, 땀, 수고"에 대해 썼고, 처칠은 여기에 '눈물'을 효과적으로 추가했을 뿐이다.* 다른 구절들, 예컨대 1941년 3월

---

* 1611년 영국의 시인 존 던John Donne(1572-1631)은 한 종교시에서 '눈물 혹은 땀 혹은 피'에 대해 열정적으로 노래했고, 시어도어 '테디' 루스벨트Theodore 'Teddy' Roosevelt(1858-1919)의 1897년 연설에서도 "피와 땀과 눈물"이란 표현이 사용된다. 이와 동일한 표현이 《런던에서 남아프리카공화국의 레이디스미스까지》와, 처칠이 〈데일리 텔레그래프〉에서 스페인의 프란시스코 프랑코 장군에 대해 쓴 기사에서도 확인된다. 그가 좋아했던 구절 중 일부는 완성되는 데 몇 년

에 만들어진 "대서양 전투The Battle of the Atlantic", 거의 부적 같은 효과를 자아낸 "누가 닭입니까! 누가 목이란 말입니까!Some chicken. Some neck"(프랑스 장군들이 영국인에 대해 전혀 모른다는 뜻으로 사용된 어구/옮긴이), "턱을 맞대고 만나는 게 전쟁보다 낫다Meeting jaw to jaw is better than war(흔히 인용되는 jaw-jaw is better than war-war는 정확한 게 아니다)"는 처칠의 창작품이었고, '중동Middle East'과 '정상 회담summit' 같은 신조어도 마찬가지였다. 1940년 5월, 141개 단어로 이루어진 유명한 연설 〈우리는 끝까지 싸울 것입니다We shall go on to the end〉에서는 의도적으로 짧은 단어들, 즉 단음절 단어들이 사용되었다. 또 거의 모든 단어가 고대 영어로부터 파생한 것이었지만 confidence(자신감)는 라틴어로부터, 또 결코 우연히 선택된 단어가 아니었던 게 분명한 surrender(항복하다)는 프랑스어로부터 파생한 것이었다. 처칠은 전체적으로 6만 5000개의 어휘를 사용한 것으로 추정되지만, 대부분의 사람은 어휘력이 그 절반에도 미치지 못한다. 1952년에 유망한 정치 지망생들은 평균 12초 동안 자신의 생각을 압축적으로 표명할 수 있었지만 요즘의 정치 지망생들은 4초를 넘기지 못한다.*

제1차 세계대전이 끝날 때까지 처칠은 정치에 몰두했다. 그러나 1918년부터 처칠은 데이비드 로이드 조지David Lloyd George(1863-1945)의 연립 정부(1916-1922)에서 장관으로 일하면서도 제1차 세

이 걸렸던 게 분명하다. 하지만 처칠이 하원에서 이 구절을 사용해 연설했을 때는 좋은 반응을 얻지 못했다. Andrew Roberts, *Churchill: Walking with Destiny* (London: Viking, 2018), p. 527을 참조하기 바란다.

* 처칠은 끊임없이 라디오 방송을 시도했고, 당시에는 녹음이 되지 않아 하원에서 행한 연설을 그대로 되풀이해야 하는 경우도 많았지만, 전쟁 상황이 불리하게 전환된 이후로 히틀러는 라디오 방송을 실질적으로 중단했다. 처칠과 히틀러는 거의 모든 면에서 달랐고, 성격상 유일한 공통점이라면 휘파람을 싫어했다는 것이다.

계대전의 역사를 쓰기 시작했다. 총 82만 3000단어, 5권으로 완성된
《세계 위기》는 대체로 전쟁 기간에 그가 맡은 역할에 대한 변명, 특히
그가 해군부 장관직을 사임하는 지경까지 치달은 1915년 갈리폴리
원정의 실패에 대한 변명이었다. 그 역사서는 인상적이지만, 처칠이
여가 시간을 이용해 짬짬이 써서 완성했다는 게 더욱더 인상적이다.
하지만 처칠의 대표작이라 말하기에는 턱없이 부족하다. 작가로서의
처칠을 추적해 평가한 연구서《처칠 씨의 직업》을 펴낸 영국의 역사
가 피터 클라크Peter Clarke는 "《랜돌프 처칠 경》에서 그랬듯이, 이 책의
저자는 임의적으로 선택한 자료에서도 많은 사건을 유야무야 덮어버
리고, 선택적으로 생략한다"고 평가했다.[12] 따라서《세계 위기》은 "진
실과 반쪽 진실 및 의심스런 주장"으로 가득한 역사서가 되고 말았
다.[13] 처칠의 동료 장관 아서 밸푸어Arthur Balfour(1848-1930)도 그 책
을 "우주의 역사로 위장한 윈스턴의 눈부신 자서전"이라고 빈정거렸
다. 그럼에도 이 책은 2만 7000파운드, 현재 가치로는 거의 100만 달
러에 가까운 돈을 처칠에게 안겨주었다.

　　그런 막대한 수입이 필요했다. 평생 동안 처칠은 샴페인과 위스
키, 시가(한 달에 13파운드, 현재 가치로는 750달러), 해외 여행, 6만 권의
책이 보관된 도서관까지 갖춘 대저택,* 1년 내내 온수가 공급된 원형

　＊ 1920년대 처칠이 켄트의 세븐오크스 근처에 있는 웨스터럼에 마련한 대저택인
　　차트웰에는 주방 하인 2명, 식품 저장실 관리인 2명, 가정부 2명, 잡역부 1명, 아
　　내 클레먼타인을 돕은 개인 하녀 1명, 막내딸을 돌보는 보모 1명, 그리고 비서 2
　　명이 상주 직원으로 고용되었다. 그 밖에도 집 밖에서 일하는 운전기사 1명, 정원
　　사 3명, 농장 관리자 1명, 폴로용 조랑말들을 관리하는 담당자 1명이 있었다. 그
　　들에게 연간 지불하는 임금이 약 2000파운드였다. 1935년에만 처칠이 포도주와
　　증류주에 지불한 비용이 주당 10파운드로 당시 남성 육체노동자 수입의 약 3배
　　였고, 6명의 여성 가정부를 고용하기에 충분한 액수였다. 그러나 그해 처칠의 소
　　득은 1만 6312파운드, 현재 가치로는 37만 5000파운드 정도로 1930년대에 그가

야외 수영장, 수집한 나비 표본이 소장된 특수 건물 등에 엄청난 속도로 돈을 지출했다. 게다가 대가족을 꾸려가려면 상당한 액수를 정기적으로 벌어들여야 했다. 1920년경, 그의 은행 빚이 2만 파운드(현재 가치로는 110만 달러)였다. 따라서 처칠이 곧바로 다른 책《나의 청춘》(미국판 제목은《순회 위원회A Roving Commission》)을 출간한 것은 놀라울 게 없다. 이 책은 많은 부분을 할애해 좋은 죽음이 무엇인지 다루고 있어, 처칠의 가장 품격 있는 글 중 하나이다.

그의 정치 이력이 중단되지 않고 계속 이어졌더라면 규칙적으로 글을 쓰려던 노력에는 타격이 있었지도 모르겠다. 그러나 21-29세의 여성이 처음으로 투표권을 행사한 1929년의 '플래퍼 선거Flapper Election(flapper는 1920년대의 자유분방한 신여성을 칭하는 용어/옮긴이)'부

벌어들인 최고치였다. 처칠의 재정 상황에 대한 책을 쓴 데이비드 라우David Lough 는 미국의 공영 라디오 방송국 NPR과 가진 인터뷰에서, 처칠이 클레먼타인과 결혼한 해인 1908년에 폴 로제 1895년산 고급 샴페인 12병들이 9상자와 반병 크기로 12병들이 7상자, 1900년산으로는 반병 크기로 12병들이 4상자, 생테스테프 적포도주 12병들이 6상자, 탄산이 더해진 모젤 백포도주 12병들이 7상자, 포트와인 12병들이 5상자, 위스키 12병들이 6상자, 21년산 브랜디 12병들이 3상자, 베르무트 12병들이 3상자, 진 12병들이 4상자를 주문했다고 말하며 처칠의 연간 알코올 소비량을 가늠해보았다. "1936년, 그가 포도주 상인에게 빚진 액수만도 현재 가치로 7만 5000달러였다. 처칠은 셔츠 상인과 시계 상인, 심지어 인쇄업자에게도 빚이 있었다." 부유한 친구들이 구제해주었고, 한 번은 정부가 그의 술값을 정산해준 적도 있었다. 나이 들어서도 그는 토리당의 젊은 하원 의원들에게 "음주의 비결은 항상 조금 과하게 마시는 것"이라 조언했다. 앤드루 로버츠가 2016년 7월 26일 프랜시스 모드Francis Maude와 가진 인터뷰를 참조하기 바란다. 소설가 C. P. 스노Charles Percy Snow(1905-1980)는 어떤 알코올 중독자도 그렇게 많이 마실 수는 없었을 것이기 때문에 처칠은 알코올 중독자일 수 없다고 재밌게 말했다. 처칠 자신의 추정에 따르면, 그는 48년 동안 매일 반병의 샴페인을 마셨다. 1965년 처칠이 숨을 거두었을 때 폴 로제는 영국으로 수출하는 모든 병의 상표에 검은 테두리를 둘렀다. David Lough, *No More Champagne: Churchill and His Money* (London: Picador, 2015)를 참조하기 바란다.

터 10년 뒤에 다시 세계대전이 발발할 때까지 처칠은 공직에서 물러 났고, 그렇게 얻은 여유 시간에 두 가지 프로젝트를 진행했다. 하나는 그의 조상이던 초대 말버러 공작의 전기를 쓰는 것이었다. 그 전기를 쓰기로 약속하며, 그는 현재의 가치로 약 100만 달러의 선인세를 받 았다. 다른 하나는 1929년 10월 뉴욕을 방문하던 동안 떠오른 아이 디어였다. 처칠은 출판사들의 안내로 미식축구를 보았는데, 그때 그 의 담당 편집자인 맥스 퍼킨스가 대영제국의 역사를 써보는 게 어떻 겠느냐고 물었다. 처칠은 "영어를 사용하는 종족의 역사는 어떻겠습 니까?"라고 역제안했다. 그리하여 탄생한《영어를 사용하는 민족들의 역사A History of the English-Speaking Peoples》는 "영국과 미국의 역사가 절 반씩" 다루어진 연구서였다. 처음부터 두 프로젝트는 치밀한 계획이 나 설계 없이 진행되었다. 따라서《말버러 공작: 그의 생애와 시대》는 때로는 2권으로, 때로는 3권으로 출간되었지만, 총 단어 수는 100만 개로 똑같았고, 영어를 사용하는 민족들에 대한 역사는 4권으로 출간 되었다.

처칠의 글쓰기를 돕기 위해 차트웰 저택에 초기 딕터폰 (dictaphone, 구술 축음기)이 설치되었다. 처칠은 모든 타자수에게 하루 의 휴가를 주고, 그 기계를 시험 가동 해보았다. 그러나 시작 버튼을 누르지 않아 딕터폰에 아무것도 녹음되지 않자, 처칠은 그 기계를 내 팽개쳤다. 처칠은 몇몇 자음을 명확히 발음하지 못하고 혀짤배기소리 를 냈다. 특히 s를 sh로 발음하는 경우가 많았다. 1905년 처칠은 자신 이 생각하기에 혀의 기능에 별다른 관계가 없는 부분을 잘라내 달라 고 왕실 주치의 펠릭스 세먼Felix Semon(1849-1921)에게 부탁하기도 했 지만, 세먼은 당연히 그 부탁을 거절했다. 그 후로 1940년대에는 전 시 라디오 방송으로 유명해진 표현을 보존할 목적에서, 입천장에 딱

달라붙지 않도록 일부러 느슨하게 설계한 맞춤형 틀니 여러 개를 주문했다. 틀니가 느슨하게 맞추어졌기 때문에 그 특유의 혀짤배기 치찰음은 사라지지 않았다. 처칠은 여분의 틀니를 항상 갖고 다녔다. 화가 나면, 틀니를 빼서 사무실 반대편에 던져버리곤 했기 때문이다. 그의 틀니를 제작하던 치과 기공사는 수리할 틀니의 양을 보고 전쟁의 진행 상황을 짐작할 수 있었다.

문서document, 받아쓰게 하기dictation, 원고draft가 처칠의 생산 라인에서 3D였다. 처칠은 기차, 자동차, 엘리베이터 등 어디에서나 받아쓰게 했지만, 주로 밤늦게 집에서 비서(생각의 흐름을 방해하지 않으려고 특별히 소리를 죽인 타자기를 사용)와 자료 조사원을 괴롭혔다. 푸짐한 저녁 식사로 기력을 보충한 뒤에 처칠은 한 손에 탄산수를 섞은 위스키 잔을 쥐고 서재에서 몇 시간 동안 서성대며, 때로는 적절한 단어를 찾아 심사숙고했고, 때로는 비서가 따라가기 힘들 정도로 빠른 속도로 말을 쏟아냈다(은퇴하기 전에는 하루의 마지막 간식으로 한 컵 혹은 한 접시의 수프를 좋아했다. 심지어 1945년 2월 얄타 회담에 참석해서도 '배를 채우는 시간tummy time'을 두어야 한다고 고집했다). 사이먼 샤마가 버락 오바마에 대해 말했듯이, 처칠에게도 말을 풀어내는 능력은 크나큰 선물이자 큰 저주였다.

대체로 처칠은 이튿날 아침 침대에서 식사하며 맑은 정신에서 원고를 수정했다. 사실 관계는 처음의 생각을 거의 그대로 유지한 반면, 더 적합한 명사와 형용사를 추가하며 전체적인 문장을 가다듬었다. 예컨대 '캐나다 태평양 철도Canadian Pacific Railway'가 건설된 방식대로 글을 썼다며 "먼저 대서양에서 태평양까지 선로를 깔았고, 그 후에 역을 세웠다"고 말했다.[14] 원고가 인쇄소로 넘어간 뒤에는 매일 밤 작업한 교정쇄를 차트웰로 보내 처칠이 검토할 수 있도록 했다. 이 과정에서 출판사는 엄청난 비용을 감당해야 했다. 처칠의 치밀한 요구에, 교정에 필요한 모든 비용을 출판사가 부담한다는 특별 조항을 계약서에 추가했기 때문이었다.

1937년 1월 처칠은 아내에게 "《말버러》가 최고였소. 그렇게 글을 쓰면 밥벌이를 할 글을 얼마든지 쓸 수 있지"라고 말했다.[15] 처칠은 전문 작가였을지 몰라도 전문 역사가는 아니었다. 조상의 전기를 쓸 때 처칠은 그 이후로 평생 동안 그에게 긍정적인 도움을 주었던 글쓰기 방식을 확립했다. 달리 말하면, 다른 사람에게 기본적인 자료를 부탁하고 초안까지 작성하게 하는 방법이었다. 실제로 1933년에 발간된《말버러》의 첫 권에서 처칠은, 17세기 잉글랜드의 역사를 다룬 서너 권의 책을 써서 호평을 받은 모리스 애슐리Maurice Ashley(1907-1994)에게 "지난 4년 동안 나를 위해 자료를 조사해 주었다"며 감사한다.

애슐리는 1968년에 발표한《역사가로서의 처칠》이란 책에서 그런 감사의 말에 뒤늦게 응답하며,《말버러》는 한 쪽 한 쪽 처칠의 확인을 받지 않은 곳이 없다고 명확히 밝혔다. "단어 하나하나를 애초에 비서에게 받아쓰게 한 것이었다. 거의 언제나 아침에 잠깐 짬을 내어… 나는 자료 조사원의 자격으로, 처칠이 어떤 사실을 제공받거나 확인하려 할 경우를 대비해 옆에 앉아 있었다. 그러나 처칠의 기억력은 경이로워, 구술한 내용이 틀린 적이 거의 없었다."[16] 처칠의 기억력이 나폴레옹급이었다는 것은 다른 보좌관의 기록을 통해서도 확인된다. 그런 글쓰기 방식이 실제로 진행되었을 수 있다. 그러나 피터 클라크가 말하듯이 "누군가로부터 자료를 제공받는다면 뛰어난 웅변가는 논증을 더 설득력 있게 전개할 시간을 벌겠지만… 역사 쓰기라는 학문적 활동에는 그 이상의 것이 있다."[17] 처칠의 기본적인 역할은 자신에게 제공된 자료를 마음대로 변경하지는 않는 범위 내에서 이야기를 재밌게 꾸미는 것이었다. 언젠가 처칠은 "애슐리, 나한테 어떤 거라도 좋으니까 사실들을 알려주게. 그럼 내 주장에 딱 들어맞게 그 사실들을 비틀어 보일 테니까"라며 젊은 자료 조사원을 놀리기도 했다.*

　　1935년부터 1937년까지 처칠은 여러 공직에서 완전히 물러나 《이 시대의 위인들》을 집필하는 데 주력했고, 그 책은 상당한 호평을 받았다. 그는 최상부에 속하지 않은 인물을 훌륭하게 묘사하는 데 능숙했고, 그가 쓴 글에는 거의 언제나 약간의 해학이 있었다(프랑스인의 기질을 다룬 장문의 글에서 "무한한 지혜를 지닌 전능자께서는 영국인의 형상으로 프랑스인을 짓는 게 적합하다고 생각하지 않으신 게 분명하다"고 말했다).[18] 1938년이 시작되고 서너 달이 지났을 때 처칠은 나치의 위협을 경고하는 연설들을 모아 한 권의 책으로 펴냈고, 그해 말에는 《말버러》의 마지막 권을 출간했다. 750쪽에 달하던 원고를 650쪽으로 대폭 줄여 출간한 것으로, 처칠은 "손톱과 발가락을 잘라내는" 기분이었다고 탄식했다.[19]† 또 처칠은 과거에 썼던 원고들을 찾아내서 1939년 6월에 《한 걸음씩》이란 제목으로 출간했고, 이 책도 무척 잘 팔렸다. 그 무렵 《영어를 사용하는 민족들의 역사》는 시작조차 하지 않았지만, 전쟁이 선포되자 처칠은 질풍노도와 같은 속도로 작업해서 그 책

---

*　실제로 그런 사건이 있었다. 1955년 4월 마지막으로 공직을 떠나기 전 주말에 처칠은 페테르 파울 루벤스Peter Paul Rubens(1577-1640)가 이솝 우화의 한 장면을 묘사한 거대한 캔버스화 〈사자와 쥐〉를 '체커즈Chequers(영국 수상의 지방 관저)'의 대연회장에서 떼어내라고 지시한 뒤에, 쥐가 불분명하게 색칠되었다고 확신하며 화필을 잔뜩 들고는 그 작품을 '개선'하는 작업을 시작했다. 그의 명령에 공식 기록만이 아니라 위대한 예술 작품도 바뀌었다.

†　처칠은 조상들을 항상 공경한 까닭에, 말버러 공작이 잉크 값을 아끼려고 i에 점을 찍지 않을 정도로 인색했다고 하지만 당시의 믿음에 따르면 칭찬할 만한 절약 정신이었다는 걸 자주 인용했다.

독일의 패배로 해방을 맞은 프랑스인이 처칠의 시가에 불을 붙여주려 한다. 처칠은 차
트웰의 정원사나 크리스털 팰리스 앞에서 신문을 파는 상인에게 시가 토막을 거저 주고
는 했다. 처칠은 그 상인에게 〈이브닝 스탠더드〉를 가끔 샀지만 신문값은 한 번도 지불
하지 않았다. 또 처칠은 특이한 형태의 모자를 좋아했다. 그런 모자가 만평가들에게 도
움이 될 거라고 생각했기 때문이다.

을 1년 3개월 만에 거의 완성했다. 100만 단어를 그 기간에 써낸 셈
이었다. 세계에서 가장 바쁜 정치인 중 한 명이었다는 사실은 차치하
더라도 어떤 작가에게도 그런 결과물은 경이로운 것이었다. 1932년 7
월에는 단 며칠 만에 2만 단어를 써낸 뒤에는 돼지가 10톤의 짐을 등
에 지고 터벅터벅 걷는 그림을 클레먼타인에게 보냈다.

　몇몇 프로젝트는 뒤로 밀려났다. 처칠은 에이브러햄 링컨과 주
세페 가리발디Giuseppe Garibaldi(1807-1882)의 전기를 쓸까 잠시 생각
해보았고, 나폴레옹에 대한 책을 쓰고 싶다는 욕심도 떨쳐내지 못

했다. 실제로 나폴레옹은 그가 정말 도전하고 싶어 하던 프로젝트여서, 케임브리지 대학교 처칠 칼리지의 처칠 문고에서 '나폴레옹'이란 단어를 입력하면, 52개의 관련 항목이 나온다. 처칠이 1905년 식민청에 들어가자마자 나폴레옹 흉상을 자신의 책상 위에 올려놓았고, 그 흉상이 나중에는 차트웰 저택에서 눈에 가장 잘 띄는 곳을 차지한 것은 조금도 우연이 아니다. 1928년에는 찰리 채플린Charlie Chaplin(1889-1977)을 처음으로 만나서는, 채플린이 감독과 주연을 맡고 자기는 코르다 형제를 대신해 대본을 쓰겠다며, 젊은 시절의 나폴레옹에 대한 영화를 함께 만들자고 제안하기도 했다. 그로부터 4년 뒤, 1932년 1월 처칠은 당시 보나파르트의 전기를 쓰고 있던 로버트 밸런Robert Ballon에게 5000단어로 소개 글을 써주겠다고 제안했지만, "언젠가 그도 나폴레옹에 대한 책을 쓸 수 있으므로" 그 글을 재사용할 권리를 갖겠다는 조건을 내걸었다.[20] 《영어를 사용하는 민족들의 역사》에서도 처칠은 프랑스를 좋아하는 친불파답게, 나폴레옹을 "율리우스 카이사르 이후로 유럽에서 태어난 가장 위대한 행동가"로 규정했다.[21] 처칠의 시대까지는 그런 추정이 틀린 것은 아니었다.*

전쟁의 발발로 《영어를 사용하는 민족들의 역사》는 미루어졌지만, 마침내 1956년과 1958년 사이에 4권으로 출간되었다. 특히 마지

---

* 2020년 1월, 나는 가장 최근에 처칠의 전기를 쓴 앤드루 로버츠Andrew Roberts(로버츠의 계산에 따르면 1010번째 전기 작가이다)에게, 1009번째로 처칠의 전기를 썼고 역시 영국 수상을 지낸 보리스 존슨Boris Johnson과 처칠 사이에서 가장 뚜렷이 찾을 수 있는 공통된 자질이 무엇이냐고 물었다. 로버츠는 "대담함audacity"이라 대답한 뒤에, 처칠은 (위대한 혁명가 조르주 자크 당통Georges Jacques Danton(1759-1794)에게서 차용한) 나폴레옹의 말을 프랑스어 de l'audace, encore de l'audace, et toujours de l'audace(대담하게 더 대담하게 항상 대담하게)로 자주 인용했다고 덧붙였다.

막 2권은 처칠이 80세를 넘긴 때에야 완성되었다. 1945년 이 프로젝트를 다시 시작한 처칠은 대대적인 재집필이 필요하다는 걸 깨닫고, 도움을 얻기 위해 적어도 15명의 전문 역사가로 팀을 꾸렸다. 그중 한 명이 내가 2010년 서식스의 집까지 찾아가 인터뷰한 에이사 브리그스Asa Briggs(1921-2016)였다.

브리그스는 당시 옥스퍼드의 젊은 역사학 교수로 처칠에게 도움을 주던 윌리엄 디킨William Deakin(1913-2005)을 블레츨리 파크(영국 암호 해독처)에서 만났는데, 그때 브리그스는 그곳의 암호 작성자 겸 암호 해독자였다. 디킨은 브리그스를 앨런 호지Alan Hodge(1915-1979: 피터 퀘널Peter Quennell(1905-1993)과 처칠의 부관으로 오랫동안 일한 브렌던 브래컨Brendan Bracken(1901-1958)과 함께 역사 전문 잡지 〈히스토리 투데이〉를 창간)에게 소개했고, 그 이후로 "내 거래의 대부분이 호지를 통해 이루어졌다." 당시 브리그스는 유럽과 영국의 현대사를 전공하고 있었다. "호지를 통해 깔끔하게 인쇄된 처칠의 초고를 전달받았다. 내 임무는 사실 관계의 정확성, 해석 및 문체에 대한 내 생각을 여백에 끄적거리는 것이었다."

훗날 노동당 상원 의원이 된 브리그스는 처칠이 급진적 관점에서 미국의 역사에 접근한다는 사실에 특히 놀랐다. 미국의 급진적 진보주의자이던 찰스 비어드Charles Beard(1874-1948)와 그의 아내 메리 비어드(1876-1958)가 쓴 역사서를 읽었기 때문으로 추정되었다. 1945년 당시 24세에 불과했던 브리그스는 당시를 회상하며 "내가 처칠에게 글이 지나치게 좌파적이라고 말해야 하는 어처구니없는 입장에 있었다"고 말했다. 처칠은 그의 솔직한 평가를 고마워하며, 글을 다듬어달라고 부탁했다. 브리그스는 "나는 관점을 약간 바꿔서 부분적으로 논조를 약간 완화했다"고 말했지만, 결국에는 처칠의 의견이 거의 전적으로 반영되었다. 프로젝트 전체가 완료된 뒤에 브리그스는 100파운드—당시 그의 연봉이 400파운드였다—를 수표로 받았지만, 책에는 그의 이름이 전혀 언급되지 않았다.

그러나 시계를 뒤로 돌려보자. 1939년에는 제2차 세계대전이 발발하려던 참이었고, 그 이후로 13년 동안 영국의 생존기는 처칠의 글쓰기에서 중요한 소재가 되었다. 처칠은 독일의 침략을 미연에 방지하려고 무진 노력하면서 그 갈등의 역사를 써보려고 계획했다. 1940년에는 회고록과 관련된 소문이 화이트홀의 농담거리가 되었다. 예컨대 그해 1월에는 외무 장관 핼리팩스 경Lord Halifax(1881-1959)이 처칠에게 받은 (스칸디나비아에서 활동이 부족하다고 지적하는) 장문의 편지를 네빌 체임벌린Neville Chamberlain(1869-1940)에게 전달하며, "책을 또 쓰려는 모양입니다!"라는 쪽지를 덧붙였다.[22] 체임벌린도 "나도 이 편지들이 그가 앞으로 쓰려는 책에 인용할 목적이라는 걸 알고 있습니다"라고 대답했다.[23] 두툼하지만 재밌게 읽히는 처칠의 전기를 쓴 앤드루 로버츠가 말하듯이, "처칠에게 역사를 쓰는 작업은 역사를 만들어가는 과정의 자연스런 부산물이었다."[24] 처칠이 되다가 만 보리스 존슨은 "처칠은 자신의 말과 행동을 율리우스 카이사르처럼 세상에 효과적으로 알리는 방법을 알고 있었다"고 덧붙였다.[25] 실제로 총 4200쪽이 넘고 6권으로 이루어진《제2차 세계대전》은 카이사르의《갈리아 전기》에 줄곧 비유되었다.

젊은 연구자들 이외에 두 퇴역 장성—헤이스팅스 '퍼그' 이즈메이Hastings 'Pug' Ismay(1887-1965)와 헨리 포널Henry Pownall(1887-1961)—을 포함해 경험 많은 전문가들까지 폭넓게 참여하며, 역사서를 써내기 위한 인상적인 생산 라인이 구축되었다. 에드워드 마시Edward Marsh(1872-1953: 의회에서 최장수 총리 개인 비서로 일했고, 그의 연인 루퍼트 브룩Rupert Brooke(1887-1915)이 죽었을 때 처칠이 〈타임스〉에 부고를 써주었다), 데니스 켈리Denis Kelly(처칠의 주된 기록 관리 담당자가 되었던 가난한 법정 변호사), 레슬리 로언Leslie Rowan(1908-1972), 존 마틴John Martin(1904-1991), 앨버트 굿윈Albert Goodwin, R. V. 존스Reginald Victor Jones(1911-1997) 교수, 찰스 우드Charles Wood(주된 교열자), 제프리 허드슨Geoffrey Hudson, 누구보다도 윌리엄 '빌' 디킨이 핵심 구성원이었다. 그들은 '신디케이트The Syndicate'를 자처했다. 그러나 연이어 국무조정실장을 지낸 에드워드 브리지스Edward Bridges(1892-1969)와 노먼 브룩Norman Brook(1902-1967)의 도움으로 처칠은 정부 문서를 활용할 수 있었다. 때로는 중요한 초안, 예컨대 브룩이 내각의 1942년 전쟁 전략을 요약한 문서 등도 그들을 통해 전달받았지만, 책에는 실질적으로 언급되지 않았다. 처칠은 브룩에게 "정말 깊이 감사합니다. 재건 계획은… 걸작이었습니다"라는 답례의 편지를 보냈다. 한편 처칠이 전후에 수상으로 재임하던 대부분의 기간 동안, 보조 개인 비서를 지낸 자크 콜빌Jock Colville(1915-1987)은 "미래의 역사가들이 '처칠의 진실한 모습'이 어떤 것이고, '처칠류類'가 무엇인지 구분하기는 무척 어려울 것이라 생각한다. 여하튼 지금 우리는 모두 그의 서간체를 썩 훌륭하게 흉내 내고 있다"고 결론지었다.[26]

케임브리지의 역사학자 데이비드 레이놀즈David Reynolds는 이렇게 요약한다. "우리가 줄여서 '처칠의 회고록'이라고 칭하는 것은 복잡한 저작물이다. 전적으로 처칠의 작품도 아니고 단순한 회고록도 아니다. 전시의 회의록과 전보가 중심을 차지했지만, 처칠이 1946년부터 여러 경우에 받아쓰게 한 회고담들, 또 집필을 보조한 신디케이트로부터 얻은 정보를 근거로 작성한 역사적 배경에 대한 초고들도 고려되었다."[27] 따라서 12종류의 교정쇄가 준비되는 경우가 적지 않아, 회고록 첫 권에 대해 인쇄업자가 요구한 청구 금액이 1444파운드(현재 가치로 7만 달러 이상)였다. 그 과정에서 많은 부분이 크게 바뀌었다. 처칠은 서문에서 "나는 이 책을 역사로 써내지는 않을 생각이다. 그 과제는 후대의 몫이기 때문이다"라고 말했다.[28] 신디케이트의 역할도 이 책이 일반적인 회고록의 양을 훌쩍 넘어선 이유 중 하나이다. 처칠은 차트웰을 '진정한 단어 공장(무척 적절한 명칭)'이라 불렀고, 그 공장을 운영하는 연구 집단의 우두머리였다. 따라서 처칠은 "나는 책을 쓰고 있는 게 아니다"라고 인정하며 "부동산을 개발하고 있는 중이다"라고 덧붙였다.[29] 처칠이 다시 수상이 된 1951년 10월쯤에는 4권이 이미 출간되었고, 제5권이 인쇄 중에 있었다. 첫 권이 모습을 드러냈을 때 대부분의 평론가는 그 책을 역사서로 평가하며, 자서전으로 보지 않았다. 또한 그 책이 많은 사람의 결과물일 거라고는 짐작조차 못했다. 신디케이트의 핵심 구성원이던 데니스 켈리는 처칠이 실제로 어느 정도나 썼느냐는 질문을 자주 받았다며, 그런 질문은 총주방장에게 "이번 연회에 나온 요리들을 직접 요리하셨습니까?"라고 묻는 것과 마찬가지로 "피상적인 질문"에 불과하다고 말했다.[30]

처칠이 이런저런 채소를 직접 썰어 식탁을 차리거나 모든 소스를 손수 섞지 않은 것은 분명하다. 그러나 켈리가 은연중에 말했듯이, 처칠은 식탁에 6가지 요리를 올바른 순서에 따라, 그것도 적절한 시점에 식탁에 올리는 법을 알고 있었다. 처칠은 언젠가 보좌관들에게 글쓰기 기법에 대해 조언하며, 명령서를 쓸 때는 "짧고 사무적"으로 쓰고 무의미한 구절을 피하라고 가르쳤다. 켈리는 처칠이 문단을 명료하게 압축하는 걸 보면 "숙련된 정원사가 방치되어 제멋대로 자란 정원수를 다듬어, 원래의 모양과 비율로 되돌리는 걸 보는 듯했다"고 말했다.[31] 예컨대 1969년 케임브리지의 역사학자 J. H. 플럼John Harold

Plumb(1911-2001)은 처칠이 제2차 세계대전을 구조화하기 위해 사용한 표현들을 후대의 작가들이 어떻게 채택했는지를 설명하며 "처칠이란 역사학자는 제2차 세계대전의 역사 기록에서 중심을 차지하며, 앞으로 그 위상은 변하지 않을 것이다"라고 극찬했다.[32] 그 이후에는 앤드루 로버츠가 이런 해석을 받아들여 "언론의 기사가 역사의 초고라고 말하지만, 2번의 세계대전에 대한 처칠의 회고록은 그 이후로 수십 년 동안 빈번하게 인용된 많은 용어를 확립했다는 점에서 두 물리적 충돌의 역사에 대한 진정한 초고였다"고 더 구체적으로 설명했다.[33] 시대가 그의 편이기도 했다. 처음에는 경쟁할 만한 회고록에 없었다는 이점을 누렸고, 나중에는 다른 책들에 대한 평가에서 피난처를 찾을 수 있었다.

처칠은 첫 권의 서문에서 "나는 디포가《어느 왕당파의 회고록》에서 사용한 방법을 따랐다. 저자가 한 인간의 개인적 경험을 토대로 군사적으로나 정치적으로 중요한 사건에 대한 연대기와 고찰의 결과를 밝힌 책이기 때문이다"라고 말했다.[34] 처칠의《제2차 세계대전》은 개인적인 일화로 가득하지만(물론 가장 기억할 만한 부분으로), (68권에 달하는 월별 회의록에서 발췌한) 명령과 전문 및 그 밖의 공식적인 문서도 언급되었다. 초기의 원고에서는 그런 문서들이 연대순으로 나열되었을 뿐, 그들을 연결해주는 이야기가 없는 경우가 많았다. 처칠의 연구원들은 정부 서류철을 무차별적으로 뒤졌고, 중요한 문서를 찾으면 원고에 그대로 옮기는 경우가 많았다.[35] 또 조사원이 "오스트레일리아를 찾지 못하겠는데요, 다시 찾아보겠습니다"라고 말하는 경우도 비일비재했다. 전쟁 기간의 대부분과, 전쟁이 끝나고 처음 3년 동안 처칠은 세 권을 동시에 작업했고, 따라서 질적인 하락을 피할 수 없었다. 사건의 연결 고리에 대한 언급이 부족하고, 일부에서 문서의 인용이 지나치게 많지만 인용된 문서와 텍스트가 같은 목소리를 내지 않는 경우가 있어, 인용된 문서도 텍스트만큼이나 자세히 읽어야 한다.

제1권에서는 부록이 언급되지만, 그 부록이란 것이 존재하지 않는다. 제3권과 제5권의 균형감 상실은 특히 심하다. 출처에 대한 전반적인 안내가 없고, 회고와 역사의 경계도 모호하다. 〈더 타임스〉가 제2권을 평가하며 지적했듯이 "서둘러 쓰인 듯해서 전체가 잘 연습해 작성된 언론 기사처럼 읽힌다." 하지만 처칠의 회고록은 선인세로 미국에서 140만 달러(현재 가치로 약 1610만 달러), 영국에서 55만 5000파운드(현재 가치로 1670만 파운드)를 받았고, 세계 전역에서 엄청나게 팔렸으며, 전반적인 반응은 무척 호의적이었다. 첫 권은 25개국의 31개 신문에서 연재되었고, 잡지 〈라이프〉는 미국 판권으로 50만 달러를 지불했다. 북아메리카에서만 1954년까지 양장본이 200만 부 이상 팔렸다. BBC의 표현을 빌리면 6권으로 구성된 처칠의 회고록은 "우리 시대의 문학적 유산"이고, 뉴욕에서 발행되던 〈헤럴드 트리뷴〉은 제2권을 "문학 작품에도 견줄 것이 거의 없는 수준"이라 평가했다. 그 이후에 발간된 책들도 비슷한 찬사를 받았다.

처음에, 구체적으로 말하면 1948년 2월, 처칠은 이 책에 '제2차 세계대전의 회고'라는 제목을 붙이려고 했다. 그러나 영국과 미국의 출판사들이 '회고memoirs'라는 단어가 반감을 불러일으킬 수 있다며 처칠을 설득했다.[36] 전쟁에 대한 권위 있는 설명과 개인적인 회고, 둘 중 어느 것을 선택하느냐는 고민은 출간 직전까지 계속되었다.* 논란

---

* 영국에서 1914-1918년의 전쟁은 당시 '대전쟁The Great War'이라 일컬어졌고, '세계대전'이란 뜻에서 world war와 weltkrieg는 각각 미국과 독일에서 사용되었다. 1939년 9월 이후로, 화이트홀 성명서에서는 단순히 '더 워the War'로 통일되었다. 1941년 프랭클린 루스벨트가 '제2차 세계대전the Second World War'이란 표

의 여지가 있지만, 처칠의 주치의이던 모란 경은 자신의 일기에서 "개인적으로 원하지 않았다면 윈스턴이 성가시게 역사를 썼을까 궁금하다. …진실은 중간쯤에 있을지 모르겠다. 윈스턴은 군사와 정치에 관한 이야기를 끌어가는 데 탁월한 능력을 지녔지만, 많은 사건이 그가 관련된 경우가 요구하는 방향으로 진행되어야 했다"고 말한다.[37] 그 책이 출간되고 시간이 흐르자, 처칠이 제2차 세계대전의 역사 기록을 '어마어마하게immensely' 왜곡했다는 역사가들의 판단이 굳어졌다.[38] 그러나 처칠이 서문에 강조했듯이, 당시 그는 역사를 쓴 게 아니었다. 그가 1944년 3월 왕립 의사 협회에서 "더 멀리 되돌아볼수록 더 멀리 내다볼 수 있다"고 말했듯이,[39] 역사에서 중요한 것은 거기서 받은 영감이었다.

✕ ✕ ✕

21세기의 관점에서 보면, 처칠의 역사관은 구시대적 냄새를 풍긴다. 처칠의 생각에 과거에는 영웅적 행위와 장엄함이 있어야 했고, 과거는 최고위층이 결정하는 것이었다. 따라서 그는 위대하고 선한 사람들이 어떻게 승리했는지를 써내는 데 충실했다.* 처칠은 감성적인 것으로 유명했다. 그 때문인지 그가 차트웰 농장의 동물들에게 "좋은 아침"이라 인사한 뒤에는 적어도 농장에서는 어떤 짐승도 식용으로 도

현을 적극적으로 사용하며, 미국이 유럽에서 벌어진 전쟁을 간과할 수 없다며 미국의 고립주의자들을 설득하고 나섰다. 용어의 문제가 영국에서 공식적으로 결정된 때는 일련의 공식적인 역사 기록에서 명칭을 화급히 통일할 필요가 있었던 1948년 이후였다.

 * 《영어를 말하는 민족들의 역사》에도 앨프레드 대왕이 빵을 태운 전설이 역사적 사실로 소개된다. 빌 디킨이 그 사건을 확인되지 않은 전설에 가깝다고 지적하

살되지 않았다. 따라서 감성적이고 편향적이며, '철의 변덕iron whim(무심하면서도 강철 같은 목적의식)'으로 글을 써냈지만 그 결과물은 회고록으로는 더할 나위 없이 훌륭한 산문시로 태어났다. 1953년 10월, 노벨상을 받게 되었다는 소식을 듣고 처칠은 "가슴이 울컥할 정도로 기뻤지만", 그 상이 평화상이 아니라 문학상이란 걸 알고는 썩 달가워하지는 않았다.[40] 스웨덴 한림원Swedish Academy은 그를 노벨 문학상의 수상자로 선정한 이유로 "역사와 전기의 묘사에서 보여준 탁월한 필력과 인간의 고귀한 가치를 옹호하는 뛰어난 웅변 능력"을 꼽았다.[41]

케임브리지의 역사학자 데이비드 레이놀즈가 말하듯이, 처칠이 제2차 세계대전을 회고하는 책을 쓴 가장 큰 목적은 "(돈을 제외하면) 자신의 결정을 변명할 기회를 가지려던 것이었다. 회고록을 쓰는 대부분의 정치인이 그렇듯이, 처칠도 자신이 옳았다는 걸 보여주고 싶었던 것이다. 자신이 옳았다고 주장하는 게 적어도 신빙성 있게 보인다는 걸 입증하고 싶었던 것이다." 레이놀즈는 더 나아가 "그의 목표는 환상에 불과했지만, 역사를 해체하거나 아예 다시 만드는 것이었다. 다시 말하면, 1944-1945년의 파편들을 끌어모아 안정되고 한층 평화로운 유럽을 건설하는 것이었다. 제6권에서 그가 더 나은 미래에 악영향을 줄 수 있는 과거의 악행에 대해 함구해야 한다며 유보적인 자세를 보인 것도 그 때문이었다"고 덧붙였다.[42] 냉전의 기원에 대해서도 "볼셰비키주의가 더럽고 추잡한 사상"에 불과하지만, 그가

자, 처칠은 "위기의 시기에는 신화도 역사적 중요성을 갖는다"고 말했다. Andrew Roberts, *Churchill: Walking with Destiny* (London: Viking, 2018), p. 953을 참조하기 바란다. 그러나 비교적 최근에 영국 10대 3000명을 대상으로 실시한 여론조사에서, 약 절반이 처칠을 실존 인물이 아니라고 대답했지만 셜록 홈스와 엘리너 릭비는 실존 인물이라 확신했다. 〈데일리 텔레그래프〉(2008년 2월 4일)를 참조하기 바란다.

냉전을 초월하려고 노력했다는 관점에서 쓰였다.[43]

하지만 처칠의 회고록에는 실제로 일련의 생략과 왜곡이 있었다. 몇몇 중요한 것만 예로 들면, 1938년의 국제 상황을 그가 간단하게 판단한 사실로 얼버무렸고, 1939년 독일과의 평화 협상을 그가 찬성했다는 것도 생략하고 넘어갔다. 또 독일 전함 티르피츠호를 추적하는 과정에서의 실수, 1943년 이후에 이탈리아 공산주의 정치인들을 지원한 것, 중동 지역 사령관이던 아치볼드 웨이벌Archibald Wavell(1883-1950)과 클로드 오친렉Claude Auchinleck(1884-1981)을 불공정하고 잔혹하게 교체한 사실은 언급하지 않은 반면에, 유럽 대륙의 침공을 실제로는 오랫동안, 심지어 수년 동안 반대하고서도 적극적으로 지원한 것처럼 과장했다. 스탈린그라드 전투도 거의 언급되지 않았고, 3년 동안 계속된 레닌그라드(현재는 상트페테르부르크)도 전혀 다루어지지 않았다. 전반적으로 처칠은 동부전선이나 '붉은 군대Red Army'에 거의 관심을 보이지 않았다. 일본에 대해서는 간헐적으로 언급하지만, 치욕스런 싱가포르 항복이 있기 전에 그가 보인 안일한 태도는 얼버무려 넘긴다(극동 지역 전쟁에 대해서는 제2권에서 한 번도 언급되지 않는다). 영국 노동당 정치인 리처드 크로스먼Richard Crossman(1907-1974)은 처칠이 쓴 제2차 세계대전의 역사를 논평하며, "정치인이 현역 정치에서 은퇴하기 전에 역사가로 변신하면, 과거를 현재의 편의에 맞추려 하기 마련이다"라고 빈정거렸다.[44]

또 처칠은 프랑코가 히틀러의 편에 서지 않도록 설득해달라고 스페인 장성들에게 수백만 달러를 뇌물로 주었다는 걸 밝히지 않았고, 1943년 벵골인들이 식량을 구입할 여력이 없어 150-300만 명이 굶주려 죽은 벵골 대기근에 대한 책임을 모른 체하고 넘어갔다(처칠이 "나는 인도인들이 싫다. 그들은 짐승 같은 종교를 지닌 짐승 같은 사람들이다"라고 격분해서 말했다는 기록이 있지만, 전쟁 회고록에서는 전혀 언급되지 않는다).[45]* 전체 여섯 권에서 인도와 스페인은 물론 아일랜드도 짧막하게 다루어질 뿐이다. 홀로코스트에 대해 우려의 목소리를 내지만 피상적인 수준에 머물고, 영국 공군의 드레스덴 폭격은 단 한 줄로 끝난다.

이런 아쉬움을 지적하자면 끝이 없을 수 있다. 처칠이 부주의했고, 균형감을 잃고 편파성을 띠었으며, 자기 보호를 위해 선택적이었을 수 있다. 처칠은 회고록을 쓰던 당시, 의회 동료들의 감정, 대서양을 넘나들던 정상회담, 원자력 외교, 심지어 냉전까지 고려해 부분적으로 완화해야만 했다. 따라서 샤를 드골을 비롯해 국내외의 여러 지도자들에 대한 진짜 생각을 생략하거나 크게 누그러뜨리는 쪽을 선택했고, 전쟁 직후여서 그런 선택이 필요했을 수 있다. 특히 비밀리에 진행된 첩보 활동은 글로 공개하기에 여전히 민감했기 때문에 특수 작전 집행부Special Operations Executive는 단 한 번만 언급되고, 전쟁 전

* 앤드루 로버츠는 2018년에 발표한 처칠 전기에서, 벵골에 파괴적인 사이클론이 닥쳐 벼농사가 몰락했다고 지적하며 처칠을 옹호한다. 정상적인 상황이었다면 인도는 버마(미얀마)로부터 식량을 수입했겠지만, 당시 버마는 일본에게 점령되었고, 벵골만에는 일본 잠수함으로 가득했다. 게다가 일본이 인도까지 돌진하면 훨씬 더 많은 사람이 죽을 게 뻔했기 때문에 지역민보다 영국군을 먼저 먹이는 게 중요했다. 또 로버츠는 처칠이 인도 총독에게 문제 해결을 독촉하며 보낸 많은 전문을 인용하지만, 가격 폭등을 기다리며 사재기해대는 상인들을 극복할 수는 없었다. Andrew Roberts, *Churchill: Walking with Destiny* (London: Viking, 2018), pp. 785 – 86; Yasmin Khan, *India at War: The Subcontinent and the Second World War* (Oxford: Oxford University Press, 2015)를 참조하기 바란다. 로버츠는 드레스덴 폭격(승인자는 처칠이 아니라 클레멘트 애틀리)에 대해서도 다루며, 지역 지도자가 무능해서 주민들에게 방공호를 충분히 제공하지 못했을 뿐만 아니라 여하튼 당시에 폭격은 특별한 작전으로 여겨지지도 않았다고 처칠을 옹호한다. Roberts, *Churchill: Walking with Destiny*, p. 861을 참조하기 바란다.

체에서 가장 중요한 암호 해독 프로젝트인 울트라Ultra는 전혀 언급되지 않는다.

1927년 처칠이 재무 장관으로 참여한 볼드윈 내각이 러시아와 외교를 단절한 이유를 정당화하려고 러시아를 감청한 내용을 공개했다. 그러자 모스크바는 암호 체계를 바꾸었고, 영국은 정교하게 암호화된 소련의 신호를 1944년까지 해독할 수 없었다. 1948년 1월, 처칠은 자신의 회고록에 "우리가 적국의 암호를 해독할 수 있었다고 암시"하는 구절이 반드시 포함되어야 한다고 국무조정실장에게 말하며, 정부의 일방적인 결정에 제한되지 않게 해달라고 요청했다. 그런 누설의 위험이 자세히 설명되자, 처칠은 수긍하며 검열의 필요성을 인정하며 받아들였다. 따라서 크레타를 침공하려는 계획을 개략적으로 알리는 독일 공군의 암호문을 블레츨리 파크가 해독했을 때 처칠은 그 해독문을 동지중해 지휘관들에게 보내라고 명령했지만, 회고록에서 이 일화를 설명할 때는 그 정보를 아테네의 첩보원들에게 얻은 것처럼 서술했다.

감청을 통해 얻을 수 있는 정보를 포기할 수 없어, 처칠이 울트라를 보호하려고 애꿎은 생명을 희생시켰다는 비난도 받았다. 예컨대 1940년 11월 코번트리에 폭격이 있을 거라는 정보를 입수하고도 그곳의 시민들에게 전혀 알리지 않았다는 비난이 있었지만, 당시의 해독문을 보면 독일군의 표적으로 코번트리라는 도시는 전혀 언급되지 않았다. 진주만 공격에 대해서도 비슷한 비난이 있었다. 진주만 공격이 임박했다는 걸 처칠이 알았지만, 미국을 전쟁에 끌어들이려고 침묵했다는 비난이었다. 1941년 12월 7일, 일본이 진주만을 공격한 날 저녁, 처칠은 미국 대사 존 길버트 위넌트John Gilbert Winant(1889-1947)와 루스벨트의 특사 W. 애버렐 해리먼William Averell

Harriman(1891-1986)을 '체커즈Chequers(영국 수상의 지방 관저)'에서의 저녁 식사에 초대했고, 라디오를 식당에 가져오게 했다. 그런 조치가 처칠이 일본의 진주만 공습을 미리 알았다는 증거라고 추정하지만, 회고록에서 처칠은 그 소식을 듣고 깜짝 놀랐다며 "우리는 미국 해군이 막대한 피해를 입었다는 걸 전혀 몰랐다."[46] 일본이 진주만을 공격했다는 라디오 방송이 있은 뒤에 몇 꼭지의 다른 뉴스가 이어졌다("고약하게 편집된 뉴스의 전형").[47] 관저 관리자인 프랭크 소여스Frank Sawyers 가 식당에 들어와 "사실입니다. 저희도 밖에서 들었습니다"라고 말했다. 처칠이 진주만 공습을 미리 알았을 가능성은 거의 없지만, 처칠이 이미 알았든 몰랐든 간에 그날 저녁, 처칠은 마음속으로 흐뭇했을 것이다.

※ ※ ※

외교관과 정치학자 및 교수를 지냈고, 회고록을 비롯해 거의 20권에 달하는 책을 쓴 헨리 키신저Henry Kissinger는 일반적으로 역사가로 언급되지 않는다.* 그러나 메테르니히와 캐슬레이에 대한 초기 연구만이 아니라 중국사를 광범위하게 연구했고, 1980년에는 《백악관 시절》로 역사 부문 '전미 도서상U. S. National Book Award'을 수상하기도 했다.

회고록 《백악관 시절》 첫 권의 서문에서, 키신저는 이렇게 썼다.

트루먼 정부에서 국무 장관을 지낸 딘 애치슨Dean Acheson(1893-

* '소설가 지망생'을 추가할 수 있을지 모르겠다. 2014년 8월, 나는 헨리 키신저를 인터뷰했다. 그때 키신저는 두 편의 소설을 쓰기 시작했다고 말했지만 영원히 빛을 보지 못할 수 있다.

1971)이 보고서 작성자가 차선의 인물로 개입한 대화에 대한 보고서를 절대 읽지 않았다고 언젠가 말했듯이, 어떤 대화에 참여한 사람의 설명은 사후의 자기변명이기 쉽다. 자료를 선택적으로 제시하면 거의 모든 것을 입증할 수 있기 때문이다. …물론 중대한 사건에 참여하는 사람도 자신의 이야기를 쓸 때 이런 경향에서 자유롭지 않다. 그 사건에 개입했다는 사실 때문에 그의 관점이 영향을 받아, 자신의 입장을 해명하려는 충동이 자신을 방어하려는 충동과 합쳐진다. 그러나 역사를 기록하는 작업에서 그가 기여하는 중대한 몫이 적어도 하나 있다. 그가 관련한 사건에서 고려해야 할 사항이 무수히 많았을 텐데, 그중 어떤 것이 최종적인 결정에 실질적인 영향을 주었는지를 알 거라는 점이다. 다시 말하면, 어떤 서류가 그의 현실 인식을 반영하는지 알고, 어떤 의견이 진지하게 받아들여진 반면에 어떤 의견이 배제되었으며, 최종적인 선택이 내려질 때까지의 추론 과정도 기억해낼 수 있다는 점이다. 이런 기록에서는 그의 판단이 옳았다는 게 전혀 입증되지는 않는다. 그가 어떤 근거에서 판단했는지만 입증될 뿐이다. 따라서 참여자의 회고록도 공정하게 기록된다면, 미래의 역사가들이 과거에 어떤 사건이 실제로 어떤 과정을 거쳐 일어났는지를 판단하는 데 도움이 될 수 있으리라 믿는다.[48]

이 서문에도 적잖은 모순이 있다. 무엇보다 리처드 닉슨의 증언 기록에서 확인되듯이, 백악관에서 행해지던 대화들이 계속 녹음된 까닭에 키신저가 주요 증인이라고 주장할 수 없기 때문이다. 또 오래 전, 키신저가 닉슨 행정부에 대한 동정심을 구하려고 잡지 〈하퍼스〉의 편집자 루이스 래펌Lewis Lapham을 식사에 초대한 적이 있었다. 약간 늦게 도착한 키신저 국무 장관은 사과한 뒤에, 국무부의 회의록을 '편집'하고 있었다며 "우리가 원하는 방향으로 끌고 가려면 그렇게 할 수밖에 없습니다"라고 해명한 적도 있었다. 그렇다. 중대한 사건에 참가한 사람들은 진실의 대부분을 알고 있다. 그러나 그런 증인들에게 계속 객관적이기를 바라는 것은 지나친 요구이다. 그래서 처칠은 제2차 세계대전에 대한 회고록을 두고 "이 책은 역사서가 아니다. 내가 겪은 사건에 대한 이야기이다"라고 반박한 것이다.

16장 강력한 앙숙

: 학계 내의 전쟁

인문학자들 사이에 긴장과 의심, 경쟁 및 너무 자주 엿보이는 적개심은 자연스런 상태이다.[1]

– 클라이브 제임스, 2007년

가장 큰 판에 뛰어들어 지적인 선풍을 불러일으키고, 때로는 진실을 외면하면서까지 어떤 입장을 옹호하고, 때로는 민망할 정도로 가차 없이 어떤 책이나 그 책의 저자를 맹공격하고, 언론을 구석구석까지 활용해 실질적으로 학계 전체의 관심을 사로잡고, 공개적으로는 지독한 입씨름을 벌이면서도 사적으로는 우정을 유지하고, 원래의 기질에 맞지 않는 짓을 저지르는 재미를 즐기는 경향 — 이 모든 특징이 역사 논쟁에서 두드러지게 나타난다.[2]

– 베드 메타, 1962년

MAKING HISTORY:
THE STORYTELLERS WHO SHAPED THE PAST

이 장에서는 20세기 후반부에 60년 동안 역사학계를 끌어가며, 경쟁 관계로 명성을 얻은 동시에 그 시대의 문화를 형성하며 논쟁을 벌이던 2명의 상반된 영국 역사학자를 중점적으로 다루려 한다. 그들이 발표한 책 전부는 아니더라도 대부분이 이제는 진부하게 읽히지만, 그들의 몇몇 저서는 역사, 특히 제2차 세계대전의 역사를 기록하는 방법을 바꿔놓았을 뿐만 아니라, 역사학자란 직업이 어떻게 행해졌는지에 대해 핵심적인 이야기를 전하고 있어 읽지 않을 도리가 없다.

거의 사반세기 전, 나는 런던에서 개최된 한 파티에 참석해 〈데일리 텔레그래프〉에서 부고란을 담당하는 부편집장과 우연히 이야기를 나누었다. 그가 나에게 전해준 한 일화에 따르면, 1960년대 중반의 언젠가 그의 전임자가 편집장에게 영국에서 손꼽히던 역사학자 휴 트레버로퍼를 위한 부고 기사가 준비되어 있지 않다고 말했다. 편집장이 "자네라면 누구를 추천하겠나?"라고 물었다. 그의 전임자는 "테일러라면 어떻겠습니까?"라며 장난스레 대답했다. 당시에는 트레버로퍼와 A. J. P. 테일러 간의 경쟁 관계는 학문적 범위를 넘어, 시끌 벅적한 교실에서도 화젯거리가 되었을 정도였다. 편집장은 싱긋 미소를 지으며 "잘해보게!"라고 승낙했다.

테일러는 그 제안을 흔쾌히 받아들였다. 그러고는 오래지 않아, 트레버로퍼의 업적 하나하나가 표로 정성스레 정리된 부고 기사가 편집장의 책상 위에 올라왔다. 하지만 기사의 끝에는 그 저명한 역사학자의 평판이 다른 식으로 깔끔하게 요약되어 있었다. 편집장과 부편집장은 엄청난 일을 해낸 기분이었다. 얼마 후, 부편집장이 이번에는 A. J. P. 테일러의 부고 기사가 준비된 게 없다고 말했다. 잠시 침묵이 흘렀다. 마침내 편집장은 다시 미소를 지으며 "잘해보게!"라고 승낙했다.

이번에는 트레버로퍼의 차례였다. 이번에도 충격적인 부고 기사가 전해졌다. 모든 전국지가 그렇듯이, 미리 준비된 부고 기사는 갱신을 위해 원래의 글쓴이에게 전해지는 게 관례였다. 어느 해인가 한 젊은 보조원이 테일러와 트레버로퍼에게 부고 기사를 보내라는 지시를 받았고, 그녀는 기고자의 주소를 엉뚱하게 기입하는 실수를 저질렀다. 그 결과 트레버로퍼와 테일러는 자신의 부고 기사를 받았고, 그 기사에는 글쓴이의 이름이 적혀 있었다.

나는 이 일화의 자초지종을 추적해보려고, 전임 편집장인 찰스 무어Charles Moore와 현재 부고 담당 편집장인 앤드루 브라운Andrew Brown에게 도움을 요청했지만 결정적인 증거를 구하지 못했다.[3] 나는 그 사건을 묻어버리기로 결정했다. 좋은 이야기를 망칠 이유가 어디에 있는가? 테일러와 그의 친구 맬컴 머거리지Malcolm Muggeridge(1903-1990)는 〈가디언〉에 서로 상대의 부고 기사를 써두었다. 트레버로퍼가 2003년 89세로 세상을 떠났을 때 〈텔레그래프〉에 실린 부고 기사는 지금도 찾아 읽을 수 있다. 테일러가 쓴 것으로 추정되고, 트레버로퍼가 항의했다면 그 후에 다시 쓰였겠지만, 글쓴이가 누구이든 간에 재밌게 읽히는 부고 기사이다.

트레버로퍼는 1914년 1월 15일, 스코틀랜드와 노섬벌랜드의 경계에서 멀리 떨어지지 않는 체비엇 고지대에 위치한 글랜턴이란 작은 마을에서, 정서적으로 쌀쌀맞은 시골 의사의 아들로 태어났다. 부고 기사는 "그는 시골 사람이란 이미지를 결코 포기하지 않았고, 중년까지도 사냥개를 앞세워 사냥을 다녔다"고 말하지만, 트레버로퍼가 어렸을 때 답답해 하던 삶에 대해서는 언급하지 않았다. 그가 1953년 아내에게 보낸 편지에서 "감정을 드러내지 못했고, 그 때문에 몸까지 아팠다"며 "어렸을 때 나는 집에서 감정이 어떤 형태로든 표현되는 경우를 본 적이 없었다"고 고백해서 짐작할 뿐이다.[4] 조숙하고 똑똑했던 트레버로퍼는 역사학자로서 평생 동안 많은 명예와 높은 지위를 누렸다. 장학생으로 차터하우스 스쿨Charterhouse School을 다녔고, 그 뒤에는 "옥스퍼드 대학교에서 가장 웅장한 칼리지", 추기경 토머스 울지 재단의 크라이스트 처치로 진학했다. 그곳에 다닐 때 크레이븐 장학금, 하트퍼드 장학금, 아일랜드 장학금을 받았지만, 혈기에 넘쳐 작은 탈선(의례적인 바지 벗기기, 분수물 뿌리기, 유리잔 깨기, 음식물 던지기)을 범하기도 했다. 한번은 시끌벅적하던 저녁 식사 시간에 한 친구가 공기 권총으로 그의 허벅지를 쏘았고, 그가 2층에서 창밖으로 커다란 샴페인 병을 던졌을 때는 때마침 그 아래를 지나가던 동급생 로버트 블레이크를 맞힐 뻔했다.

트레버로퍼는 유서 깊은 가문에서 태어났다. 예컨대 방계 존속인 윌리엄 로퍼William Roper(1496-1578)는 토머스 모어 경의 사위이자 전기 작가였다. 따라서 사교계에 대해 소상히 알았고, 미식가였으

16장 강력한 앙숙

717

며, 때때로 경마에 돈을 걸었지만 야외 활동을 즐기지는 않았다. 〈뉴욕 타임스〉의 표현을 빌리면 "복수심과 기민한 이해력을 지닌 P. G. 우드하우스Pelham Grenville Wodehouse(1881-1975) 같은 사람"이었고,[5] 그의 지인으로는 비피 홀랜드 히버트Biffy Holland-Hibbert와 유스턴 비숍 Euston Bishop이 있었다. 근시여서 어렸을 때부터 동그란 안경을 썼고, 잠시 골프를 배울 때는 요란한 체크무늬 정장에 무릎 바로 아래에서 바싹 조인 헐렁한 반바지를 입은 채 머리에 깔끔하게 가르마를 타고 앞머리를 이마에 착 붙인 모습으로 골프 코스를 성큼성큼 걸어다녔다.[6] 그는 종종 런던까지 올라가 시내에서 하룻밤을 보냈고, 밤새 술을 마시며 즐긴 뒤에 지하철을 탔을 때 여성 승객에게 정중하게 자리를 양보하려 했지만, 너무 취해 일어나지 못한 적도 있었다. 그가 편지와 일기에서 대단한 술꾼이라 자처한 것도 우연이 아닌 셈이다. 1941년의 일기에서는 "나를 취하게 할 수 있는 것으로는 3가지가 있다. 포도주와 내 목소리와 아첨이다. 그중 가장 강력한 것은 아첨이다"라고 쓰기도 했다.

1937년 옥스퍼드 대학교에서 가장 부유한 머튼 칼리지의 연구원으로 임명되자, 트레버로퍼는 자축하는 뜻에서 1927년형 모리스 옥스퍼드를 첫 차로 구입했지만 박사 학위를 마치지 못했다. 제2차 세계대전의 발발로 징집되어, 군 첩보대의 한 부서로 갓 설립된 무선보안국Radio Security Service에 배치되었기 때문이다. 그는 첩보국에서 킴 필비와 함께 일했고, 공습을 받는 중에는 욕조에 몸을 감춘 채 나치의 비밀 암호를 해독했다.[7] 상관들이 그의 생각에 동조하지 않으면, 이미 고위층과 친분을 쌓고 있던 터여서 상관들을 건너뛰고 처칠의 측근 중에서 알고 지내던 사람을 찾아가 도움을 구했다. 제대한 뒤에는 옥스퍼드의 크라이스트 처치로 돌아갔다. 시간이 지난 뒤에는 영국 학술원British Academy으로부터 연구비를 지원받았고, 타임스 신문사의 전국 이사가 되었다. 또 마거릿 대처의 추천으로 일대 귀족(一代貴族, life peer, 세습되지 않는 귀족), 글랜턴의 데이커 경(Baron Dacre, 한 방계 가족의 이름을 따서 '데이커'를 선택)과 옥스퍼드에서 현대사 흠정 교수(1957년부터 1980년까지 23년 동안)가 되었고, 끝으로는 케임브리지 대학교 피터하우스 칼리지의 학장을 지냈다(1980-1987).

글쓰기로는 일찍부터 성공을 거두었다. 1940년, 찰스 1세의 종교 개혁을 옹호한 것 때문에 의회의 결정으로 1645년 처형을 당한 캔터베리의 대주교 윌리엄 로드William Laud(1573-1645)를 연구한 첫 책으로 찬사를 받았다. 논란을 불러일으켰지만 통찰력이 돋보인 이 책에서 트레버로퍼는 이해력이 부족해 점점 수렁에 빠져드는 인물로 로드를 묘사하며 "로드의 전기를 쓴 성직자들이 저자세로 그에게 접근한 까닭에 멀리까지 볼 수 없었던 것은 당연하다"고 말했다. 예상대로 적잖은 성직자가 격분하며 트레버로퍼의 책을 혹평했지만, 새롭게 등장한 유능한 신진 학자에게 주목하는 평론가도 많았다. 같은 시대에 활동한 역사학자 에릭 홉스봄이 지적했듯이, 여하튼 "뱃사람이 흔들리는 갑판에서 걷는 걸음걸이를 개발하는 것만큼이나, 역사가가 전임자들의 이론에 의문을 제기하는 것은 자연스럽고 유익한 것이다."[8]

〈텔레그래프〉의 부고 기사에서 트레버로퍼는 "연구하는 모든 것에 참신한 생각을 불어넣은" 학자로 묘사되며, 그 29개의 단락에서는 어떤 이유로든 A. J. P. 테일러라는 이름도 6번이나 거론된다. 그 기사에 따르면, 트레버로퍼가 쓴 진정으로 뛰어난 책은 한 권인데, 그 책은 탐사 보도와 탐정 소설이었다고 "악의적으로 평가한 이후로" 오랜 친구가 숙적으로 전락했다. 그 책은《히틀러의 마지막 나날》(1947)을 가리킨 것으로, 히틀러와 그를 둘러싼 아첨꾼과 정신병자 들을 가차 없이 생생하게 묘사한 책이었다. 1945년이 저물어갈 즈음, 여전히 31세에 불과하던 트레버로퍼는 히틀러가 여전히 살아 있을지 모른다는 소문을 확인하라는 명령을 받고 독일로 파견되었다. 당시 러시아인들이, 영국이 향후에 극악한 목적으로 활용하려고 히틀러를 베를린의 영국 점령 지역에 감춰두고 있다거나,[9] 심지어 (콧수염에도 불구하고) 여자로 변복한 히틀러가 더블린에서 발견되었다는 소문을 퍼뜨리고 있어, 무척 민감한 문제였다.[10] 한편 히틀러가 스페인의 한 수도원에 은신해 있다거나, 알바니아 노상강도들 사이에서 거칠게 살아가고, 발트해의 안개로 뒤덮인 섬에 숨어들었다고, 혹은 잠수함을 타고 남아메리카로 달아났다고 주장하는 사람들도 있었다.

그 임무에는 '신화 작전'이라는 기억하기 쉬운 명칭이 붙여졌다. 소장의 권한과 '오턴Oughton'이란 익명을 부여받은 트레버로퍼는 히틀러의 참모진 중 몇몇 생존자를 추적했고, 그 과정에서 빈 포도주 병에 쑤셔 넣어진 히틀러의 유언장을 발견하기도 했다. 여하튼 그의 보고서에 따르면, 히틀러는 실제로 죽었고, 스스로 목숨을 끊은 게 분명했다. 트레버로퍼는 그 보고서를 바탕으로 《히틀러의 마지막 나날》을 발표했고, 덕분에 그는 유명 인사가 되었다. "일차 자료는 극소수에 불과했고, 그 자료들이 내 손에 있었다"고 트레버로퍼가 말했듯이, 이 책은 지금도 제3제국의 마지막 나날을 연구하려는 학자들에게는 필독서이다. 2017년 〈가디언〉은 그 책을 역대 100대 논픽션 도서 중 하나(32번째)로 선정했다. 하지만 그의 다른 책들은 그만큼 인기를 얻지 못했다.*

---

* 그가 찾아낸 자료 중 일부—히틀러의 부관이던 루돌프 헤스Rudolf Hess(1894-1987)가 보름달이 뜰 때 심은 채소만을 먹었다. 히틀러는 격렬한 분노에 사로잡히면 카펫을 물어뜯는 경향Teppich-beisser을 띠었다. 히틀러는 때때로 개처럼 바닥

하지만 트레버로퍼도 결국에는 긴 역사서의 형태로 글을 쓰는 걸 선호하게 되었고, "다수의 작가보다 더 많은 핵심적 내용을 한 권의 책에 집중적으로 담았다." 그는 하나의 특정한 전문 분야에 국한되지 않았지만 16세기와 17세기의 역사에 대해 깊이 알았다. 그 때문인지 〈텔레그래프〉에 부고 기사를 쓴 작가는 "그였다면 잉글랜드 내전에 대해 대단한 책을 써냈을 수 있었을 것이고, 어쩌면 썼어야 했을 것"이라고 계산된 평가로, 학계의 기준에서는 트레버로퍼가 부족했다는 가시 돋친 말로 지적했다.[11] 이런 평가는 어느 정도 사실이지만, 1940년부터 2003년 세상을 떠날 때까지 트레버로퍼는 광범위한 분야에서 뛰어난 저서를 적잖게 남겼다(사후에 출간된 5권을 포함). 언젠가 테일러도 트레버로퍼가 쓴 역사서 하나를 읽고는 "부러움에 눈물이 내 눈을 가린다"고 인정한 적이 있었다.[12] 트레버로퍼는 41세가 되었을 때, 〈선데이 타임스〉로부터 상당한 고료를 받고 '특별 기사'를

에 엎드려 사람을 물려고 했다. 괴링은 온통 하얀 실크 옷을 입고, 양쪽으로 뻗은 뿔 사이에 반짝이는 진주로 장식한 나치 표장을 박은 수사슴 박제 얼굴을 머리에 쓰곤 했다— 는 여전히 의심스럽다.

트레버로퍼가 그때까지 살았더라면 〈가디언〉의 선정에 크게 기뻐했을 것이다. A. J. P. 테일러의 《유럽에서의 패권 다툼The Struggle for Mastery in Europe》은 〈타임스 리터러리 서플리먼트〉에서 1995년에 선정한 역대 100권의 논픽션에 포함되었다. 그러나 트레버로퍼는 보편적으로 존경받지 못했다. 옥스퍼드의 부총장 모리스 바우러Maurice Bowra(1898-1971)는 에벌린 워Evelyn Waugh(1903-1966)에게 보낸 편지에서 "트레버로퍼는 무서운 사람입니다. 근시인 데다 항상 눈은 젖어 있고, 게다가 항상 으스대며 자랑을 일삼지만 나에게 알랑거리고, 페이지마다 터무니없는 실수가 하나쯤은 있는 끔찍한 책 덕분에 조금도 가난하지 않습니다"라고 말했다. 또 흔히 '세계 최고의 입담꾼'으로 불리던 팔방미인, 아이제이아 벌린Isaiah Berlin(1909-1997)도 "그는 인간다운 인식을 전혀 지니지 않아, 유리와 고무에 불과하다"고 트레버로퍼를 평가했다. 트레버로퍼가 히틀러와 관련된 책을 팔아 번 돈으로 신형 회색 벤틀리를 구입해, 옥스퍼드에서 가장 큰 크라이스트 처치의 안뜰에 과시하듯이 주차해둔 까닭에 동료들의 사랑을 받을 수도 없었다.

16장 강력한 앙숙

쓰기로 했다. 그는 〈선데이 타임스〉에 35년 이상 글을 기고했을 뿐만 아니라 〈뉴 스테이츠먼〉과 〈스펙테이터〉 같은 잡지에도 정기적으로 글을 기고했다.

지독히 전통을 따진 까닭에 그는 옥스퍼드에서 마지막까지 교수복을 입고 강의한 교수 중 하나였고, 시대에 뒤진 사람처럼 보이는 걸 좋아했으며 관습을 고집했다. 따라서 학부생이 교복을 입지 않은 채 강의에 참석하면 가차 없이 쫓겨났다. 1949년쯤, 그는 무척 좋아하던 사냥을 포기할 수밖에 없었다. 사냥에 능숙하지도 않았지만 사고를 자주 당한 탓이었다. 예컨대 2번이나 말을 탄 채 넘어졌고, 두 번째 사고에서는 등골이 부러졌다. 그래서 개인적으로 지도하는 학생에게 사냥용 암말인 러버넥을 팔려고 했다. 그래도 그는 세심한 선생이었고, 학생들에게 자신의 글이 명료한지 시험하려면 영어로 쓴 글을 라틴어로 번역해보라고 학생들에게 권했다. 그러나 문서 기록이 없이 과거를 연구하는 건 무의미하다는 믿음에, 유럽 이외에 다른 대륙의 역사를 배우고 싶어 하는 학부생들의 열망에 의문을 제기하며 "어쩌면 장래에는 아프리카 역사도 가르칠 게 있을지 모르겠습니다. 하지만 지금은 없습니다. 아니, 거의 없습니다. 아프리카에도 유럽의 역사밖에 없습니다. 콜럼버스 이전의 미국처럼 대부분의 경우에 어둠밖에 없습니다. 어둠은 역사의 주제가 아닙니다"라고 말했다.* 이런 지적이

＊   조너선 스위프트는 이런 우월 의식을 다음과 같이 재치 있게 풍자했다.

　　지리학자들은 아프리카 지도에
　　야성적인 그림을 그려 빈틈을 메웠다.
　　그리고 사람이 살지 못하는 저지대에는
　　마을 대신 코끼리를 그려 넣었다.

　　그러나 프리드리히 헤겔Friedrich Hegel(1770-1831)도 똑같은 편견을 드러내며, 아

당시에는 특별한 게 아니었지만, 지금 생각하면 지적으로나 윤리적으로 커다란 결함의 흔적이라 할 수 있다. 그 때문에 트레버로퍼의 대표작이 무효화되는 것은 아니지만, 그 시대에도 그런 발언은 오만하고 편협하며 무심한 것인지를 알 수 있어야 했다. 달리 말하면, 유럽 문명의 우월성을 너무도 확신한 까닭에 그런 발언이 무엇을 뜻하는지 굳이 알아보려고도 하지 않았다는 증거이다. 그러나 트레버로퍼는 상대의 심기를 거스르는 걸 좋아했다.

〈텔레그래프〉에 실린 부고 기사의 작성자가 인정했듯이, 진실은 "트레버로퍼는 소동을 좋아하는 버릇 때문에 간혹 나락으로 떨어지더라도 분쟁을 일으키며 적에게 낭패감을 주는 걸 좋아하는 사람이었다." 그는 동료 장교들에게 '소화가 되지 않는 입자'라고 자칭했고, 군대에서 한 동료를 "보는 각도에 따라 색깔이 변하는 커다란 푸른 빛 엉덩이를 누구에게나 보여주는 몽키 힐의 개코원숭이"를 닮은 "방귀 노출증 환자"라고 놀리기도 했다.[13] 군복을 벗은 뒤에도 트레버로퍼는 똑같이 소화하기 힘든 존재가 되었고, 성인이 된 뒤에도 불화를 일으키는 삶을 살았다. 친구들에게는 따뜻하고 관대하며 열린 마음을

프리카의 역사와 철학과 문화는 "밤의 어둔 장막으로 덮여 있다"고 말했다. 캐나다계 미국 작가로 노벨 문학상을 수상한 솔 벨로Saul Bellow(1915-2005)도 "줄루족의 톨스토이는 어디에 있고, 파푸아족의 프루스트는 어디에 있는가?"라며 비슷한 논조로 말했다. 벨로는 위대한 문명에만 위대한 문학이 있다고 주장하며 그렇게 물었다. 그들도 그렇고, 트레버로퍼도 잘 몰랐다. 그들이 관심을 갖고 살펴봤다면 증거를 찾아낼 수 있었다. 예컨대 서유럽이 암흑시대에 있을 때 아프리카는 제3기 황금시대를 누렸고, 말리의 팀북투에는 상코레 마르라사라는 커다란 대학이 있었다. 16세기에는 그라나다 태생의 노예 출신이었던 레오 아프리카누스Leo Africanus(1494-1554)가 말리의 팀북투를 방문했고, 나중에는 교황 레오 10세에게 아프리카 전체의 지리적 상황을 자세히 조사해달라는 의뢰를 받았다. 1526년에 완성된 그의 기록은 그 이후로 수 세기 동안 유럽인들이 아프리카 대륙에 대해 알고 있는 대부분을 차지했고, 셰익스피어의 《오셀로》에도 영감을 주었을 수 있다.

보여주었지만, 그가 경멸하는 사람에게는 매정하기 그지없었다. 적어도 1950년대부터 그는 "생쥐들Mice", 즉 그가 보기에 '유쾌한 삶'을 혐오하는 따분하고 애매모호하며 비생산적인 역사 교수들에게 날카롭게 다듬은 화살을 겨누며, "쓸데없는 연구에 낭비되는 노동 시간이 해당 교수를 우울하게 만든다"고 주장했다.[14]

트레버로퍼가 처음으로 학문적 논쟁에 뛰어든 때는 1953년이었다. 그때 그는 경제사에서 17세기 귀족과 잉글랜드 내전의 관계를 두고 로런스 스톤Lawrence Stone(1919-1999)과 학문적으로 치열하게 논쟁을 벌였다. 스톤은 차터하우스 스쿨과 크라이스트 처치 모두에서 그의 후배였고, 크라이스트 처치에서는 그에게 배운 학생이었으며, 무엇보다 색깔이 없는 생쥐가 아니라 재능 있는 역사가였다. 스톤은 1948년 〈경제사 리뷰〉에 발표한 장문의 논문에서, 잉글랜드 내전을 앞두고 영국 귀족들의 재산이 급격히 줄었다고 주장하며 세계적으로 인정받았다. 그러나 사실 확인과 해석 모두에서 실수를 범하며 스톤의 명성은 퇴색되었다. 스톤의 논지는 역사에 대한 마르크스주의적 해석, 즉 계급 투쟁을 옹호하는 것처럼 보였다. 때마침 트레버로퍼는 동일한 주제를 연구했고, 스톤이 참고한 자료들에서 융자 체계를 잘못 이해했다는 걸 알았다.

처음에 트레버로퍼는 스톤의 성과를 흐뭇하게 받아들였지만, 오랫동안 고민한 끝에 1951년 한 동료에게 반농담조로 "스톤을 없애버리기로 결정했네"라는 편지를 보냈다. 그러고는 스톤의 논문을 반박하며, 귀족들의 실질소득이 1534년보다 1602년에 더 높았고, 내전이 시작되기 1년 전인 1641년까지 크게 증가했다는 걸 실증적으로 보여주었다. 이로 인해 학술지만이 아니라 활자 매체 전반에서 격렬한 논쟁이 벌어졌다.[15] 다른 학자들도 이 싸움에 뛰어들었고, 이 문제는 학문적으로도 유명한 쟁점이 되었다. 오래잖아 스톤은 잉글랜드를 떠나 프린스턴으로 향했고, 그를 괴롭히던 트레버로퍼는 "그는 빨리 유명해지기로 결심했다. 정말 무서운 것은 그가 성공했다는 것이다"라는 경구를 남겼다.

그는 논쟁을 벌이는 재능을 더욱 날카롭게 다듬었고, 그 칼날로 당시 60대 후반으로 세계적인 명성을 누리던 아널드 토인비Arnold Toynbee(1889-1975)를 신랄하게 공격했다. 트레버로퍼의 전기를 쓴 애덤 시스먼Adam Sisman은 당시 상황을 "토인비의 얼굴이 잡지 〈타임〉의 표지에 실렸다. 10권으로 구성되고 6000쪽에 달하던 그의 《역사의 연구》는… '불멸의 걸작', '우리 시대의 가장 위대한 역사서', '지금까지 쓰인 최고의 역사서'라는 찬사를 받았다"고 썼다. 전체적으로 1934년에서 1961년 사이에 출간된 이 총서(실제로는 총 12권)는 그가 규정한 26개의 문명을 조사한 끝에, 역사의 흐름이 일정한 법칙들을 따른다고 주장했다. 2권으로 구성된 요약본은 눈부신 성공을 거두었다. 트레버로퍼는 "위스키 다음으로 달러를 벌어들이는 상품"이라고 비웃었다. 그런 비판이 면밀히 검토될 거라고 의식했던지 트레버로퍼는 옥스퍼드에서 흠정 교수직이 확정될 때까지 그 공격을 글로 공개하는 걸 미루었다. 트레버로퍼가 선택한 전쟁터는 당시 전성기를 누리던 월간 문예지 〈인카운터〉였다. "토인비의 성경은 전문적인 역사가들에게는 좋은 평가를 받지 못했다"고 시작하는 그 논문에서, 트레버로퍼는 토인비가 구원자의 인생 역정—"젊은 시절의 유혹, 선교 여행, 기적, 계시, 고뇌"—을 그대로 짊어진 메시아를 자임하는 듯하다고 비난했다.[16]

토인비는 대담하게 하나의 역사 이론을 전개했지만, 그의 '연구'는 "거창하고 외람스러우며 조금도 재미가 없는 데다", "오류가 눈에 떨" 뿐만 아니라 "혐오스럽기"도 하다고 공격했다. 공격은 여기에서 멈추지 않았다. "토인비의 극악무도한 자만은 의도적인 애매모호한 표현까지 더해지며 나에게 혐오감을 불러일으킨다"며, 트레버로퍼는 줄자까지 부지런히 사용해서, 찾아보기에서 '토인비, 아널드 조지프' 라는 항목이 무려 30센티미터를 차지하고, '역사'라는 항목보다 더 길다는 것도 알아냈다.

이 논문은 〈타임스 에듀케이셔널 서플리먼트〉에서 "몹시 비판적인 공박"이란 평가를 받았고, 평론가 마틴 시모어 스미스Martin Seymour-Smith(1928-1998)에게는 "지금까지 역사가가 역사가를 비판한 글 중에서 가장 흉포하고 잔인하지만 충분히 납득이 되는 실질적인 공격"이란 찬사를 받았다.[17] 토인비의 명성은 회복되지 못했다. 〈인카운터〉에 실린 트레버로퍼의 글은 주된 무기로 조롱과 야유를 사용했기 때문에 더욱더 치명적이었다. 옥스퍼드 베일리얼 칼리지의 역사학자 리처드 코브Richard Cobb(1917-1996)는 "토인비를 다룬 당신의 아주 좋은 글을 읽었을 때만큼 많이 웃었던 적이 없는 것 같습니다. 그때 나는 시험 감독을 하고 있어, 몇몇 학생에게 따가운 눈총을 받았습니다"라는 편지를 트레버로퍼에게 보냈다.[18] 그 밖에도 적잖은 학자가 같은 논조로 글을 썼고, 테일러도 "토인비의 천년 시대에 대한 당신의 글은 내가 오래전부터 읽었던 글 중에서 최고였습니다"라는 편지를 보냈다. 여기에 그치지 않고, 테일러는 〈뉴 스테이츠먼〉에 기고한 글에서 트레버로퍼를 공개적으로 칭찬했지만, "트레버로퍼의 글에서 가장 훌륭한 부분은 토인비의 신조를 '뒤죽박죽 종교religion of mish-mash'라 서술한 것이지만, 이 표현은 원래 내 것이었다"는 구절을 덧붙였다.

다른 분쟁, 다른 피해자도 있었다. 스코틀랜드 작가 닐 애셔슨은 그런 충돌에 '불화의 가마솥'이란 이름을 붙였는데,[19] R. H. 토니 Richard Henry Tawney(1880-1962)와 그의 《종교와 자본주의의 발흥》, E. H. 카와 그의 공산주의에 영감을 받은 결정론, 존 F. 케네디 대통령의 암살을 조사한 워런 보고서를 작성한 사람들(트레버로퍼는 그들의 보고서가 완전히 잘못되었다고 확신했다)을 비난하고 공격했다. 심지어 체커즈에서 마거릿 대처와 토론할 때는 통일 독일에 대한 그녀의 반감을 매섭게 비판했다. 전시 영국 정보국에서 절대적인 존재였고, 제임스 본드의 창조에 영감을 준 실제 인물로 알려진 윌리엄 스티븐슨William Stephenson(1897-1989)의 전기를 검토한 뒤에는 그 책에 담긴 많은 오류를 일일이 지적하는 걸 거부하며 "이 전기 작가를 그렇게 비난하는 것은 공정하지 못하다. 그렇게 비난하는 것은 해파리에게 이를 악물고 뒤꿈치로 땅을 파라고 요구하는 것과 같기 때문이다"라고 말했다. 이 말에서 보듯이, 트레버로퍼는 통제된 독설의 대가였고, 그가 몹시 사랑했던 자연계에 빗대어 말하는 걸 즐겼다. 그는 스코틀랜드 인을 괴롭히는 걸 평생의 즐거움으로 삼았다. 아마도 그 이유는 스코틀랜드와의 경계지에서 성장하며 그들에 대한 편견이 일찍부터 몸에 밴 탓이 아닌가 싶다. 트레버로퍼는 폐쇄성을 이유로 가톨릭교도, 특히 가톨릭으로 개종한 사람들을 무척 경멸했다. 그 때문인지, 에벌린 워를 무차별적으로 혹평한 버켄헤드 경에게 받은 편지를 소중히 간직하면서도 "그의 아들[오버런 워]의 광적인 악의를 초래할 수 있다"는 걱정에 그 편지를 공개적으로 인용하지는 않았다. 그는 연장자인 워와 마주치지 않으려고 무진 애썼다. 하기야 그 둘이 마주치면 양쪽이 상대에게 어떻게 반응할지는 누구도 몰랐다.

1977년 트레버로퍼는 미국의 평론가 리처드 엘만Richard Ellmann (1918-1987)을 매몰차게 공격했다. 영국의 준남작 에드먼드 백하우스

젊은 교수 시절, 멋지게 차려입은 트레버로퍼. 트레버로퍼가 《히틀러를 해부한다: 악의 근원을 찾아서》를 출간했을 때 그를 인터뷰한 평론가 론 로즌바움*Ron Rosenbaum*은 이렇게 썼다. "그를 보고 있으면 회의주의의 화신을 보는 듯한 기분이다. 까탈스런 학자 같은 몸가짐(옥스퍼드 트위드 재킷에 깡마른 체구, 소화불량에 걸린 듯이 새하얀 머리칼 아래로 이마까지 치켜뜬 회의적인 눈초리)부터, 우아하게 쏘아붙이며 지독히 비꼬는 신랄한 말투와 세상사에 지친 염세적인 냉소주의까지, 모든 것이 제2차 세계대전 동안 영국 방첩대에서 근무하며 터득한 것일까. 한마디로, 그는 쉽게 마음을 빼앗기는 부류가 아닌 것처럼 보인다."[20]

Edmund Backhouse(1873-1944)의 공상적인 회고록을 판촉하려는 스위스의 기생충학자 라인하르트 회플리Reinhard Hoeppli(1893-1973)를 옹호했다는 게 이유였다. 더구나 트레버로퍼는 에드먼드 백하우스를 연구한 《베이징의 은둔자》를 전년前年에 발표한 터였다. 이렇게 트레버로퍼는 개인적인 복수를 추구할 때, 모욕감을 끊임없이 마음속에 되새기며 편지를 계속 주고받는 방식으로 증오심을 키워갔다. 트레버로퍼가 토인비를 공격한 글이 실린 〈인카운터〉의 같은 호에서 동료 역사학자 네빌 매스터먼Neville Masterman(1912-2019)은 트레버로퍼가 로드 대주교를 다룬 1940년의 연구에서 천명했던 원칙들을 스스로 위배했다며 그를 나무랐다.

나는 그대의 지루한 헐뜯기가 싫소, 트레버로퍼,
로드의 영혼이 이제 거꾸로 그대 안에 거하고.
그 반종교적 심문관도
그대의 앙숙만큼이나 추악할 뿐이오.[21]

옥스퍼드의 또 다른 동료로, 트레버로퍼에게 '콘월의 병적인 자기중심주의자'*라고 무시당했던 A. L. 로스Alfred Leslie Rowse(1903-1997)는 언젠가 "왜 사람들에게 그렇게 심술을 부리는 건가?"라고 직설적으로 묻기도 했다. 트레버로퍼가 미래의 아내에게 보낸 편지에서 자

---

* 로스는 콘월에서 도자기공으로 일하던 문맹자의 아들이었고, 그런 힘든 환경에서 성장한 걸 중요한 자산으로 여겼다. 한편 그런 삶을 질색하던 트레버로퍼는 "불쌍한 로스, 유감스럽지만 로스는 실질적으로 본래의 뿌리를 한번도 뛰어넘은 적이 없는 것 같다. 우리의 작은 문자 공화국에서, 그가 카멜레온의 혀처럼 날렵하게 공작의 엉덩이를 향해 혀를 불쑥 내밀면 교구를 질책하는 잔소리를 쏟아낼 뿐이다"라고 빈정거렸다. Paul Johnson, "Misfortune Made the Man," Standpoint, 2014년 3월을 참조하기 바란다. 로스는 색다른 사람이었다. 콘월 선거구에서 당선되지 못하자, 그때부터 로스는 콘월 시민들을 '멍청한 사람들'이라 칭했다. 특히 그는 거의 평생 동안 누군가의 잘못을 기록한 수첩에 대해 번질나게 언급했다. "옥스퍼드의 올 소울스 칼리지All Souls College에서 아침 식사를 할 때마다 로스는 동료들, 특히 그의 심기를 건드린 동료들에게, 그가 전날 밤에 기록한 항목에 이름이 올라갔다며 '네가 한 짓이 이 안에 있어! 네가 한 짓이 이 안에 있다고!'라고 말했다. 그가 세상을 떠날 때까지 그 개인적인 비망록은 출간되지 않았다. 그 비망록을 읽은 동료들은 그 기록을 전부 공개하려면 상당한 용기와 좋은 법률적 조언이 필요할 것이라는 데 의견이 일치했다."(John Clarke, Oxford Dictionary of National Biography) 그러나 그의 일기가 마침내 2003년 모습을 드러냈고, 거기에서 트레버로퍼는 '용서할 수 없는 사람'으로, 테일러는 '돌팔이'로 묘사되었다.

신의 심장을 "겉쪽은 가시로 뒤덮였고, 안쪽도 먹음직스럽지는 않은 성게"에 비유했다는 것에서 그 답을 찾을 수 있는 듯하다.[22] 트레버로퍼도 자신을 모르지는 않았던 셈이다.

수많은 다툼을 벌이면서도 트레버로퍼가 상당히 많은 책을 출간한 것은 놀랍기만 하다. 히틀러와 관련된 초기의 저작들에 뒤이어 《종교 개혁과 사회 변화》(1967), 《필비 사건》(1968), 《17세기 유럽의 마녀 광풍》(1970), 《17세기의 예술품 약탈》(1970), 《군주와 예술가》(1976)를 발표했고, 1978년에는 《괴벨의 일기》를 편찬하기도 했다. 그의 꿈은 "언젠가 누군가가 기번을 언급하고는 숨도 쉬지 않고 곧바로 언급할" 책을 써내는 것이었다. 그는 잉글랜드 내전을 '잉글랜드의 대반란English Great Rebellion'이라 종종 칭하며, 그 내전을 포괄적으로 다룬 책을 써보려는 꿈을 품었지만, 그 꿈은 실현되지 못했다.[23]

그 이유 중 하나는 신문사들에서 끊임없이 이어지는 기고 의뢰, 동료가 쓴 책의 추천사, 텔레비전 출연 등에 시간을 빼앗겼기 때문이다. 여러 개인적 다툼도 연구 시간을 빼앗는 요인이었다. 그는 더 많은 글을 썼어야 한다는 걸 누구보다 잘 알고 있었다. 심지어 마거릿 대처도 그가 시작하고 마무리 짓지 못하는 책이 너무 많다고 책망했을 정도였다. 언젠가 대처가 그에게 언제쯤에나 다음 책을 볼 수 있겠느냐고 묻자, 그가 주식stocks에 대한 책을 이미 쓰기 시작했다고 대답했다. 그때 대처는 stock을 상점의 재고품이란 뜻으로 받아들이며, "재고요? 재고에 대한 책을 쓴다고요? 재고는 넘치도록 많아요! 상점에 가면 얼마든지 있잖아요!"라고 트레버로퍼를 놀렸다. 한 편지에서 트레버로퍼가 인정했듯이,

문제는, 내가 지나치게 많은 것에 지나치게 관심을 쏟는 거다. …

그런데 빈둥대는 것도 좋아한다. 시골길을 걷고, 말의 콧등이나 돼지의 등을 긁어주는 걸 좋아한다. 나무를 심고, 옮겨 심고, 가지치기하는 걸 좋아한다. 나는 나무를 '사랑한다.' …사람들과 유쾌하게 어울리는 사교적인 삶을 좋아하고, 치즈와 절인 양파를 안주로 맥주를 마시며 느릿하게 단음절로 대화하는 걸 좋아한다.

그렇다고 트레버로퍼가 게으른 것은 아니었다. 생전에 발표한 책들 외에도 거의 완성된 원고가 적어도 9편이나 있었다. 그중 하나가 17세기 위그노로, 프랑스 왕의 주치의를 지낸 테오도르 드 마예른 Théodore de Mayerne(1573-1655)의 전기로, 사후에 출간되었고, 앞으로도 다른 책들이 출간될 것으로 추측된다. 트레버로퍼는 많은 재능을 지녔지만, 정력적으로 편지를 주고받으며 재치 있고 지혜로운 의견을 편지에 쏟아붓는 사람이었다. 1960년대 후반과 1970년대 초반에 메르쿠리우스 옥소니엔시스Mercurius Oxoniensis라는 필명으로 〈스펙테이터〉에 기고한 칼럼들은 조롱하는 글의 전형이었다. 그는 메르쿠리우스가 자신이 아니라고 거듭해 부인했지만, 누구도 믿지 않았다. 〈텔레그래프〉의 부고 기사에서 말했듯이 "살아생전에 대학에서 벌어지는 일을 이처럼 통렬하면서도 재치 있게 조롱할 수 있는 사람은 손가락으로 꼽을 정도였고, 그가 아니면 누구도 17세기 영국 산문을 이처럼 완벽하게 모방할 수 없었을 것이다." 2014년에 발행된 그의 서신집을 논평한 글에서 데이비드 캐너딘David Cannadine은 트레버로퍼가 "아무도 흉내 낼 수 없는 비할 데 없는 글솜씨로 거의 누구와도 편지를 주고받았다는 점에서, 노엘 애넌Noel Annan(1916-2000)이 '우리 시대'라 칭했던 시대의 가장 위대한 서신 작가일지 모르겠다"고 평가했다.[24] 그러나 편지는 재밌고 도발적으로 쓰이더라도 폭죽 같은 글이었고, 긴 글로 이루어지는 한 권의 책은 완전히 다른 범주였다.*

케임브리지 대학교, 피터하우스 칼리지의 역사학자인 브렌던 심스Brendan Simms(1967년생)는 트레버로퍼의 삶을 추적한 글에서 "[굵직한 책의 출간이 상대적으로 적은 이유는] 그의 신경질적인 아내 샌드라의 요구에서 부분적으로 설명된다"고 썼다.[25] 1954년, 트레버로퍼는 제1차 세계대전을 지휘했던 육군 원수 헤이그 백작의 이혼한 딸과 결혼했다. 당시 그녀는 트레버로퍼보다 일곱 살이나 많았다. 그러나 그가 편지에서 증언하듯이, 그들의 결혼은 진정한 사랑의 결실이었다. 하지만 시간이 흐른 뒤에도 트레버로퍼가 걸작을 곧 끝낼 거라고 주장만 거듭할 뿐 마무리 짓지 못하자, 그녀는 "우리 집 다락에는 1장만 쓴 원고로 가득해요. 그런데 2장은 하나도 없어요"라고 재치 있게 말하며 남편을 놀렸다.† 이런 이유에서도 〈텔레그래프〉의 부고 기사는 공정하게 쓰인 게 분명하다.

---

* 1992년 10월, 나는 트레버로퍼에게 편지의 일부라도 출간해달라고 요청하는 편지를 보냈다. (당시 나는 호더앤드스토턴의 출판 이사였다.) 그는 "끔찍한 생각입니다! 내 친구나 나와 편지를 주고받은 사람들 중 누구라도 내 편지를 지금까지 보관하고 있다면 출판사에 절대 넘겨주지 않기를 바랄 뿐입니다! 여하튼 내 편지는 일반 독자에게 관심을 끌지 못할 거라고 자신 있게 말할 수 있습니다. 부디 그 유감스런 생각을 잊어주십시오!"라고 우아하게 거절하는 답장을 보냈다. 그 답장에서 느낌표가 빈번하게 사용된 것에서, 나는 그가 더 강력한 요청을 받고 싶어 하는 걸 눈치챘어야 했지만, 멍청하게도 그의 거절을 액면 그대로 받아들였다. 지금까지 그의 편지는 두툼하게 2권(2006년과 2014년)으로 출간되어 커다란 찬사를 받았다. 나는 화가 나서, A. J. P. 테일러가 가르친 마지막 박사후 과정 학생이던 미국인 역사학자 캐슬린 버크Kathleen Burk에게 스승의 전기를 의뢰했다.

† 샌드라, 즉 알렉산더 부인은 판단이 빨랐다. 1979년 트레버로퍼는 일대 귀족을 제안받고 그 명예직을 거절할 생각이었지만, 샌드라 부인은 "당신이 거절하면 사람들이 화를 낼 거라고 생각해보세요"라고 조언했다. 그렇게 그 문제는 해결되었다.

※ ※ ※

이번에는 트레버로퍼가 테일러와 벌인 오랜 분쟁으로 돌아가, 그의 앙숙이던 테일러의 됨됨이에 대해 살펴보자. 그 둘의 관계에서는《햄릿》5막 2장, "스스로 파멸을 자초한 셈이지. 애초에 조무래기들이 막강한 적대자들의 칼부림 속으로 뛰어드는 게 아니었어"라는 대사가 떠오른다. 어떤 면에서 둘 사이에는 공통점이 많았다. 둘 모두 북잉글랜드 출신이었고, 빠른 자동차와 좋은 포도주를 좋아했으며, 자신들이 남달리 영리하다고 확신했고, 성급하게 화를 냈으며, 무엇보다 좋은 논쟁의 중심에 있는 걸 좋아했다. 역사가 도널드 캐머런 와트Donald Cameron Watt(1928-2014)는 특히 테일러의 '악명 높은 기벽과 아니무스 아카데미쿠스animus academicus(학문적 열정)'를 자주 언급했다.[26] 그러나 그들은 어린 시절부터 뚜렷한 차이를 보였다.

앨런 존 퍼시벌 테일러Alan John Percivale Taylor는 1906년 3월 25일 버크데일(리버풀의 정북이고 맨체스터의 서쪽)이란 고급 해변 휴양지에서 태어났고, 유복한 좌익 지식인 퍼시와 콘스턴스 테일러 부부의 유일한 생존 자식이었다. 이런 점에서 A. J. P.와 트레버로퍼는 똑같이 좋은 양육을 받았지만, 테일러의 집안이 훨씬 더 오랫동안 유지되었다. 테일러의 집은 좌익 급진주의의 보루로 변했고, 그의 어머니는 부유한 혁명가가 되었다. 어렸을 때 앨런은 조숙해서 책을 많이 읽었고, 버릇이 없었다—랭커셔 말로는 '영리한 나막신clever-clogs'이었다. 요크에서 고등학교—재학 중에《한여름 밤의 꿈》의 대사를 하나도 틀리지 않고, 퍽의 역할을 완벽하게 해냈다—를 졸업한 뒤에 옥스퍼드의 베일리얼 칼리지에 지원했다. 그러나 공식 만찬에서 공산주의 사회라면 옥스퍼드를 어떻게 처리하면 좋겠느냐는 질문을 받고, 앨런은

"제가 떨어지면 폭파해버리십시오"라고 대답했다. 결국 그는 오리엘 칼리지로 만족해야 했지만, 그의 부모는 학부생에게는 부담스러운 사치품인, 뒷부분이 양쪽에 날렵하게 미끄러지는 공랭식 2인승 로버 스포츠카를 입학 선물로 사 주었다. 그는 나비넥타이를 맸고, 승마(트레버로퍼와 공유한 취미였지만 테일러는 사냥을 다니지는 않았다)와 조정(그의 신장이 165센티미터에 불과했는데도 오리엘 칼리지에서 2위 조정 팀의 두 번째 자리를 지켰다는 게 놀랍기만 하다)을 즐겼다. 또한 애거사 크리스티와 P. G. 우드하우스를 탐독했으며, 찰리 채플린 영화를 좋아했고, 좋은 위스키와 더 좋은 포도주(예컨대 독일 라인 지역에서 생산된 백포도주)를 마셨다. 그리고 공산당원이 되었다. 하지만 2년 뒤인 1926년, 공산당이 총파업에 미지근하게 대응했다는 판단에 공산당과 결별했다. 비슷한 이유로, 마르크스 이론도 그에게는 따분하게 느껴졌다.

옥스퍼드의 역사학부는 인문대학에서 가장 컸고, 학부생의 약 30퍼센트가 역사학, 주로 중세와 초기 근대에 초점을 맞춘 강의를 수강했다. 1920년대에는 옥스퍼드 학부생 중 대략 20퍼센트가 어떤 종류의 학위도 취득하지 못했다. 그러나 테일러는 리처드 2세의 통치 기간을 주제로 다룬 논문을 제출해, 자신도 놀랐을 정도로 최우등으로 졸업했다. 그러나 향후에 무엇을 해야 할지에 대한 계획은 전혀 없었다. 그는 자전적 수필 중 하나에서, 다음과 같은 이야기로 자신이 걸어온 삶의 궤적을 대략적으로 알려주었다.

갈리치아에서 한 신부가 기적이 무엇인지에 대해 농부에게 설명하고 있었다.
"교회 탑에서 땅바닥에 떨어졌는데도 전혀 다치지 않았다면, 그걸 뭐라고 할까요?"

"사고라고 하지요."

"내가 또 떨어졌는데도 다치지 않았다면요?"

"또 사고가 있었다고 하겠지요."

"내가 또 떨어지면요?"

"떨어지는 게 버릇이군."[27]

테일러는 자신의 삶이 이런 사고, 즉 우연의 연속이었다고 사람들에게 말하곤 했다. 그러나 나중에는 역사도 전체적으로 보면 그렇다고 말했다. 이 때문에 결국에는 '우연을 믿는 역사가chance-minded historian'라는 별명을 얻지만,[28] 비록 한참 뒤의 이야기였다. 대학을 졸업한 뒤에 테일러는 런던으로 이주해서, 램지 맥도널드Ramsay MacDonald(1866-1937)와 H. G. 웰스Herbert George Wells(1866-1946) 같은 좌파 인물을 주로 대리하던 삼촌의 변호사 사무실에서 사무원으로 일했다. 그의 부모는 여전히 아들의 장래를 희망적으로 생각하며, 햄스테드 히스 공원의 끝자락에 방이 6개나 있는 값비싼 아파트를 마련해주었고, 가정부까지 보내주었다. 그래도 삼촌의 조언을 받아들여 법정 변호사 자격을 얻으려고, 이너 템플Inner Temple(법학원)의 수강 후보자로 이름을 올렸다.

하지만 법은 그를 오랫동안 붙잡아두지 못했다. 1928년, 그는 1848년 혁명Revolutions of 1848(프랑스 2월 혁명을 비롯하여 빈 체제에 대한 전全유럽적 저항 운동을 모두 일컫는 표현/옮긴이) 이전에 빈과 영국 의회 급진주의자들의 관계를 연구하려고 빈으로 향했고, 그곳에 2년을 체류했다. 그 연구가 막다른 길에 부딪히자, 그는 연구 과제를 이탈리아 통일로 바꾸었고, 1930년에 귀국해서 맨체스터 대학교의 조교수가 되었다. 당시 맨체스터 대학교는 영국에서 역사를 연구하기에 최적인 곳이었다.

1년 뒤, 의회의 역사를 연구한 루이스 번스틴 네이미어Lewis Bernstein Namier(1888-1960)가 중요한 멘토로서 그의 삶에 들어왔다. 네이미어가 조지 3세 시대의 정치 환경을 연구한 저작으로 명성을 얻은 뒤에 맨체스터 대학교의 현대사 교수로 취임한 덕분이었다. 네이미어는 귀화한 폴란드계 유대인으로, 1907년 잉글랜드에 입국해 베일리얼 칼리지에서 수학했고, 그 이후로 영국 역사 연구를 평생의 과제로 삼았다. E. H. 카에게 네이미어는 "제1차 세계대전 이후로 학계에 등장한 가장 뛰어난 영국 역사가"였고, C. V. 웨지우드Cicely Veronica Wedgwood(1910-1997)에게는 "우리 시대 최고의 역사 저술가"였다. 그런 네이미어가 테일러의 동료 교수가 되었고, 테일러에게 원고를 넘겨주며 평가를 부탁했으며, 테일러를 자신의 '친절한 비평가'라고 칭했고, 테일러에게는 그가 과거에 대해 추론한 이론의 증거를 찾아내는 뛰어난 직관력의 '재주'가 있는 듯하다고 덧붙였다. 네이미어의 전기를 쓴 린다 콜리Linda Colley는 "네이미어가 쓰려고 계획한 책들을 테일러가 상당한 정도로 도용해 썼다"고 주장한다.[29] 테일러 자신도 네이미어가 "오랫동안 내 삶에서 중심 인물"이었다는 걸 인정했지만, 항상 그렇듯이 습관적으로 "굳이 말하자면 그가 내 제자였지, 내가 그의 제자는 아니었다"고 덧붙였다.

테일러의 주장에 따르면, 그의 주된 스승은 당시 〈맨체스터 가디언〉의 부편집장이었고, 훗날 편집장이 되었던 A. P. 워즈워스Alfred Powell Wadsworth(1891-1956)였다. 네이미어가 그 신문에 정기적으로 서평을 기고하던 작업에 지쳤을 때 테일러에게 그 역할을 넘겨주었고, 나중에는 〈뉴 스테이츠먼〉과 〈타임스 리터러리 서플리먼트〉에 글을 기고하는 기회도 열어주었다. 이렇게 외부에 글을 기고하는 횟수가 늘어나자, 처음에 테일러는 본연의 연구에 집중하지 못했다. 따라서 첫 연구서인《유럽 외교에서 이탈리아 문제, 1847-1849》는 1934년에야 출간되었다. 그러나 그 이후에 그의 기세를 막을 수 있는 것은 없었다. 그는 총 23종의 책과 많은 논문을 발표했고, 믿기지 않겠지만 거의 1600편의 서평을 썼다. 테일러의 전기는 지금까지 3종이 출간되었다. 두 번째 전기를 쓴 캐슬린 버크가 지적하듯이, 글쓰기는 그에게 '원초적 욕구primal urge'였다.[30] 달리 말하면, 그가 성인이 된 이후로 끊어내지 못한 강박적 행동의 한 형태였다. 오랫동안 그는 〈맨체스터 가디언〉과 〈옵서버〉에는 역사와 정치에 관한 글을, 〈뉴 스테이츠먼〉에는 정치와 역사에 관한 글을 기고했고, 〈선데이 익스프레스〉를 비롯해 〈데일리 헤럴드〉, 〈선데이 픽토리얼〉, 〈레이널즈 뉴스〉, 〈뉴 크로니클〉, 〈선데이 그래픽〉 등 여러 타블로이드판 신문에 분야를 가리지 않고 좋아하는 것에 대한 글을 썼다. 원고료를 지불한 곳에는 원고를 주었다. 〈가디언〉은 테일러가 말년에 쓴 글에 대해 "그가 대중지에 기고한 글은 대체로 보잘것없었고, 그도 그렇다는 걸 알고 있었다. 그는 유려한 글솜씨를 착취했고, 명성에 기대어 돈벌이를 했다"고 말했다(〈맨체스터 가디언〉이 1959년부터 〈더 가디언〉으로 이름을 바꾸었다. 여기에서는 간략히 〈가디언〉으로 표기/옮긴이).[31]

테일러는 옥스퍼드로 돌아가려는 2번의 시도에서 실패했지만,*

---

* 코퍼스 크리스티 칼리지Corpus Christi College 연구직에 지원했을 때, 당시 학장이 "내가 듣기로는 정치색이 강하다고 하던데요"라고 묻자, 테일러는 "그렇지 않습니다, 학장님. 극단적인 견해는 경계하는 편입니다"라고 대답했다. 테일러가 10대부터 삶을 마칠 때까지 소련의 시각으로 다른 세계를 보았고, 1945년 영국이 미국을 동맹으로 선택하자 실망하지 않았느냐고, 의문을 제기할 독자도 있을지 모르겠다. 하지만 그는 공산주의와 자본주의, 둘 모두를 반대했고, 자본주의가 비도덕적이고 불안정하다고 보았다. '기득권The Establishment'은 테일러가 1959년에 만

마침내 1938년 옥스퍼드에서 가장 부유한 재단인 모들린 칼리지의 특별 연구원이 되는 즐거움을 누렸고, 그 직책을 1976년까지 유지했다. (그와 경쟁한 다른 한 후보가 휴 트레버로퍼였다.) 제2차 세계대전 동안에는 지역 방위대에서 복무했고, 1945년에 발간한 《독일사 강의》는 영국과 미국 모두에서 베스트셀러가 되었다. 그러나 이 책의 성공은 테일러와 네이미어의 관계가 악화되는 시발점이 되었다. 네이미어가 비슷한 책을 쓰려고 예전에 계획했기 때문이다. 네이미어는 지독한 수다쟁이로 알려졌고, 그 때문에 영국의 추리 소설가 시릴 헤어(1900-1958)의 《한 영국인의 살인》에서 헝가리 태생의 역사 교수로 등장하는 벤체슬라우스 보트빈크 교수로 희화화되었다. 한 등장인물이 그 교수에 대해 불평했듯이, "그 사람이 말하기 시작하면 누구도 그를 막을 수 없었다." 테일러는 네이미어에게 지적으로 막대한 빚을 졌다고 인정했지만, 네이미어가 정치권력의 변화와 변천을 제외하면 어떤 역사에 대해서도 철저히 무심했고, 소설과 음악과 연극, 물론 텔레비전에도 관심이 없는 오만한 떠버리였다고 평가했다. 게다가

> 그의 전작全作이 책꽂이 선반에 정식으로 한 부분을 차지하고, 그
> 라면 '대단하다'고 생각할지 모르지만, 그중 어느 것도 그가 원래
> 쓰고자 했던 완성된 걸작이 아니다. …이상하게도 이 위대한 학

든 용어였다. 그는 특히 핵군축을 위한 운동을 벌였고, 수에즈운하에 대한 영국의 정책에 반대했으며, 영국이 한국 전쟁과 베트남 전쟁에 참전하는 것도 반대했다. 또 영국이 '유럽 경제 공동체(European Economic Community, EEC: EU의 전신)'와 '북대서양 조약 기구(North Atlantic Treaty Organization, NATO)'에 가입하는 것도 반대했고, 북아일랜드로부터 철수하기를 바랐다. 핵무기를 반대하는 한 연설에서는 핵개발을 찬성하는 하원 의원들을 '살인자'로 규정하기도 했다. 테일러는 자신의 의견을 애매모호하게 제시하는 학자가 아니었다.

자는 현미경과 망원경을 모두 사용해 똑같은 효과를 빚어낼 수 있었지만, 평범하고 중간쯤에 있는 것을 제대로 해내지 못했다. 그는 겉보기에 사소해 보이는 문제를 치밀하게 분석하는 데는 탁월한 솜씨를 발휘했다. 한 세기 또는 한 대륙 전체를 한 번의 강의로 압축하는 능력도 비할 데가 없었다. 그러나 이야기를 일관된 방향으로 지속적으로 끌어가지를 못했다. 그의 저작에는 많은 학자가 역사의 본질이라 생각하는 변동이 없었다. 그의 연구서는 그 저자만큼이나 진중해서 지루하고 답답했다.[32]

테일러는 같은 비판을 받을 이유가 없었다. 테일러는 글을 쓰기 시작한 초기부터, "역사에 흥미를 갖도록 독자를 끌어들이고, 역사를 매력적이고 심지어 재밌어 보이게 꾸미는 데 능숙했다."[33] 맨체스터와 옥스포드에서 그의 강의는 항상 수강생들로 붐볐기 때문에 특별히 이른 아침에 배정되었다. 그는 "나는 이야기를 기반으로 역사를 서술하는 역사가이다. 나 자신이 이야기를 좋아하기 때문이다"라며, 한 언론인 동료에게는 "재밌는 소설만큼 흥미진진하게 역사를 쓰지 못한다면 무슨 소용이 있겠는가. 실제로 역사는 소설보다 더 흥미진진하다. 도서관 선반에서 먼지만 뒤집어쓸 책이라면 아예 쓰지 않는 편이 낫다. 짧은 문장을 주로 사용하고, 가끔 긴 문장을 끼워 넣어라. 독자에게 긴장감을 주고, 자기만의 특징을 구축하라. …재밌게 글을 쓰고, 글쓰기를 즐겨라. 글을 쓰며 힘든 하루를 보낸 뒤에는 마음껏 웃어라"라고 덧붙였다.[34]*

* 모들린 칼리지에서 가르친 동료 교수 중 하나가 C. S. 루이스Clive Staples Lewis (1898-1963)였다. 테일러는 C. S. 루이스가 "저교회파The Low Church에 소속되어, 대학 휴게실을 제외하고 어디에서나 저교회파 신앙을 설교한다"고 생각하며, 루

그는 판단을 내리는 걸 결코 두려워하지 않았다. 그 때문에 동료 학자들은 당황하며 움찔했지만 독자들은 좋아했다. 그의 능력은 상당히 잘 알려진 부분을 취해 독자들에게 다르게 보여주는 데 있었다. 그는 많은 자전적 수필 중 하나에서, 자신에 대해 이렇게 말하기도 했다. "나는 철학적 역사가가 아니다. 나는 추종하는 시스템도 없고, 도덕적 해석 기준도 없다. 내 마음을 비우고, 어떤 사건이 어떻게 일어났고 사람들이 어떻게 행동했는지 알아내기 위해 글을 쓴다. 그 결과가 충격적이거나 도발적으로 읽히더라도 내가 의도한 것은 아니다. 그저 내가 다른 사람들의 판단에 영향을 받지 않고, 순전히 증거를 바탕으로 판단하려고 노력한 결과일 뿐이다."[35]

그렇다면 테일러에게는 독자에게 전하려는 메시지도 없었고, 의제도 없었던 것일까? 이 의문에 대해 그가 직접 전해준 대답은 실망스럽기 그지없었다. "언젠가 버나드 쇼에 대해 말했듯이, 나도 뛰어난 필력을 지녔지만 특별히 말하려는 건 없었다." 케임브리지의 지성사 교수인 스테판 콜리니Stefan Collini는 이 말을 특별히 다르게 해석하지 않았다.

어떤 면에서 테일러 특유의 어법이다. 상당한 정도로 진실이기도 하다. 자신의 글을 인용하고 있다는 점에서, 버나드 쇼만이 자신에 대해서도 언급하는 것이며, 여기에서도 풍자적 과장이란 즐거움을 위해 (그 자신과 쇼에 대한) 절제된 판단이 희생된다. …
그 글은 표면적으로는 역설과 일화로 가득해 매력적이었지만, 결국에는 지적으로 따분해 보이고, 심지어 다소 속물적인 세계관을

이스가 설교할 근거를 없애버리려고 대학 예배당을 수영장으로 개조하자고 제안하고 다니기도 했다.

전하는 것처럼 보일 수 있었다. 사상은 중요하지 않고, 문화도 크게 중요하지 않으며, 심지어 대부분의 사람도 무척 크게 중요하지는 않다. 사건이 발생하면 정치인들이 반응하고 결과는 예측할 수 없다는 게, 그의 글에서 찾아지는 전반적인 얼개이다.[36]*

* 존 메이너드 케인스John Maynard Keynes(1883-1946)의 전기로 상당한 찬사를 받은 로버트 스키델스키Robert Skidelsky는 2019년 2월 26일 나에게 보낸 이메일에서 "역사가는 개인적인 사상 때문에 읽힐 수 있고, 문체 때문에 기억될 수 있습니다. 독창성은 지나치게 과대평가된 것입니다"라고 말했다. 스키델스키는 옥스퍼드의 지저스 칼리지를 다녔지만, 너필드 칼리지와 런던에서 박사후 과정의 연구원으로 있을 때 테일러를 알게 되었다. 훗날 〈뉴 스테이츠먼〉의 편집장을 지낸 폴 존슨Paul Johnson(1928-2023)도 테일러 밑에서 공부한 학생이었다. "대학 구내에 있던 그의 집 홀리웰 포드에 1초도 빠르거나 늦지 않게, 정확히 약속한 시간에 도착하면, 안에서 타이핑 소리가 멈추고, 성마른 목소리가 들렸다. '들어오게!' 꼬박 1시간을 채운 뒤에 다시 칼같이 떠나야 했다. 문을 채 닫기도 전에 (십중팔구 〈선데이 익스프레스〉에 게재할 원고를 쓰는) 타이핑 소리가 다시 시작되었다. …그가 어떻게 생겼는지 알고 싶다면, 벨기에의 브뤼허를 가보라. 그곳에서 40세를 넘긴 남자는 모두 A. J. P.처럼 보인다. …그에게도 예리한 면이 있었다. 언젠가 내가 내 논문을 읽고 있던 때였다. 그가 느닷없이 물었다. '자네가 언급한 1909년 로이드 조지 예산안의 단서들이 정확히 무엇이었나?' 쉽지 않은 질문이었고, 내가 만족스런 대답을 내놓지 못하자, 그는 엄청난 질책을 폭발적으로 쏟아냈다." Paul Johnson, "A. J. P. Taylor: A Saturnine Star Who Had Intellectuals Rolling in the Aisles," The Spectator, 2006년 3월 11일. 상대적으로 열심히 공부하지 않아 낭패를 보기 일쑤이던 학생은 그 변덕스런 교수에게 숙제로 제출할 만한 아이디어를 찾아내지 못하자, "그 잔인무도한 인간에게는 자기 책에서 몰래 베낀 글을 제출해도 소용이 없을 거야!"라고 불평하기도 했다. "The Seventh Veil," The New Statesman, 1957년 9월 28일. 스테판 콜리니는 2019년 《향수 상상력The Nostalgic Imagination》(옥스퍼드 대학 출판부)이란 무척 흥미로운 연구서를 출간했다. 이 책에서 콜리니는 20세기 문학계에서 크게 두드러졌고 영향력도 컸던 몇몇 문학 평론가, 예컨대 T. S. 엘리엇Thomas Stearns Eliot(1888-1965), F. R. 리비스Frank Raymond Leavis(1895-1978), 윌리엄 엠프슨William Empson(1906-1984), 레이먼드 윌리엄스Raymond Williams(1921-1988) 등이 역사학을 병합함으로써 인문학을 주도하는 학문으로 영문학을 키워갈 목적에서 역사학과를 적대적으로 인수하려고 시도했다는 걸 보여주었다. 천만다행으로 그들의 시도는 실패로 끝나고 말았다.

16장 강력한 앙숙

이런 해석은 테일러의 글에 대한 부분적 해석에 불과하다. 말년에 옥스퍼드의 올 소울스 칼리지에서 명예 교수를 지낸 데니스 맥 스미스Denis Mack Smith(1920-2017)는 A. J. P. 테일러의《유럽에서의 패권 다툼》을 평론해달라는 의뢰를 받고, "…깊은 학식만이 아니라 자신의 판단에 확고한 확신을 겸비한 사람만이 써낼 수 있는 책"이라 평가하고는 "정확성이 요구된 까닭에 특유의 재치 있는 글솜씨를 마음껏 발휘할 수 없었지만 자료가 허용하는 범위 내에서 흥미진진하게 써냈다. …이렇게 자신의 결론에 주저 없이 치닫는 역사가를 만날 수 있어 신선한 기분이었다"라고 덧붙였다.[37] 군사 역사가 마이클 하워드Michael Howard도 〈뉴 스테이즈먼〉에 기고한 글에서 비슷한 논조로 "형식, 경구, 판단을 두려워하지 않는 역사가의 책을 읽으면 가슴까지 시원해지는 기분이다"라고 말했다.[38]

텔레비전과 라디오에 출연하고 정치 운동에 참여하는 데 그치지 않고, 테일러는 많은 곳을 여행했지만 미국은 무척 싫어한 까닭에 한 번도 방문하지 않았다. 게다가 1981년에는 영화 〈4차원의 난장이 E.T〉에 카메오로 출연했고, 〈오, 왓 어 러브리 워Oh! What A Lovely War〉는 뮤지컬과 영화 모두에서 역사 부문을 자문해주었다. 영국의 작가 리베카 웨스트Rebecca West(1892-1983)는 그에게 "얀센과 꼬마 요정, A. J. P. 테일러 씨"라는 별명을 붙였고, 〈뉴요커〉는 뚜껑을 열면 용수철에 달린 인형이 튀어나오는 "도깨비 상자jack-in-the-box", 팬들은 "그 세대에서 가장 유명한 역사가"로 평가했다.

테일러는 가정적인 삶을 결코 싫어하지 않았다. 그의 결혼 생활은 "차茶와 소시지가 함께 주어지면 칭찬과 비판이 뒤따르기 마련이다"라며 베일리얼 칼리지에 떠돌던 경구를 떠올려준다.[39] 테일러는 3번이나 결혼했고, 1931년에 맞이한 첫 부인은 마거릿 애덤스Margaret

Adams였다. 매릴번 시청에서 열린 본래의 결혼식은 테일러가 남편에게 요구되는 일반적인 관례에 동의하느냐고 물었을 때 급작스레 끝났다. 테일러가 간단히 "아니요"라고 대답하고는 시청 건물을 성큼성큼 걸어나갔기 때문이다. 몇 주 뒤, 테일러와 마거릿은 다시 결혼식을 가졌고, 이번에는 결혼식이 불상사 없이 끝났다. 하지만 그들의 결혼 생활은 그렇지 않았다. 마거릿이 습관적으로 사랑의 포로가 되었기 때문이다. 그녀가 사랑한 첫 상대는 테일러의 제자, 훗날 썩 괜찮은 역사가이자 방송인으로 당당히 성장한 까무잡잡한 피부에 잘생긴 로버트 키Robert Kee(1919-2013)였다. 마거릿이 집요하게 쫓아다니며 괴롭히는 걸 수개월 동안 그럭저럭 견뎠지만 결국 그도 진절머리를 치고 말았다. 마거릿의 열병과 바람기는 옥스퍼드에서 많은 사람의 입방아에 올랐고, 남편에게 깊은 상처를 주었다.

그들의 결혼 생활에는 다행스럽게도, 키가 징집되어 전쟁터로 떠났다. 그리고 1946년 말, 테일러 부부는 32세의 웨일스 시인 딜런 토머스Dylan Thomas(1914-1953)와 그의 아내 케이틀린과 관계를 갖게 되었다. 테일러 부부는 딜런의 집에서 한 달을 지냈다. 딜런은 당시에도 이미 알코올 중독자여서, 매일 15-20파인트(1파인트는 대략 0.5리터/옮긴이)의 맥주를 마셨다. 마거릿은 그런 알코올 중독자의 잠자리에 어느새 파고들었다. 굴욕적인 삼각관계에서 테일러의 수입은 토머스가 쓰고 난 후에야 테일러의 가족에게 겨우 전달되었다. 마거릿이 저축한 돈도 마찬가지 운명이었다. 테일러는 토머스를 잔혹한 성품 때문에 더더욱 싫어했는데, "매기의 왼쪽 젖을 쥐어짜면서 돈을 뜯어낼 수 있는지 알아봐야겠어"라고 딜런이 케이틀린에게 하는 말을 우연히 엿들었기 때문이다. 케이틀린은 그렇게 자신의 품에 떨어지는 돈을 거둬들이는 게 즐거울 뿐이었다.

16장 강력한 앙숙

743

결국 테일러와 마거릿은 이혼했다. 그의 두 번째 부인은 이브 크로스랜드, 훗날 노동당 정부에서 장관을 지낸 앤서니 크로스랜드 Anthony Crosland(1918-1977)의 누이였고, 세 번째 부인은 헝가리 태생의 공산주의 역사가 에바 하라스티Éva Haraszti였다. 테일러는 모두 여덟 자녀를 두었다. 마거릿으로부터 넷, 이브로부터 둘을 얻었고, 에바가 결혼 전에 낳은 두 자녀가 있었다. 테일러는 엄청난 작업량을 유전자로 견뎌내는 듯했고, 많은 식구를 부양하려면 그렇게 일해야 했다. 그러나 1950년대 초에 그가 프리랜서로 일하며 벌어들인 소득이 대학에서 받는 보수를 넘어섰고, 유명세가 더해지자 과외 소득은 크게 늘어났다.

그러고는 1961년《제2차 세계대전의 기원》이 출간되었다. 테일러는 언론에서 그 책이 어떤 형식으로든 거론되는 걸 좋아했고, 트레버로퍼도 그를 인용하며 "전혀 거론되지 않는 것보다 소문난 성도착자 A. J. P.라고 거론되는 게 더 낫다"는 걸 인정했다.[40] 테일러는 이렇게 상상조차 할 수 없는 것을 상상하는 걸 즐겼다. 그 밖에도 많은 상상을 글로 표현해냈다. 만약 히틀러가 1939년 전쟁을 시작하지 않았다면 어떻게 되었을까? 히틀러가 알프레트 폰 티르피츠Alfred von Tirpitz(1849-1930) 대제독과 파울 폰 힌덴부르크Paul von Hindenburg(1847-1934)가 구상하고, 오토 폰 비스마르크Otto on Bismarck(1815-1898)까지 거슬러 올라가는 전통 내에서 국정을 운영했다면 어떻게 되었을까? 영국의 유화론자들이 제대로 인정받지 못했지만 그들의 외교적 노력이 실패했다면 어떻게 되었을까?[41] 이런 의문을 제기하고, 독자들의 머릿속에 여전히 선명히 남아 있는 사건들에 대해 분노를 유발하는 결론, 예컨대 유화책을 합리적인 정치 전략으로 규정하고, 전쟁을 정치인과 외교관의 잘못된 판단에서 비롯된 '사고'로 묘사하며, 심지어 히틀러를 '정상적인 지도자'로 가정함으로

써 커다란 논란을 불러일으켰다. 그 책이 출간된 이후로 어떤 역사가
도 제2차 세계대전의 원인을 같은 방향으로 분석하지 않았다는 건 중
요한 게 아니다. 이 책으로 말미암아, 제2차 세계대전의 원인을 논의
하는 조건이 바뀌었기 때문이다. A. L. 로스는 테일러를 옹호하는 글
에서, 색다른 결론으로 세상을 놀라게 하려는 저자의 의도는 새로운
시각을 자극하려는 저자의 바람에서 비롯된 것이지만, 이런 욕심이
헛소리를 하게 되는 약점으로 발전했다고 말했다.* 테일러의 네덜란
드 친구인 피터르 헤일Pieter Geyl(1887-1966)도 친구를 강력히 옹호하
며, "《제2차 세계대전의 기원》이 끔찍한 역사서라며 테일러에게 악담
을 퍼붓지만, 그래도 많은 면에서 테일러는 현재 영국에서 글을 쓰는
최고의 역사가이다"라고 말했다.[42] 그러나 이런 찬사로는 폭풍처럼
거센 비판의 불길을 잠재울 수 없었다.

그런 비판의 여파로, 테일러는 옥스퍼드에서 특별 교수직이
1963년 만료되었을 때 갱신되지 않았을 뿐만 아니라 다른 대학에서
도 교수직을 구할 수 없었다. 이때 테일러는 기자들과 접촉해 자신이
'파면되었다sacked'고 말했지만, 그 주장은 사실이 아니었다. 그 때문
에도 옥스퍼드 교수들은 분노했다. 특히 그의 오랜 숙적이자, 역사적
으로 불건전한 것에 기필코 복수하며 히틀러와 제3제국의 전문가로
인정받던 휴 트레버로퍼가 호시탐탐 기회를 엿보고 있었다는 걸 알
았어야 했고, 잊지 않았어야 했다.

---

* 특히 히틀러의 장기적인 계획과 관련해서 테일러의 책은 《나의 투쟁》을 4번만 언
급한다. 그 이유는 우스꽝스럽게도 테일러가 그 책을 읽지 않았기 때문이었다. 반
면에 트레버로퍼는 1938년 독일어판으로 그 책을 끈질지게 완독했다. 1933년에
영어로 처음 번역된 판본은 독일 당국이 세심하게 검열하며 논조를 완화한 요약
본이었기 때문이다.

테일러와 트레버로퍼 간의 다툼은 1957년, 옥스퍼드 역사학과 흠정 교수직이 공석이 되었을 때 시작되었다. 정치적 신념은 확연히 달랐지만, 그 둘은 1950년대 초부터 좋은 동료지간이었다. 그러나 흠정 교수직은 일종의 월계관으로, 그들의 직업 세계에서 꼭 필요한 것이었다. 그들은 그 교수직을 원했고, 그 직책을 얻기 위해 치열하게 경쟁했다. 부총장인 앨릭 해퍼드 스미스Alic Halford Smith(1883-1958)는 여러 교수에게 의견을 구한 끝에 테일러를 선택한 뒤에 신임 보수당 총리 해럴드 맥밀런Harold Macmillan(1894-1986)에게 그렇게 알렸다. 그러나 곧이어 스미스가 병에 걸렸고, 그의 후임으로 부총장이 된 J. C. 매스터먼John Cecil Masterman(1891-1977)은 트레버로퍼의 자격을 강력히 지지하기 시작했다. 게다가 옥스퍼드에서는 테일러가 대중지에 기고하는 글들이 '품격이 떨어진다'고 생각하는 교수가 적지 않았고, 그들이 테일러의 승진을 반대하고 나섰다. 따라서 맥밀런 총리는 혼란에 빠졌고, 결국 루이스 네이미어에게 도움을 청했다. 네이미어는 테일러에게 전화를 걸어 의견을 물었고, 테일러는 흠정 교수가 되더라도 대중지에 글을 쓰는 활동을 그만두지 않겠다는 뜻을 분명히 전했다. 그것으로 충분했다. 네이미어는 다우닝가로 맥밀런을 찾아가, 루시 서덜랜드Lucy Sutherland(1903-1980)를 흠정 교수로 추천했다. 서덜랜드는 많이 존경받는 경제사학자로, 옥스퍼드 대학교에 소속된 여성만을 위한 극소수 칼리지 중 하나인 레이디 마거릿 홀Lady Margaret Hall 칼리지의 학장이었다. 그러나 서덜랜드는 학장직을 포기하려고 하지 않았다. 결국 맥밀런은 흠정 교수직에 트레버로퍼를 임명했다. 그 이후로 테일러는 네이미어에게 다시는 말을 걸지 않았다. 네이미어는 2

번이나 화해를 시도했다. 특히 한 번은 임종을 앞두고 테일러와 화해
하려 했지만 성공하지 못했다. 테일러는 "수에즈의 피를 양손에 묻힌"
정부로부터는 어떤 명예직도 받아들이지 않았을 것이라고 공공연히
떠들었지만, 사적으로는 자신의 자리였어야 한다고 굳게 믿었던 흠정
교수직을 받아들인 트레버로퍼를 용서하지 않았다. 그해가 저물기 전
에 테일러는 트레버로퍼의 논문집《인간과 사건》(영국판 제목은《역사
논고》)을 매몰차게 비평하며 복수를 시작했다. "겉으로는 독창적인 저
서로 보인다. 그래서 트레버로퍼 씨가 원숙한 역사 연구를 일관되게
집대성한 책을 아직까지 한 권도 써내지 못했다는 사실을 한동안 감
출 수 있을 듯하다." 그러나 이 공격도 첫 포문에 불과했다.

　　트레버로퍼가 흠정 교수직을 물려받자, 둘 사이의 독설 경쟁은
더욱 심해졌다. 예컨대 트레버로퍼는 〈인카운터〉에 기고한 글에서 테
일러의《제2차 세계대전의 기원》을 폄하하며, 한때 동료이던 테일러
의 철학을 영웅도 없고 악당도 없는 철학이라 규정지었고, 테일러에
게 "역사를 실제로 결정하는 요인은 객관적인 상황과 인간의 실수"라
고 훈계하듯 말했다.[43] 인물의 역할을 그렇게 무시하면, 히틀러가 어
떤 유형의 사람이었는지 파악할 수 없다는 게 서평의 핵심이었다. 요
컨대 (히틀러는 "권력만을 추구한 악한"이었기 때문에)[44] 트레버로퍼는 나
치를 악의 집단이 아닌 다른 것으로 접근하는 태도를 지극히 어리석
은 짓이라 생각했지만, 이런 선입견을 타파하겠다는 게 테일러 책의
핵심이었다.

　　어쩌다가 테일러 씨는 이런 난처한 지경에 이르게 되었을까?
"그는 '역사라는 학문'에 대해 대외적으로 천명한 원칙과 달리, 오로
지 논지의 필요성이란 원칙에 맞추어 증거를 선택하고 배제하며 각
색한다. 이 논지, 즉 히틀러는 한정된 목표를 추구하는 전통적인 정치

인으로 주어진 상황에 대응했을 뿐이란 논지는 가장 중요한 증거마저 무시한 채 전혀 증거에 근거하지 않은 주장이며, 내 의견으로는 명백한 거짓이다. 또한 히틀러의 외교 정책을 일반론적으로 옹호하지만, 이런 접근 방식은 신나치주의자의 근거 없는 믿음을 옹호함으로써 사회적으로 해를 끼칠 뿐만 아니라, 진지한 역사가라는 테일러 씨의 평판에도 피해, 어쩌면 돌이킬 수 없는 피해를 끼칠 수 있다."[45]

이쯤에서 트레버로퍼는 흠정 교수직 문제로 넘어가, 네이미어가 테일러보다 자신을 더 나은 학문적 후보자로 추천했다는 사실을 언급하며, 다음과 같이 덧붙였다.

테일러 씨의 친구들이 믿고 싶어 하듯이, 통설의 추를 뒤엎으며 중요한 것을 혼란의 늪에 빠뜨리는 게 폭죽을 쏘고 바나나 껍질을 깔아놓는 걸 좋아하는 장난스런 짓에 불과하다고 치부할 수 있을까? 혹시 테일러 씨가 과거를 그렇게 재해석하면 우리가 현재의 문제를 더 낫게 대처할 수 있으리라 생각한 것일까? 이론적으로 말하면, 이런 의도는 그의 동기가 아닌 것은 분명하다. 테일러 씨가 자신의 책에서, 과거가 미래의 진로를 가리킨 적은 전혀 없다고 거듭해서 말하고 있기 때문이다. 게다가 최근에 〈선데이 익스프레스〉에 기고한 글에서도 역사 연구는 어떤 것도, 심지어 일반적인 해석조차 가르쳐줄 수 없으며, 역사 연구의 유일한 목적은 즐기는 데 있어, 비누 방울을 비롯해 무해한 형태의 창조물을 재밌게 만들어내는 방법보다 특별히 더 많이 교육할 이유가 없는 듯하다고 말하기도 했기 때문이다.

예전에 테일러는 평론가들의 부정적인 논평에 대응한 적이 없었다. 하지만 트레버로퍼가 흠정 교수직을 차지한 이후로는 그 경쟁자의 성격과 학문을 폄하할 기회가 있으면, 테일러는 그 기회를 놓치지 않았다. 〈인카운터〉의 9월호에 게재한 글을 필두로 트레버로퍼를 모욕하는 공격을 시작했다. 글의 제목—"초보자를 위한 인용법 강의"—까지 상대를 깔아뭉개는 데 동원했다. 테일러는 트레버로퍼가 요약한 구절과, 자신의 책에서 관련된 원문을 비교했다. 두 글을 한 면의 양쪽에 나란히 배열함으로써 트레버로퍼가 어떻게 잘못 해석했는지 찾아낼 기회를 독자에게 제공했다. 그러고는 마지막으로 "그 흠정 교수에게도 평판이란 게 있다면, 그런 인용 방식은 진지한 역사가로서의 평판에 피해를 끼칠 수 있다"고 덧붙였다.

트레버로퍼는 준열하게 반박하며 똑같은 식으로 응수했다. "테일러 씨가 독일에 관련해 쓴 자신의 원문에 비교해 '인용글'이 틀렸다고 나를 비판했더라면, …또 그가 흔히 저지르는 잘못처럼, 내 글이 그의 이론에 부합되지 않는다는 걸 보여주었더라면, …나는 부끄러워해야 마땅하다. 그러나 그 '인용법 강의'가 내 비판에 대한 그의 대응 전부라면, 그의 책에 대한 내 비판적 의견이 달라질 이유는 조금도 없다." 그렇게 논쟁은 계속되었고, 읽는 재미가 있어 칼럼의 양은 점점 늘어났다.

1961년 7월 9일, 로버트 키가 진행한 텔레비전 토론에 참가했을 때 둘의 논쟁은 절정에 달했다. 텔레비전 카메라 앞에서도 둘의 차이는 상대를 호칭하는 방법에서 확연히 드러났다. 트레버로퍼는 테일러를 '테일러 씨'나 그냥 '테일러'라고 불렀고, 테일러는 트레버로퍼를 '휴이'라고 칭했다. 둘 모두 칼럼을 통해 상대에게 쏟아낸 비난—즉 상대에게 평판이란 게 있다면, 역사가로서의 평판에 대한 비난—을 반복할 뿐이었다. 그들은 그 한마디를 텔레비전에 출연해 말하는 것으로 만족하는 게 분명했고, 카메라 앞에서 다시 그렇게 말하면 효과가 훨씬 크다는 것도 알고 있었다. 토론을 지켜본 한 시청자는 "트레버로퍼는 테일러의 통렬한 공격에 영향을 받아 화를 억누르느라 칙칙거린다는 인상을 주었고, 테일러는 궤양이 있어 복통을 참는 것처럼 자기 코를 비틀고 안경을 벗곤 했다. …트레버로퍼는 긴장한 것처럼 보였다. 입술을 약간 떨었고, 두 손을 가만히 두지 못했다. 적어도 내 판단에 따르면, 테일러가 토론의 승자였다"는 감상평을 남겼다. 트레버로퍼가 그 토론에서 패했다는 게 전반적인 평가였다. 그러나 히틀러에게는 진지하게 받아들여야 할 필요가 있는 일관된 성향이 있었고, 테일러가 주장하듯이 히틀러가 사안에 따라 즉흥적으로 대응한 것은 아니라는 원래의 의견을 추후의 연구에서 재확인해주었다.

그들의 논쟁은 텔레비전 카메라가 닿지 않는 곳에서도 계속되었다. 트레버로퍼는 1962년 말에 가진 한 인터뷰에서 "히틀러가 혐오스런 인물이건 분명하지만 그에게도 나름의 정책 및 본심과 강력한 의지가 있었다"고 분명히 말했고,[46] "내 기준에서 테일러가 [제2차 세계대전에 대해] 쓴 책은… 무가치한 책이다"라고도 말했다.[47] 언론은 두 학자의 충돌을 세대 간의 대결로 묘사했다. 하지만 두 사람의 전기를 모두 쓴 애덤 시스먼은 둘이 앙숙지간이었다는 신화를 바로잡고 나섰다. 그들은 대체로 상대를 서로 존중했고, 온갖 인신공격에도 불구하고 좋은 관계를 유지했다. 트레버로퍼는 1991년 테일러의 자서전을 논평하던 과정에서 시스먼에게 "테일러는 자신의 가치를 측정하는 진정한 척도, 즉 자존심을 지키기 위해서도 대중의 찬사가 필요했다. 나는 그런 마음가짐을 안타깝게 생각했다"는 편지를 보냈다.[48] 하지만 1994년 1월, 트레버로퍼는 "테일러가 흠정 교수가 되었어야 했다. 테일러가 흠정 교수가 되지 못한 것은 사고나 오류가 아니라 범죄

A. J. P. 테일러(왼쪽), 로버트 키(중앙), 휴 트레버로퍼(오른쪽). 테일러는 홈정 교수직에 오르지 못한 사건에 대해 "휴가 정치적인 이유로 그 자리를 차지한 것은 내 잘못이 아니다. 휴 자신을 포함해 대부분이 그 자리는 나에게 주어졌어야 한다고 생각했다"고 말했다.

였다"고 폭탄선언을 했다.[49]

트레버로퍼와 테일러의 다툼에는 A. L. 로스, 앨런 불럭Alan Bullock(1914-2004), E. H. 카 같은 역사가들도 끼어들었다. 당시에 주목할 만한 다른 역사가로는 허버트 버터필드Herbert Butterfield(1900-1979), 피터르 헤일, 베로니카 웨지우드Veronica Wedgwood(1910-1997), G. R. 엘턴Geoffrey Rudolph Elton(1921-1994) 및 중세 전문가 V. H. 갤브레이스Vivian Hunter Galbraith(1889-1976)와 R. W. 서던Richard William Southern(1912-2001)도 그 논쟁에 참전했고, 그들 중 일부는 무차별적인 비판을 가했다. 그 논쟁은 대서양 너머까지 확대되었고, 1962년 〈뉴요커〉는 옥스퍼드에서 역사를 전공한 인도계 작가 베드 메타Ved Mehta(1934-2021)에게 100줄에 조금 못 미치는 세로단을 제공했다. 메타는 "토마토와 양파의 논란"을 끝장내려는 듯 "똑똑한 지식인 집단의 화살"이 난무하는 당혹스런 세계를 조사한 결과를 2번에 나눠 게재했다(둘의 논쟁을 토마토와 양파의 논쟁에 비유한 것은 그럴듯했다).

메타는 런던 대학교, 옥스퍼드 대학교, 케임브리지 대학교에서 찾아낸 '자존심으로 똘똘 뭉친 답답한 작은 교구들'이라 칭한 것에서 경악을 금치 못했다. 영국의 다른 대학들에서도 중요한 작업들이 행해지고 있었다. 앨런 불럭은 리즈 대학교에서, 존 버로John Burrow(1935-2009)는 서식스 대학교에서, 크리스토퍼 힐은 사우스웨일스 대학교에서, 테일러와 네이미어는 맨체스터 대학교에서 교직을 시작했다. 그러나 그들 모두가 세 대학교로 향했다. 역사학계에만 그런 '헌신적인 논쟁devoted altercation'이 벌어진 것은 아니었다. 건축 분야에서는 전통주의자이자 시인인 존 베처먼John Betjeman(1906-1984)이 독일계 미술사가 니콜라우스 페브스너Nikolaus Pevsner(1902-1983)와 일전을 벌이며, 그가 게르만 민족 특유의 치밀함을 노골적으로 하나의 독립된 범주로 분류하는 학자라 생각하며 그를 '헤르 프로페세르 독토르Herr Professor Doktor'라고 비하했다. 한편 페브스너는 베처먼을 경박한 아마추어 평론가로 폄하했다. 트레버로퍼의 표현을 빌리면, 미술사가들은 "화살을 불어 쏘는 대롱과 '우랄리[쿠라레]' 독을 칠한 화살로 무장한 '짜증나는 사람들genus irritabile'"이었다.[50] 트레버로퍼와 테일러가 텔레비전 토론을 벌인 그해, C. P. 스노와 F. R. 리비스도 동떨어진 두 문화, 즉 과학과 예술의 존재를 두고 흥미진진한 입씨름을 벌였다. 〈스펙테이터〉는 격한 말싸움을 벌이는 둘에게 지면을 가장 먼저 할애했지만, 서너 주가 지난 뒤에 "지적 원리에 대한 논쟁에서는 토론을 통해 발가벗기려는 쟁점 자체를 모호하게 만드는 문제가 흔히 발생한다"며 토론의 보도를 중단했다.

하지만 메타는 국외자로서, 이런 파벌주의가 어떻게 더 큰 진실로 이어졌는지를 찾아냈다.

> 의외로 작은 영국 지식인 사회, 신문과 정기 간행물이 논쟁적인 문제를 부추기며 상류 계급에 할애하는 공간, 영국 학자들의 무척 개인적으로 호전적인 성격 등 이 모든 것이 결합되며, 영국은 이런 지적 논쟁을 역동적으로 추구하기에 완벽한 국가가 되었다. …어떤 의미에서, 확산되는 논란의 뿌리를 찾아가는 작업은 한 국민의 지적인 삶에 대해 글을 쓰는 것과 다를 바가 없었다.[51]

꾳 꾳 꾳

1980년 트레버로퍼의 삶이 바뀌었다. 그는 옥스퍼드를 떠나 케임브리지 피터하우스 칼리지의 신임 학장이 되었다. 그 칼리지 내의 소규모 모임에게 선택된 덕분이었다. 트레버로퍼는 처음에 그들을 '피터하우스의 마피아'라 칭했지만, 나중에는 '어떤 일관성도 없이 맹목적으로 서로 부화뇌동하며 갈팡질팡하는 생각에 조리가 없는 사람들'이라 평가했다.[52] 트레버로퍼가 케임브리지로 옮긴 사건은 뜻밖이었다. 그는 옥스퍼드에서 원하던 것을 거의 언제나 얻었지만, 당시 '피터하우스 우익Peterhouse Right'을 때로는 부드럽게 때로는 독살스럽게 끌어가던 모리스 카울링Maurice Cowling(1926-2005)의 감언이설을 받아들인 대가를 호되게 치러야 했다. (카울링이 지도 교수로 일하며, 학생들에게 진보주의자를 "다정하면서도 악의적으로 모순되게" 다루라고 조언했다는 점에서 '때로는 부드럽게 때로는 독살스럽게'라는 평가는 부당한 게 아니다.)

카울링은 트레버로퍼가 피터하우스를 남성만의 교육 기관으로 지켜줄 우익 학자라고 확신했다. 하지만 트레버로퍼는 피터하우스의 교수진이 모두 남성으로 구성되고, 프랑코 장군의 기일에 상복을 입고, 슈츠스타펠Schutzstaffel(SS 친위대) 제복을 입고 파티에 참석하며, 상석에 앉은 유대인과 흑인을 모욕하는 성향을 띤다는 걸 알고는 경악했다. 한 친구에게는 "그들은 자기들만의 편안하고 작은 쥐구멍에 살며, 19세기에 해방신학의 비약적인 발전에 대해 나지막이 찍찍거린다"는 편지를 보냈다.[53] 그는 새로 부임한 대학의 교수들을 '음침한 드루이드교 성직자들'이라 생각하며, "전반적으로 교수들이 무지하고 천박해 두렵다"고 덧붙였다. 게다가 따분하기 이를 데 없는 사람들이기도 했다. 트레버로퍼에게 피터하우스 학장으로 보낸 시간은 개인적으로도 무척 힘들었지만, 그를 피터하우스에서 쫓아내려는 보복성 내분까지 더해지며 더 큰 악몽으로 변했다. 얄궂게도 그는 '고품격 냉장고noble refrigerator'라는 별명을 얻었지만(그는 카울링에게 '우리 대학의 빗살수염벌레(고목의 껍질 안쪽을 갉아먹는 곤충/옮긴이)'라는 더 재치 있는 별명을 붙여주었다), 그의 관리는 과반수 교수로부터 호의적인 반응을 얻었고, 절실히 필요하던 개혁을 적잖게 이루어냈다. 옥스퍼드의 한 교수에게 "피터하우스의 동료들이 이제 생명까지는 아니어도 과거의 기능을 되찾았다"는 편지를 보내 그 결과를 알리기도 했다.

그사이에도 트레버로퍼는 연구서를 꾸준히 출간했다. 1985년에는 《르네상스에 대하여》, 1987년에는 《가톨릭교와 성공회와 청교도》를 발표했다. 특히 이 책의 찾아보기에서는 '피터하우스'가 도발적으로 분류된다.

그다지 달갑지 않는 주빈석 대화…

4명의 혐오스런 교수들…

성도착자의 소굴…

이 문장들을 현대적으로 해석하는 건 그다지 어렵지 않았다. 그런데 1983년 그의 이력에 큰 흔적을 남길 사건이 일어났다. 그해 초, 아돌프 히틀러의 일기라고 알려진 문서가 건초 다락에서 뜻밖에 발견되었고, 독일 주간지 〈슈테른〉이 그 문서의 독일어 판권을 930만 도이치 마르크에 구입했다. 1981년에 〈더 타임스〉를 인수했던 루퍼트 머독Rupert Murdoch은 영어 판권을 구입한 뒤에 트레버로퍼에게 (다섯 자리의 수고비를 제안하며), 그 일기가 은행 지하 금고에 보관된 취리히까지 날아가 (몇 시간 만에) 그 일기의 진위를 판단해달라고 부탁했다. 트레버로퍼는 머독을 "전 세계인을 바보로 만들고 미국화하려는 목표로… 우리 제도를 파괴하고, 부식을 일으키는 산酸을 매일 쏟아부어 우리 제도를 없애버리고 싶어 하는 사람"이라 평가할 정도로 조금도 호의적이지 않았지만, 〈더 타임스〉에 그 일기가 진짜일 뿐만 아니라 "지난 10년 동안 발견된 가장 중요한 역사적 자료"라고 쓰며, "터무니없는 바보짓"을 범하고 말았다(〈텔레그래프〉 부고 기사의 표현).

　트레버로퍼의 실수는, 일기의 필적을 진짜라고 판정한 한 '전문가'의 잘못에서 비롯된 것이었다. 물론 종이의 질이 시험되어 그 시대의 것으로 증명되었으며, 일기의 출처가 검증되었다는 정보도 이미 들은 터였다. 그러나 그 어떤 정보도 사실로 밝혀지지 않았고, 그 모든 게 사기꾼들이 조작한 것이었다. 총 60권의 일기는 콘라트 쿠자우 Konrad Kujau(1938-2000)라는 독일 삼류 다작 사기범의 작품으로, 가짜라는 걸 금방 알아차렸어야 했다. 모든 것이 전후에 제작된 종이와 잉크와 접착제로 제작되었고, 손으로 쓰인 내용은 부정확한 데다 시대도 뒤죽박죽이었다. 게다가 "에바를 위해 올림픽 경기의 입장권을 구해야 한다" 같은 진부하고 비현실적인 표현들, 고창鼓脹(배가 불룩해지는 증상/옮긴이)과 구취에 대한 묘사("에바가 나한테서 입냄새가 난다고 말한다"),54 히틀러가 유대인들에게 어떤 학대가 가해지는지를 전혀 몰랐다고 추정할 만한 글귀 등이 자주 눈에 띄었다. 머리글자 'AH'가 모든 페이지의 하단에 있었던 게 가짜라는 또 다른 신호였다고 확정할 만한 단서는 아니었다. 그러나 트레버로퍼는 일기장을 꽉 채운 고딕체를 거의 읽어낼 수 없었지만, 그 서체가 히틀러의 서체였을 것이라 확신했다. 닐 애서슨은 트레버로퍼의 실수를 "유명한 오만함보다는 일종의 순진함"의 결과로 분석한다.55 트레버로퍼가 어떤 이유로 실수했든 간에, 보름 뒤에 첫 평가를 철회하려고 했지만 이미 때가 늦어, 머독이 〈선데이 타임스〉의 편집 팀에 "빌어먹을 데이커. 그냥 그대로 보도하세요"라고 지시한 뒤였다.

영국 언론은 신나는 하루를 보냈다. 〈프라이빗 아이〉는 휴 트레버로퍼Hugh Trevor-Roper를 '상태가 매우 안 좋은 휴'라는 뜻으로 "휴 베리 로피Hugh Very-Ropey"라고 조롱했고, 대중의 조롱거리가 되었던 것에 2페이지를 할애하며 "[벨기에 원전에서 번역된] 히틀러의 일기는 진짜라고 괴벨스의 정원사의 종손녀가 말한다"고 빈정거렸다.56 1991년에는 로버트 해리스가 가짜 일기 사건을 추적해 1986년에 발표한 《히틀러를 팔아라》를 저본으로 삼아, ITV가 5부작 드라마 형식의 다큐멘터리를 제작했다. 여기에서 트레버로퍼는 앨런 베넷Alan Bennett에 의해 머무적거리는 인물로 묘사되었다. 고통은 여기에서 끝나지 않았다. 그 무렵에는 피터하우스에도 적이 많아, 그 적들의 공격을 견뎌내야 했다. 한 친구의 표현을 빌리면, 그는 "불장난을 즐기던 학자"답게 결국에는 "그 자신이 내릴 번갯불에 치유할 수 없는 화상"을 입고 말왔다.[57] 피터하우스의 학생감이 반려견에게 '일기'라는 이름을 붙여주었고, 아침 산책에 반려견을 데리고 나가면 어김없이 학장 관사로 향한다는 소문이 곧이어 퍼졌다. 관사 앞에 도착하면, 학생감은 그 반려견에게 "일기!"라고 소리치고는 따라오라고 윽박질렀다는 소문도 뒤따랐다.

그런 낭패가 있은 뒤에 트레버로퍼는 70대라는 연령에도 불구하고 적잖은 논문을 발표했고, 그중에는 뛰어난 걸작도 있었다. 하지만 한 번의 잘못된 판단은 그의 삶에서 마지막 20년 동안, 심지어 사후에도 그를 끈덕지게 괴롭혔다. 그가 사망하고 이튿날, 〈더 타임스〉는 자사를 위해 오랫동안 일하던 이사의 사망 소식을 알리면서도 "히틀러 일기 사기극의 피해자 데이커 경, 89세를 일기로 별세"라고 머리기사를 썼다.*

트레버로퍼 데이커 경이 사망한 그 주에 공개된 대중 역사가 폴 존슨Paul Johnson(1928-2023)의 부고 기사는 놀라울 정도로 감동적인 조사弔詞였다. 존슨은 트레버로퍼가 "불운을 통해 구원받은 사례"였다며, 뛰어난 재능을 바탕으로 거의 평생 동안 사회적 계단을 차근차근 올라가며 '고도의 기교가 필요한 악의'를 실천해 보이며 크게 성공했다고 말했다. 그러나 운명의 수레바퀴가 나쁜 쪽으로 돌아가자, 더 세심하고 더 온후한 새로운 사람으로 변한 까닭에 그의 말년은 "어색할

---

* 사기극이 있고 30년이 지난 2013년 4월, 잡지 〈슈테른〉은 위조된 히틀러의 일기를 독일 연방 기록 보관소에 기증했다고 보도했다. 기록 보관소 소장은 〈슈테른〉과 함께 발표한 공동 성명에서 "가짜 히틀러 일기도 과거의 문서이다"라고 발표했고, 한 동료는 "이 가짜 문서는 과거의 역사와 언론의 역사에 무척 중요한 의미를 갖는다. 우리가 신문에서 읽는 모든 것이 내일이면 차가운 커피가 되겠지만, 영원히 보존해야 한다"고 덧붙였다. 한편 위조범은 가짜 일기를 돌려달라고 공개적으로 요청했지만, 돌려받지 못했다. The New York Times, 2013년 4월 24일.

정도로 교화적"이었다고도 덧붙였다. 존슨은 히틀러의 가짜 일기 소동에 대해서도 언급하며, 트레버로퍼조차 "너무도 뻔한 언론의 덫"에 빠질 수 있었다는 것에 놀랐다고 말했다.

히틀러가 훗날 문제의 빌미가 될지도 모를 일기를 썼을 거라고, 히틀러의 사고방식과 기록을 연구하던 학자가 어떻게 생각할 수 있었을까? 트레버로퍼가 명성만큼 히틀러에 대해 아는 게 훨씬 적었던 게 분명하다. 그러나 그때는 《히틀러의 마지막 나날》이 발간되고 오랜 시간이 지난 때였다. 트레버로퍼도 머독과 그의 신문들과 밀접히 연결된 재정적 문제로 곤경에 빠졌던 게 아닐까 싶다.

이쯤에서 트레버로퍼를 향한 존슨의 찬사는 한 단계 더 올라간다.

나는 트레버로퍼를 좋아한 적이 없었지만 그가 안쓰럽게 생각되어, 가짜 일기 소동으로 좌절하지 말라고 부탁하는 편지를 그에게 보내기도 했다. …물론 그는 본래의 평판을 완전히 회복하지 못했다. 앞으로도 그는 히틀러의 가짜 일기를 진짜로 잘못 판정한 교수로 알려질 것이다. 그러나 깊이 들여다보면, 그 재앙적 사건 이후로 그는 도덕적으로 나아졌다. 그렇게 거듭남으로써 그는 다른 고난, 특히 아내의 죽음으로 의지할 곳을 잃어 지독한 외로움에 시달리고 시력까지 약해지는 고난을 견뎌낼 수 있었다. 우리는 전에도 그랬듯이 가끔 만났다. 그때마다 그가 상냥하고 정감 있게 변했다는 걸 확인할 수 있었다. 전에는 그에게서 전혀 느끼지 못한 모습이었다. 악의가 사라진 듯했다, 완전히. …따라서

운, 숙명, 신의 섭리 등 이름이 무엇이든 간에 하느님이 우리에게서 지켜보는 것은 신비롭게 움직이며, 그렇게 역사는 계속 흘러간다.[58]

언급해야 할 또 하나의 부고 기사가 있다. A. J. P. 테일러의 부고 기사로, 그가 세상을 떠나고 아흐레 뒤, 1990년 9월 16일 〈데일리 텔레그래프〉가 아니라 자매지로 일요일에 발간되던 주간지 〈선데이 텔레그래프〉에 실린 부고 기사였다. 고인에게 감사할 뿐, 조금도 깎아내리지 않은 따뜻하고 균형 잡힌 부고 기사였다. 글쓴이는 휴 트레버로퍼였다.

17장 신체적 장애를 이겨낸 역사가

: 존 키건과 군인 정신

군대에 복무한 적이 없는 남자는 누구나 자신을 낮추어 생각한다.
…모름지기 인간은 두려움을 이겨낸 사람들을 경외한다.
- 새뮤얼 존슨[1]

많은 작가가 극심한 육체적 고통을 견뎌내며 고전 작품을 창작해냈다.[2] 로런스 스턴Laurence Sterne(1713-1768)은《신사 트리스트럼 샌디의 인생과 생각 이야기》를 쓰는 동안, 상당히 진행된 결핵의 극심한 고통과 싸우며 "여지껏 인간이 경험하지 못한 수준으로 피를 꺽꺽 토해내야 했다." 새뮤얼 존슨은 아주 어렸을 때부터 움찔수축과 경련에 시달렸고, 또렷하게 말하다가도 때로는 휘파람처럼 들리는 소리, 때로는 암탉이 꼬꼬댁거리는 듯한 소리를 내지르곤 했다. 게다가 그 자신이 "내 눈이 이제 무척 어두워져서 당신이 뭐라고 썼는지 읽을 수가 없습니다"라고 인정했듯이 청력과 시력에도 결함이 있었다.[3] 하지만 그들 중 누구도 역사가는 아니었다. 역사가도 다를 바가 없었다. 데이비드 흄은 기번만큼이나 지독히 뚱뚱해서, 그가 앉으면 의자가 무게를 견디지 못하고 무너졌다는 이야기가 전해지고, 결핵과 얼굴이 뒤틀리는 피부 질환을 앓았던 것으로 전해진다.[4] 율리시스 S. 그랜트는 처음에 회고록을 받아쓰게 했지만, 암으로 "목소리가 막히자, 고통

과 싸우며" 미국 문학사에서 가장 유명한 임종의 증언을 직접 써내려
갔다.

미국의 역사가 윌리엄 히클링 프레스콧William Hickling Prescott
(1796-1859)은 학창 시절부터 시력을 잃어, 그 심각한 장애를 견뎌
내며 평생 글을 써야 했다. 고전 걸작으로 평가되는 《멕시코 정복》
과 《페루 정복》을 비롯해 그가 이루어낸 업적을 아는 사람은 거의 없
지만, 생전에 그는 미국의 투키디데스로 묘사되었고, (누군가 소리 내
어 읽어준 내용을 통해 모든 원전을 읽었을 정도로 원전의 중요성을 역설했
기 때문에) 미국 최초의 위대한 '과학적' 역사가로도 일컬어졌다.* 또
《오리건 산길: 대초원과 로키산맥에서의 삶》과 7권으로 구성된 기
념비적인 대작 《북아메리카에서의 프랑스와 잉글랜드》를 쓴 프랜시
스 파크먼 주니어Francis Parkman Jr.(1823-1893)는 소모성 신경계 질환
에 시달렸다. 파크먼은 간혹 걷지도 못했고, 거의 시력을 잃은 채 오
랜 시간을 살아야 했다. 영국 법학사를 다룬 최고의 역작으로 평가되
는 책의 저자인 F. W. 메이틀런드Frederic William Maitland(1850-1906)
는 결핵과 당뇨로 고생했다. 미국 제28대 대통령을 지낸 토머스 우드
로 윌슨Thomas Woodrow Wilson(1856-1924)은 난독증에도 불구하고 적
잖은 저작을 써서 호평을 받았다. 영국 튜더 왕조의 전문가 데이비
드 스타키David Starkey(1945년생)는 태어날 때부터 조막발이었고, 소

---

* 프레스콧은 하버드 대학교에 재학할 때 패싸움에 끼어들었고, 누군가 던진 딱딱
  한 빵 덩어리에 왼쪽 눈을 맞았다. 그해가 지나가기 전에 왼쪽 눈의 시력을 잃었
  고, 같은 시기에 닥친 급성 류머티즘열로 인해 오른쪽 눈의 시력마저 거의 0으로
  떨어졌다. 약한 시력은 그가 글을 쓰는 방법에도 영향을 미쳤다. 예컨대 그의 글
  에서는 구전문학에서 기억을 돕는 기법이 자주 눈에 띈다. 특히 전투 장면의 묘사
  에서 문장의 운율이 맞아떨어지는 경우가 적지 않았다. 이런 점에서 그는 호메로
  스를 흉내 낸 셈이다.

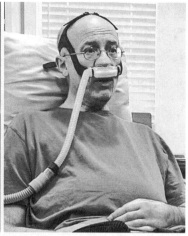

⤳ 윌리엄 히클링 프레스콧(왼쪽)은 학창 시절부터 거의 시력을 잃었지만 11종의 저서를
완성해냈고, '미국의 투키디데스'로 추앙되었다. 토니 주트는 루게릭 병에도 불구하고,
죽음을 맞는 순간까지 새로운 책을 계속 펴냈다.

아마비를 이겨냈지만 겨우 13세부터 신경쇠약에 시달렸다. 앨라배
마 출신으로 아프리카계 미국인 역사가 존 헨리크 클라크John Henrik
Clarke(1915-1998)는 《스페인의 정복과 아프리카》를 비롯해 27종의
저서와, 2권으로 구성된 《아프리카 역사》를 써냈다. 그는 말년에 시
력을 완전히 잃었지만 새로운 책을 쓰겠다는 의지를 굽히지 않았다.
　죽음이 갑작스럽고 느닷없이 닥치는 경우가 아니면, 모든 역사
가는 삶의 마지막 순간에 여전히 생산적으로 활동하면서도 질병이나
신체적 장애로 고생하는 시기를 맞는다. 아마도 가장 감동적인 사례
는 영국 작가 토니 주트Tony Judt(1948-2010)의 경우가 아닌가 싶다. 주
트는 1945년 이후의 유럽사를 다룬 《전후 유럽, 1945-2005》(2005)로
큰 찬사를 받은 역사가였다. 그 책이 출간되고 3년 뒤, 주트는 흔히
루게릭병으로 알려진 '근위축성측삭경화증(amyotropic lateral sclerosis,

ALS)'이란 진단을 받았다. 루게릭병은 운동신경세포가 점차 쇠약해져서 결국 신경계가 멈춰버리는 질병이다. 시간이 지남에 따라 환자는 운동 능력을 상실하지만 정신은 예전과 똑같이 기능한다. 주트는 루게릭병을 "가석방 없는 점진적 수감"에 비유했다. 2009년 10월 무렵 그는 목 아래부터 마비되었다. 그럼에도 그는 마지막 2년 동안에도 창작 활동을 멈추지 않았다. 얇지만 복지국가론을 강력하게 전개한 《더 나은 삶을 상상하라》, 수필집 《기억의 집》이 출간되었고, 제목을 정하지는 않았지만 20세기의 지성사에 대해 이야기한 책을 발간할 계획도 있었다. 한 인터뷰에서 주트는 "나에게 '토니, 당신은 정말 운이 좋은 겁니다. 누구보다 정신의 삶을 풍요롭게 살고 있잖습니까. 그렇지 않았다면 증상이 훨씬 더 나빴을 수도 있었을 테니까요'라고 말하는 사람"이 있다면서, 그런 말을 들을 때마다 그는 "저그(〈토이스토리〉에 등장하는 악당/옮긴이) 행성에서 오셨습니까? 이 병은 지구에서 최악의 질병 중 하나입니다. 매일 15센티미터씩 줄어드는 감옥에 갇힌 것과 같습니다"라고 쏘아붙였다.[5]

※ ※ ※

이런 결함들이 역사를 쓰는 작가가 선택하려는 주제에 어떻게 영향을 미쳤을까? 여기에서는 학창 시절에 결핵에 걸린 영국의 군사학자軍史學者, 존 키건John Keegan(1934-2012)을 집중적으로 다루려 한다. 키건이 2012년 사망했을 때 NBC는 "그는 동시대의 가장 뛰어난 군사 역사학자였을 뿐"이었다고 소개했지만, 군사의 역사를 쓰는 방법을 재정립했다는 점에서 그가 차지하는 중요성은 그 이상이다.

키건은 1934년 5월, 교양 있지만 재정적으로 쪼들리는 로마 가톨릭교도의 네 자녀 중 하나로 태어났다. 아버지와 어머니, 프랭크와 아일린은 모두 아일랜드계였는데, 특히 아버지는 런던을 본거지로 한 상위 팀 중 하나인 런던 아이리시London Irish에 소속된 럭비 선수였고, 군대에 있을 때는 권투를 했다. 따라서 처음에는 체육 전문가로 활동했지만, 나중에는 남런던 스트리텀 일대의 학교들을 관리하는 장학관으로 일했다. 그 지역은 런던에서 인구 밀도가 가장 높은 구역 중 하나였고, 제2차 세계대전이 발발하자 공습을 받을 가능성이 높은 지역으로 판단되었다. 따라서 그곳의 학생들이 가장 먼저 시골 지역으로 이주했다. 키건 가족은 1939년 이전에 일찌감치 잉글랜드 남서부의 시골인 서머싯으로 서둘러 떠났다. 키건 가족은 외할아버지와 보모를 포함해 모두 8명이었다. 프랭크 키건은 숙소 관리자가 되어 책무의 범위가 넓어졌고, '필수 사용자'로 분류되어 자동차까지 보유했다. 프랭크는 출장을 떠날 때 장남이던 존을 자주 데리고 다녔다. 그러나 독일군이 침략할 경우에 그들을 혼란에 빠뜨리려고 시골의 모든 표지판을 뽑아버린 까닭에 출장의 여정이 항상 수월하지는 않았다.

그러나 존에게는 잉글랜드 시골 지역이란 '비밀의 세계'를 알아가는 행복하기 그지없는 시간이었다.[6] 더구나 그의 집에서 50킬로미터 내에는 폭탄이 하나도 떨어지지 않았다. 그는 《노르망디의 여섯 군대》에서 당시를 회상하며 "전쟁이 일어나지 않은 것 같았다"고 말했다. 그러나 전쟁은 그의 상상 세계에서 여전히 큰 몫을 차지했다. 브리스톨 블레넘 경폭격기와 호커 허리케인 전투기를 본뜬 장난감 모형 비행기를 갖고 놀았고, 전쟁 상황에 대해 정보국이 알리는 소식지와 〈픽처 포스트〉에서 뜯어낸 군사 관련 기사를 읽고 또 읽었다. 때로는 시대가 지난 《제인의 해군 연감》을 뒤적이기도 했다. 그리하여 존은 영국군이 보유한 초기 군사 장비의 특징을 줄줄 외울 수 있었다.

프랭크 키건은 열렬한 아마추어 미술가이기도 했고, 어렸을 때 견습생으로 데생을 배운 적도 있었다. 또 담뱃갑에 들어 있던 그림 카드를 수집하기도 했고, 특히 영국 육군의 연대들을 묘사한 그림 카드를 유난히 좋아했다. 게다가 워털루 전투에 대해서는 전문가 수준으로 깊이 알아, 존은 그 전투에 일찍부터 관심을 가졌다.* 프랭크는 각 연대의 역사를 연구했고, 그림 카드를 보고 연대의 제복을 파스텔과 수채 물감으로 그렸다—그러나 유화를 그린 적은 없었다. 영국군 제복에 대한 프랭크의 관심은 존이 그대로 물려받아 평생의 연구 과제로 삼았다.

존은 서미싯 톤턴에 있는 사립 중등학교인 킹스 칼리지를 다녔다. 까다롭지 않아 즐겁게 다닐 수 있는 학교였다. 그런데 갑자기 1943년 말, 미군이 잉글랜드에 밀어닥쳤다. 디데이를 앞두고 미군들이 서머싯 시골 지역에 몰려들어와 스피어민트 껌과 허시 초코바, 잭 프로스트 각설탕을 지프차 뒷좌석에서 아낌없이 던져주었다. 번쩍번쩍 빛나는 4륜 대형 트럭, 영국에서는 전에 본 적이 없던 육중한 불도저, 수륙 양용 트럭, 거대한 수송 차량까지 다양한 형태의 차량들도 있었다. "내가 꿈도 꾸지 못했던 전쟁 방법을 처음으로 보았다."[7] 미국 것을 향한 그의 오랜 사랑은 그렇게 시작되었다.

6개월이 지나지 않아, 그 영웅들이 하늘을 뒤덮었다. 키건은 당시를 회상하며 "엄청난 소음이었다! 수백 대의 항공기 엔진 소리가 머

* 존의 두 누이 중 윗누이인 메리는 어렸을 때 존과 함께 나폴레옹을 동경했다고 기억한다. 그러나 시간이 지남에 따라 존의 생각은 바뀌었다. 할아버지가 자신의 오랜 영웅이던 나폴레옹의 소형 동상을 존에게 물려주었지만, 아버지가 세상을 떠난 뒤에 존은 그 동상을 간직하지 않고, "내 집에는 그 인간을 두지 않겠어!"라고 강력히 선언했다. 따라서 현재 그 흉상은 메리의 집에 있다.

리 바로 위에서 끝없이 이어지며, 우리 정신을 완전히 빼놓았다. 뭔가 특별한 일이 일어나고 있다는 걸 나는 직감했다"고 말했다.[8] 그로부터 12개월 뒤에 서유럽이 해방되었고, 키건 가족은 남런던의 움푹움푹 파인 거리로 돌아와서 스트리텀 공원 맞은편에 침실 5개짜리 집을 구입했다. 1946년 어느 날, 존은 오른쪽 엉덩이가 아프기 시작했다. 의사들은 결핵균에 의한 골관절 결핵으로 진단했고, 치명적인 병으로 발전할 가능성이 있어 존은 서리의 아동 병원으로 옮겨져, 그곳에서 몇 개월을 지냈다. 키건이 〈데일리 텔레그래프〉와 가진 한 인터뷰에 따르면, 몹시 추웠던 1947년의 겨울을 "철제 침대 아래로 눈이 흩날리는 노천 병동에서 보냈고, 밤에는 간호사들이 내려놓은 범포 암막이 '군함의 돛'처럼 겨울바람에 퍼덕거리며 뭔가에 부딪히는 소리를 냈다."[9] "여름이 깊어지면서 내 몸에서 고약한 냄새가 나기 시작했고, 나까지도 의식할 수 있을 정도였다." 결국 키건은 런던 중심부에 있는 세인트 토머스 병원에 부속된 성인 남성 병동으로 옮겨졌다. 그의 막내아들인 매슈 키건이 쓴 아버지의 전기를 보면, 존이 그 병원에서

처음에는 수십 년 만에 영국에 닥친 가장 혹독한 겨울을 노천 병동에서 꼼짝없이 누워 지내야 했고, 치료를 시작하고 2년째가 되던 해에는 어깨부터 허벅다리까지 석고 코르셋에 갇힌 채 뜨거운 여름을 보내야 했다. 훗날 그는 그때를 회상하며 "나는 멍한 상태로 몇 주를 보냈다"고 썼다. 석고 코르셋의 내구성은 석고를 바르는 과정만큼이나 모든 면에서 좋지 않았다. 석고 코르셋을 만드는 데 사용되는 철제 틀은 '교수대'라 일컬어졌다. 환자를 교수대의 위쪽 부분에 매달고, 발이 중앙의 금속판에 겨우 닿게 한 뒤에 교수대를 천천히 돌리며 젖은 석고 반죽에 흠뻑 적신 붕대

를 감았다.[10]

　존은 의사의 허락을 받고 크리스마스를 집에서 보낼 수 있었지만, 온몸을 석고로 감싼 채 반듯하게 누워 지내야 한다는 지시를 받았다. 따라서 아무런 장식이 없는 문짝 하나를 경첩에서 떼어내 식당에 임시 침대를 만들기도 했다. 9년 간의 치료를 끝내고, 뼈이식으로 고관절을 움직이지 못하게 고정한 뒤에야 그는 병원에서 완전히 퇴원했다. 이 사건으로 키건은 한쪽 다리가 반대편 다리보다 더 짧아졌고, 중년쯤에는 등이 굽기 시작했으며 말년에 되어서는 몸이 거의 두 겹으로 겹쳐졌다. 한마디로 신체적으로 큰 변화가 있었다. 하지만 지적으로도 큰 변화가 있었다. 병원 직원들은 키건이 또래에 비해 똑똑하다는 걸 알았고, 그 영리한 청소년을 어떻게든 돕고 싶어 모여드는 방문객들도 있었다. 병원에 소속된 목사는 라틴어와 그리스어를 가르쳤고, 그 자신도 소아마비를 경험했던 여교사는 프랑스어를 가르쳤다. 덕분에 키건의 프랑스어 실력이 무척 좋아졌다. 키건은 책에 홀린 소년처럼 끊임없이 책을 읽었다. 특히 토머스 하디Thomas Hardy(1840-1928)의 소설 전부를 읽었다. 병동 입원자들은 다 함께 하나가 되어, 또 하나의 고유한 교훈을 키건에게 가르쳐주었다. 다수의 입원자가 런던 토박이였지만, 남런던에서 상대적으로 가난한 지역 출신이었다. 그들은 존 키건을 '조니'라고 불렀고, 조니를 위해 항상 즐거운 모습을 보였으며, 자립과 자조를 강조했다. 또한 키건을 위해 그들은 "도덕적으로 반듯하고, 개인적으로 성실한 모습"을 보였고, "병에 걸렸다는 사실 자체를 거의 터무니없을 정도로 부정"하는 모습까지 보였다. 키건은 그들과 함께 2년을 보냈고, 그들 중 다수는 제2차 세계대전에 참전한 까닭에 전투가 한창일 때 일반 병사의 삶이 어떤

🖎 *11세 때의 존 키건(왼쪽, 장난감 총!). 1945년 톤턴에서 누이 클레어, 학교 친구, 아버지 와 함께 찍은 사진.*

것인지를 키건에게 자세히 알려주었다. 그렇게 그가 병원 침대에 누운 채 얻은 특별한 전우들과 전시 경험들은 무력 충돌에 대한 관심으로 발전해 나아갔다.

전쟁에 대한 관심도 키건이 질병의 굴레로부터 벗어나는 데 도움이 되었다. 이 질병이 가슴앓이, 소모성 질환, '낭만적인 병romantic disease', 선병腺病, 연주창, 포트 병病, 백사병White Plague, 세기병mal du siècle, 현재 주로 사용되는 결핵까지 무엇이라 칭해지든 간에 지난 5000년 전부터 인간을 죽여온 박테리아로 인해 20세기에만 약 1억 명이 사망한 것으로 추정된다. 전시에 부상자들이 겪던 감염을 퇴치하기 위한 연구의 직접적인 결과로, 뉴저지 럿거스 대학교의 연구 팀이 스트렙토마이신이란 효과적인 항생제를 분리해냈다. 1944년 11

월 20일, 스트렙토마이신이 한 중환자에게 처음으로 투여되었다. 효과는 놀라웠다. 그 환자의 상태는 눈에 띄게 억제되었고, 결핵균이 타액에서 사라졌으며, 그는 빠른 속도로 건강을 되찾았다. 그 이후로 항결핵제가 연이어 개발되었고, 키건은 그런 발전의 수혜자 중 하나였다.

키건은 학교(런던 남서부의 윔블던 칼리지)로 돌아갔고, 재밌는 우스개와 신문으로 가득하고 시끌벅적한 집으로도 돌아갔다. 키건의 형제자매는 놀라울 정도로 똑똑했다. 특히 두 누이는 모두 옥스퍼드를 훌륭한 성적으로 졸업했다. 그들은 정기적으로 외출해 극장과 전시회를 찾았고, 내셔널 갤러리의 관람도 빠뜨리지 않았다. 메리는 당시를 회상하며 "돈은 없었지만 우리는 평범하지 않고 특별하다고 자부했다. 또 우리가 무척 운이 좋다고도 생각했다"고 말했다.[11] 하지만 메리는 "존이 우리 곁에 돌아왔을 때 존은 너무 말랐고, 다리에 근육이라고는 없었다"고 덧붙였다. 반면에 존보다 여덟 살이나 어린 동생 프랜시스는 타고난 체육인이었다. 따라서 병약한 존이 옆에 있을 때는 가족이 프랜시스의 운동 기록을 대단찮게 취급하는 방법을 배워야 했다.

중등학교를 제대로 다니지 못했지만, 키건은 주 장학금을 받고 옥스퍼드의 베일리얼 칼리지에 입학했다. 그 대학을 흠모하는 사람들에게는 당연히 "세계 최고의 교육 기관"이었고, 대학교의 개별 지도 교수 시스템이 처음 시작된 곳으로 여겨지는 곳이었다. 키건은 군대의 역사military history를 전공으로 선택했다. 많은 책을 읽고 유머 감각이 뛰어난 '쪼그라든 소년'은 학우들이 신입생에게 붙여주던 전통적인 '베일리얼 운문Balliol Rhyme'으로 희화화되었다.[12]

나는 키건. 그래, 나는
웃고 절뚝이는 예수회 신도.
새벽에야 눈을 붙이고, 차를 마시러 일어나지
(정식 S. J.* … 제3항)

"우리는 가장 뛰어난 세대였다." 1998년 키건은 한 인터뷰에서
이렇게 말했다. 그의 동기생 중 다수가 전쟁에 참전한 까닭에 정상적
으로 입학한 학부생보다 대체로 나이가 많았고, "주문呪文에 걸린 듯
이, 전쟁터에서 존경하던 장교들에 대해 이야기했고, 그들의 회상에
나는 마음이 울컥했다." 그는 "내가 옥스퍼드에서 만난 친구들을 통
해… 내가 무엇인가를 잃어버렸다는 걸 의식하게 되었다"고도 덧붙
였다. 결핵의 재발로 그는 수개월 동안 학교에 다닐 수 없었고, 추가
로 1년을 더 다닌 뒤에야 졸업할 수 있었다.
　키건은 자신에게 '약간의 장애'가 있는 것에 불과하다고 생각했
다. 그래서 1952년 병역의 의무를 다하려고 건강 진단서를 제출했지
만, "의사들은 내 정형외과적 상흔을 보고는 웃었다."[13] 그리고 나는
군 복무에 영구히 부적합하다는 판정을 받았다. 그 탈락에 그는 크게
상심했다. 아버지는 제1차 세계대전에 참전해 서부전선에서 포병으
로 3년 동안 복무하며 독가스를 마시기도 했다지 않은가. 게다가 독

　＊　엄밀히 말할 때 예수회 신도Jesuit라는 말은 1534년 이냐시오 데 로욜라Ignacio de
　　　Loyola(1491-1556)가 세운 예수회Society of Jesus에 속한다는 뜻이었지만, Jesuitical
　　　이라는 비난은 예수회 수사들이 흔히 그렇듯이 애매모호하고 궤변적으로 교묘하
　　　게 논증하는 버릇이 있다는 뜻이었다. 이 짤막한 엉터리 시를 제외하면, 키건은
　　　더 온건한 수도회를 선호하는 경향을 띠었다. 그의 부모는 서머싯에서 살 때, 베
　　　네딕트회에서 운영하는 다운사이드 학교에 존을 보낼 만큼의 경제적 여력이 없
　　　었지만, 두 아들을 모두 그곳에 보냈다.

가스를 마신 후유증이 그 이후로도 줄곧 아버지를 괴롭혔지만 "아버지는 한때 군인이었다는 사실에 더 큰 자부심을 느꼈다." 존 키건은 군인이 될 수 없다는 걸 알았던 까닭에 그런 자부심을 느끼지 못했고, L. P. 하틀리Leslie Poles Hartley(1895-1972)가 1953년에 발표한 소설 《중재자》에서 반전주의자인 주인공에게 정원사가 자신의 삶에서 가장 행복했던 때가 1914년에서 1918년 사이였다며 "그때 우리 모두가 플랑드르의 최전선을 지키며 함께 지냈다"고 했던 말을 시시때때로 기억에 떠올렸다. "그 정원사의 유쾌함에는 병원과 전쟁터가 뒷배경으로 있었다. 나는 그에게 어떤 실패에도 꺾이지 않는 내면의 힘이 있다는 생각이 들었다."

군인의 길 대신에 키건은 베일리얼을 졸업한 미국인 독지가의 지원을 받아 갓 시작한 보조금을 신청했고, 1957년 여름에는 남북 전쟁의 전쟁터들을 둘러보려고 미국으로 향했다. 뉴욕의 유니언 스퀘어가 내려다보이는 한 친구의 아파트에 자리를 잡은 키건은 "세계적인 강대국으로서 풍요와 힘을 점점 늘려가는" 국가를 눈앞에서 보았다. 키건은 미국의 풍경을 좋아하게 되었고, 존 포드John Ford(1894-1973: 특히 그의 〈수색자〉를 좋아했다)를 비롯한 영화감독들, 에드워드 호퍼Edward Hopper(1882-1967)의 그림들, 월트 휘트먼Walt Whitman(1819-1892)과 레이먼드 챈들러Raymond Chandler(1888-1959) 같은 작가들을 비롯해 미국의 다양한 문화도 알게 되었다.

키건은 영국에 돌아온 뒤, 런던 주재 미국 대사관에서 정치 분석관으로 2년 동안 일했다. 그때 샌드허스트에 있던 영국 육군사관학교는 학과를 확대하고 있었고, 키건에게는 절호의 기회였다. 키건은 그곳의 강사로 임용되었고, 기지 훈련장 근처의 숲속에 파묻히고 방부재로 칠해진 목조 방갈로식 주택으로 이주했다. 그때부터 25년 동안 샌드허스트에 머물렀다. 1960년, 26세에는 수잰과 결혼했다. 수잰의 어머니는 독일계로 잉게보르크 보그트Ingeborg Vogt, 아버지는 서미싯에서 유명한 의사 토머스 에버렛Thomas Everett이었다. 그들은 4명의 자녀―존의 부모처럼 아들 둘과 딸 둘―를 두었다.

1959년부터 1969년까지 역사학부를 담당한 책임자는 피터 영 Peter Young(1915-1988) 준장이었다. 그는 카리스마가 물씬 풍기는 전직 특공대원이었고, 군사와 관련해 여러 권의 책을 출간해 호평을 받은 저자였다. 영은 키건에게 도움을 주려는 마음에서 그를 공동 저자로 선택했고, 글쓰기를 위한 씨앗은 그렇게 뿌려졌다. 대학에서 절친하게 지냈고, 누이 메리와 결혼한 친구 모리스 킨Maurice Keen(1933-2012)을 통해, 키건은 느릿하지만 독특한 매력을 지닌 아일랜드인 앤서니 셰일Anthony Sheil을 소개받았다. 셰일의 어머니는 캐나다인 상속녀였고, 아버지는 더블린 외곽에서 그런대로 성공한 경마 조련사였다. 앤서니는 전쟁 시기를 캐나다에서 보냈지만, 요크셔의 황무지에 세워진 엄격한 베네딕트회 학교인 앰플포스 기숙학교로 1945년에 보내졌다. 그 학교를 졸업한 뒤에 앤서니도 옥스퍼드로 진학했지만, 대부분의 시간을 근처의 경마장에서 보냈다. 대학을 졸업한 뒤에도 앤서니 셰일은 도박에 푹 빠졌고, 생의 마지막 순간까지 경마 세계에서 달인의 경지를 보여주었다. 그러나 1962년 그는 책을 향한 사랑을 선택하고 저작권 대행사를 열었다. 킨의 소개가 있은 뒤에, 곧바로 앤서니는 키건에게 단독으로 글을 써보라고 권유했다. 그리하여 3권의 저서―《독일 무장 친위대: 아스팔트 위의 군인들》(1970), 《바르바로사 작전: 1941년 러시아 침공》(1971), 《개전: 1941년 8월》(1971)―가 연이어 출간되었다. 그러고는 1976년 간절히 바라던 돌파구가 열렸다.

《전쟁의 얼굴》은 케임브리지의 역사학자 J. H. 플럼이 〈뉴욕 타임스〉에 기고한 글에서 '눈부신 업적'이란 호평을 받았고, 〈뉴욕 타임스 리뷰 오브 북스〉로부터는 '독창적'이란 찬사를 받았다. 한편 존경받는 학자 C. P. 스노로부터는 "우리 시대의 무력 충돌을 가장 성공적으로 재현해낸 저작"이란 극찬을 받았다. 동료 역사가들도 경외심을 보이는 데 주저하지 않았다. 옥스퍼드의 현대사 흠정 교수이자 올 소울스 칼리지의 명예 연구원이었고, 예일 대학교의 로버트 A. 러벳 교수였으며, 런던 킹스 칼리지에 전쟁 연구과를 설립한 마이클 하워드 Michael Howard(1922-2019)는 "이 책이 제2차 세계대전의 종전 이후로 지금까지 전쟁을 주제로 영어로 쓰인 최고의 저작 여섯 권 중 하나라는 데는 의심의 여지가 없다"고 평가했다.

무엇이 그렇게 인상적이었던 것일까? 키건의 독창성은 실질적인 전쟁 도구에 초점을 맞추었고, 전투에 참가한 인물들에 대한 민중 신화를 점검한 데 있었다. 긴 서문에서 전쟁의 본질을 다룬 뒤에 키건은 3건의 전투를 분석했다. 모두 영국군이 참전했지만 각각 다른 시기, 즉 1415년, 1815년, 1916년에 일어난 전투들로, "최고로 위험한 순간"에 놓인 병사들의 관점에서 기술되었다. 키건은 이런 글쓰기 기법을 통해, 아쟁쿠르 전투에서의 화살 세례, 워털루 전투에서의 머스킷총의 회전하는 탄환, 솜 전투에서의 기관총 사격과 중단 없이 이어지는 불꽃이 병사들에게 무엇을 의미했는지를 분석했다. 스코틀랜드계 미국인 역사가 니얼 퍼거슨Niall Ferguson은 〈선데이 타임스〉에 기고한 글에서 "키건만큼 전투를 실감나게 묘사한 작가는 지금껏 없었다"고 말했다.[14]

키건의 연구로, 지금까지 사실로 받아들여지며 비판과 의심이 허용되지 않던 몇몇 신화가 무너졌다. 예컨대 일반적인 추정과 달리,

아쟁쿠르 전투에서 영국군 궁수들의 화살은 결정적이지 않았다. 화살 세례가 시작된 상황을 설명하며 키건은 이렇게 말했다.

> 영국군 진영에서 4번에 걸쳐 발사된 화살 구름들은 30미터 높이 까지 올라간 뒤에 급경사각을 이루며, 맞은편 프랑스군 진영에 떨어졌을 것이다. 하지만 최종 속도와 떨어지는 각을 고려하면, 그런 화살들이 큰 피해를 주지 못했을 것이다. …15세기 초에도 갑옷은 쇠 미늘 대신에 거의 완전히 강판으로 만들어졌기 때문 이다.

요컨대 프랑스군은 화살에 학살된 게 아니라, 화살 세례를 끝낸 뒤에 돌격한 궁수들에게 죽임을 당한 것이었다. 미늘 갑옷이었다면, 적군이 틈새로 목과 눈, 겨드랑이와 사타구니를 공격하면 보호 장치가 될 수 없었다. 결국 프랑스군은 약 1만 5000명 중에서 거의 6000명이 목숨을 잃었다.

키건의 설명은 이야기를 끌어가는 장악력과 깊이 있는 연구를 겸비했다는 점에서 특별했다. 서문에서 키건은 "전투에 참전한 적도 없을 뿐 아니라 가까이에서 지켜본 적도 없고, 멀리에서 포성을 들어 본 적이 없으며, 전투 뒤의 현장을 둘러본 적도 없다"고 솔직히 인정 했다. 그러나 그런 한계 때문에 그는 전투에서 승패를 결정하는 요인 을 설명하거나 군사 훈련의 구조를 개괄적으로 서술하는 쪽보다, 전 쟁터에서 실제로 어떤 일이 일어나는지에 대해 쓰기로 결정할 수밖 에 없었다. 예컨대 1415년의 아쟁쿠르 전투에서 정확히 어떤 일이 있 었기에, 수적으로 열세였고 전열도 흐트러졌던 영국군이 프랑스군을 살육해 '시체 더미'를 이룰 수 있었을까? 나폴레옹의 유명한 기병 공격대가 보병들에게 격퇴된 이유는 대체 무엇일까? 위대한 역사가들은 단순하지만 중요한 의문을 제기한 뒤에 명쾌하고 단순한 답을 내놓는다. 키건은 '왜 전쟁터에서 병사들은 분별 있게 행동하며 도망가지 않는 것일까?', '제1차 세계대전 당시, 병사들이 쥐가 들끓는 참호를 뛰쳐나와 기관총이 위협하는 위험 지대로 진격할 수 있었던 요인은 무엇이었을까?'라는 의문을 제기한 뒤에 그 답을 찾으려 애썼다.[15] 이런 접근 방식은 혁신적이었다. 플럼이 서평에서 결론적으로 말했듯이, "전투의 속성만이 아니라 인간의 속성에 대해서도 많은 것을 알려주는 책"이었다. 키건의 생각에 어린 사관학교 학생들에게 장래의 임무를 가르치려면, 자신이 전쟁의 야수성과 혼란상 및 전쟁의 모습과 소리와 냄새를 이해하는 것이 도덕적으로 먼저였다.

※ ※ ※

《전쟁의 얼굴》은 베스트셀러였다.* 그 이후로 11년 동안 6종의 책이 더 출간되었고, 그중 주목할 만한 저작은 《노르망디의 여섯 군대》(1982)와 《승자의 리더십, 패자의 리더십》(1987)이었다. 특히 후자는 키건이 객원 연구원으로 프린스턴에 6개월 동안 체류한 뒤에 발표한 저작으로, 그가 지휘를 받는 병사만이 아니라 지휘관에 대해서도 깊은 통찰력이 있다는 걸 입증해 보인 연구서였다. 이 책에서 키건은 "전쟁터에서 지도자는 가면을 통해서만 추종자들에게 자신의 모습을 보여줄 수 있을 뿐이다. 그 가면은 지도자가 혼자 힘으로 만들어야만

---

* 약 15년 뒤에도 〈데일리 텔레그래프〉의 한 독자는 런던 지하철의 하나인 노던선 Northern Line의 승무원들이 그 책의 열렬한 독자라는 걸 증언하는 독자 투고를 보내주었다. 1990년 1월 20일, 〈데일리 텔레그래프〉의 독자 투고란.

하는 것이지만, 시간과 공간을 그와 함께하는 사람들이 원하고 요구하는 지도자의 모습으로 그들에게 비춰지는 가면이어야 한다"고 썼다. 요컨대 계급보다 평판이 훨씬 더 중요했다.

1979년 봄 나는 호더앤드스토턴 출판사의 편집 이사가 되었고, 앤서니 셰일을 점심 식사에 초대했다. 셰일이 존 키건을 현재의 출판사에서 데리고 나올 계획이라 말하며, 나에게도 관심이 있느냐고 물었다. 대답하기에 어려운 질문이 아니었다. 그 후로 8년 동안 나는 그의 편집자로 일했고, 어떤 저자를 그처럼 즐거운 마음으로 보살핀 적이 없었다.

존 키건은 신념이 강했고, 성깔도 있는 편이었다. 따라서 그가 아일랜드의 독립 투쟁을 목표로 내건 무장 조직, '아일랜드공화국군(Irish Republican Army, IRA)'을 혐오하게 되자, 아일랜드인을 조상으로 둔 사람들에게는 때로는 그가 아일랜드 전체를 증오하는 것처럼 보였을 정도였다. 셰일은 나에게 "존은 사람들에 대한 개인적인 생각을 거침없이 드러낸다"고 말했고, 그 말은 사실이었다. 언젠가는 런던의 유명한 개릭 클럽Garrick Club에서 존은 동료 회원과 거의 주먹 다툼을 벌일 뻔하기도 했다. 실제로 1987년의 한 인터뷰에서 "나는 본래 무척 반항적입니다. …성급하게 버럭 화를 내고, 지독히 비판적입니다"라고 말했다.[16] 그러나 그 분노는 그에게 글을 쓰게 자극하는 원동력이었고, 어떻게 했더라면 전쟁을 피할 수 있었을 것이란 도덕적 의분으로 표현되었다. 내 경험에 따르면, 그는 항상 너그럽고 겸손했으며 유머 감각이 뛰어났고, 특히 여성에게는 지나칠 정도로 예의가 발랐다. 한 문학 행사장에서 그를 만난 사람은 수년이 지난 뒤에 나에게 보낸 편지에서 "1990년대에 그는 지독히 고통스러워 보일 정도로 허리가 굽은 상태였지만, 그가 사인을 해주던 테이블에 여성이 다가오면 어김없이 일어나 맞이했다"고 말했다. 사실 그는 성인이 된 이후에 극심한 신체적 장애를 견디며 살아야 했고, 엄청난 양의 진통제를 복용했다. 이 땅에서의 삶을 끝낼 무렵, 그의 척추는 거의 닳아 없어진 상태였다.*

※ ※ ※

《전쟁의 얼굴》이 출간된 직후, 키건은 옥스퍼드의 전쟁사 교수직에 지원했다. 그러나 옥스퍼드 당국은 그가 문서 기록에 대한 연구 경험이 일천하고, 대학원생을 지도하기에는 능력이 부족하다고 판단했다. 당시 그 자리를 차지하고 있던 노먼 깁스Norman Gibbs는 전쟁사에 전혀 관심이 없는 데다 '글을 읽는 소小수도원'에 대한 연구서가 주된 업적의 전부였고, 전임자들도 모두 독학했기 때문에 이상한 판단이고 결정이었다. 그 결정에 키건은 상심했다.[17] 키건이 샌드허스트에서 받는 급여는 여섯 식구가 살아가기에 충분하지 않아, 오래전부터 키건은 극심한 경제적 어려움을 겪어야 했고, 파산을 가까스로 모

* 키건은 자신의 건강 문제를 가볍게 여겼지만, 건강 문제는 항상 그를 괴롭혔다. 언젠가 우리는 결핵으로 고통받는 환자들을 다룬 토마스 만Thomas Mann(1875-1955)의 《마의 산》에 대해 토론한 적이 있었다. 그때 나는 멍청하게도 그에게 A. E. 엘리스가 1958년에 발표한 소설로, 《마의 산》과 유사한 영역을 다룬 《고문대》를 읽어보았느냐고 물었다. 엘리스의 유일한 소설이지만 무척 뛰어난 작품이었다. 그레이엄 그린Graham Greene(1904-1991)은 "우리가 더 나은 표현을 찾지 못해 '위대하다great'고 칭하는 작품들이 있다. 《클러리사 할로》, 《위대한 유산》, 《율리시스》처럼 문학의 공동묘지에서도 기념물처럼 우뚝 솟은 작품들이다. 내 생각에는 《고문대》도 그런 위대한 작품 중 하나이다"라고 말했다. 키건은 그 소설이 자신의 책꽂이에서도 어디에 있는지 정확히 알고 책등에 적힌 제목을 보며 자주 몸서리친다고 대답했다.

면한 적도 있었다. 그러고는 1980년대 중반의 어느 날, 친구 맥스 헤이스팅스Max Hastings가 해외 보도로 명성이 높고 상류층 독자가 많던 보수적인 신문 〈데일리 텔레그래프〉로부터 편집장직을 제안 받았다고 털어놓았다. 키건이 "내가 자네 신문에서 국방과 관련된 통신원이 될 수 있겠나?"라고 물었고, "물론!"이란 대답을 받아냈다. 그리하여 1986년, 51세의 나이에 키건은 '나의 두 번째 이력'이라 칭하던 일을 시작했다.

키건이 전쟁 지역에서 맞이한 첫 경험은 1983년 겨울에 이미 시작된 터였다. 편집자가 키건의 열렬한 독자이던 〈디 애틀랜틱〉으로부터 레바논 수도를 방문해 취재해달라는 의뢰를 수락한 덕분이었다. 보수는 1만 단어에 1만 달러로, 평년 연봉의 절반이 넘었다. 당시 베이루트는 황무지였고, "탄약이 넘치도록 풍부한 시대"에 폭력단들이 경쟁적으로 거리를 활보하던 때여서 무척 위험한 임무였다. 더구나 〈파이낸셜 타임스〉의 패트릭 코번Patrick Cockburn과 친구가 되면서 키건의 안전은 더욱더 위협을 받았다. 코번도 어린 시절 소아마비를 앓아 다리를 절뚝거렸다. 따라서 발을 끌며 걷는 두 기자는 짝패가 되어 황폐해진 도시 곳곳을 돌아다녔다. 총성이 들릴 때마다 초보 기자는 기자상을 수상한 동포 기자에게, 얼마나 떨어진 곳에서 들려오는 것이냐고 물었다. 그때마다 코번은 눈을 가늘게 뜨고 동그란 안경 너머를 살피고는 "꽤 떨어진 것 같은데요"라고 간단히 대답했다. 하지만 그렇지 않았다. 그들이 상당한 위험에 처할 정도로 총격전이 가까이에서 벌어지고 있던 때도 적지 않았다.

물론 키건은 살아서 귀국했고, 그 이후로 14년 동안 6종의 주요 저작—해전을 다룬 저작으로, 러디어드 키플링Rudyard Kipling(1865-1936)의 시구 "죽음이 제독이 치러야 할 대가라면, 주님이시여, 우리는 이미 그 값을 치렀습니다"에서 제목을 차용한《제독의 값》,《2차 세계대전사》,〈뉴요커〉로부터 "진정한 걸작"이란 평가를 받았고 영국 판권만으로 15만 파운드를 받아 경제적 걱정을 덜어준《세계 전쟁사》,《역사를 위한 전투》,《출정의 길》,《1차 세계대전사》—을 펴냈다. 또한 처칠에 대한 짤막한 전기를 썼고, 샌드허스트의 동료 리처드 홈스Richard Holmes(1946-2011)와 함께 '군인들'이란 주제의 텔레비전 다큐멘터리 시리즈 제작에 참여했고, 존 고John Gau가 이 시리즈와 수반해 기획한 책《군인들》의 공동 저자로도 참여했으며,《처칠의 장군들》을 출간하는 데도 기여했다. 키건은 독창적인 사상가라는 위치를 꾸준히 유지하며, 예컨대 지리적 조건을 고려하지 않고 인간 갈등을 연구하는 방법을 헛된 시도라며 맹렬히 비난했다. 그의 지적에 따르면, 전 세계 육지의 30퍼센트만이 전쟁을 수행하기에 적합하고, 나머지는 "군사 작전을 수행하기에 지대가 너무 높거나, 너무 춥고, 물이 턱없이 부족하다." 키건은 세부 사항을 설명하는 데 특히 능숙했다. 예컨대 19세기의 해전에서 프랑스군이 전투 중에도 시신을 배 밖으로 던져버리지 못한 이유가 "가톨릭신도인 미망인이 재혼하려면 남편의 시신을 매장했다는 증거가 필요했기 때문이었다"는 설명을 빠뜨리지 않았다.[18]

이야기를 서술하는 방식에서 그에게 필적할 만한 작가는 없었다. 예컨대 트라팔가르 해전Battle of Trafalgar(1805)은 목조 군함들이 마지막으로 격돌한 교전이었지만, 가장 많은 피를 흘렸고 전쟁의 승패를 결정한 해전이었다. 이런 목조 군함의 선상 환경을 묘사하며 키건은 "목재의 틈새 사이로 끈적이며 흐르는 송진과 타르의 냄새… 굵은 밧줄에서 피어오르는 대마의 섬유질 냄새, 코를 쏘는 듯한 식물성 유성 물감 냄새"를 언급하고, 목재들이 "서로 맞물리고 비틀리며 협주곡

아들 매슈가 찍은 2000년경의 키건. 높은 지위와 폭넓은 인기에 비해서, 그는 말년에 비판을 자주 받았다. 베트남 전쟁에 참전한 미국을 지지했고, 이라크 전쟁에 힘을 실어주었으며, 프로이센의 군사 전략가 카를 폰 클라우제비츠를 공격한 게 비판을 받은 주된 이유였다.

을 연주하는 듯하지만 때로는 삐걱대며 신음하고, 때로는 비명을 내지르며 울부짖고, 윙윙대고 덜덜 떨며 불협화음을 만들어낸다"고 소리의 묘사도 잊지 않았다. 물론 논란을 불러일으키기도 했다. (전투 방식까지 옹호하지는 않았지만) 베트남 전쟁에는 그럴 만한 이유가 있다고 생각했고, 코소보를 지키겠다며 나토가 실시한 유고슬라비아 폭격을 인정했으며, 사담 후세인 정권을 전복하려고 이라크를 침공한 미국을 옹호했다. 키건은 호전적인 미국의 국방 장관 도널드 럼즈펠드Donald Rumsfeld(1932-2021)를 친구로 꼽기도 했다. 그러나 그의 신념이 어떠했든 간에 걸프전에 대한 그의 논평은 영국 언론계에서 가장 권위 있는 것으로 폭넓게 여겨졌다.

17장 신체적 장애를 이겨낸 역사가

키건은 역사의 시계 바늘을 더 뒤로 돌렸고, 제1차 세계대전은 "불필요한 전쟁… 미스터리"였다고 믿었다. 《세계 전쟁사》에서는 전쟁을 "다른 수단들을 뒤섞는 정치적 거래의 연장선"이라 보았던 카를 폰 클라우제비츠Carl von Clausewitz(1780-1831)에 대한 반감을 숨기지 않았다. 키건의 생각에 전쟁은 "인류 역사의 중심"에 있었지만 "자연스런" 인간 활동이 아니어서 점차 생각할 수 없는 것이 되었다. 샌드허스트에서 보낸 시간과, 글을 통해 얻은 공감으로 그는 특별한 지위를 누렸다. 그가 직접 밝혔듯이 "군인들은 비밀을 털어놓을 수 있는 사람으로 나를 대한다. 그들은 누구에게도 말하지 않는 것을 나에게 말한다. 전쟁의 규칙을 어기고, 쏘지 않아야 할 사람을 쏘고…."

그러나 국가 간의 물리적 충돌에 대해 글을 쓰는 작업은 그에게 개인적으로 부정적인 영향을 미쳤다. 《전쟁의 얼굴》에서 그는 "군사 역사가는 이렇게저렇게 용기 있게 시도해볼 만한 작전이 고갈되었다고 설명하며 극심한 무력감에 빠지고, 키치너 대대의 진격에도 목표물을 장악하는 데 실패한 것처럼 그의 타자기 키까지 답답하게 종이를 두드리며 점점 느리게 원고를 채워간다"고 말한다.[19] 내 친구로 한때 군인이자 외교관이었던 앨런 저드Alan Judd가 그에게 제1차 세계대전에서 전쟁의 마지막 단계에 50쪽만을 할애하며 이야기를 서둘러 끝낸 이유를 물었을 때, 동부전선에서 1918년 봄 독일군의 대공세와 연합군의 대대적인 반격으로 전쟁이 마무리되었지만 사상자가 끔찍할 정도로 많았기 때문에 가능한 한 서둘러 책을 끝낸 것이라고 솔직히 인정했다.*

* 키건도 실수할 수 있다. 적어도 무신경하거나 적당히 얼버무리는 경우가 있을 수 있다. 1998년 리스 강연에 연사로 초대되어 〈전쟁과 우리가 사는 세상〉이란 제목으로 강연할 때, 키건은 질병의 위협은 끝났다고 주장했지만, 지금도 세계 전역에

키건은 자신의 마음이 퇴비 더미였고, 그곳에서 농축된 아이디어를 끌어냈다고 말하곤 했다. 그러나 그렇게 끌어낸 아이디어 중에는 충분히 생각하거나 분석하지 않은 것이 적지 않았다. 기자와 작가라는 직업이 결합됨으로써 그는 지나치게 빨리 글을 썼고, 작가로서의 이력을 끝낼 무렵에 출간한 책들은 돈벌이만을 노린 책에 가까워졌다.[20] 그의 친구이자 손꼽히는 군사 역사가이기도 했던 앤서니 비버(샌드허스트의 제자), 2000년에 국방 장관을 접촉하던 기회를 활용해 "군사 역사의 발전에 기여한 공로"로 키건에게 기사 작위를 추천한 맥스 헤이스팅스, 마이클 하워드 등은 키건의 독창적인 연구가 거의 끊어졌다는 걸 일찍부터 알아차렸다. 하워드는 "그의 모든 책은 읽을 가치가 있고, 흥미롭고 독창적인 내용을 담고 있습니다. 그가 대학교에서 교수직을 얻지 못해, 더 많은 시간을 사색할 기회와 여유를 갖지 못한 게 안타까울 뿐입니다"라고 전체적인 상황을 요약해주었다.[21]

그러나 키건이 반복해서 참조한 하나의 중요한 자료가 있었다. 바로 그 자신, 다시 말하면 병원에서 회복하던 과정에서 일반 보병들과 함께한 경험이었다. 1993년《역사를 위한 전투》가 출간되었을 때, 런던 킹스 칼리지의 군사 역사학 교수 브라이언 본드Brian Bond는 키

서 약 3만 3000명의 어린아이가 매일 치료 가능한 질병으로 죽어가고 있다. 사실 확인, 해석과 판단에서 오류는 언제든 있을 수 있다. 헤로도토스, 처칠, 기번도 이런 덫을 피해가지 못했다. 예컨대 키건은 노르망디 상륙을 "히틀러가 야전에서 당한 최대의 군사적 재난"이라 묘사했지만, 독일군은 스탈린그라드에서도 패했고, 동부전선도 붕괴되었다. 이 때문에 러시아는 크게 분노하고, 키건이 나치를 심정적으로 동정하기 때문에 그렇게 묘사했을 것이라 억측하며, 2015년에 키건의 책을 모든 학교와 도서관에서 회수하라는 행정명령까지 내렸다. 역시 러시아 학교와 도서관에서 모든 책이 회수된 앤서니 비버Antony Beevor는 러시아 정부가 현재의 고립된 지정학적 위치 때문에 "과거의 역사를 통제하려는 것"이라고 판단했다. 이 판단은 맞을 가능성이 높지만, 키건의 경우는 '자책골'과 다를 바가 없었다.

건에게서는 "전사들을 향한 경외심"이 느껴진다고 말했다.[22] 키건에게 군인은 일반적인 사람과 다른 존재였다. 다시 L. P. 하틀리의 소설에 빗대어 말하면, "삶은 사람을 시험하고, 용기와 결단력과 재능을 끌어내는 과정이었다. 나는 내가 시험을 받고 싶어 한다고 생각했다." 키건은 키플링을 좋아했고, 무인도에 가져갈 책으로 존 버컨John Buchan(1875-1940)의 《39계단》을 선택한 '넉살이 좋은 영국 낭만주의자'로, "전사의 삶에는 남자의 상상력을 자극하는 매력"이 있다고도 인정했다.[23] (키건은 큰아들 매슈를 근위 보병 연대Irish Guards에 넣었지만, 결과적으로 결실을 맺지 못했다.) 마이클 하워드의 판단에, 키건의 남다른 면은 주제에 불어넣는 도덕적 열정에 있었다. "그에게 전쟁은 중요했다. 정말 중요했다." 그의 접근 방식에 깊은 영향을 미친 가톨릭 신앙도 물론 중요했다. 다시 하워드를 인용하면 "이 때문에 그의 글에서는 그의 경쟁자들 중 최고로 손꼽히는 역사가의 글에도 없는 장엄함이 엿보였다. …존 키건은 '선한' 사람이었다. 어쩌면 그런 선한 면이 그가 위대한 역사가가 되는 걸 방해했을 수 있다. 아니면 그 때문에 위대한 역사가가 되었던 것인지도 모른다."

책을 써달라는 의뢰는 끊이지 않았다. 《이라크 전쟁》과 《지도로 보는 제2차 세계대전》을 출간한 이외에, 키건은 영국과 미국의 독자를 위해 단편적인 글을 많이 썼고 강연도 기꺼이 맡았다. 1995년에는 5명의 미국 역사가와 함께 백악관에 들어가, 50주년 유럽 전승 기념일Victory in Europe Day에 무엇을 말해야 하는지에 대해 빌 클린턴에게 조언했고(그는 이 역할을 무척 자랑스러워 했다), 1998년에는 리스 강연 50주년의 강연자로 선택을 받았다. 마지막으로 계약을 맺은 책은 2권으로 예정되었다. 첫 권은 전시의 첩보에 대한 것이었고, 다른 하나는 그가 대학에 재학할 때부터 꾸준히 연구했던 주제인 미국 남북 전쟁에 대한 개관이었다. 첫 권인 《전쟁에서의 첩보: 나폴레옹부터 알카에다까지 적의 파악》은 2003년에 출간되었다. 그러나 남북 전쟁에 대한 책을 준비하던 중에 키건은 무릎 수술을 받았고, 오른쪽 발의 발가락 하나에 괴저가 생겼다. 제대로 진단을 받았을 즈음에는 상태가 위중해서, 오른쪽 다리를 무릎 위까지 절단해야 했다. 따라서 수개월 동안 병원에 갇혀 지내야 했다. 회복된 뒤에야 그는 휠체어에 앉은 채 다시 작업을 시작했지만, 인도한 원고가 분량이 크게 부족해서 상당한 부분을 덧붙여 써야 했다. 당시는 키건에게 무척 힘든 시기였다. 평소에는 속내를 드러내지 않는 내성적인 셰일은 그렇게 수정을 거쳐 완성된 원고를 "정신력과 절제력과 결단력으로 빚어진 탁월한 성과"라고 평가했다.[24] 《미국의 남북 전쟁》은 마침내 2009년에 출간되었다.

원고를 수정하고 확대하는 작업을 끝내고 한 달 뒤, 키건은 뇌졸중으로 쓰러졌다. 예후가 너무도 좋지 않아, 의사들은 음식 공급을 중단하고 키건이 마지막 시간을 편안하게 보낼 수 있도록 배려하는 데 집중했다. 키건은 3번이나 병자 성사를 치렀지만, 그때마다 회복되었다. 2011년 3월, 나는 서머싯과 도싯의 경계로부터 멀리 떨어지지 않은 윌트셔의 작은 마을에 있는 그의 집에서 그를 마지막으로 만났다. 그런 상황에서도 그는 이탈리아를 중심에 둔 제2차 세계대전에 대한 새로운 책을 계획하고 있었다. 그의 병원 동료들이 그랬듯이, 그도 자기 연민에 빠져 허우적대지 않았다.

키건은 거의 3년 동안 자리보전한 끝에 2012년 8월 2일, 78세의 나이에 자연사했다. 전쟁은 전쟁터에서만 벌어지는 게 아니었다.

18장 허스토리-여성 역사가

: 반소부터 메리 비어드까지

남자들은 본인들에 대한 이야기를 하니까 여자들보다 모든 면에서 유리
하지요. 교육도 남자가 많이 받았고, 펜을 든 것도 남자들이었잖아요.
- 제인 오스틴, 《설득》, 1817년

젠더: 명사. 문법적 용어로만 사용됨. 따라서 사람을 비롯한 생물을
male sex(남성)와 female sex(여성)라는 뜻에서 masculine
gender(남자)나 feminine gender(여자)로 말하는 것은 (맥락에 따라
허용되거나 허용되지 않는) 익살이거나 잘못된 사용이다.
- 파울러의 《현대 영어 용례 사전》, 1940년

MAKING HISTORY:
THE STORYTELLERS WHO SHAPED THE PAST

'유명한 여성 역사가Famous Female Historians'는 세계 전역에서 활동하는 최고의 여성 역사가들을 소개하는 웹사이트이다. 그런데 이상한 항목들이 있다. 예컨대 중세 이탈리아 전문가인 캐럴 랜싱Carol Lansing(1951년생)의 사진 항목에 미국 여배우 캐서린 헵번Katharine Hepburn(1907-2003)의 사진이 있다. 게다가 역사가 명단에는 레슬링의 역사를 연구한 조지안 마크로폴로스Georgiann Makropoulos(1943-2010)와 "입으로 총알을 잡은 묘기를 처음이자 마지막으로 공연한 여성"이라는 도러시 디트리히Dorothy Dietrich(1969년생)가 있다. 하지만 C. V. 웨지우드, 앤토니어 프레이저Antonia Fraser, 질 르포어Jill Lepore, 어맨더 포먼Amanda Foreman, 메리 비어드Mary Beard(1876-1958), 브렌다 와이내플Brenda Wineapple 및 1806년 이전에 출생한 여성 역사가는 빠졌다. 명단에 오른 여성은 이상하게도 정확히 397명이지만, 웹사이트는 그 밖에도 포함될 수 있는 여성 역사가가 수천 명에 이른다는 점을 명확히 밝히기는 했다.

이런 목록이 진지하게 고려되기 시작한 것은 최근에 불과하다. 전 세계가 가부장적 사회였던 까닭에, 글을 읽고 쓰는 권리는 오랫동안 권력자의 전유물이었다.* 과거에 대한 글로 진지하게 받아들여진 최초의 여성은 중국 작가 반소班昭(AD 45-116)였다. 그녀의 가족은 3대에 걸쳐 황실의 일원이었다. 반소에게는 쌍둥이 오빠가 있었다. 훗날 저명한 장군이 된 반초班超와 아버지의 뒤를 이어《한서漢書》를 편찬한 반고班固였다.《한서》는 '서한'이라 일컬어지는 왕조의 처음 200년을 기록한 역사서이다. 반고가《한서》를 편찬하는 과업을 물려받았을 때 반소가 그 야심찬 사업에 이미 기여하고 있었다고 믿는 학자가 적지 않다. 내부의 증거로 추정하면, 반소가 약 4분의 1을 맡았을 가능성이 크다. 현재 알려진 바에 따르면, 반소는 천문 분야만이 아니라 왕조 고위 관리직의 변화 연혁을 기록한 '팔표(八表, Eight Lists)'를 주로 책임졌다.

기원후 89년, 어린아이가 황제에 옹립되자 권력이 장덕황후 두씨竇氏와 그녀의 가족에게 넘어갔다. 반고는 이 핵심 권력층의 일원이었다. 기원후 92년 두씨 가족이 역모죄에 내몰리자, 황후는 영향력을 상실했고, 가문의 남자들은 자살했으며, 그들에게 협력한 부역자들은 죽임을 당했다. 반고도 감옥에서 삶을 마감하며, 그가 쓰던 역사서의

   ＊ 하지만 기원전 556년부터 539년까지 신바빌로니아 제국을 마지막으로 통치한 왕은, 나보니두스 왕의 딸인 에니갈디 공주라는 것을 잊지 않고 언급해야 한다. 그녀는 이라크 남부 우르의 유명한 지구라트로부터 남동쪽으로 약 150미터 떨어진 곳에 세계 최초의 박물관을 세웠다. 1925년 레너드 울리Leonard Woolley(1880-1960)라는 고고학자가 상당한 수준으로 수집·정리된 공예물들을 발견했다. 여러 장소와 시대의 것이었지만 전문가 솜씨로 정리된 데다 서관과 점토 원통에 설명까지 더해져 있었다. 에니갈디의 박물관은 기원전 530년경에 설립되었지만, 그녀가 세계 역사에 남긴 위대한 선물인 이 박물관에 대해서는 알려진 바가 전혀 없다.

많은 부분이 미완성인 채로 남겨졌다. 반소는 10대의 어린 나이에 출가해서 여러 자녀를 두었지만, 남편과 반고가 일찍이 세상을 떠난 이후에 오빠의 과업을 이어받았다. 나중에 황제는 반소를 궁중의 교육 감독관으로 임명해 왕비와 여러 후궁 및 많은 시녀의 교육을 맡겼다.

반소가 남긴 저서 중 하나,《여계女誡》에서는 여성들(표면적으로는 자신의 딸들)에게 순종적으로 행동하고, 남편이 가정에 충실하다면 첩을 두는 걸 인정해야 한다고도 조언한다. 그러나 결혼한 여성들에게 남편을 더 잘 섬기기 위해서라도 공부를 게을리해서는 안 된다고 독려하지만, 그렇게 할 때 남편이 세상을 떠난 뒤에도 힘 있는 미망인으로 오랫동안 지낼 수 있을 거라고 충고한다. 반소가 그랬던 것은 확실하다. 그녀가《여계》의 앞부분에 남긴 겸손한 자기소개에 따르면,

나는 세련되지도 못하고 무지한 데다 천성적으로 우둔해서 자격이 없는 작가이지만, 운 좋게도 학자인 아버지로부터 적잖은 은혜를 받았고, 교양 있는 어머니와 여자 선생들로부터 좋은 예절만이 아니라 학문의 가르침도 받았다. 나는 열네 살에 조씨 가문으로 출가한 이후로 40년 이상 동안, 그 가문의 쓰레받기와 빗자루를 차지했다. 그 시간 동안, 나는 내 부모를 망신시킬지도 모른다는 생각에, 또 시가媤家의 남녀 모두에게 어려움을 더하게 될까 싶어 항상 노심초사하며 떨리는 마음으로 지냈다. 밤낮으로 마음을 놓을 틈이 없었지만, 피곤하다고 투덜대지 않고 공부를 게을리하지 않았다. 하지만 이제 나는 그런 걱정으로부터 벗어나는 방법을 알고 있다. …

반소는 다음과 같은 시구로 글을 끝맺는다.

중국 역사를 수놓은 남녀 영웅들의 모습을 상상해서 목판화로 제작한 17세기 말의 책에 묘사된 반소의 모습.

한 남자를 기쁘게 하는 데 성공하면

그렇게 하면 영원히 안정된 삶을 누리리라.

그러나 한 사람을 기쁘게 하는 데 실패한다면

영원히 끝장난 것과 진배없다.[1]

반소의 글은 유교국이던 중국에서 간결하지만 압축적으로 여성의 위치를 보여준다. 하지만 반소는 역사를 다룬 책들에만 관심을 두지 않고 수학도 깊이 연구했고, 흥겨운 「참새에게 부치는 송가」를 비롯해 시를 짓고 수필과 여행기를 썼다. 그리하여 궁중 사서가 되기도 했다. 금성의 분화구 하나가 그녀의 이름을 따서 지어졌으니, 그녀가 천국에서라도 알게 된다면 무척 기뻐하지 않을까 싶다.

반소는 남자가 남자에 대한 역사를 쓴다는 규칙에서 벗어난 예외적 존재였다. 그녀 이후로, 10세기에 극작가이자 시인으로 6편의 호평을 받은 희곡만이 아니라 신성 로마 제국 황제 오토 1세에 대한 서사시를 라틴어로 쓴 흐로츠비타Hrotsvit of Gandersheim(935-1020)가 등장할 때까지 주목할 만한 여성 역사가는 없었다. 흐로츠비타는 서원을 하지는 않았지만, 니더작센에 있는 간더스하임 수도원에서 공동 생활을 하는 수녀로, 여성에 대한 세상의 편견을 명확히 알았던 까닭에 "여자로서의 약점을 제쳐두고, 남성적인 힘을 끌어모아 분별력을 키웠다." 지금까지 그녀의 이름을 딴 분화구는 없지만, 태양 주위를 회전하는 소행성 615에 그녀의 이름이 붙여졌다.

안나 콤니니Anna Komnene(1083 - c. 1155)는 아버지가 황제로서 비잔틴 제국을 통치하던 시기를 권위 있게 기록한 학자였다. 하늘에 그녀의 이름을 딴 것이 아직까지 없지만 의사이자 병원 관리자 및 전기 작가로서 활동했을 뿐만 아니라, 공주로서 실질적인 가택 연금 상태에서도 군 역사서를 쓴 것으로 추정된다는 점에서, 향후에 발견될 별에 그 이름이 붙여질 유력한 후보이다. 콤니니는 황제 알렉시오스 1세의 일곱 자녀 중 장녀로서 자신이 후계가 될 거라고 오랫동안 확신했지만, 동생 요안니스가 황제가 되는 걸 지켜보는 수밖에 없었다. 우리에게 전해지는 이야기에 따르면, 그녀는 남편 니케포로스가 동생을 제거하는 걸 거부하자 크게 격노했고, 자신이 남자로 태어나고 남편이 여자로 태어났어야 했다며 분개했다.*

반란를 시도했지만 실패하고 수녀원으로 유배되자, 안나는

* 안나 콤니니에 대한 부정적인 평판은 주로 에드워드 기번의 책을 통해 전해지는 것이다. 1788년, 기번은 안나가 "야망과 복수심에 사로잡혀" 동생을 살해할 음모

1148년부터 아버지가 통치하던 시대(1081-1118)의 정치·군사적 상황을 설명하는 역사서를 쓰기 시작했고, 그 책에 의도적으로 서사적인 제목 《알렉시아스》를 붙였다. 역사를 서술하는 방법은 투키디데스와 무척 유사해서, 알렉시오스 1세와 서유럽 간의 음모와 전쟁을 통찰력 있게 분석하고, 무기와 전술 및 전투 상황을 생생하게 묘사한다. 제1차 십자군에 대한 설명은 특히 뛰어나다. 게다가 그녀의 글은 비잔티움에서 본 목격담이기도 하다. 프랑스의 역사학자 샤를 딜 Charles Diehl(1859-1944)이 1906년에 발표한 고전적인 저서 《비잔틴의 인물들》에 따르면, 안나 콤니니는 '메데이아의 분노'를 드러내며 동생의 용서를 끝까지 거부했다. 그녀가 남긴 《알렉시아스》의 프롤로그에는 역사를 쓰는 어려움에 대한 솔직한 심정이 담겨 있다.

> 내 글은… 학문적인 주장이 절대적으로 결여되어 그 자체로는 무의미한 자료들, 내 아버지가 황제로 계실 때 군대에 복무한 노병들로부터 수집한 결과물이다. …내가 쓰는 역사가 진실이라는 근거를 마련하기 위해서, 나는 그들의 진술을 끊임없이 검토하고, 내가 과거에 썼던 글과 비교했고, 또 그들이 나에게 말한 것을 내가 특히 아버지와 삼촌들로부터 종종 들었던 내용과 비교했다.[2]

를 어떻게 꾸몄는지를 설명했다. 기번은 그녀가 쓴 역사서에는 "여성 작가의 허영심이 곳곳에서 드러난다"며 그 자신은 그런 실패를 전혀 경험하지 못한 것처럼 말한다. 그 이후의 연대기 작가들은 기번의 말을 사실로 받아들였다. 바버라 뉴먼 Barbara Newman은 "여성이 가장 남성적인 분야이던 역사를 쓸 정도로 용감무쌍했다면, '기다란 음경과 고환'을 갖고… 권력을 탐했을 게 분명하다"고 신랄하게 말했다. Leonora Neville, *Anna Komnene: The Life and Work of a Medieval Historian* 의 서평, "Byzantine Laments," London Review of Books, 2017년 3월 2일, p. 21.

그 이후로 여성 역사가의 명맥이 끊어졌다. 고대 로마 이후로 여성 역사가가 희귀한 이유 중 하나는 학문의 언어인 라틴어를 여성이 배우지 못한 데 있었다.[3] 그래도 그리스어와 라틴어 등 고전어에 능통한 여성이 극소수였지만 항상 예외적으로 있었다(클레오파트라가 그런 여성이었을 것이라 추정되지만 역사를 쓰려고 시도한 적이 없었다). 그러나 오래전부터 라틴어 교육은 비전에 해당되는 것의 정보를 공유할 수 있는 개별적인 집단에서만 정식으로 행해졌고, 글을 알아 어떤 글이든 열심히 읽는 여성은 대체로 원천적으로 배제되어 그런 집단에 속하지 못했다.

남자들이 여성을 낮게 평가하는 경향 때문에 이런 현상이 더욱 악화되고 심화되었다. 헤로도토스는 여성을 375회만 언급한다. 물론 아르테미시아와 페레티마 같은 강력한 여왕들은 언급되지만, 페다사의 수염이 자라는 여사제, 염소와 공공연히 성관계를 맺었던 것으로 여겨지는 멘데족 여자처럼 특이한 여자들도 헤로도토스의 역사에서는 언급된다. 사포를 제외하면, 고대 세계에서 우리에게 전해지는 여성의 목소리는 거의 없다. 고대의 여성이 극히 드물게 쓴 설명 글 중 하나가, 고급 매춘업소를 방문할 때 어떻게 행동해야 하는지를 아테네의 창녀Γνάθαινα가 기원전 4세기 말에 남긴 것으로, 알렉산드리아 대도서관에 실제로 분류되어 있기도 했다.

《오디세이아》에서 텔레마코스는 어머니 페넬로페에게 "말은 남자들의 일이 될 것"이라며, 위층에 올라가 길쌈에 열중하라고 말한다. 아리스토텔레스도 여성을 결함이 있는 사람으로 보았고, 투키디데스의 페리클레스는 추도 연설에서, 전쟁으로 미망인이 된 아테네의 여인들에게 "여자에게 최고의 덕목은 견책으로나 칭찬으로나 남자들의 입에 전혀 오르내리지 않는 것"이라고 말했다. 아테네의 매춘부들은 그런 폄하에 나름의 방식으로 항의했다. 알렉산드리아의 클레멘스 성자St. Clement of Alexandria(150-215)가 말했듯이, "그들은 걸을 때 사람들에게 외설적 인상을 주려고, 신발의 밑창에 에로틱한 자세를 취한 남녀의 모습을 조각해두었다."[4]

고대 로마라고 더 낫지 않았다. 1세기 말부터 2세기 초까지 활동한 고대 로마의 시인 유베날리스는 《풍자시》(1세기 말)에서 "레미누스 팔라에몬의 《문법》을 지겹도록 끝없이 들먹이고 그 책을 획획 넘기고는… 내가 결코 들어본 적도 없는 시구를 인용하는 여성"을 혐오했다. 하지만 여성들은 자신의 두뇌를 헛되이 내버려두지 않았다. 예컨대 이탈리아의 두 고딕 화가, 시모네 마르티니Simone Martini(1284-1344)와 리포 멤미Lippo Memmi(1291-1356)가 합작한 작품으로 현재 피렌체의 우피치 미술관에 전시된 1333년의 〈성 마르가리타와 성 안사누스와 함께하는 수태고지〉에는 가브리엘 천사장이 마리아에게 곧 하느님의 아들을 낳게 될 거라고 알리는데, 마리아는 책을 어디까지 읽었는지 표시하려고 엄지를 책 사이에 끼운 모습으로 그려져 있다. 삶의 모습을 그대로 반영한 그림인 셈이다. 또 베네치아에서 태어났지만 성인이 된 후에 프랑스에서 살았던 크리스틴 드 피장Christine de Pizan(1364-c. 1430)은 유럽에서 최초로 글을 써서 밥벌이를 한 여류 작가로 불렸다. 그녀는 25세였을 때 아버지와 남편을 모두 흑사병으로 잃었다. 따라서 세 자녀를 키우려면 글을 쓸 수밖에 없었다. 1405년쯤 그녀에게 큰 명성을 안겨준 두 작품, 《여인들의 도시의 책》과 《여인들의 도시의 보물》을 완성했다. 첫 작품은 여성들이 사회에 어떻게 기여했는가를 기록했고, 다음 작품에서는 여성들에게 남성 중심적인 사회에서 돋보이는 방법을 조언했다.

영리한 여성은 남성에게 위협적인 존재였다. 따라서 여성의 허

(양말 한 짝을 잃어버린 듯한) 아들을 훈육하는 크리스틴 드 피장. 그녀의 글을 모아 편찬한 책으로, 당시에는 무척 드문 주제, 즉 지적 탐구에 심취한 여왕의 모습들이 적잖게 담긴 책《여왕의 원고》에서 발췌한 장면이다. 이 책은 프랑스 샤를 6세의 왕비, 이자벨 드 바비에르*Isabelle de Bavière*(1370-1435)에게 의뢰를 받아 1414년에 완성되었다.

영심, 거짓말하는 성향, 얕은 지적 능력을 강조하는 무수한 이야기가 수 세기에 걸쳐 증가했다. 교황청의 의뢰로 1486년에 작성된《마녀를 잡는 망치》에 따르면, 여자는 "불완전한 동물이다. 여자는 항상 기만을 일삼고… 피할 수 없는 형벌이고, 필요악이며 탐나는 재난이고 즐거운 손해의 원인이며 자연의 악이다."[5] 17세기에 매사추세츠는 여성이 하이힐을 신고 남자를 유혹해 결혼했다면 마녀로 대해야 한다는 주법을 선포했고, 실제로 그렇게 시행했다. 여성에 대한 편견이나 예속의 예는 거의 마음먹은 대로 찾아낼 수 있다. 예컨대 1580년과 1640년 사이에는 런던 교구의 여성 중 10퍼센트만이 자신의 이름을 쓸 수 있었다.[6] 벤저민 프랭클린Benjamin Franklin(1706-1790)의 시대에 뉴잉글랜드에서는 5명의 여성 중 3명이 서명으로도 자신의 이름을 쓸 수 없었다. 하지만 서명은 기계적인 것이고 글을 쓰는 데는 일정한 기량이 필요하기 때문에, 서명을 할 줄 아는 여성이 모두 실질적으로 글을 쓸 줄 아는 것은 아니었다.[7] 미국 언론인 조앤 아코첼라Joan Acocella(1945-2024)가 말하듯이, "18세기까지 대담한 아이디어, 특히 사회적 분열을 야기할 수 있다고 여겨지는 아이디어를 지닌 여성 작가는 일반적으로 어리석거나 제정신이 아니라고 간주되었다."[8] 그사이에 세계 전역에서 남성 역사가들은 수백 명에 달하는 여성 역사가와 그들의 업적 및 용기, 심지어 악명까지 체계적으로 지워버렸다.

소피아 브라헤Sophia Brahe(1559-1643)는 덴마크의 저명한 천문학자 튀코 브라헤Tycho Brahe(1546-1601)의 둘째 누이로, 업적을 도용당한 전형적인 여성의 한 예이다. 다른 예로는 평생 동안 여성의 질병을 치료하며 명성을 얻고 존경을 받은 11세기 이탈리아의 의사 트로툴라Trotula가 있다. 12세기에 한 남성 역사가가 그렇게 뛰어난 사람이 여성일 수 없다고 추정하며, 그녀를 가리키던 대명사와 이름을 남성형으로 바꿔버렸다. 20세기에야 그녀는 여성으로 되돌려졌지만 직업은 산파로 격하되었다. 여성이 공동 연구가였거나 획기적인 돌파구를 먼저 마련한 경우에도 과학적 발견이 남성의 공로로 설명되는 경우가 많다. 17세기 뉴잉글랜드의 시인 앤 브래드스트리트Anne Bradstreet(1612-1672)는 이런 현상을 이렇게 노래했다.

내 능력을 증명해도 아무런 소용이 없어

그들은 내가 다른 데서 훔쳐왔거나 운 좋게 만들어낸 거라고 할
테니까.

미국 작가 샬럿 고든Charlotte Gordon이 메리 셸리Mary Shelley (1797-
1851)의 《프랑켄슈타인》을 추천하는 글에서 말했듯이, "과거에 전문
가들은 여성이 인간 발달의 모든 영역에서 남성보다 열등하므로 어
떤 기초적인 수준 너머까지 교육받을 수 없다고 선언했다. 남성은 이
성적으로 추론하는 능력과 윤리적 강직성을 지닌 반면에 여성은 어
리석고 변덕스러우며 이기적이고 교활하며, 신뢰할 수 없고 어린아이
같아 잘 속아 넘어갔다."[9] 잉글랜드에서는 남편이 (엄지보다 굵지 않은
막대기를 사용하는 한) 아내를 때리는 것이 합법적이었을 뿐만 아니라,
휘어잡기 힘들다고 생각되는 여성은 체벌로 다스려야 한다고 남성에
게 권장되기도 했다. 한 불경에서는 여성이 '지옥의 심부름꾼'으로 묘
사된다.

　　15세기까지도 여성의 삶은 기록의 대상이 아니었고, 수 세기
가 지난 뒤에야 쓰이기 시작했다. 요컨대 여성은 지적으로 진지하
게 고려할 만한 대상도 아니고, 전기의 대상이 되기에도 적합하지 않
다는 편견은 1940년대까지 계속되었다. 메리 울스턴크래프트Mary
Wollstonecraft(1759-1797)는 1774년에도 딸들에게 "이미 배워서 아는
것이더라도 겉으로 드러내지 말거라"라고 가르치던 아버지를 기억에
떠올렸고,[10] 같은 시대를 살았던 새뮤얼 존슨Samuel Johnson(1709-1784)
도 같은 맥락에서 "남자는 아내가 그리스어로 말할 때보다 맛있는 식
사를 차릴 때 대체로 더 좋아한다"고 말했다.[11] 또 1776년에는 애비게
일 애덤스Abigail Adams(1744-1818)가 훗날 미국의 제2대 대통령이 된

남편에게 보낸 편지에서 미국의 새로운 법전에 "여성을 기억해달라"고 간청했지만 소망을 이루지 못했다. 존은 "걱정 마세요. 우리가 남성 중심의 시스템을 폐기할 만큼 어리석지는 않습니다"라는 답장을 보냈다.

제인 오스틴Jane Austen(1775-1817)의 소설《노생거 수도원》(1803)에서, 여주인공은 역사가 재미없고 지루하다며 "역사책은 짜증나고 죄다 지루한 이야기뿐이더군요. 교황과 왕의 싸움이고, 여기에 전쟁이나 역병이 더해지고요. 남자들이 모두 아무짝에도 쓸모가 없고 여자들은 거의 등장하지도 않아요. 정말 지루하죠"라고 말한다. 이런 논증은《설득》(1818)에서도 계속된다. 여주인공 앤 앨리엇이 여자가 남자보다 더 한결같다고 주장하자, 하빌 대령은 "모든 역사가 여자를 좋지 않게 말하고 있습니다. …그러나 아마 당신은 이 모든 게 남자가 썼기 때문이라 하시겠지요"라고 대답했다. 앤은 "남자들은 본인들에 대한 이야기를 하니까 여자들보다 모든 면에서 유리하지요"라고 반박한다. 오스틴과 같은 시대를 살았고, 이런저런 추문에 시달린 데번셔 공작 부인 조지아나 캐번디시Georgiana Cavendish, Duchess of Devonshire(1757-1806)는 일기에서, 역사는 전혀 역사가 아니며, 진실을 알지 못하면 역사와 매우 유사해 보이게 꾸민 것에 불과하다고 말했다.

✕ ✕ ✕

뒤늦게 이따금씩 변화의 바람이 불었다. 어떤 형태로든 주목을 받은 여성 역사가는 대체로 여전히 상류 계급이나 귀족 출신이었다. 전형적인 예가 메리 워틀리 몬터규Lady Mary Wortley Montagu(1689-

1762)이지만, 그녀는 뚜렷한 개성과 활력을 지닌 여성이기도 했다. 그녀는 노팅엄셔의 소레스비 홀Thoresby Hall에 호사스럽게 자랐다. 그녀는 혐오하던 여자 가정교사로부터 받은 빈약한 교육을 보충하려고, 아버지의 어마어마한 서재를 몰래 드나들며 개인적인 학습을 게을리하지 않았고, 당시 남성만의 언어이던 라틴어를 독학하기도 했다. 영리하고 재치 있는 데다 예쁘기도 했던 그녀가 20대에 들어서자, 2명의 유력한 남자가 구혼했다. 한 명은 법률을 공부한 외교관 에드워드 워틀리 몬터규였고, 다른 한 명은 클로트워시 스케핑턴Clotworthy Skeffington이란 독특한 이름을 지닌 귀족이었다. 당시 도체스터 후작이던 메리의 아버지는 딸에게 아일랜드 귀족의 상속자 스케핑턴과 결혼하라고 압력을 가했지만, 메리는 에드워드 워틀리 몬터규와 함께 달아났다. 그들은 결혼했고, 1716년 워틀리는 튀르키예 주재 영국 대사로 임명되었다. 메리는 남편과 동행해 이스탄불에서 지내며, 친구이던 시인 알렉산더 포프Alexander Pope(1688-1744)를 비롯해 몇몇 지인에게 오스만 제국에 대한 일련의 편지를 보냈다. 그 편지들이 그녀의 사후에 출간되어, 많은 여성 여행 작가들에게 영감과 자극을 주었다.

　메리가 이스탄불에서 지내는 동안 튀르키예식 목욕탕에서 겪은 경험을 알린 편지에 따르면, 한 무리의 지역 여성들이 그녀의 정교한 속옷을 보고는 기겁하며 "잉글랜드 남편들이 동방의 남편들보다 훨씬 더 나쁘다. 그들은 부인을 꽁꽁 묶어 작은 상자 안에 가둬두지 않는가!"라고 주장했다고 한다.[12] 메리는 그 시대에 쓰인 유럽인의 여행기를 "멋진 포도주와 예쁜 여자를 만났다는 것만을 기억하는 남자들의 진부하고… 피상적인 관찰"에 불과하다고 일축해버렸다.[13] 편지에서 메리는 다른 기록들에서 보았던 묘사와 다른 경우가 많았다는 걸

시시때때로 강조하며, 자신의 설명이 더 정확한 것이라고 확신했다. "대부분의 여행 작가가 자신이 제대로 알지 못하는 것에 대해 말하는 걸 좋아합니다. 그런 글을 통해 알았던 내용과 내 글이 너무도 달라 크게 놀랄지도 모르겠습니다." 메리는 뛰어난 시인이기도 했다. 그녀는 서사시적 이행시heroic couplet로 쓴 송시 「콘스탄티노플」에서 수 세기의 영국과 튀르키예를 추적하며, 그녀가 알기에 두 도시에서 화려한 삶을 살았던 사람들, 예컨대 악당과 멋쟁이, 오입쟁이와 정치인을 다채롭게 묘사했다.

한편 메리 울스턴크래프트(1759-1797)와 안 루이즈 제르멘 드 스탈Anne-Louise-Germaine de Staël(1766-1817)은 다른 분야에서 그랬듯이 역사 기술에서도 새로운 혁명적인 정신을 보여주었다. 간교함과 강인함을 겸비한 철학자이자 소설가였던 울스턴크래프트는 여행기와《여성의 권리 옹호》(1792)로 주로 기억되지만, 1794년에는《역사적이고 도덕적인 관점에서 본 프랑스 대혁명과 그 혁명이 유럽에 미친 영향》을 발표했다. 영국 역사가 톰 퍼니스Tom Furniss는 이 책이, 울스턴크래프트가 쓴 19권의 책 중 가장 도외시되었지만, 기록자로서의 상당한 재능을 십분 활용한 책이라 평가했다.[14]

정서적으로 무척 불안정한 유부남이던 스위스 화가 하인리히 퓌즐리Heinrich Füssli(1741-1825)와의 불륜이 불행하게 끝난 뒤, 31세로 여전히 독신을 고집하던 울스턴크래프트는 1792년 파리로 여행을 떠나며, 프랑스에 일어난 격변에 비난한 휘그당 의원 에드먼드 버크의 글에 반박하려고 쓴《인간의 권리 옹호》(1790)에서 이미 찬양했던 행사들에 참석할 수 있기를 바랐다. 그해 12월, 그녀는 전 국왕 루이 16세가 심판을 받으려고 국민의회 앞에 선 걸 보았다. "그의 성격을 근거로 내가 예상했던 것보다 훨씬 위엄 있게 루이가 사륜마차에 앉아

뤼르키예 전통 의상을 입은 메리 워틀리 몬터규와 그녀만의 특징적인 터번을 쓴 마담 드 스탈.

죽음을 맞이하러 가는 걸 보고는 내 눈에서는 나도 모르게 눈물이 흘렀다. …지금은 내 마음이 가라앉았지만, 하루 종일 내 상상을 가득 채웠던 생생한 모습을 떨쳐낼 수가 없다." 울스턴크래프트는 열성적인 공화주의자였지만, 자신의 눈으로 보았던 것을 믿지 않을 수 없었다.

　그녀는 프랑스 수도에 2년 이상 머물렀다. 역사가로 정식 교육을 받은 적은 없었지만, 그녀는 일기와 편지와 문서를 활용해서, 프랑스의 보통 사람들이 혁명에 어떻게 반응했는지를 써낼 수 있었다. 그녀의 책은, 오랜 숙적이던 국가가 미쳐버렸다고 생각하며 영국을 짙게 지배하던 반反혁명적인 분위기에 균형을 잡아주는 평행추 역할을 했다. 울스턴크래프트는 프랑스 대혁명을 "지금까지 우리 세계에 베풀어졌던 미덕과 행복을 더 많이 얻을 수 있는 장엄한 기회"라고 칭하며, 그 혁명은 민중의 저항이 불가피해진 사회적 조건에서 비롯되었다고 주장했다.

　그녀는 전작들로 문필가로서의 명성을 얻었지만, 동료 지식인들로부터는 별다른 지지를 받지 못했다. 오히려 많은 지식인이 그녀를 조롱했고, 그사이에 그녀의 삶은 불행으로 얼룩졌다. 파리에 체류하는 동안, 그녀는 미국인 모험가 길버트 임레이Gilbert Imlay(1754-1828)와 깊은 사랑에 빠져 딸 패니를 낳았다. 처음에 그들은 공포의 과잉 시대에도 행복하게 지냈지만, 임레이의 잦은 부재와 메리의 잔소리로 그들의 동거는 끝을 향해 치달았다. 마침내 1795년 4월, 임레이는 그녀에 대한 관심을 완전히 잃었던지 잉글랜드로 넘어갔고, 울스턴크래프트도 런던으로 돌아가 화해를 시도했지만, 임레이는 거부하며 그녀의 마음에 상처를 주었다. 그녀는 처음에는 아편제를 삼켜서, 다음에는 익사를 시도하며 2번이나 자살하려 했다. 그때마다 그녀는 목숨을 건졌고, 그 후에야 임레이와의 관계가 끝났다는 현실을 받아들였다. 1797년, 메리는 언론인이자 정치철학자이고 비국교도이던 윌리엄 고드윈William Godwin(1756-1836)과 사랑의 관계를 맺기 시작했다. 메리는 다시 임신했다. 그들은 자식이 적법하게 태어날 수 있도록 결혼했지만, 딸이 태어날 때 메리의 태반이 파열되며 감염되었다. 며칠간 극도의 고통에 시달린 끝에 울스턴크래프트는 패혈증으로 사망했고, 그때 그녀는 38세에 불과했다. 그 딸이 훗날 퍼시 비시 셸리Percy Bysshe Shelley(1792-1822)와 결혼하고《프랑켄슈타인》을 쓴 메리 셸리이다.

　1982년, 당시 영국 출판사 호더앤드스토턴에 근무하던 나는 메리 셸리의 전기를 써서 상까지 받은 전기 작가 리처드 홈스Richard Holmes에게 프랑스와 이탈리아를 여행하며, 과거의 유명한 여행자들과 그의 여행을 연계한 책을 써달라고 의뢰했다. 그 결과가《발자취: 낭만적 전기 작가의 모험기》였고, 이 책에서 두 번째로 다루어진 여

영국 화가 존 오피가 그린 메리 울스턴크래프트의 초상, 1797년경. 울스턴크래프트는 "옷은 당사자를 꾸며줄 뿐 경쟁자가 되어서는 안 된다"고 믿었다. 이 초상화를 위해 화가 앞에 앉았을 때 울스턴크래프트는 (훗날《프랑켄슈타인》을 쓴) 딸 메리를 임신 중이었다. 울스턴크래프트는 메리를 낳은 대가로, 자신의 목숨을 잃었다.

행자가 울스턴크래프트였다. 홈스는 1968년 파리에서 직접 경험한 대학생들의 폭동을 울스턴크래프트의 모험에 비교하며, "메리가 프랑스에서 직접 경험하고 기록한 이야기에 나는 무척 놀랐다. 그녀의 용기와 끈기만이 아니라, 직접 경험하고 목격한 혁명을 경이로울 정도로 정직하게 증언함으로써 아주 특별한 여인이 되었다. 그녀는 '혁명'이 무엇에 대한 것인가 하는 내 생각을 완전히 바꿔놓았다"며 그녀에 대한 이야기를 끝맺었다.[15] 그러고는 그녀가 최북단 스칸디나비아 지역의 독자적인 농부들에 대해 열변을 토해낸 책으로, 그녀의 생전에 마지막으로 출간된《길 위의 편지》에서 아래의 글을 인용했다.

나는 믿음을 원한다! 상상력은 나를 위협하는 모든 낙담을 떨쳐 낼 수 있는 피난처를 찾아보라며 나를 밀어낸다. 그러나 이성은 워낙에 세상은 그런 곳이고, 사람도 예나 지금이나 나약하고 어리석은 존재여서 때때로 사랑과 혐오, 감탄과 경멸을 동시에 불러일으키는 존재라고 속삭이며 나를 주저앉힌다.

홀로 남겨진 남편 윌리엄 고드윈의 평가에 따르면, 그 책은 독자를 즉시 저자와 사랑에 빠지게 만드는 책이었다.

※ ※ ※

마담 드 스탈은 크게 매력적이지 않았을지 모르지만, 결코 가볍게 넘길 수 없는 대단한 여성이었다. 바이런 경은 그녀를 "이 시대, 어쩌면 고금을 통틀어 최초의 여성 작가"로 보았고, 19세기 프랑스의 위대한 편찬물《만국 인명 사전》에서 그녀는 '여자 볼테르'로 지칭되었다. 스위스계 프랑스 여성인(그리고 스웨덴 사람과 결혼한) 드 스탈은 계몽 시대, 프랑스 대혁명, 공포 정치, 나폴레옹의 흥망성쇠를 목격한 증인이었다.* 그녀는 나폴레옹 보나파르트를 마키아벨리에 비유하며, 나폴레옹을 비판하는 데 앞장섰다. 그 때문에 프랑스에서 추방되었을 때

---

* 드 스탈과 울스턴크래프트는 활동 영역이 겹쳤지만 놀랍게 한 번도 만난 적이 없었다. 둘 사이가 껄끄러울 수밖에 없는 데는 뒷이야기가 있는 듯하다. 1788년 울스턴크래프트는 드 스탈의 아버지 자크 네케르Jacques Necker(1732-1804)의《종교적 의견의 중요성에 대하여》를 번역했다. 이 인연으로 두 여인이 만났어야 마땅했지만, 곧이어 울스턴크래프트는《여성의 권리 옹호》를 썼다. 여기에서 울스턴크래프트는《에밀》에서 여성을 폄하하는 루소의 태도를 드 스탈이 용인한 것을 맹공격했을 뿐만 아니라, 그 책을 드 스탈의 연인이던 탈레랑에게 헌정했다.

그녀는 독일로 이주했고, 훗날 "내가 어떻게 될런지는 나도 전혀 몰랐다"고 말했다. 재치가 있어 대화를 능숙하게 이어가고 활력이 넘치던 그녀는 호화롭고 노출이 심한 옷을 자주 입었고, 특히 색상이 화려한 터번을 즐겨 쓰며 당시의 정치계와 사교계에 뛰어들었다. 그녀의 연인들 중에는 (그녀가 영향력을 행사한 덕분에 1791년 전쟁 장관이 되었던) 나르본 백작comte de Narbonne(1755-1813), (역시 그녀의 후원을 받아 외무 장관에 오른) 샤를 모리스 드 탈레랑Charles-Maurice de Talleyrand(1754-1838), 소설가 뱅자맹 콩스탕Benjamin Constant(1767-1830)이 있었다. 특히 그녀와 콩스탕의 동반자 관계는 그 시대에 가장 주목을 받는 지식인 쌍이었다. 1814년 그 시대의 한 지식인은 "유럽의 영혼을 위해 나폴레옹에 맞서 싸우는 3개의 강력한 세력이 있다. 잉글랜드와 러시아, 그리고 마담 드 스탈이다"라고 말했다. 톨스토이는 《전쟁과 평화》의 에필로그에서 드 스탈을 "우리가 살아가는 방식에 영향을 미친 강력한 인물들" 중 하나로 꼽았다. 프랑스의 작가 프랑수아 르네 드 샤토브리앙 François-René de Chateaubriand(1768-1848)과 영국의 군인이자 정치인이던 웰링턴 공작Arthur Wellesley, 1st Duke of Wellington(1769-1852)이 그녀의 임종을 지켰다.

그녀는 소설과 여행기를 포함해 총 17권의 책을 남겼다. 제인 오스틴의 소설을 경멸스레 생각할 정도로 열정을 강조했고, 항상 권력자에게 반대하며 저항했다. 그중에는 2종의 역사 소설, 나폴레옹이 크게 격분했다는 《델핀》(1802)과, 뚜렷이 대조되는 두 문화권인 잉글랜드와 이탈리아에서 여성의 예술적 창의력을 억누르는 세력을 조사하고 추적한 《코린》(1807)이 있다. 드 스탈은 《독일에 대하여》(1813: 당시 존재하지도 않았던 국가였지만, 여기에서 그녀는 타키투스의 책 제목인 '게르마니아'를 사용했고, 새로운 단어 '낭만주의Romanticism'를 소개하기도 했

다) 및 프랑스 대혁명에 대한 연구를 2권으로 출간하기도 했다. 이 책은 사후인 1818년에 출간되며, 출판된 첫해에 영국에서만 6만 부가 팔렸다. 그녀가 세상을 떠난 뒤에야 위험을 무릅쓰고 그녀를 비판하는 목소리가 들리기 시작했다.* 탈레랑은 그녀가 사람들을 배 밖으로 던지고는 그들을 물에서 꺼내주며 만족감을 얻었다고 신랄하게 비판했다.[16] 한편 바이런은 "그녀의 집에서 그녀는 한없이 자상했다. 하지만 다른 사람의 집에서는 사람들은 그녀가 사라지기를 바랐고, 다시 집에 돌아오면 자상하기 그지없는 여인으로 돌변했다"고 평가했고, 다른 곳에는 "그녀는 남자였어야 했다"고 간단히 평가했다.[17] 요컨대 드 스탈은 울스턴크래프트와 더불어, 역사에 새롭게 접근하는 방식, 즉 여성의 역사를 개척하는 데 일조했다.

※ ※ ※

한 세대가 지난 뒤에는, 유명한 유니테리언파 가문의 딸 루시 에이킨Lucy Aikin(1781-1864)이 시와 회고록, 3종의 역사서를 포함해 20종이 넘는 책을 펴냈다. 그중 일부는 메리 고돌핀Mary Godolphin이란 필명으로 발표되었고, 세 역사서는 각각 2권으로 이루어져 엘리자베스 1세, 제임스 1세, 찰스 1세 시대의 궁중을 다루어 후세에 상당한 영향을 끼쳤다. 그녀라고 쉽게 펜을 쥘 수 있었던 것은 아니다. 그녀의 전기를 쓴 제리 월턴Geri Walton에 따르면, "그녀의 가문에 문학적

* 세인트헬레나섬에 유배 중이던 나폴레옹은 드 스탈을 자기 편으로 끌어들이려고 더 노력했더라면 결코 그 섬에서 삶을 끝내지 않았을 수 있었을 것이라 생각했다. 나폴레옹은 "내가 실수했다. 마담 드 스탈이 프랑스에 있었더라면. 유배된 나에게 지금처럼 많은 적이 생기지는 않았을 것"이라고 받아쓰게 했다.

성향이 있었지만 그녀는 글을 읽는 법을 배우는 능력을 처음에는 갖추지 못한 듯했다."[18] 에이킨은 실패를 거듭하며 글을 배우려고 노력했고, 그 때문에 할머니가 그녀를 '꼬마 지진아'라고 불렀을 정도였다. 다행히 에이킨은 읽는 법을 터득해서, 영어만이 아니라 프랑스어와 라틴어, 이탈리아어까지 읽어낼 수 있었다. 물론 그녀가 쓴 책들도 많은 사람이 읽었다. 스페인의 무적함대나 잉글랜드 내전에 대해서는 거의 언급하지 않지만, 궁중의 삶에 대한 그녀의 기록에서는 내부자가 직접 경험하며 얻은 지식이란 냄새가 풍긴다. 특히 《제임스 1세 시대의 회고》와 《찰스 1세 시대의 회고》는 미국판에서도 상당한 호평을 받아, 곧 재판을 찍었다.

에이킨은 거의 평생을 가족의 품에서 살았다. 서퍽의 온유한 독신녀 애그니스 스트리클런드Agnes Strickland(1796-1874)도 마찬가지였다. 아홉 자녀의 여섯 자매 중 하나였던 애그니스는 큰 인기를 얻은 서너 편의 전기를 펴냈고, 그중 가장 널리 알려진 것이 12권으로 이루어진 《잉글랜드 왕비들의 삶》이다. 그녀의 아버지는 남성과 합리적이고 이성적인 대화를 나누기 위해서라도 여성도 정신을 '강화'해야 한다는 믿음으로 딸들에게 문학을 가르쳤다. 아버지가 일찍 세상을 떠난 까닭에 자식들이 가족을 부양하려고 글을 쓰기 시작했다(오직 한 사람, 세라만이 작가가 되지 않았다). 애그니스의 경우는 언니 엘리자베스가 자료 조사를 도왔고, 상당한 부분을 썼다는 점에서 애그니스의 글쓰기 방식은 독특했다(예컨대 《잉글랜드 왕비들의 삶》에서 다루어진 33명의 왕비 중 19명이 엘리자베스의 작품이었다). 그러나 애그니스는 그런 사실을 밝히는 걸 단호히 거부해서, 애그니스만이 단독 저자로 내세워졌다. 애그니스는 남들과 어울리는 걸 좋아한 데다 유명해지는 걸 즐겼기 때문에 그런 합의는 자매 모두에게 좋았다. 그러나 빅토리아 여왕만은 그 책이 두 사람의 손으로 쓰였다는 걸 짐작했던 듯하다. 《영국 인명 사전》에서 애그니스에 대한 설명은 혹독할 정도이다.

미스 스트리클런드는 근면하고 노고를 아끼지 않았지만, 올바른 정신으로 원작자들을 다루는 데 필요한 비판적이고 공정한 마음가짐에 부족했다. 여기에 스코틀랜드의 여왕 메리에 대한 강한 애착과 토리당을 향한 강렬한 편견이 더해지며, 그녀가 내리는 결론들의 가치가 떨어진다. 그녀의 문체는 대체로 밍밍하다. 그런데도 그녀의 책이 인기를 많이 얻은 이유는 하찮은 소문과 사소한 가정사를 다룬 데 있다.[19]

그러나 애그니스를 관대하게 평가한 작가들도 많다. 역사 소설가 앤토니어 프레지어는 1972년에 발간된《잉글랜드 왕비들의 삶》의 영인본을 소개하는 글에서, "스트리클런드가 현학적인 학자나 지나치게 상상력을 펼친 역사 소설가에게… 제대로 대접받지 못한다고 생각하는 일반 독자를 목표로 삼아, 철저하게 쉽게 읽히는 역사를 생생하게 묘사하는 새로운 학파를 설립했다"는 점에서 그녀를 중요한 인물로 평가했다.[20] 애그니스의 책들이 주로 여성을 주인공으로 삼았고, 의상과 예법 및 식습관에 대한 정보로 가득하기 때문에 '일반 독자'가 '여성'일 가능성이 높다고 생각할 수 있다. 그러나 스트리클런드는 공개되지 않은 공식 기록과 당시의 편지들, 또 과거의 전기 작가들이 간과했던 사문서들을 기반으로《잉글랜드 왕비들의 삶》을 썼다는 점에서도 새로운 영역을 개척했다고 말할 수 있다. 예컨대 헨리 8세의 배우자들에 대해 조사할 때 애그니스는 정부의 공문서를 참조하려고 정식으로 허가를 신청했지만, 총리 취임을 앞둔 '난쟁이 휘그당원' 존 러셀John Russell(1792-1878)이 그 요청을 거부했다. 하지만 집중적인 정치 로비를 통해 그 장애물은 제거되었고, 애그니스와 엘리자베스에게는 필요할 때마다 정부 문서에 접근할 수 있는 권한이 주어졌다. 애그니스는 1874년, 동생을 위해 자신을 지워버린 언니보다 1년 앞서 세상을 떠났다. 그녀의 묘비에는 "잉글랜드 왕비들의 역사가"라는 비명이 새겨졌다.

그렇게 한 여인이 베스트셀러가 된 역사서 하나, 정확히 말하면 서너 권을 써냈고, 어린아이들을 위한 책도 10여 권 발표했다. 그러나 애그니스는 여전히 그 시대의 여성일 뿐이었다. 한 서평가는 〈스펙테이터〉에 기고한 글에서, 남편감을 찾으려는 온갖 시도가 물거품이 되었기 때문에 글쓰기에 관심을 갖게 된 거라고 그녀를 공격했다. 그 공격에 애그니스는 점잖게 대응했다.

> 결혼해서도 유명한 여성 문인의 결함은 한도 끝도 없겠지요. 물론 예외적인 여성도 틀림없이 있겠지요. 그러나 아내가 시간에 쫓겨 바쁘다면 남편을 편하게 해주기가 힘든 게 사실입니다. 따라서 여성 작가는 결혼하지 않는 게 더 현명한 선택이겠지요. …

하지만 전반적으로 흐름이 바뀌고 있었다. 다시 말하면, 남성이 더는 문자의 세계를 독점할 수 없었다. 서유럽과 북아메리카 전역에서 여성들이 역사를 쓰기 시작했고, 그 수가 점점 증가했으며, 그들의 저작이 호의적으로 평가되었다. 하지만 미국 소설가 너새니얼 호손 Nathaniel Hawthorne(1804-1864)은 1855년 "어느새 미국이 글을 끄적대는 여성 폭도들에게 넘겨졌다"고 한탄했다.

"혁혁한 무공! 오래전부터 남자들의 상상력을 움켜잡고 그들의 피를 끓게 하던 꿈이었다." 1953년 출간되자마자 즉시 베스트셀러가 되었던, 경기병대輕騎兵隊의 돌격에 대한 이야기 《그 이유The Reason Why》는 이렇게 시작된다. 내 부모가 나에게 물려주었고, 15실링에 판매되었던 초판본에서 인용한 구절이다. 이 책의 저자는 남자가 아니라 여자인 세실 블랜치 우덤 스미스Cecil Blanche Woodham-Smith(1896-1977)였다. 그녀는 저명한 아일랜드 가문의 일원으로, 바스에 있던 장교들의 딸을 위한 특수 학교에 보내졌지만, 학급이 내셔널 갤러리를 단체 관람하는 행사에서 몰래 이탈하는 등 사소한 비행의 반복으로 퇴학을 당하고 말았다. 프랑스의 한 수녀원에서 잠시 지낸 뒤에 옥스퍼드에서 영어를 공부했고, 그 후에는 런던에서 변호사로 일하던 조지 우덤 스미스와 결혼했다. 돈벌이를 위한 책을 연이어 익명으로 출간한 뒤에 마침내 플로렌스 나이팅게일Florence Nightingale(1820-1910)에 대해 쓰기 시작했다. 자료를 조사하는 데 9년이란 시간을 쏟았지만, 1950년에 발간된 그 전기는 양장본으로 26만 부 이상 팔리며 그녀가 명성을 얻는 데 큰 역할을 해냈다.

오래전부터 여성은 전쟁과 전투에 대한 글을 쓰는 데 관심이 없거나, 그럴 만한 능력이 없다고 여겨졌다.* 그러나 우덤 스미스가 다

---

* 이 추정이 전반적으로 사실이라는 게 증거로도 확인된다. C. V. 웨지우드도 주요 전투들을 한두 쪽으로만 다루고, 바버라 터크먼Barbara Tuchman(1912-1989)의 《8월의 포성》은 상당한 권위를 인정받는 책이지만, 베트남 전쟁에 대한 그녀의 책은 설득력이 크게 떨어진다. 군사 역사가 앤서니 비버는 "남성은 남성에 대해, 여성은 여성에 대해 글을 쓰는 경향이 소설의 경우보다 더 많다. 아마도 각자 자신의 성별에 대해 더 잘 알기 때문이 아닐까 싶다"고 말했다("Big Books by

음번에 출간한 책이 《그 이유》였고, 이 책은 더 큰 인기를 누렸다. 훗날 그녀는 그 숙명적인 돌격에 대한 이야기를 어떻게 썼는지를 설명하며, 마지막 말이 쓰러질 때까지 36시간을 쉬지 않고 작업했고, 그 후에야 스카치 위스키를 큰 잔으로 단숨에 마시고는 이틀 동안 푹 잤다고 말했다.[21]

그 후로도 주목할 만한 두 편의 책이 뒤따랐다. 100만 명 이상을 죽음으로 몰아넣었고, 더 많은 사람을 미국으로 떠나게 만들었던 대기근을 다룬 《대기근: 1845-1849년의 아일랜드》와 일차 자료를 효과적으로 활용해 쓴 빅토리아 여왕의 전기 중 첫 권이었다. 그녀가 죽음을 맞았을 즈음에는 여성도 깊이 있게 조사하고 연구할 수 있고, 군사와 관련된 주제도 얼마든지 이야기식 역사로 써낼 수 있다는 걸 입증해 보인 뒤였다. 그러나 그녀는 여전히 별난 사람이었다. 앨런 베넷은 그녀에 대해 이렇게 썼다.

세실은 새처럼 작은 머리를 지닌 연약한 여자였고, (판금 귀걸이를 뗀) 시인 에디스 시트웰Edith Sitwell(1887-1964)보다 말년의 엘리자베스 1세를 더 닮아 보였다. 아일랜드 출신이지만, 로널드 퍼뱅크Ronald Firbank(1886-1926)에 버금가는 재치와 사랑스

Blokes About Battles," The Guardian, 2016년 2월 6일). 그러나 린 맥도널드Lyn MacDonald(1929-2021)가 그랬듯이, 마거릿 맥밀런Margaret MacMillan도 제1차 세계대전, 특히 솜 전투와 파센달 전투에 대해 권위 있는 글을 썼다. 1960년대에 들어 "전쟁을 정치·사회 및 문화, 개인적 맥락에 끼워 넣은 학제 간 접근 방법"으로 연구 방향이 전환되며, 여성도 상당수가 전쟁에 대한 글을 쓰기 시작했다. Julia Lovell, "Military History: Not Just for Men," The Guardian, 2011년 9월 30일. 다른 개척자로는 조애나 버크Joanna Bourke와 어맨더 포먼Amanda Foreman이 있지만, 전쟁 연보에서 여성 학자의 수는 여전히 실제보다 낮게 표시된다.

런 어법을 지녔다. 언젠가 그녀가 나에게 "대서양을 알기는 알아요?"라고 물었다. 나는 그 질문을 내 희곡《인신 보호법》에 슬쩍 끼워 넣었고, 독자들로부터 큰 웃음을 얻었다. 아일랜드의 저명한 가문 출신답게 그녀는 꽤나 고상한 체했고, 누군가에 대해 말할 때 "그리고 그 남자는 미트퍼드 같은 여자와 결혼했지요. …그러나 그거야 모두가 겪는 과정이지요"라고 말했다.[22]

그녀의 이력은 그 시대에 가장 성공한 여성 역사가로 1930년대부터 1970년대까지 왕성하게 활동한 베로니카 웨지우드(1910-1997)의 이력과 대체로 겹쳤다. 웨지우드도 배경이 좋아, 할아버지의 증조할아버지가 18세기에 스태퍼드셔에서 도자기 사업을 시작한 조사이아 웨지우드Josiah Wedgwood(1730-1795)였고, 아버지는 작곡가 랠프 본 윌리엄스Ralph Vaughan Williams(1872-1958)로부터 〈교향곡 2번, 런던〉을 헌정받았으며 제2차 세계대전 동안에는 철도 운영 위원회의 의장을 지낸 경영자였다. 어머니는 소설가이자 여행기 작가였다.

웨지우드는 옥스퍼드에서 현대사 부문 최우등으로 졸업하고, 1935년부터 본격적으로 글을 쓰기 시작했다. 찰스 1세의 똑똑했지만 비극적인 조언자였고, 잉글랜드 내전으로 치닫던 시대의 주요 인물인 토머스 웬트워스 스트래퍼드 백작Thomas Wentworth, Earl of Strafford(1593-1641)의 삶을 다룬 책을 첫 작품으로 내놓았다. 1962년 한 인터뷰에서 그녀는 "그 전기는 무척 여성적이고 감성적이었다"고 말했다. 28세에 발표한 두 번째 책은《30년 전쟁》(1938)으로, 그녀의 표현을 빌리면 "지독히 추잡한 다툼"에 대한 연구였다. 역사가 조지 클라크 경Sir George Clark(1890-1979)은 뛰어난 역사서가 서른 살 이하의 연구자에 의해 쓰인 적이 없다고 입버릇처럼 말했지만, C. V. 웨지우드(그녀의 필명으로, 그녀도 우덤 스미스처럼 여성에 대한 편견을 알고 있었기 때문에 자신의 성별을 감추려고 했다)는 예외였다.

　네덜란드 왕국을 건국한 주역의 전기 《침묵공 빌럼》(1944)이 뒤를 이었다. 1939년에는 올리버 크롬웰Oliver Cromwell(1599-1658)의 전기를 발표하며, 그의 중요한 약점 중 하나가 웨일스 유전자였다고 주장했다. 또 10년 뒤에는 《리슐리외와 프랑스 군주제》를 발표했다. 하지만 그녀의 이름을 독자의 기억에 남긴 저작은 잉글랜드 내전을 다룬 두 역사서, 《왕의 평화》(1955)와 《왕의 전쟁》(1958)이었다. 두 책에서 웨지우드는 중앙 정부가 무너지자 웨일스와 스코틀랜드와 잉글랜드, 세 곳의 사건들을 조정하는 게 불가능해진 현상과 그에 따른 극심한 혼란상을 그려냈다.

　지도 교수로서 그녀를 옥스퍼드에서 가르쳤던 A. L. 로스에 따르면, 그녀는 "내가 처음으로 만난 뛰어난 학생"이었고, 일찍부터 그녀의 저작은 "원숙한 연구와 성숙한 판단을 보여주었고, 학문적인 글에서 흔하지 않은 문학적 재능까지 보여주었다. 그녀는 정말 잘 읽히는 글을 썼다."[23] 〈뉴욕 타임스〉도 "기적이 정말 일어났다. 한 세대 전만 해도 영국 여성 역사가는 하나의 건조한 주제에 매달려, 그 주제가 너덜너덜해질 때까지 갉아먹는 경우가 많았다. 그런데 이제 영국 여성 역사가는 한층 대담해져서 주요한 문제를 연구 주제로 선택한다"며 변화를 인정했다.[24] 흥미롭게도 웨지우드는 스트래퍼드 백작의 전기를 발표하고 30년 뒤에 스트래퍼드를 훨씬 더 비판적으로 평가한 개정판을 펴냈다. 초판본에서 그녀는 스트래퍼드 백작을 "진실하고 대담하며 유능한 사람"으로 판단했지만, 새롭게 구입한 가족 문서를 검토한 뒤에는 그가 대담했던 것은 분명하지만 탐욕스럽고 부도덕한 사람이었다고 결론지었다.

이런 수정은 증거를 우선적으로 존중하는 전형적인 자세였다. 웨지우드는 일차 자료를 신뢰하고, 묘사하려는 지역을 직접 방문한 양심적이고 성실한 역사가였다. 언젠가 그녀는 "나는 망자들과 편한 마음으로 함께하는 걸 좋아한다"며 교회 무덤들을 자주 방문하는 이유를 설명했다.[25] 그녀는 전투 현장을 둘러보았고, 책에서 다루는 사건과 동일한 날씨와 동일한 조건에서 현장을 직접 경험하기도 했으며, 나중에는 크롬웰에게는 군사 경험이 전혀 없었고, 잉글랜드 내전에 가담한 사람들의 대부분도 전투 전략에 관련해서 '재능 있는 아마추어'였을 뿐, 직업 군인이 아니었다고 지적하려고 애썼다.[26]

사이먼 샤마는 웨지우드의 "명쾌하고 놀라울 정도로 번뜩이는 재기"를 언급하지만,[27] 대체로 그녀는 자신의 생각을 겉으로 드러내지 않는 편이었다. 그녀는 어떤 학파에도 속하지 않았지만, 다수의 편에서 주로 활동했다. 또 잉글랜드 내전을 삼부작으로 계획했지만, 학자들이 그 주제에 주입해놓은 독액 때문에 그 계획을 완성하지 못했고, (로스의 생각에) 그 때문에 무척 실망했을 것이다.[28] 웨지우드는 논쟁을 초래할 만한 주제를 가까이하지 않았고, 그녀와 같은 시대에 활동한 많은 역사가들처럼 부담스럽게 이론화하고 사소한 것을 문제시하며 남의 흠을 잡아내는 학문적 글쓰기를 경계했다. 그런 글쓰기는 그녀의 방식이 아니었다. 어딘가에 그녀가 말했듯이, 그녀는 어떤 사건이 왜 일어났는지보다 어떻게 전개되었는지에 관심을 두었다. 《왕의 평화》에서 "나는 17세기 영국 제도British Isles의 종교와 통치 체제만이 아니라 다양성과 역동성 및 불완전함을 보여주는 데 초점을 맞추었기 때문에 '분석을 의도적 피했고'[저자의 강조], 당시의 혼란상을 생생하고 명확히 전달하려고 애썼다"고 말했던 이유도 거기에 있었다.

〈이코노미스트〉에 따르면, 웨지우드는 "소설가적 재능으로 역사

세실 블랜치 우덤 스미스(왼쪽)와 베로니카 웨지우드(오른쪽). 둘 모두 뛰어난 재능의 소유자였다. 우덤 스미스는 만년에 엘리자베스 1세를 닮았고, 웨지우드는 "역사의 거인들을 특징적으로 묘사하는 소설가적 재능"을 지녔다는 평가를 받았다.

의 거인들을 특징적으로 묘사했고", 어떤 형태의 문체에나 왜곡의 가능성이 있다며 자신의 시적인 글쓰기를 공개적으로 옹호했다. 또 "내 생각에, 역사 연구의 가치는 전적으로 확실한 것을 기꺼이 훼손하며 관점의 차이를 점증적으로 주장하는 데 있다. …역사를 지루하게 만드는 것은 편견의 부족이 아니라 열정의 부족이다"라고 설명하기도 했다.[29]

공손하고, 좋은 작품을 사랑한 까닭에 웨지우드는 국제 펜클럽 (PEN) 런던 지부와 영국 작가 협회의 회장을 지냈을 뿐만 아니라, 그녀 자신의 표현을 빌리면 "상과 관련된 모든 위원회"에서 활동하기도 했다. 웨지우드는 강연자와 방송인으로도 성공했다. 그녀의 저작에는 찰스 1세를 지원한 스코틀랜드 장군의 짤막한 전기《몬트로즈》 (1952), 2권의 수필집《조용한 연구》(1946)와《진실과 의견》(1960)이

있고, 2권의 번역서로 독일 역사가 카를 브란디Karl Brandi(1868-1946)
가 쓴 카를 5세의 전기(1939)와 독일계 작가 엘리아스 카네티Elias
Canetti(1905-1994)가 쓴 소설《현혹》(1946)이 있었다. 웨지우드가 마
지막으로 시도한 작업은 세계사를 2권으로 쓰는 것이었다. 첫 권《시
간의 전리품》(1984)은 완성되었지만, 건강 악화로 작업을 중단할 수
밖에 없었다. 카네티는 자신의 소설을 그녀가 독일어로 읽은 뒤에 찾
아왔을 때 그녀를 알게 되었다며, 당시를 이렇게 회상했다.

> 베로니카는 작은 키에 가무잡잡했고 약간 뚱뚱한 편이었다. 여하
> 튼 흔히 보던 영국 여자와는 전혀 다른 모습이었다. 그녀는 자신
> 의 외형적 특징을 켈트족 조상으로부터 물려받은 것이라 설명했
> 다. 이해가 무척 빨랐고 모든 걸 기억했으며 민첩하게 반응했다.
> 잉글랜드에는 답답한 사람이 무척 많지만 그녀는 확실히 정반대,
> 즉 함께 있으면 조금도 지루하지 않을 사람이었다. 그러나 자신
> 이 다른 사람들에게 영향을 미친다는 걸 전혀 자신하지 못했고,
> 또 남들에게 진지하게 받아들여지지 않는다는 기분에 사로잡혀
> 있었다. …그녀는 외형적으로 매력적이지 않았다. 얼굴은 펑퍼
> 짐했고, 가련한 표정이었으며, 움직임이 그다지 우아하지도 않았
> 다. 그러나 목소리는 따뜻했고, 낭랑해서 듣기 좋았다. 목소리만
> 들었다면 아마 누구나 그녀와 사랑에 빠졌을 것이다. 그녀를 점
> 차 알게 되자, 그녀의 매력적인 목소리와 배경에 넘어간 사람이
> 실제로 한둘이 아니라는 것도 알게 되었다. 그러나 그들은 그녀
> 가 찾던 유형의 남자들이 아니었다. 그녀는 위대한 역사적 인물
> 들을 동경했다. …그녀는 역사적 인물의 삶을 일반적인 역사가들
> 보다 훨씬 많이 간접적으로 살았다. 열정과 확신은 그녀의 타고

난 재능이었다.[30]

카네티는 상당한 바람둥이였지만 웨지우드 앞에서는 그다지 영민한 총기를 발휘하지 못한 듯하다. 전에는 여성이 거의 눈에 띄지 않던 많은 분야에서 여성이 두각을 나타내고 있는 시대였지만, 웨지우드는 개인적인 삶에서도 일반적인 관례를 무시했다. 공무원이던 재클린 호프 월리스Jacqueline Hope-Wallace와 거의 70년 동안 공개적으로 함께 살았고, 남자처럼 옷을 입고 재클린과 함께 전투 현장이나 서식스 시골에 마련한 집 주변을 돌아다녔기 때문이다. 하지만 페미니즘 운동이 한창이던 수십 년 동안에도 웨지우드는 정치적으로 항상 낮은 자세를 유지하며 세상의 이목을 피하며 지냈다.

다른 여성 역사가들은 더 전투적이었다. 일반적인 통설에 따르면, 1913년쯤에는 페미니즘이란 용어가 미국에서는 이미 귀에 익은 단어였다. 제1차 세계대전 동안 영국에서는 100만 명 이상의 여성이 군수 공장, 토목 공사장, 경찰서 등에 새로이 고용되었고, 1918년에는 국민대표법이 제정되며 남성에게는 거의 보통선거권이 주어졌고, 여성의 경우에는 30세를 넘긴 경우 선거권이 주어졌다. 1928년에는 추가로 법이 개정되며 남녀 모두에게 동등하게 투표권이 주어졌다. 1930년에는 거의 모든 선진국이 영국의 선례를 따랐지만, 프랑스 여성은 1945년, 스위스 여성은 1971년에야 투표할 수 있었다. 그러나 정치적 균등성은 문화적 평등과 같지 않았다. 1963년 베티 프리던 Betty Friedan(1921-2006)은 《여성의 신비》를 통해, 여성이 대학을 졸업하더라도 '주부homemaker'가 되며 절감해야 했던 좌절감을 세상에 알렸다. 프리던의 책이 출간되고 이듬해에 처음 사용된 용어인 '여성 해방Women's Liberation'은 10년쯤 지난 뒤에 일반적으로 용인되는 개념어

가 되었다(하지만 프랑스에서는 '여성 해방'을 뜻하는 libération des femmes
란 표현이 이미 1911년부터 확정적으로 사용되었다).[31]

이런 새로운 분위기에 힘입어 1960년대의 페미니즘에는 고등교
육을 받은 여성들의 참여도 늘어났다. 여기에는 역사학을 공부한 여성
들도 있어, '페미니스트 역사'로 알려진 것은 역사가들이 연구하는 모
든 것에 젠더gender를 포함하려고 애썼다. 페미니스트 역사가 특별히
다루려고 시도한 2가지 쟁점은, 역사를 설명하는 방법에서 배제된 여
성과 과거의 글에서 부정적으로 묘사된 여성상이었다. 2000년 10월,
컬럼비아 대학교의 역사학자 수전 피더슨Susan Pedersen은 두 쟁점이 해
결되어야 할 이유를 이렇게 설명했다.

> 남녀 간의 차이와 불평등이 역사 과정의 결과이지 결코 '자연스
> 러운' 것이 아니라고 주장하는 사고방식이 페미니즘이라 생각한
> 다면, 페미니스트 역사에는 예부터 2가지 사명이 있었던 이유를
> 이해할 수 있다. 하나는 너무도 비정상적으로 강요된 여성의 삶
> 과 경험과 지적 능력을 폄하된 어둠으로부터 구해내는 것이고,
> 다른 하나는 젠더가 어떻게 구성되고 어떤 역할을 했는지를 밝
> 히기 위해서라도 역사적 서사를 전체적으로 재조사해 다시 쓰는
> 것이다.[32]

페미니스트 역사가들은 표준 교과서에서 여성이 제대로 언급되
지 않는 현실도 지적했다. 이에 대한 선구적인 연구서인 실라 로보섬
Sheila Rowbotham의 《역사에서 감추어진 것들》이 출간된 이후로 고용
과 노동조합, 가정 생활과 성생활 등 여성의 삶에 대한 상세한 연구
들이 뒤따랐다.[33] 그러나 여전히 많은 위험이 있었다. 힐러리 맨틀이

2013년 한 문학지에 기고한 글에서 말했듯이, "역사 속의 여성에 대한 글을 쓰고 싶다면, 역사를 뒤틀거나 사실을 공상으로 대체해야 하는 경우가 많다. 개개의 여성이 실제보다 더 중요했다거나, 우리가 여성에 대해 실제보다 더 많이 알고 있는 척해야 한다."[34] 이런 왜곡은 잘못된 것을 바로잡는 소중한 시도이지만, '역사'는 여성을 축소하고 노골적으로 배제함으로써 이미 왜곡된 것이었다. 따라서 이런 새로운 접근 방식은 과거에 대한 글쓰기를 훨씬 더 바람직한 방향으로 바꾸었다. 마침내 로절린 벅샌덜Rosalyn Baxandall(1939-2015), 린다 고든(1940년생), 커밀 팔리아Camille Paglia(1947년생), 버니지아 니컬슨 Virginia Nicholson(1955년생), 여성의 역사에 대한 텔레비전 시리즈를 제작한 어맨더 포먼(1968년생) 등 새로운 세대가 연구서를 출간하기 시작했고, 구세대—베티 베렌스Betty Behrens(1904-1989), 게르다 헤드위그 러너Gerda Hedwig Lerner(1920-2013), 극보수주의자였고 엄청난 지적 능력을 과시한 거트루드 히멜파브Gertrude Himmelfarb(1922-2019)까지—의 연구서들도 복간되었다. 퓰리처상을 수상한 시인 캐럴린 카이저Carolyn Kizer(1925-2014)를 인용하면,

> 우리는 세상에서 가장 잘 지켜진 비밀의 관리자.
> 그 비밀은 인류 절반의 사생활일 뿐.[35]

여전히 풀어가야 할 숙제는 많았다. 1960년대 말부터, 여성 해방 운동은 큰 충격을 주었다. 1970년 초, 지하 신문 〈쥐Rat〉에 기고된 한 글에는 신조어 '허스토리Herstory'가 소개되었다.* 그때부터 〈비라

---

* 사회사학자 로빈 모건Robin Morgan의 주장에 따르면, 여성들이 〈쥐〉를 인수해서 '세척'한 뒤에 발행한 첫 호에 그녀가 기고한 「그 모든 것에 안녕」이란 글의 필자

고Virago)를 비롯한 여성을 중심에 둔 언론 및 티셔츠와 단추가 생겨 났을 뿐만 아니라, 허스토리는 학계에서도 용인되는 용어가 되었다.[36] 그러나 급진주의가 태동한 초기였던 까닭에 여성 역사가들의 많은 저작이 정치적 수사의 반복으로 인해 퇴색되었다.

이런 혁명적 변화가 진행되는 동안, 20세기의 가장 유명한 역사 가 중 한 명인 바버라 터크먼(1912-1989)이 역사가로서 경력을 열심 히 쌓아가고 있었다. 그녀의 책《8월의 포성》은 "1910년 5월의 그날 아침, 9명의 군주가 잉글랜드 에드워드 7세의 장례식에 말을 타고 들 어왔을 때 그 광경은 눈부시게 아름다워, 경외하는 마음으로 검은 옷 을 입고 조용히 기다리던 군중들은 저절로 새어나오는 찬사를 억누 를 수 없었다"라고 시작한다. 그녀는 겁 없이 남자들에 대해 썼을 뿐 만 아니라, 역사가들이 여성을 어떻게 대했는지에 대해서도 거침없이 써냈다. 예컨대《희미한 거울: 비운의 14세기》에서 "어떤 중세 여인의 삶에 대한 자료가 충분하다면, 그 자체가 이례적인 현상일 것이다"라 고 명확히 말했다.[37]

첫 세대에 속한 다른 위대한 여성 역사가들과 마찬가지로, 바버 라 터크먼도 특권을 누리던 가문에서 태어났다.《8월의 포성》이 출 간되었을 때 그녀는 뒤늦게 시작한 역사가, 50세의 가정주부, 세 딸

이름을 명기하는 첫 행에 '허스토리'라는 단어가 처음으로 등장했다. 그녀는 자 신을 W.I.T.C.H.의 회원으로 밝히며, 그 약어를 'Women's International Terrorist Conspiracy from Hell(지옥에서 온 국제 여성 테러 공모단)'이 아니라 'Women Inspired to Commit Herstory(영감을 받아 허스토리를 만들기로 한 여성들)'라고 해석했다. Robin Morgan, *The Word of a Woman: Feminist Despatches, 1968-9* (New York: Norton, 1994)를 참조하기 바란다. 여성 해방 운동으로 말미암아, 다른 학 문들에서 새롭게 만들어진 용어들, 예컨대 femistry(여성 화학)와 galgebra(여성 대수학)란 개념어의 쓰임새도 증가했다.

의 어머니, 그리고 저명한 의사의 아내로 언론에 소개되었다. 모두 사실이었지만 완전하지는 않았다. 그녀는 뉴욕에서 손꼽히는 두 유대인 가문의 후손이기도 했다. 할아버지인 헨리 모건소 시니어Henry Morgenthau, Sr.(1856-1946)는 제1차 세계대전 당시, 우드로 윌슨 정부에서 오스만 제국 대사를 지냈고, 삼촌 헨리 모건소 주니어(1891-1967)는 프랭클린 루스벨트 정부에서 10년 이상 재무 장관을 역임했다. 아버지는 출판사를 운영했고 스포츠를 좋아하는 자선가였으며 국제 투자은행을 설립했다. 바버라는 뉴욕의 어퍼이스트사이드에 적갈색 사암으로 지은 저택과 코네티컷의 시골 별장을 오가며 어린 시절을 보냈다. 뉴욕 집에서는 프랑스인 여자 가정교사가 프랑스어로 쓰인 고전을 소리 내어 읽어주었고, 시골 별장에는 여러 곳에 별채와 마구간이 있었다. 로버트 K. 매시Robert K. Massie(1929-2019)는 1994년에 재발간된 《8월의 포성》의 추천사에서, 바버라의 아버지가 저녁 식탁에서 프랭클린 루스벨트에 대해 언급하는 걸 어떻게 금지했는지를 이야기한다. 어느 날, 사춘기에 들어선 바버라가 사회적 예절에 어긋나는 실수를 저질렀고, 그 때문에 당장 방에서 나가라는 질책을 받았다. 그때 바버라는 오히려 똑바로 앉으며 "너무 나이가 들어 식탁에서 혼자 일어날 수가 없군요"라고 대답했다.[38] 아버지는 할 말을 잃었고, 바버라는 식당에 그대로 앉아 있을 수 있었다.

곧 바버라는 당시 남성만을 신입생으로 받아들이던 하버드와 협력 관계에 있던 여자 대학교 래드클리프 칼리지Radcliffe College로 진학해 역사와 문학을 공부했다. 그러나 졸업식에 빠지고 아버지가 이끌던 미국 대표단의 일원으로, 런던에서 열린 세계 금융 및 경제 회의World Monetary and Economic Conference에 참석했다. 1934-1935년은 태평양 문제 연구회Institute of Pacific Relations의 연구 조교로 도쿄에서 보냈고(중국에서 보낸 한 달 포함), 그 후에는 아버지가 인수한 덕분에 파산하는 걸 모면한 진보적인 주간지 〈더 네이션〉의 수습 작가가 되었다. 여전히 20대 초에 불과하던 그녀는 다음에는 발렌시아와 마드리드를 방문해 스페인 내전을 취재했다. 이때의 경험을 간추려 정리한 첫 책《영국의 잃어버린 정책: 1700년 이후의 영국과 스페인》이 1938년에 출간되었다.

1940년 6월 14일 히틀러가 파리에 입성한 날, 그녀는 남자 친구인 의사(둘은 후에 이혼했다가 바로 재결합했다)와 결혼했다. 새신랑은 군의관으로 입대를 앞두고 있어 가정을 꾸리기에 적합하지 않은 때라고 말했지만, 그녀는 "세상이 좋아지기를 기다린다면 영원히 기다려야 할 것"이라고 대답했다. 그들은 세 딸을 두었는데, 그중 첫째가 9개월 뒤에 태어났다. 그 이후로 10년 동안, 터크먼은 가정을 꾸리며 짬을 내어 2권의 책을 더 썼다. 먼저 출간한《성경과 칼》(1956)에서는 팔레스타인, 유대인과 아랍인, 셀주크 제국부터 오스만 제국까지의 튀르키예인, 그리고 이스라엘의 건국까지 영국에 관여한 역사, 결코 끝나지 않을 역사를 다루었다. 뒤이어 출간한《짐머만의 전보》(1958)에서는 1917년 독일 외무 장관 아르투르 짐머만Arthur Zimmermann(1864-1940)이 미국과 전쟁을 벌이도록 멕시코를 부추김으로써 미국이 유럽 분쟁에 개입하는 걸 막으려던 시도를 다루었다. 터크먼이 래드클리프에 제출한 졸업 논문은 "글쓰기가 그다지 뛰어나지 않음"이란 평가를 받았고,《성경과 칼》은 출판사들로부터 30번이나 거절 편지를 받은 뒤에 출판사를 구했지만, 어느덧 그녀는 문학적 재능과 풍자적 유머로 가득한 글을 쓰고 있었고 서평가들도 그렇게 평가했다.

《8월의 포성》(1962)은 네 번째 저서로 그녀를 유명하게 만들어준 책이기도 했다. 결국 제1차 세계대전으로 귀결된 정치적 계책과 음모를 분석한 이 책은, 베스트셀러 목록에 오랫동안 오르며 그녀에게 첫 번째 퓰리처상을 안겨주었다. 매시는 심지어 이 책을 "20세기에 미국인이 쓴 가장 뛰어난 역사서 중 하나"로 평가하기도 했다.[39] 뒤이어 1966년에는 밀접한 관련성을 띤 평론들을 모아 편찬한《자만의 탑: 전쟁 전의 세계상, 1890-1914》를 펴냈다("내가 가장 좋아하는 책… 1914년은 실질적으로 우리 세기의 운명을 결정지은 순간이었다"). 그리고 1971년에는 제2차 세계대전 동안 중국에서 중요한 역할을 해낸 정력적인 미국 장성으로 '삐딱한 조Vinegar Joe'라고 불렸던 조지프 스틸웰Joseph Stilwell(1883-1946)의 전기《스틸웰과 중국에서 미국이 겪은 사건들, 1911-1945》를 발표했고, 이 책으로 다시 퓰리처상을 수상했다. 그 후로는 완전히 다른 시대를 연구한《희미한 거울: 비운의 14세기》(1979), 성숙한 국가들이 안타까울 정도로 판단을 잘못해 사태를 그르친 경우에 대한 글을 편찬한《바보들의 행진: 트로이에서 베트남까지》(1984), 미국 독립 혁명을 다룬《최초의 경례》(1988)가 차례로 출간되었다. 그 밖에는 중국에 대해 짤막하게 서술한 책(1972)과 역사에 대한 평론을 한 권에 모은 책(1981)도 있었다. 40년을 조금 넘게 글을 쓴 걸 고려하면 양호한 기록이다.

바버라 터크먼은 미국과 유럽의 여러 도서관에서 거의 살았다. "나는 도서관에 있을 때 신선한 풀을 뜯으라고 드넓은 들판에 방목된 젖소처럼 한없이 행복했다. 밤새 도서관에 갇혔더라도 신경 쓰지 않았을 것이다." 하지만 그녀의 성공을 무시하는 콧방귀를 뀌는 전문 역사가도 적지 않았다. 그녀는 석사 이상의 고급 학위를 취득하지 않았고, 평판이 확고하게 굳은 뒤에야 대학에서 가르치기 시작했다. 그녀는 새롭게 찾아낸 기록물에서 즐거움을 얻기보다는, 생동감 있게 이야기를 전달하는 타고난 이야기꾼이었다. 한 평론가의 표현을 빌리면, 그녀는 "역사가의 역사가가 아니었다. 그녀는 일반인을 위해 과거를 재밌게 꾸미는 역사가였다."[40]

그녀는 학계의 난해한 요구를 따르지 않아도 되는 게 자신에게 해방감을 주었다고 주장했다. 《희미한 거울》은 출간되고 5개월이 지나지 않아 50만 부 이상 판매되었다. 그녀는 그 무렵에 쓴 한 평론에서, "교수들, 즉 학계의 중세학자들은 대체로 무척 좁은 영역, 예컨대 수도원이나 성, 식습관 등에 초점을 맞추기 때문에 사회 전체에 대한 그림을 보여주지 않는다. 학자들이 지난 25년 동안 발표한 책들 중에서, 사회 전체를 파악할 기회를 독자에게 주는 책을 찾아내기가 무척 어려웠다"고 말하며, 과거에 접근하는 자신의 방식을 적극적으로 옹호했다.[41] 게다가 그녀는 인물의 묘사에도 빈틈이 없었다. 예컨대 《8월의 포성》에서, 독일군의 전쟁 계획을 설계한 알프레트 폰 슐리펜 Alfred von Schlieffen(1833-1913)은 "프로이센의 장교들을 두 부류, 즉 황소처럼 목덜미가 굵은 부류와 말벌처럼 엉덩이가 크고 허리가 가는 부류로 나눈다면, 그는 후자에 속했다"고 설명했고, 프랑스군 총사령관 조제프 조프르 Joseph Joffre(1852-1931)는 "헐렁한 군복 안에 감추어진 불룩한 배와 큼직한 몸집… 조프르는 산타 클로스처럼 보였고, 자애롭고 순진무구하다는 인상을 주었지만, 그렇다고 그의 성격에서도 두 특성이 두드러지는 것은 아니었다"고 분석했다. 그녀는 이렇게 독자에게 강렬한 인상을 주는 글쓰기 방식을 좋아했다.*

---

* 쿠바 미사일 위기가 닥쳤을 때 존 F. 케네디는 《8월의 포성》에 영향을 받았던 듯하다. 당시는 이 책이 출간된 직후였고, 케네디 대통령은 동생 로버트에게 "훗날 누군가 이 시기를 두고 비슷한 책을 쓰며 '10월의 미사일'이라 칭하게 되는 결정은 내리지 않아야겠지"라고 말했다. 제1차 세계대전의 '오판'에 초점을 맞춘 터크

그녀의 삶에서 마지막 10년을 남겨두고, 역사학계도 그녀의 업적을 인정했다. 1978년 터크먼은 미국 예술·과학 아카데미American Academy of Arts and Sciences의 회원으로 선출되었고, 이듬해에는 미국 예술·문학 아카데미American Academy of Arts and Letters의 첫 여성 회장으로 선출되었다. 또 래드클리프 칼리지의 이사가 되었고, 하버드의 강사가 되었다. 1980년에는 《희미한 거울》로 전미 도서상을 수상했고, 같은 해에 인문학 분야에서 미국 연방 정부가 인정하는 최고의 명예, 제퍼슨 강연의 강연자로 초대를 받았다. 강연 제목은 〈인류의 더 나은 순간들〉이었다. 그때가 그녀의 삶에서 그런 순간 중 하나였을 게 분명하다.

※ ※ ※

터크먼의 관심 범위는 예외적으로 넓었다. 다양한 주제를 다루었지만, 특히 중세와 르네상스, 미국 독립 혁명, 1900년대, 베트남 전쟁에 대해 글을 썼다. 터크먼이 스틸웰 장군의 전기를 출간했을 즈음, 여성 역사가들은 각자 자신이 겪은 경험과 관련된 쟁점에 대해 글을 쓰는 데 그치지 않고, 거의 모든 주제로 눈을 돌리고 있었다. 예컨대 여성에 대해 글을 쓰던 여성 역사가들이 참여해 1999년에 발간한 평론집은 그 20명의 저자가 제3제국의 무기와 경제, 18세기 프랑스의 상점, 유럽의 평화 운동, 19세기 독일의 역사가들, 프랑스 제3공화국, 케냐 몸바사의 생활 방식, 미국 시민권의 형성 과정, 근대 초기 세비야의 범죄와 사회상 등 다양한 주제를 연구했다는 걸 강조한다.[42]

> 먼의 책은 쿠바에 대한 존 F. 케네디의 정책에 영향을 미쳤을 뿐만 아니라, 백악관 내의 모든 대화를 녹음해야 한다는 케네디의 명령은 10년 뒤에 닉슨의 범죄 행위를 입증하는 기반이 되었다.

그렇지만 여성을 연구하던 연구자들이 부딪힌 어려움 중 하나는, 기록 보관소와 도서관에서 그 관련된 자료들이 일관된 방식으로 분류되어 있지 않다는 현실이었다. 예컨대 미국이 남북 전쟁을 치르는 동안 군인이 어떻게 살았는지 알고 싶다면, 그와 관련된 정보를 제공하는 많은 책을 구할 수 있었다. 그러나 여성이 일상의 삶을 어떻게 살았는지 알려고 한다면, 남북 전쟁 동안 집에서 지냈던 여성들의 일기를 꼼꼼히 읽거나, 간호사나 간첩, 심지어 남장을 하고 싸운 여성들이 여기저기에 남긴 자전적인 글을 찾아내야만 했다. 연구자들은 여성의 글이 남성 구성원의 이름으로 분류된 가족 서신에 묻혀버렸다는 걸 알아냈다. 많은 역사 문헌이 엘리트 남성의 관점을 반영하고 있어, 자료에 충분히 근거해 편견 없이 분석하는 게 더욱더 어려웠다. 따라서 여성의 역사가 정립되는 데는 시간이 걸렸다.

바버라 터크먼의 가장 확실한 후계자는 도리스 컨스 굿윈Doris Kearns Goodwin(1943년생)이었다. 여성 역사가 중에서는 특이하게도 굿윈의 성공에는 2번의 가부장적 온정주의가 큰 역할을 했다. 첫째는 아버지의 온정이었다. 아일랜드 이민자의 딸이던 그녀는 야구를 무척 좋아했고, 어린 시절에는 아버지만큼이나 브루클린 다저스의 열정적인 팬이었다. 아버지는 낮에 일을 해야 해서 경기를 참관할 수 없었다. 그래서 딸에게 라디오 중계방송을 듣고 경기 상황을 기록해두고, 아버지가 집에 돌아오면 경기가 어떻게 진행되었는지 알려달라고 부탁했다. 도리스는 그때의 기록이 역사가로서의 첫 경험이었다고 자주 언급했다. 야구는 그녀에게 평생의 열정이 되었다.

그녀가 두 번째로 가부장적 온정주의를 경험한 때는 린든 B. 존슨Lyndon Baines Johnson(1908-1973)이 대통령으로 재임하던 1967년 백악관 펠로우로 워싱턴 DC에 갔던 때였다. 존슨은 그녀를 자신의 보

조원으로 고용할 의향이 있었지만, 그녀가 얼마 전에 〈뉴 리퍼블릭〉
에 「린든 존슨을 내버리는 방법」이란 제목의 기사를 기고한 데다 베
트남 반전운동에 적극적이라는 것도 알게 되었다. 따라서 대통령 집
무실에서 일할 수 있을 거라는 희망은 순식간에 사라졌다. 하지만 그
녀는 불명예스럽게 집으로 가지는 않았다. 훗날 그녀는 당시를 "존슨
대통령이 나를 펠로우 프로그램에서 배제할 거라고 확신했다. 하지
만 존슨은 '내가 1년 동안 그녀를 여기에 데려다 놓고 함께 일하며 내
편으로 만들지 못한다면 누구도 그렇게 할 수 없겠지'라고 말했다"고
회상했다.[43] 그리하며 그녀는 노동부에 배치되었고, 존슨은 재선을 위
해 출마하지 않기로 결정한 뒤에 그녀를 정식 보좌관으로 백악관에
데려왔다.

컨스는 케네디와 존슨 정부에서 연설문 작성자로 일하던 리처드
N. 굿원Richard Naradof Goodwin(1931-2018)과 1975년 결혼하며 컨스
굿원이 되었다. 존슨이 백악관을 떠난 뒤에 그녀는 하버드에서 10년
동안 대통령의 통치에 대해 가르쳤고, 그사이에도 존슨이 회고록을
집필하는 걸 도왔다. 그때 나눈 대화가 기초가 되어, 그녀는 작가로서
의 이력을 시작할 수 있었다. 그렇게 탄생한 첫 책《린든 존슨과 미국
의 꿈》(1977)은 〈뉴욕 타임스〉 베스트셀러가 되었다.

그녀는 어린 세 아들들과 씨름을 하면서도 두 번째 책《평범하지
않은 시간: 프랭클린과 엘리너 루스벨트: 제2차 세계대전에서의 내
부 전선》을 썼고, 1995년 그 책으로 역사 부문 퓰리처상을 수상했다.
그 뒤로도 베스트셀러—《피츠제럴드가와 케네디가: 미국의 영웅 전
설》(1987),《권력의 조건: 라이벌까지 끌어안은 링컨의 포용 리더십》
(2005: 스티븐 스필버그가 제작해 아카데미상을 받은 영화 〈링컨〉의 토대),
《혼돈의 시대, 리더의 탄생》(2018)—를 연이어 발표했다. 특히《혼돈

바버라 터크먼과 도리스 컨스 굿윈. 바버라 터크먼은 정치와 군사의 역사에 대해 썼을 뿐만 아니라, "작가가 처음부터 중간은 물론이고 끝까지 이야기하면서도 이야기가 어떻게 전개될지 모르는 척해야 하는 이유는, 작가도 그 시점에는 독자가 아는 것만을 알 수 있기 때문"이라 굳게 믿었다. 터크먼의 이런 선례에서 굿윈은 용기를 얻었다.

의 시대, 리더의 탄생》에서는 4명의 대통령―링컨, 시어도어 루스벨트와 프랭클린 루스벨트, 존슨―을 면밀히 연구한 결과를 바탕으로, 그들이 어떻게 자신의 리더십 자질을 찾아냈고, 어떻게 다른 사람들에게 리더로 인식되었는지를 보여주었다.

그녀의 연구 범위는 좁았지만, 깊이가 있었다. 또 깊이 생각하지 않고 서둘러 글을 쓴 흔적이 간혹 보였지만("[링컨은] 안절부절못하며 길을 내려가 주의사당 건물을 지났다…"),[44] 그녀의 판단은 신뢰할 수 있었고, 거의 언제나 쉽게 읽히지만 권위 있는 문체였다. 그녀의 표현을 빌리면, 베스트셀러《권력의 조건》은

과거에 그와 경쟁하며 대립했던 사람들과 우정을 쌓을 수 있고,

방치하면 영원한 적대감으로 발전할 수 있는 상처받은 감정을 치유해줄 수 있으며, 아랫사람들을 믿어주고 그들의 잘못을 기꺼이 책임지며, 실수로부터 배우는 특별한 개인적 자질을 통해 드러난 링컨의 정치적 능력에 대한 이야기였다. 링컨은 대통령이란 직책에 내재한 권력의 원천을 정확히 이해했고, 연립 정부를 그대로 유지하는 비할 데 없는 능력을 과시했으며, 대통령에게 허용된 특권을 지켜야 할 필요성을 분명히 인식했고, 탁월한 정치적 감각으로 때맞춰 결정을 내려야 할 시점을 놓치지 않았다.[45]

위의 글에서는 존슨—이번에는 새뮤얼 존슨—의 꼼꼼함이 엿보인다. 굿윈의 평가에 따르면, 링컨의 아내 메리는 "당시 여성답지 않게 정치에 상당한 관심을 지녔다."[46] 또 많은 사람이 워싱턴의 내분에 대해 글을 쓰는 작업을 남자의 몫이라 생각하던 시대였지만 굿윈은 그런 전통에 구애되지 않았다.

1997년, 도리스는 어린 시절과 부모의 죽음에 대해 회상하는 회고록을 출간했다. 그녀는 15세였을 때 어머니를 잃었고, 20대에 아버지를 여의었다. 훗날 한 인터뷰에서 그녀는 회고록에 대한 질문에 "죽은 사람들에 대해 이야기하면, 그들을 어떻게 되살려내는 것 같아 그들에 대해 말했던 거라고 생각합니다. …이야기에서는 사람들이 여전히 살아 있잖아요. 내가 역사에 관심을 두는 이유도 이런 생각에서 비롯된 겁니다"라고 대답했다.[47] 한 독자는 그 회고록을 받아 들었을 때를 회상하며 "그녀가 세탁기 사용 설명서를 쓴다면, 나는 설명서도 처음부터 끝까지 순식간에 읽어냈을 것이다. 그녀에게는 과거를 생생하게, 너무도 사실적이어서 믿지 않을 수 없게 불러내는 재주가 있다. 따라서 어떤 독자라도 그녀가 바로 옆에서, 과거에 대해 이야기해준다고 느낄 수밖에 없을 것이다"라고 말했다.

그녀를 일시적으로 당혹감에 빠뜨린 사건이 하나 있었다. 2002년
1월, 굿윈이 《피츠제럴드가와 케네디가》를 쓸 때 과거의 몇몇 저작을
인용 표시 없이 활용한 것으로 밝혀졌다. 그녀는 책에서 인용한 부분
과 자신의 비망록을 혼동한 것이라며, 다른 사람의 글을 자신의 것으
로 도용할 의도는 전혀 없었다고 설명했다. 여하튼 표절된 저작의 주
된 저자인 린 맥터거트Lynne McTaggart와 다른 두 저자는 자신들의 책이
사용되었다는 걸 밝히지 않은 채 그 책이 출간된 직후에 합의금으로
약간의 돈을 받았다. 하지만 문고판에는 맥터거트의 연구가 캐슬린 케
네디에 대한 '거의 완벽한' 전기라고 서문에 밝혔을 뿐만 아니라 후주
後註로도 새롭게 추가되었다. 그러나 굿윈은 어떤 책을 표절했다는 걸
결코 인정하지 않았다. 잡지 〈슬레이트〉의 보도에 따르면, 루스벨트
부부에 대한 굿윈의 책에서도 다른 저자들의 책을 인용한 구절이 적잖
게 확인되었다. 하지만 굿윈은 여러 출처에서 잊지 않으려고 옮겨놓은
구절들이 있었고, 꽤 긴 구절이 자신의 글이 아니라는 걸 잊었던 것일
뿐이라고 표절을 부인했다.

그 여파는 상당히 컸다. 굿윈은 퓰리처상 위원회에서 배제되었
고, PBS의 뉴스 프로그램 〈뉴 아워〉에 평론가로 고정적으로 출연하
던 일마저 그만두어야 했다. 결국 그녀는 언론의 지원을 끌어내기 위
해, 정치 컨설턴트 로버트 슈럼Robert Shrum에게 도움을 청했다. 아서
슐레진저 주니어Arthur Schlesinger Jr.(1917-2007)가 이끌던 저명한 역사
가 모임이 "굿윈은 속임수를 쓰거나 표절한 적이 과거에도 없었고 지
금도 없다. 그녀의 성격과 저작이 높은 기준의 도덕적 성실성을 상징
적으로 보여준다"고 주장하는 편지를 〈뉴욕 타임스〉에 보냈다. 그로
부터 10년이 지났을 즈음, 그녀의 명성은 많이 회복되었다. 따라서 지

금도 그녀는 여전히 인기 있는 명사이고, 그녀는 글을 통해 자신의 처음과 끝을 철저하게 보여준다.

※ ※ ※

굿윈이 텔레비전에 역사 전문가로 처음 출연했을 즈음에는 대서양 양편 어느 쪽에서도 여성 역사가가 역사 관련 연속 프로그램을 진행한 적이 없었다. 지금은 베터니 휴스Bettany Hughes(그녀가 데뷔한 시리즈는 2000년에 방영되었고, 여성이 진행한 첫 프로그램이었다), 프란체스카 보먼Francesca Beauman, 웬디 베킷Wendy Beckett, 헬렌 캐스터Helen Castor, 테사 던롭Tessa Dunlop, 어맨더 포먼, 루스 굿먼, 수재너 립스컴Suzannah Lipscomb, 루시 무어Lucy Moore, 캐시 뉴랜드Cassie Newland, 재니다 라미레스Janina Ramirez, 핼리 루벤홀드Hallie Rubenhold, 어맨더 비커리Amanda Vickery, 상드린 부아레Sandrine Voillet, 애나 화이트록Anna Whitelock, 케이트 윌리엄스Kate Williams, 루시 월슬리Lucy Worsley, 클레어 라이트Clare Wright가 역사가이자 방송인으로 활동하고 있다. 어쩌면 이 명단도 이미 시대에 뒤진 것일 수 있다. 이제 이런 역할을 해낼 여성 역사가는 얼마든지 있다.

그중에서도 가장 유명하고 가장 논란이 많은 여성 진행자는, 케임브리지의 고전 연구자 메리 비어드Mary Beard(1955년생)이다.* 건축가 아버지와 페미니스트 교장 어머니 사이에서 외동딸로 태어난 그

---

* 여성 참정권 운동에서 중요한 역할을 했고, 여성에 대한 역사라는 분야의 개척자였던 미국의 역사학자, 메리 리터 비어드Mary Ritter Beard(1876-1958)와 메리 비어드는 관심사와 영향력에서만 관련이 있을 뿐이다. 메리 리터 비어드는 《여성을 이해하려면》(1931), 《여성의 눈으로 본 미국》(1933), 《여성과 역사의 동력》

녀는, 앨런 베넷의 희곡《역사를 공부하는 소년들》에 등장하는 헥터라는 인물에 영감을 준 프랭크 매키크런Frank McEachran(1900-1975)에게 고등학교 시절에 시를 배웠다. 그녀는 당시를 회상하며 "매키크런은 엄청난 영향을 미쳤다. 우리에게 엄청난 양의 영시를 가르쳤고, 우리는 상금을 받으려면 시를 암송해야 했다. 「프로프록」에는 50펜스, 「도이치란트호의 조난」에는 엄청난 액수의 상금을 내걸었지만, 그가 상금을 주었다는 기억은 없다"고 말했다. 그녀는 프랑스어와 독일어, 라틴어와 그리스어도 공부했다. "또래에서 똑똑한 아이들은 잘하는 걸 하는 것을 좋아한다. 나는 모든 걸 내 뜻대로 하려는 학생이었고, 그리스어는 그런 짓을 하는 데 무척 유리했다. 누구나 그리스어를 잘할 수 있다. 완벽하게 습득할 수 있다"고 덧붙였다.[48] 뛰어난 두뇌를 지닌 데다 일반적인 관행을 따르지 않는 타고난 반항아였던 까닭에 그녀는 위험을 무릅쓰는 걸 좋아했고, 나이가 많고 약간 위험한 남자에게 마음이 끌리는 경향도 띠었다. 그녀 자신이 인정하듯이 많은 "긁힌 상처"가 있었고, "열일곱 살이었을 때 남의 남편과 놀아나는 건 골치 아픈 문제였다. 그렇다, 나는 아주 못된 계집애였다."[49]

메리 비어드는 케임브리지 대학교의 여자 대학인 뉴넘 칼리지에 합격했다. 하지만 대학에 입학해 공부하기 전, 고고학자들이 슈루즈버리에 있던 그녀의 집으로부터 멀리 떨어지지 않은 곳에서 발견된 로마 정착촌의 여름 발굴 작업에 참가했다. 슈루즈버리는 웨일스와의 경계에서 동쪽으로 15킬로미터쯤 떨어진 시장 도시였다. "발굴 작업

(1946)을 썼고, 남편 찰스 비어드Charles Beard와 공동으로 여러 중요한 저작을 썼다. 그중에서《아메리카 문명의 발흥》은 정치 · 경제 · 문화의 역사를 미국 국민성과 결합한 급진적인 책이었다. 처칠은 미국의 역사를 나름대로 파악할 목적에서 비어드 부부의 책들을 거의 무차별적으로 읽었다.

을 진행하던 사람들은 '모두가 로마 문명의 찬란함을 보고 싶어 한다. 하지만 로마인들이 떠나간 뒤에 이 도시가 어떻게 되었는가?'라고 간절히 말하고 싶어 했다." 그녀도 평범한 사람들이 어떻게 살았는지 궁금증을 품기 시작했다. 대학에 들어가기 전까지 그녀가 페미니스트적 쟁점에 특별히 휘말리지는 않았지만, 케임브리지에 발을 들여놓은 순간 성의 불평등을 실감했다. "대학에서 우리를 가르치는 교수진은 대부분 남자였다. 학생들 중에서 여자는 12퍼센트에 불과했다. '정말 문제가 있구나!'라는 생각을 떨칠 수 없었다. 밥을 먹으려면 남자 대학의 식당을 이용해야 했고, 식당에 걸린 초상화의 주인공들도 죄다 남자였다." 그녀는 여러 여성 단체에 가입했고, 대학의 문을 여성에게도 활짝 열라는 운동을 벌였다.

비어드는 1979년 케임브리지를 졸업한 뒤에 런던 킹스 칼리지로 진학했고, 1982년에 「후기 로마 제국의 국교: 키케로의 저작에 근거한 연구」로 박사 학위를 받았다. 2년 뒤에는 특별 연구원의 자격으로 뉴넘 칼리지로 돌아왔고, 당시 총 26명이던 고전학부 교수진 중에서 3명의 여성 중 한 명이었지만, 오래잖아 유일하게 남은 여성이 되었다. 이듬해 그녀는 크라이스츠 칼리지의 고대사 교수 마이클 크로퍼드Michael Crawford(1939년생)의 공저자로, 첫 작품 《공화정 말기의 로마》를 출간했다. 2년 뒤에는 열여섯 살이나 연상인 데다 첫 결혼에서 두 자녀를 둔 비잔틴 미술 전문가 로빈 싱클레어 코맥Robin Sinclair Cormack과 결혼했다. 그들 사이에 태어난 두 자녀, 조와 래피얼은 현재 남수단의 역사를 연구한 역사가와 이집트 문학을 전공한 학자로 활동하고 있다. 그들은 런던에 아파트를 구입했고, 로빈은 코틀드 미술학교에서, 메리는 킹스 칼리지에서 가르쳤다.

1980년 메리는 고고학에서 차용한 기법을 활용해서, 베스타 신

메리 비어드, *1978년경.*

녀Vestal Virgin(고대 로마의 광장을 밝힌 신성한 불을 관리하던 독신의 여사제)의 역할에 대해 근원적인 의문을 제기한 선구적인 논문을 발표한 적이 있었다. 그로부터 10년이 지났을 때 그녀는 로마의 삶을 여러 측면으로 다룬 3편을 더 발표했지만, 그 모든 논문이 동료 학자들과 공동으로 집필한 것이어서 그녀의 명성을 높이는 데 거의 도움이 되지 않았다. 더구나 가정생활은 돈에 쪼들려서, 고고학과 고대사만이 아니라 라틴 문학까지 가르치며 열심히 일해야 했다. 따라서 동료들과 달리, 책을 쓸 시간이 거의 없었다. 따라서 마흔 살을 넘긴 뒤에는 그녀가 아까운 재능을 낭비하고 있다는 소문까지 나돌았다. 메리 비어드도 "메리가 정말 딱해! 정말 유망해 보였는데!"라고 말하는 그 소문을 알고 있었다.

그녀가 혼자만의 이름으로 처음 발간한 책은 묵직한 학술서가 아니라, 좋은 유모를 고르는 방법, 출산 수당, 가사 관리—"경제적으로 감당할 수 있을 만큼 유급 도우미를 구하는 방법"—와 손으로 모유를 짜내는 최적의 방법 등에 대한 조언을 담은 《착한 워킹맘을 위한 안내서》(1989)였다. "그런 글을 쓰는 것도 재밌어 보였다"고 말했지만, 그 책에서도 그녀는 무엇인가를 가르치려는 교육자적 성향을 여실히 보여주었다. 그 이후로 그녀는 〈런던 리뷰 오브 북스〉와 〈타임스 리터러리 서플리먼트〉에 단편적인 글를 기고하기 시작했고, 박식한 데다 정곡을 찌르는 글솜씨를 과시하자, 〈타임스 리터러리 서플리먼트〉의 편집자가 그녀에게 고전 부문의 서평을 맡아달라고 부탁했다. "3세 이하의 두 자녀를 두어, 두툼한 책을 읽을 시간은 없지만 지적인 바퀴를 계속 굴리고 싶은 여성에게 서평은 반드시 필요하다." 그 역할은 결실을 빨리 맺을 수 있다는 이점도 있었다. "다음 주에는 내 글이 인쇄되어 나오는 걸 볼 수 있었다. 학술지 〈로마 연구〉에 게재할 논문을 쓰는 것과 달랐다." 게다가 그 일은 색다른 관점에서 논증을 전개하며, 고대와 현대 사이의 연결점을 진지하게 생각하게 만드는 그녀의 성향에 맞기도 했다.

2000년 8월 〈런던 리뷰 오브 북스〉에 기고한 글에서 메리 비어드는 랜디 손힐Randy Thornhill과 크레이그 파머Craig Palmer가 함께 쓴 《강간의 자연사》을 매섭게 비판하며, 자신도 성폭행을 당한 적이 있다고 인정했다. 대학원생 시절, 이탈리아 전역을 여행하던 중에 밀라노를 출발해 나폴리까지 가는 야간열차에서 한 건축가를 만났다. 그는 메리에게 그의 2인용 침대차 자리로 업그레이드해주겠다고 제안했다. 그들이 침대칸에 단둘이 있게 된 뒤에야 그녀는 그 건축가가 착한 사마리아인처럼 이타적인 사람이 아니라는 걸 알게 되었다. 침대칸에 들어가자, 몇 분이 지나지 않아 그는 메리의 옷을 벗겼고 그녀와 성관계를 가졌다. 그녀는 "사실상 그 성관계는 강간이었다"고 썼지만, 그 당시에는 그렇게 묘사하지 않았을 뿐만 아니라 친구들에게는 '유혹'이었고, 그녀가 그 남자를 유혹한 것이라고 말했다. 그녀의 경험은 "상대적으로 무해한 것"이었다. 물론 그녀가 그 행위에 동의하지는 않았지만 그 남자는 무력을 사용하지 않았다. "나는 아무렇지도 않다. 지금도 이탈리아 기차를 잘 탄다." 그러나 그런 경험에 대해 털어놓는다는 것은 쉽지 않는 문제였다. 그 이유는 "강간은 항상 (논쟁의 여지가 있는) 이야기이자 사건이기 때문"이라며, "강간이 다양한 형태로 자행되고, 그에 따라 그 범위도 미묘하게 달라지기 때문에 강간을 이야기로 표현하는 방법에서, 문화권들은 성관계와 성정체성의 충돌에서 가장 난해한 부분들을 두고 치열하게 논쟁을 벌여왔다"고 덧붙였다.[50] 이 문제는 과거에는 여성 역사가들이 거론조차 하지 않던 주제였다.

2001년 9월 11일의 테러 공격에 대한 생각을 피력한 〈런던 리뷰 오브 북스〉의 또 다른 기고 글에서, 비어드는 테러리스트들의 이데올로기를 이해하려고 노력해야 한다고 주장했다. 그녀의 주장에 따르면, 파업을 비겁하다고 매도하거나, 가해자를 악의적인 테러리스트라고 폄하하는 것은 별 도움이 되지 않는다. "순전히 극도의 고통을 주려고 대학살을 고안하는 사람은 지구상에 거의 없다. 모두가 대의라고 생각하며 학살을 저지른다." 따라서 테러 공격은 잔혹 행위로만이 아니라 서구의 외교 정책에 대한 대응으로도 이해되어야 한다며, "미국은 외교 정책을 전술적으로 그럴듯하게 꾸몄지만 그에 따른 당연한 응보를 받은 것"이라고 말했다.[51]

비어드의 글이 공개되자마자, 비어드가 쌍둥이 건물에 갇힌 사람들이 모두 죽어 마땅하다는 것처럼 말했다며 분노한 독자들의 이메일이 잡지사에 쇄도했다. 비어드는 처음에는 철저한 함구로 대응했지만, 나중에는 자신의 글이 잘못 이해되었더라도 자신의 글에서 어떤 부분이 사람들을 크게 화나게 만들었다는 걸 깨달았다. 요컨대 잘못된 표현을 사용했다는 걸 깨달았다. 그녀는 자신을 비판한 평론가들에게 일일이 답장을 쓰며, 자신의 의도를 명확히 설명하려고 애썼다. 그 결과로, 그들 중 몇몇은 지금까지도 그녀와 개인적인 교류를 계속하고 있다.

2005년 〈타임스 리터러리 서플리먼트〉의 편집자가 퍼디넌드 마운트Ferdinand Mount에서 피터 스토다드Peter Stothard로 바뀌었다. 새 편집자의 부추김을 받아들여, 비어드는 주간 블로그를 시도하는 데 동의하고, 비공식적으로 「한 교수의 삶」이란 제목으로 글을 쓰기 시작했고, 그녀의 블로그는 곧 하루에 4만 회의 조회수를 기록했다. 연구 과제, 여행과 가정생활을 다룬 블로그에서 그녀는 #미투의 미래, 신간 서적의 짧고 과장된 호의적인 단평, 심지어 데이비드 베컴의 문신이나 하룻밤의 섹스에 대한 개인적인 생각도 풀어냈다.

그녀 자신도 블로그에 쓴 칼럼의 성공에 놀랐다. 이후에는 당혹스럽게도, 독자의 폭을 확대할 목적에서 트위터를 활용하기 시작했다. "처음 트위터를 시작했을 때 쓸데없는 짓을 한다고 생각했다. 예컨대 트위터는 천박하고 저속한 형태의 싸구려 저널리즘이라 생각했다. 하지만 트위터가 엄청나게 흥미롭고 놀랍기 그지없는 형태의 저널리즘이라는 걸 알게 되었다. 이제 나는 월드 와이드 웹을 이용해, 신문에서는 결코 언급하지 못하는 곳으로 독자들을 데려갈 수 있다."[52] 방송은 다른 문제였다. 방송에는 이미 1994년부터 라디오와 텔레비전, 예컨대 BBC의 〈질문 시간Question Time〉, 〈어떤 관점A Point of View〉, 〈기괴한 생각들Weird Thoughts〉, 〈열린 미디어Open Media〉 등과 같은 인기 프로그램에 출연했다. 또 〈메리 비어드와 함께 로마인을 만나다〉라는 BBC의 3부작 다큐멘터리를 제작해서 2012년에 방영했고, 이 다큐멘터리를 통해 로마의 한 행정 구역인 오스티아라는 항구 도시에 상당히 잘 보존된 공동 화장실이 일상적으로 어떻게 사용되었을 것이란 가설을 세우기도 했다. 그 밖에도 적잖은 텔레비전 다큐멘터리를 제작했다.

《착한 워킹맘을 위한 안내서》를 발표한 이후, 2000년에야 메리 비어드는 20세기 초의 고전학자였고 뉴넘 칼리지에서 교수를 지낸 제인 해리슨Jane Harrison(1850‒1928)의 전기를 단독으로 발표했다. 그 이후로는 책을 쓰는 속도가 한결 빨라졌다. 《파르테논》(2002), 《로마의 개선식》(2007: 개선하는 군사 원정대의 열병식), 《폼페이: 사라진 로마 도시의 화려한 일상》(2008), 《고대 로마에서의 웃음: 농담과 간지럼과 파안대소에 대하여》(2014), 《로마는 왜 위대해졌는가》(2015), 《여성, 전적으로 권력에 관한》(2017), 재방영된 케네스 클라크Kenneth Clark(1903-1983)의 텔레비전 시리즈 〈문명〉을 기반으로 다시 쓴 《문명: 우리는 어떻게 보고 있는가》(2018)를 연이어 출간했다. 그 밖에도 〈뉴욕 타임스 리뷰 오브 북스〉와 〈가디언〉, 〈데일리 메일〉에도 글을 기고하기 시작했다.

그녀의 글은 깊은 지식을 담고 있으면서도 쉽게 읽혔고, 대화체로 쓰이기도 했다. 베스트셀러였던 《로마는 왜 위대해졌는가》를 보면 그 이유를 짐작할 수 있다. 전형적인 구절을 예로 들어보면,

로마인의 입에서 가장 자주 언급된 험담 중 하나에서, 기원후 1세기 말에 활동하던 풍자가 유베날리스는 '레무스의 폭도'에게 경멸의 화살을 날렸다. 유베날리스의 주장에 따르면, 그들이 원하는 것은 '빵과 서커스panem et circenses', 두 가지뿐이었다. 그 문

구가 지금도 회자되는 것으로 알 수 있듯이, 그 험담은 도시민을 마치 살해된 쌍둥이의 후손인 것처럼 소개하며, 어리석은 도시민의 제한된 시각을 기막히게 풍자한다. 그들은 전차 경주와 식량 지원금에 만족했고, 황제들은 그것들로 도시민을 매수하며 반대 세력의 목소리와 영향으로부터 효과적으로 떼어놓았다.[53]

2004년 비어드는 케임브리지에서 고전학 정교수가 되었고, 2008-2009년에는 버클리의 객원 교수로 초빙되어 '로마의 웃음'을 주제로 일련의 강의를 진행했다. 그 이후로 그녀는 꾸준히 강연 요청을 받았다. 2014년에는 영국 박물관에서 '오, 제발 입 좀 다물어!Oh Do Shut Up Dear!'라는 제목으로 강연했다. 〈뉴요커〉의 인물란에 소개하려고 그녀를 인터뷰한 리베카 미드Rebecca Mead에 따르면, 그 강연에서 비어드는 '사랑스럽게 분노하며' 고대 로마 시대 이후로 남자들이 목소리가 큰 여성을 침묵시켜 온 다양한 방법을 따져보았다.[54] 비어드의 지적이 사실이라면, 〈스펙테이터〉에 글을 쓰는 한 칼럼니스트는 BBC의 시사 프로그램인 〈질문 시간〉에 출연한 '가장 멍청한 여성'을 뽑는 연례 대회를 당시 시행하기도 했다. 이런 현상에 대한 비어드의 해석은 "똑똑한 여성을 두려워하는 남자들이 예부터 항상 존재했다"였다. 2013년 8월 〈질문 시간〉이란 프로그램에 출연해서 이민의 효과에 대해 한 청중과 대화를 나눈 뒤에는 살해 위협을 받았지만, "누군가 내 논문 중 하나를 처음부터 끝까지 읽고 모든 각주가 틀렸다고 지적한다면, 마음이 더 불편했을 것"이라고 말할 정도로 의연하게 대처했다. 또 그녀는 자신의 판단이 틀렸다는 게 확인되면 기꺼이 바로잡는 학자로 알려졌는데, 그런 경우는 무척 드물었다.

그녀의 이력에 돌파구가 된 책《폼페이》는 2008년에 출간되며,

폼페이와 관련된 신화들이 거짓이라는 걸 하나씩 파헤쳤다. 그녀는 폼페이가 "과거의 모습 그대로 보존된 것"이 아니라, 오래전부터 "훼손되고 파괴되었으며 발굴되고 약탈되었을 뿐"만 아니라 제2차 세계대전 동안에는 폭격까지 당했다고 주장했다. 비판적인 눈으로 보면, 불운한 연인들부터 침대에 오줌을 싸는 싸구려 여인숙 손님까지 보통 사람들의 삶을 드러내 보여주는 생생한 단서를 찾을 수 있었다. 당시 BBC 2의 감독관인 재니스 해드로Janice Hadlow가 휴일에 그 책을 읽고는 비어드에게 텔레비전 프로그램용으로 각색해달라고 요구하며 "선생님은 다큐멘터리의 제작에 참여하는 신경질적인 쭈그렁 노인은 많지만 35세 이상의 여성은 한 명도 없다고 줄곧 불평해오셨습니다. 제가 선생님에게 그 기회를 제공하려고 합니다. 설마 그런 기회가 필요없다고 말씀하지는 않으시겠죠?"라고 말했다.[55] 메리 비어드는 그렇게 새로운 이력에 첫발을 내디뎠다. 그때까지 그녀의 독자는 수천 명에 불과했지만, 그 다큐멘터리를 본 시청자는 340만에 달했다. 이 다큐멘터리에서도 비어드는 비어드답게, 폼페이 술집의 벽에 "내가 집주인 여자를 따먹었어"라고 자랑하듯 끄적거려둔 낙서를 시청자에게 소개했다. 실생활에 초점을 맞춘 역사였다.

젊은 교수로서 비어드는 함께 작업하는 남자들이 좋아하는 유형의 여성 동료였다. 그녀 자신이 말하듯이 "말대꾸하는 여자. 거침없고, 약간 직설적으로 말하는 여자"였다. 그런 태도가 남성이 압도적으로 많은 집단에서 살아남는 데 부분적으로는 유용했다. "나는 뱃심 좋게 행동함으로써 그들로부터 최선의 협조를 얻어냈다. 그런 태도는 일종의 전략이었지만 나다운 전략이었다." 언젠가 발표한 글에서는 독일의 고전 문헌학자 에두아르트 프랭켈Eduard Fraenkel(1888-1970)이 악명 높은 성추행자였으며, 아이리스 머독Iris Murdoch(1919-1999)만이 아니라 메리 워녹Mary Warnock(1924-2019)까지 젊었을 때 먹잇감이었다고 폭로하고는, 같은 여성으로 분노가 치밀지만 "고전 교실의 에로틱한 분위기"에 대한 "애틋한 향수"도 복합적으로 느껴진다고 덧붙였다. 그 글이 공개되자마자 당연히 큰 소동이 벌어졌고, 그때 그녀는 "지식인의 삶은 논쟁하는 데 있는 게 아닌가?"라고 대응했다.

비어드는 역사를 쓰는 여성이 외부에 비치는 모습만이 아니라, 역사 자체를 쓰는 방법도 바꿔놓았다. 지금도 제기되는 질문들로는, '젠더가 역사 분석에서 핵심적인 관심사가 되면 과거를 어떤 시각에서 보아야 할까', '여성의 역사는 일반적인 역사 연구와 어떤 점에서 구분되는가', '여성의 역사에 접근하는 기법이 기존 역사가들의 기법과 다른 점이 있는가', '우리가 올바른 질문을 제기하고 있는 것일까' 등이 있다.[56] 최근에 게재된 〈가디언〉의 인물 소개에는 메리 비어드가 "유명 인사이자 국보, 세계에서 가장 유명한 고전학자"로 서술되었다. 그 인물 소개에 따르면,

> 그녀는 중년 여성의 기수旗手가 되었고, 젊은이—정확히 말하면, 겉모습이 아니라 생각하는 방식에서 젊게 보이는 싶은 사람들, 똑똑한 게 멋지다고 생각하는 사람들, 가차 없이 질문하지만 다른 의견을 결코 배척하지 않는 사람들에게 사랑을 받는다. …비어드가 그처럼 폭넓게 사랑받는 이유 중 하나는, 그녀가 공적인 부문에 참견하는 걸 우리가 동의하든 않든 간에 그녀의 참견 방식이 대안적 논증 방식을 보여주기 때문이다. 사람들이 갈망하는 방식으로, 진지하고 거칠게 주장하지만 우호적이고 유머러스한 태도를 잃지 않고, 의견이 충돌해서 거친 말이 오가더라도 대화를 강조하기 때문이다. …트위터나 〈질문 시간〉에 이의를 제기하

는 사람들과 언쟁을 벌일 때도 그녀는 깊은 지식을 근거로 재밌게 자신의 생각을 논증하고, 반대편을 무시하지 않고 그 의견을 경청하며, 온 세상을 자신의 학생으로 만들어간다.

그럼에도 그녀는 여전히 '고전 세계에서 가장 불손하면서도 가장 인기 있는 학자'이다. 영국의 종합 월간지 〈프로스펙트〉의 독자들은 투표를 통해, 그녀를 세계에서 7번째로 중요한 사상가로 꼽았다. 그녀의 앞에는 이탈리아 경제학자 아마르티아 센Amartya Sen과 프란치스코 교황이 있었지만, 노벨 물리학상을 수상한 피터 힉스Peter Higgs보다는 앞이었다. 개인적으로 그녀는 안전을 보장받고, 세상의 이목을 끌고 싶어 하기 때문에 때때로 사람들과 쉽게 어울리지 못하지만, 뛰어난 지성으로 종이 위에 깊이 있는 글을 재밌게 써낸다. 이 장을 시작할 때 언급한 도러시 디트리히처럼, 비어드도 불을 보듯 뻔한 위험을 감수한다. 비어드가 트위터에서 쩍쩍이troll들에게 처음으로 무차별 공격을 받았을 때, 영국 시인 협회Poetry Society가 13-18세를 대상으로 개최한 시작詩作 대회에서 우승한 메건 비치Megan Beech는 많은 젊은이가 비어드를 흠모하는 이유를 노래한 송가를 유튜브에 내놓았다. 그 시는 처음부터 생동감으로 톡톡 튄다.

어른이 되면 메리 비어드가 되고 싶어요.
지적으로 존경받는
멋진 고전학자잖아요.
BBC에서 황금 시간대에
칼리굴라가 어떻게 죽었는지 설명하는 걸 보면
심술궂을 정도로 경이롭고 지혜로우며

생동감으로 넘쳐흐르잖아요.[57]

* * *

1928년 10월, 버지니아 울프는 케임브리지의 뉴넘 칼리지에 머물며 일련의 강연을 진행했다. 그때까지 활동한 여성 작가들에 대한 이야기가 강연의 주된 내용이었지만, 그들이 주로 쓴 글은 소설이었다. 그때의 강연들이 훗날 편찬되어 《자기만의 방》으로 출간되었다. "그녀[여성 작가]에게 자기만의 방과 연간 500파운드[현재 가치로 32000달러]를 주고, 머릿속의 생각을 펼쳐놓고, 지금 시간을 쏟는 것의 절반을 떨쳐내게 한다면 머지않아 더 나은 책을 써낼 것이다"라고 말했듯이 그녀의 요구에 부응한 제목이었다. 한 강연에서 울프는 윌리엄 셰익스피어의 누이, 예컨대 주디스라는 오빠와 똑같은 재능을 지녔지만 당시 사회적 제약 때문에 성공하지 못한 여인을 상상해보았다. 주디스의 삶은 비극의 연속이다. 처음에는 가족의 강요로 이른 나이에 결혼하고, 배우가 되려는 꿈을 안고 런던으로 도망치지만 면접을 보는 모든 극장에서 퇴짜를 맞는다. 그녀는 임신하게 되고, 결국 절망의 구렁텅이에 빠져 스스로 목숨을 끊는다.[58] 이 책의 후반부에서 울프는 주디스의 유령을 다시 불러와, 청중 속의 젊은 여성들에게 주디스가 한 번도 갖지 못했던 목소리를 내는 힘이 있다는 걸 깨우쳐준다.

그 주디스 셰익스피어 같은 여성이 60년 전까지 어느 시점에서 역사를 쓰는 쪽으로 방향을 틀었다면, 또 웨지우드와 터크먼, 우덤 스미스와 엘리자베스 롱퍼드Elizabeth Longford(1906-2002)처럼 든든한 배경에서 태어났다면 그처럼 비참한 최후를 맞이하지 않았을 수 있지만, 책을 출간하고 진지하게 대우를 받는 데는 어려움을 겪었을 것이다. 하지만 지난 50년 동안, 자신감과 기회라는 측면에서 여성에 대해 글을 쓰는 방식이나 여성이 과거에 대한 자신의 생각을 피력하는 방식이 거의 완전히 바뀌었다. 반세기가 조금 넘는 기간에 일어난 진정한 혁명이었고, 헤로도토스 이후로 일어난 다른 어떤 혁명적 변화만큼이나 중요한 변화였다.

19장 우리 이야기는 누가 쓰는가?

: 조지 W. 윌리엄스부터 이브람 X. 켄디까지

이 나라의 진짜 역사를 발굴해… 실제로 있었던 현상을 우리에게 말해주는 것은 흑인 작가의 책임이다.

- 제임스 볼드윈, 1963년[1]

역사는 싸움에 필요한 무기이다.

- 매닝 매러블, 2006년

MAKING HISTORY:
THE STORYTELLERS WHO SHAPED THE PAST

랠프 엘리슨Ralph Ellison(1913-1994)이 아프리카계 미국 소년의 긴 여정을 다룬 고전적인 소설《보이지 않는 인간》(1952)의 앞부분에서, 제1차 세계대전의 참호로부터 얼마 전에 귀향한 한 흑인 의사는 소설 속의 젊은 주인공에게 귀를 열어준다. 의사는 주인공에게 "저는 역사를 공부했습니다, 선생님. 세상은 룰렛의 회전반처럼 돌고 있습니다. 처음에는 흑이 위에 있고 중간에는 백이 우세하지요. 그렇지만 곧 에티오피아가 숭고한 날개를 펼칠 겁니다! 그러니까 흑에 돈을 거세요!"라고 말한다.[2] 세계사에 대한 그럴듯한 견해이다. 그러나 문제는 그 의사가 미쳤고, 거의 제정신이 아니라는 것이다. 엘리슨의 글에서 분노와 짜증스런 역설은 언제나 가까운 한 쌍으로 그려진다.

아프리카인 디아스포라, 특히 미국에 거주하는 아프리카인의 역사 전체를 다루는 것은 무척 곤혹스런 과제이며, 오랫동안 백인 학자들이 흑인 학자들을 무시하고 폄하해왔기 때문에 더더욱 그렇다. 하지만 미국 남부 작가들이 남부 연합에 속했던 주들에서 삶이 어땠는지를 나름대로 그려내기 시작하기 전에도, 흑인 작가들에게는 자신들의 이야기를 쓰는 주도권을 어떻게든 되찾고 그렇게 함으로써 미국 전체에 대해 더 완전하게 이야기해보려는 욕망이 있었다.[3] 다시 말하면, 미국이란 국가의 원천적인 죄를 정확히 반영하고, 남북 전쟁 전의 신화들을 떨쳐내고, 여러 세대 동안 노예로서 많은 억압을 받으면서도 미국의 건국에 도움을 주었던 흑인들의 공로를 온전히 인정하는 역사를 써보려는 열망이 있었다.

역사를 쓰는 게 무슨 효용이 있을까? 흑인 작가는 이데올로기라는 동력과 역사 서술 사이의 균형점을 어디에 두어야 할까? 이런 질문들이 다른 무엇보다 중요해지는 데는 시간이 좀 걸렸다. 18세기 내내 영국에서나 아메리카 대륙에서나 아프리카인은 거의 모두가 노예였고, 글을 쓸 수 있는 사람도 극소수에 불과했다.

역사가 더해진 시와 노예 이야기는 일찍이 1740년대에 출현했다(북아메리카와 카리브 연안 지역에서 노예 중 최소 6000명이 자신의 이야기를 썼고, 그중 약 150종이 인쇄되었다). 그러나 첫 세대 역사가들의 책은 19세기 말에야 출간되었다. 2명의 눈에 띄는 여성 작가는 엘리자베스 케클리Elizabeth Keckley(1818-1907)와 조지핀 브라운Josephine Brown(1839-1874)이었다. 케클리는《무대 뒤에서, 혹은 노예로 30년, 백악관에서 4년》(링컨의 부인 메리 토드 링컨의 재봉사이자 친구였다)을 썼고, 브라운은 노예 폐지론자 윌리엄 웰스 브라운William Wells Brown(c. 1814-1884)의 막내딸로,《한 미국 남자 노예의 전기》라는 제목으로 아버지의 삶에 대해 썼다. 그 이후로 오랜 시간이 지나지 않아, 미국 흑인으로서 주요한 역사가가 처음 등장했다.

1882년, 조지 워싱턴 윌리엄스George Washington Williams(1848-1891)가《미국에서 흑색 인종의 역사, 1619년부터 1880년까지》를 출

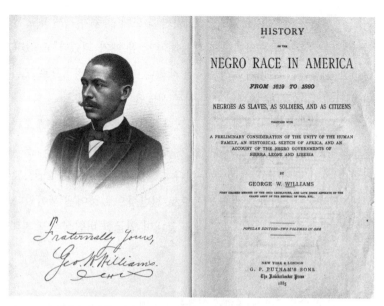

조지 워싱턴 윌리엄스, "가장 위대한 흑색 인종 역사가."

간했다. 그로부터 20년 뒤에 W. E. B. 듀보이스는 윌리엄스를 "가장 위대한 흑색 인종Negro 역사가"라고 칭송했다.

 펜실베이니아 노예 부부의 외동아들로 태어난 윌리엄스는 남북 전쟁에 참전했고, 정치인이자 법률가 및 언론인이었고, 장관을 지내기도 했다. 하지만 거의 교육을 받지 못한 채 성장했고, 그의 표현을 빌리면 "예수에 대해 배운 것"이 전부였다. 남북 전쟁 동안, 정부가 흑인의 입대를 허용하자 당시 14세에 불과하던 윌리엄스는 북부군에 입대했고, 인디언 전쟁에 참전해 가슴에 총상을 입어 제대할 수밖에 없었다. 1870년에는 매사추세츠의 한 신학 대학에 입학했고, 4년 뒤에는 하버드에 학부생으로 들어갔다. 하버드를 졸업한 뒤에 그는 매사추세츠의 록스버리에서 목사가 되었다. 그 이후로 5년 동안 사회개

19장 우리 이야기는 누가 쓰는가?

혁이 진행되는 걸 지켜보았지만, 느릿한 속도에 짜증이 폭발하고 말았다. 그는 "흑인이 유의미하게 행동해야만 할 때가 되었다"고 썼다. 그러고는 목회를 그만두고 신문사를 세웠다. 그러나 재정적으로 쪼들린 까닭에 8호까지만 발행하고는 신문 사업을 접어야 했다.

다음으로 그는 정치에 눈을 돌렸다. 아내와 자식을 데리고 오하이오로 이주한 뒤에 주 의회 선거에서 승리를 거두었다. 그러고는 흑인의 이야기를 연구하는 데 몰두했다. 그 결과로 1882년에 2권으로 펴낸 역사서는 흑인의 여정을 처음으로 전반적으로 풀어낸 책이었다. 거의 1000쪽에 달하지만, 첫 단락을 끝내며 언급한 비현실적인 지적이 이 책의 전부라는 인상을 준다.

지난 반세기 동안, 민족학과 인류학과 노예 제도에 대해 글을 쓴 많은 작가가 흑인을 인간 가족 밖에 두려고 부단히 애썼다. 또 그 작가들의 글을 그대로 믿은 사람들은 흑인을 가장 비인간적으로 취급함으로써 그들의 견해를 정당화하려고 공들였다. 그러나 흑인에게, 더 나아가 인류 모두에게 다행스럽게도 지금 우리는 흑인을 향한 악의와 특정 집단에 대한 혐오가 더 밝고 더 나은 미래의 지평선 아래로 사라지고 있는 시대에 살고 있다.

정말 그랬더라면 얼마나 좋았겠는가. 이 책은 통찰력 있게 쓰여 지금도 중요한 일차 자료로 쓰인다. 예컨대 1947년 하워드 대학교의 존 호프 프랭클린John Hope Franklin(1915-2009) 교수는 《노예 제도에서 자유까지》에서, 대서양 노예 무역이 도래하기 전에 서아프리카 왕국들이 누린 찬란함을 묘사했지만, 윌리엄스가 이미 쓴 글을 그대로 반복한 것에 불과했다. 1960년대에 들어서는 대부분의 역사학자가 노예 제도가 남북 전쟁의 근원이었고, 재건이 실패한 데는 남부 백인 우월주의자들과 지나치게 공격적이던 북부인들 모두에게 책임이 있다는 데 동의했다. 두 의견 모두 윌리엄스가 뛰어난 통찰력으로 일찌감치 지적한 것이었다. 역사가들이 노예 제도 폐지 운동에서 여성과 흑인의 역할을 강조하기 시작했을 때도 마찬가지였다. 윌리엄스의 책에는 그 모든 게 이미 기록되어 있었다. 듀보이스는 《미국에서의 흑인 재건》에서, 아프리카계 사람들이 남부에서 자체적으로 교육 시스템을 만들어냈다며 극찬했지만, 교육의 중요성은 윌리엄스가 이미 50년 전에 강조한 것이었다. 조지 워싱턴 윌리엄스라는 뛰어난 작가가 열어놓은 길을, 수십 년 뒤에 역사가들이 따르기 시작했을 뿐이었다.

윌리엄스의 삶과 저작은 흑인 역사가들을 괴롭히던 문제 자체이기도 했다. 다시 말하면, 흑인에 대한 이야기는 설령 다루어지더라도 왜곡되는 경우가 비일비재해서 그들은 그렇게 왜곡된 이야기를 바로잡는 데 집중해야 했다. 더구나 그 역사가 흑인 전체의 예속과 관련된 경우에는 바로잡는 노력이 더욱더 필요했다. 흑인이 지독히 부당한 대우를 받은 만큼, 흑인 역사가들은 인종 차별에 맞서 싸우는 전사만이 아니라, 증언자가 되어 역사를 새롭게 기록하는 매개체가 되어야 했다. 역사는 살아 있는 유기체이자, 매일 싸우지만 영원히 끝나지 않는 주도권 다툼이란 뜻이었다.

✸ ✸ ✸

부커 T. 워싱턴Booker Taliaferro Washington(1856-1915: 인상적인 중간 이름 Taliaferro는 이탈리아어로 '철을 자르는 사람'을 뜻한다)의 글과 이력에서 보듯이, '어떻게 증언할 것인가?' 그것이 문제였다. 워싱턴 자신의 표현대로, 그는 '전형적인 통나무 오두막'에서 태어났다. 한때 노예로 살았지만, 궁극적으로는 앨라배마에 흑인들을 위한 대학인 터스키기 인스티튜트Tuskegee Institute(현재는 터스키기 대학교)를 세웠다. 이 학교는 단칸 판잣집에 30명의 학생으로 시작했지만, 그가 세상을 떠났을 무렵에는 학부생만 1500명, 좋은 설비를 갖춘 100채의 건물이 있었다. (이 대학을 졸업한 랠프 엘리슨은 평론집《그림자와 행동》에서 학창 시절에 대해 썼다.) 1895년 2월 프레더릭 더글러스가 사망하자, 그를 깊이 존경하던 워싱턴은 더글러스를 추앙하는 전기를 썼고, 그를 미국 흑인을 앞장서서 대변하던 선각자로 선언했다. 워싱턴은 5권의 책을 썼고, 그중 하나에서는 흑인을 "새로운 사람… 새로운 세기를 위한 새로운 흑색 인종"이라 칭했다. 두 번째 자서전인《노예제를 딛고 일어서서》(1901)는 많은 독자에게 폭넓게 읽히며, 카리스마가 넘치던 마커스 가비Marcus Garvey(1887-1940)에게 '인종의 지도자race leader'가 되겠다는 꿈을 키워주었다.

흑인 역사가 윌슨 제러마이아 모지스Wilson Jeremiah Moses에 따르면, 1895년부터 1915년까지는 "부커 T. 워싱턴의 시대로 규정할 수 있다."[4] 워싱턴은 죽음을 맞는 순간까지 남부 전역에서 시민권과 자율권 확보라는 대의를 위해 싸웠다. 하지만 '애틀랜타 타협Atlanta Compromise'으로 알려진 1895년 9월 18일 조지아에서 행한 연설에서, 그는 마치 흑인에게는 진화 과정에서 약간의 마무리 손질이 필요한 것처럼,[5] 인종 분리와 선거권 박탈을 받아들이겠다며, "우리는 삶을 꼭대기가 아니라 바닥에서 시작해야 한다"고 말했다.[6]

그 연설은 전국적인 찬사를 받았고, 청중에 섞여 있던 흑인들은 감동해 눈물까지 흘렸다고 전해진다. 다른 흑인 지도자들도 아프리카계 미국인의 지위 향상을 위해서는 '문명화' 과정을 거치는 게 필요하다는 데 동의했다. 당시 젊은 듀보이스조차 워싱턴에게 "애틀랜타에 보여준 놀라운 성공을 진심으로 축하드립니다. 시의적절한 연설이었습니다"라는 전보를 보냈다.[7]

그런 찬사는 오랫동안 지속되지 않았다. 8년 뒤, 듀보이스는 14편의 평론을 모아《흑인의 영혼》을 출간했다. 이 책에서 듀보이스는 "워싱턴 씨의 실수와 잘못에 대해 예의를 갖추어 진심으로 말해야 할 때가 왔다"며,[8] 워싱턴을 '타협주의자'라고 신랄하게 비판했고, 흑인들이 현상을 고분고분 받아들이지 말고 동등한 권리와 더 많은 기회를 요구하며 싸워야 한다고 주장했다.[9] 또한 그가 '이중 의식double consciousness'이라 칭하던 것에 대해 언급하며 "한 명의 미국인이자 한 명의 흑인, 접점이 찾아지지 않는 두 영혼과 두 생각, 하나의 검은 몸속에 존재하며 서로 충돌하는 두 이상"이라 설명했다.[10]

워싱턴은 흑인이 분리 정책에 반대하기보다 교육을 통해 개인적인 발전을 위해 스스로 애쓰고, 사업에 성공하는 데 집중해야 한다고 믿었다. 반면에 듀보이스는 불의에 대한 전면 공격을 옹호하며, "아무런 요구가 없으면 권력은 아무것도 내주지 않는다. 지금까지 그랬고, 앞으로도 그럴 것이다"라는 더글러스의 말을 인용했다. 1897년에는 미국 흑색 인종 학교American Negro Academy에서 연설하며, 미국의 흑인들에게 백인 사회에 통합되자는 더글러스의 호소를 공개적으로 거부했다. 미국 흑인들은 "국가 안의 국가", 캐나다나 네덜란드보다 크고 튀르키예에 버금가는 국가를 형성했고, "세계의 희망"이었다.

하지만 다시 10년 뒤에 듀보이스와 워싱턴은 개인적인 의견 차이에도 불구하고, 함께 머리를 맞대고《남부의 흑인》이란 영향력 있는 책을 공동으로 펴냈다. 각자 2편씩, 모두 4편의 글로 이루어진 그 책에서, 워싱턴은 노예 제도 기간과 그 이후의 흑인 경제 발전을 다루었고, 듀보이스는 경제와 종교를 중심으로 일반적인 관점에서 남부 흑인의 역사에 대해 썼다. 그 책은 무척 얇았지만 워싱턴은 계산적이고 야심찬 인물로, 듀보이스와 협력하는 게 자신에게 이익이라는 걸 알았다. 한편 W. J. 모지스의 표현을 빌리면, 듀보이스는 "반대 세력을 주로 옹호했고, 때로는 한 단락의 범위 내에서 간결하게 옹호했다."[11] 그로부터 오랜 시간이 지나지 않아 시어도어 테디 루스벨트 Theodore 'Teddy' Roosevelt(1858-1919)는 한 동료에게 "듀보이스라는 사람을 조심"하라고 경고했다.[12] 그가 좌익적 견해를 지닌 것으로 추정되기 때문에, 혹은 그가 마르크스주의 역사관, 자유주의와 아프리카 중심주의를 포용하며 미국 민주주의 전통에 대한 공경심을 저버리는 철학을 내세우고 있기 때문에 위험하다는 게 이유였다.*

※ ※ ※

듀보이스는 재건에 대한 책을 쓰기 위해 짐 크로 법Jim Crow laws

---

* 훗날의 신념에 비추어보면, 젊은 시절의 듀보이스는 예상을 벗어난 이상한 인물들을 표본으로 선택했다. 예컨대 그는 오토 폰 비스마르크(1815-1898)를 흑인 리더십의 본보기로 생각했다. "그는 한 번의 거짓말도 없이 성공했다"고 주장하면서도 '철의 재상'이 1884-1885년의 베를린 회담을 주재하며, 아프리카에 문명을 이식할 것이라는 명목으로 유럽 강대국들이 아프리카를 분할해 식민지로 삼았다는 사실을 모른 체했다. 듀보이스는 식민주의가 아프리카를 착취했다는 걸 "나는 전혀 몰랐다. 역사에서 그런 사실을 배운 적이 없었다"고 변명했다. 그러나 그는 독일 철학을 공부하며 유럽 상황에 대해 알았고, 결국 "나는 태평한 유럽인과 똑같이 제국주의적 견해를 벗어나지 못했다"고 인정했다. 듀보이스의 정신적 지주이던 윌리엄 로이드 개리슨William Lloyd Garrison(1805-1879)은 노예 제도, 더 넓게는 인종 차별이 흑인을 '짐승'으로 전락시켰기 때문에 문화와 심리와 행동에서 백인보다 열등하게 되었다고 주장했다. 그러나 듀보이스는 식민주의자에게 공감하던 생각에서 벗어났듯이 그런 믿음도 결국 떨쳐냈지만, 시간이 걸렸다.

이 시행된 남부 지역을 돌아다니며 손에 넣을 수 있는 모든 일차 자료를 찾아다녔다. 하지만 이용할 수 있는 자료의 절반만을 보았다(이런 이유에서 그의 책에는 길게 발췌해 인용한 구절이 유난히 많았고, 게다가 그는 당시 공공 기록 보존관의 설립을 돕고 있기도 했다). 그의 많은 저작이 공문서 자료를 제대로 참조하지 못한 것은 그 시대의 필연적인 현상이었다. 그러나 곧 더 깊이 파들어가려는 유능한 흑인 역사가들이 생겨났다. 특히 세 역사가가 그 공백을 메우고, 공식 기록에서 확인된 왜곡을 바로잡으려 노력했다. 한 명은 제1차 세계대전과 그 직후에 활동한 역사가였고, 다른 둘은 그의 연구를 자연스레 계승한 학자들이었다. 첫 사람은 '흑인 역사의 아버지'로 알려진 카터 G. 우드슨 Carter Godwin Woodson(1875-1950)이다. 다른 둘은 '권리 주장자들에게 가장 사랑받고 가장 큰 영향을 미친 역사가'로 묘사되는 조엘 오거스터스 로저스Joel Augustus Rogers(c. 1881-1966)와[13] 1960년대 말에 범아프리카학의 창설을 주도했고 연구실에서 나와 행동주의로 옮겨간 존 헨리크 클라크John Henrik Clarke(1915-1998)이다.

우드슨은 전에 노예였던 부모에게서 태어난 아홉 자녀 중 하나였다. 버니지아에 살았고 가난했던 까닭에, 재건이 끝난 이후로는 어린 10대에 불과하던 카터마저 돈벌이에 나서야 했다. 처음에는 소작인으로, 나중에는 광부로 일했지만 학습을 위해 일터를 떠났다. 카터는 20세에야 정규 교육을 받기 시작했지만 학습 과정을 신속하게 마친 끝에 교사 자격증을 취득했다. 1903년에는 미국 전쟁부의 일원으로 필리핀에서 학교장이 되었다. 그다음에는 아프리카와 아시아, 유럽을 두루 여행한 뒤에 시카고 대학교에 입학했다. 그 대학에서 석사 학위까지 마쳤고, 박사 학위는 하버드에서 받았다. 흑인으로는 듀보이스가 첫 번째였고, 우드슨은 두 번째였다. 현재까지 전해지는 사진을 보면 그는 널찍한 이마에 잘생긴 청년이었다. 강렬한 눈빛과 굳게 다문 입에서 그의 야망이 엿보인다. 그는 흑인이 역사책에 언급되지 않는다는 걸 알아, "세계인에게 흑색 인종이 역사에서 쓸모없는 존재가 아니라 참여자였다는 것"을 알리는 역사를 쓰겠다고 결심했다.[14]

1915년 우드슨은 시카고에 기반을 둔 '흑색 인종의 삶과 역사에 대한 연구 협회Association for the Study of Negro Life and History'의 설립을 지원했다. 이듬해에는 〈흑색 인종 역사 연구지〉(현재는 〈아프리카계 미국인의 역사 연구지〉)를 창간했고, 그 학술지는 흑인의 역사가 학자들에게 합당한 연구 과제라는 걸 신속하게 입증해 보였다. 그 학술지가 발간되었을 때 마커스 가비(1887-1940)가 자메이카에서 미국에 들어왔고, 우드슨은 가비가 창간한 주간지 〈니그로 월드〉에 정기적으로 기고하는 칼럼니스트가 되었다. 당시는 흑인의 자의식이 할렘 르네상스Harlem Renaissance와 가비의 만국 흑색 인종 지위 개선 협회Universal Negro Improvement Association 같은 운동을 통해 표현되던 때였다. 우드슨은 그런 운동에 적극적으로 참여했고, 19세기 흑인 지도자들의 단골 구호였던 핵심 개념들—흑인 지위 개선, 인종의 진보, 아프리카 문명—을 보통 흑인들에게 전달하는 역할을 해냈다. 아프리카 문명이 특히 중요한 관심사였다. 제임스 보즈웰의 거듭된 재촉에도 아랑곳하지 않고 새뮤얼 존슨은 '문명'이란 단어를 자신의 사전에 넣는 걸 거부했지만, '문명'은 18세기 말에 유행하는 단어가 되었고, 우드슨은 그 단어를 꾸준히 들먹였다.

1919년 5월부터 9월까지는 이른바 '붉은 여름Red Summer'이었다. 연방 정부가 흑인 민권 운동Black Civil Rights Movement에 공산주의자가 영향을 미칠까 두려워하며, 백인 우월주의자들이 마구 날뛰었을 때 방치했기 때문에 그런 이름이 붙여졌다. 주로 남부에서 극심한 인종 폭동이 일어났고, 전국 36개 이상의 도시에서 수백 명의 흑인이 폭동에 휩쓸려 들어가 목숨을 잃었다. 환멸이 폭넓게 확산되었지만, 우드슨은 훗날 "나는 인권 개선이란 운동을 위해 모든 것을 희생했다. 이하나를 위해 내 모든 시간을 쏟았고, 효과적으로 해내려고 애썼다"고 말할 수 있을 정도로 한층 더 노력했다.[15]

우드슨은 '전미 유색 인종 지위 향상 협회(National Association for the Advancement of Colored People, NAACP)'의 워싱턴 DC 지부와도 제휴했고, 곧이어 "다양한 인종을 똑같이 대우하지" 않는 기업의 상품을 불매하자는 듀보이스의 제안을 지지했다. NAACP 의장이 지나치게 공격적인 전략이라며 의문을 제기한 편지의 답장으로 1915년 3월 18일에 보낸 편지에서, 우드슨은 "나는 백인 기업가들에게 고소당하는 게 두렵지 않습니다. 오히려 그런 소송을 환영합니다. 우리 대의에 더 도움이 될 겁니다. 두려움을 떨쳐내야 합니다. 우리는 지난 3세기 동안 이런 정신 상태에서 살았습니다. 나는 급진주의자입니다. 나는 행동할 준비가 되어 있습니다"라고 말했다. '백인 기업가'들은 우드슨을 경계하며 멀리했다.

1920년 우드슨은 '연합 출판사Associated Publishers'를 세웠다. 미국 최초의 흑인 출판사로, 다른 출판사들에서 거절한 '흑인에 관한 책'을 전문적으로 출간했다. 6년 뒤, 우드슨은 '흑색 인종 역사 주간Negro History Week(현재는 흑인 역사의 달)'을 발족해 매년 2월에 개최했다. 2월을 선택한 이유는 흑인의 역사에서 중요한 두 인물의 생일—에이브러햄 링컨은 12일, 프레더릭 더글러스는 14일—을 기념한 것이었다. 우드슨이 의회 도서관에 기증한 5000건 이상의 문서들—편지와 일기, 신문이나 잡지에 실린 글, 법정 진술—은 소중한 자료가 되었다. 특히 이 문서들은 1850년대에 흑인 지도자들이 미국 흑인들을 어퍼 캐나다Upper Canada(현재 온타리오), 아이티와 멕시코, 라이베리아와 나이저 강 유역 같은 곳에 정착시키는 계획을 지지했다는 사실을 입증해준다.

우드슨이 흑인 민족 문화를 역사에서 독립된 범주로 규정해야 한다고 고집스레 주장한 까닭에 그 시대의 일부 학자들에게 배척되었지만 조금도 흔들리지 않았다. 1920년대 초에는 카네디 재단으로부터 지원을 받아 워싱턴 DC에 테라스를 갖춘 100평 정도의 건물을 구입해 연구소로 바꾸었고, 꼭대기 층에 그가 생활할 작은 공간을 두었다. 칠순에 들어서도 우드슨은 거리에 나가 전단을 나눠 주었고, 지역 학교들에 들러 자신의 과업에 대해 학생들에게 말해주었다. 동네 아이들은 우드슨을 '북맨Bookman'이라 불렀다. 흑인 기록 보관소를 건립하는 데 큰 역할을 해낸 도러시 포터 웨슬리Dorothy Porter Wesley(1905-1995)는 우드슨을 정기적으로 저녁 식사에 초대했지만, 그때마다 우드슨은 "괜찮습니다. 당신은 나를 장가보내려고 하지만 나는 이미 일과 결혼했습니다"라고 말하며 그녀의 초대를 한사코 거절했다.

우드슨은 15종의 책을 썼다. 그중에서 《우리 역사에서 흑인》(1927)은 9만 부 이상 팔렸다. "흑인 문화에는 서구 국가들의 문화와 공통된 부분이 있는가?" 혹은 "많은 작가가 입버릇처럼 말하듯이 흑인은 모방할 뿐인가?"라는 질문을 던진 뒤에, 그는 흑인에게도 자랑스런 고유한 역사가 있다고 대답했다. 그러나 그 복잡한 역사는 다른 인종들의 역사와 밀접한 관계가 있다며, "우리가 강조해야 할 것은 흑인의 역사가 아니라 역사에서의 흑인이다"라고 선언했다.[16]

철학자이자 교육자인 얼레인 리로이 로크Alain LeRoy Locke(1885-1954)는 《우리 역사에서 흑인》의 제4판에 대해 언급하며 "흑인의 존재로 미국 역사의 한 부분이 영향을 받았기 때문에 그 부분의 역사를 간결한 형태로 일반 독자에게 제시할 목적에서 쓰인 책으로, 흑인 역사의 대중화 운동을 선두에서 이끌었다"고 평가했다. 그러나 흑인 역사의 대중화에 실제로 영향을 미친 것은 이 책이 아니라, 이 책을 쓴 저자의 삶과 업적이었다.

Ж Ж Ж

제2차 세계대전이 끝난 직후에는 미국의 인종을 다룬 많은 책이 있었고, 흑인 작가나 백인 작가가 쓴 것이었다. 1945년 리처드 라이트Richard Wright(1908 – 1960)가 발표한 《흑인 소년》은 미시시피에서 보낸 어린 시절을 반쯤 허구로 각색한 반半자전적인 책으로 50만 부 이상 팔렸다. 1947년에는 흑인 역사가 존 호프 프랭클린이 아프리카계 미국인을 아프리카의 뿌리부터 추적한 권위 있는 연구서를 발표했다. 앨런 네빈스Allan Nevins(1890-1971)와 케네스 스탬프Kenneth Stampp(1912-2009)도 이 시기에 책을 발표했다. 1950년대에 들어서는 C. 반 우드워드Comer Vann Woodward(1908-1999)가 「남부 역사의 짐」이란 중대한 논문을 썼다. 우드워드가 1955년에 처음 발표하고 2번이나 개정한《짐 크로의 이상한 이력》은 남북 전쟁 전부터 1960년대의 저항까지 미국에서의 인종 관계를 자세히 추적한 책으로 마틴 루서 킹 주니어Martin Luther King Jr.(1929-1968)에게 "시민권 운동의 역사를 추적한 바이블"이란 평가를 받았다.

프린스턴 대학교의 역사학자 에디 글로드Eddie Glaude가 말하듯이, 이 작가들은 결코 "하나의 균질적인 무리"가 아니었다. 일부는 민족주의적 성향을 띠었고, 일부는 흑인의 경험이 지닌 가치를 강력히 주장했고, 또 다른 일부는 진보적이고 개혁적이었다. 작가들은 각자의 이념적 성향에 따라 사실을 다른 식으로 짜맞추었다. 윌리엄스는 프랭클린과 무척 달랐고, 가비는 듀보이스와 너무도 달랐다. 각 작가는 어떤 식으로든 정치 행위를 하고 있는 셈이었다. 그러나 그 행위는 기록 보관소를 뒤적거려 찾아낸 자료를 바탕으로 역사를 이용해 특정한 관점을 합리화하고, 과거에 간과되었거나 덜 중요하게 다루어진 역사 기록에서 연결 고리를 찾아가는 것일 수 있었다.

역사가와 학자를 구분짓는 중요한 기준 하나는 인종과 국적, 문화와 정체성을 어떻게 설명하느냐에 있다. 검은 피부는 여러 이유에서 지리적 조건과 관계가 있었지만, 논쟁적으로 보면 아프리카계 미국인, 아프리카인, 흑인, 흑색 인종, 디스패릭Disparic 등과 같은 용어에 대한 열띤 토론으로 이어졌다. 세네갈의 문화 이론가 레오폴 세다르 상고르Léopold Sédar Senghor(1906-2001)를 필두로, 데릭 월컷Derek Walcott(1930-2017)과 에메 세자르Aimé Césaire(1913-2008)를 비롯한 카리브해 지역의 지식인들은 네그리튀드 운동Négritude movement이라 알려진 것을 옹호하며 투쟁했다. 세자르의 표현을 빌리면, 프랑스가 1930년대부터 1950년대까지 식민지에서 자행한 착취를 고발한 네그리튀드는 "문명주의civilizationism"—문명이 인간의 성취를 가능케 하는 단일한 기준이라는 믿음—의 직접적인 부정이었고, "우리가 흑인이라는 사실을 인정하고, 그 사실을 수용하는 동시에 흑인으로서의 운명 및 역사와 문화도 수용하는 것"이었다.

한편 '아프리카계 미국인African American'이란 용어는 1835년까지 거슬러 올라가지만, 1980년대에 침례교 목사 제시 잭슨Jesse Jackson(1941년생)이 미국 내의 흑인들을 두 대륙을 이어주는 이름으로 부르자고 촉구한 운동의 일환으로 크게 부각되었다. 이와 관련된 단어로는 1960년대에 잠시 인기를 끌었고《옥스퍼드 영어 사전》에는 1831

흑인 역사가들 사이에서도 빛나는 두 거인: 카터 G. 우드슨(왼쪽)은 '흑인 역사의 달'을 발족했고, 존 헨리크 클라크는 〈할렘 퀴털리〉의 창간, '흑인 문예 아카데미'와 '아프리카계 미국인 학자 협의회'의 창설에 관여했다.

년에 수록된 '아프로 아메리칸Afro-American'이 있다.

잭슨에게 아프리카와 미국의 관련성을 역사적으로 추론하는 데 도움을 준 학자로는 조엘 오거스터스 로저스가 있었다. 아프리카인 디아스포라를 다룬 로저스의 책들은 아메리카 대륙에 거주하는 흑인들을 그들의 아프리카 선조에 이어주는 중대한 연결 고리가 되었다. 독학하고 자비로 책들을 출간한 로저스는 60개국에서 찾아낸 여섯 언어로 쓰인 자료들을 뒤적거린 끝에, 흑인들이 세계사에 남긴 족적에 대해 10권이 넘는 책을 썼지만, 주류 출판사들로부터 외면을 받아 인쇄 비용을 직접 감당해야 했다. 혼혈 인종 부모의 자녀 11명 중 하나로 태어난 조엘은 1906년에 자메이카의 고향을 떠나 뉴욕시로 이주했고, 그곳에서 할렘 르네상스 운동에 참여했다. 그는 1917년에 발간한 첫 소설 《슈퍼맨에서 인간으로》에서 아프리카인은 열등하다는 생각들을 신랄하게 공격했고, 교육을 받은 풀먼 침대차의 짐꾼과 편견이 심하지만 온순한 승객, 즉 오클라호마의 상원 의원이 나누는 대화 형식으로 자신의 주장을 극대화했다. 소설이 흘러가는 과정에서 흑인 짐꾼은 상원 의원을 설득해, 흑인에게 고결한 과거가 있었다는 걸 인정하게 만든다.

　　로저스는 어떤 인종이 다른 인종보다 우월하다는 걸 과학적으로 입증할 만한 증거가 없다고 지적하며, 흑인의 지위 향상을 위한 대변인 역할을 계속했다.《흑색 인종에 대한 놀라운 사실 100가지》,《성과 인종》,《세계사의 위대한 유색인》 등 상당한 판매량을 자랑한 책들에서는 역사적으로 뛰어난 흑인들과 그들의 업적에 대해 썼다. 그의 주장에 따르면, 이솝과 클레오파트라와 한니발 등은 일반적인 추정과 달리 백인이 아니라 흑인이었다. 한마디로 로저스는 "뛰어난 역설가"였다.[17]

　　《자연은 피부색을 구분하지 않는다》에서 로저스는 한 걸음 더 나아가, 피부색에 대한 편견은 생리적으로 다른 두 집단 간의 투쟁으로부터 진화해서, 결국에는 지배와 예속 및 전쟁을 그럴듯하게 합리화하는 수단이 되었다고 주장했다. 또 더 강한 사회가 다른 집단의 희생을 발판으로 얻는 이익을 정당화하려고 신화와 편견을 만들어낸 것이라 주장하기도 했다. 흑인이 열등하다는 가정이 맞다면, 이집트 문명이 인간에게 알려진 어떤 문명보다 더 오랫동안, 약 1만 년 동안 지속되었다는 건 모순이 아닐 수 없다. 게다가 이집트 문명은 유럽에 인간이 정착하기 전에 전성기를 누렸다. 로저스가 '역사의 밑기울'이라 칭했던 것, 즉 세계 어딘가에서 분명히 일어났지만 간과되며 탐구되지 않는 사건들을 분석해보니, 많은 고대 아프리카 문명이 서구 문명의 모체였다는 게 밝혀졌다. 따라서 미국은 흑인에게 평등권을 부여하는 것은 물론이고 존경심까지 표명해야 마땅했다.*

꙰ ꙰ ꙰

로저스는 '흑인 연구Black Studies'가 봇물처럼 터지기 직전인 1966
년에 세상을 떠났다. 그가 생전에 발표한 책들은 주로 흑인 사이에 유
통되었다. 나도 존 헨리크 클라크가 2013년에 쓴 글을 통해서야 그의
존재를 처음으로 알았다.[18] 클라크는 흑인 디아스포라를 세상에 알리
는 데 많은 역할을 해낸 흑인 역사가 삼인방 중 마지막 인물이다. 로
저스와 달리, 클라크는 주류 교육계의 일원이었지만 처음에 국외자로
시작한 것은 로저스와 다를 바가 없었다.

1915년 그는 앨라배마 소작인과 세탁부 사이에서 막내아들로
태어났고, 그때의 이름은 평범한 존 헨리 클라크였다(2000년 이전의
흑인 역사가는 거의 모두가 가난한 가정 출신이었다). 그가 네 살이었을 때
가족 모두가 조지아주의 콜럼버스로 이주했다. 클라크는 1995년의
한 강연에서 "자라면서 자주 벌을 받았고, 많이 맞았다"고 말했다.[19]

---

* 조지 워싱턴 윌리엄스와 카터 C. 우드슨이 그랬듯이, 로저스도 백지상태에서 글
을 쓴 것은 아니었다. 남아프리카공화국의 위대한 지도자 넬슨 만델라는 자신의
어린 시절에 대해 이렇게 말했다. "나는 우리나라의 실제 역사가 영국 표준 교과
서에 제대로 언급되지 않는다는 걸 전혀 몰랐다. 영국 표준 교과서에서는 1652년
얀 반 리베크Jan Van Riebeeck(1619-1677)가 희망봉에 상륙하면서 남아프리카가
시작되었다. 반투어를 말하는 사람들의 역사가 멀리 북쪽에서 시작되었고… 수천
년에 걸쳐 이 거대한 대륙의 남쪽 끝까지 서서히 내려왔다는 걸 나는 조이 족장
[반투족에 대한 권위자이던 즈웨일반길레 조이]을 통해 알게 되었다. 하지만 아
프리카 역사, 특히 1652년 이후의 역사에 대한 조이 족장의 설명이 항상 맞는 것
은 아니라는 것도 나중에야 알았다." Nelson Mandela, *Long Walk to Freedom* (New
York: Little, Brown, 1994), p. 21.

하지만 5학년 때 그를 가르친 여선생 에벌린 테일러가 어느 날 아이들과 운동장에서 히히덕거리던 그를 부르더니 교실로 데려갔다. 그러고는 그가 혼자서 글을 읽어낸 모습에서 특별한 뭔가가 있다며 "바보 같은 짓을 그만하라!"고 조언했다. 다른 아이들에게 받아들여지려고 바보 같은 짓을 때때로 한다는 건 그 자신도 잘 알고 있었다. "모두가 당신이 틀렸다고 생각할 때 옳은 길을 걷는 것은 결코 수치스런 게 아니다. 많은 바보를 따라 천국에 가느니, 지옥을 향해 뚜벅뚜벅 걸어가는 편이 더 낫다."[20] 어린 시절의 이야기들이 흔히 그렇듯이 이 이야기도 윤색된 기억일 수 있지만, 중요한 것은 그가 어렸을 때부터 선생님의 눈에 남다른 아이로 보였다는 것이다.

중등 교육을 마친 뒤에 그도 '흑인 대이동Great Migration' 동안 고향을 떠났다. '대이동'은 1910년부터 1970년까지 계속되었고, 이때 아프리카계 미국인들은 일자리와 더 나은 삶을 찾아 남부를 떠나 북부로 향했다. 훗날 그는 그때를 회상하며 "열여덟 살이면 온갖 종류의 상상을 해볼 수 있지 않은가!"라고 말했다. 그는 시카고에 잠시 머문 뒤에 뉴욕에 정착했다. 뉴욕에 정착하고 수 주가 지나지 않아, 푸에르토리코의 역사가로 두 세대의 흑인 학자들에게 정신적 지주 역할을 하던 아르투로 알폰소 숌버그Arturo Alfonso Schomburg(1874-1938)를 찾아갔다. 숌버그는 그에게 "젊은이, 자네 선조들의 역사를 공부하게"라고 말했다. 거의 알려지지 않은 아프리카인의 과거를 연구하라는 뜻이었다. 클라크는 본격적으로 역사서를 읽기 시작했고, 중간 이름도 세례식에서 받은 '헨리'에서 노르웨이의 급진적인 극작가로 그가 많이 존경하던 헨리크 입센Henrik Ibsen(1828-1906)의 헨리크로 바꾸었고, 성姓에도 e를 덧붙였다(하지만 그 이유에 대해 설명한 적은 없었다).

1941년부터 1945년까지 미국 국군에 복무했고("나는 군 역사상 최악의 병사 중 하나였지만 행정의 마법사였다"), 그 뒤에는 뉴욕에 돌아와 할렘 역사 클럽Harlem History Club("그곳에서 역사의 정치적 의미를 배웠다")과 할렘 작가 조합Harlem Writers Guild에 가입했다. 그 밖에도 여러 유수한 교육 기관에 등록해 헌터 칼리지와 사회과학 뉴스쿨 대학교, 뉴욕 대학교와 컬럼비아 대학교에서 강의를 들었지만, 정식으로 졸업한 곳은 없었다. 또 '흑인 해방 운동Black Power movement'에서 주요 인물이 되기 위한 길을 걷기 시작했고, 경제적 자립을 위해 온갖 잡일을 마다하지 않았다.

클라크는 〈할렘 쿼털리〉의 공동 창간자로 편집을 맡았고, 아프리카 유산 연구 협회를 공동으로 설립한 뒤에는 초대 회장을 지냈다. 또한 흑인 문예 아카데미와 아프리카계 미국인 학자 협의회의 창립 회원으로도 활동했다. 1956년에는 사회과학 뉴스쿨 대학교에서 가르치기 시작했고, 1964년부터 1969년까지는 할렘 유산 교육 프로그램의 책임자로 일했다. 1969년에는 그가 헌터 칼리지에 설립한 흑인 및 푸에르토리코 학과의 교수로 임용되었고, 코넬 대학교에서 객원 교수로 가르치기도 했다. 이 모든 것을 박사 학위는커녕 고등학교 졸업장도 없이 해냈다(그는 1993년 78세가 되던 해에 명예 박사 학위를 받았다).

클라크는 《마커스 가비와 아프리카의 미래》(1974)와 《아프리카를 찾아가는 내 삶》(1999)을 비롯한 6권의 책을 썼을 뿐만 아니라, 아프리카계 미국인들의 명문을 편찬했고, 단편소설집과 시집을 출간하기도 했다. 1996년, 그가 단편으로 쓴 「흑인 그리스도를 그린 소년」은 1996년 HBO에서 텔레비전용으로 제작한 영화 〈아메리카의 꿈〉의 일부로 그려졌다. 그렇게 분주하게 일하면서도 남는 시간에는 〈니그로 히스토리 불레틴〉의 서평 편집장, 잡지 〈자유의 길〉의 부편집장, 미국에서 손꼽히는 흑인 신문 중 하나이던 〈피츠버그 쿠리어〉의 특별 기고가로 활동했다.

그는 많은 분야에서 질적 수준이 높은 업적을 남기며 중요한 인물로 부상했지만, 그를 가장 빛내준 업적은 흑인의 역사를 가르치는 데 일반적으로 용인된 방법, 즉 그가 유럽중심적이고 편향되었다고 낙인을 찍은 방법에 대한 신랄한 공격이었다. 그는 "인간이란 존재성을 빼앗기면 민족이란 지위도 빼앗긴다"고 믿으며 "뿌리이던 땅에서 끌려나와 타인이 지정해준 국가에서 어쩔 수 없이 살아야 한다면, '국가'라고 칭해진 그릇을 지배하는 영악한 사람들의 노예가 되는 수밖에 없다"고 역설했다. (이 문장을 소리 내어 읽어보라. 그러면 어떤 선율이 느껴질 것이다.) 클라크는 삶을 마감하는 길목에서 쓴 한 평론에서 이렇게 말했다.

> 세계 다른 지역이나 지역민과 비교할 때 아프리카와 그 땅의 사람들에 대해서는 많은 글이 쓰였지만, 여전히 제대로 이해되지 못한 실정이다. 이런 상황은 노예 무역의 출범과 더불어 15세기와 16세기에 시작되었다. 유럽인들은 대부분의 세계를 식민지화했을 뿐만 아니라, 그 많은 지역과 그 지역 사람들에 대한 정보까지 식민화하기 시작했다. 이런 목적을 달성하기 위해 유럽인들은 아프리카인에 대해 그 전에 알던 모든 것을 잊어야 했고, 잊은 척해야 했다. ⋯근대 세계의 역사는 거의 아프리카인에게서 빼앗아 간 것으로 만들어졌다.[21]

클라크는 아프리카인에 대한 자부심과, 아프리카인에게 가해진 억압에 대한 분노를 양식으로 삼아 모든 과제를 수행했다. 자부심과 분노는 그가 뛰어난 웅변가로 성장하는 데 밑받침이 되었다. 캘리포니아 주립 대학의 한 신입생은 1982년 클라크의 강연을 듣고는 십수 년이 지난 뒤에 "그때 그 자리에 있었다. 나는 그에게서 폴 로브슨Paul Robeson(1898-1976), 듀보이스, 맬컴 엑스Malcolm X(1925-1965)의 모습을 조금씩, 또 내 할아버지와 닮은 면을 많이 볼 수 있었다. …그에게서는 내 할아버지처럼 남부인의 세련미, 설교자의 억양, '그 말씀'에 대한 완벽한 이해가 엿보였다. 하지만 클라크의 말씀은 성경이 아니라 역사였다"고 회고했다.[22]

클라크의 생각에, 역사가가 된다는 것은 정치적 신념과 함께하는 것이었다. 그는 마커스 가비를 존경했다(이 부분에서, 가비를 "정신 병자이거나 반역자"라고 불렀던 듀보이스와 달랐다). 또 맬컴 엑스의 절친한 친구이자 조언자였고, 맬컴 엑스의 초기를 다룬 전기를 쓰기도 했다. 클라크는 확신에 찬 사회주의자로, 자본주의를 끊임없이 비판했다. 마틴 루서 킹 주니어가 "나에게는 꿈이 있습니다"라는 유명한 연설을 했던 1963년 8월 28일의 〈직업과 자유를 위한 워싱턴 행진March on Washington for Jobs and Freedom〉에 많은 사람이 찬사를 보냈지만, 클라크는 "겉으로만 요란했던 해방 운동, 우리가 결국 거리에 내놓지 않은 쇼의 리허설"로 보았다. 클라크가 "교실에서 괜찮은 선생이 되는 것이 내 최고의 업적이다"라고 말했듯이, 역사 교육의 목적은 많은 아프리카계 미국인에게 자부심을 갖게 하는 것이라는 게 그의 주된 메시지였다.

1997년 9월 21일, 그는 82세에 시빌 윌리엄스Sybil Williams와 결혼했다. 그녀는 그를 10년 이상 옆에서 도와준 조수였다. 이듬해 그는 심장마비로 세상을 떠났지만, 시빌의 도움으로 그가 소장하던 책과 문서 전부를 애틀랜타 유니버시티 센터와, 현재 뉴욕 공립 도서관의 일부인 숌버그 흑인 문화 연구 센터로 옮긴 뒤였다. 그 무렵 아프리카계 미국인의 역사는 전국적으로 110곳이 넘는 연구소에서 안정적으로 기록되며 읽히고 있었다.

※ ※ ※

1948년 해리 트루먼 대통령은 군대에서의 차별을 금지했다. 1954년에는 '브라운 대 교육위원회' 사건에 대해, 백인과 흑인을 구분해 가르치는 학교 교육은 원천적으로 불평등한 것이라는 연방 대법원 판결의 결과로, 많은 주에서 동등한 기회를 제공하게 되었다. 1957년에는 아이젠하워 대통령이 연방 선거에서 흑인이 투표권을 행사하지 못하는 주에 법무부가 개입해 시정 명령을 내리는 권한을 부여하는 법안에 서명했다.

의원들에게도 행동을 촉구하는 시위가 계속되었다. 1961년 5월 4일, 훗날 시민 평등권 운동의 우상이 된 존 루이스John Lewis(1940-2020)를 포함해 7명의 흑인과 6명의 백인으로 이루어진 13명의 프리덤 라이더Freedom Rider가 남부를 종단하는 여정을 시작하며 버스 정류장의 분리에 항의했다. 그날 이후로 며칠 동안, 그들이 탄 버스가 공격을 받았고, 쇠사슬과 쇠파이프와 야구 방망이로 무장한 폭도들이 그들을 습격했다. 심지어 그들을 향해 폭탄까지 투척된 적도 있었다. 결국 미시시피의 잭슨에서 그들은 '백인 전용' 시설에 무단으로 침입했다는 죄목으로 체포되어 징역형을 받았다. 미국 연방 대법원은 그 유죄 판결을 파기했고, 그해 가을에는 '주간州間 환승 정류장에서 백인과 흑인의 분리를 금지'하는 법안이 통과되었다.

1963년의 워싱턴 행진은 세계적인 뉴스거리가 되어 미국 흑인의 요구 사항이 널리 알려졌다. 1964년 7월 2일에는 린든 존슨 대통령이 케네디 대통령 시대에 시작된 입법을 마무리하며, 모두에게 평등한 고용권을 보장하고, 투표자의 읽기 능력을 확인하는 절차를 제한하며, 연방 당국이 앞장서서 모두에게 공공 시설을 평등하게 이용할 수 있는 권리를 제공하는 등의 광범위한 법안에 서명했다. 이듬해 존슨 대통령은 1964년의 법을 더 확대하는 조치를 취하며 '제2의 재건'을 예고했다. 월터 모슬리Walter Mosley가 1994년 '이지 롤린스 미스터리 시리즈'의 하나로 발표한 《블랙 베티》는 존 F. 케네디가 대통령으로 재임하던 초창기가 배경이었다. 이 소설에서 모슬리는 롤린스의 입을 빌려 "나는 더 나은 상황에 대해 생각해보려 애썼다. 우리의 젊은 아일랜드계 대통령과 마틴 루서 킹에 대해서, 세상이 어떻게 변했고, 미국의 흑인이 수백 년 만에 처음으로 인간답게 대우받는 기회를 어떻게 얻었는지에 대해 생각해보려 했다."[23] 정말 그렇게 보였던 게 확실하다.

1968년 4월 4일, 킹 목사가 암살되자 폭동이 뒤따랐고, 존슨 행정부는 더 파격적인 법안, 즉 인종과 성별, 출신 국가와 종교를 이유로 한 주택 차별을 금지하는 법안을 제정할 수밖에 없었다. 한 걸음 더 진척된 조치였지만, 시민권 운동 시대에 제정된 마지막 법률이었다.

✕ ✕ ✕

1500년과 1900년 사이에 약 400만 명의 아프리카인이 인도양에서 플랜테이션 농장이 운영되던 섬들로 보내졌고, 800만 명이 지중해 주변의 여러 국가로 옮겨졌다. 신세계로 보낸 아프리카인은 약 1100만 명에 달했다. 미국 흑인들이 자신들의 역사를 되찾기 위해 투쟁하는 기간 동안, 다른 지역의 작가들, 즉 반드시 흑인은 아니었지만 '유색인'이었던 그들도 특히 식민주의의 역사에 대해 나름의 증언을 남겼고, 그중 몇몇은 미국 내에서 벌어지던 흑인의 역사에 대한 토론에 큰 영향을 끼쳤다.

가장 기억할 만한 증언록 중 하나는 접점에 있는 인종 문제를 다루었고, 그 때문에 더욱더 깊은 인상을 남긴 시릴 라이어널 로버트 제임스Cyril Lionel Robert James(1901-1989, 흔히 C. L. R.로 줄여서 표기)의《경계를 넘어》(1963)였다. 제임스는 트리니다드 토바고 태생의 흑인이었고, 그 섬나라의 수도 포트오브스페인으로부터 12킬로미터 정도 떨어진 곳에서 태어났다. 사회 계층이 피부색의 차이에 따라 결정되었다는 점에서 그의 옅은 피부색이 무척 중요한 역할을 했다. 그는 문학과 크리켓을 좋아했다.《허영의 시장》은 특별한 위치, 어쩌면 유일무이한 위치를 차지했던지, 윌리엄 메이크피스 새커리William Makepeace Thackeray(1811-1863)가 영국 사회를 풍자한 그 소설을 여덟 살 때부터 평균 3개월 간격으로 읽고 또 읽었다. 크리켓은 곧 그의 주된 관심사가 된 운동이었다. 그는 세계적인 수준에 조금 못 미치는 실력을 갖출 정도로 크리켓을 즐겼고, 평생 동안 인쇄물이나 라디오를 통해 크리켓 경기를 논평하기도 했다.

제임스는 책을 거의 30종 썼고, 아이티의 혁명가 투생 루베르튀르Toussaint L'Ouverture(1743-1803)를 다룬 희곡을 쓰기도 했다. 한편 1936년에 발표한 소설《박하 향이 풍기는 골목》은 카리브 지역 출신의 흑인이 영국에서 출간한 최초의 소설이었다. 제임스는 유명한 역사가이자 정치 운동가로, 블랙 내셔널리즘Black Nationalism의 토대를 놓은 창시자이기도 했다. 그가 펴낸 첫 출판물은 지극히 도발적인《서인도 제도의 자치를 위하여》였다. 그는 미국을 순회하며 강연했지만 결국 1953년에 강제 추방 되고 말았다. 그는 "나에게 가장 큰 영향을 끼친 사람은 마르크스가 아니라 새커리였다"고 말했지만,[24] '반反

C. L. R. 제임스(왼쪽)는 스포츠에 대한 글을 수단으로 삼아 흑인의 삶을 전체적인 관점에서 말하려 했다. 매닝 매러블은 미국의 5개 대학교에 아프리카계 미국인 학과를 설립했다.

스탈린주의 변증론자'로 규정지어졌다. 그가 쓴 '공산주의 인터내셔널Communist International(약칭 '코민테른')'의 역사서 《세계 혁명》(1937)은 트로츠키와 조지 오웰George Orwell(1903-1950)에게 극찬을 받았고, 1938년에 발표한 급진적인 역사서 《검은 자코뱅들: 투생 루베르튀르와 생도맹그 혁명》도 그에 못지않은 찬사를 받았다. 제임스는 카리브해 지역, 영국과 미국에서 영웅에 버금가는 존재가 되었다.

하지만 그에게 명성을 안겨준 책은 크리켓을 다룬 《경계를 넘어》였다. 그 책이 역사상 스포츠에 관한 최고의 책이라 찬사를 받은 이유는 제목에 그의 의도가 함축되었듯이, 무엇보다 스포츠의 경계를 넘어섰기 때문이다.[25] 제임스가 인종이란 프리즘을 통해 크리켓을 보며, 카리브해 섬들이 세계에서 가장 유명한 크리켓 선수들을 적잖게 배출했고, 그들 모두가 유색인이던 시기에 "크리켓을 표현 수단의 하나로 활용한 사회적 열정"을 분석했기 때문에 그 책은 특별했다.[26] 더구나 크리켓은 영국과 카리브해 지역의 삶에서 중요한 위치를 차지했고, 두 지역 모두에서 크리켓을 지배하던 백인들은 사회 질서가 변하는 걸 달갑게 생각하지 않았다.

그의 삶에 대해 이야기를 하며 서인도 제도의 주요한 크리켓 선수들을 소개하는 형식으로, 제임스는 리어리 콘스탄틴Learie Constantine (1901-1971) 등과 같은 인물들에 대해 썼다. 호방한 타자에 무시무시하게 빠른 공을 던진 투수였던 콘스탄틴은 영국 최초의 흑인 귀족이 되었고, 1965년 인종 관계법의 통과에 주된 역할을 해냈다. 제임스가 그려낸 또 다른 인물인 프랭크 워렐Frank Worrell(1924-1967)은 멋쟁이 오른손 타자였지만 공의 솔기를 이용해서 왼손으로 변화구를 던졌던 크리켓 선수로, 제임스가 그를 대신해서 적극적으로 나선 덕분이었던지 1960년 시리즈 내내 서인도 제도 팀의 첫 흑인 주장이 되었다. 은퇴한 뒤에 워렐은 교육자로 변신했고, 자메이카 상원 의원으로 선출되었으며, 1964년에는 영국 여왕으로부터 기사 작위를 받았다. 제임스는 그를 앞세워 정치적인 이득을 얻기도 했다.

따라서 인종 관계에서 가장 큰 영향을 미친 역사서 중 하나는 스포츠에 대한 책이었지만, 제임스가 자랑스레 말했듯이 "동서를 가로질러 외딴곳까지, 시간적으로는 과거와 미래를 아우르는 준거틀"을 벗어나지 않은 책이었다.[27] 제임스가 남긴 명언 중에는 지금도 여전히 유효한 게 적지 않다. 예컨대 "불만의 근본적인 원인이 대부분 해소되고 일부만이 남을 때 사회적 폭발이 일어난다"는 지금 상황에도 딱 맞아떨어지는 논평이 아닐 수 없다.[28] 또 "3세기 정도 지난 뒤에 카리브인들은 정체성을 확립하기 위해, 카이사르도 몰랐던 지역까지 틀림없이 개척해 나아갔을 것이다"라고도 말했다.[29] '이국적인 야만인 exotic savage'이라는 저주는 제임스에게 명예 훈장만이 아니라 혁명 프로젝트가 되었다.

《경계를 넘어》가 출간되기 2년 전, 노예들이 집단 거주하며 사탕 수수를 재배하던 프랑스령 마르티니크섬 출신의 정신과 의사 겸 정치 이론가 프란츠 파농Frantz Fanon(1925-1961)이 식민지화에 대해 20세기 에 출간된 가장 중요한 책 중 하나를 펴냈고, 프랑스 정부가 그 책을 금서로 지정한 것은 조금도 놀랍지 않았다. 나는 파농의《대지의 저주 받은 사람들》을 1969년에야 읽었다. 내가 대학에서 마지막 학기를 맞 이한 때로, 당시 파농은 민권 운동과 반反식민주의 및 흑인 의식 운동 에 지대한 영향을 미친 인물로 인정되었다. 특히 파농은 미국을 '불법 적으로 폭력을 휘두르는 사람들의 나라'라고 칭했다.

그보다 더 일찍, 랠프 엘리슨의《보이지 않는 사람》이 출간되었 던 1952년에는 더 자전적인 책인《검은 피부, 하얀 가면》을 발표했 다. 이 책에서 파농은 백인 세계에서 살아가는 흑인의 정신 상태를 분 석했고, 인종의 차이를 역사적으로 추적했다. 최근에 파농의 전기를 쓴 애덤 샤츠Adam Shatz는 이 책을 "흑인으로 살았던 경험에 대한 위대 한 연구서"라고 평가했다.[30] 반면에《대지의 저주받은 사람들》은 식 민 사회의 부당성에 초점을 맞추고, 상대적으로 역사에 대해서는 거 의 언급하지 않는다. 그러나 파농이 백혈병으로 병석에 누워 죽어가 면서 받아쓰게 한 이 책, 즉 가장 널리 알려진 저작에서, 우리가 과거 에 대해 서술하는 방법을 재정립해야 한다고 주장한다.

제3세계가 인류의 새로운 역사를 다시 시작하는 게 중요하다. 그
역사는 유럽이 간혹 터무니없이 내질렀던 주장들을 전체적으로
고려하는 역사가 되어야 한다. …따라서 동지들이여, 유럽으로

부터 영감을 끌어낸 국가와 제도와 사회를 설립함으로써 유럽을 능가하도록 하자.[31]

소작농들의 '혁명적 자발성revolutionary spontaneity'을 믿는다는 점에서《대지의 저주받은 사람들》은 훗날 많은 혁명의 이론적 토대가 되었고, 남아프리카공화국의 스티브 비코Stephen Bantu Biko(1946-1977), 쿠바의 체 게바라Che Guevara(1928-1967), 미국의 맬컴 엑스에게도 영감을 주었다. 지난 60년 동안, 흑인의 역사에 대해 글을 쓴 어떤 작가도 이 책을 간과할 수 없었다.

여기에서 2가지 중요한 문제가 제기된다. 첫째로, 흑인 역사가들은 투지에 넘치고 대담하게 글을 쓴다는 공통점이 있지만 역사를 쓰는 방식은 무척 다양하다는 것이다. 예컨대 미국에서 인종 관계의 역사는 흑인의 역사와 같지 않다. 둘째, 소수자는 대부분의 글에서 푸대접을 받는다는 점이다. 특히 유럽과 북아메리카에서 백인 남성 작가의 글에서 그렇다. 그러나 흑인은 그런 소수자의 하나에 불과할 뿐, 흑인 이외에도 다른 여러 소수자가 있다. 미국에서 아프리카계 미국인과 백인 미국인 간의 토론은 라틴계와 아시아계 및 아메리카 원주민 등과 같이 불이익을 받는 집단을 소외시키는 경향을 띤다. 그렇게 느껴지지 않을 수 있겠지만, 흑인 운동가들은 언젠가부터 예외적으로 주목을 받았다.

＊ ＊ ＊

소수 인종에 대한 이야기들 간의 상대적 균형은 일단 접어두고, 1960년대부터 미국 역사가들은 흑인의 삶을 거의 모든 영역에서 추적하고 연구했다. 즉 노예 무역이 시작되기 전에 흑인들이 아프리카에서 어떻게 살았고, 그 이후에는 연한年限 계약 노동자나 전쟁 포로로서, 또 해적들에게 사로잡혀 노예로 아메리카에 넘어온 때부터 미국 독립 혁명까지, 다시 남북 전쟁 이전, 아이티 혁명(독립국가의 건국으로 이어진 유일한 노예 반란), 남북 전쟁, 재건 이후에는 어떻게 살았는지를 추적했다.

1921년 백인 인종 차별자들이 흑인 구역을 그야말로 기초까지 태워버린 털사 인종 폭동Tulsa race riot, 흑인들의 종교 생활, 흑인들의 사업체와 군 복무, 교도소의 역사, 법과의 충돌 등을 다룬 책들이 속속 출간되었다. 아프리카계 미국인들의 노동 운동에 대한 연구도 이어졌다. 찰스 H. 웨슬리Charles Harris Wesley(1891-1987)는 1925년 하버드에 제출한 박사 학위 논문에서, 흑인은 게을러서 숙련된 역량이 필요한 일을 해낼 수 없다던 당시의 지배적인 가정을 철저히 반박함으로써 유명해졌다. 교육과 주택, 건강과 문화, 예컨대 할렘 르네상스, 예술계의 흑인, 흑인 해방 운동의 탄생 등에 대한 글들도 발표되었다. 1910년부터 1940년까지의 제1차 흑인 대이동, 대략 1941년부터 1970년까지로 정의되는 제2차 흑인 대이동, 짐 크로법, 시민권 박탈, 민권 투쟁을 연구한 서적들도 줄을 이었다. 흑인의 역사가 마침내 주류가 되었다.

흑인 여성 역사가들의 목소리도 꾸준히 들렸다. 애나 줄리아 쿠퍼Anna Julia Cooper(1858-1964)는 1892년에 발간한 《남부의 목소리》에서 흑인 여성을 옹호함으로써 후세의 기억에 남았다. 쿠퍼는 태어날 때부터 노예였지만, 부커 T. 워싱턴의 애틀랜타 연설이 있기 전에 "오늘날 유색인 여성은 이 나라에서 하나의 직업밖에 갖지 못하는 듯하다. …유색인 여성은 여성 문제와 인종 문제 모두를 견뎌야 하지만,

아직까지 두 부문 모두에서 알려지지도 않고 인정받지도 못하는 신세이다"라고 말했다는 점에서 주목된다.[32] 쿠퍼는 미국의 모든 여권에 인쇄된 구절, "자유라는 대의는 인종이나 종파, 정파나 계급의 대의가 아니라 인류 전체의 대의이고, 인류의 생득권이다"라는 경구를 쓴 장본인이기도 하다. 한편《높은 자리에 올라선 검은 얼굴들》(1971)을 쓴 여성 학자 헬렌 G. 에드먼즈Helen Grey Edmonds(1911-1995)는 1956년 공화당 전당대회에서 드와이트 아이젠하워를 지지하며, 미국 대통령 후보의 지명을 재청한 최초의 흑인 여성이 되었다.*

중요한 상을 수상한 흑인 역사가도 적지 않았다. 이와 관련된 이야기를 할 때마다 진부하게 반복되는 명단이지만 인상적인 것은 분명하다. 데이비드 레버링 루이스David Levering Lewis(1936년생)는 2권으로 구성된 듀보이스 전기를 차례로 출간한 1994년과 2001년에 퓰리처상을 수상했다. 프랭크 M. 스노든 주니어Frank M. Snowden Jr.(1911-2007)는 하워드 대학교의 고전학 교수로, 고대 세계의 흑인을 연구한 논문들로 찬사를 받았다. 아널드 램퍼새드Arnold Rampersad(1941년생)는 할렘 르네상스의 시대에 활동한 위대한 시인 랭스턴 휴스Langston Hughes(1901-1967)의 전기를 썼고, 얼마 전에 프린스턴 대학교에서 퇴직한 넬 어빈 페인터Nell Irvin Painter(1942년생)는 19세기 남부의 역사

---

* 링컨 때문에 대부분의 흑인이 공화당을 지지했지만, 프랭클린 루스벨트의 재임 이후로 바뀌었다. 1936년에는 흑인 유권자의 28퍼센트만이 공화당을 지지했다. 이런 변화는 마틴 루서 킹이 투옥된 상태에서 그의 부인 코레타 스콧 킹Coretta Scott King(1927-2006)에게 케네디가 전화를 했던 1960년의 선거에서 더욱 두드러졌다. 시민권 법안에 가장 강력히 저항한 조직은 '견고한 남부 연합Solid South' 이었다. 확실히 민주당을 지지하던 이 조직이 강력히 저항함에 따라, 린든 존슨의 의제도 남부에서 패하고 말았다. 한편 킹 목사는 유명한 연설 〈나에게는 꿈이 있습니다〉에서, 또 다른 흑인 목사 아치볼드 캐리Archibald Carey(1908-1981)가 1952년 공화당 전당대회에서 한 연설을 부분적으로 도용했다.

를 다룬 저작으로 주목을 받았다. 특히《하얀 사람들의 역사》에서는 흑인과 백인의 감수성을 분석했다. 펜실베이니아 대학교의 영문학 교수 새디어스 M. 데이비스Thadious M. Davis는《남부의 풍경: 인종과 종교와 문학의 지리학》(2011)을 썼다. 그들은 각자의 직업 세계에서 최고봉에 오른 학자들 중 세 명에 불과하다. 2019년, 캘리포니아 대학교의 교수 제프리 C. 스튜어트Jeffrey C. Stewart(1950년생)는 '할렘 르네상스의 아버지'라는 얼레인 로크의 삶을 추적해 2권으로 구성한 전기로 퓰리처상을 수상했다. 알렉스 헤일리Alex Haley(1921-1992)는 맬컴 엑스의 협조를 받아《맬컴 엑스의 자서전》을 썼고, 텔레비전 연속극으로 제작되어 1억 3000만 명이 넘는 미국인 시청자에게 큰 반향을 일으킨《뿌리: 한 미국인 가족에 대한 대하소설》을 발표하기도 했다. 누구보다 눈에 띄는 흑인 역사가로는 자신을 문학 평론가라 표현하지만,《아프리카계 미국인의 세기》(2000),《그 해변에서의 삶》(2011),《험준한 돌길》(2019) 등으로 많은 추종자를 확보한 헨리 루이스 게이츠 주니어Henry Louis Gates Jr.가 있다. 흑백을 불문하고 많은 역사가가 그렇듯이, 게이츠도 까다롭고 엄격한 연구를 대중적인 텔레비전 다큐멘터리 제작 기술로 보완하는 능력 덕분에 명성을 얻었다.

이 인상적인 명단을 고려할 때, 에릭 포너(백인 뉴요커, 1943년생)가 고등학교에 진학했을 때 단 한 권의 교과서에도 유색인 역사가의 이름이 언급되지 않았지만, 컬럼비아 대학교에서도 흑인 역사가에게 전혀 배운 적이 없었다는 사실에 주목할 필요가 있다. 당시 흑인 대학은 번창했지만, 아프리카계 미국인의 역사에 대한 교육은 실질적으로 없었던 셈이다. 1969년 마침내 아프리카계 미국인의 역사라는 과목이 컬럼비아 대학교에 개설되었다. 그때 포너는 그 강의를 진행해달라는 요청을 받았고, 나중에는 컬럼비아 대학교의 아프리카계 미국인 연구학부 초대 과장을 초빙하기 위한 위원회의 의장을 맡아 흑인 학자 매닝 매러블Manning Marable(1950-2011)을 선택했다.

2008년 여름, 나는 매러블이 오랫동안 집필한 맬컴 엑스의 전기를 편집해달라는 요청을 받았다. 당시 매러블은 그 책을 쓰기 위해 이미 12년 이상을 조사하고 집필한 터여서, 그 프로젝트를 마무리하는 걸 도와줄 프리랜서 편집자가 필요했다. 우리 둘은 배경과 인종 및 삶의 경험에서 더 이상 다를 수 없을 정도였지만, 서너 개의 초고를 두고 그와 함께 작업 시간은 무척 즐거웠고, 그때 나눈 우정은 지금도 잊히지 않는다.

그러던 어느 날, 점심을 함께하던 매닝은 더없이 안타까운 소식을 전해주었다. 오하이오에서 태어났지만 이주한 서인도 제도인의 후손인 매닝은 일반적으로 사르코이드로 알려진 사르코이드증 sarcoidosis(문자 그대로 번역하면 유육종증, 신체 면역 체계의 과잉 반응에서 비롯되지만 거의 연구되지 않은 질병)이란 진단을 받았다. 그의 설명에 따르면, 미국 백인보다 카리브해의 유색인과 아프리카계 미국인에게서 발병되는 확률이 10배나 높았고, 스칸디나비아인에게도 흔했지만, 누구도 발병 원인을 정확히 알지 못했다. 매러블은 폐에 발병해, 양쪽 폐 모두 이식이 필요하다는 말도 들었다.

우리는 원고를 마무리 짓기 위해 속도를 높였다. 그 과정에서 매닝은 성가시게 계속되는 기침과 짧은 호흡에 시달렸고, 항상 산소 호흡기를 곁에 두어야 하는 불편함도 이겨내야 했다. 수술을 받으려고 뉴욕 장로교 종합병원에 입원해 하룻밤을 머물렀지만, 준비된 폐가 적합하지 않다는 소식을 5번이나 들어야 했다. 그 병원의 기록에 따르면, 한 환자가 겪어야 했던 기록적인 지연이었다.

2009년 8월이 끝나갈 무렵, 세 번째로 완성한 초고가 바이킹 출판사에 보내졌다. 이듬해 중반쯤 매닝은 마침내 폐 이식 수술을 받았고, 한동안 모든 게 순조롭게 진행되는 것처럼 보였다. 그 때문에 매닝은 바이킹 출판사의 편집자에게 3주 내에 작업을 다시 시작할 거라고도 말했다. 하지만 합병증이 닥쳤고, 2011년 4월 1일, 61세 생일을 한 달 앞두고 매닝은 폐렴으로 사망했다. 그로부터 사흘 뒤, 바이킹 출판사는 《맬컴 엑스: 재탄생의 삶》을 출간했다. 그 전기는 즉시 베스트셀러 목록에 올랐고, 미국에서만 양장본으로 7만 부 이상 팔렸으며, 퓰리처상 전기 부문의 최종 후보에도 올랐지만 최종적으로 역사 부문 퓰리처상을 수상했다.

생전에 매닝은 약 24종의 책을 썼고, 모두가 아프리카계 흑인의 삶을 다룬 것이었다. 한편 1993년에는 컬럼비아 대학교 내에 아프리카계 미국인 연구소를 설립했고, 그 이후로도 4곳의 다른 대학교(콜게이트와 퍼듀, 오하이오 주립, 콜로라도)에서 유사한 연구소를 설립하는 데 힘을 보탰다. 요컨대 매닝은 역사가로서 연구에도 충실했지만 정치 운동가로도 열심히 활동했으며, 1998년에는 아프리카계 미국인들의 풀뿌리 네트워크로, 인종 간의 평등 및 사회·경제적 정의를 실현하기 위한 흑인 급진 회의Black Radical Congress의 설립에도 참여했다.

인종과 관련된 문제를 올바로 이해하려면 역사에 크게 의존할 수밖에 없다. 그렇다면 인종이 주된 연구 과제인 역사가에게 학자로서의 연구와 정치 활동 사이의 적절한 균형점은 어디일까? 매닝의 경우, 그 둘은 서로 손잡고 행진했다. 2006년, 그는 "과거의 집단 경험이란 보물 창고에서 끌어낸 역사 지식은 아프리카계 미국인을 넘어 미국인 모두를 포괄하는 새로운 인종을 형성하기 위한 과제에 무척 중요하다"고 말했다.[33] 또 2009년에 발표한 한 평론에서는 미국 내 흑인들의 상황을 "통합의 역설"이라 표현했다. 중산층 정치 계급에 속한 아프리카계 미국인들이 분명히 존재하지만, "수백만의 아프리카계 미국인이 여전히 오해를 받아, 백인에 비해 고용과 양질의 의료, 교육과 주택 소유에서 배제되고… 흑인 청년들에 대한 경찰의 학대와 대량 감금이 계속되고 있기 때문이다."[34] 매닝은 "새로운 유형의 블랙 팬서 Black Panther가 정치적 세계에 곧 등장할지로 모른다"며 이 평론을 끝 맺었지만, 매닝이나 그의 동료 흑인 역사가들은 어떤 유형의 폭동이 임박했는지는 전혀 예측하지 못했다.

※ ※ ※

특정한 사건을 가리키는 상징적인 시간이 있다. 1945년 8월 6일, 이놀라 게이Enola Gay호에서 떨어뜨린 원자 폭탄 '리틀 보이'가 히로시마에 닿는 데는 43초가 걸렸다. 1776년 7월 4일, 56명의 대표가 미국 독립선언문에 서명하는 데는 3시간이 걸렸다. 또 2020년 5월 25일, 미네소타 경찰 데릭 쇼빈Derek Chauvin이 조지 플로이드George Floyd를 짓눌러 죽이는 데는 8분 46초가 걸렸다. 리틀 보이가 떨어지는 데는 실제로 44.4초가 걸렸고 목표 지점에서 빗나갔다는 사실, 독립선언문은 7월 2일에 초안이 작성되어 통과되었지만 7월 4일에 수정되었으며 8월 2일에야 완전히 서명되었다는 사실, 또 쇼빈이 무릎으로 플로이드의 목을 짓눌렀던 시간은 정확히 9분 29초로, 검찰이 나중에 수정했다는 사실은 중요하지 않다.

기억할 만한 순간에 대한 소식은 신속히 퍼진다. '죽은 것처럼 드러눕는 시위die-in protest'는 계획한 대로 8분 46초 동안 진행되었고, 전 세계에서 열린 행진과 집회도 그 시간 동안 침묵하거나 농성했으며 교통의 흐름을 막았다. 2020년 6월 4일, 조지 플로이드의 장례식은 추도객들이 서서 8분 46초(8:46) 동안 침묵하는 것으로 끝났다. '8분 46초Eight minutes 46 seconds'는 위키피디아에서 한 항목을 차지한다. 플로이드가 고통에 시달리며 서서히 죽어가는 모습은 역사에서 전환점이 되며, 여러 사건—흑인과 라틴계에 특히 큰 타격을 주었던 전염병 코로나19, 빈부 격차가 확연히 드러난 경제 위기, 눈에 띄게 증가한 사회 갈등, 백악관의 노골적인 인종 차별, 아프리카계 미국인을 향해 반복되는 경찰의 야만적 진압—을 하나로 모으는 계기가 되었다. 뉴욕 센트럴 파크에서 새를 관찰하며 개의 목줄을 묶어달라고 요구했을 뿐인 무고한 흑인 남성에게 괴롭힘을 당했다고 경찰에 미친 듯이 신고하는 백인 여성의 동영상이 빠르게 퍼지던 날, 플로이드가 경찰의 야만적 진압에 목숨을 잃는 사고가 벌어졌다. 경찰의 진압 과정은 소셜 미디어를 통해 실시간으로 중계되며 세상에 알려졌다. 이 모든 것이 복합되며 '퍼펙트 스톰perfect storm'으로 변해, '블랙 라이브스 매터(Black Lives Matter, BLM, 흑인 목숨도 중요하다)'가 하늘 높이 치솟았다.

첫 운동은 그보다 7년 전, 2013년 7월에 시작되었다. 조지 짐머만George Zimmerman이란 28세의 백인 청년이 자칭 자경단원이 되어 아프리카계 미국인 10대 소년 트레이번 마틴Trayvon Martin을 총으로 살해했지만 무죄로 풀려난 지 17개월 뒤로, 세 여성 시민운동가가 Black Lives Matter라는 세 단어로 해시태그를 만든 때였다. 그 이후로 2명의 아프리카계 미국인, 10대 소년 마이클 브라운Michael Brown이 미주리주 퍼거슨에서, 43세로 여섯 자녀의 아버지인 에릭 가너Eric Garner("숨을 못 쉬겠어")가 뉴욕시에서 목숨을 잃었다. 그러자 BLM은 가두 행진으로 이어졌고, 시위 횟수도 많아졌다. 따라서 2017년 1월까지 적어도 1889회의 M4BL(Movement for Black Lives, 흑인 목숨을 위한 운동) 행진과 시위가 세계 전역에서 일어났다.

조지 플로이드가 살해되자, 그의 죽음은 "살인일 뿐만 아니라 (흑인 탄압의) 상징으로도" 여겨졌고,[35]* 약 1500-2600만 명이 미국 전역에서 시위에 참여한 것으로 추정되었으며, 백인 시위자의 비율이 흑인 시위자보다 거의 3배나 많았다. 게다가 60개 이상의 조직이 참여하며, BLM 운동은 미국 역사상 가장 큰 시민운동의 하나가 되었다. 사람들은 숫자를 대수롭지 않게 보는 경향이 있지만, 이 수치는 흑인에 대한 불공정을 전 세계가 인식하는 새로운 시대가 열렸다는 걸 알리는 놀라운 수치이다.

이런 변화는 과거를 해석하는 사람들에게 특별한 압박으로 다가왔다.[36] BLM의 기본적인 믿음 중 하나가, 아프리카계 미국인의 역사가 여전히 차별적이어서 전반적으로 다시 쓰여야 한다는 것이기 때문이다. 2020년 7월 17일, '미국 초기 공화국 시대의 역사를 연구하는 학자들의 모임(Society for Historians of the Early American Republic, SHEAR)'의 주최로 '트럼프 시대의 앤드루 잭슨'을 주제로 한 화상 토론이 열렸다. 녹스빌에 있는 테네시 대학교의 69세 교수 대니얼 펠러 Daniel Feller의 한 논문이 집중적으로 다루어졌다. 모두 백인인 토론자들은 펠러의 역사 기록 해석에 맹비난을 퍼부었다. 펠러가 여성 학자를 '무능하다'고 비판했고('무능'은 그가 사용한 많은 단어 중 하나에 불과했다), 잭슨이 '레드코트redcoat(미국 독립 전쟁 당시의 영국 군인/옮긴이)'와 레드스킨redskin(아메리카 원주민/옮긴이)을 학살해서 명성을 얻었다고 언급했는데, 토론자들이 보기에는 용납할 수 없는 오점이라는 게

* 2021년 4월, 전 미네소타 경찰관 데릭 쇼빈은 자신에게 제기된 3건의 혐의—2급 비고의 살인, 3급 살인, 2급 과실치사—에 대해 모두 유죄 판결을 받았다. 이 글을 쓰는 현재까지 항소는 제기되지 않았다.

펠러를 맹비난한 이유였다.

그 토론회가 있은 뒤, 그 모임의 회장은 토론자의 다양성 결여에 대해 공식적으로 사과했고, 펠러의 부적절한 언어 사용에 대해서도 사과했지만, 비난은 계속 이어졌다. 〈뉴욕 타임스〉는 예술면의 첫 페이지에 게재한 기사에서, 그 다툼은 "백인이 지배한 역사계에서 오래전에 청산되었어야 할 인종에 대한 편견"을 보여주며, "역사가 누구에 의해 어떻게 쓰이는가"를 함축적으로 보여준다고 보도했다.[37] 브라운 대학교의 역사 교수로, 어느새 45년이 된 SHEAR을 대신해 최근에 다양성 보고서를 공동 집필한 세스 록먼Seth Rockman은 그 논란을 미국 제7대 대통령과 그의 유산에 대한 평가의 충돌인 동시에 "유대 관계가 긴밀한 학문계에서, 2020년의 변화까지 아우르는 미국 역사를 다시 쓰는 방법에 대한 광범위한 투쟁"으로 보았다.[38] 한편 스미스 칼리지의 역사학자 엘리자베스 프라이어Elizabeth Pryor는 "역사를 전체적으로 다시 쓴다는 개념 자체는 새로운 학문을 만들어내고, 우리가 연구하는 것, 또 우리가 하나의 국가로서 어디쯤에 있는가를 더 잘 이해하는 데 목적이 있다"고 덧붙였다.[39]

그런 도전은 조지 플로이드의 죽음 이후 뒤따른 감정의 폭발 이전에 시작되었다. 2019년 8월, 〈뉴욕 타임스 매거진〉은 1619년 아프리카인이 노예로 버지니아 식민지에 처음으로 도착한 때의 400주년에 맞추어, 스미스소니언 협회Smithsonian Institution와 제휴해 '1619 프로젝트'라는 책자를 발행했다(이 책의 관점에서 보면, 1619년이 '미국의 탄생해'이다). 그 책자는 표지에서 "마침내 우리 이야기를 진실하게 말해야 할 때가 왔다"고 선언하며, 그 프로젝트의 목적은 "우리나라의 역사를 재정립하며… 우리가 누구인지를 우리가 직접 말하는 이야기의 중심에 노예 제도의 결과와 흑인의 공헌을 두는 데 있다"고 덧붙

였다.[40]

원래 그 프로젝트는 책자의 1회 발행으로 끝날 예정이었지만 다양한 행사, 신문의 특별 지면, 고등학교 교과 과정, 서적 발행과 팟캐스트 등 한층 더 야심 찬 사업으로 발전했다. 조지 워싱턴의 동상이 쓰러지고, 그 쓰러진 동상에 '1619'라는 숫자가 페인트로 그려졌다. 그 프로젝트를 고안한 여성 니콜 셰리 해나 존스Nikole Sheri Hannah-Jones는 시민권 취재로 널리 알려진 43세의 탐사 기자로, 그 책자의 첫 꼭지로 실린 글에서, "미국 흑인들이 미국을 민주 국가로 만들 때까지 미국은 민주주의가 아니었다"며 이렇게 덧붙였다.

> 미국은 이상과 거짓을 토대로 세워진 국가이다. 1776년 7월 4일 서명된 우리 독립선언문은 "모든 사람은 평등하게 창조되었고", "창조주로부터 몇몇 양도할 수 없는 권리를 부여받았다"고 선언한다. 그러나 이 독립선언문을 작성한 백인들은 그 선언이 그들과 함께하던 수십만의 흑인들에게 적용된다고 믿지 않았다. 따라서 "생명과 자유와 행복의 추구"가 국민의 5분의 1에게는 온전히 적용되지 않았다.[41]

뉴욕의 길거리 곳곳에 그 책자를 구입하려는 사람들이 줄지어 늘어섰다. 그러나 그 책자에 실린 글들을 향한 비판이 곧바로 뒤따랐다. 프린스턴의 역사학자로 미국 혁명 시대를 전공한 숀 윌렌츠Sean Wilentz는 역사를 쓴다는 가면 뒤에 감추어진 행동주의라고 '1619 프로젝트'와 특히 해나 존스의 참여를 비판하는 회문回文을 돌렸다. 그의 초안에 다른 4명, 제임스 M. 맥퍼슨James M. McPherson, 고든 우드 Gordon Wood, 빅토리아 바이넘Victoria Bynum, 제임스 오크스James Oakes

가 서명하며 힘을 더해주었다. 그들 모두가 미국 혁명 시대에 대한 뛰어난 전문가로 백인이었다. 그해 12월, 예상대로 〈뉴욕 타임스〉는 그 회문을 다루었다. 그 회문이 '1619 프로젝트'에 '강력한 의구심'을 표명했고, 몇몇 주장을 사실에 근거해 바로잡았으며, 역사에 대한 올바른 이해보다 이데올로기를 앞세운다고 비판한다고도 보도했다.* 특히 그 회문은 식민주의자들이 노예 제도를 보호하려는 주된 목적에서 미국 독립 전쟁을 벌인 것이라는 주장에 반박했다.

〈뉴욕 타임스 매거진〉의 편집장 제이크 실버스틴Jake Silverstein은 그 회문에 포괄적으로 반박하며, 보도의 정확성을 옹호하고 글의 수정을 거부했을 뿐만 아니라 "노예 제도로부터, 또 노예 제도의 유지에 필요한 흑인에 대한 인종 차별로부터, 미국을 예외적인 국가로 만든 거의 모든 것이 잉태되었다"고도 썼다. 그러나 2020년 3월 온라인에 공개한 글은 달랐다. 노예 제도의 보호가 "일부 식민주의자"에게만 영국과 싸운 주된 목적이었던 것으로 수정되었고, 1619년이 미국의 "진정한 건국" 혹은 "미국이 시작된 해"라는 언급도 온라인판에서는 사라졌는데, 그 이유에 대한 설명은 없다.

1년이란 시간이 지난 뒤에도 그 책자에 대한 논란이 지속되자, 〈뉴욕 타임스〉의 보수적인 칼럼니스트 브렛 스티븐스Bret Stephens는 의견란에 기고한 글에서 동료들의 침묵을 몰아세웠다.

---

* 〈디 애틀랜틱〉에 실린 기사에 따르면, 다른 역사가들이 〈뉴욕 타임스 매거진〉의 몇몇 주장에 의혹을 품었지만 그 회문에 서명하지 않았다는 사실은, 그 회문이 글의 부정확성을 지적하려는 것이냐 아니면 더 나아가 1619 프로젝트 자체를 폄하하려는 것이냐를 두고 의견이 나뉘었다는 증거였다. Adam Serwer, "The Fight Over the 1619 Project Is Not About the Facts," The Atlantic, 2019년 12월 23일을 참조하기 바란다.

그 문제는 사소한 게 아니었다. 삭제된 주장은 논란이 많았지만 그 프로젝트의 핵심적인 목표—"1619년을 우리나라의 탄생해로 보는 게 무엇을 뜻하는지를 고민함으로써 미국의 역사를 재정립하는 것"—였다.[42]

같은 달, 노스웨스트 대학교의 존경받는 역사학자로, 관련된 쟁점의 사실 확인에 나섰던 레슬리 M. 해리스Leslie Maria Harris는 그 책자의 저자들 중 일부가 해나 존스의 수정 요구를 묵살했다고 썼다. 해리스는 해나 존스를 인터뷰하며 전후 과정을 확인한 결과를 정리한 글에서 "나는 그녀의 이야기를 듣고 경악하지 않을 수 없었다"고 시작하며 "내가 그녀의 글에서 역사적 오류 여부를 점검한 학자와 격렬히 논쟁을 벌였던 의견, 즉 애국자들은 대체로 북아메리카에서 노예제도를 유지하려는 목적에서 미국 독립 혁명을 위해 싸웠다는 의견을… 니콜 해나 존스는 끊임없이 되풀이했다"고 덧붙였다. 해리스에 따르면, 식민지에서 노예 제도는 영국으로부터 직접적인 위협을 받지 않아, 식민지 개척자들이 노예 제도를 보호하려고 구태여 반란을 일으킬 필요는 없었다. 하지만 해리스는 자신의 생각에, 문제의 책자에 실린 주장들은 지배적인 이론들을 바로잡는 데 무척 필요한 제안이라고 덧붙였다. "나는 평론가들이 과장되게 주장하며 '1619 프로젝트'의 신뢰성을 떨어뜨리지 않을까 걱정했다. 안타깝게도 지금까지는 그런 사태가 벌어졌다."[43] 해리스는 〈뉴욕 타임스〉가 한 국가의 과거를 새롭게 다시 작업하기를 요구하는 것으로 보았다. 인류 역사에서 유례가 없던 사례로, 처음으로 백인 역사가들이 썼으니, 이번에는 흑

* 스티븐스의 글이 〈뉴욕 타임스〉에 실린 뒤에, 그 쟁점에 대해 나름대로 의견을 개진한 약 1400통의 편지가 신문사에 도착했다. 한 독자는 "고든 우드와 숀 윌렌

인 역사가들이 지배적인 위치에서 역사를 다시 써보자는 것이었다.*

미국 작가 애덤 서워Adam Serwer가 〈디 애틀랜틱〉에 기고한 글에서 말했듯이, "1619 프로젝트와, 특히 해나 존스의 첫 번째 글은 우리나라의 어두운 면을 보여주었다. 미국인들이 생각보다 많은 진전을 이루어내지 못했고, 흑인들은 결코 완전히 실현되지 못할 수 있는 권리를 쟁취하려고 여전히 끝없이 투쟁하고 있다는 게 드러났다." 서워의 견해에 따르면, 미국 역사의 대부분이 엄격한 분석 대신에 이데올로기적 주장을 내놓는 학자들에 의해 쓰였다. "그러나 어느 주장이 이데올로기적이고, 어느 주장이 객관적인지를 구분하는 게 항상 쉽지는 않다."

이제 와서 돌이켜 보면, 〈뉴욕 타임스 매거진〉의 프로젝트에 참여한 학자들 중 일부는 자료 조사를 등한시했고, 자신의 실수를 인정하는 데 충분히 솔직하지 못했던 게 분명한 듯하다. 그 때문에 1619 프로젝트는 신뢰성을 크게 상실했고, 지원에서도 큰 손해를 보았다. (2020년 9월 도널드 트럼프가 1619 프로젝트를 교과 과정에 넣는 공립 학교에 연방 지원을 중단하겠다고 선언한 것도 필연적인 결과였을 수 있다. 트럼프는 많은 조롱에도 불구하고 '1776 위원회'를 설립해 "우리 초중등 학교에 애국심 교육을 되살리려고도 했다.") 하지만 언론의 본분을 꿋꿋이 지닌 글도 있었다. 많은 독자가 미국 노예 제도의 역사에 눈을 뜨게 해주었던 글이었다. 미국은 모두에게 자유와 정의와 평등이 보장되는 나라라 자처했지만,

츠가 각각 남북 전쟁 전의 미국을 다룬 첫 책을 출간해 찬사를 받았던 1970년대 초와 1980년대 중엽은 마침내 학계에서 아프리카계 미국인의 역사와 노예 제도를 미국의 역사에서 중요한 연구 과제로 인정하기 시작한 때였다. 그러나 우드와 윌렌츠는 미국의 초기를 다룬 첫 책에서 그 문제에 거의 관심을 기울이지 않았다'고 썼다. 그러나 윌렌츠도 회문을 돌렸지만 "우리 모두는 1619 프로젝트에 담긴 아이디어가 환상적이라 생각한다"고 말했다. 한편 "역사 교육이 지난 수십 년 동안 불완전하고 잘못된 방향으로 진행되었다는 맥락에서 1619 프로젝트를 보아야 할 것"이라고 합리적으로 지적한 독자도 있었다.

19장 우리 이야기는 누가 쓰는가?

니콜 해나 존스(왼쪽): "흑인만큼 노예 제도에 대한 학설을 깨뜨리고 싶은 사람은 없다."
엘리자베스 힌턴(오른쪽): "우리는 이 순간을 진짜 청산의 기회로 삼을 수 있을까?"

다수의 국민이 자유와 평등을 누리지 못하고 부당하게 대우받는 역사를 오랫동안 보낸 나라였다고 고발한 글이었다.

'1619 프로젝트'는 언론인에게 수여하는 미국 잡지상National Magazine Award과 조지 폴크상George Polk Award을 받았다. 그중에서 가장 큰 주목과 가장 많은 비판을 받은 글은 해나 존스의 글이었다. 해나 존스도 그런 결실에 어느 정도 만족했던지 "요즘 사람들과 이야기를 나누어보면 자신들이 몰랐던 방식으로 미국이 건설되었다는 걸 알게 된 것 같다고 말하는 사람들이 있다"고 말했다.[44] 2020년 5월 해나 존스는 평론 부문 퓰리처상을 수상했다.[45] 그리고 6월 28일에는 〈뉴욕 타임스 매거진〉의 표지 기사 「무엇을 빚졌는가」를 썼다. 10쪽에 걸쳐, 미국이 "400년 동안의 인종 차별적인 약탈"을 저지른 대가로 흑인 시민에게 배상해야 할 근거를 제시한 기사였다. 그 기사는 폭넓은 범위를 다루었고, 강력한 선언이었다. 이번에는 수정을 요구하는 목소리가 뒤따르지 않았다. 조지 플로이드가 사망하고 바로 한 달 뒤에 그 잡지가 발행된 까닭이었을까.

관점이 무엇이었든 간에 그 잡지에 실린 두 기사와 거기에서 파생된 책《1619 프로젝트: 기원에 대한 새로운 이야기》가 발행되었을 때는 흑인 역사가들이 인종에 대해 무엇을 어떻게 말하는지 미국이 특별히 알고 싶어 하던 때였다. 최근에는 미국과 해외의 대형 출판사가 미국 흑인들에게 글쓰기를 권장하고 독려하려고 자회사를 설립했다. 그중에서 가장 활발한 출판사가 펭귄 랜덤하우스의 자회사로, 크리스 잭슨Chris Jackson이 발행인 겸 편집장인 원월드One World이다. 잭슨이 처음으로 일을 맡기는 작가 지망생들에게 건네는 조언은 자신을 상자 안에 가두지 말라는 것이었다. "나는 그들에게 자신이 생각해 낸 가장 멋진 아이디어를 가져오라고 말했다. 무엇을 써야 위대한 흑인 책이나 비슷한 것이 되겠느냐는 생각은 그만두라고 조언했다. 우리가 세상을 보는 눈이 세상 사람들에게 우리가 주장할 수 있는 방향이기 때문이다."[46]

이런 이유에서, 과거를 해석하는 미래는 언론 부문 퓰리처상을 수상한 최초의 아프리카계 미국인 여성 이저벨 윌커슨Isabel Wilkerson 같은 작가들의 손에 달려 있다. 그녀는 무려 15년을 투자한 끝에 아프리카계 미국인의 이주에 대한 이야기《다른 태양의 따스함》(2010)을 완성해 많은 찬사를 받았지만, 다음 책《카스트: 우리 불만의 기원》을 쓰는 데는 절반의 시간밖에 걸리지 않았다. 드와이트 가너 Dwight Garner는 〈뉴욕 타임스〉에 기고한 서평에서 이 책을 "미국의 세기를 잘 정리한 손꼽히는 논픽션"이라 칭찬했다. 언젠가 윌커슨은 켄 번스에게, 그녀를 몰아붙이는 원동력은 "수백만에 달하는 사람들에 대한 기본적인 사실조차 더 많은 사람에게 알려지지 않았다. …어떻

게 해야 모든 미국인을 '우리'라는 개념에 들어오게 할 수 있을까?"라는 각성이었다.[47]

　　현재 흑인 역사가들이 다루는 과제의 범위는 인상적이다. 여기에서는 3명의 학자만을 소개하는 것으로 만족하기로 하자. 존스 홉킨스 대학교의 마사 S. 존스Martha S. Jones는 법률가이자 시민운동가로 사회생활을 시작했지만 역사를 연구하는 쪽으로 방향을 전환했고, 2007년에 아프리카계 미국 문화에서 여성의 권리를 연구한《모두가 함께 묶여》를 출간했다. 2008년에는 출생 시민권이 흑인에게 미친 악영향의 역사를 추적한《생득권과 시민》을 발표했고, 2020년에는 흑인 여성들이 평등한 권리를 쟁취하려고 수십 년 동안 어떻게 싸웠는지를 연구한《전위대》를 펴냈다. 스탠퍼드 대학교의 역사학과 조교수 앨리슨 홉스Allyson Hobbs는 2014년에 첫 책을 발표했다. 첫 책은 아프리카계 미국인으로 분류되지만 백인 여성으로 '받아들여지는passed' 조카를 표본으로 삼아 '인종 통과racing passing'를 연구한 결과물이었지만, 지난 5년 전부터 관심 범위를 넓혀 어떤 주에는 무함마드 알리에 대해, 또 어떤 주에는 스코틀랜드 민요 〈작별Auld Lang Syne〉에 대한 글을 〈뉴요커〉에 쓴다. 현재 그녀는 두 프로젝트를 동시에 진행하고 있다. 하나는 흑인 여성들에게 가해진 성폭력의 역사를 연구한 '말로 하기에 끔찍하지만To Tell the Terrible'이고, 다른 하나는 흑인 운전자들의 눈으로 본 자동차의 역사를 추적한 '성소로부터 멀리 떨어져Far from Sanctuary'이다. 끝으로, 캘리포니아 대학교 역사학 교수인 켈리 라이틀 에르난데스Kelly Lytle Hernández는 제대로 기능하지 못하는 로스앤젤레스 교도소 시스템을 1771년부터 1965년까지 추적한 야심찬 문화 연구서《수감자들의 도시》를 2017년에 출간해서 4개의 주요한 상을 휩쓸었다.

　　지난 수년 동안, 베스트셀러 목록에 미국에서의 인종 문제를 다룬 책이나 '아프리카인 디아스포라'를 연구한 책이 오른 경우는 무척 드물었다. 《백인의 취약성》, 《세상과 나 사이》, 《안티레이시즘》, 《그래서 인종에 대해 말하고 싶다》, 《법의 색》, 《다시 시작하라: 제임스 볼드윈의 미국과, 우리 시대의 미국에 긴급히 필요한 교훈들》 등 6종에 불과했다. 2020년 6월에 흑인 학자 이브람 솔라니 켄디Ibram Xolani Kendi가 베스트셀러 20위 내에 3종의 저서를 동시에 올린 적이 있기는 했다. 그는 원래 이름이 이브람 헨리 로저스였다. 하지만 2013년에 결혼할 때 '켄디(케냐 메루족의 언어에서 '사랑받는 사람'을 뜻함)'라는 성을 채택했고, 중간 이름이던 헨리를 버렸다. 15세기에 포르투갈 탐험가이던 엔히크 왕자(Infante Dom Henrique, 영어로는 Prince Henry)가 서아프리카를 목표로 한 첫 노예 무역 항해를 금전적으로 지원했다는 걸 알게 되었기 때문이었다. 그 대신, 줄루어에서 '평화'를 뜻하는 솔라니를 선택했다.

켄디의 부모는 모두 뉴요커였지만, 1997년에 북버지니아로 이주했다. 그들은 흑인 해방 운동과 해방 신학에 영향을 받았지만, 시간이 지나면서 부르주아 계급의 일원이 되었다. 켄디는 (남군 장군인 스톤월 잭슨의 이름을 딴) 스톤월 잭슨 고등학교를 다녔고, '성공'하지 못해 가난한 흑인들을 비웃는 수필을 써서 글짓기 대회에서 상을 받기도 했다. 켄디는 그때의 기억이 지금도 뇌리를 떠나지 않는다며, 당시에는 그가 "중산층의 풍요에 감추어진 인종 차별적인 생각"의 노예였다고 인정했다.[48]

켄디가 작가로 성공하게 된 계기는 《처음부터 낙인찍히다: 미국 내 인종 차별적 생각들의 역사》의 출간이었다. 거의 600쪽에 걸쳐 5명의 중요한 미국인—코튼 매더Cotton Mather(1663-1728), 토머스 제퍼슨Thomas Jefferson(1743-1826), 윌리엄 로이드 개리슨William Lloyd

이브람 X. 켄디는 3종의 책을 동시에 베스트셀러 목록에 올렸다(왼쪽).
에디 글로드 주니어(오른쪽)는 오늘날 인종 구분에 대해 논평하는 수단으로 제임스 볼
드윈의 글을 사용했다.

Garrison(1805-1879), W. E. B. 듀보이스, 앤절라 데이비스Angela Davis—
의 삶을 통해 인종 이야기를 쉽게 풀어간 대중서였다. 이 책은 2016
년 논픽션 부문 전미 도서상을 수상했다(나는 앉은자리에서 그 책을 단
숨에 읽었다). 다음에 발표한 《앤티레이시즘》은 베스트셀러 1위에도
올랐다. 이 책은 역사서가 아니라 논쟁거리에 가깝지만 깊은 생각이
담긴 연구서여서, 미국의 출판사인 펭귄 랜덤하우스는 모든 간부 직
원에 이 책을 반드시 읽어보라고 권했을 정도였다. 이 책에서 켄디
는 현재의 분위기에서 아무것도 하지 않는 게 인종 차별이라 주장한
다. 켄디에게는 중간이 없다. 그러나 헨리 데이비드 소로Henry David
Thoreau(1817-1862)가 말했듯이, "제대로 듣지 못하는 사람에게는 크
게 말해야 한다."

듀보이스를 비롯해 여러 흑인 학자가 곳곳에 뿌려놓은 자신감

이 서서히 확산되었다는 사실을 고려할 때, 켄디는 《처음부터 낙인찍히다》에서 거북했겠지만 "나는 이 책을 쓰기 위해 조사를 시작하기 전까지 흑인은 열등하다는 인종 차별적인 생각에서 벗어나지 못했다. …흑인에게 유일하게 잘못된 것은 우리가 흑인에게 무엇인가 잘못된 게 있다고 생각하는 습관이라는 걸 전혀 깨닫지 못했다"며 매우 정직하게 인정했다. 처음에 그는 이런 책을 쓰려는 의도가 아니었다. 1960년대 말에 어떻게 고등 교육 기관에서 흑인 연구가 시작되었는가를 연구한 박사 학위 논문을 다시 손질할 생각이었다. 하지만 1장만 90쪽에 달하자, 그가 진정으로 말하고 싶은 것은 상당히 다른 것임을 인식했다. 당시 39세로 엘리 비젤Elie Wiesel(1928-2016)의 빈자리를 채운 보스턴 대학교 교수이자, 보스턴 대학교 부설 '반인종차별 연구소Center for Antiracist Research'의 창립 이사이던 켄디는 미국 법체계에 내재한 인종 차별 정책의 역사를 추적하는 책을 이미 시작한 데다 제목까지 잠정적으로 '불평등의 뼈대'라고 정해둔 터였다. 《처음부터 낙인찍히다》처럼 이야기를 하듯이 풀어쓰겠지만 이번에는 투표자 억압voter suppression, 레드라이닝redlining(대출 기관이 대출해주지 않을 지역을 표시하려고 지도에서 해당 구역 주변에 붉은 선을 긋는 관행),[49] 게리맨더링 gerrymandering 등 지금까지도 어두운 그림자를 드리우는 관행들의 역사를 다룰 예정이었다.

✕ ✕ ✕

　　인종 차별이 이처럼 갑자기 강조되자, 적잖은 역사가와 정치학자 및 지식인이 반발하고 나섰다. 흑인 역사가들이 역사를 왜곡하는 의제에 우선순위를 두고 있으며, 미국의 역사에서 모든 것이 인종에 관한 것이고 흑인은 순전히 피해자인 것처럼 나르시시즘에 초점이 맞추어진다고 주장하는 학자들이 적지 않았다. 게다가 현재 아프리카계 미국인의 43퍼센트 이상이 중산층이거나 그 이상이라는 지적도 있었다.[50]

한편 반反인종주의자들은 자신의 영역을 열정적으로 옹호하고 나섰다. 2020년 여름, '미국 민주사회주의자들Democratic Socialists of America'의 뉴욕시 지부는 흑인 정치학자로 펜실베이니아 대학교 명예교수인 아돌프 리드Adolph Reed를 초대해 화상 강연을 개최했다. 리드가 이미 여러 평론에서 표명했듯이, 좌익이 인종 문제에 집중한 이후로 계급에 관심을 충분히 기울이지 못한다는 게 그의 일관된 주장이었다. 또한 인종 차별의 척결에 성공하려면 인종의 경계를 넘어 모든 노동자 계급과 가난한 사람이 함께 뭉쳐야 한다고도 주장했다. 게다가 인종이 하나의 구성체라는 인식은 과장된 것이고, 그렇게 인식함으로써 전체 그림에서 적잖은 부분을 놓쳤다고 지적한 적도 있었다.

리드를 강연에 초대했다는 소식을 듣고, 지부 회원들은 격분했다. "역병과 저항의 시대에" 인종 차별을 경시하는 그런 인물에게 어떻게 강연의 기회를 줄 수 있느냐는 것이었다. 그런 강연대를 제공하는 행위 자체가 "반동적이고 계급 환원적이며, 좋게 보더라도 시대의 흐름을 읽지 못하는 짓"이라고 반발했다. 리드와 그의 후원자들은 결국 강연을 취소하는 데 동의했다. 〈뉴욕 타임스〉가 보도했듯이, 그리하여 "미국에서 가장 강력한 사회주의 조직이 인종에 대한 견해를 이유로 흑인 마르크스주의 교수의 강연을 거부했다."[51] *

---

* 1970년 나는 영국 노숙자 지원 단체인 셸터Shelter의 런던 지부 관리자직에 지원했다. 그에 따른 인터뷰를 진행하는 동안, 나는 셸터가 다른 자선 단체, 예컨대 시각 장애자, 정신 장애자, 전쟁 피해자 등을 위한 조직과 연대해서 하나의 강력한

이런 반발이 모순되게 해석되고, 또 리드 교수의 강연이 정치적 반감으로 문자 그대로나 상징적으로 '취소'되었지만, 아프리카계 미국인들은 오래전부터 공산주의와 사회주의를 미덥게 생각하지 않았다. 1931년 듀보이스는 다수의 기분을 대변하며, 이상적으로 보면 흑인은 노동자 계급의 이익에 동조해야 하지만 백인 노동자 계급이 인종 차별을 반대하는 투쟁을 지원하는 경우에만 그러하다고 말했다.

> 미국 흑인은 백인 노동자에게 승리를 안겨주기 위해 죽음과 잔혹함과 굴욕의 최전선으로 내몰리는, 공산주의 혁명의 돌격대가 되고 싶지는 않다. 미국 흑인은 자본을 위해서나 백인 노동자를 위해 불 속에서 밤을 꺼내지는 않을 것이다. …백인 노동자의 이익이 흑인 노동자의 이익과 일치한다는 걸 흑인은 분명히 알고 있다. 그러나 백인 노동자가 그런 사실을 인정할 때까지 흑인 노동자는 순전히 자기방어를 위해서라도 희생양이 되는 걸 거부하는 수밖에 없다.[52]

어쩌면 2021년에는 '사회주의 혁명Socialist Revolution'이 더 적절한 위장막이었을 수 있지만, 그런 정서는 당시에는 물론이고 지금도 여전히 유효하다. 그렇다고 백인 블루칼라가 뚜렷이 반反인종주의자이거나 적극적인 평등주의자인 것은 아니다. 듀보이스는 1963년의 워싱턴 행진을 하루 앞두고 가나의 수도 아크라에서 향년 95세에 죽

압력 단체를 만들지 않는 이유가 뭐냐고 순진하게 물었다. 나를 인터뷰하던 여성의 입장은 준열했다. 그녀는 "빌어먹을 시각 장애자들!"이라며 욕을 토해냈다. 나는 그 욕을 "우리에게 활력을 주는 하나의 대의에 모든 에너지를 쏟아 넣어야만 뭔가를 이루어낼 수 있다"는 그녀의 표현 방식이라고 해석했다. 다른 자선 단체들도 어떻게든 꾸역꾸역 운영되고 있었다.

19장 우리 이야기는 누가 쓰는가?

음을 맞았다. 듀보이스의 표현을 빌리면, 가나 대통령 콰메 은크루마 Kwame Nkrumah(1909-1972)가 "인종이란 막연한 주제가 아니라, 아프리카대륙에 거주하는 사람들에 대한 백과사전"을 만들자며 2년 전에 그를 아프리카에 초대했기 때문이었다. 듀보이스는 가나 시민, 특히 아프리카에서 아프리카계 미국인과 카브리인의 이익을 대변하는 중요한 상징적 존재가 되었지만, 최종적인 프로젝트이던 '아프리카나 백과사전'은 미완성으로 남겨졌다. 이 프로젝트는 헨리 루이스 게이츠와 앤서니 아피아Anthony Appiah에 의해 1999년에 완료되었다.

아프리카계 미국인 역사가들은 흑인의 경험을 증명하라는 엄청난 압박을 받는다. 그 압박이 그들에게는 근심의 근원일 수 있지만, 적어도 1970년대 이후로는 학술 시장이 열렸던 곳이기도 하다. 따라서 그 분야를 선택하는 게 합리적이지만 여전히 제한적일 수 있다. 프린스턴과 하버드에서 아프리카-미국학 교수를 지낸 코넬 웨스트 Cornel West가 지적하듯이 "흑인 중심주의는 적대적이라고 인식되는 백인 사회에서 흑인의 정체성을 정의하려는, 대담하지만 방향이 잘못된 시도이다. 백인의 불안과 두려움이 아니라 흑인의 행동과 고통을 논의의 중심에 둔다는 점에서 대담한 것이고, 인종에 대한 논의를 좁힌다는 점에서… 방향이 잘못된 것이다."[53]

아프리카계 미국인 작가로 1993년부터 2011년까지 〈뉴욕 타임스〉에서 기명 칼럼니스트를 지낸 밥 허버트Bob Herbet는 "평생 나는 인종에 사로잡혀 나를 상자 안에 가둬놓기를 거부하며, 흑인 이야기와 시민권—그들이 사용하는 용어를 빌리면 '도시 쟁점urban issue'을 다루었다"고 말한다.[54] 허버트가 2014년에 출간한《우리의 길을 잃다》는 미국의 가난한 계층과 중산층이 21세기 경제에서 어떻게 소외되었는가를 심도 있게 다룬 책이다. 이 책에서 그는 "우리는 어떤 집단 내에 있어야 한다는 강박이 있고, 그 강박이 우리를 옥죈다. 내가 알기에 너무도 많은 흑인 작가가 오로지 흑인만을 주제로 글을 쓰려 한다"고 말한다.

흑인 못지않게 엄청난 편견에 시달렸던 다른 집단들, 예컨대 여성에 대해 생각해보면 그런 외곬의 집착이 덜 흔한 편이다. 여성이 견뎌낸 불의도 잔혹한 편이었다. 교육을 제대로 받지 못했고, 보람 있는 일에서 배제되었으며, 소유물과 금전의 관리권을 남편에게 법적으로 양도해야 했다. 그러나 (물론 유색인 여성은 제외하고) 지속적으로 짐승처럼 학대당하지 않았고, 1787년 미국 헌법에서 노예를 지칭한 것처럼 '인간의 5분의 3'으로 규정된 적도 없었다. 여성은 남성보다 열등한 존재라고 간주되었지만, 결코 인간 이하로 취급된 적은 없었다. 그 때문인지 상대적으로 평등한 교육을 받는 위치에 오르자마자, 젠더라는 쟁점에 틀어박히지 않았다. 세실 우덤 스미스, C. V. 웨지우드, 바버라 터크먼은 전쟁에 대한 베스트셀러를 썼고, 도리스 컨스 굿윈은 미국 대통령에 대해 썼으며, 메리 비어드는 고대 로마의 전문가가 되었다. 또 어맨더 포먼은 남북 전쟁 동안 영국와 미국의 관계에 대한 책을 썼다. 하지만 즉각적으로 떠오르는 생각은, 이 모든 작가들만이 아니라 엘리자베스 롱퍼드Elizabeth Longford(1906-2002), 앤토니어 프레이저, 린다 콜리Linda Colley, 마거릿 맥밀런 등도 특권층 출신이어서, 넓은 관점에서 세상을 보는 기회와 자신감을 누릴 수 있었다. 한편 다른 배경을 지닌 여성들은 젠더의 역사를 재규정하는 데 헌신했고, 여성의 대의를 위해 행동주의자로 변신한 여성도 있었다. 그러나 거의 200년 동안 여성들은 자신의 뜻에 따라 자유롭게 연구 주제를 선택했다.

허버트가 말했듯이, 어쩌면 흑인 역사가들은 그 상자 안에서 글을 쓰며 스스로를 옥죄는 듯하다. 그러나 다른 집단들은 그렇지 않았다. 공산주의 역사가들은 자신들이 염원하는 미래에 맞추어 과거를 해석하는 경향을 띤다. 라틴 아메리카 역사가들이나 중동 역사가들도 과거를 두고 치열하게 논쟁을 벌인다. 천국으로 향하는 진정한 길은 하나밖에 없다고 가르치며 개종을 권하는 종교인들도 다를 바가 없다. 심지어 종족 전체가 오랫동안 받은 박해를 이야기하려는 유대인 역사가들도 그런 고통과 착취 및 트라우마에 사로잡혀 글을 쓰지는 않는다. 하지만 흑인 연구학과의 교과 과정은 일반적인 역사학과와 달라, 저항 행위에 초점이 맞추어지는 경우가 많다. 그래도 변화의 조짐이 보인다. 대체로 요즘 역사가들은 개인적인 신념에 따라 글을 쓰고 가르치며, 그런 변화를 종이 위에 드러내 보인다. 에릭 포너는 "물론 누구나 거리에 나설 수 있다. 그러나 거리에 나서는 데 박사 학위가 필요하지는 않다"며, "하지만 지금은 아프리카계 미국인 역사가가 된다는 게 대단히 흥미로운 순간이다"라고 덧붙였다.[55]

학계의 현재 분위기를 잘 보여주는 사례는 에디 글로드 주니어의 《다시 시작하라: 제임스 볼드윈의 미국과 우리 시대의 미국에 긴급히 필요한 교훈들》이다. 이 책에서 글로드는 "내 아버지는 우체부였다. 아버지는 미국 우편 노동조합American Postal Workers Union에 가입함으로써 내면의 분노를 이용했고, 상점 점원을 거쳐 국가 공무원이 되었지만 우편물을 계속 배달했다"고 말했다.[56] 한편 그 자신은 학계를 선택했다며, "나는 다른 사람들과 공개적으로 생각을 나누고 싶었다. 내 작업에는 정치적 색채가 있지만, 대학에서 필요한 연구와 정치적 행동주의를 구분하지는 않는다. 작가가 되면, 실용주의에 대한 나만의 고유한 해석을 시험해보는 기회를 얻는다. 나는 이 길을 선택했지만, 그렇다고 어떤 특정한 공동체에 살아가는 사람이 되는 걸 포기한 것은 아니다. 특정한 공동체에 속한다고 내가 시민이 되지 못하는 것은 아니다"라고 말했다. 2016년에 가진 한 인터뷰에서는 이렇게 말했다.

> 단과 대학이든 종합 대학이든 대학은 용기라는 자질을 키우고, 겁이라는 습성을 알게 되는 공간입니다. [그가 가르치는 프린스턴에서] 학생들이 대런 윌슨[2014년 퍼거슨에서 마이클 브라운에게 총격을 가한 경찰관]의 불기소에 반발하며 프로스펙트 거리를 행진했을 때, 나중에는 경찰의 손에 죽은 모든 사망자를 기리며 죽은 것처럼 드러눕는 시위를 했을 때, 마침내는 나소 홀Nassau Hall(프린스턴에서 가장 오래된 건물)과 아이스그루버Christopher L. Eisgruber 총장실에서 연좌 농성에 돌입했을 때 나는 무척 자랑스러워, 체셔 고양이처럼 입이 찢어지게 미소를 지었습니다. 학생들은 이 대학에 대한 주인의식을 강력히 드러낸 겁니다. 프린스턴에 다니는 걸 감사하기 때문이 아니라, 프린스턴이 자신들의 대학이라 주장할 수 있는 권리에 감사한다는 뜻이었습니다. 나는 그런 자세를 좋아합니다. 대학에 더 나은 천사를 향해 손을 뻗으라고 요구한 것이니까요.[57]

글로드의《다시 시작하라》는 트럼프의 미국에 대한 웅변적인 항변이다. 이 책에서 글로드는 볼드윈이 1963년 이후에 발표한 글들을 근거로 제시하며 "미국은 근본적으로 선하고 무고한" 국가가 아니므로, 미국은 모두에게 동등한 기회를 부여한다고 계속 주장하거나 아니면 "두 번째로 건국할 때만큼이나 급진적으로" 재건국을 시작하는 길을 선택해야 한다고 주장한다.[58] 코넬 웨스트의 후계자답게 글로드는 "특히 미국 백인들은 약간의 진보를 꾀하고는 자축하며, 더는 계속 밀어붙이지 않는 변명거리로 삼는 경향을 띤다"고 지적한다.[59] 알렉시 드 토크빌은 그런 경향을 미국의 "끊임없이 계속되는 자화자찬"이라 칭했고, 글로드는 "앵글로·색슨주의라는 이데올로기"라고 칭했다. 이런 이유에서 미국 백인의 정체성은 '미국 이야기'와 떼려야 뗄 수 없는 관계를 이루고 있다는 게 글로드의 진단이다. 따라서 그 관계가 느슨해지면 '무엇이 남는가?'라는 의문이 미국 백인에게는 생기기 마련이다.

> 우리 역사를 보면, 우리가 앞으로 잘할 거라고 기대할 수 없다. 기껏해야 주변부를 땜질할 것이고, 다음 세대는 흑인의 슬픔과 고통을 다시 뇌리에 떠올리는 의식을 치러야 할 것이며, 우리 자식도 자식을 낳으면 그 자식에게 이 세상에서 어떤 일이 벌어지고 있는지를… 설명해줘야 할 것이다. 햄스터가 쳇바퀴를 굴리듯이 우리도 인종의 쳇바퀴를 굴리는 신세에서 벗어나지 못할 것이다.[60]

마틴 루서 킹이 암살된 직후 볼드윈이 '깊은 환멸'에 빠져 쓴, 1972년에 발표한 《거리의 이름 없는 사람들》에서 "아프리카계 미국인, 즉 미국 흑인이 된다는 것은 결코 떳떳하게 옹호할 수 없어 끝없이 공격하고 규탄할 수밖에 없었던 문명의 일원이 되었지만, 사랑하는 마음을 뜨겁게 토해내며 그 왕국을 새롭게 만들어 고결하고 살 만한 가치가 있는 곳으로 만들어보려는 사람들의 상황, 그러나 용납하기 힘들 정도로 과장된 상황에 빠져드는 것과 같다"고 말했다. 글로드는 볼드윈의 이 구절을 인용하며, 볼드윈의 혁명적인 해석, 즉 미국의

문제는 흑인이 아니라 "백인이 더 중요하다는 백인의 믿음"이라는 해석을 다시 소환해냈다.**61**

글로드의 결론은 암울하다. "우리 역사에서 이 추악한 시대의 근저에는 하나의 국가로서 '우리'가 더 나쁜 방향으로 변해가고, 그 '우리'가 우리 자신마저도 알아볼 수 없는 방향으로 추락하고 있다는 생각이 있다."**62** 이런 이유에서 글로드는 큰 희망을 품지 않지만, "우울감에 젖은 희망, 즉 편안한 낙관주의가 아니라, 어둠과 실패가 있더라도 우리에게는 달라질 수 있는 능력이 있다는 불멸의 믿음을 보여주는 희망"의 가능성은 인정한다.**63**

이런 예측에 맞물려, 지금 흑인 역사가들은 이례적인 기회를 맞이하고 있으며, 그 기회를 움켜잡으려고 안간힘을 다한다. 거의 사반세기 전, 존 헨리크 클라크는 이런 순간을 예측했다. "21세기에는 전 세계에서 아프리카인이 10억 명을 넘길 것이다. 우리는 내일의 사람들이다. 그러나 당연한 말이겠지만 우리는 어제의 사람들이기도 했다. 우리가 새롭게 지닌 중요성을 깨닫고, 먼저 우리 자신이 변한다면 우리는 세상을 바꿀 수 있다."**64** 클라크는 독자의 기분을 맞춰주려고 이렇게 글을 썼을 수 있지만, 이 글이 현재 상황을 정확히 가리키고 있는 건 분명하다.

※ ※ ※

정치와 인종이 양극화된 현재의 순간을 살아가는 신세대 학자들이 짊어져야 할 짐이 상당히 크다. 2020년 8월, 나는 차근차근 명성을 쌓아가는 젊은 흑인 역사가 엘리자베스 힌턴Elizabeth Hinton과 이야기를 나누었다. 그녀는 컬럼비아 대학교에서 에릭 포너의 지도하에 박사 학위를 끝낸 뒤에 매닝 매러블이 맬컴 엑스의 생애에 대해 조사하는 걸 도왔고, 그 후에는 하버드에게 잠시 가르친 후 최종적으로 예일 대학교에 자리를 잡았다. 2016년에 발표한《빈곤과의 전쟁부터 범죄와의 전쟁까지》는 전국적인 논쟁을 불러일으킨 연구서였다. 상당한 시간을 두고 2021년에 출간한 두 번째 책《불길에 휩싸인 미국》은 1960년대 말과 1970년대 초에 있었던 흑인들의 정치적 저항을 분석한 연구서였다. 처음에 그녀는 형사 변호사가 되려고 했지만, 개인적인 문제(조카 하나가 교도소를 들락거리며 어린 시절의 대부분을 보냈다)와, 석사 논문을 끝낸 뒤에도 풀리지 않은 의문들이 복합되며, 아프리카계 미국인의 역사에 대해 글을 쓰는 쪽으로 방향을 선회했다. 그녀는 Black Lives Matter가 미국을 위한 각성의 순간일 가능성을 엿보았다. "모든 억압과 인종 차별에는 새로운 기회가 있기 마련이다. 우리는 이 순간을 진짜 청산의 기회로 삼을 수 있을까?"[65]

힌턴은 요즘에는 위험을 기꺼이 감수하고 글을 쓴다며, "BLM이 유행어가 되기 전에는 감당하기 힘들었을 위험도 이제는 괜찮아졌기" 때문이라고 그 이유를 설명했다. 15년 전에《빈곤과의 전쟁부터 범죄와의 전쟁까지》를 쓰려고 자료를 조사할 때는 범죄와의 전쟁(린든 B. 존슨 대통령이 1965년 범죄 통제에 전국적인 역량을 집중하기 위해 만든 용어)의 역사와 교도소 시스템의 정립이 중요한 이유를 입증해야 했다. '백인 우월주의'와 '구조적인 인종 차별systemic racism' 같은 용어들은 흑인 연구에서 오래전부터 언급되었지만, 여하튼 요즘에는 주류가 되었다. 인종 간에 존재한 불평등과 불공정의 역사에 대한 최근의 평가를 기초로 많은 논의가 진행된 덕분에, 이제 인종 차별이 과거의 유물이 아니라 현재 미국인의 삶에 엄연히 존재하는 사실로 받아들여진다. 힌턴이 말하듯이 "그 결과로 이제 글을 쓸 때, 인종 차별이 존재한다는 걸 '입증'하는 데 많은 시간을 할애할 필요가 없다."

힌턴도 미국이 올바르게 정상으로 돌아갈 수 있을 것인가에 대해 나름의 의견을 제시했다. "어렵지 않을까요? 미국의 역사는 점진적으로 진보해서, 궁극적으로는 우리가 건국의 아버지들이 천명한 원칙들을 깨닫게 되는 역사일까요, 아니면 근본적으로 비민주적이었던 걸까요? 미국이 어떻게든 탈인종 사회가 될 수 있을까요?" 그래도 현재 "더 많은 사람이 흑인의 역사가 중요하다는 걸 인식하고, 흑인 역사가들이 말하는 것에 관심을 보이며 우리 의견을 듣고 싶어 한다"는 이유에서 힌턴은 희망의 끈을 놓지 않는다.

※ ※ ※

끝으로 나는 미래를 조금은 낙관적으로 보고 싶다. 더구나 아래에 소개하는 글을 백인이며 유대인 뉴요커인 애런 소킨Aaron Sorkin이 세기의 전환점에서 썼다는 점에서 더더욱 낙관적이다. 2000년 4월로 돌아가면, 텔레비전 드라마 〈웨스트 윙West Wing〉이 시청자들을 즐겁게 해주었고, 민주당이 차지하고 있던 백악관으로부터도 뜻밖의 호응을 얻었다. 한 에피소드에서는 흑인 변호사 제프 브레킨리지가 민권 담당 법무부 차관보가 되려는 시도가 다루어진다. 때마침 그는 미국 정부가 보수적으로 계산해도 1조 7천억 달러를 아프리카계 미국인들에게 갚아야 한다고 주장하는 책 《청산되지 않는 빚》을 추천하는 글을 쓰고, 그 때문에 그는 난관에 부딪힌다. 그 주장이 행정부를 상당한 곤경에 빠뜨렸기 때문이다. 브레킨리지는 백악관 비서실 차장 조시 라이먼의 전화를 받고, 백악관에 들어가 그를 만난다. 둘의 논쟁은 점점 뜨거워진다.

브레킨리지는 라이먼에게 "누구도 문명을 훔쳐다가 노예로 팔수는 없는 겁니다. 어떤 액수의 돈으로도 그 잘못을 만회할 수 없습니다. 200년이 지난 지금, 당신들이 해야 할 일은 이 나라의 인종 관계가 어떤지 눈여겨보는 겁니다"라고 말한다. 그리고 그가 라이먼에게 1달러짜리가 있느냐고 묻자, 라이먼은 지폐 한 장을 순순히 꺼내준다. 브레킨리지가 "뒷면을 보세요"라며 덧붙여 말한다.

국장國章이 있고, 피라미드가 있습니다. 피라미드는 미완성입니다. 하느님의 눈이 피라미드를 내려다보고, 그 위에는 Annuit Coeptis라는 글귀가 쓰여 있습니다. 그분, 즉 하느님이 우리가 하는 일을 도와주신다는 뜻입니다. 국장도 완성되지 않은 것으로 보입니다. 이 나라가 아직 완성되지 않았다는 뜻이겠지요. 우리가 앞으로 더 잘해야 한다는 뜻일 겁니다. 계속 논의하고 토론해야 한다는 뜻이고, 위대한 역사학자들의 책을 읽고 그에 대해 이야기해야 한다는 뜻일 겁니다. 이런 이유에서 그 책의 표지에 내 이름을 빌려준 겁니다.[66]

20장 나쁜 역사

: 진실을 말하기 혹은 애국주의

"역사는 거짓말하지 않는다고 생각하는데, 그렇지 않나?"
딕 씨가 은근히 희망을 품은 표정으로 물었다.
"그렇지 않아요, 전혀!" 내가 단호히 대답했다. 나는 순진하고 어렸다.
정말 그렇게 생각했다.

- 찰스 디킨스, 《데이비드 코퍼필드》, 1850년[1]

내 딸이 나쁜 역사의 존재를 처음으로 눈치챈 건, 한 스포츠 행사에 참석하기 위해 부다페스트에 체류할 때였다. 부다페스트 시내 '자유 광장Szabadság tér'으로 알려진 공원에는 1944년 나치 점령기를 잊지 않기 위해 정부가 '홀로코스트의 해'로 지정한 2014년에 세운 기념비가 있다.[2] 현대 헝가리 미술의 질적 수준을 여실히 보여주는 조각상이다. 청동으로 주조된 흰죽지수리(독일)가 가브리엘 대천사 (헝가리의 수호성자이자 상징)를 내리덮는 모습이고, 제2차 세계대전 동안 약소국이었지만 자국의 유대인을 지켜준 국가를 미화한 기념물이다. 조금 떨어진 곳에는 지역민들이 세운 반反기념물이 있다. 그 추념 축석 위에는 유대인 연인들의 사진이 놓였는데, 주로 제2차 세계대전 기간에 죽음을 맞은 사람들을 추모하는 사진들이었다. 행동하는 시민 단체 엘레벤 엠레크뮈Eleven Emlékmű('살아 있는 기념물')는 그 사진들을 치우고, 상징적인 의미에서 하얀 의자 둘을 축석 옆에 내놓으며 대안적 형태의 대화를 촉구한다. 그 단체는 정부의 '역사 왜곡'에 항의하는 대중 집회를 공원에서 개최하며, 1944년에 거의 40만 명의 헝가리계 유대인이 나치에 의해 아우슈비츠로 이송되었다는 걸 지적한다. 이때 헝가리 당국이 협조했기 때문에 헝가리계 유대인의 70퍼센트를 지워버린 대량 학살에 헝가리 정부도 공모한 셈이라고 주장한다.

헝가리만이 역사 왜곡을 시도하는 것은 아니다. 다른 정부도 역사를 다시 쓰려고 시도했다. 예컨대 같은 해, 즉 2014년 펜타곤은 베트남 전쟁 50주년을 맞아 "미국 국민에게 역사적으로 정확한 자료를 제공함으로써" 참전 용사들의 명예를 되찾아주기로 결정했다. 이를 위해 개설된 웹사이트는 미군이 용맹무쌍하게 싸운 전투들이 주로 기록되었지만, 안타깝게도 해당 전투들은 베트남 전쟁에 참전한 병사들의 다수도 알지 못하는 것이었다. 게다가 장군들의 실수, 수많은 비전투원의 사망, 수년간 지속된 격렬한 시위와 진심 어린 주장이 거의 언급되지 않은 것도 크게 놀랍지는 않았다. 수개월 뒤에 펜타곤은 일부 항목에 변화를 주었고, 그리하여 가령 미라이My Lai 잔혹 행위에 대한 설명이 "미군 사단이 미라이에서 수백 명의 베트남 시민을 살해"라는 식으로 수정되었다.[3] 그 사건은 '학살massacre'이라고 표현되는 게 일반적이지만, 그 단어가 빠졌다. 그러나 달갑지 않은 사실을 기록에서 지우겠다는 충동이란 점에서는 똑같았다. 이 충동은 전혀 통제되지 않는다. 최근인 2020년 2월에는 컬럼비아 대학교의 역사학자 매슈 코넬리Matthew Connelly가 트럼프 대통령 시대에 "중요한 정보가 삭제되거나 파기되고 있어, 누구—현재는 언론을 비롯한 정부 감시 단체들, 향후에는 역사가들—도 그 자료를 살펴볼 기회를 갖지 못할 것"이라고 폭로했다.[4] 또 미국 이민 협의회American Immigration Council 의 변호사 에밀리 크라이튼Emily Creighton은 미국 정부가 불법 이민자를 어떻게 대했는지를 자세히 기록한 문서의 계획적인 파기를 "도무지 이해할 수 없는 짓mind-boggling"이라 표현하며 "그런 짓은 국가의 양심을 지워버리는 것과 다를 바가 없다"고 말했다.[5]*

대부분의 국가는 필요에 따라 역사의 일부를 단편적으로 제공해왔다. 영국의 용맹한 소형 함선들이 스페인의 육중한 함선들에 맞서 싸워 스페인 무적함대를 무찔렀다는 이야기부터, 영국 본토 항공전까지, 영국의 역사도 온갖 신화들로 가득하다. 프랑스인들은 제1차 세계대전의 승리에 자신들이 결정적인 역할을 했다고 믿고, 많은 미국인은 자신들의 도움으로 연합군이 제2차 세계대전에서 승리할 수 있었다고 막연히 생각할 뿐이다. 또 수십 년 동안 이스라엘 사람들은 1948년의 전쟁 이후에 대부분의 아랍인이 자발적으로 팔레스타인을 떠났다고 배웠지만 진실은 정반대였다. 1960년부터 1966년까지 가나의 대통령을 지낸 콰메 은크루마는 아프리카 선조들이 유럽 과학자들을 가르치는 모습을 담은 거대한 벽화를 주문했지만, 국가적 자존심을 함양할 목적에도 필요하다고 생각해낸 허구였다. 로마를 세운 시조들은 아서왕의 사촌이고, 황제는 실각하면 동상이 철거되고 동전

* 국가 주도로 역사가 의도적으로 왜곡되면, 사람들은 그 공식적인 기록을 바로잡을 방법을 찾아나선다. 공산주의 치하의 폴란드에서 교사들은 제2차 세계대전에서 적군赤軍이 달려와 바르샤바를 지켜주었다고 가르쳐야 했지만, 모든 가정에서는 적군의 진격 속도가 늦어 비스와강을 제때에 건너지 못해 독일군에게 (친서방적이던) 국내군Armia Krajowa이 섬멸되고 말았다고 자식들에게 가르쳤다. 솔리다르노시치, 즉 독립자치노동조합 '연대'가 정권을 장악한 뒤에는 '폴란드 역사에서 빈 곳'이라는 이름으로 특별 전시회가 조직적으로 열리며, 역사에서 사라진 부분들을 바로잡았다. 반면에 현재 폴란드 정부는 폴란드 시민이 홀로코스트에 연루되었다는 주장 자체를 차단할 목적에서, 과거에 폴란드가 홀로코스트에 협조했다는 어떤 형태의 언급도 법적으로 금지했다. 바르샤바의 역사가 바버라 엥겔킹Barbara Engelking은 독일 점령기에 여러 지역에서 유대인의 3분의 2가 폴란드인 이웃과 경찰에 의해 직간접적으로 살해되었다고 주장했다는 이유로 아우슈비츠 박물관의 자문 위원에서 해고되었다.

에 새겨진 얼굴도 지워졌다. 로마에는 이런 삭제를 지칭하는 법적 용어, '담나티오 메모리에damnatio memoriae(공식 기록에서 지워지는 '기억의 유죄 선고')'까지 있었다.

과거는 지워질 수 있었고, 반대로 만들어질 수도 있었다. 스웨덴의 칼 14세는 누구나 실존 인물로 인정하지만 역사적으로 스웨덴에서 칼이라 불리던 국왕은 8명밖에 없었다. 처음 6명은 왕가의 혈통에 권위를 부여하며 곤란한 공백을 메우려고 16세기의 어느 시점에 만들어졌다. 혈통의 빈자리에 적절한 이름을 수혈한 것이었다. 마찬가지로 교황의 경우 적어도 2명은 실존하지 않았다. 요한 20세는 결코 존재한 적이 없었다. 여자 교황 요안나는 남자로 변장해서 855년부터 858년까지 교황을 지낸 것으로 추정되며, 교황으로 군림할 때 아기를 낳으며 성별이 밝혀졌다(소문에 따르면, 의식을 위한 행진을 앞두고 말에 오르려다 출산한 까닭에, 그 길의 이름이 원래는 '신성한 길Saced Way'이었지만 이후로 '버림받은 길Shunned Way'로 바뀌었다). 그때 군중은 그녀의 두 발을 말 꼬리에 묶고, 그녀를 자갈길에 끌고 다니며 돌을 던져 죽였다.* 수 세기 동안 그녀는 실제하는 인물로 믿어졌지만, 17세기에 프랑스인 위그노, 파르셀레스가 이 이야기에 의문을 제기했다. 그가 위그노였다는 이유로 그의 책은 금서 목록에 올라, 가톨릭교도는 읽을 수가 없었다. 따라서 다수의 가톨릭교는 여성 교황이 존재했던 것으로 계속 믿었다.

＊ 이 전설은 대단한 상상력의 산물이었던 게 확실하다. 그 이후로 교황들은 또 다른 구멍이 있는 이른바 '똥 의자sedia stercoraria'에 앉아 검사를 받아야 했다는 이야기로 연결되기 때문이다. 여하튼 새 교황이 그 의자에 앉으면 한 추기경이 구멍 안으로 손을 넣어 고환이 있는지 확인한 뒤에 "두 개가 있습니다. 멋지게 매달려 있습니다"라고 선언했다. *Catherine Clément, Opera, or The Undoing of Women* (University of Minnesota, 1999), p. 105을 참조하기 바란다.

역사는 예전부터 부정직한 글의 온상이었다. 다시 말하면, 날조자나 미치광이 혹은 지독히 따분하게 글을 써서 연구 과제 자체를 무의미하게 만드는 '역사 살인자'의 보금자리였다. 직접 증인도 완전히 신뢰할 수 없다. 13세기의 여행자 마르코 폴로Marco Polo(1254-1324)의 회고록은 중국에서 체류한 기간을 언급하지만, 그가 제노바에 투옥되었을 때 동료 재소자인 연애 소설 작가에게 받아쓰게 한 것이었고, 약 3분의 2가 꾸며진 것으로 추정된다. 하지만 그 3분의 2가 어디일까? 학자들은 지금까지도 그 답을 찾아 논쟁을 벌인다. 1789년 7월 14일, 루이 16세의 사냥 기록장에는 '없음'이라 쓰여 있다. 그날은 바스티유가 습격을 당한 날이었다. 미국 트루먼 정부에서 국무 장관을 지낸 딘 애치슨Dean Acheson(1893-1971)은 《현대사가 만들어진 현장에서》란 제목으로 출간된 회고록을 쓸 때, 한 중요한 회의에 대한 자신의 기억을 확인하려고 친구에게 전화를 걸었다고 한다. 그 친구의 증언에 따르면, 하나의 세부 사항, 즉 애치슨이 그 회의에 참석하지 않았다는 사실을 제외하면 애치슨의 기록은 정확했다. 제7대 웰링턴 공작인 제럴드 웰즐리Gerald Wellesley(1885-1972)는 1912년 상트페테르부르크에서 외교관으로 근무하던 중 러시아군의 기동 훈련을 참관했다가, 아주 어릴 때 나폴레옹을 직접 보았다고 주장하는 무척 늙은 러시아 부농을 만나 흥분에 휩싸였다. 그 노인은 "그는 정말 키가 컸고, 노란 턱수염을 길게 길렀더군"이라고 웰즐리에게 말했다고 한다. 그 노인은 침략군 황제라면 거대한 몸집에 바이킹처럼 무지막지하리라고 상상했을 것이므로, 그런 상상에서 뒷이야기는 꾸며졌을 것이다. 요제프 멩겔레Josef Mengele(1911-1979)가 아우슈비츠에서 자행한 부도덕한 실험을 견뎌낸 생존자들은, 멩겔레가 훤칠한 키에 금발이었고 헝가리어를 유창하게 구사했던 것으로 기억한다. 하지만 멩겔레는 헝가리어를 몰랐고, 상대적으로 작은 키에 머리칼도 검은색이었다. 이스라엘에 있는 야드 바셈 홀로코스트 기념관의 관장이 말하듯이, 그곳에 수집된 대부분의 구전 역사는 신뢰할 수 없지만 그렇다고 증언자들이 거짓말을 한 것은 아니다.

이런 사례들은 인간 기억의 고유한 특성 때문일 수 있다. 하지만 역사에서 왜곡은 오래전부터 시작되었다. 예컨대 타키투스의《연대기》는 "티베리우스와 칼리굴라, 클라우디우스와 네로의 역사는 그들의 생전에 두려움 때문에 거짓으로 꾸며졌고, 그들이 세상을 떠난 뒤에는 그들을 향해 들끓는 증오심으로 뒤틀어졌다"고 시작한다. 16세기의 잉글랜드에서도 사회적 지위를 더 높이고 싶은 마음에 조상에 대한 이야기를 꾸미는 경우가 비일비재했다. 17세기 말, 품팔이 작가 가티엥 드 쿠르틸 드 상드라Gatien de Courtilz de Sandras(1644-1712)는 오래전에 살해된 근위병 지휘관의 이름을 빌려서 거짓으로《다르타냥의 회고록》을 썼다. 그 책은 엄청나게 인기를 끌었고, 덕분에 실제 다르타냥의 이름이 대중의 뇌리에 확고히 각인되었다. 이 성공에 고무된 드 상드라는 유명 인사들의 회고록을 계속 지어냈고, 그 숫자가 24명에 달했다. 1945년 이후에 영국인들은 세계 전쟁 기간에 어떻게 국력을 결집해 세계 3대 강국의 하나로서 위상을 유지했는가에 대한 온갖 신화에 젖어 살았다. 군사 역사가 마이클 하워드Michael Howard는 '유아용 역사nursery history'라 칭했고, 1960년대의 풍자극 〈비욘드 더 프린지Beyond the Fringe〉가 '전쟁의 후유증'이란 촌극에서 조롱한 역사관이기도 하다.*

---

* 2012년 7월 미국의 비영리기관 '히스토리 뉴스 네트워크History News Network'는 '신빙성이 떨어지는 최악의 역사서'를 선정하기 위한 투표를 진행했다. 독자들의 투표 결과에 따르면, 최악의 역사서로는 데이비드 바턴David Barton의《제퍼슨의

역사를 자신에게 유리한 쪽으로 꾸미지 않은 민족이나 국가는 거의 없을 정도이다. 일본의 가장 유명한 역사서인 8세기의 《일본서기日本書紀》는 조작된 곳이 헤아릴 수 없이 많아, "역사상 가장 왜곡된 역사서 중 하나"라고 묘사되지만 지금도 여전히 권위를 누리고, 일본의 역사에서 여러 정부가 통치의 도구로 사용해왔다.[6] 하지만 중국도 과거를 조작하는 데 특별한 위치를 차지하는 듯하다. 1926년 존경받는 역사학자 구제강顾颉剛(1893-1980)은 중국의 역사에서 많은 부분이 수천 년 동안 조작되었고, 특정한 정치적 이념을 위해 계보·역사·철학적 근거를 찾는 가짜 역사가들이 줄을 섰다고 폭로했다. 공자만이 미래에 대한 자신의 이론을 전개하기 위해 '사실에 근거하지 않은' 고대 중국을 만들어낸 것은 아니었다.[7] 그리스도가 탄생하기 전부터 서기 3세기의 일사분기까지 2000년 동안, 중국인들은 자신들이 이상적으로 생각한 중국의 과거를 조작해냈다. 구제강 교수는 "따라서 특정한 사건으로부터 시간적 거리가 멀어질수록 그 사건에 대한 정보가… 자세하다"고 빈정거렸다.[8] 구제강은 1927년부터 1942년까지 7권으로 발표한 《고사변古史辨》에서 이런 집단 창작이 얼마나 광범위하게 자행되었는가를 폭로했다.

흔히 인정되는 연대표에 따르면 중국 역사는 5000년이다(출처가 불분명한 문헌에 따르면, 이 기간이 227만 6000년까지 늘어난다!). 그러나 그럴싸하게 꾸며진 역사에서 제시된 증거, 즉 거짓된 문헌에 근거한 역사를 배제하면, 이 연대표가 2000년 남짓으로 줄

거짓말〉이 선정되었고, 좌익 역사가 하워드 진Howard Zinn(1922-2010)의 《미국민중사》가 간발의 차이로 2위를 차지했다.

어든다. 달리 말하면, 전통적으로 인정된 숫자의 절반으로 쪼그라든다.[9]

구제강이 중국 본토에서 중국 역사 조작을 처음으로 폭로한 학자는 아니었다. 그러나 구제강의 폭로가 가장 대대적으로 받아들여졌고, 동료들은 구제강에게 중국의 과거를 제대로 조사해서 "뒤죽박죽 뒤섞인 중국 역사"를 바로잡은 역사서를 써보라고 권했다.[10] 구제강은 현명하게도 그런 요구를 완곡히 거절하며, 조작된 곳을 찾아 폭로하는 데 연구를 집중했다. 최근 들어 학자들은 한나라(206 BC-AD 220) 이전에 쓰인 것으로 추정되는 노자의 역사적 판본을 발굴했는데, 이는 적어도 2200년 전으로 거슬러 올라간다.

생략도 역사를 왜곡하는 방법 중 하나이다. H. G. 웰스의 베스트셀러 《세계사 산책》은 낭만주의와 계몽주의에 대해서는 언급조차 하지 않으면서 잠자리에 대해서는 한 장을 할애한다. 노련한 역사가들도 때로는 헷갈릴 수 있다. 테오도어 몸젠Theodor Mommsen(1817-1903)과 레오폴트 폰 랑케를 사사한 역사가, 하인리히 프리트융Heinrich Friedjung(1851-1920)은, 외국 정부들에 협력했다는 죄목으로 기소된 슬라브 민족주의자들의 재판에 1908년경 출석해 증언한 적이 있었다. 그는 선의로 검찰 측 증인으로 출석했지만, 검찰이 많은 증거를 조작한 까닭에 괜스레 그가 피고 측 변호인으로부터 맹비난을 받았다.*

거짓된 사실들이 축적되어, 오늘날 세계에서 가장 능숙한 솜

---

* 역사가들에게 또 하나의 장애는 결정적인 증거, 특히 중요한 문서의 소실이었다. 2019년 11월, 〈래펌스 쿼털리〉는 알렉산드리아 도서관, 지혜의 집(혹은 바그다드 대도서관), 마야 코덱스, 캄보디아 국립 도서관을 비롯해 소실된 주요한 문서고 10곳을 소개했다(p. 142). 람세스 2세는 "차디찬 냉소를 띠고", 그에 앞서 대피

씨로 홀로코스트를 부정하는 작가로 알려진 데이비드 어빙David Irving(1938년생)의 짜증스런 역사서를 결국 낳았다. 구체적으로 말하면, 이런 부정의 핵심적인 주장은 연합군이 나치 독일을 악마화하려고 홀로코스트를 꾸며냈다는 것이다. 유대인들이 사람들의 동정심을 등에 업고, 이스라엘 국가를 세울 수 있을 만큼 독일로부터 돈을 갈취하려는 데 적극적으로 동참했다는 주장이다. 홀로코스트는 완전히 날조된 것은 아니지만 좋게 보더라도 지나치게 과장된 것이며, 유대인을 말살하는 게 히틀러의 공식 정책도 아니었다고 두둔한다. 어빙만이 홀로코스트를 부정하는 것은 아니다. 2005년, 이란 대통령 마흐무드 아마디네자드도 제2차 세계대전 동안 600만 명의 유대인이 학살되었다는 것은 '신화'에 불과하다고 발언했다는 보도가 있었다. 압도적 다수가 진실을 부정하는 이런 태도를 혐오하지만 어빙은 이미 많은 사람에게 영향을 미치며 활력을 주었다. 그 빛이 많이 희미해졌지

라미드를 세운 모든 파라오의 이름을 지워버리고, 자신의 기록으로 대체하라는 명령을 내렸다. 그리하여 하나의 역사, 하나의 조작된 역사만이 남았다. 중국은 전쟁에 대한 연구, 즉 병법이 가장 먼저 연구된 국가로 기원전 1200-1000년경에 존재했지만, 문서로 작성된 때는 기원전 500년경으로 추정된다. 그러나 병법서들이 비밀리에 간직된 까닭에 주요한 병법서 하나가 1200년 동안 행방불명된 상태였고, 1972년 한 무덤을 발굴할 때 우연히 발견되었다. 엘리자베스 1세의 총신, 월터 롤리Walter Raleigh(1552-1618)의 고백록이 공개되는 데는 400년이 걸렸다. 영국 시인 토머스 트러헌Thomas Traherne(c. 1637-1674)이 남긴 미지의 원고는 1960년대에 불더미 안에서 꺼내졌고, 에드워드 5세(1470-1483)가 혼외자로 태어났다는 걸 입증하는 서류는 2003년에야 루앙에서 발견되었다. 아일랜드 독립전쟁 동안 아일랜드공화국의 투사, 마이클 콜린스Michael Collins(1890-1922)를 영국 정부가 보호했다는 사실이 최근에야 공개되었다(따라서 그가 더블린을 거의 공개적으로 돌아다닐 수 있었던 이유가 이해된다). 이 모든 문서들은 여하튼 최종적으로 공개되었다. Anthony Sampson, *The New Anatomy of Britain*(1971)의 주장에 따르면, 아직까지 공개 불가로 판단된 나폴레옹 전쟁에 대한 정부 문서가 적지 않다.

만 지금도 그 영향이 계속되는 것은 사실이다.

1942년 영군 해군 장교이던 그의 아버지는 바렌츠해를 순시하던 경순양함의 함장이었고, 그곳에서 유보트의 공격을 받아 침몰하고 말았다. 어빙 함장은 살아남았지만, 그 재난 이후로 가족을 버렸다. 따라서 데이비드는 어려서부터 거의 언제나 독자적으로 생각해 행동할 수밖에 없었고, 히틀러에도 심취했다. 여기에는 영국 언론이 히틀러를 한결같이 희화적으로 묘사하는 현상에 대한 회의도 적잖게 작용했다. 그와 쌍둥이인 니컬러스의 증언에 따르면, 데이비드는 어렸을 때부터 선동가였다. 10대에 학교에서 상을 받았을 때《나의 투쟁》을 부상으로 달라고 고집을 부렸고, 영국 재무 장관 랩 버틀러Rab Butler가 축사를 하는 날에 그에게 그 책을 부상으로 건네는 장면을 사진으로 남겨주기를 바랐다. (하지만 브렌트우드 중등학교는 그에게 독러 기술 사전을 부상으로 전달하며 최후의 승자가 되었다.)

어빙은 대학에 진학해서도 히틀러에 대한 관심을 놓지 않았고, 대학에서 공학과 경제학을 공부했지만 경제적인 이유로 중퇴하고 말았다. 곧이어 독일로 향했고, 한동안 루르에서 철강 노동자로 일했다. 그 과정에서 드레스덴에 소이탄 폭격이 있었다는 걸 알게 되었고, 그 재앙을 조사하기 시작해서 한 독일 잡지에 37편의 글을 썼다. 이 글들을 기초로 첫 책《드레스덴의 파괴》(1963)를 발표했으며, 그 책은 세계적인 베스트셀러가 되었다. 대부분의 서평가는 그 책을 극찬했다. 어빙이 독일어를 읽을 수 있어, 일차 자료를 광범위하게 사용했다는 게 주된 이유였다. 그러나 어빙이 훗날 불평했듯이, 기존 학계는 그가 처칠을 '부패한 정치인'이라 칭하며 전범으로 낙인찍은 걸 달갑게 받아들이지 않았다. 따라서 어빙은 학계에서 일자리를 구할 수 없었을 뿐만 아니라, 영국 공군 장교인 형 존마저 즉결로 퇴역을 당하는 사태가 벌어졌다. 어빙은 억울하기 짝이 없었다.

현재 데이비드 어빙은 제2차 세계대전에 대해 약 30권의 책을 쓴 저자로, 《히틀러의 전쟁》(1977)을 비롯한 거의 모든 저서가 수정주의적 관점에서 쓰인 것이다. 특히 《히틀러의 전쟁》에서 그는 홀로코스트의 존재를 결국 인정했지만 히틀러도 부하들에게 속은 것이라 주장했다. 그의 모든 저서를 한마디로 정의하면 '옥석혼효(玉石混淆, curate's egg)', 즉 자료 조사는 탁월하지만 역사 해석이 잘못된 부분이 많다는 뜻이다. 물론 풍자 잡지 〈펀치〉의 1895년판에 실린 만평의 주제 '부목사의 알'에 담긴 메시지는 좋은 부분이 없다는 게 아니라, 나쁜 부분이 전체를 오염시킨다는 것이다.

어빙이 드레스덴에 대한 책에 제시한 증거들도 왜곡되었다는 게 훗날 드러났다. 어빙은 폭격으로 사망한 시민이 10만-25만 사이였다고 썼다. 그 수치는 나치가 추정한 50만보다는 적었지만, 다른 연구서들이 발표한 수치보다는 훨씬 높았다. 어빙은 나치의 자료를 인용해, 20만 2400명이 사망한 것으로 알려졌다고 말하며, 25만 구의 시신이 향후에 더 발견될 거라고 예측했다. 그 이후로 어빙은 그 추정치를 점차 조절해 5만-10만까지 낮추었다. 비록 어빙이 제시하지는 않았지만, 가장 최근에 발표된 추정치는 한 독일 역사가 단체가 5년 동안 조사한 결과로 2만 2700-2만 5000명이다.

1996년 어빙은 미국 역사가 데버라 립스탯Deborah Lipstadt이 자신을 홀로코스트 부인자로 낙인찍었다며 그녀와, 그녀의 책을 출간한 펭귄 출판사를 명예 훼손으로 고발했지만, 패소한 이후로 그의 명성은 더 크게 추락했다. 당시 케임브리지 대학교 역사학부 부장이던 리처드 에번스Richard Evans 교수는 "역사적 주제에 대해 20권 이상의 책을 쓴 사람을 '역사가'라고 칭하는 걸 거부하는 것은 의미론적으로 터무니없는 분쟁일 수 있습니다. 그러나 역사가가 과거에 대한 진실을 찾아내고, 가능한 범위 내에서 정확히 표현하려고 고심하는 사람을 뜻한다면, 어빙은 역사가가 아닙니다"라고 격정적으로 증언했다. 더 나아가, 에번스는 "어빙은 기본적으로 역사를 자신의 정치적 목적에 이용하는 이데올로그입니다. 과거에 어떤 일이 있었는지 찾아내고 해석하는 건 어빙에게 주된 관심사가 아닙니다. 현재의 이데올로기적 목적에 맞게 과거를 선택해서 극단적으로 설명하는 데만 관심이 있을 뿐입니다. 하지만 진정한 역사가라면, 과거 자체에 주목해야 합니다. 이런 이유에서도 어빙은 역사가가 아닙니다"라고 덧붙였다. 찰스 그레이Charles Gray 판사는 "군사 역사가로서 어빙은 많은 점에서 칭찬받을 만하고", 제2차 세계대전에 대한 지식도 "비할 데가 없다"고 인정했다. 그러나 무능한 역사가라면 무작위적 오류를 범했겠지만 어빙은 자료를 하나의 일관된 방향, 즉 히틀러를 옹호하고 홀로코스트를 최소화하는 방향으로 잘못 해석했다고 지적했다. 이렇게 어빙의 양면을 구분한 뒤에 그레이 판사는 어빙이 홀로코스트를 부정하는 반反유대주의자이자 인종 차별자이며, "역사적 증거를 지속적이고 고의적으로 왜곡하고 조작했다"고 판결했다.*

내친김에 중요한 쟁점들에 대해 살펴보자. 첫째로 역사가에게는 홀로코스트를 부정할 권리가 아니라, 홀로코스트에 대한 이러저러한 진술에 이의를 제기할 권리가 있을 뿐이다. 그렇지 않으면, 스페인 신

---

* 2012년 7월, 나는 어빙이 임대한 아파트에서 2시간 동안 그를 인터뷰했다. 런던 남서부의 큐 가든에서 약간 떨어진 곳에 있는 아파트로, 어빙은 집을 살 만한 돈이 없어 임대 아파트에 산다고 말했다. 그 후, 내가 부탁하지도 않았는데 그는 우리 만남을 한 페이지로 요약한 글을 보내주었다. 그 글에도 사실과 다른 오류가 세 군데 있었다.

문 〈엘 문도〉가 말했듯이 '의견의 범죄화'가 생긴다. 실제로 약 20년 전, 서독에서 홀로코스트를 어떻게 해석해야 하느냐를 두고 벌어진 '역사가들의 다툼Historikerstreit'은 지적이고 정치적인 논쟁이었다. 그 역사 논쟁은 1986년부터 1989년까지 이어지며, 좌파 지식인과 우파 지식인이 맞붙었다. 그렇다면 역사에는 역사가가 다루지 않아야 할 금역이 있는 것일까? 어떤 의문을 제기하는 게 용납되지 않는 시한이 있는 것일까? 아니면 이제는 역사를 쓸 때 진실을 말하는 기준이 헤로도토스와 투키디데스, 카이사르, 기번의 역사와 근본적으로 달라진 것일까?

이렇게 의문을 제기하는 데도 위험한 정통주의 냄새가 은근히 풍긴다. 어빙이 인종 차별자이고 악한이기 때문에 지금까지의 이야기가 전반적으로 불쾌하게 여겨졌을 수 있다. 게다가 2006년 어빙은 오스트리아 교도소에서 11개월 동안 복역한 적도 있었다. 그러나 그가 증거를 조작했고, 그의 편견이 구역질 난다는 이유로 그에게서 역사가의 자격을 박탈할 수 있을까? 역사가로서 얼마나 신뢰할 수 없는 사람이 되어야 더는 역사가라는 동호회에서 버림을 받을까?

✕ ✕ ✕

대부분의 국가가 한 번쯤은 과거를 거짓으로 꾸민 전력이 있다. 19세기 말의 프랑스 역사가 에르네스트 르낭Ernest Renan(1823-1892)은 "망각은… 한 국가의 건국에서 필수 요건"이란 말을 남긴 것으로 유명하다. 이 말은 "애국주의는 역사를 좀먹는다"는 괴테의 직설적인 경구를 순화한 것이다. 그러나 이런 이유에서 민족주의가 역사를 위협으로 간주하는 경우가 적지 않다. 정부가 진실이라 주장하는 것과 역사가들의 판단이 다르기 십상이다. 제2차 세계대전이 끝난 직후에 열린 재판에서, 독일 군수 장관을 지낸 알베르트 슈페어Albert Speer(1905-1981)는 미국 심문관들에게 "역사는 최종적인 결과를 강조할 뿐"이라고 날카롭게 쏘아붙였다.[11] 그는 히틀러 정부의 초기 업적이 최후의 패배로 가려지는 걸 안타까워했다.

기록관이 의도적으로 거짓을 기록하는 경우는 거의 없다. 그런 경우에는 일부 지역에 불과하더라도 엄청난 파장을 남길 수 있다. 일본이 대표적인 예이다. 문제의 시기는 중국 남부에 주둔한 일본 관동군 소속의 두 장교가 중국 북동부의 만주 지역을 지나던 철로를 폭발물로 터뜨린 1931년에 시작되었다. 그로부터 며칠 후에 일본군은 국민당 정부의 수도인 난징을 점령했고, 1937년 12월부터 1938년 1월까지 6주간 광란을 벌이며 30만 명의 중국 민간인을 학살했고, 2만 명이 넘은 여성을 강간했다(두 수치는 중국 측의 추정이어서 과장되었을 수 있지만, 어떤 기록도 전해지지 않아 정확한 숫자는 알 길이 없다). 민간인으로 변복한 중국 군인들이 처형장으로 끌려가 한꺼번에 사살되었다. 여성들은 가족이 보는 앞에서 성폭행을 당했다. 일본군들이 전리품으로 잔뜩 채운 수레를 끌고 다니던 길거리에는 썩어가는 시체로 발 디딜 틈이 없었고, 어린아이들도 괜스레 죽임을 당했다. 이 끔찍한 사태는 생존자들의 인터뷰를 담은 책이 출간된 이후, 즉 1970년대 초 이후에야 일본 언론에 본격적으로 다루어졌다. 보수적인 학자들도 사망자 수를 4만 명 이상으로 추정하지만, 실제로는 10만-20만 명이 애꿎은 죽음을 맞았을 가능성이 더 크다.[12]

다른 유형의 전쟁 범죄도 있었다. 생포된 미국 공군들에게 가해진 생체 실험 등 포로에 대한 비인간적인 대우, 식량 대용으로 살해된 아시아인 포로들과 민간인들, '위안부'라는 섬뜩한 미명하에 성노예가 되어야 했던 아시아 여성들과 일부 유럽 여성들, 일본군의 비밀 세균전 사단인 731부대가 중국군 포로들에게 시행한 실험,* 마닐라에서 벌어진 야만적 약탈, 감염된 벼룩을 중국인 거주지에 비행기로 투하해 전염병을 조장한 사건, 독가스 사용 등도 전쟁 범죄였다. 죽음의 바탄 행진Bataan Death March 과정에서는 물론이고, 죽음의 철도Death Railway를 건설하는 과정에서 자행된 일본군의 야만적 학대 및 적은 식사량과 무자비한 강제 노역으로도 1만 2000명 이상의 서구인과 10만 명가량의 아시아인이 죽음을 맞았다.[13] 한 미국인 선교사가 1937년 난징 대학살의 일부를 필름에 담았다. 일본군들이 10여 명의 중국인 민간인 포로를 일렬로 세워놓고, 가장 앞에 선 포로에게 총을 직사해 탄환이 몇 명의 몸을 통과하는가를 확인하며 경쟁을 즐기는 섬뜩한 장면도 있다.

일본군은 나치조차 범하지 않은 범죄를 저질렀다. 예컨대 아편을 팔아 꼭두각시 정부들을 금전적으로 지원했고, 중국을 비롯해 여러 지역에서 인구를 강제로 이동시켰다. 1946년 5월부터 1948년 11월

---

* 731부대는 1937년부터 1945년까지 포로들을 마취하지 않은 채 수술하거나, 치명적인 질병균을 주입한 뒤에 죽는 데까지 얼마나 오랜 시간이 걸리는가를 확인하는 등 온갖 실험을 시행했다. 부대의 본부는 현재 중국의 북동부에 위치한 하얼빈에 있었고, 공식적인 명칭은 '관동군 소속 방역급수부대'였다. 하얼빈은 당시 일본의 괴뢰국이던 만주국의 수도였다. 실험소는 1934년과 1939년 사이에 세워졌고, 731부대라는 명칭은 1941년에 공식적으로 채택되었다. 하얼빈에서만 3000명의 남녀와 어린아이가 실험 대상으로 학대를 당했다. 이 수치는 '창고형 질병 예방 상점'이란 모호한 명칭으로 불렸던 100부대 등 유사한 실험이 진행된 곳들의 피해자를 포함하지 않은 것이다. 일본 정부는 전쟁이 끝나기 직전까지 731부대를 재정적으로 지원했다. 731부대의 연구원들은 전범으로 기소되기는커녕 그들이 수집한 연구 자료를 제공하는 대가로 기소를 면제받았고, 그 자료는 미국의 생물학전 연구에 응용되었다. Charles Burris, "Myths of 'the Good War,'" k12.tulsaschools.org/charlesburriswebpages/world-war-ii/를 참조하기 바란다.

까지 열린 극동국제군사재판International Military Tribunal for the Far East은 이런저런 만행을 이유로 7명에게 사형, 16명에게 종신형을 선고했다. 그 이후에 (1910년부터 1945년까지 일본에 병합된) 한국을 필두로 대만과 인도네시아와 필리핀에서 약 20만 명의 젊은 여성이 강제로 성노예로 끌려가 성폭행을 당했다는 게 밝혀지며 일본의 평판은 더욱더 추락했다. 그 여성들은 이름을 빼앗긴 채 꽃 이름으로 불렸다. 생존자 중 한 명인 김복동(1926 – 2019)은 "평일에는 하루에 15명의 군인을 받아야 했다. 토요일과 일요일에는 50명 이상의 욕구를 채워주어야 했다. 우리는 동물보다 못한 대우를 받았다"고 증언했다.[14] 일본군이 점령한 모든 지역에서 육군과 해군은 여성을 인신매매했고, 성매매를 위한 시설을 세운 뒤에는 비용을 책정하고 건강 진단을 실시해 "조달한 여성의 폐기 여부"를 결정했다.[15]

전후 일본은 이런 사실들을 알고 어떻게 받아들였을까? 일본인들은 일본 정부가 어떤 만행을 저질렀는지 거의 몰랐다(김복동은 22세에 고향으로 돌아가서도 그곳에서 벌어진 일에 대해 가족에게도 거짓말을 했을 정도였다). 심지어 일본인들은 중국을 침략했다는 것도 모른 채 지낸 까닭에 자신들을 피해자로 생각하는 경향을 띠었다. 그렇지만 1945년 연합군 점령군은 일본인들에게 전쟁에 대한 '진실'을 가르치기 위해 재교육 프로그램을 실시했다. 그해 12월 내내 일본의 주요 신문들은 더글러스 맥아더 사령부가 작성한 일련의 원고를 보도해야 했고, 라디오 방송국은 〈이제는 말할 수 있다〉라는 프로그램을 10주 동안 연속으로 방송했다.*

* 그렇게 적어도 진실의 일부가 일본인들에게 알려졌다. 미군 사령부의 민간정보교육국(Civil Information and Education Section: 네덜란드 작가인 이안 뷔뤼마는 '부적절한 명칭'이었다고 신랄하게 비판했다)은 일본 언론에게 연합군과 점령

'블랙리스트 작전'으로 알려진 미군의 일본 점령은 1945년 8월에 시작되어 1952년 4월에 끝났다. 소수의 역사가는 표현의 자유를 만끽하며 전쟁의 모든 양상을 다루어야 한다고 주장하는 글을 발표했지만, 퇴역 군인들의 회고록에 수적으로 압도되고 말았다. 주로 하사관이나 하급 장교의 회고록이었고, 일반 병사들의 용맹을 찬양한 반면에 군지도부의 전쟁 수행 능력을 비판하는 경우가 많았다. 이 때문에 일본인들이 자신들을 피해자라고 인식하는 '피해의식victim consciousness'이 형성되었다.[16] 전쟁 기간을 자세히 파헤친 영화가 제작되고 소설이 쓰였으며, 심지어 오페라까지 제작되었다. 1950년대 후반기에는 일본 마르크스주의 역사가들의 주도로 전쟁 책임에 대한 활발한 토론('論壇文化')이 이 시작되었다. 일본 내의 학자들도 과거 정부의 행동에 대해 거북한 질문들, 예컨대 '위안부'만이 아니라 전에는 알려지지 않았던 세균 실험에 대해 의문을 제기하기 시작했다. 그렇지만 빈약한 정보를 근거로 한 토론에 그쳤고, 일본이 전쟁 기간에 자행한 잔혹 행위에 대한 연구 결과는 1970년대 이후에야 대중에게 알려졌다.

그러나 반발이 뒤따랐다. 민족주의 역사가들이 난징 대학살이 실제로 있었느냐는 의문을 제기하기 시작했다. 그리고 1999년 10월, 초등학생을 위한 대안 교과서 《국민의 역사》가 발간되었다. 일본의 기록을 옹호하고, 전시의 잔혹 행위를 알리는 학자들을 맹렬히 공격하는 교과서였다. 이런 사상을 창시한 도쿄 대학교의 교육학과 교수 후

군을 비판하는 걸 철저히 금지했다. 따라서 히로시마와 나가사키에 원자 폭탄을 투하했다는 사실 등은 언급조차 되지 않았다. Ian Buruma, "Expect to Be Lied to in Japan," The New York Review of Books, 2012년 11월 8일, p. 34를 참조하기 바란다.

지오카 노부카쓰藤岡信勝는 과거 사건이 결코 고정된 것이 아니라며, "역사는 자료를 찾아내서 해석하는 것만 아니라, 현재의 변하는 현실에 맞추어 다시 쓸 필요도 있는 것"이라 주장했다.[17] 수정주의자들의 지적 지도자로, 후지오카의 선배 이시바시 단잔石橋湛山(1884-1973)은 "역사를 활용해, 국가와 국민의 관계에 변화를 줄 수 있기를 바랐다." 그래서 어린아이들이 학교에서 읽는 책들이 전쟁터가 되었다. 후지오카와 '자유주의 역사학파'는 일련의 글을 발표하며 '패자들의 치매'에 반격을 가하기 시작했고, 그 글들이 모여 4권짜리 《교과서에서 가르치지 않는 역사》로 제작되었다. 1997년 5월까지 처음 2권이 세트로 90만 부가 팔렸다. 뒤이어 2001년에 발간된 《새로운 역사 교과서》는 공격을 뜻하는 단어의 사용을 신중하게 피했을 뿐만 아니라, 난징 대학살 및 일본이 전쟁 포로와 민간인에게 저지른 짓을 적게 취급하는 대신 적국의 잔혹 행위를 폭로하는 데 초점이 맞추어졌다. 예컨대 한 평론가의 표현을 빌리면, 난징 대학살은 "약간 일탈한 군인들의 봄방학 파티" 정도로 소개되었다.[18]

❌ ❌ ❌

일본 역사가 하세가와 미치코長谷川三千子는 "사람들이 역사를 정직하게 바라보지 않는 이유가 무엇일까?"라는 의문을 제기했다. 그녀가 주요한 수정주의 역사가여서, 일본 군부가 1930년대와 1940년대에 자행한 잔혹 행위들이 실제로는 일어나지 않았거나 크게 과장된 것이라 주장할 의도로 그런 의문을 제기했다는 점을 고려하면, 역설적인 대답이 주어질 수밖에 없다. 그녀의 입장은 일본에서 대다수 정치인 및 학자와 교사의 입장을 반영한다. 오스트레일리아 머독 대학교의 일본 전문가, 리키 커스텐Rikki Kersten은 1989년에 발표한 글에서 이 모든 것을 뭉뚱그려 설명했다.

일본의 수정주의자들은… 진주만 공격, 중국을 비롯한 아시아 여러 지역의 침략은 공격 행위가 아니라고 주장했다. …역사 수정주의에 내재한 목표는 피해자와 가해자 사이에 뚜렷이 존재하는 경계를 흐릿하게 흐트러뜨리는 것이다. 일본 전쟁 범죄자들을 (서구 제국주의의) 피해자로 묘사함으로써 수정주의자들은 전쟁 전의 일본이 서구의 공격으로부터 아시아의 이웃 국가들을 지켜주려고 싸운 영웅적 국가였다는 걸 어린 학생들의 기억에 심어주고 싶어 한다.

그러나 이런 역사관은 과거의 기록을 국가의 자아상에 종속되게 만들며, 사실 여부와 상관없이 '일본인에게 자부심을 심어준다'는 목표를 우선적으로 달성하라고 국가에게 요구한다. 또한 자기기만을 통해 애국주의를 조장한다. 모든 전쟁에는 군인들에게 목숨을 걸고 싸우라는 용기를 북돋워주고, 전쟁이 끝난 뒤에는 군인과 생존자에게 헛되이 고생하거나 죽은 게 아니라는 자긍심을 심어주기 위해서라도 영웅적인 이야기가 필요하다고 주장할 수도 있다.[19] 이런 위안을 받으려면 많은 희생을 각오해야 한다. 존 케리John Carey가 말했듯이, "역사의 주된 가치는 지금 우리에게 잘못된 것으로나 치욕스럽게 여겨지는 목표를 과거 세대가 얼마나 치열하고 정직하게, 또 힘들여 추구했는가를 절실히 깨닫게 해주는 데 있다." 그러나 일본의 역대 정부는 역사를 그렇게 보지 않았다. 현재까지 일본 정부는 단 한 명의 전범도 기소하지 않았다. 731부대를 지휘한 이시이 시로石井四郎(1892-1959)

샌프란시스코 출신의 미군 장교, 찬 대위. 1944년 8월 14일 미얀마의 밋지나에서 일본 군 수비대의 '위안부'들과 함께.

는 어떤 처벌도 받지 않았고, 그의 후임은 일본에 최초로 설립된 민간 혈액 은행의 책임자가 되었다. 전쟁 당시 일본 경제를 이끌었던 기시 노부스케岸信介(1896-1987)는 A급 전범으로 투옥되었지만 1957년부터 1960년까지 총리를 지냈고, 그의 손자 아베 신조安倍晋三(1954-2022)는 두 번이나 총리를 지냈다.

　　1985년부터 일본의 내각 대신들은 14명의 A급 중죄인을 포함해 1000명이 넘는 전범의 유해가 묻힌, 도쿄 시내에 있는 야스쿠니 신사를 어김없이 방문했다. 그 신사의 옆에는 일본의 전쟁사에 대한 수정주의적 관점을 거의 그대로 따른 박물관이 있다. 난징 대학살은 '하나의 사건'으로 언급될 뿐이고, 일본군이 문제를 해결하자 "거주민들이 다시 평화롭게 삶을 살아갈 수 있었다"고 설명한다. 한쪽에서는 히틀러의 야심이 "제1차 세계대전으로 잃어버린 영토를 되찾기 위한 시도"로 설명되고, 홀로코스트는 언급조차 되지 않는다.

2007년 2월, 아베 총리는 일본 정부가 일본 병사의 성노예로 일하도록 여성들에게 강제력을 행사했다는 증거를 찾지 못했다고 주장하며, 이 문제에 정부가 개입했다는 걸 인정한 1993년 성명의 수준을 낮출 계획이라고도 밝혔다. 아베는 일본이 전쟁을 시작하는 데는 고결한 목표가 있었다며, 일본의 전쟁 범죄에 대한 극동국제군사재판의 판결을 부인하려고도 했다. 아시아를 서구 제국주의로부터 해방시킬 목적에서 전쟁을 시작할 수밖에 없었다는 것이다.

2007년 9월, 아베는 '건강을 이유로' 총리직을 사임했다(하지만 역사 교과서를 수정하려는 전쟁에서 패한 게 부분적인 이유라고 지적하는 평론가도 적지 않았다). 그러나 정계에 돌아와 2012년에 다시 총리가 되었고, 2014년에는 "일본의 영광을 회복하자!"를 구호로 내세워 재선되었으며, 2017년에 한 번 더 선출되었다. 2013년 10월, 교육부 장관은 한 교육위원회에 과거에 거부한 보수적인 교과서를 채택하라는 명령을 내렸다. 또 두 달 뒤에는 새로운 검정 기준을 제시하며, 학교 교과서를 집필할 때 전쟁 기간에 대한 민족주의적 관점을 강화하고, 일본군이 오키나와에서 민간인들이 숨어 있던 동굴에 수류탄을 던지고는 항복보다 자살을 강요했다는 내용 등을 삭제하라고 요구했다.[20]

그 이후로 수년 동안 변화를 위한 노력이 가속화되었고, 아베는 중국인 포로들이 실험 대상이 되었던 시설과 같은 번호, 즉 731이라는 숫자가 선명한 전투기에 앉아 사진을 찍은 모습을 공개했다.[21] 2014년 10월 아베 정부는 약 20년 전에 작성된 위안부에 대한 유엔 보고서의 부분적인 철회를 다시 요구했지만, 보고서 작성자는 일본의 요구를 받아들이지 않았다. 그 이후로 아베는 국제 사회의 비판에 조금씩 부응했다. 그리하여 2015년 8월에는 텔레비전으로 중계된 연설에서 무척 절제된 단어를 사용하며, 일본이 "잘못된 방향을 선택해 전쟁의 길로 나아감으로써" "엄청난 피해와 고통"을 가한 것을 인정했다. 2015년 말, 마침내 일본은 공식적으로 사과하며, 아직 살아 있는 위안부들을 위해 830만 달러를 내놓기로 약속했다. 2020년 3월 현재 생존해 있는 위안부는 18명이며, 대부분이 90대이다.

일본 역사가 에리 호타는 2014년의 연구서 《일본, 1941년: 오명의 시작》에서,* "더 정직하게 토론하려는 일부 시민과 학자와 언론인의 노력에도 불구하고, 자국의 역사에서 바람직하지 않고 유쾌하지 않은 것으로부터 눈길을 돌리는 것이 일본의 공식적인 대응이었다는 걸 부인하기 어렵다"고 썼다.[22] 〈재팬 타임스〉도 "조국에 대한 자부심을 고취하는 게 잘못은 아니지만, 일본 미술과 문학의 경이로움, 근대 이전의 일본 문화를 통해 애국심을 고취했어야지, 20세기 민족주의가 수단이 되어서는 안 된다"고 지적했다.[23] 한편 정부 방침을 고분고분 따르는 걸로 유명한 일본 언론은 국민의 알 권리보다 '국익'을 계속 우선시했다. 하지만 완전한 공개가 없는 한, 역사는 신화로 전락하고 일종의 프로파간다가 된다.

아베는 처음 총리가 되었을 때 "지난 세계 전쟁을 어떻게 규정하느냐는 정부의 몫이 아니다. 나는 역사가들의 평가를 기다려야 한다

---

* 같은 해, 히로히토 천황의 공식 전기가 총 61권으로 일본에서 출간되었다. 히로히토가 1937년 중국 침공과 그곳에서의 화학 무기 사용을 지지했고, 진주만 공격을 승인했으며, 심지어 1945년에 패배를 인정하는 걸 거부함으로써 히로시마와 나가사키에서 수만 명을 죽음으로 몰아넣었다는 증거에도 불구하고, 역사는 그를 "자상하고 수동적인 명목상의 수반", 즉 군부 지도자들의 꼭두각시였던 것으로 묘사한다.

고 생각한다"고 주장했다.[24] 그러나 아베는 그 판단을 역사가에게 맡겨놓지 않았다. 일본은 민주주의 국가이다. 많은 점에서 번창하는 민주 국가이다. 1997년 12월에는 난징 대학살의 60주기를 맞아, 시민들이 중국 한자가 쓰인 초롱을 들고 도쿄 시내를 평화롭게 행진하며 희생자들을 추념하기도 했다. 그러나 일본 역사를 계속 괴롭히는 쟁점들에 대한 공개 토론은 있지만, 그 안건을 여전히 정부가 정한다. 이해가 되지만 비극적인 현상이 아닐 수 없다.

과거의 역사를 어느 정도 미화하지 않는 국가가 거의 없다는 사실을 고려할 때 일본이 과거를 손질한 방법에 대해 일본을 콕 집어혹평하는 건 어떤 점에서 불공평하게 보일 수 있다. 캐나다의 저명한 역사학자 마거릿 맥밀런이 지적하듯이,

사람들이 자신에 대해 말하는 이야기에 의문을 제기하는 건 위험할 수 있다. 우리의 정체성이 대체로 우리 역사에 의해 형성되며 밀접한 관계를 갖기 때문이다. 이런 이유에서, 과거를 다루면서 무엇을 기억하고 무엇을 기억에서 지워버리고 싶은가를 결정할 때, 즉 어떤 모습의 과거를 원하는가를 결정할 때 정치적으로 격론을 불러일으킬 수 있다.[25]

그러나 일본이 전쟁을 통해 가한 모든 행위에 대해 완전한 책임을 인정하지 않는다면 잘못된 과거를 껴안고 앞으로도 살아가야 할 것이다. 그 대가? 일본에서 가장 유명한 소설가 중 하나로 제2차 세계대전을 겪었고 그 이후의 여파도 직접 목격한 시바 료타로司馬遼太郎(1923-1996)는 "교과서가 거짓말하는 나라는… 필연적으로 붕괴될 것"이라고 말했다. 이쯤에서 뛰어난 문학 평론가 죄르지 루카치가 남

긴 말도 인용해봄 직하다. "선한 사람도 나쁜 역사를 쓸 수 있다는 건 맞는 말이지만, 나쁜 사람이 좋은 역사가가 될 수는 없다."[26]

※ ※ ※

1942년 조지 오웰은 스페인 내전 이후에 프란시스코 프랑코를 찬양하는 프로파간다에 대해 되돌아보며 "기록된 역사의 대부분이 거짓말이라고 말하는 게 유행이라는 걸 나도 안다"며 "역사가 대체로 부정확하고 편향적이라는 걸 부인할 수 없지만, 우리 시대의 특별한 면이라면 역사가 진실되게 쓰일 수도 있다는 생각 자체를 포기한 것이다"라고 말했다.[27] 오웰은 이 문제를 두고 계속 고심했던지, 3년 뒤에는 더 나아가 "과학 교과서를 조작하는 걸 가증스럽게 생각하는 사람은 헤아릴 수 없이 많지만, 역사적 사실을 조작하는 건 잘못이 아니라고 생각하는 사람도 무수히 많다."[28] 물론 최악의 범인은 소비에트의 조작자들이며, 그중에서도 레닌으로 알려진 블라디미르 일리치 울리아노프(1870-1924)와 이오시프 비사리오노비치 스탈린(1878-1953)이 주범이다.*

레닌은 구舊소련을 세우고 1917년부터 죽을 때까지 다스렸지만,

* 오웰이 국가 권력 및 기만과 관련된 고유한 어휘들—빅 브라더Big Brother, 증오 주간Hate Week, 신어新語, Newspeak, 이중 사고doublethink, 사상 경찰Thought Police—로 풍자한 상황이기도 하다. "과거는 지워졌고, 지워졌다는 사실이 잊히며 거짓이 진실이 되고 말았다. …모든 기록이 파기되거나 변조되었고, 모든 책이 다시 쓰였으며 모든 그림이 다시 그려졌다. 모든 조각상과 거리와 건물에 새로운 이름이 붙여졌고, 모든 날짜가 바뀌었다. 그 과정이 매일 매순간, 지금도 계속된다. 역사가 멈추었다. 당이 항상 옳은, 끝없는 현재를 제외하고는 아무것도 존재하지 않는다." George Orwell, *Nineteen Eighty-Four*, bk. 1, ch. 7.

치명적인 질병에 걸리기 전부터 많은 권한을 스탈린(그가 '강철'을 뜻하는 러시아 단어를 바탕으로 직접 만들어낸 이름)에게 빼앗겼다. 그러나 당과 군대, 비밀경찰에 기반해 국가를 전체주의적으로 통치한 스탈린 정권의 기본적인 구조를 확립해준 사람은 레닌이었다. 따라서 볼셰비키라는 이름으로 권력을 장악했던 소비에트(노동자 평의회)는 무력해졌다. 강제 기근과 야만적인 투옥, 대량 학살, 인종 청소, 암살 등이 잇달은 1918년의 적색 테러Red Terror를 필두로, 레닌과 스탈린은 2000만 명의 국민을 죽음으로 몰아간 잘못에 공동 책임을 져야 마땅하다. 스탈린 시대가 최고의 극성을 부리던 시기 중 하나인 1937-1938년에만 700만 명이 체포되었고(당 지도자들에게 '적'으로 고발해야 할 불순분자의 할당량이 주어졌다), 100만 명이 처형되었으며, 200만 명이 강제수용소에서 죽어갔다. 그해에서도 억압이 최고조에 달했을 때는 매일 1500명이 총살되었다. 스탈린은 1942년 크렘린에서 처칠에게 두 손바닥을 활짝 펴서 들어 보이며 사망자 수가 "1000만 명!"이라 말했지만, 훗날에는 홀로도모르(우크라이나어로 '아사餓死'라는 뜻)라 불리는 대기근으로 사망한 사람들을 고려할 때 그 수치는 낮게 계산한 것이었다.* (우연의 일치였던지 레닌과 스탈린의 요리사는 같았고, 그 요리사는 블라디미르 푸틴의 할아버지였다.)

> * 미국의 역사학자 티머시 스나이더Timothy Snyder는 1933-1945년 기간에만 사망한 민간인이 1400만에 이른다고 계산했다. 특히 1932년과 1933년에 사람들은 극도의 절망감에 빠졌고, 최소한 2505명의 우크라이나인이 인육을 먹었다는 이유로 유죄 판결을 받았다. Timothy Snyder, *Bloodlands: Europe Between Hitler and Stalin* (New York: Basic Books, 2010). 영국의 역사가 로버트 콘퀘스트Robert Conquest(1917-2015)가 스탈린의 대숙청을 정리해 책으로 펴냈다. 콘퀘스트는 직접 지은 유명한 5행시에서 보여주듯이 역사적 정확성보다는 운율을 더 중요시한 듯하다.
>
> 레닌이라 불리던 위대한 마르크스주의자가 있었네 / 이삼백만 명을 죽음에 몰

미국의 역사가 앤 애플바움Anne Applebaum은 동유럽의 역사를 다룬 책에서, "공포심과 수치심, 분노와 침묵 같은 감정들이 강력히 결합되며, 새로운 체제를 도입하는 데 필요한 심리적 토대를 놓는 데 도움이 되었다"고 썼다.[29] 새로운 체제는 물론 스탈린의 소련이었다. 완전체로서 국가가 존재하고, 유치원부터 비밀경찰까지 모든 기관이 설립됨으로써 독자적인 역사 탐구는 종식되었다.[30] (오웰이 소련 공산당 정치위원들을 "절반은 축음기, 절반은 깡패"라고 묘사했듯이) 그 멋진 신세계에서 역사가들은 스탈린의 명령을 따르는 것으로도 충분하지 않았다.[31] 스탈린이 보기에 그들이 역할을 제대로 해내지 못하면, 그들의 목숨은 단축되거나 이슬로 사라졌다. 예컨대 모스크바 러시아 역사 연구소 소장이던 보리스 그레코프Boris Grekov(1882-1953)는 아들이 징역형을 선고받는 걸 보고는 공포에 사로잡혀 스탈린주의 노선에 대폭 양보하며, 스탈린의 요구에 맞추어 책과 논문을 써야 했다. 한편 남러시아와 우크라니아의 고대 역사에 대한 권위자이던 미하일 로스톱체프Mikhail Rostovtzeff(1870-1952)는 결국 1918년 소련을 탈출해 미국에 정착했고 예일 대학교에서 가르쳤다. 하지만 그 시대의 많은 망명자가 그랬듯이, 그도 말년에 심한 우울증에 시달렸다.

미하일 포크롭스키Mikhail Pokrovsky(1868-1932)는 1920년대에 가장 영향력 있는 소련 역사가 중 한 명으로, 혁명을 처음부터 함께한 정치인이기도 했다. 볼셰비키가 정권을 장악한 뒤에 그는 교육부 차관이 되었고, 서너 개의 주요 역사 학술지를 편집하며 러시아의 과거에 대한 반半공식적인 재해석을 내놓았다. 이런 충성심에도 불구하고, 스탈린은 그의 저작이 러시아의 역사에서 위대한 인물들을 제대

아녔었다네. / 많은 일을 해냈다네. / 하지만 그가 하나를 한 곳에서 / 야심 찬 마르크스주의자 스탈린은 열 개를 해냈다네.

로 평가하지 못했을 뿐만 아니라 "애국적 열정도 부족"하다고 지적했다. 게다가 포크롭스키의 많은 동료가 "반反마르크스주의적이고 반레닌주의적이며, 본질적으로 청산주의적이고 반과학적인 사상을 장려했다는 혐의로 기소되었다."*

미래의 외교관을 양성하는 고등교육 기관인 국립 모스크바 국제관계 대학교를 설립한 주역, 예브게니 타를레Yevgeny Tarle(1874-1955)는 그 시대의 대표적인 역사가였지만, 정부를 전복하려는 음모를 꾸민 혐의로 기소된 저명한 역사가 중 하나가 되었다. 결국 타를레는 체포되어 카자흐스탄으로 유배되었다. 그 시기, 즉 1934-1936년에 소

---

* 이 시대에 적합한 비유는 영국의 스릴러 소설가 마이클 딥딘Michael Dibdin(1947-2007)의 《랫킹》에서 찾을 수 있다. 이 소설에서 지방 검사는 그 지역의 상황에 대해 아우렐리오 젠 경찰국장에게 설명한다.

> 랫킹ratking은 지나치게 많은 쥐가 무척 비좁은 지역에 지독한 압력을 받으며 살아갈 때 일어나는 현상이다. 쥐들의 꼬리가 뒤엉켜서, 쥐들이 발버둥치며 그 상태에서 벗어나려고 안간힘을 다할수록 꼬리를 묶은 매듭이 더욱 단단히 꼬이고, 결국에는 하나로 뭉친 조직 덩어리가 된다. 그렇게 형성된 생명체, 예컨대 30마리쯤의 쥐가 서로 묶인 채 존재하는 복합체를 랫킹이라 일컫는다. 이런 생명체가 살아남을 수 있을까? 놀랍게도, 대부분의 랫킹은… 건강하고 번창한다. 랫킹이 그런 상황을 받아들이는 방향으로 진화해서 그 방법을 찾아낸 게 분명하다. 그렇다고 랫킹이 그 상황을 좋아한다는 것은 아니다! 오히려 랫킹이 발견되는 이유는 섬뜩하게 찍찍거리는 울음 소리 때문이다. 다른 생명체와 평생 묶인 채 지내야 하는 상황은 결코 즐거울 게 없다. …우리가 지금 상대하고 있는 것은 어떤 괴기스런 생명체가 아니라 어떤 조건, 구체적으로 말하면 동료에게 묶인 까닭에 미친 듯이 찍찍대며 물어뜯고 침을 내뱉으며 몸부림치지만 어떻게든 살아남고, 비굴하게라도 번창하는 조건이다!

> 랫킹은 1564년 독일에서 처음 발견되었지만, 그에 대한 묘사가 1918년 이후로 스탈린에게 충성하던 역사가들의 모습과 맞아떨어진다. Michael Dibdin, *Ratking* (London: Faber, 1988), pp. 80-81.

련 공산당 정치국은 국사 교과서의 개편에 주력했고, 스탈린은 학자들에게 표준 역사서를 새로 쓰라는 지시를 내렸다. 정부가 국가의 유일한 출판사가 되었다. 오웰이 《1984》에서 오세아니아가 당시 싸우는 상대가 누구이든 간에 그 상대에 맞추어 과거를 다시 쓰는 임무가 기록과에 주어졌다고 묘사한 것과 다를 바가 없었다. 빅 브라더에 해당하던 당이 "과거에 손을 뻗쳐 이런저런 사건을 들먹이며 '그런 일은 결코 없었다!'고 말하면, 고문이나 죽음보다 훨씬 더 무시무시할 수밖에 없었다."

이상하게 생각되겠지만 히틀러와 스탈린은 한 번도 만난 적이 없었다. 앞에서 일본의 역사에 대해 언급하며 인용했던 마거릿 맥밀런은 스탈린의 접근법을 광범위한 시각에서 평가한다.

독재자들은 자신이 거짓말하고 있다는 걸 너무도 잘 알기 때문인지, 역사의 힘을 무시하지 않았다. 따라서 그들은 과거를 다시 쓰거나 부정하고 파기하려고 애썼다. 프랑스 혁명기의 로베스피에르, 1970년대 캄보디아의 폴 포트는 처음부터 다시 사회를 만들어가기 시작했다. 로베스피에르의 새 역법, 폴 포트의 0년은 과거를 지워버리고 사회를 조직하는 대안적 방법이 있다는 걸 보여주려는 뜻에서 고안된 것이었다. 진나라의 시황제는 과거의 모든 역사서를 불태우고, 과거를 기억할 법한 학자들을 생매장한 뒤에 자체의 역사를 쓴 것으로 전해진다. …마오쩌둥은 더 심했다. 중국 국민에게 과거를 떠올려줌으로써, 남녀를 불문하고 모든 중국인을 새로운 공산주의자로 개조하려는 자신의 시도를 방해할 염려가 있는 모든 기억과 인공물을 없애버리려 했다.[32]

스탈린도 여러 사건을 자신의 관점에서 써서 소련 공산당의 역사에 대한 '단기 강의'에 부분적으로 기여했다. 10대에 신진 시인이었던 '보즈드vozhd(스탈린은 이렇게 불리는 걸 좋아했다)'답게, 스탈린은 여러 형태의 국가國歌를 제안했고, 몇몇 시인의 번역을 더 낫게 고쳤으며, 세르게이 예이젠시테인Sergei Eisenstein(1898-1948)이 감독한 영화 〈폭군 이반〉의 대본을 고치기도 했다. 스탈린은 언어와 관련된 작업의 달인이었다. 그의 치하에서는 '보기 드문 사건'이란 완곡한 표현이, 그가 반역 행위라 생각하는 모든 행위는 물론이고 무능력과 비겁한 언동, 반反소비에트적 선동, 심지어 만취한 상태를 뜻하는 표현으로도 사용되었다. 1924년 1월 〈프라우다〉에서 레프 트로츠키가 '아프다'는 소식을 흘렸을 때 그 보도는 트로츠키의 제거가 임박했다는 확실한 징조로 여겨졌다. 폴란드의 위대한 시인 즈비그니에프 헤르베르트Zbigniew Herbert(1924-1998)는 스탈린이 언어를 오염시킨다는 이유로 '위대한 언어학자'라고 칭하며 빈정거렸다.

'엉클 조Uncle Joe(서구 언론에서 스탈린을 칭한 표현)'는 30년 동안 피로 통치한 뒤에 1953년 3월 5일, 74세의 나이에 평화롭게 잠들었다. 3년 뒤, 제20차 공산당 회의가 열렸다. 그의 후계자 니키타 흐루쇼프Nikita Khrushchev(1894-1971)는 그 회의를 순조롭게 끝낸 뒤에 특별 회의를 선포했고, 여기에서 전임 지도자를 규탄하며, 역사 연구에 새로운 정신을 도입함으로써 소련의 역사를 수정주의적 관점에서 다시 써야 한다는 '비밀 연설'을 4시간 동안 대표단에게 토해냈다. 따라서 역사가들은 역사를 쓰는 방법론을 향상하고, 과거 볼셰비키의 해석을 단순히 되풀이하는 데 그치지 말고 자료와 문서를 기반으로 신뢰할 수 있는 역사를 쓰라는 권고를 받았다.[33] 다시 말하면, 영광스런 업적 이외에 좌절과 혼란 및 힘겨웠던 투쟁 과정도 가감 없이 쓰라는 것이었다.

그리하여 소련 전역에서 스탈린이 격하되는 '해빙기'가 시작되었다. 정치범들이 석방되었고, 포로수용소가 해체되었다. 게다가 솔제니친의 《이반 데니소비치의 하루》와 블라디미르 두딘체프Vladimir Dudintsev(1918-1998)의 《빵만으로는 살 수 없다》 등이 출간되며 이른바 '자유사상'의 시대가 잠깐 동안 열렸다. 1956년을 장식한 베스트셀러 소설 《빵만으로는 살 수 없다》는 노동량을 줄여주는 기계를 발명했지만 혁신은 소비에트의 신조에 어긋난다는 이유로 관료들로부터 거부를 당한 물리 교사에 대한 소설이었다. 흐루쇼프는 스탈린을 폄하하는 사람들을 보호하는 위원회를 설립하기도 했다. 예컨대 한 고등학교 역사 교사가 교실에서 스탈린을 심판하는 모의재판을 열었고, 모스크바의 시민 단체들은 굴라크의 생존자들을 초대해 시와 음악의 밤을 열기도 했다. 1955년 초에는 〈역사 문제Voprosy istorii〉라는 학술지를 중심으로 열띤 토론이 벌어졌다. 러시아 역사를 전공한 케임브리지 교수, 도미닉 리븐Dominic Lieven은 "여전히 마르크스주의 노선을 따라야 했지만, 1970년대에는 서문에 레닌을 인용하는 원칙을 대충 얼버무리고, 가치 있는 정보와 사상을 더 많이 글에 담아낼 수 있었다"고 말했다.[34] 학자들에게도 신중하게 처신하고 그럴듯하게 변명할 수 있다면 연구 범위를 확대하는 여지가 허용되었다. 그러나 참조하려는 자료, 해외 역사가들과의 연계 및 연구 주제에 관련해서는 정치적 통제를 벗어나지 못했다. 학자들은 행동 수칙, 즉 '포니아티아 poniatiia(문자 그대로 번역하면 '개념concepts')'를 준수해야 했다.[35]

마르틴 루터가 인쇄된 글을 통해 무엇을 이루어낼 수 있는가를 증명해낸 이후로, 각국 정부는 출판물을 규제하려고 했다(세르반테스까지 왕의 허가를 신청해야 했다). 저명한 시인 안나 아흐마토바Anna

Akhmatova(1889-1966)는 결코 정치적 행동주의자가 아니었지만, 그녀에 대한 경찰 서류철은 거의 1000쪽에 달했다.[36] 문학인들이 그녀를 대신해 흐루쇼프에게 탄원서를 보낸 뒤에야 그녀는 지하 출판물을 벗어나 공개적으로 책을 출간할 수 있었지만, 대숙청 기간에 러시아인들이 견뎌야 했던 고통을 묘사한 서사시《레퀴엠》은 여전히 위험할 정도로 솔직하게 쓰였다는 판정을 받아, 결국 1987년에야 소련에서 출간되었다. 솔제니친은 유배되고, 그의 책들은 금서가 되었다. 흐루쇼프는 두딘체프의 책을 읽고는 벌컥 화를 내며 그의 소설이 "근본부터 거짓말"이고, "소비에트적 삶의 부정적인 면을 부각시키며 악의적인 즐거움을 찾는다"는 이유로 두딘체프를 매섭게 비판했다. 그리하여 두딘체프는 버림을 받았고, 지독한 가난에 시달려야 했다.

서구의 기준에서 해빙은 대단한 게 아니었지만, 공산당 정치국의 다른 위원들에게는 지나친 것처럼 보였던 듯하다. 1964년 10월, 흐루쇼프가 실각하고 레오니트 브레즈네프Leonid Brezhnev(1906-1982)가 정권을 장악했다. 많은 혁신이 되돌려졌고, 다른 보수적인 지도자들—알렉세이 코시긴Alexei Kosygin(1904-1980), 유리 안드로포프 Yuri Andropov(1914-1984), 콘스탄틴 체르넨코Konstantin Chernenko(1911-1985)도 그 뒤를 따랐다. 1968년 체코슬로바키아에서는 프라하의 봄 기간 동안, 개방과 폐쇄라는 똑같은 과정이 되풀이되었다. 스탈린 시대에 투옥된 포로들이 석방되었고, 적잖은 작가가 복권되었으며, 근래에 있었던 사건들이 더 개방적으로 재조사되었다. 그 후에 소련 탱크들이 밀려왔다. 소련 역사가들에게는 운명인 양, 당시 역사 연구소 소장으로 새로운 역사 쓰기를 주도하던 P. V. 볼로부에프Pavel Vasilevich Volobuev(1923-1977)가 해고되었다. 러시아가 1917년에는 후진국이었다는 걸 암시하던 일련의 책들이 몰수되었다. 1985년 3월 미하일 고르바초프Mikhail Gorbachev(1931-2022)가 정권을 잡은 뒤에야 역사 쓰기가 정부의 통제로부터 조금이나마 벗어났다. 데이비드 렘닉David Remnick이 소련이 지금의 러시아로 변해가는 과정을 추적해 퓰리처상을 수상한《레닌의 무덤》에서 말하듯이,

중대한 변화가 있었다. 급진적인 변화이기도 했다. 권력을 잡은 초기에 약간의 머뭇거림이 있은 뒤에, 고르바초프는 역사에서 '빈 곳'을 채워야 할 때가 되었다고 선언했다. 더는 '장밋빛 안경'이 있을 수 없을 거라고도 말했다. …역사를 다시 기억하겠다는 선언은 그가 내린 가장 중요한 결정이었다. 과거에 대한 완전하고 가차 없는 평가가 없다면, 즉 살인과 억압과 실패를 인정하지 않으면 민주적인 혁명은 말할 것도 없고 진정한 변화도 불가능하기 때문이다. 역사를 개인과 지식인과 정치인의 삶에 되돌려준 것이 20세기 대개혁의 시작이었다.[37]

렘닉은 유리 아파나시예프Yuri Afanasyev(1934-2015)의 이야기를 우리에게 들려준다. 아파나시예프는 처음에는 출세하려고 기존 시스템을 성공적으로 활용한 '계산적인 사람'이었다.[38] 언젠가 그는 텔레비전에 출연해 "내가 힘들게 기억하는 것보다 더 오랫동안 똥이 목까지 채워진 채 지냈다"고 말했다. 프랑스 역사 전문가인 그는 목이 황소개구리처럼 굵고 가슴은 떡 벌어져서 고등학교 축구 팀 코치처럼, 좋게 말하면 러시아의 노면 메일러처럼 보였다. 그는 고르바초프가 시작한 '역사의 회귀' 운동에 참여했고, '역사 기록 보관소' 소장이란 중요한 직책을 차지했다. 곧바로 그는 스탈린을 비판하고, 새로운 학자들을 소개하는 공개 강연을 연이어 실시했다. 그는 전문가 학자들

이 국가의 핵심적인 역사가가 되어야지, 중앙 위원회가 그 자리를 차지해서는 안 된다고 주장했다. 아파나시예프는 렘닉에게 "그런 상황이 지속된다면, 역사가 기록 보관소와 대학에서 작가에 의해 쓰이는 게 아니라, 당 회의와 위원회에서 작성되어야 한다는 생각도 유지될 수밖에 없을 겁니다. 그렇게 되면 역사는 프로파간다의 시녀, 즉 정책의 연장선으로 존재할 뿐, 과학이나 학문에 속하는 지식의 영역에도 올라서지 못하겠지요"라고 말했다.

1991년부터 1999년까지 러시아 연방의 초대 대통령을 지낸 보리스 옐친Boris Yeltsin(1931-2007)은 더 폭넓게 자유를 허용했다. 소련 전역에서 역사 시험이 연기될 정도로 과거 교과서들이 크게 평가절하되었다.[39] (에스토니아와 우크라이나에서는 나쁜 역사를 쓰면 범죄 행위로 기소될 수 있다는 법까지 제정되었다.) 렘닉의 지적에 따르면, 1989년에 출간된 책들은 소비에트 시대를 다룬 부분이 전 세대의 공인 교과서보다 솔제니친 작품과 더 닮아 있었다.[40]

과거에 고분고분한 공산주의자이던 역사가들이 진면목을 드러낼 만큼 대담해졌다. 그중에서 드미트리 볼코고노프Dmitri Volkogonov (1928-1995)는 눈여겨볼 만하다. 그의 아버지는 스탈린의 숙청 기간에 체포되어 총살당했고, 그의 어머니는 제2차 세계대전 동안 강제 노동 수용소에서 사망했다. 따라서 1945년 당시 고아인 볼코고노프는 17세에 입대했고, 약 40년 동안 군에 복무하며 연대장까지 승진했다. 또한 옐친의 국방 특별 고문과 소련군 심리전부 사령관을 지내기도 했다. 게다가 유능한 역사가이기도 해서, 비밀 문서고를 수년 동안 뒤적거린 끝에 1988년에 스탈린 전기를 펴냈다. 이 전기에서 볼코고노프는 스탈린의 강점을 가감 없이 인정했지만 여러 사건에 대한 공식적인 발표를 뒤집는 경우가 잦았고, 스탈린 체제하에서만 소련이

'일인 독재국가'였다는 걸 설득력 있게 주장했다.⁴¹ 전에는 구경조차 못하던 자료를 최대한 활용해 트로츠키(1992)와 레닌(1994)의 전기도 차례로 출간했다. 소련 역사가들이 전기를 쓰지 않았다는 점에서, 심리 분석을 곁들인 역사서는 더더욱 쓰지 않았다는 점에서 볼코고노프의 전기들은 더더욱 주목할 만했다.* 볼코고노프의 세 권의 전기는 모두 엄청난 충격을 주었다.

과거에는 폐쇄적이던 많은 문서고에서 비러시아계 학자들도 시간을 보내는 게 허용되는 듯했다. 영국의 역사학자 올랜도 파이지스 Orlando Figes는 보물을 찾아서 모스크바(드물게는 상트페테르부르크)로 발걸음을 재촉한 소수의 학자 중 하나였다. 그들 중에는 앤서니 비버,

---

* 볼코고노프의 세 권의 전기는 영국의 상냥한 역사가 해럴드 셔크먼Harold Shukman(1931-2012)에 의해 번역되었다. 1987년, 나는 허친슨 출판사 발행인의 자격으로 셔크먼에게 안드레이 그로미코Andrei Gromyko(1909-1989)의 회고록을 번역해달라고 의뢰했다. 러시아에서는 그로미코가 최고 소비에트 상임위원회 의장으로 고르바초프에 이어 실질적인 2인자였던 때 발간되었고, 소문에 따르면 초판으로 200만 부가 팔렸다는 회고록이었다. 1939년 이후로 줄곧 그로미코는 가장 약삭빠른 정치인으로 경력을 쌓았던 터라, 나는 그가 러시아 편에서 선택적으로 뽑아낸 기억들이 바깥 세계에도 유용할지 알아보려고 모스크바로 향했다. 크렘린 안에서 나는 그에게 질문 목록을 조심스레 건넸다(그의 책상에는 12개의 전화기가 놓여 있었다. 그중 11개는 검은색이었지만 하나는 붉은색이었다. 용도가 무엇이었을까?). 런던 주재 대사를 역임한 외교 전문가답게 그로미코의 영어 실력은 탁월했지만, 내 질문 목록을 러시아어로 번역해달라고 요구했고, 그의 보좌관들이 그 요구에 따랐다. 질문 중 하나는 1968년 프라하의 봄에 관한 것이었다. 소련은 체코슬로바키아에서 일어난 그 봉기를 야만적으로 진압했지만 그로미코가 자신의 회고록에서 그다지 언급하지 않았기 때문이었다. 그로미코는 웃음기를 싹 지운 표정으로, 번역된 쪽지를 훑어보고는 "이 체코 매트리스에 대해 나한테 의견을 묻는 겁니까?"라고 물었다. 결국 나는 그 답을 얻지 못했다('프라하의 봄'이 영어로 Prague Spring이다. spring이 용수철을 뜻하기도 하고, 용수철이 침대 매트리스에 사용된다는 걸 이용해 대답을 교묘하게 피해간 그로미코의 약삭빠른 대응력을 보여준 일화라 할 수 있다/옮긴이).

앤 애플바움, 로런스 리스Laurence Rees, 애덤 자모스키Adam Zamoyski도 있었다. 파이지스는 당시 상황을 "지적으로 말하면, 공산주의의 몰락은 역사가들의 해방이었다"고 요약했다. 그는 1984년과 1987년 사이에 러시아 연방 국립 기록 보관소를 뒤지며 수 주를 보냈다.

> 기록 보관소는 모든 자료를 보관하지만, 소련 역사가들에게 출판을 허가한 자료들의 존재만을 인정한다는 원칙하에 운영되었다. 우리가 어떤 문서의 열람을 요청하면, KGB[주요 정보기관]에서 파견된 한 여성의 심사를 어김없이 거쳐야 했다. 외국인인 우리는 별도의 열람실에서 작업해야 했고, 구내식당도 전혀 이용할 수 없었다. 따라서 우리에게 도움을 주고 싶었을지도 모를 소련 역사가나 기록 보관소 담당자를 접촉할 수 없었다. 다행히 이런 운영 방식에도 치명적인 결함 하나가 있었다. 소련 연구원들과 외국 연구자들이 같은 화장실을 사용했다는 것이다. 당시 나는 흡연자여서 번질나게 화장실을 드나들었고, 그곳에서 소련 역사가들과 기록 보관소 직원들을 만나 이런저런 이야기를 나누었다. 그들은 내가 건네는 서양 담배를 좋아했고, 내가 보고 싶어 하는 서류철의 번호를 기꺼이 알아봐주었다.[42]

예일 대학교 출판부의 편집 이사 조너선 브렌트Jonathan Brent도 러시아 연방 국립 기록 보관소를 방문했고, 그곳 담당자들을 성공적으로 설득해서, 그들을 공동 편집자로 고용하고 미국 달러로 저작권 사용료를 지급하는 조건으로 그곳의 문서들을 번역해 출판할 권리를 얻어냈다.[43] 브렌트는 그 책들을 러시아어로도 출간할 거라는 조건을 명기했고, 무척 영리한 전술이었다. 소련의 역사에서 가장 어두운 면을 부각해 소련의 역사를 더럽히려는 외국인들이 서류 보관소를 약탈하고 있다고 항의하는 러시아 민족주의자들이 그때부터 적지 않았기 때문이다. 브렌트는 예일 대학교 출판부가 제작하는 시리즈를 러시아 출판사가 번역해 출판할 때 지원하는 보조금도 협상했고, 추가와 삭제는 러시아 출판사의 재량에 맡겼다. 2009년 말까지 예일 대학교의 시리즈에 포함된 20권 중 14권이 러시아어로 출간되었다. 그러나 러시아 기록 보관소 담당자들은 여러 출판사에 동일한 문서를 파는 경우가 많았다.*

앤서니 비버도 자료 조사를 위해 모스크바로 달려간 외국 학자 중 하나였고, 그의 경우에는 러시아 군사 기록 보관소가 목적지였다. 또 그가 최종적으로 작성한 원고에 러시아 당국이 동의하지 않을 경우에는 모스크바를 다시 방문하는 게 허락되지 않을 거라는 걸 알고, 최종적인 원고를 제출하겠다고 약속해야 했다. 《베를린 함락, 1945》는 역사와 관련된 출판상까지 수상했지만, 러시아어판이 출간되었을 때는 베를린으로 전진하던 적군(赤軍)의 잔혹 행위에 지나치게 초점이 맞추어졌다는 비판을 받았다. 그의 《스탈린그라드》(1998)는 러시

---

* 다른 저작권 협상은 더 끔찍했다. 2005년, 부부 관계인 존 할리데이Jon Halliday와 장 융張戎은 전에는 한 번도 대외적으로 발언한 적이 없던 마오쩌둥의 측근들을 인터뷰해서 《마오: 알려지지 않은 이야기들》을 펴냈다. 출판사에서 2006년의 도서 목록에서 자랑스레 선전했듯이, 그 책은 "놀라운 폭로로 가득하고, 대장정大長征의 신화를 깨뜨리며, 지금까지 전혀 알려지지 않은 마오의 모든 것을 보여주었다. 마오는 이상주의나 이데올로기에 사로잡힌 사람이 아니었고, 스탈린과의 친밀하면서도 복잡한 관계는 1920년대까지 거슬러 올라가고, 그 덕분에 궁극적으로 그가 권력을 움켜쥘 수 있었다. 마오는 일본이 중국 대부분을 점령하는 현상을 환영했다. 또 원하는 것을 손에 넣으려고 온갖 책략을 꾸몄고 독살과 협박을 서슴지 않았다. 1949년 중국을 정복한 뒤에 마오가 비밀리에 세운 목표는 세계를 지배하는 것이었다." 이 책에서 인용된 러시아 자료들은 중국 정부의 요청으로 삭제되어야 했다.

사진 분석 전문가 하니 파리드*Hany Farid*는 "누구를 찍고, 어떻게 찍느냐는 전적으로 선택이다. 이런 점에서 우리는 꾸준히 우리 자신을 속여왔다. 역사적으로 보면, 사람들이 사진과 영상을 진실이라고 생각하던 선뜩한 시대가 있었다는 게 드러날 것이다. 이제 그 짧았던 시대가 사라지고 있다. 어쩌면 오래전에 사라졌어야 했다"고 말한다.[44] 스탈린 체제하에서는 눈 밖에 난 정치적 인물을 제거하기 위해 사진이 조작되는 경우가 비일비재했다. 위의 두 사진을 예로 들어보자. 1937년 4월에는 클리멘트 보로실로프, 뱌체슬라프 몰로토프, 스탈린, 니콜라이 예조프가 모스크바강과 볼가강을 잇는 운하 변을 함께 산책했다. 그러나 2년 뒤에는 예조프가 체포되고 고문을 당한 끝에 총살되었다. 따라서 스탈린의 60회 생일을 축하하려고 1940년에 모스크바에서 출간된 책에서는 그 사진이 변조되어 예조프가 사라졌다.

때때로 주인공을 더욱 강력하게 부각하려고 주변 인물들이 지워졌다. 위의 사진에서는 마오쩌둥이 지휘관들과 함께 홍군紅軍을 사열하는 모습이다. 그러나 조작된 사진에서는 한 장교가 멀찌감치 뒤로 물러섰고, 마오의 모습만 크게 부각되었다.

역사는 어떻게 만들어지는가

스탈린의 추종자들만 사진을 조작한 것은 아니었다. 1945년 5월 7일, 독일이 공식적으
로 항복했을 때, 아이젠하워 장군이 항복 문서에 서명한 펜을 쥐고 있는 사진들에는 그
의 운전기사이자, 정부情婦로 추정되던 케이 서머스비Kay Summersby가 보이기도 하고 그
렇지 않기도 한다. 언론에는 그녀가 아이젠하워의 어깨 뒤로 보이지 않는 사진들만을
배포함으로 그녀의 존재를 지워버렸다.

20장 나쁜 역사

아어판에서, 많은 부분에 오류가 있다고 독자에게 경고하는 서문이 덧붙여졌지만 정작 비버는 그런 서문이 덧붙여진 것도 몰랐고 승인한 적도 없었다. 그러나 그 정도로 끝나지 않았다. 2015년에는 러시아 군부가 비버의 끝없는 '거짓말'을 반박하기 위해 문서고를 개방하는 특별 위원회를 구성하겠다고 발표했다. 그리고 같은 해, 우랄산맥 근처에 위치한 스베르들롭스크의 주교육부가 초중등학교 및 대학교의 도서관에 "비버의 저작물이 존재하는지를 점검하고", "학생과 교직원의 접근을 차단하는 조치를 취하라"는 명령을 내렸다. 주교육부는 그 이유로, 비버의 책들이 "제2차 세계대전 동안 발생한 사건들에 대한 정보를 잘못 해석해 역사적 문헌과 충돌하고, 나치의 전형적인 프로파간다에 깊이 물든 때문"이라고 주장했다. 주교육부의 주장에 따르면, 미국의 억만장자 조지 소로스George Soros의 소유이며, 러시아 내부 문제에 간섭하는 것으로 알려진 '오픈 소사이어티 재단Open Society Foundations'이 그런 서적들을 주로 발간했다. 스베르들롭스크 주교육부의 비판은 2015년 모스크바의 연방 상원에서 받아들여졌고, 상원은 소로스 재단을 비롯해 추방해야 할 '바람직하지 않은' 조직들을 발표했다. 그 결과로 비버를 비롯해 다른 의심스런 역사가(예컨대 존 키건)의 책들은 이제 러시아에서 구입할 수 없다.

러시아 정부의 이런 강압은 지금도 계속된다. 예컨대 유발 노아 하라리Yuval Noah Harari가 2018년에 발표한 《21세기를 위한 21가지 제언》의 러시아어판은 저자에게 알리지도 않고 여러 부분을 통째로 다시 쓰며 러시아 정부에 대한 비판을 없애버렸다. 하지만 그런 러시아 정부도 검열을 불법이라고 선언하기는 했다.

✕ ✕ ✕

2015년은 보리스 옐친의 '자유방임 정책laissez-faire policy'이 블라디미르 푸틴의 철권 정책에 의해 수정되기 시작한 지 오래였다. 1999년 총리에 오른 푸틴은, 어느새 대통령으로 네 번째 임기를 맞이하고 있다.* 최근의 역사에 대한 푸틴의 견해는 명확하다. 소련은 유럽에서 나치 독일과 마지막으로 협정을 맺은 국가였지 첫 국가가 아니었고, 서방이 히틀러와 맺은 협정은 수치스럽기 그지없는 짓이었다! 또 1939년 9월 소련은 폴란드를 공격한 게 아니라, 붕괴된 폴란드 정부가 방치한 영토를 보호하기 위한 조치를 행했을 뿐이었다! 이렇게 푸틴은 스탈린의 외교 정책을 계속 옹호했다.

처음부터 푸틴은 민족주의적 시각에서 역사를 만들어가야 할 필요성을 꿰뚫어 보았다. 소련의 붕괴는 대부분의 러시아인에게 굴욕감을 안겨주었기 때문에 소련에 대한 향수를 자극하려면 민족주의적 역사관이 더더욱 필요했다. 러시아의 역사 기록을 통제하려는 푸틴의 접근 방식에 대해 올랜도 파이지스가 최근에 쓴 논문에서 강조한 점이기도 하다. 파이지스는 "러시아인들은 수개월 만에 모든 것을 잃었

---

* 같은 해, 남아프리카공화국은 아파르트헤이트(인종 차별 정책)에 시달리던 시절로부터 하루라도 빨리 회복하려고, 진실·화해 위원회Truth and Reconciliation Commission를 설치했다. 그 위원회는 과거의 범죄를 자진해서 인정한 정부 관리들과 반反아파르트헤이트 투사에게 사면을 제안했다. 국민을 처벌하는 것보다 전 국민의 자기이해가 더 중요하고, 과거의 악행을 타협하지 않고 단호히 폭로하는 것이 전 국민의 화해를 위한 전제 조건이라는 정부의 확신을 반영한 제안이었다. Eric Foner, "'We Must Forget the Past': History in the New South Africa," Yale Review 83 (April 1995): 1-17. 독일도 1939-1945년에 자행한 사건들을 해결하기 위해 많은 노력을 기울였고, 심지어 집단 책임을 받아들이는 태도를 뜻하는 신조어, vergangheitsbewältigung을 만들어내기도 했다. Vergangenheit와 Bewältigung를 결합해 23개의 문자로 만들어낸 복합 명사로 "과거의 부정적인 면을 극복하려는 투쟁"으로 번역된다.

다. 그들에게 안보, 초강대국이란 지위와 국민적 자부심을 주던 제국과 이데올로기와 경제 체제 및 소비에트의 역사로부터 형성된 정체성까지 모든 것을 수개월 만에 잃었다"고 말하며, 러시아에 닥친 상황을 극적으로 묘사했다.

푸틴이 권력을 장악한 해에 실시한 여론 조사에 따르면, 러시아 국민의 4분의 3이 소련의 붕괴를 안타깝게 생각하며, 러시아가 크림반도와 동우크라이나 등 잃어버린 영토를 되찾기를 바랐다. 또 파이지스가 주장하듯이, 러시아인들은 자신들의 역사를 부끄러워해야 한다는 말을 들어야 하는 것에 분개했다. 그들은 소비에트의 신화들—10월 혁명에 따른 노동자와 농민의 대해방, 제1차 5개년 계획, 농업의 집단화, 트로츠키파의 패배, 인문과학과 자연과학 및 과학기술에서 소련이 이루어낸 업적들—에 파묻혀 살았다. 그런데 왜 그들이 이제는 죄책감을 느껴야 하는가? 오늘날에는 소련 시대의 비밀경찰 제복까지 판매된다. 푸틴은 소비에트의 신화(공산주의라는 짐은 제외)에 1917년 이전의 러시아 제국에 대한 이야기들을 결합해 자기만의 고유한 역사를 신속하게 만들어냈다. 따라서 2017년, 10월 혁명 100주기를 맞았을 때 푸틴 정부는 기념일을 신중하게 의도적으로 무시하며 넘어갔다.[45]

얼마 전에는 노르웨이 소설가 칼 오베 크네우스고르Karl Ove Knausgård가 〈뉴욕 타임스 매거진〉의 의뢰를 받고 러시아를 직접 둘러본 결과를 기고했다. 그는 그 기사를 이렇게 끝맺었다.

해가 갈수록 그들은 1917년의 의미를 축소하려고 애쓴다. 그들이 이상적으로 해석하는 역사에는 혁명이 없었기 때문이다. 요컨대 그들은 차르 시대와 스탈린의 러시아를 끊기지 않은 고리로 연결하려고 한다. 현재 떠도는 이야기는 이렇다. 100년 전 간첩과 반역자 들이 우리를 자극해 서로 죽이도록 유도했다. 다시는 그런 참사가 일어나서는 안 된다. 따라서 우리는 뭉쳐야 하고, 한마음으로 푸틴의 깃발을 따라야 한다. 그러므로 우리는 어떤 형태의 반대도 금지해야 하고, 시민의 권리까지 기꺼이 포기해야 한다. 다시는 그런 참사가 일어나서는 안 되기 때문이다.[46]

푸틴은 스탈린의 범죄를 부인하지는 않았다. 오히려 스탈린의 범죄성을 몇 번이고 공개적으로 인정했다.* 그러나 스탈린의 범죄를 지나치게 강조하면, 엉클 조의 업적들, 특히 1941-1945년의 대조국전쟁Great Patriotic War에서 거둔 승리가 퇴색된다고 주장했다. 이 때문에 이상야릇한 균형 잡기가 시도된다. 2015년에 굴라크 박물관이 모스크바에 개장되었지만, 강제 노동 수용소와 집단 묘지는 거의 추념되지 않을 뿐만 아니라 차근차근 해체되거나 철거되는 실정이다. 러시아계 미국인 망명자 마샤 게센Masha Gessen이 말했듯이, "모든 박물관, 엄밀히 말하면 모든 국가가 자국민이 선하다는 걸 알리는 것을 궁극적인 목표로 삼는다."[47] 그러나 게센의 "어떤 전체주의 사회를 지배하는 마피아 정부"에 대한 이야기에는 듣기에 역겨운 과장은 없는 듯하다.[48]

2007년 6월, 모스크바에서 푸틴도 참석한 고등학교 교사 회의가

---

* 예컨대 1940년 스몰렌스크 근처의 카틴 숲에서 소련 비밀경찰이 2만 명 이상의 전쟁 포로를 학살한 사건에 대해 누가 책임져야 하는지에 대해 모스크바와 폴란드가 오랫동안 벌이던 논쟁은, 2010년 11월 두마(러시아 의회/옮긴이)가 그 학살을 "스탈린 정권과 전체주의 국가이던 소련이 자행한 범죄"라고 규탄하며, 명령을 내린 스탈린에게 처음으로 책임을 전가함으로써 해결되었다.

열렸다. 전국에 텔레비전으로 중계된 그 회의에서 푸틴은 소련의 역사를 가르치는 방향에서 자신의 눈에 비친 혼란상을 불만스런 목소리로 지적하며, 확고히 정립된 기준을 요구했다. 그러자,

회의 참석자:

지난 20년 동안 우리 청년들은 우리의 과거 역사에 대해 무척 다양한 정보를 봇물처럼 받아들여야 했습니다. 그 정보들은 개념에 접근하는 방법도 달랐고, 해석과 가치 판단도 달랐습니다. 심지어 연대순도 달랐습니다. 이런 상황에서 교사의 역할은…

푸틴:

(말을 가로막으며) 아, 맞습니다, 역사를 쓰는 사람은 따로 있습니다. 모두가 아시겠지만, 외국으로부터 지원금을 받은 사람들이 많은 교과서를 씁니다. 당연히 그들은 지원금을 주는 쪽의 요구에 따라 폴카를 추겠지요. 내가 무슨 말을 하는지 아시겠습니까? 안타깝게도 그런 교과서가 초중등학교와 대학교에 전해집니다.

푸틴은 결론을 대신한 발언에서 역사 교사들에게 이렇게 말했다.

우리 역사에도 불미스런 문제가 있습니다. 그렇습니다. 분명히 있습니다. 하지만 그런 문제가 없는 국가가 있을까요? 몇몇 다른 국가들에 비하면 오히려 우리가 적습니다. 우리 문제는 다른 국가들의 문제에 비하면 그렇게 끔찍하지도 않습니다. 예, 맞습니다. 우리 역사에도 섬뜩한 때가 있었습니다. 1937년에 시작된 사건들을 기억하고 절대 잊지 않도록 합시다. 하지만 다른 국가들은 덜하지 않습니다. 오히려 훨씬 더 많습니다. …어떤 국가에서

나 온갖 사건이 역사적으로 일어납니다. 우리가 죄책감에 짓눌려 살아갈 필요가 없습니다.[49]

교사 회의가 끝나고 나흘 뒤, 두마는 어떤 교과서가 출간되어야 하고 어떤 교과서가 러시아 학교에서 사용되어야 하는가를 결정한 권한을 교육부에 부여하는 법안을 도입했다. 그로부터 얼마 지나지 않아, 크림반도의 영광스런 수복에 관한 장이 교과서에 더해졌다.[50] 이론적으로는 교과서 시장에 경쟁이 존재하지만, 현실적으로는 이데올로기보다 돈에 움직이는 크렘린의 입김이 컸다(검인정 교과서는 100만 부까지 판매가 가능하다). 예컨대 크렘린은 푸틴의 친구이자 한때 유도 상대가 회장인 '계몽사'라는 교육 전문 출판사를 적극적으로 밀었다. 게다가 푸틴 정부는 계몽사와 경쟁 관계에 있던 출판사들을 폐쇄했고, 경쟁력을 지닌 교과서들의 출간을 금지했다. 나중에 밝혀졌듯이, 정부의 의뢰로 제작된 《러시아 현대사, 1945년부터 2006년까지: 교사용 지도서》에는 그 시대의 국가 지도자들을 어떻게 평가해야 한다는 걸 교과서 저자들에게 내린 지침이 있었다.

> 스탈린 좋음(수직적인 권력을 강화했지만 사유재산이 없었음), 흐루쇼프 나쁨(수직적 권력을 약화시킴), 브레즈네프 좋음(스탈린과 같은 이유), 고르바초프와 옐친 나쁨(둘 모두 국가를 파멸에 몰아넣음. 하지만 옐친 시대에는 사유재산이 인정됨), 푸틴 탁월한 지도자(수직적 권력과 사유재산을 강화함).

파이지스에 따르면, 그 책의 주 저자는 정부에 부속된 싱크탱크의 부소장인 알렉산드르 필리포프Aleksandr Filippov였지만, '주권 민주주의'를 다룬 장의 저자는 파벨 다닐린Pavel Danilin이었다. 소문에 따르면, 다닐린은 역사학을 전공하지도 않고 교사 경력도 없는 크렘린의 선전 전문가였다. 다닐린은 한 인터뷰에서 이렇게 말했다.

우리 목표는 러시아 역사를 끝없이 반복되는 불운과 실수의 연쇄가 아니라 국민에게 자부심을 심어주는 것으로 그려내는 최초의 교과서를 제작하는 것이다. 바로 이런 방향으로 교사들은 역사를 가르쳐야 하고, 모국을 진흙으로 더럽혀서는 안 된다.

다닐린은 자신의 그런 발언을 불편하게 생각하는 역사 교사들에게 보내는 경고문을 자신의 인터넷 블로그에 올려놓기도 했다.

내가 제시한 우리 목표에 분개할 교사가 있을지도 모르겠다. 그러나 모든 교사가 교사에게 쥐어지는 교과서로, 러시아에 필요한 방향으로 아이들을 가르치게 될 것이다. 러시아를 싫어하는 더러운 불순분자govnyuk나 도덕관념이 없는 종자가 러시아 역사를 가르치도록 내버려둘 수는 없다. 그런 쓰레기는 당장 치워버려야 한다. 제대로 청소되지 않으면 강제력을 동원해서라도 치워버려야 한다.

푸틴이 역사를 통제하기 위해 실제로 무력을 처음 동원한 때는 2008년 12월 4일이었다. 그날 러시아 검찰청 소속 직원들이 복면으로 얼굴을 가린 채, 1987년에 설립된 이후로 스탈린 시대의 억압을 선도적으로 조사해온 시민 단체 메모리알Мемориал의 상트페테르부르크 사무실을 강제로 밀고 들어갔다. 그들은 억압에 희생된 5만 명 이상의 피해자에 대한 정보와, 1917년부터 1960년대까지의 여러 문서가 담긴 12개의 하드 디스크를 압수했다. 이듬해 9월에는 북극권의 굴라크에 유배된 독일군 전쟁 포로들을 조사하고 연구한 러시아 역사가가 체포되었고, 그의 아파트가 수색을 당했으며, 개인적으로 연구한 자료까지 몽땅 압수되었다. 게다가 4년을 감옥에서 썩어야 할 거라는 협박도 받았다. 러시아 연방 보안국도 그 역사가에게 관련 자료를 넘겨준 경찰 공무원을 체포했다. 문제의 굴라크가 있었던 아르한겔스크 지역의 한 인권 운동가는 "역사에 대한 통제가 다시 되살아나고 있다. 스탈린 시대의 억압이 어떤 규모로 행해졌는지를 대다수의 러시아인은 전혀 모른다"고 말했다.[51] 2018년 1월, 문화부는 스탈린과 그 측근들을 풍자한 아르만도 이아누치Armando Iannucci의 블랙 코메디 영화 〈스탈린의 죽음〉의 유통을 허락하지 않았다.

메모리알의 한 핵심 회원은 언젠가 요즘의 권력은 무척 합리적이어서 모두의 입을 다물게 하지는 않는다며 "표현과 언론의 자유가 있다. 서점의 선반에는 반反푸틴 서적들이 꽂혀 있다"고 말했다.[52] 다만 이 낙관적인 발언은 2011년 말에 있었던 것이다. 그 이후로 푸틴은 평론가들이 그가 '역사의 나쁜 편'에 섰다고 비판하는 걸 개의치' 않으며, 러시아의 역사를 하나의 이야기, 더 정확히 말하면 크렘린이 결정하는 이야기로 만들어가는 데 더욱더 집중했다. 다시 말하면, 푸틴은 역사의 복잡성을 부정하며, 프로파간다와 언론 및 검인정 교과서를 통한 집단 기억을 집요하게 만들어가고 있다는 뜻이다.

에릭 포너는 1990년에 초판이 발행된 《누가 역사의 주인인가?》에서 이렇게 결론지었다.

때때로… 역사는 현재 상황을 합리화하는 데 주된 역할을 한다.

역사는 가상의 황금시대에 대한 향수로 전락할 수 있지만, 거꾸로 유토피아를 꿈꾸며 과거를 완전히 지워버릴 수도 있다. 또 역사는 불편한 진실을 드러내며 국민에게 자신들의 사회를 다르게 생각하라고 요구할 수도 있다. 현재 소련에서 역사는 이 모든 역할과 그 이상을 해내고 있는 중이다.[53]

그러나 푸틴이 역사를 다시 쓰려는 의도가 무엇이든 간에 역사 기록에 변화를 주려는 현 정권의 시도는 현실적이지 않다. 문서 보관소의 문이 열리고, 그곳의 문서가 공개되며 메모리알 같은 조직들이 활동하기 시작하자, 그 목표는 실현하기 불가능해졌다. 문서 보관소가 잠깐 동안 자유를 누리던 과거만큼 들락거리기 쉽지 않더라도 먼 옛날처럼 완전히 차단하는 상태로 되돌아갈 수는 없다. 하지만 러시아 정부가 독선적이고 애국적인 신화를 독려하는 한 나쁜 역사는 계속 쓰이며 널리 확산될 게 뻔하다.

하지만 나쁜 역사가 승리하지는 못할 것이다. 푸틴 자신이 삶의 과정에서 겪은 한 사건에서 그 이유를 짐작할 수 있다. 1985년부터 1990년까지 푸틴은 KGB의 동독 드레스덴 지부에서 근무하며, 앙겔리카슈트라세 4번지에 있던 지부 요원들을 위한 공동 주택에서 살았다. 베를린 장벽이 무너졌던 1989년 11월 9일부터, 당시 37세이던 푸틴의 업무는 소비에트 시대의 간첩 활동이 기록된 문서를 지부 건물 지하에서 활활 타오르던 화덕에 계속 집어넣는 것이었다. 문서량이 얼마나 많았던지 나중에는 화덕이 고장 나고 말았다.

엄청난 양의 종이를 태워 없애는 게 쉬운 일은 아니다. 공기가 충분하지 않을 수 있고, 시간이 걸린다. 두툼한 뭉치는 기계로 파쇄해야 한다. 지나치게 뜨거운 불로 빨리 태우려고 하면 연통이 훼손되기도 한다. 따라서 동독 비밀경찰 슈타지(Staatssicherheit, 국가 보안부)의 동료들과 마찬가지로 푸틴은 많은 문서를 파기해야 했지만, 문서파쇄기가 많지도 않은 데다 더구나 질적으로 떨어지는 동독산이어서 금세 고장 나고 말았다. 결국 수천 쪽에 달하는 문서를 서둘러 맨손으로 찢어 큰 자루에 쑤셔 넣어야 했다.

독일이 다시 통일되자, 독일 정부는 이 모든 자료를 다시 짜맞추기 위한 작업에 자금을 투입하기로 결정했다.[54] 그리하여 6억 개의 종잇조각이 든 것으로 추정되는 약 1만 6000개의 자루를 찾아냈다. 40명의 직원이 수십 년 동안 그 조각들을 공들여 짜맞추는 작업, 즉 대략 "과거의 불법 행위를 해결하기 위한 작업"으로 번역되는 개념, '아우파르바이퉁Aufarbeitung'이란 작업이었다. 누군가 말했듯이, "때로는 운이 좋아, 절반으로만 찢어진 서류도 있었다."[55] 하지만 많은 조각이 25센트 동전보다 크지 않아, 처음에는 손으로 그 조각을 짜맞추어 유의미한 결과를 얻으려면 수십 년이 걸릴 것이라 예상되었다. 슈타지만 해도, 일렬로 늘어놓을 때 100킬로미터에 약간 못 미치는 문서, 140만 개가 넘는 사진과 영상 및 녹음 테이프, 〈슈피겔〉이 '공포의 서류철'이라 명명한 것에서 찾아낸 3900만 장의 색인 카드를 남겼다. 1995년 이후로 독일 정부의 '조각 맞추는 사람들puzzlers'은 기껏해야 500개의 자루에 담긴 조각들, 약 100만 개의 종잇조각을 그럭저럭 짜맞추는 데 성공했지만, 슈타지에 비밀리에 고용된 2명의 서독 고위 관리를 이름까지 적시해 망신을 주기에 충분했다. 앞으로는 짜맞추는 속도가 더욱 빨라질 듯하다. 5년 전에 '파쇄 회복기unshredder'라는 새로운 컴퓨터 시스템이 도입되었기 때문이다. 이 시스템은 색상, 서체 크기, 찢어진 가장자리, 괘선지와 일반 용지, 손글씨와 타이핑 등을 짜맞추어 문서를 실질적으로 재구성하지만, 그 작업을 완료하는 데는 앞으로도 많은 시간이 걸릴 것으로 추정된다.

과거의 모든 진실을 밝힐 수는 없겠지만 상당수는 드러날 것이다. 프랜시스 베이컨이 말했듯이 진실은 시간의 딸이지 권위의 딸이 아니다.[56] 언젠가 알렉산드르 솔제니친은 소비에트 공산주의가 붕괴되면 그 이후에 어떤 일이 일어나겠느냐는 질문을 받았을 때 '오랜, 오랫동안의 치유'가 있어야 할 거라고 대답했다. 그 대답이 더욱더 현실적인 판단인 듯하다. 나쁜 역사는 그 유해한 영향이 서서히 스며들어 오랫동안 유지되기 때문이다.

21장 역사의 초고

: 저널리스트와 가까운 과거

역사는… 증류된 신문의 일종이다.
- 토머스 칼라일, 1841년[1]

결국 우리 언론인들이 역사를 불편부당하게 기록하는 첫 증인이 되려고
노력하거나 노력해야 한다고 생각한다. 언론인의 존재 이유가 있다면,
역사를 실제 그대로 보도하는 능력이 최소한의 것이어야 한다.
- 로버트 피스크, 2005년[2]

MAKING HISTØRY:
THE STORYTELLERS WHO SHAPED THE PAST

새뮤얼 피프스Samuel Pepys(1633-1703)는 잉글랜드 해군 행정관으로 시작해 의회 의원이 되었고, 찰스 2세와 제임스 2세의 치하에서는 해군성 수석 비서관까지 지냈다. 따라서 역사의 많은 현장을 직접 목격한 증인이었다. 그가 1660년부터 1669년까지, 즉 27세부터 36세까지 꾸준히 쓴 일기는 코덱스판으로 3102쪽에 달했다. 하지만 원시와 난시가 겹치며 시력을 완전히 잃을지도 모른다는 두려움에 일기 쓰기를 중단했다. 좋은 안경이 있었다면 충분히 개선될 수 있었던 증상이어서, 그랬더라면 피프스는 일기를 계속 썼을 것이다.[3] 그는 자신에게 글재주가 있다는 걸 일찌감치 알아챘다. 1651년경에는 '바람둥이 사랑'이란 제목으로 연애 소설, 혹은 그 일부를 썼지만 자신의 기준, 즉 "세상의 모든 것을 균일하고 명확하게 만들겠다는 기준"에 못 미친다는 이유로 원고를 파기해버렸다. 일기에서는 결코 이런 문제가 없었다. 1666년 9월 2일 일요일, 그는 일기장에 이렇게 썼다.

몇몇 하녀가 오늘의 연회를 준비하느라 어젯밤 늦게까지 일했다. 제인이 새벽 3시쯤 우리를 깨우더니, 도심에 큰불이 나서 우리 집에서 보인다고 말했다. 그래서 나는 잠자리에서 일어나 잠옷을 걸치고는 제인 방의 창가로 갔다. 까마득히 멀리 마크레인 뒤쪽에 불이 난 것이란 생각이 들었다. 그렇게 큰불을 본 적이 없었던 데다 상당히 멀리 떨어졌다는 생각에 나는 안심하고 다시 잠자리에 들어 잠을 잤다.[4]

대담무쌍한 기자처럼 역동적으로 움직이며 정보를 캐지는 않았지만, 닷새 동안 런던을 휩쓸며 많은 지역을 잿더미로 만든 런던 대화재에 대한 피프스의 유명한 기록은 이렇게 시작된다. 이때 약 1300채의 주택이 소실되었고, 436에이커가 잿더미로 변했으며, 7만 명의 런던 시민이 집을 잃었다. 피프스는 마침내 침대에서 일어났고, 아내와 함께 세인트 제임스 공원 옆에 정박한 작은 배에 올라, 런던이 얼마나 불탔는지를 둘러보았다.

화재 현장이 바로 옆에 있어 매캐한 연기 냄새를 맡을 수 있었다. 템스강 어디에서나 바람이 얼굴을 때렸고, 그 때문에 빗줄기처럼 떨어진 불똥에 우리 몸도 거의 화상을 입을 지경이었다. 조금도 과장해서 말하는 게 아니다. 불똥과 불씨로 인해 집들에 불이 붙었다. 우리 눈앞에서 서너 채, 아니 대여섯 채에서 차례로 불길이 치솟았다. 물위에서도 우리는 더는 견딜 수 없어, 강변에 위치한 스리 크레인 식당 옆의 작은 맥줏집에 들어가, 어두컴컴해져 불꽃이 환히 빛나는 것처럼 보일 때까지 머물렀다. …하나의 불덩이가 다리를 통째로 집어삼켰고, 불길이 언덕을 따라 1.5킬로미

터 이상을 둥그렇게 이어졌다. 그 처참한 모습에 나도 모르게 눈물이 줄줄 흘렀다.[5]

집에 돌아온 피프스는 커다란 파르메산 치즈 덩어리를 안전하게 보관하려고 옆집 정원에 묻었다. 항상 그렇듯이 엄청난 사건에는 친밀한 순간, 즉 개인적인 판단이 개입되기 마련이다. 어떤 면에서 피프스의 기록은 개인적인 일기에 불과하다. 다시 말하면, 훗날의 역사가들이 다른 기록과 비교하며 가치의 경중을 따져야 할 가공되지 않은 증거이다. 예컨대 존 에벌린John Evelyn(1620-1706)은 일기에서, 런던 대화재를 "세인트 폴 대성당의 돌들이 불덩이처럼 날아다녔고, 녹은 납이 시냇물처럼 거리 곳곳에서 흘렀다"고 기록했다. 다른 면에서 보면, 일기는 가공되지 않은 증거를 훨씬 뛰어넘는다. 1665년부터 1666년까지 18개월 동안 창궐하며 런던 인구의 거의 4분의 1을 죽음에 몰아넣은 흑사병Great Plague을 기록한 피프스의 일기가 대표적인 예이다. 새뮤얼 피프스의 전기를 쓴 클레어 토멀린Claire Tomalin의 표현을 빌리면, 피프스의 일기는 "그 시대의 사건들에 대해 견줄 것이 없는 기록"이다.[6]

피프스가 책으로 출간하려고 일기를 쓴 것은 아니었지만, 기록한 모든 것을 보관하기 위해 조치를 취했다. 대충 기록한 것을 반듯하게 옮겨 썼을 뿐만 아니라, 일정한 양이 되면 제본해두었다. 훗날 누군가 그 일기를 발견할 것을 알았던 게 분명하다. 마침내 코덱스 판으로 제본된 그 일기들은 19세기에 해체되어 책으로 출간되었다. 영향력 면에서 피프스의 일기에 필적할 만한 것은 안네 프랑크Anne Frank(1929-1945)의 일기밖에 없을 것이다.*

***

* 영국의 외교관 해럴드 니컬슨Harold Nicolson(1886-1968)은 그 자신도 저명한 일기 작가였지만, 전부까지는 아니어도 대부분의 경우에 요점을 잘못 짚었던지,

사건의 기록자로서 피프스를 어떻게 정의해야 할까? 언론인? 일기 작가? 문학가? 역사가? 어떻게 정의하더라도 우리에게는 크게 도움이 되지 않는다. 헤로도토스는 외국 특파원으로, 율리우스 카이사르는 종군 기자로 규정하더라도 크게 달라질 것은 없지 않은가. 중요한 것은 피프스의 기록을 통해 그 시대가 얼마나 생생하게 되살아나느냐에 있다. 그의 일기를 최종적으로 편집한 로버트 레이섬Robert Latham(1912-1995)이 말했듯이, 피프스의 기록은 "괴로울 정도로 생생하고, 최상급 보도 수준을 뛰어넘음으로써 효과를 거둔다. 피프스의 글에서는 동정심이 느껴진다. 피프스의 경우에는 항상 그렇듯이, 중요한 것은 사람이지 문학적 효과가 아니다."

일기 작가들은 자신들의 비망록에 담긴 내밀한 면이 사실이라고 얼마든지 주장할 수 있다. 많은 일기가 개인적인 이야기만을 기록하지만, 남편 앨버트 공의 죽음을 무서울 정도로 냉정하게 묘사한 빅토리아 여왕의 일기처럼 일차적 자료를 넘어서는 일기도 적지 않다. 동로마 제국의 역사가 프로코피오스(500-554)의 비밀 기록부터, 노동당 정부에서 각료를 지낸 리처드 크로스먼Richard Crossman(1907-1974)의 일기까지 적잖은 개인적인 기록이 극소수의 전문 역사가에 버금가는 뛰어난 통찰력을 우리에게 보여주었다. 제인 오스틴은 분명히 알고 있었듯이, 소문은 뭔가를 알게 되는 실질적인 길이다. 1980년대 말, 나는 한때 노동당 부대표를 지냈고 존경받는 원로의 반열까지 올

"내 생각에 피프스는 상스럽고 좀스런 사람이었다. 지저분할 정도로 외설스럽기도 했다. 관물의 사용에서도 점잖은 면이 없었다. 그러나 흑사병이 창궐하는 동안에는 사무실을 굳게 지켰고, 대부분의 직원보다 더 많은 일을 해냈다. 훌륭한 일기 작가가 되려면 약간은 욕심을 부리고 엉큼한 심성을 가져야 한다고 생각하면 마음이 편해진다"고 말했다. Harold Nicolson, *Diaries and Letters*, 1945-62 (London: William Collins, 1968), p. 113을 참조하기 바란다.

라선 토니 벤Tony Benn(1925-2014)을 설득해서, 그가 20대 초반부터 꾸준히 썼던 일기를 출간할 수 있었다. 모두 11권으로 출간된 그의 일기는 1940년부터 1990년까지의 사건들에 대한 기록으로, 노동당의 일상에 대한 통찰로 가득하다. 한편 이탈리아의 언론인 오리아나 팔라치Oriana Fallaci(1929-2006)는 베트남 전쟁을 취재하던 시기에 훗날 출간을 목표로 일기를 썼는데, 그 일기가 1969년에 출간된《아무 것도 남지 않다》(영어판은 1972년 출간)였다. 팔라치만이 출간을 목적으로 일기를 쓴 것은 아니었다. 안네 프랑크조차 두 형태로 일기를 썼다. 하나는 '키티' 혹은 '일기 a'로 칭해진 일기로 열세 번째 생일을 맞은 날부터 시작된다. 그날 안네가 받은 선물들 중에 일기장이 있었기 때문이었다. 이 일기는 그녀의 고유한 생각이 쓰인 것으로 보아, 혼자만을 위한 일기였던 게 분명하다. 다른 하나는 '비밀 부록'이라 칭해진 '일기 b'였다. 여러 부분이 추가되었고, 이름이 바뀌었으며, 다르게 다시 쓰인 부분도 있었다(따라서 일기 형식을 빌린 회고록에 가까웠다). 한마디로, 훗날 출간할 목적으로 상당히 깔끔하게 정리한 일기였다. 전쟁이 끝난 뒤, 네덜란드 국립 역사 사무국이 수집한 일기만도 2000종이 넘었다.

❋ ❋ ❋

일기는 역사를 쓰는 한 방법이다. 전날의 사건들을 신문에 기록하는 것도 역사를 쓰는 방법 중 하나이다. 1666년의 대화재가 발생한 이튿날, 1665년에 창간되어 일간지로서 독점적 지위를 누리던 〈런던 가제트〉는 정부의 목소리로 여겨졌다. 실제로 〈런던 가제트〉는 정치인들이 편집하는 관보였다. 따라서 9월 3일의 신문에는 화재 소식이 의심스러울 정도로 간략하게 다루어졌다. 그 때문에 런던 시민들은 보도 통제로 보이는 그 현상이 내각의 음모이거나 외국의 침략 때문일 거라는 두려움에 젖었다(실제로는 화재 첫날 오후에 신문사 건물의 일부가 무너졌기 때문이었다).[7]

피프스의 시대에 저널리즘은 수 세기의 겨울잠을 끝내고 막 깨어나기 시작한 직후였지만, 현대적 의미에서는 여전히 유아기에 불과했다.* (피프스는 새끼 사자와 독수리를 각각 한 마리씩 키웠다. 그 때문에 그의 집은 지독한 악취를 풍겼지만, 어떤 신문도 그 사실을 다룰 만한 단계에 이르지 못했다.) 신문 기자라는 개념도 상대적으로 최근의 것이다. 하지만 1495년 진취적인 네덜란드인 윙킨 더 워드Wynkyn de Worde(1534년경 사망, 본명)가 런던의 플리트가街에서, 정확히 말하면 세인트 브라이드 교회 옆의 '태양의 별자리'에 인쇄소를 차렸다. 1536년에는 한 장짜리 신문이 매달 베네치아에서 필사본의 형태로 나타났고, 도시의 곳곳에서 큰 소리로 읽히며 튀르키예와의 전쟁 상황을 전해주었다. 그런 신문 1부를 구입하려면 1가제타(gazzetta: 당시 영국 페니의 4분의 1)를 지불해야 했다. 시간이 지나면서, 그 동전의 이름이 신문을 뜻하게 되었다. 잉글랜드가 스페인의 무적함대와 교전을 벌이던 때, 프랜시스 드레이크Francis Drake(1540-1596)와 마틴 프로비셔Martin Frobisher(1535/1539-1594)가 스페인 함대를 공격해 무찔렀다는 소식을 런던 시민들은 학수고대하며 기다렸다. 따라서 정부는 〈잉글랜드 머

---

* 기원전 1세기에 율리우스 카이사르는 기자들을 든든하게 지원해주었다. 그 시대의 일간지 〈악타 디우르나Acta Diurna〉는 지극히 사소한 사건까지 보도했다. 행정장관의 감독하에 기사가 작성되었고, 그렇게 작성된 기사는 로마 자유 회관의 기념관에 게시되었다. 카이사르의 사후에 〈악타 디우르나〉를 출판하는 특권은 철회되었고, 그 이후로 16세기 초까지 신문은 자취를 감추었다.

큐리〉라는 제목으로 소식지를 발간했다. 거의 같은 시기에 서유럽에서도 손꼽히던 광산과 금융 가문인, 남부 독일 아우크스부르크의 푸거 가문은 메디치 가문의 자산만이 아니라 정치적 인맥까지 인계를 받아, 광범위하게 분포된 거래처와 중개상으로부터 받은 당시 상황에 대한 소식들을 바탕으로 최초의 범세계적인 뉴스 배급 회사를 설립했다. 18세기 초에는 트렌트의 주교가 느슨한 원고들을 분류해 제본한 뒤에, 그 책자에 '푸거자이퉁Fuggerzeitungen(푸거 소식)'이라 명명했다. 그러나 18세기 말까지 근대적 의미의 '저널리스트'는 없었다.

정보를 향한 대중의 갈망을 처음 채워준 〈잉글랜드 머큐리〉 같은 소식지들은 정부의 발표와 개인적인 편지로 이루어졌고, 때로는 술집에서 유행하는 노래도 소개되었다.[8] 이런 소식지가 확대되며 우편물 운송 경로 및 개인적으로 정보를 얻는 통로가 확립되었고, 더 나아가 때로는 활자로 인쇄되고, 때로는 손으로 쓰인 거래 보고서와 정치 이야기를 집중적으로 다룬 소식지가 탄생하기에 이르렀다. 영국 최초의 신문은 인쇄업자 너새니얼 버터Nathaniel Butter(1664년 사망)의 작품이었다.[9] 1608년 셰익스피어의 《리어왕》 초판을 4절판으로 인쇄해 세상에 내놓았던 버터는 1620년 언젠가, 신성 로마 제국의 황제 페르디난트 2세가 근친상간으로 태어났다고 주장하는 소책자를 발행한 죄목으로 투옥되었다. 버터가 감옥에 있는 동안, 2절판 한 장짜리 소식지가 네덜란드에서 런던에 도착했다. 1620년 12월 2일에 발행되고 '코란토coranto'라고 쓰인 소식지였다. '코란토'는 '통지문courier'과 '현재current'라는 단어와 관련된 단어였다. 그 소식지에는 페르디난트 2세와 보헤미아의 프리드리히 5세 사이에 전쟁이 임박했다는 소식이 실려 있었다. 프리드리히 5세의 부인은 잉글랜드 제임스 1세의 딸이었다. 따라서 잉글랜드가 그 전쟁에 개입할 가능성이 컸다. 버터는 석방되자마자, 자체적으로 '코란토'를 발행할 자격을 신청해 허가를 받았다. 1621년 9월 24일, '코란토, 즉 이탈리아와 독일, 헝가리와 스페인과 프랑스로부터 전해오는 소식'이란 제목이 붙은 첫 소식지가 판매되었다. 한쪽 면에만 인쇄되었고, 글도 많지 않아 몇 단락에 그쳤다. 1586년까지 거슬러 올라가는 잉글랜드 정부의 명령으로 국내 소식은 대중에게 배포할 목적으로 인쇄할 수 없었기 때문에 전체가 외국 소식으로 채워졌다.

버터는 곧바로 더 큰 야심을 품었다. 이듬해에는 각 호가 8-24페이지로 이루어진 〈위클리 뉴스〉를 발행했다. 게다가 각 호에 일련번호를 매기고, 발행 날짜도 기록하기 시작했다. 또 머리기사라는 개념을 도입했고, 추문을 다룬 기사를 주로 실었다("교살을 당한 위대한 튀르키예인의 죽음과 그의 두 아들…"). 1632년 10월, 추밀원Privy Council은 프랑스 대사와 스페인 대사의 불만을 수용하며 버터에게 출판을 중지하라는 명령을 내렸고, 그 불운한 인쇄업자는 다시 투옥되었다. 1664년 버터는 가난에 찌든 채 죽음을 맞았지만, 그가 시작한 혁신마저 억눌리지는 않았다. 오히려 잉글랜드 내전 동안, 2종의 '뉴스북 Newbook'이 발간되었다. 하나는 런던에서 발행된 〈메르쿠리우스 브리타니쿠스Mercurius Britannicus〉였고, 다른 하나는 옥스퍼드에서 발행된 〈메르쿠리우스 아울리쿠스Mercurius Aulicus〉였다. 둘 모두 극단적인 편향성을 띠었지만 굳건한 사실을 기초로 한 정보를 제공했다.

그렇더라도 뉴스(런던에서 발행되던 한 신문의 정의에 따르면, "새롭게 알려지거나 주목할 만한 정보, 특히 최근의 중요한 사건이나 과거에 알려지지 않았던 사건에 대한 정보")를 인쇄물로 제작하는 작업은 위험한 사업이었다. 1663년 존 트윈John Twyn이란 인쇄업자는 시민들이 국가를 통치하는 데 더 큰 역할을 맡아야 한다는 의도를 담은 소책자를 발행한 죄로, 동런던의 러디게이트 힐이란 거리에서 참수된 머리가 꼬챙이에 꽂히고, 팔다리가 런던의 각기 다른 성문에 하나씩 버려지는 종말을 맞았다.[10] 따라서 초기에 발행된 이런 소식지들은 대체로 신중하게 보도했다. 질 르포어에 따르면, 그 소식지들에 실린 뉴스들은 "대부분이 오래된 것, 외국의 것이었고, 신뢰할 수 없는 것"이었다.[11] 하지만 17세기의 일부 신문은 요즘에 가장 선정적인 타블로이드판 신문조차 무색할 지경이었다. 전형적인 기사 하나를 인용해보면,

> 지난밤의 드센 바람에, 완벽한 형태를 갖춘 인어가 그리니치 인근의 해변에 밀려왔다. 한 손에는 빗을 쥐고, 다른 한 손에는 거울을 쥔 인어는 새하얀 피부에 눈부시게 아름다운 여인의 얼굴이었고, 팔짱을 낀 채 진주처럼 영롱하고 짭짤한 눈물을 뚝뚝 흘렸다. 얼마 후, 인어는 우아하게 등을 돌리더니 바다로 헤엄쳐 들어가 다시는 보이지 않았다.

몬머스의 제프리였어도 이보다 그럴듯하게 이야기를 꾸미지는 못했을 것이다. 곧이어 글을 읽는 데 대단히 유용한 공간, 즉 커피숍이 등장하며, 다른 형태의 신문들도 등장했다('신문newspaper'이라는 단어는 1660년대에야 영어 단어로 자리를 잡았다). 대니얼 디포가 1772년에 출간한 《전염병 일지》는 1664-1666년에 창궐한 유행병에 대한 허구적 이야기였지만, 사실의 기록이라 주장하며 첫 장에 "당시에는 종이에 인쇄된 신문과 같은 것이 없어, 온갖 소문과 유언비어가 퍼졌다. 그 이후로 내가 살면서 보았던 인간의 발명품이 있었더라면 그런 유언비어의 확산을 상당히 막을 수 있었을 것"이라고 주장했다. 그러나 그 주장은 역병을 다룬 출판물들과 경쟁하며 책 판매량을 늘리기 위한 홍보 술

책에 불과했다. 피프스의 시대에도 소식지는 상당히 많았다.

1695년 검열이 영구히 소멸되자, 뉴스를 판매하는 출판물이 우후죽순으로 생겨났다. 1712년쯤에는 런던에만 12종의 신문이 있었고, 1730년대 중반에는 31종―6종의 일간지, 12종의 주 3회 간행물, 13종의 주간지―의 신문이 발행되었다. 이 모두의 발행 부수를 합하면 1주에 10만 부가 배포되었고, 1부가 커피숍이나 술집에서 평균적으로 최대 20명에게 읽혔다. 많은 신문사가 사무실을 둔 스트랜드 구역에서 좀 떨어진 플리트가는 '티플링 스트리트Tippling Street('술을 마시는 거리')'로 알려졌다. 미국의 역사가이자 사회학자 루이스 멈퍼드Lewis Mumford(1895-1990)는 "신문을 넘길 때의 부시럭거리는 소리는 대도시를 떠받치는 소리이다"라고 말했다.[12]

1890년 존 펜들턴John Pendleton은 영국 기자들의 매력적인 삶을 담은《과거와 현재의 신문》이란 책을 펴냈다. 19세기 중반의 낭만적인 언론계를 정확히 포착한 이 책은 윌리엄 메이크피스 새커리가 1850년에 발표한 소설《펜데니스 이야기》에서 인용한 구절로 시작된다.

> 그들은 스트랜드 구역을 지나며 이야기를 나누었다. 불을 환히 밝힌 한 신문사 사무실 옆을 지날 때, 기자들이 건물에서 뛰쳐나와 마차에 뛰어올랐다. 편집자들의 방에는 등불이 밝혀졌고, 위쪽에서는 식자공들이 작업하고 있었다. 건물의 유리 창문들이 불빛으로 붉은색을 띠었다. …
> "저걸 봐, 펜." 워링턴[펜데니스의 친구가 되어 도움을 주는 동료 기자]이 말했다. "이 대단한 조직은 잠을 자는 법이 없어. 세계 방방곡곡에 대사를 두고, 길거리 곳곳에 밀사가 있지. 이곳의 장교급 직원들은 군대와 함께 행진하고, 특사들은 정치인의 캐비닛을

뒤적이지. 그들은 어디에나 있어. 지금 이 순간에도 마드리드에서 뇌물을 주는 요원이 있을 거고, 어떤 요원은 코번트 가든에서 감자 값을 조사하고 있을 거야. 저런, 외국에서 급한 전문이 도착한 모양이군. …"[13]

펜들턴이 19세기 중반의 전형적인 기자를 '그 시대의 일일 역사가'라고 칭한 것은 조금도 놀랍지 않다.[14]

신문을 향한 영국인들의 열정은 미국에서도 그대로 되풀이되었다. 미국에서 최초로 발행된 신문은 〈국내외 소식Publick Occurrences Both Forreign and Domestick〉으로, 1690년 9월 25일 보스턴에서 창간호가 3페이지로 발행되었다. 신문 크기는 6×10인치였다. "우리에게 만연한 거짓말하는 습관을 치유하거나 적어도 억누르기 위해 무엇인가를 할 수 있을 것이란 각오로, 우리가 사실이라고 믿을 만한 합리적 근거가 있는 것 이외에는 어떤 것도 싣지 않을 것"이란 목표를 호기롭게 선언했다. 이 신문의 편집자 벤저민 해리스Benjamin Harris(1673 - 1716)는 폭동을 선동하는 소책자를 발행해서 결국 감옥 생활을 한 뒤, 4년 전에 잉글랜드를 탈출한 전직 출판업자였다. 신세계에 도착해서도 해리스는 그곳의 당국과 부딪쳤다. 프랑스 왕에 대한 소문을 다루고, 원주민 부대의 잔혹 행위를 비판하는 기사를 싣는다는 게 주된 이유였다. 신세계의 관리들은 "해당 소책자에 대해 분노와 불허"를 선언하며, 그 신문사에게 "더 이상의 발매를 중지하고, 발행된 신문을 회수"하라는 명령을 내렸다. 그렇게 미국 최초의 신문은 폐간되었다.

지속적으로 발행된 최초의 신문인 〈보스턴 뉴스레터〉는 1704년 4월에 창간되었다. 초기에는 런던에서 발행되던 신문들로부터 발췌한 기사들, 특히 영국 정치와 유럽 전쟁을 자세히 다룬 기사들이 주로 실렸다.[15] 그렇지 않은 경우에는 선박의 입출입, 부고와 설교, 고위 공직자 인사, 화재 및 사건과 사고에 대한 단신들로 채워졌다. 가장 극적인 기사 중 하나를 꼽는다면, 악명 높은 해적 '검은 수염 Blackbeard'이 자신의 배를 공격한 프리깃함의 갑판에서 백병전을 벌이다가 죽음을 맞았다는 소식이었다. 모든 면에서 신생 국가이던 미국에서 신문의 용도를 파악하는 데 꽤나 시간이 걸렸지만, 1780년대에 이미 수백 종의 주간지가 있었다. 그리고 10년 뒤에는 그 숫자가 인구보다 4배나 빠른 속도로 늘어났다.[16]

2003년부터 2013년까지 컬럼비아 대학교 저널리즘 대학원 학장을 지낸 니컬러스 레만Nicholas Lemann은 "19세기 초, 알렉시 드 토크빌은 미국에 확산되던 신문을 일종의 결사 단체, 즉 정보를 수집해서 공급하는 기구가 아니라, 정치와 정부에 조직적으로 영향을 미치는 수단으로 기능하는 단체로 보았다"고 말했다.[17] 신문이 존재하기 시작한 이후로 오랜 기간 동안, 적어도 미국에서는 정당으로부터 자금을 지원받았고, 어떤 쟁점이든 양면을 모두 보여주려는 척도 하지 않았던 게 사실이다. 아돌프 옥스Adolph Ochs(1858-1935)가 1890년대에 〈뉴욕 타임스〉를 매입하고, '두려움도 호의도 없이without fear or favor'라는 구절을 고유한 구호로 사용하기 시작했을 때부터 그런 기류가 바뀌었다. 20세기에 들어서기 직전에, 이른바 객관적 언론이 겉보기에 아무런 관계가 없는 두 가지의 발전에서부터 싹트기 시작했다. 하나는 사람들을 도심으로 실어 나르던 전차電車였고, 다른 하나는 사람들이 '민주적' 환경에서 물건들을 둘러볼 수 있게 해주면서 그들을 유인하기 위해 신문에 전면 광고를 실어야 했던 백화점이었다.

1890년대 중엽, 조지프 퓰리처Joseph Pulitzer(1847-1911)의 〈뉴욕 월드〉와 윌리엄 랜돌프 허스트William Randolph Hearst(1863-1951)의 〈뉴

욕 저널〉이 더 많은 독자를 확보하려고 치열한 판매 부수 전쟁을 벌였다. 이런 현상을 뜻하는 '옐로 저널리즘yellow journalism(일부 기사는 노란색으로 표시되었다)'이란 표현이 생겨난 것도 이쯤이었다.* 가장 충격적인 기사는 국내 소식이 다루어지는 제1면에 배치되는 경향을 띠었지만, 외국 소식도 최대한 극적인 단어로 제시되었다.

처음에 해외 기사는 외국에서 무보수로 편지를 보내주는 작가들의 글로 이루어졌다. 그 밖에도 해외 신문에 실린 기사를 무단으로 도용하기도 했다. 따라서 항구에 새로 입항하는 선박이 있으면, 신문사 직원들이 서둘러 달려가 외국 신문들을 수거하느라 바빴다. 이상하게 들리겠지만, 편집자도 없었고 기자도 없었지만, 그 이후 어느 때보다 해외 소식이 신문에 더 많은 부분을 차지했고, 해외 이야기가 신문의 한 면 전체를 차지하는 경우가 비일비재했다.

하지만 19세기 초부터 새로운 유형의 기고자, 즉 특파원이 등

---

* 〈뉴욕 프레스〉의 편집자 어윈 워드먼Erwin Wardman이 이 용어를 대중적으로 사용한 첫 언론인이었다. 그렇다고 워드먼이 이 용어를 정확히 정의한 적은 없었다. 그가 '새로운 형태의 저널리즘'을 '누드 저널리즘nude journalism'으로 비꼬았던 초기의 비방에서부터 발전했을 가능성도 있다. 워드먼은 두 신문 모두에 실린 '호건의 골목길'이란 만화, 더 정확히 말하면 노란 잠옷을 입고 머리가 벗겨진 어린아이가 주인공인 만화를 가리키며 '옐로 키드 저널리즘yellow kid journalism'이란 표현을 사용하기도 했다. 미국의 존경받는 언론인으로, 주로 〈시카고 트리뷴〉에서 활동한 호러스 화이트Horace White(1834-1916)는 '옐로 저널리즘'을 더 구체적으로 규정해보려 하며, "이 용어는 선정적인 사건, 범죄와 추문, 외설적이고 기괴한 사진, 대중과 별다른 관계가 없는 사람이나 사건을 희화화하거나, 그에 대한 악의적이고 경박한 소문을 좋아하는 신문에 해당한다"고 말했다. Nicholas Lemann, "Can Journalism Be Saved?" The New York Review of Books, 2020년 2월 27일, p. 39. 이런 신문에 충격을 받은 쇠렌 키르케고르Søren Kierkegaard(1813-1855)는 "내 딸이 창녀가 되더라도 나는 희망을 잃지 않을 것이다. …그러나 내 아들이 언론인이 되어 3년을 보낸다면 나는 그 아들을 잃어버린 자식으로 생각하며 포기할 것이다"라고 말했다고 전해진다.

장하기 시작했다. 예컨대 헨리 크랩 로빈슨Henry Crabb Robinson(1775-1867)은 시인 새뮤얼 테일러 콜리지Samuel Taylor Coleridge(1772-1834)의 친구로, 외국에 기반을 두고 해외 통신원으로 활동한 최초의 영국인이었다. 로빈슨은 나폴레옹이 스페인과 독일을 침공한 군사 작전을 취재해 런던의 〈더 타임스〉에 보도했다. 조지 윌킨슨 켄들George Wilkins Kendall(1809-1867)은 1846년 멕시코 전쟁을 현장에서 취재해 뉴올리언스의 〈피카윤〉에 게재했다. 또 남북 전쟁 당시에 남군과 북군 양쪽에서 싸우는 우여곡절을 겪었던 헨리 모튼 스탠리Henry Morton Stanley(1841-1904)는 1871년 〈뉴욕 헤럴드〉의 지원을 받아, 그 신문사의 특파원 자격으로 데이비드 리빙스턴David Livingstone(1813-1873)을 찾아나섰고, 〈뉴욕 트리뷴〉의 조지 스몰리George Smalley(1833-1916)는 팀을 꾸려 취재하는 것으로 유명했다.

✳ ✳ ✳

글을 통해 역사만이 아니라 역사를 기록하는 데도 가장 큰 영향을 미친 기자는 아마도 〈더 타임스〉의 해외 특파원 윌리엄 하워드 러셀William Howard Russell(1820-1907)이 아닐까 싶다. 러셀은 크림 전쟁을 취재하며 그곳에서 보낸 22개월 동안 명성을 얻었다. 크림 전쟁은 1853년 10월부터 1856년 2월까지 치열한 격전을 벌인 끝에 결국 러시아가 오스만 제국, 프랑스와 영국, 사르데냐 왕국이 결성한 동맹군에게 패한 전쟁이었다. 러셀은 경기병 여단의 돌격Charge of the Light Brigade과 세바스토폴 포위 작전Siege of Sevastopol을 취재해 보도했다. 이와 관련한 기사들에서 러셀은 러시아 기병 부대에 맞서, 붉은 군복을 입고 2열 횡대로 정렬한 영국군을 '가느다란 붉은 선thin red line'이라 묘사했다. 플로렌스 나이팅게일Florence Nightingale(1820-1910)은 러셀의 기사를 읽고 종군 간호사가 되기로 결심했다고 전해진다.

러셀의 이력을 가장 흥미진진하게 풀어낸 작가는 존 심프슨John Simpson(1944년생)이다. 심프슨은 자신도 BBC에서 50년 동안 뛰어난 해외 특파원으로 활동했고, 그 기간 동안 〈스펙테이터〉의 해외 편집자로 일하기도 했다. 그 밖에도 4권의 소설을 비롯해 16권의 책을 썼는데, 주로 기자로 활동하던 때의 경험을 바탕으로 쓴 책이었다. 특히 《위험 지역에서 전하는 뉴스》와 《우리는 전쟁과 분쟁에 대해 말하려 한다》는 해외 특파원이란 직업의 초창기를 간결하면서도 흥미롭게 전해준다.*

심프슨은 러셀을 "현장에서 글을 썼던 가장 뛰어난 저널리스트 중 한 명이다. 하지만 저널리스트라는 직업에 대해 훈련을 받은 적이 없었다"고 소개한다. 1820년 더블린 외곽의 "약간 무질서하고 끝없이 돈에 쪼들리는 중산층 가정"에서 태어난 러셀은 더블린의 트리니티 대학에 진학했지만 졸업한 뒤에 무엇을 해야겠다는 뚜렷한 생각은 없었다. 군에 입대할 생각도 했지만 할아버지의 만류로 포기했다.

---

* 1989년 나는 심프슨에게 베를린 장벽의 붕괴부터 시작해서 루마니아 니콜라에 차우셰스쿠의 죽음을 거쳐, 1990년 2월 11일 넬슨 만델라의 석방까지, 그해의 사건들에 대해 책을 써달라고 부탁했다. 그 결과로 탄생한 《바리케이드 뒤에서 전하는 소식》은 만델라가 석방되어 걸어 나오고 6주 뒤에 출간되었다. 그 책을 제작하는 동안, 존은 책 표지에 자신의 이름을 더 작게 인쇄해달라고 부탁했다. 내가 저자에게 그런 부탁을 받은 건 그때가 유일했고, 그 이후로도 없었다. 수년 뒤, 우리는 함께 차를 마실 기회가 있었다. 그가 의자에 엉거주춤 앉아 불편한 듯 움직였다. 내가 그 이유를 묻자, 존은 종군 기자로 전쟁터를 쫓아다닐 때 한 전쟁터에서 얻은 파편 조각들이 궁둥이에 있기 때문이라고 설명했다(만약 방송 중이었다면 '궁둥이'가 아니라 어떤 단어를 사용했을지 궁금하다). 그 이후로는 의자에 한 번도 편하게 앉은 적이 없다고도 투덜거렸다.

영국 언론인으로 군사 역사학자인 맥스 헤이스팅스Max Hastings는 올림피아의 신처럼 모든 걸 꿰뚫어 보는 듯이, "그는 활기와 생기에 넘치는 전투적인 청년이었던 듯하고, 일반적으로 청년들이 그렇듯이 술을 마시며 떠들썩하게 노는 것을 좋아하는 경향을 띠었다"고 러셀을 묘사했다.[18] 어느 날, 〈더 타임스〉에서 일하던 사촌이 더블린에서 실시되는 선거를 취재하려고 아일랜드에 파견되었다. 그 사촌은 일손이 부족하다는 걸 깨닫고, 러셀을 보조원으로 고용했다. 그렇게 저널리스트로서의 이력이 시작되었다. 그 신참 기자는 첫 과제, 즉 지역 폭동을 취재하기에는 너무 늦었다는 판단에 창의력을 발휘해 지역 병원을 찾아가, 더블린 전역에서 벌어진 정치 집회들로 병원에 이송되는 사상자들을 조사했다. 그가 제출한 보고서는 런던의 〈더 타임스〉에서 의회 담당 기자로 채용하기에 충분할 정도로 인상적이었다. 그는 1842년부터 그곳에서 기자로 일하기 시작했다. 그러나 의회의 회기 중에만 급여를 받는다는 걸 알고, 시간제 바리스타로 일하며 소득을 보충했다. 한동안 〈더 타임스〉를 그만두고, 더 높은 급여를 보장한 〈모닝 크로니클〉로 자리를 옮겨 아일랜드 감자 기근을 취재하기도 했다(당시에는 그가 갓 결혼한 때였다).

놀랍게도 〈더 타임스〉는 러셀을 다시 불러들였고, 1850년 7월 그에게 첫 해외 취재 임무를 맡겼다. 그때 그는 프로이센군과 덴마크군 사이의 짧은 군사 충돌을 취재하는 과정에서 열심히 뛰어다닌 대가로 약간의 자상刺傷을 입었다. 그 뒤로 1854년에는 편집장이 그를 몰타로 파견했다. 성지의 통제권을 두고 러시아와 다투던 프랑스와 튀르키예를 지원한다는 걸 보여주려던 영국 정부가 그런 입장을 입증하려는 듯 몰타 섬에 군대를 배치했기 때문이었다. 위기가 고조되자, 러셀은 갈리폴리(튀르키예어로는 '겔리볼루')로 이동해서 영국군의 빈약한 의료 시설을 비판하는 보고서를 작성했다. 19세기 중엽, 〈더 타임스〉가 특별한 신망을 누린 덕분에 러셀은 원정군과 지중해까지 동행해도 좋다는 허락을 얻었다. 하지만 영국군 사령관 피츠로이 서머싯 래글런 경FitzRoy Somerset, Baron Raglan(1788-1855)은 언론의 존재를 공식적으로 인정하거나 언론에 도움을 제공하는 걸 거부했다.

하지만 심프슨의 표현을 빌리면, 러셀은 "매력적이고 재밌는 데다 속물적 근성이 전혀 없어" 일반 병사들에게 환영을 받았고, 결국에는 장군들에게도 호감을 얻었다. 영국군이 전진을 멈춘 불가리아에서 그는 주목할 만한 첫 속보를 보냈다. 콜레라가 유행병으로 급속히 확산되지만 의료진이 그런 상황에 전혀 대처하지 못하는 무능력을 질타하는 보도였다. 그의 글에는 악의적이거나 부당한 비판이 전혀 없었다. 오히려 그는 영국군의 원정이 성공하기를 간절히 바랐다. 그러나 그의 글이 자극적인 것은 분명했다. 그는 래글런의 용기와 근면을 높이 평가했지만, 대규모 군대를 지휘하기에는 능력이 부족하다는 걸 입증하는 사례들을 차근차근 제시했다. 래글런 자신도 그런 의견에 애써 반박하지는 않았지만 러셀을 쫓아내고 싶어 했다.

러셀은 양측 모두의 병자와 부상자를 동정했다. 그는 영국군만이 아니라 튀르키예군과 러시아군과 프랑스군이 겪는 고통까지 자세히 보도했다(그의 글 중 하나는 러시아군 시신에서 수거한 출납 장부에 쓰였다). 그는 정말 통찰력 있게 글을 썼고, 그때까지 누구도 보도하지 않은 사실을 어떤 기자보다 설득력 있고 자세하게 이야기하듯이 풀어냈다. 〈더 타임스〉도 그에게 넉넉한 지면을 할애했다. 그가 보낸 편지—문자 그대로 그는 '편지를 쓰는 사람correspondent'이었다—는 거의 언제나 2-3주 뒤에 신문에 실렸고, 때로는 같은 날에 대여섯 편이 한꺼번에 실리기도 했다. 훗날 그는 전쟁의 초기 단계를 회상하며 "당

윌리엄 하워드 러셀의 캐리커처, 잡지 〈펀치〉, 1881년. 러셀은 실명으로 기사를 쓰지 않았지만 큰 명성을 얻었다.

시에는 나에게 무명 용사의 이름을 활자화해서 명예를 드높여줄 수 있는 힘이 있다는 사실을 깨닫지 못했다"고 인정했다. 그는 병사들과 함께 뒹굴었고, 마침내 병사들에게 완전히 받아들여졌다. 크림 전쟁에 참전한 한 보병은 러셀을 "저속하고 상스러운 아일랜드인"이지만, "좋은 노래를 부르고, 누군가 건네준 물을 섞은 브랜디를 주저 없이 마시며, '쾌활한 착한 동료'만큼이나 담배를 많이 피우는 녀석, 특히 젊은 병사들로부터 정보를 수집하려는 녀석일 뿐이다"라고 묘사했다. 러셀은 '종군 기자war correspondent'라는 용어를 경멸했지만 그런 기자가 어때야 하는가를 거의 혼자서 정립해냈다. 그는 과거에 신문사로 보내진 적이 없던 이야기, 즉 전쟁터의 생생한 이야기를 독자에게 전해주고 있었다.[19]

1854년 10월, 흑해변 세바스토폴 근처의 발라클라바에서 러셀은 전쟁터가 굽어보이는 산등성이에 올라 '경기병 여단의 돌격'을 지켜보았다. 전투가 끝나자마자, 그는 생존자들과 이야기를 나누려고 황급히 뛰어내려가, 천막을 돌아다니며 전투 상황에 대해 물었다. 러셀은 어느 종군 기자보다 오랫동안 전투 현장을 둘러보았다. 사령부에 마련된 그의 천막에 돌아가서야 머리가 쪼개질 듯한 두통을 느꼈고, 하루 종일 아무것도 먹지 않았다는 걸 깨달았다. '슬픔에 젖은 목격자'는 말 안장에 앉아(의자가 없었다), "그의 이력 전체에서 가장 긴 이야기"를 4000단어로 타이핑했다. 그 급보는 아흐레 뒤에 런던에 도착했고, 주요 소식이 실리는 제7면을 차지했다. 머리기사는 「크림반도에서의 전쟁」이었고, 필자 이름이 인쇄되는 행에는 '우리 특파원으로부터'라고만 쓰였다. 그 기사는 이렇게 시작되었다.

기사도가 한창이던 시절이었다면 눈부시게 빛났을 뛰어난 무용 및 더할 나위 없는 용기와 대담성을 보여준 게 오늘의 재앙을 극복하는 데 충분한 위안이 될 수 있다면, 우리가 야만적이고 미개한 적과의 교전에서 당한 우울한 패배를 아쉬워할 이유가 없다.

러셀은 그 여단이 보병으로부터 지원도 받지 않은 채 적의 총구를 향해 돌격했던 것이라며 "우리는 직접 눈으로 보면서도 믿을 수 없었다. 완전히 진영을 갖춘 군대에 소수의 병력이 어떻게 진격할 수 있단 말인가!"라고 덧붙여 설명했다. 그러나 영국군은 그런 만용을 저질렀다. 길게 2열 횡대로 늘어서 점점 빠른 속도로 러시아군을 향해 접근해갔다.

1킬로미터쯤 떨어진 곳에 빈틈없이 늘어선 적들은 30문의 대포로 연기와 화염을 연이어 토해냈고, 그 구멍을 통해서는 치명적인 포탄이 쉬익 소리를 내며 영국군을 향해 날아왔다. 포탄이 떨어진 곳에 병사와 말이 죽어 쓰러졌고, 상처를 입거나 기수를 잃은 말들이 평원을 가로지르며 달아나자, 우리 횡렬에는 순식간에 구멍이 생겼다. 제1열에 생긴 구멍은 즉시 제2열에 의해 메워졌다. 우리 영국군은 잠시도 멈추거나 속도를 줄이지 않았다. 러시아군이 극도로 정확히 배치한 30문의 대포에 병사들이 쓰러지며 횡렬의 틈새도 점점 많아졌다. 병사들의 머리 위로 포탄이 빗발쳤고, 조금 전의 함성은 많은 숭고한 전우들의 비명으로 변했지만, 그들은 포대의 연기를 향해 진격했다. 그러나 그들이 시야에서 미처 사라지기 전에, 그들의 시신와 말들의 시체가 평원을 뒤덮었다.

시인 앨프리드 테니슨Alfred Tennyson (1809-1892)은 링컨셔의 집에서 러셀의 보도를 읽고 세부 사항을 수정해서("1.5마일"을 "반 리그, 반 리그, 반 리그 더 앞으로"로 수정했다), 영어로 가장 자주 암송되는 시「경비병 여단의 돌격」을 지어냈다('리그league'는 옛 거리 단위로 약 4킬로미터에 해당/옮긴이). 테니슨의 도움이 없었더라도 러셀의 명성은 평생 유지되었을 것이다. 그의 급보는 영국의 평범한 국민이 전쟁의 실상을 처음으로 읽을 수 있었던 기록이었다. 러셀의 보도에 국민이 크게 격분하자 정부는 병사들의 대우를 다시 고려할 수밖에 없었고, 플로렌스 나이팅게일은 전쟁터의 의료 수준을 혁명적으로 바꿔놓는 토대를 놓았다. 〈데일리 뉴스〉에서 일하던 한 동료 기자는 러셀의 보도로 "국민에게도 전쟁 수행에 대해 나름의 의견이 있고, 전쟁이 군주와 정치인의 관심사만이 아니라는 사실을 전쟁부가 뼈저리게 깨달았다"고 말했다.[20] 러셀의 기사들은 하원에서 소리 내어 낭송되었고, 1855년 초에 정부가 해산되는 데도 큰 역할을 해냈다. 러셀은 "언론계에서 역대 가장 유명한 특파원"이란 찬사를 받았고, 그 이전이나 그 이후에도 러셀보다 큰 영향력을 행사한 언론인은 없었다.

마지막 영국 병사가 떠날 때까지 러셀은 크림반도에 머물렀고(톨스토이도 당시 그 지역을 담당한 특파원이었다), 1856년 7월에야 고향으로 향했다. 개선장군으로 돌아온 지 열흘 만에 러셀은 다시 짐을 꾸려, 러시아 제국의 차르인 알렉산드르 2세의 대관식을 취재하려고 모스크바로 떠났다. 그 뒤로도 인도의 세포이 항쟁(1858), 프로이센-오스트리아 전쟁(1866), 프로이센-프랑스 전쟁(1870-1871)을 취재하려고 해외를 떠돌았다. 1861-1863년에는 미국에 체류하며 남북 전쟁을 취재했고, 비용 이외에 연간 1200파운드라는 넉넉한 연봉을 받았다. 신임 대통령 에이브러햄 링컨은 그를 맞아들이며 "런던의 〈더 타임스〉는 세계에서 가장 강력한 세력 중 하나이지요. 미시시피강을 제외할 때 그보다 강한 게 또 있을지 모르겠습니다"라고 말했다. 러셀은 아첨에 약했고 술을 지나치게 마셨으며, 으스대는 면이 있었다. 역사학자 어맨더 포먼의 지적에 따르면, "과식과 과음이 그의 주된 약점이었다."[21] 그러나 게으름이나 민족주의 때문에 그의 보도 방향이 모호해지지는 않았다. 본국에 보낼 기사를 작성하는 데 늦장을 부려 우편 행낭을 놓칠 뻔한 적이 한두 번이 아니었다. 남북 전쟁 동안에는 두 번이나, 이미 봉인된 우편 행낭이 출발하기 직전에야 원고를 완성한 까닭에 그의 원고가 든 봉투를 행낭의 바깥쪽에 접착제로 붙여야 했다.

러셀이 대서양을 건너 미국으로 항해하는 동안, 〈더 타임스〉는 남부의 분리 독립을 지지한다고 선언했다. 그러나 러셀은 취재를 시작하고 얼마 지나지 않아, 자신이 노예 제도를 지독히 혐오한다는 걸 독자들에게 숨김없이 드러냈고, 편집자에게도 남부의 편에서 보도하는 게 내키지 않는다고 말했다. (훗날 다른 전쟁을 취재할 때도 마찬가지였다. 프로이센이 파리를 포위했을 때 러셀은 프로이센의 행동이 야만적이라 생각하며 프로이센군과 함께 머무는 걸 거부했다.) 러셀이 남부를 순회하던 과정에서 볼티모어에 체류할 때 섬터 요새가 포격을 받았다는 소식을 들었다. 남북 전쟁의 발발을 예고하는 전투였다. 제1차 불런 전투First Battle of Bull Run가 있은 뒤에 북군이 황급히 패주했다고 러셀은 담담하게 보도했다. 군 장교들도 러셀의 기사는 모든 면에서 정확하다고 인정했지만, 그 기사로 인해 러셀은 지독한 적대감에 시달려야 했다. 그리하여 남군과 북군, 양측 모두에게 비난을 받는 처지에 떨어지고 말았다. 결국 그는 활력을 잃고, 1863년 4월 영국으로 귀환하며 다른 기자들에게 남북 전쟁을 취재하도록 맡기는 수밖에 없었다.

그렇지만 그는 결코 전쟁과 함께하는 삶을 멈추지 않을 태세였다. 그는 〈육군 및 해군 관보〉의 편집위원이 되었고, 1903년까지 그 직책을 유지했다. 《브래디 박사의 모험》이란 소설을 발표했고, 광범위한 주제—대서양을 횡단하는 케이블의 설치, (평생지기가 되었던) 영국 왕세자의 결혼, 프로이센-오스트리아 전쟁, 1878-1879년 영국-줄루 전쟁의 막바지 단계(이 기사는 〈데일리 텔레그래프〉), 1889년의 파리 박람회—로 글을 계속 기고했다. 40대 초반에 겉모습은 "들창코에 푸른 눈동자, 반백의 머리카락과 이중턱을 지닌 오만한 중년 남자"로 보였을지 모르지만,[22] 신중하게 작성한 '초고first draft'는 여전히 지속적인 영향력을 지녔다. 이 시대의 존경받는 해외 특파원 패트릭 코번Patrick Cockburn(1950년생)이 말했듯이, "저널리스트는 '역사의 초고'를 제공했다는 이유로 간혹 오만한 축하를 받지만, 그 초고가 마지막 원고보다 나은 때가 많다. 목격자의 보고가 일반적인 통념과 학문적 해석이란 분쇄기를 거치기 전에는 그에 대한 신뢰성이 있기 때문이다."²³

✕ ✕ ✕

저널리즘이 역사의 초고라는 말의 출처는 다양하다. 일찍이 1905년부터 실제로 이 표현을 여러 작가가 사용하기도 했다.* 하지만 출처가 어디이든 간에 저널리스트가 역사의 한 형태를 쓰고 있다는 생각은 오래전부터 존재했지만 그 가치는 지금도 여전히 불확실하다. 그런 생각은 이른바 객관주의 저널리즘objective journalism이 지배적인

---

  * 이 표현을 만든 사람이 〈워싱턴 포스트〉의 발행인, 필립 L. 그레이엄Philip Leslie Graham(1915-1963)인 것으로 오랫동안 여겨졌다. 그러나 그가 태어나기도 전, 사우스캐롤라이나의 컬럼비아에서 발행되던 〈더 스테이트〉의 1905년 12월 5일자에 게재된 한 기사에서 그 표현이 이미 사용되었다. 이 기사는 이렇게 시작한다. "오늘 '뉴스'인 것은 내일이면 역사가 될 것이다. 역사가 현대 교육에서 가장 기본적인 분야 중 하나라는 걸 부인할 만큼 대담한 사람은 없겠지만, 그날의 뉴스에 대한 연구도 그에 못지않은 가치를 갖는다는 명제는 역사 연구의 일부일 뿐이므로, 이 명제에 많은 사람이 이의를 제기할지도 모르겠다. 하지만 역사를 연구 과제로 소중하게 생각하고, 그런 생각을 일관되게 유지하는 사람이면, 뉴스 연구에 동등한 가치를 부여하는 걸 부인할 수 없을 것이다. 오늘 일어나는 사건들은 역사의 진전에 불과하다는 게 명백하기 때문이다. …인쇄물로 출판된 '뉴스'가 너무 부정확해서 신뢰할 수 없다면, 시간과 고증이란 혹독한 시련을 견뎌낼 수 있겠는가? 오늘 아침에 발간된 신문은… 1905년이란 경이로운 해의 역사를 추적하는 자료로서 언젠가 도서관에서 열심히 탐독될 것이다. 매일 아침, 신문은 역사의 초고the rough draft of history를 만들고 있다."

위치에 있으며, 언론이란 직업이 더 멋진 옷으로 치장하고 싶었던 시기에 잉태되었다. 어느 쪽이든 간에 저널리즘은 역사를 만드는 직업, 혹은 역사를 기록하는 직업이다.

러셀이 기자로 활동하며 기사를 쓰고 있을 때 〈더 타임스〉와 〈텔레그래프〉의 독자들은 그의 글을 한 단어도 놓치지 않고 읽었다. 뉴스를 원하는 대중의 욕구는 끝이 없었다. 1880년대쯤 영국에는 15개의 조간 신문, 9개의 석간 신문, 383개의 주간지가 있었다. 그중 50개의 주간지는 런던에서만 판매되었다. 하지만 호러스 그릴리Horace Greeley(1811-1872)의 〈뉴욕 트리뷴〉에서 기자로서 첫발을 뗐었지만 어느덧 〈뉴욕 선〉의 편집자가 된 찰스A. 데이나Charles Anderson Dana(1819-1897)가 저널리즘이란 '상대적으로 새로운 직업'을 비난하듯이 언급한 1894년, 해외 통신은 이미 영광의 시대에 들어서고 있었다.

이 시기의 저널리즘은 〈시카고 트리뷴〉이 1928년에 발행한 백과사전에 압축적으로 잘 정의되었다. "훌륭한 일간지를 발행하는 이 사업에 한때 모든 신문과 모든 언론인을 둘러싸던 낭만적 기운이 아직 남아 있다면, 해외 특파원이 그중 가장 큰 몫을 차지한다."[24] 2번의 세계 전쟁, 공산주의 혁명, 범세계적인 상호의존 관계 등과 관련한 뉴스는 세상을 바꿔놓았을 만큼 대단히 중요했다. 경비병 여단의 돌격만이 아니라, 오랜 시간 뒤에 미라이 대학살, 2014년 서아프리카에서 발생한 에볼라 전염병까지 처음 보도한 주역은 해외 특파원이었다.

그들은 처음에 신문 기자였지, 텔레비전 방송국 기자가 아니었다. BBC는 1922년에 설립된 이후로 10년 동안, 뉴스는 신문에 맡겨두는 게 최선이라 생각했다. 〈가디언〉의 기자 이언 잭Ian Jack(1945-2022)이 말했듯이, 라디오 뉴스의 역할은 사람들에게 신문을 사서 읽으라고 독려하는 것이었다. 실제로 한 방송은 이렇게 시작하기도 했다. "안녕하십니까. 오늘은 즐거운 금요일입니다. 뉴스가 없습니다."[25]
1930년대 중반경, BBC는 소규모로 보도국을 신설했지만 기자를 고용하지는 않았다. 그러나 1938년에는 BBC의 기자 리처드 딤블비 Richard Dimbleby(1913-1965)가 체임벌린의 숙명적인 뮌헨 협정과 귀국을 현장에서 취재하고 방송했다.

　20세기 대부분의 기간 동안, 해외 특파원에 대한 평판은 그 누구에게도 뒤지지 않았다. 스타 저널리스트들은 일일 보도로 끝내지 않고, 자신들이 신문에서 다루었던 문제들을 책으로 출간하기도 했다. 적잖은 진취적인 작가가 신문이란 징검돌을 건너뛰고, 곧장 책을 쓰는 작업에 착수하기도 했다. 그중 가장 유명한 작가가 에릭 블레어 Eric Blair(1903-1950: 필명은 조지 오웰)이다. 블레어는 입에 은수저를 물고 태어났다. 증조할머니가 웨스트모얼랜드 백작의 딸이었고, 아버지는 인도 식민청의 아편국에서 문관으로 근무했다. 블레어는 웰링턴 칼리지에서 한 학기만을 마친 뒤에 이튼으로 옮겼고(블레어의 표현에 따르면, 웰링턴은 '끔찍한' 곳이었다), 뜻밖에도 블레어는 이튼을 좋아했다. 이튼에서 블레어는 올더스 헉슬리 Aldous Huxley(1894-1963)에게 프랑스어를 배웠다. 부모에게는 아들을 대학에 보낼 만큼의 돈이 없었던 까닭에, 에릭 블레어는 훗날 인도 경찰국이 되었던 곳에 취직했고, 미얀마로 파견될 기회를 움켜잡았으며, 약 20만 명을 책임져야 했던 산간벽지로 보내졌다. 그곳에서 콧수염을 기르기 시작했고, 손가락 마디들에 문신을 새겼다. 그가 스스로 선택한 결정이 아니라, "총알을 피하고 뱀에게 물리지 않으려면" 그렇게 해야 한다는 말을 듣고 전통을 따른 것이었다.[26] 그곳에서 보낸 시간과 경험을 바탕으로 「교수형」과 「코끼리를 쏘다」라는 에세이를 썼다. 그의 둘째 부인 소니아는 "그라면 당연히 그 망할 코끼리를 쐈겠지요"라고 말했다.[27]

런던에 돌아온 뒤, 그는 런던의 불우한 지역들을 조사하기 시작했다. (약간 의심스럽지만) 부랑자처럼 옷을 입고, 한동안 그곳 사람들과 함께 살기도 했다. 그때의 경험이, 그가 영어로 발표한 첫 에세이 「더 스파이크」 및 그의 첫 책《파리와 런던의 밑바닥 생활》(1933)에 기록되었다. 1928년에는 파리에서 노동자 계급이 거주하는 지역으로 이주해 소설을 쓰기 시작했지만, 저널리스트로 더 큰 성공을 거두었다. 좌익 신문 〈시민의 진보Progrès Civique〉에 실린 3편의 글은 차례로 실업, 부랑자의 24시간, 런던의 걸인들을 다룬 것이었다. 가난이 블레어의 마음을 사로잡은 단골 주제가 되었고, 스페인 내전에 대한 책을 쓸 때까지 그가 쓴 모든 글의 핵심 주제이기도 했다.[28]

1929년이 저물어갈 무렵, 파리에서 거의 2년을 체류한 뒤에 블레어는 서픽의 해변 도시에 있던 부모의 집으로 돌아갔다. 그곳에서 5년을 머무는 동안, 서평을 쓰며 가정교사로 일했다. 훗날 그는 자전적 소설《엽란을 날려라》(1936)에서 "그곳에 '작가'로 추정되는 그가 있었다. 그러나 그는 글을 한 줄도 쓸 수 없었다!"고 한탄했다. 그는 날렵한 기자로도 보이지 않았다. 한 지인이 그가 코미디언 스탠 로럴Stan Laurel(1890-1965)을 닮았다며 그에게 '로럴'이란 별명을 붙여주었듯이, 전반적으로 그는 재밌는 사람으로 인식되었다. 한 친구는 "탁자에서 물건을 떨어뜨리거나, 뭔가에 걸려 넘어지는 경우가 이상할 정도로 잦았다"고 말했다.[29] 또 시인 스티븐 스펜더Stephen Spender(1909-1995)는 그가 진정한 연예인적 기질을 지녔다고 평가하며, 그를 보고 있으면 "찰리 채플린의 영화를 보는 기분"이었다고 말했다.[30] 블레어는 가정교사로 밥벌이를 하며 런던을 잠깐 동안 방문하는 삶을 끈기 있게 계속했다. 한번은 유치장에서의 크리스마스에 대한 글을 쓰려고 일부러 체포되기도 했다(유치장에서 이틀을 보낸 뒤

1940년대의 조지 오웰. 2017년 5월 6일 〈가디언〉에 실린 한 기사의 제목은 「조지 오웰이 스페인 내전에 참전했을 때를 다룬 회고록은 고전이지만 나쁜 역사서인가?」였다. 이 기사는 오웰이 편파적이고 당파적인 견해를 보였다고 주장하지만, "수많은 독자에게《카탈로니아 찬가》는 앞으로도 읽게 될 스페인 내전에 대한 유일한 책"이라는 걸 인정했다.

에 그는 불명예스럽게 석방되었다). 그의 전기를 쓴 데이비드 테일러David Taylor가 말하듯이, "오웰[블레어]이 '실재하지 않는 것unreality'에 몰두하는 듯한 인상, 즉 무엇인가에 넋을 빼앗긴 듯한 분위기를 풍겼다는데는 실질적으로 모두가 동의했다."[31]

1932년에 블레어는 '비천한 사람의 일기'를 탈고했고, 이 원고가나중에《런던과 파리의 밑바닥 생활》이란 제목으로 출간되었다. 당시파버 앤드 파버Faber and Faber 출판사에서 일하던 T. S. 엘리엇은 "올바른 관점에서 현재의 정치 상황을 비판하고 있는지에 대해… 확신이없다"는 이유로 이 원고를 거절했지만, 독일계 이민자로 1927년에 독립된 출판사를 설립한 빅터 골랜츠Victor Gollancz(1893-1967)가 선인세로 40파운드(현재 가치로 7500달러를 조금 넘는, 상당히 많은 액수)를 제안했다. 블레어는 자신의 실명으로 책을 출간하지 않기로 결정했다. 그가 부랑자로 상당한 시간을 보냈다는 사실에 가족이 충격을 받지 않도록 하려는 배려였다. 그러나 그는 P. S. 버튼(부랑자로 살아갈 때 사용한 이름), 케네스 마일스, H. 루이스 올웨이스, 조지 오웰을 필명으로 제시하며, 처음에는 그 선택을 골랜츠에게 맡겼다. 그 모든 이름을 블레어의 상상력이 짜낸 것이었다. 결국 블레어 자신도 조지 오웰이 '원숙한 맛을 풍기는 영어 이름'으로 느껴진다며 그 이름을 최종적으로 선택했다.[32] 《런던과 파리의 밑바닥 생활》은 1933년에 출간되어 그럭저럭 성공을 거두었다. 골랜츠가 명예 훼손 소송의 가능성을 염려하며 다음 작품인 《버마의 나날》을 거절하자, 블레어는 상심하지 않을 수 없었다. 결국 하퍼앤드브라더스 출판사가 그 원고를 미국에서 출간하기로 결정했지만, 블레어는 본격적으로 소설로 방향을 전환하기로 했다.

그는 《동물 농장》(1945)*과 《1984》(1949: 영국에서만 선인세 300파운드)를 비롯해 총 6종의 소설을 발표했다. 그러나 보도 성격을 띤 2종의 책이 더 있었다. 골랜츠는 오웰에게 경제적으로 낙후된 북잉글랜

---

* 로런스 주커먼Laurence Zuckerman은 〈뉴욕 타임스〉에 기고한 인상적인 글에서, 《동물 농장》이 출간된 이후로 어떤 변화를 겪었는지에 대해 폭로한다. "많은 사람이 고등학교나 대학교에서 조지 오웰의 《동물 농장》을 읽었고, 농장의 동물들이 포학한 돼지들과 착취적인 인간 농부들을 번갈아 바라보며 어느 쪽이 어느 쪽인지를 구분하지 못하는 섬뜩한 결말을 기억할 것이다. 이런 결말이 1955년에 제작된 만화 영화에서 바뀌며, 인간은 사라지고 고약한 돼지들만 남는다." 그 만화 영화의 제작자는 공개되지 않았지만 중앙 정보국(Central Intelligence Agency, CIA)이었다. CIA가 자본주의자 인간과 공산주의자 돼지, 양쪽 모두에 대한 오웰의 비판이 관객에게 불건전한 영향을 미칠지도 모른다는 염려에 결말을 그렇게 바꾼

드의 삶을 면밀히 조사해보는 데 시간을 할애해보라고 제안했다. 그 결과로 탄생한《위건 부두로 가는 길》(1937)은 랭커셔와 요크셔 산업 지대의 노동 조건에 대한 오웰의 고전적인 기록이었다.* 오웰은 위건의 허름한 상점 위에 셋방을 마련해두고, 개별 가정을 방문해 노동자가 어떻게 살아가는지를 직접 살펴보고, 주거 상황과 임금도 조사하며 1936년 2월을 보냈다. 위험을 무릅쓰고 지역 탄광에도 내려갔고, 광부들의 건강 기록도 살펴보았다. 내친김에 리버풀, 남요크셔, 반즐리도 방문해서, 공산당원 집단 거주지부터 파시스트인 오즈월드 모즐리Oswald Mosley(1896-1980)의 군중집회까지 여러 집회에도 참석했다. (이런 집회를 조사하고 다닌 까닭에 런던 경시청 공안부의 감시를 12년 동안이나 받았다.) 골랜츠는 이 책의 추천서를 썼다.

이렇게 픽션과 논픽션 및 에세이를 오가며 전체적으로 약 200만 단어를 써내는 창의적 글쓰기가 폭발하는 동안, 오웰은 마침내《카탈로니아 찬가》(1938)를 펴냈다. 스페인 내전에 직접 참전해 공화국군의 편에서 싸운 6개월을 1인칭으로 풀어낸 회고록이었다. (공산주의의 실질적인 모습을 가감 없이 그려냈기 때문에 공산주의자인 골랜츠는 그 책을 출간하지 않으려 했다.) 1937년 초, 그가 한 동료에게 말했듯이 "나는 파

것이었다. 오웰이 사망한 1950년 이후에 대리인이 파견되어 영화 판권을 미망인으로부터 사들인 까닭에, 영화는 더 노골적으로 반공산주의적 메시지를 전할 수 있었다. Laurence Zuckerman, "How the C.I.A. Played Dirty Tricks with Culture," The New York Times, 2000년 3월 18일.

* 오웰이 1943년의 한 인터뷰에서 말했듯이, 그 '부두' 자체는 이미 오래전에 사라졌다. "한때 그 도시를 둥그렇게 둘러싸던 질적한 운하들 중 하나에 금방이라도 무너질 듯한 목제 부두가 과거에 있었다. 누군가 농담으로 그 부두에 '위건 부두'라는 별명을 붙였다. 그 농담은 주변에 널리 퍼졌고, 그러다가 극장 코미디언들이 그 농담을 알게 되었다. 그들 덕분에 '위건 부두'는 일종의 상투적 표현으로 계속 사용되었다."

시즘에 맞서 싸우려고 왔다." 오웰은 이튼에서 군사 훈련을 받은 데다 미얀마에서도 경찰로 훈련을 받은 까닭에 며칠 만에 하사관이 되었다. 하지만 그가 공산주의 언론의 끝없는 왜곡에 환멸을 느끼는 데는 오랜 시간이 걸리지 않았다. 바르셀로나에서 시간을 보낸 뒤에, 그는 원래 계획대로 국제 여단에 합류하지 않고 아라곤 산악지대 전선으로 복귀하기로 결정했다. 스페인 내전을 다룬 권위 있는 역사서를 쓴 영국의 역사가 휴 토머스Hugh Thomas(1931-2017)는 오웰의《카탈로니아 찬가》를 스페인 내전에 대한 책이 아니라 일반적인 전쟁에 대한 책으로 규정한다. 토머스는《카탈로니아 찬가》를 스페인 내전에 대한 책이라 평가하는 것은 지나치게 제한적인 평가라며, 그 자신은 어떤 학술서보다《카탈로니아 찬가》로부터 전쟁에 대해 많은 것을 배웠다고 털어놓았다.

오웰은 "당시 혹은 그 후에 몇 달 동안 바르셀로나에 있었던 사람들은 두려움, 의심과 증오, 검열받는 신문, 비좁은 감옥, 먹을 것을 사려고 길게 늘어선 줄, 무리를 지어 거리를 어슬렁거리는 무장 순찰대가 빚어내던 무시무시한 분위기를 결코 잊지 못할 것이다"라고 말하며,[33] 내전을 개괄적으로 조사하는 쪽보다 당면한 현상을 적나라하게 드러내는 걸 목표로 삼았다. 따라서 위험할 수밖에 없었다. 저격수의 총알에 목을 관통하는 부상을 입었지만 운 좋게도 살아났다. 트로츠키파 '마르크스주의 통일 노동자당(Partido Obrero de Unificación Marxista, POUM)'과 연루된 까닭에 오웰은 당국의 수배 명단에도 올랐다. 바르셀로나 경찰은 그와 그의 첫 번째 부인 아일린이 체류하던 호텔 방을 샅샅이 뒤졌지만, 수색하는 동안 아일린이 방해받지 않고 침대에 몸을 뻗고 누워 있도록 허락했고, 그 때문에 매트리스 아래에 감추어진 그들의 여권을 찾아내지 못했다. 따라서 오웰 부부는 기차를 이용해 프랑스로 탈출하는 데 필요한 서류를 구비했고, 프랑스를 경유해 영국으로 돌아갔다. 하트퍼드셔의 월링턴에 정착한 오웰은 대여섯 마리의 염소, 헨리 포드라고 불린 수탉, 마르크스라는 이름의 푸들 강아지를 키우는 어엿한 주인이 되었다. 그는 그곳의 농가에 틀어박혀 스페인에서 겪은 경험을 본격적으로 집필하기 시작했다.

두 권의 널리 알려진 소설과 경천동지한 에세이로 명성을 얻은 까닭에 오웰은 일반적으로 역사가로 여겨지지 않는다. 그러나 당시 상황을 기록하듯이 써내려간 세 저작은 그 시대의 잉글랜드 사회사를 다룬 어떤 저작이나, 혁명의 불길에 휩싸인 스페인에 대한 개인적인 기록보다 많이 읽힌다.* 《1984》의 뿌리도 스페인 내전에 있었다.[34] 오웰은 소비에트 공산주의자들도 파시즘과 싸우는 '공동의 목표'를 지향할 것이라 믿었다. 하지만 그는 "공산주의 매체가 역사를 다시 쓰는 걸 목격했고", 그때의 경험을 통해 독재는 언제나 "객관적 진실"을 적대시한다는 걸 확신했다.

✳ ✳ ✳

제2차 세계대전 동안, 오웰은 정기적으로 BBC에서 방송했다("그

---

* 나는 마크 트웨인도 과거에 대한 우리 생각에 영향을 미친 작가에 포함하고 싶다. 소설가로서 트웨인이 그런 영향을 미친 것은 분명하다. 그러나 《해외에 나간 순진한 사람들》(1869), 《서부 유랑기》(1872), 《미시시피강의 생활》(1883) 같은 여행서들에도 불구하고 기자로서는 별다른 영향을 미치지 못했다. 하지만 트웨인은 과거에 관심이 많아, 직접 개발한 보드 게임 '마크 트웨인의 메모리 빌더'라는 역사 게임을 가족들과 즐기기도 했다. 그는 코네티컷 하트퍼드의 집으로 들어가는 진입로에 발걸음 수로 연도를 측정할 수 있게 말뚝들을 박은 뒤에 진입로 입구가 '노르만인이 잉글랜드를 정복한 해'라면 서재 근처는 빅토리아 여왕이 통치하던 때가 된다는 걸 딸들이 알아채는지를 테스트했다.

곳에 근무할 때 쓰레기 같은 글을 너무 많이 써서… 책꽂이를 가득 채울 정도였다"). 그러나 전쟁 기간의 라디오 방송으로 주로 기억되는 것은 에드워드 R. 머로Edward Roscoe Murrow(1908-1965)의 〈전성기〉, 특히 독일 공군이 영국을 공습하던 때 런던에서 내보낸 방송들이었다. 패트릭 코번을 다시 인용하면 "물론 전쟁 소식을 보도하는 데는 '직업적인 왜곡déformation professionnelle'이 있을 수 있다. 아프가니스탄과 시리아, 리비아와 이라크에서 전쟁을 보도할 때 현재 전달하는 전투의 중요성을 굳게 믿지 않고 어떻게 위험을 무릅쓰겠는가. 게다가 누구에게나 주변에서 사람들이 죽어가는 사건의 중요성을 과장하는 경향이 있기 때문에 이런 결함을 피하기는 거의 불가능하다."[35] 요즘의 보도도 마찬가지일 수 있다. 그렇다고 미국 CBS의 종군 기자, 머로 같은 미국 라디오 방송국 기자들의 밤샘 공헌을 과소평가하기는 힘들다. 전쟁 기간 동안, 머로는 유럽 6곳의 수도에 파견한 특파원들로 팀을 꾸려 "속도가 아니라 의미"에 초점을 맞추어 보도했다.[36] '머로 보이스Murrow Boys'로 알려진 그들 중에는 미래의 역사가 윌리엄 L. 샤이러William Lawrence Shirer(1904-1993)와, '보이스'라는 별명에도 불구하고 메리 마빈 브레켄리지Mary Marvin Breckinridge라는 여성도 있었다. "여기는 런던입니다"로 시작해서, "안녕히 계십시오. 행운이 함께하기를"로 끝내던 머로와 그의 팀원들이 빗발치는 포탄에도 아랑곳없이 방송하며 보여준 용기는 엄청난 영향을 미쳤다.[37] 미국 언론인으로 당시 〈뉴욕 타임스〉 특파원이던 해리슨 솔즈베리Harrison Salisbury(1908-1993)는 그들을 "당시 유럽에서 최고의 뉴스 팀"이라고 평가했다. 최악의 공습이 있던 동안 진행된 머로의 방송은 런던 대화재에 대한 피프스의 묘사를 떠올려주기에 충분했다.

템스강을 뒤덮은 불길로 달이 붉게 변했다. 연기가 흩어지며 마침내 템스강 위에 설치된 듯한 덮개로 변했다. 우리 주변에서는 대공포가 연이어 발사되었고, 포탄이 발사될 때마다 작열하는 불꽃은 남부의 여름밤을 수놓은 반딧불처럼 보였다. 독일군은 한 번에 2-3대의 폭격기를, 때로는 한 번만 때로는 연이어 보냈다. 독일 폭격기들이 머리 위를 지나갔다. 그럼 대공포와 탐조등이 그들의 뒤를 쫓았고, 약 5분 뒤에 포탄이 터지는 묵직한 소리가 들렸다. 커다란 서양배 모양의 화염이 연기 속에서 치솟았다가 사라졌다. 그리고 뒤집힌 세상이 드러났다.[38]

1912년에 발명된 라디오는 조금 전에 일어난 사건을 피프스의 방식(켄 번스는 이 방식을 '저널리즘의 비중specific gravity of journalism' 혹은 '근역사near-history'라 칭한다)으로 방송하든, 시간을 두고 관점에 따라 깊이 분석하고 생각한 뒤에 방송하든 간에 역사를 전달하는 새롭고 강력한 도구였다.[39] 그렇더라도 머로를 비롯해 주요 언론인들은 경영진의 간섭에 끊임없이 좌절했다.[40] 머로의 경우, 워싱턴 DC나 뉴욕에 상주한 CBS 뉴스 제작진은 해외 뉴스의 편집 방향을 끊임없이 통제하려 했다. 따라서 제2차 세계대전이 끝난 뒤, 머로의 심층 취재는 거의 무시되었다.

신문에 글을 쓴다는 것 자체가 좌절을 자초하는 짓일 수 있었다. 미국의 역사가이자 언론인 데이비드 할버스탬David Halberstam (1934-2007)이 미국의 주요 언론을 다룬 《영원한 권력》에서 말했듯이, "언론 기관은 규모가 크고 부유하며 영향력이 막강할수록 자체의 최고 인력을 관료주의적인 방식으로 다루고, 경영진은 다른 생각을 하며 냉담해진다."[41] 1952년 그레이엄 그린은 프랑스령 인도차이나에서 활동한 해외 특파원이었다. 1955년 그는 그곳을 무대로 《조용한 미국인》이란 소설을 발표했다. 그린이 이 소설에서 밝힌 설명에 따르면, 그가 송고하는 모든 원고는 프랑스인 검열관의 승인을 받은 뒤에야 전신 기사에게 넘겨져 발송되었다. 그 원고가 영국에 도착하면 영국 정부의 검열을 받고 승인을 받은 뒤에야 신문사에 전달되었다. 마지막 단계에서는 편집자가 전쟁에 대한 신문사의 입장과 충돌하지 않도록 원고를 '수정'했다. 그린은 자신이 경험한 것을 소설에서만 진실되게 말할 수 있었다고 썼다. 달리 말하면, 그의 이름으로 쓰인 신문 기사들에는 많은 허구가 있었다는 뜻이다.

그레이엄 그린 이전과 이후에도 주목할 만한 많은 해외 특파원이 있었다. 윈스턴 처칠과 마사 겔혼Martha Gellhorn(1908-1998)이 대표적인 예이다. 겔혼은 탁월한 보도 능력으로 남편 어네스트 헤밍웨이의 글재주마저 무색하게 만들었다. 80대가 되어서도 현역에서 활동했는데, 1989년에는 미국의 파나마 침공을 보도했고, 1995년에는 브라질의 빈곤을 집중적으로 취재했다.* 그 이전에는 스페인 내전, 제2차 세계대전(특히 1940년에 발표한 소설 《전쟁터》는 전쟁으로 피폐해진 프라하의 모습을 성공적으로 재현해냈다는 평가를 받았다), 6일 전쟁(혹은 제3차 중

* 1992년, 체트넘 문학 페스티벌의 프로그램 담당 책임자로서 나는 겔혼을 초빙해 존 심프슨 및 맥스 헤이스팅스와 함께하는 전쟁 보도에 대한 토론장을 마련했다. 겔혼과 심프슨은 금세 친구가 되었다. 그 이후로도 나는 간혹 저녁이면 런던의 아파트로 겔혼을 찾아갔고, 내가 포도주를 마시는 동안 그녀는 위스키 1병을 비웠다. 1997년 어느 날 저녁, 나는 톰 스토파드Tom Stoppard가 자신의 희곡 《사랑의 발명》에 대해 강연하는 걸 들으려고, 겔혼을 왕립 지리학회에 데려갔다. 그 무렵 그녀는 시력이 크게 떨어져서, 우리는 강연대에서 몇 미터밖에 떨어지지 않은 제1열에 앉았다. 20분쯤 지났을까, 그녀가 집에서부터 들고 온 글래드스턴 백Gladstone bag을 뒤적거리더니 큼직한 쌍안경을 꺼냈다. 쌍안경은 조금의 오차도 없이 스토파드에게도 향했고, 그 순간 스토파드는 모든 동작을 멈출 수밖에 없었다.

버지니아 콜스와 마사 겔혼(둘 모두 중앙)은 제2차 세계대전 당시 종군 기자였다. 전쟁이 끝난 뒤, 그들이 함께 쓴 희곡《공보실을 찾아간 사랑》은 1944년 이탈리아 시골에 마련된 보도 관리실에 파견된, 미모와 재치와 재능을 겸비한 데다 남자 동료들보다 일을 더 잘하는 두 여성 기자의 이야기이다.

동 전쟁), 그리고 1955년 11월 1일부터 1975년 4월 30일 사이공이 함락될 때까지 베트남과 라오스, 캄보디아에서 계속된 전쟁에 참전한 국가들의 '사악한 어리석은 짓evil stupidity'을 취재했다. 겔혼은 1967년 1월에 기고한 글에서 "나는 9개 국가에서 전쟁을 직접 목격하고 보도했다. 그러나 남베트남에서 벌어진 전쟁과 같은 전쟁은 그 이전에 본 적이 없었다"고 말했다.[42]

저널리스트도 사태를 잘못 판단해 실수하기 마련이다. 마감시간에 압박을 받으며 글을 쓴다는 사실을 고려하면 그 가능성은 더욱더 커진다. 미사일이 사방에서 발사되면 그가 눈으로 추적할 수 있는 미사일은 기껏해야 한두 개이다. 현재 일어나고 있는 사건에 대해 글을 쓰는 것은, 많은 자료를 참조하고 결과를 아는 상황에서 그 사건을 되

돌아보는 것과 완전히 다르다.* 존 심프슨이 1989년에 일어난 떠들
썩한 사건들을 다룬 자신의 책에서 "방금 일어난 사건들에 대해 글을
쓰는 건 무척 어려운 과제"라고 인정했을 뿐만 아니라 "집에 편안히
앉아 과거의 사건을 돌이켜 보며 신문을 읽고 텔레비전으로 뉴스를
시청하는 것보다, 현장에 있을 때 사건이 진행되는지 파악하는 게 더
어려운 때가 있었다"고도 말했다.[43]

이런 현상은 베트남 전쟁처럼 무척 복잡한 데다 지루할 정도로
오래 계속된 전쟁에 예외 없이 해당되는 듯하다. 그러나 모두가 미국
인 기자는 아니었지만, 몇몇 기자는 처음에는 현장의 보도로 역사의
초고를 썼고, 나중에는 책의 형태로 역사의 두세 번째 원고를 내놓았
다. 윌리엄 해먼드William Hammond가 기자로서 쓴 글들을 모아 재정
리한 책에서 말했듯이, 요즘에는 기자가 사용할 수 있는 도구가 크게
증가했고, 전투 현장에 접근할 기회도 늘어났다.[44] 기술 혁신으로 소
형 컬러 비디오카메라를 저렴한 값에 구입할 수 있는 데다 서구 세
계에는 가정마다 텔레비전이 널리 보급된 덕분에 그와 그의 동료들
은 현장 상황을 예전보다 훨씬 더 생생하고 정확하게 전달할 수 있었

---

* 예컨대 〈뉴욕 타임스〉의 기자 허버트 매슈Herbert Matthews(1900 - 1977)는 산악
지대로 피신한 피델 카스트로를 추적해 1957년 2월에 찾아냈고, 뉴욕에 돌아와
서는 카스트로가 많은 개혁 프로그램을 구상하고 있으며, 그중 어떤 것도 공산
주의와 관계가 없다고 보도했다. "[그의] 프로그램은 막연하고 일반적이지만,
쿠바를 새롭게 탈바꿈하려는 급진적이고 민주적인 새로운 시도, 따라서 반공산
주의적이다." 또 하나의 악명 높은 판단 오류도 〈뉴욕 타임스〉의 기자 월터 듀런
티Walter Duranty(1884-1957)에 의해 저질러졌다. 듀런티는 소련을 취재한 글로
1932년에 퓰리처상을 수상했지만, 우크라이나 기근만 아니라 스탈린이 20세기에
두 번째로 큰 대량 학살을 진행하고 있다는 사실을 간과하는 치명적인 실수를 저
질렀다. 그 때문에 오늘날까지도 퓰리처상 선정 위원회는 그 상을 철회하라는 요
구에 시달린다.

다. 게다가 미군은 기자들에게 전례가 없던 접근 권한을 허락했다. 따라서 베트남 전쟁이 한창일 때는 기자 수가 400명을 넘었다(전쟁이 최종적으로 중단되기 전까지 사망한 기자만도 68명이었다). 패배로 끝난 전쟁에서 거둔 하나의 이득이라면, 다른 전쟁을 주제로 쓴 산문들을 월등히 능가하는 문학 작품들이 탄생한 것이라 할 수 있다(시는 별개의 문제이다). 필립 카푸토Philip Caputo의 《전쟁이라는 소문》(1977), 제임스 웹James Webb의 《불바다로 변한 들판》(1978), 팀 오브라이언Tim O'Brien의 《카치아토를 추적하라》(1979)와 《진짜 전쟁 이야기》(1990) 같은 소설이 대표적인 예이다. 게다가 1960년대와 1970년대는 저널리즘의 '황금시대'로 여겨지기도 했다. 7명의 논픽션 작가―미국인으로는 스탠리 카노Stanley Karnow(1925-2013), 프랜시스 피츠제럴드Frances FitzGerald, 데이비드 할버스탬David Halberstam, 글로리아 에머슨Gloria Emerson(1929-2004), 마이클 허Michael Herr와 닐 시핸, 영국인 작가로는 맥스 헤이스팅스―가 베트남 전쟁과 관련한 역사서를 발표해 많은 명성을 얻었다.*

그 시대의 전쟁, 즉 베트남 전쟁의 역사를 다룬 책을 써서 가장 영향을 미친 언론인이자 역사가는 스탠리 카노일 것이다. 언론계에 입문한 초기에 그는 〈타임〉의 파리 특파원으로 근무했고, 1958년에는

---

* 〈뉴욕 타임스〉는 해외 특파원으로 (영국 신문사와 달리) 해당 지역에서 '전문가'를 구하지 않고, 일반 기자를 3년이란 제한된 시간 동안 파견하는 원칙을 한동안 고수했다. 〈뉴욕 타임스〉는 호기심이 많고 회의적인 성격인 기자, 요컨대 일반적인 지식을 폭넓게 지녔지만 소수의 독자만이 관심을 가질 만한 내막까지 깊게 파고들지 않을 기자를 원했다. 그런 기자가 참신한 눈으로 새로운 임무를 맞닥뜨리면, 전문가들이 대충 얼버무리고 넘어갈지도 모를 단면을 주목하고 추적하게 될 것이란 생각이었다. 오늘날에는 재정적인 압박 때문인지 3년이란 제한은 더 이상 적용되지 않는다.

동남아시아 지국장으로 홍콩에 부임했다. 그로부터 수 주 뒤에 베트남에 들어갔는데, 당시만 해도 베트남에 주둔한 미군 수가 극히 적었다. 이듬해 그는 베트남에서 미국인 2명이 처음으로 사망했다는 기사를 송고했다. 그 이후로 20년 동안 그는 〈타임〉과 〈워싱턴 포스트〉 이외에 5곳의 언론 기관을 대신해 베트남 전쟁을 취재했다. 2013년 〈뉴욕 타임스〉에 실린 그의 부고 기사에서 확인되듯이, 그는 전투원들과 민간인들, 북베트남과 남베트남의 정치 지도자들, 프랑스군과 미군을 인터뷰하며 베트남인과 그 전쟁을 제대로 파악하려 애썼다. 그때의 경험을 바탕으로 써낸 책이 1983년에 출간된 《베트남: 어떤 역사》이다. 우연히도 같은 해에 제목이 똑같은 PBS의 13부작 다큐멘터리가 방영되었다. 이 다큐멘터리는 6개 부문에서 에미상을 수상했고, 피버디상과 포크상도 수상했으며, 그해 공영 방송에서 방영된 최고의 다큐멘터리로 선정되기도 했다.[45] 게다가 회당 평균 시청자 수가 970만 명에 이르렀다. 프랜시스 피츠제럴드처럼, 카노도 닉슨의 '적의 명단'에 올라 있었다.

카노의 다른 대표적인 저서로는 1973년 전미 도서상 최종 후보까지 올랐던 《마오와 중국》, 《우리의 형상으로: 필리핀에 세운 아메리카 제국》(1989), 1997년에 발표한 회고록 《1950년대의 파리》가 있다. 〈로스앤젤레스 타임스〉에 실린 그의 부고 기사에 따르면, "그는 정확성과 치밀한 조사—《베트남: 어떤 역사》는 고대까지 거슬러 올라갔다—및 개인적인 믿음을 넘어서려는 의지로 유명했다."[46] 이처럼 현장 보도를 책으로 출간해 성공을 거둔 언론인들에게는 공통분모가 있었다. 맥스 헤이스팅스는 베트남 전쟁을 취재하며 직접 겪은 경험을 적극적으로 활용해 2018년 베트남 전쟁에 관련한 책을 발표했을 때 군사 역사가로서 가장 좋은 때가 언제였느냐는 질문에 "내가 가장 소중하게 생각하는 칭찬은 퇴역 군인들로부터 '그랬습니다. 바로 그 랬습니다. 정말 그렇게 느꼈습니다'라는 말을 들었을 때였다"고 대답 했다.[47]

현장의 기자는 대부분의 학문적 역사가보다 그런 진실을 더 쉽 게 파악하지만 불리한 점도 있다. 새로운 소셜 미디어가 지배하는 요 즘과 같은 환경에서, 사람들은 24시간을 주기로 글을 쓰고 있을 뿐만 아니라 지금 이 순간이 마감시간이란 압박을 받으면서 글을 쓴다. 따 라서 깊이 생각할 시간이 없어, 기자들은 앵무새로 전락하고 만다. 게 다가 양극화된 세계에서 글을 쓰기 때문에 '객관적' 보도라는 개념 자 체가 공격을 받는 실정이다. 베트남에 대해 글을 쓰는 기자들에게는 일반적으로 반전 사상이 팽배하기 때문에 '그들의 글이 정말 공정할 수 있을까'라는 의문이 생길 수밖에 없다. 미국의 언론인 헌터 S. 톰 프슨Hunter Stockton Thompson(1937-2005)은 "객관적 저널리즘Objective Journalism이란 것은 없다. 그 표현 자체가 오만한 모순이다"라고 지적 했다.[48] 그러나 톰프슨의 지적은 지나치게 극단적이다. 기자의 목표가 가능한 범위 내에서 객관성을 유지하는 것이고, 그 목표가 글을 쓰는 능력과 결합될 때 진실에 한층 가까이 다가갈 수 있다. 기자에게 정말 필요한 것은, 냉철하게 사고하며 그 진실을 판단하는 시간이다.

＊ ＊ ＊

기자는 목격자와 구경꾼, 피해자와 가해자 및 살아남은 생존자 에게 묻는다. 그렇게 얻은 답을 인용하며 이야기의 중심에 두는 것은 기자의 상투적인 글쓰기 수법이다. 인용이 많아지면 자체적으로 생명 력을 띨 수 있다. 따라서 녹음 장치가 발달하자 새로운 종류의 증언,

즉 구술 역사oral history가 등장했다. 1997년 캐나다 대법원은 구술 역사가 서면 증언만큼 중요하다는 판결을 내렸고, 세계 전역에서 역사가들이 그 판결을 공개적으로 지지했다. 구술 역사가 교과 과정에 있다고 홍보하는 대학교도 이제는 많다.

현재, 구술 역사가 중에서는 2015년 노벨 문학상을 수상한 스베틀라나 알렉시예비치Svetlana Alexievich(1948년생)가 발군이다. 노벨상을 받기 전까지 그녀는 벨라루스와 구소련 밖에서는 거의 알려지지 않았지만 당시에도 영어로 적잖은 책—《전쟁은 여자의 얼굴을 하지 않았다》(1985), 《체르노빌의 목소리: 미래의 연대기》(1997), 《아연 소년들: 아프가니스탄 전쟁에서 들려오는 소비에트의 목소리》(1990)—이 발간된 때였다. 특히 《아연 소년들》은 1979-1990년의 전쟁에 대해 군인들 및 그들의 미망인이나 어머니와 그녀가 진행한 인터뷰로 이루어진 작품이었고, 제목은 전사한 병사를 본국에 송환할 때 사용된 아연으로 만들어진 밀폐형 관을 가리켰다. 그 이후에는 소련의 붕괴로 삶이 크게 달라진 사람들을 1991년부터 2012년까지 인터뷰를 바탕으로 광범위하게 되짚어본 《세컨드핸드 타임: 호모 소비에티쿠스의 최후》(2013)가 영어로 번역되었다. 2019년에 출간된 《마지막 목격자들: 어린이 목소리를 위한 솔로》는 그녀가 훨씬 이전에 쓴 것으로, 벨라루스판이 출간되고 34년이 지난 때였다.

1976년, 벨라루스에서 대학을 졸업하고 4년이 지난 뒤에 알렉시예비치는 민스크에서 발행되던 문학잡지 〈네만Nyoma〉의 기자가 되었고, 목격자들의 증언을 바탕으로 이야기식 기사를 작성하기 시작했다. 훗날 그녀가 말했듯이, 그녀는 '왜 사람들의 고통이 자유로 이어지지 않을까?'라는 하나의 중대한 러시아적 의문을 제기하며 글쟁이로서 삶의 대부분을 보냈다.

알렉시예비치의 책들은 벨라루스의 동료 작가 알레스 아다모비치Ales Adamovich(1927-1994)의 사상에서 많은 영향을 받았다. 아다모비치는 20세기의 참상을 표현하는 가장 좋은 방법은, 꾸며진 것이라 의심받을 수 있는 소설로 표현하는 것보다 실제 증언을 녹음해 들려주는 것이라 생각했다. 그의 다큐멘터리적 소설《나는 불타 없어진 마을 출신이다》는 제2차 세계대전 기간에 벨라루스를 점령한 독일군이 잔학 행위를 벌인 작은 마을들에 대한 이야기로, 알렉시예비치의 글쓰기—여러 이야기를, 그것도 대체로 1인칭 관점에서 짜맞추기 때문에 '집단 소설collective novel'이라 칭해지던 문체—에 지대한 영향을 주었다.[49] 그녀는 "현실이 항상 나를 자석처럼 끌어당겼고, 나는 그 현실을 종이 위에 담아내고 싶었다. 그래서 나는 인간의 실제 목소리와 고백, 목격자의 증언과 문서를 직접적으로 인용했다"며, 사람들이 러시아 소설을 읽는 이유는 해피 엔딩을 바라기 때문이 아니라 "큰 고통에 카타르시스가 있고, 그 뒤에는 숭고한 무엇인가가 있기 때문이다"라고 덧붙였다.[50]

알렉시예비치의 첫 책은 200꼭지 이상의 독백에서 추려낸 것이었다. 그 독백의 주인공들은 모두 스탈린 치하의 러시아에서 자란 여성—군인과 게릴라, 의사와 간호사, 어머니와 아내와 미망인—이었고, 1941-1945년의 '대조국 전쟁(구소련에서 칭하던 제2차 세계대전에 대한 명칭/옮긴이)'에 참전했지만 전혀 공과가 언급되지 않았던 약 100만 여성의 일부이기도 했다. 알렉시예비치는 학업을 끝낸 즉시 군에 입대한 여성들의 이야기도 빼놓지 않았다. (한 여성은 알렉시예비치에게 "우리가 유일하게 자유로웠던 때는 전쟁 기간이었다. 전선에서!"라고 말했다.)

〈이코노미스트〉는《전쟁은 여자의 얼굴을 하지 않았다》에 대한 장문의 서평에서, "16세에 불과한 간호사가 부상병의 생명을 살리려고 그 병사의 으깨진 팔을 물어 뜯어내고, 며칠 뒤에는 탈영한 병사들을 처형하는 데 자원해 나선다는 간담을 서늘하게 하는 이야기들이 있는 반면, 사랑하는 남자가 묻히기 직전에야 처음으로 키스를 나눈 소녀의 이야기처럼 가슴이 미어지는 이야기들도 있었다. …그럼에도, 젊은 여성 게릴라가 우는 아기를 물에 빠뜨려 죽게 하면서까지 독일군의 순찰을 피했다는 이야기를 삭제하라고 검열관은 요구했다"고 논평했다.[51]

이렇게 삭제된 이야기들은 개정판에서 복구되었다. 전선에서 월경을 겪는 여성에 대한 묘사를 읽고 크게 당황한 검열관과 벌인 논쟁도 새삼스레 되살아났다. 남성인 검열관이 "이런 책을 읽으면 누가 전쟁터에 나가겠습니까?"라고 면박을 주었을 때 알렉시예비치는 "당신은 지극히 원초적이고 자연스런 현상을 두고 여성을 모욕한 겁니다. …당신은 우리 여성을 암컷으로 비하한 겁니다"라고 논박했다.[52] 그녀는 《아연 소년들》을 발표한 뒤에는 적군赤軍의 명예를 훼손했다는 이유로 재판을 받았다. 많은 증언이 군사적 영웅주의라는 개념을 크게 폄훼했다는 게 이유였다. 법원은 그녀에게 무죄를 선고했다.

《세컨드핸드 타임》은 1990년대에 공산주의에서 자본주의로 갑작스럽게 전환한 뒤에 어떤 종류의 되돌리기를 갈망하는 1억 4300만 명의 사람들에 대한 이야기였다. 이 책에 대해 설명하며, 알렉시예비치는 "나는 소비에트 사상에 영원히 얽매인 사람들을 찾아냈다. …그들은 과거의 역사에서 한 걸음도 떨어져 나오지 못했다. 과거의 역사를 버리고, 그 역사 없이는 살아갈 수 없는 사람들이었다"고 말했다.[53] 그녀의 작품은 저널리즘이나 역사라고 불렸지만, 그렇게 단순하게 분류되지는 않는다. 그녀는 "삶, 일상의 삶을 문학으로 승화하는 것", 즉 "인간 감정을 기록하는 것"이 목표라며, 그래서 "여러 목소리로 소설"

스베틀라나 알렉시예비치: "자상해 보이는 동그란 얼굴 및 공감력과 유머 감각을 보여
주는 눈을 지닌 자그마한 여성(레이철 도나디오)."[55] 노벨상을 수상했다는 소식이 전해
졌을 때 민스크에서 열린 한 기자회견에서 알렉시예비치는 자신의 작품이 19개 언어로
번역되었지만, 정작 벨라루스 당국은 자신이 존재하지 않는 사람인 것처럼 행동한다고
폭로했다.

을 쓰고 있는 것이라고 줄곧 말해왔다. 그녀의 이력을 추적한 올랜도
파이지스가 말했듯이, 결국 그녀는 녹취록을 편집해서 "위대한 소설
에 담긴 진실과 감동을 전달하는 구어 문학spoken literature"을 만들어냈
다.[54] 조작되고 날조된 것은 전혀 없었다. 20세기의 악몽 때문에 그녀
에게 허구는 불가능한 것이다. 노벨상을 수락하는 연설에서 그녀는
"증인들에게 목소리를 주어야 합니다"라고 말했다. 스웨덴 한림원은
알렉시예비치를 노벨 문학상 수상자로 결정했다며 "그녀는 언론 보
도적 글쓰기 형식을 뛰어넘어, 증언자들의 도움을 받아 새롭게 만들
어낸 장르를 줄기차게 밀어붙였다"고 선정 이유를 밝혔다. 그 장르는
"감정들의 역사, 다시 말하면 영혼의 역사… 영혼의 일상적인 삶, 역

사라는 큰 그림이 일반적으로 빠뜨리고 심지어 경멸하는 것"이라 일컬어지는 새로운 문학 형태이다. 하지만 실제로 겪은 경험에 비교하면, 기억하는 것도 한없이 불충분하게 여겨질 수 있다. 레닌그라드에서 살아남은 한 대담자는 "이제 전부 말했습니다. 그런데 그게 전부일까요? 그런 공포스런 상황에서 남겨진 게? 그 수십 개의 단어로…?"라고 중얼거렸다.

알렉시예비치는 고국과 해외로부터 지금까지 20개 이상의 상을 받았다. 하지만 해외에서는 명성이 꾸준히 높아진 반면 러시아에서의 인기는 서서히 줄어들었다. 마샤 게센이 인물평에서 말했듯이, 국가가 통제하는 러시아 언론은 "과거에 노벨상을 받은 러시아 작가들[보리스 파스테르나크, 솔제니친]에게 보인 소련 신문들을 떠올려주는 독설"로 노벨상을 대할 뿐이었다.[56] 그러나 알렉시예비치는 "그래도 칼라시니코프 소총을 쥐고 나를 뒤쫓는 사람은 없었다"고 인정했다. 게센이 지적하듯이, 체포되거나 실종된 벨라루스 지식인들과 달리 알렉시예비치는 국제적인 명성 덕분에 보호를 받았다. 그녀는 전쟁 이야기에 지쳤는지, 2018년 현재에는 노화와 사랑이라는 2가지 새로운 프로젝트를 진행하고 있지만, 당국에 의해 삭제되었거나 자체 검열로 미리 배제한 자료들을 덧붙인 개정판도 준비하고 있다.

성공에는 비판도 뒤따랐다. 몇몇 평론가가 지적하듯이, 그녀의 책들은 불필요하게 반복되는 면을 띤다. 또 대담자들을 가혹하게 대하는 듯하지만, "나는 인간의 정신을 추적한다"며 거창한 명분을 내세운다. 때로는 증언이 뒤섞이며 편집이 부실한 경우도 눈에 띈다. 그럼에도 그녀가 이루어낸 성과는 대단한 것이다. 우크라이나의 소설가 사나 크라시코프Sana Krasikov는 〈뉴욕 타임스〉에 기고한 《마지막 목격자들》에 대한 서평에서 "알렉시예비치는 화자의 여과되지 않은 감상주의를 절제된 표현으로 세세한 부분까지 전달하고, 자칫하면 따분하게 느껴질 수 있는 산문적인 글에 시적인 자극을 더하는 능력이 탁월하다"고 평가했다.[57] 알렉시예비치의 글이 편하게 읽히지 않는 것은 분명하다. 예컨대 체르노빌 사건을 다룬 책에서, 방사능에 중독되어 사망한 소방관 남편을 지켜보는 한 젊은 여성을 이렇게 묘사한다.

> 안치소에서 물었다. "무슨 옷을 입힐지 보시겠어요?" 그럼요! 정복을 입히고, 소방관 제모를 가슴 위에 올려놓았다. 발이 부어 구두를 신길 수 없었다. 정복도 몸에 맞지 않아, 조금 잘라내야 했다. 정복을 입히기에 온전한 몸이 아니었다. 온몸이 상처투성이였다. 병원에서의 마지막 이틀… 내가 그의 팔을 들어 올리면 뼈가 흔들리고 덜렁거렸다. 피부 조직이 떨어져나갔다. 폐와 간에서 떨어진 조각이 목구멍을 타고 올라와 목에 걸렸다. 나는 손을 붕대로 감고, 그의 입에 넣어 그 조각들을 전부 긁어냈다. 그때의 심정을 말로 표현하는 건 불가능하다. 그 기억을 안고 사는 것도. 그는 나의 모든 것이었다. 내 사랑! 그의 발에 맞는 구두를 한 켤레도 찾아낼 수 없었다. 결국 맨발로 그를 묻어야 했다.[58]

그 밖에도 이에 못지않게 섬뜩한 구절이 많다. 지금까지 언급된 영어로 번역된 4권의 책은 각각 집필하는 데 5-10년이 걸렸고, 그곳에 있었던 200-500명의 목소리를 담아낸 것이다. 파이지스에 따르면, 구술 역사라는 관례가 정착하는 데는 서방보다 소련에서 더 오랜 시간이 걸렸고, 그 결과로 소련 과학원에서는 전문적인 역사 연구의 일환으로 인정받지 못했다. 스탈린 시대에 혁명에 참여했던 참전 용사들의 구술 회고는 당의 공식적인 역사로 기록되었지만, 보통 사람들의 두서없는 기억, 더구나 체제에 위협이 될 수 있는 기억을 기록하고 편찬하는 사업은 결코 정부의 역할이 아니었다.

노벨상 수상자 중에서도 알렉시예비치는 전적으로 인터뷰에 근거해 책을 썼다는 점에서 유일무이하다. 〈로스앤젤레스 타임스〉에 게재된 한 기사는 그녀가 노벨상을 수상했다는 소식을 알리며, 머리기사에서 그녀를 기자로 칭했고, 그런 분류를 그녀는 거의 모욕적이라 생각했다. 그녀는 "우연히 저널리즘적 도구를 사용했을 뿐"이라고 말한다. 러시아에서는 픽션과 논픽션의 경계가 불분명한 경우가 많다. 따라서 그녀의 책들은 '프로자проза', 즉 문학적 픽션으로 정의된다. 반면에 저널리즘과 문학의 경계는 지극히 신성한 것이다. 하지만 그렇지 않은 더 넓은 세계에서 그녀는 저널리스트이자 역사가로 박수를 받기에 충분하다.

22장 텔레비전에 대하여

: A. J. P. 테일러부터 헨리 루이스 게이츠 주니어까지

현대사는 텔레비전을 가리키는 또 다른 이름이다.

– 조사이어 바틀렛 대통령, 《웨스트 윙》[1]

MAKING HISTORY:
THE STORYTELLERS WHO SHAPED THE PAST

얼굴이 보이지 않는 목소리가 근엄하게 말한다. "ATV는 하나의 실험을 해보려 합니다. 뛰어난 역사학자라면 어떤 흥미로운 주제에 대해 말하며 50만 명의 시청자를 30분 동안 텔레비전 앞에 묶어둘 수 있을까요? 이 질문이 실험의 제목이고, 그 답은 여러분에게 달려 있습니다. 우리가 다루려는 주제는 러시아 혁명이고, 오늘 저녁의 소주제는 차르의 종말입니다. 오늘 강연을 맡아주실 역사가는 옥스퍼드 대학교 모들린 칼리지의 선임 연구원 앨런 테일러입니다."

커튼이 갈라지고, 당시 50대 초반이던 앨런 테일러가 빈 무대로 약간 수줍은 듯한 태도로 걸어 나온다. 그 무대는 한때 영화관이었던 북런던의 우드 그린 엠파이어Wood Green Empire였다. 테일러는 트위드 재킷의 단추를 잠갔고, 셔츠에 나비넥타이를 맸으며 약간은 어리벙벙한 표정이다. 걸음을 멈추고 두 손을 문지르며,* 보이지 않는 관객에게

---

   * 테일러는 두 손을 어디에 두어야 할지를 몰랐다. 강연이 시작되고 처음 15초 동안, 그는 두 손을 비비거나 호주머니에 넣었다 뺐다를 반복했다. 때로는 뒷짐을

고개를 끄덕인다. "음… 안녕하십니까. 좋은 저녁입니다. 1916년 12월 말, 소규모의 스위스 대학생이 저녁 모임을 가졌습니다. 스위스에 망명해 거주하던 러시아 정치인이 그들에게 임박한 혁명에 대해 강연했습니다…."

텔레비전을 통한 사상 최초의 역사 강연은 그렇게 시작되었고, 이때 레닌이 언급되었다. 그 강연은 1957년 8월 12일 월요일 오후 6시부터 6시 30분까지 진행되었다. 그보다 수개월 전, 어소시에이티드 텔레비전Associated Television(영국 독립 텔레비전 방송국으로 ATV의 본래 명칭)의 사장 루 그레이드Lew Grade(1906-1998)는 일요일 오후라는 죽은 시간에 적합한 프로그램을 찾아내려고 암중모색하던 중에 그 답이 옥스퍼드의 어떤 교수에게 있다는 말을 들었다. "그분은 대단한 역사가"라는 추천도 있었다.[2] 그레이드는 미적지근하게 반응하며 "글쎄요, 하지만 그분을 만나보고는 싶습니다"라고 말했다. 적절한 과정이 있은 뒤에 테일러는 첫 강의로 러시아 역사를 다루고 싶다고 말했다. 홍보의 대가이던 그레이드는 "좋습니다. 하지만 시청자가 이해하기에 너무 어려운 주제일 것 같습니다. 먼저 저에게 조금만 말씀해주시겠습니까?"라고 물었다. 그레이드 가족은 러시아 이민자였지만, 그레이드는 전에도 들은 적도 없던 무궁무진한 이야기를 테일러로부터 듣고 놀라지 않을 수 없었다. 훗날 그레이드는 "그는 무척 쉽게 이야기를 풀어냈다. 이해하는 데 조금의 어려움도 없었다. 내 눈앞에 별, 그때까지 보지 못한 색다른 종류의 별이 있었다"고 회상했다.

겼고 시곗줄을 만지작거렸다. 빈 무대에서 혼자 말할 때마다 이렇게 안절부절못하는 행동은 계속되었고, 1970년대에 들어 그의 행동을 제약하는 소품이 옆에 세워지는 경우에야 조금씩 나아졌다. Kathleen Burk, *Troublemaker: The Life and History of A. J. P. Taylor* (New Haven: Yale University Press, 2000), p. 393을 참조하기 바란다.

테일러가 그날 처음 방송에 출연한 것은 아니었다. 일찍이 1942년 3월, 테일러는 BBC의 군사 라디오에서 방송된 〈전쟁 중인 세계: 질의응답〉이란 프로그램에 서너 번 출연한 적이 있었다. (당시와 그 이후로 1950년대 초까지 대부분의 방송 정책 입안자들에게는 라디오가 텔레비전보다 더 중요한 매체로 여겨졌다. 텔레비전에 비해 라디오의 보급이 훨씬 더 많았기 때문이다.) 제2차 세계대전이 끝난 뒤, BBC 텔레비전의 관리자는 정보를 전달하는 데 그치지 않고 생각하는 능력을 자극하는 동시에 재미도 줄 수 있는 프로그램의 필요성을 느꼈다. 상체가 텔레비전 화면을 가득 채운 채 어떤 정보를 전해주는 미국 텔레비전 프로그램들로부터 실마리를 얻은 것이었다. 그리하여 1950년부터 1954년까지 테일러는 정치 토론 프로그램 〈인 더 뉴스In the News〉의 토론자로 출연해서 상당한 인기를 얻어, 그 프로그램 때문이 아니라 그 때문에 "금요일 저녁에는 술집이 텅텅 빈다"고 자랑하기도 했다.* 주간지 〈옵서버〉의 텔레비전 평론가 모리스 리처드슨Maurice Richardson(1907-1978)은 한 프로그램에 대해 "상원의 타당성에 대해 토론하는 과정에서 토론자들은 거의 이성을 잃기 직전이었을 뿐만 아니라 실제로 잃은 것처럼 보였다. …여하튼 최고 수준의 텔레비전 프로그램이었다"고 논평했다.[3] 그러나 그 토론 프로그램은 당리당략의

* 1950년대에 들어섰을 때 텔레비전은 영국에서도 무척 드문 가전제품이어서, 35만 가구에 있었을 뿐이다. 테일러도 "중산층 가정에도 텔레비전이 극히 드물었다. 지식인층에는 더더욱 없었다. 대부분의 시청자는 상대적으로 부유한 숙련된 노동자 계급, 예컨대 택시 기사, …기능 보유자, 웨이터 등이었다"고 말했다. A. J. P. Taylor, *A Personal History* (New York: Atheneum, 1983), p. 196. 1960년에 되어서야 인구의 4분의 3이 텔레비전을 보유했다. 1953년 엘리자베스 여왕의 즉위식은 반드시 시청해야 할 행사였다. 그날 이후로 텔레비전 보유 가정이 급속히 증가해서, 1952년 14퍼센트에 불과하던 보급률이 1954년에는 31퍼센트로 급증했다. 1955년에는 약 3000만 가구가 텔레비전을 보유했다.

함정에 빠져들기 시작했고, 테일러는 점점 불만을 드러내며 급기야한 에피소드에서는 상대편 토론자들을 전혀 인정하지 않는 태도까지보였다. 게다가 생방송으로 진행되던 다른 에피소드에서는 방송이 끝날 즈음에 더는 아무 말도 않겠다고 선언하기도 했다. 언론은 그에게 '심술난 교수'라는 별명을 붙였고, BBC도 결국 그와 결별하고 말았다. 내부 문서에서 밝혀졌듯이, BBC는 테일러를 통제할 수 없는 사람으로 보았고 방송인으로 부적격하다고 판단했다. 그 문서에 따르면 "테일러의 방식은 충격을 주는 것이다. 학부생 시청자에게는 적절한 방법이지만 배경지식이 없는 시청자에게는 위험한 방법이다. 그가 방송에서 역사 문제를 처음으로 다루기 시작한 전문가였다고는 생각하지않는다. 우리가 정말 좋은 사람들과 함께한다면 괜찮을 것이다. 그러나 테일러는 2류다. 그게 아니면 적어도 스스로 그렇게 전락했다."

위의 반응은 역사를 방송에서 효과적으로 다룰 수 있을지에 대해 BBC가 품은 전반적인 불안의 일부에 불과했다. 방송에 출연한 역사가들이 '신뢰할 수 있기'를 바라는 수밖에 다른 해법이 없었다. 정부의 지원을 받는 BBC는 테일러에게 의문을 품었지만, 독립 방송국은 그렇지 않았다. 그는 1955년부터 인디펜던트 텔레비전(Independent Television, ITV) 방송국의 경쟁 토론 프로그램이던 〈프리 스피치〉로옮겨가 토론자가 되었고, BBC에서 함께하던 토론자들과 함께 그 프로그램이 종영된 1961년까지 출연했다. 그 뒤에 BBC로부터 텔레비전을 통해 역사 강연을 해달라는 요청을 받았다. 1980년대 중반까지테일러는 40회 이상 역사를 강연했다. 그의 뛰어난 점은 대본도 없이강연을 혼잣말하듯이 진행했다는 것이다. 텔레비전의 방송 기법은 더욱 정교해졌지만, 그의 강연 방식은 전혀 달라지지 않았다. 얼굴과 상반신만으로 화면을 채우는 촬영 기법talking heads에도 아랑곳하지 않왔다. 여전히 재킷 소맷동을 만지작거렸고, 그의 특징이라 할 수 있는 목깃을 두른 물방울무늬 나비넥타이도 변하지 않았다. 숱이 많은 눈썹을 찌푸린 뚱한 표정, 깍지를 낀 손가락도 달라지지 않았다. 그러나 그는 연습도 없이, 설명 글이나 사진도 인용하지 않은 채 프롬프터의 도움을 받지 않고 카메라를 정면으로 바라보며 강연했다. 게다가 1초도 틀리지 않게 강연을 끝내 편집할 필요조차 없었다(그는 카메라 뒤쪽에 설치된 커다란 시계를 한쪽 눈으로 계속 훔쳐보았다). 〈옵서버〉의 표현을 빌리면, 그는 "오만하고, 도마뱀처럼 작은 체구"였다.[4] 하지만 사람들은 그의 강연을 계속 들었고, 한때는 시청자가 400만 명을 넘기도 했다. 그들 중 다수, 절반쯤이 그가 그 높은 줄에서 떨어지는 걸 보고 싶어 했다.[5]* 언젠가 그는 제자 폴 존슨Paul Johnson(1928-2023)에게 자신의 의상 취향에 대해 이렇게 설명했다. "보헤미안을 좋아하지 않아서 스포츠 재킷을 입지 않고, 플란넬 가방을 들지 않는 거네. 답답해서 짙은색 정장을 입고 싶지도 않고. 그래서 코듀로이로 상하의에 조끼까지 맞춰 입는 거네. 그게 편하니까."[6]

테일러는 말문이 트이면 폭포수처럼 말을 쏟아내는 교수의 전형이었다. 또한 전투적이고 풍자적이며, 논쟁적이고 이야깃거리를 만들어내는 학자이기도 했다.[7] 그 자신의 표현을 빌리면, 그는 "텔레비전

* 그도 한 번 실수한 적이 있었다. 1977년 7월, 제1차 세계대전에 대한 강연을 녹화할 때였다. "내가 너무 몰입했던지 예정된 시간에 멈추지 못하고, 그 시간을 훨씬 넘기고 말았소. 그렇다고 서둘러 끝내지는 않았지만 그래도 주눅이 들어 사과하며 강연을 끝냈지요. 전에는 없던 실수였습니다. 그 후에 우리는 합리적으로 마무리 지었지만 예전과 같지는 않았소. 내가 실수 없이 정말 잘할 수 있는 하나가 있다면 텔레비전 강연이라고 입버릇처럼 말했었는데 마침내 내가 미끄러지는 실수를 범했던 거지요. 그래서 앞으로는 절대 그렇게 자신만만하게 떠들지 않을 생각이오." 1977년 7월 29일, 앨런 테일러가 에바 하라스티에게 보낸 편지, Letters to Éva, 1969–1983 (London: Century, 1991), p. 355.

에 얼굴만 내놓고 강연하는 역사가의 원조"였다. 테일러는 텔레비전 분석가였다면 틀림없이 지루할 것이라 판단했을 법한 주제로 시청자들을 시험하기도 했다. 한 강연에서는 "시청자 여러분, 기린을 눈앞에 두고도 '이런 동물을 없애'라고 말했다는 사람에 대한 이야기를 들어보았을 겁니다. 내 생각에는 디즈레일리가 그런 사람이 아닐까 싶습니다"라고 시작했다. 방송인으로서 경력이 끝나갈 즈음에도 그는 여전히 열심히 달렸지만 그의 역사 강연은 심야 레슬링 중계와 멜로드라마 〈킬데어 박사〉 사이에 낀 샌드위치 신세가 되었다.

테일러는 처음에 BBC에 반감을 품었지만 결국 1961년에 돌아가 일련의 강연을 진행했다. 그 후에도 ITV에서는 강연을 계속했다. 그가 최종적으로 진행한 강연은 1985년 채널 4를 통해 방영된 〈전쟁은 어떻게 끝나는가〉였다. 그 무렵 영국과 미국 모두에서 역사 프로그램이 크게 달라졌다. 인터뷰만이 아니라 현장의 영상도 필수가 되었고, 목소리만을 들려주던 진행자가 주로 현장에 모습을 드러내고 사건 현장을 직접 둘러보는 모습이 연출되었다. 반면에 역사가는 카메라 앞에 전혀 모습을 드러내지 않고, 익명의 목소리 해설만으로 시각적 영상을 뒷받침했다.[8]

1969년, ITV의 지역 방송국인 템스 TV가 〈전쟁에 휩싸인 세계〉라는 제목으로 제2차 세계대전을 다룬 26시간짜리 다큐멘터리를 제작하며 저명한 배우 로런스 올리비에Laurence Olivier(1907-1989)에게 내레이션을 맡겼다. 총 90만 파운드(현재 가치로 1억 3000만 달러 이상)를 투자해 1973년에 제작을 끝냈다. 그때까지 제작된 연작 다큐멘터리 중에서 가장 많은 비용이 투입된 프로젝트였다. 큰 찬사를 받았지만, 과거를 텔레비전에서 해석할 때 수반되는 몇몇 위험이 부각된 다큐멘터리이기도 했다. 현재 뉴욕 브루클린 칼리지의 역사학 교수인 피터 포지스Peter Forges는 BBC의 한 프로그램에 출연해서 그 다큐멘터리 시리즈의 제작과 관련해 이렇게 말했다. "전시에 연합군 선전원들은 히틀러의 연설을 짤막하게 쪼개서, 그를 미치광이처럼 보이게 하는 극적인 순간들을 강조했다. 그러나 템스 TV는 1시간이 넘는 무삭제 테이프를 찾아냈고, 그 테이프는 당원들을 상대로 한 연설들이 온전히 담긴 것이었다. 히틀러의 연설은 예상보다 훨씬 더 복잡했다. 단음절로 나지막이 시작하며 긴 침묵이 간간이 끼어들며, 목소리가 서서히 고조되었다. 한마디로 바그너의 음악을 듣는 듯한 연설이었다."* 전쟁 전에 빠른 속도로 재생된 뉴스 영화가 히틀러에게 우스꽝스런 채플린적 인상을 덧씌우는 데 도움이 되었을 것이라고도 덧붙일 수 있다. 미국의 역사가 로널드 로즌바움Ronald Rosenbaum이 《히틀러의 진짜 모습》에서 지적한 것도 바로 이 점이었다. "발작적이고 빠른 속도로 재생된 뉴스 영화 때문에 히틀러를 진지한 인물로 평가하는 게 거의 불가능했다. 편집된 뉴스 영화가 히틀러의 위협을 과소평가하는 치명적인 오류를 범하게 하는 데 일조한 셈이었다."[9]

달리 말하면, 텔레비전은 기술적인 결함이나 특정한 의제를 이유로, 혹은 쉬운 방향을 단순히 선택함으로써 어떤 사건을 왜곡하거

---

* BBC 내에서 히틀러 전문가로 명성을 얻은 포지스는, BBC가 제작하려는 드라마에서 히틀러 역할을 맡게 된 배우 앨릭 기니스Alec Guinness(1914-2000)에게 무삭제 연설 영상을 보여달라는 요청을 받았다. "나는 편집실에 나란히 앉아, 그에게 무삭제 연설 영상을 보여주었습니다. 그는 몇 시간 동안 영상을 뜯어보며 뭔가를 기록하더군요. '저거 보여요? 왼손, 왼발, 왼손 엄지를 어디에 두는지 잘 봐봐요.' 나는 필름을 앞뒤로 돌리며, 우리 시대의 위대한 배우가 경험적으로 얻은 자세한 관찰을 통해 역할을 어떻게 만들어가는지를 지켜보았습니다. 그로부터 수개월 뒤, 그는 무삭제 영상에서 보고 들었던 것을 거장답게 소화해서 몸으로 완벽하게 재현해냈습니다." 2018년 10월 7일, 저자에게 보낸 이메일. 따라서 배우는 편집된 다큐멘터리 테이프보다 히틀러의 모습을 더 진실되게 보여주었다.

나, 신화를 만들고 영속화할 수 있었다. 〈뉴욕 타임스〉의 평론가 찰스 맥그래스Charles McGrath가 주장하듯이, "텔레비전은 성격과 감정을 함양하는 데 도움이 되지 않는다. 일반적으로, 그럴 만한 시간이 충분하지 않기 때문이다. 따라서 텔레비전은 지름길, 즉 감정을 자극하는 것의 잦은 반복에 의지한다. 그 결과로 텔레비전에서는 순간순간이 감성적이지만 내용은 거의 없는 껍데기로 채워진다."[10]

론 하워드Ron Howard가 2008년에 제작한 영화 〈프로스트 VS 닉슨〉에는, 최종적인 인터뷰가 있은 뒤에 미국인 기자 제임스 레스턴 주니어(샘 록웰이 연기)가 텔레비전이 왜곡하는 효과라 생각하는 것에 분통을 터뜨리는 장면이 있다. "첫손에 꼽히는, 텔레비전의 가장 큰 결함은 뭐든지 단순화한다는 거죠. 축소하고요. 위대하고 복잡한 사상, 시간의 단편들, 한 사람의 일생이 단 한 컷에 축약되죠. …내가 클로즈업으로 봤던 거지요. 데이비드 [프로스트]는 마지막 날, 한순간에 해낸 겁니다. 어떤 탐사 기자도, 어떤 검사도, 어떤 법사 위원회도, 어떤 정적도 해내지 못한 일이지요. 리처드 닉슨의 얼굴은 외로움과 자기 분노와 패배감으로 일그러졌죠."[11] 이 말은 레스턴의 말을 기록한 게 아니라, 시나리오 작가 피터 모건Peter Morgan이 쓴 것이다. 그렇지만 사실적으로 들린다. 실제 인터뷰는 미국 텔레비전 뉴스 프로그램에서 가장 많은 시청자가 보았다. 그 인터뷰는 단순히 하나의 사건이 아니라 현재 진행 중인 역사, 적어도 특별한 종류의 역사였다.

영상이 강력한 효과를 갖는다는 건 주지의 사실이지만 소리도 크게 다르지 않다. 역시 BBC에서 근무한 적이 있던 포지스의 기억에 따르면, BBC 규정 중에는 다큐멘터리에 더해지는 음악은 신중하게 관리되어야 하고, 그 배경 음악은 화면에 나타나는 장면과 함께 실시간으로 재생되는 경우에만 사용되어야 한다는 조항이 있었다. 미국

CBS에도 유사한 제약이 있었다. 나치 선전국이 보여주었듯이, 음악이 조작의 도구로 사용될 수 있다는 점에 주목한 것이었다. A. J. P. 테일러는 데이비드 로이드 조지David Lloyd George(1863-1945)가 마이크에 의존하기 시작한 순간부터 청중에 대한 장악력을 잃었다며, 매체를 거치지 않은 인간 목소리의 힘을 과소평가하는 것은 실수라고 주장했다. 그러나 마거릿 대처는 초창기 방송용 마이크가 남성의 목소리에 맞추어 설계되어, 여성의 목소리를 크게 왜곡했기 때문에 목소리를 낮추어 말하는 법을 배워야 했다. 도널드 트럼프는 텔레비전 스튜디오에서 인터뷰할 때 목소리의 높낮이를 조절하고 효과를 더해주는 특수 필터를 요구한다.[12]

한 명의 취재 기자가 많은 문제를 야기한다. 대부분의 경우, 그의 '초고'가 많은 손을 거친 뒤에야 시청자에게 전달되기 때문이다. 이른바 '공동 노력collaborative effort'이지만 바람직한 방법은 아니다. 힐러리 맨틀은 2017년 리스 강연에서 이렇게 말했다.

어떤 행동이 필름에 담기면 우리는 일어난 현상에 대해 확신하는 경향을 띤다. 그 순간을 동결해두고, 몇 번이고 반복해 볼 수 있기 때문이다. 그러나 필름에 담긴 현상은 이미 어떤 프레임에 실질적으로 갇힌 것이다. 프레임 밖에 있는 것은 우리에게 없는 것과 같다. 관찰하고 녹화하는 행위가 행해지는 순간, 사건과 기록 사이의 틈이 생긴다. 매일 밤, 뉴스를 눈여겨보면 이야기가 어떻게 정리되는가를 볼 수 있다. 현장의 기자가 두서없이 반복해서 전달한 정보가 스튜디오에서 신속하고 매끄럽게 정리된다. 매체를 거치지 않은 거친 보도는 편집되어 일관성을 띤다. 우리가 주문하는 방향에 따라, 원인과 결과가 결정된다. 사건이 분석되고 논의될 때 주관적이고 인간적인 차원이 더해지기 때문이다. 우리는 사건에 의미를 쑤셔 넣는다. 원천적인 사건이 그렇게 가공되고 역사로 각색된다.[13]

2015년 신시내티에서 일어난 경찰의 총격 사건을 다룬 글에서 〈뉴요커〉의 붙박이 평론가 데이비드 덴비David Denby는 "[한 장의 사진과 달리 동영상에서는] 여러 사건이 시간적으로 흐른다. 어떤 부분을 강조하려는 인위적인 편집이 없이, 사건들이 차례로 일어난다. 가차 없는 전진 운동으로 그 사건들이 우리 의식에 새겨지며 우리 반응을 결정한다"고 주장한다.[14] 영국에서는 1984-1985년 광부들이 파업하는 동안, 사우스요크셔의 한 코크스 공장에서 파업 노동자와 경찰 간의 유혈 충돌이 있었다. 현장을 찍은 영상에 따르면 경찰이 먼저 진압에 나섰고, 파업자들은 나중에 돌을 던지기 시작했다.[15] 하지만 BBC 뉴스는 사건의 순서를 거꾸로 보도했다. 명백한 착오였을 수 있지만, 세계 전역에서 많은 정부가 언론 통제를 우선순위로 삼고, 국영 방송을 통해 정권 친화적인 정보를 시청자에게 전달하려 한다는 것은 주지의 사실이다. 이집트에서 2011년 1월 25일부터 시작된 이른바 '1월 25일 혁명25 January Revolution'이 진행되는 동안, 국영 텔레비전은 호스니 무라바크(1928-2020) 대통령을 굳건히 지지하며, 카이로 시내의 타흐리르 광장에 모여 시위하는 수십만 명의 실제 모습을 방영하지 않고, 과거에 찍은 텅 빈 광장의 모습을 내보냈다.[16] 1970년대에 제작된 음울한 풍자 영화 〈네트워크〉의 시나리오를 쓴 패디 차이예프스키Paddy Chayefsky(1923-1981)가 텔레비전을 "정부보다 강하고, 쉽게 파괴할 수 없는 무시무시한 거인"이라 규정했던 이유가 짐작되는 상황이었다.[17]

1953년 BBC가 텔레비전을 통해 처음으로 뉴스를 방송했을 때는 뉴스를 전달하는 아니운서의 목소리에 중점을 두었지, 아나운서를 주인공으로 삼지는 않았다. 첫 방송을 진행한 리처드 베이커Richard Baker(1925-2018)는 훗날 당시를 회상하며 "부적절한 얼굴 표정으로 진실의 흐름을 훼손하지 않을까 두려웠다"고 말했다.[18] 역사적 사건을 다루는 프로그램들은 처음에 영국 텔레비전 방송국의 특별한 분야로 여겨져 '국가유산 산업heritage industry'으로 알려졌지만, 어느새 다른 나라들이 따라잡았다. 미국에서는 히스토리 채널History Channel이 1995년 1월 1일에 개국되었다. 그 방송국을 소유한 A&E(디즈니 그룹의 자회사)는 곧이어 스페인어로도 방송했다. 그 이후로 8년 동안 유사한 채널이 이탈리아, 오스트레일리아, 스칸디나비아, 인도 등에 설립되었다. 1996년 10월 26일에는 역사만을 집중적으로 다루는 채널이 영국에도 세워졌다.*

* 30년 전부터, 유럽 대륙에서는 많은 텔레비전 방송국이 뛰어난 역사 프로그램을 제작하기 시작했다(마르셀 오퓔스Marcel Ophüls가 1939-1945년 동안 프랑스의 부역을 다루며 2부로 제작한 다큐멘터리 〈슬픔과 동정〉은 1969년에 제작되었지만, 처음에는 방영이 금지되어 프랑스 텔레비전에서는 1981년에야 방영되었다). '역사 제작자 인터내셔널History Makers International'의 2012년 회의에서, 프랑스와 독일의 다큐멘터리 제작자들은 제2차 세계대전 당시에 방영된 뉴스 영화들의 컬러링 작업이 어떻게 시작되었는가에 대해 토론했다. 질의응답 시간에 나는 과거의 파테 뉴스Pathé News 화면에 색을 입히는 게 역사 기록을 조작하는 것이 아닌지 물었다. 프랑스 제작자는 어떤 면에서 그렇다고 대답했지만 문제점보다 장점에 초점을 맞추어야 한다고 덧붙였다. 예컨대 디데이에 촬영된 미군 상륙정을 보면, 한 미군이 앞에 선 병사를 밀며 물속에 뛰어드는 장면이 있다. 그 영상에 색을 입히면, 그 미군의 손가락에서 노랗게 빛나는 결혼 반지가 확연히 눈에 들어온다. 원래의 흑백 영상에서는 사라진 강렬한 감동이 되살아난다. 피터 잭슨Peter Jackson이 2018년에 제작한 제1차 세계대전에 대한 다큐멘터리 〈그들은 나이 들지 않으리라〉에서도 그렇게 채색된 영상이 얼마나 강렬하게 변할 수 있는지를 보여준다. 잭슨은 새롭게 색을 입혀 복원한 영상에 대해 "그들의 인간적인 모습이 아주

✳ ✳ ✳

대부분의 경우, 텔레비전 다큐멘터리는 전문 내레이터에게 여전히 의존한다. 미국에서는 일찍이 1961년 해리 트루먼이 자신의 재임 시절에 대한 다큐멘터리 제작에 참여하는 데 동의했다. 그로부터 3년 뒤에 방영된 30분짜리 프로그램 26편을 미국 가구 중 약 70퍼센트가 시청했다. 트루먼 이외에 프로그램을 전반적으로 진행한 내레이터가 있었고 자료 화면도 많았지만, 미국 영화 편집자 협회American Cinema Editors는 1964년에 텔레비전을 빛낸 인물로 트루먼을 선정했다.

진행자가 주도하는 고전적인 방식은 주로 영국 텔레비전에서 방영되었다. 대표적인 예로 테일러의 강연, 케네스 클라크가 1969년에 시리즈로 제작한 〈문명〉, 로버트 키가 1980년에 제작한 〈아일랜드: 텔레비전으로 보는 역사〉가 있다. 현재 역사 프로그램에서 압도적으로 인기가 높은 주제는 제2차 세계대전이며, 특히 나치가 주인공인 경우이다. 텔레비전 방송국의 대표로서 성공한 역사 프로그램을 적잖게 제작한 재니스 해들로Janice Hadlow도 "나는 나치들이 우리 월급 봉투를 채워준다고 젊은 제작자들에게 항상 말한다"고 인정했다.[19] '히틀러 포르노'라고도 알려진 그런 프로그램은 다른 종류의 역사물보다 시청률이 2배나 높다. 좋은 전쟁 영상이 있다는 것도 부분적인 이유이겠지만, 주된 이유는 희극적이고 강력한 악당이 있다는 것일 수 있다. 텔레비전은 어느덧 왕과 왕비, 수상과 대통령, 전쟁과 재난에서 벗어나 사회사로 옮겨갔다. 요즘의 이야기식 역사 프로그램의 주된 본거지는 케이블 텔레비전이다. 그러나 1980년부터 2015년까지 전

분명하게 드러났다"고 말했다. Mekado Murphy, "Bringing World War I Back to Life," The New York Times, 2018년 12월 17일, C1을 참조하기 바란다.

체적인 기간 동안, 영국 텔레비전에서 가장 유명한 진행자는 튜더 왕조를 연구한 역사가인 데이비드 스타키David Starkey였다. 그가 탁월한 방송인인 것도 부분적인 이유이겠지만, 권력자에게 진실을 말하는 못된 평론가로서 명성을 쌓은 이유도 적지 않을 것이다(해들로의 진단에 따르면 "요즘 시청자들은 이렇게 '튀는' 인물을 찾아다닌다").

수십 년 동안 환영받은 역사가들과 비교해, 스타키만큼 배경이 다른 역사가를 찾아내는 건 불가능할 것이다. 그는 1945년 1월 3일, 노동자 계급으로 퀘이커교도인 부모에게서 태어났으며, 둘 다 실업자일 때가 다반사였다. 아버지는 한동안 세탁기 제조 공장에서 감독으로 일했고, 어머니는 면직물 공장의 공원이었지만 푼돈을 벌려고 청소부로도 일했다. 그들은 1930년대에 일자리를 구하겠다는 일념에 올덤을 떠나 컴브리아의 켄들로 이주해 임대 주택에서 살았다. 아버지는 종종 좌절감에 빠졌지만 온유한 편이었다. 그 때문인지 스타키는 아버지에 대한 기억이 거의 없었다. 반면에 어머니는 주도적인 성격인 데다 기막히게 똑똑했다. "마거릿 대처조차 약골로 보이게 할 정도로 의지력이 강했고… 특히 의심이 많았고 대부분의 사람을 싫어했다. 그런 성격이 나에게도 전해진 듯하다."[20]

데이비드 스타키는 그들이 결혼해서 10년 만에 얻은 외동이었고, 처음에는 장애가 무척 심했다. 월터 스콧과 바이런, 요제프 괴벨스Joseph Goebbels(1897-1945)와 오즈월드 모즐리 등 사회적으로 성공한 사람들 중에는 한쪽 발이 안쪽으로 휜, '휜발clubfoot' 장애자가 적지 않았다. 그러나 스타키는 두 발 모두 휜발이었고, 얼마 뒤에는 소아마비에도 걸렸다. "내 어린 시절은 온통 짙은 먹구름이었다. 처음 5년 동안 병원을 들락거리며 수차례 수술을 받았다."[21] 지금은 다리를 절뚝이는 징후를 전혀 보이지 않지만, 당시에는 다리 보조기leg brace를 차서 친구들과 운동을 함께할 수 없어 남들과 '다르다'고 느꼈다. 11세쯤에는 디킨스의 거의 모든 작품을 읽었고, 아서 미Arthur Mee(1875-1943)가 쓴 《어린이 백과사전》도 거의 읽은 뒤였다. 13세 때는 신경쇠약, 적어도 일련의 정신신체적 질환에 시달리며, 6개월 동안 집에 틀어박혀 지내야 했다. 마침내 학교로 돌아갔지만, 그가 친구들에게 주목받은 유일한 때는 토론 대회에서 우승했을 때였다.

금전적으로 쪼들리는 부모의 삶을 보고, 스타키는 부모처럼 살지 않겠다고 다짐했다. "이런 삶을 벗어나고 싶다! 이렇게 생각했던 기억이 지금도 생생하다."[22] 그는 물리학과 화학, 수학을 전공하는 게 최선의 방법이라는 걸 알았지만 "문제는 내가 수학에 재능이 없다는 것이었다. 내가 숫자에 실질적인 관심을 갖는 유일한 때는 숫자 앞에 파운드 기호가 있을 때이다." 그래서 건축가가 되려는 꿈을 키웠지만 거의 우연한 기회에 역사로 방향을 틀었다.

그는 어머니에게 지대한 영향을 받았다. 그는 어머니를 통해 끝없는 자극을 받았다고 말했지만, 아들이 자신의 좌절된 꿈을 이루어주기를 바랐던 피그말리온 같은 '괴물'로도 어머니를 묘사했다. 다행히도 그는 케임브리지로부터 장학금을 받았고, 튜더 왕조를 연구한 역사학자 제프리 루돌프 엘턴Geoffrey Rudolph Elton(1921-1994)의 제자가 되었다. 스타키에게 엘턴은 멘토이자 아버지 같은 존재였다.* "역사학부를 실질적으로 지배하는 두 교수가 있었다. 존 해럴드 플럼John

---

* 스타키는 엘턴이 나이가 들자 걸핏하면 화를 내고 오만하게 변했다고 말했다. 1983년 엘턴이 기사 작위를 받았던 해, 스타키는 엘턴의 논문 중 하나를 신랄하게 비판했다. 그러자 엘턴도 스타키가 편집한 논문집을 거의 경멸하듯이 평가하는 서평으로 반격을 가했다. 훗날 스타키는 그런 충돌이 있었던 것 자체를 후회하며, 자신의 멘토를 '위대한 스승a great teacher'으로 생각한다고 나에게 말했다. 2017년 9월 26일, 저자와의 인터뷰.

데이비드 스타키. *2015*년 런던의 벡턴에서 열린 〈영국의 가치〉 콘퍼런스.

Harold Plumb(1911-2001)과 제프리 엘턴이었다. 플럼이 사이먼 샤마를 일찌감치 선택했기 때문에 나는 엘턴에게 끌릴 수밖에 없었다."[23] 그리하여 스타키는 튜더 왕조 및 그 왕조에서 가장 널리 알려진 군주, 헨리 8세에 대해 관심을 갖기 시작했다. 따라서 적게 잡아도 그가 발표한 책 중 15권, 또 그가 제작에 참여한 텔레비전 다큐멘터리 중 5편이 헨리 8세와, 그의 부인과 첩 및 자식 들에 관한 것이었다. 그의 표현을 빌리면, 헨리 8세의 시대는 "정보가 지나치게 많지도 않고, 부족하지 않을 만큼의 정보를 구할 수 있는 일종의 골디락스 시대Goldilocks period이다."[24]

대학교를 수석으로 졸업하고 박사 학위(주제는 헨리 8세의 가계도)를 받은 뒤에 케임브리지에서 수년을 가르치고는 런던 정경 대학교로 옮겨가 1972년부터 1998년까지 가르쳤다. 런던으로 일터를 옮긴 주된 이유는 런던의 동성애 친화적인 분위기였다. 스타키가 한 인터뷰에서 말했듯이, "런던에 들어섰을 때 누군가 처음 내 바지를 벗기는 마법 같은 순간… 햄스테드 히스Hampstead Heath 공원에서도 기억할 만한 순간이 많았고, 그 순간들은《한여름 밤의 꿈》에서 읽은 듯한 장면들과 같았다."[25] 스타키는 자신이 "성적인 문란함을 지나치게 열정적으로 지지하는 사람"이라고 주장하지만, 아들의 동성애에 아연실색하는 어머니로부터 해방되는 한 방법으로 그렇게 주장했을 수 있다. 1994년 런던 정경 대학교 내의 한 술집에서 그는 제임스 브라운James Brown이라는 스물일곱 살이나 어린 북디자이너를 만났고, 2015년 브라운이 사망할 때까지 그들의 관계는 지속되었다.

그가 텔레비전에 처음 출연했을 때는 1977년이었다. 호사스런 방송 진행자 러셀 하티Russell Harty(1934-1988)와 함께 〈올바르게 행동하다〉라는 시리즈의 진행을 맡았다(얄궂게도 두 진행자 모두 결코 올바르게 행동하는 사람이 아니었다). 스타키는 텔레비전이란 매체가 자신에게 맞는다는 걸 알았다. 1984년 그는 ITV의 프로그램 〈리처드 3세의 재판〉에서 검찰 측 증인이었다(이 재판에서 피고인 리처드 3세는 증거 불충분으로 무죄 판결을 받았다). 1992년 라디오 4의 〈모럴 메이즈Moral Maze〉라는 생방송 토론 프로그램에 출연하기 시작하며 전국적인 명성을 얻었다. 스타키는 앨런 테일러의 〈인 더 뉴스〉와 유사했던 이 프로그램에서만 유일하게 정치 문제가 아닌 도덕적 문제를 토론했다. 1990년부터 〈모럴 메이즈〉를 진행한 사회자 마이클 버크Michael Buerk는 〈가디언〉과 인터뷰할 때 자서전《내가 선택한 길》에서 밝혔다며, "스타키가 그 프로그램에 합류했을 때는 런던 정경대의 역사가였지만 상대적으로 무명인 데다 좌절감에 빠져 분노에 찬 학자였다. 대단한 책을 쓴 적도 없었고, 독살스런 학계의 정치에서 길을 잃은 상태였다. 방송에서 그는 상당한 독기를 뿜어냈다. …절제력이 없었고, 때로는 자제력을 완전히 상실하기도 했다." 따라서 버크는 시시때때로 "제발 그 입 좀 다물어요, 데이비드!"라고 소리쳐야 했다.[26] 한번은 스타키가 외설스런 욕을 내뱉으며 버크에게 반발하기도 했다. 훗날 스타키는 "당시 나는 내 이름을 알리려는 의도가 있었던 것 같다"고 인정했고,[27] "나는 무척 외향적인 성격이다. 뭔가를 극적으로 보여주는 걸 좋아한다. 사람들 앞에서 춤추는 것도 좋아한다"고도 말했다.[28]

스타키는 9년 뒤에 그 토론 프로그램을 떠났다. 방영 시간이 저녁 시간대로 옮긴 탓도 있었고, 진력난 것도 이유였다. 물론 부담감도 있었다. "프로그램을 끝낸 뒤에는 한밤중에 잠이 깨서 '아이쿠, 정말 내가 그렇게 말했다고?'라는 상념에 잠기곤 했다."[29] 그 무렵 〈데일리 메일〉은 그에게 '영국에서 가장 무례한 사람'이란 딱지를 붙였지만, 스타키는 돈벌이에 도움이 된다며 그 낙인을 오히려 달갑게 생각했다. 실제로 그는 상당한 소득을 올렸다. 1995년부터 토크 라디오 유케이Talk Radio UK 방송국에 발탁되어 주말 프로그램의 진행자로 3년을 보내며 진정한 유명 인사가 되었다. 2000년에는 엘리자베스 1세에 대한 다큐멘터리 시리즈의 대본을 쓰고 해설까지 맡았고, 이듬해는 헨리 8세에 대한 다큐멘터리의 제작에 참여했으며, 둘 모두 높은 시청률을 기록하는 성공을 거두었다. 2002년에는 채널 4와 200만 파운드의 계약을 체결하며, 앵글로 색슨 시대 이후로 잉글랜드를 지배한 국왕과 여왕에 대해 25시간짜리 텔레비전용 다큐멘터리를 제작하기로 했다. 이 계약으로 스타키는 시간 단위로 영국에서 가장 높은 출연료—60분당 75000파운드—를 받는 텔레비전 진행자가 되었다. 그는 북런던의 하이버리에 보금자리를 마련했고, 켄트에는 18세기에 지어진 영주 저택을 구입했다. 미국에도 체서피크의 작은 마을에 상당한 규모의 은신처가 있었으며, 기사가 딸린 다임러를 타고 옮겨다니는 호사를 부렸다. 그의 동료 역사가인 마거릿 맥밀런은 부러운 듯이 그를 "튜더 왕조의 군주만큼이나 부자"라고 묘사했다.[30]

스타키가 글도 명쾌하게 잘 쓰고, 방송도 멋들어지게 잘한 것은 사실이다. 역사의 핵심은 이야기식 서술과 전기에 있다는 게 그의 믿음이다. "학문적 글쓰기에는 의도적으로 어렵게 꾸미려는 경우가 너무 많다. 또 학문적 글쓰기에서는 사람들을 배제하려 하지만, 내 생각에는 사람들에 대해 언급하는 게 조금도 부끄러운 게 아니다." 많은 학자가 그의 유명세에 눈을 흘기지만, 텔레비전의 이점에 대한 그의 견해는 A. J. P. 테일러의 생각과 조금도 다르지 않다.

> 당신이라면, 초판 1000부를 찍고 65파운드에 판매하는 400쪽짜리 책을 대학 출판부에서 출간하고 싶겠는가? 내 대답은 '아니다!'이다. 그렇다고 내가 대학교를 무시하는 것은 아니다. 지금도 나는 대학교의 일원이고, 대학교를 위한 모금에 적극적으로 참여하는 사람이다. 그러나 유일하게 존중받을 만한 학문의 형태가 모호함obscurity이란 관념은, 학문의 발전을 철저히 가로막고 훼손하는 장애물이라는 게 내 생각이다.[31]

스타키는 이제 70대 중반을 넘겼고, '영국에서 가장 사랑받는 역사가 중 하나'라는 새로운 별명nom de guerre을 얻었다. 그가 논쟁적인 주제들에 대해 목소리를 낮추었기 때문은 아니다. 오히려 그는 가톨릭교회를 '부패로 가득한' 집단으로 표현했고,[32] 토니 블레어 수상을 '얄팍하고 어리석다'고 비판했으며 엘리자베스 여왕을 요제프 괴벨스에 비유했고, 스코틀랜드 의회 의장 알렉스 새먼드Alex Salmond를 '칼레도니아의 히틀러(칼레도니아는 스코틀랜드의 옛 이름/옮긴이)'라고 불렀다. 게다가 역사라는 학문 자체가 '공격적인 여성'에 의해 '여성화'되었다고 혹평했고, 역사보다 역사가를 우선시하는 사람들에게 욕을 퍼부었다. 그러나 2017년 우리는 점심 식사를 함께했고, 그는 내 책의 의도를 알면서도 예절의 화신처럼 행동했으며, 너그럽고 열린 자세로 대화를 풀어나갔다.

엄밀히 말하면, 그는 영국에서 가장 무례한 사람인 적이 없었다. 오히려 어쩌면 2020년 7월 영국에서 가장 심하게 매도된 사람일 것이다. 영국 잡지 〈더 크리틱〉에 정기적으로 기고하던 한 칼럼에서, 그는 "노예 무역이 종족 학살이었고 대량 학살이었다는 BLM의 반복된 주장"에 대해 "결코 그렇지 않다. 대량 학살이었다면 북아메리카와 서인도 제도에 지금처럼 많은 흑인이 존재하지 못했을 것"이라고 썼다.[33] 6월 29일에 녹화된 온라인 인터뷰에서도 그는 자신의 주장을 반복했고, 이번에는 "아프리카[원문에는 이렇게 쓰였지만 '아메리카'라고 말하려고 했을 것]와 영국에 그처럼 많은 빌어먹을 흑인이 있을 수 있겠는가?"라고 말한 게 달랐을 뿐이다. 거의 습관적으로 쓰이는 욕설 한 단어가 더해졌지만, 인종 차별적 발언이란 습지대에 다시 민감해진 영국 국민에게 이보다 더 무례하고 불쾌한 말을 생각해내기는 어려웠다.

스타키는 전속 출판사이던 하퍼콜린스로부터 즉시 버림받았고, 케임브리지의 피츠윌리엄 칼리지, 캔터베리 크라이스트 처치 대학교, 자선 기관 메리 로즈 트러스트의 이사회, 〈히스토리 투데이〉의 편집위원회 등에서 맡던 명예직들을 사직하거나, 그들로부터 해고 통보를 받았다. 심지어 왕립 역사학회와 런던 고고학 협회의 회원에서도 물러나야 했다. 역사 협회Historical Association가 그에게 수여한 특별 공로

훈장도 철회되었고, 랭커스터 대학교와 켄트 대학교는 그에게 제안한 객원 교수직을 재검토 중이라고 발표했다.

피츠윌리엄 칼리지와의 관계가 끝난 것이 그에게 가장 큰 상처였을 것이다. 그곳에서 학생과 연구원 및 제2차 연구원을 지내며 50년 이상 동안 끈끈한 인연을 이어왔기 때문이다. 그는 미리 준비한 성명서에서 "나쁜 실수였습니다. 그렇게 발언해 무척 죄송하고, 제 발언이 야기한 불미스런 문제에 전적으로 사과드립니다. 하나의 잘못된 단어로 인해, 오랜 경력으로 얻은 모든 명예와 공훈을 상실하는 큰 대가를 치렀습니다"라고 말했다. 그가 사용한 단어 때문에 편협한 인종 차별자로 낙인찍혔다는 걸 몰랐다는 듯, 여하튼 '빌어먹을' 흑인을 가리킨 것이지 흑인 자체를 언급한 것은 아니라고 변명했지만 큰 설득력은 없었다.

아나나 다를까, 그는 금세 활기찬 스타키로 되돌아왔다. 〈크리틱〉에 기고한 다음 칼럼에서, 그는 '흑인black'이란 단어가 "신성시되는 토템이나 주물呪物이 되었다. 전적으로 우호적인 의미가 아닌 다른 뜻으로 사용되면 즉각적으로 인종 차별의 지표가 되고, 그런 뜻으로 사용한 사람은 그에 따라 처벌을 받아야 한다"고 신랄하게 비난했다. 그 뒤로 2020년 9월 중순에 진행된 〈데일리 텔레그래프〉와의 인터뷰에서도 스타키는 BLM 운동을 계속 공격했고, 자신에게 일어난 '사흘 만의 박탈three-day divestiture'에 대해 자세히 설명하며, 그를 비방한 사람들을 '세일럼 마녀 재판을 자행한 청교도들'과 다를 바가 없다고 비난하며 "인종 차별자가 이제 이단자와 똑같은 존재가 되었다. …우리는 전에도 이런 현상을 본 적이 있었다. 로베스피에르가 다시 태어났다"고 덧붙였다.[34] 그는 이미 새로운 저작권 대리인을 구했고, 자서전을 쓰기 시작했다며, 여전히 쾌활한 어조로 "자서전에 '빌어먹을'이란 제목을 붙일까 합니다"라고 대담자에게 말했다. 여하튼 데이비드 스타키가 대중의 존경을 받는 위치로 다시 돌아올 수 있을지 지금 판단하기는 너무 이르지만, 현재로서는 그럴 가능성이 낮아 보인다.

그의 어머니가 아들에게 주었던 경고가 새삼스레 기억에 소환된다. "네 혀가 너를 망칠 거다!"

※ ※ ※

스타키는 잘 나가던 시기에 대해 말하며 "사이먼 샤마와 나는 운이 좋았다. 텔레비전이 역사 프로그램에 큰돈을 쓰기로 결정했을 때 우리는 역사가였다"고 평가했다.[35] 2002년 그가 계약한 200만 파운드는 향후 5년 동안의 작업에 대한 대가였다. 이듬해 샤마는 3권의 책과, 2편의 관련한 텔레비전 다큐멘터리 시리즈를 집필하는 대가로 300만 파운드(약 530만 달러)를 받기로 했다. 이 액수는 텔레비전 역사가에게 지급된 역대 최고 금액이었다. 샤마는 1991년에 발표한 책 《절대적으로 확실한 것들》에서, 100년의 간격이 있는 두 유명한 죽음을 추적하며 두 죽음 사이에 존재하는 많은 공통점을 보여주었고, 역사가가 "문서와 기록을 철저하게 뒤지더라도 죽은 세계를 완벽하게 재현해낼 수 없다는 이유"를 분석하며 "실제 사건과 그 이후의 분석을 갈라놓은 짜증스런 간격"에 대해 살펴보았다. 이 책을 발표했을 때 샤마는 의구심을 완전히 떨치지는 못했지만 그런 의구심을 극복할 수 있다는 자신감을 얻은 뒤였다.

샤마에게 이야기를 꾸민다는 것은 유대인촌에 대한 것이었다. 그의 어머니는 "방어력과 공격력을 겸비한 여인, 제2차 세계대전 당시 영국 전투기이던 스피트파이어와 허리케인의 결합체"로 아슈케나즈 유대인이었고, 아버지의 배경은 스파라드 유대인이었다. 아버지와 어머니는 가족의 과거에 대한 이야기—야생마 무스탕을 길들였다는 친척, 이스탄불에서 향신료 장사를 했다는 또 다른 친척, 리투아니아 와 벨라루스 경계지에서 벌목꾼으로 일한 하시드파 조상들—로 아들 을 재밌게 해주었다.[36] 샤마 자신의 표현을 빌리면, "죽은 사람들과 함 께할 때 밀려오는 환상적이고 모순되는 미스터리"에 그는 푹 빠졌다.

샤마는 살아 있는 사람들과 함께할 기회가 거의 없었다. 어머니 조차 그를 '사고the accident'라 칭했고, 임신 초기에 깔끔하게 지워버리 고 싶어 했다. 그러나 샤마는 1945년 2월에 무사히 태어나, 열네 살이 나 많은 누이의 남동생이 되었고, 런던에서 유대교 율법을 따르는 가 정에서 자랐지만 유난히 종교심이 깊은 유대인으로 성장하지는 않았 다. 그래도 10대에는 키부츠에서 시간을 보냈다. 그가 유대인의 역사 를 다룬 텔레비전 시리즈를 시작하는 부분에서 말했듯이, 그는 유대 인의 이야기를 들으며 역사학자가 되고 싶다는 꿈을 키웠다.[37]

그의 가족은 동런던에서 에식스의 사우스엔드온시로, 다시 런던 으로 끊임없이 이사하며 다녔다. 2009년의 한 인터뷰에서, 샤마는 아 버지가 항상 빈털터리였기 때문에 어린 시절을 이삿짐 트럭에서 보 낸 것을 회상하며 "아버지가 잘하지 못하는 게 하나 있었다. 안타깝게 도 그것이 장사였다"고 말했다. 다섯 살에 턱이 뻣뻣해지는 입벌림장 애lockjaw에 걸려 11개월 동안 말을 할 수 없었지만 빠른 속도로 회복 되었다. 어린 시절에 샤마는 순서를 어기고 말을 했다는 이유로 학교 에서 끊임없이 꾸중을 들었다. 대화는 가족끼리 소통하는 도구였다. 부모는 "대화 중에 상호 합의된 끼어들기를 기본적으로 인정했다."*

＊ 이 표현은 샤마가 런던과 에든버러와 시드니에서 차례로 개최한 150분짜리 단독 강연에서 세심하게 다듬어진 것이다(이때 피아니스트·가수 및 샤마 자신과 도널

그러나 그들의 수단에도 나름의 장점이 있었다. 13세부터 15세까지 샤마는 아버지와 함께 셰익스피어의 거의 모든 작품을 소리 내어 읽었고, 아버지는《베니스의 상인》에서 샤일록과 포샤의 역할을 자진해서 맡았다.

1957년 샤마는 하트퍼드셔의 하버대셔스 애스크스 남학교 Haberdashers' Aske's Boys' School에 장학금을 받고 들어갔다. 발음하기 불편하지만 1690년에 설립된 초중등학교로 영국에서 가장 좋은 학교로 자주 거론되는 교육 기관이다. 그곳을 졸업한 뒤에는 케임브리지 크라이스츠 칼리지에 진학해 J. H. 플럼의 지도하에 역사를 공부했다. 플럼은 원래 따지기를 좋아하고 어려운 말을 쉽게 풀어내는 재주가 있는 사회주의자였지만, '과학적 역사scientific history'를 혐오하며 이야기식으로 역사를 서술하는 방식을 강력히 옹호하는 과격한 우익으로 변신한 역사가였다. (플럼이었다면, 존 오하라John O'Hara(1905-1970)의 단편소설 중 하나에서 "내 아이들은 역사를 '사회과학'이라 부르며 역사를 싫어한다"라는 화자의 말에 공감했을 것이다.) 플럼의 지도 교수이던 조지 매콜리 트리벨리언George Macaulay Trevelyan(1876-1962)은 한때 "20세기 영국 자유주의를 알린 최고의 이야기꾼"으로 추앙되던 토머스 배빙턴 매콜리의 질녀의 아들이었다.[38] 샤마도 당연히 이야기식 역사에 관심을 갖게 되었고, 1991년 〈뉴욕 타임스 매거진〉에 기고한 「역사의

드 트럼프 역할을 맡은 배우의 도움을 받기는 했다). 2019년 5월에는 푸른색 끈에 반짝이는 빨간색 구두를 신고, 로열 헤이마켓 극장Theatre Royal Haymarket을 꽉 채운 관중 앞에서 공연하며, 아버지를 풍자할 때는 〈쇼처럼 즐거운 인생은 없어〉를 힘차게 불렀고, 다음 절을 부를 때는 어머니를 흉내 냈다. 투키디데스나 기번이었다면 그렇게 할 수 있었을까? 그 공연이 있은 뒤, 한 잡지에 기고한 글에서 샤마는 "지금까지 내 삶은 완전히 낭비였다"고 말했다. Simon Schama, "I'm on Tour, Singing. Yes, Seriously," The Spectator, 2019년 6월 15일.

여신 클리오에게는 하나의 문제가 있다」라는 글에서, 전문 역사가들은 줄거리와 극적인 사건보다 전문 지식을 중시하며 역사를 절름발이로 만들고 있다고 일침을 놓았다.

샤마는 케임브리지를 최우등으로 졸업하며 학자로서의 경력을 케임브리지에서 처음 시작했다. 케임브리지에서 선임 연구원과 책임 연구원을 지낸 뒤에 옥스퍼드로 옮겼고, 그때부터 프랑스 대혁명을 집중적으로 파고들었다. 그가 출판물로 출간한 첫 책은 두 학자의 협력자로 참여한 《케임브리지 정신: 케임브리지 리뷰의 90년, 1879-1969》였다. 그 책은 샤마 자신도 1968년과 1969년에 편집자로 일했던 권위 있는 학술지에서 자체적으로 발간한 것이었다. 그러고 나서 1973년 샤마는 영국계 유대인 역사가 세실 로스Cecil Roth(1899-1970)가 세상을 떠나 미완성인 채로 남겨진 유대인의 역사를 마무리해달라는 요청을 받았다. 샤마는 그 요청을 적극적으로 받아들이려 했지만, "이런저런 이유로 성사되지 못했다."

결국 그의 첫 책은 단독 저자로 발표한 《애국자들과 해방자들》이 차지했다. 원래는 프랑스 대혁명의 역사를 추적하며 박사 학위 논문을 고쳐 쓸 의도로 시작했지만, 1780년부터 1813년까지의 네덜란드에 대한 연구로 바꾸어 "한때 강력했던 국가가 배신과 야만으로 점철된 유럽의 전쟁과 정치에서 살아남기 위해 필사적으로 투쟁한 이야기"를 써냈다. 그 뒤로는 1978년에 《두 명의 로스차일드와 이스라엘 땅》을 펴냈다. 그 이후에 하버드로 옮겨 역사학과 학과장이 되었고, 캘리포니아 출신의 유전학자 버니지아 파파이오아누Virginia Papaioannou와 결혼해 두 자녀를 두었다.

교직과 가족에 전념하느라, 다음 책은 1987년에야 발표할 수 있었다. 이번에도 네덜란드의 역사를 다루었지만, 《부라는 골칫거리》

사이먼 샤마(가운데)와 클라이브 제임스, *1970년경 케임브리지에서. 제임스에 따르면,* "텔레비전이 세상에 미치는 영향을 두려워하는 사람은 세상 자체를 두려워하는 것일 뿐 이라는 게 그의 생각이다."

는 17세기 네덜란드의 황금시대에 주목한 것이 달랐다. 이 책을 계 기로 샤마는 미술사가로 변신을 꾀했고, 그 이후로 발표한 책들, 예 컨대《렘브란트의 눈》(1999),《벽을 꾸미는 장식물들》(2005),《미술의 힘》(2006)에서 그런 관심사의 변화가 읽혔다. 하지만 그의 명성을 굳 혀준 것은 역사라는 본업이었다. 1989년에 발표한《시민들》은 혁명 으로 폭발하기 수년 전부터 1794년까지 프랑스 혁명을 추적한 거의 1000쪽에 달하는 연구서였다. 〈퍼블리셔스 위클리〉가 "사방팔방으 로 이야기를 뻗어가지만 도발적이고 때로는 분노를 야기하며, 많은 일반적인 통념을 뒤집는 연대기"라 평가한 이 책에서, 샤마는 프랑스 혁명으로 "애국적인 시민 문화"가 형성된 게 아니라 반대로 애국적인 시민 문화가 이미 형성되었기 때문에 프랑스 혁명이 가능했던 것이 라 주장했다. 샤마의 연구는 탁월했고, 삶의 거의 모든 영역을 철저하게 파고들었다. 축제와 음식, 전시와 처형, 사람들의 숨겨진 동기 및 군중의 야만성까지 폭넓게 써내며, 역사가들이 사건을 기록하는 방식에서 색다른 면을 보여주었다. 영국의 역사가 로런스 스톤Lawrence Stone(1919-1999)은 〈뉴 리퍼블릭〉에 기고한 서평에서 "평범한 책이 아니다. 그의 연대기는 거장의 눈부신 성과라 말해도 과언이 아니다"라고 칭찬했다. 휴 트레버로퍼조차 "그가 유감없이 드러내 보인 박식함"을 부러워하며, 젊은 역사가는 학식을 자랑하듯 과시해서는 안 된다고 충고했다. 그러나 이 책은 베스트셀러가 되었다.

1993년, 하버드에서 13년을 보낸 뒤에 샤마는 컬럼비아 대학교로 옮겼고 미술사와 역사를 가르쳤다. 이때 인터넷이 활성화되었고, 그는 웹사이트에 자신을 "역사가, 작가, 미술 평론가, 요리사, BBC 진행자, 그러나 순서는 별다른 의미가 없음"이라 소개했다. 한 인터뷰에서 그는 그때까지의 삶을 짤막하게 요약해달라는 요구를 받았을 때 "자격이 없는 데 행운의 도움을 받은 무모한 삶"이라 대답했다.[39] 1995년부터는 〈뉴요커〉의 미술 평론가로 선택되어 3년 동안 그 역할을 충실히 해냈고, 그 기간에 재규어 컨버터블을 구입했으며, 좋은 시가와 값비싼 구두에 대한 취향도 키워갔다. 게다가 매력적인 저음으로 감상적인 노래를 부르는 가수, 능숙능란한 요리사가 되었으며, 남몰래 단편소설을 쓰기도 했다.

텔레비전 다큐멘터리 작업은 무척 흥미로운 프로젝트인 5부작 〈풍경과 기억〉(1995)으로 시작되었다. 이 다큐멘터리에서 샤마는 물리적 환경과 집단 기억 간의 관계를 살펴보며, 개인과 문화가 일탈한 다양한 사례들까지 언급했다. 이 다큐멘터리를 기반으로 쓴 동명의 책은 많은 상을 받았다. 2000년에는 영국으로 돌아와서 영국의 역사에 대한 텔레비전 다큐멘터리를 제작했다. 샤마는 직접 대본을 쓰고 출연해 이야기를 끌어갔다. 평론가들로부터 호평을 받았고 시청률도 좋았다. 샤마의 특이한 면—"텔레비전에 익숙하지 않은 아마추어는 소리를 자주 질러야 한다"며 간혹 광적으로 표현하는 전달 방식, 자체로 역동적인 생명을 지닌 듯한 양쪽 어깨, 격의 없이 말하려는 성향("우리에게는 모든 게 뉴스거리"라며 14세기 스코틀랜드 귀족들이 다른 식으로 표현되었고, 캔터베리 대주교를 지낸 토머스 베켓Thomas Becket(1118-1170)은 "런던 토박이, 길거리 싸움꾼, 고깔 두건을 쓰고 강철같이 강인한 사람"이 된다)—은 지적인 해설에 비하면 사소한 결함에 불과하다. 샤마는 우리에게 친구이자 권위자로 보인다. 이 시리즈를 감독한 재니스 해들로는 샤마를 "약간 시끄럽지만" "강하고 진한 맛"을 지닌 사람으로 묘사한다.[40]

이 프로젝트는 15편까지 확대되며 1965년까지의 영국 역사를 다루었고, DVD로 제작되어 베스트셀러가 된 BBC 다큐멘터리 시리즈 중 하나가 되었고, 미국의 히스토리 채널에서도 성공을 거두었다. 다른 시리즈도 일정한 간격을 두고 뒤따라 제작되었고, 관련된 책도 출간되었다. 그사이에 샤마는 정치판에도, 특히 영국과 이스라엘 문제에 대한 전문가로 자주 얼굴을 내비쳤다. 다른 텔레비전 시리즈와 관련해 3부작《유대인 이야기》를 썼을 즈음, 그의 익살스런 어법은 널리 알려진 뒤였고 때로는 비판을 받았지만 칭찬과 박수를 받는 경우가 더 많았다. 시카고 대학교의 중세사 교수인 데이비드 니런버그David Nirenberg는 "샤마는 이야기를 끌어가는 데는 단순화가 필요하다는 걸 잘 알고 있다. …그가 강조하는 것은 '이야기story'이지 '역사history'가 아니다. 매혹적인 삽화적 사건과 절묘하게 어울리는 표현은 그의 트레이드마크이다. 그의 재능은 세부적인 것들을 조절하는 데 있다"고 인정했다. 샤마는 지금까지 60편의 텔레비전 프로그램을 제작했다. 현재 계획하고 있는 다음 시리즈 혹은 책은, 부족주의와 민족주의—"행동의 역사, 즉 스포츠 등 다양한 움직임을 어떻게 받아들였는가"에 대한 연구—가 될 것으로 보인다.[41]

샤마는 자신이 국가의 역사를 이해하기 쉽게 만든다며 지나치게 단순화한다는 이유로 비판받고 있다는 걸 잘 알고 있다. 데이비드 스타키조차 둘이 합작한 프로그램을 '지독한 헛소리'라 칭할 정도이다. 따라서 샤마는 자신의 접근법을 설명하는 데 많은 공을 들였다. 일찍이 1998년, 영화감독 마틴 스코세이지Martin Scorsese와 함께한 잡지 〈문명Civilization〉의 공동 인터뷰에서 샤마는 "과거에 역사가 민중과 함께하던 오랜 시간이 있었습니다. 하지만 안타깝게도 교수라는 직업이 생겼습니다[웃음]"라고 말했다.[42] 그 이후로 샤마는 유능한 역사가는 예부터 언제나 공연자였다고 틈나는 대로 주장했다. 예컨대 2017년 11월 밴 리어 예루살렘 연구소Van Leer Jerusalem Institut에서 〈종이 위의 역사〉라는 제목으로 가진 강연에서, 샤마는 린매뉴얼 미란다Lin-Manuel Mirand의 크게 성공한 뮤지컬 〈해밀턴〉에서 에런 버Aaron Burr(1756-1836)의 대사를 노래하는 것으로 강연을 시작했다.

사생아에 고아,
매춘부와 스코틀랜드인 사이에서 태어난 아들
신의 섭리로 카리브해의 한 지점에 떨어져
가난과 힘겹게 싸우다가
어떻게 영웅이 되고 학자가 되었을까?

샤마가 말하듯이, 뮤지컬의 나머지에서 언급되는 역사만큼이나 해밀턴을 완벽하게 요약한 노랫말이다. 하기야 힙합이 역사가 되지 못할 이유가 무엇인가? 여하튼 헤로도토스의 글도 올림픽 축제에서 현악기와 목관악기 및 춤에 맞추어 노랫말처럼 수많은 청중 앞에서 공연되었다. 헤로도토스도 독자가 아닌 청중을 상대로 말했다. 투키디데스도 글을 소리 내어 읽히도록 글을 써서, 멋진 구절들이 그가 직접 말하는 것처럼 들린다. 따라서 맨해튼 시내의 퍼블릭 시어터Public Theater나 런던의 로열 헤이마켓 극장에 샤마가 느닷없이 뛰어든 것은 아니다.

역사는 연극의 한 형태로 계속 존재해왔다. 성 비드Saint Bede (672/3-735)의 역사는 구전으로 전달되는 민간 설화라는 특징을 띠지만, 성 비드가 세상을 떠나고 오래지 않아 그 전통은 사그라들었다. 따라서 유럽에서는 오랜 시간이 지난 뒤에야, 글을 모르는 대중에게 과거를 다시 이야기해줄 수 있었다. 1595년 셰익스피어의《헨리 6세 1부》가 런던 서더크 구역의 로즈 극장에서 공연되었을 때 2펜스만을 내고 무대 아래쪽 바닥에 서서라도 연극을 보려던 사람들groundling이 줄을 이었다. 셰익스피어 이후로 역사는 다시 책의 전유물이 되었다. 하지만 월터 스콧을 비롯해 많은 역사 소설가들은 과거를 폭넓게 독자에게 전달하려 애썼다.

그렇게 역사의 공연이라는 전통은 명맥을 이어갔다. 그 전통은 때로는 학문의 파도에 휩쓸려 바다 아래로 가라앉았고, 때로는 의기양양하게 되살아나며 A. J. P. 테일러까지 이어졌다. 그러나 테일러 이후로, 역사는 전문 학자의 학문적인 글쓰기에 길들여졌고 학문적 담론이란 전통에 다시 갇혔다. 최근에야 〈해밀턴〉 같은 연극물들이 우리를 문자 이전의 세계로 돌려놓고 있다.

샤마의 주장은 명백하다. 그의 다큐멘터리는 과거를 간결하고 명확하게 보여주는 방법이다. "학계가 사방에서 공격을 받고 있다." 하지만 역사가 대중의 의식에 들어가려면, 대중과 성공적으로 함께할 수 있는 적절한 언어를 찾아내야 한다. 학문적 깊이가 없는 대중 역사polar history가 하찮게 여겨지듯이, 민중 의식을 고려하지 않은 학문적인 설명은 들을 가치가 없다. 샤마가 자주 언급하는 영웅 토머스 칼라일은 "근면한 학자가 과거의 시간으로부터 부지런히 파내 산더미처럼 쌓아놓은 시신의 재, 부러지고 불탄 뼈가 역사라 일컬어지는 게 안타까울 따름이다"라고 말했다. 샤마가 말하려는 요점도 바로 이것이었다.

※ ※ ※

2018년 BBC 2는 〈문명〉이라는 무척 신랄한 제목을 붙인 9부작 시리즈를 방영했다. 케네스 클라크가 1969년에 제작한 〈문명〉의 확대판이었다. 여기에서 샤마는 5편을 진행했고, 나머지 4편은 메리 비어드와, 나이지리아 출신으로 군사 역사와 인종 및 노예 제도 전문가인 48세의 데이비드 올루소가David Olusoga가 나누어 진행했다. 그 다큐멘터리는 높은 시청률을 기록했지만, 비난을 받기도 했다. 예컨대 수천 년 전에 아프로디테의 나신상에 한 젊은이가 사정했던 것으로 추정된다는 메리 비어드의 이야기가 비판의 도마에 올랐다. 비어드는 그런 상황을 극적으로 '강간'이라 묘사하며 시청자들에게 "잊지 않아야 할 것은, 아프로디테는 결코 동의하지 않았다는 겁니다"라고 말했다. 영국의 풍자 작가 크레이그 브라운Craig Brown은 풍자 잡지 〈프라이빗 아이Private Eye〉에 게재한 「메리 비어드: 발가벗겨진 율리우스 카이사르」라는 글에서 그녀를 흉내 내며 놀렸다.[43]

메리: 가장 유명하고, 가장 악명 높은 고대 로마인이지요. 그 시

대에는 우리 시대의 비욘세만큼 유명했을 겁니다.

비욘세의 공연 영상으로 화면이 바뀜

메리: 어쩌면 베컴 부부만큼이나 유명했을 겁니다.

데이비드와 빅토리아 베컴의 사진으로 화면이 바뀜

메리: 카이사르라는 이름이 언급되면 우리는 권력과 승리를 생각
　　　합니다.

도널드 트럼프의 취임식 장면으로 화면이 바뀜

메리: 물론 배신도 떠오릅니다!

보리스 존슨 뒤에 서 있는 마이클 고브의 사진으로 화면이 바뀜

메리: 그렇습니다, 율리우스 카이사르는 당시의 세계를 상상할
　　　수 없을 정도로 바꿔놓았습니다. 카이사르는 정말 큰 족적
　　　을 남겼습니다.

주택 개발 단지 벽에 남겨진 큰 얼룩으로 화면이 바뀜

메리: 우리 역사에!

〈문명〉에 대한 비판은 계속 이어졌고, 3편의 재밌는 칼럼도 비판의 대열에 가세했다. 비어드만이 이런 식으로 역사 다큐멘터리를 진행하는 것은 아니다. 영국의 역사를 다룬 시리즈에서도 샤마가 에드워드 1세를 '스코틀랜드인을 잡는 망치Hammer of the Scots'라고 언급한 뒤에 화면이 '모루를 때리는 망치'로 바뀌었고, 에드워드 1세가 '표범'으로 일컬어졌다는 설명 뒤에 표범이 성큼성큼 달리는 화면이 이어졌다. 그러나 비어드는 계속되는 비판적이고 부정적인 논평과 씨름해야 했고, 거의 언제나 받은 만큼 되돌려주었다.

〈문명〉이 방영되기 수년 전, 3명의 연로한 영국 학자들이 텔레비전 역사 프로그램에 대한 각자의 견해를 밝혔다.《마법의 몰락과 종

교》로 유명한 옥스퍼드 대학교 교수 키스 토머스Keith Thomas(1933년 생)는 "이목을 끌며 멋있어 보이려는 학자"의 '부지런함'이 끼치는 피해에 대해 안타까워했고, 당시 케임브리지의 흠정 역사 교수인 리처드 에번스Richard Evans(1947년생)는 "역사가가 〈질문 시간〉에 출연하거나 토크 쇼를 진행하면, 혹은 신문에 칼럼을 쓰면 진짜 유명 인사가 된다. 하지만 일부 역사가가 깨달았듯이 유명 인사가 되려면 거기에 수반된 위험을 각오해야 한다"고 말했다.[44] 끝으로 1987년쯤 뉴욕 대학교의 역사 교수를 지낸 토니 주트Tony Judt(1948-2010)는 "대중의 눈높이에 맞춘다는 그럴듯한 언변이라는 위조 통화의 증가"를 규탄하며 "역사학에서 학자들이 의사소통을 등한시하는 시대에 대중의 끌어당기는 말솜씨라는 매력을 지닌 '텔레비전용 교수'가 부상한 것이 대표적인 사례"라고 말했다.[45] 하지만 사이먼 샤마는 그런 능력을 역사가가 반드시 되찾아야 한다고 주장했다.

그렇다면 단정적으로 말할 수 없겠지만 어느 쪽이 잘못된 것일까? 앨런 베넷의 희곡《역사를 공부하는 소년들》을 연극과 영화로 모두 제작한 니컬러스 하이트너Nicholas Hytner는 "반짝이는 지적 능력과 불꽃처럼 타오르는 지적 능력은 뚜렷이 구분되지 않는다"고 간결하게 잘라 말했다.[46] 베넷의 희곡에서, 텔레비전에 출연하는 역사가들은 가혹하게 다루어진다. 베넷 자신도 역사가로 시작했다. 옥스퍼드에 진학해 역사학을 공부했고, 리처드 2세의 재정을 주제로 박사 학위 논문을 썼다. 그 뒤에 중세 전문가로 활동했지만 학문적으로 뛰어난 교수도 아니었고, 대중에게 영합한 교수도 아니었다. 하지만 조너선 밀러Jonathan Miller(1934-2019), 피터 쿡Peter Cook(1937-1995), 더들리 무어Dudley Moore(1935-2002)와 팀을 구성해 1960년대에 크게 히트한 〈비욘드 더 프린지Beyond the Fringe〉를 공연했을 때 큰 위안을 얻었다.

그 이후로 대략 60년 동안, 베넷은 30편 이상의 희곡과 텔레비전 대본을 썼다. 그러나 2004년 런던의 로열 내셔널 시어터Royal National Theatre에서 초연된 〈역사를 공부하는 소년들〉은 역사를 가르치는 방법을 정면으로 다룬 첫 작품이다. 베넷이 다녔던 학교와 무척 유사한 북부의 한 중등학교가 배경이다. 지식은 그 자체로 가치가 있다고 믿으며, 규율도 없이 자유분방하게 교실을 운영하는 나이 든 교사에게 초점이 맞추어진다. 그는 역동적인 임시 교사에게 밀려난다. 임시 교사는 단순히 '어윈'이라고만 알려진 영리하고 교활한 면을 띤 젊은 교사이다. 그는 학생들에게 "지팡이의 끝이 손잡이가 되고, 어떤 질문에나 앞문과 뒷문이 있다. 뒷문으로 가라. 아니, 옆문으로 가는 게 더 낫다"고 가르친다.[47] 그렇게 해내는 방법으로, 전통적인 역사적 가정을 뒤집으라고 가르친다. 예컨대 진주만을 공격함으로 진정으로 허를 찔린 쪽은 일본이었고, 진짜 범인은 루스벨트 대통령이라 주장하라고 가르친다. 또 관심이 진실보다 중요한 것이기 때문에 관심을 불러일으키라고도 가르친다. "역사는 이제 확신의 문제가 아니다. 역사는 공연이고 오락이다. 그렇지 않으면 그렇게 되게 하라!"

그 희곡의 끝부분에서 어윈은 텔레비전 다큐멘터리의 진행자로 변신한다. 그는 북요크셔의 리보에 있는 중세 수도원을 둘러보며 자신의 역할을 이렇게 정당화한다. "우리 신앙이 믿기에 더 쉽습니다. 그들이 신성한 것을 숭배했다면 우리는 유명한 것을 숭배합니다. 그들이 불굴의 신앙심을 숭배했다면 우리는 아주 오래된 유물을 숭배합니다. 우리 교리 문답에서는 오래된 것이 좋고, 더 오래된 것이 더 좋으며, 고대의 것이 가장 좋은 것입니다. 고고학에 뜻밖의 즐거움을 줄 때 고대의 것은 쇼핑을 가능하게 해주는 역사가 되니까요."

어윈은 자신의 공연을 돌이켜 보며 자기비판의 시간을 갖지만 옛 학생과 대화하기도 한다.

> 어윈: 물론 겉만 번지르르한 거지. 새로운 것은 전혀 없어.
> 남자(지금은 어른이 되었고, 다큐멘터리를 시청한 옛 제자) :
>   겉만 번지르르하다니요? 무슨 뜻인지?
> 어윈: 눈길을 끌고 화려하지만 거짓이란 뜻이네.
> 남자: 하지만 선생님은 좋은 선생님이었습니다.
> 어윈: 겉만 번지르르한 것도 때로는… 특히 텔레비전에서는.[48]

지금은 많이 알려졌지만, 어윈이란 등장인물은 학자이자 저자이며 방송인이던 니얼 퍼거슨을 주로 풍자한 것이었고, 어윈이 (옥스브리지에서 장학금을 받기에 충분하고) 놀라울 정도로 반反직관적이고 창의적인 생각이라 극찬한 제1차 세계대전에 대한 주장들—예컨대 병사들이 참호전의 살상에 깊이 빠져든 데는 영국도 독일만큼이나 책임이 있다는 주장—은 퍼거슨이 1998년에 발표한《전쟁의 연민》에서 비롯된 것이며, 심지어 이 책에서 몇 줄을 그대로 옮겨쓰기도 했다. 한 친구는 퍼거슨에게 "기분 좋으시겠어. 자네 방법을 사용해서 어윈이 모든 학생을 옥스브리지에 보냈으니까!"라고 빈정거렸다.

어윈은 스코틀랜드인이 아니지만, 퍼거슨은 글래스고 아카데미 Glasgow Academy라는 사립 중등학교를 다녔다. 그의 아버지는 의사였고, 어머니는 물리학자였다. 퍼거슨은 옥스퍼드 대학교 모들린 칼리지에서 장학금을 받아 역사를 공부했고, 당연한 듯이 최우등생으로 졸업했다. 10대에 A. J. P. 테일러의 텔레비전 강의를 열심히 시청했고, 제1차 세계대전에 대한 테일러의 연구를 특히 좋아했다. 옥스퍼드에서는 전투적인 대처주의자가 되었고, 음주와 파티를 즐겼으며 좌파 친구들을 조롱하고 놀리는 걸 좋아했다. 또 스코틀랜드인으로 글래스고 아카데미 동창인 데다 대처의 최측근 보좌관이던 노먼 스톤Norman Stone(1941-2019)을 의도적으로 멘토로 삼았다. 퍼거슨과 스톤은 테일러만큼이나 인습 타파적인 감성을 지녔고, 관심의 대상이 되는 걸 좋아했다.

퍼거슨이 박사 학위 논문을 발전시킨 《종이와 철》은 반反사실적 역사, 즉 사실이 아닌 현상을 가정한 뒤에 역사를 서술한 첫 시도였다. 구체적으로 말하면, 초인플레이션으로 고생하던 바이마르 시대의 독일이 대처주의에 입각해 지배되었다면 어떻게 되었을까를 심층적으로 분석한 책이었다. 이 책을 쓰기 위해 자료를 조사하고, 더구나 니체와 헤겔을 읽으려고 아침 11시에 동네 술집에서 스톤을 만나 아일랜드 흑맥주를 마시며 독일어를 배우던 중에도 퍼거슨은 언론, 특히 〈데일리 메일〉과 〈데일리 텔레그래프〉에 눈을 돌렸고, 훗날 '다이얼 어 돈Dial-a-Don'으로 알려진 A. J. P. 테일러 류의 젊은 학자들과 어울렸으며, 그 시대의 어떤 주제에 대해서도 즉각적으로 기사를 써낼 의지와 능력을 갖추고 있었다.

런던 〈선데이 타임스〉의 표현을 빌리면, 퍼거슨은 곧 "탄탄한 인맥을 갖추게 되었고", "그의 모든 의견은… 확실하게 전달되었다."[49] 〈뉴욕 타임스〉는 "옥스브리지 역사계의 앙팡 테리블", "밤샘 공부하는 학생들을 도서관에 끌고 와서는 아무도 생각한 적이 없는 사실을 찾아내는… 1인 책공장… 토론 클럽에서 가장 똑똑한 아이"라고 칭했다.[50] "지나치게 많은 분야를 집적댄다"는 비판을 받을 수 있겠지만 그는 자신을 어떤 범주에 가둬두는 걸 거부했고, 실제로도 다양한 분야에서 성과를 거둔, 상상력이 뛰어난 학자였다.[51] 애덤 고프닉은 2011년에 〈뉴요커〉에 기고한 글에서 그의 "때로는 불안정한 취향"를 지적

2009년 헤이 문예 페스티벌에서 '금융의 지배'라는 제목으로 바클레이즈 웰스 강연을 하는 니얼 퍼거슨(왼쪽). 앨런 베넷의 설명에 따르면,《역사를 공부하는 소년들》에서 어윈이란 등장인물은 퍼거슨에게서 주로 영감을 받았다(오른쪽).

하며 "상황을 잘못 판단하는 경우가 잦다"고 말했다. 그러나 1999년만 해도 〈뉴요커〉는 그를 칭찬하는 장문의 인물평을 내보냈다.[52]

옥스퍼드와 케임브리지에서 가르친 뒤에는 대서양을 건넜다. 현재는 스탠퍼드 대학교 부설 후버 연구소 선임 연구원이지만 하버드 대학교와 하버드 경영 대학원 및 뉴욕 대학교에서도 가르쳤다. 런던 정경 대학교에서도 교수직을 역임했고, 중국 칭화 대학교의 객원 교수를 지내기도 했다. 퍼거슨은 제국 건설이 절대선이고, 미국이 그런 역할을 열정적으로 추구해야 한다는 이단적 주장으로도 악명을 얻었다. 하지만 그 자신이 말하듯이, 그가 시장에서 잘 팔리는 이유는 '돈에 대해 안다'는 것이다. 그의 주장에 따르면, 역사가들은 금융, 특히 채권 시장을 중심으로 돌아가는 금융을 잘 모른다. 이 때문에 그는 채권과 금융을 주제로 서너 개의 텔레비전 프로그램을 제작하기도 했다. 전체적으로는 8편의 텔레비전 다큐멘터리를 진행했고, 대표적인 작품으로는 〈제국〉(2003), 에미상 국제 부문을 수상한 〈금융의 지배〉(2008), 〈서구는 역사인가?〉(2011)가 손꼽힌다. 특히 〈서구는 역사인가?〉에서는 6가지 '킬러 앱killer apps', 즉 500년 동안 서구 세계를 다른 지역보다 우위에 올려놓은 6가지 핵심 개념—재산권, 과학과 경쟁, 소비 사회, 의학과 노동 윤리를 제시했고, 이제는 이 개념들이 중국에 넘어가 서구의 주도권을 위협하고 있다고 말한다. 2004년 퍼거슨은 〈타임〉이 선정한 '세계에서 가장 영향력 있는 100인' 중 한 명으로 선정되었고, 2012년에는 BBC 라디오가 주최한 연례 리스 강연을 진행했다. 또 2008년 미국 대통령 선거에서는 존 매케인의 고문이었고, 2012년 선거에서는 밋 롬니를 지지하며 버락 오바마를 격렬히 비난했다. 좌파를 조롱하는 데는 지금도 여전히 열정적이다.

최근작 《광장과 타워》에서는 소셜 네트워크가 예부터 인류의 역사에서 중요한 위치를 차지했다고 주장한다. 흔히 그렇듯이 그 책에 대한 반응은 엇갈렸다. 〈뉴욕 리뷰 오브 북스〉는 "네트워크 이론의 과학적 신뢰성이 극히 의심스럽다"고 빈정댔지만,[53] 퍼거슨은 비판에 주눅들 사람이 아니었다. 2019년 초, 그는 나와 함께한 즐거운 저녁 식사에서 "상황을 약간 뒤흔드는 게 중요한 것"이라 말하며 때로는 헨리 키신저를 그럴듯하게 흉내 내기도 했다. 그의 세계관이 무엇이든 간에 그는 함께하면 재밌는 사람이었다. "지루하면 재미없습니다. 논란을 불러일으키는 게 낫습니다." 지금 퍼거슨은 키신저의 승인하에 그의 전기를 쓰고 있다. 이 프로젝트는 원래 키신저와 앤드루 로버츠Andrew Roberts가 논의하던 것이었지만, 결국 둘이 갈라서며 퍼거슨에게 넘겨졌다. 그러나 당분간 그의 책을 인쇄물로 만나기는 힘들 듯하다. 텔레비전과 달리, 그가 더는 책의 발간에 큰 관심을 두지 않기 때문이다. 신문에 정기적으로 쓰는 칼럼, 경영에 조언하는 여러 기업, 게다가 다섯 자녀까지 그에게는 선택할 것이 많다. 공평하게 말하면, 앨런 베넷이 그려낸 어원은 그의 극히 작은 일부일 뿐이다.

베넷은《역사를 배우는 소년들》의 서문에서, 옥스퍼드 교수 R. W. 존슨이 쓴《전쟁의 연민》에 대한 서평을 인용한다.

옥스브리지 시스템의 가해자는 말할 것도 없고, 피해자였던 사람이라면 누구나 니얼 퍼거슨의 책을 그 자체로 인정할 것이다. 달리 말하면, 모든 것을 뒤집고, 이 시대의 일반적인 통념—더 나쁘게는 유행하는 것—으로 보이는 것에 반론을 제기하기로 결심한, 영리하며 반골적인 젊은 학자가 폭넓게 제시한 논쟁적인 지침서이다.[54]

베넷은 서문에서 "특히 텔레비전에 출연하며 상대적으로 더 멋지게 보이는 역사가는 일반적으로 장학금을 받은 똑똑한 학생의 성인판이란 생각이 문득 들었다"며 이렇게 덧붙였다.[55]

텔레비전 역사가들의 우상인 사이먼 샤마에게는 자기만의 고유한 기법이 있다. …그러나 새로운 유형의 역사가들, 예컨대 니얼 퍼거슨, 앤드루 로버츠, 노먼 스톤은 모두 공교롭게도 대처 시대에 두각을 나타냈고, 부분적으로 대처의 특징을 공통적으로 지닌다. 반대 의견을 제시하면 돈이 된다는 걸 깨달은 까닭에 그들은 습관적으로 그런 논조를 유지하는 듯하다. 하지만 그들을 비웃는

목소리가 결코 멀리 있지 않고, 반대하는 습관에 생겨나는 듯한 조롱하는 목소리도 끈질기게 계속된다.[56]

베넷이 샤마와는 정치적 견해가 일치하기 때문에 그를 묵인한 것인지 궁금하기는 하다. 여기에도 역설적인 면이 있다. 베넷은 '역사의 도발history provocation'을 반대하지만, 학부 시절에 대해 쓴 글에서 "시험 문제에 답할 때 언론적인 글쓰기, 즉 채점자의 관심을 끌고, 나의 기본적인 무지를 감추기 위해 실질적인 사실을 충분히 인용하는 게 일반론적으로 낫다"는 걸 눈치챈 덕분에 옥스퍼드에서 좋은 성적을 거두었다고 말한다.[57] 베넷은 대학 교수로 재직할 때도 학생들에게 이 기법을 전수했다고 고백한다. 겉만 번지르르한 어원에게는 하나의 무기가 더 있었던 셈이다.

※ ※ ※

미국의 텔레비전 역사 프로그램은 영국의 경우와 다르다. 반대 의견을 제시하는 논객과 1인 해설자를 기용하기도 하지만, 데이비드 매컬로David McCullough(1933-2022)나 켄 번스 같은 공정한 권위자에게 의존하는 걸 더 좋아한다. 지금은 고인이 된 매컬로는 세상을 떠나기 전까지 17편의 텔레비전 다큐멘터리에서, 지금까지 번스는 6편, 번스의 동생 릭은 3편에서 해설을 맡았다. 그들은 합심해서 텔레비전 역사 프로그램을 진행하는 방법을 바꿔놓았다.

번스 형제는 차례로 1953년과 1955년에 태어났고, 서너 편을 함께 제작했지만 켄이 더 유명하다. 켄이 제작한 다큐멘터리에는 〈셰이커교도: 두 손은 노동에, 마음은 하느님께〉(1984), 〈휴이 롱〉(1985),

11시간 30분까지의 장편 다큐멘터리인 〈남북 전쟁〉(1990), 〈야구〉(1994), 〈재즈〉(2001), 제2차 세계대전을 다룬 〈전쟁〉(2007), 〈국립 공원: 미국이 생각해낸 최고의 아이디어〉(2009), 〈금지〉(2011), 〈루스벨트 가문〉(2014), 제작 비용으로 약 3000만 달러가 투입되고 제작하는 데 꼬박 10년이 걸린 〈베트남 전쟁〉(2017), 〈마요 클리닉〉(2018), 〈컨트리 뮤직〉(2019), 〈헤밍웨이〉(2021)와 〈무함마드 알리〉(2021) 등이 있고, 상대적으로 덜 알려졌지만 화가 토머스 하트 벤턴Thomas Hart Benton(1889-1975), 토머스 제퍼슨, 마크 트웨인을 다룬 다큐멘터리도 있다. 이 정도만으로도 상당한 제작량이지만, 번스의 회사 '플로렌틴 필름Florentine Films'은 2030년까지 제작해야 할 다큐멘터리가 계약된 상태이며, 주제는 벤저민 프랭클린부터 린든 B. 존슨, 버락 오바마, 윈스턴 처칠("어머니가 미국 태생이어서 감사합니다!") 및 형사 사법 제도와 아프리카계 미국민의 역사(남북 전쟁부터 대이동까지)까지 모든 계약이 미국이란 공통분모에서 벗어나지 않는다.

번스 형제의 선조 중 한쪽은 미국 독립 전쟁 당시에 의사였고, 다른 한쪽은 스코틀랜드 시인 로버트 번스Robert Burns(1759-1796)이다. 그들의 어머니는 릴리아 스미스 번스로, 생명 공학자였지만 유방암으로 수년간 고생한 끝에, 두 아들이 어렸을 때 세상을 떠났다. 그들의 아버지 카일 번스는 델라웨어 대학교와 미시간 대학교에서 가르쳤던 문화 인류학자였다. 하지만 박사 학위 논문을 끝내지 못해서 가족 간에 농담거리가 되곤 했다.

일곱 번째 생일을 맞았을 때 켄은 아버지로부터 8밀리미터 카메라를 선물로 받았고, 그것으로 앤아버의 한 공장에 대한 다큐멘터리를 촬영했다. 켄은 BBC와 이탈리아 텔레비전 방송국에서 촬영 기사로 일했고, 사진작가 제롬 리블링Jerome Liebling(1924-2011)에게 사사했다. 1977년에는 서너 편의 단편영화를 제작한 뒤에 브루클린 다리의 건설 과정을 다룬 매컬로의 책에서 영감을 받아 그에 대한 다큐멘터리로 각색했다. 그렇게 제작된 다큐멘터리는 오스카상 후보로 추천되었다. 4년 뒤에는 자유의 여신상을 다룬 다큐멘터리가 역시 오스카상 후보로 추천되었다.

평론가들은 위의 2편만이 아니라 번스가 제작하는 거의 모든 다큐멘터리가 어떤 이야기를 꾸미려는 카메라맨의 전형이라고 비판했다. 지나치게 길고, 감상적으로 향수를 자극하며, 이야기의 흐름이 뒤죽박죽이어서 내용보다 길이가 최종적인 승리를 거둔 듯한 다큐멘터리라는 뜻이었다. 그렇지만 시간이 흐를수록 번스는 전문 역사가를 무시하는 경향을 띠었다. 〈남북 전쟁〉에는 24명의 역사학자가 등장하지만, 2007년에 제2차 세계대전을 다룬 다큐멘터리에는 15명, 〈베트남 전쟁〉(2017)에는 79명의 평론가가 출연하지만 단 2명만이 전문 역사가였고, 〈컨트리 음악〉에서는 1명에 불과했다. 그러나 1984년에 제작하기 시작한 남북 전쟁에 대한 시리즈는 영화와 텔레비전에 관련해 40개 이상의 주요 상을 받은 까닭에 내용을 반박하기 어렵다. 게다가 시청자 수도 평균적으로 매번 1400만 명에 약간 못 미치는, PBS에서는 가장 시청률이 높은 프로그램이었다. 평론가 존 레너드John Leonard(1939-2008)는 "텔레비전에서 과거에 이와 같은 다큐멘터리 프로그램은 없었다. 많은 사람이 죽지만 그만큼 웅변적이기도 하다"고 썼다.[58] 역사가로서 베스트셀러 작가이던 스티븐 앰브로스Stephen Ambrose(1936-2002)는 "어떤 자료보다 켄 번스에게 역사를 배우는 미국인이 더 많다"고 말했을 정도였다.[59]

1980년대 말과 1990년대 초에 혁신적인 다큐멘터리가 적잖이 발표되었다. 프랑스의 클로드 란즈만Claude Lanzmann(1925-2018)이 제작한 566분짜리 홀로코스트 연대기 〈쇼아〉, 에롤 모리스Errol Morris의 〈법의 방어벽〉(실제로는 범하지 않는 살인으로 사형 선고를 받은 남자에 대한 이야기), 마이클 무어Michael Moore의 〈로저와 나〉(미시간주 플린트에 있던 자동차 공장을 멈춘 제네럴 모터스의 이야기)가 대표적인 예이다. 그러나 번스는 아예 새로운 것을 만들어냈다. 남북 전쟁을 다룬 다큐멘터리에서 '반半신화적인 이야기'라 일컬어진 것, 다시 말하면 캐나다 북극권에 거주하던 한 이누이트 가족에 대한 이야기로 1922년 미국에서 제작된 무성 다큐멘터리 〈북극의 나누크〉에 몰입하던 때를 기억에 떠올려주는 이야기 구조를 만들어냈다. 번스는 시청자들이 "이야기의 흐름에 빠져들기"를 바란다며 "'그다음에, 그러고 나서는' 이두 단어는 지금껏 발명된 어떤 발명품보다 좋은 것"이라 말했다.

번스의 〈남북 전쟁〉 시리즈가 처음 방영된 주에 조지 F. 윌George Frederick Will은 〈워싱턴 포스트〉에 기고한 글에서, 그 다큐멘터리를 "우리가 기억해야 할 걸작이며… 우리의 《일리아스》가 마침내 그 호메로스를 찾아냈다"고 극찬하며 "흑인 남자의 등을 보여주는 19세기의 사진 한 장이 소개된다. 물론 흑백 사진인데도 채찍질로 인한 흉터들이 뚜렷이 눈에 들어온다. 번스의 카메라는 한곳에 고정되지 않는다. 우리가 잠깐 보았던 것에 대해 어떤 언급도 없다. 번스는 격정적인 감정과 섬세한 판단을 뒤섞는 방법을 알고 있다. 침묵이 때로는 최고의 강조가 될 수 있다"고 덧붙였다.[60] 당시 37세이던 번스는 타고난 이야기꾼일 뿐만 아니라 미국을 대표하는 비공식적인 다큐멘터리 제작자라는 인정을 받았다. 2017년 〈뉴요커〉의 인물란에는 번스가 바지 주머니에 항상 갖고 다니는 물건들—디데이 상륙 작전에 투입된 병사의 군복에 달려 있던 단추 하나, 은색 하트, 게티즈버그에서 주운 미니에 총알—이 소개되었다.

2019년, 자신이 제작한 다큐멘터리 〈홀로코스트와 미국〉에 대해 발언하는 켄 번스(왼쪽). 2013년 하버드 대학교에서 진행된 *W. E. B.* 듀보이스 메달의 시상식에서 발언한 헨리 루이스 게이츠 주니어.

〈남북 전쟁〉은 나중에 '번스 스타일Burns style'로 알려지는 것을 시청자의 머릿속에 확고히 심어주기도 했다. 오래된 사진 속의 이미지들을 대략 훑은 뒤에 서서히 확대하며 새로운 생명을 불어넣는 방식이었다. 예컨대 남부군 병사들이 담긴 사진에서 카메라는 각 병사의 얼굴을 쭉 훑은 뒤에 이야기의 중심이 되는 병사의 얼굴에 초점을 맞춘다. (2002년 스티브 잡스Steve Jobs(1955-2011)는 애플을 방문해달라고 번스를 초대했다. 수개월 뒤, 애플의 아이무비iMovie 프로그램을 이용해 사용자는 매끄럽게 움직이는 동작을 사진이나 비디오 클립에 더할 수 있었다. 이른바 '켄 번스 효과Ken Burns effect'라는 것이다.) 시청자들에게 〈남북 전쟁〉은 멋진 콜라주로 보였을 것이다. 즉 수많은 이야기를 나열하며 공통된 부분을 강조하고 뜻밖의 연결성을 드러내보였다. 최근에 발행된 〈뉴요커〉의 인물란에서 번스는 자신의 다큐멘터리를 "예술 작품이기를 열망하는 감정 고고학적 행위"라 규정하며,[61] "우연히 역사와 관련된 일을 하고 있을 뿐"이라고 말했다.[62] 실제로도 그렇다. 역사가들에 대해 살펴보는 긴 여정을 끝내면서 내 생각을 말하자면, 번스의 뛰어난 다큐멘터리들은 지난 50년 동안 글로 쓰인 최고의 역사서들과 어깨를 나란히 한다는 것이다. 영국의 역사가 존 버로John Burrow(1935-2009)는 번스의 남북 전쟁 시리즈를 극찬하며, 역사서의 역사에 대한 자신의 책을 마무리 지었을 정도였다. "서사적 주제를 장대한 규모로 그려냈다고 평가되는 이 작품은 20세기 후반에 가장 눈에 띄는 역사서라 하기에 조금도 부족하지 않다."[63]

※ ※ ※

번스의 뒤를 이은 다큐멘터리 제작자로는 헨리 루이스 게이츠 주니어Henry Louis Gates Jr.(1950년생)가 두드러진다. 게이츠는 10년 이상 PBS의 한 축을 고정적으로 차지했다. 학자이자 언론인, 기관 설립자인 게이츠는 1991년부터 몸담고 있는 하버드 대학교 부설 '아프리카 및 아프리카계 미국인 연구를 위한 허친스 센터Hutchins Center for African and African American Research'의 소장이기도 하다. 처음에 게이츠는 서아프리카의 요루바 신화(게이츠의 조상은 서아프리카 출신)에 등장하는 트릭스터trickster(문화 인류학에서 도덕과 관습을 무시하고 사회 질서를 어지럽히는 신화 속의 인물이나 동물 따위를 이르는 말/옮긴이)에 기반한 문학 비평서인 《말장난하는 원숭이The Signifying Monkey》(1988), 아프리카계 미국인에 대한 연구의 역할은 "미국을 정의하는 방법을 재정의하는 것"이라 말했던 《느슨한 규범들Loose Canons》(1992), 태어난 순간부터 '스킵'이라 불리며 서버지니아 피드몬트라는 공장 도시에서 보낸 어린 시절부터 시작한 문학적 회고록 《유색인》(1994) 등과 같은 책들로 좋은 평가를 얻었다.

역사에 대한 그의 관심은 일찍부터 시작되었다.

우리가 내 아버지의 아버지인 에드워드 세인트 로런스 게이츠를 매장한 날은 1960년 7월 3일이었다. 나는 아버지의 손을 꼭 잡고 할아버지의 관 앞에 서서, 놀라울 정도로 하얗게 변한 할아버지를 물끄러미 바라보았다. 할아버지가 우스꽝스럽게 보인다는 생각이 들어, 나도 모르게 웃을 뻔했다. 그때 울음소리가 내 귀를 때렸다. 아버지가 울고 있었다. 나중에 아버지는 게이츠 가문의 생가로 우리를 데려가, "존경받을 만한 유색인 여성"이던 제인 게이츠의 부고 기사를 보여주었다. 아버지는 "너희가 이분을 절대 잊지 않았으면 좋겠구나. 이분은 너희의 가장 윗대 조상이시다"라고 말했다. 나는 잠자리에 들기 전에 '존경받을 만하다'라는 단어를 찾아보았다. 이튿날 나는 아버지에게 작문 공책을 사달라고 말했다. 그리고 우리 가족의 역사를 기록하기 시작했다. 그때 나는 아홉 살이었다.[64]

대학에 입학하기 전, (페르낭 브로델이 그랬던 것처럼) 게이츠는 의사가 되려고 했다. 그러나 예일 대학교에 원서를 넣었을 때 자기소개서는 완전히 달랐다. "내 할아버지는 유색인colored이었고, 아버지는 흑색 인종Negro이었습니다. 이제 나는 흑인black입니다"라고 시작해서 "항상 그랬듯이, 이번에도 흰둥이들이 내 앞에 앉아 나를 판단하며 내 운명을 결정하려 합니다. 여러분의 결정에 따라, 나는 존재하지 않았던 것처럼 바람에 날려가거나, 자아를 개발할 기회를 얻겠지요. 부디 내 능력을 입증할 기회를 주시기 바랍니다." 그러고는 사반세기 후,

그는 "지금 그 글을 보면 당혹스럽지만 그들은 나를 받아들였다"고 말한다. 역사학으로 학위를 받은 뒤에는 〈타임〉의 런던 특파원이 되었고, 케임브리지 대학교에서 영문학으로 박사 학위를 받았다. 곧이어 맥아더 펠로십MacArthur Fellowship의 수상자로 선정되었다. 현재 그는 53곳 이상에서 명예 학위를 받았다.

게이츠는 하버드만이 아니라 코넬과 듀크, 예일에서도 가르치며, 아프리카계 미국인들이 차별 없이 인정받고 승진하도록 계속 노력했다. 균형이 전부라는 생각에, 그는 어떤 텍스트를 설명하는 데는 서구의 미학적 원리만이 아니라 아프리카나 아프리카계 미국인의 미학적 원리가 똑같이 사용되어야 한다고 주장한다. 게이츠는 학생 모두가 참여하는 토론식으로 수업을 진행한다. 예컨대 한 팀은 "흑인이 저지른 가장 큰 실수는 준비가 되기도 전에 선출직에 도전한 것"이라는 부커 T. 워싱턴의 주장을 옹호하도록 하고,[65] 다른 팀에게는 듀보이스가 확신하던 견해, "나는 부커가 엉클 톰Uncle Tom(과거 미국인의 시중을 들거나 그들의 비위를 맞추는 흑인을 가리킬 때 쓰이던 표현/옮긴이)이라고 말하려고만 하는 게 아니다. …나는 '미국'의 역사와 관련해서 흑인의 역사를 가르치고 싶다"를 옹호하도록 한다. 요컨대 두 주장을 별개로 가르치지 않는다. 게이츠는 하버드에서 자신이 운영하는 '아프리카 및 아프리카 미국인 연구학과'를 자랑스레 생각한다. 그가 항상 '드림 팀'이라 칭하는 지인들의 도움을 받아 설립한 학과이기 때문일 것이다. '드림 팀'에는 콰메 앤서니 아피아Kwame Anthony Appiah(게이츠와 함께 듀보이스의 《아프리카나 백과사전》을 완성), 에벌린 브룩스 히긴보섬Evelyn Brooks Higginbotham, 코넬 웨스트Cornel West, 윌리엄 줄리어스 윌슨William Julius Wilson 같은 저명한 학자들이 있었다. 게이츠가 하버드에 교수로 임명된 1991년에는 아프리카계 미국인의 역사를 가르치는 교수가 2명밖에 없었지만, 현재 하버드는 40명이 넘는 교수진을 보유해, 이 분야에서 최고의 학과 중 하나로 손꼽힌다.

학자로서 게이츠의 이력은 자연스레 저작 활동으로 이어졌지만, 또 다른 세계가 날개를 펴고 기다리고 있었다. 게이츠는 대학에서 영상에 대해 공부한 적이 없었지만, 지금은 '영화 중독자'를 자처할 정도로 영화의 매력에 빠져들었다. "나는 이야기하는 것storytelling을 좋아한다. 내 아버지는 대단한 이야기꾼이었고, 어머니는 지역 신문에 부고 기사를 쓰곤 했다."[66] 그리하여 그는 구전과 글쓰기라는 두 가지 능력을 모두 물려받았다. 1969년에는 넋을 잃은 채 케네스 클라크의 〈문명〉 시리즈를 보았고, 1973년에는 제이콥 브로노우스키Jacob Bronowski(1908-1974)의 〈인간 등정의 발자취〉에 흠뻑 빠져들었다. "그때 내가 이런 직업을 가질 수 있다면, 그래서 사람들의 이야기를 전할 수 있다면 좋겠다고 생각했다."

지금도 그는 학자라는 직업이 자신의 정체성에서 주요한 몫을 차지한다고 말하지만, 1990년대 중반경에는 이미 텔레비전 다큐멘터리를 제작하고 있었다. 역사가로서, 과거에 대해 사람들에게 알려주는 또 다른 방법이었다. 1995년에는 BBC/PBS가 공동으로 제작한 〈대열차 여행〉이라는 프로그램을 진행했다. 짐바브웨, 잠비아, 탄자니아를 관통하는 약 4800킬로미터의 여정을 다룬 다큐멘터리였다. 각 꼭지에서 그는 언제나 유행에 맞추고, 화려한 색상의 옷을 입고, 한쪽으로 기울어진 독특한 걸음걸이를 보여주었다. 14세에 터치 풋볼(미식축구의 일종으로 태클 대신에 터치를 함/옮긴이)을 하던 중에 고관절에 실처럼 가는 골절상을 입었기 때문에 오른쪽 다리가 왼쪽보다 4센티미터 정도 짧아, 걸을 때 굽을 높인 구두와 지팡이의 도움을 받아야 한다.

그 여정이 있은 뒤에는 〈아프리카계 미국인의 삶〉이 2편으로 나뉘어 각각 2006년과 2008년에 방영되었다. 두 다큐멘터리에서 게이츠는 공동 제작자이자 진행자로서, 가계도와 역사 자료를 활동해 12명 이상의 아프리카계 미국인의 혈통을 추적했다. 하지만 지금도 그는 흑인의 역사만이 아니라 역사 자체를 전달하는 방법에 대해 배워가는 중이라 생각한다. "나는 나 자신을 학생이라 생각하고, 지금도 성장하고 있다. 그래서 사이먼 샤마와 니얼 퍼거슨을 공부한다."[67] (게이츠는 매사추세츠주 케임브리지에 있던 퍼거슨의 집을 구입하고는 "그 집에 배인 우익 이데올로기를 지워버리려고 가장 먼저 모든 벽을 허물어버렸다"고 말했지만 그 둘은 지금도 좋은 친구지간이다.) 그는 어떤 다큐멘터리 제작자에게나 목소리처럼 개인적인 특징이 있다고 말하지만, 그 자신의 특징이 무엇인지에 대해서는 아직까지 밝힌 적이 없다. 그러나 영국의 한 대담자가 말하듯이, "그에게는 상당한 카리스마가 있다."[68]

2010년, 그는 흑백이 뒤섞인 가족적 배경을 지닌 북미인 12명의 가계를 추적한 4부작 다큐멘터리 〈미국의 얼굴들〉을 진행했다. 2014년에는 시청자의 주된 안내자 역할까지 맡은 〈뿌리를 찾아서〉를 진행하며 "내 배를 띄우려면 우리 사이의 장벽을 허물어뜨려야 한다. 우리 모두가 이민자이지 않은가"라고 말했다. 게이츠의 지적에 따르면, 이제 아프리카계 미국인의 24퍼센트는 평균적으로 유럽계가 조상이다. 다른 조사의 결과도 놀랍기는 마찬가지이다. 게이츠는 2002년에 방영한 다큐멘터리 〈피부색 너머의 미국〉에서 이렇게 말했다.

마틴 루서 킹이 암살된 날 이후로, 흑인 중산층은 거의 4배로 증가했지만 빈곤선 이하에 사는 흑인 아동의 비율은 거의 똑같다. 둘은 별개의 공동체이지만 둘 모두 흑인이다. 그러나 경제 수준으로 규정되기 때문에 둘의 접점을 찾기는 불가능하다. 흑인 공

동체에서 계급 격차는 이제 일부 사람들에게는 우리 존재의 영
구적인 측면으로 여겨진다. …흑인 민권 운동의 가장 얄궂은 결
과는, 흑인 중산층이 새롭게 형성되었지만 그들과 흑인 하층 계
급과의 격차가 점점 크게 벌어졌다는 것이다. …마틴 루서 킹이
돌아온다면, 이번에는 우리에게 인종이 아니라 계급에 기반한 민
권 운동이 필요하다고 말할 것이다.[69]

　　게이츠는 2013년에 방영한 다큐멘터리 〈아프리카계 미국인: 건
너야 할 많은 강〉에서 500년에 걸친 아프리카계 미국인의 역사를 다
루었다. 그러고는 향후에 제작할 10개의 주제를 공개했는데, 그중에
는 흑인 대이동, 미국 내 흑인 교회의 역사, 재건 등이 있었지만, 그는
아프리카의 위대한 문명들로 시작했다. 그러나 미국 역사상 최초의
흑인 대통령이 2번의 임기를 끝낸 뒤 2016년의 선거에서 도널드 트
럼프가 당선되자 게이츠는 남북 전쟁이 끝난 1865년 직후 수년 동안
아프리카계 미국인들이 이루어낸 극적인 성장에 대한 반발의 이야기
를 제작해야겠다는 절박한 필요성을 느꼈다. 따라서 그는 원래의 순
서를 뒤집고, 2019년에 재건과 그 후유증에 대한 4시간짜리 다큐멘터
리 〈재건: 남북 전쟁 이후의 미국〉을 제작했다. 그 12년 동안 2000명
의 흑인이 정부의 거의 모든 직책에서 일했지만, 그 뒤로 인종 차별을
법제화한 짐 크로 법이 거의 한 세기 동안 이어졌다는 내용의 다큐멘
터리였다. 44명의 역사가가 이 시리즈의 제작에 참여했다. 게이츠의
기억에 따르면, 매일 촬영이 끝난 뒤에 "우리는 멋진 레스토랑에 자리
를 잡고 포도주를 취하도록 마셨다." 그렇게 그와 제작 팀은 모두가
하나가 되어, 자신들이 해낸 일을 분석했다.
　　게이츠가 관계한 프로그램의 연구 깊이와 과학적 엄밀성은, 알

렉스 헤일리가 '팩션faction' 소설이라 칭한 《뿌리: 한 미국인 가족에 대한 대하소설》을 쓰기 위해 시도한 조사와 완전히 차원이 다르다. 1976년에 출간된 《뿌리》는 사실과 허구가 뒤섞인 소설로, 이듬해에 24시간짜리 텔레비전 드라마로 제작되었다. 헤일리가 세상을 떠난 뒤, 그의 친구이던 게이츠는 《뿌리》가 "엄격한 역사 연구가 아니라 상상의 산물"이라고 말했다. 게이츠는 학문으로서의 역사 연구를 게을리하지 않았다. 2016년에는 프로 미식축구 팀 시애틀 시호크스의 쿼터백 러셀 윌슨Russell Wilson을 인터뷰한 뒤에 그의 가계가 524년까지 거슬러 올라가 프랑크 왕국 시절 메츠의 주교이던 아르눌프 성자Saint Arnulf of Metz(582-645)와도 관계가 있다는 걸 밝혀내고는 "알렉스는 이런 이야기를 한 적이 없었다!"고 우쭐했다.[70]

게이츠는 3곳의 DNA 분석 회사를 활용해 사람들의 계보를 조사하고, "정말 새로운 유일한 것은 우리가 모르는 역사이다"라는 해리 트루먼의 말을 즐겨 인용한다. 게이츠는 존 번스의 베트남 전쟁 시리즈를 최고의 다큐멘터리라 생각하고, 번스와 팀을 이루어 영화제나 텔레비전 토론에 자주 출연하기도 한다. 번스는 게이츠를 "나의 지원군이자 근육"이라 칭하지만, 〈뿌리를 찾아서〉라는 다큐멘터리의 한 꼭지에 출연했을 때 게이츠가 그의 조상이 과거에 노예 소유주였다는 걸 입증해 보였을 때 깜짝 놀랄 수밖에 없었다. "게이츠는 내 어머니 가계에서 미국 독립 전쟁 당시 영국 편에서 싸웠던 토리당 지지자인 엘다드 터퍼라는 사람을 찾아냈다."

그때 번스는 깜짝 놀란 듯이 "그럴 수가!"라고 소리치며, 조상이 노예 무역에 연루되었다는 게 믿기지 않는다는 반응을 보였다. "정말 그랬다면 부끄럽기 짝이 없네요."

게이츠는 웃으며 대답했다. "주는 것도 족보이고, 거두는 것도 족보이지요."[71]

    게이츠의 학문적인 글과 달리, 이런 프로그램은 거의 정신과 의사의 진료실처럼 무비판적인 분위기를 띤다. 게이츠는 "그래도 청중의 반응에 따라 목소리를 조절한다"고 변명하지만 "그러나 음역을 분석해보면 실질적인 차이가 없다"고 말한다. 결국 중요한 것은 이야기를 전달하고 있다는 것이다.

    2016년 브루클린 음악원에서 가진 인터뷰에서, 게이츠는 텔레비전 다큐멘터리만이 아니라 책과 칼럼, 교직과 정치 활동까지 한꺼번에 뭉뚱그려 압축해달라는 요구를 받았을 때, 지체 없이 공통분모를 찾아냈다. "내가 가장 걱정하는 것은 미국 내의 계급 격차이다. 계급 간의 격차가 너무도 현격하고 뚜렷해서, 평등—인종 간의 평등만이 아니라 계급 간의 평등까지 진심으로 염려하는 사람들이 '더는 안 된다!'고 말하지 않는 한 영속화될 것이다."[72]

후기

전문가들이 영역 밖의 역사가들을 조심스럽게 '아마추어'라고 칭하는 것은 당연할 수 있다. 이 단어에는 자신을 높이고 상대는 업신여기는 의미가 내포되어 역효과를 낳기도 한다. 비전문가들이 거의 독점한 이야기체 역사의 경우에 특히 그렇다. 학문적인 전문 역사가들이 분석적 방향을 선호하며 이야기체로 역사를 풀어가려는 경향이 점차 쇠퇴한 까닭에, 역사가에게 부여된 가장 오래되고 가장 명예로운 역할, 즉 이야기꾼이라는 역할이 실질적으로 포기되는 지경에 이르고 말았다.[1]

– C. 반 우드워드, 1975년

한 친구는 이 책의 초고를 읽은 뒤에 나에게 요즘 사람들이 더 좋은 역사를 쓰고 있다고 생각하느냐고 물었고, 나는 그렇다고 대답했다. 내가 이런 생각을 피력했을 때 사이먼 샤마는 "하지만 어떤 기준에서 '더 좋다'는 겁니까? 연구를 더 깊이 한다는 뜻입니까? 이야기를 꾸미는 데 상상력이 더 풍부해졌다는 뜻입니까? 우리가 페르낭 브로델을 능가할 수 있다고는 생각하지 않습니다. 그의 책들은 간혹 산문시처럼 읽히니까요. 요즘 그런 역사가가 있을까요? 없습니다. 포괄적인 학문적 연구와 문학적 표현력을 겸비한 역사가는 이제 없습니다"라고 말했다.[2]

그렇지만 시간이 지남에 따라 역사를 기록하는 방법도 발전했다는 주장은 합리적일 수 있다. 달리 말하면, 과거를 다른 식으로 쓰며 다른 모습으로 그려내 보이려고 시도하는 사람이 실제로 있었던 사건을 밝혀내고 묘사하는 데 더 능숙해지고 있다는 뜻이다. 결국 역사와 관련된 저작물은 꾸준히 전진하며, 자연과학이 그렇듯이 관련된 지식을 축적해 나아가는 듯하다. (2008년 노벨 물리학상을 수상한 머리 겔만Murray Gell-Mann(1929-2019)조차 과학의 법칙처럼 역사의 법칙이 발견되는 건 시간문제일 뿐이라고 단정적으로 말했다.)

예컨대 뛰어난 다큐멘터리 제작자들이 요즘 텔레비전용을 제작하는 대부분의 역사 프로그램도 50년 전이었다면 가능하지 않았을 것이다. 게이츠와 번스 형제는 발전된 과학기술의 수혜자들이다. 위험은 여전히 존재한다. 소셜 미디어에 떠도는 거짓 정보가 우려되고, 역사가들에게는 무엇보다 소중한 원천적 자료인 사실 자체가 끊임없이 공격을 받는 '탈진실post-factual' 세계가 득세하는 현실을 고려하면, 앞으로 우리는 유의미한 정보 구조를 더는 떠받칠 수 없을 듯하다. 헨리 루이스 게이츠는 "우리는 정보가 지나치게 많은 세계에 살고 있다"고 생각한다. 그러나 이런 상황에서도 역사는 균형적 사고를 제시할 수 있다. '가짜 뉴스'에 대한 두려움과 사실의 조작은 오래전부터 존재했다. 인터넷의 단점이 무엇이든 간에 컴퓨터의 성능이 크게 개선되고 방대한 역사 자료가 개방됨으로써 학자들이 각자의 연구 결과를 어느 때보다 쉽게 공유하고, 새로운 조사 도구를 활용하면 얼마 전까지 꿈에서만 생각하던 자료를 찾아낼 수 있다는 걸 부인할 수 없다.[3]*

* 2019년 말, 〈가디언〉에 게재된 한 기사는 "과거의 패턴과 주기를 계산해내면 역사를 더 잘 이해할 수 있을 것"이고, 그렇게 되면 미래의 위기를 대비하는 데도 도움이 될 거라고 보도했다. 코네티컷 대학교에서 생태학과 진화생물학, 인류학과 수학을 가르치는 피터 터친Peter Turchin에 따르면, 이제 역사 이론들이 방대한 자료로 검증될 수 있어, "오랫동안 금과옥조로 여겨졌지만 적합하지 않은 이론은 여지없이 폐기될 것이다. 또한 과거에 대한 우리 이해력이 객관적인 진실에 접근하는 수준까지 수렴할 것이다." 하지만 아직은 이 주장이 낙관적 주장에 불과하다는 생각을 떨치기 어렵다. Laura Spinney, "History as a Giant Data Set: How Analyzing the Past Could Help Save the Future," The Guardian, 2019년 11월 12일을 참조하기 바란다.

물론 과거를 하찮게 보이게 만드는 데 텔레비전이 일조한 것은 사실이다.[4] 그러나 저급한 공통점에 호소하지 않고, 역사에 대한 관심을 불러일으키며 학문적 이론을 일반 대중에게 알리는 데 큰 역할을 해낸 좋은 프로그램도 많다. 과거의 역사가에게 카메라와 제작 팀 및 넉넉한 예산이 있었다면 어떤 성과를 이루어냈을까? 기번이었다면 틀림없이 은빛 부츠를 신고 아피아 가도Via Appia를 성큼성큼 걸었을 것이고, 헤로도토스와 투키디데스였다면 그 시대의 테일러와 트레버로퍼가 되었을 것이다. 또 율리우스 카이사르는 전쟁사를 제작했을 것이고, 톨스토이는 경쟁 방송국에서 일하며 다양한 다큐멘터리 시리즈를 제작했을 것이다. W. E. B. 듀보이스였다면 흑인 역사가에 대한 시리즈를 진행했을 것이고, 매슈 패리스와 투르의 그레고리우스와 볼테르였다면 협력해서 소문의 역사를 제작했을 것이다. 또한 이 책에서 거론된 많은 역사가가 텔레비전 다큐멘터리 진행자로 성공했을 것이다.

※ ※ ※

물론 '역사'를 쓰는 방법도 지난 수십 년 동안 크게 달라졌다. 나는 미국의 위대한 역사가로 《멕시코 정복사》를 쓴 윌리엄 히클링 프레스콧William Hickling Prescott(1796-1859)의 글을 인용하며 이 책을 끝맺으려 한다. 프레스콧은 1829년 워싱턴 어빙Washington Irving(1783-1859)의 《그라나다 정복》을 논평한 글에서, 이상적인 역사가는 어떤 모습이어야 하는가에 대한 의문을 제기하며 이렇게 말했다.

[역사가는] 절대적으로 공정해야 한다. 어떤 상황에서도 진실을 사랑하고, 어떤 고난이 닥치더라도 진실을 말해야 한다. 또 역사가는 자신이 묘사하는 민족의 특성을 부각해줄 수 있는 것에 정통해야 한다. 다시 말하면 통치에 필요한 헌법과 법률, 일반적 자료 등 눈에 보이는 것만이 아니라, 민족 전체에 활력을 주는 도덕적이고 사회적 관계 및 교육적인 영혼까지 파악해야 한다. …

프레스콧은 그것만으로도 부족하다고 생각했던지, 이상적인 역사가가 되기 위한 조건을 덧붙여 말했다.

역사가는 지리와 연대기 등에도 성실하게 관심을 기울여야 한다. 과거를 돌이켜 보면, 그에 대한 잘못된 정보가 좋은 역사를 쓰는데 치명적인 영향을 미쳤기 때문이다. 역사가는 가공되지 않은 원천적 자료들을 뒤섞고, 인물들에게 적절한 빛과 그림자를 던지는 소설가나 극작가로서의 다양한 역량을 보여주어야 한다. 그런 장면들을 섬세하게 배치해서 끝없는 관심을 자극하고 유지하며, 자료를 모아놓은 단순한 잡지의 수준을 뛰어넘는 완성된 모습을 전체적으로 띠게 해야 한다. …역사가는 그래야만 한다. 요약하면, 완벽한 역사가가 되려면 갖추어야 할 조건이 끝이 없다. 그런 괴물은 지금까지 존재한 적이 없었고, 앞으로도 존재하지 않을 거라고 굳이 덧붙일 필요는 없을 것이다.[5]

감사의 글

중국의 역사가 구제강은 1926년에 첫 출간한 자서전에서, 그 전—정확히 말하면 열두 살—에도 회고록을 쓴 적이 있다고 말했다. 자서전의 소제목 중 하나가 「내가 할 수 있을까」로, 그 장은 "내가 하늘 아래의 모든 책을 읽을 수 있다면"으로 시작된다. 할아버지는 그에게 양을 우선시하지 말라고 주의를 주었지만, 할머니는 "죽은 닭을 끌고 가고 있는지도 모르는 눈먼 고양이"만큼이나 책을 선택할 때는 구분을 두지 말라고 웃으면서 말했다.

이 책을 쓰기 위해 자료를 조사하고 집필할 때 나도 역사와 관련된 모든 것을 읽을 수 있기를 바랐지만, 많은 너그러운 친구와 조언자 들의 도움으로 죽은 닭까지 끌고 가는 수고를 덜 수 있었다. 엄청난 길이 때문에 나는 누구에게도 한두 장 이상을 읽어달라고 부탁하지 못했다. 따라서 각 장에서 너그러운 조언을 아끼지 않은 사람들에게 개별적으로 감사의 뜻을 전하려 한다.

「서문」과 일반론에 대해서는 케빈 잭슨 박사, 스튜어트 프로핏,

조 클라인, 앨리스 메이휴, 마틴 브렛 교수, 팀 디킨슨, 윌리엄 타우브먼 교수, 피터 헤네시 교수, 실비아 나사르 교수, 도라 위너 교수, 밸러리 한센 교수에게 도움을 받았다.

「서곡: 수도원 밖의 수도자」에 대해서는 도미닉 에이든 벨린저 박사, 크리스토퍼 브룩 교수, 사이먼 존슨 박사, 제임스 클라크 교수, 토마스 잭슨에게 도움을 받았다.

1장 「역사의 여명」: 제프리 호손 교수, 제러미 마이놋 박사, 폴 카트리지 교수, 마크 링어 박사, 리처드 부크 박사.

2장 「고대 로마의 영화」: 스테이시 시프, 도널드 맥도너 교수.

3장 「역사와 신화」: 존 바튼 교수, 존 윌킨스, 제럴드 오콜린 신부.

4장 「과거를 폐쇄하라」: 체이스 로빈슨 교수, 앨런 미카일 교수, 리처드 W. 불리엣 교수.

5장 「중세의 연대기 작가들」: 폴 프리드먼 교수, 크리스 기번 윌슨 교수, 멜빈 브래그 남작.

6장 「어쩌다가 역사가」: 마르첼로 시모네타 교수, 스텔라 플레처 박사.

7장 「윌리엄 셰익스피어」: 클레어 애스퀴스, 레이철 아이젠드래스, 펠릭스 프라이어, 진 하워드 교수, 론 로즌바움.

8장 「조조와 불충한 꼭두각시」: 폴 카트리지 교수, 레이철 홈스 박사, 데이비드 보다니스.

9장 「학문이라 선언하다」: 에드워드 뮤어 교수, 제임스 클라크 교수.

10장 「옛날 옛적에」: 힐러리 맨틀, 니나 단턴, 에이먼 더피 교수.

11장 「미국의 남북 전쟁」: 해럴드 홀처 교수, 브렌다 와이내플 박사, 제러미 개런, 빌 우드워드, 찰스 퍼킨스.

12장 「신발과 선박과 봉랍에 대하여」: 로버트 단턴 교수, 앙드레 뷔르기에르 교수, 자크 르벨 교수, 로맹 베르트랑 박사, 조엘 스토클리.

13장 「붉은 역사가들」: 에릭 홉스봄 교수, 하비 클레어 교수, 리처드 에번스, 줄리어 홉스봄.

14장 「안에서 들여다본 역사」: 브렌다 와이내플 박사, 엘리자베스 딕스, 조슈아 마크.

15장 「역사를 잣다」: 피어스 브렌던 박사, 앤드루 로버츠 교수, 앨런 팩우드, 메리 로벨, 제인 윌리엄스, 에이사 브리그스 경, 헨리 키신저.

16장 「강력한 앙숙」: 폴 존슨, 애덤 시스먼, 로버츠 스키델스키 남작, 캐시 버크 교수.

17장 「신체적 장애를 이겨낸 역사가」: 존 엘리엇 교수, 매슈 키건, 메리 킨, 프랜시스 키건, 앤서니 위톰, 앤서니 비버, 맥스 헤이스팅스, 펠리페 페르난데스 아르메스토 박사, 마이클 하워드 교수.

18장 「허스토리: 여성 역사가」: 앤토니어 프레이저, 앨리스 케슬러 해리스 박사, 어맨더 포먼, 올웬 허프턴 교수, 세라 듀넌트, 아네트 코박, 버지니아 니컬슨.

19장 「우리 이야기는 누가 쓰는가?」: 에릭 포너 교수, 엘리자베스 힌턴 교수, 파라 재스민 그리핀 교수, 에디 S. 글로드 교수, 리스 멀링스 교수, 케빈 색, 밥 허버트, 제시 W. 시플리 교수, 조 클라인, 케빈 도튼, 데이비드 덴비, 멜라니 로케이.

20장 「나쁜 역사」: 빌 우드워드, 올가 쿠체렌코 박사, 올랜도 파이지스 교수, 데이비드 어빙, 노먼 스톤 교수, 마이클 잔토프스키, 앤서니 비버, 제러미 개런, 피파 웬첼, 제임스 맥매너스.

21장 「역사의 초고」: 존 심슨, 리즈 트로타. 셸비 코피, 프랜시스

피츠제럴드, 윌리엄 피트, 루이스 래펌.

22장 「텔레비전에 대하여」: 데이비드 스타키 교수, 존 패런, 켄 번스, 리비 오코넬 박사, 재니스 해들로, 버나드 클라크, 피터 포지스, 사이먼 샤마, 니얼 퍼거슨 교수, 헨리 루이스 게이츠 주니어 교수.

2012년 나를 객원 학자로 초빙해준 케임브리지의 모들린 칼리지, 케임브리지 대학교 도서관, 뉴욕 공립 도서관, 뉴욕 소사이어티 도서관(하지만 천장이 낮은 출입문 위의 간판을 더 재밌게 바꾸기를 바란다), 다운사이드 수도원 도서관에도 많은 빚을 졌다. 그곳에서 일하는 모든 직원이 본분 이상의 도움을 주었다.

메건 비치의 시 「어른이 되면 메리 비어드가 되고 싶어요」에서 인용한 구절은 해당 출판사인 버닝 아이 북스의 친절한 허락을 받아 여기에 수록한 것이다.

존 단턴, 메리 샌디스, 데이비드 헨쇼는 원고 전체를 읽고 적절한 조언을 주었다. 셋 모두에게 깊은 감사의 말을 전하고 싶다. 빌 우드워드는 매들린 올브라이트와 함께 쓴 책을 내가 편집해준 수고에 보답하겠다며 서너 장을 읽은 뒤에 내가 잘못 인용한 부분들을 바로잡아주었다. 로빈스 사무실에서는 데이비드 핼펀, 레이철 버그스틴, 자넷 오시로, 제시카 훕스, 이언 킹, 알렉산드라 슈거먼이 원고를 분할해 읽고는 헤아릴 수 없을 정도로 많은 도움을 주었다. 예컨대 알렉산드라는 그야말로 능수능란한 마법사와 같았다. 자료를 어떻게 정리했는지는 몰라도, 그녀가 손질한 뒤에 글의 재미가 훨씬 나아졌다. 사이먼 앤드슈스터 출판사에서 이 책을 출간하게 된 것도 나에게는 큰 행운이었다. 책임 편집을 맡아준 밥 벤더와 그의 조수 조한나 리에게는 물론이고, 홍보 전문가 레베카 로즌버그에게도 감사의 말을 전하고 싶다. 데이나 캐네디와 존 카프의 도움에도 당연히 감사한다. 오랜 친구이자 출판인이던 수전 카밀이 살아서, 이렇게 출간된 책을 보았다면 얼마나 좋았을까. 그녀와 무수히 함께한 저녁 식사가 그립다.

마틴 슈나이더는 독수리 눈을 지닌 꼼꼼하기 그지없는 교열자였고, 세실리아 매카이는 혁신적인 그림을 찾아내는 솜씨를 유감없이 과시했다. 둘의 노력 덕분에 이 책의 가치가 더욱 높아졌다. 이번에도 찾아보기 작업을 하는 데는 셰릴 헌스턴이 도움을 주었고, 이 책의 제목은 이언 맥그리거가 제시한 것이다. 영국에서는 와이덴펠드 출판사가 이 책을 출간하기도 했다. 이런 결정도 내게는 행운이 아닐 수 없다. 물론 내 아내이자 대리인인 캐시 로빈슨에게도 고맙다는 인사를 빼놓을 수 없다. 도움을 주면서도 반론을 제기하고 때로는 놀리면서 영감을 주는 그녀에게 고마운 마음을 어떻게 말로 다 표현할 수 있겠는가? 그녀가 없었다면, 이 역사책은 물론이고 내 역사도 더 빈약해졌을 것이다. 물론 이 책을 쓰는 과정에서 나도 편향성을 띠었겠지만, 누구도 부인할 수 없는 객관적인 진실로 이 책을 끝내고 싶다.

옮긴이의 글

    참신한 아이디어가 무엇인지 실천적으로 보여준 책이라 할 수 있다. 역사책이란 단어를 들으면, 거의 모두가 역사적 사건에 대한 기록을 떠올릴 것이다. 이 단어에서 '역사가에 대한 역사'를 떠올릴 사람이 몇이나 될까? 어쩌면 한 명도 없을지 모르겠다. 우리말에서 '연대기', 영어에서 chronology도 '사적으로 중요한 사건을 연대순으로 적은 기록'을 뜻할 뿐이다. 이런 이유에서, 이 역사서는 참신한 아이디어의 집약체라는 것이다. 미술에서 낭만주의가 대두하며 주인공이 그림에서 화가로 바뀌었던 때와 비슷하다고 할까.

    그럼 누가 역사를 쓸까? 이 질문에 대부분은 '역사가'라고 대답하며, 투키디데스와 헤로도토스, 에드워드 기번을 언급할 것이고, 역사서에 관심이 많은 독자라면 《세계사 산책》을 쓴 H. G. 웰스를 떠올릴 것이다. 하지만 이 책에서 말하는 역사가는 무척 폭넓고, 듣고 나면 고개가 끄덕여진다. '역사가'는 당연히 포함되고 소설가와 극작가, 언론인, 정치 선동가, 심지어 성경을 쓴 저자들도 포함된다. 특히 언론인이 쓰는 기사는 '역사의 초고'라고도 일컫는다. 그럴듯하지 않은가? 따라서 이 책에서 다루어지는 주역들은 '역사를 짓는 사람들'이다. 책에서는 make history라고 쓰지만, '역사를 만들다'보다 '역사를 짓다'가 우리말에 훨씬 더 적합한 듯하다. 이렇게 역사를 짓는 사람들의 연대기를 목표로 삼은 까닭에 이 책에서는 역사의 아버지라 일컬어지는 헤로도토스부터, 현재 텔레비전에서 역사 프로그램을 진행하거나 역사 다큐멘터리를 제작하는 역사가까지 다루어진다.

저자는 이 책에서 던지는 질문을 요역하면 '객관적 역사'가 가능하느냐는 것이다. 요컨대 우리가 읽는 역사서에는 어떤 편향성도 없겠느냐는 것이다. 이 의문에 저자는 역사가의 개인적인 삶과 성향 및 당시의 환경을 짚어보며 나름대로 정직하게 대답해보려 한다. 정치인의 자서전도 역사서에 속한다면 편향성을 거론하는 게 부끄러워진다. 한편 역사가가 쓴 유명인의 전기는 어떨까? 어렸을 때 읽은 위인전이나, 누군가의 평전을 읽으면 낯이 후끈후끈 달아오르지 않는가?

저자가 '역사가의 역사'에서 가장 분노하는 역사는 '나쁜 역사'를 쓰는 사람들이다. 비틀린 이념에 사로잡혀 사실을 왜곡하고 자기 편이나 자국의 행위를 미화하는 사람들은 저자에게 '악마'와 같은 존재가 된다. '나쁜 역사'와 관련된 장을 번역하며 우리 역사에 대한 생각을 떨쳐낼 수 없었다. 이 장에서는 홀로코스트에 대한 역사 논쟁도 다루어진다. 역사가들이 치열하게 논쟁해야 할 문제를 법정에 가져가는 게 옳을까? 판사가 역사를 전문으로 공부한 사람들보다 더 나은 결론을 끌어낼 수 있을까? 역사 문제를 법정으로 끌고가는 짓은 역사가들의 책임 회피가 아닐까? 저자는 언론인을 '역사의 초고'를 쓰는 사람이라고 높이 평가하지만, 인기에 영합하는 언론인을 겨냥해서 쇠렌 키르케고르-"내 딸이 창녀가 되더라도 나는 희망을 잃지 않을 것이다. 그러나 내 아들이 언론인이 되어 3년을 보낸다면 나는 그 아들을 잃어버린 자식으로 생각하며 포기할 것이다."-를 인용해며 매섭게 비판한다.

　　역사적으로 중요한 사건이 아니라, '역사를 짓는 사람들'을 시대 순으로 추적한 역사이지만 우리가 철학과 사회과학에서 배운 사상가들이 고스란히 등장한다. 다시 말하면, '역사를 지은 사람들'은 우리의 세계관에 영향을 준 사람들이기도 했다. 한마디로 압축하면, 묵직한 벽돌책이지만 재밌다.

충주에서
강주헌

주

서문

1 Jorge Luis Borges, *El hacedor*(1960)의 후기. 영어 번역본 제목, The Maker, '시인'을 뜻하는 스코틀랜드어이다.

2 2012년 5월 2일, Burrow의 친구 Geoffrey Hawthorn와 개인적으로 대화하던 중에 얻은 정보.

3 John Burrow, *A History of Histories* (New York: Knopf, 2009).

4 Edward Gibbon, *The Miscellaneous Works of Edward Gibbon, Esq.: With Memoirs of His Life and Writings*, vol. 3 (London: John Murray, 1814), p. 56.

5 Robert Pogue Harrison, "A New Kind of Woman," The New York Review of Books, 2013년 4월 25일. Harrison은 '했다고 한다'라는 표현으로 인용문에 임의적인 변화를 주었다. 원래 문장은 "Bei der Persönlichkeit eines Philosophen hat nur das Interesse: Er war dann und dann geboren, er arbeitete und starb(한 철학자의 개성에 관련해서 우리의 유일한 관심사는 그가 어떤 시점에 태어나서 연구한 뒤에 죽었다는 것이다)"였다. 따라서 Heidegger는 아리스토텔레스라는 이름을 거론하지 않았다(물론 아리스토텔레스에 대한 세미나에서 그렇게 말하기는 했다). 또한 "옮겨가 보자"라는 말도 없었다.

6 Wilson Jeremiah Moses, *Afrotopia: The Roots of African American Popular History* (Cambridge: Cambridge University Press, 1998), p. 17.

7 James Baldwin, "The White Man's Guilt," *Ebony*, August 1965.

8 G. R. Elton, *The Practice of History* (Sydney: Sydney University Press, 1967). Martin Chanock, "Two Cheers for History," The Cambridge Review, 26 January 1968, pp. 218-

19를 참조할 것.

9   Eric Hobsbawm과의 인터뷰, 2011년 3월 2일.

10   Arnold Toynbee, *A Study of History* (Oxford, U.K.: Oxford University Press), 처음 두 권은 1947년과 1957년에 출간되었다. 요약판은 1987년에 출간되었다.

11   The Guardian, 1999년 12월 9일. 샤마가 선정한 다른 9권은 *The Police and the People: French Popular Protest*, 1789-1820(저자: Richard Cobb), *Decline and Fall of the Roman Empire*(저자: Edward Gibbon), *The Defeat of the Spanish Armada*(저자: Garrett Mattingly), *The Ordeal of Thomas Hutchinson*(저자: Bernard Bailyn), *London: A Social History*(저자: Roy Porter), *The Mediterranean and the Mediterranean World in the Age of Philip II*(저자: Fernand Braudel), *The Face of Battle*(저자: John Keegan), *The Cheese and the Worms: The Cosmos of a Sixteenth-Century Miller*(저자: Carlo Ginzburg), 그리고 타키투스의 *Annals and Histories*(하지만 샤마는 지금 다시 정하면 타키투스를 배제할 거라고 나에게 말했다!).

서곡

1   Ryszard Kapuściński, *Travels with Herodotus* (London: Allen Lane, 2007), p. 272. 카푸시친스키는 그해 1월에 세상을 떠났고, 이 책은 2004년 폴란드어로 출간되었다.

2   Dominic Aidan Bellenger and Simon Johnson, eds., *Keeping the Rule: David Knowles and the Writing of History* (Stratton-on-the-Fosse, U.K.: Downside Abbey Press, 2014), p. 7; Dominic Aidan Bellenger, *Monastic Identities* (Stratton-on-the-Fosse, U.K.: Downside Abbey Press, 2014), p. 137.

3   Dom Alberic Stacpoole, *The Ampleforth Journal*, vol. 80, part 1 (Spring 1975), p. 75.

4   Norman F. Cantor, *Inventing the Middle Ages* (New York: Morrow, 1991), p. 324.

5   W. A. Pantin, "Curriculum Vitae," *The Historian and Character and Other Essays* (Cambridge, U.K.: Cambridge University Press, 1963).

6   Maurice Cowling, *Religion and Public Doctrine in England*, vol. 1 (Cambridge, U.K.: Cambridge University Press, 2003), p. 132.

7   별도의 언급이 없으면, 놀스의 모든 인용은 다운사이드 수도원에 보관된 미발표 자서전이 출처이다.

8   Dom Adrian Morey, *David Knowles: A Memoir* (London: Darton, Longman & Todd, 1979), p. 23

9   Nicholas Vincent, "Arcadia Regained?" *Keeping the Rule*, ed. Bellenger and Johnson, p. 50.

10   Morey, *David Knowles*, p. 301.

11   채프먼 수도원장의 편지는 놀스가 세 번째로 수정하던 자서전에 인용한 것이다.

12 Morey, *David Knowles*, p. 88.

13 아드리안 모리가 놀스의 자서전(1977)에 덧붙인 주석. 충직한 베네딕토회 수도자이던 모리는 코르네옙이나 놀스의 회고록에 할애할 시간이 거의 없었다. "회고록을 쓴 사람을 공경하고 사랑했던 사람으로서는 무척 안타까운 현실이다. …코르네옙을 다룬 부분들은 모호하고, 그다지 충격적이지 않았다." 객관적인 눈에도 놀스의 자서전은 가슴을 뭉클하게 하고 혼란감마저 주는 게 분명하지만 그 안에 담긴 통찰력은 무척 매력적이다.

14 놀스의 유고 관리자, Christopher Brooke는 "그는 수도자로는 어울리지 않게, 매컬리를 무척 존경했다"고 언급했다. Christopher Brooke, 인터뷰, *Making History*, 2008년 3월 10일.

15 Nicholas Vincent, "Arcadia Regained?" *Keeping the Rule*, ed. Bellenger and Johnson, p. 43. Janet Burton, "After Knowles," *Keeping the Rule*, p. 119도 참조할 것.

16 Cowling, *Religion and Public Doctrine in England*, pp. 154-55.

17 G. W. Bernard, "The Dissolution of the Monasteries," *Keeping the Rule*, ed. Bellenger and Johnson, p. 211.

18 Kenneth Clark, *The Other Half: A Self Portrait* (London: John Murray, 1977), p. 196. 그 둘은 가까운 친구였다.

19 Cantor, *Inventing the Middle Ages*, p. 311.

20 Knowles, *Historian and Character*, p. xxviii.

1장 역사의 여명

1 R. G. Collingwood, *The Idea of History* (Oxford: Oxford University Press, 1946).

2 W. H. Auden, "September 1, 1939," The New Republic(1939년 10월 18일)에 처음 발표됨. 책에는 Auden의 시집 *Another Time* (1940; repr. London: Faber and Faber, 2006)에 처음 실림.

3 Adam Nicolson, *Why Homer Matters* (New York: Macrae/Holt, 2014).

4 Herodotus, *The Histories*, Walter Blanco의 번역, Walter Blanco와 Jennifer Tolbert Roberts의 편집 (New York: Norton Critical Editions, 1991), 6.21, p. 435. 더 많은 참고 문헌이 본문에서 제시된다.

5 Plato, *Republic*, book 3, 414e – 15c, 여기에서 소크라테스는 금속의 비유로 설명한다.

6 Jessica Mary Priestley, Herodotus and Hellenistic Culture: Studies in the Reception of the Historiae, 출간되지 않은 박사학위 논문, Cambridge University Library, p. 45.

7 Justin Marozzi, *The Way of Herodotus: Travels with the Man Who Invented History* (New York: Da Capo Press, 2008)에서 인용한 비유이다.

8 Kapuściński, *Travels with Herodotus*, pp. 79-80. 2002년에 카푸시친스키가 뉴욕시에서

자신의 이력에 대해 강연한 적이 있다. 그때 청중 중에는 수전 손택Susan Sontag이 있었는데, 손택은 카푸시친스키가 이력의 방향을 잘못 잡은 듯하다는 평가를 내렸다. 카푸시친스키가 헤로도토스보다는 투키디데스의 동반자가 됐어야 한다는 뜻이었다. 그러나 일반적인 평가에 따르면, 카푸시친스키는 자신의 그리스 영웅만큼이나 사실에 무신경한 태도를 보였다. 이런 점에서 그가 헤로도토스를 선택한 것은 옳았다!

"그냥 그림이야, 진짜로 있었는지는 몰라."

9   O. K. Armayor, "Did Herodotus Ever Go to Egypt?" Journal of the American Research Center in Egypt 15 (1980): 59-71을 참조할 것. '거기에 있었다'라는 헤로도토스의 주장을 폰 뮌히하우젠 남작의 공상적 회고록과 한 묶음으로 생각하는 역사학자도 적지 않다.

10   Donald Lateiner, *The Historical Method of Herodotus* (Toronto: University of Toronto Press, 1989), pp. 189, 주석 5.

11   Marozzi, *Way of Herodotus*, p. 6.

12   *The Histories*, 2.2-3, 35.

13   John Gould, *Herodotus* (New York: St. Martin's Press, 1989), p. 134.

14   이 요약은 Encyclopedia.com을 참조한 것이다.

15   Joshua Foer, *Moonwalking with Einstein: The Art and Science of Remembering Everything* (New York: Penguin, 2011).

16 Lateiner, Historical Methods of Herodotus.

17 Marcus Tullius Cicero, *De legibus*, 1.i.5.

18 Aristotle, *Rhetoric* 1409a, 28-36.

19 Lateiner, *Historical Method of Herodotus*, p. 223; 과 Michael A. Flower, "The Size of Xerxes' Expeditionary Force," *The Landmark Herodotus*, pp. 819-22.

20 Arnaldo Momigliano, "The Place of Herodotus in the History of Historiography," Rome: Editioni di Storia e Letteratura, 1960, p. 32. 그러나 메밀리아노는 헤로도토스에게는 열린 마음과 너른 정신적 지평이 있어, 전쟁의 원인을 파악하는 데는 투키디데스보다 낮다는 평가를 내렸다.

21 Michael Ondaatje, *The English Patient* (New York: Vintage, 1993), p. 16.

22 *The Landmark Thucydides: A Comprehensive Guide to the Peloponnesian War*, ed. Robert B. Strassler (New York: Free Press, 1996), 5.26.5. 더 많은 참고 문헌이 본문에서 제시된다.

23 Mary Beard, "Which Thucydides Can You Trust?" The New York Review of Books, September 2010, p. 52.

24 Thomas Hobbes, *introduction to The Peloponnesian War*, "To the Right Honorable Sir William Cavendish" (1628; repr. New York: Gale Ecco, 2010).

25 Friedrich Nietzsche, "What I Owe to the Ancients," *Twilight of the Gods*, Burrow, *History of Histories*, p. 50에서 인용.

26 Simon Schama, *Scribble, Scribble, Scribble: Writing on Politics, Ice Cream, Churchill, and My Mother* (New York: HarperCollins, 2010), p. 106.

27 Schama, *Scribble, Scribble, Scribble*, p. 389.

28 Simon Schama, "Roughing Up the Surface," Civilization, February/March 1998, p. 88.

29 James Romm, "Be Spartans!" London Review of Books, 21 January 2016, p. 13.

30 Foer, *Moonwalking with Einstein*, p. 125.

31 John H. Finley, *Thucydides* (Cambridge: Harvard University Press, 1942), p. 258.

32 Ford, *The Landmark Herodotus*, p. 818.

33 Will Durant, *The Life of Greece* (New York: Simon & Schuster, 1939). 베스트셀러 저자이지만 학문적으로 평가받기를 바라는 마음에, 듀랜트가 헤로도토스에게는 매몰찼고, 투키디데스를 '과학적 역사학자'로 받아들였던 게 아닌가 싶다.

34 Peter Green, "On Liking Herodotus," London Review of Books, 3 April 2014, p. 29.

2장 고대 로마의 영화

1 Michel de Montaigne, "The Art of Conference (or Conversation)," The Complete Essays of Montaigne, ch. 8, 1588.

2   Aristotle, *Poetics*, 1451a-b. 플라톤의《국가》에서는 '역사'가 단 한 번도 언급되지 않는다.

3   Eric Foner, *Who Owns History?* (New York: Hill and Wang, 2002), p. xvii.

4   Lionel Casson, *Libraries of the Ancient World* (New Haven: Yale University Press, 2001), p. 51.

5   Burrow, History of Histories, p. 53; Robin Lane Fox, ed., *The Long March: Xenophon and the Ten Thousand* (New Haven: Yale University Press, 2004)로 참조하기 바란다. 크세노폰에 경의를 표하는 뜻에서, 일부 대학에서는 매년 3월 4일, 고전학을 전공하는 학생들에게 특별 휴일이 주어진다.

6   Xenophon, *Anabasis*, Digireads.com, 2009, 4.2.

7   Xenophon, *Anabasis*, 7.7.44-46.

8   Anthony Everitt, *The Rise of Rome: The Making of the World's Greatest Empire* (New York: Random House, 2012), pp. xxxi, 20. Robert Hughes, *Rome: A Cultural, Visual, and Personal History* (New York: Knopf, 2011), p. 15도 참조할 것.

9   L. D. Reynolds and N. G. Wilson, *Scribes and Scholars: A Guide to the Transmission of Greek and Latin Literature* (Oxford: Oxford University Press, 1991), p. 18.

10 Horace, *Epistles*, bk. 2, *and Epistles to the Pisones.*

11 Burrow, *History of Histories*, p. 69.

12 Polybius, *The Histories*, trans. Ian Scott-Kilvert (London: Penguin, 1979), II, 56. 폴리비오스의 글은 모두 여기에서 인용한 것이다.

13 Mary Beard, London Review of Books, February 1990, p. 11.

14 Casson, *Libraries of the Ancient World*, p. 22; Ernst Posner, *Archives in the Ancient World* (Boston: Harvard University Press, 1972)와 Felix Reichmann, *The Sources of Western Literacy: The Middle Eastern Civilizations* (Westport, Conn.: Greenwood Press, 1980)도 참조할 것.

15 Stendhal, *The Charterhouse of Parma, trans. John Sturrock* (London: Penguin, 2006), p. 111.

16 Colin Wells, *A Brief History of History* (New York: Lyons Press, 2008), p. 33.

17 Sallust, *The Jugurthine War/The Conspiracy of Catiline* (London: Penguin, 1964), 37.3.

18 Daniel Mendelsohn, "Epic Fail?" The New Yorker, 15 October 2018, p. 92.

19 M. L. W. Laistner, *The Greater Roman Historians* (Berkeley and Los Angeles: University of California Press, 1947), p. 77. Laistner가 지적하듯이, 매콜리의 선집은 12권을 충실하게 채우지만, 그 영국 역사학자는 공사다망한 까닭에 거기에 그치고 59세에 세상을 떠났다.

20 Titus Livius (Livy), *The History of Rome*, bk. 1, 1-14.

21 Josephus, *The Jewish War*, Bk. III, ch. 8, pa. 7.35. Ralph Ellis, *King Jesus: King of Judaea and Prince of Rome* (Cheshire, U.K.: Edfu Books, 2008), p. 248도 참조할 것.

22 Josephus, *The Jewish War*, IV, 423-30.

23 Mary Beard, The New York Times, 1 April 2018, p. 8.

24 Tom Holland, *Dynasty* (New York: Doubleday, 2015), p. xxi.

25 Tacitus, *Agricola*, ch. 1, para. 21.

26 Tacitus, *Agricola*, ch. 1, para. 30.

27 Tacitus, *Annals*, III, 65.

28 Tacitus, *Histories*, I, 39.

29 Tacitus, *Histories*, IV, 6.

30 Tacitus, *Annals*, trans. Ronald Syme, vol. 1 (Oxford: Oxford University Press, 1958; repr. 1985), III, 27.

31 Tacitus, *Annals*, IV, 18.

32 Tacitus, *Annals*, I, 60.

33 Tacitus, *Annals*, VI, 51.

34 Christopher Krebs, *A Most Dangerous Book: Tacitus's Germania from the Roman Empire to the Third Reich* (New York: Norton, 2011). '매우 위험한 책a most dangerous book'이란 표현은 Arnaldo Momigliano, *Studies in Historiography* (New York: Harper and Row, 1966), p. 112 에서 처음 사용되었다.

35 Plutarch, "Demosthenes," *Delphi Complete Works of Plutarch* (Delphi Classics, 2013), vol. 12.

36 Plutarch, *Moralia*, trans. Frank Cole Babbitt (Boston: Harvard University Press, 1936), Loeb Classical Library, vol. 4.

3장 역사와 신화

1 George Herbert, "Sin: Lord with what care," 1633.

2 John Updike, "The Great I Am," The New Yorker, 2004년 11월 1일, p. 100.

3 Daniel Radosh, "The Good Book Business," The New Yorker, 18 December 2006, pp. 54-59를 참조할 것.

4 Charles McGrath, "Thou Shalt Not Be Colloquial," The New York Times, 2011년 4월 24일, p. 3.

5 Matthew Parris, The (London) Times, 2015년 11월 25일, p. 32.

6 The Onion, 1999년 3월 3일.

7 Adam Kirsch, "What Makes You So Sure?" The New Yorker, 2016년 9월 5일, p. 74.

8 Richard Elliott Friedman, *Who Wrote the Bible?* revised edition (New York: Harper, 1989), p. 5.

9 Friedman, *Who Wrote the Bible?* pp. 53-54. 이 단락과 앞 단락에서 나는 프리드먼의 설

명을 대체적으로 받아들였다.

10 Friedman, *Who Wrote the Bible?* p. 60.

11 David Edwards, *A Key to the Old Testament* (London: Collins, 1976), p. 201.

"내 유산이 어떻게 기록될지 걱정이군. 역사가들을 모두 죽여버려라!"

12 Friedman, *Who Wrote the Bible?* p. 134.

13 Friedman, *Who Wrote the Bible?* p. 208.

14 Frank Kermode, "A Bold New Bible," The New York Review of Books, 15 July 2010, p. 40.

15 *The Prose Works of Andrew Marvell*, vol. 1, 1672-73, ed. Annabel Patterson (New Haven: Yale University Press, 2003), p. 158.

16 Peter Nathan, "How Many Gospels Are There?" Vision, Winter 2012, vision.org/how-many-gospels-are-there-169에서 확인할 수 있다.

17 이 요약은 Craig L. Blomberg, *Jesus Under Fire: Modern Scholarship Reinvents the Historical Jesus*, ed. Michael J. Wilkins과 James Porter Moreland (New York: Zondervan, 2010), p. 40에서 인용한 것이다.

18 Charles Herbermann, "St. Matthew," *Catholic Encyclopedia* (New York: Robert Appleton Company, 1913).

19 Harold Bloom, *The Shadow of a Great Rock: A Literary Appreciation of the King James*

Bible (New Haven: Yale University Press, 2011), p. 248.

20 Frank Kermode, *The Genesis of Secrecy: On the Interpretation of Narrative* (Boston: Harvard University Press, 1979).

21 Luke 1:1-4, New International Version.

22 Terry Eagleton, *How to Read Literature* (New Haven: Yale University Press, 2013), pp. 64-65.

23 Diarmaid MacCulloch, "The Snake Slunk Off," London Review of Books, 10 October 2013, p. 9.

24 Bloom, *Shadow of Great Rock*, p. 264.

25 Donald Foster, "John Come Lately: The Belated Evangelist," *The Bible and the Narrative Tradition* (Oxford: Oxford University Press, 1991), p. 124.

26 Foster, "John Come Lately," p. 114.

27 Frank Kermode, *The Sense of an Ending: Studies in the Theory of Fiction* (Oxford: Oxford University Press, 1970).

28 John Barton, *A History of the Bible* (New York: Viking, 2019), p. 145.

29 Thomas L. Thompson, *The Bible in History: How Writers Create a Past* (London: Cape, 1999), p. 236; pp. 38, 120, 388 (U.S. title: *The Mythic Past: Biblical Archaeology and the Myth of Israel*). Baruch Halpern, *The First Historians: The Hebrew Bible and History* (State College: Pennsylvania State University Press, 1996).

30 K. A. Kitchen, *On the Reliability of the Old Testament* (Grand Rapids, Mich.: Eerdmans, 2003), p. 454.

31 Ruth Margalit, "Built on Sand," The New Yorker, 29 June 2010, p. 42. Margalit는 "성경과 역사적 사실을 일치시켜 보려는 오랜 시도가 있었지만 다윗 이야기는 아무런 성과를 얻지 못했다"고 결론짓는다.

32 David Plotz, "Reading Is Believing, or Not," The New York Times Book Review, 16 September 2007.

33 Plotz, "Reading Is Believing."

34 Thompson, *Bible in History*, p. 193.

35 Thomas L. Thompson, *The Mythic Past: Bible Archaeology and the Myth of Israel* (New York: MJF Books, 1999), p. 193.

36 Thompson, *Bible in History*, p. 104; pp. 122, 136-39, 164, 207도 참조할 것.

37 Philip R. Davies, *In Search of "Ancient Israel"*: A Study in Biblical Origins (London: Bloomsbury, 1992), p. 18.

38 Davies, *In Search of "Ancient Israel"*, p. 26.

39 Davies, *In Search of "Ancient Israel"*, p. 19 각주.

40   Barton, *History of the Bible*, p. 25.

41   존 바턴 교수가 2017년 4월 9일 저자에게 보낸 이메일. 바턴은 현재 옥스퍼드 대학교 오리엘 칼리지의 명예 교수로 성서 해석을 가르치고 있다.

42   Giovanni Garbini, *History and Ideology in Ancient Israel* (London: SCM Press, 1988), p. xv.

43   Simon Schama, *The Story of the Jews: Finding the Words 1000 BC–1492 AD* (New York: Ecco, 2017).

44   William G. Dever, *What Did the Biblical Writers Know and When Did They Know It?* (Grand Rapids, Mich.: Eerdmans, 2002).

4장 과거를 폐쇄하라

1   Ludwig Wittgenstein, *On Certainty*, trans. Denis Paul and Elizabeth Anscombe (New York: Harper, 1972), Proposition 94.

2   Edward Gibbon, *The Decline and Fall of the Roman Empire*, ch. 50.

3   Israr Ahmad Khan, *Authentication of Hadith: Redefining the Criteria* (Washington, D.C.: International Institute of Islamic Thought, 2010).

4   Max Rodenbeck, "The Early Days," The New York Times Book Review, 2008년 1월 6일, p. 17.

5   Chase F. Robinson, *Islamic Historiography* (Cambridge, U.K.: Cambridge University Press, 2003), p. 10.

6   Saki (H. H. Munro), "Clovis on the Alleged Romance of Business," *The Square Egg and Other Sketches* (London: Bodley Head, 1924), p. 160.

7   Franz Rosenthal, *A History of Muslim Historiography* (Leiden: E. J. Brill, 1968), p. 3.

8   Richard W. Bulliet, Islam: *The View from the Edge* (New York: Columbia University Press, 1994), p. 8.

9   Tom Holland, *In the Shadow of the Sword* (London: Little, Brown, 2012), p. 25 and ff.

10   D. S. Margoliouth, *Lectures on Arabic Historians* (Delhi: Idarah-Adabryat-1Delhi, 1977), p. 41

11   Holland Carter, "From Islam, a Book of Illuminations," The New York Times, 2016년 11월 11일, C19.

12   Tarif Khalidi, *Arab Historical Thought in the Classical Period* (Cambridge: Cambridge University Press, 1994), p. 7.

13   James Westfall Thompson, *History of Historical Writing*, vol. 1 (New York: Macmillan, 1942), p. 339.

14   Thomas Carlyle, *On Heroes, Hero-Worship, and the Heroic in History* (Berkeley and Los

Angeles: University of California Press, 1993), p. 56.

15 Marshall G. S. Hodgson, "Two Pre-modern Muslim Historians: Pitfalls and Opportunities in Presenting Them to Moderns," *Towards World Community*, ed. John Nef, Springer online, 1968.

16 Khalidi, *Classical Arab Islam*, p. 59.

17 Margoliouth, *Lectures on Arabic Historians*, p. 54.

18 Tabarī, *The History of al-Tabari*, trans. Franz Rosenthal (New York: State University of New York Press, 1989), 1: 6-7.

19 Margoliouth, *Lectures on Arabic Historians*, p. 16.

20 Tarif Khalidi, *Arabic Historical Thought in the Classical Period* (Cambridge: Cambridge University Press, 1994), p. 94.

21 Joseph Conrad, *The Secret Agent* (New York: Everyman, 1992), p. 89.

22 Rosenthal, *The History of Al-Tabari*, introduction.

23 H. G. Wells, *The Outline of History* (London: George Newnes, 1920), vol. 2, p. 431.

24 Robinson, *Islamic Historiography*, pp. 134, 60.

25 Shihab al-Din al-Nuwayri, *The Ultimate Ambition in the Arts of Erudition: A Compendium of Knowledge from the Classical Islamic World*, ed. and trans. Elias Muhanna (New York: Penguin, 2016). Kanishk Tharoor, "Aphrodisiacs? Search This Medieval Encyclopedia," The New York Times, 2016년 10월 29일도 참조할 것.

26 Ibn Khaldūn, *The Muqaddimah: An Introduction to History*, trans. Franz Rosenthal, abridged N. J. Dawood (Princeton, N.J.: Princeton University Press, 1967), vol. 1, pp. 77-78.

27 Ibn Khaldūn, *Muqaddimah*, vol. 1, p. 35.

28 Ibn Khaldūn, *Muqaddimah*, vol. 1, p. 386.

29 17세기 이전에도 진정한 정치 사상사가 가능했는가에 대한 논의는 Regula Foster and Neguin Yavar, eds., *Global Medieval: Mirrors for Princes Reconsidered* (Boston: Harvard University Press, Ilex Foundation, 2015)를 참조하기 바란다.

30 Thompson, *History of Historical Writing*, p. 359.

31 Encyclopædia Britannica, 15th ed., vol. 9, p. 148; Arnold J. Toynbee, *A Study of History*로 참조할 것. Toynbee는 오늘날 거의 읽히지 않는 저자이며, 발음에도 유의해야 한다. 정확한 발음은 '토인비'이다. 토인비는 오스발트 슈펭글러Oswald Spengler가 《서구의 몰락》(1918)에서 찾아낸 문명보다 두 배나 많은 문명을 역사에서 찾아낸다.

32 Walter J. Fischel, *Ibn Khaldūn in Egypt: His Public Functions and His Historical Research* (1382-1406) (Berkeley and Los Angeles: University of California Press, 1967), pp. 28-29.

33 Ibn Khaldūn, *Muqaddimah*, vol. 1, p. 1.

34 Robert Irwin, *Ibn Khaldun: An Intellectual Biography* (Princeton: Princeton University Press,

2018), p. 118.

35 Patricia Crone, *Medieval Islamic Political Thought* (Edinburgh: Edinburgh University Press, 2004), p. 315.

36 Ibn Khaldūn, *Le Voyage d'Occident et d'Orient* (Paris: Sinbad, 1980), p. 103.

37 Ibn Khaldūn, *Le Voyage d'Occident et d'Orient*, p. 142.

38 Ibn Khaldūn, *Muqaddimah*, vol. 2, pp. 57-61, 117.

39 Wells, *Brief History of History*, ch. 5.

40 Amir-Hussein Radjy, obituary of Ehsan Yarshater, The New York Times, 2018년 9월 21일, B12.

41 Malise Ruthven, "The Islamic Road to the Modern World," The New York Review of Books, 22 June 2017, p. 24.

5장 중세의 연대기 작가들

1 Thomas Babington Macaulay, "Machiavelli," *Critical and Historical Essays*, vol. 2 (London: Longman, 1883).

2 David Markson, *This Is Not a Novel* (Berkeley, Calif.: Counterpoint, 2001), p. 70. 그러나 오늘날의 기후에서는 세계 모든 도서관의 많은 서적이 산성을 함유한 종이 때문에 돌이킬 수 없을 정도로 악화되고 있다.

3 Chris Wickham, *Framing the Early Middle Ages: Europe and the Mediterranean, 400-800* (Oxford: Oxford University Press, 2005), p. 8.

4 Burrow, *History of Histories*, p. 198.

5 Charles G. Herbermann et al., eds., *Catholic Encyclopedia* (New York: Robert Appleton, 1910), vol. 7. Gregory of Tours라는 항목을 참조하기 바란다.

6 Gregory of Tours, *History of the Franks*, book 1, ch. 40.

7 Frank Stenton, *Anglo-Saxon England* (Oxford: Oxford University Press, 1971), p. 187.

8 *Lesser Feasts and Fasts* (New York: Church Publishing, 2018).

9 Wells, *Brief History of History*, p. 57.

10 Bede, *Historia ecclesiastica gentis Anglorum*, p. 6. 베다는 서론에서 다른 두 논점에 대해서도 비슷하게 말한다.

11 Eric Hobsbawm, 1991년 미국 인류학 협회American Anthropological Association에서 행한 강연. Richard J. Evans, *Eric Hobsbawm: A Life in History* (London: Little, Brown, 2019), p. 553도 참조할 것

12 Ben Macintyre, "France May Be Sending Us a Tapestry of Lies," The Times (London), 2018년 1월 20일. Andrew Bridgeford, *1066: The Hidden History in the Bayeux Tapestry*

(New York: Walker, 2005), p. 8과 David Beinstein, *The Mystery of the Bayeux Tapestry* (Chicago: University of Chicago Press, 1987)도 참조할 것.

13 F. Scott Fitzgerald, "Echoes of the Jazz Age," November 1931.

14 Tom Stoppard, *Arcadia* (New York: Samuel French, 2011), pp. 49-50.

15 William of Newburgh, *Historia rerum Anglicarum* (The history of English affairs), Book I, preface.

16 A. W. Ward, ed., *The Cambridge History of English Literature* (Cambridge: Cambridge University Press, 1908).

17 C. Warren Hollister, *Henry I* (New Haven: Yale University Press, 2001), p. 9.

18 Rodney M. Thomson, *William of Malmesbury* (Woodbridge, Suffolk: Boydell & Brewer, 2003).

19 William of Malmesbury, *Gesta Rerum*, p. 557 ff.

20 Burrow, *History of Histories*, p. 234.

21 *Chronicles of Matthew Paris: Monastic Life in the Thirteenth Century*, ed. and trans. Richard Vaughan (Gloucester, U.K.: Alan Sutton, 1986), p. 17.

22 Hugh Chisholm, ed., "Matthew of Paris," *Encyclopaedia Brittanica*, 11th ed. (Cambridge: Cambridge University Press, 1911), pp. 888-89.

23 Burrow, *History of Histories*, p. 232. 언젠가 한 지혜로운 교사가 나에게 말했듯이, 역사 학자의 연구는 신화를 파괴하는 경향을 띠기 때문에 역사학자가 박수를 받지 못하는 것이다.

24 Thompson, *History of Historical Wrtiting*.

25 Janet Nelson, *King and Emperor: A New Life of Charlemagne* (London: Allen Lane, 2019).

26 Jean Froissart, *Chroniques*, Book I, p. 7.

27 Jean Froissart, *Oeuvres*, ed. Kervyn de Lettenhove, 25 vols. (Brussels, 1867-77), pp. xv, 167, xvi, 234.

28 Burrow, *History of Histories*, pp. 254-56.

29 Will Durant, *The Reformation* (New York: Simon & Schuster, 1957), p. 76.

30 Johan Huizinga, *The Autumn of the Middle Ages* (Chicago: University of Chicago Press, 1996), pp. 347-48.

31 Dan Piepenbring, "Hunky, Virile Consumers, and Other News," The Paris Review, 2015년 7월 13일.

32 Chris Given-Wilson, *Chronicles: The Writing of History in Medieval England* (New York: Hambledon and London, 2004), p. 126.

6장 어쩌다가 역사가

1   Antonio Pérez, *Aforismos de las Relaciones y Cartas Primeras y Segundas de Antonio Perez* (1787; repr. Charleston, S.C.: Nabu Press, 2011).

2   Thompson, *History of Historical Writing*, p. 498에서 인용한 Fuerter. 또한 Tim Parks, *The Prince* (New York: Penguin, 2009), introduction과 Felix Gilbert, *History: Choice and Commitment* (Cambridge: Harvard University, 1977), p. 135를 참조할 것.

3   Dominique Goy-Blanquet, "Elizabethan Historiography and Shakespeare's Sources," in *Cambridge Companion to Shakespeare's History Plays, ed. Michael Hathaway* (Cambridge, U.K.: Cambridge University Press, 2002), p. 57.

4   Patrick Boucheron, *Machiavelli: The Art of Teaching People What to Fear*, tr. Willard Wood (New York: Other Press, 2020).

5   Voltaire, "Of Savonarola," ch. 87, p. 166.

6   Will Durant, *The Renaissance: A History of Civilization in Italy from 1304-1576 AD* (New York: Simon & Schuster, 1953), p. 418.

7   Miles J. Unger, *Machiavelli* (New York: Simon & Schuster, 2011), p. 102.

8   Machiavelli, *Legazioni, Commissarie, Scritti di Governo*, 4 vols. (Rome, 2006), vol. 2, p. 125.

9   Pasquale Villari, *The Life and Times of Niccolò Machiavelli*, 2 vols., trans. Linda Villari (London: T. F. Unwin, 1898), p. 364.

10   Claudia Roth Pierpont, "The Florentine," The New Yorker, 2008년 9월 15일, p. 87.

11   Erin Maglaque, "Free from Humbug," London Review of Books, 2020년 7월 16일, p. 37.

12   *Lettere Familiari di Niccolò Machiavelli*, ed. Edoardo Alvise (Florence, 1893), pp. 308-9.

13   Aristophanes, *The Knights*, 기원전 5세기 아테네의 사회와 정치에 대한 풍자극.

14   Frederick II, der Grosse, King of Prussia, *Anti-Machiavel, or, An Examination of Machiavel's Prince, with Notes Historical and Political, published by M. de Voltaire* (London: T. Woodward, 1761), p. v.

15   *The Works of Francis Bacon*, 1884, vol. 1, book 2, p. 223.

16   Erica Benner, *Be Like the Fox: Machiavelli in His World* (London: Allen Lane, 2017), p. xv. 한편 Philip Bobbit, *The Garments of Court and Palace; Machiavelli and the World That He Made* (New York: Grove, 2013)는 Dick Cheney를 예로 들며 정반대로 해석한다. Sarah Dunant가 치밀한 조사를 바탕으로 쓴 역사소설, *In the Name of the Family* (New York: Random House, 2017)도 참조할 것. 최근에 출간된 Alexander Lee의 *Machiavelli: His Life and Times*는 762쪽으로 두껍기도 하지만 무척 지루해서 애초부터 피하는 게 최선이다.

17   Garry Wills, "New Statesman," The New York Times Book Review, 2013년 8월 4일, p.

12. Bobbitt, *The Garments of Court and Palace*도 참조할 것.

18 Simon Schama, *Wordy: Sounding Off on High Art, Low Appetite and the Power of Memory* (London: Simon and Schuster, 2019), p. 261.

19 Burrows, *History of Histories*, p. 279.

20 Niccolò Machiavelli, *Florentine Histories*, book 5.

21 Maurizio Viroli, *Niccolò's Smile: A Biography of Machiavelli*, trans. Antony Shugaar (New York: Farrar, Straus and Giroux, 2002), ch. 1.

7장 윌리엄 셰익스피어

1 William Shakespeare, *Henry VIII*, Prologue, ll. 25-27.

2 Peter Saccio, *Shakespeare's English Kings: History, Chronicle, and Drama* (1977; repr. Oxford: Oxford University Press, 2000).

3 Beverley E. Warner, *English History in Shakespeare's Plays* (New York: Longman, 1906), p. 3.

4 Jonathan Bate, *Soul of the Age: A Biography of the Mind of William Shakespeare* (New York: Random House, 2009), p. 322.

5 Simon Schama, *Wordy: Sounding Off on High Art* (London: Simon & Schuster, 2019), p. 234.

6 Louis B. Wright, *Middle-Class Culture in Elizabethan England* (Ithaca, N.Y.: Cornell University Press, 1965).

7 Ivo Kamps, "Shakespeare's England," *A Companion to Shakespeare's Works: The Histories* (Oxford: Blackwell, 2003), p. 8.

8 Samuel Taylor Coleridge, *On Shakespeare and Other Poets and Dramatists* (Charleston, S.C.: Nabu Press, 2011). 원문에서 콜리지는 '리처드'라고만 표기할 뿐, 2세라고 구체적으로 명기하지 않았지만 리처드 2세를 가리킨 게 분명하다.

9 Stacy Schiff, *Cleopatra: A Life* (New York: Little, Brown, 2010), pp. 7, 300.

10 Charles Dickens, *The Pickwick Papers* (London: Chapman and Hall, 1838), p. 412.

11 Alison Weir, *Richard III and the Princes in the Tower* (London: Vintage, 2014). 앨리슨의 첫 연구는 1992년에 발표되었지만, 그 이후로 "내 생각에는 리처드 3세를 호의적으로 판단하지 않는 더 강력한 사례가 있을 듯하다. 그것도 사반세기 동안 그가 지나치게 비난받았다고 생각하던 사람이 입장을 바꿀 것 같다"고 덧붙였다.

12 Janis Hull, "Plantagenets, Lancastrians, Yorkists, and Tudors," in *Cambridge Companion to Shakespeare's History Plays*, ed. Michael Hathaway (Cambridge, U.K.: Cambridge University Press, 2002), p. 98.

13 Stephen Greenblatt, *Tyrant: Shakespeare on Politics* (New York: Norton, 2018).

14 James Shapiro, *The Year of Lear: Shakespeare in 1606* (New York: Simon & Schuster, 2015), p. 11. "Is Shakespeare History?" In Our Time, BBC 라디오 채널 4에서 Melvyn Bragg가 진행한 프로그램(2018년 10월 11일)도 참조하기 바란다.

15 올드 세인트 폴 대성당 내에 마련된 야외 설교단, 세인트 폴스 크로스에서 당시 한 설교자가 실제로 표현한 말이다. Bate, *Soul of the Age*, p. 16.

16 Garry Wills, "Shakespeare and Verdi in the Theatre," The New York Review of Books, 2011년 11월 24일, p. 34.

17 William J. Humphries, "How Did Shakespeare Make His Money?" The Author, Winter 2016, p. 119.

18 Garry Wills, *Verdi's Shakespeare: Men of the Theater* (New York: Penguin Books, 2012).

19 Bob Dylan의 Nobel Banquet 연설, 2016년 12월 10일.

20 Henry Ansgar Kelly, *Divine Providence in the England of Shakespeare's Histories* (Cambridge: Harvard University Press, 1970). 《헨리 6세》 3부작에 대한 설명은 켈리의 책을 근거로 한 것이다.

21 John F. Danby, *Shakespeare's Doctrine of Nature: A Study of King Lear* (London: Faber, 1949).

22 셰익스피어의 '부주의'에 대한 마뜩잖지만 신중한 설명에 대해서는 J. A. K. Thomson, *Shakespeare and the Classics* (London: Allen and Unwin, 1952)를 참조하기 바란다.

23 Samuel Taylor Coleridge, "Shakespeare's English Historical Plays," *Shakespeare, With Introductory Matter on Poetry, the Drama, and the Stage* (New York: Amazon Digital, 2015).

24 Ron Rosenbaum, 필자와의 인터뷰, 2014년 8월.

25 Bate, *Soul of the Age*, p. 223.

26 엘리자베스가 실제로 이렇게 말했느냐에 대한 논의는 Bate, *Soul of the Age*, pp. 263-67을 참조하기 바란다.

27 Wills, *Verdi's Shakespeare*.

28 Paola Pugliatti, *Shakespeare the Historian* (Basingstoke, U.K.: Macmillan, 1995), p. 36.

29 Bart Vanes, "Too Much Changed," The Times Literary Supplement, 2016년 9월 2일, p. 14.

30 *Henry VI, Part III*, Act III, scene ii, ll. 182-95.

31 Terry Eagleton, *Humour* (London: Yale University Press, 2019).

32 *Henry V*, Act IV, scene i, ll. 129-45; 이 장면에서 헨리 5세는 40번이나 대답한다!

33 Schama, *Wordy*, p. 237.

8장 조조와 불충한 꼭두각시

1   *The Letters of Wolfgang Amadeus Mozart* (1769-1791) (New York: Hurd and Houghton, 1866), vol. 1, 1778년 아버지에게 보낸 편지에서.

2   *The Correspondence of James Boswell with James Bruce and Andrew Gibb, Overseers of the Auchinleck Estate*, ed. Nellie Hankins and John Strawhorn (New Haven: Yale University Press, 1998), p. 298.

3   Voltaire, *Works*, vol. 16a (New York, 1927), pp. 250-51.

4   John Lukacs, *The Future of History* (New Haven: Yale University Press, 2011), p. 5을 참조하기 바란다.

5   Lukacs, *Future of History*, p. 5.

6   Lytton Strachey, "Voltaire and Frederick the Great," *Books and Characters French and English* (New York: Harcourt, Brace, 1922).

7   Pomeau, V*oltaire and His Times*, vol. 1 (Oxford: Voltaire Foundation, 1985), p. 4.

8   Thomas Carlyle, *The History of Frederick II of Prussia*, 8 vols. (1858-65; repr. London: Chapman & Hall, 1897).

9   Will and Ariel Durant, *The Age of Voltaire: The Story of Civilization*, vol. 9 (New York: Simon & Schuster, 1965), prologue.

10   Norman L. Torrey, *The Spirit of Voltaire* (1938; repr. New York: Russell and Russell, 1968), p. 21.

11   Durant, *Age of Voltaire*, p. 36.

12   James Boswell, *The Life of Samuel Johnson*, ed. Percy Fitzgerald (London: Sands & Co.), vol. 1, p. 355.

13   Roger Pearson, *Voltaire Almighty* (New York: Bloomsbury, 2008), p. 57

"대체 역사는 얼마나 더 있는 거야?!"

14 Gustave Flaubert가 Roger des Genettes 부인에게 보낸 편지, P. N. Furbank, "Cultivating Voltaire's Garden," The New York Review of Books, 2005년 11월 15일, p. 69에서 인용.

15 Voltaire가 Jeanne-Grâce Bosc du Bouchet, comtesse d'Argental에게 보낸 편지(1748년 10월 4일). 이 구절은 Marie-Louise Denis에게 보낸 편지에도 쓰였다(1752년 5월 22일).

16 René Pomeau, La Religion de Voltaire (1958; repr. Paris: Nizet, 1995), p. 190.

17 Voltaire, Memoirs, p. 41.

18 The Works of Voltaire: A Contemporary Version with Notes by Tobias Smollett, vol. 1 (London: E. R. DuMont, 1901), p. 22. 이 말을 볼테르가 했는지 Smollett이 했는지는 불분명하다.

19 Voltaire, Memoirs, p. 45.

20 Voltaire, Memoirs, p. 23.

21 F. C. Green, introduction to Voltaire, The Age of Louis XIV (London: J. M. Dent, 1961), p. vii.

22 Page Smith, The Historian and History (New York: Knopf, 1964), p. 31을 참조하기 바란다.

23 Voltaire, Essay on the Manners and Spirit of Nations, vol. 3, p. 40.

24 Virginia Woolf, "The Historian and the Gibbon," The Death of the Moth and Other Essays (New York: Harcourt Brace, 1974), p. 85.

25 볼테르가 질녀에게 보낸 사랑의 편지. Love Letters of Voltaire to His Niece, ed. and trans. Theodore Besterman (Oxford: Oxford University Press, 1958).

26 Louise de l'Epinay, Memoirs and Correspondence, trans. J. H. Freese (London, 1899), vol. 3, p. 178.

27 Voltaire, Lettres d'Amabed, Septième lettre, 1769.

28 Peter Gay, Style in History (New York: Basic Books, 1974), p. 29; Ian Davidson, Voltaire in Exile, 1753-78 (New York: Grove Press, 2004), p. 6도 참조할 것.

29 The Letters of Edward Gibbon, ed. J. E. Norton, vol. 1, 1750-73 (New York: Macmillan, 1956), no. 388, p. xi.

30 Studies on Voltaire and the Eighteenth Century: Edward Gibbon, Bicentenary Essays, ed. David Womersley (New York: Oxford University Press, 1997), p. 297.

31 The Letters of Edward Gibbon, vol. 1, 1757년 12월 18일, p. 80.

32 같은 편지, 1757년 12월 18일, p. 79.

33 Lytton Strachey, Books and Characters (Cheltenham: Orchard Press, 2008)와 Portraits in Miniature (London: Chatto, 1931).

34 Woolf, Death of the Moth, p. 90.

35 "Dish and Dishonesty," Blackadder the Third, 1987년 9월 17일 첫 방영.

36 Young, Gibbon, pp. 44-45.

37 Henry Fielding, The Adventures of Tom Jones, p. 62.

38 Jorge Luis Borges, "Edward Gibbon, Pages of History and Autobiography," *Selected Nonfictions.*

39 Gerald Rose, "Shakespeare as an Historian: The Roman Plays," Fidelio, vol. 13, Fall 2004.

40 Jim White, "Onan off the Playing Field," The Daily Telegraph, 2005년 3월 20일.

41 Will and Ariel Durant, *Rousseau and Revolution* (New York: Simon & Schuster, 1931), p. 800.

42 George Eliot, *Mill on the Floss* (London: Collins cleartype), p. 150.

43 Winston Churchill, *A Roving Commission: My Early Life* (New York: Scribner, 1930), p. 111.

44 *Gibbon and the "Watchmen of the Holy City": The Historian and His Reputation, 1776-1815,* ed. David Warmersley (Oxford: Clarendon, 2002), p. 1.

45 Lord Sheffield, *The Miscellaneous Works of Edward Gibbon Esq,* 1814, vol. I, p. 278.

46 Woolf, *Death of the Moth,* pp. 82-83.

47 *Hemingway's Boat*의 저자 Paul Hendrickson이 Macaulay Honors College, CUNY에서 2011년 11월 2일 강의한 내용.

48 Will and Ariel Durant, *Rousseau and Revolution,* p. 800.

49 Ian Morris, *Why the West Rules—For Now: The Patterns of History and What They Reveal About the Future* (New York: Farrar, Straus and Giroux, 2010).

50 Rose, "Shakespeare as an Historian."

51 Gay, *Style in History,* p. 12.

52 Roger Bradshaigh Lloyd, *Christianity, History, and Civilization* (Madison: University of Wisconsin Press, 2008), p. 44.

53 Virginia Woolf, *Death of the Moth,* p. 112.

54 Young, *Gibbon,* pp. 74-75.

55 1787년 1월 20일 셰필드 경에게 보낸 편지, *The Letters of Edward Gibbon,* vol. 3, p. 61.

56 1784년 10월 22일 셰필드 부인에게 보낸 편지, *The Letters of Edward Gibbon,* p. 10.

57 1791년 4월 9일 셰필드 경에게 보낸 편지, H. H. Milman, *The Life of Edward Gibbon with Selections from His Correspondence* (Paris: Baudry's European Library, 1840), p. 232에 수록.

58 1793년 1월 6일 셰필드 경에게 보낸 편지, *The Letters of Edward Gibbon,* vol. 3.

9장 학문이라 선언하다

1 Simon Schama, speech at National Book Festival, Washington, D.C., 2009년 9월 26일.

2   Lukacs, *Future of History*, p. 3.

3   Peter Gay and Victor G. Wexler, eds., *Historians at Work*, vol. 3 (New York: Harper & Row, 1975), p. 88.

4   Alberto Manguel, *A History of Reading* (London: Flamingo, 1997), p. 231.

5   Manguel, *History of Reading*.

6   Joan Acocella, "Turning the Page," The New Yorker, 2012년 10월 8일.

7   Stefan Zweig, *Beware of Pity* (New York: New York Review of Books, 1976), p. 246.

8   John Clive, *Macaulay: The Shaping of the Historian* (New York: Vintage, 1975), p. 259.

9   John Moultrie, "The Dream of Life," *Poems*, 2 vols. (London, 1876), I, pp. 421-42.

10 Clive, *Macaulay*, p. 59.

11 Lord Macaulay, 1831년 7월 30일 누이 해나에게 보낸 편지, *The Life and Letters of Lord Macaulay*, ed. Otto Trevelyan (New York: Harper, 1875).

12 Morning Chronicle, 1824년 6월 26일.

13 Clive, *Macaulay*, p. 139.

14 Margaret Macaulay, *Recollections*, 1837년 11월 27일, pp. 59-60.

15 H. V. Bowen, *The Business of Empire: The East India Company and Imperial Britain, 1756-1833* (Cambridge: Cambridge University Press, 2006), p. 203.

16 Fanny Macaulay가 Margaret Macaulay에게 보낸 편지, 1834년 2월, Huntington MSS.

17 Robert E. Sullivan, *Macaulay: The Tragedy of Power* (Cambridge: Harvard University Press, 2009), p. 131.

18 Sullivan, *Macaulay*, p. 127.

19 Thomas Flower Ellis에게 보낸 편지, 1835년 12월 30일.

20 Winston Churchill, *My Early Life*, ch. 2.

21 Macaulay가 Napier에게 보낸 편지, 1838년 7월 20일, Napier Correspondence, pp. 264-65.

22 Macaulay, *Critical and Historical Essays*, p. 415ff.

23 Sullivan, *Macaulay*, p. 315.

24 Schama, *Scribble, Scribble, Scribble*, p. 110.

25 Owen Dudley Edwards, *Macaulay* (New York: St. Martin's Press, 1988), p. 26.

26 매콜리가 해나와 마거릿에게 보낸 편지, 1932년 6월 7일, Trinity Correspondence.

27 Schama, *Scribble, Scribble, Scribble*, p. 111.

28 Lord Macaulay가 James Mackintosh의 *History of the Glorious Revolution of 1688*에 대해 쓴 글, *Critical and Historical Essays*, vol. 2, p. 206.

29 Terry Eagleton, "A Toast at the Trocadero," London Review of Books, 2018년 2월 18일, p. 10.

30 Lord Acton, "The Study of History," *Lectures on Modern History* (London: Macmillan, 1906), pp. 32-33. G. P. Gooch, *History and Historians in the Nineteenth Century* (London: Longmans, Green, 1913), p. 12와 George G. Iggers and James M. Powell, *Leopold von Ranke and the Shaping of the Historical Discipline* (New York: Syracuse University Press, 1990), pp. 1-10도 참조하기 바란다.

31 Edward Muir, "Leopold von Ranke, His Library, and the Shaping of Historical Evidence," Syracuse University Library Associates Courier 22, no. 1 (Spring 1987): 3.

32 Wells, *Brief History of History*, p. 227.

33 John Barker, *The Superhistorians: Makers of Our Past* (New York: Scribner, 1982), p. 183.

34 Muir, "Leopold von Ranke."

35 Leopold von Ranke, *Collected Works* (Sämtliche Werke), 53/54, p. 227.

36 Susan Cramer, "The Nature of History: Meditations on Clio's Craft," Nursing Research 41, no 1 (1992).

37 Leopold von Ranke, *Collected Works*, p. 227.

38 Leopold von Ranke, *Collected Works*, p. 258.

39 Theodore von Laue, *Leopold Ranke: The Formative Years* (Princeton: Princeton University Press, 1950), p. 115.

40 Lord Acton, "Study of History," p. 18.

41 Richard Crossman, "When Lightning Struck the Ivory Tower," *The Charm of Politics: And Other Essays in Political Criticism* (New York: Harper and Northumberland Press, 1958).

42 Georg G. Iggers and Konrad von Moltke, introduction to Leopold von Ranke, *The Theory and Practice of History* (Indianapolis: Bobbs-Merrill, 1973), p. xxxi.

43 Wilhelm von Giesebrecht, *Gedächtnisrede auf Leopold von Ranke* (Munich, 1887), p. 14.

44 Theodore von Laue, *Leopold Ranke*, p. 52.

45 Robinson, *Islamic Historiography*, pp. 5-6.

46 Macaulay, "History," *Critical and Historical Essays*.

47 Barker, *Superhistorians*, pp. 150-51.

10장 옛날 옛적에

1 H. L. Mencken, *A Mencken Chrestomathy* (New York: Knopf, 1949).

2 George Eliot이 *Middlemarch*에서 리뷰한 Henry James. Sally Beauman, "Encounters with George Eliot," The New Yorker, 1994년 4월 18일, p. 92도 참조하기 바란다.

3 Barker, *Superhistorians*, p. 118.

4 A. N. Wilson, *The Laird of Abbotsford: A View of Sir Walter Scott* (Oxford: Oxford

University Press, 1980), p. 59

5   Colin Wells, *A Brief History of History*, p. 223.

6   Hilary Mantel, "The Iron Maiden," Second Reith Lecture, 2017.

7   Jill Lepore, "Just the Facts, Ma'am," The New Yorker, 2008년 3월 24일.

8   György Lukács, *The Historical Novel* (London: Merlin Press, 1962), p. 20.

9   Edith Wharton, *The Writing of Fiction* (New York: Scribner, 1997), p. 11.

10   Isaiah Berlin, Karl Marx (London: Oxford University Press, 1959), p. 205.

11   Jacques Bonnet, *Phantoms of the Bookshelves* (London: Macclehose Press, 2010), pp. 82-83.

12   Wharton, *Writing of Fiction*, p. 9.

13   Joseph Conrad, "Henry James, An Appreciation," *Notes on Life and Letters* (CreateSpace Independent Publishing, 2016).

14   Thomas Mallon, "Never Happened," The New Yorker, 2011년 11월 21일, p. 117.

15   닥터로의 편집자, 제럴드 하워드Gerald Howard는 2016년 필자에게 보낸 이메일에서 이런 대화를 알려주었다. 고어 비달Gore Vidal(1925-2012)도 미국의 역사를 소재로 한 연작 소설 《제국 이야기》의 제5권 《제국》에서, 1906년경 시어도어 루스벨트와 윌리엄 랜돌프 허스트가 백악관에서 만난 것처럼 묘사했지만, "그들이 실제로 어떤 이야기를 나누었는지는 누구도 모른다. 내가 꾸민 대화가 둘이 서로 상대를 어떻게 생각했는지에 대해 그런대로 정확히 포착했기를 바랄 뿐이다"라고 말하며 비슷한 견해를 보였다.

16   Emmanuel Le Roy Ladurie, "Balzac's Country Doctor: Simple Technology and Rural Folklore," *The Mind and Method of a Historian*, trans. Sian and Ben Reynolds (Chicago: University of Chicago Press, 1981), p. 123. 그 밖의 인용도 이 논문에서 끌어온 것이다.

17   Milan Kundera, *The Art of the Novel*, trans. Linda Asher (New York: Grove, 1988), p. 44. 이 책에서 쿤데라는 두 가지를 명확히 지적한다. 첫째(p. 36), 쿤데라는 "1968년 러시아가 체코슬로바키아를 침략하고 수년 뒤에 대중을 공포로 통치하기 전에 개를 조직적으로 학살하는 사건이 있었다. 역사가와 정치학자에게는 중요하지 않아 완전히 잊혔지만 인류학적으로 무엇보다 중요한 사건이었다!"라고 회상한다. 둘째(p. 38), 쿤데라는 자신의 소설 《참을 수 없는 존재의 가벼움》에서 끌어온 한 예를 인용한다. 러시아군에게 체포되고 납치되어 투옥된 알렉산데르 둡체크는 레오니트 브레즈네프와 어쩔 수 없이 협상한 뒤에 프라하에 돌아와, "라디오 방송을 하지만 말을 제대로 하지 못한다. 가쁜 숨을 몰아쉬며 말을 도중에 끊고는 오랫동안 멈춘다." 쿤데라가 이 사건을 소설로 재창조해내지 않았다면, 라디오 방송국 기사가 그 긴 침묵을 편집하라는 지시를 받았기 때문에 이 사건도 완전히 잊혔을 것이다.

18   "Up Front: Brenda Wineapple," The New York Times Book Review, 2010년 7월 9일.

19   Geoffrey Woolf, "A Nineteenth-Century Turn," The New York Times Book Review, 2007년 3월 11일, p. 1.

20 A. S. Byatt, *On Histories and Stories* (Cambridge, Mass.: Harvard University Press, 2002).

21 Robinson, *Islamic Historiography*, pp. 154-55.

22 Michael Howard, 필자와의 개인적인 대화에서, 2017년 10월.

23 Isaiah Berlin, *Russian Thinkers* (London: Penguin, 1994), p. 242.

24 Maxwell Perkins, *Editor to Author: The Letters of Maxwell E. Perkins* (New York: Scribner, 1991), p. 64. Percy Lubbock도 자신의 고전적인 연구서 The Craft of Fiction (New York: Viking, 1957), p. 35에서 "이렇게 미치게 만드는 방해꾼"에 불만을 터뜨리며 "역사가가 거론되는 곳에서 독자는 언제라도 즉시 몇 페이지를 건너뛰어도 괜찮다"고 말했다.

25 Leo Tolstoy, *War and Peace*, trans. Aylmer Maude (1812), book 9, ch. 1.

26 William Golding, *The Hot Gates and Other Occasional Pieces* (New York: Harcourt, Brace, 1966), p. 123.

27 Leo Tolstoy, *War and Peace*, trans. Andrew Bromfield (New York: Ecco, 2007), pp. 399, 751.

28 Janet Malcolm, *Reading Chekhov: A Critical Journey* (New York: Random House, 2002), p. 121.

29 Golos, no. 93, 1865년 4월 3일.

30 Count Nikolai Tolstoy, introduction to *War and Peace*, trans. Andrew Bromfield (New York: Ecco Press, 2007), p. viii을 참조하기 바란다.

31 *War and Peace*, trans. Andrew Bromfield, book 3, part 3, ch. 20.

32 Alan Edwin Day, *History: A Reference Handbook* (London: Clive Bingley, 1977), p. 178.

33 Perry Anderson, "From Progress to Catastrophe," London Review of Books, 2011년 7월 28일.

34 Nick Ripatzrone, *Longing for an Absent God* (New York: Fortress Press, 2020).

35 Hilton Als, "Ghosts in the House," The New Yorker, 2003년 10월 27일, 2020년 7월 27일 재수록, p. 35.

36 Toni Morrison, "A Knowing So Deep," Essence, 15th Anniversary Issue, April 1985; reprinted in *What Moves at the Margin: Selected Nonfiction*, ed. Carolyn Denard (Jackson: University Press of Mississippi, 2008).

37 Alexis Okeowo, "Secret Histories," The New Yorker, 2020년 10월 26일, p. 44.

38 Alexander Lee, "Portrait of the Author as a Historian: Toni Morrison," History Today, vol. 67, issue 2, 2017년 2월 2일. "Anyone who doesn't know": Toni Morrison, "A Knowledge So Deep," Essence, 15th Anniversary Issue, April 1985; reprinted in *What Moves at the Margin: Selected Nonfiction* (Jackson: University Press of Mississippi, 2008)도 참조하기 바란다.

39 Als, "Ghosts in the House," p. 32.

40 Michael Scammell, "Solzhenitsyn the Stylist," The New York Times Book Review, 2008년 8월 31일, p. 23.

41 Gary Saul Morson, "Solzhenitsyn's Cathedrals," The New Criterion, 2017년 10월 20일.

42 Michael Scammell, "Solzhenitsyn the Stylist," The New York Times Book Review, 2008년 8월 31일, p. 23.

43 Michael Scammell, "Circles of Hell," The New York Review of Books, 2011년 4월 28일, p. 46; and Anne Applebaum, *Gulag: A History* (New York: Doubleday, 2003).

44 David Remnick, *Reporting* (New York: Knopf, 2006), p. 197. 처음에는 "Deep in the Woods"라는 제목으로 2001년 The New Yorker에 게재되었다.

45 인터뷰, "Solzhenitsyn in Zurich," Encounter 46, no. 4 (April 1976): 12.

46 Scammell, "Solzhenitsyn the Stylist," p. 23.

47 Vladimir Nabokov, "Good Readers and Good Writers," *Lectures on Literature* (New York: Mariner Books, 2002), p. 1. 이 강연은 1946년 코넬 대학교를 비롯한 여러 곳에서 처음 시행되었다.

48 Jill Lepore, "Just the Facts, Ma'am," The New Yorker, 2008년 3월 24일, p. 79.

49 BBC 웹사이트에 올려진 리스 강연에서 인용.

50 Hilary Mantel, 2018년 4월 19일, 필자에게 보낸 이메일에서.

51 Larissa MacFarquhar, "The Dead Are Real," The New Yorker, 2012년 10월 15일, p. 55.

11장 미국의 남북 전쟁

1 Viet Thanh Nguyen, *Nothing Ever Dies: Vietnam and the Memory of War* (Cambridge: Harvard University Press, 2016), p. 4.

2 히틀러를 다룬 책에 대한 수치는 Volker Ullrich, *Hitler: Ascent, 1889-1939* (New York: Knopf, 2016)를 인용한 것이다. Alex Ross, "The Hitler Vortex," The New Yorker, 2018년 4월 30일, p. 66도 참조하기 바란다.

3 Robert Penn Warren, *The Legacy of the Civil War: Meditations on the Centennial* (New York: Random House, 1961), p. 3.

4 C. Vann Woodward, "The Great American Butchery," The New York Review of Books, 6 March 1975를 참조하기 바란다.

5 David Von Drehle, "150 Years After Fort Sumter: Why We're Still Fighting the Civil War," Time, 2011년 4월 7일.

6 Shelby Foote, Eugene G. Stevens의 *Sunset at Shiloh* (New York: Barnes and Noble, 2014), p. 5에서 인용.

7   Bruce Catton, *Prefaces to History* (New York: Doubleday, 1970), p. 36.

8   Drew Gilpin Faust, *This Republic of Suffering: Death and the American Civil War* (New York: Knopf, 2008), p. 58.

9   *Walt Whitman Speaks: His Final Thoughts on Life, Writing, Spirituality, and the Promise of America* (New York: Library of America, 2019).

10   Von Drehle, "150 Years After Fort Sumter."

11   Jill Lepore, *These Truths: A History of the United States* (New York: Norton, 2018), p. 221.

12   Ken Burns가 남북 전쟁을 다룬 텔레비전 시리즈의 제3편에서 인용한 찰스 프랜시스 애덤스 주니어Charles Francis Adams Jr. 중위의 발언이다. 애덤스는 토머스 칼라일이 1853년 소책자로 발간한 평론, "Occasional Discourse on the Nigger Question"이 불러일으킨 논란을 언급한 것이었다.

13   Robert Conquest, "Robert E. Lee," Encounter, 1975년 6월, p. 50.

14   Eddie S. Glaude, Jr., *Begin Again: James Baldwin's America and Its Urgent Lessons for Our Own* (New York: Crown, 2020), p. 73.

15   Margaret MacMillan, *Dangerous Games: The Uses and Abuses of History* (New York: Random House, 2008), p. 56.

16   Adam Gopnik, "Memorials," The New Yorker, 2011년 5월 9일, p. 21.

17   Ari Kelman, "An Impertinent Discourse," The Times Literary Supplement, 2012년 2월 24일, p. 7.

18   MacMillan, *Dangerous Games*, p. 56.

19   William Yardley, Bertram Wyatt-Brown의 부고 기사, The New York Times, 2012년 11월 14일.

20   Foner, *Who Owns History?* p. 17.

21   Mary C. Simms Oliphant, The New Simms History of South Carolina, Centennial Edition 1840 – 1940 (Columbia, S.C.: The State Company, 1940), p. 265.

22   David Blight, *Race and Reunion: The Civil War in American Memory* (Cambridge, Mass.: Belknap Press, 2001).

23   Joe Klein, "Trump, the Astute Salesman, Has Captured and Targeted America's Prevailing Mood: Nostalgic," Time, 2016년 5월 19일, p. 29.

24   Bruce Catton, *A Stillness at Appomattox* (New York: Random House, 1953), pp. 242-43.

25   캐턴의 이력을 다룬 블라이트 책에 대한 전체적인 평가는 Andrew Delbanco, "The Central Event of Our Past: Still Murky," The New York Review of Books, 9 February 2012를 참조하기 바란다.

26   David Blight가 Ken Burns 및 Adam Goodheart와 가진 대담에서, Times Talks, 2011년 4월 4일, Times Center, New York, New York.

27 James M. McPherson, "What Drove the Terrible War?" The New York Review of Books, 2011년 7월 14일, p. 34.

28 CivilWarTalk.com.

29 Colson Whitehead, *The Underground Railroad* (New York: Doubleday, 2016), p. 3.

30 Eric Foner, "A Brutal Process," The New York Times Book Review, 2014년 10월 5일, p. 21.

31 Adam Gopnik, "Better Angel," The New Yorker, 2020년 9월 28일, p. 66.

32 Louis Menand, "In the Eye of the Law," The New Yorker, 2019년 2월 4일.

33 Samuel Johnson, "Taxation No Tyranny," 1775.

34 James McPherson, "A Bombshell on the American Public," The New York Review of Books, 2012년 11월 22일.

투키디데스 스미스는 대반란에 대한 이야기를 쓰기로 결심했지만, 그 엄청난 작업을 시작하기 전에 반드시 읽어야 할 책이 별로 없는 걸 보고는 깜짝 놀란다. 그래서 그 작업을 포기하는 게 낫겠다고 생각한다.

35 W. E. B. Du Bois, *The Soul of Black Folk* (1903; repr. Chicago: A. C. McClurg, 1953), p. 15. 1903년에 발간된 초판은 1000부가 팔렸고, 저자에게 지급된 총 저작권료는 150달러였다. 듀보이스는 1953년판에서 일곱 군데를 대폭 개정하며, 반(反)유대주의적 주장으로 해석될 가능성을 지닌 부분들을 주로 덜어냈다.

36 "Address on Colonization to a Deputation of Negroes," 1862년 8월 14일, *Collected*

Works of Abraham Lincoln, vol. 5 (New Brunswick, N.J.: Rutgers University Press, 1953-1955). 〈뉴요커〉에 따르면, 링컨에 대한 책은 1만 5000종을 넘는다. 2020년 2월, 그 잡지는 급진적인 역사가 Fergus M. Bordewich가 링컨을 유약하고 우유부단한 기회주의자이고 "사진을 잘 받는, 높은 중절모를 쓴 무임승차자"로 규정한 연구서, *Congress at War: How Republican Reformers Fought the Civil War, Defied Lincoln, Ended Slavery, and Remade America* (New York: Knopf, 2020)에 대해 애덤 고프닉이 기고한 서평에 무려 4페이지나 할애했다. 고프닉은 이 책이 "우리 시대에 점점 확대되는 수정주의를 철저히 반영"하고 있다는 결론을 내린다.

37 Lepore, *These Truths*, p. 297.

38 Joan Waugh, U. S. Grant: American Hero, *American Myth* (Chapel Hill: University of North Carolina Press, 2009), p. 145.

39 James McPherson, "America's Greatest Movement," The New York Review of Books, 2016년 10월 27일, p. 63.

40 Eric Foner, *Politics and Ideology in the Age of the Civil War* (New York: Oxford University Press, 1980), p. 4.

41 Henry Louis Gates, Jr., "The 'Lost Cause' Built Jim Crow," The New York Times, 2019년 11월 10일.

42 Robert Wilson, *Mathew Brady: Portraits of a Nation* (New York: Bloomsbury, 2013), p. 82.

43 Sanford Schwartz, "The Art of Our Terrible War," The New York Review of Books, 2013년 4월 25일, p. 10.

44 N. H. Mallett, "How Early Photographers Captured History's First Images of War," Military History Now, 2012년 6월 12일.

45 William James, *Essays in Morality and Religion*, vol. 9 (Boston: Harvard University Press, 1982), p. 72.

46 Peter Tonguette, "With the Civil War, Ken Burns Reinvented the Television History Documentary," Humanities, vol. 36, no. 5 September/October 2015.

47 *The Correspondence of Shelby Foote and Walker Percy*, ed. Jay Tolson (Durham, N.C.: DoubleTake, 1997), pp. 65, 82.

48 *Dictionary of Literary Biography*, vol. 17, p. 155.

49 Shelby Foote, *The Civil War: A Narrative: Fredericksburg to Meridian* (New York: Random House, 1963), p. 855.

50 Shelby Foote, *The Civil War: A Narrative: Fort Sumter to Perryville* (1958; repr. New York: Vintage, 1986), p. 815.

51 Ken Burns, 저자와의 인터뷰, 2011년 5월 6일.

52 Ian Parker, "Mr. America," The New Yorker, 2017년 9월 4일, p. 53.

53 인용된 구절은 Adam Gopnik, "American Prophet," The New Yorker, 2018년 10월 15일, p. 80을 참조하기 바란다.

54 Ken Burns, 저자와의 인터뷰, 2011년 5월 6일.

55 Von Drehle, "150 Years After Fort Sumter."

56 David Blight가 Ken Burns 및 Adam Goodheart와 가진 대담에서, Times Talks, 2011년 4월 4일.

57 Foner, *Who Owns History?* p. 150.

58 *Ken Burns's "The Civil War": Historians Respond*, ed. Robert B. Toplin (New York: Oxford University Press, 1996).

12장 신발과 선박과 봉랍에 대하여

1 Marc Bloch, *Apologie pour l'Histoire ou le métier d'historien*, critical edition, ed. Étienne Bloch (Paris: Armand Colin, 1993), p. 83.

2 Carole Fink, *Marc Bloch: A Life in History* (Cambridge, U.K.: Cambridge University Press, 1989), pp. 32-33.

3 Fink, *Marc Bloch*, p. 55.

4 Fink, *Marc Bloch*, p. 98.

5 Evans, *Eric Hobsbawm*, p. 130.

6 Friedrich Nietzsche, "The Use and Abuse of History for Life," one of four "untimely meditations," 1874, reprinted Scotts Valley, South Carolina: CreateSpace Independent Publishing Platform, 2018. 제목을 더 정확히 번역하면 "On the Uses and Disadvantages of History for Life"이다.

7 André Burguière, *The Annales School: An Intellectual History*, trans. Jane Marie Todd (Ithaca, N.Y.: Cornell University Press, 2009), p. 19.

8 Burguière, *Annales School*, p. ix.

9 Lucien Lebvre, "Combats pour l'histoire," Annales, 1953, pp. 329-37.

10 Burguière, *Annales School*, p. 24.

11 Burguière, *Annales School*, p. 39.

12 Burguière, *Annales School*, p. 26.

13 Burguière, *Annales School*, p. 43.

14 Robert D. Kaplan, *The Revenge of Geography: What the Map Tells Us About Coming Conflicts and the Battle Against Fate* (New York: Random House, 2012).

15 Burguière, *Annales School*, p. 89.

16 Fink, *Marc Bloch*, p. 190.

17 Marc Bloch가 Erna Patzelt에게 보낸 편지, 1938년 4월 13일.

18 "A Lucien Febvre; en manière de dédicace," Fougères에서 1941년 5월 10일 작성. 블로크는 이 헌정사를 1942년 10월 17일 페브르에게 보냈다.

19 Burguière, *Annales School*, p. 47.

20 Georges Altman, Marc Bloch, *Strange Defeat: A Statement of Evidence Written in 1940*의 서문에서, trans. Gerard Hopkins (1968; repr. New York: Norton, 1999), p. xv.

21 Burguière, *Annales School*, pp. 147, 151, 159.

22 Alexander Lee, "Portrait of the Author as a Historian: Fernand Braudel," History Today, vol. 66, 2016년 8월호.

23 Lee, *History Today*.

24 Richard Mayne, Fernand Braudel, *A History of Civilizations* (London: Penguin, 1995)의 서문.

25 Fernand Braudel, *The Mediterranean and the Mediterranean World in the Age of Philip II*, trans. Siân Reynolds (London: William Collins, second edition 1966), p. 15.

26 Fernand Braudel, *On History* (Chicago: University of Chicago Press, 1980), p. vii.

27 Lee, History Today.

28 Jack H. Hexter, *On Historians: Reappraisals of Some of the Masters of Modern History* (Cambridge: Harvard University Press, 1986), p. 111.

29 Wells, *Brief History of History*, p. 292.

30 "Panel Discussion: Conversations with Eric Hobsbawm," India International Centre Quarterly 31, no. 4 (Spring 2005): 101-25 (corrected).

31 Alan Macfarlane, "Fernand Braudel and Global History," 1996년 2월 1일 런던 대학교의 역사 연구소에서 행한 강연.

32 Fernand Braudel, *On History*, trans. Sarah Matthews (Chicago: University of Chicago Press, 1982).

33 Wickham, *Framing the Early Middle Ages*, p. 42.

34 Braudel, *On History*.

35 Malise Ruthven, "Will Geography Decide Our Destiny?" The New York Review of Books, 2013년 2월 21일, p. 44.

36 Macfarlane, "Fernand Braudel and Global History," p. 1.

37 André Burguière, Paris에서 저자와의 인터뷰, 2017년 9월 22일.

38 Harriet Swain, "Paratrooping Truffler," Times Higher Education, 1998년 10월 9일. 라뒤리를 다룬 Harriet Swain의 기사는 내가 그 역사가에 대해 읽은 글 중 최고이다. 이 책에서 라뒤리를 다룬 이 부분은 그녀의 글을 많이 참조한 것이다.

39 Swain, "Paratrooping Truffler."

40 Swain, "Paratrooping Truffler."

41 Marnie Huges-Warrington, F*ifty Key Thinkers on History* (London: Routledge, 2000), p. 194.

42 Swain, "Paratrooping Truffler."

43 Swain, "Paratrooping Truffler." 역사학자에 대한 요약도 Swain의 것을 참조했다.

44 Jacques Revel, "Histoire et sciences sociales: les paradigmes des Annales," *Annales*, 1979, 34-36, pp. 1360-1376.

13장 붉은 역사가들

1 루이스 네이미어 경도 비슷한 논조로 "역사가는 과거를 상상하고, 미래를 기억한다"고 말했다. *Conflicts: Studies in Contemporary History* (London, 1942), p. 70도 참조하기 바란다.

2 Kenneth Atchity, *A Writer's Time: Making the Time to Write* (New York: Norton, 1986), p. 135.

3 Hugh Trevor-Roper, "Marxism Without Regrets," Sunday Telegraph, 1997년 6월 15일, 평론란, p. 13.

4 Eric Hobsbawm, *How to Change the World: Tales of Marx and Marxism* (New York: Little, Brown, 2011), p. vii.

5 Jonathan Sperber, *Karl Marx: A Nineteenth-Century Life* (New York: Norton, 2013), ch. 14.

6 Edward Royle, *Victorian Infidels: The Origins of the British Secularist Movement*, 1791-1866 (Manchester, U.K.: Manchester University Press, 1974).

7 Francis Wheen, *Karl Marx: A Life* (New York: Norton, 2000), p. 119.

8 Sperber, *Karl Marx*, p. 203.

9 Thomas Friedman, *The World Is Flat: A Brief History of the Twenty-first Century* (New York: Farrar, Straus and Giroux, 2005).

10 Timothy Shenk, "Find the Method," London Review of Books, 2017년 6월 29일, p. 17.

11 Isaiah Berlin, *Karl Marx: His Life and Environment*, 4th ed. (Oxford, U.K.: Oxford University Press, 1996).

12 1882년 11월 2-3일에 마르크스가 Eduard Bernstein에게 보낸 편지에서 엥겔스가 인용. *Marx/Engels Collected Works*, vol. 46, p. 353, Marx Engels Archives, Moscow, 1924로 처음 출간.

13 John Gray, "The Real Karl Marx," The New York Review of Books, 2013년 5월 9일, p.

38.

14   Gareth Stedman Jones, "In Retrospect: Das Kapital," Nature, 547, 2017년 7월 27일, pp. 401-2.

15   James D. Young, *Socialism Since 1889: A Biographical History* (Totowa, N.J.: Barnes and Noble, 1988), p. 182.

16   Louis Fischer, *The Life of Stalin* (New York: Harper, 1964), p. 181.

17   Leon Trotsky, "Our Political Tasks," 1904년 "Nashi Politicheskiya Zadachi"라는 제목으로 발표된 적이 있음.

18   Irving Howe, *Leon Trotsky* (New York: Viking, 1978), p. 22.

19   Howe, *Leon Trotsky*, p. 64.

20   Robert Conquest, *The Great Terror: A Reassessment*, 3rd ed. (London: Hutchinson, 1990), p. 412.

21   Stephen Kotkin, *Stalin: Waiting for Hitler*, 1929-1941 (London: Penguin, 2017).

22   Neil Davidson, "Leon Trotsky, the Historian," *Jacobin*, reprinted Socialist Worker, 2018년 1월 24일.

23   Tom Stoppard, *Night and Day* (New York: Grove, 2018)

24   Leon Trotsky, *History of the Russian Revolution*, trans. Max Eastman (1932; repr. Chicago: Haymarket Books, 2008), p. 215.

25   Tariq Ali, *Street-Fighting Years: An Autobiography of the Sixties* (London: Verso, 2018), p. 324.

26   Martin Amis, "The Deadliest Idealism," The New York Times Book Review, 2017년 10월 22일, p. 11.

27   Hobsbawm, *Interesting Times*, p. 191.

28   Henry St. L. B. Moss, "A Marxist View of Byzantium," Times Literary Supplement, 1952년 12월 12일.

29   Mark Mazower, "Clear, Inclusive, and Lasting," New York Review of Books, 2020년 7월 23일, p. 43.

30   Gil Shohat, "The Historians' Group of the Communist Party-Ten Years That Reshaped History," Imperial Global Forum, 2016년 3월 8일.

31   Stephen Kotkin, "Left Behind," The New Yorker, 2003년 9월 29일.

32   Frances Stonor Saunders, "Stuck on the Flypaper," London Review of Books, 2015년 3월 28일과 4월 9일.

33   Evans, *Eric Hobsbawm*, p. 462.

34   Tim Rogan, *The Moral Economists: R. H. Tawney, Karl Polanyi, E. P. Thompson, and the Critique of Capitalism* (Princeton: Princeton University Press, 2018).

35 Emma Griffin, "E. P. Thompson: The Unconventional Historian," The Guardian, 2013 년 3월 6일.

36 Christopher Hill, *Democracy and the Labour Movement: Essays in Honour of Dona Torr* (London: Lawrence & Wishart, 1954)의 서문.

37 Kotkin, "Left Behind."

38 Evans, *Eric Hobsbawm*, p. vii.

39 Karl Miller, "Eric Hobsbawm," London Review of Books, 2012년 10월 25일, p. 12.

40 Modern Records Centre, Warwick University, 1215/23; diary ("Tagebuch"), 1943년 1월 22일.

41 Modern Records Centre, Warwick University, 937/7/8/1; "Rathaus/history," 2008년 1월.

42 Modern Records Centre, Warwick University, 937/7/8/1; "Paperback Writer" typescript 2003, pp. 4-5.

43 Neal Ascherson, "Profile: The Age of Hobsbawm," Independent, 1994년 10월 2일 일요일판.

44 David Caute, The Spectator, 2002년 10월 19일.

45 Tony Judt, "The Last Romantic," The New York Review of Books, 2000년 11월 20일.

46 Susan Pedersen, "I Want to Love It," London Review of Books, 2019년 4월 18일, p. 16.

47 "Michael Ignatieff Interviews Eric Hobsbawm," The Late Show, BBC, 1994년 10월 24일.

48 Eric Hobsbawm이 저자에게 보낸 이메일, 2011년 4월 29일.

49 Eric Hobsbawm, *The Age of Extremes: A History of the World*, 1914-1991 (London: Weidenfeld, 1994), p. 393.

50 Eric Hobsbawm, *How to Change the World: Reflections on Marx and Marxism* (London: Michael Joseph, 2011), p. 268.

51 Paul Barker, "Waking from History's Great Dream," Independent, 1990년 2월 4일 일요일판.

52 Evans, *Eric Hobsbawm*, p. 23.

53 Hobsbawm, *Interesting Times*, p. 42. Richard J. Evans, *Biographical Memoirs of Fellows of the British Academy*, vol. 14, pp. 207-260도 참조하기 바란다.

54 Saunders, "Stuck on the Flypaper." 이 글은 2015년 대영 박물관에서 시행된 '런던 리뷰 오브 북스London Review of Books, LRB'의 겨울 강연록에 처음 실렸다.

55 Ivan T. Berend와의 인터뷰, Center for European and Eurasian Studies, 2004년 5월 2일.

56 Evans, *Eric Hobsbawm*, p. 614.

57 Perry Anderson, "The Age of EJH," London Review of Books, 2002년 10월 3일.

58 Hobsbawm, *Interesting Times*, p. viii.

59 Saunders, "Stuck on the Flypaper."

60 Modern Records Centre, Warwick University, 1215/21; 1940년 5월 8일 일기.

61 George Lichtheim, "Hobsbawm's Choice," Encounter, 1965년 3월, p. 70.

62 Modern Records Centre, Warwick University, 1215/17, 1935년 6월 4일 일기.

63 Hobsbawm, Interesting Times, p. 81.

64 Kotkin, "Left Behind."

65 Evans, Eric Hobsbawm, p. 488.

66 Tony Judt, Reappraisals: Reflections on the Forgotten Twentieth Century (London: Penguin Books, 2009).

67 Hobsbawm, Interesting Times, p. 56.

68 Evans, Eric Hobsbawm, p. 543.

69 Hobsbawm, Interesting Times, p. xii.

70 Mark Mazower, "Clear, Inclusive, and Lasting," p. 42.

71 Evans, Eric Hobsbawm, p. 352.

72 Saunders, "Stuck on the Flypaper."

73 George Frost Kennan, Russia Leaves the War: Soviet-American Relations, 1917-1920 (Princeton: Princeton University Press, 1956), pp. 68-69.

74 John Earl Haynes and Harvey Klehr, In Denial: Historians, Communism, and Espionage (San Francisco: Encounter Books, 2003), p. 33.

75 Haynes and Klehr, In Denial, p. 231.

76 Terry Eagleton, "Indomitable," London Review of Books, 2011년 3월 3일, p. 14.

77 Walter Benjamin, Ninth Thesis on the Philosophy of History. Raymond Barglow, "The Angel of History: Walter Benjamin's Vision of Hope and Despair," Tikkun, 1998년 11월도 참조하기 바란다.

14장 안에서 들여다본 역사

1 Leo Tolstoy, War and Peace.

2 힐러리 맨틀이 2010년 저자에게 보낸 편지에서.

3 나이지리아 소설가, 치누아 아체베Chinua Achebe(1930-2013)가 처음 이 속담을 사용한 것으로 알려졌지만, 케냐와 짐바브웨에서는 오래전부터 사용된 속담으로 추정된다.

4 Evans, Eric Hobsbawm, p. 569.

5 Evans, Eric Hobsbawm, pp. 564-65.

6 Pliny, Natural History, 7.91.

7 Josephine Quinn, "Caesar Bloody Caesar," The New York Review of Books, 2018년 3월

22일, p. 26.

8   James Davidson, "Laugh as Long as You Can," London Review of Books, 2015년 7월 16일, p. 35.

9   Cicero, Brutus, 62.

10 T. A. Dorey, "Caesar: The Gallic War," Latin Historians, ed. T. A. Dorey (London: Routledge, 1966), pp. 65-84.

11 Julius Caesar, De Bello Gallico, 6, 27.

12 Stacy Schiff, Cleopatra: A Life (New York: Little, Brown, 2010), p. 65

13 Julius Caesar, De Bello Gallico, 1. 32-33.

14 Adrian Goldsworthy, Caesar: Life of a Colossus (London: Weidenfeld, 2006).

15 Goldsworthy, Caesar, p. 407.

16 Barry Strauss, The Death of Caesar (New York: Simon & Schuster, 2015), p. 32.

17 Mary Beard, SPQR: A History of Ancient Rome (New York: Norton, 2015), p. 337. 20세기가 시작되었을 즈음에도 세계를 지배하는 초강대국 중 두 곳은 여전히 카이저와 차르, 즉 황제의 지배를 받았고, 두 명칭은 모두 카이사르Caesar에서 파생된 것이다.

18 Napoleon Bonaparte, Aphorisms and Thoughts (1838; repr. London: Oneworld, 2008). The Military Maxims of Napoleon은 브뤼노 장군이란 부하가 출간한 프랑스어판을 1831년에 처음 번역한 것이다. 프랑스어판은 1901년에 개정판이 출간되었고, 대부분의 격언이 나폴레옹이 직접 쓴 것으로 추정된다.

19 Napoleon Bonaparte, Aphorisms and Thoughts, aphorism no. 484.

20 Bonaparte, Aphorisms and Thoughts, no. 257.

21 Jacques Bainville, Napoleon (Boston: Little, Brown, 1933), p. 392.

22 Anthony Burgess, Napoleon Symphony (New York: Knopf, 1974), p. 365.

23 Adam Gopnik, "Shot of Courage," The New Yorker, 2017년 10월 2일, p. 64.

24 Ulysses S. Grant, Personal Memoirs of U. S. Grant (New York: Charles L. Webster & Company, 1885-86), vol. 1, ch. 1.

25 Lloyd Lewis, Captain Sam Grant (Boston: Little, Brown, 1950), p. 82.

26 John Keegan, The Mask of Command (New York: Viking, 1987), p. 204.

27 William S. McFeely, Grant: A Biography (New York: Norton, 1981), p. 66.

28 T. J. Stiles, "A Man of Moral Courage," The New York Times Book Review, 2016년 10월 23일, p. 12.

29 Stiles, "A Man of Moral Courage."

30 Personal Memoirs of John H. Brinton, Major and Surgeon, U.S.V., 1861-1865 (New York: Neale Publishing Co., 1914), p. 239.

31 James Ford Rhodes, History of the Civil War (New York: Macmillan, 1917), p. 304.

32 Edmund Wilson, *Patriotic Gore: Studies in the Literature of the American Civil War* (New York: Oxford University Press, 1966), p. 160.

33 Elizabeth F. Diggs, 2016년 4월 4일 저자에게 보낸 편지.

34 Herman Melville, *Battle-Pieces and Aspects of the War: Civil War Poems* (New York: Harper, 1866).

35 John Lothrop Motley가 1867년 8월 14일 아내에게 보낸 편지. *The Correspondence of John Lothrop Motley*, ed. George William Curtis, vol. 2 (New York, 1900), p. 283.

36 Keegan, *Mask of Command*, p. 232. Henry M. W. Russell, "The Memoirs of Ulysses S. Grant: The Rhetoric of Judgment," Virginia Quarterly Review 66, no. 2 (Spring 1990): 189-209도 참조하기 바란다.

37 *Personal Memoirs of U. S. Grant*, vol. 2, pp. 175-76.

38 *Personal Memoirs of U. S. Grant*, vol. 1, p. 34.

39 *Personal Memoirs of U. S. Grant*, vol. 1, pp. 278-79. Shelby Foote, *The Civil War: A Narrative* (New York: Random House, 1958-74), vol. 1, pp. 149-52도 참조하기 바란다.

40 Horace Porter, *Campaigning with Grant* (1897; Rockville, Md.: Wildside Press, 2010).

41 Wilson, *Patriotic Gore*, p. 167.

42 Wilson, *Patriotic Gore*, p. 131.

43 *Autobiography of Mark Twain*, ed. Benjamin Griffin and Harriet Elinor Smith, vol. 2 (Berkeley: University of California Press, 2013), p. 60.

44 Joan Waugh, *The Memory of the Civil War in American Culture* (Durham: University of North Carolina Press, 2004), pp. 175-76.

45 Wilson, *Patriotic Gore*, pp. 133, 143-44.

46 *Autobiography of Mark Twain*, vol. 2, p. 71.

47 Waugh, *Memory of the Civil War*, p. 180.

48 "Eric," Goodreads.com의 사용자가 2010년 1월 29일 쓴 리뷰.

49 1885년 7월 8일의 편지, Wilson, *Patriotic Gore*, pp. 138-39를 참조하기 바란다.

15장 역사를 잣다

1 Peter Clarke, *Mr. Churchill's Profession: Statesman, Orator, Writer* (London: Bloomsbury, 2012), p. 5.

2 Reginald Pound, *The Strand Magazine, 1891-1950* (London: Heinemann, 1966), p. 3.

3 Adam Gopnik, "Finest Hours," The New Yorker, 2010년 8월 30일, p. 76.

4 Sullivan, *Macaulay*, p. 314.

5 〈스펙테이터〉가 2018년 10월 9일 웨스트민스터에서 개최한 행사에서, 역사가 앤드루

로버츠Andrew Roberts는 역시 역사가인 로버트 툼스Robert Tombs와 가진 대화에서 이렇게 지적했다.

6   *Companion Volumes to the Official Biography*, vol. 1, part 1, p. 676, Andrew Roberts, *Churchill*, p. 38에서 인용.

7   Time, 1960년 3월 21일.

8   Winston Churchill, *The Second World War, vol. 1* (London: Cassell, 1948), p. 62 (p. 79 in U.S. edition).

9   Winston Churchill, *Savrola: A Tale of Revolution in Laurania* (London: 2013), p. 18.

10   Robert Rhodes James, *Churchill: A Study in Failure, 1900-39* (London: Weidenfeld, 1970), p. 24.

11   A. G. Gardiner, *Prophets, Priests, and Kings* (1917; repr. London: Forgotten Books, 2017), p. 228.

12   Clarke, *Mr. Churchill's Profession*, p. 75.

13   Christopher M. Bell, Churchill and the Dardanelles (Oxford, U.K.: Oxford University Press, 2017), p. 369.

14   David Reynolds, *In Command of History: Churchill Fighting and Writing the Second World War* (New York: Basic Books, 2005), p. 69.

15   Churchill이 클레먼타인 처칠에게 보낸 편지, 1937년 1월 7일.

16   Clarke, *Mr. Churchill's Profession*, p. 160.

17   Clarke, *Mr. Churchill's Profession*, pp. 161-62.

18   Churchill, Second World War, vol. 4, p. 640.

19   *Speaking for Themselves: The Personal Letters of Winston and Clementine Churchill*, ed. Mary Soames (New York: Doubleday, 1998), p. 433.

20   Churchill Papers, CHAR 1/398B/107; Allen Packwood, "Churchill and Napoleon," private paper, 2011년 9월도 참고할 것.

21   Churchill, *Second World War*, vol. 3, *The Age of Revolution*, Book 9.

22   Andrew Roberts, *The Holy Fox: A Life of Lord Halifax* (London: Weidenfeld, 1991), pp. 204-6.

23   *The Neville Chamberlain Diary Letters*, vol. 4, *The Downing Street Years, 1934-1940*, ed. Robert Self (London: Ashgate, 2005), p. 448.

24   Roberts, *Churchill*, p. 373.

25   Johnson, *Churchill Factor*, p. 66.

26   John Colville, *The Fringes of Power* (London: Hodder, 1985), p. 553.

27   Reynolds, *In Command of History*, p. 75 and ff.

28   Churchill, *Second World War*, vol. 1, p. iv.

29 A. H. Booth, *The True Story of Winston Churchill* (Chicago, 1958), pp. 135-36.

30 Denis Kelly, TS memoirs (1985), ch. 3, p. 3; Reynolds, *In Command of History*, pp. 502, 437도 참조하기 바란다.

31 Roy Jenkins, *Churchill: A Biography* (London: Macmillan, 2005) p. 822.

32 A. J. P. Taylor, *Churchill: Four Faces and the Man* (London: Allen Lane, 1969), p. 149.

33 Roberts, *Churchill*, p. 357.

34 Churchill, *Second World War*, vol. 1, p. iii.

35 Reynolds, *In Command of History*, pp. 78, 173.

36 Reynolds, *In Command of History*, p. 81.

37 Lord Moran, *Winston Churchill: The Struggle for Survival, 1940-1965* (London: Constable, 1966), pp. 830-31.

38 예컨대 Max Hastings, "Big Man to Uncle Joe," London Review of Books, 2018년 11월 22일, p. 35을 참조하기 바란다.

39 Roberts, *Churchill*, p. 688.

40 Anthony Montague Browne, *Long Sunset* (London: Podkin Press, 2009), p. 133.

41 Reynolds, *In Command of History*, pp. 507, 440-42, 467.

42 *Winston S. Churchill: His Complete Speeches*, 1897-1963, ed. Robert Rhodes James, 8 vols. (New York: Chelsea House, 1974), vol. 3, p. 2761.

43 New Statesman and Nation, 1951년 8월 4일.

44 Johann Hari, "The Two Churchills," The New York Times Book Review, 2010년 8월 15일, p. 11.

45 Churchill, *Second World War*, vol. 3, p. 605. 이 장면의 설명은 "나는 말로 표현하기 힘든 감정과 기분에 온통 사로잡힌 채 잠자리에 들었고, 구원을 받아 감사하는 사람의 잠을 잤다"는 유명한 구절로 끝난다.

46 Roberts, *Churchill*, p. 692.

47 Henry Kissinger, *White House Years* (Boston: Little, Brown, 1979), pp. xxii‒xxiii.

48 Roy Jenkins, *Churchill: A Biography* (London: Macmillan, 2005), p. 824.

16장 강력한 앙숙

1 Clive James, *Cultural Amnesia: Necessary Memories from History and the Arts* (New York: Norton, 2007), p. 836.

2 Mehta, "The Flight of Crook-Taloned Birds," The New Yorker, 1962년 12월 8일, pp. 59-147 와 1962년 12월 15일, pp. 47-129; Mehta, *The Fly and the Fly-Bottle: Encounters with British Intellectuals* (London: Weidenfeld, 1963)도 참조하기 바란다.

3 찰스 무어는 2017년 8월 14일 저자에게 보낸 이메일에서 "테일러와 트레버로퍼 건에 관련한 일화는 사실이 아닐 가능성이 큽니다. 당시에는 물론 1980년대 중반까지 〈텔레그래프〉는 거의 모든 부고 기사를 자체적으로 작성해서 높은 수준의 부고 기사를 내보내지 않았습니다"라고 대답했다. 따라서 사실이 아닐 가능성이 크지만, 그렇다고 반드시 사실이 아니라고 단정하기도 힘들다. 1991년 6월 21일, 트레버로퍼는 테일러의 전기 작가이며 곧 자신의 전기 작가로 선택할 애덤 시스먼Adam Sisman에게 장문의 폭로성 편지를 보냈다. 그 편지는 그가 고인이 된 남편, 즉 A. J. P. 테일러에 대해 에바 하라스티Éva Haraszti가 쓴 책을 보고 〈데일리 텔레그래피〉에 기고한 서평을 언급하며 끝맺는다. 그는 그 기사에서 중요한 단어가 누락된 게 아쉽다며 "모든 작가가 그렇듯이 그도 무수히 양산해낸 무가치한 거품이 아니라 최고의 저작으로 평가받아야 한다고 원고에는 썼지만, 기사에는 '최고'라는 단어가 누락됨으로써 그 문장 자체가 무의미해졌다"고 한탄했다.

4 Hugh Trevor-Roper, *100 Letters from Hugh Trevor-Roper*, ed. Richard Davenport-Hines and Adam Sisman (London: Oxford University Press, 2014), p. 48.

5 Dwight Garner, "A Reputation Staked, and Shattered, on the Forged Diaries of Hitler," The New York Times, 2011년 12월 6일.

6 Adam Sisman, *Hugh Trevor-Roper: The Biography* (London: Weidenfeld, 2010), p. 20.

7 Sisman, *Hugh Trevor-Roper*, p. 81.

8 Eric Hobsbawm, "Fabianism and the Fabians 1884-1914," PhD dissertation, University of Cambridge, 1950, preface, p. 2.

9 Ron Rosenbaum, *Explaining Hitler* (New York: Random House, 1998), p. 64.

그 책이 그렇게 중요한 책이라면, 왜 영화로 만들어지지 않았어요?

10 Adam Sisman, "The Hunt for Hitler," Slightly Foxed, no. 61, Spring 2019, p. 54를 참

조하기 바란다.

11 Baron Dacre의 부고 기사, Daily Telegraph, 2003년 1월 27일.

12 Hugh Lloyd-Jones, Valerie Pearl, Blair Worden가 편찬한 *History and Imagination: Essays in Honour of H. R. Trevor-Roper*의 서평에서의 A. J. P. Taylor, London Review of Books, 1981년 11월 5일.

13 Sisman, *Hugh Trevor-Roper*, p. 88.

14 The (London) Times, 1957년 6월 7일.

15 Brendan Simms, "Hugh Trevor-Roper: The Biography, by Adam Sisman," The Independent, 2010년 7월 16일.

16 Hugh Trevor-Roper, "Arnold Toynbee's Millennium," Encounter, 8, no. 6, 1957.

17 Martin Seymour-Smith, Birmingham Post, 1964년 1월 7일.

18 Richard Cobb, *My Dear Hugh: Letters from Richard Cobb to Hugh Trevor-Roper and Others, ed. Tim Heald* (London: Frances Lincoln, 2011), p. 27.

19 Neal Ascherson, "Liquidator: Hugh Trevor-Roper," London Review of Books, 2010년 8월 19일, pp. 10-12.

20 Ron Rosenbaum, *Explaining Hitler* (New York: Random House, 1998), p. 66.

21 Neville Masterman, Encounter, VIII, no. 6, 1957.

22 Trevor-Roper, *100 Letters*, p. 49.

23 Stefan Collini, "Hugh Trevor-Roper: The Biography," The Guardian, 2010년 7월 16일.

24 Sir David Cannadine, 2014년의 서평으로, 출판사의 홍보 자료에서 인용.

25 Simms, "Hugh Trevor-Roper."

26 D. C. Watt, comments made at the Conference on International History, the London School of Economics, June 1993; Kathleen Burk, *Troublemaker: The Life and History of A. J. P. Taylor* (New Haven: Yale University Press, 2000), p. 206도 참조하기 바란다.

27 A. J. P. Taylor, "Accident Prone, or What Happened Next," *From Napoleon to the Second International: Essays on the 19th Century* (London: Viking, 1994), p. 1. 그런데 왜 갈리치아였을까? 네이미어가 자란 곳이었기 때문이었을 것이다.

28 David Marquand, The New Statesman, 1961년 4월 21일.

29 Linda Colley, *Lewis Namier* (London: Weidenfeld, 1989), p. 100.

30 Burk, *Troublemaker*.

31 Collini, "Man Who Made History."

32 Mehta, "The Flight of Crook-Taloned Birds." 네이미어의 수제자였고, 훗날 의회의 역사를 함께 공저한 존 브룩John Brooke(1920-1985)은 메타에게 "루이스 경이 지금 살아 계신다면, 그 존재만으로도 트레버로퍼가 테일러를 비난하는 걸 막을 수 있을 것이다. 그분이 옆에서 지켜보고 있다는 것만으로도 학자들은 나쁜 서평이나 나쁜 책을 쓰는 걸

단념했다"고 말했다.

33 Stephan Collini, "The Man Who Made History," The Guardian, 2000년 8월 26일.

34 Paul Johnson, "A. J. P. Taylor: A Saturnine Star Who Had Intellectuals Rolling in the Aisles," The Spectator, 2006년 3월 11일. A. J. P. Taylor, *A Personal History* (New York: Atheneum, 1983), p. 124도 참조하기 바란다.

35 A. J. P. Taylor, *Englishmen and Others* (London: Hamish Hamilton, 1956), preface.

36 Collini, "The Man Who Made History."

37 Denis Mack Smith, 1954년 11월 6일 첫 게재, *The Cambridge Mind: Ninety Years of the Cambridge Review, 1879-1969*; ed. Eric Homberger, William Janeway, and Simon Schama (London: Cape, 1970), p. 91에 재수록.

38 Michael Howard, "The Iron Chancellor," The New Statesman and Nation, vol. 50, no. 1270, 1955년 7월 9일, pp. 47-48.

39 스페인계 영국인 법률가이자 시인으로 베일리얼 칼리지를 다녔고, 경구로 유명했던 필립 궤달라Philip Guedalla(1889-1944)가 남긴 기지에 넘치는 발언.

40 Trevor-Roper, *100 Letters*, p. 353.

41 R. J. Stove, "A. J. P. Taylor Is History," The American Conservative, 2013년 9월 12일.

42 Mehta, "The Flight of Crook-Taloned Birds," Part 1.

43 Hugh Trevor-Roper, "A. J. P. Taylor, Hitler, and the War," Encounter, July 1961.

44 Trevor-Roper, 100 Letters, p. 286.

45 Trevor-Roper, "A. J. P. Taylor, Hitler, and the War," p. 95.

46 Colin Wilson, "Prophets in Reverse," Daily Telegraph color magazine, 1970, p. 23.

47 Mehta, "The Flight of Crook-Taloned Birds," p. 82.

48 Trevor-Roper, *100 Letters*.

49 Trevor-Roper, *100 Letters*, p. 391.

50 Trevor-Roper, *100 Letters*, p. 373.

51 Mehta, "The Flight of Crook-Taloned Birds," Part 1.

52 Trevor-Roper, *100 Letters*, p. 276.

53 Trevor-Roper, *100 Letters*, p. 363.

54 Sally McGrane, "Diary of the Hitler Diary Hoax," The New Yorker, 2013년 4월 25일.

55 Ascherson, "Liquidator."

56 Private Eye, 1983년 5월 6일, pp. 13-14.

57 G. W. Bowersock, "The Audacious Historian," The New York Review of Books, 2011년 12월 2일, p. 48.

58 Paul Johnson, "Misfortune Made the Man," Standpoint, 2014년 3월.

17장 신체적 장애를 이겨낸 역사가

1 James Boswell, *Life of Samuel Johnson* (1791), 1778년 4월 10일의 앞부분.

2 Manguel, *History of Reading*, p. 291.

3 Christopher Hibbert, *The Personal History of Samuel Johnson* (New York: Harper & Row, 1971).

4 Roy Porter, *Flesh in the Age of Reason* (London: Allen Lane, 2003)을 참조하기 바란다.

5 Ed Pilkington, The Guardian, 2010년 1월 8일.

6 John Keegan, *Six Armies in Normandy* (London: Cape, 1982), p. 2.

7 Keegan, *Six Armies*, p. 14.

8 Elizabeth Grice, "War Memories: John Keegan's Life and Times," The Daily Telegraph, 2009년 9월 17일.

9 Grice, "War Memories."

10 Matthew Keegan이 쓴 아버지의 전기 원고, *The Crooked Gate of History: In the Footsteps of John Keegan*으로, 2017년 5월 저자에게 보내졌다.

11 Mary Keen, 저자와의 인터뷰, 2017년 6월 19일.

12 Matthew Keegan이 Anthony Sheil에게 보낸 편지에서, p. 12.

13 John Keegan, Desert Island Discs, BBC Radio 4, 1998년 12월 6일.

14 Niall Ferguson, The Sunday Times (London), 1998년 9월 27일.

15 "Bryan," goodreads.com, 2014년 12월 8일.

16 Daniel Snowman, *Historians* (Basingstoke, U.K.: Palgrave, 2007), p. 89.

17 마이클 하워드가 2017년 7월 6일 저자에게 보낸 이메일.

18 John Keegan, T*he Price of Admiralty: War at Sea from Man of War to Submarine* (London: Hutchinson, 1988).

19 John Keegan, "The View from Across No-Man's Land," *The Face of Battle: A Study of Agincourt, Waterloo and the Somme* (London: Jonathan Cape, 1983).

20 저자가 2017년 6월 20일 앤서니 비버, 2017년 6월 23일 맥스 헤이스팅스를 인터뷰한 결과를 근거로 내린 결론이다. 마이클 하워드는 저자에게 2017년 7월 5일과 6일에 이메일을 보내주었다.

21 마이클 하워드가 2017년 7월 5일 저자에게 보낸 이메일.

22 Brian Bond, Times Higher Education Supplement, 1993년 9월 24일.

23 Ian McIntyre, "A Special Relationship with the Past," The Times (London), 1995년 7월 13일.

24 Anthony Sheil, 2016년 3월 저자와의 인터뷰에서.

18장 허스토리-여성 역사가

1   Nancy Lee Swann, *Pan Chao: Foremost Woman Scholar of China* (Michigan classics in Chinese studies, no. 5) (Ann Arbor: Center for Chinese Studies, University of Michigan, 2001), p. 236.

3   Leonora Neville, *Anna Komnene: The Life and Work of a Medieval Historian* (New York: Oxford University Press, 2016), p. 78.

3   Tessa Hadley, "I Scribble, You Write," London Review of Books, 2016년 9월 26일, p. 31.

4   St. Clement of Alexandria, *Paedagogus*, 2.11.116.

5   Thomas Jackson, *Babbling of Green Fields, A Confession*, privately printed 2019, p. 226.

6   Joan Acocella, "Turning the Page," The New Yorker, 2012년 10월 15일, pp. 88-93.

7   Jill Lepore, "The Prodigal Daughter," The New Yorker, 2015년 7월 8일과 15일, p. 35.

8   Joan Acocella, The New Yorker, 2012년 10월 15일.

9   Charlotte Gordon, introduction, *Frankenstein* (New York: Penguin, 2018), p. viii.

10 John Gregory, *A Father's Legacy to His Daughters* (London, 1774), Mary Wollstonecraft, *A Vindication of the Rights of Women and The Wrongs of Women*, p. 124에서 인용.

11 Samuel Johnson, "Apophthegms, Sentiments, Opinions and Occasional Reflections of Sir John Hawkins (1787-1789)," *Johnsonian Miscellanies* (1897), ed. George Birkbeck Hill, vol. 2, p. 11에서 인용.

12 Lady Mary Wortley Montagu, *Selected Letters*, ed. Isobel Grundy (London: Penguin, 1997).

13 Montagu, *Selected Letters*.

14 Tom Furniss, "Mary Wollstonecraft's French Revolution," *The Cambridge Companion to Mary Wollstonecraft*, ed. Claudia L. Johnson (Cambridge, U.K.: Cambridge University Press, 2002), pp. 59-81.

15 Richard Holmes, *Footsteps: Adventures of a Romantic Biographer* (London: Hodder, 1985), p. 130.

16 Lucy Moore, Liberty: *The Lives and Times of Six Women in Revolutionary France* (New York: Harper, 2007), p. 350.

17 Lord Byron, *The Complete Miscellaneous Prose, ed. Andrew Nicholson* (Oxford: Clarendon Press, 1991), p. 222.

18 Geri Walton, "Lucy Aikin (Mary Godolphin): The English Author," geriwalton.com/english-author-lucy-aikin-mary-godolphin/.

19 Elizabeth Lee, *The Dictionary of National Biography*, 1885-1900, vol. 55.

20 Antonia Fraser, introduction to Agnes Strickland, *Lives of the Queens of England* (London:

Continuum, 2011).

21 Elizabeth Longford, *Oxford Dictionary of National Biography*, 2004.

22 Alan Bennett, "Baffled at a Bookcase," London Review of Books, 2011년 7월 28일, p. 7.

23 A. L. Rowse, Veronica Wedgwood obituary, The Independent, 1997년 3월 11일.

24 Francis Hackett, "Books of the Times," The New York Times, 1944년 11월 30일.

25 "C. V. Wedgwood," The Economist.

26 "C. V. Wedgwood," The Economist, 1997년 3월 10일.

27 Schama, *Scribble Scribble Scribble*, p. 135.

28 Rowse, Wedgwood obituary.

29 Kelly Boyd, *Encyclopedia of Historians and Historical Writing*, vol. 2 (Chicago: Fitzroy Dearborn, 1999), p. 1288.

30 Elias Canetti, *Party in the Blitz: The English Years*, trans. Michael Hofmann (New York: New Directions, 2003), pp. 109-10. 미국의 극작가 래리 크래머는 〈뉴욕 타임스〉와의 인터뷰에서, "진지하게 받아들여지는 대부분의 역사가는 예외 없이 이성애자들이다. 역사가들은 동성애자를 점심 식사에 초대하더라도 그가 동성애자인지 모를 것이다. 론 처나우가 쓴 해밀턴의 전기가 좋은 예이다. 이 전기에는 해밀턴이 동성애자였고, 조지 워싱턴과 사랑에 빠졌다는 사실이 언급되지 않는다"고 말했다. "Larry Kramer Wishes More People Wrote About Gay History," The New York Times, 2020년 1월 16일.

31 Nancy F. Cott, The Grounding of Modern Feminism (New Haven: Yale University Press, 1987), p. 13.

32 Susan Pedersen, "The Future of Feminist History," Perspectives on History (magazine of the American Historical Association), 2000년 10월.

33 Sheila Rowbotham, *Hidden from History: 300 Years of Women's Oppression and the Fight Against It* (London: Pluto Press, 1973, 1992).

34 Hilary Mantel, "Royal Bodies," London Review of Books, 2013년 2월 21일.

35 Carolyn Kizer, *Pro Femina* (Kansas City: BkMk Press, 2000).

36 Christina Hoff Sommers, *Who Stole Feminism? How Women Have Betrayed Women* (London: Touchstone, 1995).

37 Barbara Tuchman, *A Distant Mirror: The Calamitous Fourteenth Century* (New York: Ballantine, 1978), p. xvi.

38 Robert K. Massie, Barbara Tuchman, *The Guns of August*(New York: Ballantine, 1994)의 서문, p. viii.

39 John Simpson, *We Chose to Speak of War and Strife: The World of the Foreign Correspondent* (London: Bloomsbury, 2016), pp. 36-50.

40 Oliver B. Pollak, *Jewish Women in America: An Historical Encyclopedia*, ed. Paula E.

Hyman and Deborah Dash Moore (New York: Routledge, 1997), p. 1415.

41 Richard D. Heffner와의 텔레비전 인터뷰, "Open Mind," 1979.

42 Eileen Boris and Nupur Chaudhuri, eds., *Voices of Women Historians: The Personal, the Political, the Professional* (Bloomington: Indiana University Press, 1999).

43 Dartmouth College Commencement Address, 1998.

44 Doris Kearns Goodwin, *Team of Rivals: The Political Genius of Abraham Lincoln* (New York: Simon & Schuster, 2005), p. 5.

45 Kearns Goodwin, *Team of Rivals*, p. xvii.

46 Kearns Goodwin, *Team of Rivals*, p. xviii.

47 Philip Gilanes, "Table for Three," Style Section, The New York Times, 2016년 10월 30일, p. 12.

48 Rebecca Mead, "The Troll Slayer," The New Yorker, 2014년 9월 1일.

49 Robert McCrum, "Up Pompeii with the Roguish Don," The Observer, 2008년 8월 23일.

50 Mary Beard, "Diary," London Review of Books, 2000년 8월 24일, p. 34.

51 Mary Beard, London Review of Books, 2001년 10월 4일.

52 Mead, "The Troll Slayer." Andrew Billen, "Mary Beard: Consent Is a Complicated Issue," The Times (London), 2018년 2월 12일도 참조할 것. 나는 Mead, McCrum, Higgins, and Billen에서 발췌한 비어드의 말들을 뒤섞었지만, 그녀의 원래 의도에서 벗어나지는 않았다고 생각한다.

53 Mary Beard, *SPQR: A History of Ancient Rome* (New York: Norton, 2015), p. 228.

54 Mead, "Troll Slayer."

55 Charlotte Higgins, "The Cult of Mary Beard," The Guardian, 2018년 1월 30일.

56 Karen Offen, "Going Against the Grain," *Voices of Women Historians*, ed. Boris and Chaudhuri, p. 98.

57 Megan Beech, *When I Grow Up I Want to Be Mary Beard* (London: Burning Eye Books, 2013).

58 Litcharts, online study source, 2020.

19장 우리 이야기는 누가 쓰는가?

1 James Baldwin, symposium at Howard University in 1963, Glaude, *Begin Again*, p. 4에서 인용.

2 Ralph Ellison, *Invisible Man* (1952; repr. New York: Random House, 1994), p. 62.

3 Colin McConarty, "George Washington Williams: A Historian Ahead of His Time," We're History, 2016년 2월 26일을 참조하기 바란다. werehistory.org/williams/에서 원

고를 확인할 수 있다.

4   Wilson Jeremiah Moses, *The Golden Age of Black Nationalism, 1850-1925* (New York: Shoe String Press, 1978), p. 28.

5   Moses, *Golden Age of Black Nationalism*, p. 97.

6   Booker T. Washington, "Atlanta Compromise Speech," 1895, historymatters.gmu.edu/d/39/에서 원고를 확인할 수 있다.

7   David Levering Lewis, *W. E. B. Du Bois: Biography of a Race, 1868-1919* (New York: Holt, 1993), p. 175.

8   Du Bois, *The Souls of Black Folk* (New York: Dover Thrift, 2016, 초판 1903), p. 44.

9   Du Bois, *The Souls of Black Folk*, p. 49.

10 Du Bois, *The Souls of Black Folk*, p. 3.

11 Wilson Jeremiah Moses, *Afrotopia: The Roots of African American Popular History* (Cambridge, U.K.: Cambridge University Press, 1998), p. 136.

12 The Autobiography of W. E. B. DuBois (New York: Diasporic Africa Press, 2013), p. 263. 듀보이스였다면 그 경고를 찬사로 받아들였을 것이다. 그가 《흑인의 영혼》에 썼듯이, "남부는 교육받은 흑인을 위험한 흑인이라 믿었다." p. 32.

13 Moses, *Afrotopia*, p. 86.

14 Darlene Clark Hine, "Carter G. Woodson, White Philanthropy and Negro Historiography," The History Teacher, vol. 19, no. 3, 1986년 5월.

15 Hine, "Carter G. Woodson."

16 Carter Godwin Woodson, "The Celebration of Negro History Week, 1927," Journal of Negro History, 1927년 4월.

17 Moses, *Afrotopia*, p. 43.

18 John Henrik Clarke, "Who Is J. A. Rogers?" Black History, 2013년 6월 9일. W. Burghardt Turner, "J. A. Rogers: Portrait of an Afro-American Historian," The Black Scholar, vol. 6, no. 5, 1975; and Lawrence Watson, "Joel Augustus Rogers: Popularizer of Black History," doctoral thesis, Cornell University, 1978년 1월도 참조하기 바란다.

19 여기에서 인용되는 구절들은 클라크가 80세로 거의 시력을 잃었을 때 강연한 John Henrik Clarke-A Great and Mighty Walk에서 발췌한 것이다. 총 94분의 강연은 현재 유튜브에서 시청할 수 있다.

20 "Dr. John Henrik Clarke," *Race and History*, 이 원고는 raceandhistory.com/Historians/henrik_clarke.htm에서 구할 수 있다.

21 John Henrik Clarke, *The Black Collegian*, 1997, 이 원고는 hunter.cuny.edu/afprl/clarke/why-africana-history-by-dr.-john-henrik-clarke에서 구할 수 있다.

22 Robert D. G. Kelley, "The Lives They Lived: John Henrik Clarke; Self-Made Angry

Man," The New York Times, 1999년 1월 3일.

23 Walter Mosley, *Black Betty* (New York: Norton, 1994), p. 11.

24 C. L. R. James, *Beyond a Boundary* (1963, repr. New York: Pantheon, 1983), p. 47.

25 Frank Rosengarten, "C. L. R. James's Engagement with Marxism," Urbane Revolutionary: C. L. R. James and the Struggle for a New Society (Jackson: University Press of Mississippi, 2008), p. 134.

26 James, *Beyond a Boundary*, p. 60.

27 James, *Beyond a Boundary*, p. 17.

28 James, *Beyond a Boundary*, p. 221.

29 James, *Beyond a Boundary*, p. 9.

30 Adam Shatz, "Where Life Is Seized," London Review of Books, 2017년 1월 19일.

31 Frantz Omar Fanon, *The Wretched of the Earth*, trans. Constance Farrington (New York: Grove Weidenfeld, 1963).

관련성

꼬마야, 뭘 읽고 있어? / 이 역사책에 있는 그림을 그냥 보고 있는 거야.
관계가 있는 거야? / 그게 무슨 말이야?
흑인 얼굴이 나오느냐고? / 내 얼굴만!

32 Anna Julia Cooper, "The Status of Women in America," *Words of Fire: An Anthology of African American Feminist Thought*, ed. Beverly Guy-Sheftal (New York: The New Press, 1995).

33 Leith Mullings, "Neoliberal Racism and the Movement for Black Lives in the United States," *Black and Indigenous Resistance in the Americas: From Multiculturalism to Racist Backlash, ed. Juliet Hooker* (New York: Lexington Books, 2020), p. 265에서 인용.

34 Mullings, "Neoliberal Racism," p. 256.

35 Gary Younge, "What Black America Means to Europe," New York Review of Books, 2020년 7월 23일, p. 9.

36 Patrick Vernon, "Where Are All the Black Historians?" Mediadiversified.org, 2016년 3월 30일. Vernon은 흑인 역사가들의 문제점을 다룬 BBC Radio 4의 Making History라는 프로그램에 반론을 제기했다.

37 Jennifer Schuessler, "Clash of Historians over Andrew Jackson," New York Times, 2020년 7월 27일.

38 Schuessler, "Clash of Historians."

39 Schuessler, "Clash of Historians."

40 David Covucci, "Conservatives Are Livid the New York Times Is Writing Articles About Slavery," The Daily Dot, 2019년 8월 19일.

41 "The 1619 Project Examines the Legacy of Slavery in America," The New York Times Magazine, 2019년 8월 14일.

42 Bret Stephens, "The 1619 Chronicles," The New York Times, 2020년 10월 9일.

43 Leslie M. Harris, "I Helped Fact-Check the 1619 Project. The Times Ignored Me," Politico, 2020년 3월 6일.

44 Adam Serwer, "The Fight over the 1619 Project Is Not About the Facts," The Atlantic, 2019년 12월 23일.

45 Jeff Barrus, "Nikole Hannah-Jones Wins Pulitzer Prize for 1619 Project," Pulitzer Center, 2020년 5월 4일.

46 Vinson Cunningham, "How Chris Jackson Is Building a Black Literary Movement," The New York Times Magazine, 2016년 2월 2일.

47 Ken Burns and Isobel Wilkerson, University of Michigan Penny Stamps Speaker Series, 2020년 10월 2일.

48 Z. Z. Packer, "Preacher of the New Antiracist Gospel," GQ Magazine, 2020년 8월 20일. 켄디의 첫 책 제목,《처음부터 낙인찍히다》는 제퍼슨 데이비스가 1860년 4월 12일 상원에서 행한 연설의 한 구절을 따온 것이다. 이 연설에서 데이비스는 "백인종과 흑인종의 불평등"은 "처음부터 낙인찍혔다"고 말했다.

49 레드라이닝의 정의는 사전에서 발췌한 것이지만, 공식적인 출처는 federalreserve.gov/boarddocs/supmanual/cch/fair_lend_fhact.pdf이다.

50 https://blackdemographics.com/households/middle-class.

51 Michael Powell, "A Marxist's Views on Race and Class Expose a Rift Among Socialists," The New York Times, 2020년 8월 15일, p. A13.

52 W. E. B. Du Bois, "The Negro and Communism," Crisis 38, September 1931, pp. 313-15. Gerald Horne, "The Apocalypse of Settler Colonialism," Monthly Review, vol. 68, no. 11, 2018: "The roots of the M4BL can be found in the Three Horsemen of the Apocalypse: Slavery, White Supremacy and Capitalism"도 참조하기 바란다.

53 Cornel West, *Race Matters* (Boston: Beacon Press, 1993), p. 4.

54 Bob Herbert, 2020년 7월 22일 저자와의 대화에서.

55 Eric Foner, 2020년 8월 26일, 저자와의 대화에서.

56 Eddie S. Glaude, Jr., 2020년 9월 18일, 저자와의 대화에서.

57 Jamie Saxon, "What I Think: Eddie Glaude Jr." Princeton University, 2016년 1월 4일 접속, princeton.edu/news/2016/01/04/what-i-think-eddie-glaude-jr.

58 Eddie S. Glaude, "A Celebration of James Baldwin with Eddie S. Glaude Jr. and Jon Meacham," 2020년 8월 2일, 워싱턴 DC에 있는 Politics and Prose Bookshop이 기획한 화상 대화.

59 Glaude, "Celebration of James Baldwin."

60 Glaude, "Celebration of James Baldwin."

61 Glaude, *Begin Again*, p. xvii.

62 Glaude, *Begin Again*, p. xx.

63 Glaude, 2020년 9월 18일, 저자와의 대화에서.

64 John Henrik Clarke, "Why Africana History?" *The Black Collegian*, 1997.

65 Elizabeth Hinton, 2020년 7월 30일 저자와의 대화에서.

66 Aaron Sorkin, "Six Meetings Before Lunch," The West Wing, season 1, episode 18. 유대인 뉴요커이던 소킨은 이 드라마에서 총 87개 에피소드의 각본을 썼다. 따라서 로버트 제퍼슨 '제프' 브레킨리지Robert Jefferson "Jeff" Breckinridge(1800-1871)란 사람이 실존 인물이란 걸 알았을 게 분명하다. 그는 켄터키 정치인이자 백인 장로교파 목사로 노예를 소유했지만 노예 제도를 격렬히 반대했다. 따라서 우스갯소리를 좋아하는 사람들에게는 재밌고 역설적인 예인 셈이다. 이 에피소드는 흑인 노예 폐지론자이던 해리엇 터브먼Harriet Tubman(1822-1913)을 미국 지폐에 포함시키려던 버락 오바마의 시도로 떠올려 준다. 지폐에 누가 그려지느냐에 따라, 국가가 역사를 이해하는 방향이 크게 달라진다는 걸 잘 알고 있었다는 증거이다.

20장 나쁜 역사

1 Charles Dickens, *The Personal History, Adventures, Experience and Observation of David*

Copperfield the Younger of Blunderstone Rookery (Which He Never Meant to Publish on Any Account) (1850; repr. London: Collins, 1910), ch. 17, pp. 291-92.

2 Rob Sharp, "How to Subvert a Strongman," Prospect, 2017년 2월, p. 12.

3 Sheryl Gay Stolberg, "Paying Respects, Pentagon Revives Vietnam, and War over Truth," The New York Times, 2014년 10월 10일, pp. A1, A3.

4 Matthew Connelly, "Closing the Court of History," The New York Times, 2020년 2월 5일.

5 Brian Naylor, "Off the Record: Trump Administration Criticized for How It Keeps Documents," NPR, 2020년 2월 24일.

6 W. Bramsen, *Japanese Chronology and Calendars,* T. A. S. J., vol. 37, Tokyo, 1910, *Historians of China and Japan,* ed. W. G. Beasley and E. G. Pulleyblank (New York: Oxford University Press, 1961), p. 221에서 인용.

7 Ku Chien-Kang, *The Autobiography of a Chinese Historian,* trans. Arthur W. Hummel (1926; first English edition Leyden: E. J. Brill, 1931), p. xxvi.

8 Ku Chien-Kang, *Autobiography,* p. xxvii.

9 Ku Chien-Kang, *Autobiography,* p. 77.

10 Ku Chien-Kang, *Autobiography,* p. xxx.

11 Antony Beevor, *The Fall of Berlin, 1945* (New York: Viking, 2002), p. xxxiii.

12 Ian Buruma, "From Tenderness to Savagery in Seconds," The New York Review of Books, 2011년 10월 13일, p. 27.

13 Ian Buruma, "The Worst Railroad Job," The New York Review of Books, 2014년 11월 20일, p. 19.

14 Choe Sang-Hun, Kim Bok-dong의 부고 기사, The New York Times, 2019년 1월 30일, p. A20.

15 Mindy Kotler, "The Comfort Women and Japan's War on Truth," The New York Times, 2014년 11월 16일, p. 4.

16 John Dower, *Embracing Defeat: Japan in the Wake of World War II* (New York: Norton, 199), p. 27ff.

17 Nobukatsu Fujioka, *Reforming Modern History Education: Overcoming Good Guy, Bad Guy History* (Tokyo: Meiji Tosho, 1996), p. 21.

18 Robert Marquand, "Koizumi's Visits Boost Controversial Version of History," Christian Science Monitor, 2005년 10월 21일.

19 Adam Hochschild, "A Brutal Peace," The New York Times Book Review, 2013년 9월 28일, p. 18.

20 Martin Fackler, "In Textbook Fight, Japan Leaders Seek to Recast History," The New

주

1125

York Times, 2013년 12월 29일, A6; and Bronwen Maddox, "Conquerors with Crew Cuts, Go Home!" The Times (London), 2010년 3월 11일, p. 34.

21 Jonathan Fenby, "The Terror That Is Not Forgiven or Forgotten," The (London) Times, 2013년 7월 1일, p. 20.

22 Eri Hotta, *Japan 1941: Countdown to Infamy* (New York: Knopf, 2014). Rana Miter, "The Smooth Path to Pearl Harbor," The New York Review of Books, 2014년 5월 22일, p. 21에서 인용.

23 Ingyu Oh and Douglas Ishizawa-Grbić, "Forgiving the Culprits: Japanese Historical Revisionism in a Post-Cold War Context," *International Journal of Peace Studies*, 1999.

24 Official Minutes of the Budget Meeting, 2006년 2월 18일.

25 MacMillan, *Dangerous Games*, p. 49.

26 John Lukacs, *Historical Consciousness, or the Remembered Past* (New York: Harper, 1968), p. 344.

27 George Orwell, "Looking Back on the Spanish War," *New Road*, 1943, reprinted in *The Collected Essays, Journalism, and Letters of George Orwell, ed. Sonia Orwell and Ian Angus* (London: Penguin, 1968).

28 George Orwell, "The Prevention of Literature," *Polemic*, no. 2, 1946, reprinted in *The Collected Essays*.

29 Anne Applebaum, I*ron Curtain: The Crushing of Eastern Europe 1945-56* (London: Allen Lane, 2012).

30 David Remnick, *Lenin's Tomb* (New York: Random House, 1993), p. 37.

31 T. R. Fyvel, *George Orwell: A Personal Memoir* (London: Weidenfeld, 1962), p. 66을 참조하기 바란다.

32 MacMillan, *Dangerous Games*, pp. 22-23.

33 Samuel H. Baron and Nancy W. Heer, "The Soviet Union: Historiography Since Stalin," *International Handbook of Historical Studies: Contemporary Research and Theory* (Westport, Conn.: Greenwood, 1979), p. 282.

34 Dominic Lieven, 2015년 5월 22일, 저자에게 보낸 이메일.

35 Masha Gessen, *The Future Is History: How Totalitarianism Reclaimed Russia* (New York: Riverhead, 2017).

36 Martin Puchner, *The Written World: The Power of Stories to Shape People, History, and Civilization* (New York: Random House, 2017).

37 Remnick, *Lenin's Tomb*, p. 4.

38 Remnick, *Lenin's Tomb*, p. 115.

39 1987년 나는 타리크 알리Tariq Ali에게 소련에 대한 책을 써달라고 의뢰했다. 알리는 '역

사의 종'이란 제목이 붙여진 장에서 스탈린 시대 이후로 역사 쓰기가 어떻게 변했는지를 다루었다. 그 장은 "역사는 소련 공산당 내에서 항상 절대적으로 필요한 역할을 했다. 역사는 언제나 하나의 무기였다"라고 시작한다. Tariq Ali, *Revolution from Above: Where Is the Soviet Union Going?* (London: Hutchinson, 1988), p. 89.

40 David Remnick, "Patriot Games," The New Yorker, 2014년 3월 3일, p. 34.

41 Dmitri Volkogonov, *Stalin: Triumph and Tragedy* (New York: Grove, 1991), p. 313.

42 Orlando Figes, "Putin vs. the Truth," The New York Review of Books, 2009년 4월 30일.

43 Jonathan Brent, *Inside the Stalin Archives: Discovering the New Russia* (New York: Atlas, 2009). Evans, Eric Hobsbawm, pp. 456-57도 참조하기 바란다.

44 Joshua Rothman, "Afterimage," The New Yorker, 2018년 11월 12일, pp. 34-44.

45 Neil MacFarquhar, "'Revolution? What Revolution?' Kremlin Asks 100 Years Later," The New York Times, 2017년 3월 11일, pp. A1, A7.

46 Karl Ove Knausgaard, "A Literary Road Trip into the Heart of Russia," trans. Barbara J. Haveland, The New York Times Magazine, 2018년 2월 18일, p. 51.

47 Masha Gessen, *Never Remember: Searching for Russia's Gulags in Putin's Russia* (New York: Columbia Global Reports, 2018).

48 Robert Cottrell, "Russia's Gay Demons," The New York Review of Books, 2017년 12월 7일, p. 37.

49 Figes, "Putin vs. the Truth."

50 Mikhail Shishkin, "How Russians Lost the War," The New York Times, 2015년 5월 9일, p. A19.

51 Luke Harding, "Russian Historian Arrested in Clampdown on Stalin Era," The Guardian, 2009년 10월 15일.

52 David Remnick, "The Civil Archipelago," The New Yorker, 2011년 12월 19일과 26일, p. 107.

53 Eric Foner, *Who Owns History?* p. 87.

54 Annalisa Quinn, "Solving a Sinister Puzzle with 40 Million Clues," New York Times, 2021년 8월 12일.

55 Angelika Tannhof, "The Stasi Puzzle with 600 Million Pieces," Deutsche Welle, 2013년 8월 22일, dw.com/en/the-stasi-puzzle-with-600-million-pieces/a-17039143. Helen Pidd, "Germans Piece Together Millions of Lives Spied on by Stasi," The Guardian, 2011년 3월 13일, Chris Bowlby, "Stasi Files: The World's Biggest Jigsaw Puzzle," BBC Radio 4, 2012년 9월 14일도 참조하기 바란다.

56 Francis Bacon, *Novum Organum Scientiarum* (1620: repr. New York: CreateSpace, 2017). 관련된 어구를 완전히 인용하면, "권위에 대해 말하자면, 특정한 저자에게 무한한 공로를

돌리면서도, 저자 중 저자이므로 결국 모든 권위를 만들어내는 시간에 대한 그의 특권을 인정하지 않는 게 가장 큰 약점이다. 당연한 말이겠지만 진실은 시간의 딸이지, 권위의 딸이 아니기 때문이다."

21장 역사의 초고

1   Thomas Carlyle, *Heroes, Hero Worship, and the Heroic in History* (1841; repr. London: CreateSpace, 2017).

2   Robert Fisk, *The Great War for Civilisation: The Conquest of the Middle East* (London: Fourth Estate, 2005), p. xxv.

3   *The Historian as Detective: Essays on Evidence*, ed. Robert W. Wink (London: HarperCollins, 1978)를 참조하기 바란다.

4   Samuel Pepys, "The Fire of London," *Eyewitness to History*, ed. John Carey (Cambridge: Harvard University Press, 1988), p. 188.

5   Pepys, "Fire of London," p. 191.

6   Claire Tomalin, *Samuel Pepys: The Unequalled Self* (London: Penguin, 2003), p. 279.

7   Clare Jackson, "Still Open for Business," Times Literary Supplement, 2016년 9월 16일, p. 20.

8   David Carr, "Start the Presses," The New York Times Book Review, 2014년 6월 8일, p. 26.

9   Simpson, *We Chose to Speak of War and Strife* (London: Bloomsbury, 2016), pp. 25-31.

10   Dr. Matthew Green, "The History of Fleet Street," theater program, Ink, play by James Graham, Duke of York's Theatre, London, 2017년 10월.

11   Jill Lepore, "Back Issues," The New Yorker, 2009년 1월 26일, p. 68.

12   Lewis Mumford, *The Culture of Cities* (Fort Washington, Penn.: Harvest Books, 1970), ch. 4, section 9.

13   William Makepeace *Thackeray, The History of Pendennis: His Fortunes and Misfortunes, His Friends and His Greatest Enemy* (London: 1856), p. 260.

14   John Pendleton, *Newspaper Reporting in Olden Time and To-day* (London: Elliot Stock, 1890), p. vii.

15   Varsity Tutors Internet entry for "America's First Newspaper."

16   Jill Lepore, "The Party Crashers," The New Yorker, 2016년 2월 22일, p. 24.

17   Nicholas Lemann, "Can Journalism Be Saved?" The New York Review of Books, 2020년 2월 27일, p. 40.

18   Max Hastings, introduction, *William Russell: Special Correspondent of The Times*, ed.

Roger Hudson (London: The Folio Society, 1995), p. xi.

19 Max Hastings, *William Russell*, p. xvi.

20 Edwin Godkin, Max Hastings, *William Russell*, p. xv에서 인용.

21 Amanda Foreman, *A World on Fire: Britain's Crucial Role in the American Civil War* (New York: Random House, 2011).

22 Christopher Dickey, Our Man in Charleston (New York: Crown, 2015), p. 229.

23 Patrick Cockburn, "The First Draft of History: How War Reporters Get It Wrong, and What They Can Do to Get It Right," The Independent, 2016년 4월 17일.

24 John Maxwell Hamilton, "In the Foothills of Change," Columbia Journalism Review, 2009년 3월 20일.

25 Ian Jack, "Time for Several Whiskies," London Review of Books, 2018년 8월 30일, p. 3.

26 Ted Conover, *Immersion: A Writer's Guide to Going Deep* (Chicago: University of Chicago Press, 2016), p. 22.

27 John Sutherland, *Orwell's Nose: A Pathological Biography* (London: Reaktion Books, 2016), p. 47에서 인용.

28 Peter Stansky and William Miller Abrahams, *The Unknown Orwell* (New York: Knopf, 1972).

29 Sylvia Topp, *Eileen: The Making of George Orwell* (London: Unbound, 2020).

30 Stephen Wadhams, *Remembering Orwell* (London: Penguin, 1984), p. 106.

31 D. J. Taylor, *Orwell: The Life* (New York: Holt, 2003).

32 Dominic Cavendish, "George Orwell: From Animal Farm to Zog, an A – Z of Orwell," The Telegraph, 2018년 3월 20일.

33 George Orwell, *Homage to Catalonia* (New York: Harcourt Brace Jovanovich, 1952), p. 21.

34 The Week (U.K. edition), 2019년 6월 15일, *Dorian Lynskey's The Ministry of Truth* (Picador)의 서평을 참조하기 바란다.

35 Patrick Cockburn, *Chaos and Caliphate: Jihadis and the West in the Struggle for the Middle East* (New York: OR Books, 2016).

36 Joseph E. Persico, *Edward R. Murrow: An American Original* (New York: McGraw-Hill, 1988), p. 163.

37 A. M. Sperber, *Murrow: His Life and Times* (New York: Fordham University Press, 1998).

38 Persico, *Edward R. Murrow*, p. 170.

39 Ian Parker, "Mr. America," The New Yorker, 2017년 9월 4일, p. 61을 참조하기 바란다.

40 Stanley Cloud and Lynne Olson, *The Murrow Boys: Pioneers on the Front Lines of Broadcast Journalism* (New York: Mariner, 1996).

41 David Halberstam, *The Powers That Be* (New York: Knopf, 1979), p. 712.

42 Martha Gellhorn, "Suffer the Little Children," Ladies Home Journal, 1967년 1월.

43 John Simpson, *Despatches from the Barricades* (London: Hutchinson, 1990), p. 6. 〈뉴욕 타임스〉의 해외 특파원으로 1970년대 폴란드에서 활동하며 보도 부문 퓰리처상을 수상한 존 달튼John Darnton의 해석에 따르면, 네 명의 기자가 미국 여론이 베트남 전쟁에 등을 돌리게 만들었다. 화염에 불타는 마을들을 보여준 몰리 세이퍼Morley Safer(1931-2016), 베트남에서 귀국하자마자 미국이 전쟁에서 패하고 있다고 밝힌 월터 크롱카이트Walter Cronkite(1916-2009), 미라이 대학살을 폭로한 시모어 허시Seymour Hersh, 〈뉴욕 타임스 매거진〉에 '온건파 한 명을 만들기'라는 기사를 쓴 닐 시핸Neil Sheehan(1936-2021)이었다. 2018년 5월 19일, 저자에게 보낸 편지에서.

44 William Hammond, *Reporting Vietnam: Media and Military at War,* vol. 1 (Lawrence: University Press of Kansas, 1998).

45 "Journalist Stanley Karnow Dies," Associated Press, 2013년 1월 27일.

46 Los Angeles Times, 2013년 1월 27일.

47 Sir Max Hastings와의 인터뷰, Historynet, 날짜 미상.

48 Hunter S. Thompson, *Fear and Loathing: On the Campaign Trail '72* (New York: Grand Central, 1985), p. 48.

49 Belarusian Telegraph Agency, 2015년 10월 8일.

50 Rachel Donadio, "The Laureate of Russian Misery," The New York Times, 2016년 5월 21일, C1.

51 "The War for Memory," The Economist, 2017년 7월 20일.

52 Ibid.

53 Orlando Figes, "Alexievich's New Kind of History," The New York Review of Books, 2016년 10월 13일, p. 18.

54 Figes, "Alexievich's New Kind of History," p. 19.

55 Rachel Donadio, "Svetlana Alexievich, Nobel Laureate of Russian Misery, Has an English-Language Milestone," The New York Times, 2016년 5월 20일.

56 Masha Gessen, "The Memory Keeper," The New Yorker, 2015년 10월 26일, p. 38.

57 Sana Krasikov, "Child's-Eye View," The New York Times Book Review, 2019년 8월 18일, p. 13.

58 Svetlana Alexievich, *Chernobyl: The Oral History of a Nuclear Disaster, trans. and preface* by Keith Gessen (New York: Picador, 2006).

22장 텔레비전에 대하여

1 Aaron Sorkin, "The Women of Kumar," The West Wing, season 3, episode 9.

2 "Reputations: A. J. P. Taylor," narrated by Russel Tarr, ATV, 1995.

3 C. J. Wrigley, *A. J. P. Taylor: Radical Historian of Europe* (London: Harvester Press, 1980), p. 25.

4 Maurice Richardson, *The Observer*, 1980.

5 Burk, *Troublemaker*, pp. 383, 389.

6 Paul Johnson, "A. J. P. Taylor: A Saturnine Star Who Had Intellectuals Rolling in the Aisles," The Spectator, 2006년 3월 11일.

7 Simon Schama, "History Beyond the Page," Jerusalem History Lecture, 2017년 12월 5일.

8 Richard J. Evans, "Is History History?" The Guardian, 2012년 5월 28일, p. 26.

9 Rosenbaum, *Explaining Hitler*, p. 71.

10 Charles McGrath, "Bomb," The New York Times Magazine, 2003년 4월 13일, p. 16.

11 Peter Morgan, *Frost/Nixon*, 2008.

12 James Poniewozik, "Trump's Tweets Pivot, Loudly, to Video," The New York Times, 2018년 9월 15일, C6을 참조하기 바란다.

13 Hilary Mantel, Reith Lectures, Talk 5: Adaptation.

14 David Denby, Diary, The Atlantic, 2016년 8월 25일.

15 "The Battle of Orgreave," The Week, 2016년 11월 12일, p. 13.

16 Christopher Walker and Robert W. Orttung, "Lies and Videotape," The New York Times, 2011년 4월 22일.

17 Dave Itzkoff, "Notes of a Screenwriter, Mad as Hell," The New York Times, 2011년 5월 22일.

18 The Week, 2019년 12월 1일, p. 47.

19 2019년 3월, 저자와의 인터뷰.

20 John Preston, "David Starkey: A Man with a Past," Daily Telegraph, 2007년 12월 16일.

21 Nikki Spencer, "David Starkey: My Family Values," The Guardian, 2012년 5월 18일.

22 David Starkey: The History Man," The Independent, 2006년 12월 9일.

23 Preston, "David Starkey."

24 Preston, "David Starkey."

25 "David Starkey: The History Man."

26 Michael Buerk, *The Road Taken* (London: Hutchinson, 2004), theguardian.com/books/2004/oct/10/history.academicexperts에서 인용.

27 "David Starkey: The History Man."

28 Preston, "David Starkey."

29 "David Starkey: The History Man."

30 MacMillan, *Dangerous Games*, p. 4.

31 Preston, "David Starkey."

32 Preston, "David Starkey."

33 David Starkey, "A Perversion of Puritanism," The Critic, 2020년 6월 22일.

34 Camilla Tominey, "At Home with 'the Rudest Man in Britain,'" Daily Telegraph, 2020년 9월 12일.

35 2017년 9월 26일, 저자와의 인터뷰.

36 Simon Schama with Tom Brokaw, 92nd Street Y, New York City, 2011년 4월 26일.

37 Elizabeth Jensen, "The Historical Becomes Personal," The New York Times, 2014년 3월 23일, p. 22.

38 Mark Mazower, "Fizz and Crackle," The New York Review of Books, 2018년 3월 22일, p. 32.

39 Charlotte Philby, The Independent, 2009년 6월 27일.

40 2019년 3월 23일, 저자와의 전화 인터뷰.

41 2021년 1월 4일, 저자와의 전화 인터뷰.

42 Simon Schama, "Roughing Up the Surface," Civilization, 1998년 2·3월, p. 88.

43 Craig Brown's Diary, Private Eye, 2018년 2월 20일.

44 Evans, "Is History History?"

45 Tony Judt, The Memory Chalet (New York: Penguin, 2010), p. 152.

46 Nicholas Hytner, The Guardian Review, 2006년 9월 16일, p. 14.

47 Alan Bennett, The History Boys (London: Faber, 2004), p. 35.

48 Bennett, History Boys, p. 60.

49 Josh Clancy, The Sunday Times Magazine, 2017년 9월 24일, p. 39.

50 Michael Hirsh, "Follow the Money," The New York Times Book Review, 2008년 12월 28일, p. 9.

51 John Lewis Gaddis, "The Last Empire, for Now," The New York Times Book Review, 2004년 7월 25일, p. 11.

52 Adam Gopnik, "Decline, Fall, Rinse, Repeat," The New Yorker, 2011년 9월 12일, p. 43. 〈뉴요커〉에 '생각할 수 없는 것을 생각하는 사람'라는 제목의 인물평은 로버트 보인턴Robert Boynton의 글로 1999년 4월 12일에 실렸다.

53 John Gray, "Circling the Square," The New York Review of Books, 2018년 3월 22일, p. 29.

54 R. W. Johnson, London Review of Books, 1999년 2월 18일.

55 Bennett, History Boys, p. xxiii.

56 Bennett, History Boys, p. xxiv.

57 "The Villainous Teacher of The History Boys," Slate, 2006년 11월 22일.

58 John Leonard, New York magazine, 1990년 9월 24일.

59 Parker, "Mr. America," p. 59.

60 George F. Will, The Washington Post, 1990년 9월 20일.

61 Parker, "Mr. America," p. 58.

62 Ian Parker, "Mr. America," The New Yorker, 2017년 9월 4일, p. 53.

63 Burrow, History of Histories, p. 484.

64 Sunny Jane Morton, "Five Questions with Henry Louis Gates Jr," Family Tree Magazine, 2012년 7·8월.

65 Henry Louis Gates, Jr., Paula Kerger, and Eric Deggans, "Reconstruction: America After the Civil War," SXSW EDU, 2019년 3월 6일, sxswedu.com/news/2019/watch-henry-louis-gates-jr-paula-kerger-on-reconstruction-america-after-the-civil-war-video/에 서 확인할 수 있다.

66 Gates, Kerger, and Deggans, "Reconstrution."

67 Gates, Kerger, and Deggans, "Reconstruction."

68 Sean O'Hagan, "The Biggest Brother," The Observer, 2003년 7월 20일.

69 O'Hagan, "Biggest Brother."

70 "Russell Wilson with Dr. Henry Louis Gates, Jr. at The Richmond Forum," YouTube, 2016년 4월 18일 업로드, youtube.com/watch?v=4aZCBlL8P6U에서 시청할 수 있다.

71 Finding Your Roots, PBS, Season 2, Episode 3, 2014년 10월 7일.

72 "American Fault Line: Race and the American Ideal": Henry Louis Gates, Jr. and Ken Burns in discussion with Michael Martin, Brooklyn Academy of Music, 2016년 3월 18일, bam.org/talks/2016/american-fault-line에서 확인할 수 있다.

후기

1 C. Vann Woodward, "The Great American Butchery," New York Review of Books, 1975년 3월 10일.

2 Simon Schama, 2021년 1월 4일, 저자와의 대화.

3 Laura Spinney, "History as a Giant Data Set: How Analyzing the Past Could Help Save the Future," The Guardian, 2019년 11월 12일.

4 David Greenberg, "Class Warfare," Slate, 2006년 7월 24일. 뒤에 이어진 가정들도 이 글에서 영감을 받아 쓴 것이다.

5 William Hickling Prescott, *Biographical and Critical Miscellanies* (New York: Fred De Fau, 1912), p. 64.

찾아보기

937, 940, 942, 944, 1006, 1012
로드 체임벌린 극단 296
로저스 859, 865, 866, 867, 895
루이즈 제르멘 드 스탈 449, 804, 808-
810
루카치 427, 447, 448, 591, 593, 933
뤼시앵 페브르 528, 529, 533, 540, 546-
548, 555
르네상스 56, 109, 204, 209, 240, 241,
287, 307, 408, 545, 551, 556, 754, 829,
860, 865, 879-881
리비우스 13, 65, 90, 94, 96, 98, 100,
103, 105, 107-112, 118, 252, 273, 274,
689
리처드 3세 281, 289-292, 302, 307

ㅁ

마가복음 145, 144, 148
마르크 블로크 525-544, 548, 563
마르크스 45, 253, 427, 429, 480, 490,
495, 510, 531, 544, 545, 565-581, 587-
602, 610, 613-626, 724, 734, 858, 874,
898, 927, 935-937, 940, 992, 993, 1106
마커스 가비 856, 860, 869, 871
마크 트웨인 25, 399, 419, 485, 667,
668, 1050
마키아벨리 17, 101, 122, 196, 249-
277, 309, 310, 311, 359, 369, 808
마태복음 145-148, 153
매닝 매러블 875, 882-884, 906
매슈 브래디 506-509
매슈 패리스 237-240
매콜리 32, 44, 71, 74, 208, 361, 363,
367, 370, 376, 377-379, 380, -395,

405, 406, 410, 411, 683, 1033, 1082,
1096
메리 비어드 14, 71, 103, 116, 699, 789,
791, 835-846, 901, 1040, 1072
메리 울스턴크래프트 426, 801, 804-
808, 810
메소포타미아 96, 133, 172
모리스 카울링 46, 753, 754
몽테뉴 88, 307
《무깟디마》 192-195, 200, 203
무함마드 165, 166, 168, 170, 173-180,
184, 190, 193, 199, 200, 324, 352, 683,
894, 1050

ㅂ

《바람과 함께 사라지다》 424, 438, 448
바버라 터크먼 814, 824-830, 832, 847,
901
바빌로니아 81, 103, 137-140
바스티유 321, 322, 325, 618, 915
바이런 363, 378, 418, 425, 808, 810,
1023
바이외 태피스트리 225-227, 229
반소 456, 789, 792, -795
발자크 427-435, 447, 575
발터 벤야민 594, 625, 626
백과전서 334
버지니아 울프 336, 346, 358, 363, 448,
452, 847
베네딕트회 3, 11, 28, 31, 33, 36, 43, 46,
47, 49, 241, 775
베다 베네라빌리스 211, 217-222, 231,
1039
베로니카 웨지우드 736, 751, 791, 814,